Arndt auf dem Außerordentlichen Parteitag der SPD in Bad Godesberg, 15. November 1959

Dieter Gosewinkel

Adolf Arndt

Die Wiederbegründung des Rechtsstaats
aus dem Geist
der Sozialdemokratie
(1945–1961)

Verlag J. H. W. Dietz Nachf.

Forschungsinstitut der Friedrich-Ebert-Stiftung
Reihe: Politik- und Gesellschaftsgeschichte, Band 25
Herausgegeben von Dieter Dowe

ISBN 3-8012-4021-5

Forschungsinstitut der Friedrich-Ebert-Stiftung
Godesberger Allee 149, D-5300 Bonn 2

Copyright © 1991 by Verlag J.H.W. Dietz Nachf. GmbH, Bonn
In der Raste 2, D-5300 Bonn 1
Umschlag: Manfred Waller, Reinbek (unter Verwendung eines Fotos des Presse- und Informationsamts der Bundesregierung – Bundesbildstelle)
Herstellung: Werbe EDV Service, Grevenbroich
Alle Rechte vorbehalten
Printed in Germany 1991

„Deshalb fordert Persönlichkeit niemals, dass man an sie als Person glauben und sich dadurch seiner selbst entäussern sollte, sondern sie ringt um die Bereitschaft der anderen, selber die ins Verständliche und Durchschaubare gehobenen Sachfragen und deren rationale Lösungsmöglichkeit einzusehen und dabei mitzuarbeiten. Als Gestalt aus Geistwirklichkeit gestaltet sie sich und verhilft anderen dazu, je mitreissender, je vertrauensvoller sie sich der Freiheit des Geistes hingibt, obwohl Geist das Unverbürgte ist."

Adolf Arndt,
Die Persönlichkeit in der parlamentarischen Demokratie, 1957

Vorwort

Zeitgeschichtsschreibung muß sich dem raschen Interpretationswandel ihres Gegenstandes stellen. Als ich im Jahre 1984 mit ersten Vorarbeiten zu diesem Buch begann, stieß ich auf einen Satz Adolf Arndts aus einem Berliner Vortrag von 1959. Darin forderte er mit Blick auf die Spaltung Deutschlands: „Politisch haben wir es als ein hohes Gut zu schützen und durch unser beständiges Zutun zu wahren, daß wir um das gemeinsame Bewußtsein seines Zusammengehörens in unserem Volk wissen, und diese geistige Wirklichkeit auch immer wieder in die Waagschale des Rechts zu werfen." (Der deutsche Staat als Rechtsproblem, Berlin 1960)

Als Angehöriger der Nachkriegsgeneration, aufgewachsen im Bewußtsein der deutschen Zweistaatlichkeit, in kritischer Distanz zum deutschen Nationalstaatsgedanken und seiner Perversion im Griff des Nationalsozialismus, begegnete ich dieser Grundanschauung des national denkenden sozialdemokratischen Juristen und Politikers mit Skepsis. Diese Distanz kam der wissenschaftlichen Bearbeitung der politischen Biographie Adolf Arndts entgegen, die im August 1989 abgeschlossen wurde. – Im Herbst 1989 brach sich eine Entwicklung Bahn, in der das von Arndt beharrlich wachgehaltene Bewußtsein staatlicher Zusammengehörigkeit der Deutschen wenn auch nicht ausschließliche, so doch wesentliche politische Wirkungsmächtigkeit und historisch prägende Kraft entfaltete. Die Zeitereignisse werfen ein neues Licht auf die Zeitgeschichte: Das Jahr 1961 mit dem Bau der Berliner Mauer hat für die deutsche Geschichte nach dem Zweiten Weltkrieg seine Zäsurwirkung nicht verloren, die auch den zeitlichen Rahmen dieser Arbeit mitbestimmt hat; wohl aber ist den einschneidenden Ereignissen der Charakter der Irreversibilität genommen, die Zäsur nunmehr im Rückblick weniger scharf.

Adolf Arndt indessen ging es um mehr als das bloße Erreichen eines politischen Ziels. Seinem geschichtsbewußten Blick entgingen bereits 1959 nicht die in Verantwortung zu tragenden Verpflichtungen der beständig geforderten politischen Wiedervereinigung Deutschlands. Er wußte um die „innere Entfremdung" der beiden Teile Deutschlands, deren „Heilung im günstigsten Fall eine unendlich mühsame und vieljährige Aufgabe der Rechtspolitik sein wird." (a. a. O.) Der Politik im ganzen, mag man hinzufügen.

Die vorliegende Studie wurde vom Gemeinsamen Ausschuß der Philosophischen Fakultäten der Albert-Ludwigs-Universität Freiburg i. Br. im Sommer 1990 als Dissertation angenommen. Sie erfuhr vielfältige Unterstützung, ohne die sie nicht oder nicht in dieser Form hätte geschrieben werden können.

Die Friedrich-Ebert-Stiftung hat die Idee einer wissenschaftlichen Studie über die politische Biographie Adolf Arndts durch ein Promotionsstipendium erheblich gefördert und die Drucklegung der Arbeit mit einem Herbert-Wehner-Stipendium unterstützt. Der Stiftung gilt mein Dank ebenso wie allen anderen Institutionen, insbesondere Archiven, die zum Entstehen der Studie beigetragen haben und die zum Teil auch unerschlossene Aktenbestände für die Bearbeitung des Themas zur Verfügung stellten. Stellvertretend für viele nenne ich das Hessische Ministerium der Justiz, die Staatskanzlei des Hessischen Ministerpräsidenten und das Parlamentsarchiv des Deutschen Bundestags. Insbesondere das Archiv der sozialen Demokratie, Bonn, hatte die Hauptlast meiner Beschaffungswünsche zu tragen. Herrn Werner Krause danke ich daher für die Einräumung günstiger Arbeitsbedingungen, Frau Gertrud Lenz, M. A., Frau Christine Mester und Frau Antje Sommer für Geduld und engagierte Unterstützung bei der Aktensuche.

Die Anregung zu dieser Studie verdanke ich meinem historischen Lehrer und Doktorvater, Herrn Professor Dr. Heinrich August Winkler. Er hat mit kritischem und anspornendem Interesse den Fortgang des umfangreichen Arbeitsprojekts begleitet und begutachtet. Dafür sei ihm herzlich gedankt.

Die gegenseitige Verwiesenheit und Verknüpfung geschichtswissenschaftlicher und (staats-)rechtswissenschaftlicher Forschung liegt dieser Studie methodisch zugrunde. Sie verdankt auch darin viel meinem juristischen Lehrer, Herrn Professor Dres. Dr. h. c. Ernst-Wolfgang Böckenförde, Richter des Bundesverfassungsgerichts. Er hat das Zweitgutachten erstattet. Seine behutsame Anteilnahme am Fortgang der Studie über Adolf Arndt, die Ermutigung zu selbständiger wissenschaftlicher Arbeit und die Förderung, die ich als Mitarbeiter an seinem Freiburger Lehrstuhl erfuhr, sind Bedingungen, die in das Fundament dieser Arbeit eingingen.

Herr Professor Dr. Reinhard Schiffers und Herr Privatdozent Dr. Gerhard Beier haben mir aus eigenen wissenschaftlichen Arbeiten heraus, die zeitweise parallel zu der meinen verliefen, mit Rat und Tat geholfen. Dafür sei ihnen herzlich gedankt ebenso wie Herrn Botschafter a. D. Prof. Dr. Wilhelm Grewe, Bundesminister a. D. Prof. Dr. Horst Ehmke (MdB), Prof. Dr. Wilhelm Hennis, Bundesminister a. D. Gerhard Jahn, Dr. Manfred Liebermann, Dr. Willy Liebermann, Staatssekretär a. D. Erich Rosenthal-Pelldram, Ministerialdirektor a. D. Dr. Karl-Friedrich Schonebohm, Frau Dr. Lili Simon und Bundesminister a. D. Dr. Hans-Jochen Vogel (MdB), die bereit waren, mit mir Gespräche über Adolf Arndt zu führen.

Großer Dank gebührt ebenfalls Herrn Senatsdirektor a. D. Dr. Claus Arndt und Frau Dr. Yvonne Arndt. Sie haben tatkräftig und hilfsbereit Erinnerungen und Dokumente zum Leben ihres Vaters beigesteuert und wesentlich zur Absicherung der Quellengrundlage dieser Arbeit beigetragen. Herrn Dr. Dieter Dowe danke ich für die Betreuung der Publikation und die Aufnahme dieser Studie in die von ihm herausgegebene Reihe.

Dr. Johannes Bähr, Hans-Joachim Bußmann und Privatdozent Dr. Joachim Wieland haben das Manuskript gelesen. Ihre genaue und konstruktive Kritik hat mich ermutigt, die Arbeit zu vollenden. Dr. Nina Dethloff, Nicole Emmerling, Dr. Georg Hermes, Dr. Alfred Künschner, Johannes Masing, Dr. Clemens Picht, Dr. Margret Spaniol und Dr. Christel Zahlmann haben Korrektur gelesen; Martina Griesbaum hat sorgfältig Teile des Manuskripts geschrieben. Sie alle stehen für die Freiburger Freunde, in deren Kreis ich mich aufgehoben fühlen konnte, auch dann, wenn ich wieder einmal durch Arbeit verhindert war.

Meine Eltern haben mein Interesse an geschichtlichen und politischen Fragen geweckt und im Rahmen meiner Ausbildung in jeder Weise sehr gefördert. Marita Derbach hat in all den Jahren unserer Partnerschaft ihre Anteilnahme an meinem Leben auch auf meine Arbeit erstreckt. Als historisch interessierte Juristin hat sie in vielen Gesprächen und mit ermutigender Kritik entscheidend zum Entstehen dieser Studie beigetragen. Ihr und meinen Eltern widme ich dieses Buch.

Freiburg i. Br., März 1991

Inhalt

Verzeichnis der Abkürzungen 12

Einleitung 15

Erstes Kapitel
Prägung des Rechtsgewissens: Vom preußisch-konservativen Bürgertum zur „Solidarität der Verfemten und Unterdrückten" 21

1. Herkunft und Jugend: Aus preußisch-konservativer Familie 21

   Der Vater: Aus dem jüdischen Kleinbürgertum zum preußischen Staatsrechtslehrer (21) – Eine Jugend zwischen Kaiserreich und Weimarer Republik (25)

2. Jurist und Intellektueller 30

   Der Rechtswissenschaftler: Lehrer und Grundthemen (30) – Prägung eines Intellektuellen (37)

3. Richter im Niedergang der Weimarer Republik 38

   Im Zweifel für die Freiheit der Kunst: der „Christus mit der Gasmaske" (39) – Gerechtes Verfahren für einen Systemfeind (43) – Antisemitisches Pogrom: der Kurfürstendammprozeß (46) – Harte Selbstbehauptung von Staat und Justiz (49)

4. „Die Solidarität der Verfemten und Unterdrückten":
   Arndt unter dem NS-Regime 53

   Ausstoßung aus dem Staatsdienst und Scheinanpassung (54) – „Die Solidarität der Verfemten und Unterdrückten" (57) – Rassisch verfolgt (60)

Zweites Kapitel
Rechtspolitik in Hessen 1945 bis 1949 64

1. Grundbedingungen des Neubeginns 64

   Beruflicher Neubeginn und Nachkriegsnot (65) – Entscheidung für die SPD (72)

2. Sozialistische Verfassungspolitik:
   Entwurf zu einer hessischen Verfassung 77

   Die Entscheidung über die wirtschaftliche Ordnung als Kardinalziel der Verfassunggebung (78) – Das Eigentumsrecht: zentrale Institution der Wirtschaftsverfassung (81) – Tradition und Neuanfang: ein Vergleich mit der linken Weimarer Staatsrechtslehre (85) – Entwürfe zu einer Verfassung des Landes Hessen (88) – Entscheidung für eine soziale Wirtschaftsordnung (92) – Nichtvollzug einer Verfassungsentscheidung: Die gescheiterte Sozialisierung (95)

3. Das Unrechtserbe des Nationalsozialismus:
   strafrechtliche Ahndung und Sühne nationalsozialistischen Unrechts in der „Krise des Rechts" 97

   Rechtsstaatsgebot versus wirksame politische Säuberung: Arndts Verteidigung des Befreiungsgesetzes gegenüber der Evangelischen Kirche (98) – Die „Krise des Rechts": Arndts Absage an Naturrecht und Positivismus (106) – Arndts Lösungsversuch: „wirkliches Recht" als Ausweg? (113) – Die strafrechtliche Ahndung nationalsozialistischen Unrechts – Probleme der Euthanasieprozesse (117) – Friktionen des rechtsstaatlichen Neubeginns (125)

4. Gerichtsbarkeit und Schutz der Verfassung 126

   Bestrebungen zur Demokratisierung der Richterschaft (127) – Grundlegung der hessischen Staatsgerichtsbarkeit (130) – Strenges Staatsschutzstrafrecht (136) – Zwischen Förderung und Kontrolle: die Rechtsstellung der Parteien im Widerstreit (138)

5. „Internationales Staatsrecht" und interzonale Reorganisation Westdeutschlands – Arndts Stellungnahme zur Rechtslage Deutschlands und seine Arbeit im Frankfurter Wirtschaftsrat 142

   Der ideale Maßstab: „Internationales Staatsrecht" ... (142) – ... und sein Scheitern: die Rechtskontinuität des Deutschen Reiches und der Primat des Nationalbewußtseins (145) – Oppositionelle Rechtspolitik im bizonalen Parlament (149)

6. Beiträge zur geistigen Lage Deutschlands nach dem Krieg 159

Drittes Kapitel
Konstruktive Opposition in der Rechtspolitik 1949 – 1953 164

1. Der Geschäftsführer der Bundestagsfraktion:
   Arndt auf dem Weg zum ‚Kronjuristen' der SPD 164

   Adolf Arndt und Kurt Schumacher (167) – Der juristische Fraktionsgeschäftsführer (170) – Der streitbare ‚Kronjurist' (172) – Ausloten der Konsenschancen: Opposition des Parlaments? (178)

2. Grundlegung der Bundesverfassungsgerichtsbarkeit 181

Entwürfe zu einem Bundesverfassungsgerichtsgesetz (184) – Verfassungsgerichtsbarkeit und Politik (186) – Stellung, Organisation und Verfahren des Bundesverfassungsgerichts (192) – Die Einigung über das Bundesverfassungsgerichtsgesetz : ein Erfolg konstruktiver Opposition (201)

3. Konsens über die ‚streitbare Demokratie': Das Erste Strafrechtsänderungsgesetz 208

Entwürfe und rechtsstaatliche Maßstäbe politischen Strafrechts (209) – Rechtsstaatliche Randkorrekturen (215) – Der Primat effizienten Staatsschutzes (221)

4. Um den „großherzigen" Rechtsstaat – Wiedergutmachung und Ahndung nationalsozialistischen Unrechts 225

Opfer und Täter (225) – Arndt und die Wiedergutmachungspolitik der SPD im Ersten Deutschen Bundestag (226) – Wider den „engherzigen" Rechtsstaat: Arndts Kritik an der Wiedergutmachungspraxis (235) – Der Primat politischer Vertrauenswerbung: Rückzug vom Strafrecht (241)

Viertes Kapitel

Kampf um die Außenpolitik und ihre verfassungsrechtlichen Grundlagen – Westintegration, Wiederbewaffnung und deutsche Einheit vor dem Bundesverfassungsgericht 1949 bis 1955 247

1. Die Rahmenbedingungen:
Optionen deutscher Außenpolitik zwischen Besatzungsherrschaft und Grundgesetz 247

Die Politik der Besatzungsmächte (251) – Die Außenpolitik Adenauers: Westoption (254) – Einheit, Gleichberechtigung, Westintegration: die Außenpolitik der SPD (256)

2. Auswärtige Gewalt und parlamentarische Mitwirkung 260

Auswärtige Vertragspolitik und parlamentarische Mitwirkung im Streit (261) – Streitgegenstand I: das Petersberger Abkommen (261) – Streitgegenstand II: das deutsch-französische Wirtschaftsabkommen (265) – Streitgegenstand III: der Kehler Hafenvertrag (267) – Die Rechtsfragen vor dem Bundesverfassungsgericht (270) – (Verfassungs-)Politische Hintergründe (274) – Entscheidung für den Primat der Exekutive (277)

3. Vor dem Wehrstreit: die Ausgangslage 1951/52 280

SPD und Wiederbewaffnung (283) – Arndt und die ‚nationale' Linie der sozialdemokratischen Politik (286) – Kontakte zur protestantischen Opposition gegen die Wiederbewaffnung (293)

4. Auftakt zum Wehrstreit: vorbeugende Vertragskontrolle? 296

Verfassungsgerichtliche Kompetenzen und präventive Normenkontrolle (297) – Ausweitung des Verfassungsstreits: das Gutachtenersuchen des Bundespräsidenten (302) – Um die Wahrung der verfassungsgerichtlichen Kontrollkompetenz – das erste Urteil im Wehrstreit (306)

5. Streit um den Verfassungsstaat:
   die Verfassungsproblematik der Westverträge 310

   Arndts Begriff des Verfassungsstaats (313) – Der nationale Verfassungsstaat (317) – Einzelprobleme (318) – Wahrung der Grundrechte (323) – Radikaler Verfassungsstaat? (326)

6. Verfassungskrise und Wehrstreit in der Schwebe 329

   Ein Versuch persönlicher Diskreditierung: Dehler gegen Arndt (330) – Verfassungskrise (336) – Das offene Verfassungsproblem: Fortgang des Wehrstreits (340) – Streit um den Rechtsstatus der Bundesrepublik Deutschland: ‚Kernstaat' oder ‚Staatsteil'? (343)

7. Primat der Politik: Grundgesetzänderung und Saarstreit 348

   Die Saarklage (350)

8. Oppositionelle Außenpolitik im Verfassungsstaat – eine Bilanz 353

   Außenpolitische Wirkungen verfassungsrechtlicher Opposition (354) – Arndt in der Außenpolitik der SPD (356) – Entwicklung der Verfassungsgerichtsbarkeit (358) – „Justizialisierung" der Politik? (359) – Kompromisse und Zwänge – Die Last des ‚Kronjuristen' (361)

Fünftes Kapitel
Übergangsphase: zwischen Mitarbeit und außerparlamentarischem Protest 1954 – 1960 363

1. Militärische Gewalt im demokratischen Rechtsstaat: Wehrverfassung und Wehrgesetzgebung 364

   Das ‚Wie' der Wiederbewaffnung: Anstöße zur Mitgestaltung der Wehrgesetzgebung in der SPD (364) – Organisationsgewalt der Regierung und parlamentarische Kontrolle (370) – Die Wehrverfassung: „Parlamentsheer" statt „Regierungsheer" (374) – Die Grundrechte und die Rechtsstellung der Dienstpflichtigen (379) – Wider die Einengung der Gewissensfreiheit (386) – Staatsschutz im Rechtsstaat: Strafrechtsänderung zum Schutz der Bundeswehr (394) – Zusammenfassung: ein Schritt zur Staatspartei (400)

2. Plebiszitäres Zwischenspiel: „Kampf dem Atomtod" und Volksbefragung . 402

Die Protestbewegung gegen nukleare Aufrüstung (402) – Plebiszitärer Vorstoß: Gesetzentwurf zu einer konsultativen Volksbefragung (407) – Die Niederlage vor dem Bundesverfassungsgericht (413)

3. Erprobung des Rechtsstaats:
Beginn der Diskussion um die Notstandsverfassung 417

Ausgangspositionen (418) – Die Beratungsphase der Notstandsverfassung (421) – Der Notstandsfall als Probe auf den Rechtsstaat (427)

4. „Provisorium" statt „neuer Staatslegende": Arndt und die Deutsche Frage 431

Plädoyer für das ‚Provisorium' (436) – Der Anachronismus des ‚Provisoriums' (442) – ‚Freiheit durch Einheit' – nicht ‚Freiheit statt Einheit': gegen Karl Jaspers (445)

Sechstes Kapitel

Rechtsprechende Gewalt, Gerichtsbarkeit und Verfassungsrechtsprechung: Arndt und die Entfaltung der Judikative 447

1. Richterschaft und Gerichtsbarkeit: zwischen Apologie und Kritik 447

Vom Justizbeamten zum Rechtsschöpfer – Arndts Entwurf eines neuen Richterleitbildes (448) – Reformimpulse zur Neugestaltung der Dritten Gewalt (452) – Arndts halbe Justizkritik – das Problem der NS-Justiz (462)

2. Stärkung des Bundesverfassungsgerichts 470

Auf dem Weg zum ‚Regierungsgericht'? – Novellierungspläne der Bundesregierung (471) – Legitimität nur aus dem Konsens: Das Bundesverfassungsgericht bleibt letzte Zuflucht der Opposition (473)

3. Opposition im föderativen Rechtsstaat: Arndt vor dem Bundesverfassungsgericht 479

Länderopposition vor dem Bundesverfassungsgericht (I): der Konkordatsstreit 1955/56 (480) – Länderopposition (II): Verfassungsstreit um die Parteienfinanzierung 1957/58 (487) – Ausbau des materiellen Rechtsstaats (I): das Lüth-Urteil, der Wertgehalt der Freiheitsrechte und ihre Effektuierung (493) – Ausbau des materiellen Rechtsstaats (II): rechtsprechende Gewalt und individueller Rechtsschutz (500) – Höhepunkt erfolgreicher Machtkontrolle: der Fernsehstreit 1960/61 (502)

Siebtes Kapitel

**Pluralistische Volkspartei im pluralistischen Staat:
Arndt und das Godesberger Reformprogramm der SPD** 509

1. Staat und staatliche Ordnung bei Arndt 511

   Grundlagen (511) – Die wertgebundene Demokratie (517) – Parteien und Kirchen unter den Bedingungen funktionierender Opposition in der Demokratie (522) – Theoretische Orientierungen: Pluralismus- und Integrationstheorie (525)

2. Beitrag zur herrschenden Parteiprogrammatik: ethischer Sozialismus ... 533

   Gemeinsame Ansätze: Arndt und der ethische Sozialismus (534) – Arndts Beitrag: ‚Säkularisation des Sozialismus' und innerparteiliche Geistesfreiheit (536)

3. Das Grundgesetz als Programm:
   der Abschnitt „Die staatliche Ordnung" im Godesberger Programm 542

   Ablösung vom marxistischen Staatsverständnis (548) – Staatliche Ordnung im Vergleich der Parteigeschichte (552) – Das Grundgesetz als Programm (554)

4. Wege zu ‚wertgebundener Toleranz' – Schritte zur Annäherung zwischen SPD und Katholischer Kirche 557

   Gesprächskontakte und Reformsignale auf dem Weg nach Godesberg (562) – Das Angebot der Partnerschaft im Godesberger Programm 1959 (571) – Kommentierung und Verteidigung des Godesberger Programms (574)

Achtes Kapitel

Zusammenfassung 580

1. Um den materiellen Rechtsstaat 586

2. Wegbereiter der Volks- und Staatspartei: Arndt und die SPD 594

3. Ein politischer Intellektueller 598

Anhang:

Quellen- und Literaturverzeichnis

Quellen und Darstellungen 603

I. Unveröffentlichte Quellen 603

II. Persönliche Mitteilungen 608

III. Zeitungen, Pressedienste, Zeitschriften 608

IV. Veröffentlichte Quellen und Literatur 610

Verzeichnis der Schriften Adolf Arndts 630

Anhang 1: Urteilsanmerkungen und Buchbesprechungen 638

Anhang 2: Veröffentlichungen in Zeitungen und Pressediensten 640

Schriften über Adolf Arndt 644

Personenregister 646

Sachregister 650

Bildnachweis 659

Zum Autor 660

Verzeichnis der Abkürzungen

a. a. O.	am angegebenen Ort
AdDL	Archiv des Deutschen Liberalismus, Gummersbach
AdsD	Archiv der sozialen Demokratie, Bonn – Bad Godesberg
AöR (NF)	Archiv des öffentlichen Rechts (Neue Folge)
BA	Bundesarchiv, Koblenz
BAGE	Entscheidungen des Bundesarbeitsgerichts
BB	Betriebsberater
BGBl	Bundesgesetzblatt
BGH	Bundesgerichtshof
BGHSt	Entscheidungen des Bundesgerichtshofs in Strafsachen
BHE	Bund der Heimatvertriebenen und Entrechteten
BT	Deutscher Bundestag
BT-DS 1/...	Bundestagsdrucksache, 1. Wahlperiode/...
BTF	Bundestagsfraktion der SPD
BT Parl. Arch.	Parlamentsarchiv des Deutschen Bundestags, Bonn
BVerfG	Bundesverfassungsgericht
BVerfGE	Entscheidungen des Bundesverfassungsgerichts
BVerfGG	Bundesverfassungsgerichtsgesetz
BWGöD	Bundesgesetz zur Wiedergutmachung nationalsozialistischen Unrechts für Angehörige des öffentlichen Dienstes nach dem Dritten Änderungsgesetz vom 23. Dezember 1955 (BGBl I, S. 820)
DÖV	Die öffentliche Verwaltung
DRiG	Deutsches Richtergesetz vom 8. September 1961 (BGBl I, S. 1665)
DRZ	Deutsche Rechtszeitschrift
DS	Drucksache
DVBl	Deutsches Verwaltungsblatt
EKiD	Evangelische Kirche in Deutschland
GG	Grundgesetz
GVBl	Gesetz- und Verordnungsblatt des Landes Hessen
HHStA	Hessisches Hauptstaatsarchiv, Wiesbaden
HJM	Der Hessische Minister der Justiz, Wiesbaden
Hrsg.	Herausgeber
HStK	Der Hessische Ministerpräsident, Staatskanzlei, Wiesbaden
HV	Hessische Verfassung vom 1. Dezember 1946
IfZG	Institut für Zeitgeschichte, München
JW	Juristische Wochenschrift
JZ	Juristenzeitung

LA Berlin	Landesarchiv Berlin
LDP	Liberal-Demokratische Partei
LG	Landgericht
m.w.N.	mit weiteren Nachweisen
NJW	Neue Juristische Wochenschrift
OLG	Oberlandesgericht
Prot.	Protokoll
Prot. BT	Stenographische Protokolle der Verhandlungen des Deutschen Bundestags
Prot. RA-BT	Protokolle der Verhandlungen des Ausschusses für Rechtswesen und Verfassungsrecht des Deutschen Bundestags
PT	Parteitag
PV (SPD)	Parteivorstand (der Sozialdemokratischen Partei Deutschlands)
RA-BT	Ausschuß für Rechtswesen und Verfassungsrecht des Deutschen Bundestags
RGBl	Reichsgesetzblatt
RPA-PV	Rechtspolitischer Ausschuß beim Parteivorstand der SPD
SJZ	Süddeutsche Juristenzeitung
Sp.	Spalte
STÄG	Strafrechtsänderungsgesetz
sten.	stenographisch
StGB	Strafgesetzbuch
SZ	Süddeutsche Zeitung
VjHfZG	Vierteljahrshefte für Zeitgeschichte
VVDStL	Veröffentlichungen der Vereinigung der Deutschen Staatsrechtslehrer
VwGO	Verwaltungsgerichtsordnung
WiGBl	Gesetz- und Verordnungsblatt des Vereinigten Wirtschaftsgebiets
WP	Wahlperiode
WR	Wirtschaftsrat des Vereinigten Wirtschaftsgebiets
WR-DS	Drucksache des Wirtschaftsrats des Vereinigten Wirtschaftsgebiets
WRV	Weimarer Reichsverfassung

Einleitung

In seiner mehr als vierzigjährigen Geschichte zählte der Deutsche Bundestag zahlreiche bekannte Juristen zu seinen Mitgliedern. Wenige unter ihnen waren in gleichem Maße Politiker und Rechtsdenker. Wohl niemand aber war (und ist) darunter, der gleichermaßen hohes Ansehen bei den höchsten Gerichten des Landes, an den juristischen Fakultäten, in der politischen Öffentlichkeit und unter Intellektuellen genoß wie Adolf Arndt (1904 – 1974).

Der sozialdemokratische Jurist und Parlamentarier erhielt von Zeitgenossen viel ehrenvolle Anerkennung: Man sah in ihm einen Mann, der den „Geist des neuen Staates" entscheidend mitgeprägt, und einen „Avantgardisten unserer Mündigkeit", der „Verehrungswürdigkeit"[1] gewonnen habe; auch im Ausland galt er als einer der „hervorragendsten Politiker und Juristen der Bundesrepublik Deutschland".[2]

Zehn Jahre nach Arndts Tod schienen diese Einschätzungen widerlegt. Das sonst übliche öffentliche Gedenken blieb fast vollständig aus.[3] War dies nicht ein Beleg für die grundlegende Annahme, um die Arndts Denken kreiste, für die „Zeitlichkeit, Zeitbedingtheit, Zeitverfallenheit des menschlichen Denkens"[4], und zwar in ihrer banalsten Variante – des Vergessens?

Dabei zeigt bereits ein erster Blick auf Adolf Arndts Biographie einen ungewöhnlichen Lebensweg. Das Leben und Werk des Politikers wurden geprägt von vier politisch höchst unterschiedlich strukturierten Abschnitten der deutschen Geschichte des 20. Jahrhunderts, die sich ihrerseits in Arndts Biographie spiegeln. Aufgewachsen im national geprägten Bürgertum des Wilhelminischen Kaiserreichs in der Familie eines Rechtsprofessors, der den Weg vom jüdischen Glauben zum Protestantismus gegangen war, erlebte Arndt als Student und junger Richter in Berlin die kurze Blüte und die Zerschlagung der Weimarer Republik. Unter nationalsozialistischer Herrschaft arbeitete der rassisch diskriminierte Jurist als Anwalt zusammen mit verfolgten Sozialdemokraten, bis er selbst zum Verfolgten wurde. Nach dem Krieg stieg Adolf Arndt zum führenden sozialdemokratischen Rechtsdenker und -politiker auf. Als er 1974 in seinem siebzigsten Lebensjahr starb, hinterließ er ein publizistisches Werk, das mehr als 300 Titel, überwiegend zu rechtswissenschaftlichen und rechtspolitischen, in großer Zahl auch zu staatstheoretischen und kulturellen Themen sowie zu politischen Grundsatz- und Tagesfragen umfaßt.

---

1 In der Reihenfolge der Zitate s. Rupp-von Brünneck, In Memoriam Adolf Arndt (1974), S. 307; Fritz Erler, Avantgardist unserer Mündigkeit; Fromme, Besprechung der Festschrift für Adolf Arndt zum 65. Geburtstag (zu diesen und weiteren Schriften vgl. das Verzeichnis der Schriften über Adolf Arndt).
2 S. Kordasiewicz, Besprechung zu Arndt, Gesammelte juristische Schriften (1976), S. 5 (zitiert nach dem Manuskript einer Übersetzung des Bundessprachenamts).
3 Einmal abgesehen von Hans-Jochen Vogel, Adolf Arndt. 12.3.1904 – 13.2.1974, und vereinzelten Pressestimmen („Er setzte den Schutz der Kirchen in der SPD durch", in: Die Welt, 13. März 1984; „Erinnerungen an einen großen Redner", in: Berliner Morgenpost, 10. März 1984). Allerdings wurde im Umkreis der 40-Jahr-Feier des Grundgesetzes gelegentlich des „große[n] sozialdemokratische[n] Rechtsdenker[s] Adolf Arndt" gedacht, so Hans Schueler, Die erste Republik von Dauer, in: Die Zeit, 19. Mai 1989; s. ebenfalls Friedrich Karl Fromme, Nach vierzig Jahren, in: Frankfurter Allgemeine Zeitung, 23. Mai 1989.
4 Arndt, Die Krise des Rechts (1948), S. 11.

Fragestellungen

Adolf Arndt hat unverkennbare, wenn auch nicht immer erkannte Spuren in der Geschichte des Gemeinwesens Bundesrepublik Deutschland hinterlassen. Die vorliegende Arbeit will diese Spuren freilegen und an den politischen Lebensweg sowie an das Werk Adolf Arndts erinnern. Dabei läßt sie sich von drei Fragestellungen leiten, die zugleich verschiedene Ebenen der Untersuchung bezeichnen:

1. Im Vordergrund steht die Frage nach dem Beitrag Adolf Arndts zur Geschichte der *rechtsstaatlichen Institutionen* und des *rechtsstaatlichen Denkens* vom Kriegsende 1945 bis zur Entstehung des Grundgesetzes und während des Gründungsjahrzehnts der Bundesrepublik Deutschland. An der Person Arndts, seinem Herkommen, Lebensweg und politischen Werk soll die Entwicklung der geistigen Grundlagen und Institutionen vom formellen wertrelativistischen Rechtsstaat der Weimarer Republik hin zum materiellen Rechtsstaat der Bundesrepublik Deutschland anschaulich und nachvollziehbar werden.
2. Auf einer zweiten Ebene will die Arbeit einen Ausschnitt *ideeller Parteigeschichte* der Sozialdemokratischen Partei Deutschlands nach 1945 darstellend erfassen. Die Hauptlinie sozialdemokratischer Verfassungskonzeption und -politik soll anhand ihres führenden theoretischen Kopfes und politischen Vertreters nachgezeichnet werden. Dabei gilt es, den Anteil Arndts an der Entwicklung der SPD zur „Staatspartei" herauszuarbeiten.
Welchen Beitrag leistete darüber hinaus Arndt, der, aus bürgerlich-konservativer Familie stammend, nach 1945 zur Partei der sozialdemokratischen Arbeiterbewegung stieß, als Parteireformer zur geistig-weltanschaulichen Öffnung der SPD hin zur politischen Mitte?
3. Die Arbeit will schließlich *Elemente* zu einer *intellektuellen Biographie Adolf Arndts* beitragen. Der Lebensweg des Intellektuellen aus protestantischer Familie teils jüdischer Herkunft steht für den Abbruch des Versuchs jüdischer Emanzipation und Assimilation im Jahre 1933. Wie und mit welchem Erfolg erneuerte Arndt aus dieser Erfahrung heraus das Projekt der „Geistesfreiheit", verstanden als die Gewährleistung umfassender geistiger und politischer Freiheit?

Methodische und zeitliche Eingrenzungen

Der politische Lebenslauf Adolf Arndts bestimmt den chronologischen Rahmen der Darstellung. Am Ende, als Ertrag der Arbeit, soll (in dem hier gewählten zeitlichen Rahmen) eine politische Biographie des Juristen und sozialdemokratischen Politikers stehen. Dabei wird der Zugang zur Person über die Sache, das Werk, zu gewinnen sein.

Das Werk des wissenschaftlichen Publizisten und Politikers Adolf Arndt steht daher im Mittelpunkt der Arbeit. Seine sowohl juristischen als auch politischen Anteile legen es nahe, einen interdisziplinären – geschichts- sowie rechtswissenschaftlichen – Gedankenansatz zu wählen. Dabei liegt das Schwergewicht auf der politikgeschichtlichen Vorgehens- und Darstellungsweise. Hinzu tritt ein rechts- und verfassungsgeschichtlicher Forschungsansatz, der zu einigen Themenbereichen eine detaillierte Darstellung insbesondere verfassungsrechtlicher Sachverhalte und Institutionen mit sich bringt; ohne näheres Eingehen auf diese Gegenstände ist das Werk Adolf Arndts, gerade in seiner Wirkung auf die rechtsstaatlichen Institutionen und das Verfassungsverständnis des Grundgesetzes, nicht angemessen zu erfassen.

Die Arbeit will Arndts juristisch-theoretisches Werk und sein politisches Wirken in ihrem *Zusammenhang* erfassen. Dadurch ist sie bestimmt, freilich auch begrenzt. Sie beansprucht keine erschöpfende juristisch-dogmatische Darstellung und Kritik des rechtswissenschaftlichen Werks Adolf Arndts und insofern nur einen Beitrag zur Forschung über ihn, nicht die Durchführung eines umfassenden „Forschungsprogramms"[5]. Daher können nur Grundzüge der Rechtstheorie und Rechtsphilosophie bei Arndt, insbesondere in ihren Bezügen auf die zeitgenössische Diskussion um Naturrecht und Rechtspositivismus, berücksichtigt werden.[6] Desgleichen findet keine Behandlung juristisch-dogmatischer Einzelfragen statt, soweit sie nicht in engem Zusammenhang zu dem politisch-parlamentarischen bzw. verfassungsgerichtlichen Wirken Arndts stehen. Ebenso bleiben systematisch-politikwissenschaftliche Fragen, theologische und kunsttheoretische Problemstellungen unberücksichtigt. Sie sind zwar in Arndts Werk angelegt und verarbeitet. Doch gehen sie über die hier verfolgte engere Darstellungsabsicht hinaus, die – problemorientiert zwar – doch letztlich den historischen Verlauf eines Politikerlebens beschreiben will.

Im Mittelpunkt der Arbeit steht der Zeitraum von 1945 bis 1961, Arndts nachhaltiges Wirken in der Vor- und Frühgeschichte der Bundesrepublik Deutschland. Im Jahre 1945 wird Arndt erstmals politisch aktiv. Das Jahr 1961 als zeitlicher Endpunkt der Darstellung rechtfertigt sich aus Gründen, die zugleich in der Sache und in der Person Arndts liegen. Mit der dritten Legislaturperiode des Bundestags endet auch die im sachlichen Zentrum dieser Arbeit stehende Konsolidierungsphase der Bundesrepublik Deutschland; die Ära Adenauer überschreitet ihren Zenit. Arndt gibt das seit 1949 ausgeübte Amt des juristischen Geschäftsführers der SPD-Bundestagsfraktion auf und verlegt seinen Wohnsitz nach Berlin. Sein allmählicher Rückzug aus der Bundespolitik beginnt. Zudem hat seine politische Wirkkraft ihren Höhepunkt überschritten. Die großen, hochpolitischen Auseinandersetzungen zwischen Regierung und Opposition vor dem Bundesverfassungsgericht sind ausgetragen. Die Programmreform der SPD ist mit dem Godesberger Programm abgeschlossen; das von Arndt maßgeblich initiierte und getragene Gespräch mit der Katholischen Kirche erhält mit der 1961 einsetzenden innerkirchlichen Reform ein neues, stärkeres Antriebsmoment. Das Jahr 1961 stellt somit eine Zäsur in der politischen Biographie Adolf Arndts dar.

---

5 Aufgestellt von Häberle, Besprechung zu Adolf Arndt, Gesammelte juristische Schriften (1976), S. 418.
6 Zum Beispiel bleibt die spezifische Methode des juristischen „Problemdenkens" bei Arndt unberücksichtigt, s. dazu ders., Der Jurist in unserer Zeit (1965), S. 33; ders., Gesetzesrecht und Richterrecht (1963), S. 69, 78, 83.

Gleichwohl zieht Arndt sich damit nicht völlig aus dem politischen Leben zurück. Das im März 1963 angetretene Amt des Berliner Senators für Wissenschaft und Kunst gibt er im Februar 1964 aus gesundheitlichen Gründen auf. Bis zum Jahre 1969 gehört Adolf Arndt dem Deutschen Bundestag an. Doch interveniert er nur noch vereinzelt in großen rechtspolitischen Debatten wie z. B. in der Spiegel-Krise 1962 und in der Verjährungsdebatte 1965. Im Jahre 1968 hält er den Festvortrag über „Strafrecht in einer offenen Gesellschaft" vor dem Deutschen Juristentag. Er krönt damit sein rechtswissenschaftliches Lebenswerk, für das ihm 1969 vom Land Nordrhein-Westfalen der Titel des Professors (e. h.) verliehen wird.

Nach dem Ausscheiden aus dem Berliner Senatorenamt widmet Arndt sich überwiegend seinen kulturpolitischen Aktivitäten und kulturellen Neigungen. Unter anderem amtiert er von 1964 bis 1969 als Präsident des Deutschen Werkbunds. Zu Beginn der Siebziger Jahre zwingt ihn eine schwere Alterskrankheit zum Rückzug aus dem öffentlichen Leben. Adolf Arndt stirbt am 13. Februar 1974.

Literatur und Quellen

Die vorhandene *Literatur* über Adolf Arndt widmet sich vorwiegend seinem juristisch-wissenschaftlichen Werk, ausgehend von den 1976 erschienenen Gesammelten juristischen Schriften.[7] Neben einigen Rezensionen, die knapp kommentierend Grundzüge des Arndtschen Rechtsdenkens referieren[8], geben die Beiträge Hans-Jochen Vogels einen tieferen Einblick. Sie versuchen zugleich, Arndts Rechtsdenken als Modell sozialdemokratischer Politik fruchtbar zu machen.[9] Arndts Bedeutung für die Institution und Rechtsprechung des Bundesverfassungsgerichts lassen die Beiträge der Verfassungsrichterin Wiltraut Rupp-von Brünneck und Helmut Ridders erkennen.[10] Joachim Perels formuliert Ansätze zur Kritik Arndts von der Warte einer sozialistischen Rechtstheorie.[11]

---

7 Adolf Arndt, Gesammelte juristische Schriften. Ausgewählte Aufsätze und Vorträge 1946 – 1972, Hrsg. Ernst-Wolfgang Böckenförde und Walter Lewald, München 1976.
8 Häberle, Besprechungen zu Arndt, Gesammelte juristische Schriften (1976), und ders., Das schöpferische Nein als Ja zur Zukunft. Der Jurist und Politiker Adolf Arndt / Fürsprecher und Verfechter einer „wertgebundenen Toleranz"; vgl. zu demselben Werk die Besprechung von Axel Freiherr von Campenhausen, Das Recht als politische Aufgabe (zu weiteren Besprechungen vgl. das Verzeichnis der Schriften über Adolf Arndt).
9 Vgl. Vogel, Rechtspolitik als Berufung und Auftrag, Einführung zu Arndt, Gesammelte juristische Schriften (1976); ders., Die Bedeutung der Rechtspolitik für den demokratischen Sozialismus, S. 540; ders., Sozialdemokratische Rechtspolitik – ihre Möglichkeiten und Grenzen, S. 218; ders., Sozialdemokratische Rechtspolitik in Vergangenheit und Zukunft, S. 508.
10 Rupp-von Brünneck, In Memoriam Adolf Arndt (1974); Helmut Ridder, In Sachen Opposition: Adolf Arndt und das Bundesverfassungsgericht.
11 Perels, Adolf Arndt und Franz L. Neumann. Notizen zur Verdrängung sozialistischer Rechtstheorie.

Die Würdigungen Arndts als Jurist und Politiker bleiben, trotz treffender Beobachtungen im einzelnen, Porträts und Skizzen, in denen der Zug persönlicher Erinnerungen überwiegt.[12] Eine Reihe von Porträts und Nachrufen in der Presse ist daneben atmosphärisch aufschlußreich und läßt das Bild Adolf Arndts in der politischen Öffentlichkeit erkennen.[13] Insgesamt jedoch zeigt keine Darstellung die für Arndt spezifische Verbindung des juristischen und politischen Werks auf. Insbesondere blieben die politischen Schriften Arndts bisher weitgehend unausgeleuchtet.[14] Schließlich fehlte bislang jede Darstellung der Person und des Werks Adolf Arndts auf der Basis historischer *Quellen*arbeit.

Diesen Forschungslücken will die vorliegende Arbeit Rechnung tragen. Sie stützt sich auf die veröffentlichten und unveröffentlichten Schriften Adolf Arndts unter Auswertung seines politischen Nachlasses im Archiv der sozialen Demokratie, Bonn. Systematisch ausgewertet wurden ferner die Akten und Protokolle der SPD-Bundestagsfraktion sowie die einschlägigen Akten und Protokolle des SPD-Parteivorstands bis 1961. Ergänzend herangezogen wurden die Nachlässe einiger führender sozialdemokratischer Bundespolitiker, insbesondere der ergiebige Nachlaß Willi Eichlers, sowie vereinzelt auch Nachlaßbestände von Politikern anderer Parteien. Zur Auswertung der hektographiert veröffentlichten Protokolle des Rechtsausschusses des Bundestags wurden ergänzend die Gesetzesmaterialien im Parlamentsarchiv des Deutschen Bundestags benutzt. Die Darstellung der rechtspolitischen Tätigkeit Arndts in Hessen basiert auf Aktenbeständen des Hessischen Hauptstaatsarchivs sowie auf teilweise unerschlossenen Aktenbeständen der Staatskanzlei und des Justizministeriums des Landes Hessen in Wiesbaden. Materialien zu Kontakten Arndts mit Vertretern der Evangelischen Kirche enthält das Zentralarchiv der Evangelischen Kirche in Hessen und Nassau in Darmstadt. Im Landesarchiv in Berlin fanden sich die Akten einiger großer politischer Strafprozesse, an denen Arndt als junger Richter mitwirkte. Persönliche, insbesondere urkundliche Unterlagen Adolf Arndts konnten im Privatarchiv Dr. Claus Arndt, Hamburg, eingesehen werden. Ergänzend zu den schriftlich überlieferten Archivmaterialien wurden schriftliche und mündliche Auskünfte von Zeitgenossen, politischen Weggefährten und Verwandten Arndts herangezogen.

---

12 Dazu gehören die Beiträge von Wassermann, Adolf Arndt, und Holtfort, Adolf Arndt (1904–1974). Der Kronjurist der SPD, und die essayistisch formulierten Beiträge Carlo Schmids, Vorworte zur Festschrift für Adolf Arndt (1969) und zu den politischen Reden und Schriften Arndts (1976).

13 Dazu gehören vor allem die Beiträge zweier führender politischer Weggefährten: Erler, Avantgardist unserer Mündigkeit, und Heinemann, Adolf Arndt zum 65.; ferner Hildebrandt, Avantgardist unserer Mündigkeit, und Zundel, Bonner Kronjurist, Berliner Senator. Wegen ihrer öffentlichkeitswirksamen Prägung des Bildes vom ‚Kronjuristen' seien hervorgehoben die Beiträge von Henkels, Der Kronjurist der Opposition, übernommen in dem ‚Vorwärts'-Artikel, Der „Kronjurist der SPD" (1956), und das Porträt Arndts in den „Bonner Köpfen". Zu den Nachrufen vgl. insbesondere Müller-Meiningen, Kärrner der Gerechtigkeit, und Wassermann, Weder Hofjurist noch Träger von Würde und Macht, sowie Mauz, Glanz der Nüchternheit, und die Trauerrede von Gerhard Jahn sowie die Erinnerung von Hartmanns, Gespräche wie Bäume pflanzen.

14 Unter dem Gesichtspunkt ihrer herausragenden rhetorischen Qualität fanden die Reden Adolf Arndts eine eingehende Würdigung durch die Literaturwissenschaftler Hans Mayer, Anmerkungen zu Reden von Adolf Arndt, Geist der Politik (1965), und Walter Jens, Besprechung zu Arndt, Geist der Politik (1965).

Gliederung

Die *Gliederung* folgt im wesentlichen der Chronologie des politischen Werks Adolf Arndts. Innerhalb dessen werden sachliche Schwerpunkte gebildet, die sich zum Teil zeitlich überschneiden.

Das Erste Kapitel, in besonderem Maße an der Person Adolf Arndts orientiert, stellt den Prolog der Arbeit dar, die Entwicklung Arndts zu einem politischen Menschen, als der er nach 1945 denkend und handelnd in das öffentliche Leben trat.

Das Zweite Kapitel behandelt Arndts Beitrag zum Wiederaufbau einer rechtsstaatlichen Ordnung in Hessen und den Beginn seiner parlamentarischen Karriere im Frankfurter Wirtschaftsrat.

Im Dritten Kapitel wird die maßgeblich von Arndt formulierte, auf konstruktive Opposition hin angelegte Rechtspolitik der SPD im Ersten Deutschen Bundestag anhand der zwei wichtigsten rechtspolitischen Gesetzesprojekte dargestellt. Ein Abschnitt geht auf die gleichzeitig beginnende Wiedergutmachungsgesetzgebung, Arndts Anteil daran und seine Kritik an der Wiedergutmachungspraxis ein.

Das umfassende Vierte Kapitel steht im Zentrum der Arbeit. In der Grundsatzkontroverse um die außen- und sicherheitspolitische Kursbestimmung der Bundesrepublik ist Arndt der eigentliche Träger der seinerzeit einzigen erfolgversprechenden Oppositionsstrategie: des Verfassungsrechtsstreits vor dem Bundesverfassungsgericht. In dieser Auseinandersetzung wurde Arndt einer breiten politischen Öffentlichkeit bekannt und begründete seinen Ruf als einer der herausragenden Parlamentarier und als führender juristischer Kopf der sozialdemokratischen Fraktion im Bundestag.

In der ‚Übergangsphase' zwischen 1954 und 1960 (Fünftes Kapitel) leistete der sozialdemokratische Rechtspolitiker einerseits wesentliche Beiträge zur Schaffung der Wehrverfassung und Wehrgesetzgebung und zu ersten Ansätzen des konstruktiven Gesprächs über eine Notstandsverfassung; andererseits profilierte er sich als scharfer Gegner der nuklearen Sicherheitspolitik der Regierung Adenauer und als prinzipieller Verfechter einer Interpretation der staatlichen Einheit Deutschlands, die sowohl die Anerkennung eines ostdeutschen wie eines westdeutschen Teilstaats ausschloß.

Das Sechste Kapitel widmet sich dem bedeutendsten Beitrag Adolf Arndts zu den Institutionen und zur Geschichte der Bundesrepublik Deutschland: seiner Konzeption, Entfaltung und Verteidigung der Judikative, insbesondere der Verfassungsgerichtsbarkeit.

Das Siebte Kapitel schließlich geht zunächst systematisch auf Arndts Verständnis des Staates und der staatlichen Ordnung ein und erläutert von hier aus seinen nachhaltigen Einfluß auf die Formulierung des Godesberger Reformprogramms der SPD von 1959. Vor diesem Hintergrund wird Arndts wesentlicher Anteil an der programmatischen Öffnung der Sozialdemokratie gegenüber den Kirchen und am Dialog der SPD mit der Katholischen Kirche dargestellt.

Die Zusammenfassung (Achtes Kapitel) sucht eine Antwort auf die ursprünglichen Fragestellungen im historischen Zusammenhang zu geben.

Erstes Kapitel
Prägung des Rechtsgewissens: Vom preußisch-konservativen Bürgertum zur „Solidarität der Verfemten und Unterdrückten"

1. Herkunft und Jugend: Aus preußisch-konservativer Familie

Adolf Arndt wurde am 12. März 1904 in Königsberg/Preußen geboren.[1] Das Ereignis ist besonders belegt in einer prächtigen und dekorativen Glückwunschurkunde. Damit ehrte die Königliche Albertus-Universität zu Königsberg den Vater, ihren Rektor, den Geheimen Oberbergrat und ordentlichen Professor des öffentlichen Rechts, Dr. Gustav Adolf Arndt[2], anläßlich der Geburt seines dritten Kindes.

Die akademische Geburtsurkunde des Sohnes stand für den beruflichen Erfolg des Vaters. Professor Dr. Gustav Adolf Arndt krönte mit dem Rektorat der Jahre 1904/05 eine wissenschaftliche Karriere, die zugleich die Geschichte eines sozialen Aufstiegs war.

Der Vater: aus dem jüdischen Kleinbürgertum zum preußischen Staatsrechtslehrer

Die Herkunft des Vaters, sein Beruf und sein Wissenschaftsverständnis hinterließen tiefe Spuren im Lebensweg Adolf Arndts. Von Gustav Adolf Arndt soll daher ausführlicher die Rede sein.

Er wurde im Nachrevolutionsjahr 1849 in Freienwalde/Pommern geboren und entstammte einer jüdischen Familie. Um der bedrückenden wirtschaftlichen Lage und der oftmals in Pogromen sich entladenden Diskriminierung im Zarenreich zu entgehen, war der Vater aus dem russisch-polnischen Lodz nach Preußen, in das ehemals schwedische Vorpommern, gezogen. Er heiratete[3], nahm anstelle des biblischen Aron den Familiennamen Arndt an und ließ sich als Getreidehändler nieder. Der begabte Sohn wuchs im jüdischen Glauben auf. Er besuchte das angesehene, traditionsreiche französische Gymnasium in Berlin, eine humanistische Hugenottenschule, die seit der Zeit der Aufklärung zahlreiche jüdische Schüler aufnahm.[4] Nach der zum Teil aus eigener Arbeit finanzierten juristischen Ausbildung und der Promotion trat Gustav Adolf Arndt 1875 eine Stelle als Richter an.

---

1 Der vollständige Taufname lautete Karl Otto Adolf Arndt, wobei er später nur den Rufnamen Adolf führte. Zur Unterscheidung wird von dem gleichnamigen Vater im folgenden nur als Gustav Adolf Arndt oder Professor Adolf Arndt gesprochen.
2 In der Sammlung Dr. Claus Arndt, Hamburg.
3 Gleichfalls eine Frau jüdischen Glaubens namens Rosalia Levi, Angabe nach dem notariell beglaubigten Auszug aus der Dissertation Gustav Adolf Arndts, 2. Oktober 1945, HJM, Personalakte Adolf Arndt.
4 Vgl. Richter, Berliner Schulgeschichte, S. 23, 40.

Ein Jude als Richter – war das überhaupt möglich? Möglich geworden war es zu dieser Zeit wohl. Vier Jahre zuvor war die nationale Einigung Deutschlands im Zweiten Kaiserreich vollendet worden. Ihr folgte der innere Aufbau des Reichs, eine Phase der Zusammenarbeit zwischen Otto von Bismarck und den Liberalen, die auf wirtschafts- und rechtspolitischem Gebiet Reformen vorantrieb und die Reichseinheit vollendete. Das nunmehr reichsweit geltende Emanzipationsgesetz des Norddeutschen Bundes von 1869 stellte erstmals die volle bürgerliche und staatsbürgerliche Gleichberechtigung der Juden[5] in Deutschland her. Juden hatten damit von Gesetzes wegen freien und gleichberechtigten Zugang zu allen öffentlichen Ämtern. Doch blieb die Verwaltungspraxis selbst in dieser liberalen Ära nach der Reichsgründung und mehr noch in den darauffolgenden Jahrzehnten bis zum Ende des Kaiserreichs weit von dieser gesetzlichen Verheißung entfernt.[6] Unter Aufrechterhaltung einer rechtswidrigen Praxis[7] blieben die eigentlichen staatsleitenden Bereiche der allgemeinen Verwaltung, der Außenpolitik und des Militärs Nichtjuden vorbehalten. Lediglich der Richterdienst, schlecht besoldet und von geringerem Sozialprestige als der höhere Verwaltungsdienst, stand – wenn auch nur in seinen unteren Rängen[8] – Juden offen. Der preußische Staat zumal[9] knüpfte die Vergabe seiner höheren, einflußreicheren Ämter an das Bekenntnis, gegebenenfalls die Bekehrung zum christlichen Glauben. Für Juden blieb die Taufe das Entréebillett.

Wann Gustav Adolf Arndt zum evangelisch-lutherischen Glauben konvertierte, läßt sich nicht eindeutig klären, sehr wahrscheinlich aber bereits vor oder während seiner Richtertätigkeit[10], denn im Jahre 1878 trat er in die höhere preußische Bergverwaltung ein und stieg im Laufe von acht Jahren zum Oberbergrat und Mitglied des Oberbergamts in Halle/Saale auf. Neben seiner praktischen Berufstätigkeit erwarb Arndt bereits 1879 auf dem Spezialgebiet des Bergrechts die wissenschaftliche Lehrbefugnis, die nach weiteren wissenschaftlichen Arbeiten auf das gesamte Gebiet des öffentlichen Rechts ausgedehnt wurde.[11] Eine große und weitgefächerte wissenschaftliche Produktivität, vor allem die Verknüpfung praktischer Verwaltungserfahrung mit wissenschaftlicher Behandlung des Bergrechts trugen Arndt auf seinem Spezialgebiet hohe Anerkennung ein. Den „bedeutendsten Bergrechtslehrer" Deutschlands im 19. Jahrhundert nannte ihn ein Fachkollege der jüngeren Generation.[12]

---

5 Hamburger, Juden im öffentlichen Leben Deutschlands, S. 27 f.
6 Beispielsweise sank trotz insgesamt steigender Zahl jüdischer Hochschullehrer gegen Ende des Kaiserreichs die Zahl jüdischer Ordinarien um die Hälfte, vgl. Hamburger, a. a. O., S. 55, 58.
7 In dieser rechtlichen Beurteilung folge ich Hamburger, a. a. O., S. 32, 37; zu einer dementsprechend strikten Auslegung der Preußischen Verfassung von 1850 vgl. Huber, Deutsche Verfassungsgeschichte seit 1789, Bd. III, S. 104.
8 Hamburger, a. a. O., S. 44.
9 Zu geringfügigen Abweichungen in Bayern und Baden vgl. Hamburger, a. a. O., S. 39 f.
10 Laut notariell beurkundeter Feststellung vom 2. Oktober 1945 gehörte Gustav Adolf Arndt im Jahre seiner Promotion, 1872, noch dem jüdischen Glauben an, HJM, Personalakte Adolf Arndt. Laut Heiratsurkunde aus dem Jahre 1889 (Abschrift AdsD, Nachlaß Arndt, Mappe 1) war Gustav Adolf Arndt evangelischer Glaubenszugehörigkeit.
11 Zu Leben und Werk Professor Gustav Adolf Arndts vgl. Boldt, Leben und Wirken namhafter Lehrer und Praktiker des Bergrechts. Adolf Arndt 1849 bis 1926, S. 27 f. (m.w.N.); Weizsäcker, Adolf Arndt, S. 358; Nachruf auf Adolf Arndt, in: Deutsche Juristenzeitung 1926, Sp. 660; Adolf Arndt (jun.) an Boldt, 3. Oktober 1968, AdsD, Nachlaß Arndt, Mappe 1.
12 Rudolf Isay an Adolf Arndt, 25. September 1954, AdsD, Nachlaß Arndt, Mappe 19.

Ein wesentlicher Teil der literarischen Wirksamkeit und Sonderstellung Arndts beruhte jedoch darauf, daß er die staatliche Praxis in ihrer historisch-politischen Bedingtheit als ein wesentliches Objekt und Wahrheitskriterium wissenschaftlicher Erkenntnis in die Staatsrechtswissenschaft einbezog. Auf dem Spezialgebiet des Bergrechts mochte Arndts pointiert verfochtene, vom empirisch-praktischen Gegenstand ausgehende, induktiv-konkrete[13] Erkenntnismethode hingenommen werden – im Bereich des allgemeinen Staatsrechts hingegen löste sie eine langanhaltende, erbitterte wissenschaftliche Kontroverse mit unverkennbar politischem Unterton aus. Mit seinem dezidiert an der Staatspraxis orientierten Zugang zum Staatsrecht setzte Arndt sich nämlich bewußt in Gegensatz zur herrschenden wissenschaftlichen Lehrmeinung des staatsrechtlichen Positivismus und zu dessen begrifflich-abstrakter Argumentationsweise.[14] Stein des Anstoßes waren Arndts Thesen zum Gesetzesbegriff und zum „selbständigen Verordnungsrecht" der preußischen Krone.[15] Er berührte damit die staatsrechtliche Nahtstelle zwischen der parlamentarisch geordneten gesetzgebenden Gewalt und der monarchisch beherrschten Exekutive – ein kardinales staatsrechtliches Problem des Konstitutionalismus und zugleich eine politisch hochbrisante Machtfrage. Arndts Theorie war erklärtermaßen darauf gerichtet, zur „Stärkung der vollziehenden Gewalt beizutragen"[16] und, gestützt auf die Staatspraxis und die historische „Machtverteilung"[17], das vom parlamentarischen Gesetzgeber unabhängige Verordnungsrecht der Krone auszudehnen.[18] Arndts Thesen provozierten den entschiedenen Widerspruch der an der Begrifflichkeit der liberalen Verfassungsbewegung geschulten positivistischen Staatsrechtslehre. Gerhard Anschütz, zuletzt in der Weimarer Republik ihr Hauptvertreter, hielt Arndt eine „krypto-absolutistische Gedankenrichtung" vor und zieh ihn sogar der „Demokratenriecherei."[19] Mochten auch verfassungshistorische Gründe Arndts The-

---

13 Adolf Arndt (sen.), Das Verordnungsrecht des Deutschen Reichs, S. 4 f.; ders., Das Staatsrecht des Deutschen Reiches, Vorwort; ders., Das selbständige Verordnungsrecht (Untertitel: Zugleich eine Streitschrift für die historisch-kritische Methode), S. 277: Dort bekannte Arndt sich zur „historisch-kritische[n] Methode." Zu Gustav Adolf Arndt und seiner staatsrechtlichen Methode vgl. auch Böckenförde, Gesetz und gesetzgebende Gewalt, S. 310, 313.
14 So zu verstehen die Bemerkungen Arndts (sen.) in: ders., Das Verordnungsrecht des Deutschen Reiches, S. 3, und Das selbständige Verordnungsrecht, Vorwort.
15 Ders., Das Verordnungsrecht des Deutschen Reiches, S. 57 ff.; ders., Das selbständige Verordnungsrecht. Dies ging auf Arndts formellen Gesetzesbegriff und sein Verständnis der Preußischen Verfassung als einer negativen, die monarchische Machtfülle nicht begründenden, sondern lediglich begrenzenden Verfassung zurück, vgl. dazu und zur dogmenhistorischen Verortung der Theorie Arndts Böckenförde, Gesetz und gesetzgebende Gewalt, S. 222 f., 310 ff.
16 So ausdrücklich Arndt (sen.), Das Verordnungsrecht des Deutschen Reiches, Einleitung, S. IV f.
17 Mit diesem Argument kennzeichnete Arndt wiederholt seine staatsrechtsmethodische Grundannahme, vgl. zum Beispiel Das Verordnungsrecht des Deutschen Reiches, S. 16: „Es ist unmöglich zu bestimmen, welche Gegenstände an sich und ihrer Natur nach dem Gebiet der Gesetzgebung angehören. Viel mehr dürfte es häufig eine Macht- und Zweckmäßigkeitsfrage gewesen sein, ob die Regelung eines gewissen Gegenstandes der Gesetzgebung, d.i. der Mitwirkung der Landesvertretung, oder dem Verordnungsrecht vorbehalten wurde.".
18 Böckenförde, Gesetz und gesetzgebende Gewalt, S. 312.
19 Gerhard Anschütz, Die gegenwärtigen Theorien über den Begriff der gesetzgebenden Gewalt und den Umfang des königlichen Verordnungsrechts nach preußischem Staatsrecht, S. VI (Vorwort), S. 1, 56 ff. Dahinter stand der theoretische Streit um den Rechtssatzbegriff (insbesondere um die Definitionsformel: Eingriff in Freiheit und Eigentum), um dessen politische Oberflächenwirkung es hier allein gehen soll.

sen recht geben[20], so bestärkte ihn doch die bis zur Verfemung gesteigerte Polemik der Gegenseite in seinem Empfinden[21], in der Staatsrechtslehre ein unerwünschter „Außenseiter" aus der Praxis zu sein.

Um so mehr suchte der wissenschaftlich ungemein streitbare Arndt[22] Rückhalt in einer etatistischen, monarchietreuen Haltung. So stellte er jenem Werk, das die Kontroverse über das Verordnungsrecht auslöste und aufdeckte, das Bekenntnis voran:

> „Das Königtum, außerhalb und aus diesem Grunde über den Interessen stehend, welche die staatsbürgerliche Gesellschaft in feindliche Klassen zerlegen und den Haß Aller gegen Alle je länger um so brennender entfachen, soll diejenige Stelle sein, von welcher Versöhnung und Frieden ausgehen in dem allgemeinen Kampf um das Dasein, welcher die Gegenwart bewegt und die Zukunft erfüllen wird."[23]

Politisch engagierte er sich stark in der Freikonservativen Partei, einer unbedingt Bismarck- und monarchietreuen, scharf antisozialdemokratischen, gouvernementalen Partei[24], die überwiegend Großindustrielle, hohe Beamte und Wissenschaftler in ihren Reihen hatte und zahlreiche Inhaber führender Staatsämter hervorbrachte. Zweimal kandidierte Arndt vergeblich für den Reichstag und unterlag unter anderem den sozialdemokratischen Bewerbern.[25] Seine Verehrung für Bismarck wurde zur Familienlegende.[26] Der preußische Staat seinerseits honorierte die fachlichen Verdienste und die staatstreue Haltung des bewährten Beamten und Privatdozenten mit einer außerordentlichen Professur in Halle.[27] Im Jahre 1898 heiratete Gustav Adolf Arndt Luise Zabeler, eine Offizierstochter, deren Vorfahren der Familie von Fransecky[28] und vorwiegend hessischen Adelsgeschlechtern mit langer Offiziers- und Juristentradition entstammten.[29] Der Name des ersten Kindes, Ernst Moritz Arndt, erinnerte stolz an den

---

20 Böckenförde, Gesetz und gesetzgebende Gewalt, S. 223 f.
21 Arndt (sen.), Das selbständige Verordnungsrecht, S. 12. Zur „allgemeinen Verfemung" Professor Adolf Arndts im Verlauf der scheinbar rein wissenschaftlichen Auseinandersetzung, s. Rupp, Grundfragen der heutigen Verwaltungsrechtslehre, S. 4, 114.
22 Eine weitere bekannte bergrechtliche Kontroverse mit Adolf Zycha löste Adolf Arndt durch seine Habilitationsschrift Zur Geschichte und Theorie des Bergregals und der Bergbaufreiheit, Halle 1879, aus (zu den Streitpunkten, s. S. 1 bis 6 und zu Adolf Arndts Grundthese, S. 55), wobei er indessen die herrschende Meinung auf seine Seite zu bringen vermochte, vgl. dazu die Feststellung seines schärfsten Gegners, Zycha, Das Recht des ältesten deutschen Bergbaus bis ins 13. Jahrhundert, Berlin 1899, S. 9.
23 Arndt (sen.), Das Verordnungsrecht des Deutschen Reiches, Vorwort, S. IV.
24 Vgl. dazu Huber, Deutsche Verfassungsgeschichte seit 1789, Bd. IV, S. 37 ff.; Fricke, Reichs- und Freikonservative Partei (RFKP) 1867 bis 1918, S. 752, 754 f., 761.
25 Zu Arndts Abschneiden bei der Reichstagswahl 1893 im Wahlkreis Halle-Merseburg vgl. Specht/Schwabe, Die Reichstagswahlen von 1867 bis 1907, S. 101.
26 Henkels, Adolf Arndt, in: ders., 111 Bonner Köpfe, 5. Aufl., S. 21 ff. (S. 22), kolportierte die Familienanekdote, Professor Adolf Arndt habe nach einem Kuß, den Bismarck ihm in Friedrichsruh gegeben habe, behauptet, sich „seitdem nicht mehr die Wange gewaschen zu haben;" s. auch die Hommage an Bismarck als der prägenden Persönlichkeit des Verfassungswerks von 1871, Arndt, Staatsrecht des Deutschen Reiches, Vorwort, S. IV.
27 Boldt, Leben und Wirken namhafter Lehrer und Praktiker des Bergrechts. Adolf Arndt, S. 27.
28 Die Mutter Luise Zabelers war eine geborene Karoline von Fransecky, deren Mutter eine geborene Freiin von Stein zu Lausitz, vgl. Taufregisterauszug, 22. Januar 1936, AdsD, Nachlaß Arndt, Mappe 1. Zur Familie von Fransecky, aus der zahlreiche Offiziere, unter anderem preußische Generäle, hervorgingen, s. Genealogisches Handbuch des Adels, Adelslexikon, Bd. III, S. 353.
29 Stammbaum und Urkunden in der Sammlung Claus Arndt.

gleichfalls aus Pommern stammenden großen nationalen Dichter.[30] Im Jahre 1900 schließlich erreichte Professor Gustav Adolf Arndt der Ruf auf den Lehrstuhl für öffentliches Recht an der Universität Königsberg. Es war keine ganz gewöhnliche deutsche Universität. Im Zeichen wachsender außenpolitischer Spannungen zum russischen Reich wurde die Königsberger Universität von einer Welle nationalen Hochgefühls erfaßt. Zunehmend entwickelte sie die Mentalität einer Vorpostenuniversität.[31] Philipp Zorn, der bekannte Staatsrechtler und Vorgänger Arndts auf dem Königsberger Lehrstuhl, hatte in dieser Stadt, nach eigenem Bekunden, ein preußisch-deutsches Nationalgefühl entwickelt; Königsberg war für ihn ein „Schutzwall des Deutschtums gegenüber dem benachbarten Halbasien."[32]

Die Berufung in ein hohes Amt an dieser Universität war eine Vertrauensbekundung des preußischen Staates. Im Einklang mit den politischen Verhältnissen, gestützt auf beruflichen Erfolg und hohes soziales Ansehen, genoß die Familie Professor Gustav Adolf Arndts eine gesicherte Existenz in der Oberschicht des Königsberger Bürgertums. Mochten auch manche hinter vorgehaltener Hand von einem getauften, ehemals Aron heißenden Juden Arndt sprechen und antisemitische Parteien neuen, auf angebliche Rassenunterschiede gründenden Haß gegen die Juden ausstreuen – der preußische Staat schien davon unangefochten: Er erwartete das Bekenntnis zum Christentum und gewährte dafür Gleichberechtigung und Aufstiegschancen.[33]

Eine Jugend zwischen Kaiserreich und Weimarer Republik

In dieser Atmosphäre sozialer Sicherheit und nationalen Selbstbewußtseins wuchs Adolf Arndt junior auf. Die Namensgleichheit mit dem Vater setzte zuversichtlich auf die Kontinuität dieser Lebensumstände. Und doch war mit Adolf Arndts Geburtsjahr das letzte Friedensjahrzehnt des zweiten deutschen Kaiserreichs und das Ende der Wilhelminischen Gesellschaft angebrochen.

Die Familie Arndt bewohnte eine sehr geräumige und komfortable Wohnung in der Schönstraße, auf dem Tragheim, einem der besten, oberhalb der sumpfigen Pregelniederung gelegenen Wohnviertel Königsbergs. Das große Haus in der neu angelegten Straße war in einem großen Rechteck um ein Bismarck-Denkmal[34] gebaut. Im gleichen Haus wohnte eine Tante Adolf Arndts, eine Schwester seiner Mutter, die mit einem Sohn der Familie Simon, einer der reichsten und angesehensten Familien Königsbergs, verheiratet war. Die Simons waren Juden, erfolgreiche Bankiers, Kaufleute und Verleger, die um die Jahrhundertwende zum christlichen Glauben übertraten.[35] Die Kinder der beiden Familien spielten häufig miteinander. Sie wuchsen auf in den Lebensverhältnissen großbürgerlicher, vollständig assimilierter deutsch-jüdischer Familien, die in „hohen und höchsten Kreisen Königsbergs"[36] gesellschaftlichen Umgang pflegten.

---

30 Die drei nachfolgenden Kinder waren (in der Reihenfolge ihrer Geburt): Elisabeth, Adolf und Helmut Arndt.
31 Vgl. Gause, Die Geschichte der Stadt Königsberg in Preußen, Bd. II, S. 703.
32 Zorn, Aus einem deutschen Universitätsleben, S. 49, 72.
33 Hamburger, Juden im öffentlichen Leben Deutschlands, S. 98.
34 Schriftliche Mitteilung von Dr. Lili Simon an den Verfasser, 14. November 1984; vgl. auch Gause, Geschichte der Stadt Königsberg, Bd. II, S. 640.
35 Jacoby, Jüdisches Leben in Königsberg/Pr. im 20. Jahrhundert, S. 13 f.; zur Familie Simon s. auch Gause, Geschichte der Stadt Königsberg, Bd. II, S. 672 f..
36 Mündliche Mitteilung von Dr. Lili Simon an den Verfasser, 18. November 1984.

Nur wenige Erinnerungssplitter geben fragmentarische Eindrücke von Adolf Arndts Kindheit und Jugend. Einer Anekdote zufolge soll der Knabe dem Oberpräsidenten von Ostpreußen auf dessen Frage nach seinem Berufswunsch geantwortet haben: „Exzellenz, Exzellenz, aber Militär-Exzellenz."[37] Eine Familiengeschichte, gleichfalls aus dem soldatischen Bereich, hinterließ einen nachhaltigen, zugleich differenzierten Eindruck in dem Kind: Ein junger preußischer Offizier aus der Familie Fransecky habe 1866 in der Schlacht bei Königgrätz den Befehl zum Rückzug verweigert und, in richtiger Einschätzung der militärischen Lage, mit einem erneuten Vorstoß zum Sieg der preußischen über die österreichische Armee beigetragen.[38] Solche Bewahrung unabhängiger Entscheidungskraft in einem hierarchischen System, gegebenenfalls der Mut zum Ungehorsam, um etwas Vernünftiges zu erreichen, bekam später die Bedeutung eines Leitmotivs für Arndt. Mag auch die preußische Militärtradition die Familiengeschichte der Arndts und die Knabenerziehung vor dem Ersten Weltkrieg[39] geprägt haben, so deuteten sich bei dem Kind, das nach mehrjährigem Privatschulunterricht das altangesehene Königliche Friedrichs-Kolleg[40] besuchte, musische Neigungen und Fähigkeiten an. Es schrieb gewandt und zeichnete sehr gut.[41]

Eine ebenso unsichtbare wie undurchdringliche Wand trennte die Sphäre der großbürgerlichen Wohnviertel, der großzügigen Neubauwohnungen mit Dienstboten, der Privatschulen und der humanistischen Bildung vom Leben der kleinen Leute, der Tagelöhner, Arbeiter und kleinen Angestellten. Sie lebten in einer anderen, einer Gegenwelt zum Bürgertum. In ihren dichtbesiedelten Wohnvierteln in der Innenstadt unten am Pregel und in den Proletariervierteln Haberberg, Sackheim und Weidendamm lag die Kindersterblichkeit mehr als doppelt so hoch wie in dem „Geheimratsviertel" Tragheim, in dem die Arndts wohnten.[42] Hier hatte die sozialdemokratische Arbeiterbewegung einen starken Stützpunkt und entwickelte sich in scharfer ideologischer und kultureller Abgrenzung zum Bürgertum.[43] Aus der Königsberger Sozialdemokratie stammten bekannte Politiker wie Hugo Haase, Gustav Noske und Otto Braun, die nach dem Krieg in der Weimarer Republik höchste Staatsämter bekleideten.[44] Im Geburtsjahr Adolf Arndts mußte sich der spätere preußische Ministerpräsident Otto Braun, angeklagt wegen Hochverrats[45], vor einem Königsberger Gericht verantworten. In einem in ganz Deutschland Aufsehen erregenden Prozeß wurde Braun freigesprochen. Das spektakuläre Gerichtsverfahren, bei dem sich herausstellte, daß ostpreußische Sozialdemokraten politische Literatur gegen das Zarenreich über die russische Grenze geschmuggelt hatten[46], muß Professor Adolf Arndt in seinem Verdikt über die Sozialdemokratie nur bestärkt haben. Seinen Kindern, so weiß die

---

37 Adolf Arndt, Fünfzig Jahre, in: Sozialdemokratischer Pressedienst, 10. März 1954, S. 6 f. (S. 6). Diese Anekdote war vermutlich in ironischer Absicht von Arndt lanciert worden, zumal er in jener Zeit die Wiederbewaffnung der Bundesrepublik bekämpfte, vgl. Kapitel IV.
38 Mündliche Mitteilung von Dr. Yvonne Arndt an den Verfasser, 27. Oktober 1984.
39 Mündliche Mitteilung von Dr. Lili Simon an den Verfasser, 18. November 1984.
40 Schriftsatz Adolf Arndt ./. Jakob Diel, 12. April 1958, S. 8, AdsD, Nachlaß Arndt, Mappe 49; zum Friedrichs-Kolleg vgl. auch Gause, Geschichte der Stadt Königsberg, Bd. II, S. 715/716.
41 Mündliche Mitteilung von Dr. Lili Simon an den Verfasser, 18. November 1984.
42 Gause, Geschichte der Stadt Königsberg, Bd. II, S. 640, 760.
43 Siehe Schulze, Otto Braun oder Preußens demokratische Sendung, S. 47 f., 120, 123.
44 Siehe Gause, Geschichte der Stadt Königsberg, Bd. II, S. 611 ff.
45 Schulze, Otto Braun, S. 108 ff.
46 Ders., a. a. O., S. 109.

Familienlegende, habe er gedroht, zwar werde er sie vor Gericht verteidigen, sollten sie wegen Mordes angeklagt sein; doch werde er sie enterben, falls sie der SPD beiträten.[47]

Nach der Emeritierung des Vaters zog die Familie Arndt im Jahre 1912 nach Berlin, wo der Sohn Adolf auf dem humanistischen Kaiserin-Augusta-Gymnasium eingeschult wurde. Der Schüler erlebte den auch die Gymnasien ergreifenden Taumel nationaler Begeisterung bei Ausbruch des Krieges, die zunehmende Not der Kriegsjahre und schließlich den Zusammenbruch des Kaiserreichs in der Novemberrevolution 1918 mit. Die Sozialdemokraten stellten die erste Regierung, später den ersten Reichspräsidenten. Die Monarchie war abgeschafft. Die Demokratie hatte – vorläufig – gesiegt.

An den äußeren Lebensumständen der Familie Arndt änderte dies wenig. Professor Arndt hatte, einer Bitte des preußischen Kultusministeriums entsprechend, bereits während des Krieges seine Vorlesungstätigkeit in Frankfurt, später Marburg, wieder aufgenommen und stellte sich auch der neuen staatlichen Ordnung zur Verfügung. In zwei Kommentarwerken zur neuen Weimarer Reichsverfassung bzw. zur Preußischen Verfassung von 1920[48] stellte er in nüchternen Worten den Übergang zur Republik fest. Nach Auflösung der Freikonservativen Partei trat er nicht wie die meisten seiner Parteifreunde[49] der rechtskonservativen, monarchistischen Deutschnationalen Volkspartei[50], sondern der nationalliberalen Deutschen Volkspartei[51] bei. Der starke monarchistische Flügel der DVP ließ zwar die Spannung zu dem neuen politischen System erkennen, doch verweigerte sich die Partei seit 1920 nicht mehr grundsätzlich einer Mitarbeit auf dem Boden der Republik.

---

47 Mündliche Mitteilung von Dr. Claus Arndt an den Verfasser, 17. September 1984.
48 Adolf Arndt (sen.), Die Verfassung des Deutschen Reichs vom 11. August 1919, S. 29; ders., Die preußische Verfassung vom 30. November 1920, S. 36.
49 Fricke, Reichs- und Freikonservative Partei, S. 767.
50 Zu diesem Programmpunkt s. Huber, Deutsche Verfassungsgeschichte, Bd. VI, S. 189.
51 Entsprechend einer Information Adolf Arndts an Professor Boldt, 3. Oktober 1968, AdsD, Nachlaß Arndt, Mappe 1.
Gerade die Mitgliedschaft in der DVP erlaubte Professor Adolf Arndt, der Monarchie als der theoretisch wünschenswertesten Staatsform (zum Programm der DVP vgl. Huber, Deutsche Verfassungsgeschichte seit 1789, Bd. VI, S. 177 ff.) weiter anzuhängen und sich zugleich zu loyaler Mitarbeit dem republikanischen Staat zur Verfügung zu stellen. Gewiß wurde Arndt sen. dadurch noch nicht zum überzeugten Republikaner; nicht sehr wahrscheinlich, andererseits aber auch nicht auszuschließen ist seine Befürwortung oder gar Unterstützung des rechtsextremen Angriffs auf die Republik im Kapp-Lüttwitz-Putsch, denn nach dem Urteil Heinrich August Winklers war die DVP im Jahre 1920 eine „prinzipiell monarchistische Partei", die in den Putschtagen Kapp und Lüttwitz zumindest näher gestanden habe als der Regierung Bauer, s. ders., Von der Revolution zur Stabilisierung, S. 363. Einen solchen Zusammenhang insinuierte anscheinend Walter Henkels in seinem Porträt Adolf Arndts (jun.) („Der Kronjurist der Opposition", in: Frankfurter Allgemeine Zeitung, 23. Mai 1953): Vater Arndt habe mit dem Putschistenführer Wolfgang Kapp 1917 gemeinsam die gegen Reichskanzler Bethmann-Hollweg gerichtete Vaterlandspartei gegründet, während sein Sohn, Adolf Arndt jun., dann 1920 einem der rechtsextremen militärischen Führer des Putsches, Kapitänleutnant Ehrhardt, als persönliche Ordonnanz gedient habe.
Die letztere Behauptung stützte Henkels offenbar auf Informationen Dritter, die Arndt übel gesonnen waren. In einem der damit zusammenhängenden Gerichtsverfahren (s.u. Kapitel IV.6.) machte Henkels eine Zeugenaussage (im Prozeß Arndt gegen Diel, 19. März 1959, AdsD, Nachlaß Arndt, Mappe 50), die jedenfalls Arndt selbst als Informanten ausscheiden läßt. Henkels griff diese Episode in späteren Auflagen seines Buches mit Politikerporträts, vgl. zum Beispiel 111 Bonner Köpfe (1963), S. 21 f. (S. 22), nicht mehr auf.

Unterdessen blieb die junge Weimarer Demokratie in Gefahr. Ihre erste große Bedrohung erlebte sie mit dem Kapp-Lüttwitz-Putsch im März 1920. Es ist das erste politische Ereignis im Leben Adolf Arndts, über das ein Bericht von ihm vorliegt.[52] Bei einem rechtsgerichteten Putsch gegen die Weimarer Republik hatten der ostpreußische Generallandschaftsdirektor Kapp und der Reichswehrgeneral Lüttwitz mit Unterstützung von Teilen der Reichswehr und einiger Freikorps für mehrere Tage gewaltsam die Regierungsmacht in Preußen und im Reich an sich gerissen.[53] Während des daraufhin zur Verteidigung der Republik ausgerufenen Generalstreiks leisteten zahlreiche Berliner Oberschüler, unter ihnen der 16jährige Adolf Arndt, freiwilligen Bereitschaftsdienst im Rahmen der „Technischen Nothilfe" der Stadt Berlin.[54] Im Zusammenhang mit diesem Hilfsdienst gelangte Arndt am letzten Tag, kurz vor dem Zusammenbruch des Putsches, in das Befehlszentrum der Aufständischen, in das Reichswehrministerium in der Bendlerstraße, wo er den Abzug der Kriegsmarinebrigade Ehrhardt beobachten konnte. Die programmatische Bedeutung der Hakenkreuze an den Stahlhelmen dieses völkisch eingestellten Freikorpsverbandes konnten die abenteuerlustigen und neugierigen Schüler nicht wirklich erfassen. Sie blieben Schaulustige eines Vorgangs, den sie als aufregendes politisches Schauspiel empfanden.

Im darauffolgenden Jahr begann Adolf Arndt jedoch zu spüren, daß die politischen Strömungen und Spannungen, die sich im Putsch des Jahres 1920 entladen hatten, auch ihn selbst betrafen und bedrohten. Inzwischen war dem Bergrechtsspezialisten Professor Arndt das Amt des ordentlichen Honorarprofessors an der Universität Marburg/Lahn übertragen worden und die Familie nach Hessen umgesiedelt. Dort, am Marburger Gymnasium Philippinum, erfuhr Adolf Arndt erstmals den Ausbruch antisemitischer Haßgefühle in seiner nächsten Umgebung. Ein Ereignis in der Folge des Kapp-Putsches hatte auch in der hessischen Provinzstadt die Zerrissenheit und Krise der deutschen Nachkriegsgesellschaft freigelegt. Der Generalstreik zur Abwehr des Kapp-Putsches im März 1920 hatte sich in Teilen des Reiches zu linksextrem ausgerichteten Erhebungen gegen die parlamentarische Demokratie der Weimarer Republik ausgeweitet. Zur Niederschlagung der Aufstände griff die Reichsregierung unter anderem auf das „Marburger Studentenkorps" zurück, eine von Weltkriegsoffizieren geführte Einheit studentischer Zeitfreiwilliger. Politisch waren die Marburger Studentenfreikorps ganz überwiegend rechtsorientiert.[55] Die Agitatoren einer starken rechtsextremen und offen antisemitisch auftretenden Strömung unter den Marburger Studenten, die den Kapp-Putsch begünstigte, besetzten in dem Freikorps führende Komman-

---

52 Die Darstellung der folgenden Ereignisse des Kapp-Putsches, soweit sie Arndt betrifft, beruht auf Arndts – von seinem Klassenkameraden und späteren Schwager Klaus Helbing gestützter – Zeugenaussage am 19. März 1959 in seinem Prozeß gegen den Bundestagsabgeordneten Jakob Diel, a. a. O., mit der er der von Diel übernommenen Behauptung Walter Henkels' über seine aktive Unterstützung des Kapp-Putsches entgegentrat. Das Gericht hielt jene Behauptung aufgrund der Beweisaufnahme für unrichtig und schloß sich den Darlegungen Arndts an, vgl. das Urteil des LG Bonn im Prozeß Arndt ./. Diel (auszugsweise Abschrift), 14. Juli 1959, AdsD, Nachlaß Arndt, Mappe 50.
53 Huber, Deutsche Verfassungsgeschichte seit 1789, Bd. VII, S. 44 ff.
54 Vgl. die Zeugenaussagen Arndts und Klaus Helbings am 19. März 1959 im Prozeß Arndt ./. Diel, AdsD, Nachlaß Arndt, Mappe 50.
55 Zum „Marburger Studentenkorps" und den Ereignissen vgl. Seier, Radikalisierung und Reform als Problem der Universität Marburg, 1918 bis 1933, S. 311 ff., der auch auf eine Minderheit demokratisch eingestellter Angehöriger des Korps hinweist. Zu ihnen gehörte unter anderem der spätere Bundesminister Ernst Lemmer (CDU).

dostellen. Sie nutzten die ersehnte Gelegenheit zum Losschlagen gegen die ‚Spartakisten'. Bei dem thüringischen Ort Mechterstädt erschoß ein Kommando des Korps fünfzehn zuvor gefangengenommene, unbewaffnete Arbeiter.[56] Der tiefe Meinungsstreit um die Mechterstädter Erschießung – Mord oder gerechtfertigte ‚Erschießung auf der Flucht' – spaltete auch die Schülerschaft der Oberstufe des Marburger Gymnasiums Philippinum. Arndt zeichnete später ein eindringliches Bild jener „Polarisierung" unter den Schülern und Studenten.[57] Die Mehrzahl unter ihnen war gegen die Weimarer Republik und jegliche Friedenspolitik eingestellt. Sie gruppierten sich um rechtsradikale, teils geheime Bünde, die von der Hoffnung auf eine gewaltsame Revision der „Schmach von Versailles" lebten und darauf hinarbeiteten. Arndt sah damals geheime Waffenlager – „stapelweise Infanteriegewehre und Maschinengewehre" – des „Deutsch-Völkischen Schutz- und Trutzbundes", dem viele seiner Mitschüler angehörten. Es waren Jungen, die in der militarisierten Umwelt der ersten Weimarer Nachkriegsjahre der Zorn der Väter über den verlorenen Krieg zur Militanz erzog.[58] In völkischen Bünden organisiert sein, hieß für diese Schüler zugleich antisemitisch sein. Für den aus Berlin zugezogenen Sechzehnjährigen war das eine ganz neue Wirklichkeit. An der Berliner Schule schien der Antisemitismus nurmehr eine „üble Verschrobenheit einzelner Lehrer zu sein"; in Marburg hingegen war er „schlechterdings die gesellschaftliche Grundstruktur."[59] Arndt sah, wie der Eifer der „Ariernachweise" die surrealistischen Blüten mehr als hundertprozentiger „Blutsnachweise" trieb, wie sein jüdischer Mitschüler Max Plaut gänzlich ignoriert wurde und ein „Heldenstück" der antisemitischen Schüler darin bestand, nachts die Synagoge zu schänden.

Angesichts dieser militanten Mischung aus Republikfeindschaft und Antisemitismus stand Arndts Position fest. Er gehörte zu denen, die den Ariernachweis „nicht führen konnten oder nicht wollten", zu der bespöttelten Minderheit, die sich im „Bibelkränzchen" organisierte und Anhänger der Weimarer Republik und einer Friedenspolitik sammelte.[60] Unter dem ironischen Namen „Bibelkränzchen" suchten die Gewalt und Rassenhaß ablehnenden Schüler Bestärkung in christlichen Glaubensinhalten. Damit erprobte der 17jährige Schüler – wahrscheinlich erstmals – seinen christlichen Glauben als politische und widerständige Kraft – eine prägende Erfahrung für die Zeit unter nationalsozialistischer Herrschaft. Die politisch polarisierte Atmosphäre seiner Marburger Schulzeit zwang den Sohn aus konservativer, monarchistisch geprägter Familie, Stellung zu beziehen und zu erkennen, daß sein politischer Standort nicht bei denen sein konnte, für die eine gewaltsame Revision der Novemberrevolution Hand in Hand ging mit vernichtendem Haß gegen das jüdische Volk. Diese Schulerlebnisse schärften seinen Blick für die „Stickluft spießbürgerlicher Verlogenheit"[61], in der die nationalsozialistische Bewegung heranreifte. Sie halfen ihm auch, als er im Herbst 1922 an der Marburger Universität sein Studium aufnahm, diese Stickluft im universi-

---

56 Vgl. Seier, Radikalisierung und Reform, S. 313. Es kam zum gerichtlichen Freispruch der Täter: Die Gefangenen seien ‚auf der Flucht erschossen' worden. Zu den erdrückenden Indizien, die dagegen auf Mord hinweisen, s. Hannover/Hannover-Drück, Politische Justiz 1918 bis 1933, S. 100 ff.
57 Arndt, Erinnerung, in: Schulz, Kritische Solidarität. Betrachtungen zum deutsch-jüdischen Selbstverständnis. Festschrift für Max Plaut zum 70. Geburtstag, Bremen 1971, S. 285 ff. (S. 287).
58 Ders., a. a. O., S. 286.
59 Ders., ebda.
60 Ders., a. a. O., S. 287.
61 Ders., ebda.

tären Bereich wahrzunehmen und zu erkennen, wie kurz die universitätsoffiziellen Bekundungen der Loyalität zur Republik trugen. Ein prorepublikanisches Bekenntnis war damit nicht verbunden. Zum aktiven Eintreten für die Republik fand sich nur eine Minderheit der Professoren bereit.[62]

2. Jurist und Intellektueller

Eigentlich hatte Adolf Arndt Arzt werden wollen.[63] Die Verhältnisse der Inflationszeit im Jahre 1922 standen seinem Berufswunsch jedoch entgegen. Professor Arndt sprach sich gegen das teure und lange Medizinstudium aus, zumal sich drei Kinder in der Ausbildung befanden. So folgte Arndt den Beispielen des Vaters und des Bruders und nahm zum Wintersemester 1922/23 das Studium der Rechtswissenschaft sowie der Volkswirtschaftslehre und der Philosophie an der Universität Marburg auf. Das Philosophiestudium ließ ihm die Freiheit, sich intensiv mit Sigmund Freuds Schriften zur Psychoanalyse zu befassen. Mit Erfolg: Im Jahre 1924 veröffentlichte der 22jährige Student in der von Freud herausgegebenen Zeitschrift „Imago", Zeitschrift zur Anwendung der Psychoanalyse auf die Geisteswissenschaften, einen Aufsatz unter dem Titel „Tabu und Mystik."[64] Doch konzentrierte er seine wissenschaftlichen Ambitionen auf das juristische Hauptfach. 1925 legte er die Erste Juristische Staatsprüfung mit der äußerst seltenen Höchstnote „ausgezeichnet" ab. Ein Jahr darauf promovierte er bei dem Marburger Staatsrechtler Professor Felix Genzmer magna cum laude über „Kartellrechtliche Verwaltungsakte".[65]

Der Rechtswissenschaftler: Lehrer und Grundthemen

In den Jahren 1925 bis 1933 veröffentlichte Arndt, parallel zu seiner Tätigkeit als Rechtsreferendar, Rechtsanwalt und Richter, 34 Aufsätze und kleinere Beiträge in juristischen Fachzeitschriften.[66] Nachdem der Vater 1926 gestorben war, übernahm Adolf Arndt gemeinsam mit seinem Bruder, dem Rechtsanwalt Ernst Moritz Arndt, die Weiterführung und Herausgabe zweier bewährter, von Professor Arndt begründe-

---

62 Zu dieser vorsichtigen Einschätzung der Haltung der Hochschullehrerschaft, zumindest in den ersten Jahren der Weimarer Republik s. Seier, Radikalisierung und Reform, S. 319.
63 Claus Arndt, Erinnerungen, S. 17.
64 Adolf Arndt, Über Tabu und Mystik, in: Imago (Zeitschrift für Anwendung der Psychoanalyse auf die Geisteswissenschaften, Hrsg. Sigmund Freud), Bd. 10 (1924), S. 314.
65 Zur Veröffentlichung s. Adolf Arndt, Kartellrechtliche Verwaltungsakte, in: AöR 11 NF (1926), S. 192.
66 Zu einer kompletten Liste der juristischen Veröffentlichungen Arndts vor 1945 vgl. HHStA 12 407 (Akte Adolf Arndt aus dem Landespersonalausschuß). Acht Beiträge erschienen in den juristischen Zeitschriften mit dem höchsten Verbreitungsgrad (Juristische Wochenschrift, Juristische Rundschau, Deutsche Juristenzeitung), drei im Archiv des öffentlichen Rechts – der renommiertesten staatsrechtlichen Zeitschrift –, zwei in der Zeitschrift für die gesamte Strafrechtswissenschaft bzw. drei in Goltdammer's Archiv, die zu den wichtigsten Fachzeitschriften des Strafrechts gehörten.

ter Kommentare zur Weimarer Reichsverfassung und zum Reichsbeamtengesetz.[67] Der Name des Vaters erleichterte gewiß den ersten Zugang zu den juristischen Publikationsorganen, doch sprachen die Qualität, die Eigenwilligkeit und die Themenbreite der Veröffentlichungen sehr bald für sich. Die Beiträge behandelten grundlegende, zum Teil aktuelle Fragen des Staats- und Verfassungsrechts, des materiellen Strafrechts und des Strafprozeßrechts, des Beamtenrechts und der Rechtsgeschichte, wobei das Schwergewicht auf dem Verfassungs- und Strafprozeßrecht lag. Erste Erfahrungen im universitären Forschungs- und Lehrbetrieb sammelte Arndt als Assistent der Marburger juristischen Fakultät. Zurückgekehrt nach Berlin, arbeitete er von 1930 bis 1933 als Assistent bei zwei der bekanntesten Berliner Rechtslehrer, dem Staatsrechtler Heinrich Triepel und dem Straf- und Prozeßrechtler James Goldschmidt.[68] Damit waren die Weichen zu einer wissenschaftlichen Laufbahn gestellt.

In der rechtsmethodischen Grundposition trat Adolf Arndt das Erbe seines Vaters an. Wie dieser suchte er die Lösung neuartiger Rechtsprobleme induktiv „am besonderen Problem zu gewinnen"[69] und nicht aus einem vorgefertigten System zu deduzieren. Wie dieser gab er seinen methodischen Bemerkungen eine deutliche Pointe gegen den rechtswissenschaftlichen Positivismus. Die logisch-formale, den vorgefundenen positiv-rechtlichen Stoff von seinen philosophischen, historischen, politischen und zweckhaften Bezügen streng isolierende und lediglich begrifflich systematisierende Erkenntnismethode, kurz: die seit der Mitte des 19. Jahrhunderts herrschende staatsrechtsmethodische Doktrin[70], lehnte Arndt als „Konstruktivismus"[71] ab, der den konkreten Rechtserscheinungen nicht gerecht werde. Arndt ging es um die Wiedergewinnung einer, wie er es sah, dem Staatsrecht als Gegenstand wissenschaftlicher Erkenntnis allein angemessenen *historisch-politischen Interpretation*.[72] So wollte er beispielsweise wieder bewußt machen, daß der gleiche verfassungsrechtliche Terminus in verschiedenen Verfassungen zu verschiedenen Zeiten unterschiedliche Bedeutung annahm und – ein weiteres Beispiel – die systematische Unterscheidung zwischen öffentlichem und privatem Recht keiner logischen Notwendigkeit, sondern einem „politischen Problem"[73] entsprang. Wo diese Erkenntnis verdrängt wurde, sah Arndt die Gefahr einer „krypto-politische[n] Einstellung" und der Verhüllung politischer Machtbestrebungen mit einem „wissenschaftlichen Mäntelchen" herannahen.[74]

Darin lag eine Herausforderung der herrschenden Staatsrechtslehre. Doch konnte der junge Adolf Arndt, anders als sein Vater, auf einflußreiche Bundesgenossen zählen. Dazu rechnete vor allem sein akademischer Lehrer Heinrich Triepel, nach dem Urteil

---

67 Ernst Moritz Arndt/Adolf Arndt (Hrsg.), Adolf Arndt, Die Verfassung des Deutschen Reiches vom 11. August 1919, 3., sehr verb. und verm. Aufl., Berlin / Leipzig 1927; Ernst Moritz Arndt/Adolf Arndt, Fortsetzung von Adolf Arndt, Das Reichsbeamtengesetz, 4., neu bearb. Aufl., Mannheim/Berlin/Leipzig 1931
68 Bescheinigung der Marburger Juristischen Fakultät, 31. März 1928, AdsD, Nachlaß Arndt, Mappe 2; Bescheinigung der Berliner Juristischen Fakultät (Abschrift), 28. Februar 1931, Sammlung Claus Arndt.
69 Arndt, Wesen des Wirtschaftsrechts (1927), S. 557.
70 Dazu Böckenförde, Gesetz und gesetzgebende Gewalt, S. 211 – 220.
71 Arndt, Wesen des Wirtschaftsrechts (1927), S. 555; ders., Richter, Gericht und Rechtsweg in der Reichsverfassung (1932), S. 212 f.: gegen die extrem formale Ausprägung des staatsrechtlichen Positivismus der „Wiener Schule", insbesondere Hans Kelsens.
72 Ders., Richter, Gericht und Rechtsweg (1932), S. 213.
73 Ders., a. a. O., S. 184; ders., Kartellrechtliche Verwaltungsakte (1926), S. 198.
74 Ders., Richter, Gericht und Rechtsweg (1932), S. 208.

Rudolf Smends die „geistig und sittlich überragende Figur seines Fachs" an der Berliner Fakultät.[75] In seiner berühmten Rektoratsrede von 1926, auf die Arndt sich bezog[76], hatte Triepel geradezu eine Abrechnung mit dem staatsrechtlichen Positivismus vorgenommen: Es gelte wiederzuentdecken, daß das Staatsrecht „keinen anderen Gegenstand als das Politische" habe und daher bei der Interpretation „in die innigste Beziehung" zu den politischen Kräften zu setzen sei.[77] Triepel plädierte entschieden für eine staatsrechtliche „Interessenjurisprudenz", die aus der Erkenntnis, daß Recht ein „Komplex von Werturteilen über Interessenkonflikte" sei, die nachvollziehende Offenlegung der Interessen (Zwecke) im Recht zur vordringlichsten Aufgabe der Staatsrechtswissenschaft machte.[78] Triepel bezog mit seiner gewichtigen Stimme Position in einer Methodendiskussion, die die Staatsrechtslehre der Weimarer Republik tief spaltete. Die traditionellen Positivisten standen einer in sich heterogenen, doch zunehmend Gewicht gewinnenden Gruppe von Antipositivisten gegenüber.[79] An der Berliner Fakultät zählten zu letzteren neben Triepel[80] dessen Schüler Gerhard Leibholz und insbesondere Rudolf Smend, der mit seiner Integrationslehre entscheidender Wegbereiter einer antipositivistischen, materialen Verfassungstheorie wurde.[81] Die erste Begegnung Arndts mit den Thesen Leibholz' und Smends in Berlin war für ihn wissenschaftlich und persönlich prägend.[82]

Freilich unternahm Arndt keine erkenntnistheoretisch tiefgreifende Methodenkritik des staatsrechtlichen Positivismus. In seinen ersten juristischen Schriften wie auch später setzte er die Verfehltheit des positivistischen Ansatzes mehr voraus, als sie zu begründen. Zumal in seinen Publikationen bis 1933 bezog er zwar eindeutig Stellung, doch weniger in der theoretischen Herleitung als in der Anwendung seiner Grundauffassung auf praktische Rechtsprobleme. So behandelte er beispielsweise in seiner Dissertation und einigen Folgepublikationen ohne Befangenheit in tradierter Systematik[83] und aufgeschlossen für die politischen Probleme die neue, rasch anwachsende Materie der Wirtschaftspolitik. Die Wirtschaftsgesetzgebung in der Folge der „Revolution von 1918" empfand er grundsätzlich als begrüßenswert; denn sie habe die „unlösbaren Zusammenhänge von Staat und Wirtschaft offenbar gemacht."[84] Ihn reizte die Aufgabe, neue Lösungen für neue Rechtsprobleme zu finden.[85]

Arndts verfassungsrechtliche Publikationen waren durchweg darauf gerichtet, den

---

75 Vgl. Smend, Zur Geschichte der Berliner Juristenfakultät im 20. Jahrhundert, S. 123; zur ausführlichen Würdigung Triepels s. Hollerbach, Zu Leben und Werk Heinrich Triepels, S. 417 (m.w.N.).
76 Arndt, Richter, Gericht und Rechtsweg (1932), S. 189. Die Feststellung Arndts, sein Vater Professor Adolf Arndt habe in staatsrechtsmethodischer Hinsicht Triepel nahegestanden (s. Arndt an Gerhard Boldt, 3. 10. 1968, AdsD, Nachlaß Arndt, Mappe 1), traf auf ihn selbst zu.
77 Triepel, Staatsrecht und Politik, Berlin/Leipzig 1927, S. 12, 19; dazu Hollerbach, Zu Leben und Werk Triepels, S. 429 ff.
78 Triepel, a. a. O., S. 37, 39.
79 S. dazu eingehend Manfred Friedrich, Der Methoden- und Richtungsstreit, S. 161 ff. (zu den beiden Hauptströmungen im Überblick, S. 170 ff.).
80 Zu Triepels Position (wenngleich weniger eindeutig) Hollerbach, Leben und Werk Triepels, S. 431.
81 Zu Arndts Rezeption der Integrationslehre s. unten Kapitel VII.1.; zur Übereinstimmung mit Triepel s. Smend, Geschichte der Berliner Juristenfakultät, S. 123.
82 Zum Verhältnis Arndts zu Smend und Leibholz s.u. Kapitel VI.1./2 und VII.1.
83 Programmatisch dazu Arndt, Kartellrechtliche Verwaltungsakte (1926), S. 192.
84 Ders., a. a. O., S. 194; ders., Grundgedanken der neuen Wirtschaftsgesetzgebung (1927), S. 139.
85 Vgl. z. B. die Qualifizierung des Kartellgerichts – entgegen seiner Bezeichnung – als Verwaltungsbehörde, Arndt, Kartellrechtliche Verwaltungsakte (1926), S. 222.

Vorrang und die normative Kraft der Verfassung gegenüber dem einfachen Gesetzesrecht zu sichern.[86] Das war wesentlich vor allem im Hinblick auf die Geltungskraft der Grundrechte. Für die Weimarer Reichsverfassung galt nämlich nach herrschender Rechtslehre, daß die Grundrechte unmittelbare Schranken nur gegenüber der Exekutive, nicht aber gegenüber dem Gesetzgeber errichteten.[87] Dieser noch an der positivistischen Interpretation des konstitutionellen Staatsrechts orientierten Interpretation traten die Antipositivisten, allen voran Triepel und Leibholz, entgegen. Anhand des Gleichheitsgebots in Art. 109 WRV postulierten sie die Grundrechtsbindung auch des demokratischen Gesetzgebers.[88] Arndt ließ sich von dieser neuen Lehre überzeugen und schloß sich Triepels und Leibholz' Auffassung[89] in seiner Kommentierung der Reichsverfassung an. Er wirkte somit an der Verbreitung einer Auffassung mit, die den Grundrechten eine im deutschen Staatsrecht bisher nicht gekannte Geltungskraft zumaß. Indessen ging diese Bedeutungserhöhung der Grundrechte jetzt zu Lasten des demokratischen Gesetzgebers, dessen Dispositionsfreiheit angesichts grundrechtlicher Positionen nunmehr an absolute Schranken stieß. Das erhellt die ambivalente, zugleich liberale und konservative Wirkung der neuen Grundrechtslehre. Diese entsprang einer gerade von Arndts Lehrern Triepel und Goldschmidt vertretenen grundsätzlichen Abwehrhaltung gegenüber dem „Absolutismus" des parlamentarischen Gesetzgebers[90] und führte in ihren ersten Anwendungsfällen zu einem politisch konservativen, letztlich die überkommene Eigentumsordnung der Vorkriegszeit stabilisierenden Ergebnis.[91] Indessen ging Arndt damals – anders als nach 1945 – nicht so weit wie seine Lehrer Triepel und Goldschmidt, den demokratischen Gesetzgeber einem richterlichen Prüfungsrecht[92] zu unterwerfen.

Dem erweiterten Geltungsbereich der Grundrechte stellte Arndt eine liberale, freiheitsstärkende Interpretation ihres Schutzbereichs zur Seite. Den Umfang des Eigentumsrechts gegenüber Enteignungen dehnte er – in dubio pro libertate – weit aus[93],

---

86 Arndt, Die Verfassungsmäßigkeit eines Reichsgesetzes über die Vermögensauseinandersetzung zwischen den Ländern und den vormals regierenden Fürstenhäusern (1926), Sp. 260, dort geradezu programmatisch der Satz: „Wenn der Gesetzgeber selbst gegen die Verfassung, die Grundmauer allen Rechts, verstößt, wo soll es dann noch Recht geben?;" ders., Wann ist eine Klage aus Artikel 13 RVerf zulässig? (1927), Sp. 462, wo er eine extensive Normenkontrollbefugnis des Staatsgerichtshofs auch in bezug auf bestehendes Landesrecht befürwortete, das das Gesetzgebungsverfahren noch nicht vollständig durchlaufen hatte.

87 Huber, Deutsche Verfassungsgeschichte seit 1789, Bd. VI, S. 99 f.; als Hauptvertreter der herrschenden Lehre Gerhard Anschütz, Die Verfassung des Deutschen Reichs vom 11. August 1919, 10. Aufl., Berlin 1929, Artikel 109 WRV, Anm. 1, 2 und Art. 114 WRV, Anm. 1.

88 S. Nachweise und gründliche Auseinandersetzung mit dieser Frage bei Anschütz, a. a. O., Art. 109, Anm. 1, 2.

89 Während Arndt die Verfassungsmäßigkeit eines Reichsgesetzes (1926), Sp. 264, in Art. 109 I WRV lediglich als Gebot der Rechtsanwendungsgleichheit sah, schloß er sich in der Bearbeitung des Kommentars zur Reichsverfassung (1927), Art. 109, Anm. 1, der neuen Lehre an.

90 Hollerbach, Leben und Werk Triepels, S. 427; Hempel, Richterleitbilder in der Weimarer Republik, S. 111 ff.

91 Hempel, a. a. O., S. 124.

92 Hollerbach, Leben und Werk Triepels, S. 426 f.; Goldschmidt, Gesetzesdämmerung, S. 249 (unter Berufung auf Triepel); s. dazu auch Hempel, a. a. O., S. 113 f.; Ernst Moritz Arndt/Adolf Arndt (Bearb. Adolf Arndt), Die Verfassung des Deutschen Reichs (1927), Artikel 102 (S. 281), Artikel 109, Anm. 1.

93 Arndt, Verfallserklärung und Enteignung (1927), Sp. 843, 846; ders./Ernst Moritz Arndt, Die Verfassung des Deutschen Reichs (1927), Art. 153, Anm. 4; ders., Die Verfassungsmäßigkeit des § 118 des Arbeitsgerichtsgesetzes (1929), S. 22.

wobei er ausdrücklich ein wertendes Verständnis des Eigentumsrechts als „Grundnorm der deutschen Wirtschaftsverfassung" und „Magna Charta des deutschen Wirtschaftslebens" zugrunde legte.[94] In entsprechend grundrechtsfreundlicher Interpretation drang er auf eine im Zweifel enge, rechtsstaatlich eindeutige Beschränkbarkeit der Meinungs- und Versammlungsfreiheit.[95]

Zu den wissenschaftlich bedeutendsten und zugleich persönlich engagiertesten rechtswissenschaftlichen Arbeiten des jungen Arndt gehörten seine Beiträge zum verfassungsrechtlichen Verständnis des Richters und der Gerichtsbarkeit. Arndt ging es um die *Stärkung der Dritten Gewalt*. Entgegen historisch und politisch bedingten Begriffsverengungen führte er den Nachweis, daß Art. 102 WRV, der die Unabhängigkeit des Richters postulierte, einen „materiellen Begriff" des Richters enthielt; das hieß: Nicht nur die – jederzeit revidierbar – formell gesetzlich bestimmte Richtertätigkeit, sondern darüber hinaus jede Ausübung von „Rechtspflege"[96] im inhaltlichen Sinn sollte den Schutz richterlicher Unabhängigkeit genießen. Entsprechend seinem rechtsmethodischen Ansatz war Arndt sich durchaus der politischen Bedeutung der Rechtsprechung als „Machtmittel im Staat"[97] bewußt; so argumentierte er aus der für ihn wegweisenden historischen Beobachtung: „Politisch gesehen zeigt es sich, daß die Rechtslage des Einzelnen um so stärker und gesicherter ist, je weiter der Machtbereich der Rechtspflege reicht, aber um so schwächer und schutzloser, als die Verwaltung herrscht."[98] In diesem Machtkonflikt schlug Arndt sich unmißverständlich auf die Seite der Rechtspflege. Wie in seiner Grundrechtsauslegung trat auch hier ein Bestreben zutage, in der unbegrenzt abänderbaren Weimarer Reichsverfassung Garantien individueller Rechts- und Freiheitsräume dem gesetzgeberischen Zugriff zu entziehen.

Am deutlichsten trat Arndts liberal-rechtsstaatlicher Impetus in seinen Beiträgen zum Strafprozeßrecht hervor. Sie folgten konsequent dem klassischen Leitprinzip *in dubio pro reo*. In eingehenden Erörterungen plädierte Arndt für den Ausbau der Rechtsposition des Angeklagten, sei es in der Sicherung seiner Rechte vor Eröffnung des Hauptverfahrens[99], bei der Herstellung der „Parteiengleichheit"[100] zwischen dem Angeschuldigten und dem Staatsanwalt oder bei der Gewährleistung der „Offenheit"[101] des Strafverfahrens. Arndt, der die Beiträge während seiner Tätigkeit als Landrichter in Berlin verfaßte, scheute dabei auch nicht eine offene Kontroverse mit dem übergeordneten Kammergericht.[102] Als eine Notverordnung des Reichspräsidenten im Juni 1932 unter anderem aus wirtschaftlichen Gründen das Beweisrecht des Angeklagten im Strafverfahren einschränkte, warnte Arndt vor einer allzu leichten Opferung rechts-

---

94 Ders., Verfassungsmäßigkeit des § 118 des Arbeitsgerichtsgesetz (1929), S. 22.
95 Ders., Bedingter Straferlaß (1925), S. 2750; ders., Versammlungsfreiheit und Strafrecht (1929), S. 751.
96 Ders., Richter, Gericht und Rechtsweg in der Reichsverfassung (1932), S. 216, sowie S. 214, 217 (unter ausdrücklichem Bezug auf seinen Lehrer James Goldschmidt).
97 Ders., a. a. O., S. 207, 213.
98 Ders., ebda.
99 Arndt, Antrag des Angeschuldigten auf Voruntersuchung, wenn die Anklageschrift kein Ermittlungsergebnis enthält (1931), S. 367.
100 Ders., Sofortige Beschwerde des Angeschuldigten gegen die Ablehnung des Antrags auf Voruntersuchung (1931), S. 129 f.
101 Im Sinne eines umfassenden Akteneinsichtsrechts, des Gebots der Mündlichkeit und Unmittelbarkeit, dazu Arndt, Fehlerhafte Eröffnungsbeschlüsse (1932), S. 227.
102 S. Arndt, Sofortige Beschwerde des Angeschuldigten gegen die Ablehnung seines Antrags auf Ergänzung der Voruntersuchung (1931), S. 197.

staatlicher Verfahrensgrundsätze, wobei er sarkastisch hinzufügte, dies bedeute sonst das Ende einer geordneten Strafrechtspflege, und dann würde „besser die Strafrechtspflege überhaupt eingespart."[103] Diese Kritik stand in scharfem Gegensatz zu der Unterstützung, die die Notverordnung in den konservativen Berufsorganisationen, dem Preußischen Richterverein und der Vereinigung preußischer Staatsanwälte, genoß.

Die Eindeutigkeit solcher Äußerungen zeigt, daß Arndt Kontroversen nicht auswich. Überzeugt von der Richtigkeit seiner wissenschaftlich begründeten Thesen, machte er keine Konzessionen an die vermeintliche Autorität einer herrschenden Meinung oder an die politische Opportunität. Immer enthielten seine Arbeiten klare, häufig pointierte Thesen. Intellektuelle Streitbarkeit und Eigenwilligkeit kennzeichneten den jungen Wissenschaftler und Richter.

Zwei Grundlinien durchzogen das wissenschaftliche Werk des jungen Arndt. Zum einen war in seinen frühen Arbeiten angelegt, wenn auch noch nicht theoretisch ausgeformt, ein *materiales Rechts- und Verfassungsverständnis*. Arndts Ausgehen vom Vorrang der Verfassung, sein Grundrechtsverständnis und die extensive Begriffsbestimmung des Richters und der richterlichen Gewalt enthielten wesentliche Elemente eines materiellen Rechtsstaatsverständnisses.[104] Vorbild darin war ihm sein akademischer Lehrer Heinrich Triepel.[105] Zum zweiten folgte Arndt einem ausgeprägt *freiheitswahrenden, individualrechtlichen* Impetus. Die Nähe zu einer bestimmten politischen, genauer: parteipolitischen Gedankenrichtung wurde darin nicht deutlich.

Nun zeigte allerdings gerade Heinrich Triepels Beispiel, daß ein Eintreten für materielle Rechtsstaatlichkeit sich politisch verbinden konnte mit einem bürgerlich-konservativen Bekenntnis.[106] Triepel entwickelte sich seit dem Ende der Zwanziger Jahre zum scharfen Gegner des Parteienstaates und Befürworter einer korporativ-ständischen Gliederung des Staates.[107] Zwar war der bei Triepel deutliche, in Weimarer bürgerlich-konservativen Juristenkreisen[108] weit verbreitete Anti-Parteien-Affekt in dieser Form bei Arndt nicht erkennbar. Doch deuteten auch dessen spärliche literarische Äußerungen zu diesem Thema eine gewisse Parteienskepsis, jedenfalls ein bewußtes Distanzhalten von den Parteien an.[109] Vereinzelte Stellungnahmen Arndts zu Problemen des Wirtschafts- und Eigentumsrechts grenzten sich von Verstaatlichungsbestrebungen ab und neigten einer wirtschaftsliberalen Auffassung zu.[110] Arndt stand politisch im bür-

---

103 Ders., Neuregelung des Beweisrechts im Strafverfahren? (1932), S. 268. Arndt schlug sich damit eindeutig auf die Seite der liberalen Kritiker, vor allem des Deutschen Anwaltsvereins, s. dazu König, Vom Dienst am Recht, S. 23.
104 Siehe unten Kapitel VIII.1.
105 Zu den Elementen materiellen Rechtsstaatsdenkens bei Triepel s. Hollerbach, Leben und Werk Heinrich Triepels, S. 427.
106 Ders., a. a. O., S. 434, 436.
107 Ders., a. a. O., S. 435; vgl. dazu Triepels im August 1927 gehaltene, 1930 neu aufgelegte Rektoratsrede, Die Staatsverfassung und die politischen Parteien, S. 32 ff., insbesondere S. 36 f..
108 Dazu Jasper, Justiz und Politik in der Weimarer Republik, S. 195 ff.
109 Arndt, Grundgedanken der neuen Wirtschaftsgesetzgebung (1927), S. 146: Dort sah er in dem von ihm vorgeschlagenen System wirtschaftlicher Selbstverwaltung „eine starke Garantie dafür, daß die Wirtschaftsverwaltung nicht zum Spielplatz der Parteipolitik" werde; ders., Untersuchungsausschuß zur Prüfung der preußischen Rechtspflege? (1932), S. 352; s. dazu auch unten Kapitel I.3.
110 Ders., Grundgedanken der neuen Wirtschaftsgesetzgebung (1927), S. 124 (in einer verstaatlichten Wirtschaft drohe das fiskalische Interesse die „Wirtschaft zu tyrannisieren"), S. 140 („Jedes Gesetz ist starr. Die Wirtschaft aber ist Leben und Bewegung").

gerlich-liberalen Lager. Seine wissenschaftlichen Arbeiten behandelten die Weimarer Reichsverfassung als eine stabilisierungsbedürftige und verteidigenswerte Rechtsordnung. Eine Stellungnahme zum politischen, demokratischen Gehalt der Verfassung enthielten sie nicht. Eine spätere Angabe Arndts über sein Wahlverhalten zeigt, daß er „republikanisch" wählte.[111] Seine Publikationen indessen mieden ein diesbezügliches Bekenntnis.

Arndt zog es zur Wissenschaft. Doch scheute und bespöttelte er immer die Existenz eines weltabgewandten, der reinen Forschung hingegebenen, allzuleicht sich selbst genügenden Gelehrten. Für ihn besaß das gesprochene neben dem gedachten Argument einen eigenen, gleichberechtigten Wert. Die Erprobung des Gedankens in der Rede, seine Verteidigung im Streitgespräch, forderten Arndt zu höchster gedanklicher Leistung heraus. Die Kunst der Rede im Plädoyer entwickelte er zur Meisterschaft. Kein besserer Lehrer der forensischen Rhetorik war denkbar als der Berliner Rechtsanwalt Professor Dr. Max Alsberg. Bei ihm hat Arndt als Rechtsreferendar und Gerichtsassessor gearbeitet.

Alsberg war zu jener Zeit der bekannteste deutsche Strafverteidiger. Dank überragender anwaltlicher Fähigkeiten hatte er in zahlreichen großen Kriminalprozessen scheinbar aussichtslose Situationen zugunsten seiner Mandanten gewendet. Alsberg hatte unter anderem erfolgreich den früheren kaiserlichen Staatssekretär Helfferich in einem Verfahren wegen Beleidigung des damaligen Reichsfinanzministers Erzberger verteidigt und damit zu Erzbergers Rücktritt beigetragen.[112] Alsbergs Plädoyers genossen einen legendären Ruf zugleich wegen ihrer juristischen Präzision und ihrer variantenreichen, vollendeten Rhetorik. Zudem war Alsberg eine Gelehrtenpersönlichkeit von hohem Ansehen. Er arbeitete an der Strafrechtsreform mit und trug in zahlreichen Veröffentlichungen zur wissenschaftlichen Bearbeitung des Strafprozeßrechts bei.[113] In Alsberg verband sich die wissenschaftliche Durchdringung der Rechtsmaterie mit der engagierten anwaltlichen Parteinahme. Darin wurde er zu Arndts Vorbild. Faszinierend für Arndt muß Alsbergs weiter geistiger Horizont gewesen sein. Alsberg setzte sich dafür ein, die Erkenntnisse der neuen Wissenschaft Psychologie für die Strafrechtspflege nutzbar zu machen. Er war sehr belesen, an Kunst interessiert und schrieb Theaterstücke, die auf zahlreichen deutschen Bühnen aufgeführt wurden.

Arndt machte in dem großen Mitarbeiterstab durch außergewöhnliche Leistungen Alsberg auf sich aufmerksam und wurde zunehmend in die Bearbeitung großer und schwieriger Prozesse, schließlich auch in die Vorbereitungen von Alsbergs Schlußvorträgen einbezogen.[114] Insbesondere an zwei Großprozessen, dem „Menschenraubprozeß"[115] in Hamburg und dem „Stinnes-Prozeß", war Arndt beteiligt. Im Fall Stinnes hatte Alsberg die Verurteilung eines der reichsten europäischen Wirtschaftsmagnaten, Hugo Stinnes jun., wegen Betrugs abgewendet. Mit Stinnes' ‚Freispruch' stand Alsberg auf der Höhe seines Erfolgs. Im Revisionsverfahren riet Arndt Alsberg, entgegen der

---

111 Laut eigener Angabe im Fragebogen der amerikanischen Militärregierung vom 10. Juni 1946 (HHStA 12 407, Akte Arndts aus dem Landespersonalausschuß) wählte Arndt in der Novemberwahl zum Reichstag 1932 „Zentrum", in der Märzwahl 1933 „Zentrum oder Deutsche Volkspartei.".
112 Riess, Der Mann in der schwarzen Robe. Das Leben des Strafverteidigers Max Alsberg, S. 83 ff.; zu einer Würdigung Alsbergs s. auch Jungfer, Max Alsberg (1877 – 1933). Verteidigung als ethische Mission, S. 141 ff.
113 Spendel, Max Alsberg, S. 305.
114 Zeugnis Dr. Max Alsbergs (Abschrift), 30. September 1930, Sammlung Claus Arndt.
115 Adolf Arndt an Hans Schueler (Die Welt), 7. 4. 1970, Sammlung Claus Arndt.

bisherigen Prozeßtaktik, auch Stinnes' Privatsekretär zu entlasten. Alsberg beharrte jedoch auf der ursprünglichen Linie. Als er anhand der von Arndt vorbereiteten Notizen sein Plädoyer vortrug, bemerkte er, daß er genau dem Vorschlag Arndts folgte – und gewann. Arndt war so selbstbewußt gewesen, dem großen Alsberg zu widersprechen. Alsberg, der Arndts Fähigkeiten im übrigen sehr schätzte, sah sein Vertrauen mißbraucht. Er stellte den jungen Assessor zur Rede, der daraufhin seinen Abschied nahm.[116]

Prägung eines Intellektuellen

Arndt war nie nur Jurist. Der Aufsatz des 22jährigen Studenten über „Tabu und Mystik", den Sigmund Freud in seine Zeitschrift Imago aufgenommen hatte, versuchte in sehr selbständiger Weise die analytische Kernidee eines der Hauptwerke Freuds, „Totem und Tabu", auf den mittelalterlichen Okkultismus und Mystizismus zu übertragen. Der Aufsatz mied jede Art von flachem Rationalismus. Er nahm die Mystik des Mittelalters als Phänomen ernst und spürte mit den Begriffen der Psychoanalyse ihrer „tieferen Bedeutung" nach. Ja, er wagte die These, daß durch die Psychoanalyse die Quintessenz der Mystik „bewiesen" werde, daß „jedes Zeichen und jede Erscheinung [...] außer ihrem sichtbaren noch einen verborgenen Sinn" habe.[117] Die Verschlüsselung der Erscheinungen im mystischen Bild durchzog als Analyseproblem Arndts gesamtes Kunstverständnis und prägte seinen Kunstgeschmack.[118]

Ausgehend von der psychoanalytischen Methode nannte Arndt unbewußte Triebstrukturen, Erotik und Sexualität sowie okkulte Elemente der christlichen Religion[119] beim Namen – Themen, die in der bürgerlichen Erziehung als Tabu galten. Darüber setzte sich die – gelegentlich mit Ironie versetzte[120] – nüchterne Unbefangenheit Arndts hinweg. Zu jener Zeit stellten die Anhänger der von Freud begründeten Psychoanalyse eine kleine Minderheit in der wissenschaftlichen Lehre dar. Als Arndt die psychoanalytische Methode am mittelalterlichen Mystizismus erprobte, begann die Psychoanalyse, ausgehend von ihrer neben Wien zweiten Metropole Berlin, erst allmählich Anerkennung zu finden. Bekämpft von der politischen Rechten als Unterhöhlung konservativer Werte, von der kommunistischen Linken als bürgerlich-idealistische Pseudowissenschaft[121], entfaltete die Psychoanalyse während der Zwanziger Jahre, ihrer ersten Blütezeit in Deutschland, breitere Wirkung nur in Kreisen der Intellektuellen und des fortschrittlich-liberalen Bürgertums.[122]

Arndts Aufsatz war ein Ausläufer jener geistig-kulturellen Aufbruchbewegung, die in Berlin, der ‚Hauptstadt der Zwanziger Jahre', ihren Mittelpunkt hatte. Der urbane,

---

116 Dazu Riess, Der Mann in der schwarzen Robe, S. 214.
117 Arndt, Über Tabu und Mystik (1924), S. 327.
118 Vgl. Arndts grundlegende Befassung mit dem Problem des Mythos in der Kunst, ders., Mythos und Symbol (1963), S. 278 ff.
119 Arndt, Über Tabu und Mystik (1924), S. 325: Dort spricht er von „wechselseitiger Beeinflussung" zwischen „Okkultismus und Christentum" und bezeichnet den früheren Dämonenglauben des Christentums als „religionifizierten Okkultismus.".
120 Ebda. über den mittelalterlichen Mystiker Agrippa von Nettesheim bemerkt er, dieser habe erotische Themen gemieden oder sich dabei „innerlich bekreuzigt.".
121 Vgl. Laqueur, Weimar. Die Kultur der Republik, S. 266.
122 Gay, Weimar Culture. The Outsider as Insider, S. 35 ff.

liberale Geist der Stadt zog Arndt zeit seines Lebens an. 1928 kehrte er Marburg endgültig den Rücken[123] und ließ sich in Berlin nieder. Die außergewöhnliche Vielfalt und Modernität des Berliner Kulturlebens jener Jahre formte Arndts Interesse an der Kunst, sei es Malerei, Theater, Musik oder Architektur. Hier erlebte er die Aufführungen Max Reinhardts und die von ihm hochgeschätzten Schauspieler Gustav Gründgens und Fritz Kortner auf der Bühne.[124] Hier lernte er die Bilder George Grosz' und Karl Schmidt-Rottluffs und die Werke der Bauhaus- Bewegung kennen.

Wesentliche Anregung und Unterstützung seiner musischen Neigung empfing Arndt, der 1926 geheiratet hatte[125], von seiner Ehefrau. Ruth Arndt, eine Tochter des Ministerialdirigenten im preußischen Finanzministerium Dr. Otto Helbing, war mit dem kulturellen Leben der Reichshauptstadt aufgewachsen. Selbst ausgebildete Pianistin und künstlerisch vielseitig veranlagt, knüpfte sie mit leichter Hand Kontakte zu Künstlern, aus denen manche Freundschaft hervorging.[126] Aus der gemeinsamen Begeisterung für Kunst erwuchs eine enge, verständnisvolle, ja innige Partnerschaft zwischen den Eheleuten.

3. Richter im Niedergang der Weimarer Republik

Der Disput mit Max Alsberg war offenbar nur der Anlaß für Arndt, im Herbst des Jahres 1930 aus der Rechtsanwaltstätigkeit auszuscheiden. Alsberg hätte den jungen Juristen gern gehalten[127] und bescheinigte ihm in seinem Zeugnis „ungewöhnliche Rechtskenntnisse" sowie die „geradezu erstaunliche Fähigkeit, die Zusammenhänge eines komplizierten Tatbestandes zu überschauen, das Wesentliche zu erkennen und herauszuarbeiten."[128] Doch verfolgte Arndt auf längere Sicht das Ziel einer wissenschaftlichen Forschungs- und Lehrtätigkeit. Daher nahm er zum Wintersemester 1930/31 die Tätigkeit eines wissenschaftlichen Assistenten an der Berliner juristischen Fakultät auf. Ursprünglich „zu Studienzwecken"[129] trat er zugleich als Gerichtsassessor in den preußischen Richterdienst ein. In den folgenden zweieinhalb Jahren erlebte Arndt aus der Sicht des Strafrichters die Krise, den Niedergang und die Zerschlagung der ersten deutschen Demokratie. Die tiefe ideologische Spaltung der Republik, die schweren, oft gewalttätigen politischen Auseinandersetzungen schlugen sich in einer steigenden Zahl von Gerichtsverfahren nieder. Die Strafkammern des Landgerichts III Berlin (Moabit), denen Arndt als beisitzender Richter angehörte, hatten über zahlreiche Straftaten zu urteilen, deren tragendes Motiv politische Überzeugungen und Emotionen

---

123 Nach mehreren Studiensemestern, der Doktorprüfung und zweijähriger Assistentenzeit sowie der Absolvierung eines Teils der Referendarzeit in Marburg.
124 Vgl. die Erinnerungen, Arndt, Dank an Max Reinhardt (1963), in: ders., Geist der Politik (1965), S. 296; ders., Gustav Gründgens (1963), a. a. O., S. 301.
125 1927 bzw. 1930 waren die Kinder Claus und Yvonne zur Welt gekommen.
126 Zum Beispiel zu Oskar Kokoschka, s.u. Kapitel I.4.
127 S. Schriftsatz Arndt ./. Diel, 1. September 1958, S. 11, AdsD, Nachlaß Arndt, Mappe 49.
128 Vgl. das Zeugnis Dr. Max Alsbergs, 30. September 1930 (Abschrift), Sammlung Claus Arndt.
129 Schriftsatz Arndt ./. Dehler, 15. Dezember 1952, S. 22, AdsD, Nachlaß Arndt, Mappe 48.

waren. In diesem Sinn übten sie politische Justiz[130] – und dies in einer aufgeheizten politischen Atmosphäre und unter den Augen einer zum Teil höchst justizkritischen Öffentlichkeit. Arndt wirkte an Strafverfahren mit, die zu den großen Kriminalfällen der Weimarer Justizgeschichte gehören. Die Zusammenstellung der folgenden Fälle[131] geht auf Arndt selbst zurück, der sie zu einem sehr persönlichen Zweck vornahm.[132] Schon deswegen kann die folgende Auswahl nicht Arndts Richtertätigkeit im ganzen repräsentieren. Sie gibt indessen Einblick in das richterliche Selbstverständnis des jungen Adolf Arndt.

Im Zweifel für die Freiheit der Kunst: der „Christus mit der Gasmaske"

Das Zeugnis Max Alsbergs wies Arndt als glänzenden Juristen aus. Eine Schonzeit erhielt der 26jährige Gerichtsassessor, der jüngste in der gesamten Berliner Strafjustiz[133], nicht. Er wurde – ein sehr seltener Fall – unmittelbar einer großen Strafkammer für Berufungssachen zugeteilt und Anfang Dezember 1930, zwei Monate nach Dienstantritt, zum Berichterstatter bestellt in der Berufungssache gegen den Maler George Grosz und seinen Verleger Wieland Herzfelde wegen Gotteslästerung.

Es handelte sich um den bedeutendsten Strafprozeß zum Thema Kunstfreiheit während der Weimarer Republik. Er bewegte – und spaltete – die öffentliche Meinung der Nation. Nicht die Freiheit eines einzelnen Künstlers, sondern der Freiheitsspielraum politisch engagierter Kunst schlechthin stand mit dem Verfahren gegen Grosz und Herzfelde zur Debatte.

Das Strafverfahren hatte 1928 mit einer anonymen Strafanzeige gegen Grosz und Herzfelde wegen Gotteslästerung begonnen. Corpus delicti waren drei Zeichnungen von George Grosz. Sie waren hervorgegangen aus einem gemeinsamen Projekt Grosz' und Erwin Piscators, eines Avantgardisten des politischen Theaters, wie zeitweise auch Grosz[134] Mitglied der KPD. Unter Beteiligung Max Brods und Bertold Brechts hatte Piscator eine Bühnenbearbeitung des Romans „Die Abenteuer des braven Soldaten Schwejk" von Jaroslav Hašek inszeniert. Grosz hatte in mehr als 300 Zeichnungen für das Bühnenbild das Panoptikum einer extrem militaristischen und obrigkeitsstaatlich geprägten Gesellschaft geschaffen. Eine Auswahl von 17 Zeichnungen veröffentlichte er später unter dem Titel „Hintergrund" bei Malik, dem kommunistischen Verlag Wieland Herzfeldes. Teils grotesk verzerrend, teils holzschnittartig vereinfachend stellten die Zeichnungen überwiegend Szenen und Typen aus dem Militärleben dar. Grosz' scharfer satirischer Strich entwarf Bilder offener brutaler Grausamkeit, deren kontrastierende Unterschriften wirkungsvoll den Zynismus eines militaristischen Macht- und Unterdrückungsapparates hervorbrachten. Neben die hohnvoll karikierten Stützen der Gesellschaft – Offiziere, Richter und Geistliche – stellte Grosz die Gequälten und Geschundenen, die von Wachsoldaten blutig geprügelten, an Paragraphen erhängten

---

130 Kirchheimer, Politische Justiz. Verwendung juristischer Verfahrensmöglichkeiten zu politischen Zwecken, S. 88.
131 Bis auf die Strafsache gegen George Grosz, s.u.
132 S.u. Kapitel I.4., zu Arndts Gesuch um Zulassung zur Rechtsanwaltschaft.
133 Schriftsatz Arndt ./. Dehler, 15. Dezember 1952, S. 22, AdsD, Nachlaß Arndt, Mappe 48.
134 Piscator, Grosz und Herzfelde waren Ende Dezember 1918 gemeinsam der KPD beigetreten, s. Lewis, George Grosz. Art and Politics in the Weimar Republic, S. 187.

Opfer. Deutlich schlugen Grosz' Bilder den Bogen von Offiziersgestalten der Hašekschen Donaumonarchie zum preußisch-deutschen Militärstaat. Sie erhoben, aggressiv und politisch, Anklage gegen jeden Militarismus.[135]

Zwei der drei wegen Gotteslästerung inkriminierten Zeichnungen prangerten Geistliche als pflichtvergessene Kollaborateure und Kriegstreiber an. Die dritte, weniger eindeutige Zeichnung zeigte einen gekreuzigten Jesus, der, in Militärstiefeln steckend, eine Gasmaske über den Kopf gestülpt, ein kleines Kreuz in der erhobenen Linken hielt. Sie trug die Unterschrift „Maul halten und weiterdienen."[136] Wegen dieses „Christus mit der Gasmaske" wurden Grosz und Herzfelde in erster Instanz der Gotteslästerung für schuldig befunden.[137]

Starker Protest von Künstlern und Intellektuellen regte sich. Der Reichsverband Bildender Künstler Deutschlands intervenierte beim Berufungsgericht zugunsten Grosz'[138]. Am 10. April 1929 sprach die Zweite Strafkammer des Landgerichts III Berlin unter Vorsitz des Landgerichtsdirektors Siegert die Angeklagten frei. Das Urteil bescheinigte Grosz, den Tatbestand der Gotteslästerung weder objektiv noch subjektiv erfüllt zu haben. Im Gegensatz zur Vorinstanz deutete es Jesus als Opfer und Empfänger, nicht als Geber des rüden Befehles „Maul halten und weiterdienen": Maßstab für die Verletzung des religiösen Gefühls dürfe nicht sein, wer in Grosz' Bilder nicht einzudringen vermöge, wenn anders die Kunst nicht ihre „kulturelle Mission am Volk" verfehlen solle. Schließlich würdigte der Freispruch Grosz' Anliegen als „ethische Forderung größten Ausmaßes."[139] Nunmehr erhob sich ein Sturm konservativen Protests, unter anderem von seiten des „Kampfbunds für deutsche Kultur", geleitet von Alfred Rosenberg, dem späteren Chefideologen des Dritten Reichs.[140] Das Reichsgericht als Revisionsinstanz kam diesem Protest entgegen. Es hob den Freispruch auf und verwies die Entscheidung an die Berufungskammer zurück mit folgenden Maßgaben: Als Maßstab für die Beschimpfung des religiösen Gefühls gelte nicht der Kunstverständige, sondern das „schlichte Gefühl des einfachen, religiös gesinnten Menschen", der „das Bild unbefangen beschaut." Überdies habe das Berufungsgericht die Möglichkeit einer Kirchenbeschimpfung durch die Art der bildlichen Darstellung vernachlässigt und sich aufgrund der pazifistischen Zweckrichtung des Künstlers über dessen eventuell gleichwohl gegebenen Vorsatz der Kirchenbeschimpfung hinweggetäuscht.[141] Das Reichsgericht erhöhte damit das strafrechtliche Risiko provokativer, kirchenkritischer Kunst beträchtlich. Wie konnte ein „einfacher, religiös gesinnter Mensch" ohne näheres Nachdenken in Grosz' Bildern nicht eine Kirchenbeschimpfung erblicken? Und

---

135 Zur Entstehungsgeschichte der Zeichnungen s. Lewis, a. a. O., S. 188 ff.; Hannover/Hannover-Drück, Politische Justiz 1818 – 1933, S. 250.
136 Vgl. die Bilder bei Lewis, a. a. O., S. 189 f/221; Schneede (Hrsg.), George Grosz. Leben und Werk, S. 109 – 111.
137 Zum Prozeß Grosz' s. Lewis, a. a. O., S. 219 ff.
138 Vgl. die Eingaben des „Schutzverbandes deutscher Schriftsteller" und des „Reichsverbandes der Bildenden Künstler Deutschlands" vom 4. Dezember 1928, eine Protestnote der „Roten Hilfe" vom 1. Februar 1929 sowie von 165 Dresdner Intellektuellen, Personen und Organisationen, Landesarchiv Berlin, Rep. 58, Nr.358 (Prozeß gegen George Grosz und Wieland Herzfelde); zu den Protesten s. auch Lewis, a. a. O., S. 226.
139 Zum Urteilsabdruck s. das Urteil im George-Grosz- Prozeß, in: Die Weltbühne 25, 1929, 1. Halbjahr, S. 708 (712, 713).
140 Lewis, George Grosz, S. 226.
141 Entscheidungen des Reichsgerichts in Strafsachen (RGStE), Bd. 64, S. 121 (S. 126, 129).

hatte dies – für den Vorsatz ausreichend – Grosz nicht wenigstens billigend in Kauf genommen?

Ein erneuter Freispruch war fast ausgeschlossen – das Bemühen um ein „richtiges" Urteil zwang zur Gratwanderung zwischen den restriktiven reichsgerichtlichen Urteilsformeln und offener Parteinahme für Grosz' Kunst. Landgerichtsdirektor Siegert, dessen Strafkammer erneut zu entscheiden hatte, sah in dieser Lage keinen anderen Ausweg, als sich selbst für befangen zu erklären.[142] Er überließ dem 26jährigen Assessor Arndt die Urteilsberichterstattung und Bewältigung des Verfahrens. Arndt sah sich in der schwierigen Lage, zweimal den Befangenheitsantrag Siegerts als unbegründete „Selbstablehnung" zurückweisen zu müssen, da das Gesetz jedem Richter zumute, in einer zurückverwiesenen Sache erneut zu entscheiden.[143] Der Fall Grosz war zu einer politischen cause célèbre geworden. Das zeigte sich am Tag der mündlichen Verhandlung.[144] Der Gerichtssaal glich einem „Konzil", wie Arndt es später beschrieb. Sachverständige beider Kirchen, der Reichskunstwart Redslob und der bekannte pazifistische Schriftsteller und Kunstmäzen Harry Graf Kessler gaben gerichtliche Äußerungen zu Grosz' Zeichnungen zu Protokoll. Zahlreiche Moabiter Richter als Zuhörer lauschten gebannt den Ausführungen des berühmten Straf- und Kirchenrechtlers Professor Wilhelm Kahl[145], der Grosz' eigene Deutung des „Christus mit der Gasmaske" nicht als Gotteslästerung wertete. Noch einmal hatte der Angeklagte Grosz seine Darstellungsabsicht bekräftigt: Selbst Christus, wenn er auf die Erde käme, würde in eine Gasmaske gesteckt, und es würde ihm befohlen: „Maul halten und weiterdienen."[146]

Schließlich sprach die Kammer Grosz und Herzfelde erneut vom Vorwurf der Gotteslästerung frei. Da der dritte Berufsrichter der Kammer einen Schuldspruch befürwortete und der Vorsitzende Siegert sich aus Befangenheitsbedenken an der Urteilsberatung nicht beteiligte[147], lagen Formulierung und Begründung des Freispruchs allein bei Arndt. Dieser unterzog die inkriminierten Kunstwerke einer höchst eindringlichen und subtilen Interpretation. Er stellte den „Christus mit der Gasmaske" in den Gesamtzusammenhang der Mappe, den er als Darstellung der „leidenden Kreatur, wie sie von den überlegenen Kriegshetzern verfolgt und überwältigt wird", deutete.

> „Immer und immer wieder ist der Sinn der Bilder, der wie ein siebzehnstimmiger Schrei aus allen Zeichnungen gellt: Seht die Gepeinigten, sie wollen es nicht, sie können es nicht, und dennoch werden sie in Qual und Tod des Kriegs

---

142 S. die beiden Anzeigen Landgerichtsdirektor Siegerts vom 1. Oktober 1930 und 17. Februar 1930 (Datum ? – gemeint ist sehr wahrscheinlich 17. November 1930, Anm. D.G.), in denen er die Gefährdung der Unparteilichkeit durch seine frühere Überzeugungsbildung erklärte, Landesarchiv Berlin, Rep. 58, Nr. 358.
143 Vgl. die Beschlüsse der 2. Strafkammer des Landgerichts III Berlin vom 1. Oktober 1930 (von Arndt handschriftlich entworfen) und 21. November 1930, Landesarchiv Berlin, Rep. 58, Nr. 358.
144 Schriftsatz Arndt ./. Dehler, 15. Dezember 1952, S. 23, AdsD, Nachlaß Arndt, Mappe 48; Alfred Apfel, Les dessous de la justice allemande, S. 166.
145 „Die berufenen Vertreter" (Inquit), in: Vossische Zeitung, 4. Dezember 1930.
146 Vgl. das Verhandlungsprotokoll aus dem ersten Prozeß gegen Grosz 1928: „George Grosz wird vernommen", in: Das Tagebuch 9, 1929, 2. Halbjahr, S. 2210 (2215).
147 Vgl. den handschriftlichen Vermerk des Urteilsberichterstatters Adolf Arndt über die Stimmabgaben, 4. Dezember 1930, Landesarchiv Berlin, Rep. 58, Nr. 358; Schriftsatz Arndt ./. Dehler, 15. Dezember 1952, S. 23, AdsD, Nachlaß Arndt, Mappe 48.

hineingestoßen. So ist auch Christus hier ein Dulder. Ein leidender, kein streitender Christus ist ans Kreuz geschlagen.."[148]

Deswegen müsse gerade der „religiösgesinnte, einfache Mensch", so flocht Arndt die Formel des Reichsgerichts ein, die Vorstellung eines gotteslästerlichen Angriffs „rückhaltlos verneinen." Man spürte zwischen den Zeilen und in kenntnisreichen Formulierungen, daß der Richter wußte, wovon er sprach – einer, der den leidenden Christus als Bild seines eigenen Glaubens verehrte.[149] Um so mehr konnte Arndt es aus christlicher Sicht bestreiten, daß sich ein spezielles, erheblich politisch geprägtes religiöses Gefühl zum absoluten Maßstab strafrechtlicher Ächtung der Zeichnungen Grosz' erheben[150] dürfe. Dies bezog Arndt – mit einer ironischen Spitze – auch auf den „Streiter für Gott", den konservativen evangelischen Sachverständigen Pfarrer Schreiner.[151] Hatte Arndt so unmißverständlich klargelegt, daß nach der einzig „richtigen" Auslegung die Zeichnungen Grosz' zugunsten eines leidenden, in die Gegenwart gestellten Christus Partei ergriffen, so konnte er nach der reichsgerichtlichen Vorgabe nicht übergehen, daß die Christus-Zeichnungen dennoch zu entgegengesetzten Mißdeutungen „objektiv geeignet" waren und deshalb den objektiven Tatbestand der Gotteslästerung erfüllten.[152] Um so sorgfältiger mußte die subjektive Vorstellung der Angeklagten ergründet werden, da von ihr die Strafbarkeit letztlich abhing. Arndt gestaltete die Prüfung des inneren Tatbestandes zu einer Ehrenerklärung für Grosz. Diesem sei es, nach eigenem Bekunden, gar nicht in den Sinn gekommen, daß sich Christen durch die Zeichnung verletzt fühlen könnten, und das Gericht sei überzeugt, daß er die Wahrheit sage. Damit anscheinend unvereinbare, protokollierte Aussagen Grosz' in den vorangegangenen Gerichtsverhandlungen erklärte Arndts Urteil mit Mißverständnissen; denn Grosz verstehe, „seine Gedanken zu zeichnen, aber nicht, sie in Worte zu fassen. Seine Art zu sprechen ist nicht nur mühselig, sondern oft auch ungelenk und dunkel."[153] Solche Mißverständlichkeit der Bildersprache und ihrer Erläuterungen dürfe indessen nicht zu Lasten des Künstlers gehen. In seinen dichtesten und einfühlsamsten Passagen spürte Arndts Urteil dem Problem der Kunstbetrachtung und des künstlerischen Selbstverständnisses nach:

> „Wenn das Bild einer falschen Deutung Raum gibt, so beruht diese Wirkung nicht auf künstlerischen Mängeln, zumal die Bildersprache selten oder nie die Eindeutigkeit eines Wortes erreichen wird, sondern sie ergibt sich aus der Verschiedenheit der Menschen, die das Bild anschauen. Der eine erlebt den Sinn des Bildes unmittelbar in seinem Herzen, der andere versucht, auf gedanklichem Wege einen Zugang zu gewinnen. Ein jeder kann sich irren [...] Es ist

---

148 Urteil der 2. Strafkammer des Landgerichts III Berlin vom 4. Dezember 1930, Landesarchiv Berlin, Rep. 58, Nr. 358; zitiert nach der Urteilsabschrift AdsD, Nachlaß Arndt, Mappe 10, dort S. 8; Auszüge abgedruckt, „Der gelästerte Christus", in: Die Weltbühne 27, 1931, 1. Halbjahr, S. 311; in Auszügen vereinfacht wiedergegeben, aber fälschlich als erstes Siegert-Urteil bezeichnet bei Apfel, Les dessous de la justice allemande, S. 160 ff.
149 Vgl. die Urteilsabschrift, a. a. O., S. 8, 10, 13, 19.
150 S. Urteilsabschrift, a. a. O., S. 11 f.
151 Vgl. dessen scharfe Kritik an dem nach seiner Auffassung im Grosz-Prozeß zutage tretenden Bündnis von Kommunismus und Pazifismus, Helmuth Schreiner, Die Hintergründe des Grosz-Prozesses, S. 193, 206.
152 Vgl. die Urteilsabschrift vom 4. Dezember 1930, S. 12 f., AdsD, Nachlaß Arndt, Mappe 10.
153 A. a. O., S. 15.

ausgeschlossen, daß ein Schaffender in der Geburtsstunde seines Werkes, da er sich noch ganz seinem Erleben hingibt, nun die unzähligen Möglichkeiten menschlichen Irrens in Betracht zieht [...] Der Künstler sieht sein Werk nicht mit den Augen eines Fremden, er lebt und leidet mit ihm und versteht nicht, wie es Menschen gibt, für die das gleiche Zeichen einen so andersartigen Sinn annimmt."[154]

Dem Künstler Grosz glaubte das Gericht, daß er seiner „Idee, der Kriegsbekämpfung, in der Kunst diente" und in „reiner Weise einen lauteren Gedanken verfechten" wollte. „Der Ernst seines Ringens als Künstler bewahrte ihn vor einem Abgleiten in Rohheit, durch die er seine Gedanken selbst verraten und erniedrigt hätte."[155]

Keines der vorangegangenen Gerichtsurteile war so tief in die Bildbetrachtung und das Selbstverständnis des Künstlers eingedrungen. Arndts Urteil war in der hochpolitisierten Öffentlichkeit der Weimarer Republik ein Politikum, indem es dem Kommunisten und Pazifisten Grosz[156] lautere Motive bescheinigte. Es zeugte von einer entschieden liberalen Rechtsgesinnung, die sich juristisch präziser Argumentation bediente. Auch das Reichsgericht, in einem erneuten Revisionsverfahren, kam nicht umhin, den Freispruch zu bestätigen. Allerdings verfügte es die Vernichtung der Druckplatten des „Christus mit der Gasmaske", da die Zeichnungen den objektiven Tatbestand der Gotteslästerung erfüllten.[157] Die liberale Vossische Zeitung feierte den Freispruch als bedeutendes Ereignis in der Geschichte der Justiz und als ein „Zeichen dafür, wie inmitten einer gärenden und strudelnden Zeit die bessere Zukunft von ein paar mutigen Menschen vorbereitet worden ist."[158] Die Auseinandersetzungen der Folgezeit kündeten jedoch von einer anderen Zukunft.

Gerechtes Verfahren für einen Systemfeind

In einem der nächsten Prozesse saß Arndt über Dr. Joseph Goebbels zu Gericht. Das Kampfblatt des Berliner Gauleiters der NSDAP, der „Angriff", hatte im Jahre 1930 schwere, teils antisemitisch gefärbte Beleidigungen und Verleumdungen gegen hohe Beamte der preußischen Polizeiverwaltung, unter ihnen der preußische Innenminister Grzesinski (SPD) und die Berliner Polizeipräsidenten bzw. -vizepräsidenten Zörgiebel und Weiß[159], verbreitet. Als verantwortlicher Redakteur wurde daraufhin Goebbels vor Gericht gestellt. Da er nach dem erdrutschhaften Wahlerfolg der NSDAP im Septem-

---

154 A. a. O., S. 16.
155 A. a. O., S. 16 f.
156 Vgl. die Proteste gegen die erste Verurteilung Grosz' und Herzfeldes, angeführt von der Deutschen Liga für Menschenrechte und dem Kampfausschuß gegen die Zensur, den 19 Einzelorganisationen unterstützten.
157 Nach Apfel, Les dessous de la justice allemande, S. 168, der damit die Freisprechung Grosz' und Herzfeldes erheblich relativiert sah.
158 „George Grosz freigesprochen" (Inquit), in: Vossische Zeitung, 5. Dezember 1930.
159 Zu der 1927 einsetzenden Hetzkampagne der nationalsozialistischen Presse gegen den Berliner Polizeivizepräsidenten Dr. Bernhard Weiß vgl. Bering, Von der Notwendigkeit politischer Beleidigungsprozesse. Der Beginn der Auseinandersetzungen zwischen Polizeivizepräsident Bernhard Weiß und der NSDAP, S. 87; zu den insgesamt sechs Beleidigungsopfern in dem hier beschriebenen Strafprozeß gegen Goebbels vgl. das erstinstanzliche Urteil des Amtsgerichts Charlottenburg, 29. April 1931, Landesarchiv Berlin, Rep. 58, Nr. 39 (Prozeß gegen Joseph Goebbels).

ber 1930 wieder dem Reichstag angehörte, versuchte er, sich unter Berufung auf seine Immunität als Reichstagsabgeordneter den anberaumten Gerichtsverhandlungen zu entziehen. Goebbels verschanzte sich hinter der Legalität des verhaßten parlamentarischen „Systems" und hatte die herrschende verfassungsrechtliche Meinung auf seiner Seite: Diese legte die Immunitätsvorschrift des Art. 37 WRV so aus, daß die zwangsweise gerichtliche Vorführung eines Abgeordneten ohne Genehmigung des Reichstags verfassungswidrig sei.[160] Darauf hatte sich auch das Amtsgericht Charlottenburg berufen, vor dem Goebbels angeklagt war. Auf die Beschwerde eines der verleumdeten Nebenkläger hin trat Arndt, Referent der zuständigen Beschwerdekammer beim Landgericht, der herrschenden Auffassung entgegen. In sorgfältiger, systematischer, enger Auslegung der Immunitätsvorschrift kam er zu dem Schluß, daß Goebbels' Immunität seine Zwangsvorführung auf richterliche Anordnung nicht hindere, und hielt diese Entscheidung auch gegen eine weitere Beschwerde Goebbels' aufrecht.[161] Arndt veröffentlichte später die Gründe des von ihm verfaßten Beschlusses.[162] Zwei Monate darauf, als Goebbels sich erneut der Hauptverhandlung entzog, kam es zu der vom Landgericht gebilligten richterlichen Zwangsvorführung.[163] Der Propagandachef der NSDAP wurde von Polizisten in einer Münchener Parteiführersitzung verhaftet und nach Berlin zur Gerichtsverhandlung gebracht – eine äußerst blamable und „furchtbare Situation", wie Goebbels seinem Tagebuch anvertraute.[164] Vor Gericht verweigerte der wutentbrannte Goebbels jede Aussage bis auf die Behauptung, er hafte nicht für die inkriminierten Artikel, da er erst nach ihrem Erscheinen von ihnen Kenntnis genommen habe.[165] Das Amtsgericht hielt dies für ungenügend belegt und unglaubhaft und verurteilte Goebbels in allen Anklagepunkten neben einer Geldstrafe zu einmonatigem Freiheitsentzug. Goebbels legte Berufung ein.

Der zuständigen Berufungskammer des Landgerichts, insbesondere dem Urteilsreferenten Arndt, war daran gelegen, wie Arndt später sagte, „Goebbels zum Sprechen zu bringen."[166] Man wollte offenbar vermeiden, einen erneut die Aussage verweigernden Angeklagten allein aufgrund der gesetzlichen Täterfiktion des § 20 Abs. 2 Reichspressegesetz zu verurteilen.[167] Arndt brachte Goebbels zum Reden, nachdem der Ange-

---

160 Unproblematisch in dieser Richtung Gerhard Anschütz, Die Verfassung des Deutschen Reichs, 14. Aufl., Art. 37, Anm. 3; vgl. ebenso die bei Arndt, Kann ein Abgeordneter ohne Genehmigung des Parlaments gemäß § 329 StPO zwangsweise vorgeführt werden? (1931), Sp. 671, erwähnten Gutachten der Reichsministerien des Innern und der Justiz und die entsprechende Praxis des preußischen Justizministeriums.
161 Vgl. den von Arndt entworfenen Beschluß der 2. Strafkammer des Landgerichts III Berlin vom 2. Januar 1931, aufrechterhalten am 2. Februar 1931, Landesarchiv Berlin, Rep. 58, Nr.39.
162 Arndt, Kann ein Abgeordneter ohne Genehmigung des Parlaments gemäß § 329 StPO zwangsweise vorgeführt werden? (1931).
163 Nach einer – schließlich erteilten -Genehmigung des Reichstags, s. Mitteilung des preußischen Justizministeriums, 8. April 1931, Landesarchiv Berlin, Rep. 58, Nr. 39.
164 Vgl. die Tagebücher von Joseph Goebbels, Teil I, Bd. 2, 1931 bis 1936, Eintragung vom 28. April 1931, S. 56.
165 § 20 II des Reichspressegesetzes von 1874 sah bei Artikeln in periodischen Druckschriften grundsätzlich eine Strafhaftung des verantwortlichen Redakteurs vor, „wenn nicht durch besondere Umstände die Annahme einer Täterschaft ausgeschlossen wird." Das Amtsgericht Charlottenburg hatte in erster Instanz die Annahme entlastender „besonderer Umstände" abgelehnt, Urteil vom 29. April 1931, Landesarchiv Berlin, Rep. 58, Nr. 39.
166 Schriftsatz Arndt ./. Dehler, 15. Dezember 1952, S. 17, AdsD, Nachlaß Arndt, Mappe 48.
167 Zur Fiktion der Täterschaft des verantwortlichen Redakteurs s. § 20 II Reichspressegesetz.

klagte auf die mildere Bestrafungsmöglichkeit des § 21 Reichspressegesetz hingewiesen worden war, falls er seine mangelnde Kenntnis der inkriminierten Artikel vor deren Veröffentlichung glaubhaft darlege.[168] Goebbels nahm das Angebot an und machte ausführliche Angaben hinsichtlich seiner Abwesenheit von Berlin bei Erscheinen der Artikel und anderer Gründe, die ihn an der rechtzeitigen Kenntnisnahme gehindert hätten. Goebbels' Erklärungen machten Eindruck. So rechtsdogmatisch konsequent Arndt die Zwangsvorführung Goebbels' begründet hatte, so sehr war er geneigt und bestrebt, dem Angeklagten Goebbels möglichst unvoreingenommen zu begegnen und seinen Darlegungen Glaubhaftigkeit zuzubilligen. Arndts Urteilsniederschrift unterstrich wiederholt die Glaubwürdigkeit Goebbels', von dem das Gericht den Eindruck gewonnen habe, daß er „nicht aus Furcht vor Verantwortung Unwahrheiten" sage, und der „mit ehrlicher Entrüstung" die Kenntnis einiger inkriminierter Artikel vor ihrer Veröffentlichung abgestritten habe. Im Rahmen der Strafzumessung billigte das Urteil Goebbels Milderung aufgrund der „Leidenschaft" des politischen Kampfes und seines heftigen „Temperaments" zu. Ja, dem Angeklagten wurde ein gewisser Respekt nicht vorenthalten, von dem sich die inhaltliche Qualifizierung der – Goebbels nach Feststellungen des Gerichts nicht unmittelbar anzulastenden – Artikel seiner Mitarbeiter kraß abhob. In diesen sah Arndt „ungeheuerlich[e]", in „hämischer und niederträchtiger Weise" erfolgende Verleumdungen. Die den Artikeln innewohnende „verantwortungslose und gemeine Gesinnung"[169] sei aber „gewiß nicht die des Angeklagten."

Woher nahm Arndt die Gewißheit zu dieser Aussage? Die groben, nunmehr abzuurteilenden Ausfälle des „Angriff" setzten doch, zumal in ihren antisemitischen Spitzen, nur eine Kampagne fort, die Goebbels seit Jahren mit feineren, doch um so denunziatorischeren Sprachmitteln organisiert und zu propagandistischem[170] Erfolg geführt hatte. Abstrakt erkannte das Urteil die Gefährlichkeit der verleumderischen Artikel, doch trennte es davon künstlich und über das rechtsstaatlich gebotene Maß hinaus die konkrete strafrechtliche Verantwortung des propagandistischen Inspirators Goebbels. Im Bemühen um die optimale Erfüllung der Maxime ‚in dubio pro reo' und um strenge richterliche Unvoreingenommenheit unterliefen dem 26jährigen Urteilsreferenten politische Fehleinschätzungen – denen der erfahrene ältere Kammervorsitzende Ohnesorge indessen nicht entgegentrat. Goebbels fand „milde Richter"[171], wie der sozialde-

---

168 S. Verhandlungsprotokoll der 4. Strafkammer des Landgerichts III Berlin vom 20. Oktober 1931, Landesarchiv Berlin, Rep. 58, Nr. 39. § 21 Reichspressegesetz von 1874 sah bei Pressedelikten eine Strafhaftung wegen Fahrlässigkeit vor, wenn die Täter (verantwortlicher Redakteur, Verleger, Drucker [...]) „nicht die Anwendung der pflichtgemäßen Sorgfalt oder Umstände nachweisen, welche diese Anwendung unmöglich machen.".
169 Vgl. das handschriftlich von Arndt aufgesetzte Urteil der 4. Strafkammer des Landgerichts III Berlin vom 20. Oktober 1931, Landesarchiv Berlin, Rep. 58, Nr. 39. Mehrere zugespitzte Formulierungen Arndts wurden vom Kammervorsitzenden Ohnesorge abgemildert, wie handschriftliche Korrekturen zeigen; vgl. dazu auch die Stellungnahme Ohnesorges, wiedergegeben im Urteil des Landgerichts Bonn vom 16. Juni 1955, HStA Düsseldorf, Rep. 195, Nr. 581: Es sei ihm darum gegangen, die „Objektivität auch in der Ausdrucksweise herauszustellen".
170 Goebbels brachte es mit seiner Hetzkampagne gegen den Berliner Polizeipräsidenten Bernhard Weiß dahin, daß dieser bis hinein in republikanische Kreise nunmehr unter dem antisemitischen Spottnamen „Isidor" Weiß bekannt wurde, s. dazu Bering, Notwendigkeit politischer Beleidigungsprozesse, S. 87.
171 „Goebbels findet milde Richter", in: Vorwärts, 23. Oktober 1931.

mokratische „Vorwärts" schrieb. Er wurde lediglich zu Geldstrafe in drei Fällen verurteilt.[172]

Antisemitisches Pogrom: der Kurfürstendammprozeß

Das Problem der Glaubwürdigkeit nationalsozialistischer Angeklagter spielte in einem weiteren großen politischen Kriminalfall, dem „Kurfüstendammprozeß", eine Rolle. Am 12. September 1931, dem jüdischen Neujahrstag, hatten sich etwa 1 500 Nationalsozialisten auf dem Kurfürstendamm versammelt und unter antisemitischen Parolen zahlreiche jüdische und jüdisch aussehende Personen tätlich angegriffen und zum Teil schwer mißhandelt.[173] Mehr als 30 Nationalsozialisten wurden daraufhin wegen Landfriedensbruchs verurteilt, unter ihnen der Berliner SA-Führer Graf Helldorff und sein Adjutant Ernst. Es handelte sich um einen politisches Aufsehen erregenden Großprozeß. Denn er stellte die Legalitätsbehauptung der nationalsozialistischen Führung in Frage[174] und deckte in bedrohlichem Ausmaß die antisemitische Gewaltbereitschaft der Bewegung auf.

Adolf Arndt war wiederum Urteilsberichterstatter in der Berufungsinstanz.[175] Um möglichen nationalsozialistischen Befangenheitsanträgen zuvorzukommen, zeigte er dienstlich die jüdische Abstammung seines Vaters an[176], die die Strafkammer indessen nicht als Grund zur Befangenheit ansah. In einer mündlichen Verhandlung brachte Arndt den als Zeugen geladenen, aber die Aussage verweigernden Goebbels in Bedrängnis durch den Hinweis, daß das Gericht die Zeugnisverweigerung als belastend für die nationalsozialistischen Angeklagten werten könne. Dies war als – verklausulierter – Vorwurf des Kameradenverrats aufzufassen. Roland Freisler, der Verteidiger Goebbels' und spätere Volksgerichtshofspräsident, intervenierte daraufhin mit einem Ablenkungsmanöver. Goebbels inszenierte eine Tumultszene und konnte schließlich die Verhandlung ohne irgendeine Aussage in der Sache verlassen.[177]

Auch Arndts geschickt angelegtem, letztlich erfolglosem Befragungsversuch gelang es damit nicht, die Kernfrage des Prozesses näher zu klären: Hatten die Ausschreitungen auf dem Kurfürstendamm auf höchste, zwischen Goebbels und Graf Helldorff verabredete Weisung oder auf die Initiative von agents provocateurs stattgefunden? Auf der

---

172 S. Urteil des Landgerichts III Berlin vom 20. Oktober 1931, Landesarchiv Berlin, Rep. 58-Nr.39: Verurteilung (aus § 185 StGB bzw. § 21 Reichspressegesetz) in drei Fällen zu insgesamt 900 Reichsmark Geldstrafe bei Freispruch in den fünf übrigen Anklagepunkten. In der Vorinstanz waren ein Monat Freiheitsstrafe und 1.500 Reichsmark Geldstrafe verhängt worden.
173 Zum Tathergang vgl. Hannover/Hannover-Drück, Politische Justiz 1918 bis 1933, S. 283.
174 Hitler hatte im Ulmer Reichswehrprozeß im Jahre 1930 einen „Legalitätseid" hinsichtlich der Ziele der nationalsozialistischen Bewegung geschworen, s. Hannover/Hannover-Drück, a. a. O., S. 277; Huber, Deutsche Verfassungsgeschichte seit 1789, Bd. VII, S. 689.
175 Unter der Leitung des Kammervorsitzenden Ohnesorge, s. Hannover/Hannover-Drück, a. a. O., S. 289 f.
176 S. Schriftsatz Arndt ./. Dehler, 15. Dezember 1952, S. 18, AdsD, Nachlaß Arndt, Mappe 48. Anlaß dazu hatte ein erfolgreiches Ablehnungsgesuch der nationalsozialistischen Verteidiger gegen den Gerichtsvorsitzenden in erster Instanz gegeben mit der Begründung, er sei mit einer Jüdin verheiratet und daher befangen, Hannover/Hannover-Drück, a. a. O., S. 285, 287.
177 S. Schriftsatz Arndt ./. Dehler, 15. Dezember 1952, S. 16, a. a. O.; vgl. „Skandal vor Gericht. Goebbels verhöhnt den Staat und seine Organe", in: Der Abend (Abendausgabe des Vorwärts), 23. Januar 1932; „Politisches Theater vor Gericht" (Inquit), in: Vossische Zeitung , 24. Januar 1932.

Linie der zweiten Version brachten die SA-Führer Helldorff und Ernst vor, sie seien zum Kurfürstendamm geeilt, um ihre Untergebenen von weiteren Ausschreitungen abzuhalten, und nicht, wie ein Gericht erster Instanz ihr Verhalten bewertet hatte, um psychische Unterstützung zum Landfriedensbruch zu leisten.[178]

Das von Arndt verfaßte Berufungsurteil wies insofern eine Parallele zum Goebbels-Urteil auf, als sich eine gewisse Diskrepanz zwischen der Bewertung der äußeren und der inneren Tatseite auftat.[179] In der Bewertung der Gesamttat des Landfriedensbruchs als „außerordentlich schwer" ließen Arndts Formulierungen an Eindeutigkeit nichts zu wünschen übrig.[180] Das Urteil machte deutlich, daß die Richter die alarmierende neue Gefährdungsqualität einer entfesselten, „von politischen Ideen besessenen", gewalttätigen Menge richtig erkannten. Scharfe Formulierungen geißelten das „gemein[e]" und „feige" Vorgehen der Schlägerrotten, die ein „wahrhaft erschreckendes Maß von Gesinnungsroheit und Hemmungslosigkeit" an den Tag gelegt und ein „gemeines Verbrechen" begangen hätten. Die Verurteilung der „schmählichen" Mißachtung des Gesetzes schöpfte aus dem Ethos der Überzeugung: „Die Nation lebt im Gesetz, oder sie geht zugrunde."[181]

Doch ganz anders nahmen sich Arndts Diktion und Argumentation bei der Bewertung des Tatvorsatzes und der Täterpersönlichkeit aus. Es hatte den Anschein, als wolle er mit einem Höchstmaß an differenzierender Begründung das Verwerflichkeitsurteil über die Tat rechtsstaatlich bändigen und kontrollieren – und eben dadurch ein Beispiel für das ‚Im-Gesetz-Leben' der Nation geben. In subtilem Gedankengang legte Arndt die Überzeugung des Gerichts dar, daß der Angeklagte Helldorff den subjektiven Tatbestand des Landfriedensbruchs nicht erfülle, und stützte diese Einschätzung mit einer wissenschaftlich ambitionierten Konstruktion ab: Erstmals wandte er den von seinem Lehrer James Goldschmidt maßgeblich mitgeprägten „normativen Schuldbegriff" an, der im Rahmen der Schuldbestimmung Zumutbarkeitserwägungen Raum ließ[182]: Danach sei es Helldorff von seiner Pflichtstellung als Führer der Berliner SA her nicht zumutbar gewesen, den Versuch, seine Untergebenen am Landfriedensbruch zu hindern, zu unterlassen – auch wenn er sich daraufhin selbst unter die randalierenden SA-Leute begeben und des Landfriedensbruchs verdächtig gemacht habe.[183] Das Gericht schloß sich damit der Version der Angeklagten hinsichtlich der Tatplanung an. Mochten auch äußere Anzeichen und die politische Lebenserfahrung für die Annahme

---

178 S. Hannover/Hannover-Drück, Politische Justiz 1918 bis 1933, S. 284, 289.
179 Dies gilt unter dem Vorbehalt, daß die Urteilsformulierung im ganzen Gegensätze zwischen den Auffassungen der einzelnen Richter verriet, die im Rahmen der Strafzumessung zu einem Kompromiß zusammengeführt wurden, s. Urteil des Landgerichts III Berlin, 4. Strafkammer vom 9. Dezember 1932, Landesarchiv Berlin, Rep. 58, Nr. 20 (Prozeß gegen Schuster und Genossen „Kurfürstendamm-Prozeß" genannt). Vgl. z. B. die Gegensätze zwischen den Seiten 299 ff. und 304 ff. der Urteilsausfertigung.
Arndt trat nach eigenen Angaben für ein höheres Strafmaß ein, s. Schriftsätze Arndt ./. Diel vom 12. April 1958, S. 22 (AdsD, Nachlaß Arndt, Mappe 49), und 14. März 1959, S. 3 (AdsD, Nachlaß Arndt, Mappe 50).
180 Vgl. das Urteil vom 9. Februar 1932, Landesarchiv Berlin, Rep. 58, Nr. 20, S. 299 ff.
181 Urteil vom 9. Februar 1932 (a. a. O.), S. 302.
182 Urteil vom 9. Februar 1932 (a. a. O.), S. 140 ff.; vgl. Goldschmidt, Normativer Schuldbegriff, S. 428 ff. (S. 442 und 456 zum Gedanken der Zumutbarkeit).
183 Urteil vom 9. Februar 1932 (a. a. O.), S. 140 ff., 293 f.; in Auszügen veröffentlicht bei Arndt, Das Wesen des Landfriedensbruchs (1934), S. 243, Anm. 34.

eines zentral gelenkten Pogroms sprechen[184] – mangels eindeutiger Beweise sowie aufgrund gewisser entgegenstehender Indizien sprach das Gericht mit Arndts Begründung die SA-Führer Helldorff und Ernst vom Vorwurf des Landfriedensbruchs frei. Die überwiegend „blutjungen", „unreifen" SA-Leute, die nach Auffassung des Gerichts bestrebt seien, „ehrliche und tüchtige Mitglieder des Volkes zu werden"[185], kamen mit deutlich niedrigeren Freiheitsstrafen als im Verfahren erster Instanz davon.[186]

Das Urteil ignorierte die politische Bedeutung des Falles keineswegs, suchte aber um so mehr, jeden Anschein politischer Voreingenommenheit strikt zu meiden. Ausdruck dieser Haltung war Arndts „Rechtsfanatismus"[187], wie sein Kammervorsitzender, Landgerichtsdirektor Ohnesorge, es später nannte. Arndts Bemühen um sachliche Objektivität hörte auch angesichts der militant antisemitischen NSDAP nicht auf – nicht auszuschließen auch, daß Arndt sich hier, um dem Verdacht der Befangenheit zu entgehen, eine doppelt gewissenhafte Rechtsprüfung auferlegte. Aus allen politischen Lagern erfuhr Arndt Kritik. Wurde von der Rechten das Grosz-Urteil scharf angegriffen, so protestierten auf sozialdemokratischer Seite der preußische Innenminister Severing und der Landtagsabgeordnete Kuttner gegen das Goebbels-Urteil und die Verhandlungsführung im Kurfürstendammprozeß.[188] Kuttner habe sogar seine Entfernung aus dem Landgericht Moabit gefordert, berichtete Arndt später. Er nahm dies als Bestätigung, „daß er, der auf absolute Parteilosigkeit Gewicht legte, keiner Partei, sondern allein dem Recht diente."[189]

Die Vorgesetzten hingegen wußten Arndts richterliche Leistungen zu schätzen. „Phänomenal"[190], so faßte Landgerichtsdirektor Siegert sein Urteil über Arndts Leistungen zusammen. Nach nur eineinhalb Jahren, ein außergewöhnlicher Fall, endete Arndts ungesicherter Status als Gerichtsassessor mit der festen Bestellung zum Landrichter.[191]

---

184 S. die mündliche Urteilsbegründung des Kammervorsitzenden Ohnesorge bei Hannover/Hannover-Drück, Politische Justiz 1918 bis 1933, S. 290.
185 Urteil vom 9. Februar 1932, S. 305, Landesarchiv Berlin, Rep. 58, Nr.20.
186 Allerdings hatte Arndt nach eigenen Angaben für eine „Einsatzstrafe" von einem Jahr gestimmt, s. Schriftsatz Arndt ./. Diel, 12. April 1958, S. 22, AdsD, Nachlaß Arndt, Mappe 49.
187 Einschätzung des Kammervorsitzenden Kurt Ohnesorge in einer informatorischen Vernehmung vom 20. Juni 1953, HStA Düsseldorf, Rep. 195, Nr. 381. Ohnesorge gab zu Protokoll, Arndt sei „von einem so starken „Rechtsfanatismus" beseelt gewesen, daß er sich bei Verfahren politischen Charakters gegen Nationalsozialisten trotz seiner persönlichen Antipathie gegen die NS-Bewegung in seinen Voten allein immer von objektiven und sachlichen Argumenten leiten ließ, auch wenn dadurch im Einzelfall ein nationalsozialistischen Angeklagten vorteilhaftes Urteil das Ergebnis war.".
188 Nach einer Darstellung Arndts im Schriftsatz Arndt ./. Dehler, 15. Dezember 1952, S. 17, 19 (AdsD, Nachlaß Arndt, Mappe 48). Zu einer kritischen Anfrage des Abgeordneten Kuttner (SPD) im Preußischen Landtag, was die Regierung zu tun gedenke, um eine „objektive und der Würde des Staates entsprechende Durchführung des Prozesses zu gewährleisten", s. „Ohnesorge", in: Vorwärts, 29. Januar 1932.
189 Arndt, noch zwanzig Jahre später im Schriftsatz Arndt ./. Dehler, 15. Dezember 1952, S. 24.
190 Äußerung von Landgerichtsdirektor Siegert, 24. März 1931, über Arndts fachliche Leistungen als Gerichtsassessor (Abschrift), AdsD, Nachlaß Arndt, Mappe 2: „Mit einer ausgesprochenen Intuition für strafrechtliche Beurteilung verbindet er ein Wissen in seltenem Ausmaß.".
191 Siehe die Bestellung Arndts zum ständigen Hilfsarbeiter mit Erlaß vom 30. April 1932, Anlageschreiben (Abschrift), 4. Mai 1932, AdsD, Nachlaß Arndt, Mappe 2. Landgerichtsdirektor Kirschstein hatte Arndt bescheinigt, er habe ihn zur Aufnahme in die bevorzugte Liste A vorgeschlagen: „Was das bedeutet, können Sie daraus ersehen, daß Sie der erste Assessor sind, den ich in meiner 10-jährigen Tätigkeit als Landgerichtspräsident dieser Auszeichnung würdig erachtet habe", Kirschstein an Arndt, 14. Februar 1932, AdsD, Nachlaß Arndt, Mappe 2.

Harte Selbstbehauptung von Staat und Justiz

Arndts „Rechtsfanatismus" war nach alledem keineswegs schrankenlos und gleichbedeutend mit unbedingter Milde. Er machte dort halt, wo Arndt die Selbstaufgabe der Rechtsordnung drohen sah. Dann scheute der junge Richter nicht den Rückgriff auf werthafte Ordnungsvorstellungen hinter dem positiven Recht. Dies zeigten zwei Strafprozesse im letzten Jahr der Weimarer Republik.[192]

Im April 1932 saß Arndt erneut in einer Berufungssache wegen Gotteslästerung zu Gericht. Der Angeklagte Pogede hatte ein Jahr zuvor mit Unterstützung verschiedener kommunistischer Organisationen eine „Presse- und Kulturausstellung" in den Berliner Pharus-Sälen organisiert, die für Kommunismus und Freidenkertum warb.[193] Das inkriminierte Zentrum der Ausstellung bildeten große Schautafeln mit Karikaturen, die den unheilvollen Einfluß einer arbeiterfeindlichen, kriegshetzenden und profaschistischen Kirche auf die Politik darstellen sollten. Außerdem wurde für den Kirchenaustritt geworben. Die Karikaturen stellten mit groben, künstlerisch anspruchslosen Mitteln gearbeitetes, zudem inhaltlich plumpes Agitpropmaterial[194] dar. Sie enthielten grobe Geschmacklosigkeiten, die durchaus geeignet waren, von religiösen Menschen als Gotteslästerung empfunden zu werden; immerhin enthielten sie auch eine von der Reichsverfassung geschützte politische Meinungsäußerung.

Doch gingen die Reaktionen der Gerichte über eine nüchterne Subsumtion weit hinaus. Hatte bereits der erstinstanzliche Schuldspruch eine „planmäßige Hetze" gegen die Kirche festgestellt, so gestaltete Arndt das von ihm verfaßte Berufungsurteil passagenweise zu einer moralischen Lektion, die in dem Satz gipfelte:

> „Überdies handelt es sich um eine planmäßige Hetze, die letzten Endes die sittlichen und seelischen Grundlagen der ganzen Nation und des Reiches untergräbt. Über die durch das Gesetz geschützten Güter (das religiöse Gefühl) und Gemeinschaften (die Kirchen) hinaus sind hier der Glaube und das Christentum angegriffen worden. Darin aber wurzeln Staat und Volk. Nie noch bot ein Angriff auf die letzten Werte größere Gefahr als in einer Zeit tiefster Not."[195]

Hier ging es nicht mehr nur um einen einzelnen Fall von Gotteslästerung, hier wurde die Verteidigung einer ganzen Wertordnung in die Waagschale geworfen.[196] Arndts Formulierungen spiegelten die Besorgnis über die krisenbedingte Verunsicherung der sittlichen Maßstäbe und den Versuch, ein Stück moralischer Ordnung im wirtschaftli-

---

192 Der Umstand, daß die Urteile Kommunisten betrafen, machte sie für Arndt später erwähnenswert in dem Gesuch, mit dem er sich bei dem nationalsozialistisch geführten preußischen Justizministerium im April 1933 um die Zulassung zur Rechtsanwaltschaft bewarb (s. u. Kapitel I 4.)
193 S. Dokumente über die Ausstellung und Feststellungen des Urteils des Landgerichts III Berlin, 4. Strafkammer vom 14. April 1932, Landesarchiv Berlin, Rep. 58, Nr.2598 (Prozeß gegen Pogede).
194 Vgl. die von der Staatsanwaltschaft angefertigten Fotos der Ausstellung, Landesarchiv Berlin, Rep. 58, Nr. 2598.
195 S. Urteil vom 14. April 1932 (Landesarchiv Berlin, Rep. 58, Nr. 2598) im Rahmen der Strafzumessungserwägungen.
196 Dies gilt auch, falls in der Schärfe mancher Formulierungen der Protest der Berufsrichter gegen die beiden Schöffen zum Ausdruck gekommen sein sollte, die „offensichtlich" zugunsten des Angeklagten „politisch voreingenommen" gewesen seien und daher auf ein zu mildes Strafmaß gedrängt hätten, vgl. die Darstellung Arndts im Schriftsatz Arndt ./. Dehler, 15. Dezember 1952, S. 22, AdsD, Nachlaß Arndt, Mappe 48.

chen und politischen Chaos einer dem Bürgerkrieg entgegentreibenden Weimarer Republik festzuhalten.

Um die Auswirkungen der bürgerkriegsähnlichen Auseinandersetzungen und um staatliche Selbstbehauptung mit harter Hand ging es im „Felseneckprozeß", der in der zweiten Hälfte des Jahres 1932 in seine entscheidende Phase trat. Bei der Berliner Laubenkolonie Felseneck war es zu schweren Auseinandersetzungen zwischen bewaffneten Gruppen der SA und kommunistischen Laubenkolonisten gekommen, in deren Verlauf ein Kommunist und ein Nationalsozialist getötet worden waren. Der erste Prozeß im Fall Felseneck war – mittelbar – in Folge der Verteidigungstaktik des engagierten, dem linkssozialistischen Spektrum angehörenden Anwalts Hans Litten geplatzt. Mit Hilfe eines ausgeklügelten, endlos erweiterbaren Fragenkatalogs[197] hatte Litten, der in zahlreichen Prozessen angeklagte Kommunisten vertrat, die Zeugenvernehmung in der Hauptverhandlung verschleppt. Der Beschluß des Landgerichts, ihn deswegen von der Verteidigung auszuschließen, wurde vom Berliner Kammergericht aufgehoben.[198] Daraufhin erklärten sich die Richter der Landgerichtskammer selbst für befangen. Der Prozeß mußte neu beginnen.

In das neu besetzte Schwurgericht wurde auch Arndt berufen, der, wie er später sagte, „in dem Rufe stand, das Ansehen des Gerichts und die Ordnung während der Verhandlung unter allen Umständen und mit allen Mitteln aufrechtzuerhalten."[199] Die planmäßige Abwicklung des Prozesses war zweifellos eine Bewährungsprobe[200] und eine Prestigefrage für die neuen Richter. Unter diesem Druck stand auch der Berichterstatter Arndt, als neues Belastungsmaterial gegen Litten Handhabe zu dessen erneutem Ausschluß von der Verteidigung bot. Aufgrund eines von Arndt entworfenen Gerichtsbeschlusses[201] wurde Litten endgültig von der Verteidigung ausgeschlossen. Gegen die Begründung ließen sich erhebliche rechtliche Einwände erheben. Schon die rechtliche Grundlage des Beschlusses war fraglich, da der Verteidigerausschluß mangels spezieller gesetzlicher Regelung auf „Sinn und Geist" der Strafprozeßordnung gestützt werden mußte.[202] Kernvorwurf gegen Litten war die Begünstigung eines Angeklagten. Er wurde gestützt auf die Aussage eines nationalsozialistischen Angeklagten und war daher nur „mit Vorsicht"[203] zu würdigen, wie auch der Gerichtsbeschluß einräumte. Diese und

---

197 S. dazu den Bericht des Oberstaatsanwalts Sethe beim Landgericht III Berlin an den Generalstaatsanwalt beim Kammergericht, 27. Juli 1932, Landesarchiv Berlin, Rep. 58, Nr. 2594, Bd. 20 (Prozeß gegen Adam und Genossen, sog. „Felseneck-Prozeß").
198 S. den Beschluß des Kammergerichts vom 29. August 1932, in: Juristische Wochenschrift 1933, S. 484; zu dem Rechtsproblem unter anderem im Felseneck-Prozeß Klaus Anschütz, Die Entziehung der Verteidigungsbefugnis, S. 13, 21, 68.
199 S. Schriftsatz Arndt ./. Diel, 12. April 1958, S. 10, AdsD, Nachlaß Arndt, Mappe 49.
200 Der neue Kammervorsitzende, Landgerichtsdirektor Böhmert, stand unmittelbar vor seiner Beförderung zum Landgerichtspräsidenten, vgl. Schriftsatz Arndt ./. Diel, 12. April 1958, S. 10 (a. a. O.).
201 Beschluß Landgericht III Berlin, Schwurgericht, 15. Oktober 1932, Landesarchiv Berlin Rep. 58, Nr.2594, Bd. 11; zur Autorenschaft Arndts s. Schriftsatz Arndt ./. Diel, 12. April 1958, S. 12 (a. a. O.).
202 Vgl. den Beschluß des Landgerichts III Berlin vom 15. Oktober 1932, a. a. O., der sich zudem auf die Rechtsprechung des Reichsgerichts und die „moderne Rechtslehre" stützte. Auch das Kammergericht Berlin hatte in seinem vorangegangenen Beschluß den grundsätzlichen Vorrang des öffentlichen Interesses an der Aufklärung strafbarer Handlungen vor dem Zulassungsanspruch des Verteidigers betont (vgl. Juristische Wochenschrift 1933, S. 484). Die Rechtmäßigkeit des Beschlusses betont auch Klaus Anschütz, Die Entziehung der Verteidigungsbefugnis, S. 69.
203 Beschluß des Landgerichts, 15. Oktober 1932 (a. a. O.).

andere gravierende Bedenken erhob der bekannte liberale Rechtsanwalt Erich Eyck in der Vossischen Zeitung.[204] Der Ausschluß Littens löste nachdrücklichen öffentlichen Protest, unter anderem der Berliner Anwaltskammer, aus, die die „Freiheit und Unabhängigkeit des gesamten Anwaltsstandes"[205] bedroht sah. Vergeblich – diesmal bestätigte das Kammergericht den Ausschluß. Der Prozeß konnte, zeitweise unter erheblichen Störaktionen der kommunistischen Angeklagten[206], zu Ende gebracht werden.

Der Schluß läge nahe, daß Arndt, dem Gesamtbild der Weimarer Justiz entsprechend, der politischen Linken voreingenommener als der Rechten begegnete. Dagegen spricht indessen sein Urteil im Grosz-Prozeß. Die Fälle Pogede und Litten tragen zudem keine politische Bewertung seiner Richtertätigkeit *insgesamt*, waren sie doch von Arndt selbst zu dem Verteidigungszweck zusammengestellt worden, einen gegen ihn bestehenden politischen Verdacht nationalsozialistischer Stellen zu zerstreuen.

Gleichwohl: Arndt hatte Härte gezeigt. In den vorangegangenen Prozessen hatte er die liberal-rechtsstaatlichen Maximen seiner Schriften praktisch unter Beweis gestellt. Dort jedoch, wo er die Funktionstüchtigkeit der zur Rechtswahrung berufenen Gerichtsbarkeit selbst bedroht sah, drängte der institutionelle, der Ordnungsaspekt seines „Rechtsfanatismus" in den Vordergrund. In einer Notlagesituation der Justiz war er, um der Erhaltung einer funktionstüchtigen Institution willen, zu Abstrichen an hochgesteckten rechtsstaatlichen Begründungsanforderungen bereit.

In einer Art Vorwärtsverteidigung gegen allseitige öffentliche Kritik[207] und massive Beeinflussungsversuche, denen sich die Justiz in der Endphase der Weimarer Republik ausgesetzt sah, entwickelte Arndt ein besonderes, von elitären Zügen nicht freies Rechtspflegeethos. Er stellte es unter Beweis anläßlich eines nationalsozialistischen Einschüchterungsversuchs gegen die Justiz. 1931 war unter dem Titel „Gefesselte

---

204 Eyck, Der verdächtige Verteidiger, in: Vossische Zeitung, 21. Oktober 1932; s. auch Rudolf Oldens Vorwort: Hans Litten, in: Irmgard Litten, Eine Mutter kämpft gegen Hitler, S. 14; zu einer Würdigung der radikalen, bisweilen anarchistische Züge tragenden Kompromißlosigkeit Littens s. Düx, Anwalt gegen Naziterror, S. 193 (m.w.N.), der Litten bescheinigt, in „seinem in den Gerichtssälen geführten Kampf gegen die SA absolut intransigent" gewesen zu sein (a. a. O., S. 200); weiterhin Gräfin Dönhoff, Der vergessene Opfergang, in: Die Zeit, 5. Dezember 1986, sowie die Leserbriefe in: Die Zeit, 26. Dezember 1986 (allerdings ohne nennenswerten Bezug zum Thema Felseneck-Prozeß); zu Littens Anwaltstätigkeit unter anderem im Felseneck-Prozeß vgl. Paech, „Ich habe nur als proletarischer Anwalt meine Pflicht den angeklagten Proletariern gegenüber erfüllt", S. 75 f.; schließlich König, Vom Dienst am Recht, S. 18 ff.
Ob Litten Opfer einer gegen ihn intrigierenden „Clique in Moabit" wurde, wie er selbst (Beschwerde gegen die Ausschließung als Verteidiger, 16. Oktober 1932, Landesarchiv Berlin, Rep. 58, Nr. 2594, Bd. 13, dort auch unter Namensnennung Adolf Arndts, allerdings ohne nähere Begründung) und zahlreiche seiner Fürsprecher später vermuteten, geht aus den Akten nicht hervor. Es gibt jedenfalls keine Hinweise darauf, daß Arndt an der Richtigkeit des ihm mitgeteilten Belastungsmaterials gegen Litten zweifelte. Allerdings springt eine scharfe Gegnerschaft zu Litten im Bericht des Oberstaatsanwalts Sethe (an den Generalstaatsanwalt beim Kammergericht, 27. Juli 1932, Landesarchiv Berlin, Rep. 58, Nr. 2594, Bd. 20) ins Auge. Dieser bezeichnete Litten als „Schädling in der Rechtspflege", der sich „in skrupelloser Weise und völliger Mißachtung der einem Organ der Rechtspflege gezogenen Grenzen [...] gegen die staatliche Ordnung" wende.
205 Rechtsanwälte Hachenburg/Bing, Bericht über die Kammerversammlung, in: Deutsche Juristenzeitung, 1932, Sp. 1527.
206 S. Schriftsatz Arndt ./. Diel, 12. April 1958, S. 11 (AdsD, Nachlaß Arndt, Mappe 49); „Tumult im Felseneck- Prozeß", in: Vossische Zeitung, 15. November 1932.
207 Zur Selbsteinschätzung der Richterschaft, sich dauernd „in der Rolle des Angeklagten" zu befinden s. Hattenhauer, Zur Lage der Justiz in der Weimarer Republik, S. 171.

Justiz" eine Diffamierungsschrift des Proviantamtsinspektors Ewald Moritz[208] erschienen, die die Justiz als parteigelenkt hinstellte und insbesondere demokratische Richter denunzierte. Auch Arndts ehemaliger Kammervorsitzender Siegert, der in nationalsozialistischen Kreisen besonders verhaßt war, weil er in einem Fememordprozeß zwei Todesurteile verhängt hatte, wurde darin angegriffen.[209] Auf Betreiben der NSDAP-Fraktion wurde daraufhin im Sommer 1932 ein Untersuchungsausschuß des Preußischen Landtags „zur Prüfung der preußischen Rechtspflege"[210] eingesetzt.

Dagegen veröffentlichte Arndt ein vehementes Plädoyer für die richterliche Unabhängigkeit. Er wies nach, daß die Ausschußeinsetzung verfassungswidrig und nichtig sei und folglich kein Richter vor dem Gremium aussagen dürfe. Arndt sparte auch nicht an Polemik gegen den Autor der justizkritischen Schmähschrift und seine parlamentarischen Unterstützer.[211] Die Begründungen des jungen Richters ließen aber zugleich erkennen, warum auch der politisch konservative Preußische Richterbund[212] den Aufsatz als Flugschrift verteilen ließ[213]. Arndts Verteidigung der richterlichen Unabhängigkeit ging nämlich einher mit einer Mißtrauensbekundung gegenüber dem Parlament und den politischen Parteien, die sich als unfähig zur Abwehr justizfeindlicher Bestrebungen erwiesen hätten.[214] Er ging so weit, jede Kritik des Landtags an Gerichtsurteilen als Verfassungsverstoß zu verwerfen[215]. Verdrossenheit über die parlamentarischen Verhältnisse der ausgehenden Weimarer Republik sprach daraus. Arndt zog sich dagegen auf ein richterliches Sonderbewußtsein zurück und bekräftigte mit den Worten eines Reichsgerichtsrats, daß der Richterstand „als einziger seinen Schild rein erhalten" habe[216]. Angesichts solch pauschaler Ehrenrettung der Richterschaft konnte Arndt auch der Zustimmung vieler konservativer Richterkollegen gewiß sein, die sein Urteil im Grosz-Prozeß nicht gutgeheißen hatten. Sein abschließendes Bekenntnis „Richter [...] stehen jenseits aller Parteien"[217], hatte in einer parteienstaatlichen Demokratie gewiß Sinn und Notwendigkeit. Doch schwang in der Allgemeinheit dieses Satzes noch ungebrochen ein tradiertes Richterethos aus vordemokratischer Zeit mit, in der „jenseits aller Parteien" immer auch geheißen hatte: über den Parteienstreit erhaben. Der junge Landrichter suchte sein Leitbild[218] nicht mehr in der

---

208 Gottfried Zarnow (gleich Ewald Moritz), Gefesselte Justiz, Bd. 1, 5. Aufl., München 1931, und Bd. 2, 2. Aufl., München 1932; dazu auch Kuhn, Die Vertrauenskrise der Justiz (1926 – 1928), S. 266 ff.
209 Zarnow, a. a. O., Bd. 1, S. 146 („Totenkammer Siegert"), Bd. 2, S. 50 (aus einer Verteidigung Siegerts gegen das Reichsgericht durch Theodor Wolff im Zusammenhang mit dem Grosz-Prozeß – unter Anspielung auf Wolffs jüdische Herkunft).
210 Zur Einsetzung und Arbeit des Ausschusses s. eingehend Steffani, Die Untersuchungsausschüsse des Preußischen Landtages zur Zeit der Weimarer Republik, S. 263 ff., und seine Bewertung (S. 266): „Politisch- propagandistische Enquete.".
211 Arndt, Untersuchungsausschuß zur Prüfung der deutschen Rechtspflege? (1932), S. 349, Anm. 12: Dort schrieb Arndt über Zarnow-Moritz, „es sei überhaupt nicht seine Stärke, einen Gedanken klar zu Ende zu führen.".
212 Schulz, Der Republikanische Richterbund (1921 bis 1933), S. 87 ff., schildert die Abgrenzungspolitik des Preußischen Richterbundes gegenüber dem linksrepublikanischen Republikanischen Richterbund.
213 Schriftsatz Arndt ./. Diel, 12. April 1958, S. 17, AdsD, Nachlaß Arndt, Mappe 49.
214 Arndt, Untersuchungsausschuß zur Prüfung der preußischen Rechtspflege? (1932), S. 350, Anm. 12.
215 Ders., a. a. O., S. 346, 350, Anm. 12.
216 Ders., a. a. O., S. 343; zu Selbstmystifizierungstendenzen in der deutschen Richterschaft als Reaktion auf die soziale und wirtschaftliche Krisenerfahrung des Richterstandes während der Weimarer Republik vgl. Angermund, Deutsche Richterschaft 1919 – 1945, S. 27.
217 Ders., a. a. O., S. 352.

Autorität des monarchischen Staates – doch eine kritische Distanz zur neuen demokratischen Ordnung vermochte er trotz ihrer grundsätzlichen Bejahung nicht zu überbrücken. Mit dem Republikanischen Richterbund, einer betont demokratischen, der SPD und der linksliberalen Deutschen Demokratischen Partei nahestehenden Juristenvereinigung[219], verband Arndt die kompromißlose Zurückweisung des nationalsozialistischen Einschüchterungsversuchs gegen die Justiz[220]. Von der Parteienprüderie seines Richterethos führte jedoch kein Weg zu der republikanischen Vereinigung.

4. „Die Solidarität der Verfemten und Unterdrückten": Arndt unter dem NS-Regime

Die Machtübernahme des Nationalsozialismus stellte einen Wendepunkt in Adolf Arndts Leben dar. Am 1. April 1933 riefen die neuen Machthaber einen Judenboykott aus. Arndt wurde wegen seiner Abstammung aus dem Nebenamt als Fakultätsassistent entfernt, ein Unrechtsakt, der die Chance einer Universitätskarriere – letztlich unwiederbringlich – vernichtete. In verschiedenen Gerichten war es zu Ausschreitungen gegen jüdische Juristen und zu gewaltsamen Gerichtsbesetzungen gekommen. Am 31. März hatte Hans Kerrl, der nationalsozialistische Justizminister Preußens, allen sogenannten ‚Nichtariern' unter den Richtern, Staatsanwälten und Rechtsanwälten das Betreten der Gerichtsgebäude untersagt.[221] Arndt war entschlossen, das rechtswidrige Hausverbot nicht zu beachten. Beim Betreten des Moabiter Gerichtsgebäudes am Boykottag mußte er bewaffnete SA-Posten passieren und fand seinen Platz in der Strafkammer bereits besetzt. Angesichts der Anordnung des Justizministers hatte man nicht mit seinem Kommen gerechnet und einen ‚arischen' Ersatzrichter[222] bestellt. Arndt begehrte auf, pochte auf seine verfassungsrechtlich garantierte richterliche Unabhängigkeit, wollte es gar darauf ankommen lassen, in „der Robe von seinem Richterstuhl festgenommen zu werden."[223] Der beisitzende Richter – ein Nationalsozialist und Vertrauensmann Kerrls, doch Arndt persönlich wohlgesonnen – gab ihm zu verstehen, daß er auf einer geheimen Verhaftungsliste der SA stehe, an zweiter Stelle hinter

---

218 Zu Richterleitbildern in ihren möglichen Varianten und dem Verlust eines einheitlichen Richterleitbildes in der Weimarer Republik vgl. Hempel, Richterleitbilder in der Weimarer Republik, S. 11, 111 ff.
219 Der Republikanische Richterbund umfaßte sozialdemokratisch und liberaldemokratisch eingestellte Kreise der Richterschaft und stand von daher der SPD und der DDP nahe, ohne allerdings – schon aus Satzungsgründen – eine einseitig parteipolitische Ausrichtung anzunehmen, dazu Schulz, Republikanischer Richterbund, S. 144 f.
220 Vgl. die Erklärung des Republikanischen Richterbundes zur „gefesselten Justiz" in: Die Justiz 6, 1930/31, S. 327.
221 Das Hausverbot wurde dann wirksam, wenn die Betroffenen sich weigerten, „freiwillig" sofort ihr Urlaubsgesuch einzureichen, und nicht einer kleinen Zahl gesondert zugelassener Anwälte angehörten, s. Gruchmann, Justiz im Dritten Reich 1933 – 1940, S. 127 f.
222 Arndts ‚nicht-arische' Abstammung war seit dem Kurfürstendamm-Prozeß bekannt und hätte sehr wahrscheinlich angesichts höchst genauer Informationen nationalsozialistischer Betriebszellen in der Justizverwaltung keine Chance der Verheimlichung gehabt, s. Gruchmann, a. a. O., S. 157.
223 Schriftsatz Arndt ./. Dehler, 15. Dezember 1952, S. 9, AdsD, Nachlaß Arndt, Mappe 48.

Landgerichtsdirektor Siegert. Der Kammervorsitzende wies Arndt darauf hin, daß er auch ihn gefährde, wenn er sich der Anordnung des Justizministers widersetze.[224] Arndt lenkte ein, trug seinen Protest aber dem Landgerichtspräsidenten vor. Dieser konnte nicht mehr tun, als durch Präsidialbeschluß Arndts rechtswidriger Entfernung aus der Strafkammer nachträglich eine Rechtsgrundlage zu geben.[225]

Ausstoßung aus dem Staatsdienst und Scheinanpassung

Adolf Arndts Lage war schwierig. Zur rassischen Diskriminierung kam die politische Gefährdung hinzu. Zwar war er kein Linker: er hatte in den vorangegangenen Reichstagswahlen Zentrum beziehungsweise DVP gewählt[226], neigte also eher dem rechten als dem linken republikanischen Lager zu. Doch hatte er allen Anlaß, die Feindschaft der Nationalsozialisten zu fürchten. Er hatte als Beisitzer des gehaßten Richters Siegert den Freispruch des Kommunisten und Antimilitaristen George Grosz zu verantworten. Auf Arndt ging die blamable gerichtliche Zwangsvorführung Joseph Goebbels', nunmehr Reichsminister für Volksaufklärung und Propaganda, zurück. Dies ließ sich den Prozeßakten unschwer entnehmen. Arndts polemische Verteidigung der richterlichen Unabhängigkeit gegen den nationalsozialistischen Einschüchterungsversuch, seine politischen Kontroversen mit dem der NSDAP angehörenden Kammerbeisitzer, schließlich die Bespitzelung der Justiz durch nationalsozialistische Prozeßbeobachter[227] – all dies ergab unter den neuen politischen Bedingungen belastendes Material genug, das eine Verhaftung Arndts nur allzu wahrscheinlich machte.

Arndts Zwangsbeurlaubung, die lediglich kaschierte Verletzung seiner richterlichen Unabhängigkeit, erschütterte die ideelle Existenzgrundlage zweier Juristengenerationen der Familie Arndt. Gegen die Aufgabe des jüdischen Glaubens hatte der preußische Staat dem Vater Aufstieg und Erfolg nach Maßgabe seiner fachlichen Leistungsfähigkeit ermöglicht und Gleichberechtigung gewährt. Der Sohn war von Beginn an ungeschmälert in den Genuß dieser Rechtsstellung gelangt. Die solcherarts Geförderten hatten ihrerseits pflichtbewußte Loyalität, ja Hingabe an ihr Amt bewiesen. Jetzt zerstörte der preußische Staat diese Übereinkunft – einseitig und ohne das ihm entgegengebrachte Vertrauen zu achten. Er ließ ein altes, vermeintlich längst abgegoltenes Diskriminierungsmerkmal in neuer Form wiederaufleben: Die Zugehörigkeit zum Judentum wurde von einem religiösen in einen ‚rassischen', diesmal unaufhebbaren, durch keine Taufe zu beseitigenden Makel umgedeutet.

Neben der Richterlaufbahn scheiterten damit auch Arndts wissenschaftliche Berufspläne. Seine in Vorbereitung befindliche Habilitation[228] war aussichtslos geworden.

---

224 Ebda.
225 A. a. O., S. 10.
226 Nach eigenen Angaben im Fragebogen der amerikanischen Militärregierung vom 10. Juni 1946 (HHStA 12 407, Akte Arndts aus dem Landespersonalausschuß).
227 Schulz, Republikanischer Richterbund, S. 167 ff.
228 S. dazu den Schriftsatz Arndt ./. Diel, 1. September 1958, S. 11, AdsD, Nachlaß Arndt, Mappe 49: Geplant war eine Habilitation auf den Gebieten des Staats- und Prozeßrechts, zu der ein grundsätzliches Einverständnis des preußischen Kultusministeriums bereits vorlag. Arndt arbeitete an einer Habilitationsschrift, „die eine rechtsdogmatische und rechtsphilosophische Untersuchung des das gesamte Recht durchziehenden Unterschieds zwischen Werturteil und Tatsachenbehauptung zum Gegenstand hatte."

Die Anwaltstätigkeit bot möglicherweise einen Ausweg; doch richteten sich die Diskriminierungsmaßnahmen Kerrls auch gegen die jüdische Anwaltschaft. Der nationalsozialistische Justizminister zwang die bereits ausgeschalteten jüdischen Anwälte, ihrem Gesuch um Wiederzulassung eine Loyalitätserklärung beizufügen, in der sie die Rechtmäßigkeit der gegen sie ergriffenen Maßnahmen bekräftigen mußten[229]. Einer Presseerklärung der Berliner Anwaltskammer vom 8. April 1933 zufolge sollten in Berlin jüdische Anwälte überdies nur entsprechend dem Anteil der jüdischen Einwohner an der Gesamtbevölkerung zugelassen werden, das hieß 35 statt – wie bisher – 2000 jüdische Anwälte.[230]

Tags darauf trat Arndt die Flucht nach vorn an. Er bat von sich aus um Entlassung aus dem Richterdienst[231] und stellte zugleich ein Gesuch um Zulassung zur Anwaltschaft[232]. Die Erfolgsaussichten des Gesuchs waren gering. Den nationalsozialistischen Machthabern konnte nur daran gelegen sein, Arndt durch Verweigerung der Anwaltszulassung die wirtschaftliche Existenzgrundlage zu entziehen. In dieser Lage schöpfte Arndt alle Mittel aus, um seinem Gesuch Nachdruck zu verleihen. Er gab eine Darstel-

---

229 Gruchmann, Justiz im Dritten Reich, S. 135.
230 Ders., a. a. O., S. 136.
231 Darstellung im Schriftsatz Arndt ./. Dehler, 15. Dezember 1952, S. 14, AdsD, Nachlaß Arndt, Mappe 48.
232 Zum Wortlaut eines Auszugs aus dem Gesuch Arndts vgl. Kapitel IV.6., Anm. 502. Der vollständige Text des Gesuches bzw. das Original wurde später trotz vielfältiger – auch gerichtlicher – Bemühungen nicht mehr aufgefunden, s. dazu die Feststellungen des Landgerichts Bonn im Urteil vom 14. Juli 1959, S. 44 ff. (Archiv Landgericht Bonn, Az. 7 O 75/58).
Nach 1945 tauchte ein Teil des Textes als auszugsweise Abschrift in der Personalakte des ehemaligen Gerichtsassessors Hellmut Hagen auf. In diesem Auszug fehlte sicher der Schluß, wahrscheinlich auch der Anfang des ursprünglichen Gesuchstextes, vgl. die Feststellungen des Landgerichts Bonn, a. a. O. Dieser Textauszug (zum vollständigen Textauszug s. AddL, Nachlaß Dehler, DA 0011, „Gesuch des Landrichters Dr. Adolf Arndt um Zulassung zur Rechtsanwaltschaft, 9. April 1933", Abschrift von Abschrift; seinerseits nur auszugsweise wiedergegeben im Schriftsatz Arndt ./. Dehler, 15. Dezember 1952, im Anhang Abschrift des Briefes Thomas Dehlers an Professor Wilhelm Laforet, 2. Dezember 1952) ließ, wie Arndt sich später erinnerte, eine wesentliche einleitende Passage aus, in der er seine ‚nichtarische' Abstammung sowie seinen Werdegang darstellte und um Entlassung aus dem Staatsdienst bat, s. Schriftsatz Arndt ./. Dehler, 15. Dezember 1952, a. a. O., S. 14, AdsD, Nachlaß Arndt, Mappe 48.
Auch das Landgericht Bonn, a. a. O., S. 45, dem das Original des ‚Auszugs' anhand der Personalakte des Gerichtsassessors Hagen vorlag, kam in eingehenden Feststellungen zu dem Schluß, daß der Auszug wahrscheinlich eine einleitende Passage ausließ – indessen ohne dies zu kennzeichnen. *Insoweit* als der Textauszug eine Kennzeichnung dieser Auslassung unterließ, kann also von „teils gefälschten" Akten (so Claus Arndt, Erinnerung, S. 67) gesprochen werden. .
Die in dem Auszug mitgeteilten Tatsachen (mit Ausnahme des Beschwerdebriefes des preußischen Innenministers Severing gegen das Goebbels-Urteil, der nicht zu ermitteln war, und des nicht aktenkundigen Abstimmungsverhaltens Arndts in der Strafsache Pogede) waren jedoch vollständig aus den Akten nachweisbar. Auch Arndt bestritt nicht, daß der Auszug „sinngemäß in etwa" (so die Feststellung des Landgerichts Bonn, a. a. O., S. 43, zum unstreitigen Sachverhalt) die Hinweise des Originalgesuchs auf seine frühere Richtertätigkeit wiedergab.
An den genauen Wortlaut seines damaligen (Hand-)Schreibens konnte Arndt sich nicht erinnern (vgl. Schriftsatz Arndt ./. Dehler, 15. Dezember 1952, S. 14, a. a. O.). Andererseits schloß er eine wörtliche Übereinstimmung der im Auszug wiedergegebenen Passagen mit dem Original nicht aus. Das Landgericht Bonn seinerseits hatte „keinen Zweifel" daran, daß die „Abschrift richtig ist und nichts bietet, was nicht auch im gleichen Wortlaut in der Personalakte" Arndts zu finden gewesen wäre (a. a. O., S. 43).
Dem schließt sich die folgende Darstellung an und geht von der Authentizität der Abschrift – wenngleich nur als Fragment! – aus.

lung seiner Richtertätigkeit, die politische Verdachtsmomente gegen seine Person ausräumen sollte. Arndt wies darauf hin, daß gegen das von ihm verfaßte Urteil von dem „Herr[n] Reichsminister Dr. Goebbels" kein Rechtsmittel eingelegt worden sei, wohl aber der sozialdemokratische Innenminister Severing Protest eingelegt habe. Er erwähnte seine Begründung des Freispruchs von Graf Helldorff und Oberführer Ernst im Kurfürstendammprozeß und zitierte aus seiner scharfen Verurteilung der kommunistischen Ausstellung als Gotteslästerung, wobei er unterstrich, daß er seinerzeit für ein höheres Strafmaß eingetreten sei. Schließlich hob er seine Mitwirkung am Ausschluß Rechtsanwalt Littens von der Verteidigung im Felseneckprozeß hervor.[233] Alle Angaben und Zitate Arndts waren wahrheitsgetreu.[234] Ihre Zusammenstellung und Auswahl jedoch suggerierte, daß der Antragsteller als scharfer Antikommunist seit Jahren Recht zugunsten der Nationalsozialisten gesprochen habe. Arndt griff also zu Tarnung und Täuschung. Er nutzte das grob vereinfachende utilitaristische Rechtsverständnis der Nationalsozialisten – Recht als bloßes Mittel der Politik, zum gegnerischen oder eigenen Nutzen – und unterlegte nachträglich seinen Rechtsausführungen den geeigneten politischen Zweck. Es war ein Versuch, die Nationalsozialisten mit ihren eigenen Waffen zu schlagen, wobei Arndt jedoch unzutreffende Tatsachenbehauptungen und die Belastung Dritter vermied[235]. Es war letztlich ein Abwehrangriff, eine Notwehrmaßnahme gegen einen Staat, der das Recht und das Vertrauen seiner Bürger offen mißachtete. Äußerlich betrachtet, war das Gesuch ein Dokument der Anpassung – der Scheinanpassung jedoch, wie sich zeigen sollte.

Zwei Gesetze besiegelten Anfang April die Diskriminierung ‚nichtarischer' Juristen[236] und ließen eine juristische Berufstätigkeit Arndts aussichtslos erscheinen. Er suchte mit seiner Frau und seinen beiden Kindern Unterschlupf bei seiner Mutter in Marburg. In jene Marburger Monate fielen einige schriftstellerische Versuche Arndts, mit denen er hoffte, sich und seiner Familie einen gewissen Lebensunterhalt zu verschaffen.[237] Die Lage war bedrückend. Arndt mußte mitansehen, wie zahlreiche rassisch verfolgte Kollegen resignierten, ins Exil gingen wie sein Lehrer James Goldschmidt oder verzweifelten. Max Alsberg, zu dem Arndt auch in jenen Monaten Kon-

---

233 S. Textauszug des Gesuchs vom 9. April 1933, AddL, Nachlaß Thomas Dehler DA 0011 (Arndt).
234 Arndts Angaben über sein jeweiliges Stimmverhalten in den Kammerabstimmungen (wenn sie auch anhand der Akten nicht überprüfbar waren), mußten schon deswegen tatsachengetreu sein, weil der jeweils beteiligte zweite Kammerbeisitzer Mitglied der NSDAP war, vgl. Landgerichtsdirektor Ohnesorge an Arndt, 30. Juli 1952 (Abschrift), Anlage zum Schriftsatz Arndt ./. Dehler, 15. Dezember 1952, AdsD, Nachlaß Arndt, Mappe 48.
235 Zu den Bedingungen, die Arndt sich selbst bei Abfassung des Gesuches auferlegte, vgl. Schriftsatz Arndt ./. Dehler, a. a. O., S. 14 f.
236 Das „Gesetz zur Wiederherstellung des Berufsbeamtentums" vom 7. April 1933 (RGBl I, S. 175) entfernte „nichtarische" Beamte sowie Richter aus dem Amt. Danach war „Nichtarier", wer mindestens einen jüdischen Eltern- oder Großelternteil besaß. Die Ausnahmebestimmungen trafen auf Arndt nicht zu. Das „Gesetz über die Zulassung zur Rechtsanwaltschaft" vom 7. April 1933 (RGBl I, S. 188) erging parallel dazu und gab in entsprechender Weise den Justizverwaltungen die Handhabe, „nichtarischen" Anwälten die Anwaltszulassung zu entziehen bzw. eine Neuzulassung zu versagen, s. dazu Gruchmann, Justiz im Dritten Reich, S. 137 f., 139.
237 S. Schriftsatz Arndt ./. Dehler, 15. Dezember 1952, S. 12, AdsD, Nachlaß Arndt, Mappe 48. Unter anderem verfaßte Arndt nach eigenen Angaben einen Kriminalroman und eine Kurzgeschichte, die in Scherls-Magazin erschien.

takt hielt[238], beging im Schweizer Exil Selbstmord. Ein politisch Verfolgter wie der unabhängige Sozialist und Jude Hans Litten wurde verhaftet und gefoltert. Er starb nach jahrelangen Mißhandlungen im Konzentrationslager[239].

Unter solchen Umständen kam die Zulassung zur Berliner Anwaltschaft, die ihm Monate nach seinem Zulassungsgesuch mitgeteilte wurde, für Arndt völlig überraschend. Wie er später selbst berichtete, habe man sich im preußischen Justizministerium noch einmal der Tradition erinnert und grundsätzlich beschlossen, auch ‚Nichtarier' zur Rechtsanwaltschaft zuzulassen, wenn sie Söhne bekannter Juristen waren.[240]

Die „Solidarität der Verfemten und Unterdrückten"

Die Gemeinsamkeit des Verfolgtseins baute politische Schranken ab. Die politische Haltung der unterdrückten und verfolgten SPD beeindruckte Arndt tief. Als einzige Partei des Reichstags – von den bereits ausgeschalteten Kommunisten einmal abgesehen – hatte die SPD durch ihren Vorsitzenden Otto Wels dem verfassungsdurchbrechenden Ermächtigungsgesetz vom 23. März 1933 widersprochen, das die formelle Rechtfertigung für die weiteren Verfolgungsmaßnahmen bot. Arndt, der nach eigenen Angaben bis dahin „wissentlich nur einem einzigen Sozialdemokraten"[241] begegnet war, gründete eine Bürogemeinschaft mit dem sozialdemokratischen Anwalt Fritz Schönbeck. Dieser war Jude und nach seiner Tätigkeit als Ministerialrat im preußischen Finanzministerium[242] Anwaltssozius des ersten sozialdemokratischen Justizministers Preußens, Otto Landsberg, gewesen. Durch Schönbeck wurde Arndt in die Rechtsberatung verfolgter Sozialdemokraten und geschädigter Gewerkschaftseinrichtungen einbezogen. Er vertrat zum Beispiel die Witwe des letzten Direktors der Bank der Arbeiter, Angestellten und Beamten AG, Heinrich Bachem, in ihren Pensionsforderungen. Heinrich Bachem war von der SA gewaltsam zum Verzicht auf Pensionsforderungen gezwungen worden und an den Folgen seiner Verhaftung gestorben. Arndts Klage gegen die nunmehr nationalsozialistisch geführte Bank mußte die heiklen Umstände der Verhaftung Bachems anläßlich der gewaltsamen Aneignung des Gewerkschaftsvermögens durch nationalsozialistische Organisationen zur Sprache bringen.[243]

---

238 S. Max Alsberg an Arndt (Abschrift), 21. August 1933, Anlage zum Schriftsatz Arndt ./. Dehler, 15. Dezember 1952, a. a. O. Ein gleichfalls ‚halbjüdischer' Gerichtsassessor aus Arndts Bekanntenkreis, der Sohn des Arztes und Nobelpreisträgers Emil von Behring, nahm sich das Leben, s. Schriftsatz Arndt ./. Diel, 1. September 1958, S. 6, AdsD, Nachlaß Arndt, Mappe 49; s. auch Arndt, Eine Erinnerung zur Emil-von-Behring-Feier, in: Sozialdemokratischer Pressedienst, 15. März 1954.

239 S. Irmgard Litten, Eine Mutter kämpft gegen Hitler; Annedore Leber (Hrsg.), Das Gewissen entscheidet. Bereiche des deutschen Widerstands von 1933 – 1945 in Lebensbildern, S. 114.

240 Vermutung Arndts, Schriftsatz Arndt ./. Dehler, 15. Dezember 1952, S. 13, AdsD, Nachlaß Arndt, Mappe 48. Zudem habe der ehemalige Reichsminister von Keudell zugunsten Arndts, dessen Vater er als sein Schüler verehrt habe, interveniert. Sehr wahrscheinlich half Arndt auch die Fürsprache seines Schwiegervaters, des Ministerialdirigenten Otto Helbing, der mit dem preußischen Finanzminister Professor Johannes Popitz befreundet war (s. Claus Arndt, Erinnerungen, S. 19, und mündliche Mitteilung an den Verfasser, 18. September 1984).

241 Arndt, Mein Weg zur Sozialdemokratie, in: SPD-Pressedienst, 29. Mai 1963.

242 Eidesstattliche Versicherung Fritz Schönbecks (Abschrift), Anlage zum Schriftsatz Arndt ./. Dehler, 15. Dezember 1952, AdsD, Nachlaß Arndt, Mappe 48.

243 S. Schriftsätze Arndts im Fall Anita Bachem ./. Bank der Deutschen Arbeit AG, 13. März 1935, 17. April 1935 und 24. April 1935, AdsD, Nachlaß Arndt, Mappe 301.

Angesichts der politischen Bedeutung dieser Klage ließ das Reichsinnenministerium sie gar nicht erst zur gerichtlichen Entscheidung zu und wies sie durch exekutiven Machtspruch ab.[244]

Gleichfalls um ehemaliges Gewerkschaftsvermögen ging es in der Strafsache gegen Theodor Leipart, den letzten Vorsitzenden des Allgemeinen Deutschen Gewerkschaftsbundes. Unter dem Vorwand des Korruptionsverdachts gegen Leipart war am 9. bzw. 12. Mai 1933 das gesamte Gewerkschaftsvermögen beschlagnahmt worden. Arndt wirkte im Ermittlungsverfahren beratend an der Verteidigung Leiparts[245] und an der Rechtsvertretung des Gewerkschaftsführers Wilhelm Leuschner[246] mit.

Mit Rechtsanwalt Walter Menzel, dem Schwiegersohn des ehemaligen sozialdemokratischen Innenministers Preußens, Carl Severing, stand das Büro Arndt/Schönbeck in engem Kontakt. Um belastendes Material dem Zugriff der Gestapo zu entziehen, tauschten die nahe beieinanderliegenden Kanzleien gelegentlich Akten aus.[247] Diese Vorsichtsmaßnahme schien um so mehr begründet, als Arndt auch politisch riskante Mandate[248] nicht scheute und seine offensive Vorgehensweise bei der Wahrnehmung der Mandanteninteressen das Mißtrauen der Gestapo erregte[249]. Im Grunde traf die Vorausdeutung des „Mechterstädter Arbeitermordes", eines politischen Schlüsselerlebnisses aus Arndts Marburger Schülerzeit, ein: Antisemitismus und Gewalt gegen die politische Linke gingen Hand in Hand. Ein Versuch der Gegenwehr war die *„Solidarität der Verfemten und Unterdrückten"*[250], der verfolgten Juden und Sozialdemokraten. Sie wurde für Arndt politisch wegweisend.

Arndt widmete sich vor allem der anwaltlichen Vertretung jüdischer Mandanten. Vielen half er bei der Auswanderung bzw. bei der Sicherstellung ihrer Vermögen vor dem Zugriff der Nationalsozialisten. Er entwickelte sich zu einem international angesehenen Fachmann[251] in Rechtsfragen der Auswanderung und des Vermögenstransfers. Neben zahlreichen Firmen[252] nahm auch das emigrierte Frankfurter „Institut für Sozi-

---

244 Arndt, Eine Dokumentation zur gewaltsamen Unterdrückung der SPD im Jahre 1933, in: SPD-Pressedienst, 8. November 1957.
245 S. Arndt, a. a. O., S. 9; eingehend zur Vorgeschichte und zum Verlauf des Ermittlungsverfahrens vgl. Dapper/Rouette, Das Ermittlungsverfahren gegen Leipart und Genossen wegen Untreue vom 9. Mai 1933, S. 509 ff. Die Ermittlungsakten (Akten des Generalstaatsanwalts beim Landgericht Berlin, Az. 1 pol aJ 1826/1933) enthalten keinen direkten Hinweis auf die Beteiligung Arndts und Schönbecks, die sehr wahrscheinlich Leiparts Anwalt P. Bloch berieten.
246 Arndt, Mein Weg zur Sozialdemokratie, in: SPD-Pressedienst, 29. Mai 1963.
247 Vgl. Arndts Erinnerung in Prot. BT, 4. WP, 170. Sitzung (10. März 1965), S. 8547 D; s. auch Erklärung Walter Menzels (Abschrift), 20. Dezember 1945, Anlage zum Schriftsatz Arndt ./. Dehler, 15. Dezember 1952, AdsD, Nachlaß Arndt, Mappe 48.
248 Schriftsatz Arndt ./. Dehler, 15. Dezember 1952, S. 26, a. a. O.; Schriftsatz Arndt ./. Diel, 12. April 1958, S. 26 – 28, AdsD, Nachlaß Arndt, Mappe 49: Arndt verteidigte den früheren Direktor der Staatlichen Porzellanmanufaktur Berlin, Moufang (Zentrum), der von nationalsozialistischer Seite bereits vor 1933 der Untreue beschuldigt worden war, s. Zarnow (= Moritz), Gefesselte Justiz, Bd. 1, S. 95 ff.
249 S. Schriftsatz Arndt ./. Diel, a. a. O.; Fritz Schönbeck, Versicherung an Eides statt (Abschrift), Anlage zum Schriftsatz Arndt ./. Dehler, 15. Dezember 1952, a. a. O., und die darin befindliche Erklärung Walter Menzels.
250 Arndt, Mein Weg zur Sozialdemokratie, in: SPD-Pressedienst, 29. Mai 1963.
251 Schriftsatz Arndt ./. Dehler, 15. Dezember 1952, S. 28, AdsD, Nachlaß Arndt, Mappe 48.
252 S. Adolph Bergman an Arndt, 7. Juli 1950, sowie Leonhard Wolzt an Arndt, 22. Oktober 1941, AdsD, Nachlaß Arndt, Mappe 10; Walter Seidensticker an Arndt (Abschrift), 8. August 1946, Anlage zum Schriftsatz Arndt ./. Dehler, 15. Dezember 1952, a. a. O.; P. Kraus an Arndt, 24. November 1946, AdsD, Nachlaß Arndt, Mappe 27.

alforschung" unter der Leitung Professor Max Horkheimers erfolgreich Arndts Hilfe bei der Wahrung seiner Vermögensinteressen in Anspruch.[253] Arndts Tätigkeit brachte zahlreiche Auslandsreisen und internationale Kontakte mit sich. Als Treuhänder der amerikanischen Rosenwald-Stiftung verwaltete er das in Deutschland festliegende Stiftungsvermögen und verteilte daraus erhebliche Spendensummen an jüdische Organisationen.[254]

Arndts Beratungstätigkeit, zumal für größere Firmen, war sehr einträglich.[255] Er konnte es sich daher leisten, mittellose Verfolgte unentgeltlich zu beraten[256] und finanziell zu unterstützen. Der finanzielle Aufschwung der Kanzlei kam auch Künstlern zugute, die von den Nationalsozialisten als „entartet" verfemt wurden. Arndt stand in engem Kontakt zu einigen der Bekanntesten unter ihnen. Im Berliner Atelier des mit Malverbot belegten Karl Schmidt-Rottluff konnte er über Jahre hinweg die heimlich entstehenden Arbeiten des Malers sehen.[257] Zeitweilig malte Schmidt-Rottluff auch in der Wohnung der Arndts, weil die Gestapo seine Wohnung nach Farbe und feuchten Pinseln durchsuchte. Während der letzten Lebensjahre des resignierenden Ernst Barlach bemühte Arndt sich intensiv um den Künstler und seine Kunst.[258] Zu Oskar Kokoschka, dem weltberühmten Wiener Maler, entwickelte sich eine enge, freundschaftliche Beziehung. Adolf und Ruth Arndt besuchten den Künstler 1938 in seinem Prager Exil, suchten Bilderverkäufe zu vermitteln[259] und brachten Werke Kokoschkas in Sicherheit, bevor dieser im Herbst 1938 vor der Besetzung Prags durch deutsche Truppen nach London floh. Arndt half, die Mittel für den Flug aufzubringen[260] und Kokoschkas Bruder finanziell zu unterstützen.[261]

Auch zu Werner Scholz, einem Schüler Emil Noldes und einem der begabtesten jungen deutschen Maler, standen Adolf und Ruth Arndt in enger Beziehung.[262] Sie erwarben die größte private Sammlung mit Werken des verfemten Malers – darunter

---

253 Arndt wirkte als Anwalt vor dem Berliner Kammergericht daran mit, die Vermögensinteressen der Gesellschaft für Sozialforschung, vertreten durch ihren emigrierten Vorstand, gegenüber der Frankfurter Universität zu wahren, vgl. Schivelbusch, Intellektuellendämmerung, S. 99.
254 S. Frederick W. Henssler an Arndt (Abschrift), 8. November 1946, Anlage zum Schriftsatz Arndt ./. Dehler, 15. Dezember 1952, AdsD, Nachlaß Arndt, Mappe 48; Schriftsatz Arndt ./. Dehler, S. 28 (a. a. O.).
255 Als deutscher Generalbevollmächtigter, später Bevollmächtigter der amerikanischen Trubenizing Process Co., New York, verdiente Arndt einschließlich der Anwaltseinkünfte im Jahre 1939 83.000 Reichsmark, Gehaltsangaben in Arndts Fragebogen, 10. Januar 1946, HHStA 12 407 (Akte Arndts aus dem Landespersonalausschuß).
256 Vgl. die eidesstattlichen Erklärungen und brieflichen Bestätigungen früherer Mitarbeiter, Mandanten und Freunde Arndts, Anlagen VI, IX, XVII zum Schriftsatz Arndt ./. Dehler, 15. Dezember 1952, AdsD, Nachlaß Arndt, Mappe 48.
257 Arndt, Dank an Karl Schmidt-Rottluff (1964), in: ders., Geist der Politik (1965), S. 304 (306).
258 Wiedergabe einer Mitteilung der Kunsthistorikerin Rosina Helga Schöne-Wienholtz, im Brief Horst Ehmkes an Arndt, 20. Oktober 1970, AdsD, Nachlaß Arndt, Mappe 15; vgl. Auszug aus einem Brief Barlachs an Arndt vom 29. April 1938, in: Piper, Ernst Barlach und die nationalsozialistische Kunstpolitik, S. 208.
259 S. Oskar Kokoschka, Briefe, Bd. 3 (1934 bis 1953), S. 75 ff. (Brief an Ruth und Adolf Arndt, 5. Oktober 1938).
260 Mündliche Mitteilung von Dr. Yvonne Arndt, 27. Oktober 1984.
261 Kokoschka, Briefe, Bd. 3, S. 75, 81, 90, 349.
262 Werner Scholz war ein Cousin Ruth Arndts, mündliche Mitteilung von Dr. Yvonne Arndt, 27. Oktober 1984.

einige seiner bekanntesten – und versteckten eine größere Anzahl seiner Bilder.²⁶³ Teils hingen die Bilder der verfemten Maler in der Arndtschen Wohnung am Kurfürstendamm, teils mußten sie im Keller des Hauses verborgen werden.²⁶⁴ Während des Krieges wurden die Bilder nach Schlesien geschafft. In Beerberg bei Marklissa (Kreis Lauban) besaß die Familie Ruth Arndts ein Landhaus, das, weit abgelegen von der gefährdeten Metropole Berlin, zum Zufluchtsort und Lebensmittelpunkt der Familie Arndt wurde. In Beerberg schufen sich Adolf und Ruth Arndt einen kulturellen Rückzugsraum. Hier umgaben sie sich mit Bildern bekannter deutscher Maler – darunter Werke von Oskar Kokoschka, Karl Schmidt-Rottluff, Ernst Barlach, August Macke, Karl Hofer, Otto Müller, Werner Scholz, Xaver Fuhr –, die ihrer Modernität, ihrer Eigenwilligkeit wegen geächtet worden waren. Einige der Künstler hatten die Bilder, um sie in Sicherheit zu bringen, den Arndts anvertraut. In Beerberg bewahrte Adolf Arndt auch wertvolle bibliophile Ausgaben und seine Korrespondenz mit Künstlern und Intellektuellen, unter anderem mit Sigmund Freud, auf.²⁶⁵ Ein Buch mit einer persönlichen Widmung André Gides erinnerte an einen Besuch Arndts bei dem französischen Dichter in Paris. Das Haus in Schlesien wurde zur Nische geistigen Überlebens – in der Erinnerung Arndts:

> „Denn wo immer Kunst ihre Wahrheit bezeugt, da ist noch Wasser in der Wüste, da ist selbst noch in der Hölle ein erquickender Tropfen Menschlichkeit, weil alles Musische aus dem Quell des Mitmenschlichen lebt, da kann geatmet werden und konnte noch in jenen Jahren geatmet werden, wurde nur die Kunst frei nach ihren Gesetzen und nicht nach dem Befehl der Unterdrücker dargeboten [...]"²⁶⁶

Rassisch verfolgt

Für das physische Überleben des „Halbjuden" Adolf Arndt bot sich indessen keine sichere Nische. Jahrelang war die Bedrohung allerdings nur latent. Die Nürnberger Rassegesetze von 1935 kategorisierten Arndt als „jüdischen Mischling ersten Grades", der – bei Diskriminierungen im einzelnen – nicht als „Jude" galt.²⁶⁷ Eine gewisse Privilegierung bedeutete zudem die Ehe mit einer „deutschblütigen" Partnerin. Doch gewannen radikalere Bestrebungen zur Ausschaltung der Juden schrittweise an Boden. Bereits in den Jahren 1936 bis 1938 wurde Arndt faktisch von Vertretungen in Scheidungssachen ausgeschlossen, nachdem ein Gericht in den Urteilsgründen erklärt hatte, eine „arische" Ehefrau gebe einen Scheidungsgrund, wenn sie sich von Arndt anwaltlich vertreten lasse. Strafverteidigungen konnte er nicht mehr übernehmen, nachdem er sich den Unwillen der Gestapo zugezogen hatte, die daraufhin bei der Anwaltskam-

---

263 Arndt an die Alliierte Militärregierung, Frankfurt-Hoechst, 6. August 1945, HHStA 649/8/5-1/8. Darin legte er dar, er habe vierzig Ölbilder von Scholz in Tannwald/Isergebirge in Sicherheit gebracht. Arndt versuchte, die Bilder nach dem Krieg wieder nach Berlin zu bringen, s. Arndt an den Präsidenten des Deutschen Kulturbundes, Johannes R. Becher, 23. August 1946, Sammlung Claus Arndt.
264 Mündliche Mitteilung von Dr. Claus Arndt, 17. September 1984.
265 Arndt an die Alliierte Militärregierung, 6. August 1945, HHStA 649/8/5-1/8.
266 Arndt, Gustav Gründgens (1963), in: ders., Geist der Politik (1965), S. 301 (S. 302).
267 Adam, Judenpolitik im Dritten Reich, S. 140 ff.; Hilberg, Die Vernichtung der europäischen Juden, S. 294 ff.

mer den Ausschluß des „jüdischen Rechtsverdrehers" verlangt hatte.[268] Im Vorfeld der Novemberpogrome 1938 wurde Arndts Partner Schönbeck unmittelbar betroffen. Er durfte als „volljüdischer" Anwalt fortan nur noch als „Konsulent" ausschließlich zur „Vertretung von Juden" tätig werden.[269] Schönbeck schlug daraufhin die Auflösung der Bürogemeinschaft mit Arndt vor. Er fürchtete, die vorgeschriebene Kennzeichnung als jüdischer „Konsulent" auf dem Büroschild werde die Familie Arndt gefährden, zu deren Wohnung die Anwaltskanzlei gehörte. Arndt bestand jedoch auf der Beibehaltung der Bürogemeinschaft.[270] Unmittelbar vor Ausbruch des Krieges blieb ihm nur noch, den widerstrebenden Schönbeck, der als Soldat des Ersten Weltkriegs im Rang eines Offiziersstellvertreters nicht an seine persönliche Gefährdung glauben wollte, zur Flucht nach England zu bewegen.

Adolf Arndt selbst hatte den Gedanken an eine Emigration lange zuvor bereits verworfen. Verschiedene Gründe werden dabei mitgespielt haben. Neben familiären[271] und sprachlichen Motiven – Arndt sprach kein Englisch – spielte sicher der Wille mit, sich nicht beugen und „von den eigenen Landsleuten aus der eigenen Heimat vertreiben" zu lassen.[272]

Die Richtigkeit dieser Entscheidung schien sich zunächst dadurch zu bestätigen, daß Arndt nicht zur Wehrmacht eingezogen wurde. Aufgrund eines Geheimbefehls Hitlers vom April 1940[273], der die Ausstoßung der „Mischlinge" aus der Wehrmacht anordnete, wurde Arndt für „wehrunwürdig" befunden.[274] Auf der anderen Seite jedoch trieb das NS-Regime Überlegungen voran, auch „jüdische Mischlinge" und durch sogenannte „Mischehen" Privilegierte in die geplante Ermordung der Juden einzubeziehen. Die radikalsten Vorschläge wollten auch „jüdische Mischlinge ersten Grades" der „Endlösung der Judenfrage" unterwerfen. Zurückhaltendere Pläne sahen die Zwangssterilisierung dieser Mischlinge und die Zwangsscheidung der Mischehen vor[275], wobei die faktisch fortschreitende Entrechtung der Mischlinge allmählich der radikalen Lösung zustrebte.[276]

Arndt hatte Informationen über diese Planungen. Der Druck wuchs noch, als in Beerberg heimkehrende Soldaten über die Greuel der Judenvernichtung in den besetzten Gebieten berichteten. Es kam zu Denunziationen und feindseligen Reaktionen der

---

268 S. Schriftsatz Arndt ./. Diel, 1. September 1958, S. 15, AdsD, Nachlaß Arndt, Mappe 49. Die Anwaltskammer entschied erst nach zwei Jahren, daß gegen Arndt nichts vorliege. Zum Vorgehen der Gestapo gegen unbotmäßige Anwälte s. Gruchmann, Justiz im Dritten Reich, S. 197 ff..
269 S. Gruchmann, a. a. O., S. 197 ff.
270 Claus Arndt, Erinnerungen, S. 19.
271 Arndt betonte später auch, daß eine Emigration die im Jahre 1933 erst sechs- bzw. dreijährigen Kinder unwiderruflich ihrem Heimatland entfremdet hätte, Schriftsatz Arndt ./. Diel, 14. Oktober 1958, S. 8, AdsD, Nachlaß Arndt, Mappe 50.
272 A. a. O., S. 7.
273 S. Walk (Hrsg.), Das Sonderrecht für die Juden im NS-Staat, S. 320 (Geheimerlaß vom 20. April 1940).
274 S. Schriftsatz Arndt ./. Dehler, 15. Dezember 1952, S. 30, AdsD, Nachlaß Arndt, Mappe 48; Schriftsatz Arndt ./. Diel, 1. September 1958, S. 17, AdsD, Nachlaß Arndt, Mappe 49; s. Wehrpaß mit dem Eintrag „Übergeführt in die Ersatzreserve II nzv am 2.7.1940", AdsD, Nachlaß Arndt, Mappe 6.
275 Vgl. die Positionen Heydrichs, des Leiters des Reichssicherheitshauptamts, einerseits und andererseits Staatssekretär Stuckarts während der Wannsee-Konferenz im Januar 1942, auf der die ‚Endlösung der Judenfrage' beschlossen wurde, s. Adam, Judenpolitik, S. 320.
276 Adam, a. a. O., S. 330 f.

Beerberger Bevölkerung gegenüber der Familie Arndt.[277] Während jener Jahre fand Adolf Arndt großen Rückhalt in Gesprächen mit dem evangelischen Pfarrer Dr. Gerhard Salzsieder. Dieser, als erklärter Gegner der Nationalsozialisten mehrfach verhaftet, gehörte der Bekennenden Kirche an. Arndt war ein gläubiger Protestant, doch in seiner Religiosität mehr ein Bekennender, weniger der Institution Kirche Zugewandter, letzteres um so weniger, als der überwiegende Teil der Evangelischen Kirche, organisiert in den „Deutschen Christen", die nationalsozialistische Machtergreifung und die Diskriminierung der Juden[278] begrüßt hatte. In der Begegnung mit Salzsieder fand Arndt zu jenem oppositionellen Teil des Protestantismus, der in seiner Ablehnung des Nationalsozialismus den Weg zu einer neuen Kirchenpolitik beschritt.

In Berlin, wo er allein mit seinem sechzehnjährigen Sohn Claus zurückgeblieben war – Ruth Arndt und die Tochter Yvonne waren nach Beerberg ausgewichen – wurde Adolf Arndt ab dem Herbst 1943 zu einer Tätigkeit als Rechnungsprüfer in einem rüstungswichtigen Betrieb, den Askania-Werken, dienstverpflichtet. Zuvor hatte die Berliner Anwaltskammer Arndt als „für die Anwaltschaft überflüssig"[279] dem Arbeitsamt zur Verfügung gestellt. In den Askania-Werken arbeiteten auch andere „Halbjuden", unter ihnen die beiden Großneffen des Malers Max Liebermann. Man war sich über das bevorstehende Schicksal völlig im unklaren. Deuteten die zunehmenden restriktiven Maßnahmen gegen „Halbjuden"[280] auf ihre Einbeziehung in die ‚Endlösung' hin?

Die schlimmsten Befürchtungen schienen sich zu bestätigen, als Arndt nach dem fehlgeschlagenen Attentat auf Hitler am 27. Juli 1944 einen Verpflichtungsbescheid der Organisation Todt erhielt – betrifft: „Haft"[281]. Vier Tage später verließ ein Eisenbahntransport mit Zwangsarbeitern Berlin. Er bestand aus „wehrunwürdigen" Zuchthausgefangenen, sogenannten „Zigeunern" und „jüdischen Mischlingen ersten Grades", unter ihnen Adolf Arndt und die Brüder Liebermann. Alle Anzeichen deuteten auf eine beginnende ‚Liquidation' hin. Unter Bewachung durch den Sicherheitsdienst (SD) und streng abgeschirmt wurden die „Gefangenen"[282] nach Paris, in das von italienischer SS bewachte Lager Nordschule gebracht. Es handelte sich um eine Maßnahme im Zuge der „Aktion Hase"[283]: Sogenannte ‚Halbarier' wurden zum frontnahen Arbeitseinsatz unter schwierigsten Bedingungen gezwungen[284], wobei ihr Tod einkalku-

---

277 Bericht Pastor Dr. Gerhard Salzsieders (Abschrift), 16. Januar 1946, Anlage zum Schriftsatz Arndt ./. Dehler, 15. Dezember 1952, AdsD, Nachlaß Arndt, Mappe 48.
278 Zu dem auf der preußischen Generalsynode beschlossenen ‚Arierparagraphen' und zur Kirchenspaltung in „Deutsche Christen" und „Bekennende Kirche" s. Scholder, Die Kirchen und das Dritte Reich, Bd. 1, S. 599 ff., 701 ff.
279 Nach einer mündlichen Mitteilung von Dr. Claus Arndt, 17. September 1984.
280 Siehe Adam, Judenpolitik, S. 331 (insbesondere Anm. 139).
281 Siehe Arbeitsamt Berlin, „Verpflichtungsbescheid" für die Organisation Todt, 27. Juli 1944, AdsD, Nachlaß Arndt, Mappe 7. Mit Wiedergutmachungsbescheid vom 9. August 1956 wurde Arndts Zwangsverpflichtung für die Organisation Todt als Inhaftierung „aus politischen Gründen" anerkannt, HJM, Personalakte Adolf Arndt.
282 So wurden die Zwangsarbeiter von den Wachmannschaften bezeichnet und behandelt, mündliche Mitteilung von Dr. Manfred und Dr. Willy Liebermann, 13. März 1985.
283 Unter dem Namen „Aktion ‚Hase'" wurden die Einsätze der Zwangsarbeiterbataillone beim Bau des Atlantikwalls in Frankreich zusammengefaßt, s. Adler, Der verwaltete Mensch, S. 318.
284 Zu den Lebensumständen in den Arbeitslagern vgl. Adler, a. a. O., S. 318 ff. Damit stimmte Arndts Schilderung (vgl. AdsD, Nachlaß Arndt, Mappe 50, Arndt ./. Diel, Schriftsatz vom 14. Oktober 1958, S. 2 – 6) weitgehend überein; vgl. auch Fauck, Die Verfolgung von Mischlingen in Deutschland und im Reichsgau Wartheland, S. 29.

liert wurde.[285] Die Zwangsarbeiter wurden von der Organisation Todt privaten Bauunternehmen zur Arbeit an wehrwichtigen Bauwerken zur Verfügung gestellt.[286] So arbeitete Arndt, nachdem er in Paris an der Evakuierung des Gestapo-Hauptquartiers beteiligt gewesen war, gemeinsam mit den Brüdern Liebermann als zwangsverpflichteter Rechnungsprüfer für eine saarländische Baufirma. Diese Männer überlebten – zusammen mit einem weiteren ‚Halbjuden' – als einzige den Gefangenentransport Paris-Saar. Nahe der zusammenbrechenden Westfront, im Bombenhagel alliierter Flugzeuge, war es den Arbeitern verboten, Luftschutzräume aufzusuchen.[287] Arndt, physisch ohnehin nicht sehr widerstandsfähig, erlitt vor allem aufgrund der äußerst mangelhaften Verpflegung einen Leberzusammenbruch, eine schwere körperliche Schwächung und in der Folge eine Gelbsucht, die nicht ärztlich versorgt wurde.[288] Kameradschaftliche Fürsorge – auch von seiten mitinhaftierter Rotspanier und Sowjetrussen – half dem in praktischen Dingen oftmals ungeschickten Mann und bewahrte ihn vor Schlimmerem.[289]

Aus dem Saarland, inmitten des Chaos allgemeiner Auflösung, gelang Arndt im Januar 1945 mit gefälschten Marschpapieren die Flucht nach Schlesien. Dort fand er seine Frau und seine Tochter wohlbehalten vor; der 17jährige Sohn Claus kämpfte als Wehrmachtssoldat an der Ostfront. Auch er war als „Judenstämmling" schweren Diskriminierungen in der Armee ausgesetzt[290] gewesen. Vier Jahre später erst kehrte er aus russischer Kriegsgefangenschaft zurück.

Ursprünglich hatte die Familie Arndt in Schlesien bleiben wollen. Mit dem Näherrücken der Roten Armee drohte jedoch die Gegend um Marklissa Kampfgebiet zu werden. Als daraufhin die Sprengung der Marklissaer Talsperre geplant wurde und eine Überflutung der Region zu befürchten stand, entschlossen sich Adolf und Ruth Arndt mit ihrer Tochter Yvonne zur Flucht. Die Gemälde und die Bibliothek blieben zurück.[291] Auf einem Planwagen wurde der flüchtige, kranke Zwangsarbeiter der Organisation Todt versteckt, als der Flüchtlingstreck im Februar 1945 nach Westen aufbrach.

---

285 Zum Prinzip „Vernichtung durch Arbeit" und den extrem harten Arbeitsbedingungen in den Lagern vgl. Drobisch (u.a.), Juden unterm Hakenkreuz. Verfolgung und Ausrottung der deutschen Juden 1933, S. 356 ff.
286 Im Herbst 1944 wurde Arndt zeitweise als Rechnungsführer in der Arbeitsbaracke einer saarländischen Baufirma eingesetzt, nach einer mündlichen Mitteilung von Dr. Willy und Dr. Manfred Liebermann, 13. März 1985.
287 Siehe Schriftsatz Arndt ./. Diel, , 14. Oktober 1958, S. 3 ff., AdsD, Nachlaß Arndt, Mappe 50.
288 Zu den Arbeitsbedingungen der Zwangsarbeiter – unter anderem eine 70stündige Wochenarbeitszeit und äußerst mangelhafte Ernährung – s. den Bericht des gleichfalls zwangsverpflichteten Adolf Zewe, 2. November 1945 (Abschrift), HJM, Personalakte Adolf Arndt.
289 S. die Erinnerung Arndts, „Echte Solidarität" (Manuskript), HHStA 505/59.
290 Vgl. Claus Arndt, Erinnerungen, S. 23 f.
291 S. Arndts Bemühungen, die Kunstgegenstände zurückzuerlangen, Brief an die amerikanische Militärregierung, 6. August 1945, HHStA 649/8/5-1/8.

Zweites Kapitel

Rechtspolitik in Hessen 1945 bis 1949

In Hessen begann der Aufstieg Adolf Arndts zum führenden Rechtspolitiker der SPD. Nach kurzer Tätigkeit als Oberstaatsanwalt in Marburg trat er 1945 als Leiter der Abteilung Strafrecht und Strafprozeßrecht in das von Georg August Zinn geführte hessische Justizministerium ein. Als Gesetzesreferent und engster Mitarbeiter Zinns gestaltete Arndt die gesetzlichen Grundlagen zur strafrechtlichen Ahndung und Sühne nationalsozialistischen Unrechts mit und wirkte als Anklagevertreter in den hessischen Euthanasieprozessen der Jahre 1946/47. Arndt leistete wesentliche gesetzesvorbereitende Arbeit zur Neubegründung der hessischen (Verfassungs-) Gerichtsbarkeit.

Nach dem Beitritt zur SPD war er 1946 Mitverfasser des maßgeblichen sozialdemokratischen Entwurfs zu einer hessischen Verfassung. Als ständiger Vertreter Hessens im Rechtsausschuß des Süddeutschen Länderrats und als SPD-Abgeordneter im 1948 gebildeten Zweiten Frankfurter Wirtschaftsrat sammelte Arndt über Hessen und die amerikanische Besatzungszone hinaus rechtspolitische und parlamentarische Erfahrungen für seine spätere Bundestagsarbeit.

1. Grundbedingungen des Neubeginns

Die Flüchtlinge aus Schlesien fanden Zuflucht auf dem Gut Obernfelde bei Lübbecke in Westfalen. Ein Unterschlupf war damit gefunden – aber noch keine Sicherheit.

„Verdächtige Personen sind sofort niederzumachen!"[1], so forderten die Plakate in der Umgebung des Gutes. In seinen letzten Exzessen warf das nationalsozialistische Unrechtsregime den letzten Anschein der Rechtlichkeit in einem lapidaren Tötungsbefehl ab. Die vermeintlich letzte Sicherheit der Frontlinie zwischen Freund und Feind im totalen Krieg löste sich in totaler Unsicherheit auf. Arndt muß dieses Plakat als Symbol seiner Lage erschienen sein. Die Bedrohung, der er als ‚innerer Feind' des deutschen Volkes ausgesetzt war, zeigte sich noch einmal in der Tötungsdrohung, zu deren Vollstrecker sich jeder auf einen bloßen Verdacht hin machen konnte. Noch 20 Jahre später spricht aus Arndts Bericht über jene letzten Tage der nationalsozialistischen Herrschaft das Erlebnis der Angst; denn „Verdächtige Personen, das waren in jenen Tagen alle Fremden, alle Kranken, jeder, den man nicht genau kannte. Verdächtig war auch ich."[2] Seine Illegalität hielt Arndt auch vor den Gastgebern auf dem Gut

---

[1] Nach einem Bericht Arndts, Ich erlebte den Sturm der Fremdarbeiter, in: Die Welt am Sonntag, 16. Mai 1965.
[2] Ebda.

geheim – sie wußten nicht, daß sie einen ‚Halbjuden' und flüchtigen Zwangsarbeiter der Organisation Todt beherbergten. Arndt zeichnete später jene Tage des Übergangs im politischen Niemandsland in biblisch anmutenden Farben und Bildern der Weltuntergangsvision des Karfreitag. Er schilderte die vorbeiziehenden, zerschlagenen und versprengten Haufen der deutschen Wehrmacht in der historischen Vision der von den Russen geschlagenen napoleonischen Armeen, die folgende „Stille, bedrohliche Ruhe" und schließlich – nicht ohne Ironie – den Einzug der Amerikaner: „geordnet, sauber, frisch, mit Panzern wie aus der Fabrik."[3] Das Alte war abgetreten. Beinahe lutherisch erinnerte Arndt daran, daß Hitler, „in dem er immer die Verkörperung des Bösen gesehen habe, Selbstmord beging und mit Benzingestank zur Hölle fuhr"[4], bevor er vor ein Gericht gezogen werden konnte. Doch auch jetzt gab es noch keine Sicherheit für die Bewohner des Gutes. Von den britischen Besatzungstruppen befreite Fremdarbeiter zogen plündernd über das Land, und die Gutsbewohner mußten sich gewaltsam zur Wehr setzen. Die Anspannung der Verfolgungszeit begann sich erst im Sommer des Jahres 1945 zu lösen. Arndt erhielt von den britischen Militärbehörden die Erlaubnis, in die amerikanische Zone nach Marburg zu reisen. Diese Fahrt bedeutete für ihn „die ersten Schritte in die Freiheit."

Doch was war gewonnen mit dieser Freiheit? Die Sicherheit vor gewalttätigen Übergriffen auf das Leben, diese Mindestvoraussetzung des menschlichen Zusammenlebens, konnte die Besatzungsmacht weitgehend garantieren; das Überleben in dem zerstörten und ausgehungerten Land war damit aber keineswegs gesichert.

Beruflicher Neubeginn und Nachkriegsnot

In Marburg, das amerikanische Truppen im März 1945 besetzt hatten, wohnte Adolf Arndts Mutter. Dort hatte er studiert und besaß Beziehungen zur Universität, an der sein Vater als bekannter Staatsrechtler gelehrt hatte. Auch mochte er hoffen, daß die vergleichsweise wenig beschädigte, von der landwirtschaftlichen Umgebung geprägte und versorgte Handels- und Universitätsstadt[5] eine ausreichende Versorgung mit Nahrungsmitteln bot. Die Familie Arndt, Adolf und Ruth Arndt sowie ihre Tochter Yvonne, zog – wie viele andere Flüchtlingsfamilien aus dem deutschen Osten und obdachlose Einwohner der sich entvölkernden[6], zerstörten Großstädte – in die kleine Stadt, die schnell überfüllt war. Der sprunghafte, verhältnismäßig hohe[7] Anstieg der Bevölkerung führte, verstärkt noch durch amerikanische Hausbeschlagnahmungen[8], zu drückender Wohnraumnot und zu sozialen Spannungen zwischen „Alt- und Neubürgern."[9] Gemessen daran, war es für die dreiköpfige Familie Arndt schon ein Vorteil, daß sie ihr Unterkommen in der geräumigen Wohnung der Mutter und Professorenwit-

---

3 Ebda.
4 Ebda.
5 Gimbel, A German Community under American Occupation, S. 25 ff.
6 Kropat, Hessen in der Stunde Null, S. 210.
7 Gimbel, A German Community, S. 29, nennt eine Wachstumsquote von 43 % im Jahre 1946, verglichen mit dem Bevölkerungsstand vom 1. September 1939.
8 Vgl. dazu Gimbel, Marburg nach dem Zusammenbruch, S. 665.
9 Ders., A German Community, S. 30.

we fand.[10] Die amerikanische Militärregierung begann eine Säuberung des Verwaltungsapparats von nationalsozialistischen Parteigängern durchzuführen und diese durch „politisch unbelastetes" Personal zu ersetzen. Zum Oberbürgermeister war der Sozialdemokrat Eugen Siebecke ernannt worden, der während des Dritten Reiches der Bekennenden Kirche und einem Gießener Widerstandskreis angehört hatte.[11] Solche politische Reorganisation der Verwaltung war auf die Mithilfe deutscher, vor allem rechtskundiger Fachleute angewiesen.

Im Monat nach seiner Ankunft in Marburg, am 6. August 1945, wurde Arndt in den Beratenden Rechtsausschuß beim „Regional Military Government für Kurhessen und Nassau" berufen.[12] Die Aufgaben des Ausschusses erstreckten sich „auf die Klärung des geltenden Rechts (Beseitigung nationalsozialistischen Gedankenguts, Weitergelten von Kriegsverordnungen, Einfluß des Besatzungsrechts) und Vorbereitung der wichtigsten gesetzgeberischen Arbeiten."[13] Dem Ausschuß gehörten neben dem Professor für Zivilrecht, Franz Leonard, mit dem Vorsitzenden, Professor Heinrich Herrfahrdt, und Professor Fritz von Hippel zwei Mitglieder an, die als „konservative" Hitlergegner galten.[14] Arndt leitete in diesem Gremium den Unterausschuß Strafrecht und Strafprozeßrecht; außerdem war er Mitglied der Unterausschüsse für Personalfragen und für Staatsrecht.[15]

Die Umstände, die zu Arndts Berufung in den Rechtsausschuß führten, sind nicht mehr genau zu ermitteln. Möglicherweise hatte dies Professor Leonard angeregt, der die Familie Arndt kannte.[16] Gewiß war für die Militärregierung von Bedeutung, daß Arndt einen jüdischen Vater hatte und beweisen konnte, daß er wegen seiner Abstammung verfolgt worden war. Der Nachweis über das Verfolgtsein durch den Nationalsozialismus gab Rückendeckung; denn der Rechtsausschuß hatte die Aufgabe, sich zu politischen Beurteilungen von Marburger Beamten, zu Verhaftungen und Entlassungen aus politischen Gründen[17] zu äußern, während sich gleichzeitig in der Stadt eine Atmosphäre des Mißtrauens ausbreitete, in der Denunziationen und gezielte Bloßstellungen die berufliche und gesellschaftliche Position bedrohen konnten.[18] Die Abstammung von einem jüdischen Vater, die die Anwaltszulassung im Jahre 1933 gefährdet hatte, half im Sommer 1945, die politische Unbedenklichkeit desselben Rechtsaktes zu beweisen: Am 14. August 1945[19] wurde Adolf Arndt als Rechtsanwalt und Notar beim Landgericht Marburg zugelassen und erhielt damit die Chance, seine Existenz wirt-

---

10 Nach einer Mitteilung von Dr. Yvonne Arndt, 27.10.84.
11 Vgl. Neusüß-Hunkel, Parteien und Wahlen in Marburg, S. 51.
12 Angabe Arndts in einem Lebenslauf vom 05.10.45, HJM, Personalakte Adolf Arndt.
13 S. den Bericht des Beratenden Rechtsausschusses für Groß-Hessen (Vorsitzender Professor Dr. Herrfahrdt) an den Ministerpräsidenten des Staates Groß-Hessen, 30.10.45, HHStA 528/64.
14 Diese Einschätzung entstammt einem Empfehlungsschreiben des protestantischen Pfarrers Dr. Ritter an Oberbürgermeister Eugen Siebecke, vgl. Kraschewski u.a, Ausgewählte Quellen zur Situation in Marburg, S. 680 (Anm. 12).
15 Vgl. den Bericht Professor Herrfahrdts (Anm. 13) und den Lebenslauf Arndts, 5. Oktober 1945 (Anm. 12).
16 Franz Leonard hatte gemeinsam mit Professor Adolf Arndt sen. an der juristischen Fakultät gelehrt (vgl. Seier, Radikalisierung und Reform, S. 315).
17 Vgl. den Bericht des Beratenden Rechtsausschusses (vgl. Anm. 13).
18 S. Gimbel, Marburg nach dem Zusammenbruch, S. 661 f.
19 Am Tag zuvor hatte der Notar Dr. Hans Rautenberg notariell die Vorlage der Doktorarbeit Professor Adolf Arndts sen. beglaubigt. In dem dieser beigefügten Lebenslauf bekannte sich der Verfasser zum „mosaischen Glauben", vgl. Urkunde vom 13.8.45, HJM, Personalakte Adolf Arndt.

schaftlich zu sichern. „Auf Drängen der Amerikaner, damit das Landgericht wiedereröffnet werden könne"[20], so berichtete Arndt später, wurde er, mit Berufung zum 1. Oktober 1945, Oberstaatsanwalt in Marburg. Damit war er Leiter einer deutschen Behörde – eingesetzt aber von der amerikanischen Besatzungsmacht.

Arndt muß diese Berufung mit widerstreitenden Gefühlen angenommen haben, wie die spätere Formulierung „auf Drängen der Amerikaner" auch zeigen sollte. Der Berufung vorausgegangen waren Meinungsverschiedenheiten mit der Besatzungsmacht über die Art und Weise der Entnazifizierung.[21] Arndt hatte im Sommer 1945, wie er später schrieb, „unter Nichtbeachtung der amerikanischen Anordnungen Rechtsanwalt Koch unter voller Gleichberechtigung in sein Büro aufgenommen [...] Rechtsanwalt Koch war Pg 1933" und hatte dies auch offen dem amerikanischen Gerichtsoffizier mitgeteilt.[22] Seine Berufung zum Oberstaatsanwalt hatte Arndt dann – nach eigenem Bekunden – an die Bedingung geknüpft, daß zwei Beamte des gehobenen Dienstes, die Parteimitglieder gewesen waren, am Landgericht weiter beschäftigt würden.[23] Mit seinem Widerstand dagegen, die Entnazifizierung an das formale Kriterium der Mitgliedschaft in der NSDAP zu knüpfen, stand Arndt in Marburg allerdings nicht allein. Aus dem „Staatspolitischen Ausschuß", einem Gremium von Marburger Bürgern, die als erwiesene Gegner des Nationalsozialismus von der Militärregierung zur Beratung herangezogen wurden[24], gab es bereits kurz nach Kriegsende Stellungnahmen, die diese formale Kategorisierung abzumildern oder aufzuheben suchten.[25] Berichte des Ausschusses und anderer, ebenfalls antinationalsozialistisch eingestellter Bürger an die Militärregierung dokumentierten Mißstände und Handlungsweisen der Besatzungssoldaten und -verwaltung. Die Liste der darin angeprangerten Übergriffe reichte von rechtswidrigen Jagdmethoden, sinnloser Eigentumszerstörung im Zusammenhang mit oftmals willkürlicher Beschlagnahme von Wohnraum[26], bis hin zur le-

---

20 Schriftsatz Arndt ./. Dehler, 15. Dezember 1952, AdsD, Nachlaß Arndt, Mappe 48.
21 „Auf Anregung und Antrag seines Mitglieds Dr. Arndt" richtete der Marburger Rechtsausschuß (vgl. Anm. 13) eine Eingabe an die amerikanische Provinzialregierung für das Land Hessen-Nassau (Manuskript vom 13.9.45 mit handschriftlichen Änderungen Arndts AdsD, Nachlaß Arndt, Mappe 47), in der er unter anderem scharf protestierte gegen die Beschlagnahme- und Personalpolitik der Besatzungsmacht. Dieser wurde vorgehalten, bei der Entlassung und Nichternennung von Beamten die Grundsätze eines „rechtlich geordneten Verfahrens" zu mißachten. Statt dessen müsse „der Mensch als Persönlichkeit [...] Wert erlangen, nicht sein Fragebogen, nicht Formalitäten."
22 Schriftsatz Arndt ./. Dehler, 15.12.52, S. 32 (s. Anm. 20); die amerikanische Direktive, s. HG USFET, (AG 106.1-2, ‹Germany› GE) vom 15. August 1945 ordnete an, daß die formal an die Mitgliedschaft in der NSDAP anknüpfenden Entnazifizierungskriterien auch auf Bereiche außerhalb des öffentlichen Dienstes Anwendung finden sollten, vgl. Latour/Vogelsang, Okkupation und Wiederaufbau, S. 135, 210 (Anm. 21).
23 Vgl. Schriftsatz Arndt ./. Dehler, ebda. Ob Arndts spätere Behauptung, er sei „mit vielen Monaten Vorsprung [...] der erste Behördenchef in der amerikanischen Zone" gewesen, „der in seiner Behörde ehemalige Mitglieder der NSDAP als Beamte" beschäftigte (a. a. O.), zutrifft, ist zum einen nicht mehr nachprüfbar, zum anderen jedenfalls ungenau; denn Parteimitglieder, die gemäß den amerikanischen Direktiven nach dem Stichdatum des 1.1.35 bzw. 1.5.37 (nach Änderung der Direktive am 15.8.45) der NSDAP angehört hatten, waren zumindest nicht automatisch vom öffentlichen Dienst ausgeschlossen.
24 Zur Zusammensetzung und Funktion des Staatspolitischen Ausschusses vgl. Neusüß-Hunkel, Parteien und Wahlen in Marburg, S. 52 – 56.
25 Vgl. Gimbel, Marburg nach dem Zusammenbruch, S. 669; vgl. auch die entsprechende Stoßrichtung der Eingabe des Marburger Rechtsausschusses (Anm. 21) und den Bericht des Staatspolitischen Ausschusses, 16.8.45, Kraschewski u.a., Ausgewählte Quellen zur Situation in Marburg, S. 686.
26 Unmittelbarer Anlaß der Eingabe des Marburger Rechtsausschusses (vgl. Anm. 21) war die Beschlagnahme des Hauses des Ausschußvorsitzenden, Professor Herrfahrdt.

bensgefährdenden Fahrweise amerikanischer Lastwagenfahrer und „Gestapo-Methoden" der Fahnder.[27]

Als dem Leiter der Strafverfolgungsbehörde in Marburg oblag Arndt nunmehr die Pflicht, die Gesetzesbrüche deutscher Einwohner der Stadt Marburg zu verfolgen, während die Delikte amerikanischer Soldaten seiner Zuständigkeit vollkommen entzogen waren. Es galt unterschiedliches Recht – deutsches und Besatzungsrecht für Deutsche, für amerikanische Soldaten hingegen nur amerikanisches Recht, dessen Verletzung ausschließlich von amerikanischer Militärpolizei und amerikanischen Militärgerichten geahndet wurden. Deutsche Strafverfolgungsbehörden standen den Rechtsbrüchen amerikanischer Soldaten ebenso ohnmächtig gegenüber wie deren laxerer Verfolgung durch amerikanische Stellen – mit den entsprechenden zersetzenden Auswirkungen auf die Rechtsmoral der deutschen Bürger. Wie konnte ein auf Freiwilligkeit[28] gegründetes Rechtsbewußtsein der Deutschen wachsen, wenn die Besatzungsmacht als oberste machthabende und rechtsetzende Instanz sich dem selbst gegebenen Recht nicht unterstellte? Zudem unterlag der Marburger Oberstaatsanwalt einer Bindung an die „Anweisungen"[29] der Militärregierung, die ein Weisungsrecht im Einzelfall einschloß, die Verfolgung einer bestimmten Straftat aufzunehmen oder zu unterlassen. Arndt trat daher am 1. Oktober 1945 ein schwieriges Amt an. Es beruhte zwar auf dem hergebrachten rechtsstaatlichen Legalitätsprinzip, das behördliches Einschreiten und gleiche Rechtsanwendung bei Vorliegen einer Straftat gebot. Doch war dieses Prinzip im Kern bedroht, wenn das Handeln der deutschen Behörden von einem fremden Rechtsgeber kontrolliert und dessen Opportunitätserwägungen unterworfen wurde. Um so schwieriger mußte dies für Arndt sein, als er die amerikanische Auffassung politischer Opportunität zunehmend kritisch und ablehnend beurteilte. Zeitweise erwog er sogar, sich aus dem Beratenden Rechtsausschuß zurückzuziehen, weil er „vieles an der amerikanischen Politik mißbilligen"[30] müsse.

Seine Einstellung glich der einer Reihe strikt antinationalsozialistisch eingestellter Marburger Bürger, die der Besatzungsmacht früh ihre nachhaltige Unterstützung angeboten hatten und, enttäuscht über die Diskriminierung als kollektiv schuldig an den nationalsozialistischen Gewalttaten, über die Entnazifizierungspolitik und das Auftreten der Besatzungsangehörigen, ihre aktive Unterstützung der Besatzungsmacht ein-

---

27 Vgl. den Bericht vom 7.11.45, bezeichnender Titel: Reasons on account of which the disinclination to the American Military Government increases.
28 Vgl. die Eingabe des Marburger Rechtsausschusses vom 13.9.45 (Anm. 21): „[...] Zum Wesen des Faschismus gehörte es, daß er seine Maßnahmen der Prüfung in einem *rechtlich geordneten* Verfahren entzog und ihnen damit den Stempel der Willkür gab. Es können Rechtszustände in Deutschland deshalb erst dadurch wieder entstehen, daß Vollzug und Bestand von Staatsakten, und zwar auch der Besatzungsmacht, da sie allein jetzt die Trägerin der Souveränität ist, wieder einem Verfahren unterworfen werden [...]".
29 Vgl. den Vordruck „Militärregierung Deutschland – Anweisungen an den Oberstaatsanwalt beim Landgericht", datiert 1.10.45, HJM, Personalakte Arndt.
30 So die ursprüngliche Formulierung des Lebenslaufs vom 5.10.45, die Arndt (Unterzeichnungsdatum 19.11.45) durchstrich und in einem Randvermerk als „überholt" kennzeichnete, HJM, Personalakte Arndt.

stellten.[31] Dennoch – trotz der politischen und juristischen Bedenken, die ihn beschäftigt haben müssen – trat Arndt das Amt an. Über seine Motive hat er keine Aufzeichnungen hinterlassen. Anzunehmen ist, daß ihn die Aufgabe reizte, zwölf Jahre, nachdem man ihm die Ausübung eines öffentlichen Richteramtes unmöglich gemacht hatte, in amtlicher Funktion dem Rechtsgedanken wieder zur Geltung zu verhelfen, unter dessen Verlust er selbst hatte leiden müssen. Das mag die Einwände gegen die beschränkten Wirkungsmöglichkeiten eines Staatsanwaltes unter amerikanischer Besatzungsherrschaft überwogen haben. Gewiß aber reizte Arndt die Herausforderung, den verbleibenden Handlungsspielraum seines Amtes offensiv zu nutzen und der Besatzungsmacht selbstbewußt auch Bedingungen zu stellen, wie die Forderung nach Wiedereinstellung der beiden ehemaligen nationalsozialistischen Beamten zeigte.

Sieben Wochen lang amtierte Arndt als Marburger Oberstaatsanwalt. Unterdessen berief die amerikanische Militärregierung den ersten Ministerpräsidenten des durch Proklamation vom 19. September 1945 gebildeten Staates „Groß-Hessen"[32], des späteren Bundeslandes Hessen der Bundesrepublik Deutschland. Am 1. November 1945 stand die Kabinettsliste des parteilosen Professors Karl Geiler fest. Das Justizressort sollte der Sozialdemokrat Georg August Zinn, Landgerichtsdirektor a.D. und Rechtsanwalt aus Kassel, versehen.[33] Es war das erste leitende Staatsamt dieses sozialdemokratischen Politikers, der hier seinen Aufstieg begann. Als einer der Väter der Hessischen Verfassung und des Grundgesetzes und fast zwei Jahrzehnte lang amtierender hessischer Ministerpräsident wurde er zu einem, wenn nicht *dem* überragenden Landespolitiker in der Geschichte der Bundesrepublik Deutschland.[34]

Zinn kannte Arndt und sah für ihn eine der leitenden Funktionen beim Aufbau des hessischen Justizministeriums vor. Am 22. November 1945 trat Arndt als Ministerialrat und Leiter der Abteilung Strafrecht und Strafprozeßrecht in das hessische Justizministerium ein.[35] Das bedeutete einen steilen und schnellen beruflichen Aufstieg. Im Juli noch als ein Flüchtling unter vielen nach Marburg gekommen, bekleidete Arndt schon vier Monate später einen hohen Beamtenrang, zudem unter einem Minister, der rasch eine sichere Stellung im Kabinett erwarb und sich – wie die ersten Wahlen erwiesen[36] –

---

31 Gimbel, A German Community, S. 70 ff., 113. Bezeichnend war der einleitende Satz, den der Staatspolitische Ausschuß seinem Bericht „Reasons on account of which the disinclination to the American Military Government increases" vom 7.11.45 voranstellte: „The American occupation force has disappointed more and more in our town also the anti-fascist and democratical population", in: Kraschewski u. a., Ausgewählte Quellen zur Situation in Marburg, S. 689 .
32 Gebildet aus den geographischen Regionen Kurhessen und Nassau am 1.12.46, umbenannt in den Staat „Hessen", vgl. Mühlhausen, Hessen 1945 – 1950, S. 51.
33 Zur Liste des Mehrparteienkabinetts (CDU, SPD, KPD und Parteilose) vgl. Mühlhausen, a. a. O., S. 48. Zinn wurde Justizminister anstelle des ursprünglich vorgeschlagenen Robert Fritz, dem ein Arrangement mit dem Nationalsozialismus vorgehalten wurde, s. Mühlhausen, a. a. O., S. 47.
34 Zur Biographie Zinns vgl. Beier, Arbeiterbewegung in Hessen, S. 611 ff., sowie demnächst ders., Landesherrschaft im Bundesstaat. Kooperativer Föderalismus und kämpferische Integration. Leben und Werk des hessischen Ministerpräsidenten Georg August Zinn.
35 Vgl. den Lebenslauf Arndts, 9.1.46, HJM, Personalakte Arndt. Nach dem Organisationsplan des Ministeriums vom 7.1.46 leitete Arndt die Abteilung IIa.
„1. Allgemeine Fragen aus dem Gebiet des Strafrechts, Auslieferungsrechts und der zwischenstaatlichen Rechtshilfe in Strafsachen.
2. Strafrechtspflege, Einzelfragen namentlich Gnadensachen, Beschwerden", HJM, Sammelakte Organisation 1200 E/3."
36 Die SPD war mit deutlichem Abstand vor der CDU stärkste Partei geworden, allerdings ohne landesweit die absolute Mehrheit zu erreichen, vgl. Mühlhausen, Hessen 1945 – 1950, S. 146, 248.

auf die stärkste Partei Hessens stützen konnte. Arndts Karriere im hessischen Staatsdienst beruhte zum einen auf der großen persönlichen Wertschätzung Zinns. Zum anderen war sie beispielhaft für den Aufstieg einer Reihe oft hochqualifizierter Juristen, die nach ihrer Flucht aus den östlichen Gebieten des Deutschen Reiches Aufnahme im hessischen Staatsdienst fanden. Sie brachten zum Teil Erfahrungen aus den oberen Reichsbehörden und Gerichten in Berlin mit und bildeten eine wichtige Stütze beim Aufbau der hessischen Ministerialbürokratie und Justizverwaltung.[37]

Bezeichnend für das erste Jahr nach Kriegsende war allerdings, daß ein solcher beruflicher Aufstieg nicht gleichbedeutend war mit einer entsprechenden wirtschaftlichen Besserstellung. Die wirtschaftliche Situation einschließlich der staatlichen Finanzen blieb katastrophal. So konnten Beamtengehälter teilweise nur mit monatelanger Verzögerung ausgezahlt werden. Die Familie Arndt, die auf der Flucht die Wertgegenstände, insbesondere die wertvollen Gemälde, hatte zurücklassen müssen, während die Ersparnisse aus der Rechtsanwaltstätigkeit in Berlin festlagen, geriet dadurch in erhebliche finanzielle Bedrängnis. Noch im Dezember 1945, während Arndt schon im Wiesbadener Ministerium arbeitete, war der im Oktober beantragte Vorschuß auf das Oberstaatsanwaltsgehalt nicht eingegangen, und Arndt beklagte sich lebhaft beim Generalstaatsanwalt: „Da ich auch in Wiesbaden noch nichts erhielt, arbeite ich also seit dem 1. Oktober pour le Roi de Prusse und Sie können sich meine Lage ja denken, da ja meine Ersparnisse in Berlin festliegen."[38]

Doch wurde die finanzielle Notlage weiter Teile der in abhängigen Arbeitsverhältnissen stehenden Bevölkerung überlagert und in ihrer Wirkung noch weit übertroffen von dem einschneidenden Mangel an lebensnotwendigen Nahrungsmitteln. Angesichts der vollständigen staatlichen Lenkung der Nahrungsmittelverteilung nach einem Schlüssel, der mit der Aufteilung in Normalverbraucher, Selbstversorger und Sonderzulagenempfänger die Grundzüge der Nahrungsmittelzwangsbewirtschaftung aus nationalsozialistischer Zeit übernahm, war eine bessere Lebensmittelversorgung des einzelnen noch nicht mit höherem Geldeinsatz sicherzustellen, zumal die Reichsmark einem stetigen Entwertungsprozeß verfiel. Die von den Besatzungsbehörden festgesetzte Zuteilungsmenge von 1 550 Kalorien pro Tag wurde schon bei ihrer Verkündung im August 1945 in Marburg[39] ebenso wie im übrigen hessischen Gebiet unterschritten und sank, nachdem sie im ersten Quartal 1946 knapp eingehalten werden konnte, im Frühjahr 1946 in Hessen auf Werte unter 1 200 Kalorien.[40] Besonders betroffen waren

---

37 Darauf machte in einem Gespräch mit dem Verfasser am 9.2.87 Staatssekretär a.D. Erich Rosenthal-Pelldram aufmerksam, der nach langjähriger Tätigkeit in der Berliner Staatsanwaltschaft nach 1945 Generalstaatsanwalt beim OLG Frankfurt und später Staatssekretär im hessischen Justizministerium wurde. Bestätigt wurde dies in einem Gespräch mit Ministerialdirektor Dr. Schonebohm am 13.2.87 (Hessische Staatskanzlei, Wiesbaden). Er nannte das Beispiel eines ehemaligen Reichsgerichtsrats, der als Amtsrichter fungierte. Er fügte einschränkend hinzu, daß die neu nach Hessen kommenden Juristen mangels vorhandener (Personal-) Aktenbestände weniger Nachteile aus ihrer Tätigkeit während der nationalsozialistischen Zeit zu fürchten hatten, als die alteingesessenen hessischen Juristen.
38 Arndt an den Generalstaatsanwalt beim OLG Frankfurt, 9.12.45, HJM, Personalakte Arndt. Im Lebenslauf vom 5.10.45 (a. a. O.) schrieb Arndt: „Mit meiner unter Zurücklassung aller Sachen aus ihrem Evakuierungsort in Schlesien geflüchteten Frau lebte ich vom Februar bis Juni 1945 in Westfalen auf dem Lande als Flüchtling. Wir besitzen nur noch die notwendigsten Kleidungsstücke."
39 Gimbel, Marburg nach dem Zusammenbruch, S. 666, spricht von 1250 Kalorien im August 1945.
40 Vgl. die Tabelle bei Schlange-Schöningen, Im Schatten des Hungers, S. 304 (zu den Ungenauigkeiten dieser Tabelle, die unter anderem nur auf den „Normalverbraucher" abstellt, a. a. O., S. 64); Latour/Vogelsang, Okkupation und Wiederaufbau, S. 150 ff.

Angestellte und Angehörige der öffentlichen Verwaltung, die als „Normalverbraucher" nach amtlichen Kategorien ihre unterhalb des Existenzminimums liegenden Lebensmittelzuteilungen nur durch rechtswidrige Kompensationsgeschäfte aufbessern konnten, wenn sie über entsprechende Wertgegenstände verfügten. Besondere Versorgungsengpässe mußten in Verwaltungszentren wie der neuen hessischen Landeshauptstadt Wiesbaden entstehen, wo vor allem mit dem Aufbau der Ministerialverwaltung der Anteil der Verwaltungsbeamten und -angestellten[41] bei insgesamt wachsender Bevölkerungszahl stieg.

Die Notlage der Verwaltungsangehörigen griff Arndt im Frühsommer 1946, als die Ernährungslage ihren absoluten Tiefstand erreicht hatte, in einer „Denkschrift" zur „Lage der Strafrechtspflege"[42] auf, in der er den Ursachen für das „Versagen der Strafrechtspflege" nachging. Anhand von Statistiken stellte er fest, daß die meisten Straftaten, ganz überwiegend Wirtschaftsvergehen, bei gleichzeitiger „Inflation der Strafgesetze" nicht entdeckt und die eingeleiteten Ermittlungsverfahren in 85 % der Fälle eingestellt würden. „Auf diese Weise kann das Rechtsbewußtsein nicht wiederbelebt werden", stellte er fest. „Wir sind nicht auf dem Weg zur Demokratie, sondern inmitten einer neuen Rechtskatastrophe." Die Ursachen dieses Zustands ging er von zwei Seiten an: Mit Blick auf die Zustände in der Justiz selbst kritisierte er vor allem das „abnorm geringe", in „grobem Mißverhältnis zur Bedeutung der Tat" stehende Strafmaß, das für Wirtschaftsvergehen (zum Beispiel Schwarzschlachtungen) in Bevölkerungskreisen, die den „Vorzug der sogenannten Selbstversorgung"[43] genössen, ausgesprochen werde. Zuvor schon hatte Arndt in der Süddeutschen Juristenzeitung – der führenden juristischen Zeitschrift der amerikanischen Besatzungszone, in der Arndt zahlreiche Beiträge publizierte – von einer „Krise der Strafzumessung"[44] gesprochen und aus grundsätzlichen Überlegungen gefolgert: Die Strafrechtspflege müsse ihren eigenen Zweck und den der Strafe als Schutz der Gemeinschaft neu begreifen und „Mithilfe bei dem Schutz vor einer Hungersnot leisten."[45] Gleichwohl übersah er nicht das praktische Problem in der Befangenheit des Richters, der seine Aufgabe verfehlen mußte, wenn auch seine Frau „Kartoffeln, Butter usw. nimmt, wo sie sie bekommt und soweit sie zur Gegengabe bereit ist."[46] Arndt führte drastische Beispiele dafür an, daß Justizbeamte wegen Ernährungsmangels die ihnen zugedachte Aufgabe nicht erfüllen konnten, bis hin zu der Feststellung: „Der Staatsapparat droht zusammenzubrechen, da die Beamtenschaft verelendet." Arndt zufolge gab es „verelendete" Strafrichter, die, befangen in ihrer persönlichen Ernährungsmisere, nicht die sozial gebotenen, abschreckenden Strafen für Wirtschaftsstraftaten verhängten. Dies zeigte nach seiner

---

41 Vgl. die Tabelle bei Müller-Werth, Vom Zusammenbruch zum Wiederaufbau, S. 107. Danach stieg der Anteil der im öffentlichen Dienst Beschäftigten (samt Angehörigen) an der Stadtbevölkerung von 17,5 % (1939) auf 20,7 % (1946) und pendelte sich 1950 bei 20,0 % ein, während die absolute Zahl dieser Bevölkerungsgruppe gegenüber 1939 um mehr als 30 % zunahm.
42 „Denkschrift dem Herrn Minister der Justiz zur Lage der Strafrechtspflege vorgelegt" von Ministerialrat Dr. Arndt, 10. Juli 1946, HHStA 505/57.
43 Vgl. Arndt, Das Strafmaß (1946) S. 30.
44 Ebda.
45 A. a. O., S. 31.
46 Zu den folgenden Zitaten vgl. Denkschrift (s. Anm. 42) vom 10.7.46; zum sprunghaften Ansteigen der Korruption und der Einbeziehung des öffentlichen Dienstes in den Schwarzen Markt s. auch Eschenburg, Jahre der Besatzung 1945 – 1949, S. 268.

Auffassung, daß die Krise der Strafrechtspflege nur als Teil der allgemeinen Ernährungskrise zu verstehen sei.

So richtete Arndt seine Überlegungen und Verbesserungsvorschläge überwiegend auf das geltende System der Lebensmittelverteilung. In scharfen Worten kritisierte er, daß die gedankenlose Übertragung des von der nationalsozialistischen Kriegswirtschaft geprägten Begriffs des ‚Normalverbrauchers‘ auf den Großteil der Zivilbevölkerung nach 1945 frühere, den allgemeinen Ernährungsnotstand seinerzeit abschwächende Privilegierungen außer acht lasse und dafür andere, wie die der „Selbstversorger", übersehe. Diese Ausführungen enthielten eine deutliche Spitze gegen die ungerechtfertigte Bevorzugung der ohnehin durch die Möglichkeit zur Lebensmittelerzeugung bevorzugten Landbevölkerung. „Der Bauernstand wird korrupt", stellte Arndt lapidar fest. Für ihn war entscheidend: Ein ungerechtes System der Lebensmittelversorgung zerstörte in weiten Teilen der Bevölkerung mit der Vorenthaltung „elementarer Lebensgrundlagen" den „Glauben und die Gerechtigkeit im Staat" und damit den Willen zur Rechtsbefolgung, die Rechtsmoral schlechthin.

Arndts Denkschrift aus dem Sommer 1946 gibt aufschlußreiche Details zur inneren Lage der Strafjustiz in der Ernährungskrise der Nachkriegsjahre. Man sah, daß dieser Ministerialrat politisch dachte. Er erklärte die Krise der Strafjustiz nicht aus Ressortdenken justizimmanent, sondern stellte sie in den Zusammenhang politischer Mißstände.

Von Anfang an begriff Arndt seine Tätigkeit im Justizministerium nicht als bloße Verwaltung nach vorgefundenen technischen Organisationsprinzipien, sondern als politische Gestaltungsaufgabe. So war für ihn die Krise der Strafjustiz nur Ausdruck einer existenzbedrohenden Ernährungskrise, die den Neubau eines demokratischen Staates bedrohte, zumal sich diesem noch erhebliche, teils faschistisch gespeiste[47] Ressentiments entgegenstemmten. Auch deswegen mußte die Krise der Strafjustiz bekämpft werden. Arndt hatte sich entschieden, diese politische Aufgabe im Rahmen einer politischen Partei anzugehen: Im Herbst des Jahres 1945 war er in die SPD eingetreten.[48]

Entscheidung für die SPD

Was hatte ihn dazu bewogen? Wie hatte der ehemalige Richter, der die während der Weimarer Republik gegen ihn gerichteten Angriffe fast aller Parteien als Bestätigung empfand dafür, daß er „auf absolute Parteilosigkeit Wert legte, keiner Partei, sondern allein dem Recht diente"[49] – wie hatte der Jurist aus bürgerlichem Hause zur Partei der Arbeiterbewegung gefunden? Arndt selbst gab zu seinem Parteibeitritt einmal öffentlich Auskunft. Im Jahre 1963 beschrieb er seinen „Weg zur Sozialdemokratie" folgendermaßen:

---

47 Nach Arndts Auffassung schürte die Untätigkeit der Regierung gegenüber den Mißständen in der Lebensmittelversorgung den „Nihilismus" der Bevölkerung und bildete den „Nährboden für den Neo-Faschismus;" auch verwies er auf die hohe Zahl der ungültigen Proteststimmen bei den ersten demokratischen Wahlen und die geringe Wahlbeteiligung von 42 % im „reaktionären Landkreis Biedenkopf" (Denkschrift, Anm. 42, S. 4, 5).
48 Laut Mitgliedsbuch am 28.9.45, AdsD, Nachlaß Arndt, Mappe 9.
49 Schriftsatz Arndt ./. Dehler, 15.12.52, S. 24, AdsD, Nachlaß Arndt, Mappe 48.

„Bis 1933 – damals war ich 29 Jahre alt – bin ich wissentlich nur einem einzigen Sozialdemokraten begegnet: Günter Klein (dem späteren Senator in Berlin und jetzt Bundestagsabgeordneter), als ich 1923/24 mit ihm gleichzeitig in Marburg studierte. Nicht nur der Zufall, sondern auch das gemeinsame Verfolgtsein fügten es, daß ich im Sommer 1933 mit Fritz Schönbeck eine Bürogemeinschaft für unsere Tätigkeit als Rechtsanwälte begründete. Schönbeck (seit 1939 in London) war damals gerade aus der ‚Schutzhaft‘ entlassen; er war Rechtsberater der Arbeiterbank und als Anwalt Sozius von Otto Landsberg gewesen. Durch Schönbeck lernte ich viele Sozialdemokraten kennen, die Rat und Hilfe brauchten, zum Beispiel Leipart und Leuschner. Seit 1934 kam es zur Zusammenarbeit mit Walter Menzel. So entstand eine Solidarität der Verfemten und Unterdrückten. Am Anfang dieser Zeit des Verfolgtseins 1933/45 stand die Rede von Otto Wels, der als einziger zusammen mit der sozialdemokratischen Reichstagsfraktion dem Ermächtigungsgesetz Hitlers widersprach, am Schluß Dr. Kurt Schumacher, der für alle den Weg in die SPD öffnete, die auf Gerechtigkeit brannten, nach Freiheit lechzten und guten Willens waren, die Solidarität der Verfolgungszeit zur Gemeinschaft in einer neuen, sozialistischen Gesellschaft wachsen zu lassen. Aus diesen Erlebnissen bekenne ich mich zu der aus der Arbeiterbewegung entstandenen Sozialdemokratie."[50]

Die Zeit des „Verfolgtseins" ist gewiß ein Schlüssel zum Verständnis ebenso wie Arndts Wort von der „Solidarität der Verfemten und Unterdrückten." Im April 1933 machte der junge, erfolgreiche und anerkannte Richter die sein gesamtes weiteres Leben prägende existentielle Erfahrung des Ausgestoßenseins: Sein Selbstbewußtsein, unabhängig und „allein dem Recht zu dienen", hatte sich auf die Gewißheit gegründet, ‚im Recht zu stehen.‘ Am 1. April 1933, dem Tag des antijüdischen Boykotts, war diese Gewißheit erschüttert. Arndt fand sich von der Rechtsgemeinschaft, der bürgerlichen Gesellschaft der Freien und Gleichen, aus rassischen Gründen ausgesondert. Die Erfahrung des „außerhalb des Rechts Gestelltseins"[51] wurde zum Leitmotiv und durchzog als existentielle Metapher für den Verlust der in der Gemeinschaft gründenden Gewißheit Arndts Denken. In der erlebten und gelebten „Solidarität des Verfolgtseins" der außerhalb des Rechts Gestellten, angesichts eines totalen Rechtsverlustes schloß Arndt ab mit der Fiktion von der politischen Selbstgenügsamkeit des isolierten Einzelnen, sofern er nur rechtlich denke und handele. Er vollzog den Schritt zur gegen den Nationalsozialismus geeinten politischen Gemeinschaft. Die Wiedergewinnung der Gemeinschaft in der „Solidarität" war eine Grunderfahrung, die Arndt nach dem Krieg als Forderung in die politische Tagesarbeit übertrug.[52]

Doch bedeutete die Solidarität in der Gegnerschaft zum Nationalsozialismus nicht zwingend Arndts Hinwendung zur SPD. Diese vollzog sich allmählich anhand konkreter Erfahrungen. Eine solche Erfahrung war die von Arndt angeführte Rede Otto Wels' gegen das Ermächtigungsgesetz am 23. März 1933. Diese Rede verfocht ein letztes Mal im alten Reichstag ein striktes Rechts- und Verfassungsbewußtsein, dem die bürgerlichen Parteien durch ihre Zustimmung zum Ermächtigungsgesetz entsagt hatten. Die

---

50 Arndt, Mein Weg zur Sozialdemokratie, in: Sozialdemokratischer Pressedienst, 29. Mai 1963.
51 So z. B. Arndt, Das Verbrechen der Euthanasie (1947), S. 283.
52 Vgl. die Hervorhebung der „Solidarität" bereits im Titel seiner Beiträge „Echte Solidarität" und „Solidarität. Zeitschrift für Politik, Wissenschaft und Kunst." Letzterer Beitrag enthielt den Aufruf zur Gründung einer gleichnamigen Zeitschrift, HHStA, 505/59. Zur Forderung nach internationaler Solidarität mit Deutschland vgl. Kapitel II.6.

SPD – von der schon zu jenem Zeitpunkt verbotenen und verfolgten KPD wird hier abgesehen – trat als Parteiorganisation das alleinige Erbe eines unbedingten Willens zum Recht an. Das brachte ihr Zustimmung selbst aus bürgerlichen Kreisen.

In seinem Lebenslauf vom 5. Oktober 1945 legte Arndt das Bekenntnis ab: „Politisch bin ich Demokrat, wirtschaftlich Sozialist."[53] Doch selbst diese Aussage bedeutete nicht zwingend den Anschluß an die Politik der SPD. Die offenbar gewordene Notwendigkeit der staatlichen Bewirtschaftung von Mangelgütern war eine Alltagserfahrung der unmittelbaren Nachkriegszeit. Sozialistische Methoden der Wirtschaftspolitik fanden Unterstützung bis weit hinein in die bürgerlichen Parteien.[54] Zu dem Verlust der rechtlichen Gewißheit trat bei Arndt der zeitweilige Verlust materieller Sicherheit. Die Familie Arndt ließ bei der Flucht ihren gesamten Besitz zurück. Der ehemals wohlhabende Anwalt mit einem Spitzenverdienst von 83 000 Reichsmark im Jahre 1939 geriet Mitte des Jahres 1945 in eine Lage, die sich nicht wesentlich von der Hunderttausender Ostflüchtlinge unterschied.

Er befand sich mit seiner Familie in einer wirtschaftlichen Lage, die vergleichbar war mit der vieler Arbeiterfamilien während der Weltwirtschaftskrise; die wirtschaftliche Misere der unmittelbaren Nachkriegszeit trat nicht klassenspezifisch und nicht auf bestimmte Gesellschaftsschichten begrenzt auf. Das gemeinsame wirtschaftliche Los lenkte den Blick unwillkürlich auf die politischen Ursachen dieses Zustandes und die Notwendigkeit gemeinsamen politischen Vorgehens, um die Notlage politisch zu ändern und ihre Wiederkehr zu verhindern.[55] Die Erfahrung persönlicher wirtschaftlicher Not mag Arndt stärker als Carlo Schmid zum Beispiel[56], der, von sozialem Herkommen und Bildung Arndt vergleichbar, ebenfalls 1945 zur SPD stieß, die Notwendigkeit solidarischen Verhaltens und einer sozial gerechten, „sozialistischen" Wirtschaftsordnung vor Augen geführt haben.

Trotz der erfahrenen Gemeinsamkeit mit Sozialdemokraten in der Zeit der Verfolgung und der Nachkriegszeit mußten Arndt Bedenken bleiben, ob für ihn, den Akademiker und Intellektuellen bürgerlich-konservativer Herkunft, Platz war in der traditionellen Partei der Arbeiterbewegung. Es war Kurt Schumacher, der, wie Arndt bekannte, ihm den Weg in die SPD „öffnete."[57] Im August 1945 hatte Schumacher in den „Politischen Richtlinien für die SPD in ihrem Verhältnis zu den anderen politischen Faktoren"[58], dem ersten programmatischen Dokument der SPD nach dem Zweiten Weltkrieg, zum Verhältnis von SPD und bürgerlicher Intelligenz vorausgesagt:

---

53 Lebenslauf Arndts vom 5.10.45, HJM, Personalakte Adolf Arndt.
54 Das galt vor allem für den linken Flügel der CDU in Hessen in dem ersten Jahr nach der Gründung der Partei, s. dazu Beyer, Die verfassungspolitischen Auseinandersetzungen um die Sozialisierung in Hessen 1946, S. 57 ff.; vgl. auch Mühlhausen, Hessen 1945 – 1950, S. 241 ff.
55 Vgl. die Interpretation Arndts zur Rolle der Wirtschaft beim Aufkommen des Nationalsozialismus, s. unten Kapitel II.2.
56 Carlo Schmid beschreibt, wie er in seinem Tübinger Haus während der letzten Kriegswochen „viel gelesen" und sich „viel besonnen" habe, woraufhin sein Entschluß gereift sei, in die Politik zu gehen, s. Schmid, Erinnerungen, S. 208 – 219 (S. 211).
57 Arndt, Mein Weg zur Sozialdemokratie, in: Sozialdemokratischer Pressedienst, 29. Mai 1963.
58 Abgedruckt bei Dowe/Klotzbach (Hrsg.), Programmatische Dokumente der deutschen Sozialdemokratie, S. 257 ff.; s. auch Albrecht, Kurt Schumacher. Ein Leben für den demokratischen Sozialismus, S. 39 f.

„Die geistig und kulturell interessierten Menschen werden vergeblich einen Platz in der bürgerlichen Parteiwelt suchen. Es gibt schon längst keinen echten Liberalismus mehr. Was an seinem Ideengut von bleibendem und kulturell förderndem Wert ist, das ist seit langem selbstverständlicher Bestandteil der sozialdemokratischen Auffassungen geworden. Ebensowenig ist ein echter weltanschaulich basierter Wille zur Demokratie vorhanden. Alles ist Opportunität und Frage der ökonomischen Zweckmäßigkeit. In dieser Lage dürften große Teile der geistigen Elite in das Lager der Sozialdemokratie hinüberwechseln, die von ihnen als die einzige Partei mit dem politisch-weltanschaulich festgegründeten Willen zur Neuordnung der Dinge und zur Verantwortung gegenüber der deutschen Kultur angesehen wird."[59]

Schumacher verknüpfte diese Prognose mit einem „Aufruf" im Sommer 1945:

„In der Sozialdemokratie werden sich viele Menschen aus den verschiedenen geistigen, sittlichen und politischen Motiven zusammenfinden [...] Es ist gleichgültig, ob jemand durch die Methoden marxistischer Wirtschaftsanalyse, ob er aus philosophischen oder ethischen Gründen, oder ob er aus dem Geist der Bergpredigt Sozialdemokrat geworden ist. Jeder hat für die Behauptung seiner geistigen Persönlichkeit und für die Verkündung seiner Motive das gleiche Recht in der Partei."[60]

Diese Sätze enthielten zunächst ein Angebot an die deutsche Intelligenz. Die SPD sollte ein politisches Dach für viele bieten, ohne daß sie ihre geistige Herkunft sollten verleugnen oder gar aufgeben müssen. Es war ein Angebot der Toleranz und der innerparteilichen Geistesfreiheit. Die SPD wollte danach nicht das politische Getto der Arbeiterschaft sein und bot ihrerseits den geistig Tätigen an, aus ihrem geistigen und sozialen Getto, das Arndt in seinem „Weg zur Sozialdemokratie" für seine Person beschrieben hatte, herauszutreten. Carlo Schmid bestätigte später, wie genau Kurt Schumacher mit seinem Angebot geistiger Pluralität in der SPD seinen eigenen Überzeugungen und Forderungen nach Öffnung der SPD entsprach.[61]

Auf Adolf Arndt machte dieses Angebot einen unauslöschlichen, immer wieder offenbar werdenden Eindruck. Auch für ihn war Schumachers Öffnung der SPD nur eine logische Konsequenz, das „Ende des Wegs"[62] gemeinsamen Verfolgtseins. Doch bedurfte es für ihn noch der Klärung und ausdrücklichen Anerkennung seiner geistigen Herkunft in der SPD. Arndt, der im Oktober 1945 bekannte: „meine Haltung ist zentral durch meinen christlichen Glauben bestimmt"[63], brauchte die Gewähr seines eigenen geistigen Freiraums in der Partei, ohne daß dieser durch traditionell weit verbreitete antikirchliche oder atheistische Auffassungen in der SPD angetastet werden durfte. In der Gewißheit dieses Freiraums konnte Arndt die politische Bindung an

---

59 Dowe/Klotzbach (Hrsg.), a. a. O., S. 276 f.
60 Schumacher, Konsequenzen deutscher Politik (Sommer 1945), in: ders., Reden und Schriften, S. 25 ff. (S. 44); ähnlich ders., Die Aufgabe des Intellektuellen in unserer Zeit (18.10.46), a. a. O., S. 305 ff. (S. 308).
61 S. Schmid, Erinnerungen, S. 248 – 251.
62 Arndt, Mein Weg zur Sozialdemokratie (s. Anm. 57).
63 Lebenslauf Arndts vom 5.10.45, HJM, Personalakte Adolf Arndt.

die SPD akzeptieren – ja, um so schärfer akzentuieren.[64] Auf dieser Grundlage enthielt die von Schumacher im Ton prophetischer Selbstgewißheit vorgetragene Zwangsläufigkeit der Entwicklung der „geistigen Elite" hin zur SPD – er nannte deren Aufgabe eine schlechthin „sozialdemokratische Aufgabe"[65] – für Arndt keine Einengung seiner persönlichen Entscheidungsfreiheit oder zweifelhafte Verallgemeinerung.[66] Schumacher formulierte vielmehr als allgemeines Entwicklungsgesetz, was Arndt für seinen persönlichen Werdegang als folgerichtig ansah.

Dreizehn Jahre später, anläßlich einiger Überlegungen zur „Stellung des Akademikers in der SPD"[67], unternahm Arndt einen historisierenden Rückblick auf diese Problematik. Darin schwang die Erkenntnis eines eigenen, überwundenen Irrtums mit, wenn er mit Blick auf den Frühliberalismus feststellte, in jener Zeit sei die „Gefahr der Gegnerschaft" gewachsen „zwischen Akademikern, die sich als die vermeintlich letzten Individualisten in die Verteidigung gedrängt glaubten, und den zur sozialen Neuordnung sowie zur politischen Mitverantwortung im Staat hindrängenden Kräften der Industriearbeiterschaft." Diese Worte ergänzen Schumachers Kritik an dem seiner Kernidee beraubten, opportunistischen und an bloßer Zweckmäßigkeit orientierten Liberalismus. Arndt nahm diese Kritik auf in seine eigene Auseinandersetzung mit dem Liberalismus in dessen vielfältigen Erscheinungsformen wirtschaftstheoretischer, staatsrechtlicher und politischer Art.[68]

Die politische Härte und persönliche Unbeugsamkeit, auch die gedankliche Schärfe Schumachers waren neben den politischen Ideen des Parteiführers Eigenschaften, die Arndt anzogen und die zum Teil auch er besaß. Von der politischen, aber auch ins Persönliche hineinragenden Affinität der beiden Politiker wird noch die Rede sein.[69] Die Reden und Aufrufe Schumachers, soweit Nachrichten darüber im ersten Nachkriegssommer zu Arndt in die amerikanische Besatzungszone drangen, müssen einen wesentlichen Anstoß zu Arndts Eintritt in die SPD gegeben haben.

Zum endgültigen Entschluß seines Parteibeitritts mag Arndt schließlich durch seine enge berufliche und persönliche Beziehung zu dem hessischen Justizminister Zinn bewogen worden sein. Über die Anfänge dieser Beziehung läßt sich nichts Genaues ermitteln. Gewiß hat die fachliche Gemeinsamkeit die politische Verständigung erleichtert und eine Linie fortgesetzt, die 1933 begann, als Arndt mit Fritz Schönbeck und Walter Menzel sozialdemokratische Juristen mit Erfahrungen in höheren staatli-

---

64 Arndt schloß aus der Pluralität der Motive für die Mitarbeit in der SPD keineswegs auf die Pluralität und entsprechende Vagheit der politischen Zielsetzungen dieser Politik. Er unterstützte klar den demokratischen Sozialismus im Sinne Schumachers. Nur dies entsprach der Absicht Schumachers, dem es zwar darum ging, bürgerliche Schichten für die SPD zu gewinnen, nicht aber ehemalige Parteigänger bürgerlicher Parteien mit deren spezifischer politischer Programmatik in der SPD zu fördern (s. Schumacher, Reden/Schriften/Korrespondenzen, S.310, zum Festhalten am analytischen Begriff des Klassenkampfes; aus der Literatur Albrecht, Kurt Schumacher, S. 46).
65 Schumacher, Die Aufgabe der Intellektuellen in unserer Zeit (1946), in: ders., Reden und Schriften, S. 310.
66 Schumacher rechnete die Intellektuellen zum Mittelstand, dessen Interesse die SPD vertreten, bzw. mit dem sie sich verbünden werde; zur Kritik an dieser Vorstellung, die mehr auf politischem Wollen denn auf einer Gesellschaftsanalyse beruht habe, vgl. Klotzbach, Weg zur Staatspartei, S. 58 f.
67 Arndt, Die Stellung des Akademikers in der SPD (1959), S. 197 f.
68 A. a. O., S. 198.
69 S. Kapitel III.1.

chen Ämtern kennenlernte. Jedenfalls entwickelte Arndt sich rasch nach seinem Eintritt in das Justizministerium zum engsten[70] und einflußreichsten Mitarbeiter Zinns.

2. Sozialistische Verfassungspolitik: Entwurf zu einer hessischen Verfassung

Arndts politische Arbeit in der SPD begann mit vorbereitenden Entwürfen zu einer hessischen Verfassung. Nach dem Plan der amerikanischen Militärregierung vom 4. Februar 1946 sollte im Laufe desselben Jahres die Verfassung von der gewählten Verfassungsberatenden Landesversammlung ausgearbeitet und dem Volk des Landes Hessen zur Abstimmung vorgelegt werden. Der Ministerpräsident von Groß-Hessen, Geiler, berief einen Vorbereitenden Verfassungsausschuß ein, der vor dem Zusammentritt der Verfassungsberatenden Landesversammlung einen ersten Verfassungsentwurf zusammenstellen sollte.[71]

Parallel zum Vorbereitenden Verfassungsausschuß setzte die hessische SPD einen eigenen Verfassungsausschuß ein, um die einsetzende Diskussion verfassungspolitischer Fragen innerhalb der Partei zu klären. Mit den Regierungsmitgliedern Georg August Zinn und Hans Venedey sowie den beiden Regierungspräsidenten Fritz Hoch und Ludwig Bergsträßer saßen in diesem Ausschuß unter anderem vier Mitglieder des von der Regierung berufenen Ausschusses.[72] In dieser Zusammensetzung zeigte sich, welch hohes politisches Gewicht man in der SPD der Arbeit des Ausschusses beimaß. Arndt – von Anfang an Mitglied des Ausschusses[73] – brachte die Erfahrung intensiver wissenschaftlicher Beschäftigung mit verfassungsrechtlichen Fragen aus der Kommentierung der Weimarer Reichsverfassung mit.[74] Aber mehr als um rechtstechnische Beratung und Systematisierung – dieses Rüstzeug setzte er voraus – ging es Arndt um die Entwicklung entschiedener verfassungspolitischer Forderungen, die er in einer Reihe von wissenschaftlichen Beiträgen und Vorträgen während der Jahre 1946 und 1947 begründete. Diese Beiträge Arndts entstanden in stetiger Auseinandersetzung mit den voranschreitenden Verfassungsplanungen innerhalb und außerhalb der SPD und wurden dadurch geformt. Zugleich dienten sie dem sozialdemokratischen Verfassungspolitiker zur theoretischen Selbstvergewisserung, Systematisierung und Erläuterung seiner praktischen Entwurfstätigkeit. Sie sollen daher vorweg und im Zusammenhang dargestellt werden.

---

70 Zinn, Die Ministerpräsidentenkonferenz – ein Element bundesstaatlicher Kooperation, S. 482; zur engen fachlichen und persönlichen Verbindung Arndts und Zinns eingehend Beier, Landesherrschaft im Bundesstaat, Progressiver Föderalismus und kämpferische Integration. Leben und Werk des hessischen Ministerpräsidenten Georg August Zinn (1901 – 1976), (im Druck).
71 Mühlhausen, Hessen 1945 – 1950, S. 232 f.
72 Mühlhausen, a. a. O., S. 232, 238; Beyer, Die verfassungspolitischen Auseinandersetzungen um die Sozialisierung in Hessen 1946, S. 107 ff., 304 (Anm. 5).
73 Beyer, a. a. O., S. 34.
74 Siehe oben Kapitel I.2.

Die Entscheidung über die wirtschaftliche Ordnung als Kardinalziel der Verfassunggebung

„Eine Verfassung", so lautete Arndts Ausgangspunkt, „ist mehr als professorale Jurisprudenz [...]; sie ist Politik, und ein politisches Gesetz läßt sich ebensowenig ungestraft verletzen wie ein anderes Naturgesetz."[75] Daher begriff Arndt die Aufgabe der Verfassunggebung vorrangig als politische Gestaltungsaufgabe und erst danach als Problem verfassungsrechtlicher Kodifikation.

Die erste Anforderung an einen Verfassunggeber lautete folglich, die politische Gegenwartslage als Ausdruck langfristig wirkender, historisch-politischer Kräfte zu erfassen. Als geschichtsmächtigste Kraft der politischen Gegenwart identifizierte Arndt die aus der „technischen Revolution"[76] verändert hervorgegangene Wirtschaft des Industriezeitalters. In ihr, die dem Menschen Macht über die Maschine nur noch in der kriegerischen Zerstörung lasse, die „Millionen Heere" von Arbeitslosen, weltweite Krisen und Kämpfe um die Rohstoffe in Weltkriegen mit sich gebracht habe, sah er die tiefere Ursache des Faschismus. Dessen ideologische Erscheinungen wie zum Beispiel der Rassenwahn seien bloße Begleiterscheinungen, „Ausreden", um über das eigentliche ökonomische Ziel, „Rohstoffquellen und Sklavenheere zu erobern"[77], hinwegzutäuschen. In eindringlichen Worten schilderte Arndt die ökonomische Mangellage, den Kampf um das Überleben und um „Arbeit und Brot"[78] nach dem Untergang des Faschismus als das überragende, das individuelle menschliche Bewußtsein bestimmende Problem der Gegenwart, auf dem die „Kulturerscheinung"[79] der Demokratie erst aufbaue. Mit Blick auf die Weimarer Republik erinnerte Arndt daran, daß es „unverantwortliche Mächte" gab, die „nicht in der geschriebenen Verfassung organisiert waren, aber wichtigere Gesetze diktieren konnten als die im Reichsgesetzblatt verkündeten."[80] Dazu rechnete er insbesondere die wirtschaftliche „als die zu allen Zeiten verlockendste, gefährlichste und mächtigste Macht"[81], die die Bedeutung einer „vierten Gewalt"[82] angenommen habe. Das Gelingen einer Verfassungskodifikation hing also – das war Arndts verallgemeinerbarer Gedanke – davon ab, daß das überragende Gewicht wirtschaftlicher Macht in der ‚Verfassungswirklichkeit' auch am geschriebenen Verfassungstext ablesbar war; dies aber heiße, daß eine neue Verfassung in „allererster Linie eine Wirtschaftsverfassung"[83] zu sein habe.

Damit hing seine zweite Forderung an den Verfassunggeber zusammen: Er müsse die Wirtschaft nicht nur berücksichtigen, sondern auch eine „Entscheidung über ihre Ordnung und Kontrolle" treffen. Eine solche *politische Entscheidung,* die „Unterord-

---

75 Arndt, Grundfragen des Verfassungsrechts (1946), Sp. 83.
76 Arndt, „Aufgaben und Grenzen einer Verfassung", Manuskript eines Vortrags im Forum Academicum der Johann- Wolfgang-Goethe-Universität in Frankfurt/Main am 6. August 1946, HHStA 505/59, S. 4; Arndt bezog sich für die Darstellung dieses Vorgangs und seiner Auswirkungen wiederholt auf das Buch des amerikanischen Historikers Carl Becker, Die Welt von morgen, New York 1944. Arndt betrachtete Becker, der von der Notwendigkeit der Planwirtschaft ausging, als Kronzeugen, da Becker „nicht nur den Kommunismus, sondern sogar den Sozialismus" ablehne, Arndt, Planwirtschaft (1946), S. 33.
77 Arndt, Vortrag Aufgaben und Grenzen einer Verfassung (s. Anm. 76), S. 4.
78 A. a. O., S. 5.
79 Ebda.
80 Arndt, Das Problem der Wirtschaftsdemokratie in den Verfassungsentwürfen (1946), S. 15.
81 Ders., a. a. O., S. 20.
82 Arndt, Ein Vorschlag zu Art. 41 (1947), S. 9.
83 Arndt, Vortrag Aufgaben und Grenzen einer Verfassung (s. Anm. 76), S. 5.

nung der Wirtschaft unter die politische Demokratie"[84], hielt Arndt grundsätzlich auch für möglich; der wirtschaftliche Prozeß war seiner Ansicht nach nicht selbstläufig. Ging man mit Arndt davon aus, daß die „Spannung zwischen Kapital und Arbeit" das „wahrhaft entscheidende Verfassungsproblem"[85] war, so traf die Lösung dieses Konfliktes eine wirkliche politische Grundentscheidung der Verfassung, indem sie den jeder Verfassunggebung innewohnenden „politischen Machtkampf"[86] für die eine oder andere Seite entschied. Eine solche Verfassunggebung mußte selbst die Entscheidung treffen, den Konflikt selbst lösen und ihn nicht durch verheißungsvolle, aber offene Formulierungen wie in der Weimarer Reichsverfassung[87] zudecken – darum ging es Arndt immer wieder. Arndt forderte die politische Entscheidung für die „substantielle Demokratie", die unter den gegebenen historischen Bedingungen und nach den Erfahrungen mit dem kriegsfördernden und anarchistischen Kapitalismus ihre Substanz allein aus dem „Sozialismus"[88] beziehen könne. Wirkkraft und Inhalt dieser politischen Entscheidung in der Verfassungswirklichkeit hingen für Arndt wesentlich von ihrer verfassungstechnischen Umsetzung ab. Welche verfassungsrechtliche Form war aber der sozialistischen, „substantiellen Demokratie" adäquat und sicherte ihre bestmögliche Entfaltung?

In seiner Antwort wandte Arndt sich scharf dagegen, die Kodifikation herkömmlicher grundrechtlicher Freiheiten als hinreichend für die Substanzgewähr der Demokratie zu betrachten. In polemischer Form setzte er sich mit den vorliegenden ersten Verfassungsentwürfen der amerikanischen Zone, insbesondere des hessischen Vorbereitenden Verfassungsausschusses, auseinander: „Auch heute wieder zeigen die Verfassungsentwürfe eine Grundrechtsinflation, aus dem positivistischen Aberglauben heraus, es genüge, solche Rechte zu paragraphieren, um sie lebendig sein zu lassen."[89] In der Tat ging der umfängliche, die traditionellen persönlichen Freiheiten sogfältig auflistende Katalog der Grundrechte maßgeblich auf den Entwurf des Staatsrechtlers Prof. Walter Jellinek[90] zurück, der in der Weimarer Republik der vorherrschenden wissenschaftsmethodischen Richtung des staatsrechtlichen Positivismus zuzurechnen war. Dort, wo der Verfassungsentwurf Bezüge zur wirtschaftlichen Ordnung aufwies und Beschränkungen des in klassisch liberaler Form gewährleisteten Eigentumsrechts zuließ, eröffnete er lediglich vage Möglichkeiten („Kann [...] unter staatliche Aufsicht gestellt werden [...] etc.") bzw. errichtete erhebliche Verfahrenshindernisse.[91] Das war der Hintergrund für Arndts Kritik.

---

84 Ders., a. a. O., S. 9; ders., Das Problem der Wirtschaftsdemokratie (1946), S. 16. Zu dieser auch außerhalb der SPD vertretenen, weithin verbreiteten Forderung in der Nachkriegsdiskussion vgl. Niclauß, Demokratiegründung in Westdeutschland, S. 29 ff.
85 Ders., Das Problem der Wirtschaftsdemokratie (1946), S. 17.
86 Ders., Vortrag Aufgaben und Grenzen einer Verfassung (s. Anm. 76), S. 2.
87 Ders., Das Problem der Wirtschaftsdemokratie (1946), S. 18.
88 Ders., Rechtsformen der Sozialisierung (1947), S. 39.
89 Ders, Das Problem der Wirtschaftsdemokratie (1946), S. 15.
90 Walter Jellinek, Entwurf für Großhessen (April 1946), abgedruckt in: Pfetsch (Hrsg.), Verfassungsreden und Verfassungsentwürfe, S. 409 ff.
91 Vgl. den Entwurf einer Verfassung für Hessen nach den Entwürfen des Vorbereitenden Verfassungsausschusses für Groß-Hessen, Kassel-Sandershausen, ohne Jahr (1946), der bei gesetzlichen Sozialisierungsmaßnahmen die Überprüfung durch den Staatsgerichtshof (Art. 30) bzw. eine 2/3- Mehrheit des Landtags (Art. 31) vorschrieb.

Gewiß, auch Arndt hielt die Gewährleistung der klassischen Freiheitsrechte nicht für überflüssig. Vielmehr setzte er sie als Teil freiheitssichernder Verfassungstradition voraus.[92] Doch waren sie für ihn nur das „in Wirklichkeit unerreichbare, doch ideale Ziel der Politik."[93] Ihm ging es jedoch nicht um die ‚Verheißung', die Möglichkeit der Grundrechte, sondern um die Bedingungen der Möglichkeit ihrer Verwirklichung. Die historische Erfahrung habe gezeigt, daß „Grundrechte erst auch durch die ökonomische Lage realisiert werden"[94] und es „keine Freiheit ohne Freiheit von Not"[95] gebe. Am Beispiel des Eigentumsrechts forderte Arndt – nach dem Vorbild des französischen Verfassungsentwurfs von 1946 –, daß dem „Recht am Eigentum" das „Menschenrecht auf Eigentum"[96] vorausliege. Folgte daraus die Forderung, die klassischen, gegen den Staat gerichteten Abwehrrechte umzudeuten in Ansprüche auf Verschaffung von Eigentum, Arbeit, sozialer Sicherheit etc. – mithin in soziale Grundrechte? Diesen Schluß, so nahe er nach der Formulierung „Recht auf Eigentum" zunächst lag, lehnte Arndt ab. Am Beispiel des Rechts auf Arbeit im französischen Verfassungsentwurf und vor dem Hintergrund der Erfahrungen mit den sozialen Grundrechten der Weimarer Reichsverfassung arbeitete er die Aporie einer solchen Anspruchsnorm heraus: „Welche Gefühle müssen den Erwerbslosen bewegen, der eine solche Vorschrift liest? [...] Denn wie könnte im Falle einer Krise die Pflicht zu arbeiten erzwungen, wie das Recht auf Beschäftigung gesichert werden? Sie bleiben frommer Wunsch, leere Deklamationen."[97] Für eine Verfassungspolitik, die auf die „Entscheidung" für den Sozialismus hinzielte, kam es demnach nicht auf die Proklamation individueller Rechte, sondern auf die Schaffung entsprechender „wirtschaftlicher und politischer Institutionen"[98] im Gefüge der Verfassung an.

Die *Institutionen* der Wirtschaftsverfassung entschieden also über die Substanz der Demokratie und der Freiheit. Eine soziale Wirtschaftsverfassung – und das leitete zu Arndts Lösungsvorschlag über – mußte in ihren Institutionen „Planwirtschaft" und „Wirtschaftsdemokratie" sein. Mit Hilfe der verfassungsrechtlich festgelegten „Planwirtschaft" sollte die anarchische und zerstörerische kapitalistische Wirtschaftsweise nach folgenden Grundsätzen kontrolliert werden:

"1. Produktion nach dem Bedarf
2. Vollbeschäftigung aller Arbeitskräfte
3. Einsatz der Rohstoffe für den größtmöglichen volkswirtschaftlichen Nutzen ausschließlich im Dienste des Friedens"[99]

---

92 Arndt, Vortrag Aufgaben und Grenzen einer Verfassung (s. Anm. 76), S. 11.
93 Ders., Das Problem der Wirtschaftsdemokratie (1946), S. 15.
94 Ders., Planwirtschaft (1946), S. 30.
95 Ders., Das Problem der Wirtschaftsdemokratie (1946), S. 27.
96 Ders., a. a. O., S. 19.
97 Ders., Vortrag Aufgaben und Grenzen einer Verfassung (s. Anm. 76), S. 6 f.
98 Ders., Das Problem der Wirtschaftsdemokratie (1946), S. 21; ders., Vortrag Aufgaben und Grenzen einer Verfassung (s. Anm. 76), S. 11: „Die Verwirklichung der Freiheiten ist nicht von ihrer Proklamation durch die Verfassung abhängig, sondern sie ist nur möglich als Resultat der wirtschaftlichen und politischen Institutionen, wie die Verfassung sie schafft.".
99 Ders., Planwirtschaft (1946), S. 34; ders., Vortrag Aufgaben und Grenzen einer Verfassung (s. Anm. 76), S. 7; s. dazu auch unten zum Zusammenwirken Arndts und Zinns mit dem Freien Gewerkschaftsbund Hessens.

Arndt formulierte damit eine Forderung, die in den ersten Nachkriegsjahren im Programm[100] der SPD und der Gewerkschaften zum Kernbestand der Wirtschaftsordnung gehörte und bis in das Lager der CDU hinein Befürworter fand.[101]

Mit dem Begriff „Wirtschaftsdemokratie" griff Arndt ein Schlagwort auf, das – im Rückgriff auf das wirtschaftliche Ordnungsmodell des Allgemeinen Deutschen Gewerkschaftsbundes und der SPD zur Zeit der Weimarer Republik[102] – nach 1945 von führenden sozialdemokratischen Wirtschaftspolitikern wiederbelebt worden war.[103] Unbekümmert um differenzierte und zum Teil abweichende Auffassungen[104] in den wirtschaftspolitischen Gremien der Partei, verengte Arndt bewußt den Begriff der Wirtschaftsdemokratie auf die Bedeutung einer allgemeinen verfassungspolitischen Grundentscheidung: die „Unterordnung der Wirtschaft unter die politische Demokratie."[105] Wirtschaftsdemokratie war demnach für Arndt ein Sammelbegriff, der verschiedene Institutionen einer sozialistischen Wirtschaftsverfassung zusammenfaßte.

Das Eigentumsrecht: zentrale Institution der Wirtschaftsverfassung

Die zentrale und wichtigste Institution aber war für Arndt das Eigentumsrecht: Von seiner Neugestaltung hänge es ab, ob „die Demokratie auch Wirtschaftsdemokratie" sein könne.[106] Auf die sozialistische „Erneuerung des Eigentums" verwandte Arndt ausführliche Überlegungen.[107] In ihr sah er den verfassungsrechtlichen Ansatzpunkt

---

100 Ott, Die Wirtschaftskonzeption der SPD nach 1945, S. 76 ff. (insbesondere S. 79, 84, 98 ff., 103 – 106).
101 Vgl. Beyer, Die verfassungspolitischen Auseinandersetzungen, S. 117 ff. (insbesondere S. 121, zum Königsteiner Entwurf und S. 124, zu den Frankfurter Leitsätzen des in der CDU linksstehenden Frankfurter Intellektuellenkreises). Darauf verwies auch Arndt, Planwirtschaft (1946), S. 34. Professor Franz Böhm spitzte in seiner ausführlichen Gegenstellungnahme (Die Bedeutung der Wirtschaftsordnung für die politische Verfassung, S. 143) Arndts Beitrag, Das Problem der Wirtschaftsdemokratie (1946), auf ein geschlossenes System der „Zentralverwaltungswirtschaft" (a. a. O., S. 144) zu. Zu Arndts Distanzierung von dieser Interpretation, s. unten Anm. 116.
102 vgl. Naphtali, Wirtschaftsdemokratie. Ihr Wesen, Weg und Ziel, herausgegeben im Auftrag des ADGB, 3. Aufl., (1928).
103 Vgl. Huster, Die Politik der SPD 1945 – 1950, S. 35 ff.; Ott, Die Wirtschaftskonzeption der SPD, S. 85 ff.
104 Das Konzept von Victor Agartz, dem führenden sozialdemokratischen Wirtschaftstheoretiker der ersten Nachkriegsjahre, sah als ein Element der Wirtschaftsdemokratie Organe der wirtschaftlichen Selbstverwaltung unter gleichzeitiger Beteiligung der Arbeitnehmer und Unternehmer vor (s. Huster, a. a. O., S. 39), während Arndt von vornherein in Form einer Setzung die wirtschaftliche Selbstverwaltung aus dem Begriff der Wirtschaftsdemokratie ausklammerte, s. Arndt, Das Problem der Wirtschaftsdemokratie (1946), S. 16.
105 Arndt, a. a. O., S. 16, 30.
106 Ders., a. a. O., S. 23.
107 Arndt, Landeseigene Betriebe und Gemeineigentum (1947), Sp. 417; ders., Vortrag Aufgaben und Grenzen der Verfassung (Anm. 76), S. 8. Das entsprach dem politischen Schwergewicht, das die hessische SPD der Eigentumsproblematik noch vor der Planwirtschaftsfrage einräumte, so Beyer, Die verfassungspolitischen Auseinandersetzungen um die Sozialisierung, S. 307 (Anm. 22), und spricht auch insoweit gegen die These von Niclauß, Demokratiegründung in Westdeutschland, S. 36 f., die Sozialisierungsfrage habe gegenüber dem planwirtschaftlichen Konzept eine untergeordnete Rolle gespielt.

zum „Strukturwandel der Wirtschaft"[108] hinweg von kapitalistischen Wirtschaftsformen. Arndt zielte auf eine grundsätzliche Neubestimmung des Eigentumsbegriffs: Als unzeitgemäß betrachtete er die überkommene, „vernunftrechtliche" Auffassung des Eigentums als ‚frei', das heißt verfügbar nach den Gesetzen des Marktes und frei übertragbar. An die Stelle der ‚freien' Eigentumsträgerschaft sollte – „zumindest für bestimmte Güter" – die „gebundene" treten. Die Zuteilung des Eigentumsrechts und seiner Nutzung sollte nicht mehr formal aus einem zivilrechtlichen Erwerbstitel, sondern aus „der sachlichen Beziehung zu diesem Eigentum, insbesondere der Arbeit, deren Mittel der Gegenstand dieses Eigentums ist", folgen. Nicht mehr ein „absolutes", sondern ein „funktionelles" Eigentumsrecht sollte dementsprechend gelten. Über die Neubestimmung des Eigentumsbegriffs als „gebunden" und „funktionell" gelangte Arndt konsequenterweise zu einer Aufspaltung des einheitlich gedachten Eigentumsbegriffs der bürgerlichen Gesellschaft. Dieser zerfiel nunmehr in das „Privateigentum" einerseits, bestehend aus Gegenständen, die „unmittelbar dem eigenen Bedarf oder der persönlichen Arbeit dienen" und wie bisher seinem Träger zur freien Verfügung zustanden, und das nicht private, gebundene Eigentum andererseits, dessen „Nutzung für den einzelnen nicht möglich" und daher „Gemeineigentum"[109] war. Diese begriffliche Aufspaltung in „Privateigentum" und „sozialistisches Gemeineigentum" sollte die Verfassung selbst vornehmen. Arndt verwies dazu auf das Vorbild der sowjetischen Verfassung von 1936, die als erste der Welt den Begriff des „Privateigentums"[110] verwende. Ebenso gehörte es zu der von Arndt geforderten „Entscheidung" für den Sozialismus, daß die Verfassung selbst bestimmte, welche Eigentumsobjekte in Gemeineigentum überführt werden sollten. Arndt rechnete dazu entsprechend dem funktionellen Eigentumsbegriff alle „Unternehmen, die ihrem Wesen nach Monopol- oder Großbetriebe sein müssen", denn „solche Gegenstände können nur Objekt einer Gemeinschaftsarbeit und daher denen, die es angeht, eigen sein."[111] Dabei favorisierte er eine enumerative Auflistung der zu sozialisierenden Wirtschaftszweige[112] in der Verfassung.

Zur Frage, wie und von wem das kraft Verfassung statuierte Gemeineigentum an wirtschaftlichen Unternehmen auszuüben sei, legte Arndt einen umfangreichen, bis ins Detail ausgearbeiteten Entwurf zu einem Körperschaftsgesetz vor.[113] Zum Rechtsträger des Gemeineigentums wurden darin gemeinwirtschaftliche Körperschaften des öffentlichen Rechts bestimmt, die sich aus drei Gruppen zusammensetzten: den Gewerkschaften als Zusammenschluß der Produzenten, den gewählten Volksvertretern des Landesparlaments und der Verbraucherschaft. Eine Vertretung der Unternehmer – das lag in der Konsequenz des funktionell in Entgegensetzung zum Privateigentum bestimmten Gemeineigentums – gab es dabei nicht.[114]

---

108 Arndt, Landeseigene Betriebe und Gemeineigentum (1947), Sp. 417.
109 Arndt, a. a. O., Sp. 423.
110 Arndt, Das Problem der Wirtschaftsdemokratie (1946), S. 18 f.; ders., Vortrag Aufgaben und Grenzen der Verfassung (Anm. 76), S. 8. Arndt wollte damit neben das „politische Schlagwort" des Privateigentums (in seiner herkömmlichen, liberalen Bedeutung) einen „Rechtsbegriff" des Privateigentums (im engeren Sinn) setzen.
111 Arndt, Landeseigene Betriebe und Gemeineigentum (1947), Sp. 423.
112 Ebda., nach dem Vorbild Frankreichs.
113 Vgl. Arndt, Ein Vorschlag zu Art. 41 (1947) mit dem Anhang eines 48 Paragraphen umfassenden „Gesetz[es] über die gemeinwirtschaftlichen Körperschaften und Betriebe".
114 Arndt spricht in Landeseigene Betriebe und Gemeineigentum (1947), Sp. 424, von einer „Selbstverwaltung der Arbeits- und Verbrauchsbeteiligten", nicht der „Kapitalbeteiligten.".

Die dargelegten verfassungspolitischen Gedankenentwürfe Arndts sind ein Spiegel der Entwicklung der Hessischen Verfassung von den Vorentwürfen des Vorbereitenden Verfassungsausschusses, die Arndt heftig kritisierte, bis zur ausgeformten Wirtschaftsverfassung, zu deren Konkretisierung er den Entwurf des Körperschaftsgesetzes beisteuerte. Arndts Beiträge, die verfassungspolitisch wirken wollten, halfen zugleich, die Beschlüsse des sozialdemokratischen Verfassungsausschusses verfassungsrechtlich und in wissenschaftlicher Form abzusichern und zur Diskussion zu stellen.[115] Sie enthielten die theoretisch fundiertesten und kohärentesten Überlegungen zu Grundlagen und Rechtsstruktur der neu zu schaffenden Hessischen Verfassung, die in wissenschaftlicher Form aus den Reihen der hessischen SPD veröffentlicht wurden.

Arndts Darlegungen zu den Themen Planwirtschaft sowie Staats- und Privateigentum rückten ab von dem Bild einer total planenden und staatlich gelenkten „Zentralverwaltungswirtschaft"[116] nach sowjetischem Vorbild, obwohl ihn ein Kritiker, der der CDU nahestehende hessische Kultusminister Prof. Franz Böhm, ein führendes Mitglied der neoliberalen Freiburger Schule, genau darauf festlegen wollte. Arndt differenzierte daraufhin seinen schlagwortartigen Gebrauch des Wortes Planwirtschaft und hielt fest: „Meine Forderung an diese Planwirtschaft ist keineswegs unbegrenzt."[117] Er stellte klar, daß die an der „Bedarfsdeckung orientierte Planwirtschaft" als „eigentlichen Auftrag" die Überwindung des Mangels habe und keineswegs – dazu bezog er sich auf den sozialdemokratischen Wirtschaftspolitiker Victor Agartz[118] – „unvereinbar mit der einzelnen wirtschaftlichen unternehmerischen Betätigung"[119] sei. Arndts Entwurf eines Körperschaftsgesetzes von 1947 gewährte folglich den in Gemeineigentum stehenden Betrieben relative wirtschaftliche Autonomie[120] und stellte ihre Verwaltungskörperschaften frei von unmittelbarer Staatskontrolle.[121] Scharf grenzte Arndt das Gemeineigentum vom „Staatseigentum" ab, das nach dem Vorbild der „landeseigenen Betriebe"[122] in der sowjetischen Besatzungszone einer „Zwangswirtschaft" gleichkomme. Nach anfänglicher Schwankung[123] hatte Arndt seine Auffassung zu diesem Punkt nunmehr geklärt und begründete sie unter dem Eindruck vorliegender Informationen

---

115 Zur grundsätzlichen Replik des neo-liberalen Wirtschaftsrechtlers Professor Franz Böhm (vgl. Anm. 101) s. unten Text bei Anm. 119.
116 Böhm, Die Bedeutung der Wirtschaftsordnung für die politische Verfassung, S. 144 f. Arndt, Landeseigene Betriebe und Gemeineigentum (1947), Sp. 420, wandte sich daraufhin gegen das „tendenziöse Sprachdiktat der sogenannten Freiburger Schule, die Sozialisierung mit Verstaatlichung gleichsetzt und Planwirtschaft mit Zentralverwaltungswirtschaft.".
117 Arndt, Planwirtschaft (1946), S. 33; Arndt sprach sich dagegen – entsprechend der Generallinie der sozialdemokratischen Wirtschaftspolitik – für ein Konzept ‚relativer Planwirtschaft' (dazu Niclauß, Staatsgründung in Westdeutschland, S. 34) aus.
118 Zu Agartz' Thesen ausführlich Ott, Die Wirtschaftskonzeption der SPD nach 1945, S. 90 ff.
119 Arndt, Planwirtschaft (1946), S. 33 f.; ders., Landeseigene Betriebe und Gemeineigentum (1947), Sp. 420.
120 Vgl. Arndts „Entwurf eines Gesetzes über die gemeinwirtschaftlichen Körperschaften und Betriebe", Ein Vorschlag zu Art. 41 (1947), insbesondere § 25 II. In dem Gesetzentwurf erarbeitete Arndt ein Organisationsstatut der Gemeinwirtschaft mit öffentlich-rechtlichen Körperschaften und bürgerlich-rechtlich organisierten Betrieben als Rechtsträgern.
121 A. a. O., § 19 II.
122 S. Arndt, Landeseigene Betriebe und Gemeineigentum (1947), Sp. 417 ff.
123 In seinem Vortrag „Aufgaben und Grenzen einer Verfassung" im August 1946 (Anm. 76) hatte Arndt noch erklärt, es bleibe „noch offen", ob „sozialistisches Gemeineigentum Staatseigentum oder kontrolliertes Eigentum oder genossenschaftliches Eigentum sein wird", S. 8.

aus der sowjetischen Besatzungszone mit den Argumenten, in der Verstaatlichung als Vernationalstaatlichung liege ein Hindernis für die „Offenheit" des Weltwirtschaftskreislaufs, weiterhin eine mögliche Sicherung des kapitalistischen Wirtschaftssystems.[124] Auch entspreche sie nicht der richtig aufgefaßten marxistischen Wirtschaftstheorie – ein Argument, mit dem Arndt offensichtlich Überzeugungsarbeit auch in der SPD leisten wollte.[125] Schließlich führte Arndts Unterscheidung von Privateigentum und Gemeineigentum im Ergebnis, das heißt im Kern, zu einem stärkeren Schutz des Privateigentums – dieses wurde nach Arndts Intention „unverletzlich"[126] gestellt –, als dies ein einheitlicher Eigentumsbegriff mit einer allgemeinen Einschränkungsermächtigung an den Gesetzgeber gewährleisten konnte.

Er lag damit auf der Linie einer sozialdemokratischen Wirtschaftspolitik, die sich nach dem Hannoveraner Parteitag der SPD im Jahre 1946 herauszubilden begann. Die Planwirtschaft blieb, entsprechend dem Parteitagsbeschluß, eine Hauptforderung, wurde aber zunehmend weniger als zentrale und totale[127], jegliche Wirtschaftstätigkeit umfassende begriffen. Ganz überwiegend wurde die Sozialisierung von der Verstaatlichung unterschieden und letzterer vorgezogen.[128] Einigkeit bestand in der SPD auch darüber, mittlere und kleine Unternehmen von der Sozialisierung auszunehmen und sie, unbeschadet möglicher genossenschaftlicher Organisationsformen, in der Verfügungsmacht des Privateigentums zu belassen.[129] Arndt plädierte also mit der Mehrheit der SPD für eine „mixed economy", ein Nebeneinander sozialistischer und privatkapitalistischer Produktions- und Eigentumsformen, und damit für einen „dritten Weg" zwischen „sowjetisch-stalinistischer Planwirtschaft einerseits und Funktionalisierung des Staates durch den Kapitalismus" andererseits.[130] Überblickt man die Hauptströmungen innerhalb jener für die SPD insgesamt maßgeblichen Theorie des „dritten Weges", so basierten Arndts wirtschaftsverfassungsrechtliche Thesen der Jahre 1946/47 nicht auf einer – von Victor Agartz vor allem vertretenen – neomarxistischen Theorie, wenn sie dort auch einzelne Erklärungsansätze und wirtschaftspolitische Forderungen entliehen. Weniger noch spielte die primär immaterielle, ethisch argumentierende Zielsetzung des „freiheitlichen Sozialismus", die Arndt in der sozialdemokratischen Reformdiskussion der 50er Jahre vertrat, in seiner wirtschaftsverfassungsrechtlichen Konzeption während der beiden ersten Nachkriegsjahre eine Rolle. Nicht die Behebung immaterieller Nöte der Zeit, hinter der die Frage der Sozialisierung bei den freiheitlichen Sozialisten zurücktrat[131], sondern der institutionell abgesicherte Übergang zu einer sozialistischen Eigentums- und Wirtschaftsordnung, die erst die materi-

---

124 Zu den Gründen vgl. Arndt, Landeseigene Betriebe und Gemeineigentum (1947), Sp. 420.
125 Darauf könnte die ausführliche Begründung bei Arndt, Ein Vorschlag zu Art. 41 (1947), S. 9, und ders., Landeseigene Betriebe und Gemeineigentum (1947), Sp. 418, hinweisen, wo er auch die Aussagen der ökonomischen Klassiker Marx und Engels gegen die Gleichsetzung der Verstaatlichung mit dem Sozialismus bemüht.
126 Arndt, Vortrag Aufgaben und Grenzen einer Verfassung (Anm. 76), S. 9.
127 Im Sinne einer zentralisierten Planwirtschaft allerdings wohl der sozialistische Wirtschaftstheoretiker Victor Agartz, vgl. Ott, Die Wirtschaftskonzeption der SPD nach 1945, S. 95, 98 (Anm. 133).
128 Ott, a. a. O., S. 104, 109, 111.
129 Vgl. die Zusammenstellung bei Huster, Die Politik der SPD 1945 – 1950, S. 38.
130 Ders., a. a. O., S. 41; vgl. dazu im Überblick Ehni, Sozialistische Neubauforderung und Proklamation des „Dritten Weges", S. 144 ff.
131 S. Ehni, a. a. O., S. 138 ff. (S. 141, 143).

elle Basis der Freiheitsentfaltung gegenüber politischen und ökonomischen Gefährdungen sicherstellte – darauf konzentrierte sich Arndts Verfassungspolitik.

Tradition und Neuanfang: ein Vergleich mit der linken Weimarer Staatsrechtslehre

Der Verfassungspolitiker Arndt der Jahre 1946/47 machte sich die rechtsmethodischen Überlegungen zunutze, die er als Rechtswissenschaftler und Kommentator der Weimarer Reichsverfassung angestellt hatte. Er war Zeuge einer Entwicklung gewesen, in der die politisch-soziale Wirklichkeit und der geschriebene Verfassungstext zunehmend auseinanderfielen. Die verstärkte Abnahme der sozialen Homogenität, das Erstarken politischer und ökonomischer Kräfte, die nicht oder nur unvollständig in der Verfassung geregelt und kontrolliert waren – all dies hatte seinen Blick früh auf das spannungsvolle, potentiell dichotomische Verhältnis zum Verfassungstext gelenkt. Die Verwerfungen und scharfen politisch-sozialen Spannungen der Weimarer Verfassungswirklichkeit übertrugen sich bis in die Weimarer Staatsrechtswissenschaft und die Interpretation des Verfassungsrechts und wurden erkennbar an neuralgischen Punkten wie zum Beispiel der Interpretation des Eigentums- und des Gleichheitsrechts sowie der rechtlichen Erfassung und Einordnung der ‚Wirtschaft.' Diese umstrittenen Probleme griff Arndt heraus. Aus ihrer Anschauung wuchs seine Einsicht in die Notwendigkeit, daß das Recht nur aus der genauen Kenntnis und in steter Einbeziehung seiner historisch gewordenen und politischen Grundlagen interpretiert werden dürfe, wenn es nicht zu diesen in Widerspruch geraten sollte.

Der Verfassungspolitiker der Nachkriegszeit stand vor der Aufgabe, einer extremen ökonomischen Mangelsituation verfassungsrechtlich Rechnung zu tragen und den Weg ihrer Behebung unter einem wirtschaftspolitischen Ordnungsgesichtspunkt zu bestimmen. Nur eine Verfassung, die die politisch-soziale Wirklichkeit adäquat in sich aufnahm und gleichzeitig deren Ordnung klar festlegte, konnte Bestand haben. Dahinter stand die Weimarer Erfahrung. Hier lag der tiefere Sinn von Arndts unentwegter Forderung nach „Entscheidungen" in der Verfassung selbst. Diesem Entscheidungscharakter werde nur eine „substantielle", das heißt auf wirtschaftsverfassungsrechtliche Institutionen sich stützende und durch sie bestimmte Demokratie gerecht. Arndts Ablehnung des Nur-Formalen, das heißt bloß formaler demokratischer Mehrheitsbildungsregeln und der Proklamation formaler Freiheitsrechte, erklärt sich aus dieser Suche nach Gewißheit, Substanz, um die Bestandskraft der Verfassung in ihr selbst anzulegen.

Arndts verfassungspolitische Vorschläge 1946/47 standen in einer Tradition sozialdemokratischer Verfassungsdiskussion, deren er sich nicht bewußt war – auf die er sich jedenfalls nicht ausdrücklich bezog. Gemeint sind damit vor allem die verfassungstheoretischen und -rechtlichen Überlegungen der sozialdemokratischen Staatsrechtler Hermann Heller, Ernst Fraenkel, Franz L. Neumann und Otto Kirchheimer in der Staats- und Wirtschaftskrise der verfallenden Weimarer Republik. Eine wissenschaftsmethodische Gemeinsamkeit zwischen den Sozialdemokraten und dem ‚bürgerlichen' Juristen Arndt hatte schon zu jener Zeit bestanden: Gemeinsam hatten sie der seinerzeit noch herrschenden Richtung des rechtswissenschaftlichen Positivismus eine scharfe Absage erteilt.[132] Doch blieben prägende Unterschiede unübersehbar: Auf der einen Seite standen die vom wissenschaftlichen Sozialismus und seiner materialistischen Erkenntnistheorie geprägten Sozialdemokraten. Ihnen galt die Einsicht in die rechtsnormprägende Kraft der gesellschaftlichen, insbesondere wirtschaftlichen Verhältnisse als selbstverständliche Grundlage ihrer juristischen Arbeit. Auf sie traf die Einheit von wissenschaftlicher Methode und politischem Ziel zu: In beidem empfanden sie sich als Sozialisten.

Arndts Antipositivismus hingegen kam aus anderer – konservativer – Quelle. Prof. Adolf Arndt sen. und seine Frontstellung gegen den Positivismus der liberalen Staatsrechtslehre mag dabei ein Rolle gespielt haben, eine entscheidendere aber gewiß Arndts politisch konservativer akademischer Lehrer Heinrich Triepel. Die Unterschiede der sozialen und politischen Herkunft und nach 1933 das Exil der Juden Fraenkel, Kirchheimer und Neumann, der frühe Tod Hellers 1934, gewiß auch die schwierige Quellenlage in der unmittelbaren Nachkriegszeit[133] mögen erklären, weshalb Arndt die Arbeiten dieser sozialdemokratischen Juristen nicht aufnahm und bestehende Gemeinsamkeiten nicht erkannte; von einer gewissen objektiven, wenn auch von Arndt nicht wahrgenommenen Kontinuität zwischen sozialdemokratischen verfassungspolitischen Ideen der Weimarer Republik und Adolf Arndt läßt sich dennoch sprechen. Offenkundig ist zunächst die übereinstimmend starke Gewichtung wirtschaftlich-sozialer Faktoren bei der Erklärung des Verfalls der Weimarer Republik und des Aufstiegs des Nationalsozialismus. Dabei bleiben allerdings Arndts Ausführungen zur kultur- und staatszerstörenden Rolle des „Kapitalismus" trotz ihrer eindringlichen Formulierungen eher schematisch. Für ihn steht die drängende Nachkriegsnot, das Ergebnis eines zusammengebrochenen Wirtschaftssystems, im Vordergrund und bestimmt die Emphase und Eindeutigkeit seiner rückblickenden Ursachenforschung. Arndt gelangt aber zu demselben Schluß wie Heller und Neumann zur Zeit der Weimarer Verfassung: Sozialismus und Demokratie werden sich nur verwirklichen lassen, wenn der demokratische Staat den Primat über die Wirtschaft erringt.[134]

132 Vgl. die Ausführungen Arndts und Neumanns zum Gleichheitsgebot des Art. 109 WRV.
Neumann: „Die Auslegung des Artikels 109 muß deshalb eine soziologisch-historische sein. Sie geht aus von der Erkenntnis, daß der Inhalt eines jeden Rechtssatzes eines Funktionswandels fähig ist, daß der Rechtssatz seinem Wortlaut nach unter Umständen Jahrhunderte hindurch unverändert bestehen bleiben kann, und daß doch der Inhalt und die gesellschaftliche Bedeutung eines Rechtsinstituts entscheidende Wandlungen erfahren können" (Neumann, Die soziale Bedeutung der Grundrechte in der Weimarer Verfassung (1930), S. 64).
Arndt (unter Bezug auf Heinrich Triepel): Der „[...] gleiche Wortlaut [kann] in wechselnden Zeiten durchaus verschiedene Bedeutungen zum Ausdruck bringen [...]"; ders., Richter, Gericht und Rechtsweg in der Reichsverfassung (1932), S. 184; s. auch Adolf Arndt/Ernst Moritz Arndt, Kommentar zur Weimarer Reichsverfassung (3. Aufl. 1927), S. 298. Darauf nimmt Arndt Bezug, Das Problem der Wirtschaftsdemokratie (1946), S. 17.
133 Letzteres Problem läßt Perels, Adolf Arndt und Franz L. Neumann, S. 137 f., – angesichts der seit dem Ende der Sechziger Jahre neu herausgegebenen Texte linker Weimarer Staatsrechtler – in seiner Kritik an der fehlenden Rezeption der Schriften Neumanns durch Arndt außer acht.
134 Vgl. Heller, Grundrechte und Grundpflichten (1924), S. 291; Neumann, Über die Voraussetzungen und den Rechtsbegriff einer Wirtschaftsverfassung (1931), S. 96; anders Ernst Fraenkel, dessen Konzeption der „Kollektiven Demokratie" von der liberal geprägten Wirtschaftsordnung der Weimarer Verfassung ausgeht, die staatlichen Interventionen in die „kollektivistisch-liberale" Selbstverwaltung der Wirtschaftsbeteiligten entgegensetzt, Abschied von Weimar (1932), S. 62 – 64. Daß Analyse und Zielsetzung Arndts unmittelbar ethischen Motiven entspringen, zeigt die Begründung dieser Forderung: sie sei eine Voraussetzung für die „Wiedergewinnung der Menschlichkeit, die Erneuerung der menschlichen Würde", s. Arndt, Vortrag Aufgaben und Grenzen einer Verfassung (Anm. 76), S. 9.

Die – von ihrem methodischen Ausgangspunkt konsequente – Konzentration der linken Weimarer Staatsrechtler auf die ‚Wirtschaftsverfassung' der Weimarer Reichsverfassung und die interpretatorischen Versuche, deren ‚Grundentscheidungen' für einen „sozialen Rechtsstaat"[135] oder eine „soziale Demokratie"[136] herauszustellen und zur Realisierung einzufordern, setzten sich in Arndts verfassungspolitischen Überlegungen fort. Auch Neumanns Vorschlag, Betriebe mit monopolistischer Marktstellung unter die „demokratische Kontrolle"[137] der Wirtschaftsbeteiligten zu bringen, fand seine Entsprechung in Arndts Vorschlag zu einer körperschaftlichen Verwaltung in Gemeineigentum stehender Unternehmungen.

Doch wird an diesem Punkt zugleich die grundsätzlich gewandelte Ausgangslage unmittelbar nach 1945 deutlich: Arndt brauchte seine verfassungspolitischen Vorschläge nicht interpretatorisch an den Rahmen ihm vorgegebenen Verfassungsrechts anzupassen. Er wollte und konnte vielmehr eine neue verfassungsrechtliche Ordnung mitgestalten. Das erlaubte ihm, einen radikaleren Ton anzuschlagen und inhaltlich konsequenter aufzutreten als zum Beispiel Neumann auf dem Boden der Weimarer Reichsverfassung. Hatte dieser ausdrücklich vermieden, Unternehmensverbände von der Beteiligung an der „demokratischen Kontrolle" auszunehmen mit der Begründung, dies erfülle den „rechtlichen Tatbestand der Sozialisierung"[138], so war für Arndt die Nichtbeteiligung der ehemaligen privaten Eigentumsträger ein Kennzeichen der neuen Rechtsform Gemeineigentum und ihrer organisatorischen Konkretisierung. Die linken Staatsrechtler der Weimarer Zeit mußten auf dem Boden des ursprünglich bürgerlich-liberalen, einheitlichen Eigentumsbegriffs in Art. 153 Weimarer Reichsverfassung argumentieren[139], der zudem von einer politisch konservativen Rechtsprechung extensiv ausgelegt wurde. Arndt hingegen mußte sich nicht mit einer Umdeutung geltenden, traditionell geprägten Verfassungsrechts begnügen. Das Problem der linken Weimarer Staatsrechtler, die Grundrechte als liberale Abwehrrechte gegen den autoritären oder faschistischen Staat zu stärken[140], stellte sich für Arndt nicht. Er begriff die Situation des Jahres 1946 als eine Chance der Sozialdemokratie, die umfassende Neuordnung des Eigentumsrechts und damit die „Entscheidung" über die Wirtschaftsverfassung eindeutig und unmißverständlich in die Verfassung selbst hineinzuschreiben. Arndts Entwurf war, in seiner Fixierung auf die ‚Basis' der Wirtschaft, eine gewisse, politisch bezweckte und dadurch auch schlagkräftige Einseitigkeit eigen. Angesichts der Chance zur Gestaltung einer auf Institutionen sich gründenden sozialistischen Verfassungsordnung schienen die Grundrechte als Abwehrrechte von nachrangiger Bedeutung.

Soweit zur Theorie der Arndtschen Verfassungspolitik. Wie schlug sie sich in der Praxis seiner Verfassungsentwürfe nieder?

---

135 Heller, Rechtsstaat oder Diktatur? (1930), S. 482.
136 Neumann, Die soziale Bedeutung der Grundrechte in der Weimarer Verfassung (1930), S. 63.
137 Ders., Über die Voraussetzungen und den Rechtsbegriff einer Wirtschaftsverfassung (1931), S. 95 ff.
138 Ders., a. a. O., S. 97.
139 Ders., a. a. O., S. 88, 97. Die Fixierung auf Art. 153 WRV wurde auch dadurch verstärkt, daß eine Überführung in Gemeineigentum gem. Art. 156 WRV nicht praktisch wurde.
140 Vgl. dazu Heller, Rechtsstaat oder Diktatur? (1930), S. 460.

Ein „Erster Diskussionsentwurf für die neue Groß-Hessische Verfassung"[141], in der SPD vorgelegt im März 1946 von Friedrich Caspary, dem Vorsitzenden des sozialdemokratischen Verfassungsausschusses, begnügte sich damit, in seinen Aussagen zur Eigentumsordnung die Regelungen der Weimarer Verfassung zum Schutz des Eigentums einschließlich der lediglich fakultativen Überführung in Gemeineigentum zu übernehmen.[142] Der Verfassungsausschuß erteilte dieser traditionellen Konzeption eine klare Absage als „zu wenig sozialistisch."[143] Auf seiner zweiten Tagung Anfang Mai 1946 traf der Ausschuß vorläufige Beschlüsse, die die Richtung zu einer neuen verfassungsrechtlichen Ordnung des Eigentums wiesen: Darin war erstmals die Überführung wichtiger Grundstoffindustrien und Versorgungseinrichtungen in Gemeineigentum durch die Verfassung selbst vorgesehen.[144] Neben dieser ‚Sofortsozialisierung' stand der Auftrag, die wichtigsten, zum Groß- oder Monopolbetrieb drängenden Industriezweige zu sozialisieren.[145] Daneben sollte das „Privateigentum, insbesondere das Hab und Gut, das dem persönlichen Leben oder der eigenen Arbeit dient"[146], gewährleistet sein.

Justizminister Zinn unterbreitete auf dieser Grundlage dem sozialdemokratischen Verfassungsausschuß einen als „Gegenentwurf bzw. Ergänzung" des Caspary-Vorschlags gedachten Verfassungsentwurf, der in einigen Details Arndts Handschrift trug[147] und aller Wahrscheinlichkeit nach von diesem zumindest mitverfaßt worden war. Darin wurde die Absage an die Eigentumsordnung der Weimarer Verfassung erstmals in die Form und den Zusammenhang eines ausgearbeiteten Verfassungsentwurfs gestellt. Die Unterscheidung zwischen „Gemeineigentum" und „Privateigentum" sowie die Sozialisierungsmaßnahmen wurden – wenn auch mit gewissen Modifikationen[148] – dem Grunde nach aus den Beschlüssen des sozialdemokratischen Verfassungsausschusses übernommen. Diese Bestimmungen mit ihren ‚harten', das heißt nicht in das politische Ermessen des Gesetzgebers gestellten, Sozialisierungsmaßnahmen enthielten im Kern die von Arndt geforderte „Entscheidung" für eine sozialistische Wirtschaftsverfassung in der Verfassung selbst. Annähernd unverändert wurden

---

141 „Erster Diskussionsentwurf für die neue Groß-Hessische Verfassung", aufgestellt im Auftrag des Groß-Hessischen Innenministers von Friedrich H. Caspary, 19.3.46, HHStA 1189, Nachlaß Caspary; zum folgenden ausführlich Beyer, Die verfassungspolitischen Auseinandersetzungen um die Sozialisierung in Hessen (1946), S. 107 ff.
142 Vgl. Art. 90, 101 und 103 im Entwurf Caspary (Anm. 141) mit Art. 153, 151, 156 WRV (in dieser Reihenfolge); s. dazu Beyer, a. a. O., S. 107 f.
143 Beyer, a. a. O., S. 108.
144 Beschluß 6a, Protokoll der 2. Tagung des Verfassungsausschusses der SPD in Hochwaldhausen am 4. und 5. Mai 1946, HHStA 1189, Nachlaß Caspary; Text bei Beyer, a. a. O., S. 108 f.
145 Beschluß 6b, a. a. O.
146 Beschluß 6g, a. a. O.
147 Entwurf einer „Verfassung des Landes Hessen", übersandt von Georg August Zinn an Friedrich Caspary, 24.5.46, HHStA 1189, Nachlaß Caspary. Vgl. zum Beispiel die programmatische Formulierung in Art. 58 I („Die Gerichtsbarkeit ist unteilbar"), die eine Kernthese Arndts zum Aufbau der Gerichtsbarkeit darstellte (s. Kapitel II.4.); s. ebenfalls die Ausführungen zum Sinn der Strafe in Art. 65 I, die übereinstimmen mit Arndts Aufsatz „Strafmaß" (1946), S. 31 („Schutz des Volkes und des Einzelnen vor Unrecht, Entsühnung des Täters").
148 S. Beyer, Die verfassungspolitischen Auseinandersetzungen, S. 109; vgl. Art. 21 I, II des Entwurfs aus dem Justizministerium (Anm. 147).

diese Formulierungen aus dem Entwurf des Justizministeriums in die „Hochwaldhäuser Beschlüsse" des Verfassungsausschusses der hessischen SPD[149] übernommen, die zur verbindlichen Richtlinie der Partei erklärt wurden.

Als nächstes gingen Arndt und Zinn gemeinsam daran, diese teils thesenhaften, teils noch unausgeführten Beschlüsse in die Form eines gebundenen, verfassungsrechtlich überprüften Verfassungstextes zu bringen. Im Juli 1946 erarbeiteten die beiden Rechtspolitiker nach einem „Vorentwurf"[150] einen Verfassungstext, der unter dem Namen „Zinn/Arndt-Entwurf"[151] als eines der beiden[152] sozialdemokratischen Diskussionspapiere im Sommer 1946 der gewählten Verfassungsberatenden Landesversammlung vorlag.

Überblickt man die beiden Entwürfe, so scheinen insbesondere die begrifflichen Bemühungen um das Eigentumsrecht auf Arndt zurückzugehen. Der Vorentwurf unterschied die Formen des Gemeineigentums, des genossenschaftlichen und des privaten Eigentums sowie das Recht „auf" und „am" Eigentum.[153] Das Recht „auf Eigentum" sollte nach dem Vorbild des französischen Verfassungsentwurfs als „Menschenrecht"[154], wie Arndt an anderer Stelle formulierte, „jedermann nach dem Maß seiner Arbeitsleistung durch die Gesetze und den Wirtschaftsplan gewährleistet werden."[155]

Im endgültigen Zinn/Arndt-Entwurf wurden diese begrifflichen Unterscheidungsversuche aufgegeben. Neben einer allgemeinen Definition des Eigentums, das keinen Grundrechtsschutz erfuhr[156], erschienen, verstreut über eine Reihe von Vorschriften, die Begriffe Privateigentum[157], Gemeineigentum[158], genossenschaftliches Eigentum „zwischen der auf Gemein- und Privateigentum beruhenden ökonomischen Ordnung"[159], schließlich Staatseigentum[160] und zu allem Überfluß auch „Gemeindeeigentum"[161], ein Wort, das weder zuvor noch danach in sozialdemokratischen Entwürfen

---

149 Die „Hochwaldhäuser Beschlüsse" sind abgedruckt bei Kropat, Hessen in der Stunde Null, S. 122 ff. Die Sofortsozialisierungsliste des Art. 21 I, Entwurf Justizministerium vom 24.5.46 (Anm. 147) wurde in IV.c. der „Hochwaldhäuser Beschlüsse" erweitert um die „Eisen- und Stahlerzeugung", vermindert um die „Lichtspiele." Die Generalklausel des Sozialisierungsauftrags in Art. 21 II wurde wörtlich übernommen in IV.d. der „Hochwaldhäuser Beschlüsse.".

150 Verfassung des Landes Hessen, handschriftlich gezeichnet: „Vorentwurf des Justizministeriums Wiesbaden", HHStA 505/70; dazu auch Beyer, Die verfassungspolitischen Auseinandersetzungen, S. 110. Die Autorschaft ist nicht eindeutig, doch zumindest eine Beteiligung Arndts höchstwahrscheinlich, s. dazu unten im Text.

151 „Entwurf einer Verfassung des Landes Hessen für die sozialdemokratische Partei in Groß-Hessen als Diskussions-Entwurf ausgearbeitet von Georg August Zinn und Dr. Adolf Arndt", HHStA 505/70, abgedruckt bei Pfetsch, Verfassungsreden und Verfassungsentwürfe, S. 387 ff.

152 Vgl. Caspary, Vom Werden der Verfassung, S. 3.

153 Vgl. Art. 21, 25 (Definition des Privateigentums) des „Vorentwurfs" (Anm. 150).

154 S. Arndt, Das Problem der Wirtschaftsdemokratie (1946), S. 19.

155 „Vorentwurf" (Anm. 150), Art. 21 III.

156 Vgl. dazu Schockenhoff, Wirtschaftsverfassung und Grundgesetz, S. 33.

157 Art. 37 V, 42 I, Zinn/Arndt-Entwurf (Anm. 151).

158 Art. 40 I, Zinn/Arndt-Entwurf.

159 Art. 41 I, II, Zinn/Arndt-Entwurf.

160 Art. 40 II, 32 III (Staatsbetriebe), Zinn/Arndt-Entwurf. Insofern zeigte der Zinn/Arndt-Entwurf eine unbefangene Befürwortung der – zumindest in Bereichen – Überführung oder Errichtung wirtschaftlicher Unternehmen in Staatseigentum. Ein Jahr später lehnte Arndt unter dem Eindruck der Entwicklung in der sowjetischen Besatzungszone die Verstaatlichung als einen „Anachronismus" ab, s. dazu Arndt, Landeseigene Betriebe und Gemeineigentum (1947), Sp. 420; s. auch oben.

161 Art. 39 I, Zinn/Arndt-Entwurf; entsprechend übernommen bei Pfetsch, Verfassungsreden und Verfassungsentwürfe, S. 393.

auftauchte und vermutlich auf einer Verwechslung mit Gemeineigentum beruhte, jedenfalls aber verwirrend war. Schließlich erschien das Recht „auf Eigentum"[162] beziehungslos ohne sein Pendant „am Eigentum" und daher eigentlich überflüssig in einer klassischen Enteignungsregelung. In seinen eigentumsrechtlichen Aussagen war der Zinn/Arndt-Entwurf insgesamt ungegliedert und undeutlich, verglichen mit dem „Vorentwurf." Eindeutig läßt sich dies nicht erklären. Doch zeigt ein Vergleich der Entwurfstexte, daß die systematische, abgestufte, in ihrer Begrifflichkeit auf Arndt hindeutende Regelung des Eigentumsrechts im Grundrechtsteil des „Vorentwurfs" inhaltlich eingeschränkt wurde. Der auf öffentliche Wirkung abzielende, gewissermaßen die communis opinio der SPD repräsentierende Zinn/Arndt-Entwurf senkte aufgrund seiner mangelhaften Systematik den Eigentumsschutz und erhielt dadurch eine verstärkt sozialistische Stoßkraft. Jedoch blieben begriffliche Unklarheiten bestehen und mögen in der Öffentlichkeit auch so gewirkt haben. Jedenfalls erklärten sich daraus Arndts nachfolgende Klärungsversuche des Eigentumsbegriffs, von denen oben die Rede war.

Daneben enthielten die beiden Entwürfe zwei inhaltliche Neuerungen gegenüber den Hochwaldhäuser Beschlüssen. Sie legten Elemente einer „sozialistischen" Wirtschaftsordnung fest, deren Produktion, „planmäßig gelenkt", der Deckung des „Bedarfs" dienen sollte.[163] Diese Festlegung war eine der ‚Institutionen' einer neuen Wirtschaftsverfassung, die Arndt forderte. Offenkundig entsprang sie auch einer Abstimmung mit Interessen der hessischen Gewerkschaften; denn mit deren Vorsitzendem Willi Richter standen Arndt und Zinn über Verfassungsfragen der Wirtschafts- und Sozialordnung in Verhandlung.[164] Die Zusammenarbeit mit den Gewerkschaften zeigte sich zum Beispiel daran deutlich, daß der erste Hessische Gewerkschaftskongreß Arndts Kriterienkatalog einer planwirtschaftlichen Ordnung, den er am 6. August 1946 in einem Vortrag in der Frankfurter Universität genannt hatte[165], kurz danach auf ein Referat Zinns hin in einer Entschließung wörtlich übernahm.[166] Die zweite Neuerung des Zinn/Arndt-Entwurfes enthielt das klare, uneingeschränkte Verbot der Aussperrung bei Arbeitskämpfen.[167] Arndt begründete in der Süddeutschen Juristenzeitung dieses Verbot, an dem ein vitales Interesse der Gewerkschaften[168] bestand, mit überpointierten, radikal formulierten historischen Erfahrungen: Es sei die Aussperrung gewesen, die Hitler „an die Macht" gebracht und als „Kettenhund des Kapitalismus" auf die Arbeitnehmer losgelassen habe.

---

162 Art. 38 III, Zinn/Arndt-Entwurf.
163 Art. 32, Zinn/Arndt-Entwurf.
164 Vgl. Beier, Arbeiterbewegung in Hessen, S. 342.
165 S. Arndt, Vortrag Aufgaben und Grenzen einer Verfassung (Anm. 76), S. 7.
166 Vgl. ders., Planwirtschaft (1946), S. 34, und die Niederschrift der Verhandlungen des 1. Hessischen Gewerkschaftskongresses und 1. Bundestags des Freien Gewerkschaftsbundes Hessen in Frankfurt am 24. und 25. August 1946, gedruckt ohne Jahr, mit dem Referat Zinns „Die Verfassung als Sozialordnung" und der von ihm vorgeschlagenen, einstimmig angenommenen Entschließung. Für die Überlassung dieses Drucks und weitere förderliche Hinweise danke ich Privatdozent Dr. Gerhard Beier, Kronberg. Zum Inhalt der Rede Zinns vgl. Beier, SPD Hessen Chronik 1945 – 1988, S. 60.
167 Art. 38 II, Zinn/Arndt-Entwurf.
168 Zinn sprach sich auf dem hessischen Gewerkschaftskongreß im August 1946 für das Verbot der Aussperrung aus, s. Niederschrift der Verhandlungen, S. 17.

> „Die weit über das depressionsbedingte Maß künstlich heraufgeschraubte Arbeitslosigkeit sollte die Macht der Gewerkschaften brechen und den politischen Kurswechsel mit Aussicht auf das große Rüstungsgeschäft durch diesen politischen Mißbrauch der rechtlich im Eigentum verkörperten wirtschaftlichen Macht erpressen."[169]

Konsequent war das Aussperrungsverbot in dem Entwurf als Einschränkung des Eigentumsrechts formuliert.[170] Es enthielt in der Tat eine der institutionellen ‚Entscheidungen', die dem Programm der sozialistischen Wirtschaft erst Gehalt gaben.

Der gemeinsame Verfassungsentwurf war Ausdruck einer engen Zusammenarbeit und Abstimmung zwischen Georg August Zinn und Adolf Arndt. Zinns vielbeachtetes Referat auf dem Kongreß des Freien Gewerkschaftsbundes Hessen im August 1946 über „Die Verfassung als Sozialordnung" brachte Arndts These von der Wirtschaftsverfassung als Grundentscheidung auf den Begriff. Bis in die pointierte Formulierung hinein stimmte Zinns Referat in den grundlegenden Gedankengängen mit Beiträgen Arndts überein, wenn er von der „revolutionären Zeit"[171] und der „Freiheit von Not"[172] als Grundlage der Demokratie sprach. Das übereinstimmende Grundanliegen der beiden Männer wurde darin deutlich: Die Krise des Kapitalismus und die gegenwärtige Mangelsituation gleichermaßen als Ursache des Faschismus und als Bedrohung der neu zu schaffenden Demokratie zu begreifen und durch die Wirtschaftsordnung einer neuen Verfassung diese Bedrohung zu meistern. In den Worten Arndts: „Demokratie im modernen Sinn [...] [beginnt] [...] nicht mit dem Stimmzettel und nicht mit Grundrechten, [...] sondern mit Arbeit und Brot. Hunger macht Kannibalen, aber keine Demokraten."[173]

Arndt und Zinn legten im Juli 1946 ihr Verfassungskonzept als offiziellen Diskussionsentwurf der SPD der Verfassungsberatenden Landesversammlung vor. Ein Vergleich mit einigen der wichtigsten sozialdemokratischen Verfassungsentwürfe[174] aus anderen Ländern der westlichen Besatzungszonen während der Jahre 1946 und 1947 bietet sich an. Sie stammten unter anderem von Carlo Schmid und Walter Menzel, zwei einflußreichen Rechts- und Verfassungspolitikern der Nachkriegs-SPD, sowie von Wilhelm Hoegner und Hinrich Wilhelm Kopf, den amtierenden bzw. zukünftigen sozialdemokratischen Ministerpräsidenten Bayerns und Niedersachsens. Mit Ausnahme der Entwürfe Schmids und Hoegners datieren all diese Vorschläge nach dem Zinn/Arndt-Entwurf. Gemessen an der Zielsetzung einer sozialistischen Wirtschaftsverfassung, übertraf der Entwurf der beiden hessischen Verfassungspolitiker diese

---

169 Arndt, Das Problem der Wirtschaftsdemokratie (1946), S. 27.
170 Art. 38 II, Zinn/Arndt-Entwurf, als Einschränkung des Eigentums in Art. 38 I.
171 Vgl. Arndt, Vortrag Aufgaben und Grenzen einer Verfassung (Anm. 76), S. 2. Zinn nahm unter anderem auf diesen Vortrag Arndts Bezug (s. Niederschrift der Verhandlungen, des 1. Hessischen Gewerkschaftskongresses, S. 16), wie überhaupt Arndts Mitarbeit an der Ausarbeitung von Zinns Referat an zahlreichen Formulierungen und Thesen nachweisbar ist (s. Beier, Arbeiterbewegung in Hessen, S. 346).
172 Z.B. Arndt, Das Problem der Wirtschaftsdemokratie (1946), S. 27.
173 Arndt, Vortrag Aufgaben und Grenzen einer Verfassung (Anm. 76), S. 5.
174 Abgedruckt bei Pfetsch, Verfassungsreden und Verfassungsentwürfe, S. 333 ff., 353 ff., 491 ff., 513 ff., 541 ff., 571 ff. Es handelt sich um die Entwürfe von Wilhelm Hoegner (Bayern), Carlo Schmid (Württemberg-Baden), Wilhelm Schmid, Annemarie und Werner Mevissen, Hans Warninghoff (Bremen), Hinrich Wilhelm Kopf (Niedersachsen), Walter Menzel (Nordrhein-Westfalen), Wilhelm Drexelius (Hamburg).

anderen Vorschläge[175] in Umfang, verfassungsrechtlicher Konsequenz und Verbindlichkeit der geforderten wirtschaftsverfassungsrechtlichen Institutionen um Längen. Keiner jener Entwürfe machte die Aussperrung überhaupt zum Thema! Lediglich der bremische Entwurf, der insgesamt dem Zinn/Arndt-Entwurf am nächsten kommt und diesem, bzw. den Regelungen der späteren hessischen Verfassung zur Wirtschafts- und Sozialordnung, nachgebildet zu sein scheint[176], kannte eine eindeutige[177] Festlegung der Sofortsozialisierung durch die Verfassung selbst[178], sah aber – im Unterschied zum Zinn/Arndt-Entwurf – grundsätzlich eine Entschädigung vor. Dieser Entwurf benutzte als einziger das Wort „Privateigentum"[179] neben dem überkommenen Begriff des Eigentums und konkretisierte, wie der Zinn/Arndt-Entwurf[180], die programmatische, positive Verpflichtung zur Eigentumsnutzung mit Rücksicht auf die Gemeinschaft durch eine negative, verfassungsrechtlich greifbare Schranke: „Sein Gebrauch darf dem Gemeinwohl nicht entgegenstehen."[181] Die wirtschaftliche Erzeugung und Verteilung lenkende Maßnahmen sprachen nur drei Entwürfe[182] – davon ausdrücklich die Planwirtschaft im Zusammenhang mit Bedarfsdeckung nur Hoegners Entwurf – an.[183] Wie gegensätzlich auch innerhalb der SPD die Kodifikation einer Wirtschaftsverfassung beurteilt wurde, zeigte die Stellungnahme Otto Suhrs in der Berliner Stadtverordnetenversammlung am 2. September 1947: „Die Verfassung ist ein Staatsgrundgesetz, das alle Entwicklungsmöglichkeiten offenhalten soll. Aber sie bestimmt nicht von vornherein die Wirtschafts- und Sozialordnung."[184]

Entscheidung für eine soziale Wirtschaftsordnung

Kurz vor dem Zusammentritt der gewählten Verfassungsberatenden Landesversammlung am 15. Juli 1946 legte Friedrich Caspary einen zweiten, von ihm verfaßten Verfassungsentwurf vor[185], so daß die SPD mit zwei Verfassungsentwürfen in die Beratungen ging. Casparys Vorlage änderte nichts am Kern der Eigentums- und Wirt-

---

175 Dabei ist zu berücksichtigen, daß Walter Menzel seinen Entwurf als Zusammenfassung der Verfassungsberatungen der nordrhein-westfälischen Koalitionsregierung vorlegte, die von dem der CDU angehörenden Ministerpräsidenten Karl Arnold geführt wurde, vgl. Menzels Verfassungsrede am 27.11.47, Pfetsch, a. a. O., S. 255; vgl. dazu eingehend Hirscher, Sozialdemokratische Verfassungspolitik und die Entstehung des Grundgesetzes S. 104. ff.
176 Die Verbindung zwischen den Verfassunggebungsprozessen in den beiden Ländern bestätigt Pfetsch, Verfassungspolitische Innovationen 1945 – 1949, S. 17.
177 Art. 110 I des Entwurfs von Hoegner (Pfetsch, Verfassungsreden und Verfassungsentwürfe, S. 348) sah zwar vor „Das Eigentum an Bodenschätzen [etc.] [...] steht in der Regel den Körperschaften des öffentlichen Rechts zu", ließ aber darüber hinaus offen, ob es noch eines staatlichen Aktes bedurfte, der die Zuweisung des Eigentums erst mit konstitutiver Wirkung festlegte. So konnte Art. 112 verstanden werden, der von der entschädigungspflichtigen „Vergesellschaftung" sprach.
178 Vgl. Art. 45 des Entwurfs von Schmid/A. und W. Mevissen/Warninghoff, a. a. O., S. 497.
179 Art. 42 I, a. a. O., S. 496.
180 Art. 38 I 2 (Zinn/Arndt-Entwurf), a. a. O., S. 392.
181 Art. 42 I Satz 2 (Bremischer Entwurf), a. a. O., S. 496.
182 Der Entwurf Carlo Schmids nur beiläufig, vgl. Art. 18, a. a. O., S. 355, außerdem Kopfs Entwurf, Art. 13 II, a. a. O., S. 514.
183 Entwurf Hoegner, Art. 106/107, a. a. O., S. 348.
184 Die Verfassungsrede von Otto Suhr am 2.9.47, a. a. O., S. 218.
185 S. Friedrich Caspary, „Entwurf einer neuen hessischen Verfassung", 2.7.46, HHStA 505/70.

schaftsordnung des Zinn/Arndt-Entwurfs, schwächte aber im Detail dessen entschieden sozialistische Zielsetzung ab.[186]

Eben um diese Zielsetzung entbrannten die tiefgreifendsten politischen Auseinandersetzungen in der Verfassungsberatenden Landesversammlung. Während zum Beispiel Regelungen über den Grundrechtskatalog und Fragen des Staatsaufbaus in weitgehender Übereinstimmung mit dem Entwurf des Vorbereitenden Verfassungsausschusses einvernehmlich getroffen wurden[187], bewies der Streit[188] um die Eigentumsordnung der Hessischen Verfassung, daß gerade der von Zinn und Arndt für die SPD konkretisierte Entwurf zur Gestaltung des wirtschaftlichen und sozialen Verfassungslebens von den übrigen Parteien als richtungweisende ‚Entscheidung' der künftigen Verfassung begriffen wurde.

Die SPD war aus den Wahlen zur Verfassungsberatenden Landesversammlung im Juni 1946 als stärkste Partei vor der CDU hervorgegangen[189] und hatte nach der Sitzverteilung die Möglichkeit, die bürgerlichen Parteien CDU und LDP in den umstrittenen Fragen der Wirtschafts- und Sozialordnung zu überstimmen. Insbesondere in dieser politischen Konstellation[190] bot es sich für die CDU und LDP an zu mutmaßen, daß Gemeineigentum in der sozialdemokratischen Terminologie möglicherweise gleichbedeutend war mit Staatseigentum. Hierfür bot zudem der Zinn/Arndt-Entwurf mit seiner undeutlichen Begrifflichkeit hinsichtlich der Eigentumsordnung durchaus auch eine Angriffsfläche.[191] Die Führer der sozialdemokratischen Fraktion[192] mußten, obwohl dies in der SPD insgesamt, so auch in Hessen, nicht unumstritten war[193], eine Klarstellung vornehmen und unterschieden zwischen Vergesellschaftung und Verstaatlichung.

Mit der KPD als möglichem Bündnispartner der SPD im Hintergrund[194] kam schließlich ein „Verfassungskompromiß"[195] zwischen SPD und CDU zustande, der in

---

186 Dies war möglicherweise ein taktischer Schritt, um das Verhandlungsangebot der SPD gegenüber den bürgerlichen Parteien zu verbreitern. Caspary wich insofern vom Zinn/Arndt-Entwurf ab, als er in Art. 31 II forstwirtschaftlichen Großgrundbesitz in Gemeineigentum, nicht Staatseigentum (Art. 40 II, Zinn/Arndt-Entwurf) überführen wollte, kein Verbot der Aussperrung vorsah und – aus seinem ersten Entwurf – in Art. 32 II, III die lediglich fakultative Überführung in Gemeineigentum aus Art. 156 I, II WRV aufgriff.
187 S. Mühlhausen, Hessen 1945 – 1950, S. 237; von Brünneck, Die Verfassung des Landes Hessen vom 1.12.46, S. 226, 233.
188 S. Mühlhausen, a. a. O., S. 252 ff.; Beyer, Die verfassungspolitischen Auseinandersetzungen, S. 167 ff.; Caspary, Vom Werden der Verfassung in Hessen, S. 23 ff., bei dem die Verhandlungen über die Wirtschafts- und Sozialordnung bei weitem den größten Teil der Darstellung ausmachen.
189 Vgl. das Wahlergebnis zur Verfassungsberatenden Landesversammlung bei Mühlhausen, a. a. O., S. 248.
190 Nachdem die CDU von einem ersten mit der SPD erzielten Verhandlungskompromiß abgerückt war, stimmte die SPD im Verfassungsausschuß gemeinsam mit der KPD die CDU in der Abstimmung über alle strittigen Artikel nieder, Mühlhausen, a. a. O., S. 256.
191 S. oben.
192 Vgl. die Äußerungen Ludwig Bergsträßers, des Vorsitzenden des Verfassungsausschusses der Verfassungsberatenden Landesversammlung bei Beyer, Die verfassungspolitischen Auseinandersetzungen, S. 311 (Anm. 35); der Fraktionsobmann der SPD im Verfassungsausschuß, Caspary, Vom Werden der Verfassung in Hessen, S. 42, 44; vgl. dazu auch Schockenhoff, Wirtschaftsverfassung und Grundgesetz, S. 45 f.
193 S. oben; vgl. auch Ehni, Sozialistische Neubauforderung, S. 137, 142.
194 Zu den taktischen Überlegungen der SPD vgl. Mühlhausen, Hessen 1945 – 1950, S. 258, 267.
195 Mühlhausen, a. a. O., S. 257 ff.

der Wirtschafts- und Sozialordnung deutlich zugunsten des sozialdemokratischen Entwurfs ausfiel. Zwar entfernte der vereinbarte Verfassungstext sich weitgehend von der Festlegung einer sozialistischen Planwirtschaft und beließ es bei allgemein gehaltenen Anforderungen an den Gesetzgeber, den Bedarf des Volkes befriedigend zu regeln und die Warenherstellung und -verteilung sinnvoll zu lenken.[196] Auch war die Justitiabilität des als Individualgrundrecht ausgestalteten Rechts auf Arbeit[197] sehr zweifelhaft. Arndt hatte ja zuvor seine Bedenken gegen ein derartiges soziales Grundrecht unmißverständlich zum Ausdruck gebracht, und es hatte auch nicht als Individualrecht Aufnahme im Zinn/Arndt-Entwurf gefunden.[198] Doch nahm die hessische Verfassung als erste (und einzige) westdeutsche Verfassung der Nachkriegszeit eine Aufspaltung des traditionellen Eigentumsbegriffs in „Gemeineigentum" und „Privateigentum"[199] vor – so wie Arndt es als Manifestation des Übergangs zu einer neuen Eigentumsordnung gefordert hatte. Entscheidend aber war die Anordnung einer entschädigungslosen Sofortsozialisierung der wichtigsten Grundstoffindustrien, Energiewirtschafts- und Verkehrsbetriebe in Art. 41 Abs 1 Satz 1 HV. Damit hatte die hessische SPD eine ihrer wirtschaftsverfassungsrechtlichen Kernforderungen – weitgehend unverändert[200] – durchsetzen können. Zutreffend war daher Arndts Rückblick unter Bezug auf den Tagungsort des SPD-Verfassungsausschusses: „Hochwaldhausen kann als die eigentliche Geburtsstätte des Art. 41 genannt werden."[201] Schließlich wurde auch das Verbot der Aussperrung, wie es der Zinn/Arndt-Entwurf gefordert hatte, in die Verfassung aufgenommen. Das Verbot der Aussperrung war kein erheblicher Streitpunkt. Nur die LDP stimmte dagegen. Allerdings war die praktische Relevanz der Aussperrung zum Zeitpunkt der Verfassungsvorbereitungen nicht gegeben, denn es bestand Streikverbot. Die gleichwohl anhaltende Brisanz dieser Verfassungsnorm bestätigte die spätere Debatte um die Frage, ob das Aussperrungsverbot der Hessischen Verfassung auch unter der Geltung des Grundgesetzes wirksam sei.[202]

Die neue, am 1. Dezember 1946 nach einem Volksentscheid in Kraft getretene hessische Landesverfassung war in ihren sozialen, teils sozialistischen Aussagen[203] die entschiedenste der westdeutschen Verfassungen nach dem Zweiten Weltkrieg. Ihr drit-

---

196 Art. 38 I der Hessischen Verfassung vom 1.12.46.
197 Art. 28 II HV.
198 Vgl. Art. 32 II, Zinn/Arndt-Entwurf: „Die Erzeugung richtet sich nach dem Bedarf. Sie wird planmäßig gelenkt und hat alle Erzeugungsmöglichkeiten sinnvoll auszunutzen sowie jedermann die Möglichkeit zur Arbeit zu bieten". Als subjektiv formuliertes Recht war das Recht auf Arbeit durch die SPD-Fraktion in die Beratung gelangt, vgl. Caspary, Vom Werden der Hessischen Verfassung, S. 27.
199 Vgl. die Definition des Gemeineigentums in Art. 40 HV und die Gewährleistung des „Privateigentums" in Art. 45 HV.
200 Außer der Sozialisierung der chemischen und pharmazeutischen Industrie, die auf Betreiben der Gewerkschaften in den Sozialisierungskatalog des Zinn/Arndt-Entwurfs aufgenommen worden war, vgl. Beyer, Die verfassungspolitischen Auseinandersetzungen, S. 341 (Anm. 46); Caspary, Vom Werden der hessischen Verfassung, S. 39. Auch die Banken und Versicherungsunternehmen, die Filmindustrie und die Lichtspiele wurden nicht aus dem Zinn/Arndt-Entwurf in den Art. 41 I (1) HV übernommen.
201 Arndt, Ein Vorschlag zu Artikel 41 (1947), S. 8.
202 Vgl. Mühlhausen, Hessen 1945 – 1950, S. 262, 297 (Anm. 108); Ramm, Die soziale Ordnung in der Hessischen Verfassung, S. 218, 227 (m.w.N.).
203 Von Brünneck, Die Verfassung des Landes Hessen vom 1.12.46, S. 211 ff. (S. 242), urteilt entsprechend: „Der III. Abschnitt. „Soziale und wirtschaftliche Rechte und Pflichten" ist der bedeutendste Teil der Hessischen Verfassung, hier hebt sie sich von ihren Vorbildern bemerkenswert ab und verwirklicht weitgehend soziale und sozialistische Gedanken."

ter Abschnitt („Soziale und wirtschaftliche Rechte und Pflichten") erfuhr daher auch die größte Beachtung in der Literatur. Von allen Nachkriegsverfassungen sei die Hessische Verfassung „das erste Staatsgrundgesetz, das den Wandel von der nur liberal-humanitären zur sozial-humanitären Ordnung vollzogen" habe, urteilte rückblickend Erwin Stein[204], der als CDU-Abgeordneter der Verfassungsberatenden Landesversammlung angehört hatte. „Die Sozialisierung in der Verfassung und durch die Verfassung", daran erinnerte Arndt in der Sozialistischen Tribüne, einer Zeitschrift der hessischen SPD, habe er im September 1946 öffentlich gefordert[205], und fügte mit Genugtuung hinzu: „Die hessische Verfassung vom 1. Dezember 1946 *hat* entschieden."[206]

Nichtvollzug einer Verfassungsentscheidung: die gescheiterte Sozialisierung

Doch ließ Arndt es dabei nicht bewenden. Den gleichen Nachdruck, mit dem er die ‚Entscheidung' auf der Verfassungsebene vertreten hatte, legte er auf die gesetzliche Konkretisierung des Sozialisierungsangebots, wie sie Art. 41 Abs. 2 HV vorschrieb. Dabei verstand er diese Aufgabe nicht bloß als gesetzestechnische und unpolitische Vollzugsleistung, sondern grundlegend als Aufgabe zur „Überwindung einer Wirtschaftsweise, die nicht nur ökonomische und juristische, sondern in weitestem Ausmaß politische Bedeutung gehabt hat."[207] Von Arndts Entwurf zu einem Körperschaftsgesetz, in dem die Realisierung des Sozialisierungsauftrags erst Konturen annahm, war bereits die Rede.[208] Er ahnte wohl, daß die eigentlichen Probleme der Sozialisierung erst jetzt begannen, und unterbreitete deshalb zu Beginn des Jahres 1947 in der „Sozialistischen Tribüne" jenen Gesetzentwurf, mit dem er in „weiten Kreisen" auch außerhalb der SPD die politische Debatte vorantreiben wollte.[209] Etwa gleichzeitig arbeitete der zuständige hessische Wirtschaftsminister Harald Koch ein Modell aus, nach dem die Führung sozialisierter Betriebe „Sozialgemeinschaften"[210] obliegen sollte. Koch betrachtete Arndt als „besondere[n] Fachmann" in Fragen der Sozialisierung[211], und er stimmte in der Zielsetzung mit ihm überein.[212] Doch setzte er Arndts knappem Körperschaftsgesetz einen um ein Vielfaches umfänglicheren, bis ins Detail ausformulierten Gesetzesentwurf über die Sozialgemeinschaften entgegen, der die Diskussion entfachte – aber auch Angriffsflächen bot und die vorhandenen starken Widerstände gegen die Sozialisierung offenbar werden ließ. Opposition gegen Kochs umfangreiche Sozialisie-

---

204 Stein, Die Staatszielbestimmungen der Hessischen Verfassung, S. 189.
205 Arndt, Ein Vorschlag zu Artikel 41 (1947), S. 8.
206 Hervorhebung im Original.
207 Arndt, Landeseigene Betriebe und Gemeineigentum (1947), Sp. 416; darauf stützt sich Harald Koch, Rechtsformen der Sozialisierung, S. 13.
208 S. oben.
209 Nach einer Vorbemerkung der Schriftleitung zu Arndt, Ein Vorschlag zu Artikel 41 (1947).
210 Dazu Mühlhausen, Hessen 1945 – 1950, S. 416 f.
211 Koch, Rechtsformen der Sozialisierung, S. 49; als zuständiger Referent des hessischen Justizministeriums wurde Arndt auch zu einer Sitzung der Sozialisierungskommission beim Wirtschaftspolitischen Ausschuß der SPD beigezogen, s. Protokoll der Kommissionssitzung am 10. und 11.1.48 in Wiesbaden, abgedruckt bei Ehni, Sozialistische Neubauforderung und Proklamation des „Dritten Weges", S. 181 ff.
212 Vgl. Mühlhausen, Hessen 1945 – 1950, S. 419.

rungspläne kam von den kommunalen Spitzenverbänden[213], dem Koalitionspartner CDU, der amerikanischen Besatzungsmacht und schließlich aus der hessischen SPD selbst, in deren Führung mit der sich hinschleppenden Gesetzgebungsarbeit gleichzeitig Zweifel an der politischen Notwendigkeit und wirtschaftlichen Zweckmäßigkeit der Sozialisierung wuchsen. Arndts knapper, nicht auf Vollständigkeit und Perfektion bedachter Gesetzentwurf hätte möglicherweise schneller zum Erfolg geführt. Sicher ist dies keineswegs, zumal ohnehin die CDU und die amerikanische Besatzungsmacht die Sozialisierung ablehnten.[214] Die amerikanische Militärregierung entzog im November 1948 durch das Gesetz Nr. 75 dem hessischen Wirtschaftsministerium die Verfügungsgewalt über Gemeineigentumsbetriebe des Braunkohlenbergbaus und der Eisen- und Stahlerzeugung und suspendierte damit den Sozialisierungsartikel 41 HV in seinem wesentlichen wirtschaftlichen Wirkungsbereich. Der dadurch ohnehin behinderte und schleppende Gang der Sozialisierungsgesetzgebung wurde zusätzlich dadurch erschwert, daß sich auch in der hessischen CDU zunehmend marktwirtschaftliches Gedankengut durchsetzte, das mit Sozialisierungsabsichten unvereinbar war. Kochs im Frühjahr 1948 dem hessischen Kabinett vorgelegter Gesetzentwurf über die „Sozialgemeinschaften" wurde jedenfalls im Oktober 1950 (!) vom hessischen Landtag abgelehnt. Damit war eine aktive Sozialisierungspolitik endgültig beendet.

Das Scheitern der hessischen Sozialisierung war ein Lehrbeispiel dafür, daß auch klare ‚Entscheidungen' der Verfassung selbst vom Weiterbestehen der politisch-sozialen Bedingungen ihrer Entstehung abhängig blieben und mit deren Wegfall ein ‚Verfassungswandel' die verfassungsrechtliche Norm aushöhlen und schließlich obsolet machen konnte. Auch das Bemühen, die Verfassunggebung möglichst eng den historischen Erfahrungen und der sozialen Realität anzupassen, durchbricht nicht, ja bestätigt geradezu diesen Bedingungszusammenhang. Arndts und Zinns wirtschaftpolitisches Antriebsmoment, der zeitlich nicht absehbaren wirtschaftlichen Mangellage der Nachkriegssituation durch staatliche, dem allgemeinen Bedarf dienende Wirtschaftslenkung abzuhelfen, verlor um so mehr an praktischer Dringlichkeit, je rascher die westdeutsche Wirtschaft unter zunehmendem Verzicht auf staatliche Lenkungsmaßnahmen den Grundbedarf der Bevölkerung sicherzustellen vermochte. Arndts politisches Argument, in einer sozialistischen Wirtschaft mit dem krisenanfälligen Kapitalismus auch den Nährboden für den Nationalsozialismus zu beseitigen, war damit zwar nicht ausgeräumt, wurde im Erholungsprozeß der deutschen Wirtschaft aber zunehmend verdrängt.

Die Leidenserfahrung aus nationalsozialistischer Zeit, die drängende Alltagsnot und der humanitär geprägte Wille zum Neuaufbau gingen bei Arndt eine Verbindung zu pointierten politischen Thesen und radikalem Pathos ein. Diese Verbindung hatte auf

---

213 Die Spitzenverbände vertraten die Auffassung, daß Gemeindeeigentum bereits Gemeineigentum im Sinne des Art. 41 I (1) HV sei (vgl. Mühlhausen, a. a. O., S. 420 f.), eine Auffassung, der Arndt (Landeseigene Betriebe und Gemeineigentum, Sp. 421) entgegentrat, die aber anknüpfen konnte an eine – möglicherweise falsche, weil aus ihrem systematischen Zusammenhang herausfallende – Bestimmung in Art. 39 I des Zinn/Arndt-Entwurfs, s.o. bei Anm. 161.

214 Dies galt, mögen auch auf deutscher Seite die Spielräume der Sozialisierungspolitik gegenüber der amerikanischen Besatzungspolitik insgesamt unterschätzt worden sein (s. differenzierend D. Winkler, Amerikanische Sozialisierungspolitik in Deutschland 1945 – 1948, S. 111), jedenfalls von Anfang an für die amerikanische Militärregierung, nachdem General Clay bereits erfolglos versucht hatte, Art. 41 HV zu einer programmatischen Absichtserklärung abzumildern (vgl. dazu und zum folgenden Mühlhausen, Hessen 1945 – 1950, S. 265 f., 421, 431 f., 440).

mehrheitliche Zustimmung bis zur ‚Entscheidung' in der Verfassung rechnen können. Darin lag ihr Erfolg. Danach geriet sie angesichts des wirtschaftlichen Aufschwungs zu einem Aufruf mit abnehmender Wirkung. So war es auch nur die verfassungsrechtliche Manifestation einer politisch längst angelegten Entwicklung, daß das Grundgesetz der neugegründeten Bundesrepublik Deutschland mit seinen knappen, überwiegend von traditionell-liberalen Vorstellungen geformten Aussagen zur Wirtschaftsordnung der Hessischen Verfassung im Rang vorging[215] und im Kollisionsfall deren Entscheidung für eine soziale, teils sozialistische Eigentums- und Wirtschaftsordnung zum bloßen Denkmal eines sozial-humanitären Ordnungswillens machte.

3. Das Unrechtserbe des Nationalsozialismus: strafrechtliche Ahndung und Sühne nationalsozialistischen Unrechts in der Krise des Rechts

Die neue Hessische Verfassung ordnete das künftige hessische Staatsleben. Mit ihren Aussagen zur Wirtschaftsverfassung des neuen Staates packte sie nach Arndts Auffassung und der vieler anderer ‚Verfassungsväter'[216] die drängendste, durch die materielle Notlage des Landes gestellte rechtsgestalterische Aufgabe an. Die Verfassung wollte in die Zukunft wirken und eine Wiederkehr des Nationalsozialismus verhindern. Doch waren die Spuren der nationalsozialistischen Herrschaft vor allem im Rechtsleben noch drängend gegenwärtig. Rechtsnormen aus nationalsozialistischer Zeit wurden von Gerichten und Behörden weiterhin angewandt. Eine Unzahl von Gerichtsurteilen aus der Zeit des Dritten Reiches beanspruchte Rechtskraft gegenüber Opfern, Privilegierten und Tätern der NS- Herrschaft. Wie war nationalsozialistisches Unrecht rechtlich zu fassen, wie waren Beteiligte und Verantwortliche daran politisch zu behandeln im Aufbau eines demokratischen Staates? Auch nach dem Inkrafttreten Ende des Jahres 1946 gab die Verfassung dafür keinen Maßstab, sondern setzte ihren eigenen Maßstab der Freiheitsrechte zugunsten von Maßnahmen zur Überwindung des Nationalsozialismus und Militarismus zeitweise außer Kraft.[217] Die politisch Verantwortlichen – amerikanische und deutsche Institutionen – mußten die Maßstäbe selbst setzen.

Zu den ersten gesetzesvorbereitenden Tätigkeiten des Ministerialrats Adolf Arndt im Justizministerium gehörte die Erarbeitung von Entwürfen zu Gesetzen und Verordnungen, die zur „Ahndung nationalsozialistischer Straftaten", zur „Wiedergutmachung nationalsozialistischen Unrechts in der Strafrechtspflege"[218] und zur „vorläufi-

---

215 S. dazu differenzierend Ramm, Die soziale Ordnung in der Hessischen Verfassung, S. 204 ff., der die Vereinbarkeit einzelner Bestimmungen aus der sozialen Ordnung der HV mit dem Grundgesetz untersucht und die hessischen Verfassungsbestimmungen „zur Interpretation der Gesellschafts- und Staatsordnung des Grundgesetzes" heranziehen will, denen sie ursprünglich als „Ordnungsmodell" gedient hätten (a. a. O., S. 204, 206).
216 Zum Begriff des „Verfassungsvaters" vgl. Pfetsch, Verfassungspolitik der Nachkriegszeit, S. 130 f.
217 Vgl. Art. 158 HV: „Die verfassungsmäßigen Rechte und Freiheiten können nicht den Bestimmungen entgegengehalten werden, die ergangen sind oder vor dem 1. Januar 1949 noch ergehen werden, um den Nationalsozialismus oder den Militarismus zu überwinden und das von ihm verschuldete Unrecht wieder gut zu machen."
218 Vgl. die Gesetzesakten HJM 1031/3 („Ahndungsgesetz"), 1031/5 („Wiedergutmachungsgesetz").

gen Außerkraftsetzung des Gesetzes zur Verhütung erbkranken Nachwuchses" bestimmt waren. Arndts Entwürfe wurden in wesentlichen[219] Grundzügen vom Rechtsausschuß des Süddeutschen Länderrats[220] übernommen. Die amerikanische Militärregierung nahm indessen einige Veränderungen[221] vor, bevor die Entwürfe in den Ländern der amerikanischen Zone Gesetz wurden.[222]

Einem strukturellen Problem indessen konnte die rechtliche Aufarbeitung der nationalsozialistischen Vergangenheit nicht entgehen: Die Ahndung und Sühne nationalsozialistischer Taten um der *Gerechtigkeit* willen[223] mußte in Spannung, ja Gegensatz treten zur formal strikt verstandenen *Rechtsstaatlichkeit*. Je härter – und im Rechtssinn belastender – für die Betroffenen die Straf- und Sühnemaßnahmen ausfallen sollten, desto mehr boten sie eine Angriffsfläche für rechtsstaatliche Einwände, die zudem die Sanktionen auch politisch zu diskreditieren vermochten. Vor einer solchen Situation stand Arndt nach der Verabschiedung des deutschen „Gesetzes zur Befreiung von Nationalsozialismus und Militarismus" vom 5. März 1946.

Rechtsstaatsgebot versus wirksame politische Säuberung: Arndts Verteidigung des Befreiungsgesetzes gegenüber der Evangelischen Kirche

Es handelte sich um das vom Süddeutschen Länderrat der amerikanischen Zone erarbeitete und verabschiedete erste und grundlegende deutsche Entnazifizierungsgesetz. Zur Befreiung des deutschen Volkes vom Nationalsozialismus und Militarismus und zur Sicherung eines demokratischen Neuaufbaus sollten alle, die die nationalsozialistische Gewaltherrschaft unterstützt oder davon profitiert hatten, von der „Einflußnahme auf das öffentliche, wirtschaftliche oder kulturelle Leben ausgeschlossen und

---

219 Zum „Ahndungsgesetz", vgl. Arndt (gez. Zinn) an Hessische Staatskanzlei, 10.1.46, HJM 1030/3, der von der Annahme eines mit dem hessischen im wesentlichen übereinstimmenden Entwurfs im Süddeutschen Länderrat spricht.
Zum „Wiedergutmachungsgesetz" vgl. Gesetzesakten HJM 1030/5. Zunächst hatte Arndt für den Marburger Rechtsausschuß (s. Anm. 13) am 6.11.45 den Entwurf einer Verordnung vorgelegt. Im Justizministerium hatte er einen neuen, ausführlichen Entwurf erarbeitet (neue Fassung, 20.12.45, vgl. Schreiben Arndts [gez. Zinn], an das Bayerische Justizministerium, 21.12.45), aus dem Kernstücke (z. B. der größte Teil des Gesetzeskatalogs, die Senkung übermäßig hoher, nicht aus politischen Gründen verhängter Strafen und der Wegfall zwecklos gewordener Strafen infolge der politischen Veränderung) in die Beschlußfassung des Rechtsausschusses des Süddeutschen Länderrates (§§ 2, 13, 14) vom 3.1.46 übernommen wurden, die dann nach Veränderungen durch die Militärregierung (s. Darstellung im hessischen Entwurf zu einer Gesetzesnovellierung vom 19.2.47, HJM 1030/66) am 29.5.46 als Gesetz (GVBl 1946, S. 136) verkündet wurde.
220 Zu Arndts Tätigkeit im Süddeutschen Länderrat vgl. Kap. II.3. (Befreiungsgesetz) und Kap. II.5.
221 Im „Ahndungsgesetz" setzte die Militärregierung unter Berufung auf den „amerikanischen Verfassungsgrundsatz" eines Verbots der „double jeopardy" gegen die Fassung des Länderratsentwurfs durch, daß die Wiederaufnahme eines rechtskräftig abgeschlossenen Verfahrens zuungunsten des Angeklagten zunächst nicht in das Gesetz aufgenommen wurde. Arndts gegenteilige Bemühungen (vgl. Arndt an OMGUS, gez. Zinn, 2.5.46, HJM 1030/3) fruchteten zunächst nicht. Erst ein neuer Vorstoß Hessens (s. den Entwurf Hessens vom 16.2.47 mit Begründung Arndts gegen die Anwendbarkeit des Verbots der „double jeopardy", HJM 1030/77) zur Gesetzesnovellierung und Wiederherstellung der ursprünglichen Fassung war erfolgreich, vgl. das Ergänzungsgesetz vom 16.8.47, GVBl 3.9.47.
222 S. „Gesetz zur Wiedergutmachung nationalsozialistischen Unrechts in der Strafrechtspflege" und „Gesetz zur Ahndung nationalsozialistischer Straftaten" vom 29.5.46, GVBl 1946, S. 136.
223 Vgl. die legitimierende Zielbestimmung in Art. 1 des „Gesetzes zur Ahndung nationalsozialistischer Straftaten" vom 29.5.46.

zur Wiedergutmachung verpflichtet werden."[224] Das Gesetz definierte fünf Gruppen der Verantwortlichkeit für den Nationalsozialismus. Alle erwachsenen Deutschen mußten ein Prüfungsverfahren vor sogenannten Spruchkammern durchlaufen, die die Zugehörigkeit zu einer Gruppe der Verantwortlichkeit feststellten und Sühnemaßnahmen von Sanktionen vermögensbelastender Art über den Entzug der bürgerlichen Ehrenrechte sowie Arbeitsbeschränkungen bis hin zur Einweisung in Arbeitslager verhängten.[225] Arndt hatte als Referent[226] des Justizministeriums an einem hessischen Gesetzentwurf mitgearbeitet und gehörte als Mitglied der hessischen Delegation dem Entnazifizierungsausschuß des Länderrates an, der den Gesetzestext beriet und formulierte.[227] Das Befreiungsgesetz markierte eine Zäsur in der Entnazifizierungspolitik der amerikanischen Besatzungsmacht: Ein deutsches, das heißt von Deutschen beschlossenes Gesetz übergab damit das bis dahin ausschließlich von Besatzungsbehörden ausgeführte Entnazifizierungsverfahren deutschen Stellen.[228] Doch mußte sich das deutsche Gesetz in dem engen Spielraum bewegen, den ihm die politische Zielsetzung und die Gesetze der Besatzungsmacht vorgaben. Hatte schon der erste – von der Besatzungsmacht abgelehnte – Gesetzentwurf des Ausschusses die „präventive Anpassung"[229] an diesen Rahmen gesucht, so wurde dieser vollends deutlich, als Vertreter der Militärregierung den gesetzesberatenden Ausschuß mit offenem Druck zur Anpassung des Gesetzes an die neue Besatzungsvorschrift, die Kontrollratsdirektive Nr. 24[230], zwangen. In einem Anhang, der die Direktive zur Grundlage hatte, mußte zum Beispiel[231] das deutsche Befreiungsgesetz die – wenngleich modifizierten[232] und widerleglichen – formalen Kategorien der „Hauptschuldigen" und „Belasteten" erneut übernehmen, die es gerade durch materielle Tatbestände und individuelle Prüfungen hatte vollständig ersetzen wollen.[233]

In der Reaktion auf das Befreiungsgesetz wurde ein einschneidender Stimmungswandel offenbar, der sich in der Führung der Evangelischen Kirche vollzogen hatte. Die anfängliche Bereitschaft zur Erörterung der Schuldfrage und der kirchlichen Mit-

---

224 Art. 1 Abs. 1, Gesetz zur Befreiung von Nationalsozialismus und Militarismus vom 5.3.46, GVBl 1946, S. 58 (im folgenden kurz ‚Befreiungsgesetz' genannt).
225 Vgl. die Zusammenfassung des Gesetzes bei Latour/Vogelsang, Okkupation und Wiederaufbau, S. 139; zu den Sanktionen vgl. Art. 14 ff. des Befreiungsgesetzes.
226 S. Aktenvermerk der Hessischen Staatskanzlei vom 11.12.45, in dem Arndt als Teilnehmer der Konferenz genannt wird, die den endgültigen hessischen Entwurf einer „Verordnung über die Reinigung unseres Volkes von Nationalsozialismus und Militarismus" ausarbeitete, HStK 3d/02/07; Mühlhausen, Hessen 1945 – 1950, S. 313. Der „Referentenentwurf" (handschriftlicher Vermerk) des Justizministeriums zur „Verordnung über die politische Befreiung von Faschismus und Militarismus" stammt wahrscheinlich von Arndt, ist jedenfalls unter seiner Mitarbeit entstanden, HHStA 501/21 (1).
227 Zur Zusammensetzung des Ausschusses vgl. Fürstenau, Entnazifizierung, S. 64 (Anm. 24). Für Hessen gehörten dem Ausschuß neben Arndt der Hessische Minister für politische Befreiung, Binder, und der Ministerialrat aus dem Hessischen Innenministerium, Dr. Heckert, an.
228 Zur Entwicklung bis dahin und zu den Motiven der Besatzungsmacht vgl. Latour/Vogelsang, Okkupation und Wiederaufbau, S. 132 ff.; umfassend zur Entstehung des Befreiungsgesetzes Niethammer, Entnazifizierung in Bayern, S. 260 ff.
229 So urteilt Niethammer, a. a. O., S. 297; vgl. dazu auch Fürstenau, Entnazifizierung, S. 62.
230 Zum Text der Kontrollratsdirektive Nr. 24 vgl. Kleßmann, Die doppelte Staatsgründung, S. 383.
231 Fürstenau, Entnazifizierung, S. 66, stellt fest, daß die „Hauptpunkte" der Kontrollratsdirektive Nr. 24 in das Befreiungsgesetz übernommen und durch weitere ergänzt wurden.
232 Vgl. Niethammer, Entnazifizierung in Bayern, S. 317.
233 Vgl. Anlage A zum Befreiungsgesetz; zu den Vorgängen vgl. Niethammer, a. a. O., S. 310 – 318; s. auch Fürstenau, Entnazifizierung, S. 64.

verantwortung beim Aufkommen des Nationalsozialismus schlug um in eine harte Abwehrhaltung gegenüber der Entnazifizierungspolitik der Besatzungsmächte. An die Stelle der Selbstbesinnung trat zunehmender Überdruß an politischer Bußfertigkeit, der sich in demonstrativer Solidarität mit den Betroffenen der politischen Säuberung niederschlug.[234] So erhob der württembergische Landesbischof Wurm im Namen des Rats der Evangelischen Kirche massiven Protest gegen das Befreiungsgesetz vom 5. März 1946 In einem Schreiben an die amerikanische Militärregierung vom 26. April 1946 trug er „schwerwiegende Bedenken" gegen das Gesetz vor, die zunächst mit rechtsstaatlichen Argumenten untermauert wurden: Ein dreifacher Verstoß gegen „elementare Rechtsgrundsätze" wurde darin gesehen, daß das Gesetz den Grundsatz „nulla poena sine lege" verletze, weil es Taten und Gesinnungen bestrafe, die vom „damaligen Gesetzgeber als rechtmäßig und gut eingeschätzt" worden seien, ferner z. T. Gesinnungen statt Handlungen – für juristisch Kundige eine Anspielung auf das nationalsozialistische ‚Gesinnungsstrafrecht' – unter Strafe stelle und schließlich dem Beweisverfahren eines gerechten Strafprozesses widerspreche, indem es dem Angeklagten die Beweislast zuschiebe. War das Befreiungsgesetz damit ein rechtswidriges Strafgesetz?[235]

Das war ein Vorwurf, der sich gegen alle wenden mußte, die am Zustandekommen des Gesetzes beteiligt gewesen waren. Die Herausgeber der Frankfurter Hefte, Eugen Kogon und Walter Dirks, gaben Adolf Arndt Gelegenheit zu einer ausführlichen Entgegnung. In seinen Augen war das Befreiungsgesetz gar kein Strafgesetz, wie das kirchliche Schreiben behauptete – eine These, mit der, falls sie zutraf, die rechtlichen Einwände gegen das Gesetz in sich zusammenfielen; denn die herangezogenen „elementaren Rechtsgrundsätze" bezogen sich ausschließlich auf Strafrechtsnormen. Arndts Gegenthese lautete demnach, das Befreiungsgesetz regle lediglich „politische Folgen einer politischen Verantwortung", „Sühnemaßnahmen" und nicht Strafmaßnahmen. Zum Beleg betonte er den metaphysischen, auf „Entehrung" beruhenden Charakter einer Strafe, während das Befreiungsgesetz in politischer Absicht eine „Revolution" ersetzen sollte. Die Unterbringung in einem Arbeitslager, wie sie das Befreiungsgesetz vorsah, verglich er mit den „Nebenfolgen" einer Straftat wie zum Beispiel der Unterbringung in einer Heilanstalt, die von der Strafe selbst zu unterscheiden seien.[236]

Doch waren diese Argumente juristisch wenig überzeugend. Kurz zuvor hatte Arndt

---

234 S. Vollnhals, Die Evangelische Kirche zwischen Traditionswahrung und Neuorientierung, S. 140.
235 Niethammer, Entnazifizierung in Bayern, S. 327 ff., gibt zu dieser Fragestellung einen breiten Überblick. Zum Text des Schreibens vom 26.4.46, das der Ratsvorsitzende der EKiD, Bischof Theophil Wurm, an General Clay richtete, und weiteren wichtigen kirchlichen Verlautbarungen zur Entnazifizierung s. Noormann, Protestantismus und politisches Mandat, Bd. II, S. 107 ff.
236 Arndt, Die Evangelische Kirche und das Befreiungsgesetz (1946), S. 41. Zur Entstehungsgeschichte und zum Gehalt dieser Kritik, die Arndt zunächst in einem Schreiben an den Rat der EKiD gerichtet hatte, eingehend Vollnhals, Evangelische Kirche und Entnazifizierung 1945 – 1949, S. 86 f. Zusammenfassend vgl. Hein-Janke, Protestantismus und Faschismus, S. 310 ff. Entgegen Hein-Jankes Etikettierung (a. a. O., S. 309) war Arndt gerade kein „Religiöser Sozialist" (s. dazu Anm. 415, Kap. VII). Er wurde Mitglied der unmittelbar nach dem Krieg gegründeten hessischen „Arbeitsgemeinschaft für Christentum und Sozialismus", konnte aber bereits dort nicht mitarbeiten wegen seiner Auslastung im Hessischen Justizministerium (s. dazu Möller, Das Verhältnis von Evangelischer Kirche und Sozialdemokratischer Partei, S. 245 [Anm. 36]). An der Neukonstituierung des „Bundes der Religiösen Sozialisten", unter anderem aus Mitgliedern der „Arbeitsgemeinschaft", im Jahre 1948 war er nicht beteiligt.

an anderer Stelle den Entzug bürgerlicher Ehrenrechte, wie ihn auch das Befreiungsgesetz vorsah, als „Ehrenstrafe"[237], nicht als bloße Nebenfolge, qualifiziert. Gerade wenn man wie er die Funktion des demokratischen Strafrechts im Schutz der Gemeinschaft sah, war die Grenze zu politischen Schutz- und Sühnemaßnahmen begrifflich und rechtsdogmatisch nicht mehr so klar zu ziehen, wie er behauptete. Überdies brauchte die Form des Strafrechts nicht gegen seinen revolutionären Gehalt zu sprechen. Vor allem aber: Die 10jährige Unterbringung in einem Arbeitslager wegen der Mitverantwortung für den Nationalsozialismus als „Hauptschuldiger" war gewiß nicht weniger ehrverletzend als eine entsprechende Gefängnisstrafe. Arndts apodiktische Behauptung „Wer daher das Befreiungsgesetz als Strafgesetz gegen Kriminelle auffaßt, hat es nicht verstanden"[238] verdeckte folglich nur eine inhaltliche Unsicherheit, die er selbst gespürt haben mag und die sich in seiner zwiespältigen Beweisführung fortsetzte: Obwohl er doch den Strafcharakter des Befreiungsgesetzes widerlegt zu haben glaubte, argumentierte er weithin strafrechtlich gegen die Einwände der Kirche.[239] Bezeichnend war schließlich, daß Arndt, der gerade als lutherischer Protestant in späteren Diskussionen naturrechtliche Argumentationen höchst skeptisch und ablehnend beurteilte, sich in dieser öffentlichen, intensiven Debatte um das Befreiungsgesetz zum Rückgriff auf „ewiges"[240] Recht gegenüber der „positivistischen" Meinung der Kirche drängen ließ.

All dies läßt auf ein Dilemma schließen, in dem Arndt sich befand. In der Terminologie Niethammers[241] nahm Arndt einerseits eine „bürgerliche", auf Einhaltung rechtsstaatlicher Formen bedachte Perspektive ein. Die aufwendige Widerlegung des kirchlichen Protestschreibens zeugte gerade davon, wie sehr ihm der Erhalt rechtsstaatlicher Legitimität des Befreiungsgesetzes ein Anliegen war: „Denn das Rechtsgewissen will Untaten eher ungesühnt wissen, als auch nur den Anschein entstehen lassen, der ewige Grundsatz sei angetastet, daß die Strafbarkeit einer Tat vor ihrer Begehung bestimmt sein muß."[242] Andererseits war er – insofern der „Linken"[243] zugehörig – von der

---

237 Vgl. Arndt, Das Strafmaß (1946), S. 31. Darauf wies zutreffend Katzenberger, Nochmals: Der strafrechtliche Charakter des Befreiungsgesetzes [1948], Sp. 413 (Replik zu Arndt, Das Befreiungsgesetz ist kein Strafgesetz (1948), Sp. 110) hin. Auch der Arndt später fachlich und persönlich sehr verbundene Heidelberger Strafrechtler Eberhard Schmidt, Probleme staatlichen Strafens in der Gegenwart, Sp. 205, 208, wandte Arndts Überlegungen zum Strafmaß auf das Befreiungsgesetz an und kritisierte konsequent, daß die darin konstituierte Strafgewalt nicht durch Richter ausgeübt werde.
238 Arndt, Die Evangelische Kirche und das Befreiungsgesetz (1946), S. 42.
239 So führte er den Begriff des „prima-facie-Beweises" und der „politischen Fahrlässigkeit" ein, um den Einwand in dubio pro reo und das Erfordernis einer Vorsatzschuld zu widerlegen. Auch dem Vorwurf der Gesinnungsstrafe trat er entgegen. All dies waren aufwendige Beweisführungen, die sich auf dem Boden „revolutionärer" politischer Sühnemaßnahmen eigentlich erübrigt hätten. Arndts hilfsweise Annahme einer strafrechtlichen Teilnahmekonstruktion (wer den Nationalsozialismus „unterstützte", sei „Teilnehmer" der unter seiner Herrschaft begangenen Delikte gewesen „oder begünstigte sie", a. a. O., S. 40) hätte bei konsequenter Durchführung ein Volk von strafrechtlich Schuldigen erzeugt und gleichzeitig unlösbare Strafverfolgungsprobleme aufgeworfen. Das bestätigt mittelbar nur, daß die politischen Sühnemaßnahmen unter erleichterten Verfahrensanforderungen zumindest auch die Funktion von Kriminalstrafen übernahmen.
240 Arndt, Die Evangelische Kirche und das Befreiungsgesetz (1946), S. 37, 43.
241 Niethammer, Entnazifizierung in Bayern, S. 329.
242 Arndt, Die Evangelische Kirche und das Befreiungsgesetz (1946), S. 40.
243 Im Sinne der Gegenüberstellung Niethammers, Entnazifizierung in Bayern, S. 329, der zwischen dem primär instrumentellen, auf materielle Gerechtigkeit abzielenden ‚linken' und dem stärker formbezogenen ‚bürgerlichen' Rechtsdenken unterscheidet.

politischen Notwendigkeit durchgreifender Sühnemaßnahmen überzeugt. Die Spannung zwischen diesen beiden Zielsetzungen, die sich daraus ergab, daß die „Sühnemaßnahmen" eine schwer widerlegbare strafrechtliche Qualität annahmen[244] und gleichzeitig wegen der zeitlich zurückliegenden zu ahndenden Taten notwendig Rückwirkung entfalteten, suchte Arndt zu überbrücken, indem er zum einen die nicht hinreichend definierte Kategorie politischer Sühnemaßnahmen aufstellte und hilfsweise daneben eine immanent-strafrechtliche Rechtfertigung des Befreiungsgesetzes mehr andeutete als ausführte.[245] Die Spannung zwischen den beiden Zielsetzungen war im Recht nicht auflösbar. Indem Arndt dennoch diesen Versuch unternahm, gab er letztlich der politischen Absicht den Vorrang vor der rechtsstaatlichen Unanfechtbarkeit; denn indem das Befreiungsgesetz, wie Arndt es ausdrückte, eine „Revolution" ersetzte, bei der „die Bäume nicht ausgereicht hätten, um die Schuldigen zu hängen"[246], mußte es das geringere Übel seines rechtsstaatlichen Makels hinnehmen.

Für den politisch denkenden Juristen Arndt war ein treibendes Motiv, der Unterminierung entgegenzuwirken, die den deutschen Entnazifizierungsverfahren bereits im Vorfeld von der aufsehenerregenden und einflußreichen Kritik der Evangelischen Kirche drohte. So trat er dagegen an, daß die Kircheneingabe in ihren politischen Ausführungen[247] tatsächliche Unterschiede und Fortschritte des deutschen Befreiungsgesetzes gegenüber dem Besatzungsrecht verkannte. Die allmähliche Emanzipation aus dem Besatzungsrecht, das heißt die Übernahme der Entnazifizierung durch *deutsche* Spruchkammern ebenso wie die spätere Abwicklung der Euthanasieprozesse durch deutsche Gerichte, war für ihn politisch entscheidender als die weiterbestehenden besatzungsrechtlichen Beschränkungen, die er in seinem Bericht über die Entstehung des Befreiungsgesetzes keineswegs überging[248]; denn – so verstand es Arndt, den verdeckten Vorwurf allzugroßer Anpassung des deutschen Gesetzes an den Standpunkt der Besatzungsmacht gerade umzukehren[249] – „Nationalsozialismus und Militarismus müssen um unserer selbst willen und von uns selbst innerlich überwunden werden – eine Aufgabe, die uns keine Armee von außen und keine Militärregierung von oben

---

244 Zu dieser Auffassung gelangten unter anderem zwei juristische Dissertationen und eine starke Strömung der zeitgenössischen juristischen Literatur, s. dazu Niethammer, Entnazifizierung in Bayern, S. 328 f. (m.w.N.), der im übrigen davon ausgeht, daß die wenigstens teilweise Zugehörigkeit des Befreiungsgesetzes zur strafrechtlichen Disziplin nach Zweck und Prozedur „im Grunde für alle Diskussionsteilnehmer auf der Hand gelegen" habe, und dies jedenfalls für die amerikanische Seite zeigen kann.
245 S.o. Anm. 239.
246 Arndt, Die Evangelische Kirche und das Befreiungsgesetz (1946), S. 41.
247 Nach den rechtlichen Ausführungen plädierte die Eingabe der EKiD für eine Milderung der „allgemeinen Härten des Gesetzes" und wandte sich in scharfem Ton („Wir können nur dringlich warnen") gegen eine Anwendung des Gesetzes auf die Kirche, vgl. dazu den Text des Schreibens vom 26.4.46 (Anm. 235).
248 Arndt, Die Evangelische Kirche und das Befreiuungsgesetz (1946), S. 37. Dort schilderte er, daß die verantwortlichen Deutschen „angesichts der einschneidenden und wirklich harten Bestimmungen" der Kontrollratsdirektive Nr. 24 gefragt hätten, „ob es überhaupt noch Sinn habe, ein deutsches Gesetz zu schaffen. Zeitweise kamen die Verhandlungen mit der amerikanischen Militärregierung auf dem toten Punkt an."
249 Während Arndt der Militärregierung attestierte, sie habe den „deutschen Behörden keinen größeren Vertrauensbeweis als durch die Genehmigung des Befreiungsgesetzes" geben können, sah er durch das „geradezu tragische Mißverständnis der Kirchenleitung" und „die von ihr aus der eigenen Unkenntnis heraus gezogenen Folgerungen" die Gefahr heraufbeschworen, „das Vertrauen in die deutsche Ehrlichkeit und Fähigkeit zu erschüttern" (a. a. O., S. 45).

abnehmen kann."[250] Gegenüber der Kircheneingabe, die die Berücksichtigung „idealistischer Motive" beim Zeitpunkt des Eintritts in die NSDAP und die Milderung von „Härten" für bestimmte Berufsgruppen, unter anderem hohe Offiziere[251], verlangte, pochte Arndt darauf, daß der „verhältnismäßig kleine Kreis der Belasteten [...] mit Härte aus dem Volkskörper herausgeschnitten werde."[252] Dies entsprach auch der sozialdemokratischen Grundauffassung zum Entnazifizierungsproblem, die unter Arndts Mitwirkung[253] die hessischen Vorentwürfe[254] zum Befreiungsgesetz ausgezeichnet hatte: Nicht schematisch und flächendeckend sollte die Entnazifizierung betrieben werden, sondern die Verantwortlichkeit individualisierend.[255]

Schließlich hatte Arndt selbst während seiner Marburger Staatsanwaltstätigkeit die amerikanische Besatzungsmacht damit provoziert, daß er die nominelle Parteimitgliedschaft ‚kleiner Nazis' nicht als Einstellungshindernis anerkannte.[256] Das Schwergewicht sozialdemokratischer Entnazifizierungspolitik lag vielmehr auf den Aktivisten und Eliten des Dritten Reiches.[257] Diese aber sollten, wie Arndt es formulierte, mit „Härte" ihre Verantwortlichkeit sühnen.

Arndt brachte damit offen einen tiefgreifenden Meinungsgegensatz zwischen der SPD und der Evangelischen Kirche zum Austrag, der über einzelne juristische Interpretationsdifferenzen hinaus bestehen blieb. Eine politische Haftung für den Nationalsozialismus über das allgemeine Strafrecht hinaus gefährdete nach Auffassung der Kirche die Neugründung des Rechtsbewußtseins und die freiwillige Bereitschaft der Deutschen zur Abkehr[258] vom Nationalsozialismus – in letzter Hinsicht also die notwendige Versöhnung auch der Deutschen untereinander. „Barmherzigkeit gegen die Wölfe wäre nach einem Wort des heiligen Franz von Assisi Grausamkeit gegen die Schafe"[259], hielt Arndt dem entgegen und bekannte sich gerade als Christ zur Mitarbeit am Befreiungsgesetz.[260] Ihn als Protestanten trieb die Sorge, daß die Evangelische Kirche in Art und Zielrichtung ihrer Kritik am Befreiungsgesetz in einer verhängnisvollen autoritätsverhafteten Tradition stand. Als innerkirchlicher Kritiker warnte er, bezogen auf die NS-Zeit, vor „positivistischer" Obrigkeitsgläubigkeit im Rechtsver-

---

250 A. a. O., S. 46.
251 Vgl. das Schreiben des Rats der EKiD an die amerikanische Militärregierung vom 26.4.46 (s. Anm. 235).
252 Arndt, Die Evangelische Kirche und das Befreiuungsgesetz (1946), S. 46.
253 Der „Referentenentwurf" des Hessischen Justizministeriums (vgl. Anm. 226) hob die Schärfe der Sanktionen für Aktivisten, Militaristen und Nutznießer (Verlust der bürgerlichen Ehrenrechte auf Lebenszeit, Vermögenseinziehung etc., Art. 43) deutlich ab von den Maßnahmen gegen Mitläufer, die laut Art. 44 „nur durch steuerliche Mehrbelastung oder persönliche Dienstleistung zur Wiedergutmachung herangezogen werden" sollten. „Andere Folgen treffen sie nicht", hieß es ausdrücklich.
254 Sie wurden mit Ausnahme von Ministerialdirektor Knappstein (CDU) und Ministerialrat Dr. Heckert (KPD) ausschließlich von Sozialdemokraten ausgearbeitet und im Süddeutschen Länderrat vertreten.
255 Eingehend dazu Niethammer, Entnazifizierung in Bayern, S. 284 f.
256 S. oben.
257 Vgl. Mühlhausen, Hessen 1945 – 1950, S. 313; verallgemeinernd und teilweise entstellend Fürstenau, Entnazifizierung, S. 168: Die Vereinnahmung für eine – angebliche – sozialdemokratische Entnazifizierungspolitik, die „an Recht und Unrecht sowenig interessiert war wie die Revolution selber", traf auf Arndt jedenfalls nicht zu.
258 Deutlich in der Erklärung des Rats der EKiD vom 2.5.46 („ernste Bedenken") bei Kropat, Hessen in der Stunde Null, S. 246 f.
259 Arndt, Die Evangelische Kirche und das Befreiungsgesetz (1946), S. 43.
260 Arndt, a. a. O., S. 37, betonte, daß „die deutsche Delegation ganz überwiegend aus kirchentreuen, bekennenden Christen beider Konfessionen" bestand, und schloß sich darin ein.

ständnis der Kirche und gemahnte an das Recht, ja die Pflicht des Christen zum Widerstand dort, „wo der Staat die ihm vom Recht – in christlicher Auffassung vom Evangelium – gesetzte Grenze überschreitet."[261]

So sehr sich Arndts scharfe und grundsätzliche Kritik[262] im Dilemma zwischen wirksamer politischer Säuberung und rechtsstaatlichen Begründungsanforderungen verfing, so hellsichtig und allzu begründet waren ihre bohrenden Anfragen an das politische Selbstverständnis der evangelischen Kirchenführung. Der Jurist Arndt konnte in eine argumentative Sackgasse gedrängt werden, aber politisch wirkte seine Kritik befreiend. Durfte der Ratsvorsitzende der EKiD von fehlender „wissentlicher" Normverletzung, von mangelnder Vorhersehbarkeit und Schuld an der verbrecherischen Entwicklung des NS-Regimes reden angesichts zahlreicher allgemein bekannter Rechtsverletzungen, das heißt Verhaftungen, Diskriminierungen, Morde? Durfte die Kirche um Verständnis für die „höheren Offiziere" der Wehrmacht werben, wenn andererseits jeder fahrlässige Lokomotivführer „sein geringes Brot" verlor, sofern er den Tod eines Reisenden verursachte? Durfte die Kirche nachdrücklich der Anwendung des Befreiungsgesetzes auf ihre Amtsträger widersprechen, nachdem ihr bis zum Beginn der Spruchkammertätigkeit mehr als ein Jahr Zeit zur Selbstreinigung geblieben war?[263] Einem theologisch äußerst weitgefaßten Schuldbegriff der Kirche stand ein ebenso enges Verständnis ethisch-juristischer Schuld gegenüber, das – wie insbesondere das Luthertum – für das Problem politischer Schuld nicht aufnahmebereit war.[264] Jenseits theologisch-seelsorgerischer Bedenken war die Kritik der EKiD getragen von dem „handfest materiellen Interesse", die Entmachtung des Bürgertums zugunsten kirchenferner Kreise der politischen Linken zu verhindern.[265] Schließlich bestand innerhalb der EKiD ein starkes Interesse, die eigene politische Loyalität gegenüber dem Nationalsozialismus, soweit sie bestanden hatte, zu verschleiern und den Eindruck einer vom Hitlerregime durchweg unterdrückten kirchlichen Organisation aufrechtzuerhalten.[266] An diese wunden Punkte rührte Arndts Erwiderung. Sie war die fundierteste und meistbeachtete Kritik, die aus den Reihen protestantischer Laien an der Haltung der EKiD zur Entnazifizierung geübt wurde – und wurde bei ihrem Adressaten ernstgenommen.

Die Kanzlei der Evangelischen Kirche antwortete in einem Referentengutachten[267]

---

261 Arndt, a. a. O., S. 38.
262 Um die Diskussion in Gang zu bringen, hatten Walter Dirks und Eugen Kogon, wie ihr Vorspann zu Arndts Artikel zeigte, den Beitrag in den Frankfurter Heften abgedruckt. Sie bezogen klar Stellung zugunsten Arndts, vgl. Frankfurter Hefte 1946, S. 35. Die Bedeutung, die Eugen Kogon Arndts Artikel beimaß, zeigte sich drei Jahrzehnte später in seinem Artikel: Hessen nach dem Zusammenbruch. Marginalien zum Neubeginn, S. 45 – 47.
263 S. dazu im Vergleich die Passagen im Brief des Ratsvorsitzenden der EKiD vom 26.4.46 (Noormann, Protestantismus und politisches Mandat, Bda. II, S. 109 f. (110, 112 f.) und in Arndts Entgegnung, Die Evangelische Kirche und das Befreiungsgesetz (1946), S. 38 f., 41, 45.
264 Noormann, Protestantismus und politisches Mandat (1945 – 1949), Bd. I, S. 111 f.
265 S. Noormann, a. a. O., S. 113.
266 Noormann, a. a. O., S. 119 f.; Vollnhals, Die Evangelische Kirche zwischen Traditionswahrung und Neuorientierung, S. 142 f.; ders. Evangelische Kirche und Entnazifizierung 1945 – 1949, S. 38 ff., 54, 72.
267 S. „Vermerk zu dem Gutachten von Ministerialrat Dr. Arndt", BA-Z1/1279. Einem Schreiben Dr. Elisabeth Schwarzhaupts an Dr. von Arnim vom 16.7.46 zufolge sollte das Gutachten Arndt und Zinn zugeschickt werden.

ausführlich auf Arndts Kritik und ließ die Gedanken des Gutachtens als Replik Dr. Elisabeth Schwarzhaupts, einer Referentin in der Kanzlei der EKiD, späteren CDU-Bundestagsabgeordneten und Bundesministerin, in den Frankfurter Heften erscheinen.[268] Diese Stellungnahmen konzentrierten sich auf die rechtliche Widerlegung Arndts und hielten – mit juristisch durchaus einleuchtenden Argumenten[269] – die Qualifizierung des „Befreiungsgesetzes" als Strafgesetz aufrecht. Während sie der juristischen Diskussion damit Auftrieb gaben[270], blieben sie jedoch eine Antwort auf die von Arndt aufgeworfenen (kirchen)politischen Fragen schuldig.[271] So war es für Arndt nur ein geringer Trost, daß sich Stimmen auch unter protestantischen Theologen regten, die seinen Standpunkt teilten.[272] Diese Opposition änderte jedoch nichts an der Gesamthaltung der EKiD zur Entnazifizierungsfrage.

Die folgende Entnazifizierung enttäuschte die Erwartungen, die Arndt in sie gesetzt hatte. Die erhoffte ‚deutsche' Entnazifizierung blieb von den politischen Opportunitätsvorstellungen der amerikanischen Besatzungspolitik und deren krassen Wendungen abhängig. Hatten die Amerikaner zunächst unter der Drohung, die Entnazifizierung wieder in die eigenen Hände zu nehmen, die langsam und unter organisatorischen Schwierigkeiten im Sommer 1946 anlaufenden Spruchkammerverfahren zu beschleunigen versucht, so leiteten sie bereits ein Jahr später eine völlige Kehrtwendung ihrer Entnazifizierungspolitik[273] ein. In der Absicht, angesichts wachsender Spannungen zur

---

268 Schwarzhaupt, Die Evangelische Kirche und das Befreiungsgesetz, Frankfurter Hefte 1946, S. 872 ff.
269 Vgl. z. B. Schwarzhaupts Begründung, daß die Sanktionen des Befreiungsgesetzes durchaus entehrend wirkten und daher auch den von Arndt angeführten immateriellen Zweck des Strafrechts erfüllten, sowie ihre Einwände gegen Arndts zweifelhafte strafrechtliche Teilnahmekonstruktion (vgl. dazu Anm. 239) im Referentengutachten (Anm. 267, dort S. 6 f.).
270 Vgl. z. B. die Aufsätze Katzenbergers, Das Verhältnis des Nürnberger Urteils zum Befreiungsgesetz, Sp. 43 f.; ders., Nochmals: Der strafrechtliche Charakter des Befreiungsgesetzes, sowie die Entgegnung Arndts, Das Befreiungsgesetz ist kein Strafgesetz (1948), Sp. 110; s. auch Niethammer, Entnazifizierung in Bayern, S. 329 (Anm. 251 m.w.N.). Auf der Konstanzer Juristentagung 1947 – in seinem Vortrag über „Das Verbrechen der Euthanasie" (1947) – warb Arndt noch einmal ausdrücklich für seine Rechtsauffassung, a. a. O., S. 283 f..
271 Daran ändert auch nichts, daß der Referentenentwurf (s. Anm. 267) sich von Arndts eindringlichen Ausführungen zur allgemeinen Mitwisserschaft der Deutschen an Hitlers Verbrechen betroffen zeigte und zugab, das sei „ja gerade die Schuld, an der wir alle tragen"; denn unerwähnt blieb die Schwächung der deutschen Position gegenüber der Besatzungsmacht, vor allem aber die wichtige Frage, ob nicht die kirchliche Stellungnahme – entgegen dem „Stuttgarter Schuldbekenntnis" der EKiD vom Oktober 1945 – bestimmten ‚interessierten' politischen Gegnern der Entnazifizierung neben rechtlichen auch noch moralische Argumente in die Hände spiele.
272 Als einzige innerkirchlich-theologische Gegenstellungnahme von Gewicht ist hervorzuheben die von Hermann Diem herausgegebene „Denkschrift der kirchlich-theologischen Sozietät in Württemberg", Stuttgart 1946, die – Arndts Kritik noch verschärfend – der EKiD anlastete, sie habe dem deutschen Volk mit ihren Verlautbarungen einen schlechten Dienst getan: „Denn sie hat trotz eingestreuter eifriger gegenteiliger Behauptungen nach Geist und Wortlaut mindestens das Mitläufertum des Nationalsozialismus und Militarismus nach Kräften zu rechtfertigen und zu entlasten versucht mit Begründungen und Grundsätzen, die ein vorwiegend formal-juristisches Rechtsempfinden verraten, aber nicht das Rechtsempfinden derer, die beschämt und empört sind über das, was bei uns und eben auch durch uns ungestraft geschehen durfte" (S. 33); s. dazu Vollnhals, Die Evangelische Kirche zwischen Traditionswahrung und Neuorientierung, S. 142; ders., Evangelische Kirche und Entnazifizierung 1945 – 1949, S. 80 f.; zur Kritik des Pfarrers und religiösen Sozialisten Arthur Rackwitz s. Hein-Janke, Protestantismus und Faschismus nach der Katastrophe (1945 – 1949), S. 309 f.
273 Vgl. dazu Latour/Vogelsang, Okkupation und Wiederaufbau, S. 142 ff.; Mühlhausen, Hessen 1945 – 1950, S. 328.

Sowjetunion den Westteil Deutschlands wirtschaftlich und politisch als Gegengewicht zu stabilisieren, drängte die Besatzungsmacht darauf, die Entnazifizierung möglichst rasch zu beenden – auch um den Preis erheblicher Abstriche von den Gerechtigkeitsvorstellungen des ursprünglichen Sühneprogramms.[274] Die „Härte" der Spruchkammerurteile traf zunächst vor allem die Masse der ‚kleinen Nazis', Mitläufer und Minderbelastete, deren Verfahren von den Kammern zeitlich vorgezogen worden waren.[275] Als die Fälle stärker belasteter nationalsozialistischer Aktivisten zur Verhandlung anstanden, hatten die Wende der Besatzungspolitik und die wachsende Ablehnung der Bevölkerung – bis hin zu offenen Boykottaufrufen der Evangelischen Kirche[276] – dem gesamten Entnazifizierungsverfahren so weit den politischen Boden entzogen, daß gerade gegen die primäre Zielgruppe des „Befreiungsgesetzes" relativ milde Sanktionen verhängt wurden.[277]

Dieser enttäuschende Verlauf der Entnazifizierung mag zur Erklärung beitragen, weshalb Arndt rückblickend auch die Maßnahmen des Befreiungsgesetzes kritisch beurteilte.[278] Vor allem aber wuchsen seine Vorbehalte gegenüber der amerikanischen Besatzungspolitik.

Die „Krise des Rechts": Arndts Absage an Naturrecht und Positivismus

Die Debatte um die Rechtsgültigkeit des Befreiungsgesetzes ließ hinsichtlich des anzulegenden Rechtsmaßstabs eine tiefe Unsicherheit erkennen, die durch andere Symptome noch unterstrichen wurde.

Das Nebeneinander alliierter und deutscher Stellen sowie verschiedener Rechtsauffassungen – der Streit Arndts mit der amerikanischen Militärregierung, ob der amerikanische Verfassungsgrundsatz des Verbots einer ‚double jeopardy' (doppeltes Strafrisiko) die Wiederaufnahme eines rechtskräftig abgeschlossenen Verfahrens zuungunsten des Angeklagten verbot, war nur ein Beispiel – trugen dazu bei, daß die Beseiti-

---

274 In der Folge trat geradezu ein Rollentausch der Besatzungsmacht und der deutschen Behörden ein: Die Deutschen als frühere Kritiker wurden nunmehr zu Verteidigern des Befreiungsgesetzes, von dessen Folgen die USA jetzt möglichst rasch loskommen wollten, vgl. Mühlhausen, a. a. O., S. 328.
275 Dies geschah, um die zeitweiligen Berufsverbote bei Minderbelasteten durch möglichst rasche Kammersprüche zu beenden und anschließend die Konzentration auf die Fälle der Hauptbelasteten zu gewährleisten, vgl. Kropat, Hessen in der Stunde Null, S. 238.
276 Anfang des Jahres 1948 forderte Martin Niemöller in einem „Wort an die Gemeinden" (auszugsweise abgedruckt bei Noormann, Protestantismus und politisches Mandat, 1945 – 1949, Bd. II, S. 123 f.), dazu auf, den evangelischen Pfarrern die verantwortliche Unterstützung der Entnazifizierung zu verbieten und verfaßte gemeinsam mit den katholischen Bischöfen von Mainz und Limburg eine Denkschrift gegen die Entnazifizierung (dazu Mühlhausen, Hessen 1945 – 1950, S. 329).
277 Vgl. Latour/Vogelsang, Okkupation und Wiederaufbau, S. 144; Mühlhausen, a. a. O., S. 330, 334; Niethammer, Entnazifizierung in Bayern, S. 363, gelangte in bezug auf Bayern zu dem Gesamtergebnis: „Im Ergebnis waren deshalb die Spruchkammern nach dem Maß der Herabstufung desto milder, je schwerer die Belastungen wogen."
278 Fürstenau, Entnazifizierung, S. 68 (Anm. 34), zitiert ein Interview mit Arndt, in dem dieser sinngemäß erklärt habe, die Mitglieder der deutschen Delegation im Ausschuß des Süddeutschen Länderrates, der das Befreiungsgesetz erarbeitete, hätten zum Teil noch „unter dem relativ frischen Eindruck des nationalsozialistischen Terrors" gestanden, „der sie schärfere Maßnahmen gutheißen ließ, als sie vielleicht nach dem Ablauf einer längeren Zeit und dem Abklingen ihrer verständlichen Bitterkeit vertreten hätten."

gung nationalsozialistischen Rechts und seiner Folgen unsystematisch, in den verschiedenen Zonen unterschiedlich und bruchstückhaft begann.[279] So wurden innerhalb der deutschen Rechtsprechung zum Teil einander entgegengesetzte Auffassungen zur rechtlichen Geltungskraft nationalsozialistischer Rechtsakte vertreten – wie zwei Urteile zeigten, die Arndt zu heftiger Kritik und zu einer grundsätzlichen Positionsbestimmung herausforderten.

Die Kernaussagen des ersten Urteils vom 17. April 1947[280], ergangen durch das OLG Tübingen, lauteten:

> „In dem Urteil des Tribunal Général in Rastatt vom 6. 1. 1947 ist mit bindender Wirkung für alle deutschen Gerichte festgestellt, daß das Ermächtigungsgesetz vom 24. 3. 1933 verfassungswidrig zustande gekommen ist. Es ist daher ungültig. Damit ist sämtlichen Gesetzen und ihren Durchführungsverordnungen, die seither bis zum Zusammenbruch der nationalsozialistischen Herrschaft erlassen wurden, da sie auf dem Ermächtigungsgesetz beruhen, ihre gesetzliche Grundlage entzogen [...] Während der ganzen Zeit der Herrschaft des Nationalsozialismus bestand nie ein verfassungsmäßiger Zustand im Sinne der (nicht rechtswirksam außer Kraft gesetzten) Weimarer Verfassung."

Dem Urteil des französischen Militärgerichts, von dem sich diese Feststellungen ableiteten, hatte der ‚Fall Tillessen' zugrunde gelegen.[281] Das Landgericht Offenburg hatte die Strafverfolgung gegen den Mörder des Reichsfinanzministers Matthias Erzberger, den der radikalen politischen Rechten angehörenden Kapitänleutnant Tillessen, abgelehnt mit der Begründung, seine Tat sei amnestiert durch die nationalsozialistische Notverordnung vom 21. März 1933; denn diese habe Straffreiheit gewährt für alle Straftaten, die im Kampf für die nationale Erhebung oder zu deren Vorbereitung begangen worden waren.[282] Das französische Militärgericht hatte dieses Urteil aufgehoben.

In krassem Gegensatz dazu standen die Ausführungen des OLG Kiel aus der britischen Zone im sogenannten ‚Fall Garbe'. Der Angeklagte, Gegner des Nationalsozialismus und im Krieg wegen Fahnenflucht zum Tode verurteilt, hatte sich der Strafvollstreckung entzogen, wobei er einen Vollzugsbeamten schwer verletzt hatte. Das OLG bestätigte im März 1947 die Verurteilung wegen schwerer Körperverletzung und bekräftigte die Rechtswirksamkeit nationalsozialistischer Wehrgesetze zum Zeitpunkt der Tatbegehung. Gestützt auf die Lehre von der „normativen Kraft des Faktischen", sah es in der gelungenen nationalsozialistischen Revolution eine neue Rechtsquelle: „Jede Staatsgewalt, die sich durchgesetzt hat, ist rechtmäßige Gewalt und zu respektieren." Verfassungsverletzungen bei Durchsetzung des Hitler-Regimes seien „für die staatsrechtliche Verbindlichkeit seiner zur Durchführung des Krieges getroffenen

---

279 Vgl. Hege, Recht und Justiz, S. 93.
280 Vgl. OLG Tübingen, in: DRZ 1948, S. 141, mit Anmerkung von Richard Thoma, a. a. O., S. 142 f. Anlaß des Urteils war die Rechtsfrage, ob Strafrechtsnormen aus nationalsozialistischer Zeit weiterhin Rechtsgeltung beanspruchen konnten.
281 Zur Darstellung des Falles und des Prozesses vgl. Broszat Siegerjustiz oder strafrechtliche „Selbstreinigung", S. 496 ff.; Stolleis, Rechtsordnung und Justizpolitik 1945 – 1949, S. 397.
282 Vgl. die Ausführungen des Tribunal Général in Rastatt, in: Journal Officiel, No. 61 (25.3.47), S. 633.

Maßnahmen ohne Bedeutung", selbst nachdem die Diktatur Hitlers als „verfehlt und verbrecherisch" erkannt sei.[283]

War das nationalsozialistische Regime ein Staat gewesen, der bis zu seiner Zerschlagung *geltendes* Recht gesetzt hatte? Wonach bestimmte sich das *Gelten* des Rechts?[284] Die Gegensätzlichkeit der beiden Gerichtsurteile offenbarte – in den Worten Arndts – eine „Krise des Rechts."[285]

Zur Deutung dieser Krise holte Adolf Arndt weit aus. Die Krise des Rechts war für ihn nur Teil und Erscheinungsform einer universellen Krise der modernen Welt, deren Auslöser und signifikanter Ausdruck zugleich „die Technik." Die technische Revolution habe nicht beherrschbare Wirtschaftskräfte freigesetzt, die zur ökonomischen und schließlich zur politischen und moralischen Krise in ihrer äußersten Form, nämlich in den Faschismus, geführt hätten.[286] In der Technik offenbare sich das Zeitproblem als die Grundfrage moderner menschlicher Existenz: Der moderne Mensch sei zerrissen, „weil seine technische Existenz schneller ist als seine moralische oder intellektuelle."[287] Der Verlust der einheitlichen Zeiterfahrung werde vom Menschen in seinen verschieden Betätigungsformen – sei es in den physikalischen Theorien Plancks und Einsteins oder in der Malerei Picassos – zwar zunehmend begriffen, aber nicht bewältigt; denn jene hätten die Wirkungen des Luftangriffs auf Guernica nur abbilden können beziehungsweise die mörderischen Erfindungen der Atomspaltung letztlich gefördert. Die Verzeitlichung, die damit einhergehende asynchrone Veränderung der technischen und moralischen Existenz des Menschen, sei in dem Begriff „Säkularisation"[288] zugleich auch „Verweltlichung" und gehe historisch damit einher: Die zeitlich beschleunigte Veränderung der menschlichen Existenz falle zusammen mit dem Verlust seiner außerhalb der zeitlich veränderbaren Welt liegenden transzendenten Gewißheit von einem ewig Unwandelbaren. Die Möglichkeit eines absoluten, ewige Geltung beanspruchenden Rechts sei damit verlorengegangen. Weder die „sakrale Ewigkeit des verlorenen Gottesrechts" noch die „profane Ordnung einer absoluten Vernunft"[289] sei vor diesem Zeitproblem wiederherstellbar. Denen, die diesem Zustand den „Abfall von Gott" und eine „Fehlentwicklung" vorwarfen, hielt Arndt die Frage entgegen:

> „Ehe wir aber verzweifeln oder den Stab brechen [...] – wären wir heute bereit, die Gegebenheiten der Gegenwart oder, um es auszusprechen: Auschwitz und Hiroshima und jenes allgemeine „Dachau", das [...] nicht mehr in Deutschland liegt, sondern die allgemeine Friedlosigkeit der Welt symbolisiert, – wären wir bereit, diese Gegebenheiten als Ergebnisse einer „gottgewollten Ordnung" hinzunehmen?"[290]

Die Krise des Rechts zu erkennen, hieß nach Arndt sowohl die „Restauration der Vergangenheit", die Synthese von Christlichkeit und Recht im „christlichen Staat"[291], als unmöglich, weil dem Zeitproblem zuwider, zu begreifen – als auch andererseits den

---

283 OLG Kiel, in: SJZ 1947, Sp. 323 ff. (Sp. 326 f.) mit Anm. Arndt, a. a. O., Sp. 330 ff.
284 Zu diesem Grundproblem der Rechtsordnung nach 1945 und den Lösungsansätzen vgl. Stolleis, Rechtsordnung und Justizordnung 1945 – 1949, S. 403.
285 Arndt, Die Krise des Rechts (1948), S. 3 ff.
286 S.o. Kap. II.2.
287 Arndt, Krise des Rechts (1948), S. 7, 13.
288 Arndt, a. a. O., S. 5.
289 Arndt, a. a. O., S. 11.
290 Arndt, a. a. O., S. 12.

quälenden Mangel eines der Zeit gerecht werdenden Maßstabs und Gehalts für das Recht.[292] Vom Mißlingen der Suche nach einem Maßstab des Rechts, ja von der Absage an einen solchen Maßstab zeuge der „Nihilismus", „dessen politischer Exponent in Hitler (und nicht allein in Hitler) nicht ausblieb."[293] Damit sei aber zugleich die Notwendigkeit eines solchen Maßstabs bezeugt.

Von diesem Krisenbefund her übte Arndt scharfe Kritik am juristischen Positivismus. In dieser „Doktrin", die das Recht mit der „Mächtigkeit des Gesetzgebers, der Durchsetzbarkeit eines Gesetzes" identifiziere, sah Arndt den „Begründungsversuch für den Frevel, daß Macht vor Recht gehe oder sogar Recht schaffe."[294] Der „Rechtsgedanke" verschwinde hinter der Lehre von der ‚normativen Kraft des Faktischen' und werde in der „ängstlichen Enge eines wertindifferenten juristischen Positivismus" zum „schieren Ordnungsbegriff" entwertet.[295] Arndt wandte sich mit seiner Kritik vor allem an die Richterschaft. Sie habe geradezu ihr berufliches Ethos daraus geschöpft, sich frei von politischen Werturteilen ganz dem Willen des anonymen Gesetzes unterzuordnen, ohne dabei das unausweichliche „politische Wirken" ihres auf uneingestandenen „politischen Gedankengängen" beruhenden Richtspruchs[296] zu erkennen.

Trotz aller Schärfe der Analyse und Kritik vermied Arndt indessen, die Verantwortung für das „positivistische Wegdeuten der Wirklichkeit"[297] allein im juristischen Berufsstand zu suchen. Den Positivismus der Richterschaft wie der Rechtswissenschaft stellte er in den größeren historischen Zusammenhang seiner

> „Tendenz und Funktion, als Überbau über eine ungelöste soziale Frage, als Reaktion auf die sittlich und politisch unbewältigten Geschehnisse der ersten industriellen Revolution einen Sicherheitsgedanken bis zum Exzeß, bis zum Überschlagen zu steigern, so daß schließlich der vermeintliche Wert einer bindungslosen und um ihrer selbst willen verheiligten Sicherheit jeden Wert sonst verdunkelte und in die totale Unsicherheit des Nihilismus führte, deren Erben die totalitären Machthaber wurden."[298]

---

291 Damit richtete Arndt sich vor allem auch gegen die Forderung nach einem „christlichen Staat", die von einflußreichen, konservativen Kreisen der Evangelischen Kirche im Rahmen eines umfassenden Rechristianisierungskonzepts vertreten wurde, s. dazu Vollnhals, Evangelische Kirche zwischen Traditionswahrung und Neuorientierung, S. 146, 164.

292 Arndt, Krise des Rechts (1948), S. 12: „Was uns heute als „Krise des Rechts" so lebensgefährlich zu Bewußtsein gebracht wird, ist die Einsicht, daß ein Recht von „Natur aus" ebensowenig da ist wie eine Sprache, eine Kunst, eine Wirtschaft oder überhaupt eine Kultur.".

293 Arndt, ebda.

294 Arndt, a. a. O., S. 15. Arndts Positivismuskritik war – bei leichten Akzentverschiebungen – eine Grundkonstante seines juristischen Werkes. Sie wird daher, ausgehend von seinem grundlegenden Vortrag über die „Krise des Rechts" (1948), im Zusammenhang mit seinen späteren wesentlichen Beiträgen zu diesem Thema dargestellt.

295 Arndt, Das nicht erfüllte Grundgesetz (1960), S. 152.

296 Arndt, Das Bild des Richters (1957), S. 333 f.

297 Arndt, a. a. O., S. 331.

298 Arndt, ebda. In solcher Analyse der Zusammenhänge anstelle eines Schuldvorwurfs urteilte Arndt in seinem 1957 gehaltenen Vortrag „Das Bild des Richters" mit gewisser historisierender Distanz, verglichen mit seinen Stellungnahmen in der unmittelbaren Nachkriegszeit. Er gestand zu, daß „auch die positivistische Denkweise nicht ohne Wahrheitsgehalt und nicht völlig unfruchtbar ist" und daß es in seiner Kritik nicht um die Zuweisung von Schuld oder Tadel gehe; vgl. dazu Vogel, Rechtspolitik als Berufung und Auftrag, Einführung zu Arndt, Gesammelte juristische Schriften (1976), S. X ff.

Von hier aus beantwortete Arndt die Frage, ob das nationalsozialistische Unrechtsregime ein Staat gewesen war und geltendes Recht hatte setzen können. Eine Auffassung, die dies bejahte und das Dritte Reich als „rechtliche Einrichtung" verstand, geißelte Arndt als noch übersteigerten, „naturalistischen Positivismus", für „den es das Problem des Rechts und seiner geistigen Wirklichkeit, ihres Werdens und Wesens, nicht einmal als Frage gibt."[299]

Arndt mußte sich in seiner Kritik bestätigt fühlen durch die kritische Anmerkung, die Professor Richard Thoma, einer der angesehenen Wortführer des rechtswissenschaftlichen Positivismus in der Weimarer Republik[300], dem Urteil des OLG Tübingen[301] anfügte. Thoma – auf derselben Linie wie das OLG Kiel im „Fall Garbe" – erklärte das Ermächtigungsgesetz und die darauf gestützten Regierungsgesetze als „formal rechtlich gültig und rechtsverbindlich" nach dem Recht der gelungenen, neues Verfassungsrecht schaffenden nationalsozialistischen Revolution.[302] Arndt, in einer Replik, widersprach entschieden: Keine Revolution, vielmehr eine „Usurpation", die im „Wege des Staatsstreichs der widerstrebenden Allgemeinheit ihren Willen" aufgezwungen habe[303], sah er in der zwölfjährigen Machtausübung des nationalsozialistischen Regimes. Für den Terminus *Usurpation* berief Arndt sich auf Zinn, der ihn in die wissenschaftliche Debatte eingeführt hatte. Seine fortlaufende[304] Verwendung bei Arndt war ein Beispiel dafür, wie die beiden Rechtspolitiker versuchten, Begriffe neu zu prägen bzw. zu besetzen mit dem Ziel, überkommenen juristischen Argumentationen den begrifflichen Boden zu entziehen. Aus dem gleichen Grunde widersprach Arndt der Qualifizierung des nationalsozialistischen Regimes als ‚Staat': Wenn das „Wesen eines Staates" die „friedliche Ordnung" und die „Sicherheit des Rechts" ausmachten, so könne der Nationalsozialismus, eine „Mörderorganisation", die „Unordnung" erzeuge und durch eine „unaufhörliche Kette immer neuer Rechtsbrüche" das Volk in Deutschland zur „Beute" und zum „Opfer" seiner Verbrechen gemacht habe, nur als „Unstaat" gelten.[305] Scharf hob Arndt den vom deutschen Volk gebildeten und fortbestehenden Staat „Deutschland" einerseits von Hitler und seiner „Machtorganisation" andererseits ab. Hitler und seine Partei als Usurpatoren, nicht Revolutionäre, die die Staatsgewalt nicht innehatten, sondern diese nur beanspruchten gegenüber der Mehrheit des deutschen Volkes – mit diesem Erklärungsmodell suchte Arndt die selbstverständliche positivistische Argumentationskette zu durchbrechen, die von der gelungenen Machtergreifung auf die gelungene Revolution als Rechtsquelle eines neues Recht schaffenden, revolutionären Staates schloß; denn, traf die positivistische Auffas-

---

299 Arndt, Rechtsdenken in unserer Zeit (1955), S. 39. Sehr scharf ging Arndt mit dem Urteil des Landgerichts Hildesheim (SJZ 1948, Sp. 143) ins Gericht. Es hatte die vom polnischen Staat angeordnete Konfiskation deutschen Eigentums für rechtlich beachtlich erklärt. Arndt sah darin einen „neuen Leichenstein auf dem Weg des Positivismus", a. a. O., Sp. 145; vgl. auch Arndts kritische Anmerkung zum Urteil des Landesarbeitsgerichts Mannheim (SJZ 1947, Sp. 516 ff., mit Anmerkung Arndt, Sp. 518 f.).
300 Zu Leben und Werk Thomas vgl. Rath, Positivismus und Demokratie.
301 S. Anm. 280.
302 Thoma, ebda., berief sich für seine Auffassung auf Immanuel Kant und dessen Lehre, daß eine gelungene Revolution neues Verfassungsrecht und neue Gesetzgeber schaffe.
303 Arndt, Zur Rechtsgültigkeit nationalsozialistischer Gesetze (1948), S. 240.
304 Vgl. z. B. Arndt, Just Peace (1948), Sp. 2; ders., Das Verbrechen der Euthanasie (1947), S. 276; vgl. Zinn, Das staatsrechtliche Problem Deutschlands, Sp. 7.
305 Arndt, Anm. zu OLG Kiel, SJZ 1947, Sp. 323 ff. (Sp. 334 – 336).

sung zu, so folgerte Arndt, hätten „alle, die uns teuer sind, kein Widerstandsrecht gehabt."[306] Was aber Hitlers Usurpation von der Revolution und seine Machtorganisation von einem Staat trennte, war nach Arndt die nie vorhandene Fähigkeit, einen neuen, sich der Allgemeinheit gegenüber durchsetzenden *Rechtsgedanken* zu verkörpern.[307] Der rechtswissenschaftliche Positivismus konnte und wollte diesen Rechtsgedanken nicht erfassen. Was aber machte ihn aus?

Er konnte im Naturrecht gesucht werden. Diesen Weg beschritt Gustav Radbruch. Der Rechtsphilosoph und ehemalige sozialdemokratische Reichsminister war – anders als der junge Arndt – zur Zeit der Weimarer Republik ein entschiedener Verfechter des juristischen Positivismus[308] gewesen. Nunmehr, unter dem Druck des Dritten Reiches, das „heiligste Menschenrechte, Leben, Freiheit, Ehre [...] ohne auch nur den Vorwand der Gesetzlichkeit tausendfach mit Füßen getreten habe", wandte Radbruch sich ebenso entschieden wie Arndt gegen den Positivismus. Radbruchs Forderung lautete: „Die Rechtswissenschaft muß sich wieder auf die jahrtausendalte gemeinsame Weisheit der Antike, des christlichen Mittelalters und des Zeitalters der Aufklärung besinnen, daß es ein höheres Recht gebe als das Gesetz, ein Naturrecht, ein Gottesrecht, ein Vernunftrecht, kurz ein übergesetzliches Recht, an dem gemessen das Unrecht Unrecht bleibt, auch wenn es in die Form des Gesetzes gegossen ist."[309] Dieser Satz hatte den Charakter einer öffentlich bekannten Konversion. Er wirkte beispielhaft und vorbildgebend[310] für eine Bewegung, die als „Renaissance des Naturrechtsgedankens" die rechtsphilosophische Diskussion im Nachkriegsdeutschland beherrschte.[311] Auf der Suche nach dem „richtigen Recht" wurden feste Maßstäbe in der Tradition der Philosophie und der Geschichte gesucht.

Arndt war dieser Weg verschlossen. Als „Modeirrtum"[312], „Restauration der Vergangenheit"[313], „Abgrund"[314] – ja: „Aberglauben"[315] bezeichnete er den Rückgriff auf das Naturrecht und trat Radbruch entgegen. Statt einer Fundierung des Rechtslebens sah Arndt vor allem zwei Gefahrentendenzen in der Anwendung des Naturrechts: Den sakralen Charakter und die Fiktion eines „absoluten Wertobjektivismus"[316], der „universalen Existenz einer zeitlos bestehenden und lückenlos gegebenen, einer idealen Rechtsordnung des Überall und Immer."[317] Der unerschütterte Glauben an die Sakralität oder die Vernunft und der Anspruch absoluter, zeitlich unwandelbarer Geltung –

---

306 Arndt, a. a. O., Sp. 333 ff.
307 Vgl. Arndt, Krise des Rechts (1948), S. 16 f.; ders., Zur Rechtsgültigkeit nationalsozialistischer Gesetze (1948), S. 240; ders., Rechtsdenken in unserer Zeit (1955), S. 49.
308 Zu Gustav Radbruch vgl. Erik Wolf, Gustav Radbruchs Leben und Werk, S. 17 f. Radbruchs rechtspositivistische Grundhaltung drückte sich in dem beinahe zum geflügelten Wort gewordenen Satz seiner Rechtsphilosophie aus (a. a. O., S. 178): „Wir verachten den Pfarrer, der gegen seine Überzeugung predigt, aber wir verehren den Richter, der sich durch sein widerstrebendes Rechtsgefühl in seiner Gesetzestreue nicht beirren läßt."
309 Radbruch, Die Erneuerung des Rechts, S. 9.
310 Vgl. Schelauske, Naturrechtsdiskussion in Deutschland, S. 14 f.
311 Ders., a. a. O., S. 13 ff.
312 Arndt, Anmerkung zu OLG Kiel, SJZ 1947, Sp. 330 ff. (Sp. 332).
313 Arndt, Krise des Rechts (1948), S. 8.
314 Arndt, Anmerkung zu OLG Kiel, SJZ 1947, Sp. 330 ff. (Sp. 334).
315 Arndt, Krise des Rechts (1948), S. 13.
316 Arndt, Rechtsdenken in unserer Zeit (1955), S. 40, unter Bezug auf die Schule der „spanischen Spätscholastik".
317 Arndt, Krise des Rechts (1948), S. 13.

Eigenschaften, die nach Arndts Auffassung kennzeichnend für das Naturrecht sowohl in seiner christlichen wie vernunftrechtlichen Tradition waren – blieben unvereinbar mit seinen erkenntnistheoretischen und philosophischen Grundüberzeugungen.

Dabei war ein Klärungs- und Wandlungsprozeß unübersehbar. Anders als in der politisch erregten, zwei Jahre zurückliegenden Debatte um das Befreiungsgesetz[318] versagte Arndt sich nunmehr den Rückgriff auf „ewiges Recht." Als Lutheraner hatte Adolf Arndt eine spezifisch lutherische Sichtweise des Rechts[319] für sich wiederentdeckt: Danach sei der Abfall von Gott die „Ursituation" des Menschen und seine „Gefallenheit" total. Die Sünde durchdringe also unvermeidlich „alle seine Lebensäußerungen in ihrer Ganzheit, auch sein Recht, das deshalb der ewigen Ordnung niemals auch nur ähneln kann, sondern ein menschliches Recht innerhalb des „gefallenen Äons, ein Recht der verlorenen Zeit bleibt."[320] Für einen „Gläubigen lutherischer Konfession" – so formulierte Arndt – sei angesichts dieses Sündenfalls „ein Naturrecht undenkbar, weil es erfordern würde, daß der Mensch in seinem Geiste irgendwie oder irgendwo den Stand der Unschuld erreichen könnte, der ihn zu einer unbefleckten Erkenntnis befähigen würde und ihn feststellen ließe, was Gott geordnet hat."[321] Zu diesem theologischen Argument Arndts fügte sich seine allgemein erkenntnistheoretische Einsicht der Zeitverfallenheit menschlichen Rechts. Für ihn gab es kein absolutes Naturrecht angesichts der Erkenntnis des seit Luther, Hegel und Marx sich durchsetzenden geschichtlichen Denkens von der „Endlichkeit und Zeitlichkeit des Menschen und des wesentlich Vorläufigen seines Verstandes."[322]

Schließlich erhielt Arndts Warnung vor dem Naturrecht ein staatstheoretisches Motiv: Nach dem unwiederbringlichen Untergang des „Sakralstaates" gefährde die Berufung auf ein christliches Naturrecht, das nicht alle dem Recht Unterworfenen, nicht einmal alle Christen mit ihren Glaubensüberzeugungen vereinbaren könnten, den Sinn dessen, was Recht nach Arndts Auffassung wesentlich ausmachen sollte, nämlich „gemeinschaftsbildend, für jedermann offen und darum verbindlich zu sein."[323]

Seine scharfe Kritik am Naturrecht formulierte Arndt erstmals im Jahre 1948 in dem Vortrag „Die Krise des Rechts", zu dem die Heidelberger Zeitschrift „Die Wandlung" eingeladen hatte. Die unter anderem von Karl Jaspers und Dolf Sternberger herausgegebene Zeitschrift zählte zu den bedeutendsten geistig-kulturellen Diskussionsforen in Deutschland nach dem Krieg[324]; Arndt war einer ihrer Mitarbeiter. Die Diskussion[325] im Anschluß an seinen Vortrag, an der neben den Rechtsphilosophen Radbruch und Coing unter anderem auch der frühere hessische Ministerpräsident Geiler teilnahm, zeigte Arndt in der Minderheit gegenüber den mehr oder minder stark christlich

---

318 S.o.
319 Radbruch, Die Erneuerung des Rechts, S. 16, begrüßte hingegen die von Arndt abgelehnte Tendenz in der Evangelischen Kirche, „über Luthers Auffassung des Rechts als einer rein weltlichen Ordnung hinauszukommen und dem Recht wieder eine religiöse Grundlage zu geben;" Helmut Coing, Kultur-gebundene oder ungebundene Entscheidung im Recht?, S. 513, trat in seiner Entgegnung Arndt mit der Überzeugung eines evangelisch-reformierten Christen entgegen.
320 Arndt, Krise des Rechts (1948), S. 10.
321 Arndt, ebda.
322 Arndt, a. a. O., S. 11.
323 Arndt, Rechtsdenken in unserer Zeit (1955), S. 41.
324 Vgl. den Bericht über die Diskussion mit knappen Zusammenfassungen der Redebeiträge in: Die Wandlung 3, 1948, S. 482 ff.
325 S. dazu Eschenburg, Jahre der Besatzung 1945 – 1949, S. 161 f.

geprägten naturrechtlichen Auffassungen. In der Entgegnung[326] auf Arndts Thesen verwahrten sich diese Diskussionspartner gegen Arndts Kritik. Dessen Bild vom Naturrecht empfanden sie als stark verkürzende Darstellung in mehrfacher Hinsicht: Arndt stelle das Naturrecht als ein von der Lebenswirklichkeit gelöstes statt durch sie bedingtes[327] und als ein geschlossenes System von Rechtssätzen hin, während es bei aller Einengung menschlicher Willkür genug Raum zur konkreten Entscheidung lasse.[328] Wie sehr Arndts Vortrag und Anliegen aber auch die zu bewegen vermochten, die in der Sache anderer Meinung waren, bewies der Frankfurter Rechtsphilosoph Coing in seiner Anwort auf Arndt:

> „Der große Eindruck, den Adolf Arndts Vortrag bei allen Zuhörern hinterlassen hat [...] beruht vor allem darauf, daß er mit schonungsloser Ehrlichkeit, jede Harmonisierung verschmähend und verwerfend, von derjenigen Situation ausgeht, in der wir uns befinden; er verhüllt keine ihrer Ungeheuerlichkeiten und er befreit sich und seine Hörer auch nicht durch ein fertiges moralisches Werturteil irgendwelcher Art von deren Gegenwart [...]."[329]

Was aber fügte Arndt der Negation bestehender Rechtsauffassungen hinzu, was bot er an über die zeitgerechte Analyse der Krise des Rechts hinaus als Weg zu ihrer Überwindung?

Arndts Lösungsversuch: „wirkliches Recht" als Ausweg?

Arndt suchte seinen Maßstab des Rechts in der „Rechtswirklichkeit." Eingedenk des „Endlichen", „Vorläufigen", „Geschichtlich-Zeitlichen" des jeweiligen Rechtsstandes stellte sich für ihn nicht die Frage nach dem „richtigen", sondern nach dem „wirklichen"[330] Recht. Nicht den absolut zeitlosen Maßstab eines Naturrechts, sondern das „jeweils Geschichtliche der Rechtswirklichkeit" in einem „Kulturrecht" suchte Arndt zu bestimmen. *Wirkliches* Recht zeichnete sich für ihn dadurch aus, daß es ein „Sollen" und doch als Kulturbestand zugleich ein „Sein"[331] ist. Zu der bloßen mit Zwangsmitteln bewehrten Anordnung einer Sollensnorm müsse als notwendiges und wesentliches Merkmal ihr „Gelten"[332] hinzutreten. Eine Anordnung „galt" und wurde dadurch zu Recht, daß sie allgemein wirkte, das heißt einen Erfolg erzielte, „der über sich selbst hinauswirkt, indem er allgemein die Menschen bestimmt, sich ihrerseits danach zu richten."[333] Ein solcher Erfolg bestand nach Arndt nicht darin, daß eine Anordnung

---

326 Als unmittelbare Replik auf Arndt vgl. Coing, Kultur-gebundene oder ungebundene Entscheidung im Recht?, S. 508 ff.; im historischen Überblick später Henning, Der Maßstab des Rechts im Rechtsdenken der Gegenwart, insbesondere S. 59 ff.; Schelauske, Naturrechtsdiskussion in Deutschland, insbesondere S. 123, 180, 290.
327 Henning, a. a. O., S. 67: „Arndt hat diesen Maßstab [gemeint ist sittlicher Maßstab des Rechts, D.G.] durch eine Amputation der Naturrechtslehre bewußt verkürzt. Er versteht die Naturrechtsordnung als „zwanghaftes, autoritativ auferlegtes, vom Sein gelöstes Gebot."
328 Coing, Kultur-gebundene oder ungebundene Entscheidung, S. 512.
329 Coing, a. a. O., S. 508.
330 Arndt, Krise des Rechts (1948), S. 17.
331 Arndt, Das Verbrechen der Euthanasie (1947), S. 275.
332 Arndt, Rechtsdenken in unserer Zeit (1955), S. 48.
333 Arndt, Das Verbrechen der Euthanasie (1947), S. 275.

lediglich äußerlich und unter Zwang befolgt wurde. Vielmehr wurde er konstituiert erst durch die „Freiwilligkeit", mit der Menschen sich die in der Anordnung verkörperte Sollensordnung „zu eigen machten."[334]

Was als Recht „galt", bestimmte sich daher für Arndt unter zwei Voraussetzungen: Zum einen hatte jede Zeit ihr eigenes, ihren kulturellen Gegebenheiten entsprechendes und gemäßes, dabei notwendig veränderliches Recht, in dem sich der zeitlichem Wandel unterworfene jeweilige „Rechtsgedanke"[335] verkörperte. Zum zweiten war ein Wandel des Rechtsgedankens erfolgreich nur bei freiwilliger „Annahme" [...] „all derer, die es angeht."[336] Angewandt auf die Frage nach der Rechtsgültigkeit nationalsozialistischer Gesetze, bedeuteten diese Überlegungen für Arndt, daß „im einzelnen mit aller Sorgfalt zu prüfen sei", wie weit Hitlers „Macht normierend wirkte und wie weit sie bloßer Zwang war."[337] Vor allem in dem Erlaß von „Geheimbefehlen", zum Beispiel zur Durchführung der Euthanasie, sah Arndt bereits in der Nichtveröffentlichung – abgesehen von dem formal-rechtlichen Mangel[338] – ein äußeres Anzeichen dafür, daß auch Hitler nicht die Macht hatte, mit öffentlich angeordneten Verbrechen dem widerstrebenden Rechtsbewußtsein des deutschen Volkes die Stirn zu bieten – und noch viel weniger, es in seinem Sinne zu verändern.[339] Arndt fand darin seine folgenreiche Grundannahme bestätigt, daß nämlich Hitlers Rassenideologie mit der „deutschen Rechtswirklichkeit" nicht übereinstimmte, daß

> „die Menschen in Deutschland keineswegs im Juden einen Nichtmenschen sahen und es als ihre Ordnung verwirklichten, den Juden zu peinigen, zu berauben, seine Gotteshäuser anzuzünden und ihn zu töten. Die guten Sitten, Treu und Glauben, das Verhalten aller billig und gerecht Denkenden, [...], hatten sich trotz Hitler in Deutschland nicht oder noch nicht verändert."[340]

Indem Arndt die Geltung des Rechts von dessen Übereinstimmung mit dem wahren – nicht bloß fiktiven oder erzwungenen – Interesse der Rechtsunterworfenen abhängig machte, stellte er sich auf den Boden einer philosophischen Geltungslehre[341] des Rechts. Wie den Naturrechtlern ging es ihm letztlich darum, die Geltung des Rechts an

---

334 Arndt, Krise des Rechts (1948), S. 18; ders., besonders nachdrücklich, in: Rechtsdenken in unserer Zeit (1955), S. 42.
335 S. zum Beispiel Arndt, Rechtsgültigkeit nationalsozialistischer Gesetze (1948), S. 240.
336 Später ausgeführt in: Arndt, Das nicht erfüllte Grundgesetz (1960), S. 144.
337 Arndt, Verbrechen der Euthanasie (1947), S. 275.
338 Diesen hielt Arndt bereits für ausreichend, eine rechtliche ‚Geltung' des Geheimbefehls von vornherein auszuschließen, a. a. O., S. 276, s. dazu unten.
339 Arndt, a. a. O., S. 276; ders., Anmerkung zu OLG Kiel, SJZ 1947, Sp. 323 ff. (Sp. 333).
340 Arndt, a. a. O., Sp. 333; ders., Krise des Rechts (1948), S. 16.
341 Radbruch, Rechtsphilosophie, S. 172 ff., unterschied zwischen einer historisch-soziologischen Geltungslehre (in den Varianten der Machttheorie und der Anerkennungslehre), die die Geltung des Rechts auf den Zwang bzw. die fiktive Anerkennung des „Rechtsunterworfenen" gründet, und einer philosophischen Geltungslehre (S. 174 f.). Darauf weist auch Schelauske, Naturrechtsdiskussion in Deutschland, S. 55, hin. Henning, Der Maßstab des Rechts, S. 66, zieht demnach auch eine Parallele zwischen Arndt und Radbruch und sieht im „Hintergrund dieses Denkens [...] wohl auch Max Webers Begriff der Chance" als der „bestimmten Wahrscheinlichkeit, daß gewisse Menschen in gewisser Weise [...] auf ein Gesetz reagieren.".

seine Übereinstimmung mit einer – wenn auch zeitgebundenen und veränderlichen – „materialen Gerechtigkeit"[342] zu knüpfen. In den Kriterien des *Geltens*, des Rechts-Maßstabs, den Arndt anlegte, wurden die Umrisse seiner materialen *Rechts-Idee* sichtbar. In der Annahme der ‚Geltung' des Rechts nicht kraft Unterwerfung, sondern kraft freiwilliger Befolgung durch die davon Betroffenen steckte die Voraussetzung eines die Autonomie des individuellen Rechtsgewissens achtenden und gleichzeitig gemeinschaftsbildenden Begriffs vom Recht, das „gemeinschaftsbildend für jedermann offen und darum verbindlich sein kann."[343]. Gehalt und spezifische Ausformungen dieser Rechtsidee nahmen, begleitend zu Arndts rechtstheoretischen Darlegungen, Gestalt in seiner rechtspolitischen Tätigkeit an und sind davon nicht zu trennen. Davon wird noch die Rede sein.[344]

Schon die Thesen, die Arndt erstmals in der Diskussion der Jahre 1947/48 formulierte, warfen einige Probleme und kritische Fragen auf[345], die sich auch auf seine späteren Darlegungen übertragen ließen. Konnte Arndt selbst Schwächen umgehen, die er den Naturrechtslehren und dem Rechtspositivismus anlastete?

Gleichsam unter der Hand zog Arndt das Rechtsbewußtsein einer „1000jährigen Kultur"[346] heran, um Hitlers Vernichtungs- und Kriegsbefehlen die rechtliche Geltung zu versagen. Von dort war es nur ein *gradueller*, nicht ein qualitativer Schritt zur „Jahrtausende alten gemeinsamen Weisheit der Antike, des christlichen Mittelalters und des Zeitalters der Aufklärung"[347], die der von Arndt kritisierte *Radbruch* heranzog. Mochte auch die Formel von der „tausendjährigen Kultur" nicht beweistragend sein, so blieb sie doch bei aller Einsicht Arndts in die „Zeitverlorenheit" des Rechts sein letzter Bezugspunkt, der sich als Kulturtatbestand mehr in der Benennung als in seinem Gehalt und in seiner Funktion vom Naturrecht unterschied.

Andererseits war fraglich, ob Arndt der von ihm bekämpften positivistischen Gleichsetzung von Recht und Macht nicht in letzter Konsequenz selbst erlag. Gerade von seinem erkenntnistheoretischen Ausgangspunkt her war die Veränderung geltenden Rechts vor allem eine Frage der Zeit. Die freiwillige Akzeptanz eines solchen Rechtswandels durch die Rechtsbetroffenen, einmal abgesehen von dem Problem ihrer Feststellbarkeit, war zwar eine wesentliche, letztlich aber nicht notwendige, das heißt bei ihrem Fehlen einen absoluten Hinderungsgrund bildende Entstehungsbedingung des Rechts; denn anders ist es nicht zu werten, daß auch Arndt – von seinem Ausgangspunkt konsequent – es nicht ausschloß, daß „auch Hitler hätte zum Rechtsschöpfer werden können, hätte er nur stark genug und lange genug auf uns eingewirkt, bis wir wirklich alle hitlerisch geworden wären."[348] Das hieß, auch eine anfänglich gegen den Willen der Rechtsbeteiligten wirkende, auf Rechtsänderung zielende Macht könnte

---

342 Zu dieser zentralen Kategorie im Rechtsdenken Arndts vgl. ders., Rechtsdenken in unserer Zeit (1955), S. 37, 55.
343 Arndt, a. a. O., S. 41.
344 Die Idee des gemeinschaftsbildenden Rechts verkörperte sich in Arndts Interpretation der Grundrechte als Grundwerte des „Unabstimmbaren", s. dazu unten Kap. VII.1.
345 Henning, Der Maßstab des Rechts, S. 63, kritisiert, daß von Arndt als solcher deklarierte rechtsphilosophische „Versuch" sich der Kritik entziehe und „manche gemachten Ansätze nur deshalb nicht ihren Konsequenzen erliegen, weil sie im Vorläufigen stecken bleiben.".
346 Arndt, Anmerkung zu OLG Kiel, SJZ 1947, Sp. 323 ff. (Sp. 334).
347 Radbruch, Erneuerung des Rechts, S. 9.
348 Arndt, Krise des Rechts (1948), S. 20: „Die Antwort auf *diese* Frage hängt vom Glauben ab.".

kraft ihrer Stärke und Dauer eine Änderung der Rechtswirklichkeit herbeiführen, die schließlich ‚freiwillig' getragen würde.

Angesichts dieser Denkmöglichkeit erschien die ‚Freiwilligkeit' als Fiktion. Vom Positivismus, der die erfolgreiche Revolution mit rechtlicher Geltung sanktionierte, unterschied sich Arndts Auffassung letztlich durch eine zeitliche Verzögerung, eine *Karenzphase*, in der die revolutionäre Veränderung des Rechts erst zur Wirksamkeit und damit zur ‚Geltung' gelangen mußte. War nicht damit Hitlers neue Rechtsschöpfung weniger an ihrem verbrecherischen Charakter als an ihrer kurzen Dauer gescheitert?

Diese nur scheinbar hypothetische Frage führt zu einem dritten Einwand: Gerade wenn man wie Arndt die Erkenntnis des Rechts dialektisch aus seiner Zeit und „nicht von heute aus rückwärts"[349] betreiben wollte, mußte man sich in die Situation des *Anwenders* der von Hitler erlassenen Gesetze versetzen, der aus der begrenzten Sicht seiner Gegenwart nicht sehen konnte, ob die Gesetze noch nicht oder schon ‚geltendes Recht' waren. Ab wann der Richter schließlich sogar Gesetzesbefehle zur Judenvernichtung als ‚geltendes Recht' anwenden mußte, war abschließend nur vom historischen Erfolg der anordnenden Macht her und daher rückblickend zu beurteilen. Auf die zwölfjährige nationalsozialistische Herrschaft angewandt, mochte Arndts These Plausibilität für sich beanspruchen; als allgemein rechtsmethodischer Beitrag zur Geltungslehre des Rechts begegnete seine Theorie ebenso rasch dem Einwand mangelnder Rechtsklarheit wie naturrechtliche Lehren.

Arndts Beiträge zur einsetzenden Diskussion um Naturrecht und Positivismus müssen nicht zuletzt auch aus ihrem politischen Wollen begriffen werden. Die Argumente, mit denen Arndt die positivistische Qualifizierung des NS-Regimes als Staat bekämpfte, die scharfe Scheidung zwischen Hitler und seiner nationalsozialistischen „Machtclique", dem „Staat im Staat", einerseits und dem „deutschen Volk", schlicht auch „Deutschland", andererseits, das „Beute und Opfer" des Verbrechens gewesen sei, waren einer der auf verschiedenen Ebenen[350] vorgetragenen Versuche einer Ehrenrettung der Deutschen. Das deutsche Volk als „Opfer" der nationalsozialistischen *Usurpation*? Darin lag, bei allem Aufbegehren Arndts gegen die unhistorische, vergröbernde Kollektivschuldthese eine nicht minder geschichtsfremde kollektive Inschutznahme der Deutschen, auch wenn der sozialdemokratische Jurist versicherte, er wolle keiner „Unschuldslegende"[351] Vorschub leisten. Die suggestive Aufspaltung in „Hitler" einerseits und „Deutschland" andererseits übersah, daß ein weit größerer Teil des deutschen Volkes als die „NS-Machtclique" in Hitler Deutschland gesehen und entsprechend gehandelt hatte. Arndt verabsolutierte die politische Selbstgewißheit eines vom Nationalsozialismus Verfolgten in einer für viele Deutschen unzutreffenden und für das Ausland unannehmbaren Weise. Zumindest vom psychologischen Standpunkt war es widersinnig zu erwarten, daß die Alliierten, die gerade unter großen Opfern das angreifende nationalsozialistische Deutschland niedergerungen hatten, die Deutschen wie sich selbst als Opfer des aggressiven Hitler-Systems sehen sollten – und dies, nachdem Deutschland nicht aus eigener Kraft sich dieses Systems hatte entledigen können.

---

349 Arndt, a. a. O., S. 17.
350 Vgl. unten Kap. II.5. (Zur staatsrechtlichen Lage Deutschlands). Zu diesem in der Nachkriegsdiskussion weitverbreiteten, die verschiedenen politischen Lager der Deutschen umspannenden Argumentationsmuster Forschepoth, Zur deutschen Reaktion auf Niederlage und Besatzung, S. 152 ff. (155).
351 Arndt, Anmerkung zu OLG Kiel, SJZ 1947, Sp. 323 ff. (Sp. 334).

Arndts Ausführungen enthielten eine ihm sehr wohl bewußte[352] Provokation der Alliierten. Seiner Klage, „eine Schar von Menschen mit dem Rücken an der Wand und buchstäblich gegen eine Welt (da eine deutsche Selbstbesinnung und Selbstbestimmung fast nirgends Beispiel und Hilfe findet)" kämpfe für die Demokratie in Deutschland, war verbitterter, ins Defensive gekehrter, aber darum nicht weniger verletzlicher nationaler Stolz beigemengt. Auch Arndts Befund der deutschen „Rechtswirklichkeit" während des Nationalsozialismus war davon nicht frei; denn selbst wenn es zutraf, daß Menschen in Deutschland die Peinigung der Juden nicht als „ihre Ordnung verwirklichten", so blieb doch das brennende Problem, daß viele Deutsche jene Verbrechen mit dem Anschein der Ordnung versehen und vollzogen hatten. So sehr Coing an Arndt die existentialistische Kompromißlosigkeit[353] der Wirklichkeitsschilderung bewunderte – ein gewisser idealer und idealisierender Glaube Arndts an ein dem Nationalsozialismus nicht erlegenes deutsches Rechtsbewußtsein blieb davor.

Die strafrechtliche Ahndung nationalsozialistischen Unrechts – Probleme der Euthanasieprozesse

Die Debatte um den Maßstab des Rechts erhielt unmittelbar praktische Auswirkungen dort, wo Gesetze und Gerichtsurteile aus nationalsozialistischer Zeit nicht durch alliierte Rechtsvorschriften, insbesondere Kontrollratsgesetze, nachdrücklich aufgehoben wurden, weil ein spezifisch nationalsozialistischer Charakter der Rechtsakte nicht offenkundig war und das Gebot der Rechtssicherheit in den Vordergrund gestellt wurde.[354] Gerade auf diese Hauptmasse der Rechtssachen zielte Arndts Bemühung um die Definition eines neuen Maßstabs des Rechts.[355] Hier wollte er einem allzu schnellen Rückzug auf das Postulat der Rechtssicherheit mit der drängenden Frage nach dem „Gelten" der – vermeintlichen – Rechtsakte entgegenwirken.

Arndts Vorentwürfe zu deutschen Gesetzen, die das grobe Unrecht nationalsozialistischer Rechtsakte wenigstens partiell aufhoben, verfolgten daher konsequent diesen

---

352 Vgl. den Brief Arndts an Dr. Ruscheweyh, den Präsidenten des Hamburgischen Oberlandesgerichts, 26.6.47, HHStA 505/64, in dem Arndt ein geradezu missionarisches Bewußtsein an den Tag legt: „Nach meiner Überzeugung ist es auch eine juristische Aufgabe, für das Rechtsleben und die Gerichte, um der geschichtlichen Wahrheit willen, den Nachweis zu erbringen, daß Hitler und seine Helfer entgegen ihrer Propaganda keineswegs mit Deutschland identisch waren. Die Folgerungen aus dieser Auffassung sind sehr weittragend. Wie ich annehme, wird es nicht allgemein Zustimmung finden, daß ich das Kieler Garbe- Urteil [...] unter dem gleichen Gesichtspunkt besprochen habe. Aus der Art der Pressebehandlung muß ich schließen, daß mein Referat [über die Euthanasieprozesse, D.G.], was nicht unbegreiflich ist, den Franzosen nicht in die Richtung ihrer Politik zu passen scheint. Auch aus diesem Grunde wird daher hier beabsichtigt, das Referat im Rahmen einer kleinen Broschüre im Verlag der Süddeutschen Juristenzeitung zu veröffentlichen.".
353 Vgl. Coing, Kultur-gebundenes oder ungebundenes Recht?, S. 8 – 10.
354 Arndt, Verbrechen der Euthanasie (1947), S. 277, erkannte allerdings an, daß aus Gründen der Rechtssicherheit die Anerkennung eines „Grundbestandes an Normen" aus nationalsozialistischer Zeit durch den Kontrollrat vonnöten sei.
355 Hauptadressat dieser Ausführungen war die Justiz, die aufgrund eines weitgehend überkommenen Normbestandes, aber anhand eines neuen *Rechtsmaßstabs* urteilen sollte. Zu dieser „Stunde der Justiz" im Übergang von der alten zur noch nicht gesetzlich geformten neuen Normordnung s. Stolleis, Rechtsordnung und Justiz 1945 – 1949, S. 387 ff. (S. 407); ebenso Diestelkamp/Jung, Die Justiz in den Westzonen und der frühen Bundesrepublik, S. 24 f.

Gedanken der Nicht-Geltung und forderten mit gleicher Konsequenz die Ahndung bislang nicht verfolgter nationalsozialistischer Straftaten. Amnestien und Verjährungsvorschriften zugunsten von Straftaten, die während der NS-Zeit aus politischen Gründen nicht oder zu gering bestraft worden waren, sollten auch nach Arndts Auffassung rückwirkend durch Gesetz aufgehoben[356] bzw. gehemmt werden können.

Nationalsozialistischen Straftätern sollte nach den Grundsätzen deutschen Strafrechts nicht die Vergünstigung des amerikanischen Verbots der „double jeopardy" zugute kommen, das die Wiederaufnahme eines rechtskräftig abgeschlossenen Verfahrens zuungunsten des Angeklagten ausschloß[357]. Dieses Konzept entsprach den scharfen Verfassungsschutzbestimmungen des Zinn/Arndt-Entwurfs zu einer hessischen Verfassung.[358]

Hatte Hitler mit seinen Befehlen zur Vernichtung ‚unwerten Lebens' geltendes, die Befehlsempfänger bindendes und gegebenenfalls strafrechtlich entlastendes Recht gesetzt? Das war eine Kernfrage der sogenannten Euthanasieprozesse, die in den Jahren 1947/48 vor Frankfurter Gerichten stattfanden und Arndt Gelegenheit boten, seine Qualifizierung des nationalsozialistischen Regimes als ‚Un-Staat' in der gerichtlichen Praxis zu erproben.

Es handelte sich um Strafverfahren gegen Ärzte und Pflegepersonal der hessischen Heil- und Pflegeanstalten Eichberg, Hadamar und Kalmenhof.[359] Den Angeklagten wurde die Ermordung Tausender von Anstaltsinsassen bzw. die Beteiligung daran zur Last gelegt. Die Taten gehörten zu einer groß angelegten Aktion zur Vernichtung „lebensunwerten Lebens", das heißt aller dauernd arbeitsunfähigen, unheilbar Geisteskranken. Insgesamt etwa 100 000 Menschen[360] waren diesem Vernichtungsfeldzug zum Opfer gefallen. Die Anstalt Hadamar bei Limburg war eine der Heilanstalten, in denen während der sogenannten „organisierten Euthanasie" bis 1941 die Kranken in Gaskammern umgebracht wurden.[361] Proteste aus der Bevölkerung und aus kirchlichen Kreisen zwangen die Organisatoren, die massenhafte Vergasung abzubrechen. In der

---

356 Diese Rechtsauffassung vertrat Arndt offenbar ursprünglich in einem Gutachten für den Marburger Rechtsausschuß (s. Anm. 13) vom 17.8.45 (erwähnt in einem Schreiben des Hessischen Justizministers an Oberstaatsanwalt Arndt, 24.10.45, HJM 1030/3). Jedenfalls gab ein Schreiben des Hessischen Justizministers an die Militärregierung, OMGUS (Entwurf höchstwahrscheinlich Arndt), vom 2.4.46, HJM 1030/3, den Inhalt des besagten Gutachtens dahingehend wieder, daß einer „rückwirkenden Aufhebung der Verjährungs- und Amnestie-Vorschriften keine rechtspolitischen Bedenken entgegenstehen." Hinsichtlich der Aufhebung nationalsozialistischer Amnestiegesetze sah Arndt von vornherein keine Rechtsprobleme, da nach seiner Auffassung die ‚Aufhebung' lediglich die Feststellung der von Anfang an bestehenden Nicht-Geltung eines nationalsozialistischen Schein-Gesetzes enthielt, s. Arndt, Zum Problem der strafrechtlichen Verjährung (1965), S. 300. Hinsichtlich der Verjährungsfristen bezweckten die weiteren Entwürfe Arndts und des Hessischen Justizministeriums nicht eine rückwirkende *Aufhebung*, sondern lediglich eine Verjährungs-*Hemmung* während der Zeit der NS-Herrschaft (Anm. 407).
357 Vgl. Anm. 221.
358 Vgl. Art. 129, Zinn/Arndt-Entwurf bei Pfetsch, Verfassungsreden und Verfassungsentwürfe, S. 406.
359 Vgl. dazu eingehend den berichtenden Teil bei Arndt, Verbrechen der Euthanasie (1947), S. 270 – 272.
360 Vgl. die Schätzung bei Rückerl, NS-Verbrechen vor Gericht, S. 34; umfassend zu den Massentötungen im Rahmen des nationalsozialistischen Euthanasieprogramms vgl. Schmuhl, Rassenhygiene, Nationalsozialismus, Euthanasie, S. 190 ff.
361 Vgl. zu den Vorgängen Klee, „Euthanasie" im NS-Staat, S. 309 – 333; vgl. zur nationalsozialistischen Rassenhygienepolitik Bock, Zwangssterilisation im Nationalsozialismus, insbes. S. 339 ff.

folgenden heimlichen, sogenannten „wilden" Euthanasie wurden vor allem in den Kinderfachabteilungen der Heilanstalten, so zum Beispiel in Eichberg und Kalmenhof, geisteskranke Kinder von besonders dazu ermächtigten Ärzten einzeln umgebracht.[362] Die Massenvernichtungsaktion stützte sich auf eine Ermächtigung Hitlers vom 1. September 1939. Diese bestand aus einem einzigen lapidaren Satz[363], der nicht im Reichsgesetzblatt abgedruckt, zeitweilig sogar vor Mitgliedern der Reichsregierung geheimgehalten wurde und auch nicht das formelle Verfahren eines „Führerbefehls"[364] einhielt.

Wie Arndt später in einem umfassenden Bericht vor dem Konstanzer Juristentag 1947 darlegte[365], wurden die Prozesse auf Initiative des hessischen Justizministeriums eingeleitet. Zinn nutzte ein Novum des deutschen Strafprozeßrechts, den neu eingeführten Paragraphen 145 a des Gerichtsverfassungsgesetzes[366], und bestellte Arndt als Strafrechtsreferenten des Ministeriums unmittelbar zum Anklagevertreter im Eichberg- und im Hadamar-Prozeß.[367] Die Entsendung des engsten politischen Mitarbeiters des Justizministers unterstrich die große juristische, politische und psychologische Präjudizwirkung, die sowohl Zinn wie Arndt den Prozessen beimaßen. Sie gehörten zu den ersten deutschen Strafprozessen überhaupt[368], die das nationalsozialistische Euthanasieprogramm zum Gegenstand hatten, und waren die bis dahin umfangreichsten ihrer Art. Ein wichtiges politisches Anliegen Zinns und Arndts war mit der Prozeßeröffnung vor dem Frankfurter Landgericht erfüllt: Ein deutsches Gericht, nicht ein alliiertes Militärgericht, sollte – wie Arndt es formulierte – die „Kraft zur eigenen Aburteilung der Täter beweisen;" denn „aus der Wüste der Rechtlosigkeit, in der heute unser ausgestoßenes und unterworfenes Volk verdurstet", könne „nur die Erkenntnis aller Verfehlungen und das Suchen nach Gerechtigkeit herausführen."[369] Die große Anteilnahme der deutschen Öffentlichkeit an den Prozessen mußte Arndt in seinen Erwartungen bestätigen.

---

362 Zusammenfassung der Tötungsmethoden bei Arndt, Verbrechen der Euthanasie (1947), S. 269, 272; vgl. zu allem Klee, a. a. O., S. 345 ff., insbesondere S. 379 ff., 417 ff.
363 Abgedruckt bei Klee (Hrsg.), Dokumente zur Euthanasie, S. 85.
364 Bestätigt durch den Chef der Reichskanzlei, Dr. Heinrich Lammers, Aussage vom 4. Juli 1960, in: Klee, Dokumente zur Euthanasie, S. 86; zu den Gründen der Geheimhaltung s. Schmuhl, Rassenhygiene, S. 191; vgl. auch die Darlegungen des OLG Frankfurt bei Rüter-Ehlermann/Rüter, Justiz und NS-Verbrechen, Bd. I, S. 172.
365 Arndt, Das Verbrechen der Euthanasie (1947), S. 269; vgl. auch das Schreiben Arndts an den Oberstaatsanwalt beim Landgericht Frankfurt (Hadamar-Prozeß) vom 15.6.46: Darin erklärt sich Arndt mit der Anklageschrift einverstanden, die „im wesentlichen der seinerzeitigen Rücksprache" entspreche, HJM, Az. IV-155/49.
366 Vgl. das „1. Gesetz zur Änderung der Strafrechtspflegeordnung 1946" vom 3.7.46, GVBl, S. 71: „§ 145 a (1) Der Minister der Justiz kann einen Beauftragten bestellen, der befugt ist, bei allen Gerichten des Landes die Verrichtungen der Staatsanwaltschaft zu übernehmen. Siehe auch die Begründung HJM 1030/33.
367 S. das Schreiben Zinns an das LG Frankfurt vom 22.11.46 (Eichberg-Prozeß), HJM, Az. IV-143/49, und vom 19.3.47 (Hadamar-Prozeß), HJM, Az. IV-155/49 (Hadamar-Prozeß). Über Arndts Beteiligung am Kalmenhof-Prozeß waren Unterlagen nicht zu ermitteln.
368 Das Landgericht Berlin und als Revisionsgericht das Kammergericht hatten zuvor in einem Euthanasieprozeß Urteile gefällt, die allerdings weder in der Aufbereitung des zeithistorisch bedeutenden Prozeßstoffs noch in der juristischen Bedeutung mit den Frankfurter Urteilen konkurrieren konnten, vgl. die beiden Urteile bei Rüter-Ehlermann/Rüter, Justiz und NS-Verbrechen, Bd. I, S. 33 – 43.
369 Vgl. Arndt, Verbrechen der Euthanasie (1947), S. 280 f.; vgl. dazu auch Broszat, Siegerjustiz, S. 500 f.

Das erste Urteil des Frankfurter Landgerichts im Eichberg-Prozeß vom Dezember 1946 stieß – teilweise im Ergebnis, insbesondere aber in wesentlichen Teilen der Begründung – auf Arndts Widerspruch. Er drängte auf Revision des Urteils und dessen Verfolgung in „eigener Zuständigkeit" des Ministeriums.[370] In seinem Entwurf einer Revisionsbegründung, den der Generalstaatsanwalt beim OLG Frankfurt in seiner schriftlichen Revisionsbegründung[371] weitgehend übernahm, kritisierte Arndt vor allem die Ausführungen zur Rechtsqualität der Euthanasie-Ermächtigung Hitlers. Vor dem Beharren der Verteidigung auf dieser positiv-rechtlichen Ermächtigung, insbesondere seitens des später im Auschwitz-Prozeß bekanntgewordenen Anwalts Hans Laternser[372], war das Landgericht in einen Zwiespalt geraten. Einerseits erkannte es grundsätzlich – im Sinne der Verteidigung – den Satz von der ‚normativen Kraft des Faktischen'[373] an. Andererseits sprach es dem Hitlerbefehl die Rechtsgeltung ab und zog sich dazu auf die „ewigen Normen des natürlichen Sittengesetzes" und das darin enthaltene Tötungsverbot als eine „Grundlehre des Christentums"[374] zurück.

Für Arndt war diese Argumentation eine willkommene Gelegenheit, den Rückgriff auf das Naturrecht als rechtsmethodisch falsch und überflüssig darzulegen. Gerade am Beispiel des „Geheimbefehls" Hitlers zur Euthanasie – so legte er in seiner Revisionsbegründung dar – zeige sich exemplarisch, wie der Mangel an Rechts-‚Geltung', verstanden „aus dem substantiellen Kriterium seines Wirkungsvermögens auf die Menschen"[375], schon in der formalen Rechtswidrigkeit nach positiv-rechtlichen Maßstäben wie hier in der fehlenden Veröffentlichung und Gegenzeichnung des Euthanasiebefehls indiziert sein könne. Der Widerstand der Kirchen und Einzelpersonen gegen die Euthanasie-Aktion Hitlers lasse ebenso wie die formalen Mängel keine Rechts-Geltung des Euthanasiebefehls zu. Zurückhaltender als in seinem politisch pointierten Verriß des Kieler Garbe-Urteils[376] vermied Arndt in dieser auf präjudizielle Wirkung bedachten Begründung, das nationalsozialistische Regime als „Un-Staat" schlechthin abzutun, sondern beurteilte die „Usurpation" als „teilweise gelungen, teilweise nicht gelungen [...] und ihre rechtsgestaltende, ihre ‚normierende' Kraft für die einzelnen Zeiten und auf den einzelnen Gebieten durchaus verschieden."[377] Solch argumentative Selbstbeschränkung mußte die Erfolgsaussichten der Revision erhöhen.

---

370 Vgl. Arndts „Entwurf einer Revisionsbegründung", 9.4.47, HJM, Az. IV-143/49. Zuvor hatte bereits der Frankfurter Generalstaatsanwalt die Notwendigkeit eines Revisionsverfahrens unterstrichen in einem Brief an den Hessischen Minister der Justiz, 2.1.47, a. a. O.
371 S. dazu die Revisionsbegründung der Staatsanwaltschaft (Generalstaatsanwalt Quabbe), 18.7.47, in der Strafsache Dr. Mennecke und andere – Az. 4a Js 13/46-, HJM Az. IV-143/49, sowie das Schreiben des Generalstaatsanwalts an Ministerialrat Dr. Richter, 6.7.47, a. a. O. Dort deutet Generalstaatsanwalt Quabbe Meinungsverschiedenheiten mit Arndt an. Er habe sich dessen Rechtsgedanken angeschlossen, „quamquam non raro dissentiens." In der mündlichen Verhandlung wich der Generalstaatsanwalt davon ab, vgl. Bericht Generalstaatsanwalt Quabbe an den Hessischen Minister der Justiz, 8.8.47, a. a. O. Arndts Rechtsauffassung stieß also innerhalb der Justiz auf gewisse Vorbehalte.
372 Vgl. Laternser, Die andere Seite im Auschwitz-Prozeß 1963/65.
373 LG Frankfurt, Urteil vom 21.2.46, Az. 4Kls 15/46, bei Rüter-Ehlermann/Rüter, Justiz und NS-Verbrechen, Bd. I, S. 132 ff. (S. 156).
374 LG Frankfurt, ebda.
375 Arndt, Entwurf einer Revisionsbegründung (s. Anm. 370), S. 4; ders., Verbrechen der Euthanasie (1947), S. 275.
376 Arndt, Anmerkung zu OLG Kiel, SJZ 1947, Sp. 323 ff. (Sp. 330 ff.).
377 Arndt, Entwurf einer Revisionsbegründung (s. Anm. 370), S. 4; ders., Verbrechen der Euthanasie (1947), S. 275.

Neben diesem rechtstheoretischen Begründungsproblem war Arndts Revisionsplan veranlaßt durch die strafrechtliche Beurteilung der Taten des Eichberger Arztes Dr. Walther Schmidt. Während der Leiter der Heilanstalt Eichberg, der Arzt Dr. Mennekke, wegen vielfachen Mordes zum Tode verurteilt worden war, sah das Frankfurter Landgericht bei seinem Stellvertreter Dr. Schmidt, obwohl dieser des heimtückischen Mordes in „mindestens 70 Fällen" überführt worden war, eine Ausnahmelage gemäß § 211 Abs. 3 StGB[378] als gegeben an und verhängte eine lebenslange Freiheitsstrafe.

In die Bewertung der Täterpersönlichkeit bezog das Gericht ein, daß der Arzt vieles getan hatte, um „die Auswirkungen der Aktion auf seine Weise nach Kräften zu schwächen."[379] Insgesamt wollte das Gericht Dr. Schmidt ein „gewisses ärztliches Berufsethos"[380] nicht absprechen.

Arndt hielt dies für eine ebenso rechtsdogmatisch[381] wie kriminalpolitisch falsche Anwendung der Ausnahmevorschrift des § 211 Abs. 3 StGB – zudem in dem ersten, beispielgebenden Euthanasieprozeß. Er rügte die rechtsirrige Einbeziehung mildernder Umstände in die Beurteilung der Tat. Vor allem erinnerte er an eine bislang verfehlte „kriminalpolitische Sachaufgabe"[382]: Bei der Schuldfrage sei nicht nur die „Stärke eines verbrecherischen Willens" beachtlich, sondern auch die „Schwäche im rechtlichen Wollen", also die Verantwortlichkeit des Täters dafür, daß er in seiner Persönlichkeitsentfaltung habe eine Fehlentwicklung eintreten lassen.[383] Vor diesem Maßstab stellten nach Arndt die Morde des Dr. Schmidt keine Ausnahme, sondern „typische Fälle von einer außerordentlichen Verwerflichkeit dar."[384] Auch Arndt hatte aus der Hauptverhandlung den Eindruck gewonnen, daß Dr. Schmidt eine „echte Arztpersönlichkeit"[385] sei. Doch gebot für ihn der gesetzliche Schuldmaßstab unbedingte Einhaltung. Arndt forderte in seiner Revisionsbegründung, wie es in § 211 Abs 1 StGB „absolut bestimmt"[386] sei, die Verhängung der Todesstrafe auch über Dr. Schmidt.

Mit seinem Auftritt im Hadamar-Prozeß unterstrich Arndt noch einmal, wie ernst im hessischen Justizministerium die Aburteilung und wirksame Sühne der Euthanasieverbrechen genommen wurden. Wohl um sicherzugehen, daß das Frankfurter Landgericht nicht doch in positivistische Gedankengänge zurückfiel, erinnerte Arndt in seinem Schlußplädoyer an das in seinem Kern unwandelbare Recht und schloß mit dem Satz: „Wenn es keine unwandelbare Ethik und Moral gibt, dann, meine Herren Rich-

---

378 § 211 III StGB war mit der Gesetzesnovelle vom 4. September 1941 in das Reichsstrafgesetzbuch eingefügt worden (RGBl I, S. 549); vgl. dazu LG Frankfurt (Anm. 373), S. 159 f.
379 Vgl. LG Frankfurt (Anm. 373), S. 163.
380 Vgl. im Einzelnen die Urteilsausführungen, a. a. O., S. 16, 29. So sah es das Gericht als erwiesen an, daß Dr. Schmidt sich zum Beispiel durch Einführung neuer Heil- und Untersuchungsmethoden in „besonders aktiver Weise für die Heilung der Geisteskranken" eingesetzt und eine möglichst große Zahl der Euthanasieaktion entzogen habe.
381 Arndt, Entwurf einer Revisionsbegründung (Anm. 370), S. 8 f.
382 Arndt, a. a. O., S. 10; er übernahm damit einen Ausdruck von Professor Eberhard Schmidt, Probleme staatlichen Strafens, S. 407.
383 Ebda., hierbei machte Arndt erneut, wie im Kurfürstendammprozeß 1931, den „normativen Schuldbegriff" seines Lehrers James Goldschmidt fruchtbar und bezog sich dazu auf den Freiburger Strafrechtler Adolf Schönke, der mit ihm zusammen Assistent bei Goldschmidt gewesen war, s.o. Kap. I.3.
384 Arndt, Entwurf einer Revisionsbegründung (Anm. 370), S. 10.
385 Vgl. Anmerkung Arndts 9.9.47 zur „Befürwortung eines Gnadengesuchs für Dr. Schmidt" durch den Generalstaatsanwalt, 26.8.47, HJM Az. IV, 1053/47 (Bd. 1).
386 Vgl. Arndt, Revisionsentwurf (Anm. 370), S. 11.

ter, zerreißen Sie Ihre Roben, denn es hat keinen Zweck mehr, hier zu sitzen."[387] Das war ein anderer Arndt als der skeptische Rechtsphilosoph, der das ‚ewig Unwandelbare' im Recht als Anathema verwarf. Hier sprach der forensisch mitreißende Anwalt eines drängenden rechtspolitischen Anliegens.

Das Revisionsurteil des OLG Frankfurt im Eichberg-Prozeß hob das Landgerichtsurteil auf und verhängte die Todesstrafe auch über Dr. Schmidt.[388] Das Oberlandesgericht, dem Arndts Rechtsauffassung in der schriftlichen Revisionsbegründung des Generalstaatsanwalts[389] vorlag, stimmte dem Revisionsbegehren darin zu, daß es zum Nachweis der fehlenden Rechtsgeltung der sogenannten Euthanasieermächtigung nicht des Rückgriffs auf das Naturrecht bedurfte und daß die „sich bildende Überzeugung" und „Anerkennung" der vom Recht Betroffenen eine wesentliche Voraussetzung bei der Herausbildung rechtlicher ‚Geltung' aus bloßen Fakten darstellte.[390] Die Frage der Revisibilität der Strafzumessungsgründe bejahte das Gericht unter ausdrücklichem Bezug auf die von Arndt angeführte neue Meinung in der Strafrechtsliteratur[391] und hielt auch die Ausnahmevorschrift des § 211 Abs. 3 StGB für unanwendbar im Fall Dr. Schmidt.[392] Die beiden wesentlichen Ziele der Revision waren somit erreicht: Die Rechtswidrigkeit der Euthanasie auch ohne Berufung auf das Naturrecht zu begründen und Ausnahmen von der Verhängung der Todesstrafe bei erwiesenen Euthanasiemorden nicht zuzulassen.

In seinem Bericht über „das Verbrechen der Euthanasie" auf dem Konstanzer Juristentag im Juli 1947 gab Arndt[393] eine Bilanz der ersten hessischen Euthanasieprozesse. Insgesamt hatten sie bewiesen, was Arndt geradezu als Auftrag in eindringlichen Worten an die Versammlung der führenden Juristen aus allen vier Besatzungszonen formulierte: die „Kraft zur eigenen Aburteilung der Täter"; denn:

> „Ist die Strafe [...] in einem metaphysischen Sinn Entsühnung nicht nur der einzelnen Täter, sondern des gesamten Volkes, über dem der Rauch verbrannten Menschenfleisches in Hadamar sich erhob, so muß auch das Gericht aus dem eigenen Recht des Volkes kommen."[394]

---

387 Vgl. den Artikel „Zerreißen Sie Ihre Roben [...]", Frankfurter Rundschau, 22.3.47.
388 OLG Frankfurt, Urteil vom 12.8.47, Az. Ss 92/47, bei Rüter-Ehlermann/Rüter, Justiz und NS-Verbrechen, Bd. I, S. 166 ff.
389 Der Generalstaatsanwalt sah sich an Arndts Entwurf einer Revisionsbegründung gebunden und übernahm ihn zum Teil wörtlich sowie in allen tragenden Gedanken in die schriftliche Revisionsbegründung (vgl. Generalstaatsanwalt an Hessisches Justizministerium, 18.6.47, HJM, Az. IV 143/49), wich dann allerdings im mündlichen Vortrag teilweise davon ab (vgl. Generalstaatsanwalt an den Hessischen Justizminister, 8.8.47, HJM, Az. IV 143/49).
390 Vgl. die Urteilsbegründung des OLG Frankfurt (Anm. 388), S. 170 – 175. Allerdings folgerte das Gericht die Vermutung der Rechts-Geltung – formal im Unterschied zu Arndt, der mehr auf das substantielle „Wirkungsvermögen auf die Menschen" abstellte (s.o.) – aus der Einhaltung formgebundener Normerzeugungsverfahren und stellte im Unterschied zu Arndt entschieden fest: „Es unterliegt keinem Zweifel, daß das Hitler-Reich eine Rechtsordnung hatte" (a. a. O., S. 174).
391 S. OLG Frankfurt, a. a. O., S. 181; vgl. Arndt, Das Strafmaß (1946); E. Schmidt, Probleme staatlichen Strafens, S. 208 f.; dazu oben Kap. II.1.
392 Wenngleich in diesem Punkt ausdrücklich im Gegensatz zu Arndt, indem es bei der Prüfung des § 211 III StGB nicht nur die Tat, sondern auch die Persönlichkeit des Angeklagten berücksichtigte, OLG Frankfurt, a. a. O., S. 182.
393 Zinn in einem Brief an Professor Karl Bader, Badisches Justizministerium, 17.5.47, HHStA 505/47, hatte Arndt als Berichterstatter empfohlen, da er „in seiner Eigenschaft als Vertreter des Ministeriums bei diesen Prozessen umfassend orientiert" sei.
394 Arndt, Verbrechen der Euthanasie (1947), S. 280 f.

Weit mehr als ein Bericht, nannte Arndts Vortrag die vielfältigen, noch ungelösten Probleme der rechtlichen, philosophischen und theologischen Bewertung der Euthanasieverbrechen beim Namen. Lösungen konnte Arndt nur in einzelnen Fragen anbieten. Die große Stärke seines Vortrags lag darin, daß er die Problematik in ihrer Vielschichtigkeit darzustellen und in genauen, tiefgehenden Beobachtungen zusammenzufassen vermochte, wie in folgenden Sätzen:

> „Müssen wir nicht versuchen, vom unteilbaren Menschen her das unteilbare Recht zu sehen? Die Heilanstalten, in denen sich die Euthanasieaktionen ereigneten, sind Krankenhäuser; im Kriege sagen wir: Lazarette, weil der arme Lazarus das Symbol des Leidens und der Hilfsbedürftigkeit wurde, seit der Menschensohn aus Nazareth über diese Erde ging. Dieser Lazarus war es, dem von Hitler die Hilfe verweigert wurde. Seitdem sind nicht nur die Menschen in Deutschland, sondern im Grunde genommen ist die ganze Menschheit Lazarus geworden; denn ist das Recht für einen von uns aufgehoben, so ist es für alle aufgehoben."[395]

Dies muß einer der Augenblicke gewesen sein, in denen Arndts persönliches Schicksal eins wurde mit der politischen Sache, um die er stritt: „Zwölf Jahre lang war ich von Hitler außerhalb des Rechts gestellt und befand mich am Ende des Krieges am Beginn des Weges zur Gaskammer. Mir ist widerfahren, was Sklaverei bedeutet." Und er setzte im gleichen Atemzug hinzu: „Ich glaube an die Idee des Rechts. Ich glaube an die Menschlichkeit. Ich glaube, daß wir alles fahren lassen können, was uns trennt, und uns finden können. Ich glaube an die Möglichkeit gemeinsamer Arbeit."[396]

Arndts Thema und die Art seiner Ausführungen müssen – wie auch der Vortrag über „Die Krise des Rechts" – die Zuhörer tief beeindruckt haben, wie die Reaktion eines führenden Rechtspolitiker der britischen Zone, des Hamburger OLG-Präsidenten Ruscheweyh, zeigte.[397] Der Versöhnung und Ausgleich suchende Schlußappell Arndts auf der Konstanzer Tagung war indessen nicht zu verwechseln mit der Rechtfertigung einer nachgiebigen juristischen Praxis bei der Verfolgung nationalsozialistischer Unrechtstaten. Arndts Aufruf zur Gemeinsamkeit erwuchs erst auf dem Boden einer Haltung, die nicht kompromißgeneigt – und notfalls auch hart – in der Entsühnung den Preis für die Wiederherstellung der „Idee des Rechts" sah.

Der Zinn/Arndt-Entwurf zur hessischen Verfassung hatte das politische Programm dieser Haltung vorgezeichnet. Im Rahmen weitreichender, ja zum Teil rigoroser Staatsschutzbestimmungen[398] ließ der Entwurf „rückwirkend Sühnemaßnahmen" zum

---

395 Arndt, a. a. O., S. 282; s. dazu auch Broszat, Siegerjustiz, S. 502.
396 Arndt, a. a. O., S. 283.
397 Dr. Ruscheweyh an Arndt, 20.6.47, HHStA 505/64: „Wenn ich die Ergebnisse der Konstanzer Tagung überlege, so muß ich gestehen, daß Ihr Referat mir den bedeutsamsten Eindruck gemacht hat." Vgl. auch die sichtliche Bewegtheit der Mitglieder des Juristentages in Reaktion auf Arndts Vortrag, Der Konstanzer Juristentag, S. 200 ff. Auf Arndts Vortrag hin gaben führende deutsche Justizrepräsentanten auch der drei anderen Besatzungszonen in Anwesenheit der Vertreter der Militärregierungen ihrem Willen zur rückhaltlosen Ahndung der Euthanasieverbrechen Ausdruck, a. a. O.
398 Art. 129 I des Zinn/Arndt-Entwurfs (bei Pfetsch, Verfassungen und Verfassungsentwürfe, S. 406) statuierte eine positive Verfassungsunterstützungspflicht für jeden Bürger, „für den Bestand der Verfassung mit allen ihm zu Gebote stehenden Mitteln einzutreten", die bei Zuwiderhandlung mit dem Entzug verfassungsmäßiger Rechte geahndet werden konnte; vgl. die fast wörtliche Übernahme in Art. 26 HV.

„Zwecke der Sicherung der Demokratie und zum Zwecke der Wiedergutmachung" zu und wollte damit die Rechtmäßigkeit des Befreiungsgesetzes klarstellen. Die Todesstrafe für Verbrechen, die gegen die Menschlichkeit oder zur Aufrechterhaltung der nationalsozialistischen Gewaltherrschaft verübt worden waren, sollte weiterhin verhängt werden können.[399] Gewiß bot auch dieser Entwurf rechtsstaatliche Sicherungen bei Durchführung der Straf- und Sühnemaßnahmen.[400] Aber warum hielten Arndt und Zinn – wenn auch in eng begrenzten Ausnahmefällen – an der Todesstrafe fest? Das war bemerkenswert insbesondere bei Arndt. Noch nach der Verurteilung Dr. Schmidts zum Tode schrieb er, daß er „die Todesstrafe bedingungslos ablehne und in jedem denkbaren Falle, auch im Falle Hitler oder Himmler, für unmenschlich und für ein Unrecht halte"[401] – und dennoch hatte er sich für ein Todesurteil gegen Dr. Schmidt nachhaltig eingesetzt. Für seine Person überbrückte Arndt diesen Widerspruch, indem er scharf trennte zwischen dem gerichtlichen Urteil und der Vollstreckung der Todesstrafe: Ebenso nachdrücklich, wie er das Todesurteil gefordert hatte, setzte Arndt sich unmittelbar danach und noch Jahre später für eine Begnadigung Dr. Schmidts ein.[402] Im Rahmen des Gnadenverfahrens – aber auch erst dort! – trat er dafür ein, die „echte Arztpersönlichkeit" Dr. Schmidts zu würdigen, die „für die Gesellschaft noch wertvoll werden" könne[403], und ihn zu einer zeitlich begrenzten Haftstrafe zu begnadigen, wie es auch geschah.[404]

Gebot aber nicht gerade die strikte und unbedingte Gegnerschaft zur Todesstrafe, wie Arndt sie beanspruchte, dieser Strafform jede äußere Legitimation, vor allem in Gestalt eines staatlichen Strafausspruchs, zu entziehen?

Diese Konsequenz zog Arndt, offenbar sehr bewußt, nicht. Dabei griffen mehrere Anliegen des Rechtspolitikers ineinander. Am Fall des Arztes Dr. Schmidt erwies sich, ob das mit Todesstrafe bewehrte strafrechtliche Tötungsverbot aus der Tradition des deutschen Strafrechts vor Hitler, von dessen Aufhebung des Lebensschutzes ungebrochen, seine ‚Geltung' bewahrt hatte und – Arndts Formulierung beweist seine Intention – die in § 211 Abs 1 StGB „absolut bestimmte" Todesstrafe nach sich zog. Gelang dieser Nachweis, so erübrigte sich eine „Siegerjustiz" der alliierten Mächte. Weder Militärgerichte noch alliierte Strafvorschriften, die unter Verstoß gegen die neu zu errichtende Rechtsstaatlichkeit in Deutschland rückwirkend „Verbrechen gegen die Menschlichkeit"[405] unter Strafe stellten, waren damit zu einer wirksamen strafrechtli-

---

399 Sofern diese Strafdrohung bereits vor dem 30.1.33 gegolten hatte (vgl. Art. 129 IV des Zinn/Arndt-Entwurfs, a. a. O.). Im übrigen allerdings sah der Entwurf ein Verbot der Todesstrafe vor (vgl. Art. 9 II).
400 Art. 129 II, III des Entwurfs beschränkte die Rückwirkung auf „Sühnemaßnahmen", die von „kriminellen Strafen" unterschieden wurden. Die Bestätigung der Todesstrafe blieb der Landesregierung vorbehalten.
401 Arndts Anmerkung zur Befürwortung einer Begnadigung Dr. Schmidts (Anm. 385).
402 S. die Briefe Arndts an den Hessischen Minister der Justiz („Betrifft: Gnadensache Dr. Walter Schmidt"), 16.7.51 und 3.4.52, HJM, Az. IV 1053/47 (Bd. I) bzw. (Bd. II).
403 Arndt, a. a. O.
404 Laut Übersicht des Hessischen Justizministeriums, 31.11.68, HJM, Az. IV-1053/47 (Bd. IV). Arndt erwirkte als Staatsanwalt in den Frankfurter Euthanasieprozessen in den Jahren 1946/1947 insgesamt fünf Todesurteile, die auf seine „vorher ausgesprochene Bitte hin" allesamt nicht vollstreckt wurden, s. Arndt, Wieder Todesstrafe? (1956), S. 201.
405 Das alliierte Kontrollratsgesetz Nr. 10 ließ auch die Verfolgung von „Verbrechen gegen die Menschlichkeit" zu, die keine deutschen Straftatbestände erfüllten, und sah eine Ermächtigung an deutsche Gerichte vor, diese Normen auf zurückliegende Taten rückwirkend anzuwenden (vgl. Broszat, Siegerjustiz, S. 486 f.). Darüber entstanden heftige Auseinandersetzungen zwischen den alliierten und den deutschen Justizbehörden, die die Anwendung nicht-deutschen Strafrechts als Zumutung empfanden.

chen Sühne nationalsozialistischer Verbrechen notwendig. Eben diese Intention steckte hinter der partiellen Aufrechterhaltung der Todesstrafe im Zinn/Arndt-Entwurf. Zudem spielten in diesem konkreten Fall Überlegungen der „Staatsräson"[406] eine besondere Rolle auf seiten der Justizbehörden: Dem „Ausland" und der Militärregierung sollte in diesem ersten aufsehenerregenden Euthanasieprozeß die Fähigkeit der Deutschen zur wirksamen *Selbstreinigung* bewiesen werden. Letztlich gab Arndt damit staats- und kriminalpolitischen Erwägungen den Vorrang vor seiner ethischen Verwerfung der Todesstrafe. Persönlich suchte Arndt der Konsequenz dieses Widerspruchs zu entgehen, indem er die Vollstreckung der Todesstrafe von vornherein zu verhindern trachtete. Dies war indessen nicht ohne Risiko für den Verurteilten – und trug nichts zur Delegitimierung der Todesstrafe allgemein bei.

Friktionen des rechtsstaatlichen Neubeginns

Insgesamt ist festzuhalten, daß bei der Verfolgung nationalsozialistischer Straftaten durch die deutschen Justizbehörden in der unmittelbaren Nachkriegszeit das Rückwirkungsverbot einer Strafrechtsnorm gar nicht in seiner ganzen rechtsstaatlichen Konsequenz in den Blick geriet. Arndt schlug vor, daß für einen begrenzten Zeitraum die ansonsten allgemein geltenden Verjährungsvorschriften nationalsozialistischen Straftaten nicht zugute kommen sollten.[407] Die damit potentiell einhergehende Verletzung des Rückwirkungsverbots einer Strafnorm[408] – eine Frage, die Arndt in den Verjährungsdebatten der Jahre 1960 und 1965 sehr bewegte – war für ihn in der Situation der ersten Nachkriegsjahre ebensowenig wie für die große Mehrheit der deutschen Strafrechtslehre[409] ein rechtliches Problem. Im Vordergrund stand auch für ihn das dringende politische Bedürfnis zu verhindern, daß nationalsozialistische Straftäter sich in der Aufbauphase der Demokratie unter Berufung auf Verjährungsvorschriften ihrer Strafe entzogen.[410]

Wie rechtsstaatlich war Arndts Rechtspolitik?

---

406 Vgl. die Erwägungen des Generalstaatsanwalts beim OLG Frankfurt anläßlich seiner Befürwortung der Begnadigung Dr. Schmidts, 26.8.47, S. 1-3, HJM, Az. IV 1053/47 (Bd. 1).

407 Vgl. den von Arndt überarbeiteten Entwurf einer „Verordnung über die Ahndung nationalsozialistischer Straftaten", mit Anschreiben Zinns vom 10.12.45, HJM 1030/3. § 2 des Entwurfs lief auf eine Hemmung der Verjährungsfristen vom 30.1.33 bis zum 1.1.46 hinaus.

408 Das Bundesverfassungsgericht, dem dieses Problem vorgelegt wurde, sah in der entsprechenden Regelung des „Gesetzes zur Ahndung nationalsozialistischer Straftaten" vom 29.5.46 (GVBl 1946, S. 136, Art. 2 Nr. 3) keinen Verstoß gegen das Rückwirkungsverbot, s. BVerfGE 1, 418 (S. 423).
Auch in den späteren Debatten, in denen Arndt sich engagiert gegen eine nachträgliche Verlängerung oder Aufhebung der Verjährungsfristen für Totschlag und Mord aussprach (s. unten Kapitel III. 4.), war für ihn die nachträgliche Feststellung einer Hemmung der Verjährungsfristen kein rechtsstaatliches Problem (vgl. Arndt, Zum Problem der strafrechtlichen Verjährung (1965), S. 300).

409 Auch der betont positivistisch argumentierende und strikt am Rückwirkungsverbot festhaltende Göttinger Strafrechtler Eberhard Schmidt lehnte 1946 die Anerkennung eines ungehemmten Ablaufs der Verjährungsfristen mit dem Argument ab, daß der Staat sich andernfalls „gegen das Recht auf die Seite des Verbrechens" schlage (zitiert nach Broszat, Siegerjustiz, S. 519).

410 Moritz/Noam, NS-Verbrechen vor Gericht 1945 – 1955, Bd. 2, S. 17, weisen darauf hin, daß ohne die Hemmung der Verjährungsfristen viele der später abgeurteilten, vor allem gegen Juden gerichteten Landfriedensbruchsdelikte nach dem Ende der NS-Herrschaft verjährt wären.

Als Maßstab sei hier der Begriff des bürgerlich-liberalen, positivistisch verstandenen Rechtsstaats vorausgesetzt, der Recht mit Gesetz gleichsetzt und die ‚Geltung' des Gesetzes an seine formell-verfahrensmäßige, rechtmäßige Entstehung sowie an seine mit staatlichen Mitteln erzwingbare Durchsetzung knüpft. Damit wird ein überkommener Rechtsstaatsbegriff zugrunde gelegt, der in der deutschen Staatslehre vom Konstitutionalismus bis zum Ende der Weimarer Republik herrschend war.[411]

Gemessen *daran* waren Arndts Rechtsauffassung und sein Handeln nicht rechtsstaatlich konsistent. Zwar akzeptierte Arndt nicht ein Naturrecht als Maßstab des positiven Rechts. Doch setzte er zugleich mit seinem materiellen Kriterium der Rechts-‚Geltung' einen eigenen, außerhalb und über dem positiven Recht stehenden Maßstab. In diesem Gedanken war angelegt, daß er bestimmte Ausprägungen des Rechtsstaatsgedankens, wie zum Beispiel das Rückwirkungsverbot von Strafrechtsnormen, nicht im formalen Sinn absolut und undurchbrechbar auffaßte und – von seinem Standpunkt aus gesehen – auch nicht auffassen mußte.

Damit ist ein Gegensatz rechtstheoretisch formuliert, der für Arndt aus einem praktischen, rechtspolitischen Anliegen der unmittelbaren Nachkriegszeit erwuchs und von daher seine Zuspitzung erfuhr: Der politische Wille, während der nationalsozialistischen Herrschaft begangenes, aber ungesühntes Unrecht nachträglich zu ahnden. Doch vor dem Maßstab formaler Rechtsstaatlichkeit war die nachträglich deklarierte Hemmung der Verjährungsfristen bei Straftaten zumindest problematisch; die Anordnung materiell dem Strafrecht zugehöriger nachträglicher Sühnemaßnahmen gegen politisch Verantwortliche für NS-Taten verletzte schließlich das strafrechtliche Rückwirkungsverbot.

Arndt akzeptierte das *der Sache nach* – ja mehr noch, es war von seinem Ausgangspunkt konsequent. Der Rechtsstaat bestand für ihn gerade nicht in positivistisch-formaler Gesetzlichkeit, sondern war ein materialer Gerechtigkeitsstaat.[412]

Indessen hatte diese Auffassung ihren Preis: Die formale Freiheitsverbürgung wurde verdrängt durch den materiellen Gerechtigkeitsgedanken der wirksamen Sühne nationalsozialistischen Unrechts. Arndt war bereit – wenn auch begrenzt auf die Phase der unmittelbaren Nachkriegszeit und zu dem Zweck, die Voraussetzungen eines funktionierenden Rechtsstaates neu zu schaffen – diesen Preis zu zahlen.

4. Gerichtsbarkeit und Schutz der Verfassung

Die Maßnahmen zur Aufhebung nationalsozialistischen Unrechts in der Rechtspflege beseitigten die augenfälligsten und gröbsten Verstöße gegen Maßstäbe des Rechts, die man bis 1933 im Gesetz gesichert und aufgehoben gewähnt hatte. Sie begannen zutage zu fördern, wie rasch und weitgehend die Richterschaft zur Vollstreckung der nationalsozialistischen Terrorgesetzgebung eingespannt worden war und

---

411 S. dazu unten Kap. VIII.1.
412 Ebda.

oftmals unter Aufgabe tradierter Rechtsanwendungsregeln[413] freiwillig diese Funktion ausgefüllte hatte.

Bereits gegen Ende der Weimarer Republik war die lückenhafte Republikschutzgesetzgebung von einer politisch überwiegend konservativ geprägten Richterschaft mit größerer Härte gegen Täter angewandt worden, die der politischen Linken angehörten.

Welche Anforderungen waren an die Richter und die Gerichtsbarkeit eines demokratischen Staatswesens zu richten, um eine Fehlentwicklung der Justiz wie in der jüngsten deutschen Vergangenheit zukünftig zu verhindern? Versprach nicht eine strenge Gesetzgebung zum Schutze des Staates vor demokratiefeindlichen Bestrebungen, neuen, demokratisch eingestellten Richtern ein wirksames Verteidigungsmittel in die Hand zu geben, um den im Gewande der Legalität auftretenden staatlichen Umsturz zukünftig bereits im Vorfelde seiner politischen Organisation zu verhindern?

Es handelte sich um Kernfragen der Justizorganisation und der rechtlichen Mittel staatlichen Selbstschutzes, für die Arndt während der Jahre 1947/48 in intensiver Arbeit an Gesetzentwürfen und in Auseinandersetzung mit der amerikanischen Besatzungsmacht Lösungen suchte.

Bestrebungen zur Demokratisierung der Richterschaft

Arndt setzte bei der verfassungsrechtlichen Stellung des Richters an. In seinem Wiesbadener Vortrag vor der Zweiten Interzonalen Juristentagung im Jahre 1946 unternahm er eine grundsätzliche Neubestimmung der „Unabhängigkeit des Richters"[414] in einem demokratischen Staat. In der deutschen Verfassungsgeschichte des 19. Jahrhunderts, so zeigte Arndt, habe die verfassungsrechtlich garantierte staatsorganisatorische Unabhängigkeit des Richters immer nur zusammen mit seiner politischen Abhängigkeit von dem Monarchen und der monarchischen Staatsidee bestanden. Der Weimarer Verfassung indessen sei es nicht gelungen, ihre neue Legitimitätsgrundlage, die Volkssouveränität, zu einer wirksamen, auch die richterliche Unabhängigkeit[415] legitimierenden und bindenden neuen Staatsidee zu formen. Die richterliche Freiheit sei dadurch zu einer „rein formalen" geworden: „Der Gedanke der Legitimität war verlorengegangen und durch ein formales Prinzip der Legalität ersetzt [...] unter der Weimarer Verfassung mußten die Richter sich deshalb irgendwie verwaist vorkommen."[416] In einer solchen bloß „formalen ‚Demokratie' ohne Legitimität" sei der unabhängige zum „verantwortungslosen" Richter geworden, der in Ermangelung eines neuen, demokratischen Legitimitätsmaßstabs sich auf die Vorstellung eines politisch neutralen Amtsverständnisses und die bloße Bindung an das Gesetz zurückgezogen und die Verantwortung für den Gehalt des Gesetzes abgelehnt habe. So sei es möglich gewesen, folgerte Arndt, daß manche Richter das persönliche Führerprinzip des Nationalsozialismus als „ideologische Entlastung" und Rechtfertigung empfanden, die, verstärkt

---

413 Vgl. dazu: Die neuere Forschung in einem Überblick m.w.N. Bästlein, Als Recht zu Unrecht wurde, S. 3 ff.; Diestelkamp/Stolleis, Justizalltag im Dritten Reich; zum Ganzen eingehend jetzt Angermund, Deutsche Richterschaft 1918 – 1945, S. 104 ff.
414 Arndt, Die Unabhängigkeit des Richters (1946), S. 315 ff.
415 Vgl. Art. 102 WRV.
416 Arndt, Unabhängigkeit des Richters (1946), S. 317 f.

noch durch das Legalitätsdenken, die Anwendung auch krassen „gesetzlichen Unrechts" in Gesetzesform freigegeben hätten.[417]

Vor diesem historischen Hintergrund formulierte Arndt sein Plädoyer für die Einsicht in das unentrinnbar Politische des Richteramtes:

> „So notwendig Unparteilichkeit zum Wesen des Richtertums gehört, so wesentlich ist das Politische ein Element des Richteramts, und ein Richter, der für sich in Anspruch nimmt, unpolitisch sein zu wollen, verkennt die ihm übertragene Aufgabe von Grund auf und erweist sich zu ihrer Durchführung ungeeignet."[418]

Richterliche Unabhängigkeit bestand eben deshalb nicht in einem fiktiven Rückzug aus dem Politischen. Vielmehr erhielt sie Sinn und Richtung erst durch eine „Substanz, die sie legitimiert", und war über diesen Legitimitätsmaßstab untrennbar verbunden mit dem Prinzip politischer „Verantwortlichkeit" – in einer zugespitzten Formulierung Arndts: „[...] der politische Gehalt der Unabhängigkeit [ist] die Abhängigkeit [...] – in einer Monarchie vom Herrscher, in einer Demokratie vom Volk."[419]

Nach dem Entwurf Arndts unterlag der Richter eines demokratischen Staates daher einer doppelten Bindung und Verpflichtung, die eine absolut verstandene Unabhängigkeit ausschloß. Zum einen war der Richter dem demokratisch beschlossenen Gesetz unterworfen. Zum zweiten sollte er nach Arndt in persönlicher politischer Verantwortlichkeit dafür einstehen, daß ein anzuwendendes Gesetz verfassungsgemäß und seine Anwendung ‚demokratisch' war, das heißt der Richter sollte seine „Rechtsprechung politisch vertreten" müssen. Konnte sich der Richter seiner Pflicht zur Überprüfung eines Gesetzes auf dessen ‚demokratische' Mangelfreiheit dadurch entledigen, daß er es auf dem rechtsförmig geordneten Weg dem Verfassungsgerichtshof zur Kontrolle vorlegte[420], so forderte eine demokratische Gesetzes*anwendung* von ihm über die bloße Gesetzesloyalität hinaus die innere Bejahung und erkennbare äußere Betätigung einer demokratischen Grundeinstellung. Der Richter „muß demokratisch denken, um überhaupt zum Richteramt befähigt zu sein"[421], so forderte Arndt und stützte sich dazu auf die entsprechenden neuen Regelungen der Landesverfassungen wie zum Beispiel Art. 127 Abs. 2 und 4 der Hessischen Verfassung, der dem Richter aufgab, sein „Amt im Geiste der Demokratie und des sozialen Verständnisses" auszuüben, und ihm, falls er diesen Auftrag nicht erfüllte, den Entzug seines Amtes androhte.[422]

Die Formulierung vom „Geist der Demokratie und des sozialen Verständnisses" enthielt einen von Arndt geforderten sanktionsbewehrten Maßstab demokratischer Legitimität, vor dem der Richter in demselben Maße *politisch* verantwortlich sein sollte, wie er es rechtlich vor der gesetzlichen Legalität war. Nicht mehr nur formal vom staatlichen Gesetz umrissen, war die richterliche Unabhängigkeit demnach zudem substanzerfüllt und durch den Wert der Demokratie bestimmt. Es war bezeichnend für seinen entschiedenen Willen zur demokratischen Neubegründung der Justiz, daß Arndt in der politischen Anforderung demokratischer Loyalität und sozialen Ver-

---

417 Ders., a. a. O., S. 318 f.
418 Ebda. Diese Position Arndts hob sich bemerkenswert scharf ab von dem überwiegenden Bestreben der deutschen Justiz, zum Teil auch der Rechtslehre, zu einer „Entpolitisierung" der Justiz – vermeintlich – zurückzukehren, s. Stolleis, Rechtsordnung und Justizpolitik 1945 – 1949, S. 398 ff. (S. 399).
419 Arndt, Die Unabhängigkeit des Richters (1946), S. 319.
420 Vgl. zu dieser ‚konkreten Normenkontrollklage' Art. 133 HV.
421 Arndt, Die Unabhängigkeit des Richters (1946), S. 320.
422 Vgl. Art. 127 II, IV HV.

ständnisses an den Richter eine Stärkung, nicht jedoch eine Gefährdung und Einengung der richterlichen Unabhängigkeit sah; die politische, auch parteipolitische Mißbrauchsanfälligkeit einer derart inhaltserfüllten Formel geriet ihm nicht zum Problem.

Jedenfalls schuf die Festlegung – politischer – Loyalität in der hessischen Verfassung nur die erste Voraussetzung einer demokratischen Gerichtsbarkeit. Neben Vorschlägen zur Reform der Richterausbildung[423] legte Arndt denn auch mehrere Entwürfe zu einem Richterwahlgesetz[424] vor, in denen er über die Beeinflussung der „institutionellen und soziologischen Struktur"[425] die Demokratisierung der Gerichtsbarkeit vorantreiben wollte.

Die Hessische Verfassung enthielt eine wesentliche demokratische Neuerung, indem sie die Richterbestellung an die Mitwirkung eines Richterwahlausschusses knüpfte. In der von ihm verfaßten Begründung des Regierungsentwurfs zu einem Ausführungsgesetz über die Richterwahl hob Arndt hervor, daß der Richterwahlausschuß gemäß Art. 127 Abs. 3 und 6 HV nicht die rechtliche, sondern die persönliche und politische Eignung zum Amt eines Richters zu überprüfen habe. Das „politische Amt"[426] des Richters, so war sein Grundgedanke, sollte besetzt werden von einem Wahlmännergremium, das zwar offen politisch[427], aber nicht einseitig nach parteipolitischen Kriterien zusammengesetzt war; denn eine parteipolitisch einseitige Besetzung des Wahlausschusses mußte durch die „Aufsplitterung der Richter" nach Parteizugehörigkeit die Rechtspflege unglaubhaft machen, wie Arndt erkannte, und dem Richtertum die innere Unabhängigkeit nehmen.[428] Eine politische Richterwahl, die aber eine einseitig parteipolitische Besetzung des Wahlgremiums ausschloß – dieses Problem löste Arndt

---

[423] Arndt unterbreitete der „2. Interzonalen Tagung der Chefs der Justizverwaltungen" vom 4. bis 6. Dezember 1946 in Wiesbaden einen Vorschlag für gemeinsame Richtlinien zur Ausbildung des akademischen Richternachwuchses, der als Entschließung (mit geringfügigen Änderungen) angenommen wurde, vgl. „Niederschrift" und „Bericht" über die Tagung (Dr. von Arnim, BA-Z1/1319). Arndt plädierte dafür, die „Rückkehr von der Legalität des Gesetzes zur Legitimität des Rechts" in den Grundlagenfächern der Allgemeinen Rechtslehre und Rechtsphilosophie zum „Kern des Studiums" zu machen. Daher sah die Entschließung unter anderem vor, das Studium des Rechts als Kulturerscheinung und Friedensordnung in den Mittelpunkt zu stellen (vgl. „Niederschrift", a. a. O., S. 8, 10). In Übereinstimmung mit dem hessischen Gewerkschaftsvorsitzenden Willi Richter führten Zinn und Arndt außerdem eine Regelung ein, nach der Gerichtsreferendare einen Teil der rechtspraktischen Ausbildung bei den Gewerkschaften und den Arbeitsgerichten absolvieren sollten, s. Arndt an den Deutschen Gewerkschaftsbund (Bezirk Nordmark), 8.12.56, AdSD, Akten SPD-BTF 2342 (Rechtspflegeministerium).

[424] Die Bedeutung, die man im Hessischen Justizministerium dem Gesetz beimaß, geht daraus hervor, daß bis zur ‚Kabinettsreife' insgesamt sieben Gesetzesentwürfe angefertigt wurden, davon die letzten vier von Arndt in Zusammenarbeit mit Dr. Wiltraut von Brünneck, der späteren Bundesverfassungsrichterin, HJM 1030/75.

[425] Arndt, Die Unabhängigkeit des Richters (1946), S. 321.

[426] So ausdrücklich Arndts Begründung zum 6. Entwurf des Richterwahlgesetzes (August 1947). Diese und eine andere Formulierung zur „feindseligen" Haltung der Richterschaft gegenüber der Demokratie in der Weimarer Republik wurden, wie Arndt anmerkte, abgemildert (Anm. zum 7. Entwurf, 16.10.47, HJM 1030/75), während im übrigen seine Begründung vollinhaltlich in den Kabinettsentwurf übernommen wurde.

[427] Zu diesem Gedanken des offenen Austrags der politischen Meinungsverschiedenheiten, die sich dadurch „gegenseitig neutralisieren und ausgleichen" sollten, im Zusammenhang mit der Richterwahl vgl. Arndt, Empfiehlt es sich, die vollständige Selbstverwaltung aller Gerichte im Rahmen des Grundgesetzes gesetzlich einzuführen? (1954), S. 376 – 379; dazu auch Kap. VI.1.

[428] Vgl. die Begründung zu § 2 der „Vorlage des Staatsministers über ein Richterwahlgesetz", Hessischer Landtag, 1. WP, DS Abt. I (ausgegeben am 9.12.47), S. 649 ff.

mit seinem schließlich erfolgreichen, in die Gesetzesfassung übernommenen Vorschlag, die Besetzung des Gremiums nicht nach einfacher Mehrheitsabstimmung des Landtages, sondern nach dem Verhältniswahlprinzip[429] durchzuführen, das auch Minderheitsparteien mit ihren Wahlvorschlägen zum Zuge kommen ließ[430]. Die Richterwahl erhielt dadurch die breite demokratische Legitimation durch alle parlamentarisch vertretenen politischen Kräfte.

Auch in seinem Bemühen, mit Regelungen des Richterwahlgesetzes die Handhabe für eine soziologisch breiter gefächerte und in diesem Sinn demokratische Rekrutierung der Richterschaft zu geben, konnte Arndt Erfolge verbuchen. Ökonomische Risiken und Entbehrungen beim Zugang zum Richterberuf wie zum Beispiel der „preußische Assessorismus"[431] – Arndt kannte dieses Verfahren sehr genau aus eigener Anschauung – sollten abgebaut werden, um zu vermeiden, daß allein Angehörige der „besitzenden Klasse"[432] in die Richterschaft gelangten und ihr wie in der Weimarer Republik erneut den „sozialen Charakter einer bürgerlichen Schicht"[433] gaben. Entsprechende Vorschläge brachte Arndt in den §§ 9 und 10 des Richterwahlgesetzes durch.[434] Gegen anfängliche Skepsis im Justizministerium drang er ebenfalls mit seinem Anliegen durch, für Bewerber, die sich aus dem „freien Juristenstand" um Richterstellen bewarben und, wie Arndt hoffte, möglichst aus „allen Kreisen und Schichten der Bevölkerung"[435] kämen, die Zugangshürden zu senken.[436]

Grundlegung der hessischen Staatsgerichtsbarkeit

Das wohl bedeutendste Justizgesetz der ersten hessischen Legislaturperiode, das Arndt maßgeblich mitgestaltete, war das Gesetz über den Hessischen Staatsgerichtshof gemäß Art. 130 HV. Die erheblichen Einwände, die der Rechtsausschuß des Hessischen Landtags unter Leitung des CDU- Vorsitzenden Dr. Kanka gegen die Regierungsvorlage zum Staatsgerichtshofgesetz erhoben hatte[437], nahm Arndt in einem kompletten

---

429 Vgl. § 2 I der Kabinettsdrucksache, der das Verhältniswahlrecht nach dem d'Hondtschen Höchstzahlverfahren festlegte. Der 3. Gesetzentwurf von Ministerialdirektor Dr. Canter vom 2.2.47 hatte eine Wahl der Ausschußmitglieder „unter Berücksichtigung des Stärkeverhältnisses der Parteien" vorgesehen, wonach Minderheitsfraktionen nicht zwingend zu berücksichtigen waren.
430 Vgl. die Begründung zu § 2 I der Kabinettsdrucksache.
431 Vgl. die Begründung zur Kabinettsdrucksache, a. a. O., zu §§ 9, 10: Danach waren Gerichtsassessoren jahrelang als Hilfsrichter nur mit kurzfristigen „Kommissorien beschäftigt" worden und „zwischenein oft unbeschäftigt und ohne Einkommen".
432 Vgl. die Begründung zu den §§ 9, 10 der Kabinettsdrucksache.
433 Arndt, Die Unabhängigkeit des Richters (1946), S. 323.
434 Vgl. die Regelungen über den gefestigten Status als Beamter auf Widerruf und das Übergangsgeld §§ 9, 10 Richterwahlgesetz vom 13. August 1948, GVBl 1948, S. 95 ff.
435 Arndt, Unabhängigkeit des Richters (1946), S. 323.
436 Vgl. § 11 II Richterwahlgesetz vom 13.8.48. Gegen Arndts ersten Vorschlag, die Bewährungszeit von Bewerbern zu senken, die zum Beispiel in einer Gewerkschaft oder in der gewerblichen Wirtschaft hauptberuflich tätig gewesen waren (vgl. Arndt „Betrifft: Ausführungsgesetz zu Art. 127 der Verfassung", 19.2.47, HJM 1030/75), hatte der Vertreter von Justizminister Zinn, Ministerialdirektor Dr. Canter, „größte Bedenken" angemeldet (vgl. Stellungnahme Canters vom 26.2.47). Das Richterwahlgesetz ließ schließlich eine Verkürzung der Bewährungszeit für Juristen zu, die sich „besondere Verdienste durch eine Tätigkeit im öffentlichen Leben erworben" hatten (§ 11 II).
437 Vgl. den Bericht von Ministerialrat Mayer über die Sitzung des Rechtsausschusses des Landtags am 17.3.47 sowie das Memorandum Dr. Kankas über die Verhandlungen im Rechtsausschuß des Hessischen Landtags vom 11. und 12. April 1947, HStK 3d 02/07.

„Neuentwurf" des Gesetzes auf und gab den SPD- Vertretern im Rechtsausschuß zugleich eine Verhandlungsgrundlage an die Hand.[438] Als sich daraufhin abzeichnete, daß der Ausschuß nach einem Gegenentwurf Kankas dennoch die „Regierungsvorlage mehr in eine Vorlage des Rechtsausschusses" zu verwandeln drohte, fürchtete man im Justizministerium die Überrumpelung der SPD-Fraktion und die überstürzte Behandlung eines Gesetzgebungsverfahrens, das doch „einen wesentlichen Teil des hessischen Verfassungsrechts"[439] schaffen sollte. Erneut ergriff Arndt die Initiative und setzte dem Entwurf des Rechtsausschusses in umfangreichen „Änderungsvorschlägen"[440] einen eigenen und in wichtigen Punkten eigenständigen Entwurf von der Gestalt und Funktion entgegen, die ein Verfassungsgericht in der hessischen Staatsorganisation haben sollte. Die in Gesetzesform ausgearbeiteten Alternativvorschläge Arndts wurden von den SPD-Mitgliedern im Rechtsausschuß zu formellen Anträgen erhoben[441] und fanden in fast allen wesentlichen Punkten die mehrheitliche Zustimmung sowohl des Rechtsausschusses[442] wie des Hessischen Landtags. Das hessische „Gesetz über den Staatsgerichtshof vom 12. Dezember 1947"[443] trug in manchen Formulierungen und, mehr noch, in einigen seiner Leitgedanken Adolf Arndts Handschrift.

Diese Leitgedanken sollen nunmehr näher betrachtet werden. Das Gesetzgebungsverfahren hatte einen mühsamen, insgesamt ein Jahr dauernden Gang genommen. Eine langwierige Auseinandersetzung mit der amerikanischen Militärregierung war entbrannt über ein Thema, das für Arndt und Zinn zu den Hauptforderungen einer demokratischen Rechtspflege gehörte: die verstärkte Einbeziehung von Laienrichtern. Hinsichtlich der Strafgerichtsbarkeit hatte eine hessische Gesetzesinitiative im Süddeutschen Länderrat einen ersten bescheidenen Erfolg zu verzeichnen.[444] Entschiedenen Widerstand meldete die Militärregierung aber dagegen an, daß die hessischen Entwürfe übereinstimmend für sechs der elf hessischen Verfassungsrichter – in dem ersten Regierungsentwurf bezeichnenderweise „Volksrichter"[445] genannt – keine juri-

---

438 S. den von Arndt formulierten „Entwurf Justizministerium aufgrund der Beratung im Rechtsausschuß des Landtages (April 1947)", HHStK 3d 02/07, zusammen mit einem Vermerk Arndts für Zinn, 16.4.47, HJM 1030/101 (a).
439 Vgl. den Brief Zinns an die Landtagsfraktion der SPD vom 20.5.1947, HStK 3d 02/07.
440 Vgl. Arndts Vermerk für Zinn vom 29.5.47 (HJM 1030/101 [a]) und die „Abänderungs-Vorschläge" (Entwurf Hessisches Justizministerium, Juni 1947) sowie die dazugehörige „1. Ergänzung zu den Abänderungs-Vorschlägen zum Entwurf eines Gesetzes über den Staatsgerichtshof" (Entwurf Hessisches Justizministerium, Juni 1947), HStK 3d 02/07 sowie HJM 1030/101 (a).
441 Vgl. Aktenvermerk Arndts vom 17.7.47 zur Sitzung des Rechtsausschusses am 16.7.47 (HJM 1030/101 [b]) sowie die Feststellung im Bericht des Rechtsausschusses, Hessischer Landtag, 1. WP, DS, Abt. II, Nr. 269, S. 157.
442 Vgl. den Bericht des Rechtsausschusses, a. a. O., insbesondere zu den §§ 6 II, 20, 22, 34 I und 35 I sowie 37 des Rechtsausschuß-Entwurfs.
443 Vgl. Gesetz über den Staatsgerichtshof vom 12. Dezember 1947, GVBl 1948, S. 3 ff.
444 Die hessische, von Arndt im Rechtsausschuß des Süddeutschen Länderrats vorgetragene Initiative zur Erweiterung der Besetzung der Strafkammern durch Schöffen (vgl. Protokoll des Rechtsausschusses beim Süddeutschen Länderrat, 7./8.5.47, HHStA 528/174; Gesetzentwurf, HJM 1031/88) führte zum „Zweiten Abänderungsgesetz zum Strafgerichtsverfassungsgesetz 1946" vom 16. August 1947, vgl. GVBl 3.9.47. Vgl. eingehend zur Begründung dieses Kernanliegens der hessischen Justizpolitik: Zinn, Schöffen und Geschworene in Hessen (Vortrag, gehalten vor der Interzonalen Juristentagung in Konstanz 1947), S. 132 ff.
445 Vgl. den Kabinettsentwurf zum Staatsgerichtshofgesetz, §§ 1 II, 3 (vom Februar 1947), HJM 1030/101 (a).

stische Qualifikation vorschrieben. Dem Einwand der Militärregierung, eine mehrheitliche Besetzung des Hessischen Staatsgerichtshofs mit juristischen Laien vermöge nicht die „Rechte des freien Menschen durch eine auf dem Gesetz beruhende Rechtsprechung zu gewährleisten"[446], stellte Arndt eine grundsätzlich andere Auffassung von der Funktion einer Staatsgerichtsbarkeit entgegen: Die hessische Verfassung erlaube, ja fordere[447] die mehrheitliche Berufung von den politischen Parteien nominierter juristischer Laien zu Verfassungsrichtern, damit diese in den Entscheidungen des Gerichts, die „auch politischer Natur" seien, politische Meinungen zum Ausdruck bringen könnten. Die Möglichkeit, Laien in den Staatsgerichtshof zu wählen, sei ein „besonders demokratisches Merkmal, das bei dem in Deutschland geschichtlich begründeten Mißtrauen gegen ‚gelehrte' Richter dazu dienen kann, das Ansehen des Staatsgerichtshofs zu erhöhen."[448] Im Interesse demokratischen Ansehens des Staatsgerichtshofs fanden Arndt und Zinn – auch das war ein Streitpunkt mit der Militärregierung – es unbedingt erforderlich, daß die Richter ihr höchstes Amt nicht als voll und hoch besoldete „juristische Beamte", sondern ehrenamtlich[449] ausübten.

Einer überkommenen, um rechtstechnische Sicherheit und Professionalität bemühten Ansicht der Militärregierung stand also eine Auffassung gegenüber, die die politische Funktion der Staatsgerichtsbarkeit in ihrer ‚demokratischen' Organisation augenfällig machen wollte.[450] Nicht zuletzt diesem politisch entschiedenen und verfassungsrechtlich untermauerten Widerstand des hessischen Justizministeriums[451] war es zuzuschreiben, daß der von der Militärregierung ausgeübte Druck – man verwies darauf, daß ein entsprechendes Gesetz Württemberg-Badens, das die mehrheitliche Besetzung des Staatsgerichtshofs mit Laienrichtern zuließ, suspendiert worden war[452] – letztlich nicht zum Erfolg führte. Zwar mußte den Richtern eine „angemessene Entschädigung"[453] für ihre Tätigkeit zugestanden werden, doch blieb es dabei, daß die Mehrheit der Richter keiner formalen juristischen Qualifikation bedurfte.[454]

---

446 Vgl. Amt der Militärregierung für Deutschland (Rechtsabteilung) an Amt der Militärregierung für Hessen (Übersetzung), 29.10.47, Punkt 4, HJM 1030/101 (b).
447 So die Interpretation des Art. 130 I HV durch Arndt in seinem Schreiben an das Amt für Militärregierung in Hessen, 29.8.47, HStK 3d 02/07.
448 Arndt, ebda.
449 Vgl. den Regierungsentwurf und den ersten Entwurf Arndts vom April 1947, die die Richtertätigkeit als „Ehrenamt" betrachteten, während bereits der erste Entwurf des Rechtsausschusses (Hessischer Landtag, 1. WP, DS, Abt. II, Nr. 176, S. 74) von einer „Aufwandsentschädigung" und einer „etwa zu gewährenden Besoldung" sprach, vgl. § 11.
450 Vgl. zu den drei Argumentationslinien für das Laienelement bei Schaffung der Staatsgerichtshöfe der Länder nach 1945 Fiedler, Entstehung der Landesverfassungsgerichtsbarkeit nach dem Zweiten Weltkrieg, S. 129 ff.
451 Auch im Rechtsausschuß des Hessischen Landtages bestand Einigkeit zwischen den Vertretern aller Parteien über diese Frage, vgl. Schreiben Zinns an das Amt der Militärregierung für Hessen (Rechtsabteilung), 10.11.47, HJM 1030/101 (b).
452 Vgl. die Schreiben Arndts und der Militärregierung (Anm. 446, 447); dazu auch Fiedler, Entstehung der Landesverfassungsgerichtsbarkeit, S. 122.
453 S. § 13 Gesetz über den Staatsgerichtshof vom 13. Dezember 1947.
454 Nach einer zum Teil von Arndt (vgl. Arndt an Militärregierung Hessen, Rechtsabteilung, 29.8.47, HStK 3d 02/07) angeregten „Kompromißformel", sollten die sechs nicht-richterlichen Mitglieder des Gerichtshofs „im öffentlichen Leben erfahrene Personen des allgemeinen Vertrauens und für das Amt eines Mitglieds des Staatsgerichtshofes besonders geeignet sein", vgl. § 3 I Satz 2 Gesetz über den Staatsgerichtshof.

Die Hessische Verfassung stattete den Staatsgerichtshof mit umfassenden Kontrollbefugnissen gegenüber allen drei staatlichen Gewalten aus, doch konnte das Gericht die ganze Wirksamkeit seiner verfassungsrechtlich starken Stellung nur entfalten, wenn das Ausführungsgesetz ihm die entsprechenden verfassungsrechtlichen Mittel zur Verfügung stellte. Es war Arndts Verdienst, daß durch einige Detailregelungen die institutionelle Stellung des Staatsgerichtshofes im ganzen eine erhebliche Stärkung erfuhr.

Neben Regelungen über den individuellen Rechtsschutz – er formulierte den Abschnitt über die „Verteidigung der Grundrechte"[455] – regte Arndt mit Erfolg Verfahrensmittel wie das Recht zur Amtsermittlung[456] und zum Erlaß einstweiliger Verfügungen[457] an, durch die der Staatsgerichtshof in seiner Stellung als echtes Gericht bestätigt und in seiner Unabhängigkeit gegenüber der Exekutive[458] gestärkt wurde.

Schließlich verhalf Arndt einer besonderen hessischen, in der deutschen Verfassungsgerichtsbarkeit neuen und einmaligen Einrichtung[459] zu ihrer eigentlichen Wirksamkeit und Bedeutung: das Amt des öffentlichen Klägers, im hessischen Staatsgerichtshofgesetz „Landesanwalt"[460] genannt. Bei seiner Schaffung war daran gedacht worden, eine Anrufung des Staatsgerichtshofs im öffentlichen Interesse zu ermöglichen, wenn die ansonsten Antragsberechtigten – möglicherweise aus politischen Motiven wie bei der Richter- und Ministeranklage – von ihrem Antragsrecht nicht Gebrauch machten.[461] Den Landesanwalt insgesamt von den sachlichen Weisungen des Landtags abhängig zu machen, wie es der ursprüngliche Regierungsentwurf zum Staatsgerichtshofgesetz vorgesehen hatte[462], hieß, ihm die notwendige Unabhängigkeit seiner Amtsausübung geradezu zu nehmen. Arndt drängte daher in seinem Neuentwurf darauf, den Landesanwalt grundsätzlich[463] frei von Weisungen zu stellen und ihm ein allgemeines Beteiligungsrecht an allen Verfahren einzuräumen.[464] Mit dieser Konzeption drang er erfolgreich durch.[465]

---

455 Vgl. die §§ 45 ff. des Gesetzes über den Staatsgerichtshof.
456 Angeregt von Arndt („Abänderungs-Vorschläge" vom Juni 1947, HStK 3d 02/07) und durch den pauschalen Verweis auf die Strafrechtspflegeordnung in § 14 I des Gesetzes über den Staatsgerichtshof übernommen.
457 Vgl. erstmals Arndts „Änderungs-Vorschläge", a. a. O., § 17 a und § 22 I des Gesetzes über den Staatsgerichtshof.
458 Der von Arndt vorgeschlagene § 16 IV (erste Ergänzung zu den Änderungs-Vorschlägen, s. Anm. 442) erlaubte den Ausschluß der Öffentlichkeit bei Beamtenvernehmungen, um zu verhindern, daß die Verwaltung, indem sie ihren Beamten die Genehmigung zur Aussage verweigerte, die Arbeit des Staatsgerichtshofs unmöglich machte. Die Regelung wurde übernommen in § 20 IV des Gesetzes über den Staatsgerichtshof.
459 S. Art. 130 I HV; s. dazu Geb, Verfassung, Zuständigkeit und Verfahren des Hessischen Staatsgerichtshofs, S. 43 f.
460 Vgl. § 10 des Gesetzes über den Staatsgerichtshof.
461 S. Zinn/Stein, Verfassung des Landes Hessen, Nr. 4 zu Art. 130; vgl. auch die grundlegenden Ausführungen des hessischen Staatsgerichtshofs zur Funktion des Landesanwalts in dem Verfahren P.St. 1023 (hessisches Personalvertretungsgesetz), Staatsanzeiger für das Land Hessen, Nr. 21/1986 (26.5.86), S. 1089 ff. (insbesondere 1095 f.).
462 Vgl. § 7 des Regierungsentwurfs vom 27.7.47, den Justizministerien Bayerns, Württembergs und Badens übersandt, HJM 1030/101 (a).
463 Vgl. bereits den von Arndt formulierten Brief Zinns an die Hessische Staatskanzlei, 13.3.47, HStK 3d 02/07.
464 Vgl. die §§ 9, 10, 17, Entwurf Arndts, April 1947, HJM, 1030/101 (a).
465 Zu diesem Grundsatz, s. § 18 I Gesetz über den Staatsgerichtshof.

Wie weit diese im Gesetzgebungsverfahren anscheinend nicht sehr umstrittenen Festlegungen trugen, zeigte sich später, als der Staatsgerichtshof mit Arndt als erstem Landesanwalt[466] seine Tätigkeit aufnahm. Allein fünf Verfahren[467] brachte der hessische Ministerialrat mit eigenen Anträgen in zweijähriger Tätigkeit als Landesanwalt in Gang. Schon in dem ersten dieser Verfahren demonstrierte er den Zweck der Weisungsfreiheit, die das Staatsgerichtshofgesetz dem Landesanwalt einräumte. Gegen das erklärte – vor allem finanziell begründete – politische Interesse der hessischen Landesregierung beantragte er festzustellen, daß die Gewährleistung der Schulgeldfreiheit in der Hessischen Verfassung[468] die Gerichte und die Verwaltung bindendes Recht und folglich die Einbehaltung bereits gezahlter Unterrichtsgelder verfassungswidrig sei.[469] Und er bekam recht.[470]

Zum einen trug der Gerichtshof damit dem dringenden verfassungsrechtlichen Anliegen Arndts Rechnung, den Primat der hessischen Landesverfassung und deren „Entscheidung" für den Sozialstaat zu bekräftigen. Zum zweiten war damit ein Präzedenzfall für das umfassende Initiativrecht des Landesanwalts geschaffen, das, als es 35 Jahre später von einer hessischen Landesregierung in einem ganz ähnlich gelagerten Fall[471] in Zweifel gezogen wurde, vom Gerichtshof nochmals eine Bekräftigung erfuhr mit der abschließenden Feststellung, der Landesanwalt sei keine „Randfigur", sondern eine zentrale Institution des hessischen Verfassungsprozesses.[472]

Zur Unabhängigkeit dieser Institution hatte Arndt maßgeblich beigetragen. Er begründete die Tradition des ‚unbequemen Landesanwaltes'.[473] Letztlich gestärkt wurde durch diesen unabhängigen öffentlichen Kläger auch die Unabhängigkeit und Stellung des Staatsgerichtshofs selbst als ‚neutraler' richterlicher Instanz.

Doch zurück zur Entstehung des Staatsgerichtshofgesetzes. Die Hessische Verfassung wies in entschieden antitotalitärer Ausrichtung dem Staatsgerichtshof eine zentrale Rolle beim Schutz der Verfassung zu. Das Gericht sollte gemäß Art. 146 Abs. 1 und 2 HV Rechte aus der Verfassung aberkennen können, falls jemand der – weit gespannten – Pflicht, „mit allen ihm zu Gebote stehenden Kräften" für den „Bestand der Verfassung einzutreten", zuwiderhandelte oder einer politischen Gruppe angehörte, die die „Grundgedanken der Demokratie" bekämpfte. Die Entscheidung über die

---

466 Auf den entsprechenden Vorschlag Zinns vom 11.10.48 hin, HJM, 1030/101 (b).
467 S. das Verfahren P.St. 22, HJM, Akten des Staatsgerichtshofs. Ein weiterer Antrag (HJM, Akten des Staatsgerichtshofs, P.St. 29 – Streit um die Rechtsstellung des Arbeitsgerichtsvorsitzenden) wurde als unzulässig abgewiesen, drei Anträge zurückgenommen (vgl. P.St. 46 und 48), bzw. nicht durch Urteil abgeschlossen (vgl. auch Anm. 473).
468 Vgl. Art. 59 I Satz 1 HV.
469 Vgl. den Antrag des Landesanwalts vom 28.2.49, HJM, Akten des Staatsgerichtshofs, P.St. 22.
470 Urteil vom 8.7.49, HJM, Akten des Staatsgerichtshofs, P.St. 22.
471 Im Verfahren über die Verfassungsmäßigkeit des hessischen Personalvertretungsgesetzes, vgl. Anm. 461.
472 A. a. O., Staatsanzeiger, S. 1096.
473 Für die Landesregierung „unbequem" konnte der Landesanwalt auch dadurch werden, daß er gem. § 18 I Gesetz über den Staatsgerichtshof anderen Verfahren beitrat und so durch sein unabhängiges öffentliches Amt dem individuellen Rechtsbegehren eines Bürgers größeren Nachdruck verlieh. Dies tat Arndt in zwei Verfahren (HJM, Akten des Staatsgerichtshofs, P.St. 41 und P.St. 54, Urteil vom 14.4.50 zu P.St. 41 und 54 gemeinsam). Außerdem vermochte der Landesanwalt kraft seiner Unabhängigkeit eine Mittlerrolle bei divergierenden Rechtsauffassungen innerhalb der Regierung zu spielen. Zu einer solchen, von Arndt dem Staatsgerichtshof vorgetragenen Streitfrage zwischen dem Justiz- und dem Innenministerium s. HStK, Verfahrensakten 3a 22/03.

Verfassungstreue einzelner Bürger, politischer Gruppen und Parteien gab dem Gericht eine herausragende politische Funktion.[474] So sah Arndt darin auch die „politische Kernfrage"[475] des Staatsgerichtshofgesetzes. Sollte der Staatsgerichtshof, unmittelbar aus dem weiten Tatbestand des Art 146 HV judizierend, jedoch als Strafgericht den Rechtsentzug bei festgestellter ‚Verfassungsuntreue' verhängen können? Sollte der Staatsgerichtshof allein feststellen dürfen, ob eine Partei dem „Grundgedanken der Demokratie" widersprach? Arndt verneinte beide Fragen. Er empfahl, den Rechtsentzug nach Art. 146 Abs. 1 und 2 HV von dem strafbaren Verstoß gegen ein im einzelnen auszuarbeitendes Strafgesetz abhängig zu machen und die Feststellung dieses Verstoßes dem Ermessen eines einfachen Strafgerichts zu überlassen.[476] Besonders aber die Feststellung, daß eine politische Gruppe gegen den „Grundgedanken der Demokratie" verstoße, betrachtete er als eine „wesentlich mehr politische als rechtliche, zumal die Grundgedanken der Demokratie" sich jeweils erst aus der „politischen Entwicklung der Geschichte" und nicht unmittelbar aus der Hessischen Verfassung ergäben.[477] Grundsätzlich aus der Stellung und dem Selbstverständnis der Staatsgerichtsbarkeit in einem demokratischen Staat heraus argumentierte Arndt dagegen, daß ein Staatsgerichtshof, der „selbst sein Recht nur aus dem Volk ableiten kann, [...] autoritär bestimmen darf, ob eine im Volk und aus dem Volk entstandene politische Gruppe undemokratisch sei." Als Lösung schlug Arndt vor, daß der Staatsgerichtshof nur in Übereinstimmung mit der unmittelbar demokratisch legitimierten Mehrheit des Landtags die ‚Demokratiefeindlichkeit' einer politischen Gruppe solle feststellen dürfen.[478] Beide Vorschläge gingen in das Staatsgerichtshofgesetz ein.[479]

Arndt plädierte also für eine rechtsstaatliche Begrenzung und teilweise Rückverweisung der politischen Rolle des hessischen Staatsgerichtshofs an das eigentlich ‚politisch' entscheidende Verfassungsorgan, das Parlament. Damit trug die SPD zunächst einem Einwand der KPD Rechnung, die offenbar befürchtete, daß die hochpolitische alleinige Entscheidung des Staatsgerichtshofs sich zu ihren Lasten auswirken werde.[480] Arndt mochte zudem der Gedanke bewegen, daß die Überfrachtung eines Staatsgerichtshofs mit materiell-politischen Entscheidungen in Urteilsform seine Legitimation als ‚Gericht' letztlich in Frage stellte.

Stand hinter dieser politischen (Teil-) Entlastung des Staatsgerichtshofs eine grundsätzliche Neigung Arndts, das Erfordernis des Staatsschutzes restriktiv zu interpretieren?

---

474 Vgl. dazu auch Fiedler, Entstehung der Landesverfassungsgerichtsbarkeit, S. 103 ff.
475 Vgl. Vermerk Arndts für Zinn vom 29.5.47, HJM, 1030/101 (a).
476 Vgl. Arndts „Abänderungs-Vorschläge" (Entwurf Hessisches Justizministerium, Juni 1947), § 24 a, HJM, 1030/101 (a).
477 Vgl. Arndts Begründung der „Ergänzung" zu den „Abänderungs-Vorschlägen", a. a. O.
478 Um die Regelung dieser „politischen Kernfrage" gab es anscheinend die größte Meinungsverschiedenheit, wie der Bericht des Rechtsausschusses (s. Anm. 441) zeigte.
479 Arndts „Ergänzungs-Vorschlag" ging der Sache nach in § 36 Ib des Gesetzes über den Staatsgerichtshof ein.
480 Dieser Schluß liegt nahe, wenn man die Diskussion im Rechtsausschuß (vgl. die Darstellung im Rechtsausschuß-Bericht, Anm. 441) betrachtet.

Strenges Staatsschutzstrafrecht

Wie Arndt den Staatsschutz verstand, bewies er mit mehreren Entwürfen zu einem Staatsschutz- und einem Parteiengesetz. Diese Gesetzeswerke standen, wie er betonte[481], in engem Zusammenhang mit der „politischen Kernfrage" des Staatsgerichtshofgesetzes, indem sie die strafrechtlichen Voraussetzungen eines Rechtsentzugs nach Art. 146 Abs. 2 HV klären sollten.

Mit beiden Gesetzentwürfen ließ Arndt keinen Zweifel daran, daß er den Gedanken eines strengen strafrechtlichen Staatsschutzes vollauf bejahte. Sein Leitgedanke war – das wurde am Beispiel des Parteiengesetzes deutlich – die Besorgnis, daß die Demokratie mit der Einräumung verfassungsrechtlicher Freiheiten nicht die Hand zu ihrer eigenen Vernichtung bieten sollte.[482] Am Beispiel der Vereinsfreiheit zeigte Arndt, daß in bewußter Abkehr vom „formalen Prinzip" der Weimarer Reichsverfassung die Hessische Verfassung ein „substantielles" Prinzip der Freiheit verbürge, „indem es in der Demokratie Freiheit nur für die Demokratie, aber nicht gegen sie geben" könne.[483] ‚Keine Freiheit den Feinden der Freiheit'[484] – dieses Motto beschreibt am treffendsten die Einstellung, mit der Arndt – und mit ihm die SPD und die große Mehrzahl der Politiker unmittelbar nach dem Krieg[485] – das Problem des Staatsschutzrechts behandelte. Das alarmierende Erlebnis des Aufstiegs der freiheitsvernichtenden NSDAP unter Ausnutzung der verfassungsrechtlich gewährten Freiheit war dabei prägend.

Arndts Entwürfe[486] zum Staatsschutzgesetz formulierten denn auch ein dichtes Geflecht strafrechtlicher Tatbestände, die von dem gewaltsamen Angriff auf den „verfassungsrechtlichen Zustand des Landes Hessen" über politisch motivierte Gewalttätigkeiten oder „verächtlichmachende Behauptungen gegen Angehörige des öffentlichen Dienstes" allgemein bis hin zur gewaltsamen Sprengung der Versammlung einer zugelassenen politischen Partei und rassistischen bzw. religiös diskriminierenden Beschimpfungen reichten.[487] Es schien so, als habe Arndt die „bösen Erfahrungen vor und nach 1933" unmittelbar in strafrechtliche Tatbestände umgesetzt in der Erwägung,

---

481 Vermerk Arndts für Zinn, 29.5.47 zu den „Abänderungs-Vorschlägen", HJM, 1030/101 (a).
482 Arndt, Die Parteien in der Verfassung (1948), S. 641 ff.
483 Ders., a. a. O., sowie in dem Vortrag „Aufgaben und Grenzen der Verfassung" am 6. August 1946, S. 15, HHStA 505/59.
484 So kritisierte Arndt an der Weimarer Verfassung, sie habe eine nahezu „substanzlose Freiheit als pures Negativum auch den Feinden der Freiheit" gewährt, Die Unabhängigkeit des Richters (1946), S. 317.
485 Zu dem Verfassungsbild der „wehrhaften" oder auch „streitbaren" Demokratie in den Länderverfassungen nach 1945 s. Pfetsch, Verfassungspolitische Innovationen, S. 13 ff. – zu den konkreten und weitreichenden Staatsschutzregelungen der Hessischen Verfassung, die auch im Zinn-/Arndt-Entwurf angelegt waren, vgl. Scherb, Präventiver Demokratieschutz als Problem der Verfassunggebung nach 1945, S. 44 ff., 258 f.
486 Den ersten „Diskussionsentwurf" legte Arndt am 21. Februar 1947 vor, vgl. Vermerk in HJM 1030/69, zwei weitere Entwürfe (Juni und August 1947) folgten. Letztere Entwürfe waren zwar nicht von Arndt namentlich gezeichnet, stammten aber doch aller Wahrscheinlichkeit nach von ihm; denn Arndt blieb bis 1949 innerhalb des Justizministeriums zuständig für dieses Gesetzesvorhaben und vertrat es gegenüber dem Rechtsausschuß des Landtags sowie gegenüber der amerikanischen Militärregierung, wie die Akten des Hessischen Justizministeriums zeigen (HJM, 1030/69); zur Entstehungsgeschichte und zum Inhalt der Entwürfe eingehend Schiffers, Zwischen Bürgerfreiheit und Staatsschutz, S. 40 ff. – Herrn Professor Dr. Schiffers verdanke ich den Hinweis auf die Entwürfe.
487 Die §§ 1, 6, 7, 8 des dritten Entwurfs vom August 1947, a. a. O.

„daß Terror der Erzfeind jeder Demokratie ist und deshalb ein modernes Strafgesetz die Aufgabe hat, den Terror in jeder bisher beobachteten Form zu bekämpfen."[488]

In der Tat war es – dieses Argument wurde auch von der amerikanischen Militärregierung eingewandt[489] – verfassungsrechtlich bedenklich, daß das Strafgesetz einen strafrechtlichen Sonderschutz für Mitglieder von Parteivorständen und Angehörige des öffentlichen Dienstes vorschrieb[490]. Arndt formulierte zudem die Straftatbestände so, daß die besondere, über herkömmliche Gewalt- und Beleidigungsdelikte hinausgehende Strafwürdigkeit der meisten Taten erst durch die qualifizierende Absicht und die politische Gesinnung des Täters, seine „politischen Beweggründe", die „Feindschaft" oder sogar „Gleichgültigkeit gegenüber der Demokratie"[491], begründet wurde. Vor dem Maßstab eines rechtsstaatlichen Strafrechts, das die Strafbarkeit in möglichst hohem Maße auf die Erfüllung ‚äußerer', Beweisen zugänglicher Merkmale stützte, lag darin ein Rückschritt von dem selbstgesetzten Ziel, den Rechtsstaat wiederzubegründen, und eine beachtliche Nähe zu Erscheinungsformen nationalsozialistischen Gesinnungsstrafrechts – wenngleich unter anderen politischen Vorzeichen. Daran änderte auch grundsätzlich nichts, daß Arndt die Verhängung der Todesstrafe für das schwerste Delikt an objektive, nicht in der Gesinnung des Täters liegende Kriterien knüpfen wollte[492]; denn Arndts auch im Rechtsausschuß des hessischen Landtags grundsätzlich bekannte Gegnerschaft gegen die Todesstrafe[493] blieb eine folgenlose Mental-Reservation. Auch er entsprach dem innerhalb der SPD hervortretenden Wunsch nach einer „unter allen Umständen abschreckenden"[494] Strafandrohung und nahm die Sanktion der Todesstrafe in seine Gesetzentwürfe auf.[495]

Insgesamt legte Arndt Entwürfe zum Staatsschutzgesetz vor, die rechtsstaatlich bedenklich, in ihren Strafandrohungen weitreichend und hart waren. Dahinter stand eine

---

488 Arndt in einem Brief an den Wiesbadener Kurier, 27.12.47, HJM, 1030/69.
489 Vgl. Arndt an Dr. Cuno Raabe, 20.4.49, und Vermerk für Ministerialrat Richter, 7.6.49, HJM, 1030/69; zur Kritik an den extensiven und harten Strafandrohungen s. Schiffers, Zwischen Bürgerfreiheit und Staatsschutz, S. 44 f.
490 Daran änderte auch der wenig überzeugende Versuch Arndts nichts, den Zweck eines Staatsschutzgesetzes dahingehend zu interpretieren, daß letztlich nicht der Staat, sondern das Volk als alleiniger Träger der Staatsgewalt geschützt werde (s. Bericht Arndts über eine Rundfunkdiskussion zum Staatsschutzgesetz, 14.1.48, HJM, 1030/69); vgl. auch die von Arndt angeregte (s. „Formulierungsanregungen" Arndts vom 6.9.48, HJM, 1030/69) Umbenennung des Gesetzes in „Freiheitsschutzgesetz", vgl. Protokolle des Rechtsausschusses des Hessischen Landtags vom 23.9.48, Archiv des Hessischen Landtags, Beschlußprotokolle des Rechtsausschusses des Hessischen Landtags, 1. WP, Bd. II.
491 Vgl. Arndt, „Formulierungsanregungen" vom 6.9.48, a. a. O., § 3 I.
492 Vgl. Arndt in der Sitzung des Rechtsausschusses vom 23.9.48, Archiv des Hessischen Landtags, Beschlußprotokolle des Hessischen Landtags, 1. WP, Bd. II.
493 Arndt, a. a. O.
494 Vgl. die Stellungnahme des SPD-Abgeordneten Ludwig Metzger, a. a. O.: „Wir müssen eine Strafandrohung schaffen, die unter allen Umständen abschreckend wirkt."
495 Der erste Gesetzentwurf Arndts vom 20.2.47 ordnete die Todesstrafe ausdrücklich selbst an, der zweite Entwurf vom Juni 1947 übernahm sie unter Bezug auf die Fortgeltung des Reichsstrafgesetzbuches, während der dritte Entwurf vom August 1947 seinerseits als Höchststrafe „Zuchthaus auf Lebenszeit" vorsah, während er zugleich die Verhängung einer höheren Strafe nach einem anderen Gesetz (also zum Beispiel die Todesstrafe nach dem Reichsstrafgesetzbuch) ausdrücklich nicht ausschloß. Auf dieser Linie pragmatischer Eingrenzung, nicht grundsätzlicher Opposition gegen die Todesstrafe, lag Arndts Vorschlag im Rechtsausschuß, die Verhängung der Todesstrafe nicht zwingend gesetzlich anzuordnen, sondern dies dem Richter zu überlassen (vgl. Protokoll des Rechtsausschusses des Hessischen Landtags, a. a. O.). Er drang damit nicht durch.

optimistische Einschätzung der Wirksamkeit und Durchsetzbarkeit strafrechtlichen Staatsschutzes. Sogar ein Geschehen wie der Eid- und Verfassungsbruch Hitlers – also eine „Revolution von oben", bei der auch Arndt einräumte, sie sei eigentlich noch nie bestraft worden, „denn die Regierung hat ja schon die Macht in ihren Händen" – sollte nun doch aufgrund möglichst genau gefaßter Straftatbestände sanktionierbar werden.[496]

Zwischen Förderung und Kontrolle: die Rechtsstellung der Parteien im Widerstreit

Arndts Entwürfe[497] zu einem „Gesetz über politische Parteien" verfolgten den Zweck des Staatsschutzes vor allem dadurch, daß Parteigründungen einer staatlichen Zulassung bedurften, die zu versagen oder zu widerrufen war, wenn die Gruppierung den verfassungsmäßigen Zustand des Landes Hessen oder die Grundgedanken der Demokratie bekämpfte oder dies nach ihrem Programm bezweckte.[498] Detaillierte Vorschriften sollten die Parteisatzungen auf die strikte Einhaltung innerparteilicher Demokratie verpflichten.[499] Arndts erklärtes Ziel bestand darin, mit Hilfe des Parteiengesetzes die Struktur der politischen Parteien zu stabilisieren sowie ihre staatspolitische Funktion zu bekräftigen und auszubauen.[500] Nach seiner Auffassung kam den Parteien die Funktion von „Staatsorganen" zu, die als „Vorparlamente"[501] die Auflösung und Gliederung der Masse des Wahlvolks[502], die Herausbildung der zur Staatsbildung benötigten Funktionäre[503] und die Heranbildung und Vermittlung des „Vertrauens" der Wähler[504] in den demokratischen Staat ermöglichen sollten. Gerade um dieser herausragenden staats- und demokratiebildenden Aufgabe willen – das war Arndts Angelpunkt – sollten die Parteien zum einen einer präventiven Zulässigkeitskontrolle unterliegen und zum anderen durch eine demokratische Binnenorganisation[505] ihre Glaubwürdigkeit zur Organisation eines demokratischen Staates unter Beweis stellen. Arndt ging es darum, die Erkenntnis zu wecken, daß den Parteien als wesensnotwendigen Bestandteilen der modernen, klassengespaltenen Gesellschaft und überdies als potentiellen „Verbindungsstreben für eine internationale Gemeinschaft"[506] auch der ihrer tatsächlichen

---

496 Vgl. Arndt in der Sitzung des Rechtsausschusses im Hessischen Landtag (Anm. 490) sowie den Bericht über die Rundfunkdiskussion über das Staatsschutzgesetz, 14.1.48, HJM 1030/69.
497 Den ersten Entwurf legte Arndt am 21.2.47 Zinn vor, zwei weitere Entwürfe (Juni und Juli 1947) folgten (HJM 1030/70). Der dritte Entwurf wurde mit Begründung abgedruckt in: Die Wandlung 3, 1948, S. 630 ff., vgl. auch den Dankesbrief Dolf Sternbergers an Arndt für die Übersendung des Gesetzentwurfs nebst Begründung, 13.4.48, HJM 1030/70.
498 Vgl. die §§ 1, 5, 10 des dritten Entwurfs, a. a. O.
499 Vgl. die §§ 6, 7 des dritten Entwurfs, a. a. O.
500 Vgl. die ausführlichen Verfassungsbestimmungen über politische Parteien im Zinn/Arndt-Entwurf, insbesondere Art. 47, bei Pfetsch, Verfassungsreden und Verfassungsentwürfe, S. 394; dazu ders., Verfassungspolitische Innovationen, S. 8 ff.
501 Vgl. Arndt, Manuskript, Die Parteien in der Verfassung, S. 4, HJM 1030/70.
502 Arndt, Vortrag, Aufgabe und Grenzen der Verfassung, S. 14, HHStA 505/59.
503 Arndt, Manuskript Die Parteien in der Verfassung, S. 4, 10 (Anm. 501).
504 Arndt, Die Parteien in der Verfassung (1948), S. 644.
505 Vgl. Arndt, Veröffentlichte Begründung zum dritten Gesetzentwurf (s. Anm. 483), S. 639: „[...] daß eine demokratische Partei in sich selbst demokratisch sein muß, dient zugleich dem Ziel, eine möglichst unteilbare Demokratie zu erreichen, das heißt dem Wähler als der Hauptperson der Demokratie wieder gegenüber dem sogenannten Apparat, das heißt der Bürokratie der Parteien, den ihm gebührenden Einfluß auf die Wahlvorschläge zu sichern."
506 Arndt, Die Parteien in der Verfassung (1948), S. 643.

Bedeutung entsprechende, in früheren deutschen Verfassungen ignorierte verfassungsrechtliche Rang zugestanden werden mußte.

Arndt bezog damit Position in einer breiten öffentlichen Diskussion um die Aufgabe und verfassungsrechtliche Stellung der politischen Parteien, die bei der Entstehung der Länderverfassungen eingesetzt hatte und mit den Beratungen zum Grundgesetz neuen Aufschwung nahm.

Arndts Entwurf zum Parteiengesetz wurde in der Zeitschrift „Die Wandlung" abgedruckt und von deren Mitherausgeber Dolf Sternberger sowie von Heinrich von Brentano, dem Vorsitzenden der CDU-Fraktion im Hessischen Landtag, offen und kritisch diskutiert.[507] Wie Arndt schöpften beide Kritiker aus den Erfahrungen mit dem instabilen Parteiensystem der Weimarer Republik. Anders als bei Arndt setzten ihre Schlußfolgerungen jedoch nicht bei der inhaltlichen Kontrolle der Parteien auf ihre demokratische Loyalität, sondern, weitergehend, bei der Einrichtung der Parteien als solcher an. Die Aufsplitterung des Parteiwesens, eines ihrer zentralen Bedenken, sollte durch ein stärker personenbezogenes Mehrheits- anstelle eines Verhältniswahlrechts mit parteigebundenen Listen bekämpft werden.[508] In Brentanos Bedenken, Arndts Entwurf stärke die „Parteibürokratie" und verkenne möglicherweise den Einfluß der Parteien auf die Mehrheitsbildung im Staatsgerichtshof, und schließlich in Sternbergers Aufruf zur „Bändigung der Parteien"[509] offenbarten sich grundlegende Zweifel an der Tauglichkeit einer Parteiorganisation zur stabilen demokratischen Willensbildung schlechthin.

Arndt – von seinem „radikal anderen" Standpunkt[510] – parierte diese weit verbreitete Parteienskepsis der ersten Nachkriegsjahre, die bis zur Forderung nach einem „Keinparteienstaat" reichte, mit einem polemischen Seitenhieb gegen die „self-pity" weiter Kreise der deutschen Intelligenz „gegenüber den bösen Parteien, von denen sie sich ja selbst ausschließen."[511]

Arndt setzte sich damit scharf ab gegen die noch aus der Weimarer Republik herrührende, in der politischen Intelligenz der Nachkriegszeit dominante, bis hinein in das liberale und linke Spektrum reichende Ablehnung einer Parteiendemokratie angelsächsischer Prägung. Der Aufbau einer anglo-amerikanischer, westlicher Verfassungstradition verpflichteten Parteiendemokratie im westlichen Nachkriegsdeutschland wurde demgegenüber entscheidend von parlamentarischen Eliten der Vorkriegszeit getragen.[512] Daneben gab Adolf Arndt das seltene und herausragende Beispiel eines Intellek-

---

507 Heinrich von Brentano sandte Dolf Sternberger den hessischen Gesetzentwurf mit der Bitte um Stellungnahme zu. Der Briefwechsel ist abgedruckt in: Die Wandlung 3, 1948, S. 630 ff.
508 Von Brentano, a. a. O., S. 635; Sternberger, Über die Wahl, das Wählen und das Wahlverfahren, S. 928 ff., 939.
509 Vgl. Sternberger, Nationen und Parteien in der gegenwärtigen Weltlage, S. 388.
510 So Sternberger, der im übrigen Arndt als „Mitarbeiter dieser Zeitschrift" vorstellte, in: Die Wandlung 3, 1948, S. 640 f.
511 Vgl. Arndt, Die Parteien in der Verfassung (1948), S. 644; ders., Manuskript, Die Parteien in der Verfassung (Anm. 501); eingehend zur Kontinuität und Verbreitung der Parteienskepsis in Deutschland nach 1945 H. Mommsen, Der lange Schatten der untergehenden Republik, zu Arndts Sonderstellung S. 580.
512 Vgl. H. Mommsen, a. a. O., S. 575, 583; Hennis, Die Rolle des Parlaments und die Parteiendemokratie, S. 212, der zum Parlamentarischen Rat, einer „aus ernsthaften und kenntnisreichen Patrioten" zusammengesetzten Versammlung, feststellt, daß „nie zuvor in der deutschen Geschichte eine Verfassung so souverän von einer reinen Parteimännerversammlung aufgestellt" worden sei.

tuellen, der aus der Erfahrung der nationalsozialistischen Herrschaft heraus seine eigene Parteiskepsis und -ferne überwunden hatte und entschieden das angelsächsische Verständnis zum Vorbild der eigenen prägenden Mitarbeit am Aufbau einer Parteiendemokratie nahm.

Doch konnte auch Arndt nicht übersehen, daß zumindest ein[513] zentraler Einwand Brentanos auch innerhalb der SPD gegen die Konzeption seines Entwurfs erhoben wurde: Walter Menzel, der Rechtsanwaltskollege Arndts aus der Berliner Zeit und nunmehrige Innenminister des Landes Nordrhein-Westfalen, entwarf im Auftrag des SPD-Parteivorstands ein Gesetz über die politischen Parteien, in dem er – im Unterschied zu Arndt – ein Zulassungserfordernis für die Parteitätigkeit ausdrücklich ablehnte, da es zur „Blockierung"[514] des politischen Lebens führen könne. Zudem sah Menzel ein Gericht, „auch den Staatsgerichtshof", nicht dazu berufen, die wesentlich politische Entscheidung über eine Parteizulassung zu treffen.[515]

In der Tat betraf dieses Argument einen zentralen Punkt, an dem Arndt die Rolle des Staatsgerichtshofs im Staatsschutzrecht nicht widerspruchsfrei begründete. Zwar sollte das Gericht nicht allein, sondern nur im Einvernehmen mit dem Landtag die Entscheidung über ein nachträgliches Parteienverbot treffen dürfen.[516] Andererseits sollte die vorbeugende Unbedenklichkeitsprüfung einer Partei dem Staatsgerichtshof selbstverständlich und allein überlassen sein, obwohl der politische Gehalt und die Wirkung einer solchen Entscheidung nicht geringer waren und diese zum Teil denselben[517] gesetzlichen Kriterien unterlag wie das nachträgliche Parteiverbot. Arndt versuchte demgegenüber, den politischen Gehalt der Kontrolle durch den Staatsgerichtshof insgesamt herunterzuspielen: Sie ziele lediglich auf den Ausschluß „solcher Gruppen, die in Wirklichkeit gar keine politischen Parteien innerhalb der Demokratie sind, sondern entweder als verbrecherische Organisationen oder als Bürgerkriegsformationen beurteilt werden müssen."[518] Doch stand dabei allzu selbstverständlich das historische Bild der offenkundig verbrecherischen NSDAP Pate. Arndt ignorierte, bewußt oder unbewußt, daß die Identifizierung seiner „Bürgerkriegsformation" in Zukunft schwieriger sein könnte und dem Staatsgerichtshof notwendigerweise eine Prognose über das politische Verhalten einer sich politisch gerierenden Gruppe abverlangte. Letztlich mag die

---

513 Ein weiterer Einwand Brentanos wie Menzels gegen Arndts Gesetzentwurf betraf die Praktikabilität; denn eine die Zulassung begehrende Gruppe werde darüber hinwegzutäuschen wissen, daß sie den „Grundgedanken der Demokratie" bekämpfe; s. von Brentano, in: Die Wandlung 3, 1948, S. 635 (er war der Auffassung, die KPD könne nach diesem Gesetzentwurf nicht zugelassen werden!), sowie Menzel an Zinn, 10.5.48, HJM 1030/70.

514 Vgl. das Rundschreiben Erich Ollenhauers vom 31.3.48, in dem die Begründung Menzels zu seinem Gesetzentwurf auszugsweise wiedergegeben ist, HJM 1030/70; von Brentano, in: Die Wandlung 3, 1948, S. 635.

515 Begründung Menzel, a. a. O.

516 S. oben. Text bei Anm. 474 ff.

517 Vgl. die geforderte Übereinstimmung mit dem „Grundgedanken der Demokratie" in § 36 I des hessischen Gesetzes über den Staatsgerichtshof in Verbindung mit Art. 146 II HV sowie § 5 des dritten Entwurfs zum Parteiengesetz, in: Die Wandlung 3, 1948, S. 630.

518 Vgl. die Begründung zum dritten Gesetzentwurf, a. a. O., S. 638; zugespitzter in Richtung auf eine Entpolitisierung der Gerichtsentscheidung noch in der „1. Ergänzung zu den Abänderungs-Vorschlägen" zum Gesetz über den Staatsgerichtshof (Juni 1947), HJM 1030/101 (a): Die Entscheidung des Staatsgerichtshofs solle solche Gruppen vom Machtkampf ausschließen, „die in Wirklichkeit gar keine politischen, sondern (wie zum Beispiel die NSDAP) Kriminelle sind.".

Zuweisung der Zulassungskontrolle an den Staatsgerichtshof schlicht pragmatisch[519] dadurch begründet gewesen sein, daß in „der Praxis größere Hemmungen" bestehen würden, eine „undemokratische Partei aufzulösen, als ihre Zulassung abzulehnen."[520] Jedenfalls wies Arndts Entwurf eines Parteiengesetzes dem Staatsgerichtshof die Rolle eines ‚Türhüters der Parteiendemokratie' zu. Um den Preis seines politischen Funktionszuwachses sollte das Gericht die Voraussetzung eines homogenen, im demokratischen Konsens geeinten Parteienspektrums schaffen.

Die Gesetzgebungsverfahren zum hessischen Parteien- und Staatschutzgesetz kamen nicht zum Abschluß[521]; denn mit der Verabschiedung des Grundgesetzes 1949 war die Grundlage für übergreifende bundeseinheitliche Regelungen dieser Gesetzesmaterien geschaffen.

In der hessischen Justiz- und Staatsschutzgesetzgebung bis zum Jahre 1949 war Arndt der maßgebende Gesetzesreferent des Justizministeriums. In seinen Gesetzentwürfen wurde das Leitbild einer „substantiellen", das heißt werterfüllten und *streitbaren Demokratie*[522] erkennbar: Zur Verteidigung des Werts Demokratie sollten Freiheitsrechte nicht absolut, sondern nach Maßgabe und in den Grenzen dieses Werts gelten. So sollte sich der Gebrauch der richterlichen Unabhängigkeit und der Parteigründungsfreiheit erst durch seine Übereinstimmung mit der Demokratie legitimieren und demgemäß schützenswert sein.

Eine solche *substantielle* Demokratie bedurfte zu ihrer Erhaltung einer Kontrollinstanz, die Abweichungen vom „Grundgedanken der Demokratie" autoritativ festzustellen und zu ahnden befugt war. Diese Rolle fiel im gewaltenteilenden Rechtsstaat der Hessischen Verfassung der Gerichtsbarkeit zu. Für Arndt galt es daher, ebenso das Funktionserfordernis der Unabhängigkeit der Justiz zu verteidigen wie ihre innere demokratische Legitimation durch die Verstärkung des Laienelements und durch entsprechende Anforderungen an die Richterpersönlichkeit und -tätigkeit auszubauen.

Auf dem Boden dieses Demokratieverständnisses hatte Arndt erheblichen Anteil am institutionellen Ausbau[523] der Gerichtsbarkeit, insbesondere der Staatsgerichtsbarkeit, der die Funktion des höchsten Garanten substantieller Demokratie zukommen sollte und zukam.

---

519 Daß neben verfassungstheoretischen auch politisch-taktische Erwägungen in der Gesetzesformulierung eine Rolle spielten, hatte sich schon gezeigt, als die SPD, unter anderem auf Drängen der KPD, den Landtag an der Entscheidung über das Parteiverbot beteiligte (s. oben). Um dennoch einen effizienten verfassungsgerichtlichen Staatsschutz zu erreichen, bot sich das Ausweichen auf die Zulassungskontrolle durch den Staatsgerichtshof an.
520 Vgl. Zinn an den SPD-Parteivorstand (Hannover), 9.4.48, HJM 1030/70.
521 Vgl. die Mitteilung des Hessischen Justizministeriums an den hessischen Bevollmächtigten beim Bund, 30.11.55 (Parteiengesetz), HJM 1030/70. Die Gesetzgebungsakten zum Staatsschutzgesetz brechen ab mit einem Aktenvermerk vom 6. Oktober 1949, vgl. HJM, 1030/69.
522 Zu diesem maßgeblich von SPD-Vertretern forcierten Grundgedanken des Staatsschutzes in den Länderverfassungen nach 1945 siehe Pfetsch, Verfassungspolitische Innovationen, S. 13 ff.
523 Vgl. zum Beispiel Arndts Beharren auf der „Unteilbarkeit der Justiz" – das heißt ihres Schutzes vor Aufsplitterung in unzusammenhängende, verschiedenen Fachministerien unterstellte Fachgerichtsbarkeiten – als Bedingung einer effizienten Kontrolle von „Regierung, Gesetzgebung und Wirtschaft", vgl. den Vortrag, Aufgaben und Grenzen einer Verfassung, 6.8.46, S. 13, HHStA 505/59; Die Unabhängigkeit des Richters (1946), S. 322; Empfiehlt es sich, die vollständige Selbstverwaltung aller Gerichte im Rahmen des Grundgesetzes gesetzlich einzuführen? (1954), S. 377. Arndts These von der Einheit der Rechtspflege wurde auch im Herrenchiemseer Verfassungskonvent diskutiert, s. Griepenburg, Herrmann Louis Brill, Chiemseer Tagebuch, S. 614.

5. „Internationales Staatsrecht" und interzonale Reorganisation Westdeutschlands – Arndts Stellungnahme zur Rechtslage Deutschlands und seine Arbeit im Frankfurter Wirtschaftsrat

> „Die Vertretung des Justizministeriums beim Rechtsausschuß des Länderrats, bei bizonalen Ämtern und anderen Institutionen, an denen mehr als ein Land beteiligt ist, muß in der Hand eines besonders tüchtigen Beamten liegen, der nach Möglichkeit auf allen Rechtsgebieten Erfahrungen und Kenntnisse hat und es versteht, gesetzmäßige Formulierungen zu finden und in ihrer Tragweite zu beurteilen [...] Das Justizministerium verfügt in der Person des Ministerialrats Dr. Arndt über einen solchen Beamten von überragenden Fähigkeiten."[524]

Dieses Lob vom Stellvertreter Justizminister Zinns, Ministerialdirektor Canter, zog die Bilanz aus anderthalb Jahren Tätigkeit Arndts im hessischen Justizministerium als Vertreter Hessens im Rechtsausschuß des Süddeutschen Länderrats, in dem die vier Länder des amerikanischen Besatzungsgebiets zusammengeschlossen waren.[525] Arndt wurde daraufhin im Frühjahr 1947 von den laufenden Geschäften des Abteilungsleiters im Ministerium entlastet und für Sonderaufgaben in interzonalen Organisationen freigestellt. Im Mai 1947 begann nämlich die Reorganisation der bizonalen – amerikanischen und britischen – Wirtschaftsverwaltung, die zur Gründung des ersten „Wirtschaftsrats des Vereinigten Wirtschaftsgebiets" führte.[526] Arndt gehörte als Rechtsexperte dem „Juristischen Beirat" des Exekutivrats, der Ländervertretung des Ersten Wirtschaftsrats, an.[527] Der erste Schritt auf die Bühne der interzonalen Politik war damit getan.

Der ideale Maßstab: „Internationales Staatsrecht"...

Seit 1946 erörterte Arndt das staats- und völkerrechtliche Problem des besetzten und geteilten Deutschlands öffentlich in Vorträgen und wissenschaftlichen Beiträgen. Aufmerksam und kritisch kommentierend, verfolgte er die Politik der Besatzungsmächte und die allmählich Gestalt annehmende politische Reorganisation des Westteils Deutschlands. Die Zweite Interzonale Tagung der Leiter des Justizwesens[528], zu der Zinn im Dezember 1946 nach Wiesbaden eingeladen hatte, nutzte Arndt, um seinen

---

524 Ministerialdirektor Dr. Canter, „zum Stellenplan des Justizministeriums für das Haushaltsjahr 1947/1948", 12.4.47, HJM 1200 E/3 (Sammelakte Organisation).
525 Zum Süddeutschen Länderrat vgl. Härtel, Der Länderrat des amerikanischen Besatzungsgebietes. Arndts rege Mitarbeit im Rechtsausschuß des Süddeutschen Länderrats von dessen Gründung an belegen die Protokolle des Ausschusses, HHStA, 528/173, 174; vgl. auch Akten zur Vorgeschichte der Bundesrepublik, Bd. 1, S. 214, 312, sowie Bd. 3, S. 726, 781 (Arndt unter anderem anwesend als Sachverständiger bei einer außerordentlichen Tagung des Länderrats zum Rückerstattungsgesetz, vgl. dazu auch Arndt, Das Rückerstattungsgesetz der amerikanischen Zone (1948), S. 161 ff.); zu Arndts Mitarbeit am „Gesetz zur Befreiung von Nationalsozialismus und Militarismus" vgl. Kap. II.3.
526 Vgl. dazu Tilman Pünder, Das bizonale Interregnum, S. 89 ff.
527 Vgl. dazu die Protokolle des „Juristischen Beirats", BT Parl. Arch., Bestand 2, Nr. 229.
528 Vgl. Zum Aufbau des Rechtslebens, Festgabe zur Wiesbadener Juristentagung, Heidelberg 1946, s. auch zum Verlauf der Tagung die Niederschrift und den Bericht (Anm. 423).

gedanklichen Entwurf eines *„Internationalen Staatsrechts"* den maßgebenden deutschen Justizpolitikern aller vier Besatzungszonen vorzutragen.

Mit der Fügung „Internationales Staatsrecht" unternahm Arndt den Versuch einer begrifflichen Neuprägung. Das „neuartige Rechtsgebiet", um das es ihm ging, sollte als solches schon in seiner Bezeichnung kenntlich werden: Nach Begriffen des herkömmlichen Völkerrechts, das von der Souveränität nationaler Staaten ausging und die Regelung zwischenstaatlicher Beziehungen bezweckte, enthielt die Wendung vom „Internationalen Staatsrecht" eine contradictio in adiecto. Entweder eine Rechtsmaterie gehörte dem nationalen Staatsrecht an oder galt inter-national – nicht aber beides zugleich.[529] Eben diesen vermeintlichen Widerspruch machte sich Arndts Begriffsprägung zunutze. Sie sollte klarstellen, daß das „Internationale Staatsrecht" die Auflösung des rechtlichen Denkens von der begrenzten nationalstaatlichen Souveränität betrieb[530] und an seine Stelle einen internationalen, die nationalen Staatsrechtsordnungen verpflichtenden und legitimierenden Rechtsmaßstab setzte.

Arndt konstatierte die Auflösung nationalstaatlich bestimmter, tradierter Formen und Begriffe des Völkerrechts auf breiter Front: So sei die Besetzung Deutschlands keine herkömmliche, vor nationalem Staats- und Selbstbestimmungsrecht haltmachende „occupatio bellica", sondern eine Besetzung nach dem „Interventionsprinzip"[531], die mit dem Ziel erfolgt sei, in dem besetzten Staat gerade eine neue, auf die Demokratie und die Beachtung der Menschenrechte gegründete rechtliche Organisation zu errichten.[532] Dementsprechend kodifiziere das moderne Völkerrecht nicht mehr nur zwischenstaatliche Verhaltenspflichten, sondern Pflichten der Staaten gegenüber ihren Bürgern[533], vor allem die Einhaltung der Menschenrechte. Auch in dieser Entwicklung des internationalen Rechts begrüßte Arndt eine Abwendung vom Positivismus. Das „Internationale Staatsrecht" frage nicht nach dem souveränen Staat als Schöpfer einer Rechtsordnung positiv bestimmter und begrenzter Legalität. Ihm gehe es vielmehr um die darüber existierende, metajuristisch begründete[534] „Legitimität"; denn „der Begriff der Legitimität ist transzendent; er erkennt den Staat als Geschöpf der Rechtsordnung."[535] Darin steckte eine grundlegende und weitreichende These: Nicht als Schöpfer, sondern als „Geschöpf" sollte der nationale Staat unter der Rechtsordnung des „Internationalen Staatsrechts" stehen. Die entscheidende Frage nach dem Inhalt des Legitimitätsbegriffs „Internationales Staatsrecht" war damit gestellt.

Arndt betrachtete die Menschenrechte als einen „Codex des internationalen Staatsrechts" und berief sich dazu auf die Atlantik-Charter und die Charta der Vereinten

---

529 Jedenfalls nach der in Deutschland seit der Jahrhundertwende von dem führenden Völkerrechtler Heinrich Triepel, Arndts Lehrer, vertretenen „dualistischen Theorie"; dazu Verdross-Simma, Universelles Völkerrecht, S. 66.
530 Vgl. Arndt, Status and Development of Constitutional Law in Germany (1948): „Thinking in terms of national states is collectivistic and positivistic.".
531 Arndt, Deutschlands rechtliche Lage (1947), S. 107 ff.
532 Arndt, Status and Development of Constitutional Law in Germany (1948), S. 3, interpretierte den Zweiten Weltkrieg nicht nur als einen Machtkrieg zwischen Staaten, sondern als einen „international civil war over the rights of man.".
533 Arndt, a. a. O., S. 2.
534 Arndt, Vortrag zum Thema „Internationales Staatsrecht" auf der 2. Interzonalen Tagung der Leiter des Justizwesens in Wiesbaden (1946), BA Z 1/1319 (Anlage 4 zum Bericht Dr. von Arnim); vgl. auch Arndts Zusammenfassung des Vortrags, Internationales Staatsrecht (1947), Sp. 217 ff.
535 Arndt, Tagungsvortrag über „Internationales Staatsrecht", Blatt 6, a. a. O.

Nationen.[536] Ins einzelne ging er in einem Aufsatz unter dem – mit Bedacht gewählten – Titel „Just peace"[537], mit dem er die Absichtserklärung der Potsdamer Deklaration der Vier Alliierten Mächte aufgriff. Just peace – ein gerechter Friede für Deutschland – enthielt, so interpretierte es Arndt, das Versprechen eines Friedensschlusses nach dem Maßstab des „Internationalen Staatsrechts." Die Formel des „just peace" sei nicht zu verstehen ohne ihre Verwendung in früheren Verlautbarungen der christlichen Kirchen und ohne deren Zusammenhang mit dem menschenrechtlichen Maßstab der Atlantik-Charter. Gerade wenn man den Maßstab der Menschenrechte ernst nahm, so lautete Arndts Leitgedanke, mußte er in einem „gerechten Frieden" seinen Niederschlag finden. In bewußter Übernahme christlicher Diktion bestimmte Arndt diesen gerechten Frieden und den Zustand der Friedlichkeit als „Gemeinschaft" und „Bund" auf dem Boden der „Versöhnung."[538] Damit war ein Gedanke berührt, der dem christlichen Glauben ebenso wie dem Prinzip der Menschenrechte zugrunde liegt: die prinzipielle Gleichheit und Gleichberechtigung der Menschen. Der Kern des Legitimitätsbegriffs „Internationales Staatsrecht" bei Arndt ließ sich auf das ‚humanum' der Anerkennung universeller menschlicher Gleichheit zurückführen.

Hier zeigte sich die mehrschichtige Bedeutung und Funktion des Begriffs „Internationales Staatsrecht." Trotz einiger deskriptiver Gehalte, die neuere Entwicklungen des Völkerrechts einbezogen, war es kein analytischer Begriff. Arndt kam es vielmehr darauf an, den Legitimitätsgehalt der Begriffsprägung als normative, rechtliche Anforderung fruchtbar zu machen: Dem Maßstab Internationalen Staatsrechts konnte nicht irgendein Friedensschluß, sondern nur ein „just peace" auf dem Boden der Gleichberechtigung genügen. Der Maßstab der Gleichberechtigung legitimierte aufgrund der Menschenrechtsgarantie des Internationalen Staatsrechts die Intervention in ein menschenverachtendes System – aber er begrenzte sie auch.

Von diesem Begrenzungszweck her gab Arndt dem Gedanken des Internationalen Staatsrechts schließlich seine eigentliche rechtliche und auch politische Stoßrichtung gegenüber den Besatzungsmächten: Die alliierte Besatzung sollte sich in ihrer Praxis an den Menschenrechten messen und festhalten lassen. So forderte Arndt von dem Maßstab der „Gleichheit der einzelnen und der Völker auch vor dem Völkergesetz" her „die Aufhebung der Wertungsunterschiede" zwischen „Siegern" und „Besiegten."[539] Von der Reziprozität des Interventionsgedankens aus war es gleichfalls konsequent gedacht, die Ausübung der Besatzungsgewalt nicht als restlose Unterwerfung, sondern als treuhänderische Wahrnehmung der deutschen Staatsgewalt durch die Alliierten rechtlich zu qualifizieren und zu binden.[540] Allerdings steckte darin eine bedeutsame Voraussetzung, nämlich die These vom Fortbestehen einer deutschen Staatsgewalt und damit des Deutschen Reiches als Staat.

---

536 A. a. O., S. 3.
537 Arndt, Just Peace (1948), Sp. 1 ff.
538 ders., a. a. O., Sp. 5, 13.
539 A. a. O., Sp. 9. Die Heranziehung internationalen Rechts zur Delegitimierung eines Sieger-Besiegten-Verhältnisses war ein weitverbreitetes Argumentationsmuster in Deutschland nach 1945. Es verband SPD-Politiker mit Sprechern des bürgerlich-konservativen Lagers wie Konrad Adenauer, s. dazu Foschepoth, Zur deutschen Reaktion auf Niederlage und Besatzung. S. 155 ff., 159, 162.
540 Arndt, Deutschlands rechtliche Lage (1947), S. 111; ders., Status and Development of Constitutional Law in Germany (1948), S. 3; ders., Besprechung zu Kaufmann, Deutschlands Rechtslage unter der Besatzung/Grewe, Ein Besatzungsstatut für Deutschland (1949), Sp. 446.

... und sein Scheitern: die Rechtskontinuität des Deutschen Reiches und der Primat des Nationalbewußtseins

Zinn und Arndt trugen diese These gemeinsam[541] den Juristen der vier deutschen Besatzungszonen vor. Es galt für sie, die These Hans Kelsens wirksam zu widerlegen. Der unter dem Nationalsozialismus emigrierte, nunmehr in den USA lehrende ehemalige Wiener Staatsrechtslehrer hatte von dem Zinn und Arndt rechtsmethodisch entgegengesetzten – positivistischen – Standpunkt aus den Untergang des Deutschen Reiches infolge der Kapitulation behauptet.[542] Entsprechenden Ehrgeiz setzte Arndt daran, Kelsens „Spekulationen" und dessen, wie er es nannte, „juristischem Begriffsspiel"[543], die er gleichermaßen für juristisch unhaltbar und politisch schädlich hielt[544], nachhaltig und öffentlichkeitswirksam seinen antipositivistischen und politisch entschiedenen Standpunkt entgegenzuhalten.[545] Hier, am Beispiel der Rechtslage Deutschlands, bewies sich die ganze Tragweite und politische Kraft, die in Arndts zentraler Überlegung der Reziprozität, der auf dem Gedanken der Gleichheit und Gegenseitigkeit beruhenden gleichzeitigen Legitimation und Bindung der alliierten Okkupationsgewalt, steckten.

Arndt, der auf die wissenschaftliche Vorarbeit Zinns[546] zurückgreifen konnte, setzte sich in der wissenschaftlichen Meinungsbildung letztlich erfolgreich gegen Kelsen durch.[547] Er begründete den Fortbestand des deutschen Staates zunächst mit den entsprechenden Verlautbarungen und Rechtsakten der alliierten Besatzungsmächte selbst, an denen diese sich festhalten lassen müßten sowie der begrenzten staatsrechtlichen Wirkung einer lediglich „militärischen Kapitulation."[548] Auch dürfe – das war ohne Zweifel ein gewichtiges Argument aus der ‚Folgenbetrachtung' – Deutschland sich nicht durch Leugnung seiner staatlichen Fortexistenz aus der „historischen Kontinuität" und der Haftung für das Unrecht des Nationalsozialismus fortstehlen.[549] Vor allem

---

541 Zinn hatte auf der Wiesbadener Juristentagung vor Arndt seinen Vortrag „Das staatsrechtliche Problem Deutschland" (abgedruckt in: SJZ 1947, Sp. 4 ff.) gehalten. Darauf bezog sich Arndt in seinem Vortrag über „Internationales Staatsrecht"
542 Arndt bezog sich dabei offensichtlich auf Hans Kelsens Abhandlung „The legal status of Germany according to the declaration of Berlin" (in: American Journal of International Law 1945, S. 18; s. dazu Stödter, Deutschlands Rechtslage, S. 39 ff.). Dagegen jedenfalls richtete sich Zinns Aufsatz, Das staatsrechtliche Problem Deutschland, Sp. 4 ff.
543 Vgl. Arndt, „Das deutsche Staatsproblem", HHStA, 505/59; in der Besprechung des ‚Garbe-Urteils' des OLG Kiel, SJZ 1947, Sp. 331, nannte Arndt Kelsens Theorie „völkerrechtlich verheerend."
544 Arndt, „Das deutsche Staatsproblem", a. a. O. Dort nannte er Kelsens Theorie „weder juristisch möglich noch politisch wünschenswert."
545 So erstmals in der durch Veröffentlichungen des Völkerrechtlers Rudolf von Laun ausgelösten großen öffentlichen Debatte seit der Jahreswende 1946/47 (dazu Diestelkamp, Rechtsgeschichte als Zeitgeschichte, S. 199 ff.); Arndt, Staat Deutschland, in: Die Zeit, 2. Januar 1947. Dabei überließ Arndt das nähere Eingehen auf Kelsens Argumente Zinn (s. Anm. 541). Er selbst kritisierte Kelsens Theorie mehr von ihren staatsrechtlichen und politischen Folgen her.
546 S. Zinn (Anm. 541) sowie ders., Unconditional Surrender.
547 Befriedigt konnte Arndt in seinem Bericht über die Zweite Tagung deutscher Völkerrechtslehrer im April 1948 (1948) feststellen: „Allerseits wurde davon ausgegangen, daß Deutschland als Staat noch fortbesteht"; vgl. auch das Resümee bei Stödter, Deutschlands Rechtslage, S. 91 ff. (insbesondere S. 100 ff.), 246.
548 Vgl. Arndt, Manuskript „Das deutsche Staatsproblem", HHStA 505/59; ders., „Die rechtliche Bedeutung der Kapitulation", Manuskript, HHStA 505/58.
549 Arndt, Manuskript „Das deutsche Staatsproblem", a. a. O.; ders., Deutschlands rechtliche Lage (1947), S. 113.

aber könne nur ein fortbestehender deutscher Staat Subjekt und „gleichberechtigter" Partner eines abzuschließenden Friedensvertrags sein. Letzterer Punkt war für Arndt entscheidend[550]: Die Gewährung eines gleichen, durch „Gerechtigkeit" legitimierten Rechts anstelle eines „Sonderrechts"[551] für das besetzte Deutschland war die Bewährungsprobe, ob der Maßstab des Internationalen Staatsrechts ungeteilt und daher auch für das besiegte Deutschland galt.

Der ursprünglich vom Individuum her gedachte menschenrechtliche Maßstab der Gleichheit wurde damit von Arndt auf Deutschland als Staat übertragen.[552] Nicht nur jedem Deutschen, sondern dem deutschen Staat sollte der Schutz durch das Internationale Staatsrecht zustehen – das war Arndts gedankliche Übertragung. Sie folgte konsequent aus seinem strikt personalistischen Staatsverständnis, das in diesem Zusammenhang zutage trat und sich folgendermaßen zusammenfassen läßt: Ein Staat – begriffen nicht als „Abstraktion", sondern „leibhaftige Wirklichkeit aus Land und Leuten, die von den Menschen gebildet wird" –, der nur durch und für seine Bürger existiert, die ihrerseits seine Entscheidungen unmittelbar und als „lebendige Menschen" zu spüren bekommen, muß nach außen hin selbst Träger der Rechte seiner Bürger zu deren Schutz sein können.[553] Nicht nur der einzelne Deutsche, sondern das ganze deutsche Volk, verkörpert in seinem fortbestehenden Staat, trat bei Arndt als Rechtssubjekt des neuen Internationalen Staatsrechts auf und erhob den Anspruch – nationaler – Gleichberechtigung.

Von diesem Maßstab aus gewann Arndts Kritik an der alliierten Besatzungspolitik ihre Stoßkraft und Schärfe – von daher bezog sie aber auch ihre Mißverständlichkeit. Ganz im Sinne seines Reziprozitätsgedankens hielt Arndt der Besatzungspolitik vor, daß „man dem deutschen Volk, um ihm die Menschenrechte wiederzugeben, sie ihm vorenthalte"[554], und warnte vor einem in der Folge um sich greifenden Rechtsdefätismus, dem zufolge immer mehr Deutsche die Demokratie mit der „Vorstellung eines Todesurteils" verbänden. Statt einer Politik des Friedens, des ‚just peace', sei „politische Demontage"[555] betrieben worden. Hart ging er mit der alliierten Ernährungspolitik ins Gericht: Unter Vernachlässigung völkerrechtlicher Verpflichtungen hätten die Besatzungsmächte eine „Hungerstrafe" über Deutschland verhängt, deren Verlustliste „größer [sei] als die der Atombombe."[556] In einem Beitrag für die „Annals of the American Academy" warnte er die amerikanischen Leser davor, Deutschland auf den Status einer „proletarianized white colony"[557] herabsinken zu lassen. Einen bittern Ton schlug Arndt schließlich an bei seiner Attacke auf die Kollektivschuldthese. Für ihn war sie das Symbol einer falschen, das Individuum negierenden Denkweise, die zudem in gewissen alliierten Kreisen eingesetzt werde, um eine „Politik der outlawry gegenüber den Menschen in Deutschland zu verfolgen" und eine „Teilung der Welt in Kapital- und Proletariatsstaaten herbeizuführen."[558]

---

550 Ders., Deutschlands rechtliche Lage (1947), S. 115.
551 So Rudolf von Laun, zitiert nach Arndt, Manuskript „Das deutsche Staatsproblem", HHStA 505/59.
552 Arndt, a. a. O., sprach von einem „Menschenrecht auf Gehör" für das deutsche Volk.
553 Ders., ebda.
554 Ders., Deutschlands rechtliche Lage (1947), S. 111.
555 Ders., a. a. O., S. 112: ders., „Das deutsche Staatsproblem", HHStA 505/59.
556 Ders., Just Peace (1948), Sp. 9.
557 Ders., Status and Development of Constitutional Law in Germany (1948), S. 2.
558 Ders., Just Peace (1948), Sp. 4 ff.

Der Kollektivschuldvorwurf löste in Arndt einen Verteidigungsreflex aus, der mit der Empörung über eine individuell ungerechte Bewertung der eigenen Person nicht mehr zu erklären war. Der kollektive Vorwurf in seiner ganzen Verallgemeinerung muß in Arndt gleichfalls eine kollektive, von ihm geteilte Empfindung getroffen haben: das nationale Ehrgefühl. Diese Empfindung nationalen Stolzes identifizierte sich für Arndt mit dem „Martyrium" der Männer des deutschen Widerstands wie „Bonhoeffer, Delp und Graf Moltke", die „nicht in gleicher Geborgenheit wie ihre Freunde im Ausland, sondern in notwendiger Verborgenheit und vogelfrei unter dem Schwert ihrer Henker – schon während des Krieges – die Frage eines gerechten Friedens zum Sinn ihres Lebens machten."[559] Sarkastisch hielt er dagegen, daß die Zahl der Opfer des deutschen Widerstandes größer gewesen sei als die Verluste der amerikanischen Armee.[560] Nur aus tief verletztem nationalen Ehrgefühl, weil „Deutsche heute kaum noch als Menschen gelten"[561], erklärt sich Arndts Vorstellung einer ausweglosen Verteidigungssituation – er sah sich als Mitglied einer „Schar von Menschen", die „mit dem Rücken an der Wand und buchstäblich gegen eine Welt kämpfte."[562] Deshalb suchte er das Heil in einem scharfen, verletzenden Gegenangriff. „Deutschenfeindschaft" sei „nicht um ein Deut besser [...] als die Judenfeindschaft und für den Frieden der Welt nicht minder gefährlich"[563], konterte Arndt. Entsprechend seiner Grundannahme, die von einem resistenten, den Nationalsozialismus überdauernden deutschen Rechtsgedanken ausging[564], parierte er den Vorwurf kollektiver deutscher Schuld mit einer – annähernd – kollektiven Ehrenrettung des deutschen Volkes, das „sich in seiner überwältigenden Mehrheit nach Befreiung vom Joch der Hitlerischen Sklaverei" gesehnt habe.[565]

Die Wurzeln dieses ausgeprägt nationalen Denkens bei Adolf Arndt lassen sich gewiß bis in seine Kindheit und Jugend im Wilhelminischen Bürgertum zurückverfolgen. Doch spricht vieles dafür, daß dieser politische Grundimpuls eine vielfache Verstärkung durch Arndts rassische Diskriminierung unter dem nationalsozialistischen Regime erfuhr. Wie konnte Adolf Arndt die Ausgrenzung und Ausstoßung aus der ‚deutschen Volksgemeinschaft', die ihm widerfahren war, nachhaltiger entkräften als durch sein unbedingtes Eintreten für die – im doppelten Sinn: moralische und politische – Integrität dieses Volkes? Durch nichts konnte ein zuvor als ‚Halbjude' diskriminierter Deutscher seine Zugehörigkeit zu diesem Volk wirkungsvoller beweisen als durch die frappierende Gleichsetzung der Deutschen- und Judenfeindschaft; denn weiter konnte er von seinem individuellen Leiden als Verfolgter des nationalsozialistischen Regimes nicht absehen: Er trat zurück in das Volk, in dessen Namen er verfolgt worden war, ja – mehr noch – er stellte sich schützend vor dieses Volk und schirmte es ab gegen Angriffe von außen. Mag dieses Bedürfnis nach Reintegration auch nicht hinreichend oder gar abschließend Arndts nationalen Grundimpuls erklären, so erhellt es doch den Anteil von Überkompensation erlittener eigener Diskriminierung, der

---

559 Ders., a. a. O., Sp. 1 f.
560 Arndt, Status and Development of Constitutional Law in Germany (1948), S. 2.
561 Arndt, Anmerkung zu OLG Kiel, SJZ 1947, Sp. 337.
562 Ders., ebda.
563 Arndt, Manuskript „Echte Solidarität", HHStA 505/59.
564 S. oben Kap. II.3.
565 Arndt, Status and Development of Constitutional Law in Germany (1948), S. 4; ders., Vortrag „Internationales Staatsrecht" (s. Anm. 534).

Arndts Stellungnahme zur Lage Deutschlands zu ihrer bisweilen provozierenden Schärfe trieb.

In der politischen Situation zwei Jahre nach dem Ende des Krieges ging es Arndt darum, den Deutschen und ihrem Staat trotz der Besatzungssituation politische und juristische Handlungsfreiheit zu erhalten und dazu ihr moralisches Selbstwertgefühl aufzurüsten. Scharf distanzierte er sich deshalb von einer Haltung des „vae victis", wie er sie Karl Jaspers[566] zuschrieb und die, indem sie Deutschland als „machtlos und Objekt" in den Händen des Siegers betrachtete, „ebenso nihilistische wie verderbte Verzweiflung"[567] schürte. Nein, Arndt rief ohne jede Unterwerfungsgeste zum Kampf für die deutsche Gleichberechtigung auf und war darin einer der reinsten Vertreter jener Überzeugung, die Kurt Schumacher der SPD mit den Worten vorgab: „[...] Es entspricht einer nationalen und einer internationalen Notwendigkeit, unserem Volk ein gutes und gesundes Selbstbewußtsein zu geben."[568] Zwar distanzierte Arndt sich wie Schumacher[569] vom Verdacht des Nationalismus, wenn er die Forderung nach Gleichheit nicht mit dem „Willen zur Gleichmächtigkeit" verwechselt sehen wollte. Auch bekannte er selbstkritisch das „völlige Unvermögen" der Deutschen, ihr „Übermaß an Schuld abzubüßen."[570] Aber diese Selbstkritik war gleichsam eine Parenthese, ein in das Innere des Individuums verlegter Anspruch.

Nach außen aber gab Arndts Kampf um das nationale Selbstwertgefühl seinem rechtswissenschaftlich[571] ambitionierten Bemühen um die Definition und Erfassung des neuen „Internationalen Staatsrechts" eine überschießende politische Tendenz. Arndts Forderung des ‚just peace' nach dem Maßstab der Menschenrechtskodifikationen, der Gedanke der Gleichheit und fortbestehenden deutschen Staatlichkeit blieben unlösbar verbunden mit dem Antriebsmoment des verletzten nationalen Stolzes. Es war paradox, ja beinahe tragisch, daß der Legitimitätsbegriff des „Internationalen Staatsrechts", der für Arndt das humane Ideal und die Entwicklung zu einer die Nationalstaaten überwindenden universalen „Solidarität"[572] und Gleichheit der Völker verkörperte, seinem Urheber selbst im staatsrechtlichen und politischen Meinungskampf zu einem Werkzeug nationalstaatlicher Selbstbehauptung geriet; denn gerade im hohen, idealen Anspruch des „Internationalen Staatsrechts" war ein entsprechend hohes Risiko des Scheiterns angelegt. Arndt konnte noch im Dezember 1946 seinen Entwurf des „Internationalen Staatsrechts" den in Wiesbaden versammelten Juristen aller vier Besatzungszonen, einschließlich der sowjetischen, vortragen. Doch der Kalte Krieg, die Blockbildung auch innerhalb der Vereinten Nationen und die Vertiefung der deutschen Spaltung zerstörten rasch die Illusion eines einheitlichen „Internationalen Staatsrechts." Der von Arndt und der SPD weiterhin unvermindert erhobenen Forderung nach nationaler Einheit und Gleichheit war damit der Entwurf hin auf das Ganze einer internationalen Friedensordnung genommen. Übrig blieb ein verkürzter und

---

566 Ders., Deutschlands rechtliche Lage (1947), S. 112, bezog sich auf die Schrift Karl Jaspers' zur „Schuldfrage", (1946), S. 25.
567 Ders., a. a. O., S. 115.
568 Vgl. Schumacher, Reden – Schriften – Korrespondenzen, S. 577.
569 Vgl. Arndt, Deutschlands rechtliche Lage (1947), S. 115.
570 Arndt, Just Peace (1948), Sp. 3.
571 Ders., a. a. O., Sp. 13, wo er von einer „rechtswissenschaftlichen Untersuchung" spricht.
572 Ein zentrales Anliegen in Arndts gesamter politischer Arbeit nach 1945, s. insbesondere ders., Manuskript „Echte Solidarität", HHStA 505/59.

isolierter nationalstaatlicher Anspruch, dem Adolf Arndt die juristische Begründung und scharfe Formulierung gegeben hat.

Oppositionelle Rechtspolitik im bizonalen Parlament

Mit der Reorganisation des Frankfurter Wirtschaftsrats im Frühjahr 1948 wurde die Gesetzgebungsbefugnis dieser bizonalen Institution erweitert und insgesamt auf eine breitere parlamentarische Grundlage gestellt.[573] In Übereinstimmung mit Schumacher beurteilte Arndt indessen auch diese reorganisierte Institution unter demokratischem Gesichtspunkt höchst kritisch: Die Gesetzgebung des Wirtschaftsrats sei nicht demokratisch „von unten her", sondern lediglich „von oben" durch Ermächtigung der Militärregierungen legitimiert.[574] Sie schaffe als „Emanation der Besatzungsgewalt" nicht deutsches Recht, sondern lediglich „Recht für Deutsche."[575] Zudem war man in der SPD darauf bedacht, dem Vereinigten Wirtschaftsgebiet den Charakter eines Provisoriums beizulegen, um ja nicht die Gründung eines deutschen „Weststaats" zu präjudizieren.[576] Demnach stellte schon die Organisation des Wirtschaftsrats selbst den von Arndt formulierten Anspruch deutscher Gleichberechtigung und Einheit in Frage. Gleichwohl konnte auch nach Auffassung der SPD die bizonale Institution aufgrund ihrer nicht bestreitbaren ökonomischen Vorzüge eine ‚Magnetwirkung'[577] auf die übrigen Teile Deutschlands entfalten und somit den Keim oder die Vorstufe einer künftigen parlamentarischen Repräsentation Gesamtdeutschlands bilden.

Diese Erwägung mag Arndt bewogen haben, als sozialdemokratischer Abgeordneter Hessens in das Parlament des Vereinigten Wirtschaftsgebiets einzutreten. Er besaß zudem Qualitäten, die ihn weit über das Durchschnittsmaß eines höheren Regierungsbeamten hinaushoben. In den Gesetzgebungsprojekten zur Neubegründung des hessischen Rechtsstaats hatte er neben überragendem fachlichen Können auch politisches Gespür und Durchsetzungsvermögen bewiesen. Gewiß spielte daher Arndts Bedürfnis eine Rolle, aus dem Hintergrund des beamteten Rechtsexperten herauszutreten und die öffentliche Kontroverse, politische Auseinandersetzung und Entscheidung zu suchen. Auch der sozialdemokratische Parteivorstand in Hannover favorisierte die Ent-

---

573 Unter „Frankfurter Wirtschaftsrat" wird im folgenden der Wirtschaftsrat im engeren Sinn, das heißt das gesetzgebende Organ der „Verwaltung des Vereinigten Wirtschaftsgebiets" nach der Reorganisation der bizonalen Wirtschaftsverwaltung zu Beginn des Jahres 1948 verstanden, vgl. dazu eingehend Tilman Pünder, Bizonales Interregnum, S. 122 ff.; vgl. auch G. Müller, Die Grundlegung der westdeutschen Wirtschaftsordnung im Frankfurter Wirtschaftsrat 1947 – 1949, insbesondere S. 78 f.
574 Vgl. Arndt, Gilt das Gesetz über die Wählbarkeit zum Betriebsrat? (1949), S. 559. In der Tat war die gesamte bizonale Wirtschaftsverwaltung aufgrund Besatzungsrechts eingerichtet (zu den Rechtsgrundlagen vgl. Pünder, a. a. O., S. 367 ff.).
575 Vgl. Arndt, Status and Development of Constitutional Law in Germany (1948), S. 7; Kurt Schumacher in einer gemeinsamen Sitzung des Parteivorstands, der Fraktion des Wirtschaftsrats und der Ministerpräsidenten der SPD in Hannover: Forderungen für die Arbeit des erweiterten Wirtschaftsrates, 25.1.48, vgl. Schumacher, Reden – Schriften – Korrespondenzen, S. 580.
576 Schumacher, a. a. O., S. 136.
577 Ders., ebda.

Plenarsitzung des Frankfurter Wirtschaftsrats, SPD-Fraktion. 1. Reihe von links nach rechts: Dr. Paul Bleiß, Dr. Adolf Arndt, Dr. Gerhard Kreyssig

sendung Arndts in den neugebildeten Wirtschaftsrat, weil man – wie Ludwig Bergsträßer es formulierte – „nicht verdiente alte Parteigenossen brauche, sondern Leute, die etwas leisten."[578] So fügte sich Arndt von seiner sozialen Herkunft wie seinem parteipolitischen Werdegang her in das parteisoziologische Spektrum der sozialdemokratischen Wirtschaftsratsfraktion ein, die vom Gesamtbild einer sich als traditionelle Arbeiterpartei verstehenden SPD deutlich abwich.[579] Als Nachfolger Zinns in den Wirtschaftsrat gewählt, übernahm Arndt dessen Funktion als Vorsitzender des Rechtsausschus-

---

578 Vgl. Bergsträßer, Befreiung, Besatzung, Neubeginn. Tagebuch des Darmstädter Regierungspräsidenten 1945 – 1948, S. 281.
579 Vgl. dazu G. Müller, Grundlegung westdeutscher Wirtschaftsordnung, S. 315.

ses.[580] Gleichzeitig übte er seine Tätigkeit im Hessischen Justizministerium aus und war so gewissermaßen ‚Zinns Mann' in Frankfurt.

Arndts erstes parlamentarisches Mandat im Zweiten Frankfurter Wirtschaftsrat 1948/49 fiel in die Phase entscheidender Weichenstellungen für die Wirtschaftsordnung des künftigen deutschen Weststaats. In der ersten Hälfte des Jahres 1948 machten sich erste Anzeichen einer wirtschaftlichen Stabilisierung in den Westzonen bemerkbar. Die Produktionsziffern stiegen kontinuierlich, die äußerst mangelhafte Lebensmittelversorgung, deren katastrophale Auswirkungen auf die politische Moral der Deutschen Arndt im Sommer 1946 prophezeit hatte[581], verbesserte sich spürbar und gab einem zweiten, diesmal erfolgreichen Rekonstruktionsversuch[582] der deutschen Wirtschaft ihre Impulse. Mit Prof. Ludwig Erhard stand seit April 1948 ein führender Vertreter des wirtschaftspolitischen Neo-Liberalismus an der Spitze der Verwaltung für Wirtschaft. Mit der Wahl Erhards begann sich in der stärksten Fraktion des Wirtschaftsrats, der CDU/CSU, der wirtschaftsliberale Flügel durchzusetzen, der auf einen möglichst raschen und umfassenden Abbau des staatlichen Bewirtschaftungs- und Planungssystems drängte. An dessen Stelle sollte eine liberale Wettbewerbsordnung mit freien Marktformen und lediglich indirekten staatlichen Lenkungsmethoden treten.[583] Damit begann gleichzeitig die Renaissance des bürgerlich-liberalen Leitbilds von der unabhängigen, risikofreudigen Unternehmerpersönlichkeit, vom freien Wirtschaftssubjekt, dem nur eine auf individuelle Freiheitsgewähr gründende politische Ordnung entsprechen konnte.[584] Dies war der Kern des mit Erhard zur herrschenden wirtschaftspolitischen Doktrin aufsteigenden Modells der Sozialen Marktwirtschaft, in dem das Element staatlicher Sozialpolitik lediglich eine akzessorische, Fehlentwicklungen des liberalen Wettbewerbs ausgleichende Bedeutung erhielt. Mit der schrittweisen Entfernung der CDU/CSU vom wirtschaftspolitischen Programm des Christlichen Sozialismus im Ahlener Programm vom Februar 1946 schwand die Basis einer möglichen Zusammenarbeit[585] mit der SPD. Veranlaßt durch die Auseinandersetzung um die Besetzung des Wirtschaftsdirektorenamts[586] im Ersten Frankfurter Wirtschaftsrat, übernahm die SPD die Rolle der Opposition gegenüber einer bürgerlichen Mehrheit aus CDU/CSU, DP und FDP. Nunmehr, nach der Wahl Erhards, wurden die wirtschaftspolitischen Gegensätze unüberbrückbar. Dem liberalen Vertrauen auf die Marktwirtschaft setzte die SPD ihr Beharren auf staatlicher Wirtschaftsplanung und

---

580 Zur Wahl Arndts s. Wörtliche Berichte und Drucksachen des Wirtschaftsrats, Bd. II, S. 310. Arndt war zudem Vorsitzender des Beamtenrechtsausschusses (vgl. dazu die Protokolle BT Parl. Arch., Bestand 2, Nr. 224), Mitglied des Geschäftsordnungsausschusses und des Wahlprüfungsausschusses sowie zweier Untersuchungsausschüsse, s. dazu Potthoff/Wenzel, Handbuch politischer Institutionen und Organisationen 1945 – 1949, S. 191 – 193, sowie Wörtliche Berichte und Drucksachen des Wirtschaftsrats, Bd. I, S. 39.
581 Vgl. dazu oben Kap. II.1.
582 Ambrosius, Die Durchsetzung der Sozialen Marktwirtschaft, S. 48.
583 Ders., a. a. O., S. 162.
584 Zur Identifizierung der wirtschaftlichen mit der politischen Freiheit nach dieser Auffassung vgl. ders., a. a. O., S. 216, 223.
585 G. Müller, Grundlegung der westdeutschen Wirtschaftsordnung, S. 30 f., der die Gemeinsamkeiten des sozialdemokratischen und des Ahlener Programms der CDU zeigt.
586 Huster, Politik der SPD, S. 55 ff.

„systematischer Lenkung aller notwendigen Bedarfsgüter"[587] entgegen. Als Arndt mit der neuen Wirtschaftsratsfraktion der SPD die Arbeit aufnahm, war ihm klar, daß auf bizonaler Ebene die Partei von einer „Entscheidung für den Sozialismus" weit entfernt war. In der sich verschärfenden Kontroverse um die Wirtschaftspolitik stellte die SPD nur die parlamentarische Minderheit[588] – die Opposition, deren Mittel es optimal zu nutzen galt.

Der neue Vorsitzende des Rechtsausschusses ließ recht bald keinen Zweifel daran, daß er die gutachterliche Kompetenz des Ausschusses energisch zu verteidigen[589] und politisch zu nutzen verstand. Unter Arndts Vorsitz gab der Rechtsausschuß drei Monate nach Zusammentritt des Wirtschaftsrats eine Stellungnahme ab, die grundlegend war für das Verhältnis des Parlaments des Vereinigten Wirtschaftsgebiets, des Wirtschaftsrats, zu seiner Exekutive, dem Verwaltungsrat. „Einmütig", so protokollierte Arndt, habe der Ausschuß der Überzeugung Ausdruck gegeben, „daß es nach rechtsstaatlichen Prinzipien unbedingt erforderlich sei, künftig überhaupt dem Grundsatz der Gesetzmäßigkeit der Verwaltung wesentlich stärkere Beachtung zu verschaffen als es bisher geschehen ist." Zudem wurde erwogen, gewisse Maßnahmen von besonderer Bedeutung „nach staatsrechtlicher Gepflogenheit regelmäßig in der Form eines Gesetzes" zu treffen.[590]

Das Prinzip der *Gesetzmäßigkeit der Verwaltung* war eine der bedeutendsten verfassungsrechtlichen Errungenschaften der bürgerlichen deutschen Verfassungsbewegung und eine der Grundlagen des bürgerlichen Rechtsstaats.[591] Der Vorrang des Parlamentsgesetzes vor jeglicher Verwaltungsanordnung und der Vorbehalt parlamentarisch-gesetzförmiger Regelungen für staatliche Anordnungen, die in die individuelle Freiheitssphäre der Bürger eingriffen, enthielten von ihrer historischen Entstehung her die Stoßrichtung gegen eine willkürlich in Rechte der Bürger eingreifende, im Monarchen verkörperte und nicht demokratisch legitimierte Exekutive. Von dort hatten sie seit der Mitte des 19. Jahrhunderts Eingang in die deutsche Verfassungsrechtslehre und das Verfassungsrecht gefunden. Mit der umfassenden Demokratisierung der Staatsgewalt und der Konsolidierung des parlamentarischen Regierungssystems in den westdeutschen Verfassungen nach 1945 erweiterte sich der Anwendungsbereich des Gesetzesvorbehalts auf alle staatlichen Entscheidungen, die von besonderer Bedeutung für das Gemeinwesen oder den Bürger waren. Um dieses erweiterte Verständnis ging es Arndt.

---

587 Vgl. die Feststellung des wirtschaftspolitischen Sprechers der SPD-Fraktion, Gerhard Kreyssig, Wörtliche Berichte und Drucksachen des Vereinigten Wirtschaftsgebiets, Bd. II, S. 629. Klotzbach, Staatspartei, S. 153, und G. Müller, Grundlegung westdeutscher Wirtschaftsordnung, S. 25, 121, weisen indessen auf die Ungeklärtheit der sozialdemokratischen Wirtschaftskonzeption zum einen und die gleichzeitige wachsende Aneignung marktwirtschaftlichen Denkens hin.
588 Zur Zusammensetzung des Wirtschaftsrats vgl. Benz, Besatzungsherrschaft, S. 96 ff.
589 Laut Aktenvermerk vom 19. März 1948, BT Parl. Arch., Bestand 2, Nr. 776 (Betrifft: Sitzung des Rechtsausschusses am 15.3.48). Dort hielt Arndt fest, er beabsichtige, sich „energisch" dagegen zu verwahren, daß der Wirtschaftsausschuß mehrere vom Rechtsausschuß eingebrachte Änderungen an einem Gesetzentwurf stillschweigend rückgängig gemacht habe. Er wolle aus diesem Anlaß eine Geschäftsordnungsänderung anregen.
590 Vgl. Protokoll des Rechtsausschusses des Frankfurter Wirtschaftsrats, 26.5.48, BT Parl. Arch, Bestand 2, Nr. 776.
591 Dazu grundsätzlich Forsthoff, Verwaltungsrecht Bd. I, S. 32 ff.

Umfassende Kontrolle der Exekutive unter Anknüpfung an eine rechts- und verfassungsstaatliche Tradition – mit dieser Überlegung erhob Arndt die Gesetzmäßigkeit der Verwaltung zu seinem Hauptanliegen in der parlamentarischen Auseinandersetzung des Frankfurter Wirtschaftsrats. Die sozialdemokratische Oppositionsfraktion stand einem aus Mitgliedern der CDU/CSU gebildeten Verwaltungsrat gegenüber.[592] Diesem übertrugen die Rechtsgrundlagen des Wirtschaftsrats – unter anderem aufgrund Besatzungsrechts – Kompetenzen, die über exekutivische Befugnisse nach herkömmlichem staatsrechtlichen Verständnis hinausgingen. Parlamentsrechte gegen Kompetenzen der Exekutive – mit dieser Frontstellung legte Arndt (zum Teil mit Unterstützung des Rechtsausschusses) in einigen scheinbar nur technischen Gesetzesvorhaben[593] ein Grundsatzproblem frei.

Dies führte er beispielhaft an dem umstrittenen „Fachstellengesetz"[594] vor. Gegenstand des Gesetzgebungsverfahrens war die Einrichtung sogenannter „Wirtschaftsstellen", die aus den Kreisen der beteiligten Wirtschaft besetzt werden und der Kontrolle des Außenhandels staatlich bewirtschafteter Wirtschaftszweige dienen sollten. Ein erster Verordnungsentwurf Ludwig Erhards, der den Gewerkschaften keine paritätische Mitentscheidungs-, sondern nur eine Beratungsfunktion einräumte, scheiterte – ein einmaliger Vorgang in der Gesetzgebungsgeschichte des Frankfurter Wirtschaftsrats – an der gemeinsamen Opposition der SPD und des Arbeitnehmerflügels der CDU-Fraktion. Daraufhin regelte die Verwaltung für Wirtschaft in Form eines „Runderlasses" die Errichtung der Fachstellen, die einerseits als nachgeordnete Dienststellen der Verwaltung für Wirtschaft behördliche Funktionen wahrnehmen, andererseits aber größtenteils durch Umlagen unter den beteiligten Wirtschaftsverbänden finanziert werden sollten, ohne jedoch eine paritätische Beteiligung der Gewerkschaften sicherzustellen.

Die rechtliche Form dieses Vorgehens und der Inhalt des Runderlasses schienen das Mißtrauen gegen die Exekutive, insbesondere gegen Erhard, vollauf zu bestätigen und versetzten Arndt in Empörung, die deutlich anklang, als er in der Vollversammlung des Wirtschaftsrats Erhards Stellvertreter, Ministerialdirektor Dr. Kaufmann, einem mit Sarkasmen gespickten Verhör zu den Rechtsproblemen des Runderlasses unterzog.[595] Die Gelegenheit zum Angriff auf Erhard selbst ergab sich in der 32. Vollversammlung des Wirtschaftsrats. Zwar konnte Erhard nunmehr die Begründung zu einem Gesetzentwurf vortragen, mit dem man den im übrigen „rechtsgültigen" Runderlaß durch ein Gesetz ablösen und den „Schönheitsfehler" der freiwilligen Finanzierung der Fachstel-

---

592 Vgl. Pünder, Bizonales Interregnum, S. 345.
593 Vgl. Arndt in der Debatte um das „Zweite Überleitungsgesetz" (s. WR-DS Nr. 290), Wörtliche Berichte und Drucksachen des Vereinigten Wirtschaftsgebiets, Bd. II, 16. Vollversammlung, S. 580 f., wo er die Unterstützung des Wirtschaftsrats dafür fand, die Gesetzgebung auf die „eindeutige" und „abschließende" Proklamation Nr. 7 zu stützen; vgl. auch die Debatte über das Gesetzesvorhaben WR-DS Nr. 930 bzw. 1009, Wörtliche Berichte und Drucksachen des Vereinigten Wirtschaftsgebiets, Bd. III, 34. Vollversammlung, S. 1502 ff. Allerdings zog die SPD einen entsprechenden Änderungsantrag, der auf das Zustimmungserfordernis des Wirtschaftsrats zielte (WR-DS Nr. 1028), in Übereinstimmung mit dem Rechtsausschuß zurück (vgl. Protokoll der 36. Vollversammlung, a. a. O., S. 1606); vgl. ferner die Debatte über die gesetzliche Verpflichtung der Post zum Umtausch von Postwertzeichen (ursprünglich aufgrund WR-DS 546 und 1049), 35. und 36. Vollversammlung, a. a. O., S. 1560 und 1634.
594 Vgl. zur Darstellung der Ereignisse eingehend G. Müller, Grundlegung westdeutscher Wirtschaftsordnung, S. 207 ff.
595 S. Wörtliche Berichte und Drucksachen des Vereinigten Wirtschaftsgebiets, Bd. III, 29. Vollversammlung, S. 1278 ff.

len durch die Wirtschaft auf gewisse Einwände hin beseitigen wolle.[596] Doch brachte diese ostentativ taktische, auf den politischen Kompromiß zielende und selbstgewisse Begründung Erhards Arndt erst recht auf. Er sah sich zu einem „Frontalangriff auf das Demokratieverständnis der bürgerlichen Mehrheit" im Wirtschaftsrat[597] veranlaßt:

> „Jedes Parlament, wo immer in der Welt, leitet seine Autorität aus zweierlei Grundsätzen her: einmal aus dem Grundsatz der Gesetzmäßigkeit der Verwaltung und zum anderen aus dem Budgetrecht. In einem jungen Gemeinwesen, wie wir es jetzt in Deutschland sind, und in einem Augenblick, in dem wir uns anschicken, wieder eine parlamentarische Demokratie zu werden, sollte man eigentlich erwarten, daß sich im Parlament ohne Unterschied der Parteien sofort ein Sturm der Entrüstung erhebt, wenn diese beiden tragenden Säulen des Parlamentarismus angegriffen werden, wenn die Verwaltung beides antastet, wie es hier geschehen ist. Der Verwaltung für Wirtschaft fehlte und fehlt jede gesetzliche Grundlage, durch interne Runderlasse [...], privaten Stellen oder Gremien, eine solche Mitentscheidung [...] einzuräumen [...]."

In der privaten Finanzierung der Ausübung staatlicher Hoheitsrechte geißelte Arndt eine Verletzung des parlamentarischen Budgetrechts und eine „Versteigerung staatlicher Hoheitsrechte an Meistbietende."[598] Die Kritik des sozialdemokratischen Juristen war von einer Schärfe[599], die in den Debatten des Wirtschaftsrats sonst selten erreicht wurde. Ihre Stoßkraft bezog sie aus dem grundsätzlich und konsequent argumentierenden rechtsstaatlichen Impetus und Pathos. Arndt wollte die regierende Mehrheit am gemeinsamen Anspruch rechtsstaatlicher und demokratischer Minimalia festhalten – und gewann so ein Mittel, den parlamentarischen Gegner mit seinen eigenen Waffen zu schlagen. Die reale Bedeutung der einzurichtenden Wirtschaftsstellen wurde von beiden Seiten nicht sehr hoch bewertet.[600] Arndts Kritik trug indessen erheblich dazu bei, den symbolischen Gehalt der Auseinandersetzung zu erhöhen. Er gab anhand des Fachstellengesetzes geradezu einen Anschauungsunterricht darüber, welchen Zuwachs an rechtlichem und tatsächlichem Einfluß eine konsequent verstandene Gesetzesbindung der Verwaltung für das Parlament erbrachte: Die Verwaltung für Wirtschaft war genötigt, das rechtliche Halbdunkel des exekutiven Innenbereichs zu verlassen und ihr Vorhaben öffentlicher, harter und verändernder Kritik im Gesetzgebungsverfahren zu unterwerfen – besonders wichtig im Hinblick auf ein Vorhaben, bei dem, wie Arndt deutlich gemacht hatte, das Risiko der Korruption nicht fernlag. Mochte auch der Streit um das Fachstellengesetz in einen die SPD letztlich nicht zufriedenstellenden

---

596 A. a. O., 32. Vollversammlung, S. 1401.
597 So Huster, Politik der SPD, S. 128.
598 Vgl. Wörtliche Berichte und Drucksachen des Vereinigten Wirtschaftsgebiets, Bd. III, 32. Vollversammlung, S. 1402 f.
599 Das zeigte die Reaktion auf Arndts Kritik, nachdem dieser die Art, in der das Gesetz vorgelegt und begründet worden war, als „unredlich" bezeichnet hatte. Dies führte zu einem Verweis des Präsidenten und nach dem Protest der SPD zur Einberufung des Ältestenrats, a. a. O., 32. Vollversammlung, S. 1403 f.
600 G. Müller, Grundlegung westdeutscher Wirtschaftsordnung, S. 211.

politischen Kompromiß auslaufen[601], so blieb doch das von Arndt eingeklagte Budgetrecht des Parlaments weitgehend unangetastet.[602] In einer Frage, in der die Exekutive sich nicht uneingeschränkt auf die politische Zustimmung der Abgeordnetenmehrheit stützen konnte, hatte Arndt nachhaltig daran erinnert, daß es eine Opposition nicht nur der Parlamentsminderheit, sondern auch des Parlaments selbst gegen die Exekutive geben konnte. Paradigmatisch nahm Arndt in Argumentation und Strategie die künftigen Kämpfe um die Rechte des Parlaments unter dem Grundgesetz[603] vorweg, und zwar sowohl im Parlament selbst als auch vor dem Gericht: Das Land Hessen hatte beim Obergericht des Vereinigten Wirtschaftsgebiets die Rechtswidrigkeit des Runderlasses wegen Verstoßes gegen das Prinzip der Gesetzmäßigkeit der Verwaltung feststellen lassen und seine Aufhebung erwirkt.[604]

Erhebliche eigene Initiative bewies der Rechtsausschuß unter Arndts Vorsitz bei der Formulierung des Wirtschaftsstrafrechts nach rechtsstaatlichen Maßstäben. Dabei ging es Arndt zum einen darum, dem Mißbrauch der wirtschaftlichen Mangellage zu Lasten der Gesamtheit oder wirtschaftlich besonders Schwacher mit Hilfe eines sozialen Strafrechts[605] zu begegnen. Wirtschaftsstraftaten sollten keine „Kavaliersdelikte" mehr sein.[606] Dieser Devise folgte ein von Arndt mitinitiierter Entwurf der SPD zu einem Gesetz gegen Kompensationen[607], das die Ausnutzung wirtschaftlicher Privilegien zu Lasten der neuen Währung nach der Währungsreform verhindern sollte. Ein Gesetz gegen Preistreiberei[608] konnte nach seiner Auffassung dazu beitragen, in Zeiten wirtschaftlicher Ungleichheit „Schwächere vor dem Stärkeren" zu schützen.[609] Diese Überlegungen vermochte Arndt in der Formulierung einzelner Gesetzesbestimmungen

---

601 Vgl. dazu Müller, a. a. O., S. 214 f., und Huster, Politik der SPD, S. 129 f: Zu einer paritätischen Mitbestimmung der Gewerkschaften kam es nicht. Statt dessen richtete das Gesetz „Beiräte" ein, in denen neben den Gewerkschaften Vertreter von Industrie, Handwerk und Handel saßen. Innerhalb des Beirats galt das Prinzip des Gruppenvetos. Für diesen Fall lag die Entscheidung beim Direktor der Verwaltung für Wirtschaft.
602 Zu den systematischen Ansätzen des Frankfurter Wirtschaftsrats bei der Entwicklung eines parlamentarischen Vorbehalts s. Arendt, Der parlamentarische Vorbehalt in der Praxis des Wirtschaftsrats, S. 29 ff.
603 S. unten Kap. III.1., IV.2. und V.1., vgl. dazu auch Huster, Politik der SPD, S. 129.
604 Pünder, Bizonales Interregnum, S. 351.
605 Vgl. Arndt, Neues Preistreiberei-Strafrecht (1949), Sp. 87. Arndt sprach dort von „Sozialdelikten": „[...] unter den gegenwärtigen Umständen kann ein Verstoß gegen die soziale Preisgerechtigkeit ein wesentlich verwerflicheres Vergehen sein als eine Verletzung des Eigentums."
606 Arndt, Gesetz gegen den Kompensationshandel (1948), S. 540.
607 Zur Entstehung des Gesetzes (WiGBl 1948, S. 116) vgl. Arndt, a. a. O., sowie Protokolle des Rechtsausschusses des Wirtschaftsrats, 14.7.48 und 28.8.48, BT Parl. Arch, Bestand 2, Nr. 776.
608 Vgl. zur Entstehung des Gesetzes G. Müller, Grundlegung westdeutscher Wirtschaftsordnung, S. 158 ff.; zu den Beratungen des Rechtsausschusses u.a. die Protokolle vom 28.8.48 und 17.12.48. Ein erstes, befristetes und heftig kritisiertes Gesetz (WiGBl 1948, S. 99) wurde schließlich ersetzt durch eine Neufassung (WiGBl 1949, S. 11), der auch die SPD zustimmte.
Vgl. dazu Arndts ausführliche Debattenbeiträge, Wörtliche Berichte und Drucksachen des Vereinigten Wirtschaftsgebiets, Bd. III, 20. Vollversammlung (S. 780, 817) sowie 27. Vollversammlung (S. 1215 f.).
609 Arndt, Neues Preistreiberei-Strafrecht (1949), Sp. 87; s. auch Arndts Plädoyer für ein wirksames Enthortungsgesetz, Wörtliche Berichte und Drucksachen des Vereinigten Wirtschaftsgebiets, Bd. II, 14. Vollversammlung, S. 470 f. (zu diesem Gesetz, das nie in Kraft trat, s. G. Müller, Grundlegung westdeutscher Wirtschaftsordnung, S. 105 f.), zu dem die SPD einen Entwurf vorgelegt hatte; s. dazu auch Huster, Politik der SPD, S. 104 f. (S. 107), der damit die wirtschaftliche Planungs- und Lenkungspolitik der SPD auf das Randgebiet des Strafrechts abgedrängt sieht.

zur Geltung zu bringen.[610] Waren diese strafrechtlichen Normen eine von der wirtschaftlichen Notlage diktierte Übergangsregelung für eine begrenzte Zeit[611], so galt Arndts hauptsächliches Augenmerk indessen dem zukunftweisenden Problem, inwieweit Normen des Wirtschaftsstrafrechts überhaupt notwendig und tauglich zur Erfüllung wirtschaftspolitischer Zwecke waren und ob die Formulierung ihrer Tatbestände rechtsstaatlichen Anforderungen standhielt.

Einen willkommenen Angriffspunkt bot der Gesetzentwurf der Verwaltung für Wirtschaft zu einem Gesetz gegen Preistreiberei.[612] Er war notwendig geworden, weil nach der von Erhard forcierten Währungsreform im Herbst 1948 die Preise in die Höhe schnellten und erneut Versorgungsengpässe auftraten.[613] Als erster Redner der SPD-Fraktion ergriff Arndt die Gelegenheit, um Erhard, der den Gesetzentwurf im Wirtschaftsrat selbst begründete, den „Bankrott" seiner Preispolitik entgegenzuhalten. Vor allem aber griff Arndt an, daß mit einer eigentlich administrativen Preiskontrolle den Gerichten eine unlösbare Aufgabe zugeschoben werde, an der sie notgedrungen scheitern müßten – nicht zuletzt wegen der vorgelegten Straftatbestände. Sarkastisch spießte Arndt Gesetzesformulierungen wie „offenbar überhöhter Preis"[614] und manche Tatbestandsmerkmale auf, wie zum Beispiel den Rückgriff auf die „guten Sitten"[615] und „fast gefühlsmäßige"[616] Erkenntnis (in bezug auf den Maßstab richterlicher Rechtserkenntnis). Was sich streckenweise wie eine Persiflage auf Gesetzesformulierungen des

---

610 Vgl. dazu Arndt, Gesetz gegen den Kompensationshandel (1948), S. 539 f., sowie das Protokoll des Rechtsausschusses des Wirtschaftsrats vom 14.7.48 (BT Parl. Arch., Bestand 2, Nr. 776), das belegt, wie Arndt gemeinsam mit dem Rechtsausschuß und gegen den Vorsitzenden des Wirtschaftsausschusses, Dr. Alex Haffner (CDU), eine Beschränkung der Gefängnisstrafe auf drei Monate endgültig verhinderte. Der gemeinsame Antrag des Wirtschafts- und Rechtsausschusses (WR-DS Nr. 600) sah schließlich keine besondere Höchststrafe vor und wurde Gesetz (vgl. WiGBl 1948, S. 116, § 1 Abs. 1). Bei der Beratung des „Gesetzes gegen Preistreiberei" (WiGBl 1949, S. 11) hielt Arndt insbesondere an der vom Länderrat (WR-DS Nr. 746) vorgeschlagenen „negativen Beweisregel" (Arndt, Das neue Preistreiberei-Strafrecht [1949], Sp. 84) fest. Danach war ein Gewinn „nicht schon deshalb angemessen, weil der in ihm enthaltene Gewinn unter früheren Verhältnissen üblich war" (Protokoll des Rechtsausschusses des Wirtschaftsrats, 17.12.48, BT Parl. Arch., Bestand 2, Nr. 776, § 1 II der vom Rechtsausschuß verabschiedeten, von Arndt begründeten Gesetzesempfehlung; siehe dazu § 1 Abs. 2 Satz 4 des Gesetzes gegen Preistreiberei, WiGBl 1949, S. 11). Arndt rechtfertigte dies damit, daß eine allgemeine Senkung des Lebensstandards infolge der nationalsozialistischen „Verwüstungen" sich auch in einer „Verminderung des Unternehmerlohnes" niederschlagen und das „soziale Gebot einer möglichst billigen Bedarfsdeckung das Regulativ" bilden müsse (Arndt, Das neue Preistreiberei-Strafrecht, a. a. O., Sp. 84, und Protokoll des Rechtsausschusses, a. a. O.).

611 Vgl. G. Müller, Grundlegung westdeutscher Wirtschaftsordnung, S. 107, 161. Das Enthortungsgesetz hatte sich nach der Währungsreform ‚erledigt', das Preistreibereigesetz verlor mit dem Stillstand der Preissteigerungen Ende 1948 an Bedeutung und war bis zum 30.6.49 befristet.

612 S. oben, Anm. 610.

613 Vgl. G. Müller, Grundlegung westdeutscher Wirtschaftsordnung, S. 149.

614 Arndt, Wörtliche Berichte und Drucksachen des Vereinigten Wirtschaftsgebiets, Bd. II, 20. Vollversammlung, S. 780, unter Bezug auf die Formulierungen in dem Entwurf WR-DS 443.

615 Arndt, Wörtliche Berichte und Drucksachen des Vereinigten Wirtschaftsgebiets, Bd. III, 27. Vollversammlung, S. 1216, unter Bezug auf die Erläuterung des Begriffs der „Unlauterkeit" im Gesetzentwurf durch den Direktor der Verwaltung für Wirtschaft, Professor Ludwig Erhard. Auch den namhaften, der CDU angehörenden Wirtschaftsrechtler Professor Franz Böhm konnte Arndt gegen derartige Gesetzesformulierungen anführen.

616 Arndt, Wörtliche Berichte und Drucksachen des Vereinigten Wirtschaftsgebiets, Bd. II, 20. Vollversammlung, S. 817, bezog sich dafür auf eine vorangegangene Äußerung des Leiters des Rechtsamts, Staatssekretär Walter Strauß.

Verwaltungsrats ausnahm, enthielt eine sehr eindringliche Ermahnung Arndts an den Wirtschaftsrat, nicht aus „agitatorischen Gründen für einen Bereich eine Strafrechtspflege einzuführen, die allem ins Gesicht schlägt, was deutscher Rechtskultur entspricht, und zurückzufallen in das, was wir zwölf Jahre exerziert haben"; denn „wenn Sie hier eine fast gefühlsmäßige Strafrechtspflege einführen, wer schützt Sie davor, daß das morgen auf diesem und jenem und allen anderen Gebieten nicht auch geschieht?"[617] Das war die Rückbesinnung auf Grundsätze klassisch-rechtsstaatlichen Strafrechts. Nicht Gefühle und „Moral"[618], sondern immer – zumindest auch – ein „objektiver, das heißt äußerer, durch Zeugen feststellbarer Sachverhalt" sollte die Strafbarkeit eines Verhaltens begründen. In der vom Rechtsausschuß mitgestalteten Neufassung des Preistreibereigesetzes wurden daraufhin auch einige Forderungen Arndts verwirklicht.[619]

Als Bestätigung seiner Linie begrüßte Arndt daher die Verabschiedung des „Gesetzes zur Vereinfachung des Wirtschaftsstrafrechts." Dieses zog gewissermaßen die Bilanz des bisherigen, vom Wirtschaftsrat erarbeiteten Wirtschaftsstrafrechts, löste es zum Teil ab und wies in seiner neuen rechtstechnischen Form darüber hinaus.[620] Arndt, der an der Vorbereitung dieses wichtigsten Justizgesetzes des Frankfurter Wirtschaftsrats beteiligt gewesen war[621], sah darin die „beste Rechtstradition Deutschlands" lebendig. Es erfüllte ihn überdies mit Genugtuung und Hoffnung, daß erstmals ein deutsches Strafgesetz die These seines Lehrers James Goldschmidt[622] von der strikten Abgrenzung des Strafrechts zum Verwaltungsunrecht konsequent realisierte.[623] In der damit

---

617 Ders., ebda.
618 S. auch ders., Neues Preistreiberei-Strafrecht (1949), Sp. 81 f.
619 Im Unterschied zum ersten „Gesetz gegen Preistreiberei" (WiGBl 1948, S. 99) ging das neue Gesetz (WiGBl 1949, S. 11) nicht mehr von der „Unlauterkeit" beim Ausnutzen einer Mangellage, sondern von einem objektiv „unangemessenen Entgelt" aus, wie der Entwurf des Länderrats (WR-DS Nr. 746) vorgeschlagen hatte. Sehr wahrscheinlich auf Arndt ging der „methodisch neue Weg" (Arndt, Das neue Preistreiberei-Strafrecht [1949], Sp. 83) in § 1 II des Gesetzes zurück, der Regelbeispiele zur Spezifizierung und Verdeutlichung des „unangemessenen Entgelts" enthielt und klarstellte, daß „die Unangemessenheit aus Tatsachen, d. h. aus in Raum und Zeit verwirklichten und deshalb den Beweismitteln des Strafverfahrens zugänglichen Ereignissen sich ergeben muß" (Arndt, a. a. O., Sp. 84). Die Regelbeispielstechnik findet sich jedenfalls erstmals in dem von Arndt begründeten Gesetzentwurf des Rechtsausschusses (vgl. Protokoll des Rechtsausschusses des Wirtschaftsrats, 17.12.48, BT Parl. Arch., Bestand 2, Nr. 776).
620 Vgl. zusammenfassend Arndt, Das neue Wirtschaftsstrafgesetz (1949), S. 425 ff.; ders., Wörtliche Berichte und Drucksachen des Vereinigten Wirtschaftsgebiets, Bd. III, 37. Vollversammlung, S. 1683 f.; zu dem Gesetz auch G. Müller, Grundlegung westdeutscher Wirtschaftsordnung, S. 161 f., der darauf hinweist, daß das Gesetz in die Bundesgesetzgebung übernommen und 1954 neu gefaßt wurde.
621 Arndt hatte als Vorsitzenden der Kommission für Wirtschaftsstrafrecht, die den Gesetzentwurf erarbeitete, den liberalen Strafrechtslehrer Professor Eberhard Schmidt gewonnen (s. Arndt an Schmidt, 27.3.47, HJM 1030/86, Bd. I). Er selbst nahm an Sitzungen der Kommission teil (s. Niederschrift über die 5. Tagung am 19./21.5.48, HJM, 1030/86, Bd. II) und war als Mitglied des Justizkollegiums und Vorsitzender des Rechtsausschusses des Wirtschaftsrats mit rechtlichen Detail- und Formulierungsfragen befaßt; vgl. auch Arndts Bericht in der 37. Vollversammlung des Wirtschaftsrats, Wörtliche Berichte und Drucksachen des Vereinigten Wirtschaftsgebiets, Bd. III, S. 1683 ff.; vgl. dazu eingehend E. Schmidt, Straftaten und Ordnungswidrigkeiten. Erinnerungen an die Arbeiten der Wirtschaftsstrafrechtskommission (1947 – 1949), insbesondere S. 421, 435 zu Arndts überragendem Anteil an der Kommissionsarbeit.
622 Zu Goldschmidt s. oben, Kap. I.2.; Schmidt, a. a. O., S. 423.
623 Vgl. § 6 des Gesetzes zur Vereinfachung des Wirtschaftsstrafrechts (WiGBl 1949, S. 11).

einhergehenden „Entpönalisierung des Rechtslebens" feierte Arndt einen Sieg des Rechtsstaats über den „Verwaltungsmachtstaat."[624] Für ihn war damit der Bogen von der rechtsstaatlich bewußten Rechtslehre der Weimarer Republik zum nach-totalitären Deutschland geschlagen.

Doch reichte die Wiederbelebung rechtsstaatlicher Doktrinen nicht aus. Die *Wiederbegründung des Rechtsstaats* in Deutschland, wie Arndt sie erstrebte, sollte sich auf rechtlich denkende und nicht nationalsozialistisch belastete Amtsträger stützen können. Dazu konnte öffentliche Aufklärung über den beruflichen Werdegang der Amtsbewerber unumgänglich sein. Auch Arndt, so schien es, war die Aufgabe peinlich – denn es handle sich um einen „immerhin namhaften Juristen"[625] –, aber er trug den Fall Rudolf Harmenings, der sich um die Stelle des stellvertretenden Direktors des Rechtsamts beim Wirtschaftsrat beworben hatte, vor die Vollversammlung des Wirtschaftsrats. Arndt zeichnete am Fall Harmening beispielhaft den Weg eines hohen deutschen Beamten nach, der unter dem nationalsozialistischen Regime einen steilen beruflichen Aufstieg bis hin zum stellvertretenden Präsidenten des Reichserbhofgerichts genommen hatte. Eine Personalpolitik, die solche Männer fachlich gleich qualifizierten, aber unbelasteten, ja seinerzeit sogar in Opposition zum Nationalsozialismus stehenden Juristen[626] vorziehe, sei schlechthin unverantwortlich, hielt Arndt dem für die Personalpolitik zuständigen Verwaltungsratsvorsitzenden Hermann Pünder entgegen und fügte hinzu: „Glauben Sie, Herr Verwaltungsratsvorsitzender, daß man zwölf Jahre Jurist des Teufels sein kann, um dann im dreizehnten Jahr Rechtsberater der Demokratie zu werden?"[627] – Rudolf Harmening erhielt die begehrte Stelle. Es war Arndts erster Versuch, mit Hilfe der parlamentarischen Öffentlichkeit ein Licht auf die Anpassungsbereitschaft und Mitwirkung der hohen deutschen Beamtenschaft im Nationalsozialismus zu werfen. Im Bundestag sollten später weitere folgen.

Adolf Arndt war der überragende Jurist der sozialdemokratischen Fraktion, ja wohl im Zweiten Frankfurter Wirtschaftsrat insgesamt. Er erhob Rechtsfragen aus dem Status punktueller Einwände zu einem systematischen Mittel der Opposition. Gewiß hatten die wirtschaftspolitischen Streitigkeiten einen alles überragenden Stellenwert. Doch wiesen Arndts parlamentarische Reden immer auch über diesen Bereich hinaus, indem sie Grundsatzprobleme des Parlamentarismus, der rechtsstaatlichen Rechtsetzung und der personellen Kontinuität des Nationalsozialismus diskutierten. Sie nahmen insofern Probleme einer Staatlichkeit vorweg, die erst der Staat des Grundgesetzes in ganzem Umfang stellte. Im Zeichen einer vom politischen Gegner beherrschten Exekutive belebte Arndt klassische – in der Weimarer Republik schwindende, im Nationalsozialismus vernichtete – Streitformen parlamentarischer Opposition neu. Während der Einfluß der Sozialdemokratie auf die deutsche Nachkriegspolitik allmählich sank und der wirtschaftliche Liberalismus im Zeitalter des Bürgertums Anknüpfung und historische Legitimität suchte, demonstrierte Arndt anhand staatsrechtlicher

---

624 Arndt, Das neue Wirtschaftsstrafgesetz (1949), S. 426.
625 Arndt, Wörtliche Berichte und Drucksachen des Vereinigten Wirtschaftsgebiets, Bd. II, 22. Vollversammlung, S. 904 f.
626 Arndt (und die SPD) favorisierte für das Amt des Stellvertretenden Rechtsamtsleiters den Ministerialrat aus dem Bayerischen Justizministerium Dr. Walter Römer, den er aus der gemeinsamen Arbeit im Rechtsausschuß des Süddeutschen Länderrats kannte.
627 Arndt, Wörtliche Berichte und Drucksachen des Vereinigten Wirtschaftsgebiets, Bd. II, 22. Vollversammlung, S. 906.

Begriffe des deutschen Konstitutionalismus und Formen des bürgerlichen Rechtsstaats die Grenzen, die das Rechtsdenken des Liberalismus der Ausübung staatlicher Macht gezogen hatte.

Darin mochte ein Stück resignativen Rückzugs der SPD angesichts der schwindenden Chancen einer grundlegenden sozialistischen Neuordnungspolitik liegen.[628] Gerade aber wenn die SPD die Entscheidung im Parlament suchte, war Arndts Beharren auf dem liberalen Rechtsstaat – aus der Sicht der parlamentarischen Minderheit – das erfolgversprechendste Mittel der Opposition: indem nämlich die parlamentarische Mehrheit samt der von ihr getragenen Exekutive unentrinnbar an ihrem selbst gesetzten Maßstab rechtsstaatlicher Politik festgehalten wurde.

Der Frankfurter Wirtschaftsrat war Arndts Sprungbrett in die Politik der Bundesrepublik.[629] Die gleichermaßen sachliche und rhetorische Schärfe sowie die Grundsätzlichkeit seiner Argumentation, seine produktive Arbeitsleistung als Vorsitzender zweier Ausschüsse und nicht zuletzt seine Streitlust gerade bei Attacken auf renommierte politische Gegner – all dies verschaffte Arndt Respekt selbst im gegnerischen politischen Lager. Immer aber steckte in ihrem Lob des „sehr qualifizierten" Juristen[630] ein Gran Ironie, das sich Arndts Überlegenheitsanspruch widersetzte.

6. Beiträge zur geistigen Lage Deutschlands nach dem Krieg

In Hessen begann Arndts Aufstieg zum führenden Rechtspolitiker der SPD. Doch reichte die geistige Produktivität und Wirkung des Intellektuellen weit über das politische Fachgebiet hinaus. Der philosophisch und literarisch gebildete, leidenschaftlich und scharf formulierende Redner und Publizist Adolf Arndt entwickelte sich in jenen Nachkriegsjahren zu einer Persönlichkeit des öffentlichen politischen und kulturellen Lebens in Deutschland.

Eine der ersten und bedeutendsten öffentlichen Diskussionen in Deutschland entbrannte um die Haltung der deutschen Intelligenz im Nationalsozialismus. Thomas Mann, der hochangesehene, in die USA emigrierte deutsche Nobelpreisträger wurde in offenen Briefen von deutschen Schriftstellern, die als Gegner des Nationalsozialismus ausgeharrt hatten, aufgefordert, in sein zerstörtes Heimatland zurückzukehren und an dessen geistigem Wiederaufbau mitzuarbeiten.[631] Thomas Mann lehnte ab. Seine Antwort – gleichfalls in einem offenen Brief – war eine Abrechnung mit weiten Kreisen der

---

628 Huster, Politik der SPD, S. 156, stellt die These auf, nach 1945 habe für die SPD die unabdinghare Entscheidung für den liberalen Rechtsstaat Vorrang vor der letztlich „kompromißfähigen" Gesellschafts- und Wirtschaftsverfassung gehabt.
629 Vgl. Arndts Mitwirkung in dem Juristischen Ausschuß der Ministerpräsidentenkonferenz zur Vorbereitung von Überleitungsmaßnahmen nach Verabschiedung des Grundgesetzes, Akten zur Vorgeschichte der Bundesrepublik Deutschland, Bd. V, S. 761, 924 ff., 969 ff.
630 Vgl. Gerd Bucerius (CDU), Wörtliche Berichte und Drucksachen des Vereinigten Wirtschaftsgebiets, Bd. II, 18. Vollversammlung, S. 660; Franz-Josef Strauß (CSU) merkte zu Arndt an, daß er „ohne Zweifel ein erfahrener und talentierter Jurist" sei, a. a. O., Bd. III, 27. Vollversammlung, S. 1217.
631 Vgl. zu dieser Debatte Glaser, Kulturgeschichte der Bundesrepublik, Bd. 1, S. 94 ff.; s. dazu ausführlich Grosser, Die große Kontroverse, der der Debatte eine „einmalige" Bedeutung von hohem kulturpolitischem Rang beimißt, S. 7.

deutschen Intelligenz, die „unter Goebbels Kultur betrieben" hätten und in deren vorteilsheischender Anpassung er eine „Verleugnung der Solidarität" erblickte. Mann wollte das Gastland mit seiner Atmosphäre von „Macht, Vernunft, Überfluß und Frieden" nicht aufgeben für ein zerstörtes, „beängstigendes", ihm fremd gewordenes Deutschland. Seinen Weg zum Maßstab nehmend, erhob er einen kollektiven Schuldvorwurf:

> „Wenn damals die deutsche Intelligenz, alles was Namen und Weltnamen hatte, Ärzte, Musiker, Lehrer, Schriftsteller, Künstler, sich wie ein Mann gegen die Schande erhoben, den Generalstreik erklärt, das Land verlassen hätte – das hätte Eindruck gemacht, draußen und drinnen, manches hätte anders kommen können, als es kam".[632]

Arndt empfand Thomas Manns offenen Brief als einen Generalangriff auf die moralische Haltung all derer, die als Gegner Hitlers das Ausharren in Deutschland dem möglichen Exil vorgezogen hatten – und damit auf sich selbst. Dementsprechend fiel seine „Antwort an Thomas Mann"[633] aus: Arndt sprach der Haltung des „komfortablen Märtyrers"[634], der die „Flucht" ergriffen habe, Glaubwürdigkeit ab angesichts einer „unter allen Armen ärmsten Jugend, die heute um alles betrogen verstümmelt durch die Straßen humpelt, zu arm selbst für die fehlenden Prothesen."[635] Arndt ließ die Haltung distanzierten Respekts vor dem berühmten Literaten fallen und forderte ihn sarkastisch dazu auf, nach Deutschland zurückzukehren, wenn er glaube, daß er der deutschen Jugend etwas zu sagen habe: „Ich fürchte allerdings für Sie, daß Ihre Schriften von den Buddenbrooks bis zum Zauberberg der deutschen Jugend niemals etwas zu sagen hatten." Schließlich kehrte Arndt Manns Anklage gegen ihren Urheber: „Die Schuld Ihrer Generation, Herr Thomas Mann, ist unermeßlich. Kommen Sie, wenn Sie einen Teil dieser Schuld abtragen können." Das war eine radikale Absage an die Kritik aus dem sicheren Exil; denn – so hielt Arndt Thomas Mann entgegen, der den in Deutschland Gebliebenen die Erfahrung des „Herzasthmas des Exils", der „Entwurzelung", der „nervösen Schrecken der Heimatlosigkeit" abgesprochen hatte – .".. glauben Sie im Ernst, daß [...] diese Nachteile gegenüber Auschwitz, Buchenwald und Belsec überhaupt erwähnenswert sind?" Vor das Recht zur Kritik setzte Arndt die Bereitschaft zum Mitleiden. Die werbende Aufforderung an den Nobelpreisträger, Deutschland mit seiner Rückkehr zu unterstützen, kehrte Arndt in eine Probe auf die Glaubwürdigkeit des Dichters um: Nicht Deutschland warb um Thomas Mann, sondern Thomas Mann mußte sich Deutschland und der Herausforderung seiner Wirklichkeit stellen.

Hatte Frank Thiess vergleichsweise nüchtern Thomas Mann geschrieben „Wir erwarten keine Belohnung, daß wir Deutschland nicht verließen. Es war für uns natürlich, daß wir bei ihm bleiben"[636], so setzte Arndt der Selbstgewißheit Manns das durchaus elitäre Bewußtsein derjenigen entgegen, die „wirklich deutsch [...] der brau-

---

632 Vgl. „Thomas Mann antwortet Walter von Molo", in: Frankfurter Rundschau, 10.10.45.
633 Maschinenschriftliches Manuskript Adolf Arndt (Marburg/Lahn, undatiert), „Antwort an Thomas Mann", zur Verfügung gestellt von Dr. Yvonne Arndt, Heidelberg.
634 Zitiert nach Glaser, Kulturgeschichte der Bundesrepublik, Bd. 1, S. 97.
635 S. dazu und zu den folgenden Zitaten Arndt, „Antwort an Thomas Mann" (Anm. 633).
636 S. dazu Grosser, Die große Kontroverse, S. 25.

nen Seuche nicht erlagen" und in Deutschland die „Hölle" des Nationalsozialismus durchstanden.[637]

Arndts „Antwort an Thomas Mann" war als offener Brief entworfen. Wenn sie auch, soweit erkennbar, nicht veröffentlicht wurde, so war sie doch ihrer Form und Zielsetzung nach an die Öffentlichkeit gerichtet.[638] Arndt wandte sich nicht an Thomas Mann als Einzelnen, sondern als Repräsentanten einer Generation und einer Gruppe exilierter deutscher Intellektueller. Er schrieb sich mit dieser „Antwort" nicht ein nur ihn angehendes Problem von der Seele, sondern verlieh zugleich einer kollektiven Haltung Ausdruck. In Adolf Arndts „Antwort an Thomas Mann" klang ein moralisch unterlegtes Sonderbewußtsein derer durch, die, ihrer Haltung gewiß, ihr Heil nicht in der Flucht gesucht hatten. Er repräsentierte darin eine Haltung, die innerhalb der SPD Kurt Schumacher symbolisierte. Der unbeugsame Widerstand des sozialdemokratischen Parteiführers und sein Opfergang in Gefängnis und KZ erzeugten selbst innerhalb der SPD ein moralisches Unterlegenheitsgefühl emigrierter Parteigenossen.[639] Vor dem Abgleiten in die Arroganz bewahrte Arndt nur ein rigides Pflichtethos, das er, selbstkritisch fragend, an sich selbst anlegte: „Sollten wir nicht endlich gelernt haben, unser Leben geringer zu achten als unsere Aufgabe. Wer sein Leben liebt, wird sich selbst überleben." Einem Vorwurf nämlich, den allerdings Thomas Mann nicht berechtigt sei zu erheben, müsse sich die deutsche Intelligenz in der Tat stellen: Warum sie nicht bereit gewesen sei, „im Kampf gegen die Schande zu sterben."[640]

Arndts „Antwort an Thomas Mann" ist ein Schlüsseltext, der in Gehalt und Form den Zugang zum politischen Selbstverständnis eines Intellektuellen eröffnete, der einen hohen moralischen Anspruch zum Pflichtmaßstab für sich und andere erhob und seine Formulierungskraft als scharfe Waffe in der öffentlichen Debatte einzusetzen vermochte. Das expressive Pathos, das in vielen Texten Arndts nach dem Krieg anklang, spiegelte zum einen den verbreiteten existentialistischen Sprachgestus jener Jahre.[641] Es spannte aber auch den Bogen, der in der Persönlichkeit Arndts von der Leidenserfahrung unter dem Nationalsozialismus bis zur Hoffnung auf eine bessere, menschenwürdige Zukunft reichte. Die expressive Bitterkeit von Wolfgang Borchardts Drama „Draußen vor der Tür" klang vorweg, wenn Arndt das Bild des „unendlichen Zugs dieser Krüppel, dieser Menschenstummel"[642], beschwor oder das eines namenlosen jungen Menschen, der „keine Augen, keine Nase, kein Gesicht mehr hat." Arndts Pathos war kämpferisch, wenn er in einem Proklamationsentwurf die Einheit der „Werktätigen der Stirn und der Faust"[643] forderte, aber auch antibürgerlich wie in der

---

637 Arndt, „Antwort an Thomas Mann" (Anm. 633).
638 Arndt nahm Thomas Manns offenen Brief wohl durch die Veröffentlichung in der Frankfurter Rundschau (vgl. Anm. 632) nur Kenntnis. Möglicherweise sandte er auch dieser Zeitung seine „Antwort an Thomas Mann". Doch fand in der Frankfurter Rundschau keine Debatte – auch nicht in Form von Leserbriefen – über Thomas Manns Haltung statt. Ob Arndt seinen Text auch an Thomas Mann selbst schickte, ist durch nichts belegt.
639 Vgl. Edinger, Kurt Schumacher, S. 182. Derselbe Gedanke klingt an bei Seebacher-Brandt, Ollenhauer, S. 288.
640 Arndt, „Antwort an Thomas Mann" (Anm. 633).
641 Vgl. dazu Glaser, Kulturgeschichte der Bundesrepublik, Bd. 1, S. 307 ff.
642 Arndt, „Antwort an Thomas Mann" (Anm. 633).
643 Arndt, Manuskript (Maschinenschrift) „Proklamation", HHStA 505/59. Dies war vermutlich der Entwurf eines Aufrufs zur Wahl der Verfassunggebenden Landesversammlung Hessens im Juni 1946.

Kritik an Thomas Manns Sekuritätsbedürfnis. Es war schließlich Abbild eines hochgespannten Zukunftsentwurfs: Die kommende politische Friedensordnung sollte eine „alle Menschen umspannende Brücke"[644] bilden und im Geist „weltweiter Solidarität"[645] errichtet werden. Gebändigt und getragen wurde dieses Pathos von dem Glauben an die Kraft des Geistes: „Über alles siegt der Gedanke"[646], resümierte Arndt sein Geleitwort zu einem Fotografienband. Ein Sozialismus des von der „Hölle Hitlers durchglühten"[647] Geistes sollte neben dem „Sozialismus der Wirtschaft" eine große geschichtliche Bewegung ganz Europas auslösen hin zum Frieden, zur „Solidarität der Welt."[648] Eben dies stellte er der SPD als vordringliche Zukunftsaufgabe: Der „Sozialismus des Geistes" sollte die Partei dazu befähigen, über die Rolle als „Anwalt von Lohnstreitigkeiten" weit hinauszuwachsen und die geistigen Führungskräfte, die Intelligenz, zu überzeugen und an sich zu binden.[649] Mit dieser Auffassung reihte Arndt sich ein in die geistige Bewegung des ethischen Sozialismus[650], die nach dem Zweiten Weltkrieg starken Auftrieb erhielt und die Öffnung der SPD über ihre traditionelle soziale Basis der Arbeiterschaft hinaus vorantrieb.

Arndts Sprache enthielt, vor allem wenn er in dunklen Bildern die Schrecken und Folgen des Krieges beschwor, Anklänge an die biblische Apokalypse.[651] Das Erlebnis des Nationalsozialismus hatte in dem Protestanten die religiöse und kirchliche Bindung vertieft. 1945 war er Gründungsmitglied[652] einer hessischen ‚Arbeitsgemeinschaft für Christentum und Sozialismus', der unter anderem der Darmstädter Oberbürgermeister Ludwig Metzger und der linkskatholische Publizist Walter Dirks angehörten. Arndt unterstützte durch seine Teilnahme an Tagungen die Bemühungen der protestantischen Kirche um einen intensiven Gedankenaustausch mit Verantwortlichen aus dem politischen Leben.[653] Bei einer großen öffentlichen Veranstaltung in der Frankfurter Paulskirche, der ersten „Deutschen Evangelischen Woche" nach dem Krieg, war Arndt einer der Hauptredner.[654] Der aktive Protestant und SPD-Politiker suchte die

---

644 Ebda.
645 Arndt, Manuskript (Maschinenschrift) „Solidarität. Zeitschrift für Politik, Wissenschaft und Kunst", HHStA 505/59. Unter dem Motto „Solidarität" machte Arndt darin den Vorschlag zur Gründung einer Zeitschrift, die einer neuen „geistigen Bewegung" auf den Sozialismus hin die Richtung weisen sollte. Zur Mitarbeit empfahl er als Politiker unter anderem Kurt Schumacher, als Wissenschaftler unter anderem Gustav Radbruch, als Künstler Karl Schmidt-Rottluff, Xaver Fuhr und Georg Meistermann, aus dem Ausland unter anderem den Dichter André Gide.
646 Ders., Alle Wege müssen zum Frieden führen (1947), S. 4.
647 Ders., Krise des Rechts (1948), S. 7.
648 Ders., Manuskript (Maschinenschrift) „Echte Solidarität", HHStA 505/59.
649 Ders., „Solidarität" (Anm. 645). Diesem Ziel diente auch der Plan einer Zeitschriften-Gründung.
650 S. unten Kap. VII.2.
651 Vgl. Arndts Formulierungen wie: „Gebirge von Toten" (Internationales Staatsrecht, S. 1, s. Anm. 534), von der „Hölle Hitlers durchglühter Geist" (ders., Krise des Rechts [1948], S. 7), „Apostel der übernationalen Solidarität" („Solidarität", vgl. Anm. 645).
652 Vgl. Möller, Evangelische Kirche und Sozialdemokratische Partei, S. 245.
653 Ders., a. a. O., S. 280 (Tagung in Echzell 1948), S. 284 (Tagung in Darmstadt 1950 in Fortsetzung des Echzeller Gesprächs).
654 Ders., a. a. O., S. 283; s. dazu auch Franke, Evangelischer Aufbruch, S. 52 ff., mit einer Zusammenfassung von Arndts Vortrag über „Mensch und Mitmensch: Probleme um das keimende und um das sogenannte lebensunwerte Leben", a. a. O., S. 66 ff.; ders., Zum Programm der Deutschen Evangelischen Woche in Frankfurt/Main, 11. bis 16.Juni 1948, und zu Presseberichten auch über Arndts Beteiligung, Zentralarchiv der Evangelischen Kirche in Hessen und Nassau 78/765/I 14.

Annäherung zwischen den beiden gesellschaftlich bedeutenden Organisationen zu vermitteln, ohne sie füreinander zu vereinnahmen und unter Verteidigung der jeweils ihnen zukommenden Reservatbereiche.[655] Solidarität, für ihn gespeist aus christlicher Überzeugung, verlangte Arndt seinem eigenen und dem politischen Handeln der anderen, auch der ‚Sieger', ab. Solidarität suchte er sowohl in der Gemeinschaft des protestantischen Glaubens wie in der Sozialdemokratischen Partei.

Und doch stand der Suche nach Solidarität das Bedürfnis nach Rückzug in private, unangetastete Räume gegenüber. Die erstrebte Gemeinschaft des Geistes ging für Arndt nicht einher mit den konventionellen Formen der Geselligkeit Gleichgesinnter. Zurückgezogen aus dem Wiesbadener und Frankfurter politischen Alltag, wohnte er mit seiner Familie in Hofheim am Taunus bei der Malerin, Kunstsammlerin und Galeristin Hanna Bekker vom Rath. In ihrem später bekanntgewordenen ‚Blauen Haus' hatte sie während der NS-Zeit verfolgten Künstlern Hilfe und Unterschlupf gewährt.[656] Zu ihnen hatten Karl Schmidt-Rottluff und Ernst-Wilhelm Nay gehört. Arndt begegnete dort Schmidt-Rottluff wieder, mit Nay wohnte er zusammen. Abseits des politischen Tagesbetriebs führte Arndt intensive Gespräche mit dem Maler, der, endlich befreit vom Druck des Nationalsozialismus, von Hofheim aus die Entwicklung zum führenden Vertreter der deutschen abstrakten Malerei nahm. Hier, in dieser Atmosphäre der Abgeschiedenheit und Konzentration auf geistige und künstlerische Themen, war Raum für behutsam sich entwickelnde Freundschaft. Arndts „politische Freunde" dagegen, wie er sie in Parlamentsreden nannte, wohnten in den politischen Zentren.

---

655 Bei dem Treffen von Vertretern der Evangelischen Kirche mit hessischen Politikern in Darmstadt im März 1950 (s. Anm. 653, zum Protokoll der Diskussion vgl. Vogel, Kirche und Wiederbewaffnung, S. 231 ff.) warnte Arndt, gegen Martin Niemöller gewandt: „Wenn die Kirche in einer konkreten politischen Frage Partei ergreift, begibt sie sich in die Sphäre des Irrtums. Damit übernimmt aber die Kirche eine politische Verantwortung, die ihr nicht zukommt und die sie nicht tragen kann" (a. a. O., S. 239); dazu auch Möller, a. a. O., S. 284 f.

656 Vgl. Magistrat der Stadt Hofheim am Taunus (Hrsg.), Hanna Bekker vom Rath und die Künstler des Blauen Hauses in Hofheim a.T., S. 9 f. (zur Biographie der Sammlerin); zu Schmidt-Rottluff und Nay, a. a. O., S. 26, 32, 54 ff.

Drittes Kapitel
Konstruktive Opposition in der Rechtspolitik 1949 – 1953

Im Ersten Deutschen Bundestag (1949 bis 1953) begründete Adolf Arndt seinen Ruf als führender juristischer Kopf der SPD. In enger Zusammenarbeit mit dem Parteivorsitzenden Kurt Schumacher führte er die vielfältigen und umfangreichen juristischen Geschäfte der sozialdemokratischen Bundestagsfraktion. Arndts Entwürfe und seine parlamentarische Mitgestaltung der beiden bedeutendsten rechtspolitischen Gesetzesprojekte des Ersten Bundestags, des Bundesverfassungsgerichtsgesetzes und des Ersten Strafrechtsänderungsgesetzes, schufen die Grundbedingungen einer erfolgreichen, *konstruktiven Opposition*. So kam es zu einem begrenzten, kooperativen Zusammenwirken der parlamentarischen Regierungsmehrheit und der Opposition auf dem Gebiet der Rechtspolitik.

Die Kooperation erstreckte sich auch auf den Bereich der Wiedergutmachungsgesetzgebung. Erst die Unterstützung der sozialdemokratischen Opposition verhalf der Wiedergutmachungspolitik Bundeskanzler Adenauers zum Durchbruch und internationalen Erfolg. Auf diesem innen- wie außenpolitisch bedeutsamen Gebiet erwarb Arndt den Ruf als einer der hervorragendsten sozialdemokratischen Politiker. In einem besonderen Abschnitt sollen seine Beiträge zur Wiedergutmachungspolitik in einen das Kapitel überschreitenden, zeitlich und thematisch umfassenderen Zusammenhang gestellt werden.

1. Der Geschäftsführer der Bundestagsfraktion: Arndt auf dem Weg zum ‚Kronjuristen' der SPD

Am 15. September 1949 wählte der erste Deutsche Bundestag Konrad Adenauer zum Bundeskanzler. Unter den Abgeordneten der SPD-Fraktion saß einer seiner künftigen entschiedensten parlamentarischen Widersacher: Dr. Adolf Arndt.

Am 23. Mai 1949 hatte sich mit der Verabschiedung der Verfassung die Bundesrepublik Deutschland konstituiert. Als „Grundgesetz" bezeichnete sich in bewußter Bescheidung das Verfassungswerk, dessen Geltungsbereich sich auf das Gebiet der drei westlichen Besatzungszonen beschränkte. Nach dem Selbstverständnis des Parlamentarischen Rates, der es ausgearbeitet hatte, sollte es keinen Staat neu gründen, sondern einem Teil Deutschlands[1] provisorisch, „für eine Übergangszeit" – wie es im Vorspruch hieß –, eine neue Ordnung geben. In doppelter Hinsicht war die Reorganisation des staatlichen Lebens provisorisch: Noch stand die Bundesrepublik Deutschland un-

---

1 Die SPD-Führung beharrte darauf, daß das Grundgesetz lediglich ein „Staatsfragment" organisiere, s. dazu Klotzbach, Staatspartei, S. 166; zur Provisoriums-Vorstellung der Parteien im Parlamentarischen Rat vgl. Soergel, Konsensus und Interesse, S. 16 f., 38.

ter Besatzungsrecht.[2] Noch war, vier Jahre nach Kriegsende, das Bewußtsein staatlicher und nationaler Zusammengehörigkeit mit dem östlichen, unter sowjetischer Besatzungsherrschaft stehenden Teil des ehemaligen Deutschen Reiches so selbstverständlich, daß der Parlamentarische Rat die Wiedervereinigung Deutschlands allen staatlichen Organen zur Pflicht gemacht und sein eigenes Werk bis dahin befristet hatte.[3]

Arndt war an den Vorbereitungen und der Entstehung des Grundgesetzes nicht unmittelbar[4] beteiligt. Wahrscheinlich beriet er – in Anknüpfung an die hessischen Verfassungsberatungen[5] – Georg August Zinn[6], der dem Parlamentarischen Rat als Vorsitzender des Rechtspflegeausschusses und eines der einflußreichsten sozialdemokratischen Mitglieder angehörte. Im übrigen trat er nach Verabschiedung des Grundgesetzes als juristischer Experte Hessens bei den Sitzungen des Juristischen Ausschusses der Überleitungsausschüsse der Ministerpräsidenten[7] in Erscheinung.

Mit der Aufstellung als Bundestagskandidat der SPD entschied Arndt sich dafür, die Beamtenlaufbahn vollends gegen die öffentliche Tätigkeit des Berufspolitikers auf der parlamentarischen Bühne einzutauschen. Er kandidierte im Wahlkreis Hersfeld-Hünfeld-Rotenburg: Im Kreis Rotenburg liegt die Stadt Sontra, aus der die Vorfahren seiner Mutter, die Familie von Fransecky, stammten.[8] Hier fand ein nationalbewußter Politiker wie Adolf Arndt ein wichtiges Betätigungsfeld. In diesem Wahlkreis unmittelbar am Rand der sowjetisch besetzten Zone, von seinem thüringischen Hinterland abgeschnitten und mit einem hohen Anteil Vertriebener[9], lag die Not der Kriegsfolgen und der deutschen Teilung auf der Hand. Politische Veranstaltungen Arndts in diesem Wahlkreis, unter anderem gemeinsam mit dem sozialdemokratischen Vertriebenenpolitiker Wenzel Jaksch, waren „Grenzlandkundgebungen"[10], die sich den besonderen,

---

2 S. unten Kapitel IV.I.
3 Vgl. Art. 146 des Grundgesetzes für die Bundesrepublik Deutschland vom 23. Mai 1949.
4 Arndts von Zinn nachdrücklich unterstützte Thesen zur Einheit der Rechtspflege waren jedoch ein Diskussionsgegenstand im Herrenchiemseer Verfassungskonvent, s. Griepenburg, Hermann L. Brill: Herrenchiemseer Tagebuch, S. 614; Soergel, Konsensus und Interesse, S. 366 (Anm. 57).
5 S. oben Kapitel II.2.
6 Zum Verfassungskonvent von Herrenchiemsee entsandte das Land Hessen als Bevollmächtigten den Sozialdemokraten Professor Dr. Hermann Brill, vgl. Griepenburg, Hermann L. Brill: Herrenchiemseer Tagebuch. In den Parlamentarischen Rat wurden Abgeordnete der Landtage gewählt. Dazu gehörte für die SPD u.a. Georg August Zinn, an dessen Stelle Arndt in den Frankfurter Wirtschaftsrat gewählt worden war. Sehr wahrscheinlich kam es zwischen Arndt und Zinn (zu Zinns Arbeit im Parlamentarischen Rat s. demnächst Beier, Kooperativer Föderalismus und kämpferische Integration. Leben und Werk des hessischen Ministerpräsidenten Georg August Zinn) zu Diskussionen über die im Parlamentarischen Rat behandelten Probleme. Aufschluß darüber könnte der noch nicht zugängliche Nachlaß Zinns im Besitz von Frau Dr. Christa Zinn, Wiesbaden, geben.
7 Vgl. Akten zur Vorgeschichte der Bundesrepublik Deutschland, Bd. 5 (1. und 2. Sitzung), S. 761, 924.
8 Das deutete Arndt auch im Bundestag an. Dem FDP- Abgeordneten Max Becker aus Hersfeld hielt er entgegen: „Warum Sie, Herr Kollege Becker, jedesmal im Fall Sontra so besonders betonten, daß Sie gebürtiger Hesse sind, das weiß ich nicht. Ich glaube, meine genealogischen Beziehungen zu Sontra sind doch etwas älter als Ihre; denn sie reichen schon sehr lange zurück.", Prot. BT, 1. WP, 250. Sitzung (15. April 1953), S. 12 630 B.
9 S. Statistisches Bundesamt (Hrsg.), Die Statistik der Bundesrepublik Deutschland, Bd. 100, Die Wahl zum 2. Deutschen Bundestag am 6. September 1953, H. 1, S. 58, verzeichnet für den Wahlkreis Hersfeld den zweithöchsten Vertriebenenanteil in Hessen.
10 Vgl. Hersfelder Zeitung: „Nur ein einziges Ziel – Dr. Arndt und Wenzel Jaksch sprachen in Widdershausen", 25. September 1950; vgl. weitere Presseberichte von Wahlkreisveranstaltungen Arndts, AdsD, Nachlaß Arndt, Mappe 379.

drückenden Problemen des Grenzlands stellen mußten. Gerade Sontra war ein lokales Zentrum des nordhessischen Notstandsgebiets mit extrem hoher Arbeitslosigkeit[11], bedingt durch die Grenzlage und den Rückgang des wirtschaftlich unrentablen Kupferbergbaus in dem ortsansässigen Kupferschiefer-Bergwerk, dem größten Arbeitgeber des im übrigen ländlich geprägten Gebietes.[12] Über zwei Wahlperioden hinweg führte Arndt hier eine exemplarische Auseinandersetzung um einen wirtschaftlich unrentablen Industriebetrieb im Zonengrenzgebiet, den die sozialdemokratische Bundestagsfraktion aus sozialen, vor allem auch „staatspolitischen Gründen"[13] im gesamtdeutschen Interesse vor der Stillegung retten wollte.

Mit sicherem Vorsprung vor der starken FDP gewann Arndt am 14. August 1949 den Wahlkreis für die SPD[14]. Auf Bundesebene erlitten die Siegeshoffnungen der SPD indessen eine herbe Enttäuschung. Die CDU wurde gemeinsam mit der CSU stärkste Fraktion und bildete unter Bundeskanzler Adenauer eine Koalitionsregierung mit der FDP und der DP. Die SPD unter ihrem Vorsitzenden Kurt Schumacher ging in die Opposition. Es begann die „Ära Adenauer" und mit ihr der Aufstieg Adolf Arndts zum beratenden Juristen, zum ‚Kronjuristen', der Opposition.

In der sozialdemokratischen Bundestagsfraktion, die am 31. 8. 49 zu ihrer konstituierenden Sitzung zusammentrat, gehörte Arndt zu dem knappen Drittel Akademiker, die in der CDU/CSU-Fraktion die Hälfte, in der FDP-Fraktion sogar zwei Drittel der Abgeordneten ausmachten.[15] Die Unterrepräsentierung der Juristen in der SPD-Fraktion, verglichen mit den anderen Fraktionen[16], wurde im Zweiten Bundestag extrem deutlich: Zehn sozialdemokratischen standen 46 Juristen der CDU/CSU und in

---

11 Vgl. die eingehende Darstellung Arndts im Bundestag, 1. WP, 76. Sitzung (14. Juli 1950), S. 2 689 B ff., bestätigt vom Staatssekretär im Bundeswirtschaftsministerium, a. a. O., S. 2690 B.
12 Vgl. Statistisches Bundesamt (Hrsg.), Die Statistik der Bundesrepublik Deutschland, Bd. 100, S. 58: Von zwanzig hessischen Wahlkreisen stand Hersfeld an fünfter Stelle mit dem Bevölkerungsanteil, der in Städten unter zehntausend Einwohner lebte, nämlich 87,6 %.
13 Vgl. v.a. Arndts Ausführungen in der 259. Sitzung des 1. Bundestags (15. April 1953), S. 12 630 C und 12 631 C, sowie in der 79. Sitzung des 2. Bundestags (4. Mai 1955), S. 4 376 A, außerdem im 1. Bundestag die 76. Sitzung (14. Juli 1950), S. 2 689 B ff., die 163. Sitzung (18. September 1951), S. 6 599 C ff. und die 194. Sitzung (20. Februar 1952), S. 8 330 C. Auf Arndts Initiative beschäftigten sich besonders v.a. vier Bundestagssitzungen eingehend, teilweise in scharf geführten Debatten mit dem Sontraer Kupferschieferbergbau. Die „staatspolitischen Gründe", die nach Arndt für die Erhaltung des Bergwerks sprachen, entsprangen v.a. dem offenkundigen sozialpolitischen Anliegen der ‚Magnettheorie' der SPD. Danach übte die Herstellung sozialpolitisch vorbildlicher Verhältnisse im Westteil Deutschlands eine erhöhte Anziehungskraft auf den östlichen Teil Deutschlands aus und förderte dadurch die Wiedervereinigung. In diese Richtung zielte Arndts Ausführung in der 259. Sitzung, 1. WP, S. 12 631 B, in der er die sozialen Mißstände in der Sontraer Gegend kritisierte, „obgleich man doch in Deutschland wissen sollte, daß da, wo der Bund einen Betrieb hat, alles am besten gerichtet und vorbildlich sein muß, wozu dann auch noch diese politischen Erwägungen der unmittelbaren Nähe der Zonengrenze kommen."
14 Zum Ergebnis vgl. Statistisches Bundesamt (Hrsg.), Statistik der Bundesrepublik Deutschland, Bd. 10, Die Bundestagswahl am 14. August 1949, S. 19, 23.
15 Vgl. zur Statistik Schindler, Datenhandbuch zur Geschichte des Deutschen Bundestags (Bonn 1983), S. 196. Die nachgedruckte Ausbildungsstatistik in: Deutscher Bundestag, Wissenschaftliche Dienste, Materialien Nr. 40, Mitgliederstruktur des Deutschen Bundestags, I. – VII. Wahlperiode, Bonn 1975, S. 263, weicht davon bei allen Fraktionen stark nach unten ab. Erst in der sechsten Wahlperiode erreichte die SPD den Akademikeranteil der CDU/CSU von 1949.
16 Genaue Angaben zum Anteil der Juristen im ersten Bundestag liegen bisher nicht vor. Zum Anteil der Juristen („lawyers") hat Kirchheimer, The composition of the German Bundestag, 1950, für die SPD 4, für CDU/CSU und DP insgesamt 17 errechnet (S. 597).

der kleinen FDP-Fraktion sogar 20 Juristen (!) gegenüber.[17] Dabei war absehbar, daß der neue Bundestag ein erhebliches Maß an juristischer Sachkunde benötigen würde. Es galt, die Aufträge der neuen Verfassung zu erfüllen und eine neue, zentrale und grundlegende Bundesgesetzgebung auf beinahe allen Sachgebieten zu schaffen. Dabei war die Formulierungshilfe und Kontrolle juristisch ausgebildeter Abgeordneter unerläßlich.[18] Dies war um so dringlicher, als – nach einer Formulierung Arndts – „die in ihrer Mitwirkung auf alle Sachgebiete verstreuten Juristen" ein „Bindemittel" des Parlaments darstellen sollten.[19] Hinzu kam, daß das fortgeltende Besatzungsrecht und die Beziehungen zu den Besatzungsmächten zusätzliche völkerrechtliche und international-rechtliche Probleme aufwarfen, die die Heranziehung von Juristen zu Handels- und Wirtschaftsfragen notwendig machten.

Angesichts dessen und aus Gründen der Konkurrenzfähigkeit gegenüber anderen Fraktionen mußten den wenigen Juristen der SPD-Fraktion besondere und vermehrte Aufgaben zuwachsen.[20] Zahlreichen SPD-Bundestagsabgeordneten war der Jurist Arndt aus der gemeinsamen Zugehörigkeit zur Fraktion im Frankfurter Wirtschaftsrat[21] bekannt, wo er sich als wirkungsvoller Debattenredner und anerkannter juristischer Fachmann einen Namen gemacht hatte. So war es nicht überraschend, daß die Fraktion am 18. November 1949 den 45jährigen Arndt neben dem alterfahrenen sozialdemokratischen Parlamentarier Wilhelm Mellies[22] zum – juristischen – Fraktionsgeschäftsführer wählte. Damit gehörte Arndt von Anfang an ex officio zum engeren Kreis des von Kurt Schumacher geleiteten Fraktionsvorstands, der die Geschäfte der Fraktion führte, Fraktionssitzungen einberief und deren Tagesordnungen festlegte.[23]

Adolf Arndt und Kurt Schumacher

Die Tätigkeit brachte Arndt in enge Berührung mit dem Partei- und Fraktionsvorsitzenden der SPD, Dr. Kurt Schumacher. Vom Beginn der Fraktionsarbeit bis zu Schumachers Tod im August 1952 entwickelte Arndt sich zu einem der „engsten persönli-

---

17 Nach Virchow (unter Mitarbeit von Rudolf Holzgräber), Die Zusammensetzung der Bundestagsfraktionen, stellten in der CDU/CSU die Juristen im 2. Bundestag die zweitstärkste, in der FDP die stärkste und in der SPD die fünftstärkste Berufsgruppe (a. a. O., S. 359, 369, 380). Eine Addition der „Verwaltungsbeamten im höheren Dienst" sowie der „Rechtsanwälte, Wirtschaftsprüfer, Syndici" im 3. Bundestag (laut nachgedruckter Statistik in: Deutscher Bundestag, Mitgliederstruktur des Deutschen Bundestags, I. bis VII. Wahlperiode, S. 146) ergibt für die CDU/CSU-Fraktion insgesamt 69, für die FDP 14 und die SPD 18.
18 Vgl. die Gesetzgebungsstatistik bei Schindler, Datenhandbuch (1983), S. 680. Der erste Bundestag verabschiedete 545 Gesetze, der zweite noch 507 Gesetze, der dritte Bundestag nunmehr 424 Gesetze.
19 Vgl. Arndt, Der Jurist im Parlament (1960), S. 87, der für den dritten Bundestag insgesamt 75 Volljuristen (mit der Befähigung zum Richteramt) errechnete.
20 In seinem Bericht „Rechtswesen und Verfassungsrecht", in: Jahrbuch der SPD 1954/55, S. 30, beklagte Arndt den „empfindlichen Mangel" an Juristen aller Fraktionen, insbesondere in der SPD-Fraktion.
21 Vgl. die Gegenüberstellung der Mitgliedschaft im Frankfurter Wirtschaftsrat und im ersten Deutschen Bundestag bei Schindler (Hrsg.), Datenhandbuch zur Geschichte des Deutschen Bundestags (1989), S. 206 ff.
22 Zu Wilhelm Mellies vgl. Klotzbach, Staatspartei, S. 280, Anm. 526.
23 Vgl. zum Beispiel die Satzung der SPD-Fraktion (Satzung 1972) bei Ellwein, Regierungssystem der Bundesrepublik Deutschland, S. 650 ff.

chen Mitarbeiter"[24] Kurt Schumachers, wie er später nicht ohne Stolz sagte. Die Büros der beiden Politiker im Bundeshaus lagen unmittelbar nebeneinander.[25] Der Umgang der beiden Männer miteinander war direkt und persönlich und ermöglichte schnelle, gemeinsame Reaktionen auf politische Vorgänge. Geht man nach den regelmäßigen Treffen zwischen Arndt und Schumacher[26], so erreichte kein anderer nach 1945 zur SPD gestoßener Mitarbeiter Schumachers – mit Ausnahme von Herbert Wehner und Carlo Schmid – eine solche enge politische Vertrauensstellung zu dem Parteiführer wie Adolf Arndt – eine Feststellung, die besonders bemerkenswert ist, weil Arndt bis zum Zusammentritt des Bundestags weder in unmittelbarer Nähe zu Schumacher politisch gearbeitet, noch sonst ein Parteiamt bekleidet hatte, das ihn mit Schumacher hätte zusammenbringen können. Es gibt keinen Hinweis darauf, daß die beiden Männer einander vor dem Herbst 1949 persönlich begegnet waren. Wie hoch Schumacher Arndts Mitarbeit schätzte, zeigte sich schon im Februar 1950, als er Arndt und Zinn als Verfassungsexperten der Partei im Rang vor Carlo Schmid, dem Vorsitzenden des Hauptausschusses im Parlamentarischen Rat und unbestritten einem der einflußreichsten Mitgestalter des Grundgesetzes, einstufte.[27] Schumacher sah in Arndt – wie auch in Fritz Erler und Karl Mommer – einen der „jungen Leute" der Fraktion, aus „denen was wird."[28] Arndt berichtete später, Schumacher habe beabsichtigt, ihm im Fall des Wahlsiegs das Amt eines Staatsministers im Bundeskanzleramt zu übertragen[29] – eine auf hohem persönlichen Vertrauen beruhende, großes Organisationsgeschick und politische Urteilskraft erfordernde Position ‚mit unmittelbarem Zugang zum Machthaber.'

Die Zusammenarbeit mit Kurt Schumacher prägte den Politiker Arndt. Schumachers Angebot der Mitarbeit hatte dem bürgerlichen Intellektuellen den Weg in die SPD geöffnet[30], Schumachers Leitgedanken zur Außenpolitik, seine Entwürfe zum Verhältnis zwischen der Partei und den christlichen Kirchen und zum programmatischen Weg der Nachkriegssozialdemokratie haben Arndt überzeugt, nachhaltig beeinflußt und zur Weiterführung bestimmt. Von allen jüngeren Mitarbeitern Schumachers hat Arndt das politische Erbe des Parteivorsitzenden am bewußtesten und genauesten sich angeeignet und auf dem höchsten gedanklichen Niveau weitergetragen.

Annemarie Renger, die als engste Mitarbeiterin Schumachers die Beziehung zwischen Arndt und Schumacher unmittelbar erlebte, geht wohl zu weit mit der These, daß Arndt seine politische Überzeugung durch Schumacher „gewonnen" habe.[31] Dazu

---

24 Arndt, Opposition (1968), S. 369.
25 Schriftliche Mitteilung von Annemarie Renger an den Verfasser, 24. September 1987: Dem entspricht die Einschätzung des ersten Assistenten Arndts im Bundestag, Professor Wilhelm Hennis, im Gespräch mit dem Verfasser, 6. September 1984: Arndt sei der „intimste Berater" Schumachers gewesen.
26 Edinger, Kurt Schumacher, S. 545.
27 S. AdsD, Protokoll des SPD-PV, 4./5. Februar 1950.
28 Vgl. die (fehlerhafte und unvollständige) Abschrift eines Interviews mit Kurt Schumacher am 22. Mai 1952, AdsD, PV-Bestand Schumacher, Q 7: „[...] Wissen Sie, ich war im Deutschen Reichstag vor 1933 und im Württembergischen Landtag. Aber eine so geringe intellektuelle Qualität wie Sie hier sehen, habe ich im Leben noch nicht gesehen. Dabei kann ich meine Fraktion glücklicherweise davon ausnehmen. Wir haben eine Führungsschicht, die ist anders, eine viel breitere, auch eine Menge junger Leute, aus denen was wird. [...] Wir haben eine ganze Reihe schon, Mommer, Erler, Arndt, aber Arndt ist schon oben angekommen in der Haltung [...]."
29 Arndt an Professor Dr. Horst Ehmke, 13. Oktober 1969, anläßlich dessen Berufung in dieses Amt, AdsD, Nachlaß Arndt, Mappe 15.
30 S.o. Kapitel II.1.
31 Schriftliche Mitteilung Annemarie Rengers an den Verfasser, 24. September 1987.

hatten die politischen Umstände der NS-Zeit zu eigenständig und fast folgerichtig Arndts Annäherung an die SPD vorangetrieben. Arndts politisches Handeln entsprang zudem einer christlichen Grundüberzeugung, die Schumacher achtete, aber nicht teilte. Es gab also schon ein tiefliegendes Fundament von Erfahrungen und Motiven, auf dem Schumachers Einfluß aufbaute.

Eines ist aber gewiß: Schumacher gab Arndts politischem Denken Form und Gestalt, die konkreten Zielsetzungen und die Schärfe im politischen Meinungskampf. Die Beziehung der beiden Politiker trug symbiotische Züge. Was der an Bildung Schumacher mindestens ebenbürtige, vielleicht überlegene Intellektuelle Arndt an hochqualifiziertem fachlichen Rat erteilen konnte, empfing er durch die Erfahrung einer tiefen, leidenschaftlich verfochtenen, zur Macht drängenden politischen Überzeugung. Der Umgang der beiden Männer miteinander war politisch-sachlicher Art. Dabei kam Arndts Fähigkeit zu sachlich-konzentrierter, gedanklich scharfer, alles theoretische Beiwerk abstreifender Problemdiskussion Schumachers praktisch-politischem Bedürfnis nach einem effizient arbeitenden juristischen Fachmann entgegen. Empfindungen privater Verbundenheit mag Schumacher ihm lang vertrauten politischen Weggenossen wie Erich Ollenhauer und Fritz Heine vorbehalten haben.[32] Äußerungen Arndts über sein persönliches Verhältnis zu Schumacher fehlen fast völlig. Es tritt in Umrissen hervor – das ist bezeichnend für Arndt – in sachbezogenen Äußerungen, für die er sich auf Schumacher beruft oder bezieht.

Doch deutet sich unter der Oberfläche sachlicher Problembehandlung eine emotionale Verbundenheit an, die lange nach Schumachers Tod in Arndts scharfer Kritik an einer von dem amerikanischen Politikwissenschaftler Lewis J. Edinger verfaßten Biographie Schumachers hervortrat. Edinger hatte unter anderem ein Interview mit Arndt verwertet und teils sehr kritische Urteile über Schumacher gefällt, den er als „anmaßend" und „unflexibel" gegenüber den Besatzungsmächten und als „dogmatische Persönlichkeit" mit „manisch-zwanghaften" Zügen charakterisiert hatte.[33] Vehement verwahrte Arndt sich in einem veröffentlichten Brief an den Verlag gegen den Anschein, Gewährsmann einer derartigen Wertung zu sein: „Zwar liegt mir fern, in Zweifel zu ziehen, daß Herr Professor Edinger auf wissenschaftliche Weise allein der Wahrheit zu dienen bestrebt war, muß jedoch meiner Überzeugung Ausdruck geben, daß dieses Bestreben leider ganz erfolglos blieb. Das Buch wird Kurt Schumacher in keiner Weise gerecht. Es gibt von ihm ein böses Zerrbild [...] Ich widerspreche jeder Zeile dieses Buches [...]."[34] Arndt, der im Parlament ein scharfer, vom politischen Gegner gefürchteter Kritiker war und auch gegenüber Parteifreunden die offene Auseinandersetzung schätzte, fühlte durch Edingers Urteil über Schumacher offenbar auch sich selbst getroffen.[35] Man muß darin noch keine schlichte „Identifikation"[36] Arndts mit Schu-

---

32 Jedenfalls bestand keine private Verbundenheit zwischen Arndt und Schumacher, Mitteilung Rengers, a. a. O.
33 Edinger, Schumacher, S. 230, 270, 415, 429; aufgrund neuerer Quellenstudien Edingers Urteil über Schumachers autoritären Führungsstil bestätigend Stamm, Kurt Schumacher als Parteiführer, S. 274.
34 Brief Arndts an den Herausgeber der Edinger-Biographie, abgedruckt in: Vorwärts, 20. Juli 1967.
35 Das schließt eine – sehr wahrscheinlich Arndt zuzuschreibende – bei Edinger, Schumacher, S. 183, wiedergegebene ironische Bemerkung keineswegs aus: Edinger berichtet, einer der „engsten und klügsten" Helfer Schumachers habe sich erinnert, man habe stets den Eindruck gehabt, „Schumacher stünde wie Moses auf einem Gipfel, von dem aus er allein das 'Gelobte Land' sehen konnte."
36 Edinger, a. a. O., S. 183.

macher diagnostizieren. Der auf intellektuelle Eigenständigkeit bedachte Arndt sträubte sich gewiß auch dagegen, von Edinger in die Nähe der Mitarbeiter Schumachers gebracht zu werden, die den Parteiführer „mit beinahe religiösem Eifer" verehrten. Doch hat kein Sozialdemokrat weder vorher noch nachher Arndt so sehr mit der SPD verbunden wie Kurt Schumacher.

Der juristische Fraktionsgeschäftsführer

Die Aufgabe des juristischen Fraktionsgeschäftsführers brachte eine hohe Arbeitslast mit sich. Arndt führte die juristische Themen berührenden Akten der Fraktion. So wie er es für den Rechtsausschuß mit Bezug auf den Bundestag beschrieb, so fungierte er als „Justitiar"[37] der SPD-Fraktion, der zur Begutachtung und Formulierung rechtspolitischer Gesichtspunkte aus ganz weit gestreuten Sachgebieten herangezogen wurde. Dazu kam die Betreuung der Gerichtsverfahren, in die sozialdemokratische Bundestagsabgeordnete[38] aufgrund ihrer öffentlichen politischen Tätigkeit verwickelt wurden. Es galt, Beleidigungen und Verleumdungskampagnen[39] abzuwehren, Widerrufsklagen anzustrengen und Vergleiche auszuhandeln. Überwiegend beratend und organisierend, gelegentlich jedoch auch als Anwalt – Arndt war zugelassen beim Landgericht Bonn – trat er dabei auf. Regelmäßig mußten die sozialdemokratischen Pressedienste mit Stellungnahmen und Artikeln der Fraktionsgeschäftsführung versorgt werden – eine Aufgabe, der Arndt mit einer breiten Themenpalette sehr intensiv nachkam. Zeitweise führte er ganze Kampagnen mit Gegenstellungnahmen zu Presseberichten, wobei sein bevorzugter Gegner der katholische, konservative Rheinische Merkur war, an dem Arndt seine Neigung zur Polemik lustvoll auslebte.[40] Schließlich war der juristische Experte der Fraktion dazu berufen, im Bundestagsplenum Stellungnahmen zu Strafprozessen, Immunitätsfragen, Affären mit juristischem Hintergrund usw. abzugeben – dies alles neben den großen rechtspolitischen und anderen Themen der Zeit, bei denen sich Arndt zu Wort meldete. Die alltägliche Kleinarbeit überhäufte den juristischen Experten, der sich selbst einmal sarkastisch den „Mülleimer der Fraktion"[41] nannte. Hinzu kam, daß den Abgeordneten des Ersten Bundestags nur in sehr bescheidenem Umfang Personal und Sachmittel zur Verfügung standen. Nur eine leichte Entlastung Arndts brachte es mit sich, daß zu seiner Unterstützung Dr. Wilhelm Hennis, später Dr. Horst Ehmke, die ersten Assistenten des Bundestags überhaupt[42], eingestellt wurden; denn dieser Entlastungseffekt wurde rasch aufgezehrt durch den vermehrten

---

37 Arndt, Jurist im Parlament (1960), S. 84.
38 Arndt übernahm diese Aufgabe auch für den Parteivorstand, vgl. die umfangreiche Sammlung der Prozeßunterlagen, AdsD, Nachlaß Arndt, Mappen 59 – 220.
39 Vgl. z. B. das Verfahren SPD-PV ./. Dr. Konrad Schneck, AdsD, Nachlaß Arndt, Mappe 185: Darin eine Denkschrift Arndts über persönliche Verunglimpfungen gegen den Oppositionsführer Erich Ollenhauer.
40 Arndt hatte in einem abgedruckten Leserbrief den Rheinischen Merkur als „Gazette Satans" bezeichnet und das Honorar für diesen Brief dem Deutschen Roten Kreuz gespendet, vgl. die Artikel „Sophistische Polemik" und das „Forum" in: Rheinischer Merkur, 2. März 1951 und 18. Juli 1952.
41 Berichtet von Walter Henkels, „Jugend mit angegrauten Schläfen", in: Frankfurter Allgemeine Zeitung, 2. November 1950.
42 Schindler, Datenhandbuch, S. 289, nennt Dr. Horst Ehmke als ersten Assistenten der SPD-Fraktion. Zuvor hatte in den Jahren 1951/52 bereits Dr. Wilhelm Hennis bei Arndt gearbeitet.

Arbeitsanfall: Nach der Einrichtung des Bundesverfassungsgerichts im Herbst 1951 wurden die Assistenten in die Vorbereitung einer Kette von Verfassungsprozessen eingespannt.

Arndt erfüllten solche organisatorischen Miß- und Notstände wie mangelndes Hilfspersonal, schlechte räumliche Unterbringung der Abgeordneten und schlechte Informations- und Kommunikationswege im Bundeshaus zunehmend mit deutlicher Unzufriedenheit, die er später in seinem programmatischen Vortrag „Über das zeitgerechte Parlamentsgebäude"[43] zusammenfaßte. Er hatte in Berlin bei Max Alsberg eines der größten deutschen, nach amerikanischem Vorbild modern geführten Anwaltsbüros mit perfekt funktionierendem Hilfsstab schätzen gelernt und in seiner eigenen Kanzlei am Berliner Kurfürstendamm, während der ertragreichen Jahre bis zum Kriegsausbruch, nie an Hilfsmitteln und Personal sparen müssen. Arndt dachte in großzügigen Maßstäben und legte sie an bauliche Gestaltung und Arbeitsbedingungen des Parlaments an. Es erbitterte ihn, daß in der wirtschaftlich rasch wieder erstarkenden Bundesrepublik Deutschland „Geringschätzung" des Parlaments und „falsche Verschämtheit", ja „unterwürfige Streberei" herrschten, „um zu zeigen, daß ein Parlament billig ist. Was wenig kostet, ist in der Regel auch wenig wert."[44]

Doch stand dahinter eine viel tiefere Einsicht in die Zeitgebundenheit des ‚zeitgerechten Parlamentsgebäudes' – für Arndt primär eine politische, erst sekundär eine architektonische Frage[45] –, indem dieses über die Verbundenheit des Volkes mit seinem Parlament und dessen Wertschätzung Auskunft gab. Es entsprach Arndts politischer Auffassung von parlamentarischer Demokratie, daß erst die dem zentralen Rechtsstatus des Abgeordneten entsprechende räumlich-organisatorische Ausstattung den einzelnen Volksvertreter in den Stand versetzte, die von der Idee der Demokratie gebotene wirksame Kontrolle des höchsten Verfassungsorgans über die Exekutive auszuüben. Folglich sollte der einzelne Abgeordnete, nicht die Vollversammlung, die Grundform eines Parlamentsgebäudes der deutschen Demokratie bestimmen.[46] Arndt forderte ein Parlamentsgebäude, das von dem einzelnen Abgeordneten, dessen Arbeitsbereich und politischem Wirkungsraum ausging und an dieses funktionelle Zentrum die weiteren Funktionen bis hin zur Vollversammlung angliederte.

Es ging Arndt dabei um weit mehr als um „das Lamento, daß der einzelne Abgeordnete sich mehr Komfort wünscht"[47], wie er versicherte. Ihm stand ein Parlament vor Augen, das in Stil und Formgebung in Einklang stand mit dem Gehalt seiner politischen Funktion. Darin folgte er einer Theorie der Ästhetik, die der Gründung des Bauhauses zugrunde gelegen hatte und vom Deutschen Werkbund fortgeführt wurde.[48] Mit seiner sublimen ästhetischen Überlegung hatte Arndt zugleich ein modernisiertes Bild des Abgeordneten im Auge, der, um konkurrenz- und entscheidungsfähig zu sein, ein mit dem Zugang zu den besten und umfassendsten Informationsquellen ausgestatteter „informierter Abgeordneter" sein mußte.

---

43 Arndt, Das zeitgerechte Parlamentsgebäude (1962), S. 238 ff.
44 A. a. O., S. 243.
45 A. a. O., S. 242.
46 A. a. O., S. 244, 247.
47 A. a. O., S. 246.
48 Arndt war dem Deutschen Werkbund eng verbunden und wurde 1965 Vorsitzender dieser Vereinigung.

Der so dachte, war selbst nicht dem Verdacht ausgesetzt, für seinen eigenen Komfort zu sorgen. Arndts parlamentarischer Arbeitsalltag war hart[49] und brachte ihn wiederholt an den Rand seiner körperlichen Kräfte.[50] Der Großzügigkeit, die Arndt für die materielle Ausstattung der Abgeordnetentätigkeit verlangte, entsprach der großzügige Einsatz seiner Arbeitskraft.[51]

Gemessen an seinen grundlegenden Überlegungen und ästhetischen Maßstäben mußte Arndt das Provisorium der Bonner Parlamentsbauten bedrückend eng erscheinen. Das Bundeshaus war für ihn ein „Mittelding" zwischen Schule und Hochschule, „das mehr scheinen will, als es sein kann; eine Art verbesserte Präparandenanstalt, durch Um- und Ausbauten ins Unübersichtliche und Unförmige ausgebeult, just ein Haus zum Nachsitzen für solche, die ihr Pensum nicht lernten."[52]

All dies wird dazu beigetragen haben, daß der Berliner aus Leidenschaft, der die Reichshauptstadt als kulturelle Weltmetropole der 20er Jahre erlebt und genossen hatte, sich in dem Provisorium der provinziellen neuen Landeshauptstadt nie ganz einzurichten vermochte, obwohl er nach Bonn umzog.

Der streitbare ‚Kronjurist'

Das Schwergewicht der parlamentarischen Tätigkeit Arndts lag auf der Ausschußarbeit. Im Ersten Deutschen Bundestag war er ordentliches Mitglied in sieben Ausschüssen[53], davon drei Untersuchungsausschüssen.[54] In zwei Ausschüssen, dem Untersuchungsausschuß gemäß Drucksache 2 657 (Platow-Ausschuß) und insbesondere dem Ausschuß für Rechtswesen und Verfassungsrecht, amtierte er als stellvertretender Vorsitzender. Letzerer Ausschuß hatte in der ersten Legislaturperiode mit allein 271[55] Plenarsitzungen ein enormes zeitliches Arbeitspensum zu bewältigen.[56] Wegen krankheitsbedingter Abwesenheit des Ausschußvorsitzenden, Professor Wilhelm Laforet, mußte Arndt recht häufig den Ausschußvorsitz übernehmen. Hinzu kam seine Mitwirkung in insgesamt zehn Unterausschüssen, die zur Entlastung des Rechtsausschußplenums gebildet worden waren. An der zeitlichen Inanspruchnahme des Abgeordneten Arndt durch die Ausschußarbeit zeigte sich beispielhaft ein Entwicklungszug des mo-

---

49 Davon gibt das Portrait Arndts, Der „Kronjurist" der SPD, in: Vorwärts, 21. Dezember 1956, einen Eindruck.
50 S.u. Kapitel IV.8.
51 Arndt litt unter dieser Arbeitsbelastung. Beinahe ständige gesundheitliche Beschwerden machten häufige Krankenhausaufenthalte und Kuren nötig. Diese gesundheitlichen Belastungen brachte er in Briefen an Parteifreunde zum Ausdruck, s. z. B. Briefe an Ollenhauer, AdsD, PV-Bestand Ollenhauer 1.
52 Vgl. Arndt, Das zeitgerechte Parlamentsgebäude (1962), S. 238.
53 Nach einer Zusammenstellung im BT Parl. Arch. (Abtl. Wissenschaftliche Dienste), Die Ausschüsse des Deutschen Bundestags, 1. bis 9. Wahlperiode, Bonn 1981.
54 Dies waren der 44. (Untersuchungsausschuß zur Hauptstadtfrage gem. BT-DS 1/1397), der 46. (Untersuchungsausschuß zum Platow-Informationsdienst gem. BT-DS 1/2657, vgl. dazu auch Soell, Erler, Bd. 1, S. 129) und der 47. Ausschuß (Untersuchungsausschuß gem. BT-DS 1/2680, Zur Untersuchung der Personalpolitik des Auswärtigen Amtes, vgl. Soell, ebda.).
55 S. zum Vergleich die folgenden Wahlperioden: 2. Wahlperiode = 223 Sitzungen; 3. Wahlperiode = 159 Sitzungen.
56 Der Bericht Arndts „Über die Tätigkeit des Bundestagsausschusses für Rechtswesen und Verfassungsrecht" vom 4. März 1954, AdsD, Nachlaß Arndt, Mappe 37 (offenbar für den SPD-Parteitag 1954) gibt einen Eindruck davon.

dernen Parlamentarismus hin zur Verlagerung der sachlichen Arbeit in immer stärker differenzierte Ausschüsse[57] und dementsprechend zu einem wachsenden Bedarf an ‚Experten'.[58] Um so belastender wirkte sich der Mangel an juristischen Fachleuten für die wenigen Juristen unter den sozialdemokratischen Bundestagsabgeordneten aus.

Die stetige, fachbezogene und intensive Arbeit des Rechtsausschusses war wenig publizitätsträchtig. In die Schlagzeilen kam Arndt daher erstmals aufgrund seiner Mitwirkung in dem spektakulärsten Untersuchungsausschuß der ersten Wahlperiode, der sich mit der Untersuchung angeblicher Bestechungsvorgänge bei der Hauptstadtwahl zu befassen hatte.[59] Arndt, für den dieses Untersuchungsverfahren eine Bewährungsprobe der parlamentarischen Demokratie darstellte – im Bundestag warnte er eindringlich: „Glauben Sie mir, der Deutsche Bundestag hat noch kein großes Ansehen in der Bevölkerung. Das trifft uns von der Opposition nicht viel weniger als Sie von der Regierungskoalition: Unter Bonn versteht manch einer draußen beide"[60] –, schlug bei den Zeugenvernehmungen des Ausschusses einen scharfen Ton[61] an. Er nahm die im Laufe der Untersuchung aufgedeckten Finanzmanipulationen zum Anlaß harter, öffentlicher Angriffe gegen die Regierungsparteien und verschiedene Mitglieder der Bundesregierung. War ihm schon im Ausschuß selbst der Vorwurf der „Inquisition"[62] gemacht worden, so hallte es nunmehr in der Presse von „Scharfmacherei."[63] Respekt und Geringschätzung zugleich mischten sich in dem Lob auf den glänzenden Juristen mit seiner Charakterisierung „als Staatsanwaltsnatur durch und durch."[64] Ein Versuch der Regierungsparteien, Arndt zum Rücktritt aus dem Untersuchungsausschuß zu zwingen, scheiterte am Widerstand der SPD-Fraktion.

Doch eine bleibende Auswirkung hatten die öffentlichen Auseinandersetzungen. Erstmals wurde Arndt als „Kronjurist" bezeichnet. „Schumachers Kronjurist"[65], so wurde er vom Hamburger Abendblatt etikettiert. Lag in dieser possessivischen Wendung noch der Spott über ein Untertänigkeits- und Abhängigkeitsverhältnis Arndts zum Oppositionsführer, so verselbständigte sich das griffige Wort vom „Kronjuristen" und fand sich schon bald darauf auch in Arndt wohlgesonnenen Pressekommentaren.[66] Ein politischer Beiname war geboren. Sein Träger ignorierte, belächelte, kritisierte und verdammte ihn – doch er haftete ihm an bis zu seinem Tod und darüber hinaus. Zeit

---

57 Zur Vermehrung der Parlamentsausschüsse vgl. Dechamps, Macht und Arbeit der Ausschüsse, S. 76.
58 Zu dieser Entwicklung eher kritisch Arndt, Jurist im Parlament (1960), S. 87.
59 44. Ausschuß gem. BT-DS 1/1397.
60 Prot. BT, 1. WP, 148. Sitzung (7. Juni 1951), S. 5 921 D.
61 Vgl. die bissige Bemerkung Arndts zu den langatmigen Ausführungen des Ausschußzeugen Donhauser: „Sie sprechen gern sehr viel. Aber bleiben wir mal bei der Sache.", in der 11. Sitzung des 44. Ausschusses am 27. Oktober 1950, Protokoll, Bd. 3, S. 119, BT-Parl. Arch.
62 Das Protokoll der 11. Sitzung (a. a. O., S. 120) gibt einen Eindruck von dem scharfen Ton, der zwischen den Ausschußmitgliedern angeschlagen wurde. Der Abgeordnete Hilbert (CDU) hielt eine Frage Arndts für unzulässig: „Herr Dr. Arndt, ich warne weiterzugehen. Wir wären sonst gehalten, auch ein bestimmtes Schriftstück auch einmal aus der Tasche zu ziehen; denn wir haben lange jetzt dieser Inquisition beigewohnt. Abgeordneter Dr. Arndt: Ich weiß nicht, wo Sie Schriftstücke in der Tasche haben. Ich bitte aber, Herr Kollege Hilbert, sämtliche Schriftstücke aus der Tasche zu ziehen; andernfalls würde ich sogar unter Umständen beantragen, diese Schriftstücke zu beschlagnahmen."
63 Vgl. Artikel „Scharfmacherei", in: Kölnische Rundschau, 20. Oktober 1950.
64 S. Artikelausschnitt „Aus dem Bonner Bestechungsausschuß", 18. Oktober 1950, AdsD, Personalia Arndt, Bd. II.
65 Der Titel eines Artikels im Hamburger Abendblatt, 31. Oktober 1950.
66 Vgl. Artikel „Adolf Arndt" in: Rheinische Zeitung, 13. Dezember 1950.

seines Lebens fand Arndt es unverständlich, daß gerade eine durch und durch republikanische Partei wie die SPD die Bezeichnung „Kronjurist" für einen der ihren annahm.[67] Er sezierte damit die historische Gedankenlosigkeit eines Namens, der, aus Polemik geboren und aus sprachlicher Verlegenheit übernommen, zu einem Ehrennamen werden sollte.

Die öffentliche Beachtung, die Arndt zunehmend zuteil wurde, ging vielfach von seinen Reden im Bundestag aus. Ihr Kern war zumeist ein rechtliches Problem, doch nie ohne Bezug zu einem übergreifenden politischen Zusammenhang: Die Lesung eines scheinbar rein rechtstechnisch relevanten Gesetzes über die Verkündung von Rechtsverordnungen nutzte Arndt zu einem Lehrstück parlamentarischer Umgangsformen der Verfassungsorgane miteinander.[68] Die Haushaltsdebatte zum Etat des Bundesjustizministers diente Arndt zur Veranschaulichung seiner Theorie der rechtsprechenden Gewalt anhand konkreter, auch polemischer Detailkritik an der Justizpolitik Thomas Dehlers. Seine Begründung des sozialdemokratischen Entwurfs zu einem Wiedergutmachungsgesetz[69] verband Rechtsfragen der materiellen Schuldentragung mit eingehenden Reflexionen zur moralischen und politischen Schuldfrage. Die Erörterung von Verfassungsfragen der Auswärtigen Gewalt nahm zugleich kritisch außenpolitische Grundsatzfragen der Regierungspolitik gegenüber den Besatzungsmächten aufs Korn.[70] Der juristische Fachmann der SPD-Bundestagsfraktion, der in der Abstempelung der Abgeordneten zu ‚Experten' eine „Manie" und die Gefahr der Auflösung der parlamentarischen Demokratie in Spezialistengruppen sah[71], überschritt immer die Grenzen seines Faches.

Dabei wurde die Wirkung seiner Reden unterstützt durch die virtuose Beherrschung rhetorischer Mittel. In einer knapp skizzierten Typologie des Sprechens hatte Arndt den Juristen kraft ihrer „forensischen Schule" grundsätzlich die Fähigkeit zugebilligt, das „Wort leicht und gleichsam natürlich zu meistern, soweit sie nicht zu sehr in die formale Abstraktion und eine rationalistische Mentalität ohne Bildhaftigkeit abgleiten."[72] Arndt löste diesen Anspruch ein – in seinen öffentlichen Reden, ob im Bundestag oder außerhalb[73]. Ein ruhiger, fast langsamer Grundduktus seiner Rede brachte in sehr genau akzentuierten Betonungswechseln selbst schwierige juristische Sachverhalte in eine auch dem Laien zugängliche Form. Dies bestätigten auch Reaktionen der Bevölkerung auf seine Bundestagsreden.[74] Doch war der ruhige, argumentative Rede-

---

67 Dr. Claus Arndt, in einem Brief an den Verfasser, 12. August 1987.
68 Vgl. Prot. BT, 1. WP, 16. Sitzung (10. November 1949), S. 336 D ff.
69 Genauer: „Entwurf eines Gesetzes zur Anerkennung des deutschen Widerstands und zur Wiedergutmachung nationalsozialistischen Unrechts", s. Prot. BT, 1. WP, 229. Sitzung (11. September 1952), S. 10 429 D ff.
70 S.u. Kapitel IV.2.
71 Arndt, Jurist im Parlament (1960), S. 87.
72 A. a. O., S. 86.
73 Vgl. die Besprechung seines Buches „Geist der Politik" (1965) von Walter Jens, Der Spiegel, 27. März 1967, S. 128, sowie Hans Mayer, Anmerkungen zu Reden von Adolf Arndt, S. 324 ff.
74 Vgl. zum Beispiel die Hörerzuschriften nach seinem Redebeitrag zur Verfassungsmäßigkeit des General- und EVG-Vertrags am 4. Dezember 1952 im Bundestag, AdsD, Akten SPD-BTF 335 (Wehrdebatte). In einem Brief vom 5. Dezember 1952 (F. Müller) hieß es: „Ihre Ausführungen waren so klar und sachlich, [...] keine Fremdwörter, also man konnte den Sinn und Ziel verfolgen. Sie haben, glaube ich, den Arbeitern aus dem Herzen gesprochen [...]"; vgl. auch „Adolf Arndt 50 Jahre", in SPD-Pressedienst, 10. März 1954: „[...] wie kaum ein anderer hat er die Gabe, sich Gehör zu verschaffen und in einfachen Worten den Kern der politischen und rechtlichen Fragen, um die es geht, aufzuzeigen und mit großer Überzeugungskraft vorzutragen [...].".

fluß keineswegs gleichbedeutend mit inhaltlicher Ausgewogenheit und Harmonisierung. Im Gegenteil: Er war nur der Hintergrund, von dem sich die scharfen, zugespitzten Gegenthesen Arndts um so deutlicher abhoben. Er wog nicht wie ein Richter Urteilsgründe gegeneinander ab, sondern er hielt Plädoyers, ergriff Partei. In bestimmten, genau gesetzten Augenblicken beschleunigte sich das Sprechtempo, hob sich die Stimme, um mit höchster Intensität die Eindringlichkeit eines Arguments oder Vorwurfs zu vertiefen.[75] „Kanzelrede und Gerichtsrede" – „forensische und pastorale Technik" hat Hans Mayer in Adolf Arndts Reden analysiert.[76] Diese Beobachtung traf auf Arndts Reden im ganzen – zu juristischen, politischen und kulturellen Themen – zu. Als praktizierender, bibelkundiger Protestant gab Arndt seinen Reden Zitate, Anspielungen und Anleihen aus der Sprache der Bibel bei. Das erschloß seiner Rede eine weitere, allgemein vertraute Sprachschicht und bereicherte sie oftmals um eine lebendige, ja drastische Bildhaftigkeit. Häufiger aber verliehen sie seinen Worten ein zusätzliches Pathos, steigerten sie vom Politischen ins Grundsätzlich-Moralische. Gleichwohl: Auch wenn das Pathos nie in die Nähe der „Erbauungstechnik"[77] geriet, weil es leidenschaftlichem Widerspruch entsprang und diese Leidenschaft es davor bewahren mochte, ‚hohl' zu werden – so strapazierte seine Erstreckung vom Problem der Wiedergutmachung über die Remilitarisierung bis hin zu Fragen der Richterbesoldung das Einfühlungsvermögen des durchschnittlichen Zuhörers. Dieser konnte gelegentlich den Eindruck eines rhetorisch überhöhten Sprachgestus gewinnen, auch wenn Arndt sich im Augenblick des Vortrags vollständig mit dem Problem, um das er rang, identifizierte.

Arndts Reden vermittelten Zuhörern den Eindruck der genau geplanten, diszipliniert erbrachten Leistung eines überlegenen rhetorischen Gestaltungswillens. Arndt verschaffte sich dadurch die Aufmerksamkeit des Parlaments[78]; man zählte ihn bald zu den besten Rednern.[79]

Dabei mischte sich in die wachsende Bewunderung der Rednergabe Arndts ein Unterton distanzierten Unbehagens. Bemerkenswert häufig wurden ihm Attribute zugeschrieben, die dem Bereich gewaltsamer, ja kriegerischer Aggressivität entlehnt waren. Es war die Rede von seinen „messerscharfen Fragen", die „Zeugen festnagelten", von „Redeuellen", in denen er die „Blößen des Gegners rasch entdeckt und zuschlägt"[80], von dem „Florett" in seiner Hand. Ein Journalist fühlte sich gespalten zwischen dem „ausgesprochenen Genuß" beim Anhören seiner Reden und der Empfindung des „Kompromißlosen, Unversöhnlichen, Unerbittlichen, ja Unbarmherzigen"[81], das dem Redner zu Gebote stehe.

Kein Zweifel – Arndts öffentliches Auftreten vermochte beim politischen Gegner

---

75 Rezension Walter Jens zu Arndt, Geist der Politik (1965), Der Spiegel, 27. März 1967, S. 128.
76 Mayer, Anmerkungen zu Reden von Adolf Arndt, S. 327.
77 Ders., ebda.
78 Vgl. Artikel „Adolf Arndt: Geistiges Gesicht der SPD", in: Westdeutsche Allgemeine, 17. Januar 1956: „Wenn er im Bundestag spricht, hat er das Ohr des ganzen Hauses. Er ist einer der wenigen, die es fertigbringen, mit leiser, aber betonter und eindringlicher Stimme absolute Stille zu erzwingen [...]"
79 So das Urteil Paul Sethes, „Getrübter Blick", in: Allgemeine Zeitung/Neuer Mainzer Anzeiger, 27. März 1950; Portrait „Arndt", in: Deutsche Zeitung, 27. August 1952.
80 Artikel „Ausschnitt aus dem Bonner Bestechungsskandal", 18. Oktober 1950, AdsD, Personalia Arndt, Bd. II; Artikel „Schumachers Kronjurist", Hamburger Abendblatt, 31. Oktober 1950.
81 Walter Henkels, „Der Kronjurist der Opposition", in: Frankfurter Allgemeine Zeitung, 23. März 1953.

(und nicht nur bei diesem) Angst und Unbehagen[82] zu wecken. Einmal überzeugt von seinem Anliegen, schätzte Arndt auch die harte, persönlich zugespitzte Auseinandersetzung bis hin zur Polemik.

Das erfuhr auch Bundesjustizminister Thomas Dehler. Der erste Bundestag erlebte eine Kontroverse zwischen den beiden Juristen, die sich bis zu gegenseitigen Beleidigungsklagen hinaufschraubte. Davon wird noch eingehend die Rede sein.[83] Vom Beginn der Wahlperiode an hatte Arndt ein äußerst kritisches Auge auf die Amtsführung Dehlers geworfen. Der sozialdemokratische Jurist war der unmittelbare parlamentarische Widerpart Dehlers, gewissermaßen die personifizierte Justizopposition – in den Augen der Öffentlichkeit der Schattenjustizminister eines Kabinetts Schumacher. Dehlers Amtsführung und seine scharfen rednerischen Angriffe auf die SPD trieben Arndt zu dem polemischen Ausruf, es sei „immer ein nationales Unglück"[84], wenn der Justizminister rede, und zur Rücktrittsforderung wegen Dehlers Passivität bei dem skandalösen Freispruch des rechtsradikalen Bundestagsabgeordneten Hedler.[85] Einen ersten Höhepunkt erreichte die Gegnerschaft der beiden Justizpolitiker mit Arndts Generalangriff auf die Justizpolitik Dehlers in der Mitte der ersten Wahlperiode. Doppelzüngigkeit in Fragen der Rechtsauslegung war beinahe der verhaltenste Vorwurf Arndts, der dem Bundesjustizminister im Fall Hedler „hoffnungslos offenbar" gewordenes „Versagen" vorhielt und „juristisches Delirium" in dessen Ausführungen zum Rechtsproblem des Widerstands gegen das NS-Regime bescheinigte. Mochten dies und die Vorhaltung, „diffamierende Gerüchte über hochachtbare Juristen" zu verbreiten, noch eben unter die – wenn auch verletzende – Kritik an der ministeriellen Amtsführung zu fassen sein, so war die Grenze zur persönlichen Polemik überschritten, wenn Arndt von der Dehler „eigenen Selbstgerechtigkeit" sprach und die seltene Anwesenheit des Ministers im Rechtsausschuß damit erklärte, vermutlich sei dieser „die übrige Zeit angestrengt damit beschäftigt [...], gut von sich selber zu denken."[86] Auch konnte Arndt sich keineswegs als Beauftragter der gesamten SPD-Fraktion fühlen. Zur selben Zeit, als ihm Arndt einen unverantwortlich verschwenderischen Umgang mit Repräsentationsmitteln vorwarf, dankte Dehler Arndts Fraktionskollegen Fritz Erler für dessen Anerkennung der sparsamen Haushaltsführung im Justizministerium.[87] Sachliche Differenzen allein, obwohl Arndt dies beteuerte[88], vermögen die

---

82 Im Parteivorstand der CDU sprach Bundeskanzler Adenauer von der „beißende[n] Schärfe, die Arndt immer wieder zeige", und Bundestagspräsident Ehlers gar von Arndt als „Einpeitscher", s. Adenauer: „Es mußte alles neu gemacht werden", S. 110, 189.
83 S.u. Kapitel IV.5./6.
84 Prot. BT, 1. WP, 47. Sitzung (16. März 1950), S. 1 613 D. Vor der Generalabrechung Arndts mit Dehlers Justizpolitik in der 133. Sitzung (11. April 1951) des ersten Bundestags, Prot. BT, 1. WP, S. 5 131 D ff. hatte Arndt in der 14. Sitzung (3. November 1949) Dehlers Ausführungen zu Immunitätsfragen be Abgeordneten als „sehr emotional" und „überhaupt in keiner Beziehung zum Thema" gebrandmarkt (a. a. O., S. 339 D). Zur scharfen Auseinandersetzung der beiden Rechtspolitiker in der Frage des Petersberger Abkommens vgl. unten Kapitel IV.1.
85 Vgl. die Debatte, Prot. BT, 1. WP, 43. Sitzung (1. März 1950), S. 1 445 C ff. Zum Fall Hedler als Anlaß zu einer Staatsschutzdebatte s.u. Kapitel III.3. Der SPD-Abgeordnete Herbert Wehner und Wolfgang Hedler (DRP-Gast) waren in einer tätlichen Auseinandersetzung im Bundestag aneinander geraten s.dazu Prot. BT, 1. WP, 49. Sitzung (22. März 1950), S. 1 683 D ff. Arndt betreute das gerichtliche Verfahren Wehners aufgrund einer Schadensersatzklage Hedlers, AdsD, Nachlaß Arndt, Mappe 75.
86 Alle Zitate aus der 133. Sitzung (11. April 1951) des Bundestags, 1. WP, S. 5 131 D bis 5 139 B.
87 Soell, Erler, Bd. 1, S. 130.
88 Prot. BT, 1. WP, 133. Sitzung (11. April 1951), S. 5 138 B.

Parlamentarischer Geschäftsführer der SPD-Bundestagsfraktion

Heftigkeit dieser Attacke nicht erschöpfend zu erklären. Ein zusätzliches Motiv persönlicher Verletztheit deuten die Schlußausführungen in Arndts Philippika an: Mit „Hemmungslosigkeit" sei Dehler gegen den politischen Gegner vorgegangen, indem er Kurt Schumacher als „nicht nur körperlich und seelisch krank, sondern auch geistig krank"[89] bezeichnet habe.

Darin könnte eine Erklärung liegen: Dehlers in der Tat sehr verletzende und beleidigende Äußerung über Schumacher traf auch Arndt in einem der – folgt man Schumachers Biographen Edinger – zentralen und folglich empfindlichsten Bereich der Identifikation mit dem Parteiführer: das körperliche Gebrechen des SPD-Vorsitzenden, das als Symbol des Martyriums der Zeit sozialdemokratischer Verfolgung von den politischen und intellektuellen Fähigkeiten Schumachers zugleich überhöht und überragt wurde.[90] Vieles spricht dafür, daß Dehler, indem er diesen Zusammenhang umkehrte und Schumachers körperlichen und geistigen Zustand gleichsetzte, ein Tabu anrührte und das Verhältnis der SPD zu ihrem Parteiführer an der Wurzel traf.[91] Die Verteidigung Schumachers erklärt – läßt man den persönlichen Konkurrenzkampf[92] zwischen den beiden Spitzenjuristen einmal heraus – einen Gutteil des leidenschaftlichen Engagements aus persönlicher Verletztheit, das Arndt – so, als gehe es um einen Kreuzzug für die gerechte Sache – die Kraft zu einer Polemik eingab, zu der in der SPD nur noch Kurt Schumacher selbst fähig war.

Ausloten der Konsenschancen: Opposition des Parlaments?

Solche und ähnliche publikumswirksame Auseinandersetzungen Arndts mit politischen Gegnern boten der Presse Stoff zu ersten Charakterisierungen des sozialdemokratischen ‚Kronjuristen.' Doch verdeckten sie ein grundliegendes Anliegen Arndts. Eben weil seine Angriffe scharf auf die Person des Bundesjustizministers konzentriert waren, ließen sie in derselben Rede Raum für einen Appell zu sachlicher Gemeinsamkeit:

---

89 Vgl. Arndts Vorhaltung aus einem Gerichtsprotokoll, a. a. O.,S. 5 138 C; an der zitierten gerichtlichen Auseinandersetzung zwischen Dehler und Schumacher wegen der Lichtenfelser Rede des Bundesjustizministers im Mai 1950 war Arndt beratend beteiligt gewesen und kannte die Vorgänge genau (s. auch AdsD, Nachlaß Arndt, Mappe 148). Eine Darstellung der Hintergründe seiner Auseinandersetzung mit Schumacher, die durch die Lichtenfelser Rede Dehlers im Mai 1950 erneut Nahrung erhielt, gab der Bundesjustizminister selbst in einer „Note: Dr. Schumacher gegen mich", Bonn, 28. Februar 1951, AddL, Nachlaß Dehler, DA 0271 (Schumacher, SPD, 1947 bis 52).
90 Edinger, Kurt Schumacher, S. 177 ff. (insbesondere S. 179 – 181).
91 Auch Dehler erklärte sich die persönliche Schärfe des sozialdemokratischen Angriffs damit, daß er sich „als erster aus den Reihen des Kabinetts mit Schärfe gegen die Art gewandt habe, mit der Dr. Schumacher seine Opposition betreibt", fdk-Interview mit dem Bundesjustizminister (Arndts Vorwürfe gegen Dehler), Bundestagspressearchiv, Sammlung Adolf Arndt, undatiert (entstanden kurz nach der Bundestagssitzung am 11. April 1951).
92 Dies klang an bei Arndt im Rahmen der ersten Auseinandersetzung zwischen den beiden Rechtspolitikern im Bundestag, Prot. BT, 1. WP, 14. Sitzung (3. November 1949), S. 340 A: „Aus diesen Gründen muß ich zu meinem Bedauern der Auffassung Ausdruck geben, daß der Herr Bundesjustizminister durch seine Ausführungen weder der deutschen Justiz, mit der ich mich durch mein Berufsleben ebenfalls verbunden fühle, noch der Frage, die hier zur Erörterung steht, einen Dienst erwiesen hat."

„Bei aller Schärfe und trotz aller Kritik unserer oft schneidenden Gegensätze im
Bereich der allgemeinen Politik, besonders der Wirtschaftspolitik, sollte unsere
Gemeinsamkeit des rechtsstaatlichen Denkens, die Gleichheit unseres demokratischen Wollens so groß sein, daß sich auf dem rechts- und justizpolitischen
Gebiet die Vielheit unserer Meinungen doch stets wieder vereinigen lassen
könnte (Lebhafte Rufe in der Mitte: Sehr gut!). Mag sonst das politische Geschehen von der notwendigen Trennung in Regierung und Opposition leben, so bin
ich doch überzeugt, daß im rechts- und justizpolitischen Bereich unsere Einigkeit möglich, geradezu unentbehrlich ist."[93]

Das entsprach zunächst dem Rechtsgedanken, wie Arndt ihn in seiner Hessen-Zeit formuliert hatte.[94] Wenn Recht zu seiner Geltung der freiwilligen Annahme der Rechtsbetroffenen bedurfte und seinem Grundgedanken nach sich dadurch auszeichnete, „gemeinschaftsbildend für jedermann offen und darum verbindlich" zu sein, dann war es konsequent, eine größtmögliche Gemeinsamkeit bereits bei der Rechtserzeugung, im Recht setzenden Organ, herzustellen. Arndt konnte auf diesbezügliche Erfolge im Rechtsausschuß des Frankfurter Wirtschaftsrats verweisen.[95]

In politischer Hinsicht war es ein Versuch Arndts, die Politik des Rechts als eigenen Bereich aus der umstrittenen, konfliktverfangenen allgemeinen Politik herauszunehmen. Zudem wollte er die ‚Systemimmanenz' der sozialdemokratischen Opposition bekräftigen[96] – ein Bemühen, das um so aktueller und bemerkenswerter war, als sich gleichzeitig tiefe, unüberbrückbare Gegensätze in den Auffassungen der Parteien zur Außenpolitik abzuzeichnen begannen.[97] Wie weit trug der Versuch, das Recht als solches zur Grundlage und nicht zum Gegenstand der Opposition zu machen?

Gerade in der Konsolidierungsphase des Ersten Deutschen Bundestags bot es sich für Arndt an, dieser Frage anhand von Recht und Verfahren des Parlaments nachzugehen. Einen seiner ersten Redebeiträge im Bundestag anläßlich der Beratung des Gesetzes über die Verkündung von Rechtsverordnungen, der ersten Regierungsvorlage im Bundestag überhaupt, nutzte Arndt zu einem ersten Versuch parlamentarischer Stilbildung. Man müsse „geradezu der Bundesregierung einen Knigge für den Umgang mit dem Bundestag zur Verfügung stellen"[98], forderte er und unterstrich seine Absicht mit dem Antrag, gemäß Art. 43 GG den Bundeskanzler zur Parlamentsdebatte herbeizurufen. Es war der erste Antrag dieser Art, der im Bundestag gestellt wurde.[99]

---

93 Prot. BT, 1. WP, 133. Sitzung (11. April 1951), S. 5131 D.
94 S.o. Kapitel II.3.
95 Vgl. Prot. RA-BT, 1. WP, 23. Sitzung (21. März 1950), teilweise abgedruckt und zitiert nach Schiffers, Grundlegung der Verfassungsgerichtsbarkeit, S. 136 f.
96 Dies brachte Arndt wiederholt öffentlich zur Sprache, wohl um entsprechenden Angriffen auf die SPD entgegenzutreten. Vgl. zum Beispiel seine Äußerung in einem Rundfunkgespräch im RIAS am 7. Juni 1952: „[...] Man hört wie viel zu wenig von dem, was außerhalb jeder Diskussion steht, nämlich, daß es keine Gruppe im Bundestag in Bonn gibt, keine demokratische Gruppe, die sich nicht bedingungslos zur parlamentarischen Demokratie und zum Westen bekennen würde. Darin herrscht zwischen uns vollkommene Einigkeit. Das ist die Plattform, auf der sich diese ganzen Auseinandersetzungen überhaupt erst abspielen können, wodurch sie erst, wie ich hoffe, fruchtbar werden." AdsD, Nachlaß Arndt, Mappe 37.
97 S.o. Kapitel IV.
98 Prot. BT, 1. WP, 16. Sitzung (10. November 1949), S. 366 D.
99 Er wurde abgelehnt, a. a. O., S. 367 C.

Die folgenden grundsätzlichen Einwände Arndts gegen die erste Regierungsvorlage beschäftigten in anderer Einkleidung immer wieder die Bundestagsdebatten der folgenden zwei Jahre. So war es Arndts Anliegen, gegenüber der Regierung die „Prärogative des Parlaments"[100] bei der Aufhebung der Immunität eines Abgeordneten zu verteidigen. Aus dem „Kronrecht" des Parlaments auf Auskunft und Überwachung der Regierung leitete er die Notwendigkeit und verfassungsrechtliche Zulässigkeit eines ständigen „Überwachungsausschusses"[101] des Parlaments ab. Das Gebot der Publizität mahnte er ebenso für die künftige Veröffentlichungspraxis von Rechtsverordnungen der Regierung[102] wie für die Einrichtung und Arbeitsweise der Bundestagsausschüsse an; sie sollten als lediglich „interne Hilfsorgane" die öffentliche Diskussion des Parlaments keinesfalls vorwegnehmen und folglich ohne eigenes Initiativrecht zu möglichst großer Publizität[103] ihrer Beratungen verpflichtet sein. Schließlich war ein wichtiger Punkt der Auseinandersetzung das Initiativrecht des Parlaments. Arndt kämpfte darum, daß eine Gesetzesinitiative aus der Mitte des Hauses ohne Rücksicht auf eventuell noch ausstehende Regierungsentwürfe zu demselben Gegenstand unverzüglich vom Parlamentsplenum und den Fachausschüssen zu behandeln sei.[104] Anlaß war die von ihm selbst formulierte sozialdemokratische Initiative zum Bundesverfassungsgerichtsgesetz, die dem Regierungsentwurf weit zuvorkam.[105] Vor allem sah Arndt das Initiativrecht des Parlaments verletzt durch eine Geschäftsordnungsbestimmmung, die Finanzvorlagen aus der Mitte des Bundestags nur zur Beratung zuließ, wenn sie mit einem Ausgleichsantrag zur Finanzierung der entstehenden Kosten verbunden waren.[106]

All diese Probleme standen, wie Arndt es ausdrückte, unter dem „Generalthema dieses Bundestags: Die Rechte des Bundestags."[107] Alle waren sie von der parlamentarischen Opposition aufgeworfen worden und zeichneten sich durch eine ausgeprägt anti-exekutivische Stoßrichtung aus. Arndt und mit ihm andere Sprecher der Fraktion[108] griffen damit die Oppositionspraxis des Frankfurter Wirtschaftsrats auf, die Arndt seinerzeit begründet hatte: die Verteidigung der Parlamentsrechte als Einheit und Gesamtheit gegenüber der Regierung.

---

100 Prot. BT, 1. WP, 14. Sitzung (3. November 1949), S. 339 D ff.
101 Prot. BT, 1. WP, 44. Sitzung (2. März 1950), S. 1 499 A ff. Die SPD-Fraktion forderte, aufgrund BT-DS 1/443, bis zur Verabschiedung eines Haushaltsgesetzes 1950/51 einen ständigen Ausschuß zur „Überwachung der Grundsätze bei der Auftragsvergebung für Bauten und Einrichtungen des Bundes im Raume der vorläufigen Bundeshauptstadt" einzurichten (s. dazu auch Soell, Erler, Bd. 1, S. 126 ff.). Der Antrag wurde aufgrund rechtlicher Bedenken der Mehrheitsfraktionen im Rechtsausschuß, vgl. BT-DS 1/578, abgelehnt, Prot. BT, a. a. O., S. 1 499 D.
102 Prot. BT, 1. WP, 16. Sitzung (10. November 1950), S. 369 A, B.
103 Vgl. Prot. BT, a. a. O.
104 Prot. BT, 1. WP, 28. Sitzung (19. Januar 1950), S. 874 B ff.
105 S.u. Kapitel III.2.
106 Es handelte sich ursprünglich um den § 48 a der Geschäftsordnung des Bundestags, der aufgrund eines Initiativantrags der FDP (BT-DS 1/59) nach ausgiebigen Beratungen im Rechtsausschuß und im Ausschuß für Geschäftsordnung und Immunität (der auch einen Änderungsantrag einbrachte, BT-DS 1/129) nach der Erstattung eines Mehrheits- und Minderheitsberichts (BT-DS 1/498) vom Bundestag in der 35. Sitzung vom 8. Februar 1950, allerdings mit einer recht knappen Mehrheit, angenommen wurde, vgl. Prot. BT, a. a. O., S. 1 137 C. In einer Neufassung der Geschäftsordnung, die am 1. Januar 1952 in Kraft trat (s. BT-DS 1/3000), wurde diese Regelung durch § 96 ersetzt.
107 Vgl. Prot. BT, 1. WP, 28. Sitzung (19. Januar 1950), S. 875 A.
108 Soell, Erler, Bd. 1, S. 126 ff.

Effekt und Erfolg dieser parlamentarischen Vorstöße waren indessen gering. Dort, wo Arndt in einem Präzedenzfall neuartige und dauerhafte Gewichtsverschiebungen zu Lasten der Regierung und zu Gunsten der Rechte des Parlaments beabsichtigte – so bei der Einrichtung eines ständigen ‚Überwachungsausschusses' oder dort, wo in eine Geschäftsordnungsänderung zugleich das politische Prestige der Mehrheitsfraktionen gelegt wurde, in den politisch gewichtigen Fällen also –, beharrte die Parlamentsmehrheit auf ihrem Standpunkt. Gegen die neue Geschäftsordnungsregelung zog die SPD schließlich vor das Bundesverfassungsgericht.[109]

Der überwiegende Mißerfolg dieser parlamentsrechtlichen Vorstöße kam letztlich nicht überraschend. Arndt war schließlich selbst ein entschiedener Befürworter des parlamentarischen Regierungssystems.[110] Er, wie die SPD-Fraktion insgesamt, gab sich nicht der Illusion hin, daß unter den Gegebenheiten des Grundgesetzes mit der *Opposition im Parlament* die verfassungsrechtlich anachronistische gesamtparlamentarische *Opposition des Parlaments* gegen die Regierung von Erfolg gekrönt sein könnte.[111] Es war letztlich der machtpolitische Versuch der Parlamentsminderheit, mit verfassungsrechtlichen Grundsatzargumenten auf dem vermeintlich konsensträchtigen und begrenzten Gebiet des Parlamentsrechts neben der Rechtsverteidigung gegenüber der Exekutive zugleich ein Stück Gleichmächtigkeit mit den parlamentarischen Mehrheitsfraktionen zu erringen.

Arndts Vorstöße zu konstruktiver Opposition in Fragen des Parlamentsrechts hatten also die von ihm angerufene Gemeinsamkeit des Rechtsdenkens nicht erwiesen. Die Frage blieb: Wo lagen die Bereiche möglicher Einigung auf rechtspolitischem Gebiet?

2. Grundlegung der Bundesverfassungsgerichtsbarkeit

„Das Gesetz über das Bundesverfassungsgericht ist ein Organisationsgesetz, ein Gesetz, das materielles Recht schafft. Es sollte deshalb nach Möglichkeit anders behandelt werden als die Gesetze, die wir sonst hier zu machen haben und in denen sich regelmäßig und naturgemäß sehr stark die parteipolitische Konzeption abzeichnet, daß also die jeweilige Mehrheit von ihrer Mehrheit den Gebrauch macht, den man im allgemeinen von der Mehrheit zu machen pflegt. Ich darf daran erinnern, daß wir bei derartigen Gesetzen auch im Wirtschaftsrat so verfahren sind [...] Soweit Meinungsverschiedenheiten bestanden, bemühten wir uns, zu echten Kompromissen zu kommen. Man sollte sich auch hier darum bemühen. Niemand sollte sich von vornherein auf seine Ansicht versteifen. Es

---

109 Vgl. BVerfGE 1, 144; s. auch die von Arndt formulierten Schriftsätze, AdsD, Nachlaß Arndt, Mappe 264. Der sozialdemokratischen Klage wurde in dem Kernpunkt stattgegeben, daß die zwingende Verknüpfung einer Finanzvorlage mit einem Deckungsvorschlag das verfassungsrechtlich garantierte Initiativrecht der Abgeordneten verletze, a. a. O., S. 158 ff.
110 Vgl. Arndt, Die Entmachtung des Bundestags (1959), S. 436, Anm. 5: „[...] eine Bundesregierung, die nicht mit der sie tragenden Parlamentsgruppe durch politisches Vertrauen verbunden und somit nicht Ausdruck des Regierungswillens dieser Gruppe ist, wäre ein Bruch der Legalstruktur."
111 So auch Günther, Sozialdemokratie und Demokratie 1946 – 1966, S. 136.

ist ungeheuer wichtig, ein Bundesverfassungsgericht zu installieren, daß es nachher wirklich ein Gericht ist, das von allen Parteien ästimiert und anerkannt wird."[112]

Mit diesem Angebot ‚konstruktiver Opposition'[113] eröffnete Arndt im Rechtsausschuß des Bundestags die sozialdemokratische Stellungnahme zu den Entwürfen eines Gesetzes über das Bundesverfassungsgericht. Nachdem Bundestag und Bundesregierung ihre Arbeit aufgenommen hatten, harrte das Haupt der Dritten Gewalt, das Bundesverfassungsgericht, noch seiner Einrichtung, die das Grundgesetz einem einfachen Bundesgesetz[114] überantwortet hatte. Beim federführenden Rechtsausschuß des Bundestags lag die Aufgabe, dieses wichtigste Staatsorganisationsgesetz des Ersten Deutschen Bundestags vorbereitend auszuarbeiten.

Nach den Vorgaben des Grundgesetzgebers kam dem neuen Bundesverfassungsgericht eine in der deutschen Verfassungstradition einmalige und neuartige herausragende Stellung und Kompetenzfülle zu. Zwar gab es – darauf hat Ulrich Scheuner[115] hingewiesen – eine tief wurzelnde Tradition der Staatsgerichtsbarkeit im ständisch geprägten Alten Reich. Sie war aber abgerissen im Bismarck-Reich, dessen Verfassung in konsequenter Verfolgung des Primats des Politischen zur Lösung zentraler staatlicher Fragen[116] den früheren Kernbestand staatsgerichtlicher Auseinandersetzungen, die föderalen Konflikte, dem Bundesrat und damit einem politischen Verfassungsorgan zugewiesen hatte. Noch die Weimarer Reichsverfassung übernahm dieses Erbe des konstitutionellen Staatsrechts insoweit, als sie die Entscheidung verfassungsrechtlicher Streitigkeiten nicht ausschließlich in die Hand des Staatsgerichtshofs für das Deutsche Reich gab. Vor allem sah sie für verfassungsrechtliche Konflikte innerhalb des Reiches, das heißt zwischen den Reichsorganen, keine verfassungsgerichtliche Entscheidung vor.

Das Grundgesetz errichtete eine von der übrigen Gerichtsbarkeit institutionell unabhängige Verfassungsgerichtsbarkeit, die die verfassungsrechtliche Streitentscheidung bei sich konzentrierte. Nicht mehr die föderativen Streitigkeiten, sondern verfassungsrechtliche Konflikte zwischen den zentralen Bundesorganen und vor allem[117] die umfassende – abstrakte und konkrete[118] – Kontrolle von Gesetzesnormen bestimmten Gewicht und Wesen der neuen Institution. Damit gelangte eine staatsrechtliche Strömung zum institutionellen Erfolg, die in der Weimarer staatsrechtlichen Diskussion

---

112 Vgl. Prot. RA-BT, 1. WP, 23. Sitzung (21. März 1950), im Auszug abgedruckt und zitiert bei Schiffers (Bearb.), Grundlegung der Verfassungsgerichtsbarkeit. Das Gesetz über das Bundesverfassungsgerichtsgesetz vom 12. März 1951, S. 136 ff.
113 Unter diesem Gesichtspunkt untersuchten bereits Kralewski/Neunreither, Oppositionelles Verhalten im Ersten Deutschen Bundestag 1949 – 1953, S. 168 ff., die Entstehung des Bundesverfassungsgerichtsgesetzes.
114 Vgl. Art. 93 II GG.
115 Scheuner, Die Überlieferung der deutschen Staatsgerichtsbarkeit im 19. und 20. Jahrhundert, S. 2 ff.
116 Ders., a. a. O., S. 36 ff.
117 Vgl. den Katalog in Art. 93 GG sowie die Aufzählung in § 13 des Gesetzes über das Bundesverfassungsgericht vom 12. März 1951 (im folgenden: BVerfGG), abgedruckt bei Schiffers, Grundlegung, S. 430 ff.; s. dazu auch Laufer, Verfassungsgerichtsbarkeit und politischer Prozeß, S. 14 ff.
118 Zur dadurch erfolgenden positiven verfassungsrechtlichen Klarstellung des richterlichen Prüfungsrechts vgl. Wahl/Rottmann, Die Bedeutung der Verfassung und der Verfassungsgerichtsbarkeit in der Bundesrepublik – im Vergleich zum 19. Jahrhundert und zu Weimar, S. 344.

ihren Anfang genommen hatte. In der zentralen Streitfrage um den Umfang der (verfassungs)rechtlichen Bindung des demokratischen Gesetzgebers und seiner richterlichen Kontrolle war Arndts akademischer Lehrer Heinrich Triepel einer der nachhaltigsten und einflußreichsten Befürworter der neuen, zunehmend an Boden gewinnenden Auffassung gewesen, die den parlamentarischen Gesetzgeber einem umfassenden richterlichen Prüfungsrecht anhand der neuen Reichsverfassung unterstellte.[119] Triepels vielzitiertes Diktum, das richterliche Prüfungsrecht sei der wichtigste und wirksamste Schutz der bürgerlichen Freiheit gegenüber monarchischem und parlamentarischem Absolutismus[120], gewann angesichts der Vernichtung bürgerlicher Freiheit unter der NS-Herrschaft eine drängende, historisch zwingende Aktualität. Das stärkste, wenn nicht überragende Motiv des Grundgesetzgebers bei der Errichtung einer starken, ein Maximum an Kompetenzen[121] vereinigenden Verfassungsgerichtsbarkeit war die Lehre aus der Erschütterung des Rechts und seiner Grundlage im nationalsozialistischen Unrechtsstaat sowie die Vorsorge gegen seine Wiederkehr.[122] Eine starke, unabhängige richterliche Instanz sollte als berufener ‚Hüter der Verfassung' den Primat des Rechts über alles staatliche Handeln zur Geltung bringen.

Diese Intention konnte sich auf institutionelle Vorläufer in der Verfassungsgerichtsbarkeit der Länder stützen, insbesondere auf das hessische Beispiel. Das Modell einer umfassenden, zur gesetzeskräftigen und letztverbindlichen Entscheidung berufenen Staatsgerichtsbarkeit, das die Hessische Verfassung vorgab[123], hatte Arndt mit seinen in das hessische Staatsgerichtshofgesetz eingegangenen Entwürfen authentisch in die praktische Gerichtsorganisation umgesetzt.

So klar die grundsätzliche Stoßrichtung des Parlamentarischen Rates war, so ließ er hinsichtlich der Einrichtung von Organisation und Verfahren des Verfassungsgerichts Spielräume offen, die weiter gesteckt waren als zum Beispiel in der Hessischen Verfassung, weiter auch als im Entwurf des Verfassungskonvents von Herrenchiemsee[124]: Rang und Stellung des Bundesverfassungsgerichts im Verhältnis zu anderen Organen

---

119 Vgl. Wahl/Rottmann, a. a. O., S. 355; Laufer, Verfassungsgerichtsbarkeit, S. 6; s. dazu auch Kapitel I.2.
120 Vgl. Triepel, Der Weg der Gesetzgebung nach der neuen Reichsverfassung, S. 537; zurückhaltender mit Bezug auf die *Verfassungs*gerichtsbarkeit ders., Wesen und Entwicklung der Staatsgerichtsbarkeit: „Das Wesen der Verfassung steht bis zu gewissem Grade mit dem Wesen der Verfassungsgerichtsbarkeit in Widerspruch", aber er neige mehr zu den „Enthusiasten des Rechtsstaats als zu den Skeptikern." „Auch in der Sphäre des Politischen" habe der Rechtsstaat seine Rolle nicht ausgespielt, und „es besteht namentlich in einem Staat mit vielgliedriger Teilung der politischen Gewalten das Bedürfnis, die Schwächeren unter ihnen gegen die Stärkeren durch das Recht und in der Form Rechtens zu schützen [...]" (a. a. O., S. 8, 28). Allerdings ging auch Triepel auf dem Boden des geltenden Weimarer Staatsrechts noch selbstverständlich davon aus, daß die Staatsgerichtsbarkeit verfahrensrechtlich nicht dem Schutz subjektiver Rechte des Bürgers diente, sondern ganz überwiegend intra-staatliche Streitigkeiten schlichtete (a. a. O., S. 22 ff.).
121 Fronz, Das Bundesverfassungsgericht im politischen System der Bundesrepublik Deutschland, S. 674.
122 Vgl. auch Laufer, Verfassungsgerichtsbarkeit, S. 20 f., zu den nebeneinanderliegenden Motiven; Wahl/Rottmann, Verfassungsgerichtsbarkeit, S. 360, die die Problematik des Folgeprobleme überlagernden „Evidenzerlebnisses" des Nationalsozialismus andeuten; s. auch Fronz, a. a. O., S. 676.
123 Vgl. Art. 131 bis 133 HV.
124 Schiffers, Grundlegung, S. XIV. Der Entwurf des Verfassungskonvents von Herrenchiemsee sah zum Beispiel eine genaue Regelung über die Bindungswirkung der Gerichtsentscheidungen vor, die der Parlamentarische Rat offen ließ, vgl. Der Parlamentarische Rat 1948 – 1949, Akten und Protokolle, Bd. 2, S. 504 ff. (S. 600, Art. 99 des Berichts des Verfassungskonvents).

der Verfassung waren ebenso offengelassen wie die Struktur des Gerichtskörpers, Zahl, Qualifikation und Amtsdauer der Richter. Erst ein Ausführungsgesetz sollte die Entscheidung über die gesetzesgleiche Bindungswirkung der Gerichtsentscheidungen im einzelnen festlegen; und schließlich hielt Art. 93 Abs. 2 GG es offen, dem Bundesverfassungsgericht weitere Kompetenzen durch Gesetz zuzuweisen.

Entwürfe zu einem Bundesverfassungsgerichtsgesetz

Den eröffneten politischen Spielraum suchte als erster[125] der „Entwurf eines Gesetzes über das Bundesverfassungsgericht" zu füllen, den die SPD-Fraktion bereits am 14. Dezember 1949 als Initiativantrag im Bundestag einbrachte.[126] Der Entwurf nahm eine Reihe sozialdemokratischer Grundforderungen zur Gestalt eines Verfassungsgerichts auf, wie sie, teilweise auf längere Traditionen zurückgehend, in die Verhandlungen des Verfassungskonvents von Herrenchiemsee, in die Verfassungsentwürfe Walter Menzels[127] und die Verhandlungen des Parlamentarischen Rats eingegangen waren.[128] Es ist mangels entsprechender Materialien nicht mehr restlos zu klären, ob der Text tatsächlich „im wesentlichen das Werk eines einzigen Mannes, des Abgeordneten Dr. Arndt", war[129], wie Kralewski und Neunreither annehmen. Doch kennzeichnete den Entwurf ein Grundduktus, der auf Arndts überragenden Anteil an seiner Erstellung schließen ließ, ja seine Alleinurheberschaft wahrscheinlich macht: Im Aufbau und in den institutionellen Merkmalen zeigte der Entwurf weitgehende Übereinstimmung mit Arndts Vorschlägen zum hessischen Staatsgerichtshofgesetz, die bis hin zur wörtlichen Identität ganzer Textpassagen reichte.[130] Das erklärt auch die Schnelligkeit, mit der die

---

125 Zuvor war im Rahmen der Vorarbeiten im Bundesjustizministerium ein – nicht veröffentlichter – Referentenentwurf von Oberlandesgerichtsrat Dr. Willi Geiger ausgearbeitet worden, abgedruckt bei Schiffers, Grundlegung, S. 3 ff.
126 Vgl. BT-DS 1/328, abgedruckt bei Schiffers, Grundlegung, S. 21 ff.
127 Soergel, Konsensus und Interesse, S. 267 ff. (Erster Entwurf Walter Menzels zu einer „Westdeutschen Satzung", insbesondere § 44), S. 279 (Zweiter Menzel-Entwurf für ein Grundgesetz, insbesondere § 60) sowie zur Verfassungskonzeption der SPD, S. 56 ff.; dazu auch Parlamentarischer Rat, Bd. 2, S. XXXV ff.
128 Vgl. Kralewski/Neunreither, Oppositionelles Verhalten, S. 175.
129 Möglicherweise waren an der Ausarbeitung des Entwurfs auch Friedrich-Wilhelm Wagner, der spätere Vizepräsident des Bundesverfassungsgerichts, der im Bundestag als erster Abgeordneter der SPD-Fraktion den sozialdemokratischen Entwurf vertrat (vgl. Prot. BT, 1. WP, 28. Sitzung [19. Januar 1950], S. 860 B ff.), und Georg August Zinn als ehemaliger Vorsitzender des Rechtspflegeausschusses im Parlamentarischen Rat beteiligt. Zinn war hinter Arndt der regste Sprecher der sozialdemokratischen Fraktion im Rechtsausschuß des Bundestags und nahm Arndts Funktion wahr, wenn dieser im Ausschuß fehlte.
130 Das zeigt sich beim Vergleich zwischen dem „Entwurf Ministerialrat Dr. Arndt" zum Gesetz über den Hessischen Staatsgerichtshof vom April 1947, HStK, 3d 02/07, und dem SPD-Entwurf zum Bundesverfassungsgerichtsgesetz vom 14. Dezember 1949 (BT-DS 1/328): Die Untergliederung in einen ersten Abschnitt über die „Verfassung des Bundesverfassungsgerichts" und „Allgemeine Verfahrensvorschriften" mochten noch von der Logik eines systematischen Gesetzesaufbaus vorgezeichnet sein. Darüberhinaus fiel auf, daß der Entwurf zum Bundesverfassungsgerichtsgesetz dieselbe Systematik und Reihenfolge in der Behandlung der Klagearten (abgesehen von zusätzlichen Verfahrensarten, die das Grundgesetz dem BVerfGG vorgab) einhielt wie der hessische Gesetzentwurf. Die §§ 20 – 24 beider Entwürfe behandelten dieselben verfahrensrechtlichen Regelungen in erheblicher inhaltlicher Übereinstimmung. Zur wörtlichen Übereinstimmung ganzer Textpassagen, s. unten.

SPD-Fraktion den umfangreichen und juristisch komplexen Gesetzentwurf drei Monate nach der konstituierenden Sitzung in das Gesetzgebungsverfahren des Bundestags einbringen konnte. Arndt standen die Überlegungen und Ausarbeitungen zum Gesetz über den dem Bundesverfassungsgericht strukturell sehr ähnlichen Hessischen Staatsgerichtshof sofort abrufbar zu Gebote. So verhalf der Rechtsexperte seiner Fraktion gleich beim ersten großen Justizorganisationsgesetz zu einem parlamentarischen Vorsprung vor der Bundesregierung und dem für die Ausarbeitung des Bundesverfassungsgerichtsgesetzes federführenden Bundesjustizministerium.[131] Es war eine der seltenen Gelegenheiten, bei denen es der Opposition gelang, den sachlich und mit Gesetzesreferenten[132] auch personell umfangreicher ausgestatteten Apparat eines Fachministeriums zeitlich zu übertrumpfen.

Der Vorstoß der SPD-Fraktion setzte das Bundesjustizministerium zeitlich unter Zugzwang. Anfängliche Erwägungen des Ministeriums, lediglich ein vorläufiges Gesetz zu schaffen, um Zeit zu gewinnen, wurden fallengelassen. Obwohl Anfang Dezember bereits ein Referentenentwurf des Ministeriums vorgelegen hatte und in der Folgezeit die Arbeiten an einem eigenen Gesetzentwurf beschleunigt wurden, lag im Januar 1950[133] bei seiner Einbringung in den Bundestag nur der Oppositionsentwurf über die Errichtung des höchsten deutschen Gerichts vor. In der Bundestagsdebatte parierte Bundesjustizminister Dehler die ironische Anspielung des SPD-Abgeordneten Wagner auf die Säumigkeit der Bundesregierung nach einem beiläufigen Lob für den SPD-Entwurf mit den Worten: „Selbstverständlich war mein Ministerium nicht untätig. Wir haben Gesetzentwürfe [...] ausgearbeitet. Ich darf für mich und die Arbeit meines Ministeriums in Anspruch nehmen, daß wir vielleicht doch noch um einen Grad umfassender und gründlicher sind."[134]. Das war ein Seitenhieb gegen Arndt, der ironisch replizierte: „Nun, das Urteil darüber, ob die Vorlage gründlicher und umfassender ist, werden wir zu fällen haben, wenn wir sie kennen. Der Initiator selbst ist in diesem Urteil gewöhnlich befangen."[135] Wenn auch die beiden Justizpolitiker der Regierung und der Opposition aufs neue verbal die Klingen kreuzten und Gerüchte, die Abgeordneten der Regierungsparteien planten, die Überweisung des SPD-Initiativantrags in den Ausschuß mit Mitteln der Geschäftsordnung zu verhindern[136], Arndt zu einer scharfen und grundsätzlichen Verteidigung des parlamentarischen Initiativrechts auf den Plan rief[137] – im Rechtsausschuß des Bundestags schien Arndts Angebot ‚konstruktiver Opposition'[138] nicht auf taube Ohren zu stoßen: In der ersten Ausschußbera-

---

131 Zu dieser Einschätzung vgl. auch Kralewski/Neunreither, Oppositionelles Verhalten, S. 204. .
132 Dies., a. a. O., S. 175.
133 Vgl. Prot. BT, 1. WP, 28. Sitzung (19. Januar 1950), S. 860 A ff.
134 Prot. BT, 1. WP, a. a. O., S. 864 B.
135 A. a. O., S. 875 C.
136 Die Protokolle der CDU/CSU-Bundestagsfraktion belegen, daß in der Tat geplant war, eine Debatte über den SPD-Entwurf zu verhindern (vgl. Schiffers, Grundlegung, S. 40, Anm. 4, aus dem Protokoll der Fraktionssitzung vom 18. Januar 1950). Doch rückte die Fraktion der Regierungsparteien davon ab und beschloß die Überweisung des Entwurfs an den Ausschuß: „Dort soll die Beratung so erfolgen, daß auch der angekündigte Regierungsentwurf mitberaten werden kann" (Protokoll der Fraktionssitzung vom 19. Januar 1950, bei Schiffers, a. a. O., S. 40).
137 S.o. Kapitel III.1.
138 Auch Wagner (SPD) hatte bei Einbringung des Gesetzentwurfs im Bundestag den „konstruktiven Charakter unserer Opposition" unterstrichen, Prot. BT, 1. WP, 28. Sitzung (19. Januar 1950), S. 862 C.

tung über den sozialdemokratischen Initiativentwurf, die den inzwischen fertiggestellten Regierungsentwurf[139] einbezog, zollte der Abgeordnete Joachim von Merkatz, der justizpolitische Sprecher der DP und spätere Bundesjustizminister, – bei grundlegender Kritik im übrigen – dem SPD-Entwurf Lob. Er enthalte einen „sehr klaren, logischen und auch gesetzestechnisch hervorragenden Aufbau" und „im Unterschied zu dem Regierungsentwurf [. . .] eine klare Systematik der Verfahrensregeln."[140]

Im Rechtsausschuß des Bundestages wurde die legislatorische Hauptarbeit am Bundesverfassungsgerichtsgesetz geleistet. Zwar war das Gesetzgebungswerk vielfältigen Einflüssen ausgesetzt: Neben dem Regierungsentwurf legte der Bundesrat[141] detaillierte Änderungsvorschläge vor; Verbände und Sachverständige[142] suchten – im Detail zum Teil erfolgreich – Einfluß auf die Gesetzgebung zu nehmen. Im Kern jedoch war die Endfassung des Gesetzes ein Werk des Ministeriumsvertreters Dr. Willi Geiger und derjenigen Ausschußabgeordneten, die aufgrund ihrer Sachkenntnis die Haltung ihrer Fraktion zum Bundesverfassungsgerichtsgesetz maßgeblich prägten.[143] Dazu gehörten auf seiten der Regierungsparteien vor allem die Abgeordneten Kiesinger[144] und von Merkatz. „Für die Opposition"[145] stand ihnen Arndt gegenüber, der seine Erfahrungen und seine sachliche Autorität als Vorsitzender des Rechtsausschusses im Frankfurter Wirtschaftsrat in die Waagschale werfen konnte – und dies auch ausdrücklich tat, wie seine staatspolitisch verhaltene Begründung konstruktiver Opposition zeigte.

Verfassungsgerichtsbarkeit und Politik

In einleitenden Referaten steckten die Berichterstatter des Ausschusses, Kiesinger und von Merkatz, in Grundlinien die Auffassung der Regierungsparteien ab. Ihnen antwortete Arndt mit einer großangelegten Exposition des sozialdemokratischen Standpunkts.[146] Beide bekundeten im Debattenstil und in sachlichen Vorschlägen Bereitschaft zu Konzessionen. In diesem Verhandlungsklima verlor eine kurzfristig aufflammende, vermeintlich grundsätzliche Meinungsverschiedenheit ihre Wirkung: Der konservative Abgeordnete von Merkatz hatte das Thema angestoßen, als er dem Bundesverfassungsgericht die Aufgab zumaß, das „aus der Schöpfungsordnung hervorgegangene Recht" zu finden und auszulegen. Die Eidesformel des SPD-Entwurfs kriti-

---

139 Kralewski/Neunreither, Oppositionelles Verhalten, S. 181. Der Regierungsentwurf (in seiner zweiten Fassung wiedergegeben bei Schiffers, Grundlegung, S. 51 ff.) wurde erst am 31. März 1950 im Bundestag eingebracht.
140 Prot. RA-BT, 1. WP, 21. Sitzung (15. März 1950), im Auszug abgedruckt bei Schiffers, a. a. O., S. 108 ff. (S. 113).
141 S. die umfangreichen Änderungsvorschläge des Bundesrats zum Entwurf über das BVerfGG (BT-DS 1/788, Anlage 2, abgedruckt bei Schiffers, a. a. O., S. 126 ff.).
142 Vgl. die Aufzählung bei Schiffers, Grundlegung, S. XXXV ff.
143 Schiffers, a. a. O., S. XXXII.
144 Der Ausschußvorsitzende, Professor Wilhelm Laforet, beschränkte sich auf die Verhandlungsleitung, vgl. Schiffers, a. a. O., S. XXXII.
145 So die Formulierung bei Schiffers, ebda. Das entspricht dem Verhandlungsverlauf; denn H. L. Brill, aber auch Zinn waren seltener anwesend und in weit geringerem Maße an den Ausschußdebatten beteiligt als Arndt.
146 Vgl. Prot. RA-BT, 1. WP, 23. Sitzung (21. März 1950) bei Schiffers, Grundlegung (Auszug), S. 136 ff.

sierte er als „laizistisch." Ihm schien es „unvorstellbar, daß bei diesen richterlichen Aufgaben Menschen tätig sein könnten, die nicht auf dem Boden des Christentums stehen."[147] Daraus hätte ohne weiteres eine Debatte über einen vermeintlichen naturrechtlichen Maßstab der Verfassungsgerichtsbarkeit entbrennen können, zumal Arndt entschieden gegenhielt und „von seiner lutherischen Konfession her" es als „dogmatische Frage" ansah, daß es „ein Naturrecht nicht gibt." Es hätte wohl Arndts Hinweis auf die Tradition europäischer „Toleranz" nicht mehr bedurft; seine Erinnerung an das Grundrecht der Religionsfreiheit im Grundgesetz wurde vom Ausschuß offenbar als entscheidendes Schlußwort zu diesem Debattenpunkt angesehen, der nicht wieder aufgenommen wurde. Ersichtlich in Übereinstimmung mit der weit überwiegenden Ausschußmehrheit bewies Arndt damit, daß der Boden für eine weltanschauliche Kontroverse fehlte.

Ungleich drängender stellte sich ein anderes Grundlagenproblem: Das Verhältnis von *Verfassungsgerichtsbarkeit und Politik*. War das Bundesverfassungsgericht ein ‚echtes Gericht?' Oder betrieb es nur justizförmige Politik? Dann lagen Versuche parteipolitischer Einflußnahme auf das Gericht nahe.

Dieses rechtsmethodisch, staatstheoretisch und politisch umstrittene Thema, letztlich die Frage nach dem Spannungsverhältnis von Recht und Politik, läßt sich auf begrifflicher Ebene, durch Unterscheidungen, letztlich nicht befriedigend lösen.[148] Eben deswegen wirft die Einrichtung eines höchsten Gerichts, das über „politisches Recht", Verfassungsrecht, letztlich verbindlich zu entscheiden hat, immer aufs neue das politisch umstrittene Problem der Legitimität einer gerichtlichen Entscheidung über – zumindest auch – politische Probleme[149] auf. Dies wirkte sich notwendig auf die Beratungen über das Bundesverfassungsgerichtsgesetz aus. Zwar hatte das Grundgesetz sich in der Grundsatzfrage der Errichtung eines Verfassungsgerichts positiv entschieden. Doch stand – nur eingangs der Beratungen ausdrücklich thematisiert, aber in allen wichtigen Einzelfragen wie zum Beispiel der Richterwahl und -qualifikation sowie der Verfassungsbeschwerde mitberührt – über den Ausschußberatungen die Frage: Wie ‚politisch' darf ein Verfassungsgericht sein, ohne aufzuhören, Gericht zu sein?

---

147 S. Prot. RA-BT, 1. WP, 21. Sitzung (15. März 1950) bei Schiffers, a. a. O., (Auszug), S. 108 ff. (S. 113, S. 115).
148 Vgl. zu diesem Problem nur die Ausführungen von Bundesverfassungsrichter Professor Dr. Gerhard Leibholz, Bericht des Berichterstatters an das Plenum des Bundesverfassungsgerichts zur „Status-Frage", S. 224 ff., der sich der Unterscheidung in „idealtypischen" Kategorien (das Politische als Dynamisch-Rationales; das Recht als Statisch-Rationales) annähert, sie dann aber – ganz pragmatisch – in seiner Charakterisierung des Verfassungsrechts als „politisches Recht" verwischt, a. a. O., S. 226 – 228.
149 Aus der umfänglichen Literatur zu diesem Problem vgl. knapp zur Skala der staatsrechtlichen Auffassungen Wahl/Rottmann, Bedeutung der Verfassung, S. 365 ff.; einen Überblick gibt Häberle, Verfassungsgerichtsbarkeit; mit teilweise kritischen Beiträgen aus sozial- und politikwissenschaftlicher Sicht Tohidipur, Verfassung, Verfassungsgerichtsbarkeit, Politik; darin insbesondere Massing, Das Bundesverfassungsgericht als Instrument sozialer Kontrolle, S. 30 ff.; aus der jüngeren staatsrechtlichen Literatur insbesondere Korinek/Müller/Schlaich, Die Verfassungsgerichtsbarkeit im Gefüge der Staatsfunktionen, davon insbesondere Schlaich, a. a. O., S. 103 ff., S. 130 ff. („Verfassungsgerichtliche Gesetzgebung mit Verfassungsgesetzeskraft"); zu der sich durchsetzenden Erkenntnis, daß die Antinomie von Politik und Recht nichts für die Frage nach den Grenzen verfassungsgerichtlicher Tätigkeit austrägt, s. Vogel, Das Bundesverfassungsgericht und die übrigen Verfassungsorgane, S. 20 ff. (S. 22).

Bei Einbringung des sozialdemokratischen Gesetzentwurfs im Bundestag hatte der Abgeordnete Wagner für die SPD die Ankündigung, man werde die Frage der Ratifikationsbedürftigkeit des politisch höchst umstrittenen Petersberger Abkommens[150] vor das Bundesverfassungsgericht tragen, unter anderem mit der Erfahrung begründet: „Wir haben in diesem Hause von Anfang an einen Erfahrungssatz wiedererleben können, nämlich, daß Macht dazu reizt, ausgedehnt zu werden. [...] Wenn das schon im allgemeinen Wesen jeder Regierung liegt, [...] so scheint mir, daß es ganz besonders im Wesen der Regierung Adenauer liegt."[151] Rudolf Katz, der sozialdemokratische Justizminister Schleswig-Holsteins, hatte in den Rechtsausschüssen des Bundesrats und Bundestags zudem deutlich gemacht, daß er zumindest einen Teil der dem Bundesverfassungsgericht zugewiesenen Streitigkeiten für „politische Entscheidungen im juristischen Gewand"[152] hielt. Diese sozialdemokratischen Stimmen schienen anzudeuten, daß man innerhalb der SPD mit dem Gedanken spielte, das Bundesverfassungsgericht als politische Institution für die Zwecke der Opposition einzuspannen. Jedenfalls gaben sie der Regierungsseite denkbar günstigen Anlaß zur Replik. Willi Geiger, der Verfasser des Regierungsentwurfs zum Bundesverfassungsgerichtsgesetz, nahm daher in einem Zeitschriftenbeitrag Katz' Äußerung zum Beleg einer ganz bestimmten Interpretation des Verfassungsgerichts, die sich folgendermaßen charakterisieren lasse:

> „Es ist der Schiedsrichter im Streit der obersten Träger der Staatsgewalt und bestimmt die konkrete verfassungsmäßige Ordnung. Seine Entscheidungen sind damit echte politische Entscheidungen im Gewande eines Richterspruchs. Das Bundesverfassungsgericht wird damit zum Herrn über die Verfassung [...] Die Integration wird nicht mehr dem Spiel der politischen Kräfte überlassen, sondern dem Bundesverfassungsgericht als ureigenste Aufgabe übertragen. Konsequent zu Ende gedacht, führt diese Vorstellung zu dem Ergebnis, daß schließlich die politische Willensentscheidung der Mehrheit der Richter am Bundesverfassungsgericht die wirkliche lebendige Verfassung gestaltet, unter der wir leben. Das Bundesverfassungsgericht wird zu einer Art ‚Überregierung' [...]"[153]

Geigers polemische Skizze einer total politisierten Verfassungsgerichtsbarkeit traf sich mit Einwänden, mit denen die deutsche Justiz ihre Interessen geltend machte. Seit den Herrenchiemseer Verfassungsberatungen hatten Vertreter der Justiz mit zunehmendem Nachdruck vor einer ‚Politisierung' der Dritten Gewalt gewarnt.[154] Eine Richter-

---

150 S.u. Kapitel IV.1.
151 Prot. BT, 1. WP, 28. Sitzung (19. Januar 1950), S. 860 C, D.
152 Prot. RA-BT, 1. WP, 22. Sitzung (16. März 1950), S. 8. Prononcierter noch hatte Katz diesen Gedanken zuvor im Rechtsausschuß des Bundesrats ausgedrückt, wo er darauf hinwies, daß es sich „gerade bei den wichtigsten Entscheidungen häufig um politische Entscheidungen im juristischen Gewand handele", zitiert nach einem Protokollauszug der 15. Sitzung des Rechtsausschusses des Bundesrats vom 8. März bis zum 11. März 1950, bei Schiffers, Grundlegung, S.147 (Anm. 47). Schon im Organisationsausschuß des Parlamentarischen Rats hatte Katz erklärt: „Ich hoffe, es wird gelingen, das Bundesverfassungsgericht zu einer echten politischen Wirksamkeit zu bringen", zitiert nach Fronz, Bundesverfassungsgericht, S. 674 (Anm. 226).
153 S. Geiger, Zur Verfassung des Bundesverfassungsgerichts, S. 193.
154 Zum Interessenstandpunkt der deutschen Justiz bei der Verfassungsgebung allgemein vgl. Soergel, Konsensus, S. 138 ff.; zum Bemühen um die „Entpolitisierung" des Bundesverfassungsgerichts a. a. O., S. 144.

wahl durch politisch zusammengesetzte Gremien, die Einrichtung einer umfassenden Verfassungsgerichtsbarkeit, die Erwägung, ‚Laienrichter' zu dieser höchsten Rechtsprechung heranzuziehen – all dies weckte das Bedürfnis nach Abgrenzung und Interessenwahrung einer sich traditionell und professionell verstehenden Justiz: Durch die Zulassung einer Verfassungsbeschwerde gegen höchstrichterliche Urteile zum Beispiel mußte sich die ‚Fachgerichtsbarkeit' in ihrer ureigenen Entscheidungssphäre bedroht fühlen, wie der nachdrückliche Protest eines Richters während der Herrenchiemseer Verfassungsberatungen unterstrich.[155] Als theoretische Unterlage jener Interessenwahrung diente das Theorem zweier klar unterscheidbarer und möglichst auch institutionell zu trennender Sphären des Rechts einerseits und der Politik andererseits.[156] Diese Unterscheidung hatte auch im Parlamentarischen Rat einflußreiche Befürworter[157]; zwei hohe Richter, als Sachverständige in den Rechtspflegeausschuß geladen, warnten davor, die absolut „reine Rechtssphäre" des Obersten Bundesgerichts, der Spitze der Fachgerichtsbarkeit, durch eine institutionelle Verknüpfung mit dem politisch affizierten Bundesverfassungsgericht zu gefährden.[158] Der Ausschuß und mit ihm der Parlamentarische Rat trugen dieser Intervention Rechnung und trennten das Bundesverfassungsgericht institutionell von der übrigen Gerichtsbarkeit. Im Rechtsausschuß des Bundestags übertrug nunmehr vor allem der konservative Jurist von Merkatz das justizielle Grundanliegen einer Entpolitisierung und Kompetenzbegrenzung auf das Bundesverfassungsgericht.[159]

Diese Einwände steckten die argumentativen Rahmenbedingungen ab, unter denen Arndt den sozialdemokratischen Entwurf eines künftigen Bundesverfassungsgerichts zu rechtfertigen und zu legitimieren hatte, um den von ihm gewünschten Interessenausgleich in konstruktiver Zusammenarbeit zu ermöglichen. Er führte dabei eine Auseinandersetzung an mehreren Fronten: Eine Auffassung, wie sie sein Parteifreund Hermann Louis Brill im Rechtsausschuß vertrat – man dürfe nicht aus dem Auge verlieren, daß das Bundesverfassungsgericht viel mehr ein politisches Organ als ein ordentlicher Gerichtshof sei[160] –, drohte dem Bundesverfassungsgericht die Legitimität eines Gerichts zu nehmen. Andererseits widersprach die Annahme einer richterlichen Entscheidung in ‚reiner Rechtssphäre' sowohl Arndts Grundauffassung vom Wesen

---

155 Vgl. Protokoll des Verfassungskonvents auf Herrenchiemsee, Plenarsitzung, 7. Sitzungstag, in: Der Parlamentarische Rat 1948 – 1949, Bd. 2, S. 403 ff. (S. 457).
156 Dagegen schon Carlo Schmid, a. a. O., S. 433, der in Erinnerung an seine Richtertätigkeit ausführte: „Ich habe dort feststellen können, wie höchst ehrenwerte, sehr kluge Männer im Laufe ihres Daseins dieser déformation professionelle unterlegen sind, die unter Umständen auch darin bestehen kann, Dinge für Rechtsfragen zu halten, die in Wirklichkeit politische Fragen sind, und auch daran zu glauben, daß die Argumente, die man anwendet, juristische Argumente sind, während es im wesentlichen unbewußt politische Argumente sind [...]."
157 Vor allem dem späteren Staatssekretär im Bundesjustizministerium, Dr. Walter Strauß, s. dazu Laufer, Verfassungsgerichtsbarkeit, S. 54 ff.; im Überblick Otto, Das Staatsverständnis des Parlamentarischen Rates, S. 177 f., 181.
158 Zitiert nach Doemming/Füsslein/Matz (Bearb.), Entstehungsgeschichte der Artikel des Grundgesetzes, S. 697; s. dazu auch Soergel, Konsensus, S. 148.
159 Vgl. Prot. RA-BT, 1. WP, 21. Sitzung (15. März 1950), im Auszug abgedruckt bei Schiffers, Grundlegung, S. 108 ff. (S. 113 – 117).
160 S. Prot. RA-BT, 1. WP, 55. Sitzung (13. Juli 1950), im Auszug abgedruckt bei Schiffers, a. a. O., S. 268 ff. (S. 274 f.)

richterlicher Tätigkeit[161] wie auch der Entscheidung des Grundgesetzes für eine umfassende verfassungsgerichtliche Kontrolle der ‚politischen' Gewalten, Gesetzgebung und Verwaltung. Unbedingt aber festzuhalten angesichts der genannten Einwände gab es zweierlei: Die Errichtung des Bundesverfassungsgerichts durfte keinesfalls in den Verdacht einer Konstruktion im parteipolitischen Interesse der SPD geraten; denn anderenfalls drohten dem Gericht der Verlust seiner spezifisch richterlichen Autorität und die voraussichtlich politisch erfolgreichere Beeinflussung durch die Parlamentsmehrheit. Zum zweiten bedurfte das Bundesverfassungsgericht gerade um der Wirkung seiner Entscheidungen im Bereich der Fachgerichtsbarkeit willen der Anerkennung und Autorität eines ‚echten Gerichts' in Kreisen der Justiz.

Aus den Reihen seiner Partei hatte Arndt wenig definitorische Unterstützung zur Lösung dieses Problems zu erwarten.[162] Mit Katz und Brill konnte er sich nicht einig erklären. Zinn, mit dem er in der Sache wohl übereinstimmte[163], wich in vage Formulierungen aus, indem er bei der grundsätzlichen Rechtspflegefunktion des Bundesverfassungsgerichts „irgendwie in der politischen Sphäre wurzelnde Gesichtspunkte" mitspielen sah.[164] Vor diesem Hintergrund unternahm Arndt eine Klarstellung des sozialdemokratischen Standpunkts:

> „Beim Bundesverfassungsgericht kann es sich nach unserer Auffassung nur um ein echtes Gericht handeln, welches zur Entscheidung darüber berufen ist, ob eine Maßnahme eines gesetzgebenden oder verwaltenden Organs mit dem Grundgesetz vereinbar ist oder nicht [...] Im übrigen sind wir aber darin einig, daß das Bundesverfassungsgericht in doppelter Hinsicht mit allen übrigen Gerichten strukturgleich ist. Es hat ein echtes Gericht zu sein, und es muß richterlich unabhängig sein. Dagegen besteht ein qualitativer Unterschied [...] Das Bundesverfassungsgericht und die Staatsgerichtsbarkeit überhaupt ist etwa gegenüber einem Zivil- oder auch einem Strafurteil ein aliud, und zwar dadurch, daß es nicht einen Einzelfall zu entscheiden hat, sondern daß alles, was es tut und entscheidet, mindestens materiell, mindestens in der Konsequenz Wirkung für das Ganze hat [...]"

---

161 S.o. Kapitel II.4.; dazu auch Arndt: „Man braucht nur die Rechtsprechung des Reichsgerichts zur Frage der Zulässigkeit eines Kartells oder zum Rechtsbegriff des Politischen im Strafrecht zu verfolgen, um inne zu werden, daß jene Urteile nicht nur auch politische Entscheidungen waren, sondern auch bewußt oder unbewußt sogar weitgehend auf politischen Gedankengängen beruhen", Das Bild des Richters (1957), S. 334.
162 Vgl. allein bereits die Meinungsunterschiede innerhalb der SPD-Fraktion des Parlamentarischen Rates, die Trennung des Bundesverfassungsgerichts von der höchsten Fachgerichtsbarkeit betreffend: Während die Abgeordneten Georg August Zinn und Elisabeth Selbert sich gegen die Trennung einer politischen Verfassungsgerichtsbarkeit von einer vermeintlich unpolitischen Fachgerichtsbarkeit aussprachen, schlossen sich die SPD-Abgeordneten Greve und Hoch dem Trennungsvorschlag an, vgl. von Doemming/Füsslein/Matz, Entstehungsgeschichte, S. 692, 697; Laufer, Verfassungsgerichtsbarkeit, S. 58 ff.
163 Zinn teilte Arndts Ausgangspunkt, daß das Bundesverfassungsgericht ein echtes Gericht mit Rechtspflegefunktion sein sollte (vgl. ders., Die Rechtsprechung, S. 279), wobei seine Entscheidungen zugleich politische Wirkungen hätten. So lehnte er innerhalb des Bundesverfassungsgerichts eine Abspaltung primär rechtlicher von politischen Entscheidungsfällen mit der Begründung ab, eine „Trennung dieser Rechtsstreitigkeiten in solche, bei denen es sich um Rechtsfragen handele, und solche mit mehr politischem Akzent, sei nicht möglich, da auch die ersteren eine erhebliche politische Auswirkung haben könnten", zitiert nach von Doemming/Füsslein/Matz, Entstehungsgeschichte, S. 673.
164 Vgl. Georg August Zinn, Die Rechtspflege im Bonner Grundgesetz, S. 52; ähnlich ders., Die Rechtsprechung, S. 279.

Unter der Aufgabe echter „Rechtsentscheidung" verstand er,

> „etwas zu erkennen, was bereits entschieden ist: Das Grundgesetz hat ja gewisse Entscheidungen getroffen. Die Aufgabe des Bundesverfassungsgerichts kann immer nur sein, aus diesen bereits gesetzgeberisch getroffenen Entscheidungen nach Geist und Buchstaben den Inhalt zu entwickeln und die Streitfragen daran zu messen. Das Bundesverfassungsgericht hat aber nicht die Aufgabe, politische Entscheidungen, das heißt Willensentscheidungen zu treffen. Es hat also nicht mehr die Wahl, ob es eine aktuelle Gestaltung so oder auch anders vornehmen will."[165]

Das Politische spielte demnach für Arndt eine Rolle nur dort, wo der Verfassungsrichter allgemeines politisches Gespür und „Klarheit über die politische Auswirkung und den politischen Geist sowohl des Grundgesetzes als auch der Entscheidung"[166] mitbringen müsse; denn die Wirkung der inter omnes wirkenden und „zumeist unwiederholbaren" Verfassungsgerichtsentscheidungen sei eine „politische, ja oft eine geschichtsbildende."[167] Arndt trennte also scharf zwischen dem Gehalt der Entscheidungen sowie ihrer Findung einerseits, die ausschließlich der Rechtserkenntnis unterliegen sollten, und andererseits ihrer politischen Wirkung. Er bereitete damit einer Interpretation der Verfassungsgerichtsbarkeit den Boden, die sich in der Staatsrechtslehre der 50er Jahre ohne wesentlichen Widerspruch zur herrschenden Auffassung festigte.[168]

Indessen – inwieweit erfaßte Arndts Distinktion zwischen dem rechtlichen Gehalt und der politischen Wirkung verfassungsgerichtlicher Entscheidungen die „Folgeprobleme" der Institution Verfassungsgerichtsbarkeit, vor allem im Verhältnis zum demokratischen Gesetzgeber?[169] War nicht das Verfassungsrecht vergleichsweise „fragmentarisches Recht"[170], das viele, Arndt zufolge, nurmehr richterlich zu erkennende „Entscheidungen" tatsächlich nicht enthielt, sondern offenließ und so dem urteilenden Richter entgegen der ihm zukommenden Funktion doch ein Stück „Willensentscheidung" auferlegte?[171] Darauf wird noch zurückzukommen sein; denn die Debatte im Rechtsausschuß des Bundestags griff einem Problem vor, das in vielen der großen, auch politisch höchst umstrittenen Verfassungsstreitigkeiten, die Arndt vor dem Bundesverfassungsgericht vertrat, immer neu aufbrach.

---

165 Vgl. Prot. RA-BT, 23. Sitzung (21. März 1950), im Auszug bei Schiffers, Grundlegung, S. 136 ff. (S. 140 f.).
166 Vgl. Prot. RA-BT, 22. Sitzung (16. März 1950), S. 9; ebenso Leibholz, ‚Statusbericht', S. 228 f.
167 Vgl. Arndt, Das Bundesverfassungsgericht, Teil 1 (1951), S. 297.
168 Der spätere Bundesverfassungsrichter Gerhard Leibholz faßte sie – unter anderem mehrfach zurückgreifend auf Äußerungen Arndts – in seinem ‚Statusbericht' zusammen: Danach rage das Bundesverfassungsgericht – darin ging er weiter als Arndt – als Institution „weitgehend in den Bereich des Politischen" hinein, entscheide über politische Rechtsfragen und müsse die politischen Wirkungen seiner Entscheidungen (s. S. 225, 227 f.) berücksichtigen. Gleichwohl sei auch politisches Recht – dafür berief sich Leibholz auf Arndt (a. a. O., S. 235, Anm. 25) – weitgehend der rechtlichen Erkenntnis fähig und das Gericht demnach ein „echte richterliche Körperschaft."
169 Vgl. dazu unter systematischem Gesichtspunkt Wahl/Rottmann, Bedeutung der Verfassung, S. 362 ff.
170 Böckenförde, Die Methoden der Verfassungsinterpretation, S. 2 091, 2 099.
171 Zu dieser grundlegenden Streitfrage vgl. Wahl/Rottmann, Bedeutung der Verfassung, S. 362 ff. (m.w.N.).

Vorerst jedoch schlichtete Arndts Unterscheidungsformel die Meinungsverschiedenheiten im Rechtsausschuß, der sich nunmehr den Einzelfragen des Gesetzeswerkes zuwenden konnte.[172]

Stellung, Organisation und Verfahren des Bundesverfassungsgerichts

Unklarheiten und Meinungsverschiedenheiten warf eine Reihe von Fragen auf, die die Einordnung des Gerichts innerhalb des Verfassungsgefüges, seine Stellung und die Wirkung seiner Entscheidungen betraf. Gerade wegen der in der deutschen Verfassungstradition neuartigen Kompetenzfülle des Verfassungsgerichts steckte hinter der Frage nach dem Rang des Gerichts im Verhältnis zu anderen Verfassungsorganen ein weitreichendes Verfassungsproblem. Arndt und Zinn sahen das offenbar sehr genau und wollten anscheinend einen offenen, die Stellung des Bundesverfassungsgerichts möglicherweise negativ präjudizierenden Austrag dieser Frage im Ausführungsgesetz vermeiden. So betonten beide[173], daß der SPD-Entwurf es bewußt der Staatsrechtswissenschaft überlasse, theoretisch zu klären, ob das Gericht als höchstes Gericht zugleich auch „Verfassungsorgan" sein solle, wie es der Bundesrat ausdrücklich vorgeschlagen hatte.[174] Entscheidend sei, fügte Arndt hinzu, daß die Richter keiner Dienstaufsicht unterlägen.[175] Allerdings zeigt der Blick auf Detailregelungen des SPD-Entwurfs, daß er die materielle Verfassungsorganqualität des Bundesverfassungsgerichts implizit voraussetzte. Im Unterschied zum Regierungsentwurf ließ der SPD-Vorschlag dem Gericht weitgehende Autonomie, ja, ermächtigte es darüber hinaus zur Setzung einer Verfahrensordnung, die durch Verkündung Gesetzeskraft erlangen sollte.[176] Unter Hinweis auf das Vorbild vor allem des amerikanischen Supreme Court verteidigte Arndt diese weitgehende Autonomielösung auch gegen verfassungsrechtliche Einwände, die den Widerstand aus den Reihen der Regierung und der Mehrheitsfraktion erkennen ließen.[177] Nach Arndts spezifischem Rechtsverständnis[178] verkörperte die Entschei-

---

172 Zum Ablauf der Gesetzesberatungen sowie zur Systematik der Verhandlungsgegenstände vgl. umfassend Kralewski/Neunreither, Oppositionelles Verhalten, S. 168 ff.; Laufer, Verfassungsgerichtsbarkeit, S. 93 ff., sowie Schiffers, Grundlegung, S. XIV ff. *Hier* sollen aus der Perspektive Arndts die Verhandlungsschwerpunkte und der politische Verlauf der Verhandlungen dargestellt werden.
173 Vgl. Prot. RA-BT, 1. WP, 54. Sitzung (12. Juli 1950), im Auszug bei Schiffers, Grundlegung, S. 262 f.; anders hingegen Brill, Protokoll 65. Sitzung (25. Oktober 1950), Auszug in: RA-BT, 1. WP, DS 94, Teil II, S. 7: „[...] es könne kein Zweifel bestehen, daß das Bundesverfassungsgericht ein Verfassungsorgan sei [...]", s. auch Schiffers, a. a. O., S. 287.
174 Vgl. Änderungswünsche des Bundesrats zum Entwurf eines Gesetzes über das Bundesverfassungsgericht, abgedruckt bei Schiffers, a. a. O., S. 126: § 1 I: „Das Bundesverfassungsgericht ist ein selbständiges Verfassungsorgan des Bundes."
175 Prot. RA-BT, 1. WP, 54. Sitzung (12. Juli 1950), im Auszug bei Schiffers, Grundlegung, S. 257 ff. (S. 263).
176 S. § 14 I des SPD-Entwurfs sowie § 14 II Satz 2: „Im übrigen regelt das Bundesverfassungsgericht sein Verfahren und seine Geschäftsordnung nach freiem Ermessen", s. dagegen die §§ 14 bis 33 des Regierungsentwurfs, die bereits detaillierte Verfahrensregelungen vorgaben, vgl. zu den Entwürfen Schiffers, Grundlegung, S. 21 ff. und S. 51 ff.; dazu auch Laufer, Verfassungsgerichtsbarkeit, S. 107.
177 Vgl. Prot. RA-BT, 1. WP, 33. Sitzung (27. April 1950), im Auszug bei Schiffers, Grundlegung, S. 214 ff. (Arndt, S. 212 f.); Prot. RA-BT, 1. WP, 55. Sitzung (13. Juli 1950), im Auszug bei Schiffers, a. a. O., S. 268 ff. (Arndt, S. 275 f.).
178 S.u. Kapitel VIII.1.

dungsgewalt des Bundesverfassungsgerichts den Primat des Rechts vor den anderen – ‚politischen' – staatlichen Gewalten.

Dieses Grundverständnis wurde erkennbar bei der Beratung eines scheinbar gesetzestechnischen Detailproblems[179], das tatsächlich von größter praktischer Bedeutung war. Es betraf die Rechts- bzw. Bestandskraft von Entscheidungen über Gesetze, deren Verfassungswidrigkeit das Bundesverfassungsgericht festgestellt hatte.[180] Galt die festgestellte Verfassungswidrigkeit des Gesetzes von Anfang an (ex tunc), so konnte das die Aufhebung – im Extremfall – ungezählter, seit Jahrzehnten für rechtsbeständig gehaltener Gerichtsurteile bedeuten. Die Aufhebung eines einnahmeträchtigen Steuergesetzes zum Beispiel konnte dem Staat unter Umständen Rückzahlungspflichten in Milliardenhöhe mit einschneidenden haushaltspolitischen Konsequenzen auferlegen.[181] Arndt nahm angesichts dieses schwierigen Problems eine bemerkenswerte Klärung seiner Position vor: Auf der Linie des SPD-Entwurfs verfocht er zunächst die pragmatische Lösung, das Bundesverfassungsgericht solle im Rahmen einer „elastischen" Lösung[182] selbst darüber bestimmen, ob es seinem „Urteil rückwirkende Kraft verleihen" und die Wiederaufnahme eines abgeschlossenen Verfahrens anordnen wolle. Das entsprach wörtlich der Regelung, die auf Arndts Vorschlag hin in das hessische Staatsgerichtshofgesetz[183] eingegangen war, und vertraute es, wie Arndt formulierte, der „richterlichen Weisheit"[184] an, die Rückwirkung ex tunc anzuordnen oder aber der „Rechtssicherheit"[185] den Vorrang einzuräumen, ohne dies zu einer dogmatischen Frage zu machen. Die Linie des Regierungsentwurfs bestand darin, zwar die Nichtigkeit ex tunc festzustellen, ihr aber keinerlei die „Rechtssicherheit" gefährdende Wirkung für die Vergangenheit beizulegen.[186]

Im Rechtsausschuß wurde letztere Lösung für allzu strikt gehalten und eine allgemeine Neigung erkennbar, im Einzelfall dem Gesetzgeber – aber nicht dem Bundesverfassungsgericht – einen Entscheidungsspielraum beim rückwirkenden Ausgleich der Nichtigkeitsfolgen zuzugestehen. Dem hielt Arndt entgegen: Der Gesetzgeber sei „nicht die richtige Instanz dafür."[187] Der Gegensatz zweier Grundauffassungen zur Funktion des Bundesverfassungsgerichts blitzte auf, wenn einerseits der Regierungsvertreter, Dr. Willi Geiger, es für unmöglich hielt, das Bundesverfassungsgericht durch eine flexible Lösung der Nichtigkeitswirkungen zum Gesetzgeber zu machen, und Arndt andererseits dem Gesetzgeber mißtraute, der die Nichtigkeit eines verfassungs-

---

179 Der Regierungsvertreter Dr. Willi Geiger nannte es die „allerschwierigste Frage" des ganzen Gesetzes, ob man den Nichtigkeitsbegriff des BGB auf das BVerfGG übertragen könne, vgl. Prot. RA-BT, 1. WP, 52. Sitzung (6. Juli 1950), in: RA-BT, 1. WP, DS 94, Teil VI, S. 42.
180 Vgl. die Normenkontrollverfahren nach Art. 93 I 2 und Art. 100 GG, sowie die späteren §§ 79 und 95 III BVerfGG.
181 Vgl. das Beispiel bei Arndt, Staatshaftung für gesetzliches Unrecht? (1960), S. 1351.
182 Vgl. Prot. RA-BT, 1. WP, 31. Sitzung (21. April 1950), S. 103; s. auch § 43 des SPD-Entwurfs bei Schiffers, Grundlegung, S. 29.
183 Vgl. § 31 b II der „Abänderungs-Vorschläge" des hessischen Justizministeriums vom Juni 1947 zum Entwurf eines Gesetzes über den Hessischen Staatsgerichtshof, HStK, 3 d 02/07, und § 43 II des Gesetzes über den Hessischen Staatsgerichtshof vom 12. Dezember 1947.
184 S. Prot. der 52. Sitzung (6. Juli 1950) des RA-BT in: RA-BT, DS 94, Teil VI, S. 43.
185 Prot. RA-BT, 31. Sitzung (21. April 1950), S. 103.
186 Vgl. die Begründung zu § 74 des Regierungsentwurfs bei Schiffers, Grundlegung, S. 98.
187 Vgl. Prot. RA-BT, 52. Sitzung (6. Juli 1950), RA-BT, 1. WP, DS 94, Teil VI, S. 45.

widrigen Steuergesetzes für unbeachtlich erklären werde.[188] Angesichts dieser Zuspitzung der Positionen trieb Arndt seine Grundauffassung zu strikter gedanklicher Konsequenz: „Streng theoretisch" gesehen, so hielt er der Linie Geigers entgegen, verbiete es das Grundgesetz, dem Gesetzgeber die Befugnis zu geben, „durch einfaches Gesetz für die Vergangenheit Grundgesetzwidriges zu sanktionieren." Arndt rückte damit den absoluten Vorrang der geschriebenen Verfassung in den Mittelpunkt; die danach ex tunc wirkende Feststellung der Verfassungswidrigkeit eines Akts öffentlicher Gewalt durch das Bundesverfassungsgericht durfte der „einfache Gesetzgeber" nicht antasten.[189] Von jenen Erörterungen im Rechtsausschuß ausgehend, entwickelte Arndt später eine Theorie der Nichtigkeitsfolgen eines verfassungswidrigen Gesetzes.[190]

So viel wurde aber schon in den Beratungen zum Bundesverfassungsgerichtsgesetz deutlich: Die Wahrung der „Rechtssicherheit" vertraute Arndt dem Bundesverfassungsgericht, nicht aber dem Gesetzgeber an. Vielmehr sollte dem Gesetzgeber – diesen Vorschlag brachte Arndt nunmehr neu in die Rechtsausschußdebatte ein – eine (subsidiäre) Staatshaftung obliegen, derzufolge „der Staat für die Schwächen zu haften habe, die durch das Gesetz eingetreten" seien. Wenn die Staatshaftung hier generell festgelegt werde, würde der Gesetzgeber zu großer Vorsicht angemahnt werden und alle die, die einen Schaden erlitten, würden Regreß nehmen können.[191] Das war in der Tat ein „geradezu sensationell"[192] weiter Vorstoß auf das Gebiet verschuldensunabhängiger Haftung des Staates für legislatives Unrecht, die bis dahin in der deutschen staatsbezogenen Rechtstradition unbekannt war.[193] Immerhin, als enger gefaßte „subsidiäre Staatshaftung"[194] wurde Arndts Vorschlag im Ausschuß aufgenommen und fiel erst einem Schlußkompromiß zum Opfer, der in einer differenzierten Regelung letztlich wenigstens einem Anliegen Arndts entsprach: Die – eng begrenzte – Ex-tunc-Wirkung der Nichtigkeit eines vom Bundesverfassungsgericht für verfassungwidrig erklärten

---

188 In dieser Lage schlugen sich die beiden anderen SPD-Vertreter Wagner und Brill im Grundsatz auf die Seite Geigers, a. a. O., S. 44, 46, so daß Arndt mit seiner Auffassung allein stand.
189 Vgl. Prot. der 82. Sitzung (5. Januar 1951), RA-BT, 1. WP, DS 94, Teil VI, S. 78. Die Pointierung der Position Arndts zeigt sich darin, daß er in seinem Beitrag, Die Nichtigkeit verfassungswidriger Gesetze (1959), S. 81 ff., in dem er die Ex-tunc-Wirkung der Nichtigkeit nachhaltig verteidigt, nur auf seine Äußerungen in der 52. und 82. Sitzung des Rechtsausschusses, nicht aber auf seinen pragmatischen Lösungsvorschlag in der 31. Sitzung des Rechtsausschusses eingeht.
190 S. Arndt, Die Nichtigkeit verfassungswidriger Gesetze (1959); ders., Vollstreckbarkeit verfassungswidriger (Steuer-)Gesetze? (1959); ders., Hat die Feststellung der Verfassungswidrigkeit eines Gesetzes die Nichtigkeit der darauf gestützten Verwaltungsakte zur Folge? (1959); ders., Stellungnahme zu Kopacek, Vollstreckbarkeit verfassungswidriger (Steuer-)Gesetze?, in: Betriebsberater 1959, S. 837 ff. (S. 838); ders., Nochmals: Welche Folge hat die Verfassungswidrigkeit eines Gesetzes für einen darauf gestützten Verwaltungsakt? Angebliche Rückwirkung verfassungsgerichtlicher Entscheidungen (1959); ders., Die Bindungswirkung des Grundgesetzes (1960); ders., Staatshaftung für gesetzliches Unrecht? (1960). Zum Zusammenhang dieser Überlegungen mit Arndts Denken vom Primat des Rechts, s.u. Kapitel VIII.1. Zu Arndts Thesen und der Entstehungsgeschichte des § 79 BVerfGG vgl. C. Böckenförde, Die sogenannte Nichtigkeit verfassungswidriger Gesetze, S. 91 ff.
191 S. Prot. RA-BT, 52. Sitzung (6. Juli 1950), RA-BT, 1. WP, DS 94, Teil VI, S. 46.
192 So die'Bewertung Laufers, Verfassungsgerichtsbarkeit, S. 118.
193 Vgl. zu den tradierten, dominierenden Ablehnungsgründen noch zu Beginn der Sechziger Jahre Dagtoglou, Ersatzpflicht des Staats bei legislativem Unrecht?, S. 10 ff.
194 Vgl. RA-DS 94, 1. WP, Teil VI, S. 47; aus den Verhandlungen des Unterausschusses ging ein entsprechender Gesetzesvorschlag hervor, bei Schiffers, Grundlegung, S. 317 ff. (S. 344, § 72 a), der in der 82. Sitzung des RA-BT verhandelt und verworfen wurde, vgl. RA-BT, 1. WP, DS 94, Teil VI, S. 61 ff.

Gesetzes wurde generell geregelt; darüber hinaus sollte der Gesetzgeber im Einzelfall die Ex-tunc-Wirkung der Nichtigkeit ausdehnen können.[195]

Den extensiven Entscheidungsspielraum des Bundesverfassungsgerichts – wie hier angesichts der Folgenfestsetzung der Gesetzesnichtigkeit – verteidigte Arndt noch in verfahrenstechnischen Vorschlägen.[196] Allerdings zog er an einem politisch brisanten Punkt die Grenze: Im Blick auf die Kompetenz des Bundesverfassungsgerichts aus Art. 21 Abs. 2 GG, die Verfassungswidrigkeit einer Partei allein verbindlich festzustellen, spitzte Arndt seine Position aus dem Gesetzgebungsprozeß des hessischen Staatsgerichtshofgesetzes bemerkenswert zu: Er habe „persönlich die allergrößten Bedenken" dagegen, eine solch politische Entscheidung überhaupt einem Gericht anzuvertrauen; denn „politische Dinge sollte man mit politischen Mitteln bekämpfen, aber nicht mit judiziellen und polizeilichen Mitteln."[197] Das Grundgesetz erlaube nicht einmal, so bedauerte Arndt, die von ihm seinerzeit erfolgreich für das hessische Staatsgerichtshofgesetz vorgeschlagene Verknüpfung des verfassungsgerichtlichen „Zwischenurteils"[198] mit einer parallelen Entscheidung des Parlaments.

Zu Arndts verfassungs- und rechtstechnischen Grundsatzbedenken gesellten sich politische Erwägungen: Ein Verbot der KPD hielt er politisch für ein „Unglück"; „denn dann bekäme man eine Untergrundbewegung, die völlig unkontrollierbar wäre, und die Kommunisten warteten ja darauf, daß sie in die Illegalität gehen dürften."[199] Arndts persönliche Vermutung[200], die Bundesregierung plane ein Verbot der KPD durch das Bundesverfassungsgericht, erhellte, wie die wachsenden internationalen Spannungen wenige Tage nach Ausbruch des Koreakriegs auch den Aufbau des Bundesverfassungsgerichts nicht unberührt ließen. Arndt, sekundiert von Zinn[201], baute an diesem Punkt bereits eine betont rechtsstaatliche und freiheitswahrende Verteidigungsposition auf, die wenige Monate später in der Debatte um das politische Strafrecht auf ihre eigentliche Probe gestellt wurde.[202] Konsequent auf dieser Linie ließ der SPD-Entwurf den

---

195 Vgl. die Regelung des § 79 BVerfGG, dazu C. Böckenförde, Sogenannte Nichtigkeit, S. 94, und zu der in § 79 II 1 vorgesehenen, einer besonderen gesetzlichen Regelung „vorbehaltenen Möglichkeit, einen positiven Ausgleich schweren, durch ein verfassungswidriges Gesetz hervorgerufenen Unrechts herbeizuführen." Daran anknüpfend, plädierte Arndt später nachdrücklich, s.o., für die Einführung einer Staatshaftung für legislatives Unrecht.
196 Mit dem Vorschlag, alle Gerichte und Behörden an die Sachverhaltsfeststellungen und die rechtliche Beurteilung eines Falls durch das Bundesverfassungsgericht zu binden (vgl. § 30 I SPD-Entwurf, bei Schiffers, Grundlegung, S. 27) drang er nicht durch. Allerdings kam auf den § 39 des SPD-Entwurfs (allgemeine Gesetzeskraft der Entscheidungen in Streitigkeiten gem. Art. 93 I 1, 3 GG) hin ein bemerkenswerter Kompromiß zustande, nachdem der Regierungsentwurf in § 61 ausschließlich eine Feststellung für den konkreten Einzelfall (s. auch die Begründung zu den §§ 59 bis 63) vorgesehen hatte. § 67 Satz 3 BVerfGG stellte schließlich dem Bundesverfassungsgericht die Entscheidung einer Auslegungsfrage des Grundgesetzes über die Feststellung im konkreten Entscheidungsfall hinaus frei.
197 Vgl. Prot. RA-BT, 1. WP, 50. Sitzung (4. Juli 1950), bei Schiffers, Grundlegung, S. 242 ff. (S. 249, 252).
198 Vgl. dazu oben Kapitel II.4.
199 Vgl. Prot. RA-BT, 1. WP, 50. Sitzung (4. Juli 1950), im Auszug bei Schiffers, Grundlegung, S. 249.
200 Gewisse Anhaltspunkte bekräftigten später die Richtigkeit dieser Vermutung, vgl. Schiffers, a. a. O., S. 249 (Anm. 24).
201 Allerdings argumentierte Arndt persönlich prononcierter und schärfer auch als Zinn. Insofern sprach er nicht repräsentativ für die Fraktion.
202 S.u. Kapitel III.3.

Gesetzgebungsauftrag zur Regelung eines Parteiverbotsverfahrens als einzige Kompetenz des Bundesverfassungsgerichts unausgeführt.[203]

Die politisch umstrittensten Regelungen betreffen die innere Organisation und Besetzung des Gerichtskörpers. Der SPD-Entwurf ließ sich dabei prononciert von dem Gedanken der Herstellung und Sicherung demokratischer Öffentlichkeit und Legitimation des Gerichts leiten. Demnach sollte das Gericht entsprechend dem sogenannten Plenarprinzip als einheitlicher Gerichtskörper aufgebaut sein, das heißt alle Entscheidungen sollten grundsätzlich nur von der Vollzahl der Richter zu treffen sein. Das sogenannte ‚rouierende Prinzip' des Regierungsentwurfs schlug als Spruchkörper nach einem rouierenden Prinzip durch Geschäftsverteilungspläne vorherbestimmte ‚Sitzgruppen' aus der Gesamtheit der Richter vor.[204] Eben gegen solche Entscheidungen anonymer Spruchkörper wandte sich Arndt vehement. Er argumentierte aus der politisch herausgehobenen Bedeutung des Gerichts, daß das Plenarprinzip des SPD-Entwurfs mit der Tradition der deutschen Gerichtsverfassung, die von der Auswechselbarkeit anonymer Richter ausgehe, breche und die Richter aus dem „Zwielicht der Anonymität"[205] zu identifizierbaren und bekannten Richterpersönlichkeiten erhebe. Bezogen auf das „Rouletteprinzip" der Bundesregierung hingegen, wie Arndt es spöttisch nannte, warnte er eindringlich vor Geschäftsverteilungsmanipulationen der Sitzgruppenzuständigkeiten je nach Bedeutung des Falles und unvermeidlicher „politischer Färbung" der Richter.[206] Noch deutlicher brach ein anderer, von Arndt vertretener Vorschlag mit der deutschen Gerichtstradition. Auf der Linie der angelsächsischen Tradition individueller Richterpersönlichkeiten plädierte er mit der Emphase des demokratischen Reformers für die Zulassung eines zu veröffentlichenden dissenting vote.[207] Zwei gegensätzliche Gesetzgebungstemperamente und politische Grundhaltungen traten hierbei hervor. Der CDU-Abgeordnete Kiesinger warnte skeptisch davor, das Sondergutachten werde der jeweiligen Opposition dazu dienen[208], gegen die Autorität des verfassungsrichterlichen Spruches anzugehen. Dem hielt Arndt entgegen:

> „Ich begreife Ihre Bedenken, nur bin ich der Meinung, daß wir Gesetze nicht aus Befürchtungen machen können. Manchmal müssen wir sie mit einer gewissen Courage machen. Man kann nicht sagen: Wir halten die Einrichtung zwar für wünschenswert, aber das deutsche Volk dafür noch zu unreif, und deshalb stellen wir die Sache zurück; denn in Deutschland heißt dieses Zurückstellen ein Verschieben ad calendas graecas [...] wir sollten also mindestens den Versuch mit einem Sondergutachten machen und nicht immer soviel Angst haben. Das

---

203 Die Regelung sollte einem künftigen Parteiengesetz überlassen werden, wobei Arndt aus seiner grundsätzlichen Befürwortung des politischen Primats auch dies für politisch falsch – wenngleich durch das Grundgesetz vorgegeben – hielt, vgl. Prot. RA-BT, bei Schiffers, Grundlegung, S. 249, S. 252.
204 Vgl. § 2 des SPD-Entwurfs und § 3 des Regierungsentwurfs bei Schiffers, Grundlegung, S. 21, 54.
205 Arndt, Bundesverfassungsgericht, Teil I (1951), S. 297; Prot. RA-BT, 1. WP, 23. Sitzung (21. März 1950), im Auszug bei Schiffers, a. a. O., S. 144.
206 Schiffers, ebda.; vgl. auch die 54. Sitzung des RA-BT, 1. WP. (12. Juli 1950), RA-BT, 1. WP, DS 94, Teil I, S. 111.
207 Dabei sollte der SPD-Vorschlag (vgl. § 22 IV SPD-Entwurf) zwar grundsätzlich, aber für bestimmte Verfahren (§§ 29, 35) nicht gelten; der Änderungsentwurf des Bundesrats überließ dem Gericht die Veröffentlichung des Sondervotums, allerdings ohne Namensnennung (zu § 26 III); der Regierungsentwurf räumte nur die Möglichkeit ein, ein Sondervotum zu den Akten zu geben (§ 26 III), bei Schiffers, a. a. O., S. 26, 63, 131.
208 Prot. RA-BT, 1. WP, 23. Sitzung (21. März 1950), im Auszug bei Schiffers, a. a. O., S. 157.

ganze Grundgesetz besteht ja überwiegend aus Angst vor der Demokratie. Setzen wir doch einmal die Demokratie in den Sattel und setzen wir auch beim Bundesverfassungsgericht fortschrittliche Gedanken in den Sattel [...]"[209]

Mit dem gleichen reformpolitischen Impetus verfolgte Arndt sein Ziel, das Verfassungsgericht überwiegend mit juristischen Laien zu besetzen.[210] Es handelte sich um eine in das 19. Jahrhundert zurückreichende sozialdemokratische Programmforderung[211], die wesentlich von Erfahrungen mit einer sozial homogenen, in bürgerlichem Schichtbewußtsein sich abkapselnden und politisch konservativen Richterschaft bestimmt war. Im hessischen Staatsgerichtshofgesetz hatte sie unter Arndts Mitwirkung erfolgreich realisiert und verteidigt werden können. Zinn hatte sie auf dem Deutschen Juristentag 1949 nochmals in Erinnerung gerufen.[212] Nunmehr bot Arndt grundsätzliche demokratische wie auch praxisnahe Argumente auf, um dem Rechtsausschuß die Zulassung von Laien zu Richtern des höchsten deutschen Gerichts annehmbar zu machen. Einfühlsam für die Vorbehalte der ‚Volljuristen' gegenüber juristischen Laien berichtete er, wie er selbst als „junger Assessor" anfänglich juristische Laien in der Strafjustiz für deplaziert gehalten habe, aber durch die Erfahrung eines Besseren belehrt worden sei: Im Unterschied zu der „gewöhnlich sehr hart[en]" und „teilweise sehr lebensfremd[en]" Rechtsprechung ausschließlich mit Berufsrichtern besetzter früherer Strafkammern habe er es als „äußerst heilsam" empfunden, wenn die Berufsrichter genötigt waren, ihre Grundsätze auch den Laienbeisitzern plausibel zu machen.[213] Das klang einleuchtend und wurde unterstrichen von dem Präsidenten des Hessischen Staatsgerichtshofs, Dr. Karl Lehr, der als Sachverständiger im Rechtsausschuß sehr positive Erfahrungen mit den von Arndt gegenüber Einwänden der amerikanischen Besatzungsmacht erfolgreich verteidigten Laienrichtern des Hessischen Staatsgerichtshofs zu Protokoll gab[214]. Aus historischen Gründen und eingedenk der, wie Arndt es

---

209 Schiffers, ebda.
210 Genau genommen, wollte der SPD-Entwurf (§ 2, Zusammensetzung des zehnköpfigen Gerichts aus vier Bundesrichtern und sechs anderen Mitgliedern) die *Möglichkeit* eines überwiegenden Laienanteils offenhalten, während Arndt zufolge dadurch keineswegs ausgeschlossen werden sollte, daß die Wahlgremien ausschließlich Volljuristen oder sogar Richter in das Gericht wählten. Der Bundesrats-Änderungsvorschlag (§ 2) wollte höchstens die Hälfte Laien als Richter zulassen, während der Regierungsentwurf die Befähigung zum Richteramt (bzw. zum höheren Verwaltungsdienst) als Soll-Vorschrift quasi zur Pflicht machte (§ 2 III), vgl. Schiffers, a. a. O., S. 21, 52, 127.
211 Nicht erst 1934, so aber Schiffers, Grundlegung, S. 146 (Anm. 40). Vgl. dazu Dowe/Klotzbach (Hrsg.), Programmatische Dokumente der deutschen Sozialdemokratie. Das Programm der Sächsischen Volkspartei von 1866 und der Sozialdemokratischen Arbeiterpartei von 1869 forderten „Geschworenengerichte" (a. a. O., S. 166, 175), das Programm der Sozialistischen Arbeiterpartei von 1875 sprach von der „Rechtsprechung durch das Volk" (a. a. O., S. 181). Die Bezeichnung „Volksrichter", die in der rechtspolitischen Programmatik der SPD nach 1945 wieder auftauchte (s. Kapitel II.4.) benutzte erstmals das Görlitzer Programm der SPD von 1921 (a. a. O., S. 212). Den Begriff „Laienrichter" verwendete das Heidelberger Programm (a. a. O., S. 221), s. auch das Prager Manifest von 1934 (a. a. O., S. 225). Zur Kontinuität der aus demokratischen und liberalen Motiven gespeisten, bereits in der revolutionären Paulskirchenverfassung von 1849 niedergelegten Programmatik der Laienbeteiligung an der Gerichtsbarkeit s. Kühne, Die Reichsverfassung der Paulskirche, S. 363 ff.
212 Vgl. Zinn, Rechtspflege in Bonner Grundgesetz, S. 49, hatte als ein dem Bonner Grundgesetz und seinem Abschnitt über die Rechtspflege zugrundeliegendes Motiv das „lebendige Mißtrauen gegenüber dem gelehrten Richterstand" bezeichnet und an Montesquieus Plädoyer für Laienrichter erinnert.
213 S. Prot. RA-BT, 1. WP, 23. Sitzung (21. März 1950), im Auszug bei Schiffers, Grundlegung, S. 149.
214 S.o. Kapitel II.4.; Prot. RA-BT, 1. WP, 31. Sitzung (21. April 1950), im Auszug bei Schiffers, Grundlegung, S. 195.

formulierte, bei Juristen anzutreffenden „absolute[n] Ignoranz gerade für den gesamten Bereich des Politischen"[215] stellte der SPD-Entwurf als materielle Anforderungen an die künftigen Bundesverfassungsrichter unter anderem „Erfahrungen im öffentlichen Leben" und „soziales Verständnis"[216] auf. In Kreisen der Mehrheitsabgeordneten begegnete dieser Reformversuch jedoch von Anfang an überkommenen Vorbehalten gegenüber den vermeintlich sachlich überforderten und allzu stark an „Gruppen und Organisationen" gebundenen Laienrichtern[217], wobei der CSU- Abgeordnete Richard Jaeger bis zu dem Verdacht ging, die von gewissen Parteien gegen die Juristen im deutschen Volk propagierte Mißstimmung beruhe darauf, daß „die radikalen Linksparteien in dem Richtertum das Haupthindernis gegen eine etwaige Machtergreifung sehen."[218]

Diesen Verdacht schien zu bestätigen, daß der SPD-Vorschlag die Amtsperiode der Richter an die Legislaturperiode des Wahlkörpers Bundestag anglich und von der Absicht bestimmt schien, im Falle des eigenen Machterwerbs die politisch mißliebigen Richter auszuwechseln[219] – jedenfalls beschwor eine solche Regelung objektiv die Gefahr eines „Regierungsgerichts" herauf. Doch wurde dieser Verdacht parteipolitischer Manipulation widerlegt durch den SPD-Vorschlag einer indirekten Wahl der vom Bundestag zu bestimmenden Richter.[220] Der SPD-Entwurf überließ nämlich diese Wahl ausschließlich einem achtköpfigen, nach Fraktionsstärken zusammengesetzten Gremium.

Aber auch gegen diesen Vorschlag erhoben sich mehrfache Bedenken. So war es zweifelhaft, ob der Wahlmodus mit dem Grundgesetz vereinbar war, das vorschrieb, die Richter seien „vom Bundestag"[221] zu wählen.

Abgesehen von diesen verfassungsrechtlichen Einwänden aus den Reihen der Mehrheitsabgeordneten, schien Arndts Vorschlag nach Hermann L. Brills abfälliger Bemerkung zur Richterwahl gemäß „Fraktionswirtschaft"[222] auch in der SPD-Fraktion nicht unumstritten zu sein; denn die Verlagerung der Wahlentscheidung in einen kleinen Ausschuß des Parlaments war zunächst nicht vereinbar mit dem Gedanken öffentlicher demokratischer Willensbildung.

Doch verfolgte Arndt gerade mit diesem Wahlmodus ein verfassungspolitisch wesentliches Anliegen: Die Richterwahl in einem kleinen Gremium mit der erforderli-

---

215 So erinnerte Arndt an die „berüchtigte Wahlrechtsprechung" des Weimarer Staatsgerichtshofs, an der kein Laie mitgewirkt habe, s. Prot. RA-BT, 1. WP, 23. Sitzung (21. März 1950), im Auszug bei Schiffers, a. a. O., S. 148; vgl. auch Arndts Verwertung von Weimarer Erfahrungen bei den Entwürfen zum Hessischen Richterwahlgesetz, s.o. Kapitel II.4.
216 § 3 II SPD-Entwurf, Schiffers, a. a. O., S. 21 f. Zum Kriterium des „sozialen Verständnisses" vgl. bereits Art. 127 II HV sowie § 1 II des von Arndt formulierten hessischen Richterwahlgesetzes vom 13. August 1948 (s.o. Kapitel II.4.).
217 Prot. RA-BT, 1. WP, 21. Sitzung (15. März 1950), im Auszug bei Schiffers, Grundlegung, S. 110.
218 Vgl. 22. Sitzung RA-BT, 1. WP. (16. März 1950), S. 8.
219 S. § 10 II des SPD-Entwurfs, Schiffers, Grundlegung, S. 23, sah als Amtszeit für die Nicht-Bundesrichter im Bundesverfassungsgericht die Wahlperioden des Bundestags vor.
220 Vgl. die §§ 5, 6 des SPD-Entwurfs, a. a. O., S. 22.
221 Vgl. Art. 94 I GG; zu den verfassungsrechtlichen Bedenken vgl. von Merkatz, Prot. RA-BT, 1. WP, 21. Sitzung (15. März 1950), bei Schiffers, a. a. O., S. 144. Darauf ging Arndt in der 23. Sitzung des Rechtsausschusses des Bundestags (21. März 1950), bei Schiffers, a. a. O., S. 152, ein.
222 Vgl. Brill in der 65. Sitzung des RA-BT (25. Oktober 1950), Prot. RA-BT, 1. WP, DS 94, Teil II, S. 7.

chen 3/4-Mehrheit sollte einen Zwang zur Einigung über die höchst konsensbedürftige Wahl der höchsten Richter erzeugen, der *jeweiligen* Opposition mithin eine unüberstimmbare Position gewährleisten[223] und zufallsbedingte sowie offen parteipolitische Wahlen durch das Plenum des Bundestags vermeiden.[224] Dafür nahm Arndt es nicht nur in Kauf, vielmehr hielt er es für erforderlich, daß das Wahlgremium „sozusagen in Klausur" tagte.[225] Hinsichtlich der Verfassungsrichterwahl ließ Arndt auch seine eigene Warnung vor der schleichenden Entmachtung des Bundestags durch seine Ausschüsse[226] nicht gelten: Er wollte den Wahlvorgang aus der rein parteipolitischen Diskussion herausnehmen und seinen juristisch-fachlichen Anforderungen, vor allem im Interesse der Kandidaten, dadurch Rechnung tragen, daß er ihn einem aller Voraussicht nach – und die spätere Entwicklung bestätigte dies[227] – von juristischen Fachleuten dominierten Gremium anvertraute. Politische Vorsicht und eine besondere justizpolitische Fürsorge Arndts wogen also stärker als das Ideal vollständiger parlamentarischer Öffentlichkeit.

In der Begründung, die Arndt schließlich den Einrichtungen des Rechtsausschusses im SPD-Entwurf gab, trat deutlich das Anliegen einer möglichst intensiven und umfassenden Gewährleistung subjektiver Rechte vor dem Bundesverfassungsgericht hervor. Gewissermaßen in eigener Sache plädierte der ehemalige hessische Landesanwalt Arndt für die Übernahme dieser Einrichtung in das Verfahren des Bundesverfassungsgerichts.[228] In seinem Bericht aus der hessischen Praxis demonstrierte Arndt, wie ein „böser", der Regierung unbequemer und unabhängiger Anwalt des ‚unbetreuten' öffentlichen Interesses seine Stellung vor allem zum Nutzen subjektiver Rechte der Bürger einsetzen konnte.[229]

Diesem Zweck diente auch das prozessual weitaus gewichtigere Rechtsmittel der Verfassungsbeschwerde. Während Arndt die Einrichtung des Bundesanwalts Gegen-

---

[223] Vgl. Arndt an Fritz Heine vom 19. Februar 1951, AdsD, PV-Bestand Heine 1 (Korrespondenz), nachdem der SPD-Vorschlag in § 6 BVerfGG Gesetz geworden war: „Diese schwerumkämpfte 3/4-Mehrheit im Wahlmänner-Gremium bedeutet, daß niemand, den die SPD ablehnt, an das Bundesverfassungsgericht kommen kann."
[224] S. Prot. RA-BT, 1. WP, 23. Sitzung (21. März 1950), bei Schiffers, Grundlegung, S. 152, unter Hinweis auf die entsprechende Regelung in Hessen, Art. 130 HV in Verbindung mit § 5 II des Gesetzes über den Hessischen Staatsgerichtshof vom 12. Dezember 1947; allgemein zu den Argumenten für eine indirekte Richterwahl durch einen Parlamentsausschuß vgl. Billing, Das Problem der Richterwahl zum Bundesverfassungsgericht, S. 281 ff.
[225] Allerdings setzte er sich nachdrücklich für die ‚Binnenöffentlichkeit' innerhalb des Ausschusses, d. h. für offene Abstimmungen, ein (vgl. Prot. RA-BT, 1. WP, 75. Sitzung [9. Dezember 1950], RA-DS 94, Teil II, S. 46 f.). Diesem Anliegen Arndts, ohne daß es rechtsverbindlich wurde, wurde auch bis 1956 in der Praxis des Wahlmännergremiums des Bundestags entsprochen, vgl. Billing, a. a. O., S. 126; s. dazu auch Arndt, Empfiehlt es sich, die vollständige Selbstverwaltung aller Gerichte im Rahmen des Grundgesetzes gesetzlich einzuführen? (1954), S. 384 f., plädiert dort (S. 385) allerdings für eine stärkere Aufsicht der Öffentlichkeit – indessen ohne konkrete Wege zu weisen.
[226] S. dazu oben Kapitel III.1.
[227] Vgl. Billing, Problem der Richterwahl, S. 169 ff., weist darauf hin, daß der weitaus größte Teil der Wahlmänner sich aus dem „Juristenstand" rekrutierte.
[228] S.o. Kapitel II.4., vgl. die §§ 11, 18 SPD-Entwurf bei Schiffers, Grundlegung, S. 23, 25.
[229] S. Prot. RA-BT, 1. WP, 23. Sitzung (21. März 1950), im Auszug bei Schiffers, a. a. O., S. 153 ff.; vgl. in der 31. Sitzung des RA-BT (31. April 1950), a. a. O., S. 186 ff., die Ausführungen des Präsidenten des hessischen Staatsgerichtshofs, Karl Lehr, zur bewährten Einrichtung des Landesanwalts (S. 204): „Der Landesanwalt nahm sich des verletzten Staatsbürgers an, der Staatsbürger hatte das Bewußtsein, einen Schutz zu haben, und zwar einen sehr rührigen und tüchtigen Schutz."

vorschlägen der Mehrheitsabgeordneten zu opfern bereit war, stellte die Einführung der Verfassungsbeschwerde für ihn einen „Kardinalpunkt" des Gesetzgebungswerks dar. Der SPD-Entwurf wiederholte wörtlich die von Arndt in das hessische Staatsgerichtshofgesetz gebrachten Formulierungen über die Verfassungsbeschwerde[230] und ging damit wesentlich über den vom Grundgesetz vorgeschriebenen Kompetenzkatalog des Bundesverfassungsgerichts hinaus. Entsprechend nachhaltig rechtfertige Arndt diese Erweiterung: Die Einführung der „Grundrechtsklage"[231] sei eine „rechtspolitisch entscheidende Tat"; denn erst sie kröne das System der subjektiv-öffentlichen Rechte, das den Rechtsstaat des Grundgesetzes essentiell von einem totalitären System unterscheide. Inhalt und Begriff dieser Rechte seien „einem Russen oder auch einem Nazi überhaupt nicht klarzumachen."[232] Der große rechtspolitische Fortschritt des Grundgesetzes gegenüber der Weimarer Reichsverfassung, die umfassende Bindungswirkung und Einklagbarkeit der Grundrechte, werde zum ganzen Schritt erst durch ihre Einforderbarkeit vor dem höchsten Gericht.

Geradezu klassisch führte Arndt den konsequenten Argumentationsgang von der Rechtserschütterung der Weimarer Republik und Rechtsvernichtung der NS-Zeit über die institutionelle Sicherung der subjektiven Rechte im Grundgesetz bis hin zu ihrer optimalen prozessualen Entfaltung vor dem Bundesverfassungsgericht vor. Sehr wesentlich für Arndt war die in diesem Punkt[233] vollständige Übereinstimmung mit dem Regierungsvertreter Dr. Willi Geiger, der gleichfalls die Einführung der Grundrechtsklage rechtspsychologisch und rechtsstaatlich für unabdingbar hielt. Der vom Naturrecht herkommende spätere Verfassungsrichter Geiger und Arndt trafen sich in der werthaften Begründung und unbedingten Verteidigung der Grundrechte – eine Übereinstimmung, die bei allen verbleibenden politischen Gegensätzen zur Grundlage eines fruchtbaren Meinungsaustausches über zwei Jahrzehnte hinweg wurde.

Der von Geiger verfaßte Regierungsentwurf sah wie der sozialdemokratische eine umfassende Geltendmachung von Grundrechtsverletzungen auch gegenüber Gerichtsurteilen vor. Damit war der sensible Interessenbereich der Justiz im Kern angetastet. Wie wichtig Arndt die ungeschmälerte Wirkung der Verfassungsbeschwerde vor dem Bundesverfassungsgericht war, bewies er, als er sich mit der Begründung vorwagte, alle übrigen Gerichtsinstanzen seien zu sehr geneigt, über die ihrem Denken sehr fernlie-

---

230 Zur weitgehenden Übereinstimmung der Regelung der §§ 45 bis 49 des Gesetzes über den Hessischen Staatsgerichtshof vom 12. Dezember 1947 und den §§ 56 bis 59 des SPD-Entwurfs (s. insbesondere die annähernde textliche Identität von § 48 [Hessisches Staatsgerichtshofgesetz] und § 57 [SPD-Entwurf] sowie § 49 [Hessisches Staatsgerichtshofgesetz] und § 59 [SPD-Entwurf]) s. Schiffers, Grundlegung, S 31 (Anm. 23); zu Arndts Urheberschaft der §§ 45 ff. Hessisches Staatsgerichtshofgesetz s.o. Kapitel II.4.
231 Der SPD-Entwurf (§§ 56 f.) sprach in Übereinstimmung mit dem Gesetz über den Hessischen Staatsgerichtshof von einem „Verfahren zur Verteidigung der Grundrechte", s. Schiffers, a. a. O., S. 31.
232 S. Prot. RA-BT, 1. WP, 30. Sitzung (20. April 1950), bei Schiffers, a. a. O., S. 184.
233 Abgesehen von Meinungsverschiedenheiten in manchen Details; s. zum Beispiel bei dem Problem der Rechtskraft von Urteilen, die aufgrund einer Verfassungsbeschwerde vom Bundesverfassungsgericht aufgehoben wurden (Regierungsentwurf, Begründung zu § 91: für unantastbare Rechtskraft; dagegen der SPD-Entwurf, § 59 II, wollte die Rechtskraft des angegriffenen Urteils aufheben), und in der Frage der Erschöpfung des Rechtswegs vor Einlegung der Verfassungsbeschwerde (§ 84 Regierungsentwurf schrieb ausnahmslos und unbedingt eine Erschöpfung des Rechtswegs vor; § 57 II 3 SPD-Entwurf erlaubte dagegen eine unmittelbare Entscheidung des Bundesverfassungsgerichts bei besonderer Bedeutung der Sache über den Einzelfall hinaus und Wiederholungsgefahr); s. dazu auch die Debatte in der 53 Sitzung des RA-BT, 1. WP, (7. Juli 1950), RA-BT, DS 94, Teil VI, S. 52.

gende Verfassung hinwegzugehen – und erntete auch schnell den Einwand, dies sei ein überzogener Eingriff in die Rechtskraft und eine der deutschen Gerichtstradition zuwiderlaufende „Kassation."[234] Der Versuch des Ausschußvorsitzenden, die Einführung der Verfassungsbeschwerde mit dem „Trick" der Behauptung[235] zu verhindern, daß der Parlamentarische Rat sie endgültig abgelehnt habe, und besonders von Merkatz' Warnung vor einer weiteren Politisierung des Gerichts, die bis hin zur Vision „anarchischer Zustände" und einer Bedrohung der Souveränität des Staates[236] reichte – all dies zeugt von den harten, emotions- und traditionsverhafteten Widerständen. In dieser Situation kam es Arndt sehr gelegen, daß der Präsident des Hessischen Staatsgerichtshofs Lehr dem Rechtsausschuß seine positiven Erfahrungen mit der hessischen Verfassungsbeschwerde[237] darlegte und dieses Institut in seinem umfassenden Sinn für bewährt und notwendig hielt. Lehr stellte so der von Arndt konzipierten hessischen Lösung das Attest grundsätzlicher Praktikabilität aus und gab gemeinsam[238] mit dem noch positiveren Votum des Präsidenten des bayerischen Verfassungsgerichts (und späteren Präsidenten des Bundesverfassungsgerichts) Joseph Wintrich den Ausschlag für ein mehrheitlich[239] positives Sachverständigenvotum zur Einführung der umfassenden Verfassungsbeschwerde.

Die Einigung über das Bundesverfassungsgerichtsgesetz: ein Erfolg konstruktiver Opposition

Das gemeinsame Vorhaben des Rechtsausschusses, das Bundesverfassungsgerichtsgesetz kooperativ zu erarbeiten, geriet gleich zu Beginn der zweiten Ausschußlesung in Gefahr. Erste Abstimmungen fielen gegen die SPD-Vorschläge aus und schienen bereits Vorentscheidungen für das roulierende Besetzungsprinzip und ein Überwiegen der Berufsrichter zu treffen.[240] Auf diesem Tiefstand der Verhandlungen spielte Arndt eine bislang verdeckte Karte aus. Er kündigte an, daß die SPD das Gesetz in der sich abzeichnenden Form ablehnen und im Plenum „sehr heftig" bekämpfen werde. Die Pointe dieser politischen Absichtserklärung Arndts war indessen die Begründung, die sich abzeichnende Gerichtsstruktur sei verfassungswidrig: Damit verlasse man bereits den Boden des Grundgesetzes, und die SPD werde sich vor der Notwendigkeit sehen,

---

234 S. Prot. RA-BT, 30. Sitzung (20. April 1950), bei Schiffers, Grundlegung, S. 173 (Kiesinger), S. 183 (von Merkatz).
235 S. Laufer, Verfassungsgerichtsbarkeit, S. 119.
236 Prot. RA-BT, 1. WP, 22. und 30. Sitzung (16. März und 20. April 1950) bei Schiffers, Grundlegung, S. 117, 182 f.
237 Die hessische Grundrechtsklage gem. §§ 45 ff. des Gesetzes über den Hessischen Staatsgerichtshof vom 12. Dezember 1947 stimmte, ganz abgesehen von dem SPD-Entwurf, in ihren Grundzügen und in ihrem Umfang – der Stoßrichtung gegen Akte der legislativen, exekutiven und judikativen öffentlichen Gewalt – auch mit der Verfassungsbeschwerde im Regierungsentwurf überein. Das bestätigte Dr. Karl Lehr, Prot. RA-BT, 1. WP, 31. Sitzung (21. April 1950), bei Schiffers, a. a. O., S. 203.
238 Daran änderte auch grundsätzlich nichts die folgende Meinungsverschiedenheit zwischen Arndt und Lehr, die das Problem der Urteils-Verfassungsbeschwerde und die Voraussetzung der Erschöpfung des Rechtswegs betraf, s. Prot. RA-BT, 31. Sitzung (21. April 1950), RA-DS 94, Teil I, S. 86, 95–97.
239 Dr. Zürcher, Präsident des Badischen Staatsgerichtshofs, sprach sich dagegen aus, eine Verfassungsbeschwerde gegen Gerichtsurteile zuzulassen, a. a. O., S. 85.
240 Vgl. RA-BT, 1. WP, 54. Sitzung (12. Juli 1950), RA-DS 94, Teil I, S. 108, 115.

die Verfassungsmäßigkeit dieses Gerichts zu bezweifeln.[241] Schien Arndts Eingangsappell zu konstruktiver Zusammenarbeit noch allein auf den guten Willen der Mehrheitsfraktion angewiesen zu sein, so mußte diese Erklärung nunmehr den Ausschußmitgliedern vor Augen führen, daß ein neuer – rechtlicher – Einigungszwang im Entstehen begriffen war; denn die Arbeit an dem Bundesverfassungsgerichtsgesetz selbst geschah sub specie der künftigen Entscheidungs- und Verwerfungskompetenz des zu errichtenden Gerichts. Abgesehen von dem Ärgernis, daß trotz aller Absichtsbekundungen zur Zusammenarbeit keine politische Einigung über die Form des letzten noch zu errichtenden Verfassungsorgans zu erzielen war, lief nunmehr das künftige Bundesverfassungsgericht Gefahr, seine eigene Errichtung als verfassungswidrig verwerfen zu müssen.

Gewiß, diese Folgerung sprach Arndt nicht aus. Auch beweist nichts, daß Arndt ein entsprechendes Kalkül seiner Fraktion andeuten wollte. Aber gerade, wenn man Arndts Intervention seinem persönlichen Engagement und Temperament zuschreibt[242], so war es nur konsequent, daß er Zweifel an der verfassungsgemäßen Errichtung des Bundesverfassungsgerichts diesem selbst zur Entscheidung vorlegen würde. Arndts Einsatz für die Festigung und umfassende Entscheidungsmacht der Verfassungsgerichtsbarkeit in Hessen und im SPD-Entwurf sowie sein Bericht über die einsatzfreudige Tätigkeit als hessischer Landesanwalt konnten den Rechtsausschuß kaum in Zweifel darüber lassen, daß sich möglicherweise eine verfassungsgerichtliche Auseinandersetzung abzeichnete.[243]

Dies mag unter anderem Kurt Georg Kiesinger als Berichterstatter des Ausschusses zu dem Vorschlag bewogen haben, einen kleinen Unterausschuß zur Vermittlung der Gegensätze einzusetzen. Der daraufhin zusammentretende Unterausschuß, dem für die SPD Arndt und Zinn angehörten[244], schuf die Grundlage einer interfraktionellen Einigung über das Bundesverfassungsgerichtsgesetz. Das Beratungsergebnis des Unterausschusses erfuhr zwar im Rechtsausschußplenum einige Modifikationen.[245] Doch stellte der endgültige, vom Rechtsausschuß dem Bundestag vorgelegte Gesetzesvorschlag einen echten Kompromiß dar; denn die Regierungsseite hatte nicht mehr an Grundforderungen durchsetzen können als die Opposition.[246]

Gewiß hatten Arndt und die SPD-Fraktion einige Opfer bringen müssen: Die Einrichtung des Bundesanwalts wurde ebenso verworfen wie die Zulassung eines Sonder-

---

241 A. a. O., S. 108.
242 So interpretierte der Regierungsvertreter Dr. Geiger Arndts Intervention, berichtet bei Schiffers, Grundlegung, S. 260, Anm. 15.
243 Hinzu kam die wiederholte Ankündigung Arndts und Greves, man werde die Diskussion im Plenum erneut aufrollen. Auch von Merkatz bekundete nachträglich die Notwendigkeit, mit einer so starken Fraktion wie der SPD zu einer Einigung zu kommen, s. Prot. RA-BT, 1. WP, 54. Sitzung (12. Juli 1950), bei Schiffers, a. a. O., S. 260, 267.
244 Vgl. dazu Laufer, Verfassungsgerichtsbarkeit, S. 122 ff: Außerdem gehörten dem Unterausschuß die Abgeordneten Kiesinger (CDU), Wahl (CDU), Neumayer (FDP) und von Merkatz (DP) an. Die Regierungsvertreter, Oberlandesgerichtsrat Dr. Geiger und Ministerialdirektor Dr. Römer vom Bundesjustizministerium, wurden hinzugezogen, vgl. dazu auch Kralewski/Neunreither, Oppositionelles Verhalten, S. 192 ff.
245 Vgl. Laufer, Verfassungsgerichtsbarkeit, S. 123 ff.
246 Vgl. Kralewski/Neunreither, Oppositionelles Verhalten, mit einer entsprechenden Würdigung des Verhandlungsergebnisses, S. 203 f.

votums.²⁴⁷ Die empfindlichste Einbuße erlitt das sozialdemokratische Reformvorhaben einer Demokratisierung der Verfassungsgerichtspflege angesichts des Ausschlusses juristischer Laien vom Richteramt. Unter dem Eindruck des einhelligen Sachverständigenvotums²⁴⁸ wurde nunmehr die Befähigung zum Richteramt Qualifikationsvoraussetzung.²⁴⁹

Zu Kompromissen kam es unter anderem im Hinblick auf die verfassungsrechtliche Stellung des Gerichts. Zwar ließen die Detailregelungen des Gesetzesentwurfs²⁵⁰ dem Bundesverfassungsgericht keine wirkliche Verfahrensautonomie. Doch hielt die Formel von dem „allen übrigen Verfassungsorganen gegenüber selbständige[n] und unabhängige[n] Gerichtshof des Bundes" die von Arndt im Laufe des Gesetzgebungsverfahrens schießlich deutlich artikulierte und von der SPD favorisierte Einstufung als „Verfassungsorgan" offen.²⁵¹ Im Hinblick auf die Bindungskraft verfassungsgerichtlicher Entscheidungen errang Arndts Konzeption immerhin einen Teilerfolg: Neben der generellen Festlegung der Nichtigkeitsfolgen aus der Kassation eines verfassungswidrigen Gesetzes²⁵² bewirkte der SPD-Entwurf auf der Linie der hessischen Regelung, daß das Bundesverfassungsgericht seinen Entscheidungen in Organstreitverfahren über den konkreten Fall hinausgehende Rechtskraft verleihen konnte.²⁵³

Bemerkenswert waren die Erfolge der SPD-Fraktion. Am offenkundigsten setzte sich die SPD bei der Festlegung des Plenarprinzips durch. In dieser Streitfrage, die die Verhandlungskrise ausgelöst hatte, hatte Arndts vehemente Intervention Frucht getragen und eine demokratische Reformforderung hinsichtlich der Gerichtsstruktur durchgesetzt. Als Bundesverfassungsgericht entschied demnach ein jederzeit identifizierbares, namentlich feststehendes Richterkollegium.²⁵⁴ Auch die der Opposition günstige mittelbare Richterwahl des Bundestags mit 3/4-Mehrheit konnte durchgesetzt werden. Schließlich konnte Arndt es als persönlichen Erfolg verbuchen, daß in Erweiterung des Kompetenzkatalogs des Grundgesetzes die Verfassungsbeschwerde – in wesentlichen

---

247 Doch leistete dieser wie auch Arndts späterer Vorstoß bei der Beratung des Deutschen Richtergesetzes von 1961 (s. Kapitel VI.1.) im Rechtsausschuß Pionierarbeit und lieferte die Argumente dafür, daß 1970 durch das Vierte Gesetz zur Änderung des BVerfGG vom 21. Dezember 1970 (BGBl I, S. 1 765) das dissenting vote eingeführt wurde.
248 S. dazu Prot. RA-BT, 1. WP, 31. Sitzung (21. April 1950) bei Schiffers, Grundlegung, S. 195 f.
249 Bzw. die Befähigung zum höheren Verwaltungsdienst, vgl. § 3 II BVerfGG. Diese Einbuße des SPD-Entwurfs wurde auch nicht wettgemacht durch die Überwiegen der Nicht- Bundesrichter, s. §§ 2 II, 4 I BVerfGG, zumal die Amtszeit der Nicht-Bundesrichter nicht den Bundestagswahlperioden – wie der SPD-Entwurf vorgeschlagen hatte – angepaßt wurde, s. § 4 II BVerfGG.
250 Der Abgeordnete Wahl (CDU) nannte die gefundene Lösung einen „mittleren Weg", Prot. BT, 1. WP, 112. Sitzung (18. Januar 1951), S. 4 224 A.
251 Vgl. die Arndt sehr am Herzen liegende Regelung der Richterbesoldung im BVerfGG (s.u.), die er unter anderem mit der herausgehobenen Stellung der Bundesverfassungsrichter als Mitglieder eines „Verfassungsorgans" begründete, Prot. RA-BT, 1. WP, 75. Sitzung (9. Dezember 1950), bei Schiffers, Grundlegung, S.353 f. Zum Streit um den verfassungsrechtlichen Status des Bundesverfassungsgerichts nach Inkrafttreten des BVerfGG vgl. Laufer, Verfassungsgerichtsbarkeit, S. 254 ff., sowie die Dokumentation bei Schiffers, Grundlegung, S. 467 ff.
252 S. § 79 BVerfGG.
253 Vgl. § 44 Satz 3 in Verbindung mit § 43 I Gesetz über den Hessischen Staatsgerichtshof vom 12. Dezember 1947, §§ 36, 39 SPD-Entwurf; dagegen § 61 des Regierungsentwurfs mit zugehöriger Begründung (zu § 63, 1. Fassung), s. Schiffers, Grundlegung, S. 28, 75, 96; vgl. auch die Auseinandersetzung in der 51. Sitzung RA-BT (5. Juli 1950), RA-BT, 1. WP, DS 94, Teil VI, S. 14 f. Die Lösung des § 61 BVerfGG ging aus einem Kompromiß des Unterausschusses hervor.
254 Das hielt Arndt nachdrücklich fest, s. ders., Bundesverfassungsgericht, Teil I (1951), S. 297.

Grundzügen seinem Vorschlag entsprechend – in das Bundesverfassungsgerichtsgesetz übernommen wurde. Augenscheinlich hatte Arndt (im Unterausschuß, dessen Verhandlungen nicht protokolliert wurden) die umfassende Regelung der Verfassungsbeschwerde zur Bedingung der Kompromißbereitschaft gemacht.[255] Unter Berufung darauf konnten von Länderseite[256] nachdrücklich vorgetragene Forderungen nach Beschränkung der Verfassungsbeschwerde schließlich abgewandt werden. Zwar schrieb der Gesetzentwurf des Rechtsausschusses die Erschöpfung des Rechtsweges[257] vor Einlegung der Verfassungsbeschwerde vor, doch hatte Arndt eine Ausnahme davon, vor allem bei „allgemeiner Bedeutung" der Verfassungsbeschwerde, festschreiben können.[258] Diese Regelung stellte gegen den ursprünglichen Widerstand des Regierungsvertreters Dr. Geiger, der davor gewarnt hatte, „nicht die ganze Rechtsprechung suspekt zu machen", ebenso einen Einbruch in das Hausgut der Instanzgerichtsbarkeit dar wie die nunmehr generell aufzuhebende Rechtskraft[259] einer ein Grundrecht verletzenden instanzgerichtlichen Entscheidung.[260]

Arndt kann also als einer der „Väter" der Verfassungsbeschwerde gelten. Er trug entscheidend dazu bei, daß dieses in der Arbeit des Bundesverfassungsgerichts weitaus häufigste[261] und praktisch bedeutendste Verfahren gegen starke traditionsbestimmte Widerstände und über den Konsens des Parlamentarischen Rates hinweg Rechtswirklichkeit wurde. Darin steckte ein Stück Verfassungspolitik, das Arndt wohl sehr genau sah, als er für die rechtspolitisch „entscheidende Tat"[262] plädierte. Die gesamte öffentliche Gewalt, einschließlich Gesetzgeber und gesamter Rechtsprechung, wurde dadurch, von jedermann einforderbar, auf die Einhaltung der Grundrechte verpflichtet. Der

---

255 Das wandte der Vorsitzende des RA-BT, Professor Laforet, in den Verhandlungen gegen Änderungsvorschläge des württembergischen Justizministeriums ein, die daraufhin nicht weiter behandelt wurden, Prot. RA-BT, 1. WP, 82. Sitzung (5. Januar 1951), bei Schiffers, Grundlegung, S. 364; vgl. auch Arndt in der 82. Sitzung RA-BT, 1. WP, DS 94, Teil VI, S. 76 (zum Verhandlungsergebnis).
256 Vgl. Schiffers, ebda. Nach einem Vermerk des Bundeskanzleramts hielt der Regierungsvertreter Dr. Geiger eine (ursprünglich geplante) Anrufung des Vermittlungsausschusses durch den Bundesrat wegen der Regelungen über die Verfassungsbeschwerde für „sehr unglücklich", weil die SPD sich gerade für die Verfassungsbeschwerde „stark gemacht" habe, s. Aktenvermerk, zitiert nach Schiffers, a. a. O., S. 414 (Anm. 13); vgl. a. a. O., S. 415, die Stellungnahme vom Senator Dr. Klein (Berlin) im Ständigen Beirat beim Bundesrat, der bei Fallenlassen der Verfassungsbeschwerde eine drohende Verschiebung der Mehrheitsverhältnisse im Bundesrat sah.
257 Vgl. § 90 II 1 BVerfGG. § 57 II des SPD-Entwurfs kam in einem komplizierten Verweisungsmodus – mit Ausnahme der Grundsatz-Verfassungsbeschwerde – zu derselben Einschränkung wie der Regierungsentwurf mittels der Erschöpfung des Rechtswegs, vgl. § 84 Regierungsentwurf. Insofern wollte die SPD die Verfassungsbeschwerde nicht unbegrenzt, wie Schiffers, Grundlegung, S. 311 (Anm. 14) feststellt, sondern abgestuft zulassen.
258 Vgl. dazu die Übereinstimmung des SPD-Entwurfs, § 57 II 3, mit § 48 Satz 3 des Gesetzes über den Hessischen Staatsgerichtshof vom 12. Dezember 1947.
259 S. § 95 II BVerfGG. Die Begründung zu § 91 des Regierungsentwurfs hatte festgestellt: „Die Rechtskraft des Urteils soll unangetastet bleiben", während § 59 II des SPD-Entwurfs die Aufhebung der Rechtskraft des verfassungsverletzenden Urteils voraussetzte.
260 S. Leibholz/Rupprecht, Bundesverfassungsgerichtsgesetz, § 95 Rdn. 4 (m.w.N.).
261 Vgl. dazu die Aufstellung über die Geschäftslast des Ersten Senats durch den Präsidenten des Bundesverfassungsgerichts, 26. November 1951: Von 350 nach Verfahren aufgeschlüsselten Anträgen waren 322 Verfassungsbeschwerden. 254 „Nummern des Allgemeinen Registers" enthielten „etwa 150 Eingaben mit dem Ziel einer Verfassungsbeschwerde", s. Schiffers, Grundlegung, S. 460; Zuck, Die Verfassungsbeschwerde, stellte nach mehr als zwanzigjähriger Praxis fest: „Die praktische Bedeutung der Verfassungsbeschwerde – und damit verbunden die Arbeitsbelastung des Gerichts - ist ungeheuer", S. 2 m.w.N. und Zahlenbeispielen.
262 Prot. RA-BT, 1. WP, 30. Sitzung (20. April 1950), S. 184.

leidenschaftliche Verfechter des materiellen, auf Grundrechten ruhenden und durch sie werthaft bestimmten Rechtsstaatsdenkens[263] hatte einen bedeutenden Erfolg errungen.

Doch war damit noch immer nicht das Gesetzgebungsverfahren beendet. Bundesjustizminister Dehler mutmaßte hinter der Verzögerung der Ausschußberatungen einen „gut Teil [. . .] böswilliger Haltung der Opposition, dargestellt besonders durch Herrn Bundestagsabgeordneten Dr. Arndt."[264] Diese Behauptung stand, abgesehen von der zeitweiligen Unabkömmlichkeit Arndts im ‚Spiegel-Ausschuß'[265], in Widerspruch zu der Tatsache, daß die SPD sehr früh ihren Gesetzentwurf eingebracht hatte und die Ausschußberatungen zu beschleunigen bemüht gewesen war.[266] Zudem erhoffte sich die Opposition, wie die erste Lesung des Gesetzentwurfs im Bundestag gezeigt hatte, von dem Bundesverfassungsgericht die Rechtskontrolle der Regierungsmacht und hatte schon deswegen kein Interesse, die Ausschußverhandlungen zu verzögern. Demgegenüber wäre die von Dehler gemutmaßte Verzögerungstaktik bis zu einem politischen Machtwechsel, um dann das Bundesverfassungsgericht nach eigenem Gutdünken zu gestalten, eine politisch sehr unsichere, angesichts des vorgeschlagenen Modus der Richterwahl annähernd aussichtslose Strategie gewesen. Anscheinend hatte aber Dehler, der vor der Öffentlichkeit mit einer frühen Errichtung des Bundesverfassungsgerichts im Wort stand[267], genau erkannt, daß die Opposition durch Arndt erhebliche Verhandlungserfolge erzielt hatte.

Arndt identifizierte sich so weit mit dem ausgehandelten Kompromiß des Rechtsausschusses und dem Interesse des Gerichts, daß er in den Schlußberatungen Modifikationswünschen der eigenen Fraktion offen entgegentrat. So machte sich die SPD zur Hauptsprecherin kommunaler Interessen und brachte einen Änderungsentwurf ein, der den Gemeinden das Recht der Verfassungsbeschwerde bei Verletzung ihres kommunalen Selbstverwaltungsrechts einräumte.[268] Arndt seinerseits hatte sowohl im Rechtsausschuß wie auch in der Fraktion entschieden von einer solchen Regelung abgeraten, da sie in den Bereich der Landesverfassungsgerichtsbarkeit übergreife und das Bundesverfassungsgericht wegen Überlastung zu sprengen drohe.[269] Erst in erneuten interfraktionellen Verhandlungen konnte Arndt seine Einwände teilweise zur Geltung bringen.[270] Schließlich hielt er die Regelung der Richterbesoldung im Bundesver-

---

263 S. dazu unten Kapitel VIII.1.
264 Dehler an Laforet, 10. November 1950, bei Schiffers, Grundlegung, S. 294.
265 Vgl. oben Kapitel III.1. Dies nannte Professor Wilhelm Laforet Bundesjustizminister Dehler als einen Grund für die Verzögerung der Ausschußarbeit, vgl. Laforet an Dehler, 15. November 1950, bei Schiffers, a. a. O., S. 295.
266 Darauf weist Schiffers, a. a. O., S. 294 (Anm. 9) hin.
267 S. Prot. BT, 1. WP, 28. Sitzung (19. Januar 1950), S. 863 B bis 864 A
268 Vgl. Schiffers, Grundlegung, S. XXXVI, vgl. auch die Ausführungen des Abgeordneten Jacobi (SPD) in der 114. Sitzung des Bundestags (25. Januar 1951), S. 4 295 D ff.
269 Prot. RA-BT, 1. WP, 74. Sitzung (6. Dezember 1950), bei Schiffers, Grundlegung, S. 316. In dem gleichen Sinn äußerte sich der Abgeordnete von Merkatz im Bundestag, 114. Sitzung (25. Januar 1951), S. 4 299 D. Die Bundestagsfraktion der SPD hatte sich „mit großer Mehrheit" gegen Arndts Auffassung ausgesprochen, vgl. Prot. vom 24. Januar 1951, abgedruckt bei Schiffers, a. a. O., S. 384.
270 Vgl. dazu Arndts Bericht in Prot. BT, 1. WP, 116. Sitzung (1. Februar 1951), S. 4 413 C, D. Der interfraktionelle Kompromiß schlug sich in § 91 BVerfGG nieder, der die Subsidiarität des Bundesverfassungsgerichts gegenüber der Klagemöglichkeit vor einem Landesverfassungsgericht festlegte und die kommunale Verfassungsbeschwerde nur gegen Gesetze, nicht gegen Verwaltungs- und Gerichtsentscheidungen zuließ, vgl. Arndt, Bundesverfassungsgericht, Teil I (1951), S. 299.

fassungsgerichtsgesetz selbst für eine „ganz grundsätzliche politische Frage der demokratischen Struktur und der Struktur der Gerichtsbarkeit", indem sie die Sonderstellung und Unabhängigkeit des Gerichts als Verfassungsorgan und in Absetzung von allgemein geltenden Besoldungsordnungen unterstreiche.[271] Die Mehrheit der SPD-Fraktion zog hingegen, wie ihr Sprecher Erwin Schoettle vor dem Bundestag erklärte, aus haushaltspolitischen und budgetrechtlichen Gründen die Regelung des Richtergehalts in einem Sondergesetz vor, um „nicht eine völlige Ausnahmestellung gegenüber der für alle öffentlichen Bediensteten geltenden Besoldungsordnung" zu schaffen.[272] Die „Nichtjuristen" standen, nach der Formulierung Schoettles, gegen die „Juristen". Der ‚Jurist' Arndt nahm offenbar mit Genugtuung[273] die Gelegenheit zur „wirklichen Debatte" mit seinem Parteifreund Schoettle und zum Plädoyer für die Unabhängigkeit und Interessen des Gerichts wahr – indessen ohne Erfolg.[274]

In der abschließenden Bundestagsberatung setzte Arndt dann einen besonderen Schlußakzent. Zuvor hatten die Sprecher aller Fraktionen – mit Ausnahme der KPD – die Errichtung des Bundesverfassungsgerichts und seine besondere Bedeutung gewürdigt. Auch die traditionsreiche, aus der Frankfurter Nationalversammlung von 1848 und der Weimarer Republik geläufige Metapher vom Verfassungsgericht als der „Krönung des Rechtsstaats"[275] war aufgegriffen worden. Arndt indessen war diese Lobesformel zu undifferenziert. Nach einer Andeutung von Skepsis, ob das Grundgesetz den Umfang der Verfassungsgerichtsbarkeit nicht übertrieben habe, setzte er dagegen:

„Das Bundesverfassungsgericht ist die Krönung der Rechtssicherheit [...] Aber ein Gerichtsstaat oder sogar ein Rechtswegstaat [...] ist noch lange kein Rechtsstaat. Unsere Vision des Rechtsstaats ist die des Gerechtigkeitsstaats, des insbesondere durch seine soziale Gerechtigkeit legitimierten Staats."[276]

Diese beinahe unterkühlte Bewertung durch den Rechtspolitiker, der sich im Gesetzgebungsverfahren am nachhaltigsten für die Stabilisierung und Kompetenzstärkung des Gerichts eingesetzt hatte, mochte überraschen. Worauf es Arndt dabei ankam, war vor allem ein Appell an die eigene Partei: Sie sollte nicht stehenbleiben bei einem gewissermaßen gerichtspositivistischen Vertrauen auf ein tradiertes Rechtsstaatsideal, sondern dieses besetzen und neu erfüllen mit materiellem, sozialem Gehalt. Kein Rechtsstaat

---

271 S. Prot. RA-BT, 1. WP, 75. Sitzung (9. Dezember 1950) bei Schiffers, Grundlegung, S. 355 f.; vgl. dazu von Merkatz, Prot. BT, 1. WP, 112. Sitzung (18. Januar 1951), S. 4 218 C.
272 Zu Schoettles Stellungnahme vgl. Prot. BT, 1. WP, 114. Sitzung (25. Januar 1951), S. 4 302 A.
273 Vgl. Prot. BT, 1. WP, a. a. O., S. 4 302 B ff. Arndt warnte davor, durch die Regelung der Richterbesoldung in einem Sondergesetz fortan dem Bundesfinanzministerium Einfluß auf die Gesetzesänderung und folglich auch auf verfassungspolitische Fragen zu geben, und schloß mit der Frage, ob man glaube, daß „der Herr Bundesfinanzminister der geeignete Hüter der richterlichen Unabhängigkeit ist."
274 Der Bundestag verabschiedete schließlich als Sondergesetz ein „Gesetz über das Amtsgehalt der Mitglieder des Bundesverfassungsgerichts" vom 14. April 1951, BGBl I, S. 254, abgedruckt bei Schiffers, Grundlegung, S. 450.
275 Vgl. Wahl/Rottmann, Bedeutung der Verfassung, S. 340, Anm. 1 (dort die leicht variierenden Formulierungen desselben Gedankens); zu den bildreichen Qualifikationen des Bundesverfassungsgerichts in der Entstehungszeit des BVerfGG vgl. Schiffers, a. a. O., S. XXXIV; im Bundestag bezeichnete der Abgeordnete von Merkatz die Funktionen des Bundesverfassungsgerichts als „Krönung des Rechtsstaats", als Vollendung einer „alte[n] Rechtsentwicklung in Deutschland", s. Prot. BT, 1. WP, 112. Sitzung (18. Januar 1951), S. 4 218 C; s. auch Kühne, Die Reichsverfassung der Paulskirche, S. 381: „Schlußstein des Rechtsstaats.".
276 Vgl. Prot. BT, 1. WP, 116. Sitzung (1. Februar 1951), S. 4 415 D.

ohne soziale Gerechtigkeit – diesen Gedanken stellte Arndt in den Mittelpunkt und nahm darin die von Hermann Heller, dem sozialdemokratischen Staatsrechtler der Weimarer Republik, formulierte Idee des „sozialen Rechtsstaats"[277] auf. Wie berechtigt Arndts Versuch einer sozialdemokratischen Selbstvergewisserung war, zeigte sich daran, wie wenig er verstanden wurde. Kurz nach der Bundestagsdebatte beschwerte er sich in einem empörten Brief an den Pressereferenten im SPD-Parteivorstand, Fritz Heine, darüber, wie die der Partei nahestehende Presse seine wohlbedachte Formulierung verzerrt, „verquatscht" oder schlicht mit der tradierten Formel „Krönung des Rechtsstaats" verwechselt habe.[278]

Aber hatte dieses Fehlverständnis nicht seine tiefere Wahrheit in der Situation der parlamentarischen Opposition? Arndt hatte weniger den „Gerichtsstaat" abwerten als die Partei daran erinnern wollen, daß zur Herstellung sozialer Gerechtigkeit mehr, das heißt politisches Handeln, gehörte. Was aber, wenn die politische Mehrheit fehlte? Definierte dann nicht die Rechtsprechung des Bundesverfassungsgerichts das der Opposition verfügbare Maß an Rechtsstaat? Dieser Zusammenhang war bei Errichtung des Bundesverfassungsgerichts 1951 noch nicht praktisch geworden. Auch war die lange sozialdemokratische Oppositionszeit nicht vorhersehbar. Was die Ausstattung des Bundesverfassungsgerichts anbetraf, so hatte Arndt für die kommende Oppositionszeit das in der Opposition Mögliche dazu beigetragen.

Arndts Angebot konstruktiver Opposition war von den Regierungsparteien angenommen worden.[279] Als eine Einigungsformel hatte Arndts in der Schlußberatung durch den Abgeordneten von Merkatz bestätigend aufgegriffene Formel vom ‚echten Gericht mit politischer Wirkung'[280] gedient. Für seinen maßgeblichen Anteil an dem Gesetzgebungsprojekt, das er gegenüber dem Bundespräsidenten und der amerikanischen Besatzungsmacht vertreten hatte[281], erntete Arndt die Anerkennung seiner Rechtsausschußkollegen, wie Merkatz' Schlußbericht zeigte.

Im September 1951 nahm das Bundesverfassungsgericht seine Arbeit auf. Bereits anläßlich der ersten Richterwahlen wurde im Deutschland-Union-Dienst der CDU kritisiert, die SPD verzögere durch parteigebundenes Verhalten die Wahl des Gerichtspräsidenten. Daraufhin drohte Arndt mit der Niederlegung seiner Tätigkeit im Wahlmännergremium des Bundestags, wenn nicht „die infame Unwahrhaftigkeit einer sol-

---

277 Vgl. Heller, Rechtsstaat oder Diktatur?, S. 451, 456.
278 Vgl. Arndt an Fritz Heine, 19. Februar 1951, AdsD, PV-Bestand Heine I (Korrespondenz); s. auch Arndt, Leserbrief in: Süddeutsche Zeitung, 19. Mai 1950 („Die Debatte. Rechts-gläubig oder Rechtsblind"): „Nach dem Grundgesetz soll die Bundesrepublik ein sozialer Rechtsstaat sein. Rechtsstaat bedeutet Gerechtigkeitsstaat. In einer Zeit, die ihren Staat als nicht mehr ‚von Gottes Gnaden' begreift, vermag einzig die Gerechtigkeit seines Wirkens den Staat zu legitimieren."
279 Vgl. Arndts nachdrückliche Würdigung der Vermittlerrolle Kiesingers, Prot. BT, 1. WP, 116. Sitzung (1. Februar 1951), S. 4 413 B.
280 Vgl. von Merkatz, Prot. BT, 1. WP, 112. Sitzung (18. Januar 1951), S. 4 218; aufgenommen von Arndt in der 116. Sitzung (1. Februar 1951), S. 4 414 C.
281 Dem Bundespräsidenten Heuss erstattete Arndt gemeinsam mit dem Rechtsausschußvorsitzenden Laforet Bericht über den Fortgang der Arbeiten an dem Gesetzeswerk, vgl. Prot. BT, 1. WP, 114. Sitzung (25. Januar 1951), S. 4 287 C (Bericht Laforet). Arndt hatte unter anderem an einem Gespräch mit dem amerikanischen Hochkommissar McCloy teilgenommen, das das Problem der Ausdehnung der Bundesverfassungsgerichtsbarkeit auf Berlin behandelte (vgl. dazu Schiffers, Grundlegung, S. 356, Anm. 17).

chen Behauptung klargestellt" werde.[282] Dies war ein erstes Wetterleuchten. Die politische Einigkeit der Parteien über das Bundesverfassungsgericht war prekär.

3. Konsens über die ‚streitbare Demokratie': das Erste Strafrechtsänderungsgesetz

Zu Beginn des Jahres 1950 ging eine Welle der Empörung durch die SPD. Der rechtsradikale Bundestagsabgeordnete Wolfgang Hedler hatte in einer öffentlichen Rede Kurt Schumacher[283] vorgeworfen, dieser mache „soviel Aufhebens mit der Hitler-Barbarei gegen das jüdische Volk", und hatte nach abfälligen, zynischen Bemerkungen über die Methode, sich der Juden zu „entledigen", den Widerstandskämpfern die Schuld an der deutschen Niederlage im Zweiten Weltkrieg zugeschoben.[284] Das Landgericht Neumünster sprach Hedler am 15. Februar 1950 vom Vorwurf strafbaren Verhaltens frei.[285] Die SPD reagierte darauf mit scharfem Protest. Schumacher nahm den Fall sehr ernst. Für ihn wiederholte sich im Fall Hedler eine Erfahrung der Weimarer Republik, „die typische Situation der Nutznießung der Demokratie durch die Feinde der Demokratie mit Hilfe der deutschen Justiz."[286] Vor den Führungsgremien der Partei erörterte er das moralische Problem: Ein Volk könne moralisch nicht gesunden, wenn „diese tierischen Bestialitäten wie etwa die Judenvergasung als Lappalien behandelt werden können.."[287] Angesichts der antisemitischen Reden Hedlers in Schleswig-Holstein erinnerte Schumacher an die „große ungeklärte Hypothek des Deutschen Reiches" und warnte vor der Gefahr einer Massenbasis rechtsradikaler Agitation in strukturell unterentwickelten, von Flüchtlingen überschwemmten Agrarregionen am Rande der Zonengrenze. Dort begannen sich in der Tat gewisse Einflußzentren und erste Erfolge rechtsradikaler Propaganda, insbesondere der im Bundestag vertretenen Sozialistischen Reichspartei, abzuzeichnen.[288]

---

282 S. BT Parl. Arch., Akten des Wahlmännerausschusses, Schriftwechsel zur Wahl am 4. September 1951 (Erstbesetzung), Arndt an den Vorsitzenden des Wahlmännerausschusses, Professor Wilhelm Laforet, 28. August 1951.
283 Zu Schumachers Haltung gegenüber dem Antisemitismus vgl. Kap. III 4.
284 S. die Angaben zum Fall Hedler, Schumacher, Reden – Schriften – Korrespondenzen, S. 993 (Anm. 9); Lehmann, Legal und Opportun, S. 38/40; vgl. auch dazu und zur Gesamtproblematik des politischen Strafrechts in der Frühphase der Bundesrepublik eingehend Schiffers, Zwischen Bürgerfreiheit und Staatsschutz. Wiederherstellung und Neufassung des politischen Strafrechts in der Bundesrepublik Deutschland 1948 bis 1951 (zum Fall Hedler, S. 94 ff.).
285 In der Berufungsinstanz wurde Hedler allerdings wegen öffentlicher Beleidigung und öffentlicher Verunglimpfung Verstorbener verurteilt, vgl. Lehmann, a. a. O., S. 337 (Anm. 63).
286 Vgl. Schumacher zum Freispruch des rechtsradikalen Bundestagsabgeordneten Wolfgang Hedler durch das Landgericht Neumünster, 15. Februar 1950, in: ders., Reden – Schriften – Korrespondenzen, S. 993.
287 Stellungnahme Schumachers zum Rechtsradikalismus in einer gemeinsamen Sitzung des Parteivorstands und des Parteiausschusses der SPD, 14. März 1950, a. a. O., S. 994 ff. (997).
288 Vgl. Allemann, Bonn ist nicht Weimar, S. 292; Schwarz, Die Ära Adenauer. Gründerjahre der Republik 1949 bis 1957, S. 130 ff.

Entwürfe und rechtsstaatliche Maßstäbe politischen Strafrechts

Die SPD war in Alarmbereitschaft gegenüber neonazistischen Umtrieben versetzt. An dem Tag, als Hedlers Freispruch verkündet wurde, brachte die Fraktion zwei Gesetzentwürfe im Bundestag ein. Der eine, kürzere, im Rechtsausschuß des Bundestages bald abgelehnte Entwurf eines Gesetzes zur Wiedergutmachung nationalsozialistischen Unrechts in der Strafrechtspflege stellte nachträglich die Legalität des „aus Überzeugung" geleisteten Widerstands gegen die NS-Gewaltherrschaft und gegen den Krieg klar.[289] Der „Entwurf eines Gesetzes gegen die Feinde der Demokratie" kodifizierte erstmals Grundzüge des politischen Strafrechts der Bundesrepublik. Heinrich-Otto Greve, der diesen Entwurf für die SPD einbrachte, ließ keinen Zweifel daran, wo der Feind stand. Seine aggressive „offene Kampfansage an alle Feinde der Demokratie"[290] war auf rechtsradikale Umtriebe gemünzt.

Alles deutet darauf hin, daß die beiden Gesetzentwürfe von Arndt allein oder zumindest unter seiner maßgeblichen Mitwirkung verfaßt wurden.[291] Der Gesetzentwurf zur Wiedergutmachung nationalsozialistischen Unrechts in der Strafrechtspflege entsprach in Gehalt, Gliederung und einigen Passagen des Wortlauts dem Gesetz des Süddeutschen Länderrats, an dessen Ausarbeitung Arndt im Jahre 1946 beteiligt gewesen war.[292] Neu und von radikaler Konsequenz war die Klarstellung, daß aus Überzeugung geleistete Widerstandshandlungen gegen den Nationalsozialismus nicht nur nicht strafbar, sondern rechtmäßig waren. Augenfällig war die Kontinuität zwischen dem sozialdemokratischen Staatsschutzgesetz und den Entwürfen des hessischen Freiheitsschutzgesetzes der Jahre 1947/48.[293] Den Bundestagsentwurf kennzeichneten die gleiche Stoßrichtung und das gleiche Normprogramm wie Arndts Vorarbeiten aus dem Jahre 1947, die der Rechtsausschuß des Hessischen Landtags in seinem Entwurf verarbeitet hatte. Gewiß gab es Unterschiede insofern, als der Entwurf von 1950 das Strafmaß senkte und strafrechtlichen Sonder- und Ehrenschutz für Angehörige des öffentlichen Dienstes, der Parteien und politischen Presseorgane – wie ihn Arndts hessische Entwürfe ursprünglich vorgesehen hatten – bis auf Restbestände[294] beseitigte. Dominant waren indessen die Gemeinsamkeiten: Der erzwungene Parteibeitritt und der

---

289 Vgl. BT-DS 1/564, § 1 I.
290 Vgl. Prot. BT, 1. WP, 47. Sitzung (16. März 1950), S. 1 597 A. Nach Gehalt und Entstehungszeitpunkt der SPD-Vorlage sowie nach der Begründung Greves ging sie eindeutig vom Feindbild des Rechtsradikalismus aus.
291 Offenbar zur Vorbereitung beider Gesetzentwürfe im Bundestag erbat Arndt vom hessischen Justizministerium die Zusendung der Gesetzesmaterialien zum Hessischen Staatsschutzgesetz und zum Gesetz über die Wiedergutmachung des nationalsozialistischen Unrechts in der Strafrechtspflege, s. Arndt an den Hessischen Minister der Justiz, 24. Februar 1950, HJM 1030/69.
292 S.o. Kapitel II.3.; zumindest an der Ausarbeitung des Gesetzentwurfs über die Wiedergutmachung nationalsozialistischen Unrechts in der Strafrechtspflege war aller Wahrscheinlichkeit nach Georg August Zinn beteiligt, der den Entwurf im Bundestag begründete. Vgl. Prot. BT, 1. WP, 47. Sitzung (16. März 1950), S. 1610 A ff.; Bundesjustizminister Dehler ging selbstverständlich von Arndts maßgeblicher Mitwirkung am SPD-Entwurf aus, in dem er „das hohe Gedankengut des Herrn Abgeordneten Arndt" dargestellt sah, Prot. BT, a. a. O., S. 1 612 B.
293 S. oben Kapitel II.4.; dazu und eingehend zum Inhalt des SPD-Entwurfs 1950 Schiffers, Zwischen Bürgerfreiheit und Staatsschutz, S. 39 ff., 97 ff.
294 Vgl. BT-DS 1/563, Antrag der SPD: Entwurf eines Gesetzes gegen die Feinde der Demokratie. § 6 stellte unter anderem Sabotage an Einrichtungen unter Strafe, „die der politischen Presse oder einer politischen Partei dienen."

Mißbrauch wirtschaftlicher Macht zu staatsgefährdenden Handlungen wurden übereinstimmend unter Strafe gestellt. Die weitgefaßte strafrechtliche Sanktionierung unterlassenen Einschreitens bei Kenntnis staatsgefährdender Bestrebungen wurde als engere Anzeigepflicht übernommen. Arndts Entwürfe von 1947 und die SPD-Vorlage von 1950 enthielten parallel aufgebaute Strafrechtsnormen über den gewaltsamen Hochverrat und das Verbot der Bildung und Beteiligung an staatsgefährdenden Vereinigungen.[295] Deutlicher noch als die hessischen Vorarbeiten offenbarte die Vorlage von 1950 in sehr detaillierten und eingehenden Vorschriften ihre primäre Stoßrichtung gegen neonazistische Umtriebe. Sie stellte Angriffe auf die Menschenwürde und die Menschenrechte einer durch Rasse, Glauben und Weltanschauung gebildeten Gruppe unter Strafe. Strafbar sollten gleichfalls Äußerungen sein, sofern sie die Achtung derjenigen Menschen verletzten, die wegen ihres Widerstands, ihrer Rasse, ihres Glaubens oder ihrer Weltanschauung durch die nationalsozialistische Gewaltherrschaft den Tod erlitten hatten, sowie Äußerungen, die die Verwerflichkeit des Völkermordes oder die Rassenverfolgung leugneten oder in Zweifel zogen. Diese Tatbestände[296] formulierten offenkundig eine „lex Hedler." Die Empörung über den Fall des rechtsradikalen Abgeordneten hatte auch Arndt ergriffen. Carlo Schmid berichtete später über Arndt, daß dieser „so urbane Mann sich zu Handgreiflichkeiten hinreißen" ließ, als ein rechtsradikaler Abgeordneter nach einem Wortentzug durch den Bundestagspräsidenten fortfuhr, Bundestagsmitglieder zu beleidigen.[297]

Hedlers antisemitische und den antinationalsozialistischen Widerstand diffamierende Äußerungen berührten das emotionale Grundverhältnis Arndts zu seiner Partei. Gerade im Widerstand gegen den Nationalsozialismus stehende Sozialdemokraten hatten dem diskriminierten ‚Halbjuden' Arndt die „Solidarität der Verfemten und Verfolgten" bezeugt. Die doppelte Verleumdung dieser Solidargemeinschaft der vom Nationalsozialismus Unterdrückten verletzte die moralisch existentielle und politisch wegweisende Lebenserfahrung Arndts. Diese Erfahrung hatte ihn zur Mitarbeit am Aufbau eines antitotalitären Gemeinwesens geführt. Um so mehr mußte er Hedlers Diffamierung des Widerstands als neue, bedrohliche Dolchstoßlegende empfinden. Der SPD-Gesetzentwurf zur „Bekämpfung der Feinde der Demokratie" enthielt daher eine Feinderklärung an den neu aufkeimenden Nationalsozialismus. Er erneuerte den antifaschistischen Grundkonsens, aus dem heraus die Mitglieder des Parlamentarischen Rats das Grundgesetz geschaffen hatten.[298]

Erneut, wie beim Bundesverfassungsgerichtsgesetz, half Arndt mit seinen Vorarbeiten aus dem hessischen Justizministerium seiner Fraktion, schneller als das Bundesjustizministerium auf die radikalen, staats- und demokratiegefährdenden Umtriebe zu reagieren. Erst ein halbes Jahr später, am 4. September 1950, brachte die Bundesregie-

---

295 A. a. O., §§ 1, 5.
296 A. a. O., §§ 9, 10 und auch § 12, der „friedensgefährdende Umtriebe" unter Strafe stellte.
297 Vgl. Carlo Schmid, Vorwort zu Arndt, Politische Reden und Schriften (1976), S. 10. Sehr wahrscheinlich im Zusammenhang mit dem forcierten Ausschluß des Abgeordneten Hedler (DRP-Gast) aus der Plenarsitzung oder der damit zusammenhängenden tätlichen Auseinandersetzung außerhalb des Sitzungssaals, vgl. Prot. BT, 1. WP, 46. Sitzung (10. März 1950), S. 1 560 C ff. sowie 49. Sitzung (22. März 1950), S. 1 683 D ff.
298 Vgl. Copic, Grundgesetz und politisches Strafrecht neuer Art, S. 6 ff.

rung ihren Entwurf eines Gesetzes zur Änderung des Strafgesetzbuches im Bundestag ein.[299]

Als der Regierungsentwurf am 12. September 1950 erstmals im Bundestag beraten wurde, hatte sich die weltpolitische Lage einschneidend verändert. Am 25. Juni 1950 hatten Truppen des kommunistischen Nordkorea mit sowjetischer Unterstützung das prowestlich orientierte Südkorea angegriffen und den Koreakrieg ausgelöst. Pläne zur Wiederbewaffnung des westlichen Teils Deutschlands wurden forciert.[300] Die Kommunisten avancierten zum äußeren und inneren Staatsfeind Nr. 1. In den Arbeiten am politischen Strafrecht der Bundesrepublik wurde der Gegner ausgewechselt[301]: Rechtsstaatliche Bedenken des Bundesrats gegen die Strafbarkeit der Staatsgefährdung im Regierungsentwurf wurden unter Hinweis auf die Entwicklung in Korea zurückgewiesen, und Bundesjustizminister Dehler erklärte dazu bei der Begründung der Regierungsvorlage im Bundestag:

„Ich meine, das müßte jedem Zauderer die Augen geöffnet haben. Wir brauchen ja nicht in koreanische Fernen zu schweifen, denn das Böse liegt so nah! Für uns genügt das, was in der Ostzone vorgeht [...] Der Kampfruf ist ja nicht, Hannibal ante portas!, sondern das trojanische Pferd ist in unserer Mitte [...]"[302]

Der von Dehler präsentierte Regierungsentwurf zum politischen Strafrecht übertraf den SPD-Entwurf in Regelungsumfang und -dichte erheblich. Detaillierter als der Oppositionsentwurf normierte er den traditionellen Straftatbestand des Hochverrats und fügte extensive Regelungen über den Landesverrat, den Friedensverrat, die Verfassungsstörung, die Herabwürdigung des Staates und der Staatsorgane sowie über Straftaten bei Wahlen und Abstimmungen hinzu.[303] Bundesjustizminister Dehler rechtfertigte das perfektionistische strafrechtliche Gesetzeswerk mit seinem zentralen Anliegen, die Gefährdungen aus einer „Überdosierung der Freiheit" zu verhindern und dafür ein „Freiheitsopfer" in Kauf zu nehmen. Zugleich suchte er die Oppositionsvorlage für den Regierungsentwurf zu vereinnahmen, indem er erklärte, die Vorlage der Bundesregierung stütze sich „weitgehend" auf die Vorlage der SPD zu einem „Gesetz gegen die Feinde der Demokratie."[304]

Diesem offenkundigen „Umarmungsmanöver"[305] Dehlers widersetzte Arndt sich energisch in seiner Replik. Der SPD, so setzte er sich scharf gegen Dehler ab, sei es gerade nicht darum gegangen, die Freiheit zum Opfer zu bringen, sondern „die Freiheit gegen die Feinde der Demokratie und gegen die zu wahren, die intolerant die demokratischen Einrichtungen anzugreifen suchen." Arndt nannte die freiheitsgefährdenden Risiken des politischen Strafrechts klar beim Namen:

---

299 BT-DS 1/1 307, Entwurf eines Gesetzes zur Änderung des Strafgesetzbuches (Strafrechtsänderungsgesetz 1950).
300 Vgl. dazu unten Kapitel IV.1.
301 Vgl. dazu aus der Literatur: Copic, Grundgesetz und politisches Strafrecht, S. 9 f.; Lehmann, Legal und Opportun, S. 40 ff.; A. von Brünneck, Politische Justiz gegen Kommunisten in der Bundesrepublik Deutschland 1949 – 1968, S. 73 ff.
302 S. Prot. BT, 1. WP, 83. Sitzung (12. September 1950), S. 3108 A, B und die Stellungnahme der Bundesregierung zu den Änderungsvorschlägen des Bundesrats, BT-DS 1/1307, S. 76.
303 Vgl. Schroeder, Der Schutz von Staat und Verfassung im Strafrecht, S. 180 ff.
304 Prot. BT, 1. WP, 83. Sitzung (12. September 1950), S. 3105 A.
305 So Schroeder, Schutz von Staat und Verfassung im Strafrecht, S. 180. Zu Arndts Replik s. Schiffers, Zwischen Staatsschutz und Bürgerfreiheit, S. 144.

„Wir dürfen nie vergessen, daß wir Freiheit schützen wollen, und dürfen nicht durch Strafbestimmungen die Freiheit zu eskamotieren suchen, so daß zum Schluß gar nichts mehr da ist, was geschützt werden sollte."[306]

Von diesem Standpunkt aus kritisierte er zutreffend den strafrechtlichen Perfektionismus und die unverkennbar obrigkeitsstaatlichen Tendenzen des Regierungsentwurfs.

Der Oppositionsentwurf dagegen zeichnete sich in der Tat durch ein ausgeprägtes, strafbewehrtes Mißtrauen gegenüber demokratie- und freiheitsfeindlichen Bestrebungen staatlicher Macht- und Amtsträger sowie gegenüber einer ‚Revolution von oben'[307] aus. Er verzichtete – gerade in Abkehr von den ersten Entwürfen Arndts für das hessische Justizministerium – auf den strafrechtlichen Schutz staatlicher Institutionen und Ämter. Als Schutzobjekt definierte er vorwiegend den Einzelnen oder die Gemeinschaft[308], nicht aber abstrakt den Staat. In dieser Hinsicht fiel der SPD-Entwurf aus der Tradition des deutschen Staats-Schutzrechts heraus und bestimmte Richtung und Objekt seines Schutzes neu.[309] Gemessen daran, statuierte der Regierungsentwurf in hochkonzentrierter Form den strafrechtlichen Sonderschutz des Staates an sich sowie der ‚Ehre' und physischen Integrität seiner Institutionen und Amtsträger.[310] Im Vergleich traf es zu, wenn Arndt darauf hinwies, daß der Oppositionsentwurf „sehr sparsam" mit dem scharfen Mittel des Strafrechts verfahren war. Dehler mußte sich von Arndt geradezu ein Vademecum des rechtsstaatlichen, höchstmöglich freiheitsschonenden ‚alten deutschen Strafrechts' – vor seiner Aufweichung durch die Republikschutzgesetzgebung der Weimarer Republik und seiner Vernichtung durch den Nationalsozialismus – entgegenhalten lassen: Neben der Minimierung strafrechtlicher Mittel gehörte dazu die möglichst weitgehende Ausschaltung des „Bewertungs-Beurteilungsmäßigen" und uferloser, injustitiabler Begriffe aus den strafrechtlichen Tatbeständen, „um zu einem objektiven Begriff zu kommen, der dem Richter keine Willkür mehr"[311] ließ. In den umfangreichen, auch in juristischen Fachkreisen zum Teil sehr kritisch aufgenommenen Straftatbeständen des Regierungsentwurfs[312] fand Arndts Kritik leichte Beute.

Aber genügte der SPD-Entwurf eines „Gesetzes gegen die Feinde der Demokratie" selbst den strikt rechtsstaatlichen Maßstäben Arndts? Schon der Pönalisierungsumfang der Vorlage weckte diesbezüglich Zweifel: Förderte die strafbewehrte Anzeigepflicht demokratiefeindlicher Umtriebe nicht die Bespitzelung und Verleumdung der Bürger

---

306 Prot. BT, 1. WP, 83. Sitzung (12. September 1950), S. 3118 A, C.
307 Vgl. aus dem SPD-Entwurf BT-DS 1/563, § 1 II (Hochverrat eines Regierungsmitglieds), § 3 (Amtspflichtverletzung bei Kenntnis eines hochverräterischen Unternehmens), § 4 (Verfassungsverletzung im Amt), § 7 (Mißbrauch u.a. eines dienstlichen Abhängigkeitsverhältnisses); zu dieser Tendenz Schiffers, Zwischen Bürgerfreiheit und Staatsschutz, S. 100, 191.
308 Vgl. a. a. O., § 5 (Angriff einer demokratiefeindlichen Verbindung auf „die Freiheit des anderen"), § 6 (Schutz der Bevölkerung vor „Angst und Schrecken" durch Sabotageakte), § 8 (Schutz der – allgemeinen – „Achtung" von Bundesfarben usw.), §§ 9, 10 (Schutz einzelner, durch Rasse, Glauben usw. definierter Bürgergruppen).
309 Vgl. das Urteil Schroeders, Der Schutz von Staat und Verfassung, S. 179.
310 Vgl. BT-DS 1/1307, insbesondere den 4. Abschnitt „Herabwürdigung des Staates und der Staatsorgane" sowie die §§ 88, 91, 92; vgl. auch Schroeder, S. 181.
311 Prot. BT, 1. WP, 83. Sitzung (12. September 1950), S. 3118 A, B.
312 Vgl. Schroeder, Schutz von Staat und Verfassung, S. 184 ff. (m.w.N.); vgl. dazu eingehend Schiffers, Zwischen Bürgerfreiheit und Staatsschutz, S. 126 ff.; aus sozialdemokratischer Sicht ebenso wie Arndt Richard Schmid, Das politische Strafrecht, S. 340.

untereinander?³¹³ War es nicht geradezu naiv anzunehmen, daß ein strafrechtliches Verbot, eine wirtschaftliche Machtstellung zum Zweck planmäßiger Förderung demokratiefeindlicher Handlungen auszunutzen, jemals ein taugliches Mittel gewesen wäre, Großindustrielle und Bankiers von der Förderung Hitlers abzuschrecken?³¹⁴ Kurierte die strafrechtliche Sanktion des unter Mißbrauch eines wirtschaftlichen Abhängigkeitsverhältnisses aufgenötigten Parteibeitritts nicht mit grobem, untauglichem Mittel am Symptom statt an der Ursache wirtschaftlicher Abhängigkeit?³¹⁵ Die Risiken einer solchen Strafrechtsausweitung demonstrierte ja gerade der Regierungsentwurf, der den SPD-Vorschlag noch erweiterte und auf den erzwungenen Beitritt zu wirtschaftlichen Vereinigungen ausdehnte.³¹⁶ Zutreffend mutmaßte Arndt dahinter die Gefahr einer „gewerkschaftsfeindlichen Tendenz."³¹⁷ Wie tauglich war der weitgefaßte strafrechtliche Sonderschutz für die Opfer des Nationalsozialismus? Danach sollte bereits die bloße Äußerung eines Zweifels an der Verwerflichkeit der Rassenverfolgung strafbar sein. Das war staatliche Volksbildung mit strafrechtlichen Mitteln und öffnete auch ganz anderen Beschränkungen der gesetzlich garantierten Meinungsfreiheit ein Einfallstor. Im übrigen nahm der Regierungsentwurf die gute Schutzabsicht der Opposition auf und stellte in ungenauer Formulierung das „Beschimpfen" und „Hetzen" gegen die zu schützenden Bevölkerungsgruppen unter Strafe.³¹⁸

War auch der SPD-Entwurf sparsamer als die Regierungsseite bei der Verwendung strafrechtlicher Mittel, so war er doch nicht äußerst sparsam im Sinne der von Arndt selbst aufgestellten Forderung. Hinzu kamen einige offenkundige Ungenauigkeiten bei der Formulierung objektiver Tatbestandsmerkmale.³¹⁹ Rechtsstaatlich angreifbar waren auch Tatbestände des Oppositionsentwurfs, die ein strafbares Verhalten – zumindest überwiegend – konstitutiv von der demokratiefeindlichen Absicht des Täters abhängig machten. Die Absicht und Gesinnung des Täters sollte Verfassungsverletzungen und Angriffe (sic!) auf Grundrechte anderer zu strafbaren machen.³²⁰ Hier wie bei vergleichbar strukturieren Tatbeständen des Regierungsentwurfs³²¹ war der Strafrich-

---

313 Vgl. SPD-Entwurf BT-DS 1/563, § 3.
314 Diese Überlegung stand offensichtlich hinter § 13 des SPD-Entwurfs.
315 § 13 SPD-Entwurf, a. a. O.
316 Vgl. § 109 des Regierungsentwurfs, BT-DS 1/1307.
317 Vgl. Prot. BT, 1. WP, 83. Sitzung (12. September 1950), S. 3 119 A; Kurz-Protokoll RA-BT, 1. WP, 87. Sitzung (14. Februar 1951), S. 8.
318 Hervorgehoben auch bei Schroeder, Schutz von Staat und Verfassung, S. 183; vgl. die Kritik Arndts an § 130 der Regierungsvorlage, Prot. BT, 1. WP, 83. Sitzung (12. September 1950), S. 3 118 C, D, wobei allerdings unerfindlich bleibt, warum er das – tatsächlich nicht vorgesehene – Attribut „böswillig" als Tatbestandsmerkmal zum „Hetzen" hinzuzieht.
319 Vgl. dazu die §§ 6, 8 II, 9 I, 10 I des SPD-Entwurfs, BT-DS 1/563.
320 In § 4 („absichtlich") und § 5 („aus Feindschaft gegen die Demokratie") des SPD-Entwurfs, a. a. O., konstituierte das subjektive Tatelement – abgesehen von einer möglichen, bereits vorher gegebenen Rechtswidrigkeit – die Strafbarkeit der Tat (sogenannte „echte Staatsgefährdungsdelikte", vgl. Copic, Grundgesetz und politisches Strafrecht, S. 50); § 6 qualifizierte Sabotageakte mit gemeinkriminellen Mitteln (Sachbeschädigung etc.) durch die Gesinnung aus „Feindschaft gegen die Demokratie" zu Staatsgefährdungsdelikten (sogenannte „zufällige Staatsgefährdungsdelikte", vgl. Copic, a. a. O., S. 15).
321 Vgl. dazu die §§ 95 bis 98 des Regierungsentwurfs (BT-DS 1/1307) sowie den neugefaßten § 90 (ebda., S. 77), insbesondere in der schon im objektiven Tatbestand uferlosen Variante der „Lahmlegung" verfassungsmäßiger Einrichtungen mit „verwerflichen Mitteln"; zur Übernahme von Vorschriften des Oppositionsentwurfs im Regierungsentwurf s. Schiffers, Zwischen Bürgerfreiheit und Staatsschutz, S. 97 (Anm. 27).

ter zur Ermittlung der Strafbarkeit auf die Ergründung schwer beweisbarer subjektiver Tätervorstellungen verwiesen. Arndt forderte also mehr Rechtsstaatlichkeit, als der Gesetzentwurf seiner Fraktion einzulösen vermochte.[322] Bei aller quantitativen Verschiedenheit im Einsatz der Mittel politischen Strafrechts gab es zwischen den Entwürfen keine qualitative Diskrepanz, die es rechtfertigen konnte, zwischen einem prinzipiell rechtsstaatlichen Entwurf der Opposition und einem rechtsstaatswidrigen Entwurf der Regierung zu unterscheiden. Allzu nah beieinander lagen die rechtstechnischen Methoden, die in letzter Hinsicht einer gemeinsamen Zielsetzung von Regierung und oppositioneller SPD zu dienen bestimmt waren. Arndt appellierte an diese Gemeinsamkeit der „Gutgesinnten, sich zusammen[zu]finden, um gemeinsam das, was mit der Demokratie auf dem Spiel steht, [...] neu zu verteidigen und zu ordnen" und nannte das Ziel beim Namen:

> „Daß wir [...] überzeugt sind, nicht erneut eine Selbstmorddemokratie werden zu dürfen, ist klar und ist auch durch unseren eigenen Initiativantrag zum Ausdruck gebracht worden."[323]

Aus der Erfahrung der Weimarer Republik heraus die Vermeidung einer „Selbstmorddemokratie" und die Errichtung einer *streitbaren Demokratie*[324] – war die Lösung der überwältigenden Bundestagsmehrheit in der außen- wie innenpolitischen Krisenstimmung des Sommers 1950. Angesichts dieser staatspolitischen Zielsetzung entfiel die einseitige Feinderklärung an den Nationalsozialismus; Arndt sprach vor dem Bundes-

---

322 Entsprechende Kritik erfuhr der SPD-Entwurf auch im Bundestag, vgl. Prot. BT, 1. WP, 47. Sitzung (16. März 1950), vgl. die Kritik Eulers (unzulängliche Tatbestandsformulierung, „demokratischer Terror"), von Merkatz' (Defizit an „Rechtsstaatlichkeit", „Jakobinischer Geist"), Claussens, S. 1 607 B (Warnung vor der Weite der §§ 2, 3 des SPD-Entwurfs) und Donhausers, S. 1 607 C, D (Warnung vor mißbrauchsanfälligen weiten Tatbeständen). Diese Kritik verlor in ihrem Kern nicht dadurch an Richtigkeit, daß sie bei dem viel weitergehenden Regierungsentwurf schwieg. Vgl. auch die entsprechenden Schwachstellen zu den Entwürfen eines hessischen Staatsschutzgesetzes (Kapitel II.4.); zur Kritik auch Schiffers, Zwischen Bürgerfreiheit und Staatsschutz, S. 98 f.
323 Prot. BT, 1. WP, 83. Sitzung (12. September 1950), S. 3 119 C, D. Eine Vorstellung von der subjektiv empfundenen schweren Bedrohung des Staates durch radikale politische Kräfte vermittelt die von Schiffers, a. a. O., S. 344, berichtete Äußerung Arndts.
324 Vgl. dazu schon den Kerngedanken der Entwürfe zum hessischen Staatsschutzgesetz, s.o. Kapitel II.4. (bei Anm. 484). Während der Ausdruck „streitbare Demokratie" bereits vor dem Zweiten Weltkrieg aufkam (s. Lameyer, Streitbare Demokratie, S. 13, Anm. 1), entwickelte ihn das Bundesverfassungsgericht zu einem *verfassungsrechtlichen* Begriff für ein Grundprinzip des geltenden Verfassungsrechts. In einem allgemeinen *politiktheoretischen* Verständnis sind damit die Abwehrbereitschaft einer Demokratie und deren Schrankenvorkehrungen gegenüber denjenigen „politischen Kräften" gemeint, die „sich der demokratischen Freiheiten und Verfahrensweisen mit dem Zweck der Abschaffung eben dieser Freiheiten bedienen." Damit soll ein für das Funktionieren der pluralistischen Demokratie unabdingbarer fester Kernbestand an Spielregeln und inhaltlichen Gemeinsamkeiten sichergestellt werden (s. dazu Boventer, Grenzen politischer Freiheit im demokratischen Staat, S. 19; Jesse, Streitbare Demokratie, S. 22). Im engeren verfassungsrechtlichen Sinn wird unter streitbarer Demokratie eine „Grundscheidung" des Grundgesetzes verstanden, die anhand einer Reihe konkreter Verfassungsschutzbestimmungen die Möglichkeit bietet, Individuen sowie Vereinigungen und Parteien, die die in ihrem Kern gem. Art. 79 III GG unabänderliche ‚Wertentscheidung' des Grundgesetzes für die freiheitlich-demokratische Grundordnung bekämpfen, vom politischen Wettbewerb auszuschließen (s. Boventer, a. a. O., S. 20 f.; Sattler, Die rechtliche Bedeutung der Entscheidung für die streitbare Demokratie, S. 9, 93 ff.). Dazu gehören insbesondere die Vorschriften über Vereins- und Parteiverbote (Art. 9 II und 21 II GG), über die Grundrechtsverwirkung (Art. 18 GG) und die besondere Treuepflicht des Art. 5 III Satz 2 GG. *Hier* geht es um die strafrechtliche Umsetzung und Konkretisierung dieser „Grundscheidung."

tag nur noch allgemein von Gefahren, die den jungen demokratischen Gedanken in Deutschland ‚umwitterten'.[325] Schlagartig wurde virulent, daß die Stoßrichtung des SPD-Entwurfs gegen die legal getarnte ‚Revolution von oben' gleichermaßen aus der Erfahrung der nationalsozialistischen Machtergreifung 1933 wie der kommunistischen Machtergreifung in der ČSSR 1948 geboren war.

Immerhin hatte Arndts Widerspruch im Bundestag das Spannungsfeld freigelegt zwischen formal rechtsstaatlicher Stringenz und effektivem strafrechtlichen Staatsschutz. Arndt hatte Maßstäbe gesetzt. Ließen sie sich in den Gesetzesberatungen durchhalten?

Rechtsstaatliche Randkorrekturen

Der Rechtsausschuß des Bundestags gestaltete die Regierungsvorlage grundlegend um. Arndt als überragender Sprecher seiner Fraktion[326] fand in Einzelfragen Unterstützung aus den Reihen der Koalitionsabgeordneten, so daß es nicht völlig starre Fronten und gegnerische Lager gab. Doch waren zwei Grundtendenzen deutlich voneinander unterscheidbar: Als profiliertester Exponent einer liberal-rechtsstaatlichen Formalisierung des politischen Strafrechts traf Arndt auf eine staatsbewußte und -bezogene, primär an der Effizienz der Schutzvorkehrungen orientierte, extensive Handhabung des Strafrechts. Letztere Tendenz zeichnete vor allem die Exponenten der beiden an den Gesetzesberatungen beteiligten Fachministerien aus.[327] Unter ihnen befand sich der Leiter der Strafrechtsabteilung im Bundesjustizministerium, Dr. Joseph Schafheutle, der bereits 1933 im Reichsjustizministerium an der Ausarbeitung des politischen Sonderstrafrechts beteiligt gewesen war und das Strafprozeßrecht der NS-Zeit mit entworfen hatte.[328]

Vor allem in Auseinandersetzung mit diesem eingespielten, relativ geschlossen auftretenden Expertenstab erstritt Arndt einige rechtsstaatliche Korrekturen der Gesetzesnovelle. Das Schutzgut der „Staatsgefährdung", definiert in § 88 des Ersten Strafrechtsänderungsgesetzes, erfuhr eine tatbestandliche Präzisierung. Es handelte sich um die zentrale Vorschrift der Gesetzesnovelle, gewissermaßen die Leitnorm des „politischen Strafrechts neuer Art."[329] Mit der Bestrafung der Zielsetzung einer auf die „Beeinträchtigung des Bestands der Bundesrepublik Deutschland" gerichteten Handlung kam eine Entwicklung des modernen Staatsschutz-Strafrechts zum Abschluß, die im Republikschutzrecht der Weimarer Republik ihren Ausgang genommen und im nationalsozialistischen Recht ausgedehnte Verwendung gefunden hatte: Die Vorverlagerung des politischen Strafrechts über den klassischen Hoch- und Landesverrat hinaus auch

---

325 Vgl. Prot. BT, 1. WP, 82. Sitzung (12. September 1950), S. 3 117 C.
326 Neben Arndt beteiligte sich sein Fraktionskollege Greve rege an den Ausschußdiskussionen, an denen auch Carlo Schmid vereinzelt teilnahm. Doch war Arndt der eigentliche, ebenbürtige Widerpart der erfahrenen Regierungsexperten.
327 Vgl. dazu Schiffers, Zwischen Bürgerfreiheit und Staatsschutz, S. 204.
328 Vgl. Müller, Furchtbare Juristen. Die unbewältigte Vergangenheit unserer Justiz, S. 213.
329 Diesen Begriff prägte Copic, Grundgesetz und politisches Strafrecht, S. 15, für den voll entfalteten Typus eines neuen politischen Strafrechts, ohne allerdings dessen Vorbereitung im Strafrecht der Weimarer Republik und der nationalsozialistischen Zeit zu übersehen. Darauf macht nachdrücklich auch Backes, Rechtsstaatsgefährdungsdelikte, S. 70, aufmerksam: „Die so oft aufgestellte Behauptung, man habe 1951 ein ‚völlig neues Strafrecht' geschaffen, ist schiere Legende."

215

auf gewaltlose politische Angriffshandlungen[330], um im Vorfeld des Umsturzes legal arbeitende, staatsfeindlich gesonnene Täter unschädlich zu machen.[331] Eine solche Erweiterung des klassischen politischen Strafrechts, das am überkommenen und durch Rechtsprechung gefestigten Gewaltbegriff orientiert gewesen war, bedurfte, um nicht völlig auszuufern, einer möglichst genauen tatbestandlichen Umgrenzung des Schutzguts. Zu diesem Zweck gliederten die Vertreter des Bundesjustizministeriums das Schutzgut „Bestand der Bundesrepublik Deutschland" zunächst in fünf positiv und genau bestimmte Angriffsobjekte, die Gewaltenteilung, das Wahlrecht usw., auf, fügten diesem jedoch in einem weiteren Abschnitt den „Schutz der Grundrechte gegen eine Beeinträchtigung durch Gewalt" usw. und das extrem weit gefaßte Merkmal „Ausschluß jeder Gewalt- und Willkürherrschaft"[332] an. Arndt opponierte vehement gegen diesen letzten Abschnitt, in dem er rechtsstaatliche Grundsätze auf dem Weg zu einem „äußerst unbestimmten und unbestimmbaren Strafrecht"[333] verlassen sah. Er hielt durch einfaches Gesetz beschränkbare Grundrechte als strafrechtliches Schutzobjekt für allzu unbestimmt.[334] So machte er den umstrittenen letzten Abschnitt der Norm zum absoluten Hindernis einer sozialdemokratischen Unterstützung des Gesetzentwurfs. Einen Teilerfolg konnte er immerhin verbuchen; die Grundrechte als Angriffsobjekt entfielen, doch das vage Tatbestandsmerkmal „Ausschluß jeglicher Gewalt- und Willkürherrschaft" blieb bestehen. Es ist wohl nur parteitaktischen Erwägungen und einem hinter den Kulissen des Bundestags ausgehandelten interfraktionellen Kompromiß zuzuschreiben, daß Arndt in der zweiten Lesung der Gesetzesnovelle jenes Tatbestandsmerkmal heftig attackierte, in der dritten Lesung hingegen seine Beibehaltung und eine „Klarstellung" rechtfertigte.[335] Mit seiner Begründung – diese Formel bezeichne „im engen und strengen Sinne" das „Regime der Konzentrationslager [...], mögen nun diese Konzentrationslager nationalsozialistische oder sowjetkommunistische sein", und ein System der Unmenschlichkeit, „wie dies beim Nationalsozialismus der Fall war und wie es auch für die Sowjetzone beweisbar ist"[336] – demonstrierte Arndt

---

330 Vgl. dazu die Definition von Copic, a. a. O., S. 15: „Das p.Str.n.A. [= politisches Strafrecht neuer Art D.G.] läßt sich definieren als der Inbegriff der Normen des politischen Strafrechts, die die grundlegende Verfassungsstruktur oder den Bestand oder die innere Sicherheit oder die Autorität des demokratischen Staates, seine Organe und Symbole gegen *gewaltlose* [Hervorhebung im Original] politische Angriffshandlungen vorwiegend publizistischer oder organisatorischer Art (echte Staatsgefährdungsdelikte) oder gegen politisch motivierte Kampfhandlungen mit gemein-kriminellen Mitteln (zufällige Staatsgefährdungsdelikte) schützen." Zu den Strukturmerkmalen des neuen politischen Strafrechts im Zwanzigsten Jahrhundert mit der Vorverlagerung der Strafbarkeit auf potentiell gefährliches Verhalten, einschließlich politischer Lügen, vgl. Kirchheimer, Politische Justiz, S. 71 ff.
331 S. Copic, a. a. O., S. 13; Regierungsentwurf BT-DS 1/1307, S. 28, 32.
332 Vgl. dementsprechend den Entwurf eines Strafrechtsänderungsgesetzes nach den Beschlüssen de Rechtsausschusses, BT-DS 1/2414, § 88 (Staatsgefährdung).
333 Vgl. Prot. BT, 1. WP, 156. Sitzung (9. Juli 1951), S. 6 307 A, B.
334 Vgl. Arndts grundsätzliche rechtsmethodische Einwände im Rechtsausschuß, Prot. RA-BT, 1. WP, 116 Sitzung (26. Juni 1951), S. 4, und Kurz-Prot. 118. Sitzung (28. Juni 1951), S. 3, sowie Prot. BT, 1. WP 158. Sitzung (9. Juli 1951), S. 6 307 A, B. Hinzu trat allerdings die *freiheitsbeschränkende* Absicht, eine ‚mißbräuchlichen' Ausnutzung von Grundrechten durch politische Extremisten keinen zusätzlichen strafrechtlichen Schutz zu gewähren, vgl. Arndt, Prot. BT, 1. WP, 160. Sitzung (11. Juli 1951), S. 6 47 D; vgl. dazu Günther, Sozialdemokratie und Demokratie, S. 204.
335 Auf diesen Widerspruch weist auch Schroeder, Schutz von Staat und Verfassung, S. 199, hin; unte Hinweis auf die Doppelfunktion der Norm als antitotalitäre Schutzvorkehrung und gleichzeitige Sicher stellung des sozialdemokratischen Oppositionsspielraums vgl. Günther, a. a. O., S. 205.
336 Vgl. Prot. BT, 1. WP, 160. Sitzung (11. Juli 1951), S. 6 479 D.

die Bereitschaft der SPD-Fraktion, der kommunistischen Bedrohung entschieden, notfalls auch unter Hintanstellung rechtsstaatlicher Bedenken, entgegenzutreten.

Die Gegenleistung für dieses Entgegenkommen der SPD bestand sehr wahrscheinlich in der Umformulierung der Vorschrift über den Landesverrat während jener – nicht protokollierten – interfraktionellen Verhandlungen zwischen der zweiten und dritten Lesung der Gesetzesnovelle, die Arndt später wiederholt zum Beleg seiner Auslegung der Landesverratsvorschriften heranzog.[337] Schon in den Verhandlungen des Rechtsausschusses hatte Arndt seine unabdingbare Forderung klargestellt: Geheimnisse oder Tatsachen, die im Widerspruch zum Grundgesetz stehen, könnten niemals geheimhaltungspflichtig sein.[338] Dies entsprach einer tief wurzelnden, staatstheoretischen Grundannahme Arndts, von der noch eingehend die Rede sein wird und die er auf die prägnante Formel brachte: „In einer Demokratie gibt es an Staat nicht mehr, als seine Verfassung zum Entstehen bringt"; deshalb könne es „kein rechtliches Erfordernis geben, etwas gegen das Recht zu sichern (zum Beispiel durch Geheimhaltung), was nach der verfassungsmäßigen Ordnung Unrecht ist."[339] Was Arndt im Namen der SPD dem Bundestag vortrug – „Wir können nicht anerkennen, daß es irgendeine Staatsräson jenseits der parlamentarischen Demokratie gibt."[340] –, war eine Formulierung seiner Grundthese vom *Verfassungsstaat*, dem Primat des Verfassungsrechts über den Staat.[341]

Immer wieder veranschaulichte Arndt die Prägung seiner These durch den Landesverratsprozeß Carl von Ossietzkys, den sein Lehrer und Vorbild Max Alsberg vor dem Reichsgericht vertreten hatte.[342] Ossietzky, Pazifist und Herausgeber der Zeitschrift „Weltbühne", war 1931 wegen Landesverrats verurteilt worden, weil ein Beitrag seiner Zeitschrift die völkerrechtswidrige geheime militärische Zusammenarbeit der deutschen „Schwarzen Reichswehr" mit der sowjetischen Roten Armee angedeutet hatte.[343] Für Arndt war es ein Kardinalziel der Gesetzesnovelle, eine Wiederholung jener „obrigkeitsstaatlichen", im Widerspruch zur demokratischen Weimarer Reichsverfassung stehenden Rechtsprechung des Reichsgerichts von Gesetzes wegen auszuschließen.[344] Fortan sollte kein Gericht – wie seinerzeit das Reichsgericht – einen von der Exekutive als geheimhaltungsbedürftig eingestuften rechtswidrigen Sachverhalt zum strafrechtlich schützenswerten Staatsgeheimnis erklären können.

---

337 Eine ausführliche Darlegung der interfraktionellen Beratungen über die Formulierung des § 100 III des 1. StÄG vom 30. August 1951 gab Arndt in einem Brief an Professor Hans-Heinrich Jescheck, 27. Januar 1967, AdsD, Nachlaß Arndt, Mappe 233; s. außerdem seine Darstellung, Der BGH und das Selbstverständliche (1966); ders., Landesverrat (1966), S. 16 ff.; s. dazu Schiffers, Zwischen Bürgerfreiheit und Staatsschutz, S. 214 f.
338 Vgl. die Diskussion im RA-BT, Prot. RA-BT, 1. WP, 117. Sitzung (25. Juni 1951), S. 48 ff. und Kurzprotokoll, 118. Sitzung (28. Juni 1951), S. 26.
339 Vgl. Arndt, Demokratische Rechtsauslegung am Beispiel des Begriffes „Staatsgeheimnis" (1963), S. 25; ders., Demokratie – Wertsystem des Rechts (1962), S. 13 ff.
340 Prot. BT, 1. WP, 160. Sitzung (11. Juli 1951), S. 6 480 A.
341 Vgl. unten Kapitel IV.5.
342 Zu Max Alsberg vgl. oben Kapitel I.2.
343 Vgl. Hannover/Hannover-Drück, Politische Justiz 1918 bis 1933, S. 186 ff.
344 S. Arndt, Demokratische Rechtsauslegung am Beispiel des Begriffes „Staatsgeheimnis" (1963), S. 25; noch deutlicher ders., Der BGH und das Selbstverständliche (1966): Dort nannte er das Ossietzky-Urteil eine „Schande für die Justiz und eine Rechtskatastrophe", vgl. auch Arndts Verfolgung dieses Anliegens im Rechtsausschuß, Sten. Prot. RA-BT, 1. WP, 117. Sitzung (25. Juni 1951), S. 47 f. (mit Bezug auf den Fall Ossietzky) und 118. Sitzung (28. Juni 1951), S. 26 f.

Sehr schnell wurde auf der Regierungsseite die „ungeheure politische Tragweite" des Problems erkannt und Arndts prinzipienstrenger Auslegung widersprochen.[345] Daher mußte es dem Oppositionsjuristen schon als Erfolg, als eine „lex Ossietzky"[346], erscheinen, daß der Bundestag auf Vorschlag der an der interfraktionellen Besprechung beteiligten Abgeordneten eine Gesetzesfassung annahm, die von ihrem Wortlaut her immerhin Arndts Auffassung als eine mögliche Interpretation zuließ[347]. Wie Arndt später berichtete, wollten damit die an der Besprechung beteiligten Abgeordneten – wenn auch in einer verklausulierten Gesetzesformulierung – seiner Auffassung zustimmen.[348] Das Problem lag indessen gerade in der nicht eindeutigen, verklausulierten Form; denn so weit reichte die rechtsstaatliche Kompromißbereitschaft der Mehrheitsabgeordneten nicht, daß ein Ausschluß illegaler Tatsachen von der Geheimnisfähigkeit dem Wortlaut nach offen und unmißverständlich in das Gesetz aufgenommen werden konnte: Man befürchtete andernfalls eine leichtfertige Preisgabe von Geheimnissen unter dem Vorwand des Täters, er habe an die Illegalität der Tatsachen geglaubt.[349] Arndt jedoch, ganz im Bewußtsein seines Verhandlungserfolgs, übersah die Gefahr in

---

345 Vgl. die Reaktionen von Ministerialdirigent Rotberg (Bundesjustizministerium) und dem Abgeordneten Kopf (CDU), der dagegen hielt, „es ließen sich verfassungswidrige Vorgänge denken, deren Aufrechterhaltung im Interesse der Staatssicherheit liege", vgl. Sten. Prot. RA-BT, 1. WP, 117. Sitzung (25. Juni 1951), S. 49.

346 Arndt, Der BGH und das Selbstverständliche (1966), S. 25; ders., Landesverrat (1966), S. 15; in einem Brief an Professor Gerhard Leibholz vom 18. Januar 1957, AdsD, Akten SPD-BTF 2377 (John und Appel), bezeichnete Arndt die „Klarstellung" des § 100 III StGB, daß es kein illegales Staatsgeheimnis geben könne, als die „wesentlichste Entscheidung" des 1. StÄG.

347 § 100 III StÄG vom 30. August 1951 lautete: „Ein Abgeordneter des Bundestages, der nach gewissenhafter Prüfung der Sach- und Rechtslage und nach sorgfältiger Abwägung der widerstreitenden Interessen sich für verpflichtet hält, einen Verstoß gegen die verfassungsmäßige Ordnung des Bundes oder eines Landes im Bundestag oder in einem seiner Ausschüsse zu rügen, und dadurch ein Staatsgeheimnis öffentlich bekanntmacht, handelt nicht rechtswidrig, wenn er mit der Rüge beabsichtigt, einen Bruch des Grundgesetzes oder der Verfassung eines Landes abzuwehren."
Nach der einen, u.a. von Arndt vertretenen Auffassung enthielt diese Norm lediglich einen speziellen Rechtfertigungsgrund für Abgeordnete, die *irrtümlich* ein wirkliches Staatsgeheimnis für verfassungswidrig hielten und daher veröffentlichten, während im übrigen – nach dem Schluß a maiore ad minus – vorausgesetzt sei, daß verfassungswidrige Tatsachen von vornherein keine Staatsgeheimnisse seien und folglich veröffentlicht werden dürften, s. v.a. Arndt, Demokratische Rechtsauslegung am Beispiel des Begriffes „Staatsgeheimnis" [1963], S. 24 f., und ders., Landesverrat [1966], S. 18; ihm zustimmend Jagusch, in: Leipziger Kommentar zum Strafgesetzbuch, 8. Aufl., Berlin 1957, Anm. I 4b zu § 100. Arndt hatte nach eigener Aussage, vgl. seinen Brief an Jescheck (27. Januar 1967), AdsD, Nachlaß Arndt, Mappe 233), den Kommentator, Bundesrichter Heinrich Jagusch, von der Richtigkeit seiner Auffassung überzeugt).
Diese Interpretation war nach der von Arndt berichteten Entstehungsgeschichte der Vorschrift wohl zutreffend, nach dem Wortlaut der Vorschrift aber keineswegs zwingend, ja nicht einmal naheliegend. So legte die Arndt entgegengesetzte Auffassung § 100 III StÄG als Rechtfertigungsgrund nur für Abgeordnete und nur für den Fall eines tatsächlich wie eines vermeintlich illegalen Staatsgeheimnisses aus, während im übrigen die Preisgabe illegaler, geheimer Tatsachen strafbar blieb.

348 Vgl. die detaillierten Darlegungen in Arndts Brief an Jescheck vom 27. Januar 1967 (AdsD, Nachlaß Arndt, Mappe 233), sowie ders., Landesverrat (1966), S. 16 ff.

349 In seinem Brief an Jescheck, a. a. O., schilderte Arndt dies als eine Befürchtung der die Regierung tragenden „Mehrheit" der Abgeordneten, während er selbst wie seine Fraktionskollegen offenbar für eine explizite Regelung stimmte, vgl. auch den von Arndt vertretenen Antrag der SPD, den klarstellenden Zusatz „ein mit der verfassungsmäßigen Ordnung vereinbares Staatsgeheimnis" in den Gesetzestext mit aufzunehmen, s. Prot. BT, 1. WP, 158. Sitzung (9. Juli 1951), S. 6 325 C.

der objektiv mehrdeutigen Formulierung der von ihm inspirierten Vorschrift. Er sah sich durch das sogenannte „John-Urteil" und das „Pätsch-Urteil"³⁵⁰ des Bundesgerichtshofs um die wesentlichste Errungenschaft des Ersten Strafrechtsänderungsgesetzes betrogen. Als der Bundesgerichtshof sich später von dem Wortlaut der Landesverratsvorschriften keineswegs gehindert sah, ebenso wie das Reichsgericht auch illegale Tatsachen als mögliche Staatsgeheimnisse anzuerkennen, blieb Arndt nur die bittere Kritik.

Nachhaltiger konnte Arndt sich mit seinem zweiten kardinalen Anliegen behaupten: Die Sicherung der politischen Meinungsfreiheit gegen eine strafrechtliche Beschneidung, die sich insbesondere stützte auf den Schutz einer vermeintlichen staatlichen „Organehre" oder „Institutionsehre."³⁵¹ Arndt führte geradezu einen Feldzug gegen die Pönalisierung der „politischen Lüge" in den Regierungsentwürfen. Er hielt es für eine Überforderung, der Strafjustiz politische Urteile darüber abzuverlangen, ob eine wertende Äußerung politischer Art erlaubt oder unerlaubt sei.³⁵² Konnte ein Strafrichter feststellen, ob jemand in friedensgefährdender Absicht durch „grobe Entstellungen" 'Haßgefühle" gegen ein Volk hervorrief?³⁵³ Wie unterschied sich die scharfe politische Kritik an einem Gesetzgebungsorgan von dessen „Beschimpfung" oder „böswilliger Verächtlichmachung"?³⁵⁴ Arndt lehnte den Abschnitt des Regierungsentwurfs über die „Herabwürdigung des Staates und seiner Regierungsorgane" rundweg als unerträgliche Privilegierung hoher Staatsämter ab³⁵⁵. Er hielt zudem derartig weitgehende Eingriffe in das „elementare Prinzip der politischen Meinungsfreiheit"³⁵⁶ politisch nicht für geboten; denn „Hitler und Goebbels habe man niemals mit dem Strafrichter bekämpfen können." Ein Staat könne „Vertrauen und Ansehen nur durch Leistung und Überzeugungskraft" gewinnen, mit „strafrechtlichen Mitteln aber nicht einmal erhalten."³⁵⁷ Damit unterstrich Arndt die entschieden liberale Stoßrichtung seiner Argumentation:

---

350 Siehe BGHSt 10, 163 (172 f.) – dazu ausführlicher Kapitel V.1. – und BGHSt 20, 342 (insbesondere S. 357 ff., 368; s. dazu Arndt, Der BGH und das Selbstverständliche [1966], S. 25 f., und ders., Landesverrat [1966], S. 16 ff.).

351 Vgl. Prot. BT, 1. WP, 158. Sitzung (9. Juli 1951), S. 6317 B, C; vgl. auch Prot. RA-BT, 1. WP, 116. Sitzung (26. Juni 1951), S. 18 bis 21; s. dazu Schiffers, Zwischen Bürgerfreiheit und Staatsschutz, S. 177, 201 f.

352 Ausnahmen wollte Arndt gelten lassen für die Strafbarkeit von Verleumdungen und formalen Beleidigungen, Sten. Prot. RA-BT, 1. WP, 89. Sitzung (21. Februar 1951), S. 40 ff.

353 Vgl. Arndts massiv vorgebrachte Einwände gegen § 80 a, nach der Vorlage des Unterausschusses des RA, a. a. O., S. 36 ff. Arndts rechtsmethodisch begründeter Einwand kam der Regierungsseite anscheinend gelegen. Der Berichterstatter, Professor Wahl (CDU), ließ im Rechtsausschuß durchblicken, daß man angesichts des Korea-Kriegs den von einem pazifistischen Grundduktus geprägten Verfassungsauftrag des Art. 26 GG nurmehr nolens volens ausführe (Kurz-Prot. RA-BT, 1. WP, 87. Sitzung [14. Februar 1951], S. 5). Im Laufe der Beratungen wurde der gesamte Abschnitt über den Friedensverrat, §§ 80 ff. des Regierungsentwurfs, BT-DS 1/1307, sehr bald fallengelassen.

354 Vgl. § 99 Regierungsentwurf, a. a. O.

355 Vgl. Prot. RA-BT, 1. WP, 87. Sitzung (14. Februar 1951), S. 16, und 102. Sitzung (7. Mai 1951), S. 3; deutlicher noch in der 96. Sitzung (11. April 1951), S. 7, in der Arndt Privilegierungen des physischen Schutzes für Bundesorgane (§ 88 Regierungsentwurf) angriff und der Regierungsvertreter, Ministerialdirektor Rotberg, antwortete, man wolle, daß Taten gegen die physische Integrität von Bundesorganen mit einem „Höchstmaß auch an Feierlichkeit" abgeurteilt würden.

356 Vgl. Sten. Prot. RA-BT, 1. WP, 89. Sitzung (21. Februar 1951), S. 45 ff.

357 Vgl. Sten. Prot. RA-BT, 1. WP, a. a. O., S. 48, und 117. Sitzung (25. Juni 1951), S. 14.

Einschränkungen der Meinungsfreiheit zugunsten staatlicher Schutzgüter und Interessen möglichst weitgehend abzuwehren.[358]

Solch strikt liberales Verständnis war innerhalb der SPD keineswegs Gemeingut. Dies zeigte sich in einer Meinungsverschiedenheit mit dem für Presseangelegenheiten zuständigen Vorstandsmitglied Fritz Heine. Ohnehin trat zwischen dem intellektuellen ‚Neu-Sozialdemokraten' und dem altgedienten, mehr auf Bewährtes setzenden Parteimann Heine wiederholt Dissens auf, der erst in mehrjähriger Zusammenarbeit einem offenen Gespräch wich. Im Februar 1951 erhielt Arndt von Fritz Heine einen ‚Brandbrief', in dem dieser mitteilte, von seiten „juristischer Freunde" dringe man beim Parteivorstand auf eine Strafrechtsreform, da man den „gröblichen Lügen" und den von radikalen Parteien aufgestellten Behauptungen „ungeheuerlicher Art" mit gesetzlichen Mitteln müsse beikommen können.[359] Arndt antwortete, er habe die

> „heftigsten Bedenken dagegen, die politische Lüge mit Strafe zu bedrohen [...] Ich bin der Überzeugung, daß insoweit Strafgesetze und strafgerichtliche Urteile die verkehrteste und schädlichste Medizin sind. Diese Medizin wird den Neofaschisten nicht nur keinen Einhalt gebieten, sondern ihnen Auftrieb geben, während andererseits wir selbst das Opfer sein werden und mit unseren eigenen Maßnahmen die Demokratie aufgeben."[360]

Wie unterschiedlich das Prinzip ‚streitbare Demokratie' auch innerhalb der SPD-Fraktion akzentuiert wurde, erwies ein Dissens[361] Arndts mit Carlo Schmid. Während Arndt es als „Gesinnungsstrafrecht" qualifizierte, die Strafbarkeit der Verunglimpfung von Staatsorganen[362] von der staatsfeindlichen Absicht des Täters abhängig zu machen, hielt Schmid dies für unangebrachte Neutralität und entgegnete, man müsse „militant" sein bei der Frage, ob jemand bei der Attacke auf den Staat „innerhalb oder außerhalb

---

358 Das entsprach einer klassisch-liberalen, gegen den Staat gerichteten Auslegung der Grundrechte; die materiell weitreichenden Einschränkungen der Meinungsfreiheit im SPD-Entwurf (BT-DS 1/563) erfolgten prima facie nicht zugunsten staatlicher Interessen, sondern zum Schutz der Grundrechte anderer Bürger. *Insoweit* traf Arndts Unterscheidung des Regierungs- und des SPD-Entwurfs (s.o.) zu.
359 S. Fritz Heine an Arndt, 17. Februar 1951, AdsD, PV-Bestand Heine 1 (Korrespondenz). Heine schrieb unter anderem: „[...] die Redner dieser Parteien [das heißt „SRP, DRP usw.", Anm. D.G.] stellen Behauptungen so ungeheuerlicher Art auf und bekommen derartig wilde, leidenschaftliche Ovationen bei diesen gröblichen Lügen, daß es in relativ kurzer Zeit zu einem die staatliche Sicherheit und Ordnung gefährdenden Problem wird. Auf der anderen Seite sind Versuche wie die der niedersächsischen Regierung, Maßnahmen gegen die FDJ zu treffen, durch Gerichtsbeschlüsse unmöglich geworden; in einem Fall hat die FDJ gegenüber der niedersächsischen Regierung ein obsiegendes Urteil erzielt.Schließlich ist die Polizei durch das Fehlen des Versammlungsgesetzes und durch die Freiheit der Rede gewährenden Artikels des Grundgesetzes [gemeint ist wohl: aufgrund des die Freiheit der Rede gewährenden Artikels, Anm. D.G.] in einem Zustand der Hilflosigkeit, der vereint mit den kommunistischen Drohungen und gewissen Rückversicherungstendenzen dazu beiträgt, daß nichts geschieht [...]."
360 Vgl. Arndt an Heine, 22. Februar 1951, AdsD, PV-Bestand Heine 1.
361 Anders als Arndt war sein Fraktionskollege Greve bereit, den Vorschlägen der Regierungsvertreter zur Kodifizierung der ‚politischen Lüge' entgegenzukommen. Während Greve in Art. 26 I GG einen Ansatzpunkt auch für die Bestrafung der auf internationale Friedensstörung gerichteten politischen Lüge sah, hielt Arndt diese Norm für „eine unerfüllbare Verpflichtung", erwachsen aus „reichlich naiven Vorstellungen des Parlamentarischen Rates", vgl. Sten. Prot. RA-BT, 1. WP, 89. Sitzung (21. Februar 1951), S. 36 ff., insbesondere S. 48.
362 S. § 92 c eines im RA unterbreiteten Regierungsvorschlags, der in § 97 auf die Empfehlung des Rechtsausschusses (BT-DS 1/2414) einging.

der Mauern der Demokratie" stehe, und die „Tat nach der Gesamtstellung des Täters" qualifizieren.[363] Es war eine sachliche Meinungsverschiedenheit, die sich aber nicht im persönlichen Verhältnis der beiden Politiker fortsetzte. Vielmehr bestand zwischen den beiden Männern eine unausgesprochene geistige Gemeinsamkeit. Beide waren Juristen, die aus dem intellektuellen Bürgertum stammten und nach 1945 zur SPD gestoßen waren. In ihrer politischen Arbeit setzten die beiden Sozialdemokraten allerdings unterschiedliche sachliche Schwerpunkte – Arndt auf die Rechts-, Carlo Schmid auf die Außenpolitik. Wie im vorliegenden Fall verteidigte Arndt konsequenter als Schmid die Gewährleistung individueller Freiheit durch das Recht. Doch blieben die beiden Männer sich in politischen Grundfragen einig und zeit ihres Lebens einander freundschaftlich zugetan.

In dieser Frage brachte Arndt seine Fraktion hinter sich, die ihre Zustimmung zu der Strafrechtsnovelle an die Einengung der von Arndt angegriffenen Norm zu knüpfen bereit war.[364] So kam es zum Kompromiß des § 97 StGB[365], den Arndt begrüßte, weil er nicht mehr einseitig die oppositionelle Kritik diskriminiere wie die Regierungsvorlage, sondern das von Regierung und Opposition gemeinsam gebildete Staatsganze schütze.[366] An dieser beinahe versteckten Stelle[367] hatte Arndt mit nachdrücklichem Einsatz eines seiner staatspolitischen Grundanliegen durchgesetzt: die Anerkennung der oppositionellen Minderheit als eines der Regierungsmehrheit gleichberechtigten Teils des Staatsganzen.[368] Dies war zweifellos ein Gewinn politischen Freiraums – ein Erfolg der liberalen Streitbarkeit Arndts in einer Frage, in der er sich auch in seiner Partei exponiert hatte bis hin zur weitgehenden sachlichen Übereinstimmung mit dem Vertreter der KPD.[369]

Der Primat effizienten Staatsschutzes

Doch markierte dieser Erfolg liberaler Strafrechtspolitik zugleich die Grenze ihres Spielraums im Jahre 1951. Bei genauem Hinsehen entpuppten sich Arndts Verhand-

---

363 Vgl. Sten. Prot. RA-BT, 1. WP, 117. Sitzung (27. Juni 1951), S. 3 f.; zum Sicherheitsbedürfnis innerhalb der SPD-Fraktion gegenüber kommunistischen Umtrieben weitere Nachweise bei Schiffers, Zwischen Bürgerfreiheit und Staatsschutz, S. 205 (Anm. 93).
364 Vgl. Prot. BT, 1. WP, 158. Sitzung (9.Juli 1951), S. 6 317 C, D.
365 § 97 1. StÄG vom 30. August 1951 (BGBl I, S. 739).
366 S. Prot. BT, 1. WP, 160. Sitzung (11. Juli 1951), S. 6 480 A. Zum generellen Interesse der SPD an der Abwehr der extremen Rechten und Linken bei gleichzeitiger Sicherstellung des eigenen Oppositionsspielraums vgl. Gunther, Sozialdemokratie und Demokratie, S. 205.
367 Hatte § 97 der Empfehlungen des Rechtsausschusses (BT-DS 1/2414) noch schlicht vom Verunglimpfen der Regierungsorgane gesprochen, so regelte § 97 1. StÄG vom 30. August 1951 erheblich genauer das Verunglimpfen eines Verfassungsorgans „als verfassungsmäßiges Organ in einer das Ansehen des Staates gefährdenden Weise."
368 S.u. Kapitel IV.5. und VII.1. Freilich war es verkürzt, vom Schutz ‚der Opposition' schlechthin zu sprechen; denn § 97 StGB (nach dem 1. StÄG) grenzte die *nicht staatstragende* Opposition zugleich aus, s. dazu unten.
369 Diese sachliche Übereinstimmung Arndts mit dem KPD-Abgeordneten Fisch wurde nie ausdrücklich erklärt, doch war sie in der 116. und 117. Sitzung des BT-RA bei der Diskussion um den späteren § 97 StÄG unverkennbar, wenn Arndt davor warnte, eine politische Auffassung nur deshalb zu bestrafen, weil sie eine kommunistische oder faschistische sei (s. Kurz-Prot. RA-BT, 1. WP, 116. Sitzung [26. Juni 1951], S. 20), und wenn Fisch seinerseits Elemente des ‚Gesinnungsstrafrechts' in der Regierungsvorlage angriff (s. Sten. Prot. RA-BT, 1. WP, 117. Sitzung [27. Juni 1951], S. 3 und 5).

lungserfolge, aufs Ganze des Gesetzeswerks gesehen, als Teilerfolge, ja Randkorrekturen. Die lediglich halbe Präzisierung des Schutzguts „Bestand der Bundesrepublik Deutschland", die mehrdeutige Formulierung der Landesverratsvorschriften und die extensive Verwendung des strafkonstituierenden Absichtsmerkmals waren Belege dafür. Das Gesinnungselement im Tatbestand der staatsgefährdenden Verunglimpfung von Verfassungsorganen war durch Arndts Intervention im objektiven Tatbestand zwar entschärft, letztlich aber nicht beseitigt worden.[370] Arndt fügte sich zwar nicht bedenkenlos in die Formulierung von Tatbeständen wie der staatsgefährdenden Sabotage, die unter anderem erst durch die staatsgefährdende Absicht eines Blockadestreiks zum Straftatbestand erhoben wurde.[371] Doch ließ er seine Skrupel dadurch beschwichtigen, daß die Regierungsvertreter das Absichtsmerkmal strafbarkeitsmindernd als Qualifizierung des einfachen Tätervorsatzes auslegten.[372] Weder schien Arndt prinzipieller Widerstand gegen das strafkonstituierende Absichtsmerkmal erwünscht, noch wäre dieser überzeugend gewesen; denn Ansätze zu einer Bestrafung der staatsgefährdenden Gesinnung konnte, wie oben gezeigt, auch der SPD-Entwurf nicht leugnen.

Mit dieser subjektivierten Struktur der Staatsgefährdungsdelikte verfehlte die Strafrechtsnovelle in gravierender Weise die von Arndt geforderte Ausschaltung des „Bewertungsmäßigen" und öffnete ein Einfallstor für richterliche Gesinnungserforschung. Hinzu trat eine weite, teils auch über Gesetzentwürfe aus nationalsozialistischer Zeit hinausgehende Ausdehnung der objektiven Straftatbestände.[373] Schließlich wurde – Arndts Widerspruch gegen einen abstrakten staatlichen Ehrenschutz zum Trotz – mit dem § 96 des Ersten Strafrechtsänderungsgesetzes eine Norm gegen staatsfeindliche Verunglimpfung aufgenommen, die nach der Interpretation des Regierungsvertreters den „Sonderwert" des „Staatsgefühls" zu schützen bestimmt sei.[374] Arndt selbst wurde in einer Kernvorschrift der Gesetzesnovelle zum entscheidenden Wegbereiter[375] einer

---

370 Vgl. § 97 1. StÄB vom 30. August 1951: „Wer in der Absicht, Bestrebungen gegen den Bestand der Bundesrepublik Deutschland [...] zu fördern [...], verunglimpft [...]."
371 § 90 1. StÄG vom 30. August 1951 (s. auch die §§ 91 und 92, § 94) qualifizierte durch die staatsgefährdende Absicht gemein-kriminelle Handlungen zu Staatsgefährdungsdelikten („zufällige Staatsgefährdungsdelikte", s. Copic, Grundgesetz und politisches Strafrecht, S. 15).
372 Vgl. die Diskussion im Rechtsausschuß, Kurz-Prot. RA-BT, 1. WP, 112. Sitzung (13. Juni 1951), S. 4, insbesondere 114. Sitzung (20. Juni 1951), Sten. Prot., S. 14 ff.; 116. Sitzung (26. Juni 1951), S. 3; auf die Diskussion im Rechtsausschuß eingehend auch Arndt, Der Begriff der „Absicht" in § 94 StGB (1957), S. 206 ff.
373 Vgl. die Generalklausel „Ausschluß jeder Gewalt- und Willkürherrschaft" in § 88 1. StÄG, s. dazu oben; zu der weiten, über nationalsozialistische Gesetzentwürfe noch hinausgehenden Fassung der Landesverratsvorschriften vgl. Schroeder, Der Schutz von Staat und Verfassung, S. 93 f.; Backes, Rechtsstaatsgefährdungsdelikte, S. 29 hebt hervor, daß der § 91 1. StÄG (Untergrabung der verfassungsmäßigen Ordnung), auf dessen Einschränkung Arndt im 4. StÄG vom 11. Juni 1957, BGBl I, 597 (vgl. dazu Kapitel V.1.) großen Wert legte, 1951 den RA „ohne Diskussion" passiert hatte.
374 Vgl. Prot. RA-BT, 1. WP, 116. Sitzung (26. Juni 1951), S. 18; dazu auch Backes, a. a. O., S. 33.
375 Wagner/Willms, Der sechste Strafsenat – Legende und Wirklichkeit, S. 266, bezeichneten Arndt als „geistigen Vater" des späteren § 90 a StGB. Dies ist insofern leicht überzeichnet, als ein Regierungsvorschlag während der Rechtsausschuß-Verhandlungen die ‚unmittelbare Pönalisierung' des Art. 9 II GG vorgeschlagen hatte (vgl. Backes, Rechtsstaatsgefährdungsdelikte, S. 27), dann allerdings auf Einwände der Ausschußmitglieder hin zurückgezogen wurde. Arndts beharrliche Argumentation (s. Sten. Prot. RA-BT, 1. WP, 119. Sitzung [29. Juni 1951], S. 53 ff.) war allerdings auslösend und entscheidend für die Rückkehr zur ‚unmittelbaren Pönalisierung'.

Strafausdehnung.[376] Überwiegend aus „kriminalpolitischen" Gründen plädierte er für „die Courage, Art. 9 Abs. 2 GG direkt zu pönalisieren"[377] – und drang damit durch[378]: § 90 a StGB stellte fortan die Gründung verfassungsfeindlicher Vereinigungen direkt – ohne vorangehende behördliche oder gerichtliche Feststellung der Verfassungsfeindlichkeit – unter Strafe.

Arndt und mit ihm die SPD-Fraktion gaben dem vom Rechtsausschuß erarbeiteten Gesetzentwurf ihre parlamentarische Zustimmung.[379] Wie kam die SPD zur Billigung dieses Gesetzeswerks?

Die äußere Voraussetzung der Einigung schufen Regierung und Parlamentsmehrheit, indem sie der größten Oppositionspartei ihr Interesse am breiten Konsens über ein Gesetz zu verstehen gaben[380], das zur effektiven Durchsetzung gegen den inneren Staatsfeind breiter, geschlossener Akzeptanz bedurfte und zugleich die Wiedergewinnung eines Stücks außenpolitischer Bewegungsfreiheit[381] gegenüber den Alliierten versprach. Die SPD wurde dadurch in einen Zwiespalt gedrängt: Einerseits stimmte sie mit der Regierung im Ziel einer linken und rechten Gegnern gegenüber gleichermaßen *„streitbaren Demokratie'* überein. Andererseits kannte und verteidigte sie als oftmals verfolgte und unterdrückte Partei mit langer oppositioneller Tradition den Wert rechtsstaatlicher Freiheitssicherung. Im Versuch, diesen Zwiespalt im Strafrechtsänderungsgesetz von 1951 zu überbrücken, erwies sich das Dilemma des Liberalen Arndt. Arndt war in seiner Fraktion der entschiedenste Verfechter des rechtsstaatlich-formalen Maßstabs alten Strafrechts[382] und gehörte zugleich zu den kämpferischen Befürwortern

---

376 Das lag auf der Linie einer der materiell weitreichendsten Bestimmungen des SPD-Entwurfs, des Verbots demokratiefeindlicher Vereinigungen (vgl. § 5, BT-DS 1/564).
377 Sten. Prot. RA-BT, 1. WP, 119. Sitzung (29. Juni 1951), S. 53 ff. (S. 54).
378 Die Regierungsvertreter wandten vor allem „rechtsstaatliche Gründe" gegen die ‚unmittelbare Pönalisierung" des Art. 9 II GG ein (vgl. Prot. RA-BT, 1. WP, 119. Sitzung [29. Juni 1951], S. 12 f.; eingehend zur Diskussion Backes, Rechtsstaatsgefährdungsdelikte, S. 26 f.). Immerhin konnte auch Arndts entgegengesetzte Auffassung – neben überwiegend kriminalpolitischen – ebenfalls *rechtsstaatliche* Gründe anführen; denn zu Recht wies er darauf hin, daß das die Verfassungsfeindlichkeit der Vereinigung selbständig beurteilende Strafgericht sorgfältig den Vorsatz des Täters würde nachweisen müssen, während dies in der Regierungsvorlage nicht gesichert sei (s. Sten. Prot., a. a. O., S. 53, 57); eingehend zu der parlamentarischen Diskussion und zu den rechtsstaatlichen Bedenken auch auf der Regierungsseite sowie schließlich zur kritikwürdigen, rechtsstaatlichen Grundsätzen zuwiderlaufenden späteren Anwendung dieser Vorschrift s. Schiffers, Zwischen Bürgerfreiheit und Staatsschutz, S. 195 ff., 293 f., 318 ff., 324 f.
379 Vgl. Prot. BT, 1. WP, 160. Sitzung (11. Juli 1951), S. 6 485 C ff.
380 Vgl. dahingehende Stellungnahmen der Abgeordneten Ewers (DP) und Köpf (CDU), Prot. BT, 1. WP, 158. Sitzung (9. Juli 1951), S. 6 318 C, D und 6 319 C, D.
381 Dazu und zu den teils heftigen Kollisionen des geplanten deutschen Staatsschutzrechts mit dem Geheimhaltungs- und Informationsinteresse der alliierten Besatzungsmächte, die ihren Primat wahrten s. Schiffers, Zwischen Bürgerfreiheit und Staatsschutz, S. 51, 150 ff., 225 ff.
382 Das Spezifikum rechtsstaatlichen ‚alten Staatsrechts" kann mit dem rechtsstaatlichen „Verteilungsprinzip" (s. Carl Schmitt, Verfassungslehre, S. 126, 131) umschrieben werden: „[. . .] die Freiheitssphäre des Einzelnen wird als etwas vor dem Staat Gegebenes vorausgesetzt, und zwar ist die Freiheit des Einzelnen prinzipiell unbegrenzt, während die Befugnis des Staates zu Eingriffen in diese Freiheit prinzipiell begrenzt ist." Daraus entspringe die Forderung nach „Meßbarkeit" jeder staatlichen Befugnis.
Zu den geistesgeschichtlichen Bedingungen und rechtlichen Grundzügen des politischen Strafrechts im 19. Jahrhundert, dem „Zeitalter der Rechtsstaatlichkeit", vgl. Kirchheimer, Politische Justiz, S. 58 ff., der für das 19. Jahrhundert von einem „eingeschränkten, unentschlossenen und von Gewissensbedenken" belasteten Staatsschutz spricht, a. a. O., S. 66.

einer gegenüber Rechts- wie Linksradikalen gleichermaßen harten, antitotalitären Haltung.[383] Arndts Versuch, diese beiden Elemente seiner politischen Einstellung zu vermitteln, sie in ein – wenn auch nur labiles – Gleichgewicht zu bringen, war zum Scheitern verurteilt, als die KPD liberal-rechtsstaatliche Positionen zu ihrer Verteidigung besetzte. Es geschah beinahe zwangsläufig, daß die außerhalb des Konsenses ‚streitbarer Demokratie' gestellte kommunistische Opposition in den „Kautschuk-Bestimmungen" der Strafrechtsnovelle Elemente des Gesinnungsstrafrechts und Beschneidungen der politischen Meinungsfreiheit anprangerte[384] – mit Argumenten, die denen Arndts recht nahe kamen. Gerade daraus mag sich Arndts teils mit verächtlichem Spott vorgetragene, militante, ja aggressive Abgrenzung gegenüber den Kommunisten erklären, die während der Schlußlesung der Gesetzesnovelle in den Sätzen gipfelte:

> „Zuletzt eine Warnung an alle, die da glauben, sie können auch die neue deutsche Demokratie zu Fall bringen. Wir lassen uns nicht täuschen von der Unwahrhaftigkeit, mit der Sie von der äußersten Linken hier gesprochen haben, die Sie gar nicht verdienen, als Linke bezeichnet zu werden. Denn wir wissen sehr genau, daß in der Sowjetzone ein KZ-Regime der Unmenschlichkeit herrscht, und wir sind entschlossen, unsere Freiheit zu verteidigen, worauf Sie sich verlassen können".[385]

In solch vehementem Abgrenzungsbedürfnis mag Arndt noch bestärkt worden sein durch die Aussicht, in einem Kompromiß mit den Mehrheitsabgeordneten eigene sozialdemokratische Forderungen in das politische Strafrecht hineinzubringen.[386]

Mit der Bereitschaft zum Kompromiß schlug jedenfalls das Pendel zum effektiven Staatsschutz aus. Nach entscheidender Vorarbeit Arndts leistete die SPD-Fraktion mit der Zustimmung zum Ersten Strafrechtsänderungsgesetz einen wesentlichen Beitrag konstruktiver, staatserhaltender Opposition. Wie sich in den folgenden Jahren zeigen sollte, hatte sie damit – entgegen Arndts erklärter Absicht – aber eben doch ein „Freiheitsopfer" gebracht.[387]

---

383 Vgl. seine Stellungnahmen, Prot. BT, 1. WP, 83. Sitzung (12. September 1950), S. 3 117 D; 158. Sitzung (9. Juli 1951), S. 6 317 C, D; 160. Sitzung (11. Juli 1951), S. 6 479 C, 6480 C.
384 Vgl. die Stellungnahmen des Abgeordneten Fisch (KPD): Prot. BT, 1. WP, 158. Sitzung (9. Juli 1951), S. 6 307 D ("Kautschukbestimmungen" des § 88 1. StÄG); zum Gesinnungsstrafrecht vgl. Prot. RA-BT, 1. WP, 116. Sitzung (26. Juni 1951), S. 17 f. (politische Meinungsfreiheit).
385 Prot. BT, 1. WP, 160. Sitzung (11. Juli 1951), S. 6 480 C, D. In derselben Sitzung lieferte Arndt sich ein Wortgefecht mit dem Abgeordneten Fisch (KPD), dessen Vortrag er mit den Worten kommentierte: „Wenn die deutsche Sprache zum Erröten bringen könnte, würden Sie jetzt dunkelrot werden", worauf Fisch erwiderte: „Sie sollten sich schämen, so ein Renegat wie Sie!", a. a. O., S. 6 478 B.
386 Der genaue Verlauf der nicht protokollierten interfraktionellen Verhandlungen (s.o.) könnte eventuell darüber genaueren Aufschluß geben. Schließlich war auch das rechtsstaatliche Fundament des SPD-Entwurfs (zur Kritik s.o.) keine ausreichend sichere Basis für eine oppositionelle Prinzipienpolitik.
387 S.u. Kapitel V.1.

4. Um den „großherzigen" Rechtsstaat - Wiedergutmachung und Ahndung nationalsozialistischen Unrechts

Die Politik der ‚Wiedergutmachung'[388] an den Opfern des nationalsozialistischen Unrechtsregimes, wie sie der Deutsche Bundestag ins Werk setzte, schuf einen weiteren, wesentlichen Bereich der Kooperation zwischen Bundesregierung und Opposition. Arndts Wirken auf diesem Gebiet erschließt sich erst aus dem umfassenden Zusammenhang seines politischen Werks. Diesen Zusammenhang erhellen und vertiefen Arndts – zum Teil sich entwickelnde und wandelnde – Auffassungen zur Schuldfrage und zu den Rechtsmaßstäben der Ahndung nationalsozialistischen Unrechts, seine Kritik an der Wiedergutmachungspraxis und sein Werben um neues Vertrauen zu Deutschland in der jüdischen Weltöffentlichkeit.

Opfer und Täter

Arndt gehörte zu den Opfern des Nationalsozialismus und seiner Rassenideologie. Schon dem Gymnasiasten in der frühen Weimarer Republik war antisemitischer Haß entgegengeschlagen. Der Entlassung aus dem Richterdienst aus rassischen und politischen Gründen entging er 1933 nur durch seinen eigenen Entlassungsantrag. Die fortschreitende Diskriminierung jüdischer Freunde, Kollegen und Mitarbeiter und ihre Vertreibung ins Exil, die Ermordung jüdischer Familienangehöriger, die eigene Rechtlosstellung bis hin zur Hafteinweisung in ein Zwangsarbeitslager, schließlich die Fortsetzung der rassischen Diskriminierung an seinen beiden Kindern – das waren die Wegmarken einer rassischen und politischen Verfolgung, die Arndt mit Millionen anderer Opfer des Nationalsozialismus teilte. Das Erleben dieser Leidenszeit faßte er 1947 auf dem Konstanzer Juristentag in den bewegenden und sehr persönlichen Schlußworten seines Vortrags über das Verbrechen der Euthanasie zusammen.[389] In jener unmittelbaren Nachkriegszeit, in der nachwirkenden Erschütterung hatte Arndt sich eindeutig als Opfer der nationalsozialistischen Herrschaft verstanden.

Diese Eindeutigkeit wich mit zunehmendem zeitlichen Abstand von den Ereignissen der NS-Zeit einem differenzierten Bild. Schon in seinem eigenen Wiedergutmachungsverfahren deutete Arndt Zweifel an, ob sein Ausscheiden aus dem Richterdienst auf eigenen Antrag überhaupt ein wiedergutmachungserheblicher Tatbestand sei.[390] In der Justizdebatte 1959 um NS-belastete Richter hielt Arndt zwar die Unterscheidung zwischen Terrorausübenden und Terrorisierten, zwischen Tätern und Opfern, aufrecht.[391] Sie wurde jedoch, wenngleich nicht verdrängt, so doch überlagert von einer –

---

388 Die Problematik des euphemistischen Begriffs ‚Wiedergutmachung' ist nicht zu übersehen. Es wird im folgenden davon ausgegangen, daß es sich dabei um die oftmals nur symbolisch bleibenden, einen tatsächlichen Ausgleich materieller und immaterieller Schädigungen nicht annähernd erreichenden und dazu auch untauglichen *Versuche* der (partiellen) Entschädigung und Sühne des von dem nationalsozialistischen Regime verübten Unrechts handelt.
389 Vgl. Kapitel II. 3.
390 Arndt an Ministerialdirektor Dr. Kant, 28. Juli 1951, HJM, Personalakte Arndt I p³: Er befürchtete, das Ausscheiden aus dem Staatsdienst auf eigenen Antrag, wenn auch aus politischen und rassischen Gründen, könne ihm in einem Wiedergutmachungsverfahren als venire contra factum proprium ausgelegt werden.
391 Prot. BT, 3. WP, 56. Sitzung (22. Januar 1959), S. 3 050 B.

nach der Begrifflichkeit Karl Jaspers' – Empfindung „metaphysischer"[392] Mitschuld, vor der eine eindeutige Selbstbestimmung als Opfer nicht mehr Bestand hatte.

> „Es wäre [. . .] unwahrhaftig und heuchlerisch, wenn wir die Täter isoliert ansehen wollten, sozusagen im Raum der fiktiven Normalität, als ob wir nicht selber, mindestens in unserem Unterlassen, Mitwirkende des Geschehens gewesen wären."[393]

Metaphysische Schuld entsprang dem Gefühl des Versagens vor einer universellen zwischenmenschlichen Solidarität, vor der untilgbar schuldig wurde, wer überlebte, während andere in seiner Gegenwart Verbrechen zum Opfer fielen.[394] Arndt gab dem sehr klar Ausdruck in seiner berühmt gewordenen Rede zur Verjährungsdebatte 1965:

> „Ich weiß mich mit in der Schuld. Denn sehen Sie, ich bin nicht auf die Straße gegangen und habe geschrien, als ich sah, daß die Juden aus unserer Mitte lastkraftwagenweise abtransportiert wurden. Ich habe mir nicht den gelben Stern umgemacht und gesagt: ich auch! [. . .] Ich weiß mich mit in der Schuld. Ich kann nicht sagen, daß ich genug getan hätte. Ich weiß nicht, wer das von sich sagen will. Aber das verpflichtet uns, das ist ein Erbe."[395]

Der so sprach, hatte ein Leben lang die These von der deutschen Kollektivschuld an den nationalsozialistischen Verbrechen vehement bekämpft.[396] Er sah darin einen aufgedrängten Pauschalvorwurf, der das menschliche Individuum als alleiniges Zurechnungsobjekt möglicher Schuld verkannte. Abseits kollektiven Schuldzwangs sollte um so mehr Raum sein für ein freiwilliges Selbstbekenntnis „gemeinsamer Scham."[397] Arndt plädierte nicht mehr parteilich aus der Rolle des Opfers gegen die Täter. Seinem Bewußtsein der Ambivalenz, der Gleichzeitigkeit von Täter- *und* Opferrolle, war der Rückzug auf eine monolithisch-ungebrochene, moralisch argumentierende Anspruchshaltung aus der Opferperspektive verschlossen.

Arndt und die Wiedergutmachungspolitik der SPD im Ersten Deutschen Bundestag

Dieses Bewußtsein übertrug Arndt insbesondere auf das Problem der materiellen Entschädigung, der Wiedergutmachung nationalsozialistischen Unrechts. Sein Bekenntnis:

> „Ich bekenne mich zu dem Glauben, daß über Sein und Nicht-Sein eines Volkes zuerst und zuletzt entscheidet, ob es noch den Ruf der sittlichen Gebote hört. Die Wiedergutmachung aber, und zwar endlich die unverzügliche Wiedergutmachung, ist ein sittliches Gebot."[398]

---

392 Vgl. Jaspers, Die Schuldfrage (1946), S. 21 f., 52 ff.
393 Prot. BT, 3. WP, 56. Sitzung (21. Januar 1959), S. 3 050 B.
394 Jaspers, Die Schuldfrage (1946), S. 21 f., 52.
395 Prot. BT, 4. WP, 140. Sitzung (10. März 1965), S. 8 552 D.
396 Siehe o. Kapitel II. 5.
397 Vgl. Prot. BT, 3. WP, 51. Sitzung (21. Januar 1959), S. 3050 A. Die Empfindung „gemeinsamer Scham" kam dem nahe, was Karl Jaspers, Die Schuldfrage (1946) S. 57, die „kollektive Schuld" an einer „Atmosphäre der Unterwerfung" nannte.
398 Prot BT, 1. WP, 229. Sitzung (11. September 1952), S. 10435 B.

Mit diesen Worten hüllte sich gerade nicht das partikulare Entschädigungsinteresse eines klar abgegrenzten Opferkreises in einen allgemeinen, an den Staat gerichteten moralischen Verhaltenskodex. Indem Arndt vom „Volk" und dessen Wiedergutmachungspflicht sprach, schloß er sich darin in seiner Doppelrolle als Opfer und Mitschuldiger ein. Ihm, der die sublimste Form der Schuld, die metaphysische, für sich annahm, war die „politische Haftung"[399] eines Volkes für die Folgen der in seinem Namen begangenen Handlungen und Verbrechen eine sittliche Grundvoraussetzung der Zweckerfüllung des Staates – und insofern eine Selbstverständlichkeit.

Neben der sittlichen entschied die Wiedergutmachung nationalsozialistischen Unrechts über die rechtliche Existenzweise des deutschen Staates; „denn", so folgerte Arndt, „Empfänger dieser Leistungen sind nicht allein die durch Unrecht Verfolgten, sondern ist die gesamte Rechtsgemeinschaft, weil es darum geht, Deutschland wieder ehrlich zu machen."[400] „Mehr als bisher ist durch die Tat zu beweisen, daß diese Wiedergutmachung auch das Maß für die Erneuerung des Rechts in Deutschland ist."[401] Damit war für Arndt das „Liebes- und Rechtswerk" der Wiedergutmachung, wie er es nannte, in doppelter Hinsicht auch eine Aufgabe nationaler Selbstreinigung und Selbstbehauptung:

> „Begreift man Recht nicht als mechanische Eigengesetzlichkeit der Sachbereiche, sondern Selbstbestimmung der freien Menschen, so kann diese Aufgabe sinnvoll und wirksam als Befreiung allein von den Menschen des Rechtskreises geleistet werden, in deren Lebensbereich das Unrecht Gewalt erlangte. Mit anderen Worten: die Wiedergutmachung ist eine deutsche Aufgabe."[402]

Nur durch die eigenhändige Wiedergutmachung des begangenen Unrechts konnte der Rechtsbrecher, so war Arndts Kerngedanke, zu einer *geltenden*, das heißt freiwillig gesetzten und befolgten[403] inneren Rechtsordnung zurückfinden. Zugleich führte – mit Blick auf das Ausland – der einzige Weg aus dem Verdachtsschatten kollektiver deutscher Schuld über eine freiwillige und großzügige Wiedergutmachung hin zu einem „ehrlichen" Deutschland.

Schon 1947, während seiner Mitarbeit an einem Rückerstattungsgesetz des Süddeutschen Länderrats[404], hatte Arndt diesen nationalen Gesichtspunkt der Wiedergutmachung nachhaltig verfochten. Mit Zorn und Empörung[405] hatte es ihn daher erfüllt, daß ein in einem aufwendigen Beratungsprozeß unter seiner Mitwirkung erarbeitetes deutsches Rückerstattungsgesetz seinerzeit von der amerikanischen Militärregierung abge-

---

399 Jaspers, Die Schuldfrage (1946), S. 44 ff.
400 Prot. BT, 1. WP, 229. Sitzung (11. September 1952), 10435 D.
401 Prot. BT, 1. WP, 165. Sitzung (27. September 1951), S. 6699 A.
402 Arndt, Das Rückerstattungs – Gesetz der amerikanischen Zone (1948), S. 161.
403 Siehe o., Kapitel II. 3.
404 Arndt gehörte als Referent des Hessischen Justizministeriums dem Sonderausschuß des Süddeutschen Länderrats an, der ab dem Sommer 1946 Entwürfe zu einem deutschen Rückerstattungsgesetz erarbeitete; vgl. zur Geschichte der Entwürfe eingehend W. Schwarz, Rückerstattung nach den Gesetzen der Alliierten Mächte, S. 23 ff.; vgl. auch Arndt, Rückerstattungs – Gesetz (1948), S. 161.
405 Schwarz, a. a. O., S. 55, berichtet, Arndts Erbitterung über das Vorgehen der amerikanischen Militärregierung sei derartig groß gewesen, daß er kurz darauf angesetzte Beratungen über ein Haftentschädigungsgesetz boykottierte und in einem Brief an den Beauftragten der Regierung Württemberg – Badens, Rechtsanwalt Otto Küster, erwog, die Militärregierung zu bitten, sie möge das Rückerstattungsgesetz durch ihre eigenen Behörden ausführen lassen.

lehnt und komplett durch ein Militärgesetz für die amerikanische Zone ersetzt worden war.[406] Besonders erbitterte ihn, daß – nach seiner Auffassung – deutsche Länderratsvertreter politische Mitschuld an dem falschen Eindruck der Weltöffentlichkeit trugen, die in der Folge dazu geneigt habe[407], die Entschiedenheit des deutschen Gesetzgebungswillens in Zweifel zu ziehen.

In seinem Drängen auf die moralische und nationale Pflicht zur Wiedergutmachung nationalsozialistischen Unrechts fand Arndt in Kurt Schumacher einen einflußreichen Bundesgenossen. Der Parteivorsitzende war ein entschiedener Wegbereiter[408] der sozialdemokratischen Wiedergutmachungspolitik. Schumachers Anteilnahme am Schicksal der verfolgten Juden, seine frühen Aufrufe, die Wiedergutmachung als Pflicht des „deutschen Volkes"[409] und höchst politische gesamtdeutsche Frage[410] anzunehmen, schufen für Arndt einen Bereich fundamentaler Aufgehobenheit in seiner Partei und erleichterten ihm wesentlich die Integration in die Führung der Bundestagsfraktion[411]; denn Schumacher seinerseits legte Wert auf die Beteiligung politisch aktiver Persönlichkeiten jüdischer Abstammung an der Parteiarbeit.[412] Gerade bei Arndt konnte er daher auf rückhaltlose Unterstützung des Wiedergutmachungsanliegens rechnen. Für Arndt wiederum war es ein Moment tiefer Übereinstimmung, wenn der SPD-Vorsitzende Adenauers erster Regierungserklärung entgegenhielt:

„Zu matt und schwach ist gewesen, was gestern die Regierungserklärung über die Juden und über die furchtbare Tragödie der Juden im Dritten Reich gesagt hat. Resignierte Feststellung und der Ton des Bedauerns helfen hier nichts. Es ist nicht nur die Pflicht der internationalen Sozialisten, sondern es ist die Pflicht eines jeden deutschen Patrioten, das Geschick der deutschen und der europäi-

---

406 US – Militärgesetz Nr. 59, Amtsblatt der US – Militärregierung vom 10. November 1947; zu den Vorgängen Arndt rückblickend Prot. BT, 1. WP, 229. Sitzung (11. September 1952), S. 10 435 A.
407 Arndt, Rückerstattungs – Gesetz (1948), S. 162, berichtete: In der entscheidenden Nachmittagssitzung des Süddeutschen Länderrats am 8. November 1947 hätten der stellvertretende bayerische Ministerpräsident, Dr. Josef Müller, und der Ministerpräsident von Württemberg – Baden, Reinhold Maier, den vom Länderrat bereits als Gesetz verabschiedeten Entwurf eines deutschen Rückerstattungsgesetzes lediglich als „Gesetzentwurf" bezeichnet, dem sie nicht zustimmen könnten, und folglich den falschen Eindruck erweckt, als sei ein deutsches Gesetz vom Länderrat nicht beschlossen, sondern abgelehnt worden; zum ‚Gesetzesbeschluß' des Länderrats siehe auch Otto Küster. Das Rückerstattungsgesetz für die amerikanische Zone, S. 361. Schwarz, Rückerstattung nach den Gesetzen der Alliierten, S. 53, Anm. 2, widerspricht dem insoweit, als der Länderrat (von Beginn an) seinen neunten Entwurf eines deutschen Rückerstattungsgesetzes als Entwurf und nicht als beschlossenes Gesetz der Militärregierung übermittelt habe.
408 Shafir, Das Verhältnis Kurt Schumachers zu den Juden und zur Frage der Wiedergutmachung, S. 183.
409 Schumacher, Reden – Schriften – Korrespondenzen 1945 – 1952, S. 217 (am 6. Mai 1945), S. 509 (Juni 1947), S. 600 (Sommer 1948).
410 Shafir, Die SPD und die Wiedergutmachung gegenüber Israel, S. 192.
411 Vgl. dazu Arndts Brief an Schumacher, 11. Februar 1952, AdsD, Akten SPD – BTF 332, in dem er dem Parteivorsitzenden seine Vertretung in der Verfassungsbeschwerde Erich Lüths vor dem Bundesverfassungsgericht mitteilte (s. o. Kapitel V 1. 3.): „Verehrter lieber Genosse Schumacher! Da Du stets ein Vorkämpfer für die Meinungsfreiheit und gegen den Antisemitismus gewesen bist, liest Du vielleicht ganz gern die anliegend beigefügte Abschrift meines Schriftsatzes [...]. Ich habe mich zu dieser Vertretung vor dem Bundesverfassungsgericht selbst erbeten, weil ich überzeugt bin, daß ich damit unserer Politik und der Partei einen Dienst erweise [...]".
412 Schumacher, Reden – Schriften – Korrespondenzen, S. 991 (Brief an Peter Blachstein, 26. November 1949, der gleichfalls jüdischer Abstammung war).

schen Juden in den Vordergrund zu stellen und die Hilfe zu bieten, die dort notwendig ist [...]."⁴¹³

Auf dieser „Grundsatzerklärung"⁴¹⁴ ruhte die sozialdemokratische Wiedergutmachungspolitik⁴¹⁵, die Adolf Arndt gemeinsam mit Kurt Schumacher und einigen anderen Fraktionskollegen in der ersten Wahlperiode des Bundestags einleitete.
Arndt mußte erkennen, daß es auch in der eigenen Partei antisemitische Vorbehalte⁴¹⁶ und Neigungen gab, die jüdischen Forderungen nur zurückhaltend und zögernd zu erfüllen.⁴¹⁷ Folgt man Umfragen des Jahres 1952, war die Wiedergutmachung in der SPD-Anhängerschaft ebensowenig populär wie in anderen Parteien: Weniger als die Hälfte der befragten SPD-Mitglieder bekannten sich als klare Befürworter der Wiedergutmachung.⁴¹⁸ Die sozialdemokratische Bundestagsfraktion dagegen verfolgte zielstrebig ihr Anliegen der Wiedergutmachung und der Annäherung an den neu gegründeten Staat Israel. In einer (von Arndt mitformulierten) Interpellation vom Februar 1951 steckte die SPD ihre konkreten Forderungen bezüglich eines bundeseinheitlich zu formulierenden Wiedergutmachungsgesetzes ab: Es sollte die besondere moralische Verpflichtung zur Wiedergutmachung gegenüber den von der nationalsozialistischen Gewaltherrschaft verfolgten Juden und gegenüber dem Staat Israel als dem Treuhänder des von ermordeten Juden ohne Erben hinterlassenen Vermögens anerkennen.⁴¹⁹ Beharrlich bereitete Arndt der Forderung nach Schaffung eines bundeseinheitlichen Wiedergutmachungsgesetzes im Rechtsausschuß den Boden.⁴²⁰ Inzwischen stand – vorbereitet unter anderem durch diplomatische Aktivitäten der SPD-Abgeordneten Carlo

---

413 Prot. BT, 1. WP, 6. Sitzung (21. September 1949), S. 36 D.
414 Vgl. dazu die Denkschrift „Die Sozialdemokratische Partei Deutschlands und die Wiedergutmachung", S. 5, ohne Datum, handschriftlicher Vermerk „21. 2. 1961 an Ollenhauer und Altmaier", AdsD, Nachlaß Arndt, Mappe 45. Die namentlich nicht gekennzeichnete Denkschrift stammt mit höchster Wahrscheinlichkeit von Arndt, da sie in Diktion, Auswahl der Fakten und genauer Kenntnis der juristischen Umstände auf ihn hindeutet. Zudem hatte Arndt Auftrag von Ollenhauer, eine Denkschrift zur Wiedergutmachungsfrage zu verfassen, vgl. Arndt an Ollenhauer, 21. Juli 1960, AdsD, PV – Bestand Ollenhauer 1. Daher wird im folgendem von der „Arndt – Denkschrift" gesprochen.
415 Unter Wiedergutmachungspolitik wird im folgenden die Politik verstanden, die die Haftung für das spezifische, unter Hitlers Herrschaft verübte Staatsunrecht (vgl. Küster, Erfahrungen in der deutschen Wiedergutmachung, S. 3) zum Gegenstand hat. Dabei wird aus den einzelnen Bereichen der Wiedergutmachung der sachenrechtliche (Rückerstattung) hier nicht berücksichtigt. Im Mittelpunkt steht die individuelle Entschädigung (schuldrechtlich und verwaltungsrechtlich, d. h. für Angehörige des öffentlichen Dienstes), außerdem die kollektive völkerrechtliche Haftung aus dem deutsch – israelischen Vertrag von 1952 (zu dieser Unterscheidung s. Küster, ebda.).
416 Schumacher (in einem Brief an Peter Blachstein), Reden – Schriften – Korrespondenzen, S. 990, 991 (insbesondere Anm. 6).
417 Vgl. Shafir, Die SPD und die Wiedergutmachung gegenüber Israel, S. 195. Arndt nahm gemeinsam mit Schumacher und Altmaier an einer Unterredung mit Vertretern jüdischer Gemeinden teil, die sich über die diskriminierende Verwaltungspraxis des sozialdemokratischen Innenministers Niedersachsens, Borowski, beklagten.
418 Wolffsohn, Das Wiedergutmachungsabkommen mit Israel: Eine Untersuchung bundesdeutscher und ausländischer Umfragen, S. 208, 212.
419 Vgl. BT DS 1 / 1 828.
420 Prot RA – BT, 1. WP, 158. Sitzung (14. Februar 1952), 163. Sitzung (21. Februar 1952), 190. Sitzung (13. Juni 1952). Schließlich verabschiedete der Rechtsausschuß des Bundestags einen Vorschlag (BT DS 1 / 3 583) zur bundeseinheitlichen rahmengesetzlichen Regelung der Wiedergutmachung.

Schmid und Jakob Altmaier[421] (letzterer im Auftrag der Bundesregierung) – eine Konferenz der Bundesregierung mit Vertretern Israels und der Jüdischen Weltorganisation in Aussicht. Voraussetzung des Konferenzbeginns sollte ein Akt moralischer Wiedergutmachung in Form feierlicher Erklärungen der Bundesregierung und des Bundestags sein.[422] Arndts Fraktionskollege Jakob Altmaier hatte gemeinsam mit Nahum Goldmann, dem Präsidenten des Jüdischen Weltkongresses, Vorlagen für die abzugebenden Erklärungen erarbeitet. Bundeskanzler Adenauer war damit einverstanden und legte besonderen Wert darauf, daß die Erklärung des Bundestags für alle Parteien gemeinsam abgegeben werden solle.[423] Doch stieß der Erklärungsentwurf auf den entschiedenen Widerspruch Schumachers. „Er war wegen der Lauheit der Erklärungen betroffen", wie Arndt später berichtete. Arndt seinerseits bereitete einen neuen Erklärungstext vor, den die Fraktion akzeptierte und den am 27. September 1951 Paul Löbe, der ehemalige Präsident des Weimarer Reichstags, in einer feierlichen Erklärung für die SPD im Bundestag vortrug.[424]

Gewiß nicht zufällig war die Formulierung der SPD-Erklärung Arndt zugefallen.[425] Die von Schumacher gerügte „Lauheit" des ursprünglichen Entwurfs ersetzte Arndt durch unverstellte, prägnante Aussagen, deren ethisch-bekenntnishafte Semantik und Metaphorik die Bitterkeit der Scham über die verübten Verbrechen nicht aussparte und zugleich den entschiedenen, zu Opfern bereiten Willen zur Wiedergutmachung bekundete. Baute Adenauers Regierungserklärung[426] einleitend auf die rechtlichen Vorkehrungen der neuen deutschen Rechtsordnung gegen rassische Diskriminierung, so stellte die SPD-Erklärung die „sittliche Verpflichtung" voran, „sich mit ganzer Kraft um eine Aussöhnung mit dem Staat Israel und den Juden in aller Welt zu bemühen", und dazu „den ersten Schritt zu tun." Sprach Adenauer vom Bewußtsein des „unendlichen Leids", das über die jüdische Bevölkerung gebracht worden sei, so nannte die SPD-Erklärung das Verbrechen des sechsmillionenfachen Mordes beim Namen und bekannte die Scham über diese „Schandtaten." Wies der Kanzler neben der moralischen Verpflichtung auf die materiellen „Grenzen" der deutschen Leistungsfähigkeit hin, so akzentuierte die SPD-Erklärung die Notwendigkeit des „Opfers" angesichts der „furchtbar[en] Größe des Unrechts." Es entsprang unverkennbar zugleich einer grundlegenden Überzeugung Arndts, wenn Löbe im Namen der SPD erklärte, die „Schandtaten" seien zum „Entsetzen der überwiegenden Mehrheit auch des deutschen Volkes verübt worden." Mit dem ehrenden Gedenken der deutschen jüdischen Intelligenz – „Deutschland und Europa haben in allen Bereichen ihres geistigen, gesellschaftlichen und wirtschaftlichen Lebens Männern wie Felix Mendelssohn, Heinrich Heine, Walther Rathenau und den zahlreichen deutschen Nobelpreisträgern jüdischer Abstam-

---

421 Vgl. dazu das Memorandum Jakob Altmaiers, „Meine Arbeit und Mitwirkung am ‚Israel – Vertrag'", AdsD, Nachlaß Jakob Altmaier, , Bd. 1; dazu Albrecht, Ein Wegbereiter. Der sozialdemokratische Bundestagsabgeordnete Jakob Altmaier und das Luxemburger Abkommen, S. 208 ff. vgl. ebenfalls die Arndt – Denkschrift, Anm. 414, S. 6 – 10.
422 Arndt – Denkschrift, a. a. O., S. 9 – 12.
423 dazu eingehend Arndt – Denkschrift, ebda.
424 Vgl. Prot. BT, 1. WP, 165. Sitzung (27. September 1951), S. 6 698 C ff.
425 Vgl. Arndts handschriftlichen Entwurf der Erklärung, AdsD, Akten SPD – BTF 468 (Gesamtdeutsche Politik).
426 Prot. BT, 1. WP, 165. Sitzung (27. September 1951), S. 6 697 D ff.

mung Außerordentliches zu verdanken"[427] – schlug Arndts Erklärungsentwurf den Bogen zu Schumachers erster Bundestagsrede[428] und dem wichtigen Gedanken, den jüdischen Beitrag als unablösbaren Teil des deutschen kulturellen Erbes zu begreifen und eine Rückbesinnung darauf einzuleiten. Mit der Formulierung der SPD-Erklärung schuf Arndt in geradezu kongenialer Nähe zu Kurt Schumacher ein grundlegendes und bewegendes Dokument des sozialdemokratischen Wiedergutmachungswillens.

Eine weitere wesentliche Formulierungshilfe für Schumacher[429] leistete Arndt im Mai 1952, nachdem ihn im März des Jahres ein Treffen mit Delegierten des amerikanischen Jewish Labor Committee von der Dringlichkeit der jüdischen Wiedergutmachungsforderung überzeugt hatte.[430] Dabei arbeitete Arndt eng mit dem stellvertretenden Vorsitzenden und späteren Nachfolger Schumachers im Parteivorsitz der SPD, Erich Ollenhauer, zusammen. Das gemeinsame Herzensanliegen der Wiedergutmachung verband die beiden Politiker während der folgenden zehn Jahre ihres von gegenseitigem Vertrauen getragenen Zusammenwirkens in den Führungsgremien der SPD. Gemeinsam mit Ollenhauer entwarf Arndt einen Brief Schumachers[431], in dem dieser Adenauer die Unterstützung der SPD für eine selbständige völkervertragliche Regelung der Wiedergutmachung gegenüber Israel und den jüdischen Weltorganisationen zusicherte. Der Brief gab Adenauer entscheidenden Rückhalt gegenüber starken oppositionellen Kräften[432] in der eigenen Regierungskoalition und ebnete dadurch den Weg zum erfolgreichen Abschluß und zur Ratifikation des deutsch- israelischen Wiedergutmachungsabkommens[433] im Herbst 1952, das bahnbrechend für die allmähliche

---

427 Vgl. alle Zitate Prot. BT, 1. WP, 165. Sitzung (27. September 1951), S. 6 697 D ff.
428 Vgl. Prot BT, 1. WP, 6. Sitzung (21. September 1949), S. 37 A. Auch Carlo Schmid (Prot. BT, 1. WP. 120. Sitzung [22. Februar 1952]) erinnerte an die „großartige Fruchtbarkeit des Zusammenlebens der jüdischen Menschen mit den anderen Menschen in Deutschland", S. 4 592 B f.
429 Schumacher war zu jener Zeit durch seine schwere Krankheit erheblich eingeschränkt, s. Schumacher, Reden – Schriften – Korrespondenzen, S. 1005 f. (Schumacher an Bundeskanzler Adenauer zum Stand der Wiedergutmachungsverhandlungen mit dem Staat Israel, 10. Mai 1952).
430 Vgl. den Bericht über die Unterredung Arndts, Fritz Heines und Walter Seufferts mit den Repräsentanten des American Jewish Labor Committee, Adolphe Held und P. Shrager, am 17. März 1952 in Paris, in: Jewish Labor Committee (Hrsg.), The role of the Jewish Labor Committee in Negotiations on Jewish material claims. A historic achievement, March 1960, Kopie Sammlung Claus Arndt. Allerdings ist der Bericht sachlich nicht ganz zuverlässig. Jedenfalls ist die Darstellung, Arndt habe ursprünglich eine Verantwortung des gegenwärtigen Deutschland für die von Hitler begangenen Verbrechen abgelehnt, deswegen höchst zweifelhaft, weil Arndt strikt von der Identität der Bundesrepublik Deutschland mit dem Deutschen Reich auch in bezug auf die Haftung für Staatsunrecht ausging (vgl. z. B. Prot. RA – BT, 1. WP, 105. Sitzung [16. Mai 1951], S. 7 f.). Auch die spätere Darstellung der Unterredung aus der Sicht Adolphe Helds („Für die jüdischen Opfer Hitlers", Neuer Vorwärts, 16. Mai 1952, S. 10) widerspricht dieser angeblichen anfänglichen Verhandlungsposition Arndts.
431 Shafir, Das Verhältnis Kurt Schumachers zu den Juden, S. 182; ders. , Die SPD und die Wiedergutmachung gegenüber Israel, S. 199.
432 Arndt gab mit einem Telegramm dem stellvertretenden deutschen Verhandlungsleiter Otto Küster Rückendeckung, der aus Protest gegen den hartnäckigen Widerstand aus Regierungskreisen gegen den deutsch – israelischen Vertrag zurückgetreten war, vgl. Fritz Heine an Adolphe Held, AdsD, PV – Bestand Heine 20 (He); vgl. auch Arndts Würdigung der Leistung Küsters, „Ein offener Brief an den Landtag", 14. August 1954, in: Freiburger Rundbrief, VII. Folge 1954 / 55, Nr. 25 / 28, S. 17.
433 Arndt – Denkschrift (Anm. 414), S. 14 ff. eingehend zur nachhaltig fordernden Rolle der SPD bei der Ratifikation, Shafir, Die SPD und die Wiedergutmachung gegenüber Israel, S. 199 ff. Zur Entstehung des Abkommens s. von Jena, Versöhnung mit Israel? Die deutsch – israelischen Verhandlungen bis zum Wiedergutmachungsabkommen von 1952.

Entspannung der deutsch-jüdischen Beziehungen und die Verbesserung des moralischen sowie außenpolitischen Ansehens der Bundesrepublik wurde.[434]

Öffentliche Erklärungen und völkerrechtliche Regelungen schufen indessen nur die Vorbedingungen des eigentlichen, gesetzestechnisch schwierigen und mühsamen Werks der Gesetzgebung zur *individuellen* Wiedergutmachung.[435] Ihr galt Arndts hauptsächliches Augenmerk. Hier leistete er einen bleibenden Beitrag zur Wiedergutmachungspolitik der Bundesrepublik. Im Frühjahr 1952 hatte Arndt der Fraktion den Entwurf eines Wiedergutmachungsgesetzes vorgelegt, der nach weiteren Beratungen in der Fraktion und einer dazu eingesetzten Fraktionskommission[436] bereits ein Vierteljahr vor Abschluß des Israel-Vertrages als sozialdemokratischer Initiativ-Entwurf dem Bundestag vorlag und die erste parlamentsreife Kodifikation eines bundeseinheitlichen Gesetzes zur individuellen Wiedergutmachung nationalsozialistischen Unrechts[437] darstellte. Einen Tag nach Verabschiedung des Israel-Vertrags begründete Arndt den sozialdemokratischen Gesetzentwurf im Bundestag in seiner wohl bedeutendsten Rede zum Wiedergutmachungsproblem.

Arndts Leitgedanke der „Versöhnung" trat symbolisch bereits im Aufbau des Gesetzes hervor. Der Hauptteil des Entwurfs regelte detailliert die Voraussetzungen und Verfahren der individuellen Entschädigung immaterieller und materieller Schäden aus nationalsozialistischen Verfolgungsmaßnahmen. Grundsätzlich hielt Arndt noch einmal für seine Fraktion fest, „daß zu den überkommenen Reichs- oder Bundesschulden in erster Linie die Verbindlichkeiten aus dem Unrecht der nationalsozialistischen Gewaltherrschaft gehören" und „das Menschenmögliche an Wiedergutmachung zu leisten sei", und zwar gerade angesichts einer nicht tilgbaren Schuld:

„Auch bleibt uns die schmerzliche Einsicht nicht versagt, wie klein selbst die größte Leistung leider wird angesichts des Übermaßes an Unmenschlichkeit, das geschehen ist. Nichts wird das Blut und die Tränen auslöschen können, die für immer diese Blätter der deutschen Geschichte trüben und verdunkeln."[438]

Dem Hauptteil des Gesetzentwurfs ging ein Abschnitt voran, der dazu weniger in einem unmittelbar sachlichen als, wie Arndt betonte, einem „moralischen Zusammenhang" stand: Die nachträgliche gesetzeskräftige Anerkennung des aus Überzeugung gegen die nationalsozialistische Gewaltherrschaft geleisteten Widerstands als rechtmä-

---

434 Vgl. die Stellungnahmen Nahum Goldmanns, des Präsidenten des Jüdischen Weltkongresses, bei: L. R. Vogel (Hrsg.), Deutschlands Weg nach Israel, S. 111; Kurt Grossmann, Die Ehrenschuld, S. 59; neuerdings diese Einschätzung stark einschränkend Wolffsohn, Ewige Schuld?, S. 21 f., der die Wiedergutmachung jedenfalls nicht als notwendige „Eintrittskarte" für die Aufnahme der Bundesrepublik in den Kreis der Westmächte sieht, diesen Erfolg vielmehr primär den Gegebenheiten des Kalten Krieges zuschreibt.
435 Zur Gliederung des Begriffs Wiedergutmachung s. o. Anm. 415.
436 Vgl. die Protokolle der SPD – Fraktionssitzungen vom 1. April und 27. Mai 1952, AdsD, Akten SPD – BTF 1 021.
437 Vgl. BT DS 1 / 3 472: Entwurf eines Gesetzes zur Anerkennung des deutschen Widerstandes und zur Wiedergutmachung nationalsozialistischen Unrechts.
438 Prot. BT, 1. WP, 229. Sitzung (11. September 1952), S. 10435 D.

ßig.⁴³⁹ In mehrfacher Hinsicht zielte der Gesetzentwurf daher auf *Versöhnung:* Die Entschädigung vergangenen Unrechts sollte die Versöhnung mit den überlebenden Juden, insbesondere des Staates Israel, erleichtern und dabei als freiwilliger Akt der Deutschen ohne Beiklang einer strafenden Sühnemaßnahme in Deutschland keine neuen Gräben aufreißen. An die Deutschen gerichtet, sollte zugleich die Legalisierung des Widerstands als „Friedensspruch der Volksvertretung" die Brücke schlagen zwischen den „Männern und Frauen des deutschen Widerstands und denen, die durch die Soldaten von Stalingrad repräsentiert werden."⁴⁴⁰

Leicht konnte man gegen diese Methode des „Friedensspruchs" rechtsgrundsätzliche Einwände erheben, zumal weiterhin Gerichte die äußerst schwierige Feststellung treffen sollten, ob der Widerstand „aus Überzeugung"⁴⁴¹ geleistet worden war. Doch überzeugten die moralische Grundlage und die politische Intention des Gesetzesvorhabens: Gerade Arndt als ein vom nationalsozialistischen Regime rassisch Diskriminierter, der dennoch seine Mitschuld im metaphysischen Sinn nicht verleugnete, konnte den Brückenschlag glaubwürdig vertreten.⁴⁴² Politisch weitsichtig war es, die Legalität der Widerstandshandlungen festzustellen, bevor sie in massenhaft anrollenden Wiedergutmachungsverfahren zu einer für die Entschädigung entscheidenden Rechtsfrage wur-

---

439 § 1 des Gesetzentwurfs (BT DS 1 / 3 472) lautete: „Wer aus Überzeugung oder um seines Glaubens oder Gewissens willen der nationalsozialistischen Gewaltherrschaft Widerstand leistete, um die Menschenrechte zu wahren oder einem Verfolgten beizustehen oder der Zerstörung Deutschlands Einhalt zu gebieten oder sich gegen die Unterdrückung aufzulehnen, hat sich um das Wohl des deutschen Volkes verdient gemacht. Sein Verhalten war rechtmäßig. " Zur Diskussion um diesen Gesetzentwurf und zu seinen Entstehungsbedingungen vor dem Hintergrund des Prozesses gegen den rechtsradikalen Major Remer s. Jasper, Der Kalte Krieg und die Entschädigung für Kommunisten, S. 365 f.

440 Prot. BT, 1. WP, 229. Sitzung (11. September 1952), S. 10433 D. Unter ausdrücklichem Bezug auf die Rede Zinns, Prot. BT, 1. WP, 47. Sitzung (16. März 1950), S. 1611 C, D bei Einbringung des SPD – Entwurfs zur Wiedergutmachung nationalsozialistischen Unrechtes in der Strafrechtspflege, BT DS 1 / 564.
Kritisch zur ‚Kehrseite' des Brückenschlags zwischen den Widerstandskämpfern und den „Soldaten von Stalingrad" s. Jasper, Der Kalte Krieg und die Entschädigung für Kommunisten, S. 382, der Arndt in die antikommunistische oder doch zumindest Kommunisten ausgrenzende Nebentendenz der Wiedergutmachungsbestrebungen einreiht. Den konkreten Beleg einer dabei zumindest einkalkulierten „Disqualifikation des kommunistischen Widerstands" bei Arndt bleibt Jasper schuldig. Einer solchen Tendenz widersprach jedenfalls Arndts Eintreten gegen jede Gesinnungserforschung in konkreten Verfolgungsfällen (siehe unten). Ein anderes Problem ist der von Jasper, a. a. O., kritisierte, durch den genannten Brückenschlag zu den „Soldaten von Stalingrad" begünstigte Mißinterpretation des Nationalsozialismus als „Bollwerk gegen den Bolschewismus." Dies ist objektiv nicht von der Hand zu weisen. Ein Beleg, daß Arndt dies mitintendiert oder auch nur in Kauf genommen habe, steht hingegen aus.

441 Beziehungsweise „um seines Glaubens oder Gewissens willen", vgl. BT DS 1 / 3472; außerdem legte der Gesetzentwurf den Umkehrschluß nahe, daß alle, die während der NS – Zeit als Beamte oder Richter öffentliche Gewalt ausgeübt hatten, rechtswidrig gehandelt hatten bzw. daß über die Rechtmäßigkeit ihres Handelns die widerstandsbereite Überzeugung des Bestraften beziehungsweise sonst Gemaßregelten entschied (diese Bedenken wurden von Regierungsseite vorgebracht, vgl. das Rechtsgutachten Arndts, „Ist es mit dem in Art. 1 GG gewährleisteten Grundrecht auf Menschenwürde vereinbar, daß ein Antragsteller, der Wiedergutmachung begehrt, den Nachweis einer Achtbarkeit seiner Person im Allgemeinen zu erbringen hat?", AdsD, Akten SPD – BTF 2434, S. 4 [Bundesentschädigungsgesetz], zitiert als: „Rechtsgutachten Arndt").

442 Ebenso wie Georg August Zinn, der vom Nationalsozialismus verfolgt worden und Soldat gewesen war, vgl. Prot. BT, 1. WP, 47. Sitzung (16. März 1950), S. 1611 C, D.

de.⁴⁴³ Geradezu kühn war der Versuch, eine immense, wenn auch nur latente gesellschaftliche Spaltung in diejenigen, die Widerstand geleistet hatten, und die anderen, die „zunächst im blinden und später im zagenden Vertrauen"⁴⁴⁴ ihrem Führer gefolgt waren, durch einen gesetzgeberischen „Friedensspruch"⁴⁴⁵ im neuen, gemeinsamen Recht zu überbrücken. Offensiv lockerte zudem der Gesetzentwurf das auch innerhalb der SPD weit verbreitete Schweigen über den Widerstand.⁴⁴⁶

Doch fiel der moralisch und staatspolitisch ambitionierte Vorstoß Arndts und seiner Fraktion nicht auf fruchtbaren Boden.⁴⁴⁷ Zwar suchte Arndts Begründung die Bundesregierung in moralischen Zugzwang zu setzen⁴⁴⁸, doch legte diese erst 1953 einen eigenen Gesetzentwurf vor, der erst nach einem Gegenentwurf des Bundesrats am 24. Juni 1953 erstmals im Bundestag beraten werden konnte.⁴⁴⁹ Die Verabschiedung des ersten bundeseinheitlichen Wiedergutmachungsgesetzes drohte am nahenden Ende der Legislaturperiode zu scheitern, so daß die SPD, wie Arndt es später bewertete, einen „ganz außergewöhnlichen Schritt" tat und trotz erheblicher, auch verfassungsrechtlicher⁴⁵⁰ Bedenken den Entwurf der Bundesregierung als „Bundesergänzungsgesetz"⁴⁵¹ unverändert annahm. Die Anerkennung des Widerstands wurde nurmehr als deklamatorischer, mißverständlicher Vorspruch in das Gesetz übernommen.⁴⁵²

---

443 Ein Junktim derart, daß ein notwendiger Zusammenhang zwischen Widerstand und Verfolgung bestehen müsse, lehnte Arndt strikt ab, vgl. Arndt, Rechtsgutachten (s. Anm. 441).
444 So Arndt, die Formulierung Zinns übernehmend, Prot. BT, 1. WP, 229. Sitzung (11. September 1952), S. 10 433 D.
445 Zur Friedensstiftung und Einigung als Aufgabe des Rechts vgl. unten Kapitel VII. 1.
446 Vgl. Susanne Miller, Die Behandlung des Widerstands gegen den Nationalsozialismus in der SPD nach 1945, S. 413 f. Das Protokoll der SPD – Fraktionssitzung vom 27. Mai 1952, AdsD, Akten der SPD – BTF 1 021, verzeichnet zu § 1 des Gesetzentwurfs eine „längere Debatte." Nach erneuter Stellungnahme einer Kommission zu § 1 stimmte die Fraktion schließlich am 17. Juni 1952 der Formulierung des Gesetzentwurfs zu.
447 Aus der Sicht des Verwaltungs – und Finanzexperten urteilt Ernst Féaux de la Croix, Der Werdegang des Entschädigungsrechts unter national – und völkerrechtlichem und politologischem Aspekt, S. 66, hart: „Dieser Entwurf war offensichtlich, grob gesagt, hingehauen." Er sei „unausgegoren, ja zum Teil verfassungswidrig" und vor allem finanziell untragbar gewesen.
448 Vgl. Prot. BT, 1. WP, 229. Sitzung (11. September 1952), S. 10 435 A, B; Arndt – Denkschrift (s. Anm. 414), S. 19; auch Féaux de la Croix, a. a. O., S. 66, schrieb dem SPD – Entwurf eine Initialwirkung dergestalt zu, daß die Entwicklung über das Beharren der Bundesregierung auf einer reinen Länderregelung hinausgegangen sei.
449 BT DS 1 / 4 527; dazu Arndt – Denkschrift (s. Anm. 414), S. 20 f. Féaux de la Croix, Der Werdegang des Entschädigungsrechts, S. 74 ff., der auf das hemmende Verhalten Bundesfinanzminister Schäffers eingeht.
450 Arndt – Denkschrift (Anm. 414), S. 21, Zuvor hatte Arndt im Rechtsausschuß seine „außerordentliche Enttäuschung" über die Regierungsvorlage zum Ausdruck gebracht, Prot. RA – BT, 1. WP, 252. Sitzung (17. April 1953), S. 22.
451 Bundesergänzungsgesetz zur Entschädigung für Opfer der nationalsozialistischen Verfolgung (BEG) vom 21. September 1953, BGBl. I, S. 1 387. Die Bedenken gegen die politische und rechtliche Unzulänglichkeit und die Novellierungsbedürftigkeit des Gesetzentwurfs faßte Arndt in einer schriftlichen Erklärung zur 279. Bundestagssitzung vom 2. Juli 1953 zusammen, vgl. Prot. BT, 1. WP, S. 14046.
452 Vgl. den Vorspruch des Bundesergänzungsgesetzes vom 21. September 1953. Eine derartige Verknüpfung der Anerkennung des Widerstands mit den Wiedergutmachungsregelungen wurde in der Rechtsprechung zum Teil als Junktim zwischen Widerstand und Verfolgung interpretiert und damit die Absicht des SPD – Entwurfs verfälscht, vgl. dazu das Rechtsgutachten Arndts (s. Anm. 441) und seine Denkschrift (Anm. 414).

Zur positiven Bilanz des Ersten Bundestags auf dem Gebiet der Wiedergutmachung hatten Arndt und seine Fraktion erhebliche Vorarbeit geleistet.[453] Inmitten des offenen und schweren Konflikts über die Außen- und Wehrpolitik war die Wiedergutmachungspolitik ein Feld kompromißbereiter, konstruktiver Opposition[454], die freilich zugleich auf den entschiedenen Wiedergutmachungswillen des ersten Bundeskanzlers, Konrad Adenauer, setzen konnte.[455] So sehr die ‚nationale Haltung' Arndts wie Schumachers einerseits den außenpolitischen Konflikt mit der Bundesregierung schürte, so konsequent mündete andererseits ihr Festhalten an der staatsrechtlichen Identität des Deutschen Reiches[456] und der Bundesrepublik Deutschland in die selbstverständliche rechtliche und politische Haftung der Bundesrepublik für das vom – deutschen – NS-Regime verübte Unrecht.

Wider den „engherzigen" Rechtsstaat: Arndts Kritik der Wiedergutmachungspraxis

Schon bei seiner hastigen Verabschiedung wurde das Bundesergänzungsgesetz als Provisorium, als fehlerhafte, möglichst rasch grundlegend zu revidierende Übergangslösung angesehen.[457] Damit war dem Zweiten Bundestag eine große Reformaufgabe gestellt. Ihr großer öffentlicher Mahner wurde Adolf Arndt. Mit schneidender Kritik überzog er Verzögerungen und Behinderungen der Gesetzgebungsarbeit und geißelte die fehlerhafte oder „engherzige"[458] Praxis der Rechtsprechung und Verwaltung in Wiedergutmachungssachen. In einer Serie von Interpellationen, Anfragen und Novellierungsvorschlägen suchte er in den Jahren 1954/55 parlamentarischen Druck zur beschleunigten Erfüllung des Gesetzgebungsauftrags auszuüben.

Arndts bevorzugtes Angriffsziel war das Bundesfinanzministerium unter seinem Ressortchef Fritz Schäffer, der im Bundeskabinett der schärfste Gegner des Israelvertrags von 1952 gewesen war.[459] Wiederholt hielt er dem Bundesfinanzminister – teils auch persönlich verschuldete – Verzögerungen beim Erlaß der zur Anwendung des Bundesergänzungsgesetzes unerläßlichen Durchführungsverordnungen[460] sowie eine kraß mangelhafte personelle Ausstattung der in Wiedergutmachungsangelegenheiten

---

453 Dabei spielte neben moralischen Motiven auch der Wunsch der SPD mit, auch im internationalen Kreis der sozialistischen Parteien Anerkennung zu finden; s. dazu Shafir, Die SPD und die Wiedergutmachung gegenüber Israel, S. 193 f.
454 S. o., Kapitel III. 2., 3.
455 Dazu eingehend H. – P. Schwarz, Adenauer, S. 897 ff.
456 Vgl. dazu oben Kapitel V. 4.
457 Féaux de la Croix, Der Werdegang des Entschädigungsrechts, S. 83; Arndt, Prot. BT, 2. WP, 32. Sitzung (29. Mai 1954), S. 1 535 C.
458 Prot. BT, 2. WP, 49. Sitzung (13. Oktober 1954) S. 2 450 B, 2 453 A.
459 Nur widerstrebend und unter dem Druck der Ereignisse hatte Schäffer seinem in der Wiedergutmachungsgesetzgebung federführenden Ressort den Auftrag zur Vorbereitung des späteren Bundesergänzungsgesetzes gegeben, vgl. Féaux de la Croix, Werdegang des Entschädigungsrechts, S. 74 f. Schäffer trat wiederholt öffentlich als scharfer Kritiker der Wiedergutmachungsgesetzgebung auf. Zur Zuspitzung dieser Haltung im Jahre 1957 und zur „Affäre Schäffer" vgl. Grossmann, Die Ehrenschuld, S. 85 ff.
460 Vgl. Prot. BT, 2. WP, 32. Sitzung (28. Mai 1954), S. 1 535 A ff. und 49. Sitzung (15. Oktober 1954), S. 2 450 C – 2 451; zu dem Problem des Verordnungserlasses in der schwierigen, sehr differenzierungsbedürftigen Materie des Wiedergutmachungsrechts vgl. Féaux de la Croix, Der Werdegang des Entschädigungsrechts, S. 82.

zuständigen Ministerialabteilung entgegen.[461] Wirkungsvoll demonstrierte er mittels antithetischer Vergleiche die bittere Absurdität einer versäumten Begleichung der „deutschen Ehrenschuld"[462]: Während ehemaligen Mitgliedern der Legion Condor die Zeit, in der sie Bomben auf Guernica abgeworfen hatten, als öffentlicher Dienst doppelt angerechnet wurde, so resümierte Arndt, enthalte man im Jahre 1933 verjagten Hochschullehrern die Anerkennung ihrer Tätigkeit als öffentlicher Dienst „entgegen der gesamten preußischen und deutschen Tradition" vor. Wer zur Haftentschädigung nach dem Bundesergänzungsgesetz berechtigt sei, könne den Zeitpunkt der Auszahlung nicht einmal ahnen, während „Ideologen des braunen Totalitarismus wie Koellreutter Jahr für Jahr aus den Steuergeldern einer schafsgeduldigen Demokratie einstecken."[463] In seiner schärfsten und alarmierendsten Kritik stellte Arndt all diese Versäumnisse, Fehler und Obstruktionsschäden der bisherigen Wiedergutmachungspolitik in den Zusammenhang der „Wechselwirkung zwischen dem Leidensweg der Wiedergutmachung und dem faulen Klima unserer Innenpolitik." Das „faulende Klima eines schleichenden Antisemitismus" diagnostizierte er, und seine Belegzitate aus angesehenen deutschen Zeitungen weckten alarmierende Erinnerungen an die Diktion der nationalsozialistischen Rassenideologie. Arndt wußte und wollte, daß diese Äußerungen in die Weltöffentlichkeit drangen und von dorther den moralischen Druck auf den Bundestag erhöhten[464]; denn er erhielt, wie er vor dem Bundestag bekundete, „aus ganz Deutschland und aus der ganzen Welt fortgesetzt eine große Zahl von Zuschriften, aus denen man ein wirklich erschütterndes Bild über den Stand der Dinge bekommt."[465]

Arndts leidenschaftliches Engagement für die Sache der Wiedergutmachung war ihm längst kein spezifisch sozialdemokratisches Anliegen mehr und verband ihn mit dem in Israel hochangesehenen Wiedergutmachungsexperten der CDU, Professor Franz Böhm[466], und dem unbeugsamen, scharfsinnigen Rechtsanwalt Otto Küster[467], den er

---

461 Vgl. Prot. BT, 2. WP, 32. Sitzung (28. Mai 1954), S. 1 536 A, 49. Sitzung (15. Oktober 1954), S. 2 451 C, D, 51. Sitzung (21. Oktober 1954), S. 2505 C.
462 Prot. BT, 2. WP, 32. Sitzung (28. Mai 1954), S. 1534 C.
463 Prot. BT, 2. WP, 32. Sitzung (28. Mai 1954), S. 1536 A, B, 49. Sitzung (15. 0ktober 1954), S. 2452 B, 51. Sitzung (21. Oktober 1954), S. 2505 C, D (mit einem Vergleich zwischen dem Personaleinsatz für die Wiedergutmachung einerseits und den Wiedergutmachungssummen für Angehörige des öffentlichen Dienstes vor 1945 gemäß dem Ausführungsgesetz zu Art. 139 GG andererseits). Prof. Otto Koellreuter war bis zum Beginn des Zweiten Weltkriegs einer der führenden Staatsrechtler des Nationalsozialismus, distanzierte sich während des Krieges vom Nationalsozialismus, wurde 1949 in den Ruhestand versetzt, 1952 bei vollem Ruhegehalt emeritiert.
464 Der jüdische Publizist Kurt Grossmann zum Beispiel schrieb, dieser Angriff sei der stärkste gewesen, der auf die Bundesregierung bisher in dieser brennenden Frage gemacht worden sei, s. Grossmann, Die Ehrenschuld, S. 71.
465 Prot. BT, 2. WP, 60. Sitzung (10. Dezember 1954), S. 3105 A. Arndt stand in ständigem Kontakt mit jüdischen Organisationen, unter anderem mit dem Central Office der jüdischen United Restitution Organization, Geschäftsführer Kurt May, vgl. die Korrespondenz in AdsD, Akten SPD – BTF 2431, 2434 (Bundesentschädigungsgesetz).
466 Franz Böhm war Leiter der deutschen Delegation, die 1952 den Vertrag mit Israel und den jüdischen Weltorganisationen aushandelte. Arndt hatte Böhm. der Professor und zeitweise Rektor der Universität Frankfurt war, unmittelbar nach dem Krieg in Hessen kennengelernt (vgl. auch die Diskussion Arndts mit Böhm um den Begriff der Wirtschaftsdemokratie, Kapitel II. 2.). Böhm wirkte von 1955 bis 1965 als stellvertretender Vorsitzender des Wiedergutmachungsausschusses im Deutschen Bundestag. Zum Lebenslauf Böhms s. Franz Böhm, Beiträge zu Leben und Werk, S. 131, sowie die darin enthaltene

seit 1947 aus dem engen Zirkel juristischer Wiedergutmachungsexperten beim Süddeutschen Länderrat kannte, mehr als mit vielen seiner Parteigenossen.[468] Im Februar 1955 verabredeten Arndt und Böhm ein gemeinsames Vorgehen: In aufsehenerregenden[469] kritischen Reden brachten sie im Bundestag krasse Mißstände der Wiedergutmachungspraxis zur Sprache – verabredungsgemäß jeder die Praxis in einem von seiner eigenen Partei regierten Bundesland.[470] Die Methode pointierter Einzelfallkritik vor dem Bundestag, die Arndt meisterhaft handhabte, hatte Erfolg, wie Böhm später urteilte: Sie habe wiedergutmachungswillige Kräfte der Verwaltung bestärkt und in manchen Ländern zu sofortigen Änderungen der Dienstvorschriften geführt.[471]

Während die Vorarbeiten zum umfassenden neuen Bundesentschädigungsgesetz nicht zuletzt unter dem Druck der Öffentlichkeit voranschritten, begann Arndt, sich aus der Wiedergutmachungsgesetzgebung ein Stück weit zurückzuziehen.[472] Im Februar 1955 ließ er sich von der Fraktion lediglich als stellvertretendes Mitglied des neugebildeten Wiedergutmachungsausschusses des Bundestags nominieren.[473] Zuletzt war Arndt an der Novellierungsgesetzgebung zur Wiedergutmachung im öffentlichen

---

zusammenfassende Würdigung von Yohanan Meroz, Franz Böhm und Israel, a. a. O., S. 15 ff. Schon 1951 (Brief vom 20. Dezember 1951, AdsD, Nachlaß Arndt, Mappe 253) schrieb Arndt an Böhm, er verfolge seinen „tapferen Kampf gegen den Antisemitismus mit lebhaftem Interesse und bewundernder Anteilnahme."

467 Rechtsanwalt Otto Küster, Referent des Justizministeriums Württemberg – Badens und späterer Staatsbeauftragter für die Wiedergutmachung, gehörte wie auch Arndt dem Sonderausschuß des Süddeutschen Länderrats an, der 1947 Vorlagen zu einem deutschen Rückerstattungsgesetz erarbeitete (s. o.). Küster war der wichtigste Bundesgenosse Arndts in der Kritik am Scheitern des deutschen Gesetzes, s. dazu W. Schwarz, Rückerstattung nach dem Gesetz der Alliierten Mächte, S. 54 – 58. Küster gehörte als stellvertretender Leiter der deutschen Verhandlungsdelegation zum Israelvertrag (vgl. von Jena, Versöhnung mit Israel?, S. 471 ff.) an, trat dann aber zurück unter Protest gegen den mangelnden Willen zur Wiedergutmachung auf deutscher Seite, nachdem er eine scharfe persönliche Auseinandersetzung mit Bundesfinanzminister Schäffer gehabt hatte.

468 S. Arndts offenen Brief an den baden – württembergischen Landtag (in: Freiburger Rundbrief [14. August 1954], VII. Folge, 1954 / 55, Nr. 25 / 28, S. 17), in dem er seine Parteifreunde im Landtag kritisiert. Anlaß dazu hatte die fristlose Entlassung Küsters aus dem Amt des Staatsbeauftragten für die Wiedergutmachung in Baden – Württemberg durch die von der SPD mitgetragene Landesregierung gegeben, nachdem Küster harte Kritik an der Wiedergutmachungspolitik der Landesregierung geübt hatte. Arndt betonte, die Wiedergutmachung sei „keine Parteisache".

469 Kritisch dagegen Féaux de la Croix, Werdegang des Entschädigungsrecht, S. 87, der der Bundestagsdebatte eine „ungewöhnliche Leidenschaft und Unsachlichkeit" zuschreibt und so weit geht, von einer „Richterschelte" zu sprechen, die „höchst unwürdig an eine schreckliche, eben überwundene Praxis erinnerte."

470 Vgl. Böhm, Die politische und soziale Bedeutung der Wiedergutmachung (1956), S. 212.

471 Vgl. Böhm, ebda., Arndt, Warum und wozu Wiedergutmachung? (1956), S. 212: „Ohne die öffentliche, insbesondere die parlamentarische Kritik gäbe es keine Wiedergutmachung."

472 Ob Arndt tatsächlich dem aus Beamten und Vertretern aller Fraktionen gebildeten Arbeitsstab zur Vorbereitung der Novellierung des Bundesentschädigungsgesetzes (vgl. dazu eingehend Féaux de la Croix, Werdegang des Entschädigungsrechts, S. 84 ff.) angehörte – so die Feststellung Grossmanns, Die Ehrenschuld, S. 76 – , ist zweifelhaft. Dagegen sprechen die von Féaux de la Croix genannte personelle Zusammensetzung (a. a. O., S. 85) und Arndts eigene, offensichtlich von außen kommende Äußerungen über den Arbeitskreis, vgl. Prot. BT, 2. WP, 60. Sitzung (10. Dezember 1954), S. 3 095 B. An interfraktionellen Vorbesprechungen, die in die Tätigkeit des Arbeitskreises mündeten, nahm Arndt indessen teil (s. Prot. BT, 2. WP, 32. Sitzung [28. Mai 1954], S. 1 534 D).

473 Vgl. Protokoll des Vorstands der SPD – BTF, 25. Januar 1955, AdsD, Akten SPD – BTF 1 018 und der Fraktionssitzung vom 15. Februar 1955, AdsD, Akten SPD – BTF 1022.

Dienst beteiligt.[474] Dabei war er – neben der FDP-Abgeordneten Frau Dr. Ilk – der entschiedenste Befürworter einer Wiedergutmachung für Frauen, die ihres Geschlechts wegen nach nationalsozialistischer Ideologie aus dem höheren öffentlichen Dienst ausgeschlossen beziehungsweise herabgestuft worden waren. anders als sein Fraktionskollege, der Ausschußvorsitzende Otto-Heinrich Greve[475], hielt Arndt diese Diskriminierung aus grundsätzlichen Gründen für eine politische Verfolgungsmaßnahme.[476]

Auch in anderen Einzelfragen vertrat Arndt andere, überwiegend ‚wiedergutmachungsfreundlichere' Auffassungen als Greve.[477] Zuvor schon hatte Arndt in der Fraktion einen Punkt zur Sprache gebracht, der Greve drei Jahre später zum Verhängnis werden sollte[478]: Dessen gleichzeitige Tätigkeit als Rechtsanwalt in Wiedergutmachungssachen und Vorsitzender des entsprechenden Bundestagsausschusses.[479] Die neuerlichen Meinungsverschiedenheiten[480] deuteten Arndts Distanzierung von der Wiedergutmachungsgesetzgebung und der zu diesem Thema bestehenden Mehrheitslinie der SPD-Fraktion an, die im April 1956 einen Novellierungsentwurf Arndts zurückstellte.[481] Mochte auch der Rückzug Arndts durch die Arbeitsüberlastung, insbesondere durch die Wehrgesetzgebung im Rechtsausschuß, erzwungen worden sein[482] – erleichtert wurde er durch die parteiinternen Meinungsverschiedenheiten. Um so ve-

---

474 Im Unterausschuß („Wiedergutmachung im öffentlichen Dienst") des Wiedergutmachungsausschusses des Bundestags, 2. WP, der zur Beratung der „Entwürfe eines Dritten Gesetzes zur Änderung des Gesetzes zur Regelung der Wiedergutmachung nationalsozialistischen Unrechts für Angehörige des öffentlichen Dienstes" (BT DS 2 / 1 192) eingesetzt worden war.
475 Vgl. die Protokolle des Unterausschusses „Wiedergutmachung im öffentlichen Dienst", Protokolle BT Parl. Arch., 2. WP, 2. Sitzung (12. Oktober 1955), S. 25 f., und 8. Sitzung (9. November 1955), S. 25 (Arndt: Einstufung der Frauendiskriminierung als nationalsozialistische Verfolgungsmaßnahme); dagegen Greve, 8. Sitzung, 9. November 1955, S. 26: Hier liege eine „menschliche Einstellung zugrunde, aber keine typisch nationalsozialistische Maßnahme."
476 Vgl. die schließlich getroffene Regelung des § 31 c des Gesetzes zur Regelung der Wiedergutmachung nationalsozialistischen Unrechts für Angehörige des öffentlichen Dienstes (BWGöD) nach dem Dritten Änderungsgesetz vom 23. Dezember 1955, BGBl. I, S. 820, die von den späteren Kommentatoren als prinzipienwidrige, keinen Verfolgungstatbestand betreffende Ausnahmeregelung interpretiert wurde, vgl. Böhm, Politische und soziale Bedeutung der Wiedergutmachung (1956), S. 214; s. dazu auch Gnirs, Die Wiedergutmachung im öffentlichen Dienst, in: Finke / Gnirs / Kraus / Pentz (Hrsg.), Entschädigungsverfahren und sondergesetzliche Entschädigungsregelungen, S. 278, der darin eine Härtefallregelung und keine Annahme eines neuen Verfolgungsgrunds sieht.
477 Dazu gehörte zum einen die von Arndt befürwortete Einbeziehung der Notare in die Entschädigungsregelung des BWGöD, vgl. die Diskussion in der 2. Sitzung des Unterausschusses „Wiedergutmachung im öffentlichen Dienst", BT Parl. Arch, 2. WP (Protokoll vom 12. Oktober 1955, S. 16 f.) und 7. Sitzung (Protokoll vom 8. November 1955, S. 29 f.). S. auch die anfänglichen Meinungsverschiedenheiten hinsichtlich des Umfangs der Einbeziehung von Hochschulangehörigen, vgl. dazu die 1. Sitzung des Unterausschusses (11. Oktober 1955, S. 5–13).
478 Aus dem Protokoll der Sitzung des Vorstands der SPD – BTF am 20. Juni 1955, AdsD, Akten SPD – BTF 1018, geht hervor, daß Arndt Greve gegenüber diese doppelte Tätigkeit – allerdings nicht in der Absicht des Vorwurfs, wie er versicherte – zur Sprache gebracht hatte.
479 Siehe unten.
480 Vgl. die Protokolle der Sitzungen des Fraktionsvorstands am 15. und 29. November 1955, AdsD, Akten SPD – BTF 1018.
481 Vgl. Protokoll der Sitzung des Vorstands der SPD – BTF am 17. April 1956, AdsD, Akten SPD – BTF 1 018. Meinungsverschiedenheiten bezüglich eines Wiedergutmachungsgesetzes, das „auf mehrheitlichem Beschluß der Fraktion" beruhe, zeigte auch ein Brief Arndts an sämtliche Mitglieder der SPD-Fraktion vom 25. Januar 1957, AdsD, Akten SPD – BTF 126 (Wiedergutmachung).
482 Diese Begründung gab er wiederholt auf verschiedene Anfragen hin, s. zum Beispiel an Dr. Max Michel, 24. April 1956, AdsD, Akten SPD – BTF 128.

hementer richtete Arndt von außen, als freier Anwalt der Wiedergutmachung, seine Kritik auf die Rechtspraxis.

Arndt fertigte im Januar 1956 ein Rechtsgutachten ‚für jeden, den es angeht', „zur Vorlage bei Gerichten."[483] Es handelte sich zuvörderst um eine Hilfsleistung im Dienste der Wiedergutmachungsberechtigten. Der Zeitpunkt der Gutachtenerstellung, 26. Januar 1956, während einer Phase, in der Arndts Wiedergutmachungspläne auf wenig Widerhall, ja Ablehnung in der SPD stießen, legt auch einen parteiinternen Wirkungszweck nahe. Arndt wollte seinen Parteifreunden nochmals die „Rechtsnot" und seine entschiedene Position dazu demonstrieren. Das Gutachten enthielt ein scharfsinniges und kritisches Resümee der Wiedergutmachungspraxis – und mehr noch ein Plädoyer für ihr humanes Anliegen: den ‚großherzigen'[484] Rechtsstaat. Arndt breitete vor dem Leser eine bestürzende Sammlung von Gerichtsentscheidungen aus, die – teils kühl formal argumentierend, teils kraß voreingenommen und voller abwehrenden Mißtrauens – die jeweiligen Wiedergutmachungsanliegen verworfen hatten. Diese Urteile begingen, Arndt zufolge, zwei kardinale Rechtsfehler: Die positivistische Anerkennung und Übernahme nationalsozialistischen Rechts sowie die verfassungswidrige Einführung eines subjektiven Maßstabs allgemeiner sittlicher Achtbarkeit des Antragstellers als Voraussetzung der Wiedergutmachungsberechtigung.

In der Tat gaben die Urteile mit ihren Verweisen auf das „damals geltende" – seinem Gehalt nach politischer und rassischer Diskriminierung dienende – nationalsozialistische Recht Arndts methodischer Gegnerschaft[485] gegen den juristischen Positivismus eine zusätzliche moralische Rechtfertigung:

> „Der Sinn der Wiedergutmachung ist doch, das Tatsächliche vom Rechtlichen zu trennen, und dem Tatsächlichen die rechtliche Anerkennung zu versagen, um nach Möglichkeit einen rechtlichen Zustand herbeizuführen, wie er ohne das nationalsozialistische Unrecht bestehen sollte."[486]

In ihrer „rechtslogischen Wortinterpretation" der Wiedergutmachungsvorschriften attestierte Arndt den Richtern Blindheit für das, worauf es ankomme:

> „Vorausgehen müssen die Rechtstatsachenforschung und die geistige Auseinandersetzung mit Struktur und Methoden der totalitären Gewaltherrschaft [...]

---

483 Rechtsgutachten Arndt, vgl. Anm. 441. Auf dem Deckblatt des Gutachtens vermerkte Arndt: „Dieses Rechtsgutachten erstatte ich zur Vorlage bei Gerichten, insbesondere beim Bundesverfassungsgericht. Ich bin von keiner Seite beauftragt und erhalte auch von niemandem dafür eine Vergütung. Was mich zu dieser rechtsgutachtlichen Stellungnahme veranlaßt, ist ausschließlich die mir durch zahlreiche Zuschriften sowie durch die Kenntnis von Gerichtsurteilen mit ihrer vollständigen Begründung bekanntgewordene Rechtsnot."
Zur Zweckrichtung des Gutachtens paßt auch, daß es als solches (abgesehen von einigen Kerngedanken) – vgl. Arndt, Warum und wozu Wiedergutmachung? (1956) – unveröffentlicht blieb. Schließlich wollte das Gutachten offenbar die Intention des Regierungsentwurfs zu einem Bundesentschädigungsgesetz (BT – DS 2 / 1 949. Präambel und §1 I) stärken, künftig den Verfolgungstatbestand nicht mehr an die „politische Überzeugung", sondern an die – objektivierte – „politische Gegnerschaft" gegen den Nationalsozialismus zu knüpfen (schließlich realisiert in § 1 BEG vom 29. Juni 1956, BGBl. I, S. 559).
484 Zu seinem Anliegen der „Großherzigkeit" in Wiedergutmachungssachen vgl. Prot. BT, 2. WP, 68. Sitzung (23. Febr 1955), S. 3 488 A ff. zum SPD – Antrag, BT-DS 2/1 139, § 83 a I:" Das Gesetz ist großherzig so auszulegen, daß sein Vollzug im Höchstmaß die Wiedergutmachung als sittliche Aufgabe und rechtliche Schuld erfüllt"; s. auch Arndt, Außenseiter des Rechts (1964), S. 1 778.
485 Siehe oben Kapitel II. 3.
486 Arndt – Rechtsgutachten, s. Anm. 441.

> Die Wiederherstellung des Rechts kann nur gelingen, wenn die Auslegung der Gesetze dieser Perversion des Rechts kongruent ist."[487]

Nur wer aus gründlicher Tatsachenkenntnis fähig sei zur Unterscheidung zwischen geltendem Recht und Unrechtstatsachen, entgehe dem mit dem Gedanken der Wiedergutmachung unvereinbaren und zugleich Unrecht rechtfertigenden Argument des „für alle gültigen" Gesetzes, dessen paradoxe Logik Arndt bitter so zuspitzte:

> „Wer etwas nicht befolgte, ‚was für alle gültig' war, hat sich eben selbst aus der Volksgemeinschaft oder der Rechtsgemeinschaft ausgeschlossen und muß sich die Folgen selber zuschreiben, mögen sie nun Zuchthaus, Freiheitsverlust, Mißhandlung oder auch Ermordung gewesen sein."[488]

Als flagrante Verletzung der Menschenwürde empfand Arndt die Subjektivierung des Verfolgungstatbestands in der Rechtsprechung. Anhand eklatanter Beispiele zeigte er, wie die Gerichte entgegen der gesetzgeberischen Intention[489] des § 1 Bundesentschädigungsgesetz die Verfolgung aus politischen, rassischen oder religiösen Gründen nur anerkannten, wenn diese Voraussetzungen tatsächlich in der Person des Verfolgten, das heißt in seiner politischen Gesinnung, religiösen Überzeugung und rassischen Andersartigkeit, bestanden. Anstatt die von der nationalsozialistischen Verfolgerideologie geschaffenen Gruppen „objektiver Gegner" – ein Begriff, den Arndt von Hannah Arendt übernahm[490] – genügen zu lassen, fordere die Rechtsprechung dem Verfolgten Beweise seiner Gesinnung und schließlich gar seiner allgemeinen sittlichen Achtbarkeit als Mensch ab[491] Das „Verblendetsein" dieser menschenunwürdigen und rechtsstaatswidrigen Rechtsprechung, so prophezeite Arndt, werde dereinst den „Hexenprozessen" zur Seite gestellt werden. Was den Rechtsgedanken der Wiedergutmachung dagegen aus christlicher Sicht in seinem Kern ausmache, brachte er auf den Begriff: „Das Recht bewährt sich nicht an seinen Helden, sondern an den Armseligen, für die man bisweilen wenig Sympathie hegt."[492]

Nach diesem unveröffentlichten, aber für die zahlreichen, mit Arndt in Kontakt stehenden Wiedergutmachungsberechtigten jederzeit verfügbaren Gutachten blieb Arndt auch weiterhin als ehrenamtlicher Rechtsberater in einer Reihe von Wiedergutmachungsfällen tätig.[493] Dies und sein großer öffentlicher Einsatz für die Wiedergut-

---

487 Arndt, Warum und wozu Wiedergutmachung? (1956), S. 212.
488 Arndt – Rechtsgutachten (s. Anm. 441), S. 10 f.
489 In seinem Rechtsgutachten, a. a. O., S. 11 ff. verwies Arndt auf seine eigene Mitwirkung an der Erarbeitung und auf die Intention des Entschädigungsgesetzes der US – Zone (vom 10. August 1949, GVBl. Hessen 1949, S. 101), dessen Formulierungen in die Einleitungsformel und in § 1 I des BEG vom 21. September 1953 (BGBl. I, S. 1 387) eingingen.
490 Vgl. Arndt, Warum und wozu Wiedergutmachung? (1956), S. 212.
491 Als ein besonders krasses Beispiel nannte Arndt den Fall eines im KZ umgekommenen Arbeiters, dessen Nachkommen Wiedergutmachung unter anderem mit der Begründung verweigert wurde, es habe ihm wegen Trunksucht usw. an der auf eine überzeugte Widerstandshandlung hindeutenden „allgemeinen Achtbarkeit" gefehlt, so daß ihn die SPD nicht zur Aufnahme für würdig befunden habe, Arndt – Rechtsgutachten, a. a. O., S. 18.
492 A. a. O., S. 22.
493 „Dr. Arndt zum Fall Greve" in: Westdeutsche Allgemeine Zeitung, 26. Februar 1958 („Ich selber bin ehrenamtlich als Abgeordnete in Hunderten von Wiedergutmachungssachen den Verfolgten behilflich gewesen"); vgl. auch die Korrespondenz im Nachlaß Arndts. Auch in der Wiedergutmachungssache Jakob Altmaiers war Arndt tätig, vgl. AdsD, Nachlaß Altmaier, Bd. 1.

machung der Judenverfolgung trugen ihm Anerkennung ein. Arndt legte auch nicht das Tabu schamhaften Schweigens über die Äußerungen des alten und neuen Antisemitismus. Wie kein anderer Parlamentarier nannte er sie vor dem Bundestag beim Namen.[494] Er war es auch, der im Namen der SPD als einziger Partei an die Verfolgten die Einladung zur Rückkehr nach Deutschland aussprach.[495] Wie groß Arndts moralische Autorität unter der jüdischen Bevölkerung Deutschlands und Israels war, zeigte ein Brief Kurt Grossmanns zur Nachfolgefrage des vom Vorsitz des Wiedergutmachungsausschusses zurückgetretenen Otto-Heinrich Greve. Grossmann, der als Repräsentant unter anderem des Jüdischen Weltkongresses Arndt häufig begegnet war[496], schrieb:

> „Der beste untadelige Mann ist natürlich Dr. Adolf Arndt. Ich schätze ihn seit Jahren als einen Mann mit tiefer Leidenschaft für unsere Sache, ein ehrenhafter Mann, der über ein großes profundes Wissen verfügt und der die Autorität der Partei vollkommen hinter sich hat."[497]

In einem Punkt irrte Grossmann allerdings: Zwar genoß die Forderung nach Wiedergutmachung in keiner Bundestagsfraktion eine ähnlich entschiedene und geschlossene Unterstützung wie in der SPD. Mochte also Arndt die moralische Autorität seiner Partei hinter sich haben, so gingen doch Schärfe und Unbedingtheit, mit der er die Wiedergutmachung einklagte, über das mittlere Maß des in der SPD Konsensfähigen weit hinaus.

Der Primat politischer Vertrauenswerbung: Rückzug vom Strafrecht

„[. . .] Deutschland wieder ehrlich machen"[498] – so hatte Arndt die Aufgabe der Wiedergutmachung bestimmt. Der Glaube an die Ehrlichkeit aber bedurfte des Vertrauens der Opfer. Eine schwere Belastung des neu zu erringenden Vertrauens in die deutsche Demokratie erblickte Arndt in dem einflußreichsten und engsten Mitarbeiter Adenauers, Staatssekretär Dr. Hans Globke.[499] Globke – während der gesamten NS-Zeit im Reichsinnenministerium, zeitweise als Korreferent für „allgemeine Rassenfragen" tätig[500] – hatte 1935 gemeinsam mit Staatssekretär Wilhelm Stuckart einen Kommentar

---

494 Prot. BT, 1. WP, 194. Sitzung (20. Februar 1952), S. 8 356 A, B; Prot. BT, 2. WP, 49. Sitzung (15. Oktober 1954), S. 2 453 A; 3. WP, 56. Sitzung (22. Januar 1959), S. 3 051 B ff. 3 121 B ff. und 103. Sitzung (18. Februar 1960), S. 5 604 D ff.
495 Prot. BT, 1. WP, 194. Sitzung (20. Februar 1952), S. 8 355 A, B.
496 Vgl. Grossmann, Die Ehrenschuld, S. 9.
497 Kurt Grossmann an Heinz Putzrath, 26. Februar 1958, AdsD, Nachlaß Arndt, Mappe 49.
498 Arndt, Prot. BT, 1. WP, 229. Sitzung (11. September 1952), S. 10 435 D.
499 Zu Leben und Wirken Dr. Hans Globkes vgl. die Beiträge von Freunden und politischen Weggefährten, in: Gotto (Hrsg.), Der Staatssekretär Adenauers. Persönlichkeit und politisches Wirken; aus kritischer gegnerischer Perspektive Reinhard – Maria Strecker, Dr. Hans Globke, Aktenauszüge – Dokumente.
500 Vgl. die Angaben zur Tätigkeit Globkes im Beitrag von Ulrich von Hehl, Der Beamte im Reichsinnenministerium: Die Beurteilung Globkes in der Diskussion der Nachkriegszeit, S. 239 f., Anm. 7: Von 1936 bis 1939 war Globke Korreferent für „allgemeine Rassenfragen" im Reichsinnenministerium.

zu den Nürnberger Rassegesetzen verfaßt.[501] Vor allem[502] wegen dieser Kommentierung der Gesetze, in denen er einen mit „Paragraphen verübten Mord" sah, griff Arndt Globke wiederholt scharf an.[503]

Für Arndt, nach den Kategorien der Nürnberger Rassegesetze „jüdischer Mischling ersten Grades", war Globkes Wiederaufstieg zu einem hohen Amt auch eine persönliche Provokation. Mochte auch Globke „subjektiv" – so unterschied Arndt[504] – ehrenhafte Motive für sein Ausharren inmitten der verbrecherischen Rassen- und Euthanasiepolitik des Reichsinnenministeriums (ja sogar „Gegenwirkung im Modus der Mitwirkung"[505]) für sich in Anspruch nehmen können[506], *objektiv*, und das war für Arndt entscheidend, habe Globke als „nihilistisch[es] Instrument" seinen „Namen mit der Unmenschlichkeit" verknüpft[507] und sei daher „absolut ungeeignet", durch eine „führende Tätigkeit in der Bundesverwaltung das Vertrauen zu gewinnen, dessen die Bundesrepublik Deutschland in der Welt so lebensnotwendig bedarf."[508]

Diese Überlegungen richteten sich unter anderem an die jüdische Weltöffentlichkeit. 1960 – Adenauer hatte ungeachtet zunehmender Angriffe an Globke festgehalten – fand Arndt dort Resonanz. Im Auftrag des Parteivorstands traf er mit dem Vorsitzenden des befreundeten American Jewish Labor Committee, Adolphe Held[509], zu einem Gedankenaustausch über eine Welle antisemitischer Vorkommnisse zusammen, die seit Mitte des Jahres 1959 die Öffentlichkeit der Bundesrepublik beschäftigten. In einem gemeinsamen Kommuniqué bekräftigten Arndt und Held die Überzeugung, daß

---

501 Wilhelm Stuckart / Hans Globke, Kommentare zur deutschen Rassegesetzgebung, Bd. I. Reichsbürgergesetz vom 15. September 1935. Gesetz zum Schutz des deutschen Blutes und der deutschen Ehre vom 15. September 1935. Gesetz zum Schutz der Erbgesundheit des deutschen Volkes (Erbgesundheitsgesetz) vom 18. Oktober 1935. Nebst allen Ausführungsvorschriften und den einschlägigen Verordnungen erläutert von Dr. Wilhelm Stuckart, Staatssekretär. und Dr. Hans Globke, Oberregierungsrat, beide im Reichs - und preußischen Ministerium des Innern München/Berlin 1936.
502 Vgl. den Beitrag „Der Kanzler und Globke" in: SPD - Pressedienst, 21. März 1956, und Arndt, Neues über Globke, in: SPD - Pressedienst, 18. November 1957: Unter Bezug auf eine amtliche Schweizer Dokumentation zeigte Arndt darin, daß Globke in Verhandlungen mit Schweizer Beamten eine Vereinbarung mitausgehandelt und gestaltet hatte, die die „Brandmarkung" der Reisepässe rassisch verfolgter Deutscher mit einem „J" vorsah, um ihnen die Flucht in die neutrale Schweiz abzuschneiden; vgl. auch die umfassende Dokumentation zum Fall Globke in: SPD - Pressedienst, 2. März 1956.
503 Vgl. insbesondere den ersten Angriff Arndts im Bundestag, Prot. BT, 1. WP, 73. Sitzung (12. Juli 1950), S. 2 633 C.
504 Diese Unterscheidung traf Arndt in einem Brief an den damaligen Bundesinnenminister Gustav Heinemann vom 19. Juli 1950, AdsD, Nachlaß Arndt, Mappe 322.
505 Nach Auffassung von Hehls, Der Beamte im Reichsinnenministerium, S. 231, lasse sich eine solche Haltung interpretieren als „Gegenwirkung im Modus der Mitwirkung."
506 Vgl. Prot. BT, 2. WP, 73. Sitzung (12. Juli 1950), S. 2 634 A, B. Arndt meinte damit die zahlreichen Entlastungszeugen, v. a. aus Kreisen der Kirche und der vom Nationalsozialismus Verfolgten, die Globke in nationalsozialistischer Zeit Widerstand gegen das Regime, wichtige Informationsdienste für die Katholische Kirche und Hilfestellung für Verfolgte bescheinigten, vgl. von Hehls Zusammenstellung der Dokumente, a. a. O., S. 259 ff. Insbesondere das Zeugnis des vom NS - Regime verfolgten, später als stellvertretender US - Hauptankläger im Nürnberger Prozeß wirkenden Robert Kempner fand später starke Beachtung, vgl. Kempner, Begegnungen mit Hans Globke, S. 213 ff. und des., Ankläger einer Epoche, S. 299 ff.
507 Prot. BT, ebda.
508 Arndt an Heinemann, 19. Juli 1950, AdsD, Nachlaß Arndt, Mappe 322.
509 Vgl. den Text der gemeinsamen Erklärung in der Anlage zum Protokoll des SPD - PV vom 15. Januar 1960, AdsD.

„Urheber[n], Wegbereiter[n] und Förderer[n]" der „nationalsozialistischen Ideologie" und ihren „Helfershelfern"

> „kein Einfluß auf das öffentliche Leben der Bundesrepublik eingeräumt werden soll und daß solchen Personen keine politischen Führungsaufgaben, insbesondere als Mitglieder oder Ratgeber der Regierung, weiter anvertraut werden dürfen."[510]

Darin lag eine Rücktrittsforderung auch an Globke.[511]

Doch hatte die Bundesregierung bereits ein halbes Jahr zuvor eine andere Konsequenz aus der Welle des Antisemitismus gezogen und einen Gesetzentwurf vorgelegt, der die Aufstachelung zum Rassenhaß[512] unter Strafe stellte. War das Strafrecht geeignet, der jüdischen Bevölkerung Vertrauen in die deutsche Abwehrbereitschaft und effektiven Schutz gegenüber dem Antisemitismus zu vermitteln?

Namens der SPD machte Arndt entschieden gegen ein „Sondergesetz" zugunsten der Juden Front. Nach seiner Auffassung war die „geistige und sittliche Erkrankung"[513] des Antisemitismus grundsätzlich nicht mit strafrechtlichen Mitteln zu bekämpfen. Zudem sei strafrechtlicher Sonderschutz für eine Gruppe auch politisch gefährlich, weil er erst recht Ressentiments gegen diese Gruppe heraufbeschwöre.[514] Und Arndt ging noch weiter: Unter Berufung auf führende jüdische Repräsentanten lehnte er strafrechtlichen Sonderschutz als „Diffamierung"[515], als positive Diskriminierung und – in diesem Sinne – als „Judensterngesetz"[516] ab. Hinter diesen pointierten Formulierungen stand der Gedanke der Gleichheit als Grundlage jeder rechtsstaatlichen Ordnung. Die Nürnberger Rassegesetze hatten die Gleichheit der Menschen als Träger des Rechts und in der Folge das Bewußtsein der Rechtsstaatlichkeit insgesamt vernichtet. Dieses Bewußtsein, das sah Arndt, war nicht durch eine Diskriminierung mit umgekehrten Vorzeichen wiederzubeleben. Vielmehr galt es, das Verständnis dafür zu wecken, daß jeder rassisch diskriminierende Angriff ein Angriff auf den Gedanken der rechtlichen

---

510 Vgl. die Erklärung der SPD (Übersetzung) gegenüber dem American Jewish Labor Committee, AdsD, Anlage zum Protokoll des SPD – PV, 15. Januar 1960.
511 Kurze Zeit nach der gemeinsamen Erklärung mit dem Jewish Labor Committee untermauerte Arndt seine Vorwürfe an Globke nochmals, indem er führenden Mitgliedern seiner Fraktion eine eigenhändige, kommentierte Zusammenstellung von Zitaten aus dem von Globke mitverfaßten Rassegesetzkommentar (s. o.) zustellte, AdsD, Nachlaß Carlo Schmid 1 217, Arndt an Carlo Schmid, Gustav Heinemann, Ludwig Metzger, Helmut Schmidt, Gerhard Jahn, Karl Wittrock, 16. Februar 1960. Zu gleicher Zeit war neues, Globke belastendes Beweismaterial aus DDR – Quellen aufgetaucht; zu einer Zusammenstellung Globke belastender Dokumente s. Strecker, Dr. Hans Globke. Führende Repräsentanten der deutschen Juden hingegen ließen sich von Globkes widerständiger und judenfreundlicher Haltung im Dritten Reich überzeugen, vgl. die Ausführungen bei Eduard Schick, Ein Leben im Spannungsfeld von Christentum und Politik, S. 44 ff.
512 Vgl. BT DS 3/91a, Entwurf eines Gesetzes gegen Volksverhetzung, das die Aufstachelung zum Haß gegen eine „nationale, rassische, religiöse oder durch Volkstum bestimmte Gruppe" unter Strafe stellte. Die übrigen Gruppenbestimmungen neben der rassischen waren in den Entwurf aufgenommen worden, um den Eindruck eines Sondergesetzes zu vermeiden (vgl. Regierungsvertreter Schafheutle, Prot. RA – BT, 3. WP, 68. Sitzung [27. Mai 1959], S. 41), während jedoch Anlaß des Entwurfs antisemitische Vorfälle gewesen waren (vgl. Begründung zu BT DS 3 / 9 318).
513 Vgl. Prot. RA – BT, 3. WP, 68. Sitzung (27. Mai 1959), S. 43.
514 Vgl. Arndt in: Mitteilungen der SPD – Fraktion (betreffend Kabinettsbeschluß über Hakenkreuzschmierereien), 7. Januar 1960.
515 Vgl. Arndt, Kein Sondergesetz! Kein Sonderschutz! in: SPD – Pressedienst, 3. Februar 1960.
516 Vgl. Prot. RA – BT, 3. WP, 69. Sitzung (3. Juni 1959) S. 4.

Gleichheit schlechthin und damit auf die „Würde eines jeden Menschen" war. Diesen Gedanken hatte Arndt in der gemeinsamen Erklärung[517] mit Adolphe Held formuliert und setzte ihn schließlich in der Kompromißfassung der Strafrechtsnovelle durch: Nicht die Aufstachelung zum Haß gegen rassische Gruppen, sondern den Angriff auf die „Menschenwürde anderer" durch Aufstachelung zum Haß gegen „Teile der Bevölkerung" stellte schließlich der neue § 130 StGB unter Strafe.[518]

Bemerkenswert war der rechtliche Standortwechsel, den Arndt und die SPD-Fraktion damit vollzogen. Arndt distanzierte sich jetzt vom SPD-Entwurf eines „Gesetzes zum Schutz gegen die Feinde der Demokratie" aus dem Jahre 1950[519], als ihm im Rechtsausschuß – zu Recht – Parallelen zwischen diesem und dem Regierungsentwurf von 1959 bezüglich des strafrechtlichen Sonderschutzes rassischer Gruppen entgegengehalten wurden.[520] Einen „gesetzgeberischen Fehler" unter „der Befangenheit der Zeit des Nationalsozialismus" räumte er ein.[521] Nunmehr, ein Jahrzehnt später, trennte Arndt schärfer zwischen der politisch wohlbegründeten[522] Schutzabsicht einerseits und der Tauglichkeit und Reichweite der rechtlichen Mittel andererseits. Dabei überwogen der Gleichheitsgedanke des Rechts und die ihm entsprechende Ausprägung formaler Allgemeinheit der Norm gegenüber dem Zweck speziellen rassischen Minderheitenschutzes – abstrakt gesprochen: Die politische Absicht ordnete sich der rechtsstaatlichen Form unter.

Wußte Arndt in diesem Rechtsstandpunkt die Fraktion mehrheitlich hinter sich[523], so kam es über ein anderes Problem, in dem gleichfalls die strafrechtlichen Spielräume bei der Aufarbeitung der nationalsozialistischen Vergangenheit in Frage standen, zum offenen Dissens: Die rückwirkende Verlängerung strafrechtlicher Verjährungsfristen. Wenige Monate nach der Debatte um das „Sondergesetz", im Sommer 1960, stand die Verjährung der während der nationalsozialistischen Zeit begangenen Totschlagsverbrechen an. In der sozialdemokratischen Bundestagsfraktion herrschte die Befürchtung, daß viele solcher Verbrechen auch nach dem 8. Mai 1945 wegen eines längeren, durch die Kriegsfolgen bedingten „Stillstands der Rechtspflege" nicht hatten verfolgt werden können. Zudem hatte die DDR gerade neues belastendes Material freigegeben, und die Entdeckung schwerer Massendelikte auch außerhalb des Bundesgebietes war nicht ausgeschlossen.[524]

Aus diesen Erwägungen heraus legte die Fraktion einen Gesetzentwurf vor, der die

---

517 Vgl. Arndt. Kein Sondergesetz!, Kein Sonderschutz!, SPD – Pressedienst, 3. Februar 1960, und den Text der gemeinsamen Erklärung mit dem American Jewish Labor Commitee, Anlage zum Protokoll des SPD – PV vom 15. Januar 1960, AdsD.
518 Vgl. Sechstes Strafrechtsänderungsgesetz vom 30. Juni 1960, BGBl. 1, S. 478.
519 Vgl. zur Kritik dieses Gesetzentwurfs Kapitel III.3.
520 Vgl. die Stellungnahme des CDU – Abgeordneten Ernst Benda, Prot. RA – BT, 68. Sitzung (27. Mai 1959), S. 25 ff.: dagegen Arndt, Prot. RA – BT, a. a. O., S. 31, und 69. Sitzung (3. Juni 1959), S. 6.
521 Arndt Prot. RA – BT, 3. WP, 69. Sitzung (3. Juni 1959), S. 6.
522 In der Zielsetzung, künftig antisemitische Äußerungen zu verhüten, erklärten sich Regierungs- und Oppositionsvertreter wiederholt einig, vgl. Arndt, SPD – Fraktionsmitteilungen 7. Januar 1960.
523 Vgl. die eingehende Debatte in SPD – BTF, Protokoll der Sitzung vom 12. Januar 1960. AdsD, Akten SPD – BTF 1027 (Ulrich Lohmar für strafrechtliche Verschärfungen; Arndt, Carlo Schmid und Fritz Erler dagegen), und 19. Januar 1960 (mehrheitliche Zustimmung zu dem von Arndt entworfenen Kompromißvorschlag zum Regierungsentwurf, später BT DS 3/1 551).
524 Vgl. die Erwägungen der SPD – Abgeordneten Menzel und Jahn in Prot. RA – BT, 3. WP, 104 Sitzung (11. Mai 1960), S. 24 ff.

Hemmung der Verjährungsfrist vom 8. Mai 1945 bis zum 15. September 1949 vorsah.[525]

Arndt versagte dem Entwurf seine Zustimmung[526], da dieser, nach seiner Auffassung, gegen Art. 103 Abs. 2 GG, das Verbot rückwirkender Strafnormen, verstieß. Er legte die Norm weit aus: Als Verbot rückwirkender Ausdehnung staatlicher Strafgewalt insgesamt, die als eine ihrer objektiven Bedingungen die Verjährbarkeit der Straftat einschloß.[527] Für Arndt gewährte das optimal zu entfaltende, jedermann zustehende Justizgrundrecht[528] eine absolute Schranke staatlicher Strafgewalt auch angesichts der hohen Wahrscheinlichkeit, daß später entdeckte Gewaltverbrechen aus nationalsozialistischer Zeit nicht würden gesühnt werden können. Letzteres gab hingegen Arndts Weggefährte in der Wiedergutmachung, Professor Franz Böhm, kritisch zu bedenken.[529]

Noch schwieriger wurde Arndts Stellung, als ihn auch Mitglieder seiner Fraktion zu bewegen suchten, seine verfassungsrechtlichen Bedenken zurückzustellen; sie wollten den Rückhalt des angesehensten sozialdemokratischen Rechtspolitikers nicht missen.[530] Als dies erfolglos blieb, beschloß die Fraktion, Arndts Gewissensbedenken zu respektieren. Mit Arndts Stimme lehnte die Bundestagsmehrheit den SPD-Entwurf ab[531]

Arndts Forderung nach ‚Großherzigkeit' im Wiedergutmachungsrecht ließ ihn nicht formelle Erfordernisse des Rechtsstaats im Dienste der Opfer nationalsozialistischen Unrechts zurückstellen.[532] Im Gegenteil: Vergleicht man Arndts rechtspolitische Arbeiten in den ersten Nachkriegsjahren und am Ende des Gründungsjahrzehnts der Bun-

---

525 BT-DS 3/1 738.
526 S. Arndts Einwände, Protokoll SPD – BTF, 22. März 1960, AdsD, Akten SPD – BTF 1027.
527 Dazu Arndt, Die verfassungsrechtliche Bedeutung der Verjährung (1961), S. 15 ff. (m.w.N.). Diese Auffassung war in der rechtswissenschaftlichen Literatur umstritten, vgl. zum Streitstand angesichts der 1965 neu aufbrechenden Problematik Benda, Verjährung und Rechtsstaat, insbesondere S. 5 ff., 19 ff.
528 Vgl. die grundlegenden Feststellungen Arndts, in: ders. Das Problem der strafrechtlichen Verjährung (1965), S. 305, wobei er diese – im Gegensatz zu der Debatte 1960 – durch eine Ausdehnung des „allgemeinen Rechtsgedankens" des „Stillstands der Rechtspflege" relativierte und einschränkte, S. 310.
529 Vgl. Prot. RA – BT, 3. WP, 107. Sitzung (20. Mai 1960), S. 4, und Prot. BT, 3. WP, 117. Sitzung (24. Mai 1960), S. 6688 A ff., 6690 D ff., Böhm stimmte letztlich aus politischen – nicht juristischen – Gründen gegen den SPD – Entwurf, weil er zu der Überzeugung gelangt war, die Justizbehörden hätten die Verfolgung nationalsozialistischer Totschlagsverbrechen in umfassender Weise abgewickelt.
530 Vgl. die Versuche Menzels und Frenzels in der Fraktionssitzung am 17. Mai 1960, AdsD, Akten SPD – BTF 1 027.
531 Neben den gleichen verfassungsrechtlichen Gründen wie Arndt führten die Abgeordneten der Bundestagsmehrheit auch rechtspolitische Argumente und von der SPD abweichende Einschätzungen hinsichtlich des tatsächlichen Stillstands der Rechtspflege an, vgl. den Überblick im Bericht der Abgeordneten Elisabeth Schwarzhaupt (CDU), BT-DS 3/1 844, sowie die Debatte in der 117. Sitzung des Bundestags am 24. Mai 1960, Prot. BT, 3.WP, S.6679A – 6697B.
532 Vgl. auch Arndts scharfe Reaktion auf den kritischen Kommentar Inge Deutschkrons zu einem freisprechenden Urteil gegen „Synagogenschänder" (Inge Deutschkron, Das Urteil von Köln, S. 68 ff.). Auf Deutschkrons Einwand hin, schließlich hätten die Täter eine „weltweite antisemitische Welle" ausgelöst, antwortet Arndt: „Die Reformer des Strafrechts, insbesondere Gustav Radbruch, würden sich im Grabe umdrehen, wenn sie erführen, daß wir Strafen nicht nach dem Maß der Schuld, sondern nach dem Ausmaß des Erfolgs verlangen. Im Mittelalter allerdings hat man auch Tiere bestraft, wenn sie ein Unglück verursachten". Er hielt fest: „Wir können in einem Kulturstaat keine Terrorjustiz wünschen" (vgl. Arndt an Willi Eichler, 17. März 1960, AdsD, Akten SPD-BTF 2 429 [Antisemitismus]).

desrepublik, so intensivierte, ja optimierte er zunehmend die Entfaltung der Rechtsgewährleistungen des liberalen Rechtsstaats, und zwar gerade auch seiner formellen (Gleichheits-)Anforderungen.[533]

---

[533] S. zum Vergleich hingegen Kapitel II.3.

Viertes Kapitel

Kampf um die Außenpolitik und ihre verfassungsrechtlichen Grundlagen – Westintegration, Wiederbewaffnung und deutsche Einheit vor dem Bundesverfassungsgericht 1949 bis 1955

Dem Konsens zwischen Regierung und Opposition in wesentlichen Bereichen der Innenpolitik stand ein um so schärferes, auf ein Jahrzehnt hin fast unüberbrückbar scheinendes Schisma in der Außenpolitik gegenüber. Die politische Kontroverse um die Wiederbewaffnung, die Westintegration und die Einheit Deutschlands war über weite Strecken zugleich eine verfassungsrechtliche Auseinandersetzung. Die Opposition griff die Rahmenvorgaben des Grundgesetzes zur verfassungsrechtlichen Organisation und Zielsetzung einer deutschen Außenpolitik auf und suchte darüber in zweierlei Weise die Gestaltung der Außenpolitik zu beeinflussen. Zum einen erstrebte sie eine möglichst weitgehende *Parlamentarisierung* der Außenpolitik. Zum anderen betrieb sie die intensive juristische Kontrolle der Außenpolitik durch die Anrufung des Bundesverfassungsgerichts und forcierte dadurch die *Juridifizierung* der außenpolitischen Grundsatzkontroverse. Zusätzlich kompliziert wurden die dabei aufgeworfenen Rechtsfragen durch das Besatzungsrecht.

Adolf Arndt, dem führenden sozialdemokratischen Verfassungsjuristen, fiel daher die Vorbereitung und Durchführung der verfassungsrechtlichen Opposition auf dem Feld der Außenpolitik zu. Arndt ergriff diese Aufgabe als gestalterische Chance, der sozialdemokratischen Oppositionspolitik seinen eigenen, unverwechselbaren Stempel aufzuprägen. Mit wachsendem Anteil der Verfassungspolitik an der Außenpolitik wurde der führende Rechtspolitiker der SPD zugleich Außenpolitiker seiner Partei und in dieser Doppelrolle einer breiten Öffentlichkeit bekannt.

1. Die Rahmenbedingungen: Optionen deutscher Außenpolitik zwischen Besatzungsherrschaft und Grundgesetz

> „[...] Von dem Willen beseelt, seine nationale und staatliche Einheit zu wahren und als gleichberechtigtes Glied in einem vereinten Europa dem Frieden der Welt zu dienen, hat das Deutsche Volk [...] kraft seiner verfassunggebenden Gewalt dieses Grundgesetz der Bundesrepublik beschlossen. Das gesamte Deutsche Volk bleibt aufgefordert, in freier Selbstbestimmung Einheit und Freiheit Deutschlands zu vollenden."[1]

---
1 Präambel des Grundgesetzes für die Bundesrepublik Deutschland vom 23. Mai 1949.

Diese Sätze hatte der Parlamentarische Rat dem Grundgesetz in einer Präambel vorangestellt. Sie legten dem neukonstituierten Staatswesen politische Zielvorgaben in die Wiege, um deren Verwirklichung und Koordinierung alsbald eine heftige politische Auseinandersetzung einsetzte. Es ging um die äußeren Existenzbedingungen des neuen Staates, sein Verhältnis zu dem 1945 militärisch zusammengebrochenen Deutschen Reich und zu den vier Besatzungsmächten sowie um seine politische und militärische Zuordnung zu dem westlichen und östlichen Machtblock, die sich seit 1947 feindlich in einem nicht erklärten Kalten Krieg[2] gegenüberstanden. Das Grundgesetz vom Mai 1949 mit seinen Regelungen zur Auswärtigen Gewalt[3] und seinen Entscheidungen über Fragen der Sicherheits- und Außenpolitik setzte diesen Auseinandersetzungen erste rechtliche Rahmenbedingungen, die ebenso verbindlich wie inhaltlich umstritten waren.

Die Präambel („Einheit und Freiheit Deutschlands") und einige andere Regelungen des Grundgesetzes[4] hielten an der Einheit des Deutschen Reiches fest und proklamierten die Wiedervereinigung seiner östlichen Gebiete mit dem Geltungsbereich des Grundgesetzes.

Andererseits waren wiederum die Präambel („gleichberechtigtes Glied in einem vereinten Europa"), Art. 24 (Übertragung von Hoheitsrechten auf zwischenstaatliche Einrichtungen, Einordnung in ein System kollektiver Sicherheit) und Art. 25 GG (Primat der allgemeinen Regeln des Völkerrechts) ‚integrationsfreundlich' angelegt. Sie erleichterten und prämierten damit verfassungsrechtlich die Entäußerung staatlicher Hoheitsrechte und ihre Integration in über- und zwischenstaatliche Zusammenschlüsse. Während einerseits Art. 24 Abs. 2, Satz 1 GG einen militärischen Beitrag der Bundesrepublik zu einem System kollektiver Sicherheit nicht von vornherein ausschloß, entsprangen andererseits das Verbot des Angriffskrieges (Art. 26 Abs. 1 GG) und der Schutz der Gewissensentscheidung gegenüber dem Kriegsdienst mit der Waffe (Art. 4 Abs. 3 GG) zumindest einer antimilitaristischen Absicht des Verfassunggebers – ob auch einer antimilitärischen Absicht, das sollte Gegenstand eines heftigen verfassungsrechtlichen und politischen Streits werden.[5]

---

2 Zum Begriff und zur Vorgeschichte des Kalten Krieges vgl. Ernst Nolte, Deutschland und der Kalte Krieg, S. 7 ff., 135 ff.
3 Zum Begriff der Auswärtigen Gewalt vgl. Wilhelm Grewe, Artikel Auswärtige Gewalt (1984), Sp. 463; ders., Abschnitt Auswärtige Gewalt (1988), S. 922 ff. Kritisch zu dem Begriff z. B. Kewenig, Artikel Auswärtige Gewalt, S. 37, der aus Gründen terminologischer Klarheit und wegen der historisch gewandelten, nicht mehr eindeutig einer Staatsgewalt – der Exekutive – zuzuordnenden Ausübung Auswärtiger Gewalt vorschlägt, von der „Zuständigkeit in auswärtigen Angelegenheiten" zu sprechen (a. a. O., S. 39).
Im folgenden Zusammenhang wird – Kewenigs sachliche Einwände zugestanden – der eingeführte Begriff der Auswärtigen Gewalt in dem von Grewe, Artikel Auswärtige Gewalt (1984), Sp. 463, definierten Sinn verwendet. Danach ist Auswärtige Gewalt die „Gesamtheit aller die auswärtigen Beziehungen betreffenden Zuständigkeiten und Funktionen staatlicher Organe." Dabei soll es hier nicht um die nach außen gerichtete, das Völkerrecht und die auswärtigen Beziehungen betreffende, sondern die nach innen gewandte Seite der Auswärtigen Gewalt gehen: Im Sinne „aller verfassungsmäßigen Zuständigkeiten, die der Vorbereitung und Durchführung dieser nach außen gerichteten, über die nationalen Hoheitsgrenzen hinausgreifenden Aktivitäten dienen."
4 Artikel 22 GG führte die Tradition der deutschen Einheitsbewegung von 1848 fort und bestimmte: Die Bundesflagge ist schwarz-rot-gold. Art. 116 I GG regelte die umfassende (‚gesamt'-)deutsche Staatsangehörigkeit und Art. 146 GG die lediglich vorläufige Geltung des Grundgesetzes bis zum Inkrafttreten einer vom gesamten deutschen Volk beschlossenen Verfassung.
5 S.u. Kapitel IV.3. ff.

Im Grundgesetz selbst waren also miteinander konkurrierende Zielsetzungen angelegt. Im Rahmen der politischen Gesamtlage konnten sie entweder zum Ausgleich gebracht werden oder in einen Widerstreit geraten, der aus dem politischen in den verfassungsrechtlichen Raum zurückwirken mußte.

Bedeutsam wurde dabei, daß das Grundgesetz gegenüber dem früheren deutschen Verfassungsrecht einige Neuerungen enthielt, die Umfang und Ausübung der *Auswärtigen Gewalt* betrafen. Art. 24 GG statuierte eine umfassende Integrationsgewalt[6], die nach den Worten des sozialdemokratischen Hauptausschußvorsitzenden im Parlamentarischen Rat, Carlo Schmid, zeigen sollte, daß „das deutsche Volk zum mindesten entschlossen ist, aus der nationalstaatlichen Phase in die übernationalstaatliche Phase einzutreten."[7] Umfang und Grenzen dieser neuen Ausprägung Auswärtiger Gewalt waren in Art. 24 Abs. 1, 2 GG jedoch nur rudimentär festgelegt und bedurften um so sorgfältigerer verfassungsinterpretatorischer Ermittlung, als sie Anlaß zu heftigen verfassungspolitischen Kontroversen gaben.

Neu war ebenfalls das Mitwirkungserfordernis des Parlaments bei „politischen Verträgen", Art. 59 Abs. 2 Satz 1 GG. Der umfassende Begriff der „politischen Verträge" stellte gegenüber der Weimarer Reichsverfassung eine Erweiterung[8], ein vermehrtes Mitbestimmungsrecht der Legislative gegenüber der Exekutive, dar, die sich in die funktionelle Ausübung der Auswärtigen Gewalt teilten. Die Auslegung des Begriffs „politische Verträge" hatte so unmittelbare Auswirkungen auf die Abgrenzung der Staatsgewalten voneinander und damit auf den außenpolitischen Handlungsspielraum der Regierung.

Neben den Funktionsträgern der Auswärtigen Gewalt, Legislative und Exekutive, bezog das Grundgesetz in einer weiteren bedeutsamen, verfassungsrechtlichen Neuerung das *Bundesverfassungsgericht* als judikative Kontrollgewalt ein[9]: In den Verfahren gemäß Art. 93 Abs. 1 Nr. 1 und 2 GG war das Gericht zum Beispiel zur letztverbindlichen Entscheidung darüber berufen, ob das Parlament in der Verfassung genügendem Maße an der Ausübung Auswärtiger Gewalt beteiligt worden war beziehungsweise ob der Inhalt eines völkerrechtlichen Vertrages[10] in Einklang mit dem Grundgesetz stand. Erst die folgenden Verfassungsstreitigkeiten zu Kardinalproblemen der Auswärtigen Gewalt und der Außenpolitik legten die politische Brisanz dieser neuen judikativen Kontrollgewalt frei.

Das Grundgesetz war die Rechtsgrundlage der Auswärtigen Gewalt der Bundesrepublik Deutschland. Es war allerdings die Verfassung eines besetzten Landes und galt deshalb nur im Rahmen und nach Maßgabe des von den drei westlichen Besatzungsmächten vorbehaltenen Rechts.

Dieses *Besatzungsrecht* war kodifiziert in einer Reihe von Dokumenten, die zum wesentlichen Teil auf Beschlüsse der Westalliierten während der Washingtoner Außen-

---

6 S. Schuppert, Die verfassungsgerichtliche Kontrolle der Auswärtigen Gewalt, S. 23 ff.
7 Von Mangoldt/Klein, Das Bonner Grundgesetz, Bd. I, S. 656 f.
8 Art. 45 WRV, insoweit übereinstimmend mit Art. 59 Abs. 2 Satz 1, 2. Alt. GG, hatte in Abs. 3 „Verträge mit fremden Staaten, die sich auf Gegenstände der Reichsgesetzgebung beziehen", der Mitwirkung des Parlaments unterworfen und diesen Verträgen Kriegserklärung, Friedensschluß und Bündnisse (s. Abs. 2 und 3) gleichgestellt. Vgl. Gerhard Anschütz, Die Verfassung des Deutschen Reiches vom 11. August 1919 (14. Aufl. 1933), Art. 45, Anm. 9 a, S. 262.
9 S.u. Kapitel VI.2.
10 In Gestalt des Transformationsgesetzes gem. Art. 59 Abs. 2 Satz 1 GG.

ministerkonferenz vom 6. bis 8. April 1949 zurückgingen und deren wichtigstes das am 10. April 1949 vor dem Grundgesetz in Kraft getretene Besatzungsstatut war. Die „volle gesetzgebende, vollziehende und richterliche Gewalt"[11] stand demnach den staatlichen Organen der Bundesrepublik nur unter Abzug einer umfänglichen Liste von Befugnissen zu, deren Ausübung sich die Besatzungsmächte vorbehielten.[12] Die Formulierungen dieser Vorbehalte waren weit gefaßt und allgemein gehalten. Ihr Verhältnis zueinander und zu dem umfassenden Notstandsrecht (Art. 3) der Alliierten war juristisch undeutlich[13], ebenso die Auslegung generalklauselartiger Begriffe wie zum Beispiel eine „schwere Bedrohung der Grundziele der Besatzung" (Art. 5). Nach dem Besatzungsstatut standen alle Bundesgesetze unter dem Vorbehalt der Aufhebung durch die Alliierten, Gesetzesmaßnahmen im alliierten Vorbehaltsbereich waren anzeigepflichtig, Grundgesetzänderungen ausdrücklicher Genehmigung bedürftig.[14]

Dennoch fand die rechtsförmige Festlegung der Besatzungsherrschaft, die auf deutsche Vorschläge[15] zurückging, in der deutschen Öffentlichkeit Zustimmung: Auch Adolf Arndt begrüßte das Statut als eine „einseitige, jedoch zugunsten der Bevölkerung des besetzten Gebiets rechtsbegründende Selbstbeschränkung und Selbstbindung der Besatzungsmächte."[16] Von anderen wurden die juristisch unpräzisen Formulierungen des Statuts als eine neue „politische Chance" aufgefaßt, die der „westdeutschen Regierung einen weiteren Handlungsspielraum" geben sollte.[17] Der rechtliche Gehalt des Statuts sollte sich demnach im politischen Prozeß formen und festigen. Allerdings deuteten sich künftige Auseinandersetzungen bereits in den Formulierungen der Interpreten des Statuts an. Der Freiburger Staatsrechtler, spätere Diplomat und politische Berater Bundeskanzler Adenauers, Professor Wilhelm Grewe, setzte auf den konstruktiven Ausgleich der Meinungen: „Es wird viel von einer auf beiden Seiten loyalen und sinnvollen Auslegung und Weiterentwicklung seiner Prinzipien abhängen."[18] Arndt hingegen hob die Gegensätzlichkeit der Standpunkte und Interessen hervor: „Ein solches Besatzungsstatut bedeutet also eine Art ideelle oder juristische Räumung Deutschlands, durch die sich die autoritär ‚von oben' ausgeübte Besatzungsgewalt insoweit zurückzieht und der demokratisch ‚von unten' wachsenden deutschen Staatsgewalt Raum gibt."[19]

---

11 Vgl. Art. 1 des Besatzungsstatuts vom 10. April 1949, in: von Schmoller (Hrsg.), Die Befugnisse der Besatzungsmächte in der Bundesrepublik Deutschland, S. 19 ff.
12 Vgl. Art. 2 und 3 des Besatzungsstatuts, a. a. O.
13 Vgl. die Kritik bei Grewe, Neue Perspektiven des Besatzungsregimes (1949), wieder abgedruckt unter dem Titel „Das Besatzungsstatut", in: ders., Deutsche Außenpolitik der Gegenwart, S. 39, 41; von Schmoller, Befugnisse der Besatzungsmächte, S. 9.
14 S. Art. 4 und 5 des Besatzungsstatuts; vgl. auch das Begleitschreiben der Militärgouverneure vom 12. Mai 1949, abgedruckt bei von Schmoller, a. a. O., S. 24.
15 Von Schmoller, a. a. O., S. 1; vgl. auch Grewe, Ein Besatzungsstatut für Deutschland, insbesondere S. 27 – 49 (zur Kodifikationsproblematik allgemein).
16 Arndt, Besprechung von Kaufmann, Deutschlands Rechtslage unter der Besatzung, und Grewe, Ein Besatzungsstatut für Deutschland (1949), Sp. 446.
17 S. Grewe, Das Besatzungsstatut, S. 39; von Schmoller, Befugnisse der Besatzungsmächte, S. 9.
18 S. Grewe, a. a. O., S. 41.
19 Arndt, Besprechung Kaufmann/Grewe (1949), Sp. 447.

Die Politik der Besatzungsmächte

Den Anfängen der Außenpolitik in der Bundesrepublik waren somit zwei rechtliche Rahmenbedingungen gesetzt: Das vereinbarte, vom Staatsvolk der drei zusammengeschlossenen Westzonen legitimierte Staatsrecht des Grundgesetzes markierte den rechtlichen Neubeginn auf demokratischer Grundlage. Das Besatzungsrecht hingegen beruhte auf einseitigen[20], oktroyierten Souveränitätsakten der Besatzungsmächte. Seine Wurzel war die Macht der Okkupationsgewalt, die im Konfliktfall ihren Primat über das Staatsrecht des besetzten Gebietes sicherstellte: Gemäß Art. 3 des Besatzungsstatuts ergriffen die Besatzungsmächte wieder die volle, aufgrund des Grundgesetzes nur zum Teil abgetretene Ausübung der Hoheitsgewalt, wenn „sie dies als wesentlich erachten für ihre Sicherheit oder zur Aufrechterhaltung der demokratischen Regierungsform in Deutschland."[21] In Art. 2 c hatten sich die Westalliierten die Pflege auswärtiger Beziehungen ausdrücklich vorbehalten. Die Bundesrepublik konnte keine Außenpolitik ohne und gegen die Besatzungsmächte betreiben und blieb damit trotz ihrer verfassungsrechtlichen Neukonstituierung Objekt des Völkerrechts.

Objekt der Weltpolitik war die Bundesrepublik von Anfang an gewesen. Der 1947/48 beginnende Kalte Krieg führte zur Teilung Europas in zwei gegnerische Machtblöcke.[22] Er bestimmte die Voraussetzungen und Ziele für die Gründung eines deutschen Weststaats, wie sie den drei Alliierten – bei allen Unterschieden des politischen Gewichts und der Motive – gemeinsam waren: die Eingliederung der Bundesrepublik in das politische und ökonomische System des Westens, eine parteienstaatliche Demokratie auf der Basis einer grundsätzlich privatwirtschaftlich geprägten Wirtschaftsordnung.

Entsprechend der weltpolitischen Konstellation kam den Vereinigten Staaten die politische und wirtschaftliche Führungsrolle im Kreis der drei Besatzungsmächte zu.[23] Im Hinblick auf die politische Gliederung der drei westlichen Besatzungszonen befürworteten die USA eine bundesstaatliche Lösung[24], einschließlich starker Zentralinstanzen.

Frankreich hingegen hatte in den ersten Besatzungsjahren zielstrebig darauf hingearbeitet, die staatliche Einheit Deutschlands aufzuheben oder zu schwächen. Ziel der französischen Besatzungspolitik jener Zeit war es, das Rheinland und das Ruhrgebiet endgültig vom Gebiet des Deutschen Reiches abzutrennen und französischer bzw. internationaler Kontrolle zu unterstellen.[25] Die französischen Pläne gingen bis hin zur Annexion deutscher Gebiete und sahen als politische Organisationsform Deutschlands einen lockeren Staatenbund der früheren deutschen Länder vor. In Verhandlungen mit den beiden westlichen Besatzungspartnern, zum Teil auch auf deren Druck hin, mil-

---

20 Vgl. Grewe, Das Besatzungsstatut, S. 39
21 Vgl. Art. 3 des Besatzungsstatuts vom 10. April 1949; von Schmoller, Befugnisse der Besatzungsmächte, S. 21.
22 Vgl. Noack, Die Außenpolitik der Bundesrepublik Deutschland, S. 17 ff.
23 S. Schwarz, Vom Reich zur Bundesrepublik, 2. Aufl., S. 285; Czempiel, Die Bundesrepublik und Amerika: Von der Okkupation zur Kooperation, S. 554 ff.
24 S. auch zu abweichenden amerikanischen Plänen Schwarz, a. a. O., S. 132 ff. Entschiedener für die Schaffung einer starken Zentralgewalt trat Großbritannien ein, das im übrigen -im Unterschied zu seinen beiden westlichen Partnern – keine eigenständige, kohärente, kontinuierliche Besatzungspolitik betrieb und in vielen Fragen der Deutschlandpolitik mit den USA übereinstimmte, vgl. Schwarz, a. a. O., S. 288 ff.
25 Ders., a. a. O., S. 182.

derte sich die scharf antizentralistische Linie der französischen Deutschlandpolitik und wich Bestrebungen, dem französischen Sicherheitsbedürfnis mit der Einbindung des deutschen Weststaates in das Netz eines europäischen Staatenzusammenschlusses Rechnung zu tragen.[26]

Die wirtschaftlichen Neugestaltungspläne der drei Besatzungsmächte hingen eng mit den politischen zusammen. Den USA war daran gelegen, die Leistungsfähigkeit der deutschen Wirtschaft zu stärken, um den neuen deutschen Staat politisch und militärisch widerstandsfähig zu machen gegen die Bedrohung durch den Sowjetblock. Insofern hing die Förderung privatwirtschaftlicher Formen eng mit dem amerikanischen Sicherheitsinteresse[27] zusammen. Dieser Zusammenhang blieb prägend für die künftige Bündnispolitik der USA gegenüber der Bundesrepublik und ließ keinen Raum für harte Reparationsforderungen und Demontagepläne.

Anders hingegen die französische Besatzungspolitik: Die Sicherheit Frankreichs vor dem Aggressor des Zweiten Weltkriegs war ihr Hauptziel.[28] Danach galt es, die Wirtschaftskraft des besetzten Landes so gering zu halten, daß es zu einem erneuten Angriff auf Frankreich nicht mehr fähig sein werde. Die folgenden Demontagemaßnahmen und die Ausbeutung deutscher Rohstoffquellen, insbesondere Kohlevorkommen, dienten nicht nur der französischen Sicherheit. Die Exportüberschüsse der Besatzungszone flossen überwiegend und zu verbindlich festgelegter Preisermäßigung in die französische Wirtschaft und sicherten ihr einen bedeutenden Vorsprung vor dem deutschen Konkurrenten.[29] Nach dem Urteil von F. Roy Willis war „während der schwierigen Jahre des Wiederaufbaus nach dem Krieg die französische Zone in Deutschland eine wirtschaftliche Goldgrube".[30] Frankreich setzte sich indessen nicht durch mit seinem Vorhaben, das Ruhrgebiet politisch und ökonomisch aus dem Reichsverband zu lösen, um dadurch unter anderem seine Kohleversorgung dauerhaft sicherzustellen.[31] Zunächst sehr viel erfolgreicher hingegen operierte die französische Besatzungsmacht im Saargebiet. Entsprechend dem Programm der wirtschaftlichen und politischen Annexion dieses Gebiets erhielt das Saarland am Ende des Jahres 1947 einen protektoratsähnlichen Status mit eigener Verfassung und eigener Regierung.[32] 1948, als die Saarwirtschaft erste Exportüberschüsse erzielte, erreichte Frankreich die Zustimmung der beiden westlichen Besatzungspartner zum wirtschaftlichen Anschluß des Saargebiets.[33] Das Saarland wurde nicht in das Gebiet der neu gegründeten Bundesrepublik einbezogen. Es blieb auch nach 1949 von Frankreich politisch bestimmt und wirtschaftlich

---

26 Ders., a. a. O., S. 192 f.
27 Czempiel, Die Bundesrepublik und Amerika, S. 563.
28 Schwarz, Vom Reich zur Bundesrepublik, S. 181.
29 Willis, France, Germany and the New Europe 1945 – 1967, S. 36–41.
30 Willis, a. a. O., S. 41; differenzierend zugunsten bislang übersehener konstruktiver Neuordnungsansätze der französischen Besatzungspolitik s. Hudemann, Sozialpolitik im deutschen Südwesten 1945 - 1953, S. 2 ff., 26 ff., 541 ff.; dazu insgesamt Wolfrum, Französische Besatzungspolitik und deutsche Sozialdemokratie. Politische Neuansätze in der „vergessenen Zone" bis zur Bildung des Südweststaats 1945–1952 Düsseldorf 1991.
31 Schwarz, Vom Reich zur Bundesrepublik, S. 186. Die 1949 errichtete Internationale Ruhrbehörde stellte zwar ein französisches Kontingent an der Ruhrkohlenförderung sicher, beließ es aber bei einer internationalen wirtschaftlichen Kontrolle des Ruhrgebiets und sah – unter bestimmten Bedingungen – auch den Beitritt deutscher Vertreter vor.
32 Noack, Die Außenpolitik der Bundesrepublik Deutschland, S. 49 ff.
33 Willis, France, Germany and the New Europe, S. 40.

ausgebeutet. Die ‚Saarfrage' wurde so zu einer schweren und dauerhaften Belastung im Verhältnis zwischen der Bundesrepublik und Frankreich. Sie hemmte die Annäherung zwischen den Regierungen und wurde in der Auseinandersetzung zwischen der Bundesregierung und der Opposition zum permanenten Streitpunkt über elementare Fragen der Außen- und Deutschlandpolitik.

Seit dem Sommer 1950 bildete sich ein dritter Bereich westalliierter Deutschlandpolitik heraus: die Sicherheitspolitik einschließlich der Wiederbewaffnung Westdeutschlands. In den vorangehenden Jahren hatten die drei westlichen Besatzungsmächte systematisch die Demilitarisierung ihrer Besatzungszonen betrieben. Das Besatzungsstatut behielt in Art. 2 a Maßnahmen der „Abrüstung und Entmilitarisierung" den alliierten Regierungen vor; die Ausübung der Polizeifunktion des Bundes in Art. 91 Abs. 2 GG wurde von einer ausdrücklichen Genehmigung der Besatzungsbehörden abhängig gemacht.[34] Als im Sommer 1950 der Koreakrieg ausbrach und die kommunistischen Truppen Nordkoreas mit Unterstützung der Sowjetunion erste militärische Erfolge errangen, wurde in Westeuropa und den USA sofort die Parallele zu einer militärischen Bedrohung aus der sowjetisch besetzten Zone Deutschlands gezogen.[35] Das militärische Kräfteverhältnis in Europa war für die westliche Seite ungünstig. Im Bereich der konventionellen Rüstung waren die in der NATO zusammengeschlossenen westlichen Truppenkontingente den sowjetischen Truppen weit unterlegen. Diese prekäre militärische Lage beschleunigte die im Herbst 1949 begonnenen Planungen zu einem deutschen Wehrbeitrag[36], der am 9. September 1950 von der amerikanischen Regierung beschlossen wurde. Das starke amerikanische Interesse an der Verteidigung der eigenen Sicherheit und ökonomischen Zielsetzungen[37] in Westdeutschland wurde offenbar. Auch Großbritannien und Frankreich, Partner der USA in der 1949 gegründeten NATO und im deutschen Besatzungsgebiet, entzogen sich nicht den Anforderungen des militärischen und politischen Bündnissystems: Angesichts dessen wurde eine wirksame Wiederaufrüstung Deutschlands notwendig. Doch viel hing von der Frage ab, wie dieser deutsche Verteidigungsbeitrag aussehen sollte. Sie blieb für ein halbes Jahrzehnt das beherrschende Thema der westalliierten Besatzungspolitik und der sich daraus emanzipierenden Außenpolitik der Bundesrepublik.

Unlösbar verknüpft mit der Frage der Sicherheit und *Wiederbewaffnung* des westdeutschen Territoriums war das andere große Problem der Deutschlandpolitik: die Frage der *deutschen Einheit.* Die Wiederbewaffnung Westdeutschlands und seine – wie intensiv auch immer ausgestaltete – Einbeziehung in ein westliches militärisches Bündnissystem drohte die Bündnisentscheidung auch eines wiedervereinigten Gesamtdeutschland festzulegen und verminderte die Chance einer sowjetischen Zustimmung zur deutschen Wiedervereinigung. Der Zielkonflikt[38] zwischen wirtschaftlichem Wiederaufbau und Sicherheitspolitik einerseits und Wiedervereinigung andererseits, zwischen Sicherheit und Einheit, war darin angelegt.

---

34 Vgl. das Genehmigungsschreiben der alliierten Militärgouverneure vom 12. Mai 1949 bei Schmoller, Die Befugnisse der Besatzungsmächte, S. 25.
35 S. ausführlich dazu Wettig, Entmilitarisierung und Wiederbewaffnung in Deutschland 1943 – 1955, S. 306 ff.; mit dem Schwergewicht auf der innenpolitischen Reaktion von Schubert, Wiederbewaffnung und Westintegration. Die innere Auseinandersetzung um die militärische und außenpolitische Orientierung der Bundesrepublik 1950 – 1952, S. 21 ff.
36 Wettig, a. a. O., S. 302.
37 Czempiel, Die Bundesrepublik und Amerika, S. 563.
38 Hanrieder, Die stabile Krise, S. 10.

Die Außenpolitik Adenauers: Westoption

Der erste Bundeskanzler und seine am 20. September 1949 gebildete Regierung standen vor einer Situation[39], die Konrad Adenauer in seiner ersten Regierungserklärung folgendermaßen beschrieb[40]:

> „Das Paradoxe unserer Lage ist ja, daß, obgleich die auswärtigen Angelegenheiten Deutschlands von der Alliierten Hohen Kommission wahrgenommen werden, jede Tätigkeit der Bundesregierung oder des Bundesparlaments auch in inneren Angelegenheiten Deutschlands irgendwie eine ausländische Beziehung in sich schließt."

Adenauer kündigte an, welche Folgerungen er daraus für die institutionelle Gestaltung der ersten Bundesregierung zu ziehen gedachte: „Deutschland ist infolge Besatzung, Ruhrstatut, Marshall-Plan usw. enger mit dem Ausland verflochten als jemals zuvor. Diese Angelegenheiten werden in einem im Bundeskanzleramt zu errichtenden Staatssekretariat zusammengefaßt werden."[41] Dies belegt, wie frühzeitig und klar Adenauer die Lage erkannte: Die schwere Hypothek der neuen Republik ohne formell eigenständige Außenpolitik und Außenministerium war zugleich die Chance des Bundeskanzlers, die Anfänge der Außenpolitik in seiner Hand zu konzentrieren und ihnen seine Prägung zu geben. Arnulf Baring hat beschrieben, wie es Adenauer gelang, in dem von ihm allein kontrollierten Bundeskanzleramt alle außenpolitischen Entscheidungen zu monopolisieren.[42] Ausgestattet mit einem solchen Machtapparat und angesichts des objektiv zunehmenden Anteils der Auslandsbezüge an der Gesamtpolitik der Bundesrepublik mußte gerade einem persönlich starken und entschlossenen Kanzler das ausschlaggebende innenpolitische Gewicht, die innere Souveränität[43], zukommen. Über die persönliche Durchsetzungskraft – auch gegenüber seinem Kabinett und den Fraktionen der Regierungsparteien im Bundestag[44] – verfügte Adenauer. Das rechtfertigt es, nicht von der Außenpolitik der Bundesregierung, sondern von der Außenpolitik Konrad Adenauers zu sprechen.

Adenauers Weltanschauung wurzelte tief in der Tradition des rheinischen Katholizismus und der naturrechtlichen Überlieferung.[45] Der gebürtige Kölner, Oberbürgermeister seiner Heimatstadt von 1917 bis 1933, blieb zeit seines Lebens dieser Herkunft eng verbunden. In manchen Äußerungen überhöhte er sie von einem geographischen und landsmannschaftlichen Zugehörigkeitsgefühl zu universell- kulturgeschichtlichem Bewußtsein. Köln erschien als ein Zentrum christlich-abendländischer Tradition, der Kölner Dom als ihr Wahrzeichen.[46] Die geographische und kulturelle Mittellage der Rheinlande prädestinierten sie nach Adenauers Sicht dazu, „ein vermittelndes Glied zwischen Deutschland in seiner Gesamtheit und den westeuropäischen Ländern zu

---

39 Besson, Die Außenpolitik der Bundesrepublik, S. 68 f.
40 Zur ersten Regierungserklärung s. Prot.BT, 1. WP, 5. Sitzung (20. September 1949), S. 22 A ff.
41 A. a. O., S. 23 A, B.
42 Baring, Im Anfang war Adenauer. Die Entstehung der Kanzlerdemokratie, S. 30 ff. (S. 33).
43 Ders., Die Institutionen der westdeutschen Außenpolitik in der Ära Adenauer, S. 168.
44 Baring, Im Anfang war Adenauer, S. 275 ff., 289 ff.
45 Maier, Konrad Adenauer (1876 – 1967), S. 16; Baring, a. a. O., S. 86 ff.
46 Schwarz, Vom Reich zur Bundesrepublik, S. 434; Baring, a. a. O., S. 89.

bilden."⁴⁷ Hans-Peter Schwarz hat dieses Denken in dem Bild „deutsche und europäische Politik mit dem Kölner Dom als Zentrum"⁴⁸ zusammengefaßt. In ihrer Ambivalenz faßt diese Formel aber auch die Kritik an Adenauer: „Seine Phantasie blieb rheinisch-katholisch begrenzt."⁴⁹

In der Tat zeichnete sich Adenauers politische Gedankenwelt durch einen vehement antipreußischen Affekt aus, ein Konglomerat aus politischen Erfahrungen und Vorurteilen, das im Preußentum die Ursache des verhängnisvollen deutschen Militarismus ebenso wie des Marxismus und Materialismus erblickte. Für den alten katholischen Zentrumspolitiker gehörte auch die zentralistisch ausgerichtete SPD in diesen Zusammenhang: „Die Erben der preußischen Junker sind die sozialdemokratischen Führer; sie haben genau dieselben Machtgelüste wie jene gehabt, nur daß sie zunächst ihre Herrschaftsansprüche verlagern vom militaristischen auf das außenpolitische Gebiet."⁵⁰

Solches gegen Preußen und den Reichszentralismus gerichtete Denken hatte sich bereits nach dem Ersten Weltkrieg in Adenauers Politik bewiesen und nährte nach 1945 immer wieder den Verdacht seiner Kritiker, Adenauer sei ein Gegner der Reichseinheit, ein ‚Rheinbundpolitiker', der den deutschen Zusammenbruch nutze, um den Westteil des Reichs abzutrennen und in eine Allianz mit Frankreich zu drängen: Nach dem Ende des Ersten Weltkriegs 1918/19 hatte Adenauer nämlich, um dem Sicherheitsbedürfnis Frankreichs entgegenzukommen und Annexionsplänen vorzubeugen, Bestrebungen zur Errichtung eines „rheinischen Freistaats" unterstützt.⁵¹ Diese Vorgänge waren mehr als eine Episode, sie wiesen auf Adenauers Unbefangenheit, ja Neigung hin, nationalstaatliche Grenzen überschreitende Formen der politischen Verständigung und wirtschaftlichen Zusammenarbeit voranzutreiben. Seine zu Beginn der Zwanziger Jahre entwickelte Idee einer „organischen Verflechtung" der französischen und deutschen Schwerindustrie im Dienste friedlicher Zusammenarbeit zwischen den beiden Völkern griff er nach 1945 wieder auf.⁵²

Diese – hier nur skizzierten – Züge des Politikers Adenauer lassen bereits die Gegensätze zu den preußisch und protestantisch geprägten, im selbstverständlichen Bewußtsein und Anspruch der nationalen Einheit Deutschlands aufgewachsenen Sozialdemokraten Schumacher und Arndt erkennen.

---

47 Interview Adenauers mit dem Rheinischen Merkur, 21. Februar 1948; dazu: Schwarz, a. a. O., S. 434 f.
48 Schwarz, a. a. O., S. 432.
49 Baring, Im Anfang war Adenauer, S. 94 f.
50 Zitiert nach Schwarz, Vom Reich zur Bundesrepublik, S. 432.
51 Auch in der neueren Adenauer-Forschung bleibt umstritten, ob Adenauer in der krisenhaften Anfangsphase der Weimarer Republik bis 1923 ein Separatist war, das heißt für die gänzliche Loslösung der Rheinlande vom Deutschen Reich eintrat (so Köhler, Adenauer und die Rheinische Republik, S. 207, 217, 275 f.), oder lediglich die Autonomie der Rheinlande von Preußen innerhalb des Reichsverbandes befürwortete (s. gegen die Separatismusthese: Schwarz, Adenauer. Der Aufstieg 1876 bis 1952, S. 218, 226, 286; ders., Vom Reich zur Bundesrepublik, S. 430, 786, Anm. 10). Ein Beispiel für die in der Literatur erkennbare Reserve gegenüber der ‚zentralistischen Wendung', mit der Adenauer zum Beispiel nach Abschluß des Friedensvertrags 1919 seine Autonomisierungspläne aufgab und für die Lösung der Rheinlandfrage in einem unitarischen Deutschland plädierte, bietet Huber, Deutsche Verfassungsgeschichte seit 1789, Bd. V, S. 1145 f: Dieser sieht darin ein deutliches Beispiel für den „realpolitischen Pragmatismus des Kölner Oberbürgermeisters." .
52 Schwarz, Vom Reich zur Bundesrepublik, S. 429; ders., Das außenpolitische Konzept Konrad Adenauers, S. 104.

Adenauers Außenpolitik nach 1949 stützte sich auf mehrere bis zum Ende seiner Kanzlerschaft relativ konstant durchgehaltene Grundannahmen[53]: der Niedergang Europas und der damit zusammenhängende Aufstieg der beiden Supermächte; der gefährliche Expansionsdrang der kommunistischen Mächte, insbesondere des „russischen Kolosses"; die Furcht, in dem globalen Ost-West-Konflikt könnten die USA sich erneut auf eine isolationistische Position zurückziehen und die Bundesrepublik dem sowjetischen Einflußbereich preisgeben; die Sorge um die strukturellen Schwächen demokratischer Außenpolitik und schließlich das Bewußtsein eines katastrophalen deutschen Geschichtserbes – einer im Inneren labilen deutschen Gesellschaft, die es folglich durch eine konsequente Integrationspolitik mit den westlichen Demokratien zu verklammern gelte.

Auf der Grundlage dieser Annahmen definierte Adenauer selbst seine außenpolitischen Ziele durch den Dreiklang „Freiheit, Frieden, Einheit."[54] Diese Reihenfolge war nicht zufällig. Dies deutete bereits Adenauers erste Regierungserklärung an und bewies auch der von ihm eingeschlagene Weg bundesdeutscher Außenpolitik. Freiheit hieß Freiheitssicherung gegenüber der totalitären Sowjetunion und war unlösbar verknüpft mit dem darin beschlossenen Haupt*ziel* – nicht lediglich Mittel[55] – der Westintegration der Bundesrepublik. Teil der Freiheit sollte auch die angestrebte Gleichberechtigung und Partnerschaft mit den westlichen Besatzungsmächten sein. In seiner Regierungserklärung kündigte Adenauer an, im Verhältnis zur Sowjetunion und Polen ein Zusammenleben in Frieden anzustreben.[56]

Aber wie verhielt sich das dritte Ziel, die Einheit Deutschlands, zur Freiheit nach dem Verständnis Adenauers? Interpreten seiner ersten Regierungserklärung wiesen darauf hin, daß das Einheitsproblem und sein Konflikt mit der Westintegration der Bundesrepublik nur marginale Erwähnung fanden. Adenauers im folgenden Jahrzehnt seiner Außenpolitik durchgehaltene Option war die „Westintegration eines westdeutschen Staates im Rahmen neuer Formen internationaler Integration, gegebenenfalls mit der Chance des Anschlusses der mitteldeutschen Irredenta, schlimmstenfalls um den Preis dauernder Teilung."[57]

Einheit, Gleichberechtigung, Westintegration: die Außenpolitik der SPD

Angesichts der alliierten Besatzungsherrschaft versagte die herkömmliche Trennung von Innen- und Außenpolitik. Die außenpolitischen Weichenstellungen der kommenden Jahre bestimmten die Gestaltung der Bundesrepublik im Bereich der Wirtschafts-,

---

53 Die Darstellung folgt hier Schwarz, Das außenpolitische Konzept Adenauers, S. 78 ff.; ders., Adenauer, S. 854 ff.
54 S. Schwarz, Das außenpolitische Konzept Adenauers, S. 85 f.
55 Baring, Im Anfang war Adenauer, S. 106, Anm. 52; Schwarz, Vom Reich zur Bundesrepublik, S. 516; Besson, Außenpolitik der Bundesrepublik, S. 72.
56 S. Prot. BT, 1 WP, 5. Sitzung (20. September 1949), S. 29 B.
57 Schwarz, Das außenpolitische Konzept Adenauers, S. 84; ders., Adenauers Ostpolitik, S. 217; zugespitzt Josef Foschepoth, der die Wiedervereinigungsforderung nie als Ziel, sondern lediglich als innenpolitisches Integrationsmittel Adenauers gelten läßt, während jener selbst alles getan habe, um die Wiedervereinigung zu verhindern, s. ders., Einleitung, S. 16 f., 20, und Westintegration statt Wiedervereinigung, S. 42, 55.

Gesellschafts- und Verfassungspolitik. Adenauer erkannte diesen Zusammenhang und besetzte entschlossen das Gebiet solch umfassend verstandener Außenpolitik. Auf diesem Feld erlangte denn auch die Politik der Opposition über ein Jahrzehnt hinweg ihre größte prinzipielle Schärfe und sachliche Intensität.

Schon die Antwort Kurt Schumachers auf Adenauers erste Regierungserklärung setzte die außenpolitischen Akzente deutlich anders als der Kanzler:

„Die Frage der deutschen Einheit kommt hinein in jede andere politische Frage, die Deutschland berührt. Diese Frage kommt nicht mehr von der Tagesordnung. Wir können niemanden als einen Freund des deutschen Volkes empfinden, dessen praktische Politik die deutsche Einheit auf der demokratischen Grundlage verweigert und behindert."[58]

Auch im Hinblick auf internationale Vereinbarungen und Grenzfragen verdeutlichte der Oppositionsführer sein Bekenntnis zur deutschen Einheit:

„Wir akzeptieren keine Regelung, die die Konjunktur der Spaltung des deutschen Staatswesens ausnutzt. Wir nehmen nur Regelungen an, die so getroffen sind, als ob sie für das ganze Deutschland getroffen sind, und die kulturellen und sozialen Wünsche und Überzeugungen des gesamten deutschen Volkes in allen vier Zonen ausdrücken."[59]

Diese Worte enthielten eine Mahnung, ja Drohung an den Bundeskanzler, der die Existenz eines deutschen Weststaats und seine Integration in eine europäische Staatengemeinschaft hervorgehoben hatte. Adenauers Zukunftsentwurf hielt Schumacher mit Blick auf den Besatzungsstatus der Bundesrepublik knapp entgegen: „Europa heißt Gleichberechtigung."[60] In der ersten großen außenpolitischen Debatte des Deutschen Bundestags am 15. November 1949 faßte der Oppositionsführer die Position seiner Partei zusammen:

„Die Sozialdemokratie sieht in der Wahrung der Interessen der Nation den besten Beitrag und die beste Bezeugung des Respekts vor Interessen anderer Nationen. Die Sozialdemokratie hat vom Tage ihres Wiedererstehens an Deutschland europäisch aufgefaßt. Aber die Sozialdemokratie weiß, daß man jedes Volk zur internationalen Zusammenarbeit nur durch moralische, politische und soziale Selbstbehauptung erziehen kann."[61]

Deutsche Einheit, Gleichberechtigung und europäische Zusammenarbeit – diese drei Ziele steckte sich die deutsche Sozialdemokratie in den Aufbaujahren[62] des neuen Staates und seiner Außenpolitik. Auf den ersten Blick schien somit eine Übereinstimmung mit den Zielsetzungen der Bundesregierung vorzuliegen. Aber alles entschied sich mit der Rangfolge ihrer Verwirklichung. Wie diese nach sozialdemokratischer

---

58 Prot. BT, 1. WP, 6. Sitzung (21. September 1949), S. 35 D.
59 A. a. O., S. 41 C.
60 A. a. O., S. 42 B.
61 Prot. BT, 1. WP, 17. Sitzung (15. November 1949), S. 407 B.
62 S. dazu Schmitz, Deutsche Einheit und europäische Intergration, S. 71 ff.

Auffassung aussehen sollte[63], bilanzierte Schumacher folgendermaßen: „Die Wiederherstellung der Einheit Deutschlands bestimmte als oberstes Ziel die Politik der SPD, auf das alle innen- und außenpolitischen Schritte hinführen mußten."[64] In dieser Zielpriorität war angelegt, daß sich im Streit um die Wiederbewaffnung die Konkurrenz von deutscher Einheit und Westintegration zu einem unauflösbaren Widerspruch zuspitzte.[65] Zugleich bestimmte das *Primärziel nationaler Wiedervereinigung* auch die innere Gestalt der europäischen Zusammenarbeit. Nur eine sozial gerechte und demokratische Gestaltung der supranationalen Institutionen entwickelte nach dem sozialdemokratischen Konzept genügend ökonomische und soziale Anziehungskraft auf die sowjetische Besatzungszone. Die beabsichtigte ökonomische *Magnetwirkung* des Westens wurde zu einer „Konstante des sozialdemokratischen Wiedervereinigungs-Programms."[66]

Die Forderung nach Gleichberechtigung entsprang dem von Schumacher proklamierten Willen zur „moralischen, politischen und sozialen Selbstbehauptung"[67] und erstreckte sich auf verschiedene Bereiche.[68] Im Sinne der ‚Magnettheorie' war die soziale Gleichberechtigung eine Grundbedingung der europäischen Zusammenarbeit, wenn diese nicht zum Hindernis der deutschen Wiedervereinigung werden sollte. *Politische* Gleichberechtigung bedeutete die Wiedergewinnung der äußeren Souveränität, und zwar im Sinne einer politisch gleichberechtigten Stellung als Vorbedingung, nicht Ergebnis[69] der Verhandlungen mit den Besatzungsmächten. Damit unvereinbar war es – dies warf Schumacher Adenauer vor –, sich auf eine „Politik des Junktims"[70] einzulassen, mit der die Alliierten Zugeständnisse auf dem Weg zur formalen Gleichberechtigung des deutschen Staates an die weitgehende Übernahme ihrer politischen Ziele knüpften.

In ihrer tiefsten Schicht schließlich erhob die sozialdemokratische Forderung nach Gleichberechtigung einen *moralischen* Anspruch. Das offensiv vorgetragene Gefühl der Selbstachtung und der kämpferische Wille zur Selbstbehauptung[71] legitimierten sich durch ein Bewußtsein moralischer Überlegenheit, das in der Gestalt des Parteiführers und ehemaligen KZ-Häftlings Kurt Schumacher seine Inkarnation fand[72]:

„Die sozialdemokratische Partei ist die einzige Partei in Deutschland gewesen, die an der großen Linie der Demokratie und des Friedens ohne Konzessionen

---

63 Wenngleich diese Entscheidung in verschiedenen Phasen sozialdemokratischer Außenpolitik unterschiedlich akzentuiert und dargestellt wurde, s. Schmitz, a. a. O., S. 83; so zum Beispiel Löwke, „Für den Fall, daß . . .", S. 73, 101 ff., 115 f.; zur ‚Entdeckung' der Unvereinbarkeit von Wiederbewaffnung und nationaler Einheit in der SPD-Politik s. auch Hrbek, Die SPD – Deutschland und Europa, S. 160, mit kritischen Bemerkungen zur „Halbheit" des sozialdemokratischen Beharrens auf Entscheidungsfreiheit eines wiedervereinigten Deutschlands hinsichtlich seiner Blockbindung.
64 Schmitz, Deutsche Einheit und europäische Integration, S. 62.
65 S.u. Kapitel IV.3.
66 So Hrbek, SPD – Deutschland und Europa, S. 29.
67 Siehe o.
68 Vgl. Narr, CDU – SPD. Programm und Praxis seit 1945, S. 116 f.; Schmitz, Deutsche Einheit und europäische Integration, S. 83.
69 Von Schubert, Wiederbewaffnung und Westintegration, S. 65.
70 Vgl. Prot. BT, 1. WP, 17. Sitzung (15. November 1949), S. 405 A.
71 Narr, CDU – SPD, S. 116 f., zu diesem und anderen Schlüsselbegriffen der SPD-Programmatik.
72 Vgl. die bezeichnende, selbstbewußte Parole „Nach Hitler – wir", dazu Pirker, Die SPD nach Hitler, S. 15 ff.

festgehalten hat. Dann kann nur sie allein von sich sagen, daß die Grundsätze ihrer Politik ihre Prüfung vor dem Richterstuhl der Geschichte bestanden haben. Alle anderen Richtungen in Deutschland sind mehr oder weniger schuld an dem Aufkommen des Nazismus, haben entweder seine geistigen und politischen Grundlagen oder seine praktischen und taktischen Voraussetzungen geschaffen."[73]

Von diesen moralischen Voraussetzungen her war die Forderung nach internationaler Gleichberechtigung konsequent. In bezug auf die SPD konnte es danach keine Rechtfertigung einer internationalen Diskriminierung geben. Dieses Selbstbewußtsein übertrug die Partei auf den Staat und ihren „Anspruch auf die Führung beim Neubau des deutschen Staatswesens."[74]

Eine solch selbstbewußte, bedingungslos verfochtene Politik drängte zur Konfrontation – sowohl mit den Alliierten als auch mit Adenauer; denn der Bundeskanzler beschritt einen anderen Weg der Außenpolitik. Er machte Konzessionen an die Westmächte – „Vorleistungen" in der Sprache der Opposition –, um ihr Vertrauen zu gewinnen. Er setzte auf die allseitige Einsicht in die Gemeinsamkeit der Interessen und hoffte, den deutschen Zugeständnissen allmählich ihre Härte und Einseitigkeit zu nehmen, damit sie schließlich einer gleichberechtigten Interessenaushandlung wichen. Die Meinungsverschiedenheit über Ziele und Methoden der deutschen Außenpolitik entwickelte sich zu einem Grundsatzkonflikt über die Frage der nationalen Einheit und Gleichberechtigung.

Dabei traten Regierung und Opposition mit ungleichen Waffen an. Im allgemeinen verfügt die Opposition in einem parlamentarischen Regierungssystem mit stabilen Mehrheitsverhältnissen[75] über kein durchgreifendes Instrument, ihr außenpolitisches Konzept – wenigstens in Teilbereichen – der Regierung und der sie tragenden parlamentarischen Mehrheit aufzuzwingen.[76] Statt dessen ist sie auf Mittel der konsultativen Einflußnahme und auf den parlamentarischen Diskussionsprozeß, die Überzeugungskraft des sachlichen Arguments und die Einsichtsbereitschaft der Mehrheit verwiesen. Hinzutreten kann die schwer kalkulierbare und meßbare Unterstützung der öffentlichen Meinung. Mehr noch als in der Innenpolitik vermag die Regierung zudem ihr parlamentarisches Übergewicht zu erhöhen unter Berufung auf das ‚Gesamtinteresse des Landes'.

Treffen diese Feststellungen auf die Normallage der parlamentarischen Opposition zu, so galten sie in besonderer Weise für die außenpolitischen Weichenstellungen der Bundesrepublik bis zur Mitte der Fünfziger Jahre. Es ging in der Tat – und das war allen politisch Beteiligten bewußt – um Lebensfragen des neuen Staates. In diesem Prozeß gelang es Adenauer, den Einfluß der parlamentarischen Opposition im Bundes-

---

[73] Kurt Schumacher, Konsequenzen deutscher Politik (1945), in: ders., Reden und Schriften, S. 31, Abschnitt: „Der Führungsanspruch der Sozialdemokratie".

[74] Schumacher, a. a. O., S. 32.

[75] Zu den engen Einflußspielräumen innenpolitischer Gruppierungen hinsichtlich des außenpolitischen Entscheidungsprozesses der Bundesrepublik insgesamt s. Baring, Institutionen der westdeutschen Außenpolitik, S. 175 ff.

[76] Hrbek, Außenpolitische Gemeinsamkeiten von Regierung und Opposition, S. 444, schränkt diese These ein mit der Feststellung, die Regierung sei „ihrer Monopolstellung im Bereich der Außenpolitik beraubt." Doch bleibt auch er dabei, daß die Parlamentsmehrheit als „Gefolgschaft der Regierung betrachtet werden muß." Damit sinken die Chancen einer ‚Opposition des Parlaments' gegen die Regierung auf ein Mindestmaß.

tag auf ein Mindestmaß zu reduzieren. Von ihm vor allem, der erster Verhandlungspartner der Besatzungsmächte war, hing es ab, die Spielräume des Besatzungsstatuts im deutschen Interesse auszuschöpfen und zu sichern. Die Verhandlungen auf dem Petersberg bei Bonn wurden wirksam vor der Öffentlichkeit abgeschirmt. So entstand eine Sphäre der Arkanpolitik, in der Adenauer seine verantwortungsvolle und politisch einflußreiche Position – den Zugang zum alliierten Machthaber – nutzte, um die Information über den aktuellen Stand der außenpolitischen Beziehungen ausschließlich bei sich und dem von ihm errichteten Bundeskanzleramt zu konzentrieren. Auch das Parlament, selbst der federführende Bundestagsausschuß für das Besatzungsstatut und Auswärtige Angelegenheiten[77], blieben vom außenpolitischen Entscheidungsprozeß weitgehend ausgeschlossen und wurden mit annähernd fertigen Verhandlungsergebnissen konfrontiert.

Die Opposition schien also zur außenpolitischen Ohnmacht verurteilt. Zwei Wege boten sich für den Versuch an, die Offensive gegenüber dem übermächtigen Regierungsapparat zu gewinnen. Es galt zum einen, die Stellung und den Einfluß des Parlaments gegenüber der Regierung mit allen verfügbaren Mitteln zu stärken. Der andere Weg führte aus dem parlamentarischen Raum hinaus vor die Schranken des neu errichteten Bundesverfassungsgerichts, des Hüters der Verfassung.

2. Auswärtige Gewalt und parlamentarische Mitwirkung

> „In Wahrheit – erlauben Sie mir bitte bei dem Ernst der Stunde dies in aller Trockenheit zu sagen – handelt es sich um nichts anderes als um ein neues Glied in der Kette der Versuche der permanenten Ausschaltung des Parlaments, des Unterfangens, Verfassungskämpfe durch autoritären Handstreich zu gewinnen."[78]

In einer der ersten außenpolitischen Debatten des Bundestags erhob Adolf Arndt diesen Vorwurf gegen Bundeskanzler Adenauer. Den Anlaß dazu gaben der Abschluß des Petersberger Abkommens zwischen Adenauer und den Vertretern der Alliierten Hohen Kommission am 22. November 1949 und die Erklärung des Bundeskanzlers, das Abkommen bedürfe nicht der gesetzlichen Zustimmung des Bundestags.[79] Arndt leitete mit seinem Angriff eine Grundsatzkontroverse ein, die nach dem Streit um das Petersberger Abkommen in zwei weiteren Fällen den Bundestag und schließlich das Bundesverfassungsgericht beschäftigte. Es handelte sich um das deutsch-französische Wirtschaftsabkommen vom 10. Februar 1950 und den sogenannten „Kehler Hafenvertrag" vom 19. Oktober 1951. Die drei Vertragswerke betrafen die wirtschaftlichen Beziehungen der Bundesrepublik zu den alliierten Besatzungsmächten, insbesondere zu Frankreich. Der Streit entzündete sich daran, daß die Verträge trotz ihrer politischen Tragweite allein von der Bundesregierung bzw. einer Landesregierung abge-

---

77 Baring, Im Anfang war Adenauer, S. 289 f.
78 Prot. BT, 1. WP, 18. Sitzung (24./25. November 1949), S. 477 A, B.
79 Dies nachzuweisen war die Absicht Adenauers in seiner Regierungserklärung, a. a. O., S. 473 D ff.

schlossen und nicht dem Parlament zur Mitberatung und Mitentscheidung in Form eines Ratifikationsgesetzes vorgelegt wurden.

Auswärtige Vertragspolitik und parlamentarische Mitwirkung im Streit

Streitgegenstand I: das Petersberger Abkommen

Mit dem Petersberger Abkommen vom 22. November 1949 zwischen der Bundesregierung und der Alliierten Hohen Kommission fand eine Initiative Adenauers zur vorläufigen Regelung der Demontagefrage[80] ihren Abschluß. Die Bundesregierung erreichte, daß eine größere Zahl deutscher Industrieunternehmen, darunter einige der leistungsfähigsten, von der Demontageliste gestrichen und die Beschränkungen des deutschen Schiffsbaus erheblich gelockert wurden.[81] Darüber hinaus erlaubte das Abkommen der Bundesregierung den Beitritt zu internationalen Organisationen und die Wiederaufnahme von konsularischen und Handelsbeziehungen zu anderen Staaten.[82] Gemessen an dem rigiden außenpolitischen Vorbehalt des Besatzungsstatuts, errang die Bundesregierung mit dieser Abmachung eine praktisch bedeutsame Erleichterung auf dem Weg zu einer eigenständigen Außenpolitik. Adenauer lobte denn auch Verlauf und Ergebnis der Petersberger Verhandlungen mit den Worten: „Zum ersten Mal seit dem Zusammenbruch wird unsere Gleichberechtigung offiziell anerkannt."[83]

Diesen Konzessionen standen deutsche Gegenleistungen gegenüber. Vor allem – und daran nahm die Opposition besonderen Anstoß – verpflichtete sich die Bundesregierung, der Internationalen Ruhrbehörde beizutreten. Diese Organisation beruhte auf einer Vereinbarung der Siegermächte, die damit das bedeutendste deutsche Industriepotential im Ruhrgebiet unter internationale Kontrolle stellten, ihrer eigenen Wirtschaft Importe der deutschen Grundstoffindustrie sicherten und dadurch zugleich ihre Sicherheitsinteressen[84] Deutschland gegenüber wahrnahmen. Mit dem am 16. Dezember 1949 endgültig vollzogenen Beitritt zur Ruhrbehörde legitimierte die Bundesrepublik die Verfügung der Siegermächte über deutsches Territorium und Wirtschaftspotential. Dies bedeutete die „Versteinerung des bisherigen, seinem Wesen nach provisorischen Siegerrechtes in der Form eines Deutschland definitiv bindenden Vertragsrechts."[85]

Hatte Adenauer – gerade im Gegensatz zu seiner öffentlichen Darstellung des Petersberger Verhandlungserfolgs – den „fundamentalen Unterschied zwischen einer einseitig oktroyierten Pflicht und einer freiwillig rechtsgeschäftlich übernommenen"[86] ver-

---

80 Vgl. die Präambel des Petersberger Abkommens vom 22. November 1949, abgedruckt bei Huber, Quellen zum Staatsrecht der Neuzeit, Bd. 2, S. 611.
81 Vgl. Art. VII und VIII des Petersberger Abkommens.
82 Zur positiven Bewertung des Abkommens als einer „Neuordnung des deutsch-alliierten Verhältnisses mit sehr viel weiterreichenden Perspektiven" vgl. Besson, Außenpolitik, S. 86.
83 Vgl. Prot. BT, 1. WP, 18. Sitzung (24./25. November 1949), S. 476 B.
84 Vgl. die Eingriffsbefugnisse der Ruhrbehörde in Art. 15 I, II des 2. Abkommens über die Errichtung einer Internationalen Ruhrbehörde vom 22. April 1949 bei Huber, Quellen zum Staatsrecht der Neuzeit, Bd. 2, S. 594 ff. (S. 597).
85 Vgl. Allemann, Bonn ist nicht Weimar, S. 143 f.
86 Prot. BT, 1. WP, 18. Sitzung (24./25. November 1949), S. 479 B.

kannt, wie Arndt ihm vorwarf? Hatte er voreilig „Treue" gelobt, wo unvermeidlicher „Gehorsam" genügt hätte? Das Problem der deutschen Gleichberechtigung, der nationalen Selbstbehauptung gegenüber den Besatzungsmächten war damit aufgeworfen. Arndt rückte es in den Mittelpunkt seiner Kritik am Petersberger Abkommen. Sinngemäß anknüpfend an Kurt Schumachers Formel von der „politischen, moralischen und sozialen Selbstbehauptung"[87], nahm er die Gleichberechtigungsforderung der SPD gegen den Vorwurf des Nationalismus in Schutz mit dem Bekenntnis: „Was uns beseelt, ist das Gefühl der Gleichwertigkeit, auf dem die sozialistische Internationale und die europäische Arbeiterbewegung von Beginn an seit mehr als einem Jahrhundert beruht."[88] In scharfen Worten legte er ein tragendes Motiv der sozialdemokratischen Forderung dar: das tiefe Mißtrauen[89] gegenüber der Taktik und den Absichten der westalliierten Politik. Arndt ging bis zum Verdacht kollusiven Zusammenwirkens der Westmächte mit einer gefügigen Bundesregierung im Dienste einer „Interessenpolitik, die die Tendenz hat, auch ein autoritäres Regime Adenauer eher zu stützen, als es durch ein demokratisches Regime ablösen zu lassen."[90]

Ihre stärkste Wirkung erreichte Arndts Rede dort, wo sie mit juristischer Begrifflichkeit die Widersprüche und politischen Konsequenzen der Erklärung Adenauers auseinanderlegte. Vor allem die Frage, ob das Petersberger Abkommen nun ein gegenseitiger Vertrag zweier gleichgeordneter und gleichberechtigter Partner oder eine nichtvertragliche Abmachung im Rahmen eines besatzungsrechtlichen Verhältnisses der Über- und Unterordnung sei, stand dabei im Mittelpunkt. Der Bundeskanzler hatte letzteres behauptet[91] und von daher auf die Rechte des Parlaments geschlossen: Das Petersberger Abkommen, im Rahmen des Besatzungsrechts abgeschlossen, sei kein Vertrag mit auswärtigen Staaten gemäß Art. 59 Abs. 2 Satz 1 GG und bedürfe folglich nicht der Ratifikation durch die Legislative.

Für Arndt war dies ein doppelter Angriff sowohl auf die Gleichberechtigung wie auf die demokratische Struktur der Bundesrepublik:

> „Die Bundesregierung nimmt also ihre Zuflucht zum Besatzungsrecht und behandelt das Besatzungsrecht als eine Art Ermächtigungsgesetz ohne Ermächtigung. Denn es gibt keine Möglichkeit der Ableitung von Befugnissen der Bundesregierung aus dem Besatzungsrecht. Die Bundesregierung verkörpert für den Teil der Exekutive eigenständige deutsche Staatsgewalt. Daran möchte ich von vornherein keinerlei Irrtum aufkommen lassen."[92]

---

87 Prot. BT, 1. WP, 17. Sitzung (15. November 1949), S. 407 D.
88 Prot. BT, 1. WP, 18. Sitzung (24./25. November 1949), S. 479 B.
89 Vgl. Arndts Ausführungen, in denen er die Politik der Westmächte an ihrem Ziel einer „Demokratisierung Deutschlands" mißt, Prot. BT, 1. WP, 18. Sitzung (24./25. November 1949), S. 480 B ff.; vgl. bereits Schumachers ausdrückliche Mißtrauensbekundung, Prot. BT, 1. WP, 17. Sitzung (15. November 1949), S. 407 D.
90 S. Prot. BT, 1. WP, 18.Sitzung (24./25. November 1949), S. 480 C.
91 Adenauer, Prot. BT, 1. WP, 18. Sitzung (24./25 November 1949), S. 473 C ff., hatte das Vorliegen eines gegenseitigen Vertragsverhältnisses mit der Begründung abgestritten, der Beitritt der Bundesrepublik zur Ruhrbehörde sei seinerzeit bereits von den Signatarstaaten festgelegt worden. Mithin gehe die Bundesregierung keine neue vertragliche Verpflichtung ein. Zudem handele das Abkommen nicht im Bereich des allgemeinen Völkerrechts, sondern des Besatzungsrecht, das der Bundesrepublik von vornherein einen den Besatzungsmächten untergeordneten rechtlichen Status zuweise.
92 S. Prot. BT, 1. WP, 18. Sitzung (24./25. November 1949), S. 477 B, C.

Klar formulierte Arndt vor der deutschen Öffentlichkeit sein Verständnis vom Verhältnis zwischen Besatzungsrecht und deutschem Staatsrecht. Es gründete auf seinem Bild vom Besatzungsstatut als einer „ideellen oder juristischen Räumung."[93] Das Besatzungsstatut war danach eine Selbstbeschränkung alliierter Besatzungsgewalt, die daneben Raum für originäre, nicht delegierte deutsche Staatsgewalt und deutsches Staatsrecht ließ.[94] Das Bild von der „juristischen Räumung" ging nicht von der bereichsweisen Überlagerung, sondern von einer scharfen Unterscheidung und Entgegensetzung von Besatzungsrecht und deutschem Staatsrecht aus.[95] Bezogen auf den Wortlaut des Grundgesetzes, das das Besatzungsrecht nicht erwähnte, hieß das: Die darin konstituierte deutsche Staatsgewalt war eigenständig und unbeschränkt – auch die Exekutive im Bereich der Auswärtigen Gewalt – und mußte sich zunächst allein am Grundgesetz messen lassen. In der Konsequenz des Arndtschen Gedankenganges führte das im konkreten Kollisionsfall von Besatzungs- und Staatsrecht, den auch Arndt angesichts der außerhalb des Grundgesetzes normierten besatzungsrechtlichen Vorbehalte nicht übersah, zu einer ‚Vermutungsregel'[96]: Die Zuständigkeit und Befugnis zur Ausübung Auswärtiger Gewalt bestimmten sich aus der Sicht der Bundesorgane allein nach dem Wortlaut des Grundgesetzes. Es lag an der Besatzungsgewalt, ihre Vorbehalte gegenüber deutschem Staatshandeln in diesem Fall zu aktualisieren und durchzusetzen.

Arndts Ausführungen richteten sich zugleich gegen Bundeskanzler Adenauer und Bundesjustizminister Thomas Dehler. Dieser hatte für den Bundeskanzler ein – Arndt vorliegendes – Gutachten[97] gefertigt, in dem er zu dem Schluß kam, daß der deutsche Beitritt zum Ruhrstatut durch eine einfache, einseitige Erklärung im Rahmen des Besatzungsrechts vollzogen werde. Es verstoße gegen die „Zweckerwägungen und Systematik des Grundgesetzes", eine solche Erklärung den Anforderungen des Art. 59 Abs. 2 Satz 1 GG zu unterwerfen und ihr dadurch „das unangemessene Gewicht eines feierlichen Gesetzes"[98] zu geben. Arndt hingegen brachte die Auffassung zum Ausdruck, daß Adenauer und Dehler nur versuchten, die in dem freiwilligen Beitritt zu der besatzungsrechtlichen Organisation liegende „rechtliche" und „politische Substanzänderung von außerordentlicher Tragweite"[99] herunterzuspielen.

Der Verdacht lag in der Tat nahe, daß die Bundesregierung in vollem Bewußtsein der großen politischen Tragweite und präjudiziellen Wirkung des Petersberger Abkom-

---

93 Arndt, Besprechung Kaufmann/Grewe (1949), Sp. 448; s. auch oben Kapitel IV.1.
94 Vgl. Prot. BT, 1. WP, 18. Sitzung (24./25. November 1949), S. 477 C, D unter Bezug auf den Staatsrechtler Friedrich Klein als Gewährsmann, der sich seinerseits unter anderem auf Arndt berief.
95 Diese Auffassung stützte Arndt mit Professor Klein auf Art. 1 Satz 2 des Besatzungsstatus vom 10. April 1949, der besagte: „Abgesehen von den in diesem Statut enthaltenen Beschränkungen besitzen der Bund und die ihm angehörenden Länder volle gesetzgebende, vollziehende und richterliche Gewalt gemäß dem Grundgesetz und ihren Verfassungen."
96 Wenn auch von Arndt so nicht ausdrücklich formuliert, aber in der Konsequenz seiner Argumentation liegend.
97 Das Dokument war im Bundesrat verteilt worden, und der sozialdemokratische Justizminister Schleswig-Holsteins, Rudolf Katz, hatte es Arndt zur Verfügung gestellt, der während seiner Bundestagsrede aus einer Abschrift zitierte, s. Baring, Im Anfang war Adenauer, S. 394; s. auch Arndt, Prot. BT, 1. WP, 22. Sitzung (9. Dezember 1949), S. 712 B.
98 „Gutachten über die Frage, ob der Beitritt zum Ruhrstatut der in Art. 59 des Grundgesetzes vorgesehenen Gesetzesform bedarf", gez. Dr. Dehler, 21. November 1949 (Abschrift), AdsD, Nachlaß Arndt, Mappe 263.
99 S. Prot. BT, 1. WP, 18. Sitzung (24./25. November 1949), S. 479 C.

mens für ihr weiteres Verhältnis zu den Besatzungsmächten versuchte, das Parlament von einer öffentlichen Erörterung und Mitbestimmung über die außenpolitischen Entscheidungen auszuschließen, indem sie die gesamten Verhandlungen einer Arkansphäre des Besatzungsrechts zuwies. Jedenfalls mußte es aus der Sicht der parlamentarischen Opposition so erscheinen. Ihr vor allem war mit dem Recht des Parlaments zum Gesetzesbeschluß und den damit zusammenhängenden Pflichten der Regierung, das Parlament zu informieren, eine Gesetzesvorlage einzubringen und zu begründen, ein wirksames Mittel der Regierungskontrolle aus der Hand genommen. Hier war die Opposition am empfindlichsten zu treffen und leistete sie den härtesten Widerstand.

Suchte die Bundesregierung nur nach einer verfassungsrechtlichen Legitimation ihrer „Methode der Geheimpolitik"[100]? Das Arndt vorliegende Gutachten Dehlers zeigte, wie sehr es dem Bundesjustizminister auf eine Stärkung der Regierungskompetenzen ankam. Er näherte sich der Verfassungslage der konstitutionellen Monarchie an, indem er die Notwendigkeit einer Parlamentsbeteiligung ablehnte mit der Begründung, andernfalls werde in die „freie Handhabung der Auswärtigen Gewalt eingegriffen, die nach dem vom Grundgesetz besonders betonten Prinzip der Gewaltenteilung grundsätzlich Sache der vollziehenden Gewalt ist."[101] Die Rede des Bundeskanzlers bestätigte diese Rechtsauffassung Dehlers.

Unter diesem Eindruck resümierte Arndt in seiner Replik düster: „Wir glaubten auf dem Wege zu einer parlamentarischen Demokratie zu sein und sehen uns auf dem Wege zu einer Monarchie ohne Konstitution."[102]

Es war Arndts erste große Rede vor dem Bundestag gewesen. Im Stil einer Anklagerede war er mit der Regierungserklärung des Kanzlers und dem Gutachten Thomas Dehlers ins Gericht gegangen. Am Schnittpunkt von Verfassungsrecht und Außenpolitik enthielt die Rede in nuce die zentralen Argumente, mit denen die Opposition in den folgenden Jahren Inhalt und Methode der Außenpolitik Adenauers im Parlament und vor dem Bundesverfassungsgericht angriff. Arndts juristische Präzision, seine Fähigkeit, Widersprüche in der gegnerischen Argumentation freizulegen, machten Eindruck auch im gegnerischen Lager. Joachim von Merkatz (DP), ein häufiger Kontrahent Arndts im Rechtsausschuß des Bundestags, kam nicht umhin, dem juristischen Kopf der Opposition Formulierungen „in rabulistisch-juristisch scharfsinniger Weise" zu bescheinigen.[103]

Neben Bewunderung und Respekt erregten Arndts Worte jedoch auch Feindseligkeit und Bitterkeit. Die Schärfe der Wortwahl und der gereizte Unterton des Vorwurfs pflichtwidriger Vernachlässigung nationaler Interessen durch die Bundesregierung schürten die Konfrontation, die in Kurt Schumachers Angriff auf den Bundeskanzler – er sei der „Kanzler der Alliierten"[104] – eskalierte. Vor allem Arndts juristische Kritik an Dehler, der sorgfältig sezierte Gegensatz zwischen dessen Rechtsgutachten und der politischen Einschätzung Adenauers[105] – all dies war geeignet, den ebenso wehrhaften

---

100 So Schumacher in Prot. BT, 1. WP, 17. Sitzung (15. November 1949), S. 401 D.
101 Gutachten Dehlers (s. Anm. 98), S. 6.
102 S. Prot. BT, 1. WP, 18. Sitzung (24./25. November 1949), S. 480 D.
103 A. a. O., S. 503 B; vgl. auch Kurt Georg Kiesinger (CDU), der Arndts „scharfsinnige, sorgfältige Begründungen" lobte; a. a. O., S. 493 D.
104 A. a. O., S. 525 A.
105 A. a. O., S. 480 A.

wie verletzlichen Bundesjustizminister zu kränken.[106] Arndts Kritik vermochte Zweifel zu nähren an Dehlers fachlicher Kompetenz zu einer Zeit, in der dieser die große Aufgabe in Angriff nahm, den Apparat des Bundesjustizministeriums aufzubauen. Ein tiefer Graben hatte sich zwischen den beiden herausragenden Juristen aufgetan. Die Feindseligkeiten zwischen ihnen gingen in der Folgezeit jedoch weit über das Persönliche hinaus und trugen auf dem Höhepunkt der verfassungsrechtlichen Auseinandersetzungen um die Wiederbewaffnung zur Entstehung einer Staatskrise bei.[107]

In der politischen Auseinandersetzung um die Ratifikationsbedürftigkeit des Petersberger Abkommens folgte die Bundestagsmehrheit dem Regierungsstandpunkt.[108] Die Opposition legte die Rechtsfrage dem Bundesverfassungsgericht vor.

Streitgegenstand II: das deutsch-französische Wirtschaftsabkommen

Vier Monate nach dem Abschluß des Petersberger Abkommens debattierte der Bundestag erneut über seine verfassungsrechtliche Mitwirkungsbefugnis an außenpolitischen Entscheidungen der Bundesregierung. Die Bundesregierung hatte am 10. Februar 1950 mit der französischen Regierung das sogenannte „deutsch-französische Wirtschaftsabkommen" abgeschlossen.[109] Das Vertragswerk enthielt im wesentlichen ein Handels- und ein Zahlungsabkommen.[110] Ein Zusatzabkommen zum Zahlungsabkommen bezog sich unter anderem auf das Verhältnis zwischen der Bundesrepublik und dem Saarland. Es regelte den sofortigen Transfer sozialer Leistungen zwischen den beiden Gebieten, vor allem die Aufnahme direkter Verhandlungen zwischen der Bundesrepublik und dem Saarland über den Abschluß eines Abkommens zu Fragen sozialer Sicherheit. Noch während der Vertragsverhandlungen begann der Rechtsausschuß des Bundestags mit der Beratung der Frage, ob Handels- und Zahlungsverträge wie das geplante Abkommen gemäß Art. 59 Abs. 2 Satz 1 GG der gesetzlichen Zustimmung durch den Bundestag bedurften. Es ging um dasselbe verfassungsrechtliche Problem wie beim Petersberger Abkommen. Doch anders als bei dem hochpolitischen und schwer umkämpften ersten außenpolitischen Vertragswerk gab im Fachgremium des Rechtsausschusses diesmal nicht die parteipolitische Zusammensetzung den Ausschlag. Mit nachhaltiger Unterstützung der FDP[111] und des CDU-Abgeordneten Professor Eduard Wahl brachte Arndt eine mehrheitliche Empfehlung an den Bundestag durch, Handelsverträge der Ratifikation durch das Parlament zu unterwerfen.[112] Entgegen der Auffassung des Regierungsvertreters, Staatssekretär Walter Strauß[113], ließ die

---

106 Vgl. Dehlers Reaktion, a. a. O., S. 481 A ff. (insbesondere S. 482 C, D); vgl. auch Arndts Replik, a. a. O., S. 485 A.
107 Baring, Im Anfang war Adenauer, S. 394.
108 S. Prot. BT, 1. WP, 18. Sitzung (24./25. November 1949), S. 526 C.
109 Zum Text s. Bundesanzeiger, 14. Februar 1950, Nr. 31 („Deutsch-französische Wirtschaftsabkommen").
110 Vgl. die Zusammenfassung in BVerfGE 1, 372 (S. 373 f.).
111 Vgl. die Stellungnahmen der FDP-Abgeordneten Neumayer und Schneider, Prot. RA-BT, 1. WP, 18. Sitzung (17. Februar 1950), und Prot. BT, 1. WP, 56. Sitzung (31. März 1950), S. 2092 B.
112 Vgl. den Text des von Arndt und Wahl gezeichneten Mehrheitsgutachtens sowie des Minderheitsgutachtens, Prot. BT, 1. WP, 81. Sitzung (28. Juli 1950), S. 3045.
113 Vgl. Strauß' Stellungnahme in Prot. RA-BT, 1. WP, 15. Sitzung (8. Februar 1950), S. 14.

Ausschußmehrheit diesmal keine „Zuflucht zum Besatzungsrecht"[114] zu und beharrte auf der Anwendung des Art. 59 Abs. 2 Satz 1 GG. Danach hing das Zustimmungserfordernis des Parlaments davon ab, ob das Wirtschaftsabkommen die „politischen Beziehungen des Bundes" regelte oder „Gegenstände der Bundesgesetzgebung" betraf. Bei der Auslegung dieser Tatbestandsmerkmale schälten sich zwei Grundlinien heraus – verkürzt: Gesetzesstaat gegen „Verwaltungsstaat."

Die erste, von Arndt angeführte Auffassung plädierte für eine weite Auslegung der Tatbestandsvoraussetzungen des Art. 59 Abs. 2 Satz 1 GG. Danach ergab sich die Regelung „politischer Beziehungen" unter anderem aus dem Gesamtzusammenhang, in dem das betreffende Abkommen stand, beispielsweise aus seiner Präjudizwirkung für eine ganze wirtschaftspolitische Linie.[115] Hinsichtlich der Frage, ob Wirtschaftsabkommen wie das vorliegende „Gegenstände der Bundesgesetzgebung" betrafen, erinnerten Arndt und Wahl daran, daß selbst während der NS-Zeit entsprechende Handelsabkommen nicht schlicht auf dem Verwaltungsweg erlassen, sondern im Reichsgesetzblatt veröffentlicht worden seien.[116]

Die andere Auffassung nahm im Gegensatz dazu eine Entwicklung hin zum „Verwaltungsstaat"[117] als gegeben hin, die eine Ausweitung der Verwaltungszuständigkeit grundsätzlich auch auf Abkommen wie das vorliegende mit sich gebracht habe. Zudem deuteten sich auf der Regierungsseite Bedenken wegen eines übermächtigen Parlaments an, das die „Diskussion der gesamten [...] wirtschaftspolitischen Richtung" unter seine Ratifikationskompetenz zu ziehen drohe.[118]

Nichts unterstrich für Arndt deutlicher die Regelung „politischer Beziehungen des Bundes" als die Berührung der Saarfrage in dem deutsch-französischen Wirtschaftsabkommen. Zumal aus sozialdemokratischer Sicht handelte es sich dabei um einen politisch hochbrisanten Sachverhalt. Das Verhältnis der SPD zur Besatzungsmacht Frankreich war sehr gespannt. Die Partei sah hinter den französischen Versuchen, sich das Saargebiet wirtschaftlich anzugliedern und ihm einen europäischen Status zu geben, eine vehemente Bedrohung ihrer Politik der nationalen Einheit. Die Saarpolitik blieb bis 1956 ein zentrales Thema der SPD, gewissermaßen als „Ersatz für die Wiedervereinigung."[119]

Schon hinsichtlich des Petersberger Abkommens und der darin eingegangenen Beitrittsverpflichtung zum Europarat hatten Schumacher und Arndt Adenauer vorgeworfen, eine „Verfügung über die Saar"[120] zu treffen. Das Zusatzprotokoll zum deutschfranzösischen Wirtschaftsabkommen, das direkte Verhandlungen zwischen der Bundesregierung und der von Frankreich eingesetzten Saarregierung vorsah, veranlaßt

---

114 Arndt über das Vorgehen der Bundesregierung im Fall des Petersberger Abkommens, Prot. BT, 1. WP, 18. Sitzung (24./25. November 1949), S. 477 B.
115 S. Prot. RA-BT, 1. WP, 20. Sitzung (2. März 1950), S. 4; Prot. BT, 1. WP, 56. Sitzung (31. März 1950), S. 2089 B, C.
116 Vgl. das Mehrheitsgutachten von Arndt und Wahl, Prot. BT, 1. WP, 81. Sitzung (28. Juli 1950) S. 3045 C.
117 Vgl. die Stellungnahmen der Abgeordneten Kopf und Kiesinger (CDU), Prot. RA-BT, 1. WP, 20. Sitzung (2. März 1950), S. 6, 12.
118 S. die Stellungnahme von Professor Dr. Ophüls, Prot. RA-BT, 1. WP, 20. Sitzung (2. März 1950) S. 7.
119 Schmitz, Deutsche Einheit und europäische Integration, S. 110.
120 So in der Sache Schumacher, Prot. BT, 1. WP, 17. Sitzung (15. November 1949), S. 406 C ff.; ausdrücklich Arndt, Prot. BT, 1. WP, 18. Sitzung (24./25. November 1949), S. 478 B, C.

die SPD-Fraktion denn auch sofort zu einer Interpellation aus der Befürchtung heraus, die Bundesregierung sei „durch einen diplomatischen Trick verführt worden" und „in die Gefahr gekommen [...], dieses Saargebiet völkerrechtlich anzuerkennen."[121]

Unter dem Gesichtspunkt der parlamentarischen Ratifikationsbedüftigkeit des Abkommens trieb Arndt die Sorge, daß politisch folgenreiche, möglicherweise das Gebot deutscher Einheit im Grundgesetz verletzende Entscheidungen durch die Verwaltung getroffen wurden, ohne daß ihnen die Beachtung einer öffentlichen parlamentarischen Diskussion zukam[122]; denn man habe hier mit „einer beispiellosen Ignoranz ein fait accompli geschaffen", es sei also schon notwendig, „daß das einmal im Parlament zur Sprache komme und daß dagegen auch Verwahrung eingelegt werde."[123]

Der Bundestag schloß sich dem Mehrheitsvotum des Rechtsausschusses nicht an und ließ bei der Verabschiedung von handelspolitischen Vereinbarungen grundsätzlich die konsultative Einbeziehung eines parlamentarischen Beirats genügen.[124] Lediglich das deutsch-französische Wirtschaftsabkommen wegen des Politikums der Saarfrage – hierin folgte der Bundestag Arndt und dem SPD-Antrag – sollte in Form eines Gesetzes verabschiedet werden.[125] Die Bundesregierung brachte jedoch nicht die erforderliche Gesetzesinitiative ein, das Zustimmungsgesetz wurde nicht verabschiedet. Die Bundesregierung widersetzte sich damit dem Bundestag. Dabei konnte sie darauf vertrauen, daß die Abgeordneten der Regierungsfraktionen es über diese Rechtsfrage nicht zu einer Kraftprobe würden kommen lassen. In einer grundsätzlichen verfassungsrechtlichen Frage entschied die Regierung damit eine Machtprobe mit dem Parlament zu ihren Gunsten. Arndt mußte dies um so empfindlicher treffen, als er genau diese Grundsatzfrage zur Abstimmung gestellt hatte:

„Dieser Bundestag hat die besondere Aufgabe, die Ausführungs-Gesetzgebung zum Grundgesetz zu erarbeiten und an der Entwicklung des noch ungeschriebenen Verfassungsrechts mitzuarbeiten [...] Wenn [...] zweierlei Meinungen juristisch auch bestehen mögen, so sollte man sich mindestens im Zweifel immer zugunsten der Rechte des Parlaments entscheiden."[126]

Nunmehr waren die politischen Mittel erschöpft, die Rechtsfrage aber ungeklärt. Arndt brachte sie vor das Bundesverfassungsgericht.

Streitgegenstand III: der Kehler Hafenvertrag

Anderthalb Jahre nach Abschluß des ersten deutsch-französischen Wirtschaftsabkommens standen erneut die schwierigen deutsch-französischen Beziehungen zwischen

---

121 Vgl. Lütkens (SPD) zur Begründung der Interpellation, BT-DS 1/660, Prot. BT, 1. WP, 56. Sitzung (31. März 1950), S. 2095 C.
122 Vgl. Arndt, Prot. RA-BT, 1. WP, 18. Sitzung (17. Februar 1950), S. 6. Dort nannte er eine im Wege des Verwaltungsabkommens getroffene Vereinbarung über den Zahlungsverkehr zwischen der Bundesrepublik und dem Saargebiet als ein Beispiel dafür, daß „katastrophale Dinge" ohne Beteiligung des Gesetzgebers geschähen.
123 Vgl. Arndt, Prot. RA-BT, 1. WP, 20. Sitzung (2. März 1950), S. 4.
124 S. BT-DS 1/1207; Prot. BT, 1. WP, 81. Sitzung (28. Juli 1950), S. 3045 A ff. (Annahme, S. 3047 C).
125 Vgl. die Begründung des Abgeordneten Freudenberg (FDP), Prot. BT, 1. WP, 81. Sitzung (28. Juli 1950), S. 3046 B und den Beschluß S. 3047 C.
126 Vgl. Prot. BT, 1. WP, 56. Sitzung (31. März 1950), S. 2090 A, B.

Vertrags- und Besatzungsrecht auf der Tagesordnung des Bundestags. Es ging um den sogenannten „Kehler Hafenvertrag", abgeschlossen am 19. Oktober 1951 zwischen dem Land Baden und dem Port Autonome de Strasbourg. Der Vertrag hatte seine Grundlage in dem „Dreimächte-Abkommen über Kehl"[127], das die drei Westalliierten auf der Washingtoner Außenministerkonferenz vom 6. bis 8. April 1949 abgeschlossen hatten. Darin war vereinbart, die Verwaltung des Kehler Hafens in die Hand einer deutsch-französischen „gemeinsamen Hafenbehörde" zu legen. Vorausgegangen waren vier Jahre französischer Besatzungsherrschaft, in denen die deutsche Bevölkerung aus der Stadt Kehl evakuiert, das Hafengebiet französischer Besatzungsherrschaft unterstellt und in das französische Zoll- und Währungsgebiet einbezogen worden war. Das Dreimächte-Abkommen sah vor, die Stadt Kehl schrittweise wieder in deutsche Verwaltung zu überführen. Damit waren französische Bemühungen vereitelt, die Stadt und vor allem den wirtschaftlich bedeutenden, mit Strasbourg konkurrierenden Kehler Rheinhafen zu annektieren. Freilich sollte das Hafengebiet unter französischer Mit-Verwaltung verbleiben, und zwar auch[128] über den Abschluß eines Friedensvertrags hinaus. In den folgenden zwei Jahren wurden zwischen dem Land Baden und dem dazu ermächtigten Port Autonome de Strasbourg über die Einrichtung einer gemeinsamen Hafenbehörde intensive Verhandlungen geführt, an denen auch die Bundesregierung beteiligt war.[129] Unterdessen wurde die Stadt vereinbarungsgemäß von einem Großteil der französischen Bewohner geräumt, während der weiterhin französisch verwaltete, weitgehend vom Krieg zerstörte und verwahrloste Kehler Hafen neben dem Straßburger Hafen, in dem ein Mehrfaches an Gütern umgeschlagen wurde[130], in der wirtschaftlichen Bedeutungslosigkeit versank.

In seiner Präambel proklamierte der Kehler Hafenvertrag „im Sinne einer wirtschaftlichen Zusammenarbeit, die zur Einigung Europas notwendig ist", die „Konkurrenz" der Vergangenheit und „fruchtlose Kämpfe zwischen den beiden Häfen" zu vermeiden. Der badische Staat verpflichtete sich, die einzurichtende gemeinsame Hafenverwaltung mit allen nötigen sachlichen und finanziellen Mitteln auszustatten und die Haushaltsdeckung zu übernehmen. Eine Schutzklausel sah vor, daß die Hafenverwaltung „keinerlei Vorzugsbehandlungen zu Ungunsten des Hafens von Straßburg" gewähren durfte. Die Errichtung deutsch-französischer gemischter Gesellschaften unter besonderer Berücksichtigung der bereits im Kehler Hafengebiet ansässigen französischen Unternehmen sollte nachdrücklich gefördert werden.[131] Die Leitung der Hafenbehörde lag gemäß der Satzung bei einem deutsch-französischen Direktorium, das Schwergewicht der Einscheidungen bei einem paritätisch besetzten Verwaltungsrat, in dem der französische Präsident das Stichentscheidungsrecht über Fragen des für die

---

127 Zu den politischen Zielsetzungen des Abkommens siehe Huber, Quellen zum Staatsrecht der Neuzeit Bd. 2, S. 647.
128 Das versprachen die Vertragspartner Frankreichs, die USA und Großbritannien, „wohlwollend in Betracht zu ziehen", a. a. O.
129 Vgl. die Darstellung von Staatssekretär Professor Hallstein, Prot. BT, 1. WP, 170. Sitzung (24. Oktober 1951), S. 7003 D ff. (S. 7004 D).
130 Vgl. Kehl oder Straßburg, Kommentar von Dr. H. U. Schäfer im Nordwestdeutschen Rundfunk, 26 Oktober 1951, AdsD, Nachlaß Arndt, Mappe 259.
131 Zu einer Zusammenfassung und dem Text des Abkommens vgl. BVerfGE 2, 347 (S. 348 – 362).

Konkurrenz der beiden Rheinhäfen besonders wichtigen internationalen Durchgangsverkehrs hatte.[132]

Deutsche Hoheitsgewalt war somit zurückgewonnen worden um den Preis französischer Einflußnahme auf die konkurrierende deutsche Wirtschaft. Die Höhe des Preises war umstritten. Die Bundesregierung veranschlagte sie gering.[133] Anders hingegen die sozialdemokratische Opposition: Einmal mehr verletzte nach ihrer Auffassung der Kehler Hafenvertrag den deutschen Anspruch auf Gleichberechtigung und deutsche Wirtschaftsinteressen. Er nährte die Zweifel an der Aufrichtigkeit französischer Politik und schien beispielhaft das Mißtrauen gegenüber französischen Plänen supranationaler wirtschaftlicher und militärischer Zusammenarbeit zu begründen. Einige Monate zuvor hatte die SPD den vom französischen Außenminister Schuman angeregten Plan einer Europäischen Gemeinschaft für Kohle und Stahl abgelehnt mit der Begründung, der Plan verhindere eine Sozialisierungspolitik und „führe zu einem konservativen Kleineuropa, das eine Gefahr für ein demokratisches Europa darstelle."[134] Adolf Arndt hatte das sozialdemokratische Nein mit der „politischen Einbettung des Schuman-Plan-Vertrages" begründet. Angelpunkt seiner beißenden Kritik war die Verletzung deutscher Gleichberechtigung. Er listete die Vergehen der Westalliierten gegen diese elementare Forderung auf. In Abkommen und einseitigen Beschlüssen zeige sich der „hemmungslose Machtwillen, die Bundesrepublik als erobertes Land zum Rohstoffzwangslieferanten zu machen", und die „Absicht, den deutschen Wiederaufbau zu drosseln." Als „Wurzel des gesamten Übels" prangerte Arndt „jene aus Illusionen geborene Adenauer'sche Politik der bedingungslosen Vorleistung und der Unterwerfung" an und schloß daran die Warnung an, Deutschland nicht durch den Schuman-Plan zu einem „westlichen Satelliten" zu machen.[135]

Der prinzipielle Widerstand gegen den Schuman-Plan sah sich im Kehler Hafenvertrag nur bestätigt. Vor dem Bundestag attackierte Carlo Schmid den Hafenvertrag als Werk „schäbigen Neids wirtschaftlicher Konkurrenz, die eine günstige Gelegenheit sieht, sich politischer Macht bedienen zu können."[136] Das Mißtrauen der Opposition beschwor die rigide französische Besatzungspolitik und die lange Tradition französischer Versuche, die Stadt Kehl zu annektieren[137], und übertrug sich auf den französischen Generalsekretär des Europarats, der nach der Satzung der Hafenbehörde einen Schiedsrichter in Streitfragen benennen konnte.[138]

---

132 Im Sinne einer einschränkenden Auslegung der Satzung sollte dies allerdings das einzige Stichentscheidungsrecht des französischen Präsidenten des Verwaltungsrats sein, s. dazu Staatssekretär Professor Hallstein, Prot. BT, 1. WP, 170. Sitzung (24. Oktober 1951), S. 7005 A.

133 Zur Begründung wurde ausgeführt, mit der Entwicklung der Schweizer Binnenschiffahrt spielten Kehl und Straßburg als Häfen des Transitverkehrs keine Rolle, s. Hallstein, a. a. O., S. 7005 A; ebenso, Schäfer, Kehl oder Straßburg (Anm. 130).

134 Zitiert nach Schmitz, Deutsche Einheit und europäische Integration, S. 78.

135 Arndt, Der Schuman-Plan als deutsches Opfer? in: Sozialdemokratischer Pressedienst, 22. August 1951.

136 S. Prot. BT, 1. WP, 170. Sitzung (24. Oktober 1951), S. 7006 C. Er fügte hinzu: „Ernsthafter Internationalismus" hätte sich bewiesen, wenn „man aus den Häfen Kehl und Straßburg eine international verwaltete Hafengemeinschaft gemacht und beide Häfen unter dasselbe internationale Regime gestellt hätte", a. a. O., S. 7007 C.

137 S. Maier (SPD), a. a. O., S. 7000 A – C.

138 Carlo Schmid, a. a. O., S. 7008 A, erinnerte daran, schon beim Internationalen Gerichtshof habe sich gezeigt, daß dort „bisher nur in einem einzigen Fall ein Richter gegen den Standpunkt seiner Nation gestimmt habe."

Die heftige politische Kritik der Opposition war begleitet von schweren verfassungsrechtlichen Bedenken gegen das Verfahren des Vertragsschlusses. Abermals ging es um die Verletzung von Parlamentsrechten. Die sozialdemokratische Bundestagsfraktion protestierte dagegen, daß die Bundesregierung ihre in einer Interpellation vorgebrachten verfassungsrechtlichen Einwände ignorierte und dem Vertragsschluß der badischen Landesregierung zustimmte. Die SPD erhob den Vorwurf, die Bundesregierung habe abermals Art. 59 Abs. 2 Satz 1 GG verletzt, indem sie es unterlassen habe, einen Vertrag, der die „politischen Beziehungen des Bundes" regle, dem Bundestag zur Ratifikation vorzulegen. Politische Beziehungen seien deshalb durch den Vertrag berührt, weil er auf das „hochpolitische" Londoner Abkommen zurückgehe[139] und eine „politische Servitut", eine Einschränkung der „Verfügungsfreiheit der Deutschen über deutsches Territorium"[140], mit sich bringe. Auch der Bundestagsausschuß für das Besatzungsstatut und Auswärtige Angelegenheiten subsumierte den Kehler Hafenvertrag unter Art. 59 Abs. 2 Satz 1 GG, beurteilte ihn indessen als politisch vorteilhaft.[141]

Wie beim deutsch-französischen Wirtschaftsabkommen hatte ein Ausschuß des Bundestags die Pflicht des Parlaments zur Ratifikation eines Vertrages festgestellt. Erneut bestimmten aber politische Rücksichten die Parlamentsmehrheit, diese Rechtspflicht nicht mit letztem Nachdruck gegenüber der Bundesregierung zu verfolgen. Wie sie angekündigt hatte[142], zog die SPD-Fraktion vor das Bundesverfassungsgericht, um die Rechte des Parlaments gegen seinen politischen Mehrheitswillen durchzusetzen.

Die Rechtsfragen vor dem Bundesverfassungsgericht

Noch bevor das Bundesverfassungsgericht sich am 7. September 1951 konstituierte, erhob die sozialdemokratische Bundestagsfraktion Klage vor dem Gericht. Am 4. und 9. Juli 1951 machte sie aufgrund Fraktionsbeschlusses zwei Verfahren – wegen des deutsch-französischen Wirtschaftsabkommens und des Petersberger Abkommens – anhängig, mit Schriftsatz vom 7. März 1952 eine Klage wegen des Kehler Hafenvertrags. Die Fraktionsführung war sich anscheinend ihrer Rechtsposition sicher. Bereits zu Beginn des Jahrs 1950 hatte sie eine Klage wegen des Petersberger Abkommens vor dem Bundesverfassungsgericht angekündigt.[143] Auch die später behauptete angebliche Regierungsnähe des Zweiten, sogenannten „schwarzen" Senats[144], der nach der gesetzlichen Geschäftsverteilung über die drei Klagen zu entscheiden hatte, schien die Fraktionsführung nicht zu beeindrucken.

---

139 Damit war offenbar die Londoner Sechs-Mächte-Konferenz von Februar bis Juli 1948 gemeint.
140 Carlo Schmid, Prot. BT, 1. WP, 170. Sitzung (24. Oktober 1951), S. 7007 A.
141 Bericht des Abgeordneten Kopf (CDU), Prot. BT, 1. WP, 195. Sitzung (21. Februar 1952), S. 8415 A, B.
142 S. Maier (SPD), a. a. O., 8417 B.
143 Vgl. die Ankündigung des Stellvertretenden Parteivorsitzenden Erich Ollenhauer aus der Arbeit der SPD-Bundestagsfraktion auf dem Parteitag der SPD 1950, s. Protokoll der Verhandlungen des Parteitags der SPD von 1950, S. 86 f. Darüber hinaus geben die Akten keinen Aufschluß über den Abwägungs- und Entscheidungsprozeß in der SPD-Fraktion, der zur Klageerhebung führte. Soweit die Fraktionsprotokolle dies erkennen lassen (s. Anm. 145), gingen die Klagvorhaben auf Vorschläge des Fraktionsvorstands zurück. Dort waren sie vermutlich in kleinem Kreis, vor allem von Schumacher und Arndt, erarbeitet worden.
144 S. Kapitel IV.4.

Alle drei Verfahren brachte Adolf Arndt für die SPD vor das Bundesverfassungsgericht. Die sozialdemokratische Bundestagsfraktion beantragte die Feststellung des Gerichts, daß die drei Verträge gemäß Art. 59 Abs. 2 Satz 1 GG die politischen Beziehungen des Bundes regelten bzw. Gegenstände der Bundesgesetzgebung betrafen und die Bundesregierung dadurch die Rechte des Bundestags verletzt hatte, daß sie es unterließ, die Verträge dem Bundestag in der Form eines Bundesgesetzes vorzulegen. Die Fraktion beantragte weiterhin, wegen des genannten Rechtsverstoßes die Nichtigkeit des Petersberger Abkommens sowie des Kehler Hafenvertrags festzustellen.[145] Zwischen den Verfahren bestand ein enger verfassungsrechtlicher Zusammenhang. Insbesondere auf seiten der Antragsteller war die Homogenität der juristischen Argumentation durch Adolf Arndt gewahrt. Seine Schriftsätze setzten die im Bundestag erhobenen Einwände gegen die Verträge kohärent fort.

Die verfassungsrechtliche Kernfrage war, ob Art. 59 Abs. 2 Satz 1 GG auf die Verträge Anwendung fand. Dies wiederum setzte voraus, daß Verträge der vorliegenden Art vom sachlichen Geltungsbereich des Grundgesetzes umfaßt wurden und nicht von vornherein einer neben dem Grundgesetz bestehenden „Sphäre des Besatzungsrechts" angehörten. Letzteres behauptete die Bundesregierung für das Petersberger Abkommen und in einer Hilfsargumentation[146] auch für den Kehler Hafenvertrag. Die Bundesregierung interpretierte das Grundgesetz zwar von seiner Entstehung und seinem Wortlaut her als die „Vollverfassung"[147] eines souveränen Staates. Gleichwohl sah sie seine volle Geltungskraft suspendiert und lediglich bedingt geltend auf dem „Gebiet"[148] des Besatzungsrechts. Regelungen, ob einseitige oder vertragliche, die in das Gebiet des Besatzungsrechts gehörten, fielen dadurch von vornherein nicht in den Geltungsbereich des Art. 59 Abs. 2 Satz 1 GG.

Arndt hingegen knüpfte in seiner scharfen, antagonistischen Trennung von Verfassungs- und Besatzungsrecht maßgeblich an die Form der Regelung an: Der äußeren Form nach vertragliche, dem Anschein nach auf „beiderseitigem und freiwilligem Übereinkommen"[149] beruhende Regelungen fielen danach von vornherein nicht in das Gebiet des durch einseitigen Oktroi gekennzeichneten Besatzungsrechts. Hinzu trat Arndts betont *demokratische* Interpretation der Auswärtigen Gewalt unter dem Grundgesetz: Wenn die Bundesregierung mit den Besatzungsmächten Verträge schloß, übte sie deutsche Staatsgewalt aus, die sich vor dem Grundsatz der Volkssouveränität gemäß Art. 20 Abs. 2 GG zu legitimieren hatte. Die Zuweisung vertraglicher Regierungsabmachungen mit den Besatzungsmächten in eine vom Grundgesetz getrennte und unbeeinflußte Sphäre des Besatzungsrechts drohte hingegen die demokratische Legitimationskette des Grundgesetzes zu zerreißen und eröffnete der Bundesregierung die Möglichkeit, sich von den Besatzungsmächten Befugnisse übertragen zu lassen, die

---

145 Aufgrund der Fraktionsbeschlüsse vom 19. Juni 1951 und 4. Dezember 1951, AdsD, Fraktionssitzungsprotokolle, Akten SPD-BTF 1021; vgl. die Klagschriften AdsD, Nachlaß Arndt, Mappe 259 – 263.
146 Vgl. den Schriftsatz des Bundesministers für Justiz, 29. Februar 1952, S. 5, 20, AdsD, Nachlaß Arndt, Mappe 263 (Petersberger Abkommen); Schriftsatz des Auswärtigen Amts, 13. Februar 1953, S. 8, AdsD, Nachlaß Arndt, Mappe 260/261 (Kehler Hafen-Abkommen).
147 Schriftsatz des Auswärtigen Amts, a. a. O., S. 8.
148 Schriftsatz des Bundesministers für Justiz (Anm. 146), S. 5.
149 Vgl. den Schriftsatz Arndts, 31. März 1952, S. 20, AdsD, Nachlaß Arndt, Mappe 263 (Petersberger Abkommen); Schriftsatz Arndt, 16. April 1953, S. 8 f., AdsD, Nachlaß Arndt, Mappe 260/261 (Kehler Hafen-Abkommen).

vom deutschen Staatsvolk nicht abgeleitet waren und durch seine gewählten Verfassungsorgane, zum Beispiel Bundestag und Bundespräsident, nicht kontrolliert werden konnten.[150] Dies widersprach schließlich Arndts Auffassung von der überragenden Rolle der Legislative beim Vertragsschluß mit auswärtigen Mächten; denn Verträge enthielten „eine mittelbare Art der Rechtssetzung", die „der Sache nach also zur Kompetenz der Gesetzgebung gehören müsse[n]"[151].

Der Streit darüber, ob das Grundgesetz unbedingt oder durch Besatzungsrecht aufschiebend bedingt galt, setzte sich in der Auslegung der Tatbestandsmerkmale des Art. 59 Abs. 2 Satz 1 GG fort. Die Bundesregierung wollte die Alliierte Hohe Kommission als Besatzungsbehörde und Vertragspartner des Petersberger Abkommens und nicht als „auswärtigen Staat" im Sinne des Art. 59 Abs. 2 Satz 1 GG gelten lassen. Sie mußte sich von Arndt die polemische Wendung „verdeckter Staatsvertrag"[152] entgegenhalten lassen: Wie das Petersberger Abkommen sei auch der Kehler Hafenvertrag ein Vertrag mit einem auswärtigen Staat, nämlich der Republik Frankreich, und die formalen Vertragsparteien, das Land Baden und der Port Autonome de Strasbourg, lediglich „vorgeschobene Parteien", die „Kulisse", aber nicht die wirklichen Subjekte des Vertrages.[153] Darin lag durchaus der Vorwurf der Täuschung und Umgehung verfassungsrechtlich garantierter Befugnisse des Parlaments.[154] Das Bundesverfassungsgericht mußte sich diesem Problem stellen.[155]

Der intensivste Streit entbrannte um die Auslegung des Begriffs „politische Beziehungen des Bundes" in Art. 59 Abs. 2 Satz 1 GG. Er zeigt beispielhaft den Versuch, einen neuen, durch keine verfassungshistorische Auslegungstradition festgelegten Begriff von gegensätzlichen verfassungspolitischen Standpunkten her zu besetzen.

Die Bundesregierung – in Anlehnung an die Weimarer Verfassungstradition – verfocht eine restriktive Interpretation, die nur ‚hochpolitische' Akte, Bündnisverträge und wesensverwandte Verträge[156], unter die „politischen Beziehungen des Bundes" brachte und der Ratifikationspflicht des Parlaments unterstellte.

Arndt setzte eine extensive, durchweg substanzhaft geprägte Begriffsbestimmung dagegen. Der politische Charakter des Vertrags sollte aus seiner „Substanz", seiner Eignung, den „politischen Ort der Bundesrepublik Deutschland im Kreis der übrigen Staaten mit festzulegen", dem Stand der politischen Beziehungen zwischen den vertragschließenden Mächten und der Wirkung des Abkommens auf die „Gesamtheit" der Beziehungen folgen.[157] Diese Kriterien fächerten nur die von Arndt bereits im Bundes-

---

150 Schriftsatz Arndt, 6. Juni 1952, S. 5 f., AdsD, Nachlaß Arndt, Mappe 263 (Petersberger Abkommen).
151 Schriftsatz Arndt, 31. März 1952, S. 19 f. (s. Anm. 149).
152 Vgl. den Schriftsatz Arndts, 31. März 1952, S. 3 (s. Anm. 149); zuvor bereits benutzt von Ernst Forsthoff, Rechtsgutachten über die Verfassungsmäßigkeit des Kehler Hafenabkommens, 22. September 1951, S. 18, AdsD, Nachlaß Arndts, Mappe 259.
153 Schriftsatz der SPD-BTF, 7. März 1952, S. 6 f., AdsD, Nachlaß Arndt, Mappe 259 – 261 (Kehler Hafen-Abkommen).
154 Vgl. Schriftsatz Arndt, 20. Juni 1952, S. 3, AdsD, Nachlaß Arndt, Mappe 263 (Petersberger Abkommen); Schriftsatz der SPD-BTF, 7. März 1952, S. 8, a. a. O., jeweils unter Bezug auf eine Glosse in AöR 77 (1951/52), S. 373 (gez. „FK", sehr wahrscheinlich: Friedrich Klein).
155 Vgl. BVerfGE 2, 347 (S. 374, 380).
156 Vgl. den gemeinsamen Schriftsatz des Bundesministers für Justiz und des Bundesministers für Wirtschaft, 8. Juni 1950, S. 2 – 4, AdsD, Nachlaß Arndt, Mappe 262 (Deutsch-französisches Wirtschaftsabkommen).
157 Vgl. Schriftsatz Arndt, 1. Dezember 1951, S. 7, 10 f., sowie den Schriftsatz Arndt, 7. Januar 1952, S. 1, 4 AdsD, Nachlaß Arndt, Mappe 262.

tag geforderte ‚Gesamtbetrachtung' des Politischen auf. Sie appellierten vorwiegend an das politische Einschätzungsvermögen; eine eigentlich verfassungsrechtliche, zumindest in Teilen formalisierte Begriffsbegrenzung des Politischen leisteten sie nicht. Die vage Begrifflichkeit Arndts bot den Verfassungsjuristen auf der Regierungsseite eine willkommene Angriffsfläche. In der mündlichen Verhandlung vor dem Bundesverfassungsgericht mußte Arndt sich sogar von Professor Wilhelm Grewe entgegenhalten lassen, er begebe sich auf die „gefährliche Bahn, die in der deutschen staatstheoretischen Literatur mit dem Begriffe des Politischen von Carl Schmitt beschritten worden ist [. . .] Die Konsequenz dieser Theorie ist die totale Politisierung des gesamten gesellschaftlichen Lebens."[158] Mochte auch diese polemische Spitze weit über ihr Ziel hinausschießen[159], so deckte sie doch eine Schwäche und bedenkliche Konsequenz der Argumentation Arndts auf, die überdies dem Bundesverfassungsgericht eine eindeutig politische Entscheidung zumutete.

Die weite Auslegung des Art. 59 Abs. 2 Satz 1 GG, das heißt die Stärkung des legislativen Zugriffsrechts im Bereich der Auswärtigen Gewalt, ergänzte Arndt nach der bundesstaatlichen Seite hin. Er vertrat die These, daß ein Vertrag zwischen einem Bundesland und einem auswärtigen Staat, der seinem Gehalt nach zugleich „politische Beziehungen des Bundes" regle, ausschließlich in die Zuständigkeit des Bundes falle, von daher nur von der Bundeslegislative ratifiziert werden dürfe – und auch müsse.[160] Der „verdeckte Staatsvertrag" zwischen dem Land Baden und dem Port Autonome de Strasbourg hätte danach wegen seines hochpolitischen Gehalts nur von Bundesorganen abgeschlossen werden dürfen und nicht mit bloßer Zustimmung der Bundesregierung gemäß Art. 32 Abs. 3 GG.[161] Arndt argumentierte – unter Berufung auf den Heidelberger Staatsrechtler Ernst Forsthoff[162] – strikt unitarisch: Es sei Sinngehalt der Art. 59 Abs. 2 und Art. 32 Abs. 3 GG, daß „ein Bundesstaat seinem Wesen nach sich in den internationalen Beziehungen als Einheit zur Geltung zu bringen hat."[163] Mit dieser These zog die SPD die Konsequenz aus ihren konkreten Befürchtungen hinsichtlich der Entstehung des Kehler Hafenvertrags. Die Opposition schloß aus den intensiven Konsultationen der badischen Landesregierung mit der Bundesregierung und aus der Einschaltung des französischen Oberbefehlshabers, daß durch einen verdeckten Staats-

---

158 Vgl. den Vortrag von Professor Dr. Wilhelm Grewe in der mündlichen Verhandlung des Bundesverfassungsgerichts im Verfassungsstreit um die deutsch-französischen Wirtschaftsabkommen (Manuskript), S. 4 (von Professor Dr. Grewe dem Verfasser freundlicherweise überlassen, D.G.).
159 Zu Arndts Stellungnahmen, Carl Schmitt betreffend, s. unten Kapitel VII.1.
160 Schriftsatz der SPD-BTF im Verfassungsstreit um den Kehler Hafenvertrag, 7. März 1952, S. 14 f. (Anm. 153).
161 Art. 32 III GG: „Soweit die Länder für die Gesetzgebung zuständig sind, können sie mit Zustimmung der Bundesregierung mit auswärtigen Staaten Verträge abschließen." Als eine derartige Zustimmung interpretierte Arndt die ausdrückliche Bewilligung des Kehler Hafenvertrags durch die Bundesregierung; anders dagegen der Schriftsatz der Bundesregierung (bloßes „Gutheißen") vom 29. Mai 1952, S. 9, AdsD, Nachlaß Arndt, Mappe 259/260 (Kehler Hafen-Abkommen).
162 Professor Ernst Forsthoff hatte für die Stadt Kehl ein „Rechtsgutachten über die Verfassungsmäßigkeit des Kehler Hafen-Abkommens", datiert vom 22. September 1951, erstattet, auf das Arndt sich bezog, s. AdsD, Nachlaß Arndt, Mappe 259. Forsthoff, a. a. O., S. 14, formulierte dort die von Arndt geteilte These. Bei Forsthoff, a. a. O., S. 18, wird auch erstmals die Wendung vom „verdeckten Staatsvertrag" aktenkundig.
63 Schriftsatz der SPD-BTF im Verfassungsstreit um den Kehler Hafenvertrag, 7. März 1952, S. 15 f. (s. Anm. 153).

vertrag „hier eine Teilfrage ausgeklammert und scheinbar in der Kulisse gelöst wird, die unabdingbar mit der Gesamtregelung der politischen Beziehungen der Bundesrepublik zu der Republik Frankreich und überhaupt zu den Westmächten zusammenhängt."[164]

(Verfassungs-) Politische Hintergründe

Die volle Bedeutung der drei Verfassungsstreitverfahren erschließt sich nicht ohne ihren politischen Hintergrund, die Auseinandersetzung um Wege und Methoden bundesdeutscher Außenpolitik zwischen der Regierung und der Opposition. Auch die verfassungsgerichtlichen Entscheidungen trugen erhebliche politische Bedeutung in sich. Im Falle eines Sieges konnte die Opposition zwar die Vertragspolitik der Bundesregierung nicht dauerhaft verhindern – aber verzögern und hemmen. Eine erneute parlamentarische Debatte über das Petersberger Abkommen, vor allem über den umstrittenen Beitritt zur Ruhr-Behörde, hätte die Bundesregierung im Jahre 1952 auf die längst überwunden geglaubten Konfliktlinien der Jahre 1949/50 zurückgeworfen. Die Verhandlungen über die grundsätzliche Neuordnung der deutsch-alliierten Beziehungen, die im Frühjahr 1952 kurz vor ihrem Abschluß standen[165] und auf dem Petersberger Abkommen aufbauten, wären empfindlich gestört worden. Das parlamentarische Ratifikationsverfahren mit Ausschußberatungen, Anhörung von Verhandlungsbeteiligten etc. wäre in die von Adenauer gehütete Arkansphäre außenpolitischer Entscheidungen vorgedrungen. Sollte das Bundesverfassungsgericht den Kehler Hafenvertrag für einen „verdeckten Staatsvertrag" halten, so waren Irritationen in den sich allmählich konsolidierenden deutsch-französischen Beziehungen vorhersehbar. Ein vermeintlich regional begrenzter außenpolitischer Kompromiß konnte dann auf dem Forum des Bundestags zur nationalen Prestigefrage geraten. Zudem fielen die Verkündungstermine der Urteile in die Zeit tiefgreifender politischer und verfassungsgerichtlicher Auseinandersetzungen um die Wiederbewaffnung. Eine verfassungsgerichtliche Niederlage in dieser zugespitzten Situation drohte den Gesichtsverlust der Bundesregierung empfindlich zu verstärken. Die sozialdemokratische Opposition wurde durch diese politischen Aussichten nur darin bestärkt, das Risiko eines Verfassungsprozesses einzugehen – auch wenn das Risiko bestehenblieb, daß ein Erfolg vor dem Bundesverfassungsgericht umgekehrt die Regierungspolitik zusätzlich verfassungsrechtlich legitimierte.

Das leidenschaftliche politische Engagement der Kontrahenten schlug sich im Stil der Schriftsätze nieder. Arndt scheute sich nicht, Behauptungen der Bundesregierung und der sie stützenden Bundestagsabgeordneten als „absurd" oder „autoritäre" Vorstellungsweise zu bezeichnen.[166] Ein tiefes Mißtrauen hinsichtlich der Verfassungsloyalität der Bundesregierung reizte ihn zu kampfeslustigen Formulierungen. So traute er der Regierung zu, unter Ausnutzung des Besatzungsrechts, die „unglaublichsten Abmachungen ohne jede Begrenzung zu treffen"[167], warf ihr vor, die „Verfassung zu überspie-

---

164 A. a. O., S. 15.
165 S. unten Kapitel IV.3.
166 Vgl. die Schriftsätze Arndts, 31. März 1952, S. 14, sowie 6. Juni 1952, S. 5, AdsD, Nachlaß Arndt, Mappe 263 (Petersberger Abkommen).
167 Schriftsatz Arndt, 6. Juni 1952, S. 6 (s. Anm. 166).

len" und das Grundgesetz zu „umgehen", und behauptete offen: „Die Bundesregierung hat es also in böswilliger Weise geradezu darauf angelegt, vollendete Tatsachen zu schaffen."[168] Besonders in der Auseinandersetzung mit Schriftsätzen des Bundesjustizministeriums spitzte der persönliche Konflikt zwischen Arndt und Dehler die Formulierungen zu. Ein von Dehler unterzeichneter Schriftsatz parierte Arndts Angriffe mit dem Vorwurf, die Klägerin versuche, „die Bestimmungen des Grundgesetzes auszudehnen und dadurch neues Verfassungsrecht zu schaffen."[169] Arndt merkte dazu an „Frechheit"[170] und replizierte, „speziell der Bundeskanzler" versuche, die „allein zur Kompetenz des Bundespräsidenten gehörende Vertragsgewalt zu usurpieren."[171] Das war der Vorwurf des absichtsvollen Verfassungsbruchs!

Ein Einfallstor für politische Wertungen war der Begriff der „politischen Beziehungen des Bundes" in Art. 59 Abs. 2 Satz 1 GG. Arndt machte sich die Offenheit der Formel zunutze und bemaß das politische Gewicht der Verträge nach den Prioritäten der sozialdemokratischen Außenpolitik. So spielte beispielsweise die zusätzliche Saar-Vereinbarung im deutsch-französischen Wirtschaftsabkommen – gemessen am offenkundigen Vertragsziel der Wirtschaftsliberalisierung – eine untergeordnete Rolle. Für die SPD hingegen drohte damit eine irreversible Vorentscheidung über die Frage der deutschen Einheit.

Arndt ermittelte den verfassungsrechtlichen Anknüpfungspunkt der außenpolitischen Konzeption der SPD und erschloß dieser vor dem Bundesverfassungsgericht ein neues Forum. Seine Warnung vor der ‚Zuflucht zum Besatzungsrecht' und sein Beharren auf dem Grundgesetz als dem alleingültigen Rechtsmaßstab für die Ausübung deutscher Hoheitsgewalt[172] demonstrierte ‚nationale Selbstbehauptung' in den Begriffen des Rechts. Diesen Zusammenhang brachte er unmißverständlich zum Ausdruck: „Würde der Kehler Hafenvertrag als rechtswirksam anerkannt, so müßte dadurch die Bundesrepublik Deutschland die Möglichkeit verlieren, auch dieses Problem inmitten aller mit der Gleichberechtigung zusammenhängenden Fragen zu regeln."[173]

Der politische Gehalt der Verfassungsstreitverfahren war unverkennbar. Waren sie eine Fortsetzung sozialdemokratischer Parteipolitik mit juristischen Mitteln? Dieser Einwand lag nahe. Der Zeitpunkt der Klageerhebung und das streitige politische Umfeld der Verfahren deuteten in der Tat darauf hin, daß die Antragsteller die politische Absicht verfolgten, mittels der Verfassungsstreitverfahren die Außen- und Europapolitik der Bundesregierung in ihrem Sinne zu beeinflussen.

Und doch trifft diese Feststellung nur einen Teil der Wahrheit. In Arndts Schriftsätzen läßt sich ein genuin verfassungsrechtliches beziehungsweise verfassungspolitisches Anliegen ausmachen, das in seiner grundsätzlichen Argumentation über parteipolitische Zweckmäßigkeitserwägungen hinausweist: Arndt verfolgte eine grundlegende Neuinterpretation zum Verhältnis von Exekutive und Legislative bei ihrer gemeinsa-

---

168 Schriftsatz Arndt, 7. Januar 1952, S. 11 (s. Anm. 157); Schriftsatz Arndt, 7. März 1952 (s. Anm. 153); Schriftsatz Arndt, 22. Juli 1952, S. 4, AdsD, Nachlaß Arndt, Mappe 259 – 261 (Kehler Hafen-Abkommen).
169 Schriftsatz des Bundesministers für Justiz, 18. Juni 1952, S. 1, AdsD, Nachlaß Arndt, Mappe 263.
170 Randbemerkung Arndts, ebda.
171 Schriftsatz Arndt, 20. Juni 1952, S. 3 (s. Anm. 154).
172 Schriftsatz Arndt, 31. März 1952, S. 11 f. (s. Anm. 149); Schriftsatz Arndt, 6. Juni 1952, S. 5 (s. Anm. 150).
173 Schriftsatz Arndt, 7. März 1952, S. 16 (s. Anm. 153).

men Ausübung *Auswärtiger Gewalt.* Nach dem tradierten Verständnis des deutschen Konstitutionalismus zählte die Außenpolitik grundsätzlich zum Vorbehaltsbereich der Exekutive und galt im Bismarck-Reich als eine Prärogative der Krone.[174] Mitwirkungsrechte der Volksvertretung daran waren nach diesem System eine Ausnahme.[175] Die Interpretation vom Primat der Exekutive im Bereich der Auswärtigen Gewalt wurde auch unter der Geltung der demokratischen Weimarer Reichsverfassung aufrechterhalten, obwohl diese eine erhebliche Ausdehnung der parlamentarischen Mitwirkungs- und Kontrollrechte, eine annähernd vollständige Parlamentarisierung der Außenpolitik, mit sich brachte.[176]

Arndt ging daran, dieses historisch erstarrte Verständnis aufzubrechen und kehrte das überkommene Regel-Ausnahme-Verhältnis geradewegs um. Er argumentierte auf der Grundlage einer umfassenden Konzeption der „gesetzgebenden Gewalt im materiellen Sinne"[177]: Diese werde ausgeübt mit der Erzeugung von Gewohnheitsrecht, Gesetzesrecht und auch Vertragsrecht. Nach dem streng durchgeführten Prinzip der Gewaltenteilung des Grundgesetzes stehe die gesetzgebende Gewalt ausschließlich den Organen der Legislative zu, mithin auch die Rechtsetzung durch Verträge mit auswärtigen Staaten. Art. 59 Abs. 1 GG mache mit der Einbeziehung des Bundespräsidenten von diesem Prinzip lediglich aus Gründen der „geschichtlichen Entwicklung, aber auch der rein praktischen Erfordernisse" eine Ausnahme bei Akten, für die an sich „ausschließlich die Legislative zuständig sein müsse."[178] Arndts Thesen drangen in verfassungsinterpretatorisches Neuland vor. Sie stellten einen scharfen Bruch mit der deutschen Verfassungstradition dar angesichts einer neuen Verfassung, die Spielräume für neue Sichtweisen ließ.[179] Der scharfe Gegensatz Arndts zur tradierten Auffassung der Bundesregierung belebte die theoretische Diskussion. Ein Jahr später griff die Vereinigung der Deutschen Staatsrechtslehrer das Problem der Auswärtigen Gewalt auf.[180]

Im Kern ging es Arndt um ein Neuverständnis der Auswärtigen Gewalt als einer so weit wie möglich *demokratisch zu legitimierenden* Ausübung der Staatsgewalt; die Handhabe zur Demokratisierung sah er in der extensiven Auslegung der parlamentarischen Beteiligungsrechte gemäß Art. 59 Abs. 2 Satz 1 GG. Darin lag auch die tiefere

---

174 Zur Kronprärogative der Auswärtigen Gewalt als einem Wesensmerkmal der deutschen konstitutionellen Monarchie vgl. Huber, Deutsche Verfassungsgeschichte seit 1789, Bd. III, S. 13 f.
175 Dies galt ungeachtet der aufgrund Art. 11 III der Reichsverfassung von 1871 eingeräumten parlamentarischen Mitwirkung bei Verträgen, die sich auf Gegenstände der Reichsgesetzgebung bezogen, a. a. O., S. 940.
176 Ungeachtet dessen bezeichnet Huber, Deutsche Verfassungsgeschichte seit 1789, Bd. VI, S. 462 ff., die Auswärtige Gewalt unter der Weimarer Reichsverfassung weiterhin als ‚Regierungsgewalt' und somit ein[en] Teil der Exekutive"; ebenso geht Wilhelm Grewe, Abschnitt Auswärtige Gewalt (1988), S. 929 (Anm. 19), davon aus, daß trotz der Parlamentarisierung der Auswärtigen Gewalt sowohl die Weimarer Reichsverfassung wie auch das Grundgesetz von einer Erhebung des Parlaments zum obersten Organ der Auswärtigen Gewalt „weit [...] entfernt" seien.
177 Vgl. Schriftsatz Arndt, 5. Januar 1953, S. 7, und 16. April 1953, S. 6, AdsD, Nachlaß Arndt, Mappe 261.
178 Schriftsatz 5. Januar 1953, S. 8, a. a. O.
179 Auch wenn diese, gemessen an den Veränderungen des Verfassungstextes gegenüber der Weimarer Reichsverfassung, gering schienen, s. dazu Menzel, Die Auswärtige Gewalt der Bundesrepublik Deutschland, S. 179 ff. (S. 187). Es kam Menzel vielmehr auf neue „verfassungsrechtliche Grundvorstellungen" an, ebda.
180 Vgl. die Referate von Wilhelm Grewe und Eberhard Menzel, Die Auswärtige Gewalt der Bundesrepublik, in: VVDStL 12 (1954), S. 129 ff., S. 179 ff.

Rechtfertigung seiner weiten Auslegung des Begriffs der „politischen Beziehungen des Bundes." Für Arndt entschied sich unter anderem hieran, ob die Bundesrepublik auf dem Weg zu einer parlamentarischen Demokratie oder zu einem „Verwaltungsmachtstaat" war.[181]

Entscheidung für den Primat der Exekutive

Die drei Urteile des Bundesverfassungsgerichts ergingen innerhalb eines Jahres, zum Petersberger Abkommen und deutsch-französischen Wirtschaftsabkommen am 29. Juli 1952, zum Kehler Hafenvertrag am 30. Juni 1953. Die Anträge der sozialdemokratischen Bundestagsfraktion wurden im Ergebnis vollständig und weitgehend auch in der Begründung abgewiesen. Das Gericht erkannte die drei Vertragswerke als verfassungsgemäß zustande gekommen an.

Zwar schloß sich der erkennende Zweite Senat den Antragstellern darin an, daß das Grundgesetz nach Wortlaut und Entstehungsgeschichte ein souveränes Staatswesen konstituiere.[182] Auch könne die Regierung ihre verfassungsrechtlichen Befugnisse nicht kraft Ermächtigung durch die Besatzungsmächte erweitern.[183] Doch zog das Gericht aus diesen allgemeinen Feststellungen dieselben rechtlichen Konsequenzen wie die Bundesregierung: Angesichts der das Grundgesetz „überwölbenden" Besatzungsgewalt seien die verfassungsmäßigen Kompetenzen besatzungsrechtlich beschränkt und lebten in vollem Umfang erst dann auf, wenn die Besatzungsmächte eine Gesetzesmaterie als solche freigäben.[184] In der Konsequenz dessen lag es, daß eine der Bundesregierung erteilte besatzungsrechtliche Ermächtigung zur Rechtsetzung den parlamentarischen Ratifikationsvorbehalt des Art. 59 Abs. 2 Satz 1 GG suspendierte.[185] Insoweit galt nicht die ‚Gleichberechtigung' der Rechtssphären, sondern der Primat des Besatzungsrechts.

Nach Ansicht des Gerichts war der Begriff der Vertragspartner, unter anderem der „auswärtigen Staaten", in Art. 59 Abs. 1 Satz 2 GG formal auszulegen.[186] Entscheidend sei, ob der Staat bzw. „ob der Bund selbst Vertragspartei ist", und nicht, „ob aus einem Vertrag dem Bund mittelbar Rechte und Pflichten erwachsen könnten."[187] „Verdeckte Staatsverträge" seien nach einer solchen, am Völkerrecht zu messenden, äußerlichen Betrachtungsweise nicht denkbar.[188] Das Gericht entzog sich damit der von Arndt und Forsthoff mit dem Begriff der „verdeckten Staatsverträge" insinuierten Erforschung eventuell verdeckter Motivationen der vertragschließenden Parteien. Danach galten,

---

181 S. Schriftsatz Arndt, 1. Dezember 1951, S. 9, AdsD, Nachlaß Arndt, Mappe 262; im gleichen Sinne Menzel, Die Auswärtige Gewalt der Bundesrepublik, S. 199.
182 BVerfGE 1, 351 (S. 368), zum Petersberger Abkommen.
183 BVerfGE 1, 373 (S. 391), zu den Deutsch-Französischen Wirtschaftsabkommen.
184 BVerfGE 1, 351 (S. 362); BVerfGE 1, 373 (S. 391).
185 Vgl. dazu hinsichtlich der devisenrechtlichen Bestimmungen im Deutsch-Französischen Wirtschaftsabkommen BVerfGE 1, 372 (S. 391 f.).
186 Dementsprechend sah das Bundesverfassungsgericht auch in der Alliierten Hohen Kommission eine bloße Besatzungsbehörde, die daher auch nicht als Organ der einzelnen („auswärtigen") Staaten handelte, die sie errichtet hatten. Schon deshalb fiel das Petersberger Abkommen nicht unter Art. 59 II GG, s. BVerfGE 1, 351 (S. 363).
187 S. BVerfGE 2, 347 (S. 371) zum Kehler Hafen-Abkommen.
188 A. a. O., S. 374.

wie zum Beispiel beim Kehler Hafenvertrag, die nach außen auftretenden auch als tatsächliche Vertragspartner.[189]

Eine richtungweisende Grundsatzentscheidung trafen die drei Urteile hinsichtlich der Funktionenteilung in der Ausübung Auswärtiger Gewalt gemäß Art. 59 Abs. 2 GG. In offenem Gegensatz zu Arndts These faßte das Gericht die gesamte Führung der Außen- und Handelspolitik, einschließlich der Vertragsschlüsse mit auswärtigen Staaten, als Regierung und Verwaltung auf und wies sie nach der „Rechtsvermutung" des Art. 65 GG ausschließlich dem Bereich der Exekutive[190] zu. Davon mache Art. 59 Abs. 2 GG zugunsten legislativer Mitwirkungsbefugnisse eine begründete und begrenzte Ausnahme.[191] Über diese ‚Durchbrechung' hinaus bleibe es bei dem Prinzip: Der Bundestag „regiert und verwaltet nicht selbst, sondern er kontrolliert die Regierung."[192] Zur Ausübung dieser Kontrolle sah das Gericht die „allgemeine parlamentarische Kontrolle" mit dem Mißtrauensvotum als schärfstem Mittel als ausreichend an.[193] Ohne darauf einzugehen, daß seine Thesen – bei grundlegend geänderter Verfassungslage – ihre historische Wurzel im Staatsrecht des deutschen Konstitutionalismus hatten, auch ohne Arndts gegenteilige und begründete Auffassung zum Umfang der gesetzgebenden Gewalt zu erörtern, stellte der Senat seine Lösung in apodiktischen Sätzen und knapper Begründung hin.[194]

Die Auslegung der Art. 59 Abs. 2 GG als Ausnahmenorm wirkte sich in der restriktiven Bestimmung der Tatbestandsvoraussetzungen „politische Beziehungen des Bundes" aus. Nicht die Einbettung eines Vertrages in die politischen Gesamtbeziehungen zweier Staaten, sondern seinen politischen Gehalt „im Einzelfall" hielt das Gericht für maßgeblich. Es suchte den Gehalt des Politischen auf Verträge zu beschränken, die die „Existenz des Staates, seine territoriale Integrität, seine Unabhängigkeit, seine Stellung oder sein maßgebliches Gewicht in der Staatengemeinschaft" berührten.[195] Indessen – darin kam das Gericht Arndt einen halben Schritt entgegen – könnten auch Handelsverträge „unter besonderen Umständen" diese Kriterien erfüllen.[196]

Den von Arndt und Forsthoff erhobenen Einwand, das Land Baden habe im Einvernehmen mit der Bundesregierung und mittels eines „verdeckten Staatsvertrages" die politischen Beziehungen des Bundes geregelt, lehnte das Bundesverfassungsgericht – von seiner Position konsequent – bereits mit dem formalen Argument ab, daß der Kehler Hafenvertrag gerade kein Vertrag zwischen den Staaten Frankreich und Bun-

---

189 A. a. O., S. 371 ff.
190 BVerfGE 1, 372 (S. 394); E 2, 347 (S. 379).
191 BVerfGE 1, 351 (S. 369); E 1, 372 (S. 394).
192 Ebda.
193 BVerfGE 1, 351 (S. 370); E 2, 347 (S. 371).
194 Zu einer gründlichen Analyse der Urteile aus gegensätzlichen Positionen vgl. die Berichte von Grewe (zustimmend) und Menzel (ablehnend), Die Auswärtige Gewalt der Bundesrepublik, S. 135 f., S. 153 – 160, 187 f., 191 – 193; außerdem Menzel, Die Auswärtige Gewalt der Bundesrepublik in der Deutung des Bundesverfassungsgerichts, S. 326 ff.
195 Vgl. BVerfGE 1, 372 (S. 381); zustimmend Grewe, Die Auswärtige Gewalt (1954), S. 157, 159, der sich durch die Auffassung des Gerichts in seiner entschiedenen Stellungnahme gegen Arndt (s. oben zu Anm. 158) bestätigt sah.
196 BVerfGE 1, 372 (S. 383). Dies galt indessen nicht für das deutsch-französische Wirtschaftsabkommen, das – entgegen den Thesen Arndts – nach Auffassung des Bundesverfassungsgerichts „keine Option für den Westen und auch kein Bekenntnis zur ‚Integration' Europas" enthielt, s. BVerfG a. a. O. (S. 386).

desrepublik Deutschland sei und folglich auch deren politische Beziehungen nicht unmittelbar regeln könne. Mögliche Auswirkungen des von einem Land abgeschlossenen Vertrags auf die politischen Beziehungen des Bundes hielt das Gericht vor der bundesstaatlichen Kompetenzordnung für keinen verfassungsrechtlichen Hinderungsgrund. Im Gegensatz zur Antragstellerin steckte das Bundesverfassungsgericht damit den Spielraum des vertragschließenden Landes weiter ab; zur Wahrung einer homogenen Außenpolitik des Gesamtstaates ließ es die gemäß Art. 32 Abs. 3 GG erforderliche Zustimmung der Bundesregierung – eben des leitenden Verfassungsorgans der Auswärtigen Gewalt – ausreichen.[197]

Die Initiative der sozialdemokratischen Bundestagsfraktion hatte erstmals das Bundesverfassungsgericht als Kontrollinstanz der Auswärtigen Gewalt praktisch werden lassen. Nunmehr rückte auch in das theoretische Bewußtsein der Staatsrechtslehre, welche „Gewichtsverlagerung"[198] das Grundgesetz vorgenommen hatte, indem es das Bundesverfassungsgericht auch im Bereich der Auswärtigen Gewalt mit Kontrollfunktionen ausstattete, die in der deutschen Verfassungsgeschichte ohne Vorbild waren.[199] Die Bundesregierung sah sich einer neben dem Parlament neuen Kontrollinstanz gegenüber. Sie mußte fortan – wie Professor Wilhelm Grewe, einer der Hauptkontrahenten Arndts im Verfahren, feststellte – „auf Schritt und Tritt ihren Blick nach Karlsruhe richten."[200] Arndt schöpfte dieses neue Instrument der Regierungskontrolle voll aus. Mit seiner herausragenden verfassungsrechtlichen Kompetenz und seiner genauen Kenntnis der Verfassungsgerichtsbarkeit war er jederzeit ein ernstzunehmender Gegner.

In der Staatsrechtslehre fanden die Urteile des Bundesverfassungsgerichts geteilte Aufnahme. Während Wilhelm Grewe seine „volle Zustimmung"[201] erklärte, setzte Eberhard Menzel den von Arndt begonnenen Angriff auf die „exekutivfreundliche", „konservative", „extrem-traditionelle"[202], vom Bundesverfassungsgericht geteilte Interpretation der Auswärtigen Gewalt als Reservat der Regierung fort. Menzels These von der „kombinierten"[203], teils von der Exekutive, teils von der Legislative ausgeübten Auswärtigen Gewalt, wurde zum Leitbegriff all derer, die wie Arndt eine Neubestimmung der Auswärtigen Gewalt im Sinne ihrer Demokratisierung durch Parlamentarisierung befürworteten.

Der Auflockerung in der staatsrechtlichen Theorie stand eine unzweideutig an der Tradition des deutschen Staatsrechts orientierte Auffassung des Bundesverfassungsgerichts gegenüber. Arndts pointierte Neuinterpretation der Auswärtigen Gewalt schien das Bundesverfassungsgericht zu einer ebensolchen Pointierung seiner Gegenthese veranlaßt zu haben. Aus der Sicht Arndts und der SPD wirkten sich die drei Verfas-

---

197 Vgl. BVerfGE 2, 347 (S. 378 ff.); zustimmend Menzel, Die Auswärtige Gewalt der Bundesrepublik Deutschland, S. 202.
198 S. Grewe, Die Auswärtige Gewalt der Bundesrepublik Deutschland (1954), S. 139.
199 Ders., Abschnitt Auswärtige Gewalt (1988), S. 964 ff.
200 Ders., Die Auswärtige Gewalt der Bundesrepublik Deutschland (1954), S. 139.
201 Ders., a. a. O., S. 135.
202 Menzel, Die Auswärtige Gewalt der Bundesrepublik Deutschland (1954), S. 187, 192, 198 f.
203 Ders., a. a. O., S. 194, 197; ders., Die Auswärtige Gewalt in der Deutung des Bundesverfassungsgerichts, S. 348 f.; vgl. ähnlich Baade, Das Verhältnis von Parlament und Regierung im Bereich der Auswärtigen Gewalt der Bundesrepublik Deutschland, S. 7, der von einer „gemischten Gewalt" spricht; zum Überblick über diese Richtung vgl. Grewe, Abschnitt Auswärtige Gewalt (1988), S. 937 f. (Randnummern 40 ff.).

sungsstreitverfahren letztlich kontraproduktiv aus. Das Bundesverfassungsgericht begründete mit seinen Urteilen auf Jahrzehnte hin eine Rechtsprechung[204], die die Mitwirkungsrechte der Legislative an der Ausübung der Auswärtigen Gewalt eng auf Ausnahmen beschränkte. Eine Tradition, die gebrochen werden sollte, wurde fortgeschrieben.

Die Auseinandersetzung um die Interpretation der Auswärtigen Gewalt und die Rechte des Parlaments vor dem Bundesverfassungsgericht war indessen nur ein Vorspiel zum verfassungsrechtlichen Kampf um die Neuordnung der Rechtsbeziehungen zu den Besatzungsmächten und um die Wiederbewaffnung.

3. Vor dem Wehrstreit: die Ausgangslage 1951/52

1952: Bundeskanzler Adenauer strebte dem ersten Höhepunkt seiner Außenpolitik entgegen. Dieses Jahr sollte die Entscheidung über die Wiederbewaffnung der Bundesrepublik Deutschland und ihre Befreiung vom Besatzungsregime bringen.

Wie oben dargelegt, stand spätestens seit dem Koreakrieg im Sommer 1950 das Problem der Wiederbewaffnung Westdeutschlands auf der Tagesordnung der westalliierten Deutschlandpolitik. Der im September 1950 ergangenen Entscheidung der US-Regierung, die Bundesrepublik solle sich mit eigenen Truppen an westeuropäischen Verteidigungsanstrengungen unter amerikanischer Führung beteiligen, war Bundeskanzler Adenauer zuvorgekommen. Er hatte das Angebot einer deutschen, aus Freiwilligenformationen gebildeten Verteidigungsmacht vorgelegt. Die Bereitschaft zur Wiederbewaffnung hatte Adenauer jedoch mit der Forderung nach deutscher Gleichberechtigung verknüpft. Er erbat von den Alliierten Erklärungen über die Beendigung des Kriegszustands mit Deutschland, die künftige Beschränkung des Besatzungszwecks auf die Sicherung gegen äußere Gefahr sowie die fortschreitende Regelung der Beziehungen zwischen den Besatzungsmächten und der Bundesrepublik durch ein System vertraglicher Abmachungen.[205] Der Kanzler selbst hatte damit den Konnex zwischen der Wiederaufrüstung Westdeutschlands und seiner internationalen Gleichberechtigung hergestellt.

Die französische Regierung setzte dem amerikanischen Plan einer nationalen deutschen Armee massiven Widerstand entgegen. Zu groß war der Argwohn gegenüber dem wirtschaftlich mächtigen deutschen Nachbarn, dem Feind und verheerenden Aggressor des vorangegangenen Krieges. Dennoch widersetzte sich Frankreich nicht grundsätzlich jeder deutschen Wiederaufrüstung. Am 24. Oktober 1950 legte Ministerpräsident René Pleven der französischen Nationalversammlung den Plan einer westeuropäischen Verteidigungsgemeinschaft vor: Es sollte eine europäische Streitmacht mit einem internationalen Generalstab und multinationalen Divisionen geschaffen werden.[206] Der Konstruktion nach sollte das Kommando bei einem europäischen Verteidi-

---

204 Grewe, a. a. O., S. 939 (Rdn. 46) konstatiert befriedigt eine „sehr geradlinige, eindeutige und konstante Rechtsprechung" des Bundesverfassungsgerichts.
205 Baring, Im Anfang war Adenauer, S. 153.
206 S. Wettig, Entmilitarisierung und Wiederbewaffnung, S. 363–369. Mitgliedstaaten der EVG sollten die Bundesrepublik Deutschland, Frankreich, Italien und die Benelux-Staaten sein.

gungsminister liegen, der einem europäischen Parlament verantwortlich wäre. Es war geplant, die Armee im Rahmen des NATO-Bündnissystems einzusetzen. Ein deutscher Verteidigungsminister war jedoch ebensowenig vorgesehen wie eine unmittelbare Mitgliedschaft der Bundesrepublik in der NATO, die ihr ein Mitspracherecht in den Spitzengremien des Militärbündnisses gegeben hätte.

Trotz seines Anspruchs gleicher Rechts- und Pflichtenstellung aller Mitgliedstaaten lief der Pleven-Plan also auf eine Diskriminierung[207] der Bundesrepublik hinaus. Er entsprach dem französischen Interesse, einen deutschen Verteidigungsbeitrag von Anfang an unter durchgreifende supranationale Kontrolle zu bringen und mit der Versagung einer vollen NATO-Mitgliedschaft das Wiedererstarken Westdeutschlands zur vollen politischen Souveränität zu verhindern.[208] Zudem knüpfte die französische Regierung den Verhandlungsbeginn über den Pleven-Plan an die Unterzeichnung des Vertrages über die Montan-Union.[209]

Die Bundesregierung lehnte das Projekt einer integrierten europäischen Armee nicht grundsätzlich ab, beharrte aber auf ihrer Forderung nach deutscher Gleichberechtigung.[210]

Nachdem im Dezember 1950 die Außenminister der NATO-Staaten einen deutschen Wehrbeitrag grundsätzlich befürwortet hatten, wurden die möglichen Formen der deutschen Wiederbewaffnung in Verhandlungen der Westalliierten und der NATO-Staaten mit der Bundesrepublik erörtert.[211] Parallel dazu erstrebte die Bundesregierung die Ablösung des Besatzungsstatuts zugunsten einer vertraglichen Lösung auf der Grundlage der Gleichberechtigung. Zur Enttäuschung der deutschen Seite konzedierten die Alliierten im März 1951 zunächst nur eine ‚kleine Revision' des Besatzungsstatuts, ohne es aufzuheben.[212] Im Mai 1951 begannen deutsch-alliierte Sachverständigengespräche, in denen das künftige rechtliche Verhältnis der Bundesrepublik zu den Alliierten erörtert wurde.

Im Sommer 1951 setzte sich das französische Projekt einer integrierten europäischen Armee durch. Die USA rückten auf den dringenden französischen Wunsch hin davon ab, deutsche Truppenkontingente unmittelbar dem NATO-Kommando zu unterstel-

---

207 Die Vermischung, das heißt Integration, nationaler Truppenkontingente unterhalb der Divisionsebene verhinderte den Aufbau eines national homogenen deutschen Generalstabs. Als einziger Mitgliedsstaat sollte die Bundesrepublik alle aufzustellenden Einheiten sofort und vollständig dem europäischen Kommando unterstellen, während die anderen Mitglieder einen Teil ihrer Truppen und ihres bestehenden Militärapparates außerhalb der integrierten Armee behalten durften.
208 Wettig, Entmilitarisierung und Wiederbewaffnung, S. 369; Baring, Im Anfang war Adenauer, S. 191 (Anm. 37), aufgrund einer Analyse der französischen Politik seit dem 9. Mai 1950.
209 Wettig, ebda.: Der Unterzeichnung des Montan-Vertrags hatte die Bundesregierung schon zuvor zugestimmt. Überraschend für die Bundesregierung wurde diese freiwillig angebotene Zustimmung zu dem Kernprojekt politisch-ökonomischer europäischer Integration nachträglich als Vorbedingung gedeutet zu einem Plan militärischer Integration, der die Gleichberechtigung der Bundesrepublik bedrohte.
210 Baring, Im Anfang war Adenauer, S. 175 ff.; Wettig, Entmilitarisierung und Wiederbewaffnung, S. 372.
211 In getrennten Verhandlungen wurden zwei Konzepte erarbeitet: Außer dem Konzept der Europaarmee stand die ‚atlantische' Lösung zur Diskussion, die deutsche Truppen in Divisionsstärke vorsah, diese aber – wie bei der Europaarmee – ebenfalls ohne eigenen Generalstab unmittelbar den NATO-Stäben unterstellte; Wettig, a. a. O., S. 402 ff.
212 Wettig, a. a. O., S. 397 f.

len. Die französische Regierung ihrerseits trug den deutschen Forderungen nach Gleichberechtigung in wichtigen Fragen Rechnung.[213]

Auch nach dieser Lösung blieb jedoch die Bundesrepublik von einer unmittelbaren Mitbestimmung über ihre militärischen Geschicke in den Führungsgremien der NATO ausgeschlossen. Bundeskanzler Adenauer stimmte dem erzielten Kompromiß und der Entscheidung für eine Europaarmee zu. Während der folgenden Monate wurde der Vertragstext ausgehandelt. In den Sachverständigengesprächen über den künftigen Rechtsstatus brachte die deutsche Seite ihr Anliegen einer vertraglichen Ablösung des Besatzungsstatuts zunehmend zur Geltung. In der Deklaration der Washingtoner Außenministerkonferenz am 14. September 1951 versprachen die Westmächte, das Besatzungsstatut in Deutschland auf vertraglichem Wege zu beseitigen.[214]

Doch wurde auf Initiative des französischen Außenministers Schuman diese alliierte Zusage ausdrücklich von der deutschen Teilnahme an der Europaarmee abhängig gemacht.[215] Dem Junktim von Montan-Union und Europaarmee folgte das Junktim zwischen Europaarmee und „Generalvertrag", wie das Vertragswerk über die deutsch-alliierten Beziehungen in seiner Entstehungsphase genannt wurde. Adenauers politisches Kalkül wurde in sein Gegenteil verkehrt. Der Bundeskanzler hatte damit gerechnet, daß die Alliierten, angewiesen auf einen deutschen Verteidigungsbeitrag, dafür auch einen hohen Preis zu zahlen bereit sein würden: die deutsche Gleichberechtigung. Die Alliierten ihrerseits, in der Gewißheit, daß die Deutschen den unerläßlichen Preis für ihr politisches Kardinalziel, die Wiedergewinnung staatlicher Souveränität, in einem militärischen Verteidigungsbeitrag der einen oder anderen Form zahlen mußten, legten auch die Form des deutschen Verteidigungsbeitrags fest. Das nunmehr feststehende Junktim war ein Hinweis auf die Machtlage im besetzten Deutschland.[216]

Im Herbst 1951 traten die getrennten Verhandlungen in ihre letzte, entscheidende Formulierungsphase. In Paris berieten die Vertreter Frankreichs, Italiens, der Bundesrepublik und der Benelux-Staaten die Formulierung des Vertrages über die Europäische Verteidigungsgemeinschaft (EVG). In Bonn tagten Vertreter der Alliierten Hohen Kommission mit einer deutschen Expertenkommission, um neue vertragliche Rechtsgrundlagen für das deutsch-alliierte Verhältnis auszuhandeln.

Die Verhandlungen über die EVG schritten gut voran, doch stand zur Jahreswende 1951/52 die Lösung mehrerer wichtiger Probleme[217] aus, vor allem: Sollte die Bundes-

---

213 Vgl. die Unterschiede zu Anm. 207: Alle nationalen Streitkräfte – mit Ausnahme der überseeischen Truppen und der Polizeiformationen – sollten nunmehr in die Europaarmee integriert werden. Während der Aufbauphase der europäischen Institutionen sollten die europäischen Funktionen von nationalen Behörden, unter anderem einer deutschen Zentralstelle zum Aufbau der Truppenverbände, wahrgenommen werden. Auch national homogene deutsche Divisionen unter deutschen Generälen sollten entstehen und erst auf der Ebene des Korps in den europäischen Truppenverband integriert werden.
214 Wettig, Entmilitarisierung und Wiederbewaffnung, S. 447.
215 Wettig, a. a. O., S. 445 f.; Baring, Im Anfang war Adenauer, S. 189.
216 Wettig, a. a. O., S. 396 f. hat gezeigt, daß Adenauers Absicht, die deutsche Gleichberechtigung zur Vorbedingung des deutschen Verteidigungsbeitrags zu machen, von Anfang an den von den Alliierten zugestandenen Handlungsspielraum überschritt. Die Gleichberechtigung und die ‚atlantische' Lösung waren für die Bundesrepublik nicht gleichzeitig zu haben.
217 Unter anderem die Fragen: Sollte es zum Aufbau eines deutschen Verteidigungsministeriums kommen oder die zentrale Verwaltungskompetenz von Anfang an vollständig in supranationalen Behörden konzentriert werden? Sollte die Bundesrepublik über die Teilnahme an der EVG eine unmittelbare und volle Mitgliedschaft in der NATO erreichen? S. dazu Baring, Im Anfang war Adenauer, S. 196 ff.; Wettig, a. a. O., S. 453 f.

republik über die Teilnahme an der EVG auch eine unmittelbare und volle Mitgliedschaft in der NATO erreichen[218]?

Die Bonner Verhandlungen über den Rechtsstatus der Bundesrepublik verliefen hart und kontrovers. Adenauer präzisierte die im Herbst 1950 vorgetragene deutsche Forderung nach Gleichberechtigung: Das Besatzungsregime sollte restlos beseitigt werden. Freie vertragliche Vereinbarungen, die deutsche Verpflichtungen nur im Hinblick auf Erfordernisse der gemeinsamen Sicherheit enthielten, sollten an seine Stelle treten. Der Kanzler ging vom Konzept eines „Sicherheitsvertrages"[219] aus, in dem die Westmächte und die Bundesrepublik sich als gleiche und freie Partner gegen die Sowjetunion in einem Pakt vereinigten.

Dieses Konzept stieß auf unüberwindlichen Widerstand der Besatzungsmächte. Im Oktober 1951 wurde deutlich, daß die Alliierten ihre besatzungsrechtlichen Befugnisse – bei deren weitgehender Ersetzung durch vertragliche Vereinbarungen – nicht restlos aufzugeben bereit waren. Die von der Bundesregierung angestrebte Souveränität der Bundesrepublik konnte demnach nur eine eingeschränkte sein. Auszuhandeln blieben der Umfang der besatzungsrechtlichen Befugnisse sowie ihre vertragliche Formulierung und Eingrenzung.[220] Von zunehmender Bedeutung war die Frage, welche Auswirkungen die vertraglichen Vereinbarungen auf ein wiedervereinigtes Gesamtdeutschland haben würden. Das deutsche Verlangen, in diesem Fall nicht das Besatzungsregime wieder aufleben zu lassen, beantworteten die alliierten Unterhändler mit dem Entwurf einer Bindungsklausel, die ein wiedervereinigtes Deutschland an den Generalvertrag band.[221]

SPD und Wiederbewaffnung

Zu Beginn des Jahres 1952 wurde Adolf Arndt zu dem Problem einer rechtlichen Regelung des zunehmend konkrete Gestalt annehmenden deutschen Verteidigungsbeitrags interviewt. Arndt, als Rechtsexperte der SPD-Bundestagsfraktion befragt, argumentierte verfassungsrechtlich. Nicht *dieses* Grundgesetz mit seinem aktuell geltenden Text gebe die verfassungsrechtliche Ermächtigung zur Wiederbewaffnung der Bundesrepublik; nicht *dieser*, 1949 gewählte Bundestag dürfe die politische Entscheidung darüber treffen.[222]

Eine grundsätzliche politische Absage an einen deutschen Wehrbeitrag, in welcher Form auch immer, war weder in Arndts Worten erkennbar, noch hätte sie dem Standpunkt der sozialdemokratischen Parteiführung entsprochen. Im Gegenteil: Infolge der Entwicklung nach dem Koreakrieg war die SPD-Führung zu unbedingt wehrfeindlichen und pazifistischen Strömungen auf Distanz gegangen.

---

218 Wettig, a. a. O., S. 462 ff.
219 Wettig, a. a. O., S. 479.
220 Umstritten waren in diesem Zusammenhang insbesondere die rechtliche Formulierung eines alliierten Truppenstationierungsrechts und der Umfang des von den Westmächten in Anspruch genommenen Notstandsrechts.
221 Vgl. zu dieser auf der Pariser Außenministerkonferenz im November 1951 gebilligten Fassung Grewe, Deutsche Außenpolitik, S. 327; Baring, Im Anfang war Adenauer, S. 229, der den maßgeblichen Anteil an der großen Reichweite der Bindung Adenauer zuschreibt.
222 Vgl. das Interview Arndts (Nachschrift), NWDR, 6. Januar 1952, AdsD, Akten SPD-BTF 334 (Wehrstreit).

Dies entsprach dem politischen Weltverständnis Kurt Schumachers, das mit einer *pazifistischen* Grundhaltung unvereinbar war. Der Freiwillige des Ersten Weltkriegs hatte bereits während der Weimarer Republik zu einem Kreis junger, „militanter Sozialisten" gehört, der für eine kämpferische, notfalls gewaltsame Verteidigung der Republik eintrat. Er war regionaler Führer des „Reichsbanners Schwarz-Rot-Gold", des einzigen republikanischen Kampfverbandes, gewesen und hatte sich entgegen pazifistischen Strömungen in der SPD für eine – „republikanisch-demokratische" – Reichswehr eingesetzt.[223]

Auf der ersten Tagung der sozialdemokratischen Spitzengremien nach dem Ausbruch des Koreakrieges am 17. September 1950 erteilte Schumacher dem Pazifismus auch innerhalb der eigenen Partei eine grundlegende Absage: Die „Formel des absoluten Pazifismus nach dem Ersten Weltkrieg" sei eine „gut gemeinte, großherzige Formel des politisierenden Kleinbürgertums, gebunden an die Konstellation der Weltkräfte in der Periode der Weimarer Republik", gewesen. Zudem warnte er vor kommunistischer Zersetzungspropaganda unter dem Deckmantel des Pazifismus. Dieses antipazifistische Verdikt des Parteivorsitzenden dominierte in der Folgezeit die Haltung der sozialdemokratischen Parteiführung und der Bundestagsfraktion.[224]

Die Stuttgarter Rede Schumachers markierte eine Wende in der sozialdemokratischen Haltung zur Wiederbewaffnung. Bis zum Ausbruch des Koreakriegs hatte die SPD eine defensive und negative Haltung zur Wiederbewaffnung der Bundesrepublik eingenommen: Einer absehbar schwachen militärischen Aufrüstung der Bundesrepublik, die die Sowjetunion nur zu einem Präventivkrieg provozieren werde, sei ein militärisch neutrales, ja völlig waffenloses, wiedervereinigtes Deutschland vorzuziehen. Damit erhöhe sich zugleich die Chance einer deutschen Wiedervereinigung.[225] Den wichtigsten Beitrag zur Sicherheit Deutschlands leiste vielmehr ein auf sozialistischer Grundlage beruhendes Europa.

Die Ereignisse im Sommer und Herbst 1950, der Koreakrieg und Adenauers Angebot eines deutschen Wehrbeitrags, zwangen die SPD zur Revision ihrer Haltung. Das unbedingte Nein des Hamburger Parteitags vom Mai 1950 gegen „jede Remilitarisierung Deutschlands" wich einem grundsätzlichen – wenngleich „verklausulierten – Ja"[226] zur Wiederbewaffnung, in dem Schumacher mit Adenauer übereinstimmte.[227]

Bestimmend für die folgenden Auseinandersetzungen war indessen nicht diese grundsätzliche Übereinstimmung, sondern die tiefgreifenden Meinungsverschiedenheiten hinsichtlich der Voraussetzungen, an die Regierung und Opposition die Realisierung des deutschen Wehrbeitrags knüpften. Bis zum Ende des Jahres 1950 formulierte Schumacher die Elemente einer strategischen Offensivkonzeption, deren Angelpunkt die Forderung nach unbedingter deutscher Gleichberechtigung war. In militär-

---

223 Schumacher, Reden – Schriften – Korrespondenzen, S. 63, 66 ff.
224 Vgl. Schumacher, Protokoll der SPD-Bundestagsfraktion, 1. November 1950 (Anlage: „Auszug au Rede und Schlußwort Dr. Schumachers"), AdsD, Fraktionssitzungsprotokolle, Akten SPD-BTF 102 „Die sozialdemokratische Partei hat sich stets bemüht, mit allen Kräften die Partei des Friedens zu sei Es gibt aber keine sozialdemokratische Theorie oder Programmatik, die pazifistisch schlechthin wär Stets ist dort um die Frage der Wehrverfassung des Volkes mit positivem Ergebnis gerungen worden"; auch Schumacher, Reden – Schriften – Korrespondenzen, S. 174.
225 Buczylowski, Schumacher und die deutsche Frage, S. 70 f.
226 Löwke, „Für den Fall, daß [...]", S. 67, 73.
227 Ders., a. a. O., S. 61, 73.

strategischer Hinsicht beharrte Schumachers Konzeption auf der Fernhaltung des Krieges vom deutschen Boden.[228] Dazu bedurfte es eines vielfach verstärkten militärischen Schutzes durch die Westmächte. Die „Weltdemokratien" sollten ein massives militärisches Abschreckungspotential zur Verhinderung eines künftigen Krieges stellen. Schumachers Konzeption kristallisierte sich um die Formel „Gleiches Risiko, gleiches Opfer und gleiche Chancen"[229]: Die „Weltdemokratien" sollten ihre Solidarität mit dem gesamten deutschen Volk in Ost und West und die Anerkennung seiner Gleichberechtigung dadurch unter Beweis stellen, daß sie ein großes militärisches Risiko mit den Deutschen gleich zu teilen bereit seien. Schumachers Konzeption entledigte sich damit radikal früherer neutralistischer Elemente in der sozialdemokratischen Wehrpolitik und setzte sich zu pazifistischen Strömungen auch innerhalb der Partei in Gegensatz.[230] Die hohe Autorität des Parteivorsitzenden und die Härte, mit der er den Kanon sozialdemokratischer Voraussetzungen vortrug, machten das Konzept bis zu seinem Todesjahr 1952 für die Partei verbindlich.

Auf die essentielle und vorrangige sozialdemokratische Forderung nach deutscher Gleichberechtigung konzentrierten sich im Jahre 1951 die innenpolitischen Auseinandersetzungen zwischen Regierung und Opposition. Die SPD bestand auf der Herstellung nationaler Souveränität *vor* einem Eintritt in Verhandlungen über einen deutschen Militärbeitrag.[231] Demgegenüber suchte zwar Adenauer die Gleichberechtigung zur Bedingung der deutschen Wiederbewaffnung zu erheben.[232] Doch behandelte er diese Voraussetzung nachgiebiger – teils unter dem Druck der harten alliierten Verhandlungsposition, teils aus dem Interesse heraus, möglichst rasch und effizient eine Verteidigung gegen die befürchtete kommunistische Bedrohung aufzubauen – und vermied, sie zum unverrückbaren Postulat zu erheben. Schumachers hartes Pochen auf Gleichberechtigung ging hingegen grundsätzlich von einem größeren Verwirklichungsspielraum genuin deutscher Interessen aus. Dabei bestritt er zum einen militärische Aggressionsabsichten der Sowjetunion, zum anderen setzte er voraus, daß die überragenden ökonomischen und weltpolitischen Interessen der USA ihren Rückzug von vornherein ausschlossen.[233] Vor diesem Hintergrund griff er das Angebot eines deutschen Wehrbeitrags angesichts seiner ungeklärten Voraussetzungen als verfrüht an.

Mit zunehmender Konkretisierung des Pleven-Plans wurde zudem die französische Politik Zielscheibe sozialdemokratischer Kritik. „Hegemoniebestrebungen" und „Machtpolitik"[234] wurden der offenkundigen französischen Absicht vorgehalten, die aufzubauende deutsche Militärmacht unter internationale Kontrolle zu bringen und ihr die Gleichberechtigung vorzuenthalten. Je konkreter der künftige deutsche Verteidigungsbeitrag wurde und je länger die Sozialdemokraten vom politischen Entschei

---

228 Ders., a. a. O., S. 63: Formel „Njemen statt Elbe" als Verteidigungslinie.
229 Ders., a. a. O., S. 67.
230 Ders., a. a. O., S. 63, 67.
231 S. Klotzbach, Weg zur Staatspartei, S. 212; vgl. zur Verschärfung dieser Forderung auch Löwke, a. a. O., S. 92.
232 Zu Gemeinsamkeiten in den ‚Voraussetzungskatalogen' Schumachers und Adenauers s. Klotzbach, a. a. O., S. 216. Foschepoth, Einleitung, S. 14, 20, sieht die Wiedererlangung der Souveränität gar als überragendes Ziel Adenauers, dem auch die Westintegration als lediglich „funktionale Variable" untergeordnet war.
233 Klotzbach, a. a. O., S. 217.
234 Zitate Schumachers bei Löwke, „Für den Fall, daß . . .", S. 77, 87.

dungsprozeß, den Verhandlungen zwischen den Alliierten und der Bundesregierung, ausgeschlossen waren, desto mehr nahm ihre Forderung nach deutscher Gleichberechtigung den Charakter einer „Doktrin"[235] an.

Die SPD schien machtpolitisch zur Ohnmacht verurteilt. Einerseits fand ihr Widerstand gegen die Wiederbewaffnungspolitik der Bundesregierung in der westdeutschen Bevölkerung breite Zustimmung. Dabei profitierte die Partei von der Unterstützung einer starken „Ohne-mich"-Welle, die sich gegen die Beteiligung an jeder Art Wiederaufrüstung wandte – wobei allerdings die militärpolitische Aufgeschlossenheit der SPD-Führung weder in der breiten Bevölkerung noch an der Parteibasis wirklich erkannt wurde.[236] Demoskopische Erhebungen ermittelten vom Frühjahr 1950 bis September 1951 ein bundesweites Überwiegen der Aufrüstungsgegner. Bei den Landtagswahlen 1950/51, in denen die Diskussion um die deutsche Wiederbewaffnung eine zentrale Rolle spielte, gelangen der SPD bedeutende Einbrüche in die bürgerliche Wählerschaft.[237] Gegenüber der Bundestagswahl 1949 hatte sich das Stimmungsbild in der Bevölkerung erheblich gewandelt. Am Ende des Jahres 1951 sprachen die Zeichen dafür, daß Bundestagswahlen mit dem Thema Wiederbewaffnung eine Mehrheit zugunsten der Sozialdemokratie ergeben würden.

Andererseits konnte die SPD nicht hoffen, im Bundestag eine Mehrheit für ihre Position zu gewinnen. Das Regierungsbündnis, obwohl ihm zeitweise die mehrheitliche Unterstützung in der Bevölkerung fehlte und es in der Partei des Koalitionspartners FDP kritische Stimmen gab, stand insgesamt geschlossen hinter der Politik Adenauers.

Arndt und die ‚nationale' Linie der sozialdemokratischen Politik

Blieben der SPD noch Mittel, um ihr außenpolitisches Konzept gegen den Kurs der Bundesregierung durchzusetzen?[238] Eine Antwort war in den beiden zentralen Bedingungen enthalten, die Arndt im Januar 1952 namens der SPD den Hörern seines Rundfunkinterviews unterbreitete: Die Wiederbewaffnung Westdeutschlands bedürfe einer vorherigen Änderung des Grundgesetzes, die nur ein neu gewählter Bundestag vorzunehmen befugt sei.[239]

Vieles spricht dafür, daß Arndt bei der Erarbeitung dieser Bedingungen eine mitbestimmende, wenn nicht führende Rolle spielte. Der juristische Geschäftsführer der SPD-Bundestagsfraktion hatte mit seiner juristisch wohlbegründeten und polemisch treffsicheren Rede zum Petersberger Abkommen einen gelungenen parlamentarischen Einstand gehabt. Sein politisch wirkungsvoller Entwurf zum Bundesverfassungsge-

---

235 Löwke, a. a. O., S. 75, 92.
236 Vgl. Klotzbach, Weg zur Staatspartei, S. 218 f.
237 Ders., ebda.
238 Einen knappen, informativen Überblick dazu gibt Sywottek, Die Opposition der SPD und der KPD gegen die westdeutsche Aufrüstung, S. 545 – 548.
239 Diese doppelte, von Schumacher geprägte Forderung war von den Führungsgremien der SPD übernommen worden. Der Parteivorsitzende hatte sie in der ersten großen Wehrdebatte am 8. November 1950 dem Bundestag vorgetragen, Prot. BT, 1. WP, 98. Sitzung (8. November 1950), S. 3574 D ff.

richtsgesetz hatte ihn in der Achtung des Parteivorsitzenden noch steigen lassen.[240] In einer Sitzung des Parteivorstands nannte Schumacher Arndt zusammen mit Georg August Zinn einen „Verfassungsexperten"[241] im Rang vor Carlo Schmid, dem Vorsitzenden des Grundsatzausschusses des Parlamentarischen Rates. Von allen maßgebenden Mitarbeitern Schumachers (soweit sie nicht gleichzeitig dem Parteivorstand angehörten) gehörte Arndt im Jahre 1950[242] zu denjenigen, die am häufigsten mit dem Parteivorsitzenden zusammentrafen. Arndts juristische Ausführungen im Interview schöpften aus einem der Öffentlichkeit wohlbekannten, von den Sprechern der SPD immer wieder bekräftigten Argumentationsvorrat: Bezüglich der Wiederbewaffnung enthalte das Grundgesetz in doppelter Hinsicht einen „weißen Fleck." Zum einen habe der Grundgesetzgeber „mit vollem Bewußtsein" keine Bestimmung über eine Wehrmacht getroffen, zu deren Einführung es aber nach internationaler und deutscher Verfassungstradition zwingend einer verfassungskräftigen Regelung bedürfe. Zum zweiten sei eine verfassungsrechtliche Festlegung der militärischen Kommandogewalt, das heißt einer innerstaatlichen Verteilung der Befehlszuständigkeit über die Armee, erforderlich. Derartige Regelungen fehlten im Grundgesetz. Folglich bedürfe es einer Ergänzung der Verfassung mit Zustimmung der qualifizierten Zweidrittel-Mehrheit in den zuständigen Gesetzgebungskörperschaften. Die gemäß Art. 24 Abs. 1, 2 GG dem einfachen Bundesgesetzgeber eingeräumte Befugnis, kollektive Hoheitsrechte an zwischenstaatliche Einrichtungen, gegebenenfalls auch an eine europäische Armee, zu übertragen, greife nicht, da sie ein dem Bundesgesetzgeber durch das Grundgesetz selbst ausdrücklich eingeräumtes Hoheitsrecht voraussetze.[243] An einem solchen Wehrhoheitsrecht fehle es aber im Grundgesetz.

Arndts Drängen auf das Erfordernis einer Verfassungsergänzung verfolgte eine doppelte Stoßrichtung: Zum einen garantierte die zu einer Verfassungsänderung erforderliche Zweidrittel-Mehrheit unter den gegebenen politischen Mehrheitsverhältnissen ein unübergehbares Mitbestimmungsrecht der SPD hinsichtlich des *Ob* der Wiederbewaffnung. Zum zweiten betraf die Regelung der Kommandogewalt einer künftigen Armee die innerstaatliche Machtverteilung und damit den Zustand der Demokratie schlechthin – ein Problem, das der SPD aus der Zeit der Weimarer Republik höchst bewußt war[244]; es betraf das *Wie* der Wiederbewaffnung und ihrer staatsrechtlichen Ausgestaltung.

Arndt bekräftigte zudem die sozialdemokratische Forderung, über eine Wiederbewaffnung dürfe nur ein neu gewählter Bundestag entscheiden; denn „kein Wähler habe 1949 an derartige Fragen denken können oder denken dürfen."[245] Damit hatte sich die

---

240 Vgl. den selbstbewußten und stolzen Rückblick Schumachers auf die Leistungen der SPD-Bundestagsfraktion in einem Interview, 22. Mai 1952, AdsD, PV-Bestand Schumacher, Q 7. Dort findet sich ein respektvoller, zugleich ironischer Bezug auf Arndt als einen der kommenden „jungen Leute" der Fraktion.
241 Vgl. AdsD, Protokoll des SPD-Parteivorstands vom 4./5. Februar 1950, das verzeichnet: „Schumacher [...] meint, daß Carlo Schmid doch inzwischen als Verfassungsexperte hinter Arndt und Zinn zurückgetreten sei."
242 Nach der Aufstellung bei Edinger, Kurt Schumacher, S. 445. Vor Arndt rangierten nur die gleichfalls nicht dem SPD-Parteivorstand angehörenden Abgeordneten Lütkens, Wehner und Zinn.
243 Zu diesem juristisch weittragenden Argument schon Schumacher in der Erwiderung auf Adenauer, Prot. BT, 1. WP, 98. Sitzung (8. November 1950), S. 3574 A f.
244 Vgl. dazu Soell, Erler, Bd. 1, S. 192 ff.
245 Interview Arndts vom 6. Januar 1952 (vgl. Anm. 222).

SPD gegen die von Gustav Heinemann[246] angeregte unmittelbare Volksbefragung ausgesprochen und setzte statt dessen auf den Sieg in Parlamentsneuwahlen. Die Ergebnisse der vorangegangenen Landtagswahlen sprachen dafür.[247] Wie Schumacher[248] stellte Arndt die Sorge um die Demokratie in den Vordergrund: „Wenn der gegenwärtige Bundestag die Macht sich anmaßt, jetzt eine Wehrverfassung zu schaffen, ist moralisch und psychologisch der Gedanke der Demokratie in Deutschland erledigt." Gerade in einer Rundfunkrede mußte es wirksam sein, wenn er fortfuhr:

> „Dann sagt der Mann draußen, na, die bestimmen doch, was ihnen einfällt, ohne daß ich bei der Wahl überhaupt danach gefragt werde, und wenn ich eines Tages wieder zum Wählen komme, ist es schon vorbei, und ich bin vor vollendete Tatsachen gestellt."[249]

Hatte die SPD seit dem Herbst 1950 die Forderungen nach Neuwahlen und Verfassungsänderung immer in demselben Atemzug erhoben, so schienen Neuwahlen mit dem Beginn des Jahres 1952 ihren Rest an Wahrscheinlichkeit einzubüßen. Adenauer, der schon früh eine „Selbstauflösung" des Bundestags zum Zwecke der Neuwahl als verfassungswidrig abgelehnt hatte, wollte noch im Laufe des Jahres 1952 die parlamentarische Verabschiedung des EVG- und des Generalvertrages durchbringen.

Wenn es zutraf, daß die Wiederbewaffnung der Bundesrepublik nur aufgrund einer Verfassungsänderung zulässig war, blieb Arndts Rechtsauffassung in dieser Situation das einzige durchgreifende Mittel, den Regierungsplan zu durchkreuzen; denn der Bundeskanzler hatte weder im gewählten Bundestag eine verfassungsändernde Mehrheit, noch konnte er hoffen, sie bei Neuwahlen zu gewinnen.[250]

Nicht zufällig wurde Arndt im Laufe des Jahres 1952 zweimal speziell zu den verfassungsrechtlichen Problemen der deutschen Wiederbewaffnung interviewt. Bereits seit dem Sommer 1951 war in Pressekreisen bekannt, daß der sozialdemokratische Jurist erhebliche verfassungsrechtliche Einwände gegen die europäischen Integrationspläne der Bundesregierung, insbesondere den Schuman-Plan[251], erhob. Da die SPD seit langem entsprechende Bedenken gegen die geplanten Wehrverträge vorbrachte, wurde

---

246 Der ehemalige, aus Protest gegen die Wiederbewaffnungspolitik zurückgetretene Innenminister der Regierung Adenauer und Gründer der „Notgemeinschaft für den Frieden Europas" war im Dezember 1951 an Schumacher herangetreten mit dem Vorschlag, gemeinsam mit der SPD ein Volksbegehren über die Wiederbewaffnungsfrage in Nordrhein-Westfalen, bzw. eine bundesweite Petitionsaktion, in die Wege zu leiten. Schumacher und der SPD-Parteivorstand lehnten die Mitwirkung an derartigen Aktionen teils aus verfassungsrechtlichen, teils aus politischen Gründen ab; vgl. dazu Hartweg, Kurt Schumacher, die SPD und die protestantisch orientierte Opposition gegen Adenauers Deutschland- und Europapolitik, S. 200 ff. Arndts Interview signalisierte der Heinemann-Gruppe die Ablehnung, die ihr vier Tage darauf offiziell mitgeteilt wurde.
247 Dieses taktisch-zeitliche Argument hebt Paterson, SPD and European Integration, S. 78, hervor, um das – verglichen mit dem Jahresbeginn 1951 – verstärkte Neuwahlbegehren der SPD zu erklären; ausführlich zum Motiv der Landtagswahlerfolge Buczylowski, Schumacher und die deutsche Frage, S. 129.
248 S. Prot. BT, 1. WP, 98. Sitzung (8. November 1950), S. 3575 D: „Die Frage nach der Neuwahl konfrontiert die Bundesregierung und ihre Parteien mit der Frage: Welchen Respekt hat sie vor dem Volk? Will sie dem Volk die Chance geben, über seinen letzten Lebensinhalt selbst zu entscheiden?"
249 Interview Arndts, 6. Januar 1952 (vgl. Anm. 222).
250 Unter Hinweis auf die Stimmung im Wahlvolk s. Klotzbach, Weg zur Staatspartei, S. 218.
251 Vgl. die Meldung des der Bundesregierung nahestehenden privaten Pressedienstes von Dr. Robert Platow, 23. Juni 1951 (Abschrift), AdsD, Personalia Arndt, Bd. I.

Arndts Interview als vorweggenommene Zusammenfassung einer geplanten Verfassungsklage betrachtet[252] – zu Recht.

Dabei setzte er neue Akzente, verglichen mit den anderen Sprechern seiner Partei. Einen im Interview nur angedeuteten Aspekt führte er kurz darauf in einem Brief an den hessischen Ministerpräsidenten Zinn deutlicher aus: Es werde „sowohl beim Schuman-Plan als auch beim Wehrproblem absichtlich unterdrückt, daß wir hier kein separater Weststaat sind, sondern räumlich und sachlich nur eine Teilorganisation des als Einheit fortbestehenden Deutschen Staates."[253] Der Konflikt von Wiedervereinigung und Wiederbewaffnung war damit nicht nur als politisches, sondern als verfassungsrechtliches Problem gestellt. Mit dieser juristischen Zuspitzung rückte das Gebot der deutschen Einheit im Laufe des Jahres 1952 zum Kardinalpunkt der sozialdemokratischen Opposition gegen die Wiederbewaffnung Westdeutschlands auf. In gleicher Weise gab Arndt der Neuwahlforderung eine zusätzliche - verfassungs*rechtliche* – Spitze, indem er sie als ein Gebot der demokratischen Grundgesetzordnung[254] ansah. Beide Anliegen der SPD wurden damit als justitiabel vor dem Bundesverfassungsgericht deklariert.

Um die Jahreswende 1951/52 erging an Arndt der Auftrag des Parteivorstands und der Bundestagsfraktion der SPD, das geplante Vertragswerk zur deutschen Wiederbewaffnung vor dem Bundesverfassungsgericht anzugreifen. Arndt war für diese Aufgabe prädestiniert. Als herausragende Verfassungsjuristen in der SPD-Spitze kamen außer ihm nur Carlo Schmid und Georg August Zinn in Betracht. Zinn war 1951 nach der Wahl zum hessischen Ministerpräsidenten aus dem Bundestag ausgeschieden und widmete sich ganz der hessischen Landespolitik. Carlo Schmid verlegte sich überwiegend auf seine politisch wichtige Funktion als Vorsitzender des Auswärtigen Ausschusses im Bundestag. Hinzu kam Schumachers besondere Wertschätzung der juristischen Qualitäten Arndts. Ausschlaggebend wird letztlich Arndts unvergleichliche Erfahrung gewesen sein, was den Aufbau und die Verfahrensweise des Bundesverfassungsgerichts anbetraf. Als Miturheber des Bundesverfassungsgerichtsgesetzes war er seinen Prozeßgegnern, den Juristen des Bundesjustizministeriums und der Regierungsfraktionen, zumindest ebenbürtig. Als Mitglied des Wahlmännergremiums war er zudem in die

---

252 Ruft die SPD das Bundesverfassungsgericht an?, in: Hamburger Abendblatt, 8. Januar 1952.
253 Arndt an den hessischen Ministerpräsidenten Georg August Zinn, 14. Januar 1952, AdsD, Nachlaß Arndt, Mappe 221. Zum Zusammenhang zwischen Schuman-Plan und Wiederbewaffnung führt Arndt aus: „Sachlich sollte herausgestellt werden, daß der entscheidende Sinn des Schuman-Plans weder ein ökonomischer noch im allgemeinen Sinne ein politischer, sondern ein militärischer ist, weil insbesondere den Franzosen durch die Entmachtung der Deutschen an der Ruhr ermöglicht werden soll, sich mit einer deutschen Bewaffnung zu befreunden, zugleich aber im Anschluß daran man die Marktwirtschaft durch Rüstungsaufträge retten will. Die Frage, ob der Schuman-Plan-Vertrag mit der Verfassung vereinbar ist, wird auch für die Wehrfrage weitgehend präjudiziell sein." Arndt legte Zinn den Plan nahe, das Land Hessen möge verfassungsgerichtlich gegen den Schuman-Plan vorgehen, da die SPD-Bundestagsfraktion eine eigene Initiative „aus verschiedenen Gründen" nicht für zweckmäßig halte.
254 S. Arndt, Interview vom 6. Januar 1952 (s. Anm. 222); ferner Artikel „Wehrverfassung und Verfassungsrecht", S. 2 (über eine Diskussion zwischen Arndt, Mende [FDP] und Kiesinger [CDU] im Hessischen Rundfunk), in: Sozialdemokratischer Pressedienst, 26. Januar 1952. Danach wird Arndt so zitiert, daß „nach seiner Rechtsauffassung" nur ein neugewählter Bundestag legitimiert sei, eine Grundgesetzänderung vorzunehmen. Diese Stellungnahme ging über Kurt Schumacher hinaus, der im Bundestag erklärt hatte, die Neuwahlforderung sei nicht eine *juristische*, sondern eine „politische" Forderung, s. Prot. BT, 1. WP, 98. Sitzung (8. November 1950), S. 3575 D.

Personalia des Gerichts eingeweiht, was bei einem hochumstrittenen Verfahren von taktischem Vorteil war.

In den vorangegangenen Monaten hatte der Rechtsfachmann wiederholt öffentlich zu außenpolitischen Fragen Stellung bezogen. Die Prozesse vor dem Bundesverfassungsgericht machten ihn einer breiten Öffentlichkeit bekannt. Als Debattenredner im Bundestag, als Redner im Rundfunk und bei Parteiversammlungen und als begehrter Interviewpartner setzte Arndt vielbeachtete Akzente im öffentlichen Bild sozialdemokratischer Außenpolitik.

Er knüpfte dabei an das Leitmotiv seiner Politik in der amerikanischen Besatzungszone an: die deutsche Selbstbehauptung und Gleichberechtigung. Die Beschränkung der Okkupationsgewalt auf eine menschenrechtlich begrenzte Treuhänderschaft, die Einforderung eines „just peace" und die Ablehnung jeder Unterwerfungsgeste gegenüber den Alliierten, die scharfe Zurückweisung jedes Kollektivschuldvorwurfs und die Trennung der Träger des verbrecherischen NS-Systems von dem unterdrückten deutschen Volk, schließlich die Ehrung des deutschen Widerstands als Beweis der moralischen Überlebenskraft Deutschlands unter dem totalitären System[255] – all dies gab Arndts Forderung nationaler Gleichberechtigung den Anspruch politischer Moral. Wie Kurt Schumacher, der durch Haft und Mißhandlungen schwerste körperliche Schäden erlitten hatte, schöpfte der rassisch diskriminierte und verfolgte Arndt aus seinem Lebensweg einen moralisch fundierten Anspruch auf Gleichachtung und Gleichberechtigung. Wie kein anderer sozialdemokratischer Sprecher in den wehr- und außenpolitischen Auseinandersetzungen der Fünfziger Jahre verschmolz Arndt in der öffentlichen Auseinandersetzung persönliches und nationales Ehrgefühl. Die Diskriminierung nationaler deutscher Interessen betrachtete er so als eine persönliche Kränkung, die wiederum seinem politischen Kampf um die deutsche Gleichberechtigung die ganze Leidenschaftlichkeit und Schärfe gab.

Doch ist Arndts Beharren auf deutscher Gleichberechtigung nicht hinreichend mit einem ins Kollektive gesteigerten moralischen Anspruch erklärt. Es trat bei ihm hinzu die Sorge um die Lebensfähigkeit der *Demokratie* in einem Volk, dessen erste demokratische Republik in einen totalitären Machtstaat eingemündet war.

Für Arndt war die Grundlage und Voraussetzung jeglicher Entfaltung der Demokratie ihre freiwillige und selbstbestimmte Einführung. Freiheit war für ihn gleichermaßen Voraussetzung wie Produkt eines demokratischen Staatswesens:

> „Die Statue der Freiheit läßt sich nicht gießen, indem man von mehr oder minder bewährten Mustern ein Gipsmodell nachformt. Die Form der Freiheit kann vielmehr erst mit ihrem Wesen zugleich geschaffen werden."[256]

Die Demokratie als Form der Freiheit ließ sich demnach weder „befehlen noch schenken", sondern war „als Selbst-Bestimmung ausschließlich eigene Aufgabe"[257] des deutschen Volkes. Wer nun, wie die Alliierten im Potsdamer Protokoll, die Identität von Demokratie und Befreiung anerkannte – so folgerte Arndt –, sei aus der inneren Notwendigkeit der Demokratie als einer selbst-bestimmten dazu gezwungen,

> „einerseits [...] eine deutsche Demokratie auch als gleichberechtigt anzuerken-

---
255 S. oben Kapitel II.5.
256 S. Arndt, Deutschlands rechtliche Lage (1947), S. 113.
257 A. a. O., S. 112.

nen und mit ihr einen Vertrag einzugehen, ihr also diesen Vertrag als tragbar zu ermöglichen, weil seine Gerechtigkeit einzusehen ist, und zwingt andererseits uns zur Umbesinnung von der Despotie zur Demokratie."[258]

Arndt entwarf darin das Bild einer Besatzungs*partnerschaft*, nicht Besatzungsherrschaft; an die Stelle des Oktroi und der Erziehung trat die Anleitung zur Demokratie. Er unterstellte zweierlei: Daß die Mehrheit des deutschen Volkes von dem nationalsozialistischen Regime unterdrückt worden war und – zweitens – die Fähigkeit zur Selbst-Bestimmung besaß, die sie einsichtsvoll in freier Verantwortung zum Aufbau einer deutschen Demokratie einzusetzen bereit war. Diese Prämissen konnte Arndt nicht empirisch belegen. Sie wurzelten letztlich in dem Vertrauen des Christen und Humanisten Arndt in den Menschen; denn bei aller Fähigkeit zur Bestialität sei ein jeder Mensch – wie Arndt einmal formulierte – „für das Recht gewinnbar."[259] Den Besatzungsmächten hingegen mutete diese Haltung den Verzicht auf die Mittel des politisch Mächtigen und das risikovolle Vertrauen in die demokratische Selbstheilungskraft des gerade niedergerungenen Kriegsgegners und ideologischen Feindes zu.

Mochte diese Zumutung auch groß sein und allzu selbstverständlich der moralischen Selbstgewißheit Arndts entspringen, so enthielt sie andererseits eine im Kern berechtigte Warnung an die Besatzungsmächte, nicht durch harte Erziehungsmaßnahmen und die Vorenthaltung von Freiheitsrechten zur Demokratie bereite Deutsche in die „innere Emigration" zu treiben.[260] Die Verletzung der deutschen Gleichberechtigung und die Rekrutierung Deutscher gegen den mehrheitlichen Willen des Volkes drohe, „statt Soldaten nur Hiwis und Legionäre"[261], gewiß aber keine kampfbereite, vom ganzen Volk getragene Armee zu schaffen. Arndt strebte eine von jeglicher Unterwürfigkeit freie Partnerschaft mit den Besatzungsmächten an. Er sah die Deutschen in der Rolle, „Freundschaft"[262] zu bieten und vollständige Gleichberechtigung zu fordern. Diese selbstbewußte Haltung beruhte auf der entschiedenen Überzeugung, das alliierte, insbesondere amerikanische Interesse verbiete eine ‚Aufgabe' Deutschlands. Dieser öffentlichen Äußerung im Bundestag[263] hatte Arndt die Erklärung vorausgeschickt:

> „Irgendeine Gefahr, daß die Westmächte, insbesondere die USA, sich aus Deutschland – es sei denn (nach den Worten Senator Tafts) einem Deutschland der verbrannten Erde – zurückziehen, existiert allein in einer unehrlichen und unanständigen Propaganda. Die Elbe ist strategisch ebenso und mehr noch Amerikas Grenze als der 38. Breitengrad, und ein Aufgeben der Ruhr würde eine schlimmere Niederlage Amerikas im Kalten Krieg bedeuten als der Verlust Chinas."[264]

Eine solche Äußerung von dem Oppositionspolitiker eines Landes unter Besatzungsherrschaft war eine Provokation für die Besatzungsmächte wie für die Bundesregie-

---

258 A. a. O., S. 111.
259 Arndt, Rechtsdenken in unserer Zeit (1955), S. 52.
260 Arndt, Deutschlands rechtliche Lage (1947), S. 111.
261 Prot. BT, 1. WP, 241. Sitzung (4. Dezember 1952), S. 11368 D.
262 Arndt, Der Schuman-Plan als deutsches Opfer?, S. 4, in: Sozialdemokratischer Pressedienst, 22. August 1959.
263 Vgl. Prot. BT, 1. WP, 191. Sitzung (8. Februar 1952), S. 8154 D.
264 Arndt, Der Schuman-Plan als deutsches Opfer? (1951), S. 3.

rung, der sie implizit eine grobe, ja bewußte öffentliche Fehleinschätzung des deutschen Interesses vorwarf. Anmaßende Überschätzung des deutschen Standpunkts und der Einwand, die Verweigerung der Bundesrepublik gegenüber den alliierten Wiederbewaffnungsplänen nähre sich aus der „Illusion, [...] wir könnten den Westen erpressen"[265], wurden denn auch Arndt entgegengehalten. Dem naheliegenden Verdacht einer Begünstigung sowjetischer Interessen trat dieser andererseits sehr entschieden entgegen:

> „Irgendein Zusammengehen mit den Sowjets ist für alle Zukunft ausgeschlossen. Nach dem Osten führt kein Weg. Denn im Osten lauert nur der Tod: das Ende der Freiheit und der Untergang der deutschen Nation. Wer Deutschland zutraut, daß es wankelmütig zwischen West und Ost sein könnte oder West und Ost gegeneinander ausspielen wollte, der weiß nicht, was wir wissen: Der Stalinismus kennt keine Verbündeten, sondern nur Opfer [...] Wir haben mehr Vertrauen zum Westen, und auch der Westen kann mehr Vertrauen zu uns haben als diese Verträge es zeigen."[266]

Arndt verurteilte jeden Neutralismus als „Illusion" und die Haltung des radikalen „Ohne mich" als in ihrer Wirkung prosowjetisch.[267] Eine klare Positionsbestimmung der Bundesrepublik zwischen Ost und West und der Verzicht auf taktisches Gegeneinanderausspielen – dieser Vertrauensvorschuß sollte die Grundlage einer auf Gleichberechtigung beruhenden Partnerschaft bilden. Darin entdeckte sich die vornehmlich psychologische Betrachtungsweise Arndts. Begriffen des zwischenmenschlichen Verhältnisses wie „Freundschaft", „Partnerschaft" und „Vertrauen" maß er volle Gültigkeit im Umgang der Staaten miteinander bei. Die Unterwerfung unter Zwänge einer vermeintlichen oder gegebenen Staatsräson hatte in diesem Vorstellungsbild keinen Platz.

Die Entschiedenheit, Bedingungslosigkeit und rhetorische Schärfe, mit denen Arndt seine außenpolitischen Überlegungen vortrug, erwiesen in Stil und Gehalt weitgehende Übereinstimmung mit Kurt Schumacher. Der innerparteiliche Gefolgsmann Schumachers zog daher auch dessen Kritiker auf sich.

Die schwerwiegendsten innerparteilichen Einwände gegen Schumachers außenpolitische Linie kamen aus der sogenannten ‚Bürgermeisterfraktion' innerhalb der Partei, zu der die Bürgermeister Hamburgs und Bremens, Max Brauer und Wilhelm Kaisen, und der Berliner Oberbürgermeister Ernst Reuter gehörten. Kaisen und Brauer lehnten den scharfen europapolitischen Oppositionskurs der SPD ab und traten für die Beteiligung an Integrationsplänen ein, ohne eine teilweise Übereinstimmung mit der Bundesregierung zu scheuen.[268] Kaisen warnte davor, den Patriotismus für die SPD zu monopolisieren. Reuter, der einflußreichste Konkurrent Schumachers innerhalb der Partei[269], beurteilte die Politik der UdSSR skeptischer als der Parteivorsitzende und

---
265 Vgl. im Bundestag u.a. die Stellungnahme von Bundestagspräsident Dr. Hermann Ehlers (CDU), Prot. BT, 1. WP, 191. Sitzung (8. Februar 1952), S. 8215 A f., und die Überlegung des Fragestellers Rüdiger Proske in einem NWDR-Interview mit Arndt am 4. Juni 1952 (Nachschrift), AdsD, Personalia Arndt, Bd. I.
266 Arndt im Interview mit Proske, a. a. O.
267 Vgl. Prot. BT, 1. WP, 191. Sitzung (8. Februar 1952), S. 8155 B.
268 Klotzbach, Weg zur Staatspartei, S. 198, 202.
269 Edinger, Kurt Schumacher, S. 190 ff.

warnte vor dem sowjetischen Expansionsdrang.[270] Der Berliner Oberbürgermeister hatte in der Berlin-Krise 1948 erlebt, wie unabdingbar die Unterstützung der Westalliierten für das Überleben der Stadt als Teil des westlichen politischen Systems gewesen war. Seinerzeit hatte Reuter sich sogar den Tadel Schumachers und Ollenhauers wegen angeblich übertrieben proamerikanischen Verhaltens zugezogen.[271] Während Schumacher und Arndt das alliierte Vertrauen zu Deutschland voraussetzten, suchte Reuter es schrittweise zu gewinnen.[272] Im Parteivorstand verurteilte er daher Arndts Äußerung, daß die Amerikaner sich gar nicht aus Deutschland zurückziehen könnten, als „unklug."[273]

Arndt hatte außenpolitisch Partei bezogen in der Partei. Er wurde einer der Hauptsprecher der außenpolitischen Linie Schumachers in der Öffentlichkeit.

Kontakte zur protestantischen Opposition gegen die Wiederbewaffnung

Aus der Sicht der Parteiführung prädestinierte schließlich ein weiterer, gewichtiger Grund Arndt zum Prozeßvertreter vor dem Bundesverfassungsgericht: Als aktiver, der Bekennenden Kirche nahestehender Protestant verfügte er über enge Beziehungen zur Evangelischen Kirche, insbesondere zu ihrem politisch aktiven, in der Wiederbewaffnungsfrage höchst engagierten Teil.

Zwei führende Repräsentanten der Bekennenden Kirche, der mit Arndt gut bekannte[274] hessische Kirchenpräsident Martin Niemöller und der ehemalige Bundesinnenminister Gustav Heinemann, standen in scharfem Gegensatz zu Adenauers Außenpolitik.[275] Der einflußreiche Präses der Synode der EKD, Heinemann, hielt Adenauers Europa- und Wiederaufrüstungspolitik für unvereinbar mit der deutschen Einheit, dem nach seiner Auffassung höchsten Gebot deutscher Außen- und Friedenspolitik. Niemöller, der das kirchliche Außenamt der EKD leitete und in dieser Funktion das Bild der Bundesrepublik in der ausländischen Öffentlichkeit mitprägte, hatte Adenauer am 4. Oktober 1950 in einem offenen Brief den Fehdehandschuh hingeworfen und verkündet, daß

> „evangelische Christen" sich „jeder Remilitarisierung praktisch widersetzen und sich darauf berufen, daß ihnen die Bundesverfassung dieses Recht gibt. Und wenn ihnen durch eine Verfassungsänderung dieses Recht wirklich entzogen werden sollte, so werden wir uns wieder einmal darauf berufen müssen, daß man Gott mehr gehorchen muß als den Menschen."[276]

---

270 S. Ashkenasi, Reformpartei und Außenpolitik, S. 57 f.
271 Ashkenasi, a. a. O., S. 65.
272 Klotzbach, Weg zur Staatspartei, S. 195.
273 Vgl. AdsD, Protokoll des SPD-Parteivorstands vom 8./9. April 1952; s. schon die Bemerkung Fritz Hensslers, die „Äußerung Arndts, daß die Amerikaner ja gar nicht wegziehen könnten, sei ihm unbegreiflich", Protokoll des SPD-Parteivorstands vom 22./23. Februar 1952.
274 Vgl. die Korrespondenz zwischen Arndt und Niemöller im Jahre 1952, Zentralarchiv der Evangelischen Kirche in Hessen und Nassau, Nachlaß Martin Niemöller, 62/2506; zum Zusammentreffen Arndts und Niemöllers bei Tagungen der Evangelischen Kirche mit Vertretern der SPD im Jahre 1950 s.o. Kapitel II.6 und Möller, Verhältnis von Evangelischer Kirche und SPD, S. 186 ff.
275 S. Baring, Im Anfang war Adenauer, S. 357 ff.
276 Offener Brief Martin Niemöllers an Adenauer, 4. Oktober 1950, s. Kirchliches Jahrbuch, S. 267 ff., Abschrift in AdsD, PV-Bestand Ollenhauer J 114 (Wehrfragen).

Diese Stellungnahmen zweier führender Protestanten ließen wesentliche Übereinstimmungen mit sozialdemokratischen Positionen erkennen. Der SPD bot sich die Chance, seit einigen Jahren bestehende Gesprächskontakte zur Evangelischen Kirche[277], insbesondere zur Bekennenden Kirche, zu intensivieren, möglicherweise sogar zu vereintem politischen Handeln zu gelangen.[278]

Am 30. Oktober 1950 trafen in Darmstadt führende Politiker der SPD mit Repräsentanten der Bekennenden Kirche zusammen, um über die Frage der Wiederaufrüstung zu diskutieren. Teilnehmer auf seiten der SPD waren neben Schumacher unter anderem[279] Pastor Heinrich Albertz und Adolf Arndt, die beide an der Vorbereitung des Treffens beteiligt gewesen waren.[280] Für die Bekennende Kirche waren unter anderem Pastor Martin Niemöller, Professor Helmut Gollwitzer und Professor Hans-Joachim Iwand aus Göttingen gekommen.[281] Das Kommuniqué der Tagung hielt „in wichtigen Punkten Übereinstimmung in den Anschauungen" fest, insbesondere in einer Tatsachenfeststellung, die die Grundlage für Arndts Argumentation vor dem Bundesverfassungsgericht abgab: Es wurde „betont, daß das Grundgesetz, welches die Grundlage der Entschließung des Bundestages bildet, kein Wort über die Frage der Wehrmacht und der Remilitarisierung enthält."[282]

Freundschaftliche Unterstützung fand Arndt bei dem Göttinger Theologen Professor Iwand.[283] Dieser hatte Kontakt zu dem hochangesehenen Göttinger Staatsrechtler Professor Rudolf Smend, der auch Mitglied im Rat der Evangelischen Kirche Deutschlands war.[284] Durch Iwand erhielt Arndt Auskunft über Smend, den er dazu bewegen wollte, im Verfassungsstreit um die Wiederbewaffnung ein Gutachten für die SPD zu erstellen.[285]

---

277 Ausführlich dazu Möller, Verhältnis von Evangelischer Kirche und Sozialdemokratischer Partei, S. 141 ff.
278 Buczylowski, Schumacher und die deutsche Frage, S. 126, interpretiert die Anhörungsversuche der SPD als Bemühen um eine „Massenbasis" zur Unterstützung der Forderung nach Neuwahlen.
279 Die übrigen sozialdemokratischen Gesprächsteilnehmer waren Erich Ollenhauer, Carlo Schmid, Willi Eichler, Arno Hennig, Wilhelm Mellies, Erwin Schoettle, Heinz Kühn, Annemarie Renger, s. Möller, Verhältnis von Evangelischer Kirche und Sozialdemokratischer Partei, S. 152.
280 Zur Anbahnung des Darmstädter Treffens hatte Pfarrer Mochalski, Mitglied des Bruderrats der Bekennenden Kirche, das Gespräch mit Arndt gesucht und von diesem erfahren, daß „nach wie vor der Wunsch und die Bereitschaft zu einer solchen Zusammenkunft bestehe", s. Mochalski an Pfarrer Hermann Diem, 13. Juni 1950, Zentralarchiv der Evangelischen Kirche in Hessen und Nassau, Akten 36/22 (Politikertagungen); zu Albertz" Mitwirkung s. Möller, a. a. O., S. 150 ff.
281 Zu den übrigen Teilnehmern auf seiten der Bekennenden Kirche, vgl. Möller, a. a. O., S. 152. Gustav Heinemann war ebenfalls eingeladen, sagte aber aus terminlichen Gründen ab.
282 Vgl. das Kommuniqué in: Kirchliches Jahrbuch 1950, S. 220, dort „Bericht eines Teilnehmers", S. 221. In der SPD wurde das Treffen als ein Erfolg gewertet, vgl. Buczylowski, Schumacher und die nationale Frage, S. 127. Zu den Übereinstimmungen in den Positionen der SPD und der Vertreter der Bekennenden Kirche s. Hartweg, Kurt Schumacher, die SPD und die protestantisch orientierte Opposition, S. 197 f.
283 Professor Dr. Hans-Joachim Iwand, Präsident der Arbeitsgemeinschaft Deutscher Friedensverbände, Mitglied des Programmausschusses der 1951 gegründeten „Notgemeinschaft für den Frieden Europas", vgl. Rupp, Außerparlamentarische Opposition, S. 60.
284 Über Arndts Beziehungen zu Smend eingehender unten, Kapitel VII.1.
285 S. Arndt an Iwand, 29. Januar 1952, AdsD, Akten SPD-BTF 332 (Wehrbeitrag): Kein Staatsrechtler sei wie Smend berufen, „die ganze Tiefe des Problems zu erfassen und darzutun", und die Antwort Iwands, 4. Februar 1952, a. a. O.

In der Korrespondenz mit den kirchlichen Gesprächspartnern nach dem Darmstädter Gespräch zeigte Arndt erhebliches Interesse an einem Nachfolgetreffen.[286] Gustav Heinemann seinerseits nannte unter anderem Adolf Arndt als möglichen sozialdemokratischen Vertrauensmann in der von ihm im November 1951 gegründeten „Notgemeinschaft für den Frieden Europas."[287] Während Kurt Schumacher schon bald nach dem Darmstädter Gespräch auf deutliche Distanz ging zu den überhandnehmenden neutralistischen[288] und pazifistischen Strömungen der protestantischen Opposition gegen die Wiederbewaffnung, blieb Arndt bemüht – bei Anerkennung politischer Differenzen im einzelnen –, die Gemeinsamkeiten des politischen Wollens zu erhalten und das Gespräch nicht abreißen zu lassen.[289] Arndt wirkte als Mittler und Ansprechpartner im Verhältnis zwischen der protestantischen Opposition gegen die Wiederbewaffnung und der sozialdemokratischen Parteiführung.

Indessen ließ Arndt keinen Zweifel, daß er weder Neutralist noch Pazifist war. Wie Schumacher bekräftigte er die nicht-pazifistische Tradition der SPD seit Marx und Engels und verurteilte öffentlich den „Parsifal-Standpunkt", es werde zum Kriege nicht kommen, wenn jeder den Kriegsdienst ablehne. Die Wurzeln des Krieges seien damit nicht beseitigt, daß der einzelne sich ihnen gegenüber abgrenze.[290] Die Erfahrungen der rassischen Diskriminierung und Verfolgung unter der nationalsozialistischen Gewaltherrschaft hatten Arndt von einer pazifistischen Haltung weit entfernt. Öffentlich bedauerte er, daß 1933 kein bewaffneter Widerstand gegen den Nationalsozialismus geleistet worden sei.[291]

So sehr Arndt den Pazifismus als kollektive Einstellung der SPD und für seine Person ablehnte – den pazifistischen, in Art. 4 Abs. 3 GG geschützten Gewissensstandpunkt eines anderen zu mißachten, wäre für den Protestanten Arndt in doppelter Weise eine Versündigung gegen das eigene Gewissen und das Recht gewesen. Arndt befürwortete die Verteidigungsbereitschaft der Bundesrepublik.[292] Gleichwohl war er einer der ersten sozialdemokratischen Sprecher, die öffentlich erwogen, der Verteidigungsbeitrag der Bundesrepublik brauche nicht zwingend mit militärischen Mitteln zu erfol-

---

286 Vgl. Arndt an Mochalski, 19. Dezember 1952, und Perels an Arndt, 2. Februar 1951, Zentralarchiv der Evangelischen Kirche in Hessen und Nassau, Akte 36/22 (Politikertagungen).
287 S. dazu Koch, Heinemann und die Deutschlandfrage, S. 287.
288 Vgl. den Brief Schumachers an Niemöller, 15. März 1951, Zentralarchiv der Evangelischen Kirche in Hessen und Nassau, Akte 36/22; zu den erheblichen Differenzen in den außenpolitischen Vorstellungen Niemöllers und Schumachers s. Möller, Verhältnis von Evangelischer Kirche und Sozialdemokratischer Partei, S. 154 f.
289 Arndt sprach sich dagegen aus, Sozialdemokraten, die eine Unterschriftenliste der von Gustav Heinemann gegründeten „Notgemeinschaft für den Frieden Europas" unterzeichneten, aus der Partei auszuschließen, s. Protokoll der SPD-BTF vom 19. Februar 1952, AdsD, Akten SPD-BTF 1021. In einem Brief an Martin Niemöller vom 2. Oktober 1952, Zentralarchiv der Evangelischen Kirche in Hessen und Nassau, Bestand Niemöller, Akte 62/2506 (Korrespondenzakte Adolf Arndt), bot Arndt an, eine Stellungnahme aus Kreisen der SPD-Führung gegen den mit kommunistischen Gruppen zusammenarbeitenden Pfarrer Mochalski als einen „Zwischenfall" aufzuklären und im „gemeinsamen Gespräch zu bereinigen." Arndt fügte dem Appell hinzu: „Wir werden doch alle miteinander immer mehr mundtot gemacht, so daß Zwistigkeiten unter uns der gemeinsamen Sache Abbruch tun."
290 Vgl. eine Rede in Kiel, wiedergegeben mit dem Titel „Unser Wehrbeitrag ist die soziale Leistung", in: Lübecker Freie Presse, 24. März 1952.
291 Ebda.
292 Prot. BT, 1. WP, 191. Sitzung (8. Februar 1952), S. 8154 C, D.

gen.[293] Im politischen Raum mußte diese Ansicht, obwohl sie keiner pazifistischen Gesinnung entsprang, auf Pazifisten attraktiv wirken.

All dies stärkte Arndts Ansehen in den Kreisen der protestantischen und pazifistischen Wiederbewaffnungsgegner. Für die SPD mußte dies von politischem Nutzen sein in dem Maße, in dem sich die Wiederbewaffnung zu dem umstrittensten, am leidenschaftlichsten diskutierten Thema in der frühen Geschichte der Bundesrepublik entwickelte.

4. Auftakt zum Wehrstreit: vorbeugende Vertragskontrolle?

Am 31. Januar 1952 fanden die umlaufenden Gerüchte ihre langerwartete Bestätigung. Hundertvierundvierzig Abgeordnete des Deutschen Bundestags, vertreten durch die Abgeordneten Dr. Adolf Arndt und Dr. Bernhard Reismann (Föderalistische Union) erhoben eine vorbeugende Feststellungsklage vor dem Bundesverfassungsgericht im Verfahren der abstrakten Normenkontrolle gemäß Art. 93 Abs. 1 Nr. 2 GG.[294] Die Antragsteller begehrten

> „festzustellen, daß Bundesrecht, welches die Beteiligung Deutscher an einer bewaffneten Streitmacht regelt oder Deutsche zu einem Wehrdienst verpflichtet, ohne vorangegangene Ergänzung und Abänderung des Grundgesetzes weder förmlich noch sachlich mit dem Grundgesetz vereinbar ist."[295]

Der seit langem bekannte politische Widerstand der SPD gegen die Wiederbewaffnung war damit ein rechtshängiges Verfassungsproblem geworden. Es sollte – mit wechselnder Beteiligung und variierenden Prozeßkonstellationen – über mehr als zwei Jahre das Bundesverfassungsgericht und die deutsche Öffentlichkeit beschäftigen.

Neben der unmittelbar betroffenen Bundesregierung gaben drei Landesregierungen gutachterliche Stellungnahmen ab.[296] Der Bundestag und der Bundesrat berieten über die aufgeworfene Rechtsfrage. Neun rechtswissenschaftliche Gutachten wurden allein in diesem ersten Verfahren dem Bundesverfassungsgericht vorgelegt, das vor seiner Entscheidung zwei mündliche Verhandlungen abhielt. Darin kündigte sich ein Verfahrensaufwand an, der den gerade abgeschlossenen Prozeß um den Südweststaat[297] weit in den Schatten stellte.

---

293 Angedeutet ebda.; ebenso im Interview Arndts am 6. Januar 1952 (s. Anm. 222).
294 S. zum folgenden ausführlich Baring, Im Anfang war Adenauer, S. 378 ff. Es handelte sich um das nach Art. 93 I 2 GG erforderliche Drittel der Mitglieder des Bundestags, und zwar alle 134 Mitglieder der SPD-Bundestagsfraktion, 9 Abgeordnete der Föderalistischen Union und den bei der FDP hospitierenden Richard Freudenberg.
295 Kampf um den Wehrbeitrag, Bd. I, S. 4.
296 Gem. § 77 BVerfGG, für die Antragsteller Hessen und Niedersachen, auf seiten der Bundesregierung Rheinland-Pfalz.
297 Vgl. dazu die Dokumentation des Verfassungsstreits um den Süd-West-Staat 1951.

Das Verfahren um den vorbeugenden Feststellungsantrag war der Auftakt zum Wehrstreit. Es rückte ein verfahrensrechtliches Problem in den Mittelpunkt: Ließ die Ausgestaltung des abstrakten Normenkontrollverfahrens gemäß Art. 93 Abs. 1 Nr. 2 GG und §§ 76 bis 79 Bundesverfassungsgerichtsgesetz Raum für einen vorbeugenden Feststellungsantrag, oder galt sie ausschließlich und abschließend für die Nachprüfung geltenden „Bundesrechts" nach Abschluß des Gesetzgebungsverfahrens und Verkündung durch den Bundespräsidenten (Art. 82 GG)? Traf letzteres zu, so mußte der vorbeugende Feststellungsantrag, der vor der Entstehung eines Gesetzesentwurfs, ja vor der rechtlichen Festlegung des Vertragswerks erhoben wurde, vom Bundesverfassungsgericht als unzulässig zurückgewiesen werden.

Arndts Antrag[298] konnte zu dem gegebenen Zeitpunkt das Klagbegehren nur abstrakt, das heißt ohne vorliegende Vertragstexte, entwickeln: Er traf Adenauer in der letzten Verhandlungsphase über den Abschluß der beiden Vertragswerke. Zwar stand der Text des Generalvertrags seit der Pariser Außenministerkonferenz am 22. November 1951 fest, doch waren noch langwierige und schwierige Verhandlungen über Zusatzverträge im Gange.[299] Die Vertragsverhandlungen über die Europäische Verteidigungsgemeinschaft behandelten gerade die heiklen Themen der NATO-Mitgliedschaft und der westdeutschen Rüstungsindustrie und erreichten Anfang Februar 1952 ihren Tiefpunkt.[300] Nun baute der sozialdemokratisch geführte Antrag vor dem Bundesverfassungsgericht ein zusätzliches innenpolitisches Hindernis im Vorfeld der zum nächstmöglichen Zeitpunkt angestrebten Vertragsabschlüsse auf.[301]

Über Verlauf und Stand der Verhandlungen war Arndt nur bruchstückhaft durch die Presse unterrichtet.[302] Konkrete Verhandlungsergebnisse hielt der Bundeskanzler selbst vor der Bundestagsfraktion seiner Partei geheim.[303] Fest stand nur, daß ein deutscher Beitrag zu einer europäischen Verteidigungsstreitmacht vereinbart worden war. Diese Annahme lag Arndts Feststellungsantrag zugrunde.

Verfassungsgerichtliche Kompetenzen und präventive Normenkontrolle

Die Prozeßvertreter der Bundesregierung sprachen sich unter Hinweis auf die verfassungsrechtliche Tradition sowie die Entstehungsgeschichte[304] und den Wortlaut des Art. 93 Abs. 1 Nr. 2 GG gegen die Zulässigkeit einer *vorbeugenden Normenkontrolle* aus. Bundesjustizminister Dehler betrachtete das Verfahrensrecht als „strenges Recht",

---

298 Von hier ab wird Arndt – vereinfachend – als Prozeßvertreter aller Antragsteller genannt.
299 S. Baring, Im Anfang war Adenauer, S. 243 ff.
300 S. Baring, a. a. O., S. 190 ff. (S. 196).
301 Ein Umstand, den Adenauer seinerseits dazu nutzte, der SPD eine Schwächung der deutschen außenpolitischen Interessen anzulasten, s. Prot. BT, 1. WP, 190. Sitzung (7. Februar 1952), S. 8106 B; s. auch unten, Kapitel IV.8.
302 Vgl. die Bezugnahme auf Presseartikel in den Schriftsätzen, Kampf um den Wehrbeitrag, Bd. I, S. 6, 18.
303 S. Baring, Im Anfang war Adenauer, S. 254.
304 Kampf um den Wehrbeitrag, Bd. I, S. 213, unter Hinweis auf die Beiträge sozialdemokratischer Abgeordneter im Herrenchiemseer Verfassungskonvent und im Parlamentarischen Rat, die im Rahmen der Normenkontrolle ein beschlossenes Gesetz voraussetzten; s. ausführlich dazu den Schriftsatz des Landes Rheinland-Pfalz, a. a. O., S. 82 ff.

das ohne Ausnahmen gelte und nicht „von der politischen Gestaltung des Einzelfalles" abhänge.[305] Nach dieser Auffassung unterlag ausschließlich „geltendes Recht" nach dem vollständigen Abschluß des Gesetzgebungsverfahrens der verfassungsgerichtlichen Normenkontrolle. Die Regierungsvertreter argumentierten also vom gesetzlich geregelten Normalfall her. Arndt setzte die Annahme eines Ausnahmefalls dagegen: Zwar räumte er ein, daß Wortlaut und Entstehungsgeschichte des Grundgesetzes und des Bundesverfassungsgerichtsgesetzes die abstrakte Kontrolle eines Gesetzesantrags oder einer Gesetzesvorlage ausschlössen.[306] Doch plädierte er – im Gegensatz zu Dehler – für eine weite, wenn auch vom Wortlaut nicht ausdrücklich nahegelegte Interpretation des Verfahrensrechts[307]: „Für jedes Verfahrensgesetz gilt der Auslegungsgrundsatz, daß Verfahrensarten, die einem allgemeinen Rechtsgedanken entsprechen und sich aus der Rechtsschutzaufgabe der Gerichtsbarkeit ergeben, nicht ausschließbar sind."[308] Ein vorbeugender Feststellungsantrag im Verfahren der abstrakten Normenkontrolle sei bei Annahme „besonderer Voraussetzungen im Einzelfall"[309] zulässig. Arndt sah sie als gegeben an bei einer Gefährdung des Rechtsstaats.[310] In diesem Fall könnten bereits „Vorbereitungshandlungen" und Entschließungen sowie „Pläne"[311] des zur Gesetzesinitiative Berechtigten Gegenstand einer vorbeugenden Feststellungsklage sein. In diesem Sinne sah Arndt die den deutschen Wehrbeitrag vorbereitenden Planungen der Dienststelle Blank[312] als die für den Rechtsstaat „gefährlichste" Möglichkeit an, indem „die Form eines Gesetzes vermieden und stattdessen dadurch, daß Tatsachen geschaffen werden, der Schein des Rechts vollendet" werde.[313] Die von Adenauer erklärte Absicht, den deutschen Wehrbeitrag ohne Änderung des Grundgesetzes einzuführen, erfüllte für Arndt den Tatbestand eines „Angriffs [...] gegen die Verfassung als Ganzes."[314]

Schließlich sollte die verfassungsrechtliche Kontrolle eines völkerrechtlichen Vertrages im Sinne des Art. 59 Abs. 2 Satz 1 GG ausnahmsweise präventiv zulässig sein. Arndt begründete dies mit der Sicherung effektiver Rechtskontrolle durch das Bundesverfassungsgericht. Ließ man mit der Bundesregierung – so zeigte er – die Kontrolle eines völkerrechtlichen Vertrages erst nach der Verkündung des Vertragsgesetzes und der Hinterlegung der Ratifikationsurkunde durch den Bundespräsidenten zu, so trat die völkerrechtliche Bindungswirkung des Vertrages ungeachtet etwaiger gravierender Verfassungsverstöße und ihrer Rüge durch das Verfassungsgericht ein.[315]

Mit seinen grundsätzlichen Überlegungen zu den Ausnahmevoraussetzungen einer vorbeugenden Feststellungsklage betrat Arndt neues verfassungsrechtliches Terrain.

---

305 A. a. O., S. 79, 215.
306 A. a. O., S. 233.
307 A. a. O., S. 31.
308 A. a. O., S. 5.
309 A. a. O., S. 223.
310 A. a. O., S. 17, 24 (Gefährdung eines „rechtsstaatlich geordneten Verfahrens").
311 A. a. O., S. 22 f.
312 Die Dienststelle unter Leitung des dem Bundeskanzler direkt unterstellten Theodor Blank („Amt Blank") bereitete organisatorisch und technisch den Aufbau einer deutschen Streitmacht vor, vgl. Baring, Im Anfang war Adenauer, S. 54 ff.
313 Kampf um den Wehrbeitrag, Bd. I, S. 19.
314 A. a. O., S. 160, unter Bezug auf das Gutachten Professor Rudolf Smends, a. a. O., S. 148 ff. (S. 153 155).
315 A. a. O., S. 162.

Sie fanden Beachtung und Anklang auch bei nicht-sozialdemokratischen Landesregierungen.[316]

Der Streit drehte sich nur vordergründig um divergierende Interpretationen des Verfassungsprozeßrechts. In der Sache bedeutete die Anerkennung einer vorbeugenden Feststellungsklage die Erstreckung der verfassungsgerichtlichen Kontrollkompetenz in den Raum gesetzesvorbereitender politischer Entscheidung und gesetzgeberischer Willensbildung. Es ging um die Verhältnisbestimmung des neu konstituierten höchsten bundesdeutschen Gerichts zur Exekutive und Legislative – und damit um das verfassungsrechtliche Prinzip der Gewaltenteilung.[317]

Diese Problemstellung hatte Arndt erkannt. Seine grundsätzlichen Ausführungen enthielten Elemente einer Theorie der Verfassungsgerichtsbarkeit im gewaltenteilenden demokratischen Staat.

Die Verfassungsjuristen der Bundesregierung betrachteten Arndts Herleitung der präventiven Normenkontrolle als Verstoß gegen den Gewaltenteilungsgrundsatz des Grundgesetzes und die abschließend durch den Verfassungstext festgelegte Kompetenzordnung. Zur Stützung seiner gegenteiligen Auffassung erinnerte Arndt daran, daß das Grundgesetz dem Bundesverfassungsgericht die Rolle des „Hüters der Verfassung"[318] zugewiesen habe. Damit habe es eine Lehre aus der jüngeren deutschen Verfassungsgeschichte gezogen und – mit den Worten Arndts – eine *„Negative Revolution"* vollbracht[319] „aus der klaren Vorstellung dessen, was man nicht mehr wollte [...] Nicht mehr wollte man die Verfassung außer Kraft setzen im Wege von Verfassungsdurchbrüchen, im Wege von Verfassungsüberspielungen etwa mit dem Art. 48 der Weimarer Verfassung."[320] Arndt maß der neuerrichteten Verfassungsgerichtsbarkeit geradezu einen historischen Auftrag bei, indem er ihr retrospektiv für das Jahr 1933 die Wirkungsmöglichkeit zuwies,

> „daß damals eine vorbeugende Feststellung entscheidend hätte sein können und Gewaltmaßnahmen der Nationalsozialisten gegen eine gemeinsame Haltung der Reichswehr, der Polizei und der Gewerkschaften keine Aussicht auf Erfolg gehabt hätten."[321]

Auf diesem historischen Grund entwickelte Arndt die gleichermaßen repressive und präventive „Aufgabe und Funktion der rechtsprechenden Gewalt": Sie „beschränkt

---

316 So betonte der Vertreter Bayerns im Bundesrat am 14. März 1952, das Problem der Zulässigkeit einer sogenannten vorbeugenden Feststellungsklage sei von „erheblicher allgemeiner Bedeutung" für die „Entwicklung und weitere Gestaltung der Verfassungsgerichtsbarkeit in der Bundesrepublik Deutschland" und bejahte grundsätzlich die Notwendigkeit einer Ausdehnung der Normenkontrolle auf „werdende Rechtsnormen." Ihm schlossen sich die Ministerpräsidenten von Rheinland-Pfalz und Württemberg-Hohenzollern an, a. a. O., S. 46 f.

317 Dazu eingehend und i.S. einer – begrenzten – präventiven Normenkontrolle Holzer, Präventive Kontrolle durch das Bundesverfassungsgericht, S. 80 ff., 119 ff.

318 Kampf um den Wehrbeitrag, Bd. 1, S. 471, 460.

319 Den Begriff der „negativen Revolution" übernahm Arndt von Carl Joachim Friedrich, Der Verfassungsstaat, S. 171 ff., und verwendete ihn zur Kennzeichnung einer nach 1945 einsetzenden revolutionsähnlichen Verfassungsbewegung, insbesondere in Frankreich, Italien und Deutschland, die ihr treibendes Motiv in dem „negativen Abscheu vor einer unsauberen Vergangenheit" und in der Entgegensetzung zum vorangegangenen autoritären Mißbrauch der Macht hatte; s. dazu auch Kapitel VII.1.

320 Kampf um den Wehrbeitrag, Bd. I, S. 167.

321 A. a. O., S. 36.

sich nicht darauf, Unrecht erst nach seiner Verwirklichung wieder zu beseitigen, sondern umfaßt auch aus der Idee des Rechtsfriedens heraus die Befugnis, Unrecht durch eine rechtssichernde Tätigkeit zu verhüten."[322] Die Funktion der Gerichtsbarkeit im System der Gewaltenteilung war folglich nur dann umfassend gewahrt und wirksam, wenn sich ihre Kontrolle auch auf im Entstehen begriffene und künftige Rechtsbrüche der Exekutive und der rechtsetzenden Gewalt erstreckte.

Folgerichtig definierte Arndt den Zweck der Normenkontrolle nicht als Kontrolle der Norm, sondern – umfassender – der „rechtsetzenden Gewalt", „dessen, der eine Norm zu schaffen behauptet"[323], und als Kontrollgegenstand nicht das abgeschlossene Produkt, sondern den „auf Rechtsetzung gerichteten Vorgang tatsächlicher Art":

> „Das ungenau als sogenannte abstrakte Normenkontrolle bezeichnete Verfahren ist also ein in seiner Zielsetzung und in seinem Wesen darauf gerichtetes Verfahren, daß die Entstehung von Recht verhindert werden soll, soweit es mit der verfassungsmäßigen Ordnung im Sinne des Art. 20 Abs. 3 GG nicht vereinbar ist."[324]

Arndts extensiver Funktionsbestimmung der Verfassungsgerichtsbarkeit entsprach also eine weite Interpretation ihrer prozessualen Mittel.[325]

Indem Arndt die umfassende Kontrollfunktion der Gerichtsbarkeit somit verfassungsrechtlich voraussetzte, war sie für ihn Ausdruck, nicht Gegensatz der Gewaltenteilung.[326] Aus dem „Sinne der Gewaltenteilung, der eine gegenseitige Kontrolle der Verfassungsorgane zum Ziel hat", folgerte Arndt eine „harmonische und synchronisierte Verzahnung"[327] der Kompetenzen, die sich bemaß nach einer möglichst effizienten Sicherstellung der Kontrollfunktion, nicht an einer starren, „künstlichen" Hintereinanderschaltung[328] der jeweiligen Kompetenzausübung.

Angelegt in dieser ‚harmonischen' Gewaltenzuordnung war der Primat der rechtsprechenden Gewalt in Gestalt der Verfassungsgerichtsbarkeit, deren genuine und ausschließliche Funktion – im Unterschied zu den beiden anderen Gewalten – in der (rechtlichen) Kontrolle bestand und möglichst effektiv gesichert werden sollte.

Entsprechend vehement verteidigte Arndt die weit gefaßte Funktion rechtsprechender Gewalt gegen ‚Übergriffe' der Legislative und Exekutive. Die Rechtsauffassung der Regierungsvertreter bezeichnete Arndt „als irrige Auffassung über den Ort des Bundes-

---

322 A. a. O., S. 34; dazu auch ausführlich der Schriftsatz der Niedersächsischen Landesregierung, a. a. O., S 97 ff. (S. 98).
323 A. a. O., S. 29.
324 A. a. O., S. 30. Arndt brachte weiterhin einen rechtstheoretischen Einwand. Nach seiner Auffassung konnte eine verfassungswidrige Norm von Anfang an (ex tunc) keine ‚Geltung' beanspruchen (s.o. Kapitel III.2.; eine frühe Rechtskontrolle stellte demnach erst die Geltungsvoraussetzungen der entstehenden Norm fest, a. a. O., S. 221 f.).
325 Zur Begründung griff Arndt auf die vom US Supreme Court entwickelte Theorie der „implied powers" zurück. Danach gab die Zuweisung einer Kompetenz auch die Mittel zu ihrer Wahrnehmung (a. a. O., S. 31, 222, 240) über den ausdrücklichen Verfassungstext hinaus. Allerdings bezog Arndt diese Argumentation ausdrücklich auf die rechtsprechende Gewalt (a. a. O., S. 163). Die Rechtsvertreter der Bundesregierung hingegen benutzten diesen Begriff zu einer extensiven Auslegung der Zuständigkeit des Gesetzgebers (a. a. O., S. 172; Kampf um den Wehrbeitrag, Bd. II, S. 56 f.).
326 Sofern sich das Bundesverfassungsgericht auf Rechts-Feststellungen beschränkte und gegenüber anderen Staatsorganen nicht Ge- und Verbote aussprach, Kampf um den Wehrbeitrag, Bd. I, S. 34 f.
327 A. a. O., S. 227.
328 A. a. O., S. 166, 373.

verfassungsgerichts", mit der man glaube, „dieses Gericht aus seinem Rang als einem höchsten Verfassungsorgan herabmindern zu können zu einem zeitlich und rangmäßig nachgeordneten Organ."[329] Vielmehr dürfe „nach dem Grundgesetz das gewählte Parlament keinen Schritt tun [...], ohne vorher dem Grundgesetz gehuldigt zu haben."[330] Ob aber die Huldigung verfassungskonform ausgefallen war – dies lag in der Konsequenz der Auffassung Arndts –, entschied das Bundesverfassungsgericht.

Arndts Angriffe auf die Bundesregierung vermittelten über die wissenschaftliche Debatte hinaus etwas von der Hitzigkeit der politischen Auseinandersetzung. „Absichtliches Überspielen" und „Einschränkung der Entscheidungsgewalt des Bundesverfassungsgerichts" warf er der Bundesregierung vor, die am 9. Mai den Vertrag über die Europäische Verteidigungsgemeinschaft paraphierte.[331] Mit dem Herannahen der Vertragsunterzeichnung geriet der Verfassungsrechtsstreit zunehmend zu einem Wettlauf mit der Zeit.

Mit Hilfe eines Antrags auf einstweilige Anordnung am 12. Mai 1952 ersuchte Arndt das Bundesverfassungsgericht, der Bundesregierung aufzugeben, „den ausdrücklichen Vorbehalt zu machen, daß diese Verträge nicht in Kraft treten können beziehungsweise die Ratifikationsurkunde deutscherseits nicht hinterlegt werden kann, ehe das Bundesverfassungsgericht über die staatsrechtlichen Voraussetzungen für das Wirksamwerden der Verträge beziehungsweise ihrer Ratifikation entschieden hat."[332]

Das Bundesverfassungsgericht wies den Antrag als unbegründet ab. Doch enthielt dieser erste Gerichtsbeschluß im Verfassungsstreit um die Wiederbewaffnung auch eine Ermutigung der Antragsteller: Das Bundesverfassungsgericht sprach klar aus, daß die völkerrechtliche Verbindlichkeit der Verträge für die Bundesrepublik nicht schon mit der Unterzeichnung, sondern erst mit der Ratifikation durch den Bundespräsidenten eintrat.[333] Auch konnte Arndt als Erfolg verbuchen, daß das Bundesverfassungsgericht in seinem Beschluß andeutete, es könne seine Entscheidungskompetenz notfalls auch von „Amts wegen" durch eine einstweilige Anordnung vor der Ratifikation sicherstellen.[334] Dennoch: Eine tatsächliche Gelegenheit zur Kontrolle der Vertragswerke durch das Bundesverfassungsgericht vor Eintritt ihrer völkerrechtlichen Verbindlichkeit war damit nicht garantiert. Dieses Anliegen suchten die Antragsteller daher unmittelbar vor Unterzeichnung der Verträge mit politischen Mitteln durchzusetzen. Dabei ging es darum, neben der Entscheidungshoheit des Bundesverfassungsgerichts den Informations- und Mitentscheidungsanspruch des Parlaments gegenüber der Regierung sicherzustellen.

Im Bundestag begründete Arndt den Antrag der SPD-Fraktion, der Bundesregierung aufzugeben, durch eine Note die Rechtswirksamkeit der vertraglichen Bindungen unter den Vorbehalt einer Entscheidung des Bundesverfassungsgerichts zu stellen.[335] In

---

329 A. a. O., S. 166, 227.
330 A. a. O., S. 167, 220; auffällig ist die Nähe zu einem Satz Kants, den der Schriftsatz der Niedersächsischen Landesregierung zitierte: „Die wahre Politik kann also keinen Schritt tun, ohne vorher der Moral gehuldigt zu haben", a. a. O., S. 98.
331 A. a. O., S. 455.
332 Kampf um den Wehrbeitrag, Bd. II, S. X, XI.
333 A. a. O., S. XI. Damit war gewährleistet, daß die Partner der angegriffenen Vertragswerke nicht auf deren völkerrechtliche Verbindlichkeit vertrauen durften, bevor sie nicht vom Bundespräsidenten ratifiziert worden waren.
334 Prot. BT, 1. WP, 213. Sitzung (16. Mai 1952), S. 9395 B.
335 A. a. O., S. 9355 D ff.

eindringlichen Worten zeichnete er dem Parlament die zugespitzte Situation „in einem Verfassungskonflikt, der der schwerste ist in der jungen Geschichte der neuen Demokratie."³³⁶ Die inhaltliche Gegenposition vertrat der CDU-Abgeordnete Kopf. Dieser sprach dem Parlament das Recht ab, der Regierung eine Note zum Ratifikationsvorbehalt aufzuerlegen: „Es muß vielmehr davon ausgegangen werden, daß die Führung der Verhandlungen der Exekutive zukommt und daß die Initiative der Exekutive im Stadium derart wichtiger und schwieriger Verhandlungen nicht gestört, nicht gelähmt, nicht durch Auflagen und Vorbehalte beeinträchtigt werden soll."³³⁷ Dies war ein Plädoyer für den Primat der Exekutive bei der Vorbereitung außenpolitischer Verträge. Die Bundestagsmehrheit schloß sich dem an und lehnte Arndts Antrag ab.

Doch die SPD gab sich nicht geschlagen. Unmittelbar vor der ersten Vertragsunterzeichnung, am 23. Mai 1952, erzwang Arndt unter Berufung auf Art. 39 Abs. 3 GG mit Hilfe des erforderlichen Drittels der Bundestagsmitglieder die Einberufung des Bundestags. Erneut aktivierte er damit den verfassungsrechtlichen Gedanken des parlamentarischen Minderheitenschutzes, der sich auch in der Antragsbefugnis eines Drittels der Bundestagsabgeordneten im Rahmen des Normenkontrollverfahrens gem. Art. 93 Abs. 1 Nr. 2 GG niederschlug. Eine Debatte über die Vertragswerke konnte Arndt zwar nicht erzwingen. Aber er nutzte die Gelegenheit, um die strikte Geheimhaltung³³⁸ der Vertragstexte vor dem Parlament insgesamt, auch vor den Abgeordneten der Mehrheitsfraktionen, anzuprangern. An die „Damen und Herren der Regierungskoalition" gewandt, fragte er sarkastisch, ob sie „sich als Abgeordnete in die Lage begeben" wollten, „über etwas zu jubilieren, was Sie gar nicht kennen und was öffentlich zu beraten Sie abgelehnt haben?"³³⁹

Erfolglos! Die Parlamentsmehrheit fügte sich dem Willen des Kanzlers. Am 26. Mai 1952 wurde in Bonn der Vertrag über die Beziehungen der Bundesrepublik zu den drei alliierten Westmächten unterzeichnet, einen Tag darauf in Paris der Vertrag über die Europäische Verteidigungsgemeinschaft.

Ein kleiner Triumph blieb Arndt. Zu Adenauers Plan, die Vertragsunterzeichnung mit einem Fackelzug zu begehen, hatte er gefragt: „Warum soll sie mit einem Fackelzug gefeiert werden, obwohl schon einmal ein Fackelzug damit endete, daß ganz Deutschland brannte?"³⁴⁰ Die Bedenken auch in den Mehrheitsfraktionen waren so groß, daß der Fackelzug abgesagt wurde.³⁴¹

Ausweitung des Verfassungsstreits: das Gutachtenersuchen des Bundespräsidenten

Der Verfassungsstreit nahm seinen Lauf. Am Nachmittag des 10. Juni 1952, der ersten mündlichen Verhandlung vor dem Bundesverfassungsgericht, warf jedoch ein Ereignis den Prozeß aus seinen scheinbar geklärten Bahnen – und stürzte Arndt, der

---

336 A. a. O., S. 9394 B.
337 A. a. O., S. 9393 B.
338 Bis zur Unterzeichnung der Verträge hatte nur ein Unterausschuß des Auswärtigen Ausschusses, der von Adenauer zur Geheimhaltung verpflichtet worden war, genaue Kenntnis von den Vertragstexten, s. Baring, Im Anfang war Adenauer, S. 289 ff.
339 S. Prot. BT, 1. WP, 214. Sitzung (23. Mai 1952), S. 9415 B.
340 A. a. O., S. 9415 A.
341 Baring, Im Anfang war Adenauer, S. 273.

sich in seinem Verdacht auf Manipulation des Bundesverfassungsgerichts bestätigt fühlte, in Erregung und Verbitterung: Bundespräsident Theodor Heuss ersuchte gemäß § 97 Abs. 2 BVerfGG das Bundesverfassungsgericht um Erstattung eines Rechtsgutachtens über die Frage:

> „Steht der vorbezeichnete Vertrag [über die Gründung der Europäischen Verteidigungsgemeinschaft, Anm. D.G.] im Widerspruch zum Grundgesetz für die Bundesrepublik Deutschland, soweit durch ihn auf Grund des Art. 24 des Grundgesetzes die zwischenstaatliche Einrichtung der Europäischen Verteidigungsgemeinschaft berechtigt wird, europäische Wehrhoheit unter Zugrundelegung der Wehrpflicht der Staatsbürger der Mitgliedsstaaten auszuüben?"[342]

Die prozessuale Situation war schwierig: Es konkurrierten zwei anhängige Verfahrensanträge, wobei der erste den zeitlich folgenden inhaltlich umschloß, und zwar bei völlig verschiedenen Verfahrensarten. Das Verfahren der Normenkontrolle gemäß Art. 93 Abs. 1 Nr. 2 GG war auf eine genuin richterliche Streitentscheidung gerichtet, die in Rechtskraft erwuchs und die Verfassungsorgane mit Gesetzeskraft band. Das Gutachtenverfahren bildete dagegen „an sich [...] einen Fremdkörper im Aufgabenbereich eines Rechtsprechungsorgans." Nicht auf richterliche Entscheidung gerichtet, wirkte es wie ein Sachverständiger „allein durch das Gewicht seiner Sachkunde und Autorität und durch die Überzeugungskraft seiner Argumente."[343]

Die Funktion und das Verhältnis des Gutachtenverfahrens zur Normenkontrolle bedurften der Klärung. War das Gutachten – gegenüber einem Normenkontrollverfahren gleichen Inhalts – subsidiär und folglich unzulässig?[344] Oder schloß umgekehrt ein Gutachten, das vom Plenum des Bundesverfassungsgerichts erstattet wurde[345], die gleichzeitige Entscheidung eines einzelnen Senats über dieselbe Rechtsfrage aus und gebot die Aussetzung des Normenkontrollverfahrens?[346] Zumindest war zweifelhaft, ob sich eine nachfolgende Senatsentscheidung inhaltlich in Gegensatz stellen durfte zu einem vorangegangenen Plenargutachten.[347] Fest stand jedenfalls, daß von dem Augenblick an, in dem das Gerichtsplenum über die Zulässigkeit des Gutachtenantrags zu befinden hatte, dem Ersten Senat die alleinige Beurteilung der von Arndt vorgetragenen Rechtsfrage genommen war.

Dies mußte Arndt um so härter treffen, als er Anfang Juni 1952 überzeugt war, der Erste Senat werde die Zulässigkeit des vorbeugenden Feststellungsantrags bejahen. Auch Adenauer war dieser Ansicht. Möglicherweise hatte der Präsident des Bundes-

---

342 Text des Antrags vgl. Kampf um den Wehrbeitrag, Bd. II, S. 2.
343 So der Kommentar von Willi Geiger zum Gesetz über das Bundesverfassungsgericht vom 12. März 1951, S. 298; vgl. auch Kampf um den Wehrbeitrag, Bd. II, S. 1.
344 Dahingehend hatte sich der Kommentator des Bundesverfassungsgerichtsgesetzes und Richter des Bundesverfassungsgerichts, Dr. Willi Geiger, bereits am 28. Februar 1952 in einem Brief an Justizminister Dehler geäußert, Unterpunkt 2: „Es ist bei dieser Einstellung mit folgender Rechtsauffassung des BVG zu rechnen: Wenn in einer bestimmten Sache das Verfahren nach § 97 und das nach § 13, Nr. 5 oder Nr. 6 miteinander konkurrieren, dann geht das Letztere vor; der Antrag auf Erstattung eines Gutachtens wäre als ‚subsidiärer Rechtsbehelf' unzulässig.", s. AddL, Nachlaß Dehler, 0072 (BVG-Korrespondenz 1950 – 1953).
345 Gem. § 97 III BVerfGG vom 12. März 1951.
346 Diese Überlegung wurde nach Baring, Im Anfang war Adenauer, S. 384, im Bundespräsidialamt angestellt.
347 Diese Überlegung findet sich im „Beschluß des Ersten Senats des Bundesverfassungsgerichts" vom 13. Juni 1952, Kampf um den Wehrbeitrag, Bd. I, S. 227.

verfassungsgerichts, Dr. Hermann Höpker-Aschoff, den Bundeskanzler über eine eventuell bevorstehende Niederlage vor dem Gericht informiert.[348] Aber auch die Lageeinschätzung Thomas Dehlers dürfte den Kanzler beeinflußt haben. Der Bundesjustizminister stand in regelmäßigem Briefkontakt mit dem ebenfalls der FDP angehörenden Höpker-Aschoff und dem ehemaligen Referatsleiter im Bundesjustizministerium, dem nunmehr zum Verfassungsrichter gewählten Willi Geiger.[349] Am 9. April 1952 hatte Dehler an Adenauer geschrieben:

> „Die Verhältnisse am Bundesverfassungsgericht machen mir große Sorgen. Dabei steht das Verhalten der SPD anläßlich der Ersatzwahlen für die beiden ausgeschiedenen Richter gar nicht im Vordergrund. Ich habe festgestellt, daß tatsächlich sechs Mitglieder des Ersten Senats bei der SPD eingeschrieben sind und daß Frau Scheffler als siebente betonte Anhängerin der SPD ist. Herr Professor Zweigert aus Tübingen ist unverständlicherweise als SPD-Mann von Herrn Staatspräsidenten Dr. Gebhard Müller vorgeschlagen und von unseren Leuten gewählt worden. Die SPD-Richter werden dauernd auf Vordermann gebracht; die Richter unserer Linie fallen im Zweifel bei jeder Sache auseinander. Dr. Arndt hält nicht nur mit seinen Genossen, sondern auch mit den anderen Richtern Fühlung. Ich habe keine Hoffnung, daß die vorbeugende Feststellungsklage der SPD in der Frage der Wehrverfassung in unserem Sinne entschieden wird."[350]

Äußerungen wie diese gaben den umlaufenden Gerüchten Nahrung, die SPD habe durch gezielte Formulierung eines Normenkontrollantrags[351] die Zuständigkeit des ihr (angeblich) zuneigenden „roten" Ersten Senats – im Gegensatz zum (angeblich) überwiegend mit CDU-Anhängern besetzten „schwarzen" Zweiten Senat – erreicht.[352]

Diese pessimistische Lagebeurteilung seines Justizministers mußte den Bundeskanzler alarmieren. Arndt erschien als der große Stratege hinter den Kulissen, der über die Mittel gebot, die Rechtsprechung im sozialdemokratischen Sinn zu beeinflussen. Die sozialdemokratischen Richter schienen danach wie Marionetten in seiner Hand: All dies mußte Adenauers Achtung vor dem Gericht mindern und ihn in der Absicht bestärken, seinerseits das Bundesverfassungsgericht in seinen politischen Willen einzuspannen. Viel spricht jedenfalls für die – wenn auch nie ganz bewiesene – Vermutung Arndts, der Bundespräsident habe sich auf Drängen Adenauers in den laufenden Verfassungsprozeß eingeschaltet[353] und sich wissentlich zum Helfer der Bundesregierung

---

348 Dazu Baring, Im Anfang war Adenauer, S. 381.
349 Zu Geigers Mitwirkung an der Ausarbeitung des BVerfGG s. o., Kapitel II.2.; zur Person s. Baring, a. a. O., S. 382; vgl. auch die Korrespondenz Dehlers mit Höpker-Aschoff und Geiger, AddL, Nachlaß Dehler, DA 0072 – 0074.
350 Dehler an Adenauer, 9. April 1952, AddL, Nachlaß Dehler, DA 0072.
351 Aufgrund § 14 BVerfGG waren die Senatszuständigkeiten fest verteilt. Der Erste Senat war gem. § 14 I BVerfGG für Normenkontrollverfahren zuständig.
352 Baring, Im Anfang war Adenauer, S. 380.
353 Darstellung aufgrund eines Gesprächs mit Dehler bei Baring, Im Anfang war Adenauer, S. 382. Dafür spricht insbesondere die seit Monaten verfolgte Absicht Adenauers, das Plenum des Bundesverfassungsgerichts in die Beurteilung der Verfassungsmäßigkeit der Westverträge einzuschalten, vgl. die nachdrücklichen Bekundungen Adenauers im Bundeskabinett am 22. April 1952 (Die Kabinettsprotokolle der Bundesregierung, Bd. 5, 1952, S. 237 f.). Nach der Notiz Bundesminister Seebohms (a. a. O., Anm. 26) wollte der Bundeskanzler verhindern, daß eine Entscheidung über das „Schicksal des deutschen Volkes" in der Hand nur eines Senats, d. h. „neun bis zwölf parlamentarisch nicht verantwortlicher Männer", läge.

gemacht[354]; denn schon im Februar 1952 hatte Dehler Überlegungen zu einem Gutachtenantrag des Bundespräsidenten angestellt.[355] Der Kanzler und sein Justizminister hatten dann später den Bundespräsidenten aufgesucht, um mit ihm die verfassungsrechtliche und politische Lage nach dem Feststellungsantrag der Bundestagsabgeordneten zu besprechen und ihn zum Eingreifen zugunsten der Bundesregierung zu bewegen.[356]

Der Zeitpunkt und der vermutete Mißbrauch des präsidialen Gutachtenersuchens erregten Arndt so sehr, daß er, wie Baring berichtet, am Morgen des 11. Juni 1952 gegenüber dem persönlichen Referenten des Präsidenten äußerte, „für ihn habe Theodor Heuss aufgehört, der Herr Bundespräsident zu sein." Unmittelbar zuvor hatte Heuss Arndt von seinem Gutachtenantrag verständigt und ihm mitteilen lassen, er sei „schon immer der Auffassung" gewesen, „seine Entscheidung" über die Frage der Ausfertigung und Verkündung des EVG-Vertrages „nicht ohne eine vorhergehende verfassungsrechtliche Äußerung des Bundesverfassungsgerichts treffen zu wollen."[357] In seiner postwendenden Antwort legte Arndt Heuss in ehrerbietiger, aber sehr bestimmter Form seine konträre Auffassung dar:

„Hochverehrter Herr Bundespräsident [...]
In Übereinstimmung mit der von Herrn Regierungsdirektor Gerner für das Land Bayern im Rechtsausschuß des Bundesrats vertretenen Auffassung bin ich der Überzeugung, daß während eines bereits anhängigen Verfahrens ein solcher Antrag nicht zulässig ist. Die Ehrfurcht, zu der ich mich Ihnen gegenüber, Herr Bundespräsident, verpflichtet weiß, begründet zugleich mein Bewußtsein, daß ich es Ihnen schuldig bin, Sie auf das außerordentlich Bedenkliche Ihres Schrittes und die Gefahr verhängnisvoller Mißdeutungen hinzuweisen. Ihnen sofort hierüber Vortrag zu halten, bin ich bereit. Ich darf mir die Anregung und die Bitte erlauben, daß Sie Ihren Antrag vom 10. Juni 1952 zurückziehen oder das Bundesverfassungsgericht wissen lassen, daß Ihr Antrag bis zu einer Entscheidung des gegenwärtig schwebenden Verfahrens (in das einzugreifen Ihnen fernliegt) ruhen sollte."[358]

In der Tat äußerte Arndt also kein „Verlangen" – wie Adenauer später behauptete[359] –, der Bundespräsident solle sein Gutachten zurückziehen. Arndts mit eindringlicher Besorgnis vorgetragene Bereitschaft, dem Bundespräsidenten Vortrag zu halten, verfehlte nicht ihre Wirkung. Am gleichen Nachmittag fand eine Unterredung zwischen Arndt und Heuss statt.[360]

Zwar gelang es Arndt nicht, Heuss unmittelbar von seinem Gutachtenersuchen

---

354 In der Wiedergabe Barings, a. a. O., S. 385.
355 Wie aus einem Brief hervorgeht, s. Dr. Willi Geiger an Dehler, 28. Februar 1952, AddI, Nachlaß Dehler, DA 0072. Damals riet Geiger Dehler ab: „Ich habe einige Bedenken, ob der Bundespräsident im gegenwärtigen Augenblick das BVG um das von Ihnen ins Auge gefaßte Gutachten ersuchen kann."
356 S. dazu Laufer, Verfassungsgerichtsbarkeit, S. 397. Dagegen stritt Dehler seine Einbeziehung in die direkte Kontaktaufnahme Adenauers mit Heuss ab, s. Baring, Im Anfang war Adenauer, S. 382.
357 Durch einen Brief des Chefs des Bundespräsidialamtes, Dr. Manfred Klaiber, an Arndt, 11. Juni 1952, AdsD, Nachlaß Arndt, Mappe 221.
358 Arndt an Bundespräsident Professor Dr. Theodor Heuss, 11. Juni 1952, AdsD, Nachlaß Arndt, Mappe 221.
359 Vgl. Adenauer, Teegespräche 1950–1954 (10. Dezember 1952), S. 374. Dagegen verwahrte sich Arndt in einem Brief an Klaiber, 16. März 1953, AdsD, Nachlaß Arndt, Mappe 223.
360 Zum Verlauf dieser Unterredung s. Baring, Im Anfang war Adenauer, S. 386.

abzubringen, doch schien der Bundespräsident, beeindruckt von Arndts „Sorge, daß der Herr Bundespräsident in den Streit hineingezogen und daß dann sein Schritt mißdeutet werden könne"[361], nach einem Ausweg zu suchen. Jedenfalls erinnerte Arndt in einem Brief vom 28. Juni 1952 Heuss daran: „Am Schlusse der von Ihnen am 11. Juni mir gewährten Vorsprache stellten Sie in Aussicht, daß Sie zunächst die Wirkung Ihres Schrittes auf die Öffentlichkeit beobachten wollten."[362] Er präsentierte Heuss eine ganze Reihe von Pressestimmen, die die Regierungsansicht vom „roten" Ersten Senat kolportierten und mutmaßten, daß sich im Falle einer Plenarentscheidung des Gerichts die Mehrheitsverhältnisse umkehrten.

Nach außen wie auch innerhalb der SPD[363] stellte Arndt sich schützend vor den Bundespräsidenten, dem er in der ersten Gefühlsaufwallung nach dem Gutachtenantrag seine Loyalität hatte aufkündigen wollen und über den er auch weiterhin im internen Kreis äußerte, er habe sich wissentlich zum Helfer der Regierung gemacht.[364] Doch Arndt war entschlossen, jegliche Konfrontation mit dem Staatsoberhaupt zu vermeiden. Erfolgversprechender als die Gegnerschaft eines – neben der Bundesregierung – weiteren Verfassungsorgans im Verfassungsprozeß mußte es Arndt erscheinen, selbst als Hüter der präsidialen Kompetenzen aufzutreten und darauf hinzuwirken, daß die Institution des Bundespräsidenten unangetastet und als möglicher Bündnispartner erhalten blieb. So konnte er in einem Brief an Heuss darauf verweisen, er habe sich schon vor dem Gutachtenantrag dafür eingesetzt, daß die verfassungsgerichtliche Überprüfung völkerrechtlicher Verträge nicht einseitig zu Lasten der bundespräsidialen Entschließungsfreiheit gehen dürfe.[365] Es gelang ihm jedoch nicht, Heuss umzustimmen. Das Gutachtenersuchen wurde nicht zurückgezogen.

Um die Wahrung der verfassungsgerichtlichen Kontrollkompetenz - das erste Urteil im Wehrstreit

Um die „im Hinblick auf die Möglichkeit widersprechender Rechtsauffassungen im Plenum und Senat unerwünschte[n] Folgen" zu vermeiden, schlug der Erste Senat des Bundesverfassungsgerichts am 19. Juni 1952 vor, die Parteien sollten das vom Plenum zu erstattende Gutachten als verbindlich anerkennen, woraufhin der anhängige vorbeugende Feststellungsantrag als erledigt betrachtet werden könne.[366]

Die Bundesregierung stimmte diesem Vorschlag nachdrücklich zu.[367] Ihr Interesse, dem „roten" Ersten Senat die materielle Entscheidung über die Vereinbarkeit der

---

361 So die Begründung Arndts für sein Vorgehen in seinem Brief an Klaiber, s. Anm. 359.
362 S. Brief Arndt an Heuss, 28. Juni 1952, AdsD, Nachlaß Arndt, Mappe 221.
363 Arndt versicherte Heuss: „Durch eine von mir verfaßte Verlautbarung des Sozialdemokratischen Pressedienstes habe ich jede Kritik an Ihrem Schritt in den meiner Partei nahestehenden Zeitungen unterbunden", ebda.
364 Vgl. die Information Barings, Im Anfang war Adenauer, S. 385.
365 S. Arndt an Heuss, 13. Juni 1952, AdsD, Nachlaß Arndt, Mappe 221. In der Tat kam in Arndts System der „synchronisierten und harmonisierten" gewaltenteilenden Kompetenzen dem Verfassungsorgan Bundespräsident insofern eine Reflexwirkung zugute, als der Präsident bei frühem Einsetzen der verfassungsgerichtlichen Normenkontrolle sich keines überraschenden Antrags auf Normenkontrolle oder einstweilige Anordnung gegen seine Ratifikation versehen mußte.
366 Kampf um den Wehrbeitrag, Bd. I, S. 227.

Verträge mit dem Grundgesetz zu entziehen, wurde von den Prozeßvertretern juristisch untermauert.[368]

Ganz anders dagegen Arndt. Er warf das ganze Gewicht seiner Mitarbeit und Miturheberschaft am Bundesverfassungsgerichtsgesetz in die Waagschale. Eindringlich erinnerte er an die Konstruktion des Bundesverfassungsgerichts als eines ‚Zwillingsgerichts'[369]:

> „Ich bin von der ersten bis zur letzten Stunde bei der Entstehung des Gesetzes beteiligt gewesen."[370] Man habe „ausdrücklich darauf Bedacht genommen, beiden Senaten den gleichen Rang zu gewähren und sie dadurch zu dem als Bundesverfassungsgericht erkennenden Gericht auszugestalten, daß insbesondere jede Überordnung des Plenums ausgeschlossen wurde."[371]

Konsequent fiel sein Verdikt aus: „Der Versuch der Bundesregierung, die Erstattung eines Gutachtens zu einer Art Schiedsverfahren umzugestalten, würde materielles Verfassungsrecht in ungesetzlicher Weise ändern."[372]

Arndts vehementer Widerspruch fand seine Bestätigung. Auch wenn das Bundesverfassungsgericht nicht mit Arndt einen Gutachtenantrag während eines laufenden Normenkontrollverfahrens für unzulässig hielt, so führte es doch das Normenkontrollverfahren weiter und stellte den Gutachtenantrag zurück.

Das Normenkontrollverfahren gipfelte am 18. Juli 1952 in einer zweiten großen mündlichen Verhandlung. Inzwischen hatte Arndt die vorliegenden umfangreichen Vertragswerke im Detail überprüfen können und einen neuen, auf den Generalvertrag erweiterten Feststellungsantrag gestellt.[373] Neben zahlreichen rechtlichen boten die Vertragswerke der Generalkritik der SPD auch breite politische Angriffsflächen hinsichtlich der Forderung nach deutscher Gleichberechtigung: Nach der Konstruktion des EVG-Vertrags erlangte die Bundesrepublik keine volle, gleichberechtigte Mitgliedschaft in der NATO. Im Generalvertrag, auch „Bonner Vertrag" oder „Deutschland-Vertrag" genannt, sicherten sich die westlichen Besatzungsmächte umfassende Vorbehaltsrechte.

Inzwischen war das Gesetzgebungsverfahren angelaufen. Am 9. und 10. Juli hatte die erste Lesung der Vertragswerke im Bundestag stattgefunden. Der Zeitpunkt ihrer Ratifikation und endgültigen völkerrechtlichen Verbindlichkeit rückte näher. Um so dringlicher war es, die wirksame Entscheidungskompetenz des Bundesverfassungsgerichts sicherzustellen. Auf dieses Anliegen konzentrierten sich Arndt sowie die Gutachter und Vertreter der Landesregierungen, die ihm sekundierten.

Arndt warf bohrende Fragen auf: Sollte die Ratifikationsklausel in Art. 131 EVG-Vertrag sicherstellen, daß nach dem völkerrechtlichen Inkrafttreten des Vertrags eine nachfolgende Normenkontrolle durch das Bundesverfassungsgericht „ausgeschlossen"

---

367 Baring, Im Anfang war Adenauer, S. 388.
368 Staatssekretär Walter Strauß maß dem Plenargutachten quasi rechtsverbindliche Wirkung bei. Professor Erich Kaufmann sah die theoretische Möglichkeit einer vom Plenargutachten abweichenden Senatsentscheidung als „praktisch unbedeutend" an, s. Kampf um den Wehrbeitrag, Bd. I, S. 390, 427; dazu auch Baring, a. a. O., S. 389 f.
369 S.o., Kapitel III.2.
370 Kampf um den Wehrbeitrag, Bd. I, S. 431.
371 A. a. O., S. 232.
372 Ebda.
373 Kampf um den Wehrbeitrag, Bd. I, S. 242.

war?[374] Traf es zu, daß das gemäß Art. 9 Abs. 1, 2 Generalvertrag einzurichtende Schiedsgericht gegebenenfalls ein Urteil des Bundesverfassungsgerichts aufzuheben befugt war, das die Verfassungswidrigkeit der Vertragswerke feststellte?[375] Waren Arndts Schlußfolgerungen zutreffend, so konnte nur eine verfassungsgerichtliche Überprüfung der Vertragswerke vor der Ratifikation die Entmachtung des Bundesverfassungsgerichts verhindern.

Arndts zugespitzte Argumentation verfehlte nicht ihre Wirkung auf das Richterkollegium.[376] Die gespannte Verhandlungsatmosphäre zeigte unverkennbar, wie sehr der Verfassungsprozeß Schauplatz der Auseinandersetzungen um die deutsche Außen- und Sicherheitspolitik geworden war. So nutzte Arndt das Forum des Gerichts zu einem scharfen politischen Angriff auf die Bundesregierung. Seine Erbitterung über die Vorgeschichte des präsidialen Gutachtenantrags wurde deutlich, wenn er den Regierungsvertretern vorhielt:

> „Man soll und kann rechtlich den Herrn Bundespräsidenten nicht in die Diskussion und Debatte bringen, auch wenn man es unter der Tarnchiffre „Gutachten" zu tun pflegt. Damit macht man das Staatsoberhaupt zu einer Figur in den eigenen Plänen, zum Objekt seines Kalküls, einer der allerschwersten Verstöße, die verfassungsrechtlich überhaupt möglich sind."[377]

Am 30. Juli 1952 erging das Urteil des Bundesverfassungsgerichts. Es beschränkte sich auf das zentrale Problem der Zulässigkeit und wies den Feststellungsantrag als unzulässig ab.[378] Das Urteil enthielt zwei Begründungskomplexe. Der erste setzte sich allgemein mit Zulässigkeit und Umfang der verfassungsgerichtlichen Normenkontrolle auseinander. In entscheidenden Punkten erfuhr Arndts Rechtsansicht dabei eine Absage. Das Bundesverfassungsgericht lehnte grundsätzlich die Kontrolle einer nicht verkündeten, das heißt noch nicht „bestehenden" Gesetzesnorm ab.[379] Die Richter waren erkennbar bestrebt, die Funktion des Bundesverfassungsgerichts im gewaltenteilenden System und im Rahmen der Gesetze klar umgrenzt und vorhersehbar zu bestimmen.[380] Arndts ‚Angebot' einer umfassenden Kontrollfunktion im ‚synchronisierten' Gewaltenteilungssystem wiesen sie mit dem Bedenken zurück, eine verfassungsgerichtliche

---

374 So Arndt, Kampf um den Wehrbeitrag, Bd. I, S. 415, gegen die Stellungnahme des Regierungsvertreters Dr. Römer, a. a. O., S. 388. Art. 131 Satz 1 EVG-Vertrag lautete: „Dieser Vertrag bedarf der Ratifizierung; seine Vorschriften sind gemäß den Verfassungsbestimmungen jedes Mitgliedsstaates auszuführen." Arndt interpretierte diese Klausel so, daß mit der Ratifikation zugleich eine völkerrechtlich wirksame Versicherung gegenüber den Vertragspartnern abgegeben werde dergestalt, daß innerstaatliche Normen der Ausführung des Vertrages nicht entgegenstünden.
375 Vgl. a. a. O., S. 257, 374, 411, 428, bestätigt durch Kutscher, Bonner Vertrag, Anm. V zu Art. 11 Abs 5a der Satzung des Schiedsgerichts, S. 49.
376 Ein Richter machte sich Arndts Bedenken zueigen und brachte den Regierungsvertreter, Professor Dr. Mosler, zu einer eingehenden Auslegung der Schiedsgerichtskompetenz (Art. 9 Bonner Vertrag i.V. mit Art. 11 V a Satzung des Schiedsgerichts), der zufolge das Schiedsgericht nur über Verletzungen von Vertragsprinzipien, nicht über etwaige Verfassungsverstöße beim Zustandekommen der Verträge, urteilen durfte, s. Kampf um den Wehrbeitrag, Bd. I, S. 401 ff.
377 A. a. O., S. 418.
378 Das Urteil des Bundesverfassungsgerichts ist abgedruckt und zitiert in: Kampf um den Wehrbeitrag, Bd. I, S. 436 ff.
379 A. a. O., S. 444.
380 A. a. O., S. 442 f.

Verwerfung noch nicht geltender Gesetze werde „die Stellung des Gerichts gegenüber der gesetzgebenden Gewalt bedenklich überbetonen."[381]

Im zweiten Teil der Urteilsbegründung erwies sich indessen, daß die Richter Arndts sehr eindringliches Plädoyer für die Sicherstellung der Entscheidungskompetenz des Bundesverfassungsgerichts als Problem ernst nahmen.[382] Unter Hinweis darauf, daß er „endgültig" und zur „Entscheidung mit Gesetzeskraft" berufen sei, stellte der Senat klar, daß in dem – hier vorliegenden – besonderen Fall eines Zustimmungsgesetzes zu einem Völkerrechtsvertrag ein Normenkontrollantrag ausnahmsweise früher zulässig sei, und zwar bereits nach Verabschiedung der Norm durch die gesetzgebenden Körperschaften und vor ihrer Verkündung durch den Bundespräsidenten.

Diese „Modifizierung" des allgemeinen Grundsatzes begründete das Gericht insbesondere mit dem Ziel, noch vor der mit der Ratifikation eintretenden Völkerrechtsverbindlichkeit eine wirksame, den innerstaatlichen „Rechtsfrieden" gewährleistende Verfassungsrechtskontrolle sicherzustellen.[383] Entgegen dem Rechtsstandpunkt der Bundesregierung setzte somit die Zulässigkeit eines Normenkontrollantrags bereits vor der Prüfung durch den Bundespräsidenten ein.

Aus der Sicht der Antragsteller war das ein erheblicher Erfolg. Zwar mußte zu einer verfassungsgerichtlichen Überprüfung zunächst das Gesetzgebungsverfahren abgewartet werden, dann aber war es ausgeschlossen, daß die Antragsteller einer Normenkontrolle durch eine schnelle präsidiale Ratifikation unmittelbar nach der Gesetzesverkündung vor vollendete, völkerrechtlich verbindliche Tatsachen gestellt wurden. Unmittelbar nach der Beschlußfassung des Bundesrats blieb bis zur Gesetzesverkündung Zeit, einen Antrag auf Normenkontrolle und einstweilige Anordnung vor dem Bundesverfassungsgericht zu stellen. Es war ein Erfolg, zu dem Arndts insistierende Warnungen vor den Gefahren einer Umgehung und Ausschaltung verfassungsgerichtlicher Kompetenzen im Sinne einer Problemklärung erheblich beigetragen hatten.

Darin erschöpfte sich andererseits auch der Erfolg des sozialdemokratischen Juristen. Mochte ihn auch die Überzahl der SPD-nahen Richter im Ersten Senat des Bundesverfassungsgerichts in dem Entschluß bestärkt, ja mitbestimmt haben, den Feststellungsantrag vor das Gericht zu bringen[384] – einen Richter „auf Vordermann zu bringen", wie Dehler behauptet hatte, lag jenseits von Arndts Einflußbereich. Dies lag auch nicht in Arndts Interesse. Selbst wenn schriftliche Zeugnisse zu diesem Thema

---

381 Nüchtern bestimmte das Gericht seine Funktion als „Hüter der Verfassung." Sie sei nur „in dem ihm durch das Gesetz gesteckten Grenzen zu erfüllen", a. a. O., S. 443.
382 A. a. O., S. 3/4.
383 Bezüglich dieses von Arndt sehr pointierten Problems hatte sich der Präsident des Bundesverfassungsgerichts Höpker-Aschoff als „Kollege" an Professor Walter Schätzel gewandt, der zugleich die Antragsteller vertrat. Schätzel wies in Übereinstimmung mit Arndt darauf hin, daß die Ratifikationsklauseln der vorliegenden Verträge bezweckten, die Berufung eines Signatarstaates auf verfassungsrechtliche Bedenken nach der Ratifikation auszuschließen. Dies betreffe auch ein Verdikt des Bundesverfassungsgerichts nach der Ratifikation, s. Höpker-Aschoff an Schätzel, 17. Juni 1952, und Schätzel an Höpker-Aschoff, 20. Juni 1952, AdsD, Nachlaß Arndt, Mappe 221.
384 Auch wenn darüber keine schriftlichen Belege vorhanden sind, spricht schlicht das politische Kalkül für diese Annahme. Insofern war Arndts Darstellung gegenüber Heuss verkürzt, nicht die Antragsteller hätten ihren Antrag vor den Ersten Senat gebracht, sondern das Gerichtsplenum habe ihn dem Ersten Senat aufgrund seiner gesetzlichen Zuständigkeit zugewiesen (s. Arndt an Theodor Heuss, 28. Juni 1952, AdsD, Nachlaß Arndt, Mappe 221); denn eben diese gesetzliche Zuständigkeit war vor der Antragstellung aufgrund § 14 BVerfGG vorhersehbar und kalkulierbar.

eine sehr begrenzte Aussagekraft haben, so deuten sie doch eher in die entgegengesetzte Richtung: Auf dem Höhepunkt des Verfassungsstreits um die Wiederbewaffnung ging Arndt einer Begegnung mit dem der SPD angehörenden Verfassungsrichter Wilhelm Ellinghaus ausdrücklich aus dem Weg; zur Begründung führte er an, er habe es „seit längerer Zeit streng vermieden", mit Mitgliedern des Bundesverfassungsgerichts irgendwie zusammenzukommen.[385] Nicht zuletzt widersprach das nunmehr ergangene Urteil des Senats einem etwaigen parteipolitischen Kalkül.

5. Streit um den Verfassungsstaat: die Verfassungsproblematik der Westverträge

Der Streit um die Zulässigkeit des Gutachtenverfahrens war nur ein Auftakt. Am 19 September 1952 erklärte das Bundesverfassungsgericht, daß der Erstattung des vor dem Bundespräsidenten begehrten Gutachtens „kein rechtliches Hindernis" entgegenstehe.[386]

Mehr als ein halbes Jahr nach Entfachung des Verfassungsrechtsstreits stand damit endlich die materielle Kernfrage zur Entscheidung, die der Gutachtenantrag des Bundespräsidenten umschrieb. Er lief auf eine umfassende verfassungsgerichtliche Prüfung des EVG-Vertrags und seiner Zusatzprotokolle sowie des Bonner Vertrags und seiner Annexe hinaus.[387]

Vom Grundgesetz her stellten sich zwei Fragen:
1. Bedurfte die Begründung und Ausübung deutscher oder zwischenstaatlicher, europäischer, Wehrhoheit über deutsche Staatsbürger einer neu zu schaffenden Grundlage im Grundgesetz (Frage nach der Verfassungs*ergänzung*)?
2. Verletzten die Regelungen der beiden Vertragswerke im übrigen geltendes Verfassungsrecht, und bedurfte es daher einer Änderung (Frage nach der Verfassungs*änderung*)?

Die Bundesregierung und ihre Gutachter verneinten die erste Frage. Zwar wieser auch sie im Grundgesetz einzelne Anknüpfungspunkte für die verfassungsrechtliche Zulässigkeit eines deutschen Wehrbeitrags auf.[388] Die Antwort auf die Kernfrage nach der legitimierenden Grundlage der Wehrhoheit suchten sie jedoch außerhalb des Grundgesetzes und diesem vorausliegend: Danach stand aufgrund der „vollen umfassenden Staatsgewalt" dem Bund die Wehrhoheit zu, auch „wenn ihrer im Grundgesetz überhaupt keine Erwähnung getan wäre."[389]

---
385 S. Arndt an Bundesverfassungsrichter Wilhelm Ellinghaus, 18. Februar 1953, AdsD, Nachlaß Arndt Mappe 223.
386 S. Kampf um den Wehrbeitrag, Bd. II, S. 833.
387 Vgl. die Ausweitung des Gutachtenersuchens durch Bundespräsident Heuss auf die Zusatzprotokolle zum EVG-Vertrag sowie auf den „Deutschlandvertrag" (= „Generalvertrag") und seine Annexe, vgl. das Schreiben Heuss' vom 4. August 1952, a. a. O., S. 4.
388 S. die Hinweise auf die Art. 4 III, 24 und 26 GG, die als grundsätzliche Bejahung eines bewaffneten Verteidigungsbeitrags und Indizien seiner verfassungsrechtlichen Zulässigkeit interpretiert wurden a. a. O., S. 16 ff.
389 Ebda.

Die Tragweite dieser Auffassung erschloß sich im Kontrast zu Arndts Begriff des
„*Verfassungsstaats.*" Das „fundamentale Prinzip des demokratischen und rechtsstaatlichen Verfassungsstaats" brachte er auf die Formel: „Den Verfassungsorganen, auch
den gesetzgebenden Organen, ist zu tun nur erlaubt, wozu sie von der Verfassung
ermächtigt sind."[390] In Übertragung auf das Grundgesetz folgerte Arndt daraus: Dieses
bekenne sich „im Gegensatz zur Totalität zur Konstitutionalität des Staates." Das
Grundgesetz verwerfe den Begriff einer „vollen", der Verfassung vorausgehenden und
von ihr nur geregelten „Staatsgewalt und ersetze ihn kraft der zwingenden Vorschriften
in den Artikeln 20, 28 und 70 GG durch den Begriff der begrenzten Staatsgewalt"[391],
die erst durch die Verfassung geschaffen werde.

Auf dem Boden dieses strikt konstitutionellen Verständnisses der Staatsgewalt erwuchs das ‚Lückenproblem.' Bildete die Staatsgewalt sich als Summe einzelner, enumerativ aufgelisteter staatlicher Kompetenzen, konnten inhaltlich nicht davon umfaßte Sachbereiche, ‚Lücken', übrigbleiben, in denen die Ausübung staatlicher Hoheitsgewalt verfassungsrechtlich nicht legitimiert und folglich verfassungswidrig war.[392]
Nur Kompetenznormen kraft ausdrücklicher Regelung des Verfassunggebers konnten
diese Lücken ausfüllen. Ausgeschlossen war damit der Rückgriff auf überpositives
Recht und staatstheoretische Grundsätze, aber auch auf verfassungsrechtlich, zum
Beispiel in der Präambel, normierte allgemeine Staatszweckbestimmungen, weil sie
keine nach Inhalt und Zuständigkeit ausreichend umgrenzte Ermächtigungsnorm enthielten.[393]

Die Bundesregierung und ihre Gutachter nahmen einen grundsätzlich entgegengesetzten theoretischen Standpunkt ein: An die Stelle enumerativ aufgeführter, limitierter staatlicher Hoheitsrechte setzten sie die „ihrem Begriff und Wesen nach allumfassende[n] Hoheitsgewalt des modernen Staates."[394]

Am ausführlichsten und deutlichsten formulierte dies Professor Adolf Süsterhenn:

> „Die Staatsgewalt ist mit der Konstituierung des Staates bereits gegeben. [...]
> Die Staatsgewalt umfaßt die Fülle der staatlichen Hoheitsrechte, die sich aus
> dem Wesen und Zweck des Staates [...] ergeben. Die Staatshoheit ist eine
> einheitliche und ungeteilte. Sie besteht nicht aus einzelnen Hoheitsrechten. [...]
> Alle Einzelheiten sind in der Gesamtheit des Staates, in der Staatsgewalt mit
> der Konstituierung des Staates von vornherein enthalten. [...] Der Staat ist zur
> Ausübung aller Hoheitsrechte jederzeit berechtigt, soweit nicht – etwa durch
> urkundliches Verfassungsrecht – dieser Ausübung rechtliche Schranken gesetzt
> sind."[395]

Die Vermutungsregel in Arndts „Verfassungsstaat" – es gibt keine hoheitliche Befugnis, es sei denn, sie ist ausdrücklich verfassungskräftig normiert – war damit genau
umgekehrt. In solcher ‚Fülle der Staatsgewalt' war als eine ihrer Absplitterungen auch

---

[390] A. a. O., S. 248.
[391] A. a. O., S. 292.
[392] A. a. O., S. 260, 295.
[393] A. a. O., S. 254, 256, 309.
[394] Vgl. die Gutachten von Professor Richard Thoma und Professor Ulrich Scheuner (a. a. O., S. 166 ff. und S. 120 ff.) und den Schriftsatz der Bundesregierung (a. a. O., S. 676 ff.).
[395] Vgl. Kampf um den Wehrbeitrag, Bd. I, S. 261; vgl. auch Professor Erich Kaufmann, Kampf um den Wehrbeitrag, Bd. II, S. 786, der den Begriff der „einheitlichen Staatsgewalt" in den Mittelpunkt stellt.

die Wehrhoheit enthalten. Darin stimmten die Gutachter überein. Ihre Begründungen unterstrichen sie, leicht variierend, mit dem Rückgriff auf das „Wesen" des Staates[396] oder die „Natur" des Staates beziehungsweise der Sache.

Mit großem Argumentationsaufwand wurde der Nachweis versucht, daß dem Staat ein unentziehbares, auf einer „allgemeinen Regel des Völkerrechts" beruhendes Recht zur Selbstverteidigung[397] zustehe, aus dem die notwendigen verfassungsrechtlichen Mittel seiner innerstaatlichen Realisierung, die Wehrhoheit und die daraus fließenden hoheitlichen Befugnisse, folgten.[398] Dieser Schluß vom Völkerrecht auf die innerstaatliche Kompetenz erhielt zugleich eine polemische Wendung gegen die Opposition und ihre Gutachter. Darin schwang nämlich der Vorwurf mit, die Antragsteller und ihre Gutachter interpretierten Entstehung und Text des Grundgesetzes als Verbot der Wiederbewaffnung – eine Unterstellung, die Arndt mehrfach entschieden zurückwies. Tatsächlich kam keine der von ihm herangezogenen gutachterlichen Stellungnahmen zu dem Schluß, das Grundgesetz verbiete die Remilitarisierung schlechthin. In Rede standen lediglich die fehlenden verfassungsrechtlichen Voraussetzungen.

Der Bundesregierung indessen bot die – vermeintliche – Widerlegung der nicht aufgestellten These Gelegenheit, die rechtliche Wehrhoheit des Staates aus einer Seinsnotwendigkeit zu deduzieren. Süsterhenn erklärte ein „Verbot der Selbstverteidigung" zum Verstoß gegen die „naturrechtliche Pflicht zur Selbstverteidigung"; diese Verteidigungspflicht könne „noch nicht einmal durch eine Verfassungsbestimmung aufgehoben werden."[399] Aus der Entstehungsgeschichte des Grundgesetzes leitete Professor Werner Weber die „Vermutung" ab, „daß das Grundgesetz sich selbst und das ihm in der Bundesrepublik anvertraute Anliegen für ernst genug hält, den Bestand der Bundesrepublik einem Angriff wie von innen so auch von außen nicht ungeschützt auszuliefern."[400]

Geriet nicht jeder, der die Realisierung dieses Anliegens erschwerte oder gar verhinderte, in den Verdacht, den Staat ungeschützt einem Angriff preiszugeben?

Umschlossen also die vorkonstitutionellen Wesenseigenschaften des Staates das Recht und die Pflicht seiner Verteidigung nach außen, so durfte – nach Auffassung der Regierungsgutachter – das konstituierte Verfassungsrecht dem nicht zuwiderlaufen und bedurfte entsprechender Interpretation. Die Professoren Hermann von Mangoldt, wie Süsterhenn seinerzeit Mitglied des Parlamentarischen Rates, und Ulrich Scheuner lieferten dafür die methodische Grundlegung. An die Stelle starren Festhaltens am Verfassungstext setzten sie ein ‚dynamisiertes' Verfassungsverständnis: „Die Verfassung nimmt am Leben des Staatswesens teil, sie wächst mit ihm, sie muß bei Erhalt ihrer normativen Grundidee und Grundprinzipien auch der sich wandelnden Zeit und der sich erweiternden Erfüllung eines Staates folgen."[401] Damit war rechtsmethodisch

---

[396] Vgl. das Gutachten von Professor Werner Weber, Kampf um den Wehrbeitrag, Bd. II, S. 179, und Professor Adolf Süsterhenn, Bd. I, S. 260.
[397] S. Süsterhenn, ebda. („elementares Recht auf Selbstverteidigung"), und die Gutachten von Professor Wehberg, Kampf um den Wehrbeitrag, Bd. II, S. 191 ff. (200), sowie Professor Kaufmann, a. a. O., S. 46.
[398] Vgl. die Gutachten der Professoren Hermann von Mangoldt, a. a. O., S. 81, und Erich Kaufmann a. a. O., S. 47.
[399] A. a. O., S. 265.
[400] A. a. O., S. 179.
[401] A. a. O., S. 101; s. auch Kaufmann, a. a. O., S. 794.

der Weg zur „erweiternden Auslegung" normierter Gesetzgebungskompetenzen geebnet, unter anderem zu den ungeschriebenen Zuständigkeiten oder ‚implied powers', die dem Gesetzgeber zustehen sollten, damit er ausdrücklich verliehene Kompetenzen vollständig und wirksam anwenden konnte.[402]

Arndts Begriff des Verfassungsstaats

Die grundsätzliche Bedeutung des Verfassungsstreits ragte weit über seinen Anlaß, die verfassungsrechtliche Legitimierung eines westdeutschen Wehrbeitrags, hinaus. Die prinzipielle Schärfe der Auseinandersetzung um den Kern des Streits, Begriff und Grundlagen des *Verfassungsstaats*, erklärt sich aus den strukturellen Besonderheiten des Verfassungsstaats im Staatsrecht des deutschen Konstitutionalismus. Diese Besonderheiten prägten ein Gegenbild, von dem Arndt seinen Entwurf des Verfassungsstaats um so schärfer abhob.

Es kennzeichnete den deutschen Verfassungsstaat des 19. Jahrhunderts, daß die auf einer dualen, von Monarch und Volksvertretung gemeinsam gebildeten Grundlage beruhende Verfassung lediglich *begrenzende*, nicht aber zugleich auch *konstituierende* Grundlage allen staatlichen Handelns war. In vorkonstitutioneller Zeit wurzelten monarchische Prärogativen, die, zum Teil außerhalb der geschriebenen Verfassung, die Ausübung staatlicher Gewalt durch den Monarchen von der Mitwirkung der Volksvertretung freistellte.[403] Zu den existentiellen, extrakonstitutionellen Befugnissen, die dem Monarchen zur alleinigen Ausübung zustanden, gehörte unter anderem die Ausübung der militärischen Kommandogewalt. Erst die Weimarer Reichsverfassung von 1919, die erste deutsche Verfassung auf der Grundlage der Volkssouveränität, stellte eine demokratisch bestimmte, umfassende und abschließende Grundlage der Staatsgewalt dar.

Die Annahme einer außerhalb der Verfassung gründenden Staatsgewalt weckte daher noch in der Situation des Wehrstreits 1952/54, unter einer demokratischen Verfassung, die verfassungshistorische Reminiszenz der konstitutionellen Monarchie. Dies galt um so mehr, als der bedeutendste Verfassungsstreit des Konstitutionalismus, der preußische Verfassungskonflikt von 1862/66, sich gleichfalls am Heer, einer extra-konstitutionellen Prärogative der preußischen Monarchie, entzündet hatte. Als die liberale Mehrheit des preußischen Abgeordnetenhauses im Jahre 1862 die Verabschiedung eines Wehrreformgesetzes ablehnte, entschloß sich die preußische Regierung unter Otto von Bismarck zu einem – von der preußischen Verfassung nicht vorgesehenen – budgetlosen Regiment unter Berufung auf das vorkonstitutionelle monarchische Prinzip.

Der Wehrstreit von 1952/54 reichte in seiner verfassungs*politischen* Gewichtigkeit an den preußischen Verfassungskonflikt heran. Freilich lagen die verfassungstheoretischen Kernprobleme durchaus verschieden: der zentrale Konflikt des deutschen Konstitutionalismus betraf eine Befugnisaufteilung *innerhalb* des Staates, und zwar zwischen Monarch und Volksvertretung; im Wehrstreit 1952/54 hingegen bestand das Problem bereits darin, ob der Staat überhaupt Befugnisse hatte, wenn sie ihm vom

---
402 Professor von Mangoldt, a. a. O., S. 75 f., S. 77, unter Berufung auf das „fortschreitende Leben".
403 Huber, Deutsche Verfassungsgeschichte seit 1789, Bd. III, 3. Aufl., S. 17 f.

Grundgesetz nicht ausdrücklich eingeräumt worden waren. Zudem spielte sich hier der Streit innerhalb der Volksvertretung ab. Gleichwohl entschied sich in beiden Fällen mit der verfassungsrechtlichen Grundfrage zugleich ein elementarer politischer Machtkonflikt: Lag die letzte politische Entscheidung über Umfang oder Ausübung staatlicher Gewalt beim Monarchen bzw. einer einfachen parlamentarischen Mehrheit – oder konnte sie nur vom Monarchen in Übereinstimmung mit der Volksvertretung bzw. nur von der Parlamentsmehrheit gemeinsam mit der oppositionellen Minderheit getroffen werden?

Indessen bestand ein wesentlicher Unterschied zur Epoche des deutschen Konstitutionalismus: Arndt argumentierte von einer demokratischen, auf der Volkssouveränität beruhenden Verfassung aus. Sein am Grundgesetz veranschaulichter Begriff des Verfassungsstaats stand in der Tradition des *„demokratischen* Verfassungsstaats", wie er erstmals in der Verfassung der Vereinigten Staaten von Amerika 1776[404] und der französischen Revolutionsverfassung von 1791 historisch Gestalt gewonnen hatte.

Arndts Herleitung des grundgesetzlichen Verfassungsstaats aus dem „Axiom der Volkssouveränität" knüpfte unmittelbar an die Idee des Verfassungsstaates in der angelsächsischen Theorie und an die Formulierungen John Lockes in dessen „Second Treatise of Government" von 1689[405] an, wenn er es als Spezifikum dieses Staates bezeichnete, daß es

> „keine vorgegebene oder ihrem Wesen nach allumfassende Gewalt aus der Autorität des Staates gebe[n], sondern umgekehrt ruht diese Gewalt beim Volk und ist die dem Staat und seinen Organen nur anvertraute Gewalt erst Ergebnis, erst Schöpfung der vom Volke ausgehenden verfassunggebenden Gewalt."[406]

Ausdrücklich bestätigt wurde diese Auffassung in dem Gutachten des aus Deutschland

---

404 Zum Modell des demokratischen Verfassungsstaats (anhand der französischen Revolutionsverfassung von 1791) s. Kriele, Einführung in die Staatslehre, S. 267 ff. Zur allgemein unbestrittenen Vorbildwirkung des amerikanischen Verfassungsstaats seit 1776 s. Stern, Grundideen europäisch-amerikanischer Verfassungsstaatlichkeit, S. 9. Er sieht in Amerika die Geburtsstunde des Verfassungsstaats, der auf der Prämisse beruhte: „Die Staatsgewalt sollte an Normen gebunden sein, ihre Legitimität eine verfassungsrechtliche sein"; zur Kennzeichnung des Verfassungsstaats durch die wirksame Errichtung und Aufrechterhaltung von Schranken des „politischen und insbesondere staatlichen Handelns", insbesondere am Beispiel des anglo-amerikanischen und französischen Verfassungsstaats s. Friedrich, Der Verfassungsstaat der Neuzeit, S. 135 ff., 140. Grundlegend zu den Wesensmerkmalen des demokratischen Verfassungsstaats mit einem Plädoyer für ihre Verteidigung und Stärkung nach der tiefgreifenden „Krise der rechtlichen Verfassung" vor 1945 s. Kägi, Die Verfassung als rechtliche Grundordnung des Staates, insbesondere S. 39 – 59. Kägis Werk bietet eine systematische Grundlegung und Zusammenfassung der Idee des Verfassungsstaats, wie Arndt sie vor dem Bundesverfassungsgericht vertrat. Der Schweizer Staatsrechtler war damit einer der Kronzeugen für die Rechtsauffassung der Antragsteller vgl. auch die wiederholten Zitate bei Arndt und in den Gutachten, Kampf um den Wehrbeitrag, Bd. I, S. 93, 117, 460; Bd. II, S. 515; Bd. III, S. 377 (m.w.N. zur Verwendung des Begriffs Verfassungsstaat in der wissenschaftlichen Literatur).
405 In Lockes Staat ist alle Gewalt – auch die der Legislative, der höchsten Gewalt im Staat, treuhänderisch und im Vertrauen auf ein begrenztes und bestimmtes Ziel verliehen. Die Befugnis zur Treugabe ist letztlich immer auf die höchste Gewalt, das Volk, zurückzuführen. Die Ausübung staatlicher Gewalt ist demnach nur rechtmäßig, wenn sie von einem ausdrücklichen Akt der Verleihung abgeleitet und gedeckt ist, s. John Locke, Über die Regierung (Second Treatise on Government), Abschnitt 149; vgl. eine entsprechende, knapp skizzierte Konstruktion bei Arndt, Demokratie – Wertsystem des Rechts (1962), S. 12.
406 Vgl. Arndt, Kampf um den Wehrbeitrag, Bd. II, S. 248, 294.

emigrierten, in den USA lehrenden Professor Karl Loewenstein.[407] Dieser schöpfte aus dem Bild des „demokratischen Rechtsstaat unserer Zeit, wie er von der angelsächsischen und Schweizer Theorie und Praxis entwickelt wurde", und stellte mit Blick auf die deutsche Verfassungstradition klar: „Die demokratische Staatsordnung hat mit dem Verfassungsmystizismus der königlichen Prärogative ein für allemal aufgeräumt."[408]

In der Replik der Bundesregierung offenbarte sich grundlegendes Unverständnis gegenüber Arndts Begriff des Verfassungsstaats. Bundesjustizminister Dehlers Behauptung, es handle sich um eine „ad hoc entwickelte These"[409], ignorierte schlicht die dogmen- und politikgeschichtliche Entwicklung und Funktion des Begriffs, die Arndts Schriftsätze zur Sprache brachten. Dehler entging insbesondere der Kerngedanke in Arndts Verfassungsverständnis: die Gewährleistung der Verfassung als höchster, zur Kontrolle des („einfachen') Gesetzgebers berufener Gewalt. Arndts Verfassungsstaat lebte aus dem Prinzip des *Vorrangs der Verfassung*, das der Tradition deutschen Verfassungsrechts an und für sich fremd war.[410]

Dieses Prinzip zeichnet sich aus durch den inhaltlichen Geltungsvorrang des Verfassungsrechts vor dem davon zu unterscheidenden einfachen Gesetzesrecht, weiterhin durch die institutionelle Unterscheidbarkeit von verfassunggebender beziehungsweise -ändernder und („einfacher') gesetzgebender Gewalt. Hinzutreten kann – wenngleich es kein essentiale darstellt – die Errichtung einer Verfassungsgerichtsbarkeit, die die höchstmögliche Effektuierung des Prinzips gewährleistet.[411]

Das Staatsrecht des deutschen Konstitutionalismus[412] kannte das Prinzip des Vorrangs der Verfassung nicht. Die Reichsverfassung von 1871 sah keine qualifizierte Mehrheit für Verfassungsänderungen vor, so daß verfassungsändernde und gesetzgebende Gewalt ungeschieden blieben und bei der herrschenden Lehre stillschweigende Verfassungsdurchbrechungen Anerkennung fanden. Noch unter der Geltung der Weimarer Reichsverfassung – obgleich Art. 76 WRV zu ihrer Änderung eine qualifizierte Parlamentsmehrheit verlangte – war der Vorrang der Verfassung umstritten. Kennzeichnend dafür war der Satz des Staatsrechtlers und höchst einflußreichen Verfassungskommentators Gerhard Anschütz in der Tradition des staatsrechtlichen Positivismus: „Die Verfassung steht nicht über der Legislative, sondern zur Disposition derselben. Insoweit ist die Verfassung in der Tat nur ‚ein Gesetz wie ein anderes.'"[413]

In klarer Absetzung von dieser Tradition deutschen Staatsrechts knüpfte Arndt bewußt an das Bild des US-amerikanischen Verfassungsstaats an. Schon in einer sehr frühen Entwicklungsphase des modernen Verfassungsstaats hatte der Primat der Bundesverfassung von 1776 durch die Errichtung und Rechtsprechung des Supreme Court

---

[407] A. a. O., S. 337 ff. Der ehedem rassisch verfolgte, politisch links stehende Karl Loewenstein stand seit dem Wehrstreit über fast zwei Jahrzehnte hinweg in engem und vertrauensvollem Gedankenaustausch mit Arndt, vgl. die Korrespondenz, AdsD, Nachlaß Arndt, Mappe 221 – 228.
[408] A. a. O., S. 370.
[409] A. a. O., S. 677.
[410] Vgl. Wahl, Der Vorrang der Verfassung, S. 491 f.
[411] S. Wahl, a. a. O., S. 485, 499 f.; entschiedener zur Verfassungsgerichtsbarkeit als „Vollendung" des Verfassungsstaats Stern, Grundideen europäisch-amerikanischer Verfassungsstaatlichkeit, S. 36.
[412] Den Grund sieht Wahl, a. a. O., S. 494, in der fehlenden einheitlichen Legitimitätsgrundlage des dualistischen Systems, die einer Verrechtlichung der Konflikte Grenzen setzte.
[413] Gerhard Anschütz, Die Verfassungsurkunde des Preußischen Staates vom 31. Januar 1850, S. 66.

Anerkennung und umfassende Wirksamkeit erlangt.[414] Damit war das Modell des sozusagen perfekten, rechtlich-institutionell gesicherten Verfassungsstaats entstanden. Wiederholt stützte Arndt sich daher im Wehrstreit auf Artikel der amerikanischen Verfassung und ihre Interpretation durch Urteile des Supreme Court.

Die demokratische amerikanische Verfassung, die alle Staatsgewalt nicht nur begrenzte, sondern konstituierte und damit abschließend definierte[415], erhielt bei Arndt Modellcharakter für die Auslegung des Grundgesetzes. Immer wieder gemahnte er an die Erfahrungen des gescheiterten deutschen demokratischen Verfassungsstaats der Weimarer Republik.[416] Die seinerzeit praktizierten, von der Mehrheit der Staatsrechtslehre legitimierten Verfassungsdurchbrechungen ohne Änderungen des Verfassungstextes hatten dazu beigetragen, den einheitlichen Geltungsgrund der Weimarer Verfassung auszuhöhlen.[417] Um so mehr gab demgegenüber die fest gegründete und ununterbrochene Tradition des amerikanischen Verfassungsstaats ein Vorbild der Grundsätze, die Arndt knapp und prägnant zu einer geradezu klassischen Definition zusammenfaßte:

> „Hier sind also drei Rechtsgedanken, die den demokratischen Verfassungsstaat tragen, ausdrücklich positiviert: daß die Verfassung alleinbestimmend und abschließend das „Selbstverständliche" verkörpert, worin sich das den Staat bildende Volk dauernd einig ist, ferner, daß die Verfassung Gültigkeit schlechthin beansprucht und daß sie ihre eigene Unverbrüchlichkeit gewährleistet."[418]

Damit verfolgte Arndt zugleich – gerade vor dem Hintergrund der Weimarer Erfahrungen – eine verfassungspädagogische Absicht: Für ihn wirkte das Prinzip Verfassungsstaat nicht aus sich selbst, sondern aus seiner tiefen, affektiven Verwurzelung im Staatsvolk. Der Verfassungsstaat bedurfte zu seiner Erfüllung des „Verfassungsgefühls" – eine Forderung Arndts aus der Überzeugung heraus, daß eine „Verfassung von der Liebe ihrer Staatsbürger und dem Mut aller Deutschen getragen und verteidigt wird."[419]

---

414 Wahl, Vorrang der Verfassung, S. 488 f., 491.
415 Zu dieser Funktion der Verfassung im demokratischen Verfassungsstaat s. Böckenförde, Entwicklung und Geschichte der Verfassung, S. 329 f. Arndt fand den Begriff des Verfassungsstaats im 10. Amendment der Unionsverfassung von 1791 verwirklicht: „The powers not delegated to the United States by the Constitution, nor prohibited by it to the States, are reserved to the States respectively or to the people." Er folgerte daraus: „Das amerikanische Staatsrecht kennt also keine im Sinne der Bundesregierung „allgemeine" (gleich: umfassende) Staatsgewalt, sondern nur „delegated powers", ebenso wie e nach Art. 70 GG nur seitens der Staatsgewalt, die vom Volke ausgeht (Art. 20 GG), „verliehene" Befugnisse zur Gesetzgebung gibt.", Kampf um den Wehrbeitrag, S. 267, 292.
416 S. a. a. O., S. 250, 298, 269.
417 A. a. O., S. 302; dazu bereits Karl Loewenstein, Erscheinungsformen der Verfassungsänderung, insbesondere S. 282 f., 294 f., 305 f.; aus denselben historischen Bedenken wie Arndt gegen den „Abbau de Normativen im Staatsrecht" s. Kägi, Die Verfassung als rechtliche Grundordnung, S. 100 ff., 111 ff.
418 Arndt, Kampf um den Wehrbeitrag, Bd. III, S. 298, faßt damit alle wesentlichen Merkmale der neuzeitlichen Verfassung als „Staatsgrundgesetz" zusammen; zu der darin liegenden Entwicklung der Verfassung hin zur „rechtlichen Konstitutionalisierung neuzeitlicher Staatlichkeit", zur „Ausdifferenzierung besonderen Verfassungsrechts" in Zusammenfassung der politischen Grundnormen und zur Durchsetzung der „Hierarchie der Rechtsquellen" vgl. systematisch Hofmann, Zur Idee des Staatsgrundgesetzes, S. 269 ff.
419 Ähnlich zu dem „praktisch" zwingenden Zusammenhang von normativer Verfassung und demokratischen Elementen, zum „Staatsethos" der normativen Verfassung s. Kägi, Die Verfassung als Grundordnung, S. 49.

Arndts Definition des Verfassungsstaats enthielt letztlich eine spezifisch inhaltlichwertende Stoßrichtung: Im Vorrang der Verfassung verkörperte sich die überlegene demokratische Legitimität des verfassunggebenden Volkes gegenüber der einfachen Parlamentsmehrheit. Daß die „jeweilige Parlamentsmehrheit alles bestimmen durfte, was das Grundgesetz ihr nicht verboten hat", also jegliche Vorstellung der „Parlamentssouveränität"[420], wies Arndt damit ausdrücklich zurück. Diese erhöhte Legitimität übertrug sich auf den Gehalt der Verfassung; er beanspruchte einen Eigenwert als geltender Normbestand, weil sich in ihm das „dauernde Einigsein" des Volkes und nicht bloß der Standpunkt einer Mehrheit verkörperte. Für Arndt bestand Staat letztlich nur, soweit seine Befugnisse aus einer geschriebenen, mit erhöhter Normkraft und Legitimität ausgestatteten Verfassungsurkunde hervorgingen. Er war damit ein „Verfassungsstaat im materiellen Sinn"[421]; dies kennzeichnete ihn als Begriff in der Theorie.

Der nationale Verfassungsstaat

Im Hinblick auf die Praxis der verfassungspolitischen Auseinandersetzung barg der Minderheitsschutz in den qualifizierten Mehrheitsanforderungen der Verfassungsänderung ein Vetorecht der „Opposition." Der Streit um Inhalt und Begriff des Verfassungsstaats war insoweit letztlich ein politischer Machtkampf. Parlamentsmehrheit und -minderheit stritten um die Regelungsbedürftigkeit der Wehrfrage in der Verfassung.
    Der Streit um den „Verfassungsstaat" blieb keineswegs rein begrifflich-theoretisch. Er war folgenreich für die Auslegung des Art. 24 GG. Diese Verfassungsnorm erleichterte und privilegierte verfassungsrechtlich[422] die Integration der Bundesrepublik in internationale Organisationen. Sie stützte am ehesten die These der Bundesregierung, daß der Beitritt der Bundesrepublik zur Europäischen Verteidigungsgemeinschaft keine Grundgesetzergänzung voraussetzte. Konnte demnach gemäß Art. 24 Abs. 1 GG der Bund durch einfaches Gesetz zwischenstaatlichen Einrichtungen Hoheitsrechte übertragen, die im Grundgesetz nicht ausdrücklich konstituiert waren? Galt dies entsprechend für die Beschränkung von Hoheitsrechten bei der Einordnung des Bundes in ein System kollektiver Sicherheit gemäß Art. 24 Abs. 2 GG?
    Diese Thesen vertraten die Bundesregierung und ihre Gutachter. Professor Erich Kaufmann ließ es für die Übertragung nationaler Hoheitsrechte gemäß Art. 24 Abs. 1 GG genügen, daß sie „an sich zur nationalen Souveränität" gehörten, ohne daß es ihrer vorherigen konkreten Kodifikation im Verfassungstext bedurfte.[423] Die darin liegende partielle Entbindung des Art. 24 GG von den „organisatorischen Bestimmungen" des

---

420 Kampf um den Wehrbeitrag, Bd. III, S. 292; wie Arndt gegen die „absolutistische" Tendenz der demokratischen Mehrheitsentscheidung zur Ungebundenheit s. Kägi, Die Verfassung als Grundordnung, S. 181, 184.
421 S. dazu Böckenförde, Geschichtliche Entwicklung und Bedeutungswandel der Verfassung, S. 330.
422 Vgl. zu den mit dieser Vorschrift verbundenen Absichten des Parlamentarischen Rats von Mangoldt, Das Bonner Grundgesetz, S. 163. Daraus entwickelte die Verfassungsrechtslehre parallel zur ‚integrationsfreundlichen' Verfassungspraxis unter dem Grundgesetz eine umfassende „Integrationsgewalt", vgl. Grewe, Abschnitt Auswärtige Gewalt (1988), Rdn. 68 ff.; s. auch oben Kapitel IV.1.
423 Kampf um den Wehrbeitrag, Bd. II, S. 55.

Grundgesetzes schloß die Bundesregierung aus der „Natur der Sache."[424] Diese extensive Auslegung des Art. 24 GG zielte offenkundig darauf ab, die „Internationalisierung der politischen und wirtschaftlichen Beziehungen der Staaten zu erleichtern."[425]

Diese Auslegung lief jedoch Arndts Verständnis des Verfassungsstaats strikt zuwider. Sie bedeutete für ihn die „Entdeckung einer in der Mauer der Verfassung verheimlichte[n] Sprengkammer." Der Gutachter Professor Ernst Forsthoff pflichtete ihm bei mit der ironischen Warnung vor einem „halbe[n] Artikel 48 WRV im Grundgesetz."[426] Arndt argumentierte so: Gerade weil Art. 24 Abs. 1 GG das Prinzip des Vorrangs der Verfassung durchbrach und dem einfachen Gesetzgeber materiell verfassungsändernde Kompetenz einräumte, mußte diese Regelung als Ausnahmevorschrift „streng und eng" ausgelegt werden.[427] Sie sollte sich daher nicht auf die Einordnung in ein System kollektiver Sicherheit, Art. 24 Abs. 2 GG, erstrecken. Jedenfalls, so stellte Arndt klar, könne auch im Interesse internationaler Zusammenarbeit Art. 24 GG nicht dazu ermächtigen, staatliche Hoheitsrechte zu beschränken oder zu übertragen, die nicht bereits zuvor auf Grund der nationalen Verfassungsordnung eingeräumt worden waren: Artikel 24 GG dürfe nicht den *nationalen* Verfassungsstaat des Grundgesetzes überspielen.[428]

Einzelprobleme

Betraf der Streit um den Verfassungsstaat verfassungstheoretische Grundsatzfragen, so standen bei der Frage nach der Änderungsbedürftigkeit des Grundgesetzes die materiellen Regelungen der beiden umfangreichen Vertragswerke zur Debatte. Arndts Schriftsätze türmten vor dem Gericht eine Fülle von Einzelproblemen auf, die von den grundlegenden Regelungswerken des Bonner Vertrags[429] und des Vertrags über die Gründung der Europäischen Verteidigungsgemeinschaft bis zu den verästelten, teils sehr technischen Regelungen der Zusatzverträge reichten.[430]

Die politischen Hintergründe der Verfassungsstreitigkeiten traten auch in den Debatten des Rechtsausschusses des Deutschen Bundestags deutlicher hervor. In den zwei Monaten vor der zweiten Lesung der Vertragswerke am 4. Dezember 1952 befaßte sich der Ausschuß fast ausschließlich mit ihrer verfassungsrechtlichen Zulässigkeit. In langen und dicht aufeinanderfolgenden Sitzungen wurden die Rechtsfragen kaum weniger

---

424 A. a. O., S. 31.
425 Vgl. statt aller Professor Erich Kaufmann, a. a. O., S. 54.
426 A. a. O., S. 283 (Arndt); Forsthoff an Arndt, 11. September 1952, AdsD, Akten SPD-BTF 332 (Wehrbeitrag, Schriftwechsel mit Gutachtern).
427 A. a. O., S. 300 ff.
428 Vgl. Arndts rhetorische Frage: „Welche Erwägung sollte wohl den Verfassungsgesetzgeber dazu verleitet haben, in das mühsam geschaffene und in sich zusammenhängende Ganze des Grundgesetzes, das auf eine rechtsstaatliche und auch die Volkssouveränität gegründete Freiheitsordnung sein will, eine allen übrigen Vorschriften einzigartig übergeordnete Bestimmung aufzunehmen, die in einer noch nie in der Geschichte gekannten Weise jede jeweilige Parlamentsmehrheit ermächtigt, lediglich unter einem Zweckgesichtspunkt sich in unvorhersehbarer und unübersehbarer Weise über die gesamte Verfassung hinwegsetzen zu können?", a. a. O., S. 286.
429 S. dazu umfassend einschließlich der Zusatzvereinbarungen Kutscher, Bonner Vertrag.
430 A. a. O., s. vor allem den umfangreichen Truppenvertrag und den Überleitungsvertrag einschließlich der Zusatzvereinbarungen.

gründlich als in den Schriftsätzen des Verfassungsgerichtsprozesses erörtert.[431] Das lag maßgeblich an Arndt, der zumeist auch den Sitzungsvorsitz führte.[432] Kein anderer Abgeordneter im Ausschuß war so genau mit der verfassungsrechtlichen Problematik der Verträge vertraut und besaß so intime Kenntnis der Einzelfragen wie er. In allen Ausschußsitzungen war die Bundesregierung vertreten, zumeist durch die führenden Köpfe der Delegationen, die die Vertragswerke ausgehandelt hatten.[433] Arndt traf hier auf die Professoren Kaufmann, Mosler, Hallstein, Ophüls und Grewe. Er allein, nur gelegentlich unterstützt von seinen Parteikollegen Dr. Greve und Dr. Wagner, repräsentierte die Opposition im Ausschuß. Oftmals spitzten sich die Sitzungen auf Kontroversen Arndts mit den Regierungsvertretern zu. Die lebhaften Ausschußdebatten förderten im engeren, fachlich orientierten Gremium Einschätzungen und Informationen der Regierungsvertreter zutage, die Adenauers strikte Geheimhaltungspolitik bis dahin der Öffentlichkeit vorenthalten hatte.

Der erste streitige Fragenkomplex bezog sich auf die *Gleichberechtigung* und den Rechtsstatus Deutschlands sowie seine Gestaltung im Bonner Vertrag. Ein Problem hinsichtlich der Gleichberechtigung der Bundesrepublik ergab sich bereits aus der Konstruktion dieses Vertragswerks. Zwar hoben die Alliierten mit dem Vertrag das Besatzungsstatut auf und räumten der Bundesrepublik die „volle Macht über ihre inneren und äußeren Angelegenheiten ein." Zugleich jedoch behielten sie sich die Ausübung umfangreicher Vorbehaltsrechte vor. So setzten sie die bisher ausgeübten, besatzungsrechtlich begründeten Rechte hinsichtlich der Stationierung von Streitkräften sowie hinsichtlich Berlins und Deutschlands als ganzem einschließlich der Wiedervereinigung fort.[434]

Dabei entwickelte sich eine parallele Auseinandersetzung zum Verfassungsstreit um das Petersberger Abkommen. Arndt legte den Finger auf dieses Manko deutscher Gleichberechtigung, das zudem noch in der Form eines gegenseitigen, völkerrechtlichen Vertrages übernommen worden sei. Mehr noch: Hinter der deutschen Vertragspflicht, mit den drei alliierten Mächten zusammenzuwirken, um ihnen die Ausübung ihrer Rechte zu erleichtern[435], witterte Arndt die Gefahr einer Verpflichtung, notfalls entgegenstehendes deutsches Verfassungsrecht außer acht zu lassen.[436] Konnte nicht sogar im Extremfall die Bundesregierung diese Vertragspflicht nutzen, um das Grund-

---

431 Vgl. die Beratungen des Rechtsausschusses des Bundestags von der 206. Sitzung (3. Oktober 1952) bis zur 222. Sitzung (27. November 1952), die fast ausschließlich den Westverträgen galten.
432 In seiner Funktion als stellvertretender Vorsitzender; denn der Vorsitzende des Ausschusses, Professor Laforet, war längere Zeit erkrankt.
433 Eine Zusammenstellung s. bei Baring, Im Anfang war Adenauer, S. 229 f.
434 Vgl. Art. 1 I und 2 I des Vertrages über die Beziehungen zwischen der Bundesrepublik Deutschland und den Drei Mächten vom 26. Mai 1952 sowie die das alliierte Truppenstationierungs- und Notstandsrecht ausfüllenden Art. 4 I bis III und 5, s. dazu Kutscher, Bonner Vertrag.
435 Vgl. Art. 2 II des Bonner Vertrags. Arndt war indessen nicht so kurzsichtig, die besatzungsrechtliche Basis der Vorbehaltsrechte im Vier-Mächte-Abkommen vom 6. Juni 1945 zu leugnen, das zugleich die Grundlage der deutschen Einheitsforderung bildete. Im Gegenteil, vor dem Rechtsausschuß des Bundestags bekräftigte er: „Der politische Grundgedanke ist verständlich. Ich möchte sogar soweit gehen, daß ich sage, es ist richtig. Ich glaube auch gerade für meine Fraktion sprechen zu können, wenn ich sage, auch wir haben, so wie die Dinge stehen, kein Interesse daran, daß die Westmächte ihre völkerrechtliche Basis in Deutschland den Russen gegenüber zum Einsturz bringen.", vgl. Prot. RA-BT, 1. WP, 218. Sitzung (12. November 1952), S. 19.
436 S. Arndt, Kampf um den Wehrbeitrag, Bd. II, S. 756.

gesetz zu umgehen? Daß diese Vermutung Arndts nicht völlig aus der Luft gegriffen war, zeigte die gutachterliche Stellungnahme Professor Wilhelm Grewes, der an führender Stelle bei der Aushandlung des Bonner Vertragswerks mitgewirkt hatte. Grewe war einerseits bestrebt, die besatzungsrechtliche Grundlage der alliierten Vorbehaltsrechte zu betonen, denen das Vertragswerk lediglich eine Ausübungsschranke ziehe.[437] Andererseits nutzte er die Subsidiarität der alliierten Notstandsbefugnisse, das heißt die vorrangige Eintrittspflicht deutscher Stellen im Notstandsfall[438], um die grundgesetzlichen Vorkehrungen für den Fall des inneren Notstandes auszudehnen. Erkennbar zustimmend erwog er ein „ungeschriebenes Notrecht" des Staates Bundesrepublik, das zum Beispiel den Einsatz deutscher EVG- Kontingente im Fall eines inneren Umsturzversuches rechtlich legitimierte.[439]

Noch vor der Einforderung deutscher Rechtsgleichheit rangierte für Arndt jedoch die verfassungsrechtliche Verteidigung des *Gebots der deutschen Einheit*. Er dokumentierte dies in einer scheinbar rein terminologischen Frage: Mit großem Nachdruck beharrte er darauf, daß der Begriff „Bundesrepublik Deutschland" gleichgesetzt werde mit dem fortbestehenden Deutschen Reich; innerhalb dessen habe sich nur der westliche Teil als „Geltungsbereich des Grundgesetzes" konstituiert.[440] Im Wissen um die bewußtseinsprägende Bedeutung dieses politischen Identitäts- und Schlüsselbegriffs versuchte er damit den Begriff Bundesrepublik Deutschland mit einer weiten Auslegung zu besetzen, die allerdings in der Staats- und Völkerrechtslehre weitgehend isoliert stand. Hartnäckig verteidigte er sie gegen abweichende Formulierungen der Regierungsgutachter[441], in denen sich bereits zu Beginn der Fünfziger Jahre die Separierung eines Weststaatsbegriffs unter dem Namen „Bundesrepublik Deutschland" andeutete. Immerhin gelang es Arndt jedoch, während der ersten Legislaturperiode die Unterscheidung zwischen der „Bundesrepublik Deutschland" und dem „Geltungsbereich des Grundgesetzes" für die Gesetzessprache des Rechtsausschusses verbindlich zu machen.[442]

Arndt übertrug die politische Gefährdung der deutschen Wiedervereinigung durch General- und EVG-Vertrag in eine verfassungsrechtliche Problemstellung. Anlaß seiner Ausführungen war Art. 7 Abs. 2 des Generalvertrags, der die Bundesregierung und die Drei Mächte dazu verpflichtete, „ein gemeinsames Ziel zu verwirklichen: ein wiedervereinigtes Deutschland [...], das in die europäische Gemeinschaft integriert ist." Arndt setzte diese Vorschrift in Zusammenhang mit Absatz VII der Präambel des

---

437 S. Kampf um den Wehrbeitrag, Bd. II, S. 707 ff.; entsprechend die Stellungnahme der Bundesregierung, a. a. O., S. 685.
438 Vgl. Art. 5 II Bonner Vertrag; dazu Kutscher, Bonner Vertrag, Art. 5, Anm. II.3. (S. 33).
439 Grewe trug diese Auffassung in Form von Thesen Professor Ulrich Scheuners vor, ohne ihnen ausdrücklich beizutreten. Doch fügten sie sich in Grewes Auffassung von der lediglich „fragmentarischen" Regelung des Staatsnotstands im Grundgesetz ein. In der ausführlichen Zitierung Scheuners und der skeptischen Behandlung der Gegenmeinung ließ Grewe erkennen, daß er eine erschöpfende verfassungsrechtliche Normierung des Staatsnotstands zwar für „verfassungspolitisch [...] wünschenswert", bis dahin aber die Ausübung eines ungeschriebenen Notstandsrechts für verfassungsrechtlich zulässig hielt. s. Kampf um den Wehrbeitrag, Bd. II, S. 716 ff. (insbesondere S. 718).
440 A. a. O., S. 244, 253.
441 A. a. O., S. 253.
442 Vgl. Prot. RA-BT, 1. WP, 216. Sitzung (10. November 1952), S. 14; vgl. zum Einlenken des Bundesinnenministeriums auf die von Arndt forciert vertretene Terminologie die Kabinettsprotokolle der Bundesregierung, Bd. 4, 1951, S. 629, Anm. 11 und 12.

Generalvertrags, der die Bildung einer „integrierten europäischen Gemeinschaft, insbesondere den Vertrag über die Gründung der Europäischen Gemeinschaft für Kohle und Stahl und den Vertrag über die Gründung der Europäischen Verteidigungsgemeinschaft", zum Ziel erklärte, und folgerte daraus: „Der Artikel 7 Abs. 2 des Generalvertrages verbietet die deutsche Einheit in Freiheit, soweit sie nicht durch ein Junktim mit der europäischen Integration verwirklicht wird."[443]

Dies hielt Arndt für unvereinbar mit der Rangfolge des Ziels der nationalen Einheit zum einen und der Mitgliedschaft in einem vereinten Europa zum anderen, wie sie – nach seiner Auffassung – die Präambel des Grundgesetzes statuierte. Zwar standen nach deren Wortlaut die beiden Ziele gleichberechtigt nebeneinander. Doch kam ihnen nach Arndts Meinung unterschiedliche rechtliche Qualität zu. Danach war das Ziel eines vereinten Europa eine „rein politische", auf die „Zukunft gerichtete Formel", während „das Grundgesetz die staatliche Einheit Deutschlands als rechtlich bereits immer noch existent, also uns schon überkommen", voraussetzte und ihre Verwirklichung zur vorrangigen Rechtspflicht erklärte.[444] Nach dieser Auslegung war das grundgesetzliche Gebot der Einheit Deutschlands kraft seines Vorrangs bedingungsfeindlich, das heißt jedwede Verknüpfung mit der Realisierung europäischer Einheit verfassungswidrig.[445]

Dies war die ins Verfassungsrecht gewendete sozialdemokratische Forderung nach dem Vorrang der deutschen Wiedervereinigung vor allen anderen politischen Zielsetzungen. Arndts verfassungsrechtliche Interpretation war weder durch die Entstehungsgeschichte der grundgesetzlichen Präambel belegt, noch folgte sie zwingend deren Wortlaut. Jedenfalls verbot die Formulierung der Präambel nicht, beide Ziele in einen Bedingungszusammenhang zu stellen, und überließ dies dem politischen Ermessen der Regierung beziehungsweise des Gesetzgebers. Arndts These blieb somit letztlich politischer Natur und ohne verfassungsrechtliche Überzeugungskraft.

Der Primat der nationalen Komponente in Arndts Grundgesetzinterpretation setzte sich in der Auslegung der ‚Integrationsgewalt'[446] gemäß Art. 24 GG fort. Die verfassungsrechtliche Prämierung einer Integration der Bundesrepublik in zwischenstaatliche Zusammenschlüsse lobte zwar auch Arndt als einen „außerordentlich wesentliche[n] Fortschritt" und als „Niederlegung einer Mauer zur Entnationalisierung hin."[447] Doch zog er dieser fortschrittlichen Norm zugleich eine enge, immanente Schranke: Die zwischenstaatliche Organisation, die gemäß Art. 24 Abs. 1 GG nationale Hoheitsrechte übertragen erhalte, müsse in ihrer rechtlichen Organisation dem deutschen Staatsrecht „gleichartig" sein und dessen „wesentliche Strukturprinzipien wahren."[448] Es wurde nicht vollends deutlich, ob Arndt unter „wesentlichen Strukturprinzipien" nur den gemäß Art. 79 Abs. 3 GG unabänderlichen Kern des Grundgesetzes oder mehr verstand. Jedenfalls bot seine Auslegung des strikten Gewaltenteilungsmaßstabs nach dem Grundgesetz rasch eine Handhabe, die geplante Europäische Verteidigungsge-

---

443 Kampf um den Wehrbeitrag, Bd. II, S. 766.
444 A. a. O., S. 766–768.
445 So klar, a. a. O., S. 769; s. auch die Feststellung im Rechtsausschuß, die Einheit Deutschlands müsse „unter allen Umständen" gewahrt werden, Prot. RA-BT, 1. WP, 213. Sitzung (29. Oktober 1952), S. 32 f.
446 Vgl. Anm. 422.
447 Vgl. Prot. RA-BT, 1. WP, 210. Sitzung (20. Oktober 1952), S. 13.
448 S. Kampf um den Wehrbeitrag, Bd. II, S. 303.

meinschaft als ‚inhomogen'[449] im Verhältnis zur Struktur des Grundgesetzes und damit als verfassungswidrig zu verwerfen. Dies räumten auch die Stellungnahmen seitens der Bundesregierung – direkt oder indirekt – ein.[450] Ihre Gegenthese, der Grundsatz der Gewaltenteilung gelte nicht als Organisationsprinzip für zwischenstaatliche Einrichtungen, war zwar integrations- und völkerrechtsfreundlich. Doch ignorierte sie – zumindest auf verfassungsrechtlicher Ebene – die Gefahr einer Überantwortung deutscher Hoheitsrechte an rechtsstaatlich und demokratisch mangelhaft ausgestattete zwischenstaatliche Organisationen – gerade im Gegensatz zu Arndts Beharren auf dem rigiden Maßstab des nationalen Verfassungsstaats.

Ein Ausläufer der Kontroverse zwischen einer integrationsfreundlichen und einer national-verfassungsstaatlichen Integration des Grundgesetzes war auch die Debatte um den Begriff des Systems *kollektiver Sicherheit* in Art. 24 Abs. 2 GG. Erübrigte sich eine Grundgesetzänderung, weil die EVG ein „System kollektiver Sicherheit" war und daher dem einfachen Gesetzgeber die umfassende „Einordnungskompetenz" gemäß Art. 24 Abs. 2 GG zustand, alle zur Einordnung in das Sicherheitssystem erforderlichen Maßnahmen ohne Verfassungsänderung durchzuführen?[451] An dieser Auslegung der Bundesregierung bestritt Arndt bereits die Kennzeichnung der EVG als System kollektiver Sicherheit. Sein Widerspruch, unterstützt von mehreren Gutachtern, löste eine erste Begriffsdebatte aus. Sie bildete den verfassungsrechtlichen Auftakt zu einer späteren, ausgedehnten politischen Kontroverse um Gehalt und Realisierungschancen eines Systems kollektiver Sicherheit.[452]

Enger als die Bundesregierung definierte Arndt den verfassungsrechtlichen Begriff des Systems „Kollektiver Sicherheit"[453] gemäß Art. 24 Abs. 2 GG als einen kollektiven Staatenzusammenschluß gegen einen potentiellen Angreifer innerhalb des Bündnisses, mithin einen Pakt zur Sicherung der vertragschließenden Staaten untereinander.[454] Scharf grenzte er dieses System ab gegen ein System „kollektiver Selbstverteidigung", das die Abwehr gegen einen außerhalb des Bündnisses stehenden Angreifer organisierte. Unterscheidender „Kerngedanke" des Systems kollektiver *Sicherheit* gegenüber dem System kollektiver *Selbstverteidigung* war danach seine Fähigkeit, den Angreifer und Rechtsbrecher als solchen innerhalb des eigenen Sicherheitssystems eindeutig zu identifizieren.[455]

Arndt bewog seinen Parteifreund Carlo Schmid als einen der Initiatoren des Begriffs „System der kollektiven Sicherheit" im Parlamentarischen Rat, diese Auslegung zu

---

449 Die ‚Homogenität' der rechtsstaatlichen und demokratisch-parlamentarischen Institutionen im Verhältnis der nationalen zu den zwischenstaatlichen Rechtsordnungen war für Arndt gleichbedeutend mit der Übereinstimmung der „wesentlichen Strukturprinzipien", s. Kampf um den Wehrbeitrag, Bd. II, S. 280. Wissenschaftliche Gewährsleute Arndts waren die Professoren Herbert Kraus, a. a. O., S. 545 ff., Theodor Maunz, a. a. O., S. 591 ff. (insbesondere S. 600 ff.), der über den änderungsfesten Kern des Grundgesetzes, Art. 79 III GG, hinaus, auch das „sonstige Gesamtgefüge der Verfassung" als Schranke des Art. 24 GG ansah, a. a. O., S. 605.
450 A. a. O., S. 147 (Gutachten Professor Scheuner) und S. 31 f. (Schriftsatz der Bundesregierung).
451 A. a. O., S. 30 f.
452 S. dazu Kapitel V.1.
453 Unter Rückgriff auf die völkerrechtliche Literatur, Kampf um den Wehrbeitrag, Bd. II, S. 765.
454 Vgl. das Gutachten von Professor Kraus, a. a. O., S. 543 f.
455 Klar in diesem Sinne das Gutachten von Professor Ernst Forsthoff, a. a. O., S. 335.

bekräftigen.[456] Traf sie zu, so war die gegen den östlichen Militärblock gerichtete EVG ein System kollektiver Selbstverteidigung, nicht kollektiver Sicherheit – eine „Einordnung" der Bundesrepublik in dieses westliche Militärbündnis konnte mithin nicht der einfache Gesetzgeber gemäß Art. 24 Abs. 2 GG vornehmen.[457]

Wahrung der Grundrechte

Arndts Verfassungsstaat war wesentlich ein dem rechtlichen Schutz des Individuums und seiner Grundrechte dienender Rechtsstaat. In einem letzten Komplex seiner verfassungsrechtlichen Einwände stellte Arndt eine Liste von Grundrechtsverstößen auf, wie sie – nach seiner Rechtsauffassung – die gesamten umfangreichen Vertragswerke durchzogen.

Funktion und Wirkung der Grundrechte führten zum Kern der Verfassungstheorie Arndts, die später noch ausführlich darzustellen sein wird[458]: Sie repräsentierten die unantastbare Grundlage des Verfassungsstaats, die „Einigkeit über das Unabstimmbare", die die Mehrheitsabstimmung über andere Gesetze überhaupt erst ermöglichte.[459] Die rechtliche Wirkung der Grundrechte zu beschneiden, hieß für ihn folglich, den Kern des Verfassungsstaats selbst anzutasten.

Eine grundsätzlich verschiedene Gewichtung der Grundrechte zeigte sich am Beispiel der Frage nach der Grundrechtsgeltung im Militärverhältnis. In Übereinstimmung mit einer weithin noch ungebrochenen deutschen Staatsrechtstradition[460] verneinten die Bundesregierung und einige ihrer Gutachter die Frage mit der Begründung, das Militärverhältnis sei ein ‚besonderes Gewaltverhältnis': Dessen besondere – gegebenenfalls auch ungeschriebene – Regeln gingen der „lex generalis der Grundrechtsnormen" vor.[461] Dementsprechend hielten sie die verfassungskräftige Erwähnung und Legitimation einer eingeschränkten Grundrechtsgeltung im Wehrverhältnis nicht für

---

456 S. Arndt an Carlo Schmid, 4. November 1952, AdsD, Nachlaß Arndt, Mappe 222. Dort bat er Schmid, der Regierungsseite entgegenzutreten, die versuche, seine Äußerungen im Parlamentarischen Rat gegen die gegenwärtige Begriffsverwendung durch die SPD auszuspielen. Schmid kam der Bitte im Rechtsausschuß des Bundestags nach und stellte klar, daß er ein System kollektiver Sicherheit als „Gefahrengemeinschaft" der verbundenen Staaten unter Einschluß des virtuellen politischen Gegners verstanden wissen wollte, s. Prot. RA-BT, 1. WP, 214. Sitzung (6. November 1952), S. 58.

457 Umgekehrt suchte Arndt – wohl im Hinblick auf die politische Debatte um die Wiederbewaffnung und pazifistische Strömungen in der SPD – ein anderes Begriffsmerkmal des Art. 24 II GG offen zu halten: Danach sollte die Beteiligung an einem System „kollektiver Sicherheit" nicht zwingend in militärischer Waffenhilfe bestehen, vielmehr die bloße Gewährung eines Durchmarschrechts (dieses Beispiel nannte Carlo Schmid, Prot. RA-BT, ebda.), ja, einen gänzlich waffenlosen Beitrag einschließen, vgl. Arndts Überlegungen in einer Notiz zur Vorbereitung der mündlichen Verhandlung vor dem Bundesverfassungsgericht an die Gutachter, die Professoren Kraus, Schätzel, Forsthoff, „Betrifft: Begriff der kollektiven Sicherheit", Anlage zu Arndt an Forsthoff, 18. November 1952, AdsD, Nachlaß Arndt, Mappe 222.

458 S. dazu unten Kapitel VII.1.

459 Vgl. dazu die eindringlichen Ausführungen in Prot. RA-BT, 1. WP, 208. Sitzung (9. Oktober 1952), S. 22.

460 Darauf wies Professor Scheuner hin, vgl. Kampf um den Wehrbeitrag, Bd. II, S. 148 f. Allerdings vollzog die staatsrechtliche Literatur der ersten Hälfte der Fünfziger Jahre unter der Geltung des Grundgesetzes eine Wende zur Bejahung der Grundrechtsgeltung in besonderen Gewaltverhältnissen, vgl. Erichsen, Besonderes Gewaltverhältnis und Sonderverordnung, S. 231 ff. (S. 233).

461 So Kaufmann, a. a. O., S. 61.

geboten. Die Diskussion im Rechtsausschuß verdeutlichte die dieser Auffassung zugrundeliegende Vorstellung von einer strukturell vorgegebenen „militärischen Ordnung", die kraft „Natur der Sache" den grundrechtlichen Freiheiten immanente Schranken zog.[462]

Das war mit dem von Arndt entwickelten strikten Verständnis des Verfassungsstaats unvereinbar. Danach bedurfte jeder staatlich-hoheitliche Eingriff in die individuelle Grundrechtssphäre einer verfassungskräftigen Legitimation. Arndt protestierte daher gegen die Regierungsauffassung, die er eine „Aushöhlung", ja „Abschaffung" der Grundrechte nannte.[463] Er forderte eine Norm, die zweierlei klarstellen sollte: Soldaten seien Träger von Grundrechten, die auch – entgegen der überkommenen Auffassung – im Wehrverhältnis galten; die Beschränkbarkeit der Grundrechte auf Grund der Erfordernisse des Wehrdienstes werde durch die entsprechende Verfassungsnorm erst zugelassen, nicht nur festgestellt.[464]

Der entscheidende Unterschied zur Argumentation der Regierung lag darin, daß Arndt von einer prinzipiell umfassenden Geltung der Grundrechte ausging, ohne davon sachlich begrenzte Bereiche der ‚besonderen Gewaltverhältnisse' auszunehmen.[465] Ein solches Verständnis der Grundrechte war neu. Es brach mit der überkommenen staatsrechtlichen Konstruktion des ‚besonderen Gewaltverhältnisses' und leitete die Entwicklung zu seiner Auflösung mit ein.[466]

Arndt ignorierte im übrigen keineswegs, daß der Zweck des Wehrverhältnisses eine intensivere Beschränkung der Grundfreiheiten erforderte als in den meisten anderen Bereichen staatlicher Gewaltunterworfenheit. Er verkannte durchaus nicht, daß „es militärpolitisch wahrscheinlich gar nicht erträglich ist, die staatsbürgerlichen Rechte in vollem Umfang zu geben."[467] Ihm ging es vielmehr um die rechtlich geordnete und kontrollierbare Beschränkung der Freiheit.

Abgesehen von diesen Besonderheiten des Wehrverhältnisses, rügte Arndt eine Reihe von Grundrechtsverletzungen im Generalvertrag und seinen Zusatzverträgen. Sie betrafen vorwiegend Verletzungen des Eigentumsrechts, Art. 14 GG, und der Pro-

---

462 Vgl. die Diskussion Prot. RA-BT, 1. WP, 216. Sitzung (10. November 1952), S. 11 f., 29.
463 Kampf um den Wehrbeitrag, Bd. II, S. 272; Prot. RA-BT, 1. WP, 207. Sitzung (8. Oktober 1952), S. 35 ff.
464 Arndt trat damit den Regierungsvertretern entgegen, die Artikel 133 II WRV, einen Vorläufer der von Arndt angestrebten Norm (Art. 133 II Satz 2 WRV bestimmte als Inhalt des Reichswehrgesetzes „Dieses bestimmt auch, wieweit für Angehörige der Wehrmacht zur Erfüllung ihrer Aufgaben und zur Erhaltung der Mannszucht einzelne Grundrechte einzuschränken sind"), so auslegten, als habe er aufgrund der WRV ohnehin bestehende Beschränkungsmöglichkeiten der Grundrechte im Militärverhältnis nur deklaratorisch festgestellt, s. Kampf um den Wehrbeitrag, Bd. II, S. 26, 271.
465 A. a. O., S. 273, 307.
466 S. u., Kapitel V.1. Dies gilt jedenfalls für die tradierte, die Geltung der Grundrechte und des Gesetzesvorbehalts ablehnende Auffassung, eine Entwicklung, die mit dem „Strafgefangenenbeschluß" des Bundesverfassungsgerichts, E 33, 1 (S. 9 ff.), ihren vorläufigen Höhepunkt fand. Allerdings zeigt sich eine Tendenz – wenngleich mit modernerem rechtlichem Instrumentarium –, zumindest der Sache nach einer „Sonderbefindlichkeit der Staatseingliederung" des Bürgers in „öffentlich-rechtlichen Sonderbindungen" rechtlich Rechnung zu tragen, s. Loschelder, Vom besonderen Gewaltverhältnis zur öffentlich rechtlichen Sonderbindung, S. 399 ff., zusammenfassend S. 471 ff. (S. 472).
467 Vgl. Prot. RA-BT, 1. WP, 216. Sitzung (10. November 1952), S. 26; ähnlich auch a. a. O., S. 31, wo er sich mit den Regierungsvertretern und -abgeordneten einig erklärte, daß „Wehrdienst und volle Grundrechte, insbesondere volle staatsbürgerliche Grundrechte, nicht miteinander vereinbar sind"; vgl. auch Arndts Einräumung, Kampf um den Wehrbeitrag, Bd. II, S. 273.

zeßgrundrechte, Art. 101 bis 104 GG, und das Verbot der Auslieferung Deutscher, Art. 16 GG.[468]

Arndts Argumente und die Debatten im Rechtsausschuß verfolgten mit der Verteidigung der Grundrechte eine doppelte Stoßrichtung. Zum einen bezweckte der sozialdemokratische Jurist die innere Stabilisierung des Rechtsstaats und die Wiederbewußtmachung seiner Selbstverständlichkeiten, nachdem „unter der nationalsozialistischen Gewaltherrschaft zwölf Jahre lang allen vermeintlichen Selbstverständlichkeiten zuwider sich ereignet hatte, was zuvor niemals für möglich gehalten worden war."[469] Zum anderen ging es ihm auch dabei um nationale Selbstbehauptung gegenüber den Besatzungsmächten.[470] Im Rechtsausschuß heftig umstritten war zum Beispiel die Frage, ob die Regelungen des Truppenvertrages grundgesetzwidrig waren. Sie ließen nämlich eine Verhaftung deutscher Staatsangehöriger, die in den amerikanischen Streitkräften dienten, und ihre Verbringung ins Ausland sowie die Strafverurteilung und Vollstreckung zu.[471] Arndt sah darin „materiell" eine Ausbürgerung und einen Verstoß gegen Art. 16 Abs. 2 Satz 1 GG, der eine Auslieferung von Deutschen an das Ausland verbot.[472] Er warnte davor, „deutsches Verfassungsrecht [...] als das mindere" anzusehen, „und zwar sogar, wie ich merke, von deutscher Seite aus", und beschwor die Ausschußmitglieder geradezu, „elementare Vorschriften des deutschen Grundgesetzes zu wahren."[473] Die Regelungen des Überleitungsvertrags bezüglich der deutschen Reparationen hielt er für grundgesetzwidrige Enteignungsnormen.[474]

Dabei erhellte schlaglichtartig seine tiefere politische Motivation, wenn er auf dem Höhepunkt der Auseinandersetzung erklärte:

„Mich hat nichts so tief sittlich empört wie die Ausführungen von Herrn Professor Kaufmann im „Bulletin", daß wir die Verpflichtung haben, Reparationspflichten zu erfüllen, weil wir den Krieg verloren haben. Ich betrachte mich nicht als einer, der den Krieg verloren hat, und ich lehne immer jede Identifizierung des deutschen Volkes mit Hitler und seinem Gewaltregime ab."[475]

Arndts Appell an das deutsche Selbstbewußtsein ließ die Regierungsvertreter und Vertragsunterhändler im Rechtsausschuß nicht unbeeindruckt. Er schuf Augenblicke der Übereinstimmung, in denen von Regierungsseite – wenn auch zögernd und vorsichtig – zugestanden werden konnte, daß die Enteignung deutschen Vermögens in den

---

468 Vgl. im einzelnen Kampf um den Wehrbeitrag, Bd. II, S. 236–244, und die Diskussionen im Rechtsausschuß, Prot. RA-BT, 1. WP, 206. Sitzung (3. Oktober 1952), 211. Sitzung (22. Oktober 1952), 212. Sitzung (24. Oktober 1952), 214. Sitzung (6. November 1952).
469 Kampf um den Wehrbeitrag, Bd. II, S. 271.
470 Zum doppelten Zweck dieses Beharrens auf dem grundrechtlichen Maßstab s. Arndt, Deutschlands rechtliche Lage (1947), S. 113, und Kapitel II.5.
471 Vgl. Art. 7 V und Art. 28 des Truppenvertrags, s. Kutscher, Bonner Vertrag, S. 63, 83.
472 S. Prot. RA-BT, 1. WP, 206. Sitzung (3. Oktober 1952), S. 6.
473 A. a. O., S. 8.
474 Insbesondere Art. 3 des VI. Teils des Überleitungsvertrags, der den deutschen Verzicht auf Einwendungen gegen Beschlagnahme deutschen Vermögens zu Reparationszwecken festlegte, s. Kutscher, Bonner Vertrag, S. 221.
475 S. Prot. RA-BT, 1. WP, 214. Sitzung (6. November 1952), S. 39.

Reparationsbestimmungen zu den „unerfreulichsten Regelungen"[476] des ganzen Vertragswerks gehöre oder eine politische Erklärung von deutscher Seite gegen die Exemtion der alliierten Notstandsbefugnisse aus der Schiedsgerichtsbarkeit des Generalvertrags am Widerstand der Militärbefehlshaber gescheitert sei.[477]

Radikaler Verfassungsstaat?

Am 22. November 1952 schloß der Rechtsausschuß seine Beratungen über die Vertragswerke. Vom 3. bis 5. Dezember 1952 wurden sie aufgrund der Ausschußberichte vom Bundestag in zweiter Lesung beraten. Nach der Vorbereitung in den Fachausschüssen erlebte die Debatte um die Vertragsinhalte ihren parlamentarischen Höhepunkt. Auch daran hatte Adolf Arndt maßgeblichen Anteil. Für die Rechtsausschußminderheit legte er dem Plenum ein Gutachten vor, in dem er – um einiges ausführlicher als das Mehrheitsgutachten[478] – den Rechtsstandpunkt der Opposition zusammenfaßte.

In seinem Redebeitrag beschwor Arndt den Wert der Verfassung als eines den Staat erst hervorbringenden gesellschaftlichen Konsenses. Die Annahme der Vertragswerke breche die Verfassung und stürze sie in eine „Verfassungsnot", die „katastrophal"[479] sei. Dieser Verfassungsbruch drohe auch zum Bruch des Volkes mit der Verfassung zu führen und es in „feindliche Parteien im kalten Bürgerkrieg" aufzuspalten.

> „Ein solcher Frevel muß in weitesten Volkskreisen, die treu zur Demokratie stehen und ihr Vaterland nicht weniger lieben als andere Deutsche, die bitterste aller Enttäuschungen wecken, das Bewußtsein, aus dem Staate ausgestoßen zu werden und in der eigenen Heimat heimatlos zu sein."

Der Gedankengang vollzog sich folgendermaßen: Unterstellte sich der Staat einer Verfassungsordnung, der das Volk „glauben" sollte und durfte, so erschütterte ein – zudem bewußter – Verfassungsbruch diese Glaubens- und Vertrauensgrundlage und stürzte das Volk in den Zwiespalt zwischen staatlicher Gefolgschaftspflicht einerseits und Verfassungstreue andererseits. Aus der „Verfassungsnot" folgte der Glaubens- und „Gewissenszwang"[480] – das war der Kerngedanke in Arndts Rede. In seiner eindringlichen Diagnose der „Verfassungsnot" faßte Arndt mehrfältige Vorwürfe des Rechtsbruchs zusammen, wie sie von politisch sehr verschiedenen Standpunkten erhoben werden konnten. Dazu gehörte ein Verstoß gegen das Gebot der deutschen Einheit ebenso wie die verfassungswidrige Ermächtigung zum Einsatz militärischer Streitkräfte gegen Streikende im Falle des inneren Notstandes. Arndt verstand es, durch den

---

476 So der CDU-Abgeordnete Hermann Kopf, Prot. RA-BT, 1. WP, 214. Sitzung (6. November 1952), S. 25; ähnlich Professor Kaufmann, der Teil IX des Überleitungsvertrags mit dem deutschen Verzicht auf Schadensersatzansprüche als den „am wenigsten schönen Teil" des Vertragswerks bezeichnete, a. a. O., S. 50.
477 Information von Professor Wilhelm Grewe, Prot. RA-BT, 1. WP, 218. Sitzung (12. November 1952), S. 15.
478 S. Prot. BT, 1. WP, 240. Sitzung (3. Dezember 1952), S. 11 196–11 201 (Mehrheitsgutachten); S. 11 201–11 213 (Minderheitsgutachten Arndts).
479 S. Prot. BT, 1. WP, 241. Sitzung (4. Dezember 1952), S. 11 364 D.
480 A. a. O., S. 11 368 D.

Im Bundestag

verbindenden Gedanken des Verfassungsbruchs die Gewissensnot des absoluten Pazifisten und des national denkenden Deutschen, der angesichts der Wiederbewaffnung eine militärische Konfrontation Deutscher gegen Deutsche fürchtete, zusammenzuführen.

Dies trug zum politischen Erfolg der Rede bei. Er zeigte sich – neben den vehementen Attacken des politischen Gegners[481] – in den Pressekommentaren und zahlreichen anerkennenden Zuschriften, die Arndt zugingen. Arbeiter und – nach eigenem Bekunden – „nicht akademisch Gebildete" lobten die Klarheit und Verständlichkeit der Sprache Arndts; Absender, die sich im übrigen zur CDU bekannten, erklärten sich mit den Angriffen des SPD-Politikers auf die Regierung einig.[482]

Während Millionen der Bundestagsdebatte am Radio zuhörten, legte Arndt, als Sprecher für die gesamte Partei, das Gewicht auf eine bewegende und mahnende Situationsanalyse. Kurz zuvor hatte er daraus für seine Person eine brisante Folgerung gezogen und im Rechtsausschuß erklärt:

> „Ich will Ihnen ganz klar sagen, ich für meinen Teil würde das Regime, das durch diese Verträge begründet wird, mit der gleichen Leidenschaft und mit der gleichen Empörung ablehnen, wie ich das nationalsozialistische Regime abgelehnt habe. Das ist dann keine Opposition mehr gegen eine jeweilige Regierung, gegen die man Mißtrauen hat, sondern zu dem Staat, der hier geschaffen werden soll, gehöre ich nicht mehr dazu."[483]

War dies eine emotionale Aufwallung, die sich verbal über ihr Ziel hinaustragen ließ, oder nahm Arndt aus seiner Gewissensnot heraus ein Widerstandsrecht in Anspruch?

Erneut schien es so, als sei der Funke absolut begründeten Widerstands gegen die deutsche Remilitarisierung übergesprungen auf einen führenden Repräsentanten der SPD; denn dem absoluten Pazifismus bot – objektiv betrachtet – Arndts absolutes Rechtsdenken eine verfassungsrechtliche Argumentationsstütze. Wie weit ging Arndts leidenschaftliche Ablehnung der Verträge? Verweigerte sie in letzter Konsequenz auch einem ‚verfassungswidrigen' Urteilsspruch des Bundesverfassungsgerichts die Loyalität? Nur widerstrebend nahm Arndt von dieser Vorstellung Abstand. In einem Brief an den Regierungsgutachter, Professor Ernst Wolff, der ihm diese Frage vorgelegt hatte[484], bekundete Arndt zwar sein erschüttertes Vertrauen in die Rechtsprechung und erklär-

---

481 Vgl. die zahlreichen Zwischenrufe während der Rede Arndts und die anschließende Rede Kiesingers (CDU), Prot. BT, 1. WP, 241. Sitzung (4. Dezember 1952), S. 11 369 ff.
482 Vgl. die Zuschriften, AdsD, Akten SPD-BTF 335 (Wehrdebatte/allgemein. Schriftwechsel), z. B. die Formulierung: „Ich wählte seinerzeit die CDU und verließ mich auf ihr Programm. Es ist für mich eine der größten Enttäuschungen der Nachkriegszeit, daß sich diese Partei nun erdreistet, zur Remilitarisierung zu blasen." (Zuschrift vom 5. Dezember 1952); vgl. auch die aufschlußreichen Antworten Arndts, in denen er zum Beispiel klarstellt, daß „es kein Dogma sein kann, daß Deutsche in keinem Fall gegen Deutsche kämpfen können [...] Würde sich das verhängnisvolle Unglück ereignen, daß Deutsche vor den Maschinenpistolen Stalins zum Überfall auf uns vorgeschickt würden, so müßten wir uns wohl oder übel dagegen wehren", Arndt an Graubner, 29. Dezember 1952.
483 Prot. RA-BT, 1. WP, 218. Sitzung (12. November 1952), S. 40 ff.
484 Professor Dr. Ernst Wolff, vormals Präsident des Obersten Gerichtshofs der Britischen Zone, an Arndt, 17. November 1952, AdsD, Nachlaß Arndt, Mappe 222; auf einen Brief Arndts vom 11. November 1952 (a. a. O.) hin, in dem dieser zwar grundsätzlich die „Rechtssicherheit" für „bedeutungsvoller als die eigene, doch niemals unfehlbare Meinung" erklärt, jedoch hinzugefügt hatte: „In diesem Falle aber steht das Ganze der Verfassung auf dem Spiel." Auch Wolff gegenüber gab er damit dieselbe leidenschaftliche Ablehnung der Westverträge kund wie im Rechtsausschuß des Bundestags.

te, daß ein „Fehlspruch [...] uns die Verfassung nehmen würde", versprach jedoch schließlich seine „Achtung vor dem Spruch des Bundesverfassungsgerichts."[485]

Arndts Diktum im Rechtsausschuß grenzte demnach an die Aufkündigung des Konsenses über die staatliche Willensbildung, aber vollzog sie – bewußt – nicht. Die letzte konsenswahrende und -fähige Instanz blieb für ihn das Bundesverfassungsgericht. Allerdings hatte er dies nicht öffentlich klargestellt. In der Bundestagsdebatte jedenfalls gab die Interpretierbarkeit seines Bekenntnisses bequemen Anlaß zu gegnerischen Angriffen: Unter dem Vorwurf, er habe einen Angriff auf das demokratische Mehrheitsprinzip geführt, wurde Arndt in die Nachbarschaft prinzipieller Systemgegner gedrängt.[486]

6. Verfassungskrise und Wehrstreit in der Schwebe

Die Abstimmung nach der Zweiten Lesung der Vertragsgesetze brachte Adenauer die erwartete Mehrheit. Der Kanzler hatte auf Beschleunigung des Gesetzgebungsverfahrens gedrängt[487]; denn der Zeitverlust und die Unsicherheit, die das schwebende Verfassungsgerichtsverfahren mit sich brachten, belasteten das Verhältnis zu den Vertragspartnern und gefährdeten das Projekt der EVG. Es war daher überraschend für die deutsche Öffentlichkeit, daß auf Antrag der CDU/CSU- und der FDP-Fraktion die dritte Lesung der Vertragswerke aufgeschoben wurde. Tags darauf, am 6. Dezember 1952, wurde der Grund der Vertagung deutlich: Das Gesetzgebungsverfahren war gestoppt worden, weil die Regierungsfraktionen planten, vor dem Bundesverfassungsgericht ein Organstreitverfahren gegen die SPD-Fraktion anzustrengen, noch bevor das BVerfG dem Gutachtenersuchen des Bundespräsidenten entsprochen hatte. Sie beantragten festzustellen:

1. Die Antragsgegner verstoßen dadurch gegen das Grundgesetz, daß sie dem Deutschen Bundestag und der antragstellenden Mehrheit des Bundestags das Recht bestreiten, die Gesetze über den Deutschland-Vertrag und den EVG-Vertrag mit der in Art. 42 Abs. 2 Satz 1 GG vorgeschriebenen Mehrheit zu verabschieden.
2. Der Deutsche Bundestag ist berechtigt, die Gesetze über den Deutschland-Vertrag und den EVG-Vertrag mit der in Art. 42 Abs. 2 Satz 1 GG vorgeschriebenen Mehrheit zu verabschieden.[488]

Offiziell wurde dieser Schritt damit begründet, daß er die Klärung der verfassungsrechtlichen Streitfrage herbeiführen sollte.[489] Welche Motive die Antragsteller tatsächlich bewegten, wird aus den Unterlagen Bundesjustizminister Dehlers deutlich, der als geistiger Urheber der Organklage gelten kann. Am 20. Oktober 1952 beschrieb Dehler dem Staatssekretär im Bundeskanzleramt, Dr. Otto Lenz, die Modalitäten eines solchen Organstreits und welche Wirkungen er sich davon versprach.[490] Dehler ging

---
485 Arndt an Professor Wolff, 21. November 1952, a. a. O.
486 S. Prot. BT, 1. WP, 241. Sitzung (4. Dezember 1952), S. 11 372 A, B (Kiesinger).
487 Baring, Im Anfang war Adenauer, S. 396.
488 Vgl. Kampf um den Wehrbeitrag, Bd. III, S. 5.
489 Vgl. Baring, Im Anfang war Adenauer, S. 399 f.
490 Bundesjustizminister Dr. Thomas Dehler an Staatssekretär Dr. Otto Lenz, 20. Oktober 1952, AddL, Nachlaß Dehler, DA 0072 (BVG-Korrespondenz).

selbstverständlich davon aus, daß die Entscheidung in dem streitigen Verfahren Vorrang vor dem Plenargutachten genießen werde und überdies die gerichtlichen Vorbereitungsarbeiten für das Gutachten einer raschen Abwicklung des Organstreitverfahrens zugute kommen würden. Entscheidend war für ihn, die Zuständigkeit des Zweiten Senats des Bundesverfassungsgerichts zu gewinnen. Dehler, der Adenauer in eindringlichen Worten den verderblichen Einfluß der SPD und insbesondere Arndts auf die Rechtsprechung des Ersten Senats geschildert hatte[491], wollte die „Chance" wahrnehmen, „den Streit vom Zweiten Senat entscheiden zu lassen."[492] Er hoffte, auf diese Weise einem der Regierung ungünstigen Gutachten des Gerichts und vor allem einer Normenkontrollklage der SPD vor dem Ersten, ‚roten', Senat zuvorzukommen; denn für eine solche Klage werde nach dem Organstreit „kein Interesse und kein Raum mehr sein."[493]

Nunmehr, nach der zweiten Lesung der Verträge, waren Dehlers Erwägungen um so plausibler und dringender, als die Bundesregierung Informationen darüber hatte (oder sie jedenfalls so deutete), daß das Gutachten zu ihren Ungunsten auszufallen drohte.[494] Während in der Regierung die Organklage vorbereitet wurde, entwickelte sich das gespannte Verhältnis zwischen Dehler und Arndt zur offenen Feindschaft.

Ein Versuch persönlicher Diskreditierung: Dehler gegen Arndt

Die öffentliche Auseinandersetzung wurde durch einen Brief Dehlers an den Vorsitzenden des Rechtsausschusses, Professor Wilhelm Laforet[495], ausgelöst. Dehler nahm darin Bezug auf zwei Briefe Arndts. Den ersten Brief vom 18. Dezember 1950 hatten Arndt und die übrigen Mitglieder des Richterwahlausschusses an den Bundesjustizminister gerichtet. Dehler als dem Vorsitzenden des Ausschusses wurde darin vorgehalten, durch die Art seiner Verhandlungsführung und durch Eingriffe seiner Mitarbeiter sei die Gefahr heraufbeschworen worden, daß „im Richterwahlausschuß nicht allein sachlichen Erwägungen, sondern parteipolitischen und möglicherweise sogar rassischen Gesichtspunkten ein unzulässiger Einfluß eingeräumt wird."[496]

Das zweite, von Dehler angezogene Schreiben Arndts hatte dieser am 20. November 1952 an Professor Laforet gerichtet. Darin setzte sich Arndt gegen eine kurz zuvor veröffentlichte Anspielung und Unterstellung Dehlers zur Wehr, Schriftsätze und Gutachten der SPD im Wehrstreit suchten darzutun, „daß dem deutschen Volk als dem einzigen in der Welt das Recht auf Verteidigung nicht zustehe."[497] Dies entsprach nicht den Tatsachen[498] und streute den Arndt besonders tief verletzenden Verdacht nationa-

---

491 Dehler an Bundeskanzler Adenauer, 9. April 1952, AddL, Nachlaß Dehler, DA 0072; vgl. oben Kapitel IV.5., Anm. 350.
492 Vgl. die Gedankenskizze Dehlers zu dem Brief an Lenz (s. Anm. 490), a. a. O.
493 Dehler an Lenz, 20. Oktober 1952 (s. Anm. 501).
494 S. Baring, Im Anfang war Adenauer, S. 403 f.
495 Dehler an Professor Wilhelm Laforet, 2. Dezember 1952, AddL, Nachlaß Dehler, DA 0011 (Arndt).
496 Brief, unterzeichnet von Georg August Zinn, Dr. Rudolf Katz, Arndt, Hans Böhm, Dr. Heinrich-Otto Greve an Dehler, 18. Dezember 1952, AddL, Nachlaß Dehler DA 0011.
497 Artikel Thomas Dehler, „Demokratie – die Staatsform für Götter?", in: Bonner Generalanzeiger, 15./16. November 1952.
498 S.o. Kapitel IV.5.

ler Unzuverlässigkeit aus. Entsprechend heftig fiel seine polemische Gegenattacke aus, indem er Laforet schrieb: „Bereits einmal habe ich im Plenum des Bundestags leider sagen müssen, daß ein Bundesminister der Justiz, der die politische Lüge durch Gesetz strafbar machen will, sich erst selber entsprechend zu verhalten hat."[499]

Nunmehr holte Dehler zum Gegenschlag aus. Bis zu seiner Reaktion auf Arndts Brief ließ er einige Tage verstreichen, formulierte und veränderte einen ersten Entwurf[500] vom 26. November 1952 und sandte seinen Brief dann unmittelbar vor Beginn der zweiten Lesung der Verträge an Laforet. Dehler zitierte die beiden Briefe zum Beleg, daß er das Opfer eines „politischen Kampfes" sei, den „Doktor Arndt und seine Freunde [...] mit dem Mittel persönlicher Verunglimpfung"[501] führten. Der eigentlich aufsehenerregende Kern seines Angriffs führte zurück in Arndts berufliche Vergangenheit zu Beginn der nationalsozialistischen Herrschaft. Dehler war in „Abschrift von Abschrift"[502] ein Dokument zugespielt worden, das einen Auszug aus Arndts Gesuch

---

499 Arndt an Professor Laforet, 20. November 1952 (Abschrift), AddL, Nachlaß Dehler, DA 0011.
500 Entwurf Dehlers zu einem Brief an Professor Laforet, 26. November 1952, aus dem der Brief vom 2. Dezember 1952 (s. Anm. 495) hervorging, AddL, Nachlaß Dehler, DA 0011.
501 Dehler an Professor Laforet (Anm. 495).
502 S. dazu Kapitel I, Anm. 232, „Gesuch des Landrichters Dr. Adolf Arndt um Zulassung zur Rechtsanwaltschaft, Berlin-Zehlendorf, den 9. April 1933", „Abschrift von Abschrift", aus den Personalakten des früheren Reichsjustizministeriums, betr. Hellmut Hagen aus II^h R 4,13, AddL, Nachlaß Dehler, DA 0011. Der Text lautete folgendermaßen (wobei die von Dehler im Brief an Laforet mitgeteilten Passagen in ‹ › gesetzt sind):
„Ich bitte mich als Rechtsanwalt bei den Landgerichten in Berlin zuzulassen.
Am 1. August 1925 bestand ich das Referendarexamen in Kassel, und zwar in der öffentlich-rechtlichen Abteilung *„mit Auszeichnung."* Im Vorbereitungsdienst erhielt ich durchweg das Zeugnis „gut" oder „sehr gut." Am 4. Dezember 1929 bestand ich das Assessorexamen mit dem Prädikat „gut." Seit dem 1. Oktober 1930 bin ich als Richter bei dem Landgericht III Berlin tätig. Im Juni und Juli 1931 führte ich als Untersuchungsrichter die Voruntersuchung in der Strafsache gegen Damm u. Gen. (sog. Buchmacherprozess). Auf S. 44/46 der Ausfertigung spricht sich das in jenem Prozess ergangene Urteil vom 9. April 1932 (E 3 L 63/31 der StA III) über meine Tätigkeit aus. ‹Seit August 1931 gehöre ich der 4. Strafkammer des Landgerichts III an. In dieser Eigenschaft habe ich am 20. Oktober 1931 an dem Urteil gegen den Herrn Reichsminister Dr. Goebbels (E 1 J 651/30 StA III) mitgewirkt. Herr Reichsminister Dr. Goebbels hat gegen dieses Urteil *kein* Rechtsmittel eingelegt; dagegen hat der Minister Severing in einem Schreiben an den Justizminister Schmidt über dieses von mir begründete Urteil Beschwerde geführt. Im Winter 1931/1932 habe ich als Berichterstatter bei der Berufungsverhandlung der Strafsache gegen Schuster u. Gen. (sog. Kurfürstendamm-Prozess) mitgewirkt; mit meiner Stimme und der mir vorgeschlagenen Begründung sind insbesondere Herr Polizeipräsident *Graf von Helldorf* und Herr Oberführer *Ernst* freigesprochen worden; ich verweise auf S. 84-148 der Urteilsausfertigung (E 1 L 34/31). Am 14. April 1932 war ich Berichterstatter in der Strafsache gegen Pogede wegen Gotteslästerung (Kommunistische Ausstellung in den Pharus-Salen); in diesem Urteil (E 1 M 102/31 StA III), durch das Pogede – ich habe für eine wesentlich höhere Strafe gestimmt – zu 6 Monaten Gefängnis verurteilt worden ist,› habe ich meine grundsätzliche Stellung dargelegt mit den Worten:
"Überdies handelt es sich um eine planmäßige Hetze, die letzten Endes die sittlichen und seelischen Grundlagen der ganzen Nation und des Reiches untergräbt und zersetzt. Über die durch das Gesetz geschützten Güter (das religiöse Gefühl) und Gemeinschaften (die Kirchen) hinaus sind hier der Glaube und das Christentum angegriffen worden. Darin aber wurzeln Staat und Volk. Nie noch bot ein Angriff auf die letzten Werte größere Gefahr als in einer Zeit tiefster Not."
‹Im Oktober/Dezember 1932 war ich als Beisitzer des Schwurgerichts Berichterstatter im 2. Felseneckprozess und habe den Beschluss mitgefasst, durch den Rechtsanwalt Litten endgültig von der Verteidigung ausgeschlossen wurde.›.
...
gez. Dr. Adolf Arndt
Landrichter.

um Zulassung als Rechtsanwalt vom 9. April 1933 enthielt. Dehler zitierte daraus die Passagen, in denen Arndt seine Berliner Richtertätigkeit zum Schein als politisch opportun im Sinne des Nationalsozialismus dargestellt hatte.[503]
Entscheidend war der Schluß, den Dehler aus dem Dokument zog:

> „Doktor Arndt hat seine Pflichten als Richter, im besonderen seine Pflicht zur Wahrung des Beratungsgeheimnisses, aus selbstsüchtigen Gründen gröblich verletzt. Er hat seinen Richtereid gebrochen. Er, der sich anmaßt, heute über die politische Vergangenheit anderer zu urteilen, hat sich den nationalsozialistischen Machthabern gegenüber gerühmt, zu ihren Gunsten Recht gesprochen zu haben."[504]

Der Bundesjustizminister stellte abschließend fest: „Der Charakter des Abgeordneten Doktor Arndt hat sich seit 1933 nicht gewandelt" und zog eine Linie zum Brief bezüglich des Richterwahlausschusses, in dem Arndt seine Pflicht zur Verschwiegenheit mißachtet habe.

Das war ein gleichermaßen persönlicher wie politischer Frontalangriff. Dehler nahm einen zwei Jahre alten Brief und eine von ihm selbst ausgelöste Gegenpolemik Arndts zum Anlaß, um seinem politischen Gegner einen vernichtenden Schlag zuzufügen. In der Tat waren die Dinge, wie Dehler schrieb, „weit über das Persönliche hinaus [...] zugespitzt."[505] Der Bundesjustizminister wollte seinen großen Widersacher in dem Streit um das Bundesverfassungsgericht ausschalten. Die Begründung gab er selbst: Er sah das Bundesverfassungsgericht als willenloses Werkzeug in Arndts Hand, das dieser gegen die Bundesregierung ausspielte. Immer wieder betonte Dehler in den folgenden Monaten der Auseinandersetzung – auch öffentlich[506] –, daß Arndt ein „großes Spiel"[507] mit dem Bundesverfassungsgericht getrieben habe. Er unterstellte seinem Widersacher, die Konzeption des Zwillingsgerichts aus politischen Gründen betrieben und auf die Besetzung der Senate „sehr geschickt" Einfluß genommen zu haben, so daß nach außen der Eindruck ihrer politischen Bestimmtheit entstand.[508]

Unklar ist, ob Dehler diese Rechtfertigung seines „Kampfes" gegen Arndt selbst glaubte. Er hatte anscheinend seit längerem Kenntnis von dem Arndt belastenden Dokument, bevor er es als Waffe in den politischen Kampf brachte.[509] Über die Wirkung seines Angriffs mußte Dehler sich jedenfalls im klaren sein. Arndt, der mit hohem

---

503 S.o. Kapitel I.3.; zu den von Dehler zitierten Passagen vgl. Anm. 502.
504 Dehler an Laforet, 2. Dezember 1952 (Anm. 495).
505 Dehler an Laforet, ebda.
506 Prot. BT, 1. WP, 242. Sitzung (5. Dezember 1952), S. 11 496 D (dort erhebt Dehler den Vorwurf des „bösen Versuch[s], das Recht und die Gerichtsbarkeit zu mißbrauchen"; besonders deutlich bei dem ‚Kanzler-Tee" am 10. Dezember 1952, s. Adenauer, Teegespräche 1950 – 1954, S. 369 f.; vgl. auch spätere Äußerungen bei Baring, Im Anfang war Adenauer, S. 404, und die Darstellung Adenauers, Prot. BT, 1. WP, 253. Sitzung (5. März 1953), S. 12 162 A ff.
507 Dehler an Dr. August Dresbach (FDP-MdB), 17. Dezember 1952, AddL, Nachlaß Dehler, DA 0011.
508 Vgl. Adenauer, Teegespräche 1950 – 1954, S. 369 f. Diese Darstellung war bereits insoweit unzutreffend, als der ursprüngliche Gesetzentwurf der SPD zum Bundesverfassungsgerichtsgesetz gerade einen einheitlichen Gerichtskörper vorsah. Von dieser Forderung rückten Arndt und seine Fraktion zugunsten eines Zwillingsgerichts nur aus Gründen der Praktikabilität ab und um dem von den Regierungsvertretern vorgeschlagenen roulierenden Besetzungssystem zu entgehen, s. Laufer, Verfassungsgerichtsbarkeit, S. 114.
509 Darauf weist ein Aktenvermerk Dehlers vom 13. Juni 1952 hin, AddL, Nachlaß Dehler, DA 0011 (Arndt). Darin bat er, „die in der Abschrift erwähnten Strafakten – eventuell durch Vermittlung der

moralischen Anspruch das rechtliche Gewissen seiner Partei verkörperte, war gegenüber Angriffen auf seine moralische Glaubwürdigkeit weitaus verletzlicher als viele seiner Parteifreunde. Dehler ließ denn auch in seinem Brief die Gelegenheit nicht ungenutzt, das ‚Belastungsmaterial' gegen Arndt aus dem Jahre 1933 effektvoll mit dessen wenige Tage zurückliegender leidenschaftlicher Kampfansage gegen die Westverträge zu kontrastieren.[510] Der Bundesjustizminister sprach Arndt zudem die Berufsehre ab, indem er ihm eine Pflichtverletzung ausgerechnet zugunsten des nationalsozialistischen Regimes anlastete, das der sozialdemokratische Jurist zum Rechtsbeugungssystem an sich erklärt hatte. Arndt drohte die Vernichtung seiner öffentlichen Existenz – oder wie Dehler in seinem ersten Briefentwurf es in der Art eines Urteilsspruchs formuliert hatte: „Doktor Arndt ist nicht würdig, sich im öffentlichen Leben unseres Volkes zu betätigen."[511]

Der Zeitpunkt des Schreibens unmittelbar vor einer bundes-, ja weltweit beachteten Bundestagsdebatte lag so, daß es nicht nur den profilierten Juristen, sondern seine Partei insgesamt in Mißkredit und Verwirrung zu stürzen vermochte; denn wie würde sich die Partei zu ihrem führenden Mitglied stellen, das öffentlich der eigennützigen Anbiederung bei den nationalsozialistischen Gewalthabern beschuldigt wurde?

Als wolle er seiner Wirkung sichergehen, stieß Dehler am 4. Dezember mit einem zweiten Brief an Laforet nach, indem er gegen seine Person gerichtete Äußerungen Arndts und Greves aus einer zwei Monate zurückliegenden Rechtsausschußsitzung aufgriff.[512]

Tags darauf, am 5. Dezember 1952, befaßte sich die SPD-Bundestagsfraktion mit den Vorwürfen gegen Arndt. Sie sprach ihm einstimmig das Vertrauen aus.[513] Der Bericht des Parlamentarisch-Politischen Pressedienstes wies darauf hin, daß ein

---

Abteilung II – zu erholen." Nach der Ablage dieses Dokuments in den Akten des Rechtsstreits zwischen Dehler und Arndt handelte es sich dabei höchstwahrscheinlich um die „Abschrift" des Auszugs aus Arndts Zulassungsgesuch (s. Anm. 502). Die „Strafakten" bezogen sich auf die in dem Dokument erwähnten Strafprozesse.
Arndt bestätigte später, seit 1950 habe er Kenntnis davon gehabt, daß in rechtsradikalen Kreisen eine angebliche Abschrift seines Gesuchs in Umlauf gewesen sein. Im Mai 1952 sei er davon unterrichtet worden, daß der der äußersten Rechten des Bundestags angehörende (zeitweilig bei der rechtsradikalen Deutschen Reichspartei hospitierende) Bundestagsabgeordnete Goetzendorff eine Veröffentlichung des Dokuments in seinen Erinnerungen geplant habe, s. Schriftsatz Arndt ./. Dehler, 15. Dezember 1952, AdsD, Nachlaß Arndt, Mappe 48; vgl. auch die Mitteilung Arndts an Landgerichtsdirektor a.D. Kurt Ohnesorge, 16. Juli 1952, AdsD, Nachlaß Arndt, Mappe 10. Dafür spricht auch, daß der Rechtsberater Goetzendorffs und frühere Gerichtsreferendar Dr. Ewald Gaul aus dem Streit zwischen Arndt und Dehler persönliches Kapital zu schlagen versuchte. Gaul war 1946 wegen übler Nachrede gegen Arndt und Zinn zu Gefängnisstrafe verurteilt worden (s. Darstellung im Schriftsatz Arndt ./. Diel, 14. Oktober 1958, S. 2, AdsD, Nachlaß Arndt, Mappe 50). Gaul, dessen Bruder Arndt kannte, hat Arndt im Laufe des Jahres 1951, seine Wiedereinstellung in den Referendardienst zu unterstützen. Nach Bekanntwerden der Vorwürfe Dehlers suchte Gaul Arndt diesbezüglich massiv unter Druck zu setzen, indem er diesem gegenüber die Vorstellung erweckte, er besitze den vollständigen Wortlaut des Gesuchs aus dem Jahre 1933 (vgl. die Briefe Gauls an Arndt, AdsD, Nachlaß Arndt, Mappe 54). Gleichzeitig erhob er in einem Schreiben an Dehler – auf dessen Anfrage hin – weitere Verdächtigungen gegen Arndt, s. Gaul an Dehler, 12. Januar 1953, AddL, Nachlaß Dehler, DA 0750.
510 S.o. Kapitel IV.5.
511 Vgl. den – nicht abgesandten – Briefentwurf Dehlers vom 26. November 1952 (s. Anm. 500).
512 Dehler an Professor Laforet, 4. Dezember 1952, AddL, Nachlaß Dehler, DA 0268 (SPD-Greve).
513 Vgl. den Bericht im Parlamentarisch-politischen Pressedienst (Informationsbrief Nr. 138/52), 5. Dezember 1952, AdsD, Personalia Arndt, Bd. I.

Schreiben mit dem jetzt bekanntgewordenen Inhalt seit längerem in „nazistischen Kreisen" kursiert sei. Damit war die Auseinandersetzung auch von sozialdemokratischer Seite in die Presse und in die breite Öffentlichkeit getragen.[514]

Rasch folgte die juristische Auseinandersetzung.[515] Am 15. Dezember 1952 verklagte Arndt Dehler auf Unterlassung der Vorwürfe, die Arndts angebliche Verletzung der richterlichen Pflichten betrafen, das heißt der wahrheitswidrigen und ehrenrührigen Folgerungen, die Dehler auf Grund des zitierten „Gesuchs" Arndts und des Briefes vom 20. November 1950 erhoben hatte. Arndt behauptete nie, daß die von Dehler zitierten Auszüge aus seinem „Gesuch" des Jahres 1933 gefälscht seien, das heißt nicht von ihm stammten. Im Gegenteil – wenn auch ohne den Wortlaut der Passagen im einzelnen zuzugestehen[516] – stellte er sich in der Sache doch zu allen darin erwähnten Prozessen und erläuterte bis ins Detail genau sein Verhalten als beteiligter Richter.[517] Arndt kam es vielmehr auf den Nachweis an, daß das von Dehler vorgelegte Schreiben „unvollständig" und „in der vorliegenden Abschrift zu tendenziösen Zwecken verstümmelt"[518] war. Bezeichnenderweise gelang es Dehler nicht, in dem Prozeß eine vollständige Fassung des „Gesuchs" vorzulegen, nachdem ihm dies vom Gericht aufgegeben worden war.[519] Nach eingehenden Ermittlungen kam ein Gericht später zu dem Schluß, daß Dehlers Dokument das Original aus dem Jahre 1933 nur unvollständig und verkürzt wiedergegeben habe.[520]

Die 39seitige Klagschrift Arndts enthielt eine umfassende Darstellung seiner Tätigkeit während der Weimarer Republik und der Zeit des Nationalsozialismus. Arndt verkannte selbstverständlich nicht, „daß man im Jahre 1952 ein nur aus den besonderen Umständen des Jahres 1933 heraus erklärbares Gesuch mißdeuten" könne[521], wie er seinem ehemaligen Vorgesetzten, Landgerichtsdirektor Ohnesorge, schrieb. Er ließ diese „besonderen Umstände" für sich sprechen: In seinem ausführlichen Schriftsatz wurden die bedrückenden persönlichen und beruflichen Lebensverhältnisse, die Bedrohung und Diskriminierung nach der nationalsozialistischen Machtübernahme im Frühjahr 1933 nochmals lebendig. Arndt legte seine damalige Notlage nach der „unter Androhung von Gewalt auf verfassungs- und rechtswidrige Weise" erfolgten Entfernung aus dem Richteramt dar.[522] Zugleich betonte er die Schranken, die er sich bei seiner Verteidigung selbst auferlegt habe: Er habe ein Loyalitätsbekenntnis gegenüber

---

514 Am 8. Dezember 1952 übergab Dehler seine beiden Schreiben an Laforet offiziell der Presse, s. Dehler an dpa Bonn, 8. Dezember 1952, AddL, Nachlaß Dehler, DA 0011.
515 Einen ersten Strafantrag wegen Beleidigung stellte Dehler am 9. Dezember 1952 gegen Peter Raunau, den verantwortlichen Redakteur des Parlamentarisch-politischen Pressedienstes, wegen des Informationsbriefs Nr. 138/52 (s. Anm. 524.).
516 Schriftsatz Arndt ./. Dehler, 15. Dezember 1952, S. 14 f., AdsD, Nachlaß Arndt, Mappe 48.
517 A. a. O., S. 15 – 24.
518 A. a. O., S. 14; s. dazu Kapitel I.4. (Anm. 232.). Das Dokument selbst ließ dies nur durch Auslassungszeichen ([. . .]) am Schluß erkennen. Nach Arndts Erinnerung, a. a. O., S. 14, war das Gesuch „primär auf Entlassung aus dem Staatsdienst gerichtet, und begann mit einer Darstellung der familiären Verhältnisse des Klägers, der Feststellung seiner sog. 'nicht-arischen' Abstammung und einem ausführlichen Werdegang." Er habe auch „Gewicht auf die Feststellung gelegt, daß er keiner Partei angehöre, da er sich als Richter zur absoluten Parteilosigkeit verpflichtet gehalten hatte." Auch spätere gerichtliche Ermittlungen förderten das Original des Gesuchs nicht zutage, s.o. Kap. I.4. (Anm. 232).
519 Verfügung des LG Bonn, 11. Juli 1953, AddL, Nachlaß Dehler, DA 750 (Prozeß Dehler ./. Arndt).
520 Vgl. Kap. I.4. (Anm. 232).
521 Arndt an Landgerichtsdirektor a.D. Kurt Ohnesorge, 16. Juli 1952, AdsD, Nachlaß Arndt, Mappe 10.
522 Schriftsatz Arndt ./. Dehler, 15. Dezember 1952 (Anm. 527.), S. 15.

dem Nationalsozialismus, wahrheitswidrige Angaben und die Belastung Dritter vermieden und nichts ausgesagt, was nicht ohne sein Zutun bereits bekannt gewesen sei.[523] In der Tat konnte sich das Gericht anhand der alten Strafakten aus der Zeit vor 1933 davon überzeugen, daß Arndts Angaben weitgehend bereits aus den Akten belegbar waren.[524] Arndts damaliger Vorgesetzter, Landgerichtsdirektor Ohnesorge, bestätigte überdies nachdrücklich die Richtigkeit der Angaben Arndts und bescheinigte ihm, „in allen politischen Prozessen ohne Rücksicht auf die politische Einstellung der Angeklagten, mit vorbildlicher Objektivität geurteilt" zu haben.[525]

Ohnesorges Leumundszeugnis war nicht das einzige, das Arndt beibrachte. Seiner Klagschrift gegen Dehler waren mehr als zwanzig Anlagen beigefügt, mit denen frühere Mitarbeiter, Berufskollegen, Mandanten und Freunde Arndt moralische Integrität und praktizierte Gegnerschaft gegen den Nationalsozialismus bescheinigten.[526] Sie stellten Arndt ein glänzendes charakterliches Zeugnis aus – und doch erinnerten sie fatal an das Reinwaschungszeremoniell der Entnazifizierungsverfahren. Dehler konnte zwar nicht den Wahrheitsbeweis seiner Verdächtigungen antreten, doch hatte er einen äußerst schwer zu besänftigenden, schleichenden Argwohn gegen Arndt genährt. Die SPD-Führung stellte sich zwar nach außen geschlossen hinter Arndt, doch war er auch innerhalb der Partei unter Erklärungszwang geraten. Die umfangreiche Entlastungsschrift Arndts diente somit auch dazu, innerhalb der SPD allzu naheliegende Verdachtsmomente gegen einen Parteigenossen zu zerstreuen, der erst 1933 seine Nähe zur Partei der Arbeiterbewegung zu entdecken begonnen hatte.[527]

Auf dem Höhepunkt des Verfassungsstreits um die Wiederbewaffnung schürte dieser Rechtsstreit zwischen Arndt und Dehler die politischen Emotionen. Indessen wurde er in einer Weise beigelegt, die nachträglich Dehlers politisches Kalkül bei der Entfesselung der Auseinandersetzung enthüllte. Als Dehler, der bei Adenauer und Heuss in Ungnade gefallen war, nach der Bundestagswahl 1953 nicht wieder in das Bundeskabinett berufen wurde, fand er sich kurz darauf zu einem Vergleich mit Arndt bereit, in dem er erklärte, er habe seinen Anschuldigungsbrief „auf Grund der damaligen politischen Lage" geschrieben und werde auf den fraglichen Tatbestand niemals wieder zurückkommen.[528] Auch persönlich legte Dehler den Streit mit Arndt bei.[529]

---

523 Ebda.
524 In dem Strafprozeß Arndt ./. Wilhelm Paul Wenger wegen übler Nachrede (s. dazu unten) wurden die alten Strafakten beigezogen, s. HStA Düsseldorf, Rep. 195-Nr. 381 (Az: 8Js 822/52); vgl. auch die eingehende Textüberprüfung des von Arndt abgesetzten Urteils in der Strafsache gegen Joseph Goebbels mit Textvergleichen zwischen der ursprünglichen Fassung Arndts und den handschriftlichen Korrekturen Ohnesorges, Urteil des LG Bonn in der Strafsache gegen Wenger, 16. Juni 1955, HStA Düsseldorf, Rep. 195-Nr. 581 (8KMs 11/54).
525 Vgl. Kurt Ohnesorge an Arndt, 8. Dezember 1952, AdsD, Nachlaß Arndt, Mappe 53.
526 Schriftsatz Arndt ./. Dehler, 15. Dezember 1952 (Anm. 516).
527 So klingt eine leichte Distanzierung an, wenn der Solidaritätserklärung der SPD-Bundestagsfraktion der Hinweis angefügt wurde, Arndt habe im Jahre 1933 nicht der SPD angehört, vgl. den Bericht des Parlamentarisch-politischen Pressedienstes, 5. Dezember 1952 (s. Anm. 513). In der Bitte um eine Stellungnahme Ohnesorges betonte Arndt das Interesse „meiner Freunde" daran, die zu den Vorwürfen nicht schweigen wollten, s. Arndt an Ohnesorge, AdsD, Nachlaß Arndt, 4. Dezember 1952, Mappe 54.
528 Vgl. den Wortlaut des Vergleichs vom 11. November 1953, AddL, Nachlaß Dehler, DA 0750.
529 S. dazu das Interview mit Dehler in: Gaus, Zur Person, S. 109, 112. Claus Arndt, der Sohn Adolf Arndts, wurde Zeuge einer dramatischen Bekenntnisszene, in der Dehler sich bei Arndt für den Brief entschuldigte, den er auf Ansinnen Bundeskanzler Adenauers geschrieben habe, s. Claus Arndt, Erinnerungen, S. 67.

Doch hatten sich die Vorwürfe verselbständigt. Als Wilhelm Paul Wenger, der politische Redakteur des Rheinischen Merkur, sie aufgriff[530], wurde er von Arndt mit einem mehrjährigen Strafverfahren überzogen. Der Prozeß endete mit einer Ehrenerklärung Wengers für Arndt.[531] Noch gegen Ende der Fünfziger Jahre mußte Arndt sich gegen die von dem weit rechts stehenden CDU-Bundestagsabgeordneten Jakob Diel erneuerten Vorwürfe gerichtlich zur Wehr setzen. Diel wurde zur Unterlassung aller wesentlichen Arndt belastenden Behauptungen verurteilt.[532]

Trotz der gerichtlichen Erfolge bedeuteten die Prozesse für Arndt eine dauernde persönliche Belastung. Sie gaben immer wieder Anlaß zu persönlichen Angriffen in der Presse und rührten nicht zuletzt antisemitische Ressentiments auf.[533]

Doch zurück zu den Ereignissen im Dezember 1952.

Verfassungskrise

Dehlers Attacke führte nicht, wie er wohl erwartet hatte, zu einer Krise um Arndt. Der persönliche Angriff war nur der Auftakt zu einer schweren Krise um das Bundesverfassungsgericht.

Ihr Vorbote war Dehlers scharfe, in Besorgnis gekleidete Kritik am Bundesverfassungsgericht gewesen, die er auf dem FDP-Parteitag Ende November 1952 geäußert hatte.[534] Vor dem Bundestag stellte er am 5. Dezember 1952 das Bundesverfassungsgericht als bedroht dar durch Arndts und der SPD – wie er es nannte – „bösen Versuch, das Recht und die Gerechtigkeit zu mißbrauchen."[535] Schließlich ließen Zeitpunkt und Formulierung der Organklage die dahinterstehenden prozeßtaktischen Erwägungen der Regierungsseite vermuten.

---

530 Vgl. Paul Wilhelm Wenger, Der Fall Arndt in: Rheinischer Merkur, 12. Dezember 1952.
531 Wenger erklärte am 13. Februar 1957, daß Vorwürfe gegen Arndt wegen seines damaligen Verhaltens nicht zu erheben seien und er sie selbst 1952 nur aufgrund unvollständiger Kenntnisse erhoben habe, s. die im Wortlaut wiedergegebene Erklärung Wengers in Arndts Brief an Dehler, 16. Februar 1957, AddL, Nachlaß Dehler, DA 1166 (Arndt ./. Diel). Zuvor war Wenger vom LG Bonn am 16. Juni 1955 zu einer Geldstrafe wegen übler Nachrede verurteilt worden. Im Revisionsverfahren war das Urteil wegen fehlerhafter Besetzung des Gerichts aufgehoben worden, s. „Wenger-Urteil aufgehoben", Bonner Generalanzeiger, 26. Mai 1956.
532 Diel hatte unter anderem die Behauptung aufgestellt, Arndt habe als persönliche Ordonnanz Kapitänleutnant Ehrhardts aktiv am Kapp-Putsch teilgenommen (s.o., Kapitel I.1., Anm. 51.), vgl. die Schriftsätze Arndt ./. Diel, AdsD, Nachlaß Arndt, Mappe 49 – 51, und das Urteil des LG Bonn vom 14. Juli 1959, Archiv LG Bonn, Az 7 O 75/58. In der Berufungsinstanz wurde der Prozeß schließlich am 21. März 1963 mit einem Vergleich beigelegt, s. Archiv LG Bonn, 1 u 93/59//7 Q 19/59.
533 Dies erwies sich im Fall Diel. Ausgelöst hatte ihn eine heftige Kritik Arndts an den antisemitisch gefärbten Äußerungen, die Diel im Zusammenhang mit der Wiedergutmachungsgesetzgebung getan hatte. Diel seinerseits glaubte, den profilierten Wiedergutmachungspolitiker und unter dem NS-Regime diskriminierten sogenannten „Halbjuden" dadurch treffen zu können, daß er den alten Vorwurf des Opportunismus erneuerte, vgl. die Schriftsätze Arndt ./. Diel, a. a. O.
534 S. Baring, Im Anfang war Adenauer, S. 393.
535 S. Prot. BT, 1. WP, 242. Sitzung (5. Dezember 1952), S. 11 496 D.

Das Bundesverfassungsgericht fühlte sich durch diese Vorgänge unweigerlich in seinem Ansehen und seiner Unabhängigkeit bedroht. Am 8. Dezember 1952 beschloß das Plenum, dem Gutachtenverfahren Vorrang gegenüber der Organklage zu geben und künftige Entscheidungen der Senate in derselben Sache an das Gutachten des Plenums zu binden.[536] Die Begründung des Beschlusses verriet, daß das Gericht sich damit gegen Warnungen, Unterstellungen und den Versuch der Manipulation zur Wehr setzte.[537] Der Plan Dehlers und der Bundesregierung war durchkreuzt und in sein Gegenteil verkehrt: Das Gutachtenverfahren ‚sperrte' eine selbständige Entscheidung der Organklage durch den Zweiten, ‚schwarzen', Senat. Der Plenumsbeschluß wurde zu Beginn der mündlichen Verhandlung über das Gutachtenverfahren verkündet. Die Regierungsvertreter waren davon so überrascht, daß sie gegen den Protest Arndts um eine Vertagung der Verhandlung baten.[538] Das Bundeskabinett beschloß daraufhin, den Bundespräsidenten um die Rücknahme seines Gutachtenantrags zu bitten. Noch am Abend des 9. Dezember suchte eine Kabinettsdelegation unter Leitung Adenauers Heuss auf. Am Morgen des 10. Dezember zog Heuss sein Gutachtenersuchen mit der Begründung zurück, der Gerichtsbeschluß habe „den Charakter eines Gutachtens schlechthin und in seinem grundsätzlichen Wesen [...] aufgehoben."[539] Sein tragendes Motiv, so erläuterte Heuss in einer Rundfunkansprache, sei gewesen, keiner „justizförmigen Politik" Vorschub zu leisten, wie sie von der Bindungswirkung des Gutachtens gedroht habe.[540]

Indessen unterband Heuss' Entschluß keineswegs die Versuche politischer Einflußnahme auf das Bundesverfassungsgericht. Im Gegenteil – die Ereignisse um das Gutachtenverfahren hatten erwiesen, wie sehr Autorität und Bestand des Gerichts vom Verhalten anderer staatlicher Organe abhingen. Aus Regierungskreisen war sofort heftige Kritik am Bindungsbeschluß des Plenums geübt worden – Presseberichten zufolge ging sie bis hin zum Vorwurf der „rechtswidrigen Entscheidung" und des „bewußten Sabotagewillens" und wurde von Justizminister Dehler noch zu der Behauptung gesteigert, der Beschluß sei ein „Nullum".[541] Darin lag ein offenes Aufbegehren gegen die Letztentscheidungs- und Befriedungsfunktion des Bundesverfassungsgerichts. Schließlich wurde in Regierungskreisen erwogen, das Bundesverfassungsgerichtsgesetz zu ändern: Die von Dehler Arndts Einfluß angelastete Teilung des Gerichts in zwei Senate sollte beseitigt werden und die Richterwahl nunmehr mit einfacher statt mit einer

---

536 Begründung des Beschlusses des Bundesverfassungsgerichts (datiert) vom 15. Dezember 1952, in: Kampf um den Wehrbeitrag, Bd. II, S. 812.
537 A. a. O., S. 822, ist die Rede von einer möglichen „Manipulation der Zuständigkeit des Senats durch die streitenden politischen Parteien.".
538 A. a. O., S. 807.
539 A. a. O., S. 811. Die Erregung Adenauers und anderer Regierungsmitglieder über den Bindungsbeschluß des Bundesverfassungsgerichts spiegelt der Bericht von Bundesminister Seebohm, Die Kabinettsprotokolle der Bundesregierung, Bd. 5, 1952, S. 733, Anm. 6. Danach sah Adenauer Gegenmaßnahmen zur Abwehr „gesetz- und verfassungswidriger Maßnahmen" des Bundesverfassungsgerichts als gerechtfertigt an. Er verglich den Plenarbeschluß des Bundesverfassungsgerichts mit dem Verhalten des Staatsgerichtshofpräsidenten Erwin Bumke im Prozeß Preußen contra Reich, 1932, das den späteren Verfassungsbruch eingeleitet habe.
540 Baring, Im Anfang war Adenauer, S. 416.
541 A. a. O., S. 420 f.

Dreiviertelmehrheit erfolgen.⁵⁴² Der Zweck des zweiten Änderungsvorschlags war allzu deutlich. Die der Regierung zuneigende einfache Mehrheit der Bundestagsabgeordneten sollte Richterstellen besetzen können, ohne auf die Mitwirkung der Opposition angewiesen zu sein.

Offensichtlich wollte die Regierung damit einen seit längerem schwelenden Konflikt mit einem Schlag lösen. Die seit dem März 1952 überfällige Nachwahl eines Richters in den Ersten Senat des Bundesverfassungsgerichts war wiederholt im Wahlmännergremium des Bundestags gescheitert. Inmitten des Verfassungskonflikts geriet die Nachwahl unversehens zu einer höchst politischen Entscheidung, bei der keine der streitenden Parteien – angesichts der erforderlichen Dreiviertelmehrheit – ohne Zustimmung der jeweils anderen Seite zum Erfolg kommen konnte. Die Kontrahenten bezichtigten sich gegenseitig der Obstruktion der Nachwahl.⁵⁴³ Mit wachsender Empörung machte Arndt, zu jener Zeit noch Mitglied des Wahlmännergremiums, den Gremiumsältesten, Professor Laforet (CSU), und die Regierungsfraktion für die Verschleppung der Entscheidung verantwortlich.⁵⁴⁴ Unter öffentlichem Protest trat er schließlich am 12. Juli 1952 aus dem Wahlmännergremium aus.⁵⁴⁵ In der Tat mehrten sich bis zum Herbst Anzeichen dafür⁵⁴⁶, daß die Regierungsseite die Nachwahl verzögerte und Initiativvorschläge der SPD, auch wenn diese ausdrücklich nicht parteigebundene Kandidaten betrafen, dilatorisch behandelte. Die Novellierungspläne trieben nunmehr den Konflikt auf die Spitze und drohten das Bundesverfassungsgericht zum Machtinstrument

---

542 A. a. O., S. 424. Bereits im Februar 1952 bestand innerhalb der Bundesregierung Einigkeit darüber, daß die Vorschriften des Bundesverfassungsgerichtsgesetzes eine „sachgemäße Besetzung des Gerichts außerordentlich erschweren." Die daraufhin von Adenauer angeregten Überlegungen zu einer Gesetzesänderung gediehen im April 1952 bis hin zu dem Kabinettsbeschluß, der Bundesjustizminister möge ein Initiativgesetz zur Änderung des Bundesverfassungsgerichtsgesetzes vorbereiten, das bei Überschreiten der Monatsfrist bei Nachwahlen zum Bundesverfassungsgericht (§ 5 II, III BVerfGG) die einfache Mehrheit des Wahlgremiums ausreichen lasse. Außerdem sollte – dies war ein dringendes Anliegen des Bundeskanzlers – der Bundesregierung das Recht eingeräumt werden, eine Plenarentscheidung des Bundesverfassungsgerichts zu verlangen (vgl. Die Kabinettsprotokolle der Bundesregierung, Bd. 5, 1952, S. 131 f., 237 f., Kabinettssitzungen vom 26. Februar und 22. April 1952). Ein derartiger Initiativantrag kam wahrscheinlich deshalb nicht zustande, weil Adenauers Absicht, einen Plenarbeschluß des Bundesverfassungsgerichts herbeizuführen, mit dem Gutachtenersuchen des Bundespräsidenten im Juni 1952 in Erfüllung zu gehen schien.
543 S. Laufer, Verfassungsgerichtsbarkeit, S. 246 (Anm. 165).
544 Vgl. die Briefe Arndts an Laforet vom 31. März, 12. Mai, 6. Juni, 28. Juni, 1. Juli und 3. Juli 1952, die Arndt vervielfältigte und einer interessierten Öffentlichkeit zugänglich machte, AdsD, Nachlaß Arndt, Mappe 221/222.
545 Vgl. die Mitteilung von Bundestagspräsident Ehlers, Prot. BT, 1. WP, 225. Sitzung (17. Juli 1952), S. 10 057 D; Laufer, Verfassungsgerichtsbarkeit, S. 247; zu den Auseinandersetzungen um die Nachwahlen zwischen 1952 und 1954 s. eingehend Billing, Das Problem der Richterwahl zum Bundesverfassungsgericht, S. 180 ff.
546 S. unten Kapitel VI.2. U.a. der Fall Höpfner bewog Arndt zum Austritt aus dem Wahlmännergremium. Arndt hatte am 16. Mai 1952 (laut Mitteilung Professor Laforets an das Bundesjustizministerium vom 19. Mai 1952) den parteilosen Vortragenden Rat Höpfner zum Nachfolger des Richters Kurt Zweigert vorgeschlagen. Als Höpfner nach einmonatiger Bedenkzeit seine Bereitschaft zur Kandidatur erklärte, stellte Bundesjustizminister Dehler sich auf den – von Arndt vehement bestrittenen – Standpunkt, Höpfners Kandidatur setze eine Aufnahme in die Vorschlagsliste gemäß § 8 II BVerfGG voraus; an einem solchen offiziellen Vorschlag Höpfners fehle es, und er (Dehler) beabsichtige nicht, Höpfner vorzuschlagen (s. Dehler an Laforet, 26. Mai 1952 und 7. Juli 1952). Obwohl Laforet mehrere positive fachliche Stellungnahmen über Höpfner, u.a. von dem im Wehrstreit beteiligten Ministerialdirektor im Bundesjustizministerium, Walter Römer, zugingen (s. Römer an Laforet, 10. Juli 1952), lehnten meh-

der Regierungsmehrheit zu machen. Der Bundesjustizminister, der kurz zuvor noch Arndt eine Manipulation der Senatszuständigkeiten vorgeworfen hatte[547], plante gleichzeitig bereits, die Entscheidung dem Zweiten Senat des Bundesverfassungsgerichts zuzuspielen.[548]

Angesichts der politischen Entwicklung im Dezember 1952 erhielt Arndts Konstruktion vom Primat des Bundesverfassungsgerichts schlagartig Aktualität. Erstmals seit dem einjährigen Bestehen des Gerichts war seine Abhängigkeit von Bundesgesetzgeber und Bundesregierung offenkundig geworden: Bei unterschiedlicher rechtlicher Beurteilung eines Sachverhalts durch Regierung und Parlamentsmehrheit einerseits und Bundesverfassungsgericht andererseits drohte eine politische Machtprobe, bei der Regierung und Parlament als politisch entscheidende Verfassungsorgane in der Vorhand waren.

Der Konflikt um die Jahreswende 1952/53 wurde nicht ausgetragen. Die Bundesregierung lenkte ein und stellte ihre Pläne zur Novellierung des Bundesverfassungsgerichts zurück, ohne sie indessen gänzlich fallen zu lassen.[549] Eine Konsequenz allerdings wurde, von allen Parteien unbestritten, gezogen: Das Gutachtenverfahren wurde abgeschafft, das Bundesverfassungsgericht auf originär richterliche, das heißt streitentscheidende, Funktion zurückgeführt, wie Arndt es nach dem Vorbild des amerikanischen Supreme Court gefordert hatte.[550]

Die SPD bewies inmitten des Verfassungskonflikts und der krisenhaften Zuspitzung der Lage um das Bundesverfassungsgericht Zurückhaltung. Arndt mußte der Bindungsbeschluß des Bundesverfassungsgerichts als konsequenter Akt des gerichtlichen Selbstschutzes erscheinen; er akzeptierte ihn sofort im Namen der Opposition.[551] Zu Recht konnte die SPD darauf setzen, daß sich die Bundesregierung mit ihren Versuchen massiver Einflußnahme auf andere Verfassungsorgane in der Öffentlichkeit selbst schadete.[552] Der Oppositionspartei bot sich die Chance, eine ausgleichende, schlichtende Rolle einzunehmen. Erich Ollenhauer, der Nachfolger des im August 1952 verstorbenen Parteivorsitzenden Kurt Schumacher, trug Adenauer den Vorschlag vor, die verfassungsrechtliche Frage aufgrund eines von Bundestag, Bundesregierung und Bundesrat gemeinsam beantragten Gutachtens klären zu lassen, das die SPD als verbindlich anerkennen werde.[553] Adenauer, der eine Plenarentscheidung des Bundesverfas-

---

rere Koalitionsmitglieder den über mehrere Monate von der SPD aufrechterhaltenen Vorschlag Höpfners ab (s. Vermerk Laforet, 17. September 1952); zur Korrespondenz insgesamt BT Parl. Arch., Akten des Wahlmänner-Ausschusses zur Nachwahl Kurt Zweigert am 18. März 1954. Die Akten widerlegen im übrigen die Mutmaßung bei Adenauer: „Es mußte alles neu gemacht werden", Protokolle des CDU-Bundesvorstandes 1950 – 1953, S. 177 (Anm. 19), daß Hopfner oder Ministerialrat Dr. Kleinrahm aus parteipolitischen Gründen von der SPD abgelehnt worden seien. Kleinrahm erfüllte nicht die Altersvoraussetzung (s. Mitteilung Staatssekretär Walter Strauß, Bundesjustizministerium, an Laforet, 8. Juli 1952).
547 Kampf um den Wehrbeitrag, Bd. I, S. 79.
548 Siehe oben.
549 Die Bundesregierung unternahm einen neuen Vorstoß in den Jahren 1955/56; zur zentralen Rolle Arndts in der darauffolgenden rechtspolitischen Kontroverse, vgl. Kapitel VI.2.
550 Vgl. Kampf um den Wehrbeitrag, Bd. II, S. 221.
551 A. a. O., S. 807.
552 Vgl. die von Baring, Im Anfang war Adenauer, S. 423 f., zitierten Pressestimmen.
553 Ollenhauer an Adenauer, 6. Januar 1953, AdsD, Protokolle des SPD-PV 1953, Anlage zum Protokoll vom 6. Januar 1953.

sungsgerichts gerade vermeiden wollte, lehnte ab.[554]

Die Gelassenheit, mit der die SPD dem Ergebnis der Organklage entgegensah, war berechtigt. Mit Urteil vom 7. März 1953 erklärte das Bundesverfassungsgericht den Klagantrag der Bundestagsmehrheit für durchweg unzulässig.[555] In seiner Begründung schloß sich das Gericht einigen zentralen, von Arndt vorgetragenen Einwänden[556] an. In deutlichen Worten legte der Senat die Absicht des Klageantrags so aus, daß es „in Wahrheit" nicht um die Beurteilung eines Verhaltens der Bundestagsminderheit, sondern um die objektive Feststellung der Vereinbarkeit der Vertragswerke mit dem Grundgesetz gehe, mithin – Arndt hatte die Unterscheidung in der mündlichen Verhandlung deutlich herausgearbeitet[557] – um die Klärung einer verfassungsrechtlichen Zweifelsfrage „im Gewande eines Organstreits" statt in der Form des dafür vorgesehenen Normenkontrollverfahrens.[558] Das war ein deutlicher Hinweis auf die Zuständigkeit des Ersten Senats. Das Gericht – inhaltlich in genauer Übereinstimmung mit Arndt[559] – führte den Antragstellern die absurd anmutende Konsequenz ihrer Auffassung vor Augen: Sie führe zum Eingriff in die Meinungsfreiheit und Redefreiheit der Abgeordneten, „Angelpunkte einer demokratisch-parlamentarischen Verfassung." Der Opposition und damit vor allem Arndt und seinem Einsatz für eine umfassende verfassungsgerichtliche Kontrolle des Regierungshandelns gab das Urteil eine besondere Bestätigung mit den Worten:

> „Es ist nicht nur das Recht der Opposition, außer ihren politischen auch ihre verfassungsrechtlichen Bedenken geltend zu machen, sondern im parlamentarisch-demokratischen Staat geradezu ihre Pflicht."[560]

Das offene Verfassungsproblem: Fortgang des Wehrstreits

Die eigentliche verfassungsrechtliche Kernfrage nach der Verfassungsmäßigkeit der Vertragswerke war ein Jahr nach Beginn der Auseinandersetzung noch immer nicht geklärt. Die SPD trieb die Klärung voran. Nach der dritten Lesung und Verabschiedung der Vertragswerke durch den Bundestag am 19. März 1953 stellten Arndt und Dr. Reismann am 26. Mai 1953 einen Antrag auf einstweilige Anordnung, der darauf abzielte, dem Bundeskanzler und der Bundesregierung aufzugeben, von der Gegen-

---

554 Adenauer an Ollenhauer, 16. Januar 1953, AdsD, Nachlaß Walter Menzel, R 45 (Andere Parteien 1949 – 61). Adenauer ging es im Grunde um die Zuständigkeit des Zweiten Senats. Das erklärt die Widersprüchlichkeit seiner Begründung: Einerseits wollte er dem Bundesverfassungsgericht nicht die an sich politische Entscheidung über „Leben und Tod des deutschen Volkes" überlassen – andererseits sollten in dieser „Schicksalsfrage" nur „Entscheidungen des Bundesverfassungsgerichts eine Bedeutung haben, die allgemeine Rechtskraft (das heißt: nicht Gutachten des Plenums, Anm. D.G.) zur Folge haben"; zur Aussprache Ollenhauers mit Adenauer über den Vorschlag des gemeinsamen Gutachtenantrags vgl. den Bericht, Die Kabinettsprotokolle der Bundesregierung, Bd. 5, 1952, S. 762 (Anm. 41).
555 Vgl. Kampf um den Wehrbeitrag, Bd. III, S. 127.
556 Z.B. dem Argument, Rechtsansichten der an der Gesetzgebung Beteiligten vermittelten keine subjektiven Rechte gegenüber dem Gesetzgebungsorgan Bundestag, a. a. O., S. 70 (Arndt), S. 143 f. (Bundesverfassungsgericht); zur verfassungsrechtlich unterschiedlichen Behandlung von gesetzgeberischem Beratungsvorgang und Ergebnis, S. 120 (Arndt), S. 146 (Bundesverfassungsgericht).
557 A. a. O., S. 70, 120.
558 A. a. O., S. 143, 145.
559 A. a. O., S. 77, 143.
560 A. a. O., S. 142.

zeichnung und Weiterleitung der Gesetzeswerke zur Ausfertigung durch den Bundespräsidenten abzusehen[561]; Bonner Gerüchten[562] zufolge plante die Bundesregierung angeblich eine Überrumpelung der Opposition, indem sie vorhatte, die Vertragswerke unmittelbar nach der zustimmenden Beschlußfassung des Bundesrats dem Bundespräsidenten zur Ausfertigung und Ratifikation zu übermitteln und damit die völkerrechtliche Bindungswirkung der Verträge herbeizuführen, bevor die Opposition einen Normenkontrollantrag beim Bundesverfassungsgericht stellen konnte.[563]

Die Bundesregierung erklärte daraufhin, sie werde die Ratifikationsurkunden für die Verträge erst hinterlegen, nachdem die Hinterlegung durch die übrigen vertragschließenden Staaten erfolgt sei, es sei denn, es ergehe vor diesem Zeitpunkt eine Entscheidung des Bundesverfassungsgerichts. Bundespräsident Heuss teilte Ollenhauer mit, er werde die Ratifikationsgesetze nicht ausfertigen, bevor nicht vom Bundesverfassungsgericht die Frage ihrer Vereinbarkeit mit dem Grundgesetz geklärt sei. Die Opposition zog daraufhin ihre Anträge zurück und erklärte sie für erledigt.[564]

Die Entscheidungsgewalt des Bundesverfassungsgerichts, Arndts wichtigstes Anliegen seit Beginn des Verfassungsstreits, schien damit gesichert. Widerwillig zwar, doch konsequent angesichts des vorausgegangenen schweren Verfassungskonflikts und einer absehbar verheerenden öffentlichen Reaktion auf ein etwaiges Überrumpelungsmanöver, zollte die Bundesregierung dem höchsten deutschen Gericht den von Arndt geforderten Tribut.

Arndts Genugtuung wurde allerdings getrübt durch einen gewissen Unwillen, der ihm aus Kreisen des Parteivorstands entgegenschlug. In der Sitzung am 31. März 1953 wurde Kritik laut, weil „der juristische Berater Arndt" und Ollenhauer eigenmächtig vor dem im Parteivorstand verabredeten Zeitpunkt den Antrag auf einstweilige Anordnung gestellt hätten.[565] Die nunmehr geplante Zurücknahme des Antrags erschien den Kritikern zudem abträglich für das Öffentlichkeitsbild der Partei.[566] Wie die weit ausholende beschwichtigende Erklärung Ollenhauers andeutete[567], regten sich in dieser Auseinandersetzung allgemein Unmut und Unverständnis gegenüber den juristischen Schachzügen des Rechtsexperten Arndt. Arndts Position in der Partei war nach Schumachers Tod zunächst schwächer geworden. Er war vor allem der ‚Kronjurist', der juristische Berater der Parteispitze, und hing von deren Unterstützung ab. Ollenhauers Intervention, sein hartnäckiges Pochen auf das „zentrale Interesse der Partei", war nötig, damit Arndt im Bundeswahlkampf 1953 von dem aussichtslosen zehnten Platz

---

561 A. a. O., S. 151.
562 Baring, Im Anfang war Adenauer, S. 463; vgl. auch die im Antrag zitierten Pressestimmen, Kampf um den Wehrbeitrag, Bd. III, S. 155 f.
563 Vgl. die Erwägungen bei Arndt, a. a. O., S. 153.
564 Diese Erklärungen zusammenfassend vgl. die Zurücknahme des Antrags auf Erlaß einer einstweiligen Anordnung durch Arndt, a. a. O., S. 164 f.
565 S. den Beitrag Erwin Schoettles, der die Debatte auslöste, AdsD, Protokoll des SPD-PV vom 31. März 1953, Bl. 3 und 4.
566 So vor allem die Kritiker Schoettle, Haas und Albertz, ebda.; demgegenüber erklärte der Assistent Arndts, Dr. Horst Ehmke, ebda.: „Der Antrag war nicht voreilig. Es war zu befürchten, daß der Erste Senat in Urlaub geht und niemand mehr erreichbar sein würde. Ebenso wollte man nicht vermeiden, Adenauers Verhandlungen in Washington während seines Aufenthaltes dort zu torpedieren." Siehe auch die Erklärung im Sozialdemokratischen Pressedienst (Peter Raunau), „Überflüssig geworden", 1. April 1953.
567 Ollenhauer, ebda., bekräftigte: „Den EVG-Vertrag lehnen wir ab wegen seines Inhalts und nicht nur wegen der nichterfolgten Grundgesetzänderung."

der hessischen Landesliste aufrücken konnte[568]; er wurde dann allerdings direkt in den Bundestag gewählt. Wäre Adolf Arndt nicht erneut in den Bundestag gewählt worden, so hätte dies eine empfindliche Lücke gerissen, die für Erich Ollenhauer und die sozialdemokratische Parteiführung nicht hinnehmbar war. Abgesehen von seinen mannigfaltigen Aufgaben als parlamentarischer Geschäftsführer der Bundestagsfraktion koordinierte Arndt mit Umsicht und erheblichem Einsatz als Rechtsberater des Parteivorstands eine Flut von Gerichtsverfahren, in denen ehrverletzende Äußerungen gegen führende SPD-Politiker verhandelt wurden. Erich Ollenhauer war nach dem Tod Kurt Schumachers ein bevorzugtes Objekt derartiger Angriffe; Arndt half Ollenhauer in einigen politisch besonders belastenden Verfahren. Im ganzen gestaltete sich das Verhältnis zwischen den beiden Politikern sachbezogen freundschaftlich, ohne besondere Wärme, aber auch ohne störende Spannungen. In bestimmter Hinsicht waren sie aufeinander angewiesen. Ollenhauer wollte den Rat des umfassend gebildeten, programmatisch denkenden Juristen nicht missen und nahm ihn auch in außenpolitischen und parteiprogrammatischen Fragen in Anspruch. Arndt seinerseits bedurfte des Rückhalts durch einen fest in der traditionellen Sozialdemokratie verwurzelten Parteifreund, dem er seine Bedürfnisse und Klagen vortragen konnte und der über den Einfluß verfügte, Abhilfe zu schaffen.

Man brauchte den Rechtsexperten auch jetzt. Nachdem es eine Zeitlang so ausgesehen hatte, als würden verfassungsrechtliche Bedenken im Bundesrat die Verabschiedung der Vertragsgesetze verhindern, ließ die Ländervertretung sie am 15. Mai 1953 passieren.[569] Auf Beschluß des Parteivorstands[570] hin stellte Arndt „vorsorglich" bereits am 11. Mai einen Normenkontrollantrag vor dem Bundesverfassungsgericht.[571]

Das Verfahren zog sich über die Bundestagswahlen im September 1953 hinaus hin. Die verfassungsrechtliche Kernfrage blieb in der Schwebe, die Entscheidungsgrundlage des Bundesverfassungsgerichts im wesentlichen unverändert.[572] Die Argumentationslinie der Prozeßparteien war längst abgesteckt. Wenn dennoch zahlreiche neue Schriftsätze und Gutachten in den Prozeß eingeführt wurden, dienten sie überwiegend der Bekräftigung und Nuancierung bereits vorgetragener Argumente.

So vertiefte Arndt seine Definition des „Systems kollektiver Sicherheit" in Art. 24 GG[573] Anhand völkerrechtlicher Quellen verfolgte er die Entstehung und Ausformung des Begriffs in der Geschichte des Völkerbunds sowie anhand Art. 51 und 52 der

---

568 S. AdsD, Protokoll des SPD-PV, 29. Juli 1953, Bl. 4 f. Dort bemängelte Ollenhauer auch bezüglich der Listenplazierung anderer führender SPD-Abgeordneter, allen voran Carlo Schmid, eine Vernachlässigung der „zentralen Interessen" der Partei.
569 Dazu ausführlich Baring, Im Anfang war Adenauer, S. 439 – 489.
570 S. Protokoll über die Sitzung des Parteivorstands in Anwesenheit der Länderminister am 10. Mai 1953 in Frankfurt, AdsD, Protokoll des SPD-PV, 10. Mai 1953.
571 Antrag vom 11. Mai 1953, Kampf um den Wehrbeitrag, Bd. III, S. 166. Die Diskussion im Parteivorstand zeigt, daß der Normenkontrollantrag vor der Bundesratssitzung am 15. Mai 1953 den baden-württembergischen Ministerpräsidenten Reinhold Maier dazu bewegen sollte, die Entscheidung des Bundesrats zu vertagen, um so eine materielle Entscheidung über die Zustimmungsbedürftigkeit bzw. Verfassungsmäßigkeit der Vertragswerke zu umgehen, s. Vorschlag Veit, AdsD, Protokoll des SPD-PV, 9. Mai 1953, Bl. 1; Erklärung Ollenhauers, Protokoll des SPD-PV, 4. Juni 1953, Bl. 3 f.
572 Hinzugekommen waren lediglich die Zusatzprotokolle zum EVG-Vertrag, vgl. Kampf um den Wehrbeitrag, Bd. III, S. 362, und die Frage, inwieweit der Bundesrat den Vertragsgesetzen zustimmen mußte.
573 A. a. O., S. 205 – 219, 441 – 450.

UN-Charta. Sein umfangreiches Belegmaterial leistete einen erheblichen Beitrag zur Strukturierung und Definition des Begriffs „Kollektive Sicherheit" im Sprachgebrauch der SPD.[574] Seine juristische Definition mit völkerrechtlichem Bezug lieferte das Argumentationsmaterial für das politische Konzept der „Kollektiven Sicherheit", das ab 1954 zu einem Schlüsselbegriff der sozialdemokratischen Außenpolitik wurde.[575]

Arndts Unterscheidung zwischen Systemen „kollektiver Sicherheit" einerseits und „kollektiver Selbstverteidigung" andererseits wurde von dem völkerrechtlichen Gutachter der Bundesregierung, Professor Wilhelm Grewe[576], heftig bestritten und war in der Tat auch bestreitbar; denn in der völkerrechtlichen Theorie und Praxis wurden die beiden Begriffe vielfach nicht als einander ausschließend gehandhabt. Dennoch hielt Arndts subtile juristische Unterscheidung Einzug in den Sprachgebrauch der SPD. Für eine wirkliche Breitenwirkung war sie freilich allzu subtil. Späteren Beobachtern erschien sie als „streng legalistisch"[577], in der breiten Öffentlichkeit blieb sie unverstanden.

Streit um den Rechtsstatus der Bundesrepublik Deutschland: ‚Kernstaat' oder ‚Staatsteil'?

Verglichen mit den Problemkreisen der ersten drei Verfahren im Rahmen des Wehrstreits setzten die Schriftsätze im Normenkontrollverfahren, das die SPD im Mai 1953 angestrengt hatte, lediglich einen wirklich neuen Akzent: die zwischen Arndt und dem Regierungsvertreter Professor Ulrich Scheuner ausgetragene Debatte um die Interpretation der staatsrechtlichen Einheit Deutschlands. Arndt griff den Staatsrechtler scharf an wegen dessen ‚*Kernstaatstheorie*'[578] Scheuner hatte in der Redaktionskommission für die umstrittenen Verträge den Vorsitz geführt und konnte auch von daher als Repräsentant der Regierungsauffassung betrachtet werden.

---

574 Vor Arndt hatte Carlo Schmid den Begriff in die Debatte des Parlamentarischen Rats gebracht, allerdings ohne ihn systematisch zu entfalten, und ihn in der Bundestagsdebatte am 8. Februar 1952 aufgenommen, vgl. oben Kapitel IV.5.; s. auch Löwke, „Für den Fall, daß...", S. 97; Schmitz, Deutsche Einheit und Europäische Integration, S. 105 f.; Carlo Schmid faßte seine Vorstellungen zu einem „System kollektiver Sicherheit" Anfang 1953 in einem Exposé zur Außenpolitik seiner Partei zusammen, vgl. dazu und zur Kritik Wehners: Klotzbach, Der Weg zur Staatspartei, S. 226.
575 Vgl. die Darstellung bei Löwke, a. a. O., S. 127 – 141 und 184 – 195.
576 S. Kampf um den Wehrbeitrag, Bd. III, S. 307 – 312. Die anhaltende Meinungsverschiedenheit hinsichtlich der begrifflichen Abgrenzung eines Systems kollektiver Sicherheit von einem kollektiven militärischen Bündnissystem (System kollektiver Selbstverteidigung) dokumentieren die Beiträge in Lutz (Hrsg.), Kollektive Sicherheit in und für Europa – eine Alternative? Während beispielsweise die Beiträge von Kimminich (S. 54), Böge (S. 94 ff.) und Glotz (S. 107) die begriffliche Unterscheidung aus den Fünfziger Jahren weitertragen, hält z. B. Schulze (S. 379 ff.) dagegen unter dem programmatischen Motto: „Die NATO ist ein System kollektiver Sicherheit."
577 Löwke, „Für den Fall, daß...", S. 194.
578 Scheuner hatte in dieser Eigenschaft im Bulletin des Presse- und Informationsamts der Bundesregierung Nr. 35 vom 21. Februar 1953, Die Ratifikation der Verträge und die Wiedervereinigung, S. 297 ff., Ausführungen gemacht: Dort hatte er die „Bundesrepublik" als den „freien Kern" des „Staatswesens Bundesrepublik Deutschland" (verstanden als „ganz Deutschland") bezeichnet und ihr – fast beiläufig – die Qualität eines „westdeutschen Staates" beigelegt (S. 298, 299).
Diese offiziöse Verlautbarung zog Arndt zur Kennzeichnung der ‚Kernstaatstheorie' Scheuners heran.

Scheuner setzte den Begriff Bundesrepublik Deutschland gleich mit dem fortbestehenden „Deutschen Reich"[579] – insofern übereinstimmend mit der Rechtsauffassung Arndts.[580] Er führte daneben die Bezeichnung „Kernstück" ein, die gleichbedeutend war mit dem „zu freier Selbstbestimmung befähigten Hauptteil", dem Geltungsbereich des Grundgesetzes, der „eine neue Ordnung für sich geschaffen hat und nunmehr als mit dem Ganzen identisch beansprucht, für ganz Deutschland zu sprechen und zu handeln."[581] Identität des „Bundesregimes des Grundgesetzes" mit dem „Gesamtstaat" bedeutete für Scheuner Identität der Staatsgewalt (und damit der Staatsorgane), die lediglich eine räumliche Beschränkung ihrer Entfaltung auf den Geltungsbereich des Grundgesetzes hinnehmen mußte. Um die staatsrechtliche Identität der in ihrer gebietlichen Erstreckung unterschiedlichen „Bundesrepublik Deutschland" (gleichbedeutend mit dem Rechtssubjekt Deutsches Reich in den Grenzen von 1937) und ihres „Kernstücks" (Geltungsbereich des Grundgesetzes, das heißt die drei westlichen Besatzungszonen) begrifflich zu kennzeichnen und festzuschreiben, hielt Scheuner folgende Sprachregelung für zulässig: Der Begriff „Bundesrepublik Deutschland" sollte anwendbar sein sowohl auf den ganzen Staat Deutschland wie auf den unter dem Grundgesetz stehenden Teil.[582] Damit legitimierte Scheuner – auch ohne es in letzter Klarheit auszusprechen[583] – die Übertragung der Staatseigenschaft vom Staat Deutsches Reich auf seinen „Kern", der dadurch zum ‚Kernstaat'[584] wurde. Die Kernstaatstheorie Scheuners wurde zwar von der Bundesregierung nicht ausdrücklich bestätigt[585] – doch auch nicht dementiert. Jedenfalls blieb sie als eine mögliche Interpretation des offiziellen Regierungsstandpunkts bestehen und ein fortwährendes Angriffsziel der Opposition.

---

579 Kampf um den Wehrbeitrag, Bd. III, S. 332.
580 S.o., Kapitel IV.5.
581 Kampf um den Wehrbeitrag, Bd. III, S. 333 f.
582 A. a. O., S. 334. Gegenüber Arndt bekräftigte Scheuner später ausdrücklich, daß der „doppelte Sprachgebrauch" der Bezeichnung Bundesrepublik Deutschland „für das weite Gebiet des ganzen Deutschland" sowie den „aktionsfreien Kern [...] praktischer und wenn auch nicht ganz so klar, doch von meiner Kernstaatsauffassung aus vertretbar ist", Scheuner an Arndt, 17. Februar 1961, AdsD, Nachlaß Arndt, Mappe 25.
583 In dem Gutachten zum Wehrstreit (Kampf um den Wehrbeitrag, Bd. III, S. 333) sprach Scheuner nur vom „Kernstück"; zur Schwierigkeit, Scheuners Theorie gerade wegen der doppelten Verwendung der Bezeichnung „Bundesrepublik Deutschland" einzuordnen vgl. Walther Freiherr Marschall von Bieberstein, Zum Problem der völkerrechtlichen Anerkennung der beiden deutschen Regierungen, S. 133, Anm. 247, der ihn letztlich – wie Scheuner (s. Anm. 582) selbst bestätigt – der Kernstaatstheorie zuschlägt.
584 S. Scheuner, Die Ratifikation der Verträge und die Wiedervereinigung, (Anm. 578).
Setzte man die doppelte Bedeutung in Scheuners Begriff „Bundesrepublik Deutschland" voraus, so schlossen seine Sätze („Die Ansicht, die eine Identität von Bundesrepublik und Reich annimmt, wird allein der heutigen Lage gerecht. Sie macht es klar, daß die Bundesrepublik Staat ist und völkerrechtlich zu handeln vermag.") die klare Aussage ein, daß der Westteil des Deutschen Reiches ein „Staat" sei (vgl. Scheuner, Die staatsrechtliche Kontinuität in Deutschland, S. 515).
585 In ihrer Stellungnahme zu Arndts Angriff auf Scheuners Kernstaatstheorie bekräftigte die Bundesregierung zum einen ihre Übereinstimmung mit dem Oppositionsstandpunkt, die Bundesrepublik Deutschland sei – auch hinsichtlich ihrer räumlichen Ausdehnung – identisch mit dem Deutschen Reich von 1937 (vgl. Kampf um den Wehrbeitrag, Bd. III, S. 243). Zum anderen stellte sie sich – unter anderem zur Interpretation der Darlegungen Scheuners – hinter Formulierungen des Bundesverfassungsgerichts („Die Bundesrepublik Deutschland als der berufene und allein handlungsfähige Teil Gesamtdeutschlands" und als „die Staatsorganisation des Gesamtstaats", die „bisher allein in Freiheit wieder errichtet

Diese Kernstaatskonstruktion zielte zunächst auf den Bereich des Völkerrechts. Sie sollte die Existenz eines völkerrechtlich handlungsfähigen ‚Weststaats' beweisen, der mit dem Anspruch, das Deutsche Reich zu sein, auch das alleinige Recht zu dessen Repräsentation in der Völkerrechtsgemeinschaft besaß[586] Zum zweiten richtete sich die Kernstaatstheorie an die Besatzungsmächte: Der unter dem Grundgesetz staatlich organisierte Teil Deutschlands beanspruchte gegenüber den Besatzungsmächten eine eigene staatliche Legitimität und politisches Gewicht, während er gleichzeitig an der Rechtsbehauptung der fortbestehenden deutschen Einheit festhielt.

Den drei westlichen Besatzungsmächten gegenüber war diese Zielsetzung erfolgversprechend. Die von der Bundesregierung betriebenen wirtschaftlichen und militärischen Integrationsvorhaben ordneten das deutsche ‚Weststaatsgebilde' der politischen Einflußsphäre des Westens zu und schufen damit die Vertrauensgrundlage für seine Anerkennung als Staat seitens der Westmächte. Dem sowjetischen Interesse hingegen lief die enge, militärisch gesicherte Westbindung zuwider. Sie verminderte folglich die Chance einer deutschen Wiedervereinigung, weil die Sowjetunion befürchten mußte, daß damit auch die Westbindung eines wiedervereinigten Deutschland vorherbestimmt war.

Dieser Gefährdung der Wiedervereinigung vermochte der Identitätsanspruch der Kernstaatstheorie nicht wirksam zu begegnen. Im Gegenteil: Je rigoroser die Identität des Deutschen Reichs mit der staatlichen Organisation des Grundgesetzes behauptet wurde, desto realistischer erschien die sowjetische Befürchtung eines militärisch gegen den Osten gerichteten wiedervereinigten Deutschland. Um seines eigenen staatlichen Geltungsanspruches willen überbaute das ‚Weststaatsgebilde' das damit virulent werdende Problem deutscher Einheit mit einer ‚Kernstaatstheorie', die die Wiedervereinigung eher gefährdete denn stärkte.

Dieser politische Hintergrund erklärt, wenngleich nicht erschöpfend, Arndts Angriffe gegen die ‚Kernstaatstheorie.' Über die bloße Kritik hinausgehend, entwickelte Arndt im Wehrstreit die Grundzüge einer eigenen Theorie zur Rechtslage Deutschlands.[587]

---

werden konnte", s. BVerfGE 2, 266 [S. 277], Kampf um den Wehrbeitrag, Bd. III, S. 244), die die Bundesrepublik lediglich als Teil des Staates „Gesamtdeutschland" erscheinen ließen. Damit teilte die Bundesregierung Scheuners doppeldeutige Verwendung des Begriffs „Bundesrepublik Deutschland" und gab seiner Kernstaatstheorie Raum, wenn nicht Nahrung. Den Eindruck der Doppeldeutigkeit ihres Standpunkts hatte die Bundesregierung zudem dadurch gefördert, daß sie ein Jahr zuvor ein Rechtsgutachten Professor Süsterhenns vorgelegt hatte, der die „Bundesrepublik", verstanden als „Gebietsfragment des Deutschen Reiches", einen „echte[n] Staat" genannt hatte (vgl. Kampf um den Wehrbeitrag, Bd. I, S. 260 ff. [S. 261, 264]).

[586] Auf den logischen Widerspruch zwischen gleichzeitig erhobenem Identitäts- und Repräsentationsanspruch weist Arndt, ebda., S. 389, hin: Wenn etwas Repräsentant eines anderen sei, könne es nicht gleichzeitig dasselbe sein.

[587] 1960 faßte Arndt diese These systematisch zur „Präsenztheorie" zusammen, vgl. dazu Kapitel V.4. und Arndts umfassenden Überblick in: ders., Der deutsche Staat als Rechtsproblem (1960). Aufschlußreich für die politischen Befürchtungen im Hintergrund der Angriffe auf Scheuners Kernstaatstheorie ist der Brief Arndts an Dr. Halfeld (Hannoversche Allgemeine Zeitung), 2. November 1954, AdsD, Nachlaß Arndt, Mappe 245. Dort interpretiert Arndt die ‚Kernstaatstheorie' so, daß sich die „Wiedervereinigung in der Weise zu vollziehen habe, daß die Deutsche Demokratische Republik im Wege einer völkerrechtlichen Annexion so in das Gebiet der Bundesrepublik einzugliedern sei, wie sich etwa das Deutsche Reich 1871 Elsaß-Lothringen einverleibte [...]."

Für Arndt war „Bundesrepublik Deutschland" die bloße Neuorganisation (nicht: Neukonstituierung)[588] und Neubenennung des staatsrechtlich fortbestehenden Deutschen Reiches. Allein dem Reich, das das deutsche Staatsgebiet vollständig umfaßte, kam nach seiner Auffassung die Eigenschaft eines deutschen Staates zu; der davon zu unterscheidende Geltungsbereich des Grundgesetzes war danach innerhalb dieses „einen deutschen Staates" lediglich eine *Teilorganisation*[589], ein „Bundesregime", dessen Organe deutsche Staatsgewalt ausübten, ohne indessen mit den Organen der einen umfassenden deutschen Reichsstaatsgewalt identisch zu sein und ohne selbst einen Staat zu konstituieren.[590]

Dieser These Arndts lag die Vorstellung von der Bildung staatlicher Einheit aus der Identität des Staatsvolkes zugrunde. Er nannte dies die „Unlösbarkeit von Staat und Volk."[591] Aus der „Kontinuität des Volkes" entsprang erst die Staatsgewalt, die „die Menschen miteinander zu einem Volk und mit seinem Gebiet verbindet und sie als Staat zu einem [...] ‚Verband von Menschen'" gestaltete.[592] Maßgeblich für die Existenz eines deutschen Staates (in der Ausdehnung des Deutschen Reiches von 1871), der jeden anderen Staat innerhalb seiner Gebietsgrenzen ausschloß, war demnach das Vorhandensein eines deutschen Staatsvolks. Die erforderliche ‚Effektivität'[593] des Staatsvolks manifestierte sich für Arndt in dem „Rechtsbewußtsein"[594] staatsrechtlicher Einheit, das er unter den deutschen Volkszugehörigen fest gegründet sah. Als Belege nannte er die Regelung der deutschen schuldrechtlichen Staatshaftung, das Saarproblem und die Frage der deutschen Wahlen.[595]

Das führt zum tragenden – *demokratischen*[596] – Motiv in Arndts Theorie: War ein sich als solches empfindendes Staatsvolk vorhanden, so lag die Bestimmung über die staatliche Organisation allein bei ihm in seiner Gesamtheit. Die Willensbildung lediglich eines Volksteils, zum Beispiel in einem geographisch abgegrenzten Teil des Staatsgebietes, vermochte das Staatsvolk in seiner Gesamtheit nicht staatsrechtlich zu binden. Insofern konnte sich kein Teil des Staatsvolks mit dem anderen, nicht an der Willensbildung beteiligten Teil identifizieren oder ein Recht der Stellvertretung[597] für ihn in Anspruch nehmen. Kein Teil des deutschen Volkes konnte[598] stellvertretend für den restlichen Teil und mit Wirkung für den ganzen Staat Deutschland Pflichten begründen.[599] Von dieser demokratischen, auf den Willen eines einheitlichen deutschen Staatsvolkes abstellenden Theorie erschloß sich Arndts Ablehnung der Kernstaatstheorie, die – nach seiner Auffassung – der Einheit des Staatsvolkes zuwiderlief

---

588 S. Arndts Berufung auf die Formulierung Carlo Schmids im Parlamentarischen Rat, Kampf um den Wehrbeitrag, Bd. III, S. 382: „Deutschland ist von uns nicht neu zu konstituieren, sondern nur neu zu organisieren."
589 A. a. O., S. 386, 397, 401.
590 A. a. O., S. 399.
591 A. a. O., S. 387.
592 Ebda.
593 Dazu eingehend a. a. O., S. 390 – 401.
594 A. a. O., S. 394 f.
595 A. a. O., S. 390 – 401.
596 Vgl. dazu die eingehende Darstellung und Kritik bei Schuster, Deutschlands staatliche Existenz im Widerstreit politischer und rechtlicher Gesichtspunkte 1945 – 1963, S. 31 ff., 238 ff. und Kapitel V.4.
597 Kampf um den Wehrbeitrag, Bd. III, S. 388.
598 Unbeschadet seiner treuhänderischen Wahrnehmung der Rechte, a. a. O., S. 456.
599 A. a. O., S. 203, 401, 452.

und die Abspaltung eines ‚Kernstaatsvolks' mit Vertretungswillen für das Gesamtvolk herbeizuführen drohte. Arndt untermauerte und bestimmte von dieser Theorie aus die ratio des Art. 146 GG: Diese Norm, die die lediglich provisorische Geltung des Grundgesetzes bis zum Inkrafttreten einer gesamtdeutschen Verfassung festlegte[600], enthielt, nach Arndts Auslegung, das verfassungsrechtliche Verbot, die künftig vom gesamten deutschen Staatsvolk auszuübende verfassunggebende Gewalt durch zuvor von einem Teil Deutschlands eingegangene völkerrechtliche Verpflichtungen unauflösbar zu binden. Eben diesen in Art. 146 GG verkörperten Gedanken einer Selbstbegrenzung der „Übergangsordnung" des Grundgesetzes fand Arndt in dem EVG-Vertrag verletzt: Nach seiner Auffassung band der auf fünfzig Jahre hin unauflösliche, „statusbegründende Integrationsvertrag"[601] das unter dem Grundgesetz organisierte Volk mit -verfassungswidriger – begrenzender Wirkung für die Entscheidungsfreiheit des deutschen Staatsvolkes im ganzen.[602]

Diese rechtliche Kritik des EVG-Vertrags offenbarte zugleich Arndts politische Besorgnis: Die lange Geltungsdauer und der weitgehende Integrationscharakter der EVG liefen dem sowjetischen Sicherheitsinteresse zuwider und bildeten ein schwer überwindbares politisches Hindernis für die deutsche Wiedervereinigung.

Doch ging Arndts Theorie zur staatlichen Einheit Deutschlands über eine politische Zweckbestimmung hinaus. Sie war Ausdruck einer tiefer liegenden Besorgnis, daß die These vom ‚Kern'-Staat nur scheinbar auf Expansion zum ‚Rand', auf das ganze Deutschland, gerichtet war, in Wirklichkeit aber nur die introvertierte Legitimität eines gesonderten Weststaats stützte und fortschreitend das Bewußtsein vom Staat „Deutsches Reich" verdrängte.[603] Unweigerlich mußte dies dazu führen, daß das nach Arndt effektivitätsbegründende Merkmal gesamtdeutscher Staatlichkeit, das Bewußtsein staatlicher Zusammengehörigkeit, allmählich verschwand – und mit ihm der Staat „Deutschland" selbst.

Arndts Theorie zur staatlichen Einheit Deutschlands hatte beachtliche juristische Gründe für sich. Doch jenseits aller juristischen Implikationen entsprangen die Leidenschaft und Beharrlichkeit, mit denen er seine Thesen verfocht, einer tiefer liegenden, emotionalen Schicht seines politischen Denkens. Das Bewußtsein staatlicher Zusammengehörigkeit aller Deutschen war für Adolf Arndt vor jeder juristischen Konstruktion ein Gefühl, eine existentiell zu nennende politische Grundkonstante, die die Erziehung im zutiefst national geprägten deutschen Bürgertum in ihm angelegt und gefestigt hatte.

Die Kontroverse *Kernstaat* versus *Staatsteil* setzte den wesentlichen Akzent in dem schwebenden Normenkontrollverfahren vor dem Bundesverfassungsgericht bis zum Winter 1953/54. Doch machte das Gericht keine Anstalten, einer Entscheidung des

---

[600] A. a. O., S. 204 f., 450 – 460; Artikel 146 GG: „Dieses Grundgesetz verliert seine Gültigkeit an dem Tag, an dem eine Verfassung in Kraft tritt, die von dem deutschen Volk in freier Entscheidung beschlossen worden ist."

[601] A. a. O., S. 458.

[602] Arndt bezog sich dazu auf die Rechtsauffassung Wolfgang Abendroths, vgl. Kampf um den Wehrbeitrag, Bd. III, S. 203.

[603] A. a. O., S. 385, s. dort den bitteren Satz Arndts: „Mit Bundesrepublik Deutschland sollte insbesondere nicht der ‚Apparat' benannt werden, wie der Abgeordnete Carlo Schmid sagte, so daß es voll schmerzlicher Ironie ist, wie sehr inzwischen dieser Staats-Apparat, für den man einen Namen vermeiden wollte, sich diesen Namen usurpierte."

Verfassungsstreits mit hochpolitischem Gehalt näherzutreten; denn mit dem Wählervotum der Bundestagswahlen 1953 deuteten die Zeichen zunehmend auf eine politische Entscheidung des Streits hin.

7. Primat der Politik: Grundgesetzänderung und Saarstreit

Die Bundestagswahlen im September 1953 endeten mit einem glänzenden Sieg[604] der regierenden CDU/CSU. Es war insgesamt ein Vertrauensvotum für die Regierung Adenauer, in dem die Befriedigung über den rasch wachsenden Wohlstand zum Ausdruck kam. Vor allem erhielt Adenauer das Plazet zu seinem europa- und wehrpolitischen Kurs. Er bildete eine Koalitionsregierung, die von mehr als zwei Dritteln der Bundestagsabgeordneten gestützt wurde. Endlich bot sich der Bundesregierung die Chance, die seit zwei Jahren schwebende verfassungsrechtliche Streitfrage auf politischem Wege zu klären. Mit der verfassungsändernden Zweidrittelmehrheit der Abgeordneten beschloß der Bundestag ein „Gesetz zur Ergänzung des Grundgesetzes", das am 26. März 1954 verkündet wurde.[605] Dieses sogenannte „Klarstellungs-" oder „Interpretationsgesetz"[606] verfolgte einen doppelten Zweck: Eine Erweiterung des Art. 73 Abs. 1 Nr. 1 GG schuf die verfassungsrechtliche Ermächtigung zur Wehrgesetzgebung; insoweit wurde die Wehrhoheit der Bundesrepublik begründet, wie Arndt es von seinem Begriff des Verfassungsstaats her gefordert hatte. Weitere verfassungsrechtliche Einwände gegen die Vertragswerke sollten durch die ‚Klarstellung' des neugefaßten Art. 79 Abs. 1 Satz 2 GG in Verbindung mit Art. 142 a GG entkräftet werden: Danach sollten – in Abweichung von dem allgemeinen Verfassungsänderungsverfahren – in Zukunft bestimmte völkerrechtliche Verträge pauschal mit dem Grundgesetz harmonisiert werden, indem ein jeweils neu aufzunehmender Grundgesetzpassus dies summarisch klarstellte. Art. 142 a GG konkretisierte diese Regelung hinsichtlich der im Streit befindlichen Vertragswerke.

Diese verfassungslegislatorische Vereinfachung gestattete der verfassungsändernden Bundestagsmehrheit im Frühjahr 1954, die differenzierten und weit gestreuten verfassungsrechtlichen Einwände Arndts gegenstandslos zu machen, ohne im einzelnen auf sie eingehen zu müssen.

War dadurch der schwelende Konflikt zwischen höchster politischer und höchster judizieller Gewalt im Staat beigelegt? Bundesregierung und Bundesgesetzgeber hatten

---

604 Die CDU/CSU errang 45,2 % der Stimmenanteile, während die SPD mit 28,8 % unter ihrem Stimmenanteil in der Bundestagswahl 1949 blieb. Die zweite Koalitionsregierung Adenauer stützte sich auf die Stimmen der CDU/CSU, DP, GB/BHE (bis 15. Oktober 1955) und FDP (ab 23. Februar 1956 nur noch FVP).

605 Vgl. das Gesetz zur Ergänzung des Grundgesetzes vom 26. März 1954, BGBl. I, 1954, S. 45. Am 28. März 1954 wurden die noch in der ersten Legislaturperiode verabschiedeten Gesetze über den Deutschland- und den EVG-Vertrag mit den Zusatzverträgen verkündet.

606 Zur Aufgabe der „authentischen Verfassungsinterpretation" s. den Schriftsatz der Bundesregierung, Kampf um den Wehrbeitrag, Bd. III, S. 494.

– ganz wie Arndt es gefordert hatte – der „Verfassung gehuldigt", bevor sie daran gingen, ihren politischen Willen auch völkerrechtlich verbindlich zu machen. So sahen es viele der politischen Beobachter, ermüdet von den langgezogenen verfassungsrechtlichen Streitigkeiten und im Blick auf die überwältigende demokratische Legitimierung der Außenpolitik Adenauers durch die Bundestagswahlen, – sofern sie nicht ohnehin die Anrufung des Bundesverfassungsgerichts für ein rein politisch motiviertes Manöver, ja eine verfassungswidrige Hemmung der zur politischen Entscheidung berufenen Institutionen hielten. Die Kritiker mußten sich vollauf bestärkt fühlen, als die Opposition keineswegs ihren Klagantrag zurücknahm, sondern die Grundgesetzänderung als ‚verfassungswidriges Verfassungsrecht' angriff.[607]

Die letzte Phase der verfassungsrechtlichen Auseinandersetzung um die deutsche Wiederbewaffnung begann. Sie wurde publizistisch begleitet von Stimmen, die Überdruß und scharfe Kritik an Arndts und der Opposition zähem Festhalten an einer judiziellen Entscheidung ausdrückten.[608] Indessen zeigt die Diskussion innerhalb der SPD, daß die Fortsetzung des Verfassungsstreits nicht selbstverständlich war. Unter dem prozeßtaktischen Aspekt gab Arndt auf einer Sitzung des Parteivorstands ganz nüchtern und pragmatisch zu bedenken, „ob uns das Prozessieren vor der Bevölkerung gut tut", und erwog, entweder Stillschweigen zu üben oder „ohne Lärm dem Gericht [zu] erklären, ob wir die Grundgesetzänderung für wirksam oder unwirksam halten."[609] Ausschlaggebend für die Fortsetzung des Verfassungsstreits war anscheinend das Interesse der SPD-Führung, ein politisches Druckmittel gegen die Regierung in der Hinterhand zu behalten.[610]

Vor dem Bundesverfassungsgericht jedoch ließ Arndt von prozeßtaktischen Bedenken nichts merken.[611] Mit unverminderter Schärfe kritisierte er, daß verschiedene Regelungen der Verträge gegen den „als unantastbar geschützten Verfassungskern" des Art. 79 Abs. 3 GG[612] verstießen und durch keine Verfassungsänderung zu legitimieren seien. Auch sah er sich wohl durch die salvatorische Klausel des neuen Art. 79 Abs. 1 Satz 2 GG um die Früchte seiner differenzierten juristischen Analyse und Kritik betrogen. Aus dieser Sicht war ihm die Verfassungsänderung ein Beispiel plumper Machtentfaltung, eine „bloße Machtfrage"[613], die achtlos über das empfindliche Regelwerk des Rechts hinwegschritt und ihn geradezu provozierte, den Verfassungsstreit weiterzuführen.[614] Nach seiner beharrlich vertretenen Überzeugung gewann der Streit um die Verfassungsänderung, die vielen als ein politischer Schlußstrich erschien, „die Bedeutung eines Ringens schlechthin um den Rechtsstaat."[615]

---

607 Kampf um den Wehrbeitrag, Bd. III, S. 468 ff.
608 Gleichfalls abweichend von der Auffassung des SPD-Parteivorstands stimmten im Bundesrat – mit Ausnahme Hessens – die SPD geführten Bundesländer, s. Pirker, Die SPD nach Hitler, S. 193.
609 S. AdsD, Protokoll des SPD-PV, 4. März 1954.
610 Darauf deutete die Zustimmung des Parteivorstands zu Wehner hin, ebda., der auf Arndts Bedenken hin erklärte: „Wir sollten die Klage nicht forcieren, aber auch nicht zurückziehen."
611 Vielmehr pointierte er noch stärker den „Eigenwert" der Rechtsfrage, vgl. Kampf um den Wehrbeitrag, Bd. III, S. 474.
612 A. a. O., S. 528/531 mit Beispielen.
613 A. a. O., S. 469.
614 Gegenüber dem Gutachten Professor Gieses sprach Arndt – wohl unter Anspielung auf die Beendigung des preußischen Verfassungskonflikts (s. oben Kapitel IV.5.) – von einem „Indemnitätsgesetz des verfassungsändernden Gesetzgebers", s. Arndt an Professor Giese, 30. März 1954, AdsD, Nachlaß Arndt, Mappe 227.
615 S. Kampf um den Wehrbeitrag, Bd. III, S. 469.

Die neue Auseinandersetzung um die Verfassung und die verfassungsändernde Gewalt konturierte Arndts Begriff des *Rechtsstaats*.[616] Dessen *materieller* Kern wurde erkennbar, indem Arndt der verfassungsändernden Gewalt im Grundgesetz enge Grenzen zog. In scharfem Gegensatz zur Bundesregierung[617] legte er die ‚Ewigkeitsklausel' des Art. 79 Abs. 3 GG weit aus und bezog in ihre unaufhebbare inhaltliche Garantie auch den Modus der Verfassungsänderung ein, wie ihn Art. 79 Abs. 1 GG alter Fassung festgelegt hatte.[618] Danach galt das unaufhebbare Gebot der „Urkundlichkeit"[619] einer „rechtsstaatlichen Verfassungsurkunde"[620], das durch eine summarische Vereinbarkeitsklausel wie Art. 79 Abs 1 Satz 2 GG verletzt werde.[621]

Man kann – mit guten Gründen – Arndt und der SPD entgegenhalten, daß sie eine eindeutige politische Niederlage mit judiziellen Mitteln verdeckten und wettzumachen versuchten. Gleichwohl war Arndts erneutes Klagvorbringen keine bloße Ad-hoc-Konstruktion. Es setzte die strikte Orientierung am Vorrang und Höchstwert des geschriebenen Verfassungsrechts fort – und trieb sie gewissermaßen zur letzten Konsequenz eines weit gefaßten, unabänderlichen Verfassungskerns.[622]

Die Saarklage

Die noch immer schwebende, inzwischen zweieinhalb Jahre währende verfassungsrechtliche Auseinandersetzung um die deutsche Wiederbewaffnung wurde im Sommer 1954 von der politischen Entwicklung überholt und schließlich gegenstandslos, so daß das Verfahren im stillschweigenden Einvernehmen aller Beteiligten beendet wurde.[623] Am 30./31. August 1954 wurde der EVG-Vertrag in der französischen Nationalversammlung endgültig nicht angenommen. Das Projekt einer integrierten Europaarmee

---

616 Vgl. dazu unten Kapitel VIII.1.
617 Kampf um den Wehrbeitrag, Bd. III, S. 501.
618 Das in Arndts materieller Aufladung und Ausdehnung des Rechtsstaatsbegriffs angelegte Spannungsverhältnis zum Demokratiebegriff wurde in folgendem erkennbar: Arndt sah seine Auslegung durch den „Grundwert jeder rechtsstaatlichen Verfassung" legitimiert, vor dem jede – wie er meinte – vermeintlich demokratische Ausdehnung der verfassungsändernden Gewalt sich als „Irrglaube" und als ein „Ansatz für totalitäre Unterdrückung der Freiheit" erwies (s. Kampf um den Wehrbeitrag, Bd. III, S. 523 f.).
619 Arndt sah einen „unaufhebbaren" Zusammenhang des formalen Prinzips der Urkundlichkeit in Art. 79 I GG mit dem „materialen Prinzip der Unantastbarkeit" der „Grundwerte" in Art. 79 III GG, a. a. O. S. 527.
620 A. a. O., S. 524.
621 Gleichfalls einen Verstoß gegen Art. 79 I GG alter Fassung sah Arndt in der – von ihm so interpretierten – Rückwirkung (vgl. dazu das Gutachten von Professor Loewenstein, a. a. O., S. 552 ff.) des Art. 142 a GG und schließlich eine Verletzung des vom unabänderlichen Gewaltenteilungsgrundsatz (Art. 20 in Verbindung mit Art. 79 III GG) mit umfaßten richterlichen Prüfungsrechts, Art. 92 GG, in dem der Gesetzgeber seine „Klarstellung" der verfassungsrechtlichen Unbedenklichkeit an die Stelle verfassungsrichterlicher Erkenntnis setzte (a. a. O., S. 476).
622 Unterstützung fand Arndts Argumentation bei den Gutachtern, den Professoren Karl Loewenstein, Friedrich Klein und Friedrich Giese, s. Kampf um den Wehrbeitrag, Bd. III, S. 540 ff.
623 Formell wurde das Verfahren nicht abgeschlossen. Es fanden jedoch keine weiteren Prozeßhandlungen der Beteiligten mehr statt, vgl. die Mitteilung des Präsidenten des Bundesverfassungsgerichts an Dr Bernhard Reismann, 16. März 1955, Kampf um den Wehrbeitrag, Bd. III, S. 594.

war damit gescheitert. Schnelle Verhandlungen unter den drei westalliierten Mächten und in der NATO führten zu einer neuen, umfassenden Lösung, den am 23. Oktober 1954 geschlossenen Pariser Verträgen. Kern der Pariser Verträge war die Revision des Deutschland- oder Generalvertrags samt den zugehörigen Zusatzverträgen[624], der Beitritt der Bundesrepublik Deutschland zur NATO[625], sowie das „Deutsch-französische Abkommen über das Statut der Saar."[626]

Das Saar-Abkommen, ausgehandelt vom französischen Ministerpräsidenten Mendès-France und Bundeskanzler Adenauer, sah vor, dem Saargebiet ein europäisches Statut zu geben, das der saarländischen Bevölkerung zur Volksabstimmung unterbreitet werden sollte.[627] Seit Gründung der Bundesrepublik – und entgegen dem kompromißbereiten Kurs der Bundesregierung gegenüber Frankreich – hatte die SPD eine scharfe und unnachgiebig auf Wiedervereinigung drängende Saarpolitik betrieben. Gegen die Beschränkung politischer Freiheitsrechte durch die von Frankreich eingesetzte Regierung des Saarlandes war sie mit subversiven und infiltrativen Kampfmitteln bis hin zur Partei- und Gewerkschaftsspaltung und zur Gründung einer eigenen, illegalen Gegenorganisation vorgegangen[628] und hatte sich allen Plänen zur Europäisierung der Saar energisch widersetzt. Sie beschloß, gegen das Saar-Abkommen im März 1955 erneut das Bundesverfassungsgericht anzurufen.[629] Der letzte Akt in einer Kette von Auseinandersetzungen um die verfassungsrechtlichen Grundlagen deutscher Außen- und Wehrpolitik begann.

Arndt stellte in seinen Schriftsätzen das verfassungsrechtliche Gebot zur Wahrung der deutschen Einheit und die Verletzung von Grundrechten durch das Abkommen in den Vordergrund. Insbesondere rügte er Verstöße gegen Art. 23 und 146 GG.[630] Gestützt auf seine Theorie zur staatsrechtlichen Einheit Deutschlands, die er im Wehrstreit entwickelt hatte[631], griff er an, daß die vertragliche Festschreibung des europäischen Status der Saar die Verpflichtung deutscher Staatsorgane gemäß Art. 23 Satz 2 GG verletze, jederzeit dem Beitrittswunsch eines deutschen Gebiets zum Geltungsbereich des Grundgesetzes zu entsprechen[632] und ihm keine rechtlichen Hindernisse in den Weg zu legen. Einen Verstoß gegen Artikel 146 GG sah er darin, daß die Saarbevölkerung während der Laufzeit des Abkommens von gesamtdeutschen Wahlen ausgeschlossen sein würde.[633]

---

624 Vgl. zu den Texten Europa-Archiv, Bd. II, 1954, S. 7171.
625 A. a. O., S. 7 135.
626 A. a. O., S. 7 020.
627 Vgl. Art. 1 des Saarstatuts, ebda.
628 Vgl. Schmitz, Deutsche Einheit und europäische Integration, S. 109, 118.
629 Gegen das Gesetz betreffend das am 23. Oktober 1954 unterzeichnete Abkommen über das Statut der Saar vom 24. März 1955 (Bundesgesetzblatt II 1955, S. 295) mit Antrag vom 18. März 1955, s. AdsD, Nachlaß Arndt, Mappe 246. Arndt hatte die Erfolgsaussichten der Klage zurückhaltend beurteilt: Es gebe „keine Gewähr, daß die Sache in Karlsruhe gutgeht, aber es gäbe jedenfalls Trubel in Frankreich", s. AdsD, Protokoll des SPD-PV, 3. März 1955. Am 15. März 1955 hatte die SPD-Bundestagsfraktion der Klageerhebung zugestimmt, s. AdsD, Protokoll der SPD-BTF, 15. März 1955, Akten SPD-BTF 1023.
630 Schriftsatz vom 16. April 1954, AdsD, Nachlaß Arndt, Mappe 247.
631 S.o., Kapitel IV.6.
632 Schriftsatz 16. April 1955 (s. Anm. 630), S. 30.
633 Ebda., sowie Schriftsatz vom 18. März 1955, S. 3, AdsD, Nachlaß Arndt, Mappe 246.

Hinsichtlich des Art. VI Abs. 2 und 3 des Saar-Abkommens, die Beschränkungen der Meinungs-, Presse- und Vereinigungsfreiheit enthielten[634], sah Arndt einen mehrfachen Verstoß gegen Grundrechte Deutscher, die zu schützen die Staatsorgane der Bundesrepublik auch außerhalb des Geltungsbereichs des Grundgesetzes verpflichtet seien.[635]

Das Urteil des Bundesverfassungsgerichts vom 4. Mai 1955 bereitete den Antragstellern eine herbe Enttäuschung. Das Gericht erklärte nämlich das Abkommen in seiner Gesamtheit für verfassungskonform. Es zeigte sich bereit, die Einschätzung der politischen Ausgangslage durch die vertragschließenden Staatsorgane (bis zur Grenze des Ermessensfehlers) auch für seine richterliche Beurteilung als verbindlich hinzunehmen. Für die verfassungsrechtliche Unbedenklichkeit ließ es genügen, daß

> „die im Vertrag vorgesehenen Maßnahmen mit dem Willen unternommen sind und die Tendenz in sich tragen, dem voll verfassungsmäßigen Zustand wenigstens so weit, wie es politisch erreichbar ist, näherzukommen, seiner Erreichung vorzuarbeiten",

und erklärte die Einschränkung von Verfassungsnormen auch im Hinblick auf das Saar-Statut für hinnehmbar, sofern sie

> „in einem unmittelbaren Zusammenhang mit der Regelung stehen, die in ihrer gesamten Tendenz darauf gerichtet ist, dem der Verfassung voll entsprechenden Zustand näherzukommen."[636]

Deutlich zeigte das Gericht Verständnis für eine Außenpolitik, die, um einen besatzungsrechtlich geprägten und zum Teil noch verfassungswidrigen Zustand aufzuheben, gezwungen war, politische Kompromisse zu schließen, sofern diese nicht auf eine Versteinerung des verfassungswidrigen Zustands abzielten. Es nahm damit eine verfassungsrechtlich pragmatische Haltung ein. Zugleich bekräftigte es den Primat des Politischen, ein Auswahlermessen der außenpolitisch Handelnden hinsichtlich der Maßnahmen, mit denen sie auf einen künftig verfassungskonformen Zustand hinarbeiten wollten.[637] Mit einer deutlichen Spitze gegen Arndt attackierte das Gericht die Haltung des

> „verfassungsrechtlichen Rigorismus [...], der sich in den Satz verdichten ließe: das Schlechte darf dem Besseren nicht weichen, weil das Beste (oder von diesem Standpunkt aus: das allein Gute) nicht erreichbar ist. Das kann vom Grundgesetz nicht gewollt sein."

Arndt mußte diese Spitze empfindlich treffen. Er verwahrte sich dagegen in kritischen, zum parteiinternen Gebrauch bestimmten „Bemerkungen zum Saar-Urteil": Die vom Bundesverfassungsgericht gezeigte

> „Denkweise des Vergleichens ist typisch eine politische Argumentation. Es han-

---

634 Danach durfte das europäische Statut nach seiner Billigung durch eine Volksabstimmung bis zum Abschluß eines Friedensvertrags „nicht in Frage gestellt werden." „Jede von außen kommende Einmischung in die öffentliche Meinung an der Saar" wurde verboten.
635 Schriftsatz 16. April 1955 (s. Anm. 630), S. 40.
636 BVerfGE 4, 157 (S. 169 f.).
637 A. a. O., S. 170; vgl. aus der Literatur dazu Schuppert, Die verfassungsgerichtliche Kontrolle der Auswärtigen Gewalt, S. 88 ff. (insbesondere S. 96 ff.).

delt sich dabei um eine reine Schätzung, nicht dagegen um das Erkennen einer vorgegebenen Rechtslage."[638]

Was Arndt allerdings in der Enttäuschung über die juristische Niederlage nicht sah (und auch nicht sehen konnte), war, daß sein „verfassungsrechtlicher Rigorismus" das Bundesverfassungsgericht gezwungen hatte, die gerichtliche Nachprüfbarkeit verfassungsrechtlicher Streitfragen der Außenpolitik allgemein zu definieren.[639] Mit dem Saar-Urteil beschloß das Bundesverfassungsgericht die Reihe seiner Urteile[640], die fortan die verfassungsrechtlichen Handlungsspielräume der Verfassungsorgane in der Ausübung Auswärtiger Gewalt[641] absteckten.

Die Klaganträge der SPD wurden abgewiesen. Dennoch war Arndts Hauptanliegen nicht gänzlich gescheitert. Seinen „verfassungsrechtlichen Rigorismus" hatte das Gericht zwar zurückgewiesen; aber es hielt grundsätzlich an der Justitiabilität auch außenpolitischen, vertraglichen Handelns der Bundesorgane fest.[642]

8. Oppositionelle Außenpolitik im Verfassungsstaat – eine Bilanz

Am 7. Februar 1952 erklärte Bundeskanzler Adenauer im Deutschen Bundestag:

„Die Vertreter der Bundesrepublik Deutschland bei internationalen Verhandlungen erleiden naturgemäß eine Schwächung ihrer Stellung, wenn in diesem Augenblick von 144 Abgeordneten des Bundestags beim Bundesverfassungsgericht eine Klage eingereicht wird."[643]

Solche und ähnliche Äußerungen aus den Regierungsparteien begleiteten die Wehrdebatten des Bundestags 1952 und 1953. Der Unmut über die mangelnde Kooperation von Regierung und Opposition offenbarte sich bisweilen als kaum verhohlener Vor-

---

38 Vgl. die – nicht namentlich gekennzeichneten – „Bemerkungen zum Saar-Urteil", AdsD, Nachlaß Arndt, Mappe 248. Die hervorgehobenen Kritikpunkte, die Kenntnis des Ablaufs der mündlichen Verhandlung und der Sprachduktus weisen eindeutig auf Arndt hin. Auch die scharfe Kritik läßt auf Arndt schließen, der im Fraktionsvorstand wegen des „völligen Versagen[s]"(!) des Bundesverfassungsgerichts im Saarstreit vorschlug, „für etwaige künftige Verfassungsberatungen Folgerungen zu ziehen, vor allem hinsichtlich des konstruktiven Mißtrauensvotums", AdsD, Protokoll des Vorstands der SPD-BTF, 17. Mai 1955, Akten SPD-BTF 1 018.
39 Zeitler, Verfassungsgericht und völkerrechtlicher Vertrag, S. 41/43, spricht von einem „leading case".
40 S.o. Kapitel IV.2.
41 Zur Kette der die Auswärtige Gewalt betreffenden grundlegenden Urteile des Bundesverfassungsgerichts vom Petersberger Abkommen bis zum Saarurteil vgl. Billing, Bundesverfassungsgericht und Außenpolitik, S. 163 ff., 168 ff.
42 Anders als der amerikanische Supreme Court (s. dazu Zeitler, Verfassungsgericht und völkerrechtlicher Vertrag, S. 97, 103 ff.) und entgegen dem Regierungsgutachter Professor Kaufmann, der die Justitiabilität des Saar-Abkommens schlechthin bestritten hatte, s. Schriftsatz vom 6. April 1955, S. 7, AdsD, Nachlaß Arndt, Mappe 247.
43 Vgl. Prot. BT, 1. WP, 190. Sitzung (7. Februar 1952), S. 8 106 B.

wurf nationaler Unzuverlässigkeit der Oppositionspartei. Die Polemik war nicht zuletzt wegen ihrer langen Tradition – das Wort von den ‚vaterlandslosen Gesellen' schwang darin mit – schlagkräftig im politischen Tageskampf. Sie entsprach indessen nicht der politischen Wirklichkeit, insbesondere nicht der Wirkung, die von den Verfassungsrechtsstreitigkeiten ausging.

Außenpolitische Wirkungen verfassungsrechtlicher Opposition

Es wurde später verschiedentlich darauf hingewiesen, daß die Vertragsunterhändler der Bundesregierung grundgesetzliche Schranken und verfassungsrechtliche Einwände der Opposition in die Vertragsverhandlungen einführten und vor den politischen Schwierigkeiten einer Verfassungsänderung bzw. dem Zeitverlust durch die von der Opposition angedrohten Verfassungsgerichtsverfahren warnten, um die deutsche Verhandlungsposition zu stärken.[644] Die bloße Existenz eines umfassend ausgestalteten Verfassungsgerichts, das von der Opposition angerufen werden konnte, übte demnach eine politisch-psychologische Druckwirkung aus[645], die sich die vertragschließende Regierung – gerade in einem partiellen Konsens mit der Opposition – gegenüber dem Vertragspartner zunutze machen konnte.

Kronzeuge dieser Auffassung ist einer der damaligen juristischen Gegner Arndts, Professor Wilhelm Grewe. Grewe bestätigte drei Jahrzehnte nach dem Wehrstreit die verhandlungstaktischen Vorteile der Existenz einer kritischen Opposition[646], die jeder Delegationsleiter in einer internationalen Verhandlung kenne. Er bezog sich dabei unter anderem auf die Verhandlungen des Generalvertrags, deren erste Runde er als deutscher Delegationsleiter geführt hatte. Dazu hatte er bereits 1952 im Rechtsausschuß des Bundestags ausgeführt:

> „Ich glaube, wenn wir auf den gesamten Ablauf der Verhandlungen zurückblicken, können wir sagen, daß wir dabei zwei Hauptverbündete gehabt haben. Das eine war das Grundgesetz, das andere war die Oppositionspartei. In den ersten Verhandlungen haben uns ihre Argumente außerordentlich viel geholfen. In der Zeit, als die Alliierten noch mit der Möglichkeit rechneten, daß eine breitere Zustimmung zu dem Vertragswerk erzielt werden könnte, machte es einen nicht unerheblichen Eindruck, wenn wir Einwendungen, die von seiten der Oppositionsparteien kamen, in den Verhandlungen vorbrachten. In dem Augenblick, in dem klar wurde, daß damit nicht mehr zu rechnen sein würde, verlor dieses Argument an Stärke, und es gewann an Stärke das Argument „Grundgesetz." Von da an war es den Alliierten klar, daß es wesentlich sein würde, diese Vertragswerke nicht mit Verfassungsänderungen zu belasten. Dem wurde von alliierter Seite sehr viel Gewicht beigemessen. Dieses Argument ist stets dort respektiert worden, wo wir klar beweisen konnten, daß eine Regelung über die Grenzen der Verfassung hinausgehen würde."[647]

---

644 Vgl. Wettig, Entmilitarisierung und Wiederbewaffnung, S. 482, 513, 526; Baring, Im Anfang war Adenauer, S. 244; Grabbe, Unionsparteien, Sozialdemokratie und Vereinigte Staaten von Amerika 1945 – 1966, S. 209.
645 Vgl. Zeitler, Verfassungsgericht und völkerrechtlicher Vertrag, S. 49.
646 Vgl. Grewe, Konsens in der Außenpolitik zwischen der Regierung und Opposition, S. 41 f.
647 Vgl. Prot. RA-BT, 1. WP, 206. Sitzung (3. Oktober 1952), S. 21.

Von den Beteiligten der zweieinhalb Jahre währenden verfassungsrechtlichen Auseinandersetzungen verfocht niemand entschiedener das „Argument Grundgesetz" als Adolf Arndt. Er drang, das zeigen die Diskussionen im Rechtsausschuß, so tief in die umfangreiche und verwickelte Materie der Vertragswerke ein, daß seine Kritik weder von den Regierungsvertretern noch von den Verhandlungspartnern ignoriert werden konnte. Solch konsequente verfassungsrechtliche Opposition machte nicht bei einem *„Unterstützungseffekt"*[648] halt, der letztlich auf eine Stärkung der Regierungsposition hinauslief. Sie hatte zudem einen *„Korrektureffekt"*[649], der sich in den Verhandlungsergebnissen niederschlug.

Es wäre gewiß verfehlt, wollte man Arndt als verdeckten spiritus rector jener Revision des Deutschlandvertrags ansehen, die im Herbst 1954 zustande kam. Die Bundesregierung nutzte vielmehr die „Gunst der Stunde"[650] einer neuen Verhandlungssituation, um bisher nicht erfüllbare, von der Opposition mitgetragene Forderungen durchzusetzen. Doch blieb die Wirkung der oppositionellen Politik im Verhandlungsergebnis dort spürbar, wo die SPD entschiedener und kompromißloser als die Bundesregierung auf der Erhaltung der deutschen Einheit und der Geltung des Grundgesetzes beharrt hatte. Die Präambel des Deutschlandvertrages, in deren siebtem Abschnitt Arndt einen Verstoß gegen das Verfassungsgebot der Wiedervereinigung gesehen hatte, wurde ersatzlos gestrichen; das gleiche geschah unter dem Eindruck der Auffassung „mancher Kritiker"[651] mit der heftig umstrittenen ‚Bindungsklausel' des Art. 7 Abs. 3. Das auf Grund des Deutschlandvertrags eingerichtete Schiedsgericht erhielt – entsprechend Arndts Einwendungen aus dem Gewaltenteilungsprinzip – keine Kompetenz zu eigener Rechtsetzung. Der veränderte Artikel 10 schließlich ließ eine Revision des Deutschlandvertrags bereits im Vorfeld einer möglichen Wiedervereinigung zu.

In diesem Sinne trug die von Arndt ausgearbeitete und formulierte verfassungsrechtliche Opposition zur Erweiterung des politischen Handlungsspielraums der Bundesrepublik und zur Wahrung ihres Verfassungsrechts bei.[652]

Die Pariser Vertragswerke zur Europäischen Verteidigungsgemeinschaft verfielen vollständig der politischen Ablehnung; die französische Nationalversammlung ratifizierte sie nicht. Die Bundesrepublik wurde ein selbständiges und gleichberechtigtes Mitglied der NATO. Ungeachtet fortbestehender politischer Einwände der SPD gegen den NATO-Beitritt war damit eine militärische und juristische Diskriminierung abgewendet, das vehement verfochtene Ziel der Gleichberechtigung also erreicht.

War dies ein Ergebnis der von Arndt ausgefochtenen Verfassungsstreitigkeiten? Adenauer vertrat die Auffassung, daß ohne die durch den schwebenden Verfassungsstreit verursachte Verzögerung der deutschen Ratifikation bis zum Frühjahr 1954 die Vertragswerke noch im Winter 1952/53 hätten von der französischen Nationalversammlung verabschiedet werden können.[653] Der Rückblick des Bundeskanzlers läßt jedoch außer acht, daß auch zu dem frühestmöglichen, von ihm ins Auge gefaßten Ratifikationstermin im Sommer 1952[654] die parlamentarische Basis einer französischen Ratifi-

---

48 Grewe, Konsens in der Außenpolitik, S. 41.
49 A. a. O., S. 42.
50 Vgl. Grewe, Deutsche Außenpolitik der Nachkriegszeit, S. 70 (Die Pariser Verträge von 1954).
51 S. Grewe, a. a. O., S. 82.
52 Bestätigt von Professor Wilhelm Grewe im Gespräch mit dem Verfasser, 19. Dezember 1985.
53 Adenauer, Erinnerungen 1953 – 1955, S. 271.
54 Ders., a. a. O., S. 175.

kation äußerst unsicher, wenn nicht bereits verloren war.[655] Nicht einmal der große Impulsgeber der französischen Europabewegung, Robert Schuman, der bis zum Ende des Jahres französischer Außenminister war, konnte sich im Sommer 1952 auf die Unterstützung aller Abgeordneten seiner Partei verlassen. Vieles spricht dafür, daß danach die politische Chance einer französischen Ratifikation ständig abnahm.

Das verfassungsgerichtliche Vorgehen der Opposition war demnach keine conditio-sine-qua-non für das Scheitern der EVG. Es bleibt aber festzuhalten: Die Verfassungsstreitigkeiten verzögerten die deutsche Ratifikation um zwei Jahre. Dieser Zeitverlust gab der französischen Opposition gegen die Ratifikation Gelegenheit, sich zu formieren und Einfluß zu sammeln.[656] Der Zeitverlust trug dazu bei, die Chance einer französischen Ratifikation stetig zu vermindern. Darin lag der politische Erfolg der Initiatoren des Verfassungsstreits – und der Erfolg des Mannes, der ihn mit hohem Einsatz und großer juristischer Kompetenz durchgefochten hatte.

Arndt in der Außenpolitik der SPD

Adolf Arndt erschloß der SPD ein neues Mittel politischer Aktion: den Verfassungsrechtsstreit. Die institutionellen Gegebenheiten waren günstig: Das Grundgesetz und das von Arndt entscheidend mitgeprägte Bundesverfassungsgerichtsgesetz räumten dem Bundesverfassungsgericht eine in der Welt nahezu einzigartige Fülle von Kompetenzen ein, die auch eine umfassende Kontrolle des Gesetzgebers erlaubten.

Arndt machte die institutionelle Gelegenheit zu seiner persönlichen Domäne. Über zweieinhalb Jahre hinweg bestand seine Hauptaufgabe darin, im Auftrag der Partei Verfassungsprozesse in heftig umstrittenen Feldern der Außenpolitik durchzufechten. Kein Jurist, weder in der SPD noch in einer der Regierungsparteien, verfügte über vergleichbar viel Erfahrung im Umgang mit der höchsten richterlichen Instanz wie Adolf Arndt.

Seit dem Beginn des Jahres 1952, mit dem ersten Prozeß im Streit um die Wiederbewaffnung, begann die SPD Form und Schwerpunkt ihrer Opposition zu verschieben. Die traditionelle Methode parlamentarischer Opposition[657] trat zurück hinter der gerichtlichen Auseinandersetzung. Hinzu kam, daß sich der überragende Führer der SPD, Kurt Schumacher, wegen seiner schweren Krankheit aus dem parlamentarischen Leben zurückziehen mußte.[658] Auch mag die schwächere Führungsfigur des neuen Parteivorsitzenden Erich Ollenhauer es begünstigt haben, daß in den folgenden zwei Jahren der Blick der Öffentlichkeit häufiger auf die dramatischen Auseinandersetzungen um das Karlsruher Gericht als auf die parlamentarischen Debatten gerichtet war. Die ‚verfassungsgerichtliche' Phase der Opposition erprobte ein neues, dem traditionellen Arsenal der SPD bisher fremdes Instrument. Sie wahrte die Legalität der parlamentarischen Auseinandersetzung, übernahm jedoch die Rigorosität des Abwehr-

---

655 Wettig, Entmilitarisierung und Wiederbewaffnung, S. 529.
656 Ihr spielten auch die wiederaufkommenden Konkurrenz- und Bedrohungsgefühle in die Hände angesichts einer Bundesrepublik, die zusehends wirtschaftlich erstarkte.
657 Dazu – kritisch – Pirker, Die SPD nach Hitler, S. 117; Günther, Sozialdemokratie und Demokratie, S 173 ff.
658 Diesen Zusammenhang sieht Paterson, The SPD and European Integration, S. 80, 132.

gestus von der „Opposition aus Prinzip"[659] – auch wenn es der Sache nach rechtlich um die Verteidigung der bestehenden Verfassung ging.

Dies liegt zunächst, ganz allgemein, in der besonderen Struktur eines rechtlichen im Unterschied zu einem politisch-parlamentarischen Konflikt begründet. Die Opposition im Parlament muß, um politisch wirksam und glaubwürdig zu bleiben, über die negatorische Abwehrhaltung hinaus Gegenentwürfe zur Regierungspolitik anbieten. Ein Verfassungsrechtsstreit hingegen beschränkt sich auf die Streitfrage nach dem Verfassungsverstoß. Die dualistische Struktur von Legalität und Illegalität erlaubt dem Kläger, seine gesamte Angriffsenergie auf die Beseitigung des bestehenden (Un-)Rechtszustands zu konzentrieren, ohne daß er dazu eine inhaltliche Alternative anbieten muß.

Diese Struktur des Rechtsstreits bot innerhalb der SPD sehr unterschiedlichen Strömungen, Pazifisten wie überzeugten Befürwortern einer militärischen Verteidigung, die Möglichkeit, sich einer gemeinsamen Abwehrfront gegen die Verträge zugehörig zu fühlen und die bestehenden prinzipiellen Meinungsverschiedenheiten auszuklammern. Es war bezeichnend, daß die wehrpolitischen Divergenzen in der SPD in vollem Umfang erst aufbrachen, als der Verfassungsstreit mit dem sich abzeichnenden Scheitern der EVG gegenstandslos zu werden versprach.

Die Verfassungsstreitigkeiten enthielten demnach ein innerparteiliches Integrationsangebot, das in Adolf Arndt geradezu einen idealen öffentlichen Vermittler fand.[660] Seine Auftritte gegen die Außenpolitik der Bundesregierung mischten sachliche Kritik mit leidenschaftlichem Aufbegehren, das, eingekleidet in die Form scharfer Polemik, von einem prinzipiell moralischen Standpunkt urteilte. Seine öffentlichen Reden konnten, ausgehend von einem sachlichen Streitpunkt, sehr persönlichen und bekenntnishaften, ja radikalen Charakter annehmen. Seine Äußerung, er werde das durch die Vertragswerke errichtete Regime mit „der gleichen Leidenschaft und mit der gleichen Empörung ablehnen", wie er das „nationalsozialistische Regime abgelehnt habe"[661], erinnerte an Pastor Martin Niemöllers Wort, evangelische Christen würden sich auf Grund ihres durch die Verfassung garantierten Rechts jeder Remilitarisierung praktisch widersetzen und sich, sollte ihnen dieses Recht durch Verfassungsänderung entzogen werden, „wieder einmal darauf berufen müssen, daß man Gott mehr gehorchen muß als den Menschen."[662]

Arndt bekannte sich auch in seiner Wortwahl als protestantischer Christ. Wenn er in einer vielbeachteten Bundestagsrede mit eindringlichen Worten vor dem „Gewissenszwang"[663] warnte, dem die andere Hälfte des Volkes durch die Mehrheitsentscheidung

---

659 Der Begriff der „Opposition aus Prinzip" geht zurück auf Kirchheimer, Deutschland oder der Verfall der Opposition (1966), S. 58. Kirchheimer nennt es „Opposition aus Prinzip" im Unterschied zu „loyaler Opposition", wenn das Verhalten eines Bewerbers im politischen Wettbewerb „erkennen läßt, daß er sich Ziele gesteckt hat, die mit den Verfassungsregeln eines gegebenen Systems unvereinbar sind."
660 Insofern war Arndts Wirken als führender Verfassungsjurist der SPD ein Teil jener Intention, die Volkmann dem sicherheits- und deutschlandpolitischen Konzept der SPD insgesamt zuschrieb und auch als Leistung attestierte: „So interpretationsfähig[es]" zu sein, „daß sich Pazifisten und Neutralisten mit ihm zu identifizieren vermochten", s. Volkmann, Die sozialdemokratische innerparteiliche Diskussion, S. 154, 176.
661 S.o. Kapitel IV.5.
662 S.o. Kapitel IV.3.
663 S.o. Kapitel IV.5.

des Bundestags ausgesetzt werde, sprach er auch denen aus dem Herzen, die als absolute Pazifisten oder weil sie es ablehnten, gegen Deutsche in der sowjetischen Besatzungszone Waffen zu erheben, Gewissenszwang empfanden – wobei allerdings Arndt, der persönlich diese konkreten Gewissensentscheidungen nicht teilte, in einem allgemeineren Sinn die Verletzung seines ‚Rechtsgewissens', also den Zwang meinte, einem „verfassungswidrigen Gesetzesbefehl" gehorchen zu müssen. Arndt, der persönlich keine unüberwindlichen Gewissensbedenken gegen eine Wiederbewaffnung erhob und einen gegen die Verfassung selbst gerichteten Widerstand zutiefst ablehnte, vermochte aber zugleich die Gewissensnöte und die radikale Ablehnung prinzipieller Wiederbewaffnungsgegner zu binden. Ihnen bot er *seinen* Weg des Widerstands, den Weg des Rechts, an.

Entwicklung der Verfassungsgerichtsbarkeit

Arndt brachte in den Jahren 1951 bis 1955 die brisantesten Streitthemen deutscher Außenpolitik – vom Petersberger Abkommen über die Wiederbewaffnung bis hin zum Saar-Abkommen – vor das Bundesverfassungsgericht. Dies führte unweigerlich zu einer Belastungsprobe der Institution Verfassungsgerichtsbarkeit im Spannungsfeld von Recht und Politik. Die Belastungsprobe wurde zur Verfassungskrise durch die Angriffe der Bundesregierung und ihre formellen und informellen Versuche der Einflußnahme auf das Gericht. Das Bundesverfassungsgericht bestand die Belastungsprobe weitgehend aus eigener Kraft. Seine Stellung und sein öffentliches Ansehen festigten sich.

Dies war objektiv die Wirkung der von der SPD angestrengten Verfassungsstreitigkeiten, in deren Verlauf Arndt erfolgreich bestrebt war, die Entscheidungskompetenz des Gerichts zu stärken. Ein rechtlich greifbares Ergebnis der Verfassungsstreitigkeiten war die Entwicklung eines verfassungsrechtlichen Systems der Auswärtigen Gewalt durch das Bundesverfassungsgericht. Zugleich ist diese Rechtsprechung ein Beispiel dafür, daß verfassungsgerichtliche Entscheidungen sich gegen ihren Veranlasser wenden und eine Verfassungsauslegung festschreiben können, die seiner rechtlichen Auffassung und seinen politischen Zielen genau zuwiderläuft.

Arndt war es darum gegangen, der demokratisch gewählten Volksvertretung den Primat in der Ausübung Auswärtiger Gewalt zu sichern. Wie das Urteil zum Saar-Statut abschließend verdeutlichte, erkannte jedoch das Bundesverfassungsgericht – in genauer Umkehrung der Intention Arndts – der Exekutive gegenüber dem Parlament den Vorrang, die Regelzuständigkeit und einen weitgehenden politischen Ermessensspielraum in der Führung der Außen- und Handelspolitik zu. In diesen Urteilen ergänzten sich Erwägungen aus der rechtlichen Sondersituation eines Staates unter Besatzungsrecht mit einer vom Konstitutionalismus herkommenden Staatsrechtstradition zu einer festen Rechtsprechung, die ersten, zaghaften Deutungen der Auswärtigen Gewalt als ‚kombinierter Gewalt' auf lange Zeit den Boden entzog.

Letztlich erfolgreich war indessen Arndts zweijähriger Streit für die Theorie des *Verfassungsstaats*. Seine These, jegliche staatliche Hoheitsgewalt bedürfe der Konstituierung im Text der Verfassungsurkunde, wurde von den Regierungsvertretern zwar prinzipiell bestritten. Die staatliche *Praxis* jedoch bestätigte Arndt: Die staatliche Wehrhoheit wurde 1954 mit Hilfe der verfassungsändernden Parlamentsmehrheit der

Regierungsparteien verfassungsgesetzlich verankert. Damit war ein Präzedenzfall geschaffen: Über die Notwendigkeit einer Verfassungsänderung zur Einordnung der militärischen Streitmacht in das Gefüge der parlamentarischen Demokratie waren sich die im Bundestag vertretenen Parteien 1955/56 von vornherein einig. Dies erlaubte und erleichterte Arndt und der SPD-Bundestagsfraktion die Mitarbeit an der Wehrverfassung.

„Justizialisierung" der Politik?

Traf es zu, daß die Opposition sich der Justiz für politische Zwecke bediente und damit einer „Justizialisierung" der Politik Vorschub leistete?[664]

Geht man dieser Frage anhand der Rolle Adolf Arndts nach, so stößt man bald auf eine Beweisschwierigkeit, die einer möglichen Antwort Grenzen setzt. Deutlich wurde das Problem – auf der Höhe des Verfassungskonflikts – in einem Streitgespräch unter dem bezeichnenden Titel „Karlsruhe oder Bonn?"[665] Arndts Gesprächspartner war unter anderem der CDU-Bundestagsabgeordnete und Herausgeber der „Zeit", Dr. Gerd Bucerius. Bucerius erhob den Verdacht, „daß hier der Versuch unternommen" werde, „das Bundesverfassungsgericht als Instrument der Politik zu verwenden", und zwar in einer „lediglich" politischen Frage.[666] Es zeigte sich, daß Bucerius die Funktionsfähigkeit der Institution Verfassungsgerichtsbarkeit allgemein in einem politisch aufgeladenen Streit zwischen Opposition und Regierung, ja die Legitimität einer richterlichen Entscheidung schlechthin in Zweifel zog. Den Vorwurf des politischen Mißbrauchs des Gerichts kleidete er in die Hypothese: Könnte die SPD den Verträgen politisch zustimmen, so würde sie ihre rechtlichen Bedenken zurückstellen, bevor die Verträge drohten, daran zu scheitern.

Arndt wies Bucerius' Vorwurf energisch zurück und verfocht eine entgegengesetzte Auffassung von der Institution Verfassungsgerichtsbarkeit. Er unterstellte die präzise Trennbarkeit der „reinen Rechtsfrage", für die allein das Bundesverfassungsgericht zuständig sei, von der politischen Beurteilung der Verträge, die allein dem Parlament zukomme. Er vertraute auf die Fähigkeit des Gerichts, zwischen Recht und Politik zu unterscheiden. Bucerius' Hypothese trat er entgegen mit der Behauptung, die SPD hätte unter allen Umständen dem verfassungsrechtlichen Gesichtspunkt zum Durchbruch verholfen.[667] Damit wurde das Problem deutlich: Prinzipielle Skepsis gegenüber der Institution Verfassungsgerichtsbarkeit begegnete zuversichtlicher, ebenso prinzipieller Befürwortung; Behauptung stand gegen Behauptung.

Der *Vorwurf* der „Justizialisierung" der Politik wird als solcher nicht beweisbar sein – und zwar aus zwei Gründen. Zum einen enthält er die Unterstellung, daß das Gericht – auf entsprechende Klaganträge der Opposition hin – Zugriff genommen habe auf ein Gebiet, das ‚eigentlich' politisch sei und von daher ausschließlich den politischen Institutionen, Parlament und Regierung, zustehe. Diese These führt in den Grundsatz-

---

[664] Diesen häufig erhobenen Vorwurf griff Allemann, Bonn ist nicht Weimar, S. 357, auf.
[665] „Karlsruhe oder Bonn", Gespräch im NWDR, 1. Februar 1953 (Nachschrift), AdsD, Personalia Arndt, Bd. I.
[666] A. a. O., S. 2.
[667] A. a. O., S. 4, 6, 11.

streit um Funktion und Umfang der Verfassungsgerichtsbarkeit. Bereits in der Weimarer Republik hatte Carl Schmitt die Warnung vor einem *Justizstaat* erhoben, die unter dem Grundgesetz Schule machte.[668] Vor dem Verfassungsrecht der Bundesrepublik wirkte diese Warnung anachronistisch; denn das Grundgesetz selbst setzte eine Verfassungsgerichtsbarkeit ein, der das Letztentscheidungsrecht gegenüber den politischen Institutionen zukam. Insoweit war eine ‚Justizialisierung‘ der Politik im Grundgesetz selbst angelegt, auf das Arndt sich in seinem Bemühen um die Stärkung der verfassungsgerichtlichen Kompetenzen berufen konnte.

Zum zweiten geht der Vorwurf der ‚Justizialisierung‘ von der Vermutung aus, der Verfassungsstreit habe aus der Sicht der Antragsteller primär dem politischen Zweck gedient, die politisch mißbilligten Verträge zu Fall zu bringen, und erst in zweiter Linie – wenn überhaupt – der Wahrung des Verfassungsrechts. Nun ist das Motivationsgeflecht der Oppositionspolitiker diesbezüglich nicht eindeutig auflösbar. Auch die Akten geben dazu keinen genauen Aufschluß. Schon vor dem politischen Hintergrund der Verfassungsstreitigkeiten leuchtet allerdings ein, daß politische Intentionen bei Anrufung des Gerichts eine Rolle gespielt haben müssen. Auch waren der SPD – das belegen die Vorstandsprotokolle – taktische Überlegungen hinsichtlich der politischen Orientierung der Gerichtssenate keineswegs fremd[669]; selbst Arndt erwog einmal, die anhängige Verfassungsklage wegen politisch nachteiliger Folgen in der Öffentlichkeit ruhen zu lassen.[670] Doch bedeutet das noch nicht, daß die Klage ein *primär* politisches Manöver darstellte.Im Gegenteil, Arndts Korrespondenz mit Gutachtern, Parteifreunden und Wissenschaftlern zeigt ihn als einen Juristen, der sich vor allem ‚im Recht‘ fühlte – oder dies zumindest nach außen vermittelte. Der sozialdemokratische Jurist und Politikwissenschaftler Ernst Fraenkel, der glaubte, eine pointierte Rechtsansicht Arndts als anwaltliche „Polemik" bezeichnen zu können, erhielt von dem erkennbar verletzten Arndt die Antwort, es handle sich hier um „Überzeugungsfragen, die für Polemik doch zu ernst" seien.[671]

Läßt also der *subjektive* Vorwurf einer ‚Justizialisierung" der Politik sowohl die institutionellen Rahmenbedingungen des Grundgesetzes wie auch tragende Motive der Antragsteller außer acht, so ist eine *objektive* Konsequenz jener grundlegenden Verfassungsstreitigkeiten in der ersten Hälfte der Fünfziger Jahre nicht zu übersehen: Die sozialdemokratische Opposition begründete und forcierte die – im Grundgesetz angelegte – Verfassungspraxis einer Juridifizierung der (Außen-)Politik und schuf Präzedenzfälle für *jede* spätere verfassungsrechtlich argumentierende Opposition.[672]

---

668 S. Weber, Spannungen und Kräfte im westdeutschen Verfassungssystem, S. 29, 74, 143 ff. („Die Bedrohung der Freiheit durch die Macht der Richter"), insbesondere S. 146 ff.; vgl. auch unten Kapitel VIII.1.
669 Vgl. AdsD, Protokolle des SPD-PV, 13./14. Juni 1952 und 14./15. November 1952. Dort setzten Ollenhauer und Menzel darauf, daß die Zusammensetzung des Ersten Senats des Bundesverfassungsgerichts günstig sei für die SPD.
670 Kapitel IV.7.
671 Vgl. das Schreiben Professor Ernst Fraenkels an Arndt, 16. Januar 1954, und die Antwort Arndts, 22. Januar 1954, AdsD, Nachlaß Arndt, Mappe 226.
672 Vgl. das diesbezügliche ‚Gegenstück‘ zum Wehrstreit, den von der CSU-geführten bayerischen Landesregierung initiierten Verfassungsstreit um den von der SPD/FDP-Regierung im Jahre 1972 abgeschlossenen „Grundlagenvertrag" mit der DDR, vgl. BVerfGE 36, S. 1 ff.

Kompromisse und Zwänge – Die Last des ‚Kronjuristen'

Auch Arndts tiefem Rechtsethos war indessen Pragmatismus nicht fremd, was die organisatorische Unterstützung seines Rechtsstandpunkts anging. Dies betrifft unter anderem die Heranziehung des konservativen Staatsrechtlers Professor Ernst Forsthoff als Gutachter. Forsthoff war während der Weimarer Zeit Schüler Carl Schmitts gewesen. 1933 hatte Forsthoff eine der ersten umfassenden Rechtfertigungen und Richtungsbestimmungen des nationalsozialistischen Staates unter dem Titel „Der Totale Staat" verfaßt. Als innerhalb der SPD kritisch auf diese Schrift hingewiesen wurde[673], nachdem Forsthoff zwei Gutachten für die Partei erstattet hatte, antwortete Arndt, der die zitierte Schrift offenbar während der Zusammenarbeit mit Forsthoff nicht gekannt hatte und „erschreckend" fand, mit dem fast resignativen Hinweis:

> „Leider ist es nur so, daß man fast von allen Staatsrechtlern, soweit sie nicht verfolgt worden sind, vielleicht mit einziger Ausnahme von Smend, ähnliche Entgleisungen nachweisen könnte."[674]

Für Arndt, der Forsthoff keineswegs unkritisch gegenüberstand[675], war indessen ausschlaggebend, daß der konservative Staatsrechtler „wissenschaftliches Ansehen" genieße und ihm „wesentlich geholfen" habe.[676] Das traf zu. Forsthoffs präzise und prägnant formulierte Gutachten kamen Arndts rechtsstaatlichem Anliegen und seiner dezidierten Theorie vom Verfassungsstaat sehr nahe. Berührungsangst gegenüber Konservativen kannte der Sohn eines bekannten konservativen Staatsrechtlers nicht.[677] Arndt schätzte – wohl zu Recht im Hinblick auf das Bundesverfassungsgericht – die Wirkung der Gutachten konservativer, parteipolitisch nicht an die SPD gebundener Wissenschaftler, unter anderem der Staatsrechtler Friedrich Klein und Theodor Maunz, besonders hoch ein.[678] Schließlich besaß Arndt Sinn für die Ironie der Geschichte. Gegenüber Karl Loewenstein bezeichnete er Forsthoffs Auftreten für die SPD als „vielleicht nicht ganz ohne Pikanterie."[679]

„The legal burden of the opposition was carried Atlas-like by Doktor Adolf Arndt", so beschrieb Karl Loewenstein[680] die enorme Arbeitsleistung Arndts. Neben der Parlamentstätigkeit und den Vorbereitungen für den Wahlkampf 1953 waren Gutachten zu verfassen und durchzuarbeiten, Gutachter zu gewinnen und zu betreuen, mündliche Verhandlungen vorzubereiten, Pressemitteilungen abzufassen – dies alles unter Mit-

---

673 Vgl. die Mitteilung Dr. Rabus' an Arndt, 18. Juli 1953, AdsD, Nachlaß Arndt, Mappe 224.
674 Arndt an Rabus, 3. August 1953, AdsD, Nachlaß Arndt, Mappe 224, mit dem seinen akademischen Lehrer Heinrich Triepel betreffenden Zusatz, selbst dieser habe in seinem „monumentalen Werk über die „Hegemonie" Lobgesänge auf Mussolini und Hitler angestimmt."
675 Arndt schrieb an Forsthoff am 3. November 1952 zu dessen Gutachten, der Hinweis auf Carl Schmitt habe ihn nicht gefreut und die Ausführungen zur Entstehung des Grundgesetzes seien „auch politisch etwas heikel", AdsD, Nachlaß Arndt, Mappe 222.
676 Arndt an Rabus (s. Anm. 674).
677 Ebensowenig wie Kurt Schumacher, der gegen den Widerstand pazifistischer Parteikreise intensive Kontakte mit Militärexperten, unter ihnen ehemalige Wehrmachtsgeneräle, gepflegt hatte, vgl. Drummond, The German Social Democrats in Opposition, 1949 – 1960, S. 60.
678 S. Arndt an Rabus, 3. August 1953 (s. Anm. 685).
679 Arndt an Professor Karl Loewenstein, Amherst College, Massachusetts, 22. Mai 1953, AdsD, Nachlaß Arndt, Mappe 223.
680 Loewenstein, The Bonn Constitution and the European Defense Community Treaties (mit dem bezeichnenden Untertitel: „A study in judicial frustration"), S. 804 ff. (S. 805).

hilfe nur eines Assistenten. Arndt machte aus dieser Belastung, die auch schwere gesundheitliche Störungen mit sich brachte[681], keinen Hehl. „Ich allein in meiner Person verkörpere den gesamten juristischen Stab der SPD", bemerkte er mit bitterem Unterton einem Gutachter gegenüber.[682]

Die Bitterkeit hatte ihren Grund wohl auch in Hindernissen, die ihm innerhalb der Partei in den Weg gelegt wurden. Die hohen Kosten der Prozesse, unter anderem die Honorierung der zahlreichen Gutachter, wurden nur widerstrebend vom Schatzmeister der SPD, Alfred Nau, getragen. Einmal sah Arndt sich genötigt, mit der Einstellung weiterer Tätigkeit im Verfassungsstreit zu drohen, falls seine Ausstattung mit Schreibkräften nicht verbessert werde.[683]

Hinzu kam die latente Kritik am Mittel der verfassungsgerichtlichen Opposition schlechthin.[684] Sie brach aus nach der verlorenen Bundestagswahl 1953, als viele eine Ursache der Wahlniederlage darin sahen, daß Arndt die Partei mit seinen juristischen Kniffen in die Sackgasse geführt habe.[685] Mag auch die verfassungsgerichtliche Auseinandersetzung integrierend innerhalb der SPD gewirkt haben, so fühlte sich Arndt zeitweise innerhalb der Partei doch isoliert. In Briefen an Walter Menzel, der mit ihm das Amt eines Parlamentarischen Geschäftsführers der SPD-Bundestagsfraktion versah, beklagte Arndt sich, daß er bei der Besetzung von Bundestagsausschüssen und Informationen von Ausschußsitzungen benachteiligt bzw. übergangen worden sei.[686] Das öffentliche Ansehen Arndts war mit den Verfassungsprozessen stark gestiegen – eine Hausmacht indessen innerhalb der Partei fehlte dem ‚Kronjuristen'.

---

681 S. Arndt an Ollenhauer und Menzel, 5. Oktober 1953, AdsD, PV-Bestand Ollenhauer 1.
682 Arndt an Loewenstein, 26. November 1952, AdsD, Nachlaß Arndt, Mappe 222.
683 Arndt an Ollenhauer, 10. Januar 1953, AdsD, PV-Bestand Ollenhauer 1.
684 Sie kam am entschiedensten zum Ausdruck in dem Brief von Hermann Louis Brill an Arndt vom 12. Februar 1953, AdsD, Nachlaß Arndt, Mappe 223. Brill sprach sich grundsätzlich dagegen aus, eine „politische Machtfrage in einem dem Zivilprozeß ähnlichen Verfahren" entscheiden zu lassen, und plädierte für „unmittelbare Massenaktionen."
685 Vgl. dazu Baring, Im Anfang war Adenauer, S. 438.
686 Vgl. die Briefe Arndts an Walter Menzel, 2. Dezember und 5. Dezember 1953, AdsD, PV-Bestand Ollenhauer 1.

Fünftes Kapitel
Übergangsphase: zwischen Mitarbeit und außerparlamentarischem Protest 1954 – 1960

Die zweite Hälfte der Fünfziger Jahre war eine Phase des Übergangs in der sozialdemokratischen Außen-, Sicherheits- und Deutschlandpolitik. Sie reichte von der entschiedenen Ablehnung der Westverträge bis zur Anerkennung der durch diese geschaffenen politischen Realitäten im Jahre 1960.

Adolf Arndts politisches Werk in dieser Übergangsphase zeugt von den Etappen, aber auch Gegensätzen im Laufe jener Entwicklung. Innerhalb der SPD gehörte Arndt zu den entschiedensten Befürwortern einer Beteiligung der Partei an der 1955 anlaufenden Wehrgesetzgebung und an der Konzipierung einer Notstandsverfassung. In zeitweiliger Zusammenarbeit mit den Regierungsfraktionen des Bundestags setzten Arndt und die SPD-Fraktion den Primat der zivilen, parlamentarisch kontrollierten Staatsgewalt über die militärische Gewalt durch. Mit wichtigen Vorentwürfen und in ausgedehnten Ausschußberatungen trug Arndt in erheblichem Maße zur rechtsstaatlichen Ausgestaltung der neuen militärischen Institutionen in den Wehrgesetzen bei. Um die Bewahrung rechtsstaatlicher Strukturen im Notstandsfall ging es ihm auch während der ersten Phase der Debatte um eine Notstandsverfassung, die im Jahre 1958 intensiv einsetzte. Wenn auch die interfraktionellen Gespräche, an denen Arndt beteiligt war, ohne greifbares Ergebnis blieben, so erarbeitete der sozialdemokratische Jurist doch wesentliche theoretische und verfassungsrechtliche Grundlagen einer künftigen Notstandsverfassung.

Während Arndt bei der Ausgestaltung der Wehrgewalt und Notstandsverfassung den Konsens zwischen Regierung und Opposition über die Schaffung rechtsstaatlicher Verfassungsinstitutionen förderte und nutzte, bezog er in der immer wieder aufflammenden außen- und sicherheitspolitischen Grundsatzkontroverse pointiert Stellung. In der breiten Protestbewegung gegen die nukleare Rüstung – unter anderem der Bundeswehr während der Jahre 1957/58 – unterstützte Arndt einen scharfen Konfrontationskurs gegenüber der Bundesregierung bis hin zur Rechtfertigung plebiszitärer Aktionsformen. Hier wie bereits in der Debatte um die Kriegsdienstverweigerung aus Gewissensgründen, die im Jahre 1956 stattgefunden hatte, nahm sich der bekennende Protestant Arndt insbesondere des christlich- ethisch argumentierenden Protestes an. Ähnlich konfrontativ verfocht er seine Interpretation der Rechtslage Deutschlands und beharrte darauf, den unter dem Grundgesetz organisierten Westteil Deutschlands als ‚Provisorium' und bloßen Staatsteil zu behandeln, während er der Bundesregierung die Erfindung der ‚neuen Staatslegende' eines deutschen Weststaats vorhielt. Die ausbleibende Resonanz auf Arndts Thesen innerhalb der SPD dokumentierte demgegenüber die deutschlandpolitische Ernüchterung der Partei im Jahre 1960.

1. Militärische Gewalt im demokratischen Rechtsstaat: Wehrverfassung und Wehrgesetzgebung

Im Mai 1955 traten die Pariser Vertragswerke in Kraft. Die Bundesrepublik Deutschland wurde Mitglied des Nordatlantikpakts.

Die Frage des „Ob" einer westdeutschen Wiederbewaffnung, wie Arndt sie Ende 1953 in einem Brief an Ollenhauer erörtert hatte[1], war dadurch mit völkerrechtlich und innerstaatlich verbindlicher Wirkung gegen den Standpunkt der SPD entschieden worden. Unverändert hielt die Partei daran fest, daß ihr vorrangiges außenpolitisches Ziel die deutsche Wiedervereinigung und nur durch sie eine dauerhafte Lösung der europäischen Sicherheitsfragen zu erreichen sei.[2]

Der Bundeskanzler indessen drängte auf raschen Vollzug der außen- und sicherheitspolitischen Westbindung der Bundesrepublik, für die er seit 1951 eingetreten war und die er nach vierjährigen harten innen- wie außenpolitischen Auseinandersetzungen durchgesetzt hatte. Für einige Wochen schien es so, als ob sein politischer Erfolg noch einmal ins Wanken geraten könne. Innerparteiliche Kritiker und deutliche Neutralisierungstendenzen in der Außenpolitik der vier Siegermächte[3] drängten Adenauer zu schnellem Handeln. Innerhalb von drei Tagen[4] ließ er im Bundesverteidigungsministerium den Entwurf zu einem drei Paragraphen umfassenden „Vorschaltgesetz" zur Wehrgesetzgebung unter dem Titel Freiwilligengesetz ausarbeiten und legte es am 28. Mai 1955, knapp drei Wochen nach dem NATO-Beitritt der Bundesrepublik, dem Bundesrat vor. Das Gesetzgebungsverfahren zum ersten Wehrgesetz war damit angelaufen; der Zeitplan für die Aufstellung der deutschen Truppenkontingente war abgesteckt.[5]

Das ‚Wie' der Wiederbewaffnung: Anstöße zur Mitgestaltung der Wehrgesetzgebung in der SPD

Die Frage des *Ob* eines deutschen Wehrbeitrags war – wenn auch gegen den hinhaltenden Widerstand der SPD – letztlich ohne sie entschieden worden. Welchen Einfluß konnte und wollte die Partei auf das *Wie*, die nähere Gestaltung des Wehrbeitrags, nehmen? Diese Frage war innerhalb der SPD sehr umstritten, wie sich auf dem wegweisenden Berliner ‚Wehrparteitag' im Juli 1954 gezeigt hatte.

Unter den Parteitagsdelegierten hatte sich starker, zum Teil pazifistischen und neutralistischen Positionen zuneigender Widerstand gegen eine Beteiligung der SPD an wehrpolitischen Maßnahmen gezeigt. Skepsis, ja Mißtrauen war insbesondere jenen Mitgliedern der SPD-Führung begegnet, die eine sozialdemokratische Gesetzesinitia-

---

1 Arndt an Ollenhauer, 17. Dezember 1953, mit beigefügtem „Diskussions-Entwurf Arndt", AdsD, PV-Bestand Ollenhauer 1.
2 Klotzbach, Weg zur Staatspartei, S. 347 – 355.
3 S. Schwarz, Die Ära Adenauer 1949 – 1957, S. 266.
4 Zum Gesetzgebungsverfahren eingehend Domes, Das Freiwilligengesetz im Zweiten Deutschen Bundestag, S. 49.
5 Das Amt Blank stellte auf Drängen Adenauers der NATO die Aufstellung von 500.000 Mann in drei Jahren ohne Vorlauf in Aussicht, s. Schwarz, Die Ära Adenauer 1949 – 1957, S. 288.

tive zur Einfügung einer Wehrverfassung in das Grundgesetz befürworteten.[6] Ein Beispiel für diese Linie des Mißtrauens und ihre innere Unentschiedenheit war der Redebeitrag des Delegierten Heinz Kühn gewesen, der dem Bundesvorstand der SPD angehörte. Kühn hatte einerseits das Vorhaben unterstützt, sich Gedanken über eine „sozialdemokratische Wehrverfassung" zu machen[7], andererseits aber unter dem Beifall der Delegierten hinzugefügt: „Ich glaube nicht an die Möglichkeit einer demokratischen Armee in Deutschland."[8]

Kühns innerer Zwiespalt war der Ausdruck eines tiefen Zwiespalts der Partei insgesamt. Auf der einen Seite gesellte sich grundsätzliche Skepsis gegenüber der Existenzmöglichkeit einer demokratischen Armee[9] zu pazifistischen Appellen[10] und Äußerungen, die die „Frage des Aufbaus eines Wehrapparates" auf „später einmal" verschieben wollten, wenn „die Frage der nationalen Souveränität und die Frage eines Friedensvertrages für Deutschland gelöst" seien.[11]

Insgesamt lief diese Haltung auf einen sicherheitspolitischen Attentismus hinaus, dem Adolf Arndt – auf der anderen Seite – eine entschiedene und grundsätzliche Absage erteilte: Wer nicht an die Möglichkeit demokratischer Streitkräfte in Deutschland glaube, „der glaubt nicht an die Demokratie und verzichtet auf jede sozialdemokratische Aktivität in der Außenpolitik."[12]

Arndt entwickelte vor dem Parteitag ein doppeltes Kalkül. Der eine, leicht konsensfähige Teil seiner Überlegungen bekräftigte den absoluten Vorrang der deutschen Wiedervereinigung in der Zielskala der sozialdemokratischen Außenpolitik. Arndt konnte der Zustimmung des Parteitags gewiß sein, wenn er an den „unzerreißbaren Zusammenhang" der Einheits- und der Bewaffnungsfrage erinnerte. Wie aber stand es um die Verwirklichungsmöglichkeiten dieses außenpolitischen Ideals – und vor allem: Wie konnte sich die oppositionelle SPD eine Restchance zur Einflußnahme darauf bewahren?

Dieser nüchternen Frage nach den Bedingungen der Möglichkeit einer politischen Haltung stellte sich Arndt in dem zweiten Teil seines Kalküls: Unmißverständlich forderte er, die SPD müsse bereit sein, über die Bewaffnungsfrage zu verhandeln, wenn sie sich nicht selbst „zu bloßer Untätigkeit verdammen" wolle. Dies bedeutete die Abkehr von jeder absoluten Verneinung der Wiederbewaffnung – im Gegenteil: die Hinwendung zu ihrer prinzipiellen Bejahung, wenn auch „im Zusammenhang mit ernstlichen Anstrengungen um eine friedliche Wiedervereinigung in Freiheit." Mit Bedacht appellierte Arndt, gegen prinzipiell wehrfeindliche Tendenzen gewandt, an die Delegierten, das politische Erbe Kurt Schumachers zu wahren.[13] Dahinter deutete sich eine andere machtpolitische Überlegung an: Arndt, der 1953 in einer Rede vor der Royal Academy of International Affairs in London keinen Zweifel an seiner Ableh-

---

6 S. dazu Klotzbach, Der Weg zur Staatspartei, S. 334 ff.; kritisch gegenüber der wehrpolitisch aufgeschlossenen Linie der „Wehrspezialisten" auch Pirker, Die SPD nach Hitler, S. 197.
7 Prot. des SPD-PT 1954, S. 81 ff.
8 Ebda.; dazu Klotzbach, Der Weg zur Staatspartei, S. 336.
9 Ebda.
10 Prot. des SPD-PT 1954, vgl. zum Beispiel S. 75 (Fritz Wenzel), S. 83 ff. (Fritz Baade), S. 118 (Olaf Radke).
11 A. a. O., S. 72 f. (Fritz Rück), S. 119 (Radke).
12 A. a. O., S. 136.
13 Zitate, a. a. O., S. 134 – 137.

nung jeder „Schaukelpolitik" zwischen Ost und West angesichts des „aggressiven Sowjetregimes"[14] gelassen hatte, wußte, daß die Sowjetunion um so eher zu Verhandlungen über die deutsche Wiedervereinigung bereit sein würde, je einhelliger die westdeutsche Seite – die SPD eingeschlossen – zur Wiederbewaffnung prinzipiell bereit war.[15]

Gewiß verriet auch Arndts Redebeitrag noch einen Rest Selbstüberschätzung der SPD, wenn er der Partei die Frage vorlegte: „Durch welche politische Aktivität gewinnen wir Einfluß auf die Entscheidungen der Weltmächte in West und Ost?" Sein Kalkül war außenpolitisch allenfalls geeignet, die SPD vor dem Verspielen ihrer letzten Einflußmöglichkeit zu bewahren. Innenpolitisch jedoch hatten Arndts Überlegungen den Zweck, grundsätzliche Bedenken gegen eine Beteiligung der SPD an der Ausgestaltung einer künftigen Wehrverfassung zu beseitigen. Auf diesem Gebiet hatte Arndt seinem entschiedenen Appell zu wehrpolitischer Aufgeschlossenheit längst eigene Taten vorangeschickt, die ein kurzer Rückblick beleuchten soll.

In eindringlichen Worten hatte er Ollenhauer in dem erwähnten Brief vom 17. 12. 1953 daran erinnert, die „außenpolitische Sicht", die „politische Frage" nach dem „Ob" der deutschen Wiederbewaffnung, zu ergänzen durch die „innenpolitische Sicht"[16] Arndt legte dem Brief einen „Diskussionsentwurf" für ein Gespräch Ollenhauers mit Adenauer bei. Seine „innenpolitische Sicht" formulierte er programmatisch so:

> „Die nach Völkerrecht unstreitige Wehrhoheit des Bundes im Grundgesetz staatsrechtlich zu verwirklichen und den deutschen Anspruch auf Selbstverteidigung gegen Angriffe durchführbar zu gestalten, stellt uns vor die verfassungspolitische Aufgabe, das Verhältnis der bewaffneten Macht zu den Verfassungsorganen gewissenhaft so zu regeln, daß der Bestand unserer freiheitlichen demokratischen Grundordnung unbedingt gesichert bleibt."[17]

Knapp umriß Arndt die Essentialia einer Wehrverfassung nach sozialdemokratischen Vorstellungen: die Sicherung der Grundrechte der Soldaten, das Problem der Wehrpflicht für Frauen, die verfassungskräftige Regelung der Entscheidungskompetenz über den Eintritt des Verteidigungsfalls sowie des sogenannten ‚inneren Notstands', die Einrichtung eines ständigen Sicherheitsausschusses des Bundestags, die Regelung des Oberbefehls und die Unterstellung des Verteidigungsministers unter das Vertrauensvotum des Bundestags.

Wie gewichtig Arndt bereits Ende 1953 diese „innenpolitische", verfassungsrechtliche Seite inmitten des verfassungsrechtlichen Streits um die Wiederbewaffnung erschien, geht daraus hervor, daß er die Vorschläge seines Diskussionsentwurfs als Gegenstand von Verhandlungen mit der Regierung ansah. Die SPD-Fraktion sollte nach Arndts Vorstellungen der Bundesregierung die Mitarbeit an einer künftigen Wehrverfassung anbieten, ja zur „Übermittlung eines Entwurfs" bereit sein, falls die Regierungsfraktion auf den „unannehmbaren" Art. 142 a GG ihres Verfassungsänderungsentwurfs verzichte und den verfassungsrechtlichen Einwänden[18] nachgebe. Für kurze

---

14 Arndt, Germany and World Peace (1953), S. 158.
15 Prot. des SPD-PT 1954, S. 136: „Der Osten soll damit rechnen, daß wir nicht freiwillig wehrlos bleiben, falls er keine Bereitschaft zu ernstlichen Verhandlungen zeigt."
16 Arndt an Ollenhauer, 17. Dezember 1953, AdsD, PV-Bestand Ollenhauer 1.
17 Vgl. „Diskussions-Entwurf Arndt" (für ein Gespräch Ollenhauers mit Adenauer), a. a. O.
18 Vgl. oben Kapitel IV.6.

Zeit zeichneten sich die Umrisse einer Verständigung zwischen den gegnerischen Bundestagsfraktionen ab. Offenbar auf Betreiben Adenauers wurde jedoch eine entsprechende interfraktionelle Besprechung[19] in der Presse bekannt. Die Chance einer Verständigung auf der Ebene der Verfassungspolitik schwand vorerst. Die Kontrahenten zogen sich zurück auf die befestigten Stellungen des Verfassungsrechtsstreits.

Arndts „Diskussionsentwurf" traf sich mit den Vorstellungen anderer führender Mitglieder der SPD-Bundestagsfraktion. Vor allem der Wehrexperte Fritz Erler hatte im Herbst 1953 seine Vorstellungen zur Personalauslese und parlamentarischen Kontrolle einer künftigen Armee konkretisiert und trieb die parteiinterne Diskussion voran.[20] In einem Brief an Ollenhauer forderte der Bundestagsneuling Helmut Schmidt, „sich nunmehr sehr schnell und sehr konkret mit dem ‚Wie' der Remilitarisierung zu beschäftigen."[21] Schmidt und Arndt lösten die beiden Parameter des Ob und Wie aus ihrer engen gedanklichen Verklammerung[22], in die sie der rigide, außenpolitisch dominierte Kurs der Partei gedrängt hatte. Das „*Wie*" einer Wiederbewaffnung trat aus seiner Akzessorietät gegenüber dem „*Ob*" heraus, gewann einen eigenen politischen Zielwert – „unbeschadet"[23] der außenpolitischen Entwicklung.

Arndts Thesen in dem „Diskussionsentwurf" hatten die Grundgedanken einer sozialdemokratischen Wehrverfassung vorformuliert; Fritz Erler trug sie in seinem vielbeachteten Redebeitrag zur Bundestagsdebatte um die Grundgesetzänderung im Februar 1954 der Öffentlichkeit vor. Er stellte ein „Ja" der SPD zur „Gestaltung einer vernünftigen demokratischen Wehrverfassung" in Aussicht.[24] Damit hatte sich die Fraktion öffentlich auf die Bereitschaft zur Mitarbeit an einer Wehrverfassung festgelegt. Jetzt galt es, die sozialdemokratischen Entwürfe einer Wehrverfassung zu einem Konzept auszuarbeiten.[25]

Diese Aufgabe stellte sich der im April 1954 beim Parteivorstand eingerichtete wehrpolitische Ausschuß nach dem Willen Fritz Erlers, des führenden Kopfes in dem neuen Gremium.[26] Arndt, obgleich er nicht ständiges Mitglied des Ausschusses war, wurde bereits in der konstituierenden Sitzung als Referent herangezogen. Er trug seine Thesen zum Verhältnis von Wehrdienst und Grundrechten vor.[27] In der zweiten Sit-

---

19 Arndts Thesen des „Diskussions-Entwurfs" waren hervorgegangen aus einer (ursprünglich) interfraktionellen Besprechung, an der er teilgenommen hatte, vgl. seine Ausführungen, Prot. RA-BT, 2. WP, 6. Sitzung (9. Februar 1954), S. 15 f.
20 In der „Kommission zur Weiterführung der Programmdiskussion" und in der Fraktionsspitze, vgl. Soell, Erler, Bd. 1, S. 190 ff.
21 Helmut Schmidt an Ollenhauer, 6. März 1954, zitiert nach Klotzbach, Der Weg zur Staatspartei, S. 331, Anm. 134.
22 Noch im September 1952 hatte Erler entsprechend der offiziellen Parteilinie eine Diskussion über das ‚Wie' einer Wiederbewaffnung abgelehnt, solange die Grundfrage des ‚Ob' nicht entschieden sei, vgl. Soell, Erler, Bd. 1, S. 190.
23 Nach einer Formulierung Arndts in einem Brief an Ollenhauer, 17. Dezember 1953 (s. Anm. 1).
24 Vgl. Prot. BT, 2. WP, 17. Sitzung (26. Februar 1954), S. 564 A.
25 Zum folgenden eingehend Klotzbach, Der Weg zur Staatspartei, S. 331 ff.; Soell, Erler Bd. 1, S. 195 ff.
26 Vgl. die Ausführungen Erlers in der ersten Ausschußsitzung am 8. Mai 1954, S. 6, AdsD, PV-Bestand Ollenhauer 113. Er schlug vor, „Nägel mit Köpfen zu machen" und aus gemeinsamen Vorstellungen Texte zu erarbeiten, ohne den Parteitag damit „zu belästigen."
27 Vgl. Arndt, „Vorschläge zur Beratung der Frage, welche Auswirkungen ein Wehrdienst auf die Grundrechte haben kann", zur ersten Sitzung des Sicherheitsausschusses beim SPD-PV, 8. Mai 1954, AdsD, PV-Bestand Ollenhauer 114.

zung referierte er zu dem Thema „Die Wehrverfassung im Grundgesetz" und stellte seine „Vorschläge zur Neuformulierung des Aktionsprogramms" zur Diskussion.[28]

Gerade in diesen ersten Ausschußsitzungen war Arndt als gedanklicher Stichwortgeber unerläßlich. Seine Ausarbeitungen zum Grundrechtsproblem im Wehrverhältnis enthielten prägnante Thesen zur Rechtsstellung der Berufssoldaten und stießen auf entschiedenen Widerspruch der meisten Ausschußmitglieder.[29] Gerade deswegen brachten sie die Meinungsbildung in dem Ausschuß ebenso voran wie Arndts Gedankenskizze zur Wehrverfassung, in der er noch einmal wesentliche Elemente seines Diskussionsentwurfs für Ollenhauer aufgriff. Auf zwei Punkte legte er dabei besonderes Gewicht: Er empfahl, die Regelung des Oberbefehls nicht länger nach „monarchistischer" Verfassungstradition als etwas „Einheitliches und Globales" zu betrachten, und erwog, die Institution des Mißtrauensvotums über den Bundeskanzler hinaus auch auf einzelne Bundesminister zu erstrecken.[30]

Beide Anregungen gingen ein in den gemeinsam von Adolf Arndt, Fritz Erler und Ulrich Lohmar erarbeiteten „Vorschlag für die militärische und politische Stellung deutscher Streitkräfte", der zur letzten Ausschußsitzung vor dem Berliner Parteitag vorlag und das Zwischenergebnis der sozialdemokratischen Diskussion einer kommenden Wehrverfassung resümierte.[31] Arndts Ideen dienten den Ausschußberatungen als erste Diskussionsgrundlage. Er formulierte und kontrollierte aus der Sicht des Verfassungsrechtlers die gemeinsam erarbeiteten Vorschläge des Ausschusses; auch die Gliederung seiner sicherheitspolitischen Überlegungen zur Neuformulierung des Dortmunder Aktionsprogramms nahm das Gremium auf. Allerdings fand Arndt mit einer nuancierten, aber wesentlichen Formulierung keine Zustimmung[32]: Während sein Formulierungsvorschlag im wehrpolitischen Ausschuß unbefangen die Existenz von militärischen Verteidigungsmaßnahmen voraussetzte, entschieden sich die Berliner Parteitagsdelegierten für eine zurückhaltendere und vagere Fassung der entsprechenden Programmpassage.[33]

Nach diesen gründlichen parteiinternen Vorbereitungen argumentierte Arndts Rede auf dem Berliner ‚Wehrparteitag' der SPD im Juli 1954 in Absprache und Übereinstimmung mit anderen führenden Mitgliedern der SPD-Bundestagsfraktion wie Fritz Erler, Willy Brandt und Carlo Schmid. Und doch war es – nach dem Urteil eines

---

28 Vgl. Prot. der 2. Sitzung des Sicherheitsausschusses beim SPD-PV, 29. Mai 1954, S. 1–4, AdsD, PV-Bestand Ollenhauer 113.
29 S. dazu unten.
30 Vgl. die 2. Sitzung des Sicherheitsausschusses, S. 4, 29. Mai 1954, AdsD, PV-Bestand Ollenhauer 113.
31 S. AdsD, PV-Bestand Erler 138 II.
32 Vgl. auch die Bedenken wegen der „Stimmung" in den Parteibezirken bei Eckert und Buchstaller in der 2. Sitzung des Sicherheitsausschusses, S. 3, 29. Mai 1954, AdsD, PV-Bestand Ollenhauer 113; dazu auch Soell, Erler, Bd. 1, S. 196; vgl. dazu auch Volkmann, Die sozialdemokratische innerparteiliche Diskussion, S. 164.
33 Während Arndt lapidar formulierte: „Verteidigungsmaßnahmen sind so zu gestalten, daß sie die Wiedervereinigung [...] nicht erschweren" (vgl. Prot. der 2. Sitzung des Sicherheitsausschusses, S. 1, 29. Mai 1954, AdsD, PV-Bestand Ollenhauer 113), forderte das vom Parteitag 1954 verabschiedete Aktionsprogramm, daß der Weg zur Einheit Deutschlands bei allen europäischen Einigungsmaßnahmen offen bleiben müsse. Dies gelte auch für „Verteidigungsmaßnahmen, soweit sie erforderlich sind", s. Dowe/Klotzbach, Programmatische Dokumente, S. 323.

seinerzeit der linken, militärfeindlichen Gruppe angehörenden Delegierten – gerade Arndts „außergewöhnlich gut artikulierte und geschickt aufgebaute Rede"[34], die die Parteitagsdelegierten zu einer – wenn auch nur eingeschränkten – Befürwortung der Wiederbewaffnung bewog. Die Einschränkungen waren freilich erheblich; sie bestanden in einem komplizierten Geflecht von Hypothesen und Bedingungen: „Für den Fall, daß [...]" alle internationalen Verhandlungen über eine Wiedervereinigung Deutschlands und seine Eingliederung in ein System kollektiver Sicherheit scheiterten, versprach die SPD, einer westdeutschen Wiederbewaffnung zuzustimmen – allerdings nur unter fünf Bedingungen.[35] Der außenpolitische Handlungsspielraum der Partei- und Fraktionsführung war durch dieses Bedingungsgeflecht äußerst verengt, zumal – entgegen Arndts Plädoyer – nur ein weiterer Parteitag über das Vorliegen der Voraussetzungen eines Plazets zur Wiederbewaffnung entscheiden durfte. Doch gewährte eine unauffällige Formulierung des Parteitagsbeschlusses den Befürwortern einer Mitarbeit an der Wehrverfassung den benötigten Handlungsspielraum: „In jedem Fall eines deutschen militärischen Beitrages fordert die Sozialdemokratie eine demokratische Wehrverfassung."[36] Damit waren die bisherigen und künftigen Entwürfe Arndts und der anderen sozialdemokratischen ‚Wehrexperten' zu einer demokratischen Wehrverfassung ihrem Grunde nach legitimiert.

Getreu seiner wehrpolitisch verhandlungsbereiten Grundhaltung gehörte Arndt zu den Exponenten einer zunehmend an Boden gewinnenden „realpolitischen"[37] Einschätzung führender SPD-Mitglieder, die im Herbst 1954 die Pariser Verträge als einen – wenn auch erheblich verbesserungsbedürftigen – Ausgangspunkt betrachten wollten.[38]

---

34 Einschätzung Egon Erwin Müllers, wiedergegeben bei Ashkenasi, Reformpartei und Außenpolitik, S. 42, Anm. 67.
35 S. Prot. des SPD-PT 1954, S. 340 f. Dazu gehörten u.a. die Kündbarkeit der militärischen Vertragspflichten, falls diese zu einem Hindernis der Wiedervereinigung würden, die Gleichberechtigung aller Vertragspartner und die demokratische, parlamentarische Kontrolle der Streitkräfte.
36 Prot. a. a. O., S. 341. Diese wortgenaue Interpretation hält Klotzbach, Der Weg zur Staatspartei, S. 359, den damaligen innerparteilichen Gegnern einer Mitarbeit an der Wehrgesetzgebung entgegen.
37 Nach der Kategorisierung von Volkmann, Die sozialdemokratische innerparteiliche Diskussion über Sicherheit, Entspannung und deutsche Einheit (1953 – 55), S. 171(dort auch zu der in den SPD-Führungsgremien vehement vertretenen Gegenposition, die an der unbedingten Ablehnung der Pariser Verträge in Anbetracht der vorrangigen deutschen Einheit festhalten wollte). Allerdings verführt die von Volkmann nahegelegte Gegenüberstellung von ‚Realpolitikern' und ‚absoluten Wiedervereinigungsapologeten' dazu, Arndt eindeutig der ersten Gruppe zuzuschlagen und ihm wiedervereinigungspolitische Resignation, ja gar die Befürwortung des Primats der Sicherheit vor der deutschen Einheit zu attestieren. Nichts lag Arndt ferner. Vielmehr hielt er – ob zu Recht oder zu Unrecht kann an dieser Stelle dahinstehen – nicht „jedwede Teilnahme" an Verteidigungsmaßnahmen für wiedervereinigungsgefährdend (s. Prot. des SPD-PT 1954, S. 136). Desgleichen – das klang in seiner Berliner Parteitagsrede an (ebda., s. auch oben) – hielt er den bevorstehenden NATO-Beitritt der Bundesrepublik für geeignet, die Verhandlungsbereitschaft der Sowjetunion zu forcieren. Insoweit betrachtete er eine Verbesserung der Wiedervereinigungschancen gerade durch die Pariser Verträge als möglich.
38 S. Arndt, AdsD, Prot. des SPD-PV, 1. November 1954; vertieft und in Zusammenhang gesetzt mit dem Berliner Parteitagsbeschluß von 1954 in Arndts Anregungen für eine außenpolitische Rede Ollenhauers, Arndt an Ollenhauer, 5. November 1954, AdsD, Akten SPD-BTF 1320 (Korrespondenz Ollenhauer 1954 – 60). In der Tat befand Arndt sich zumindest mit seiner eigenen Position auf dem Berliner Parteitag in Einklang, wo er es als Verdammung zu „bloßer Untätigkeit" abgelehnt hatte, vor der Wiedervereinigung jegliche Form der Wiederbewaffnung abzulehnen (s. Prot. der Verhandlungen des Parteitags der SPD 1954, S. 136).

Nunmehr, in der ersten Hälfte des Jahres 1955, schien die außenpolitische Entwicklung die innenpolitische, eine militärische Bindung Westdeutschlands bewußt nicht ausschließende Seite in Arndts Kalkül zur Bewaffnungsfrage in den Hintergrund zu drängen. Noch einmal eröffnete aus sozialdemokratischer Sicht das Verhandlungsangebot der Sowjetunion zur Frage der deutschen Wiedervereinigung Realisierungschancen eines bündnisfreien, wiedervereinigten Deutschland. Die „Bündnisfreiheit" hatte Arndt als Schlüsselwort für die SPD-Fraktion im Oktober 1954 in die Bundestagsdebatte eingeführt.[39] Unterstützt insbesondere von Fritz Erler, verstand er darunter die Nichteinbindung des wiedervereinigten Deutschland in ein militärisches Bündnissystem – wie etwa die NATO –, das sich gegen einen außenstehenden Feind richtete; stattdessen sollte das wiedervereinigte Deutschland ebenso wie die verfeindeten Blockmächte USA und UdSSR einem Staatensystem kollektiver Sicherheit angehören, das gegenseitigen militärischen Beistand gegen einen Angreifer aus den Reihen der zusammengeschlossenen Staaten selbst garantierte.[40] Damit blieb das ursprünglich völkerrechtliche Modell kollektiver Sicherheit auf Jahre hin der Angelpunkt einer illusionären Wiedervereinigungspolitik der SPD, die zudem schwer vermitteln konnte, wie sich „Bündnisfreiheit" – zumindest in ihren Auswirkungen – von einer militärischen Neutralisierung unterschied.

Getreu dieser außenpolitischen Linie hielt Arndt in der ersten parlamentarischen Beratung des Freiwilligengesetzes dem Bundeskanzler den falschen Zeitpunkt seiner militärischen Aufbauplanung, ein „nicht jetzt"[41], entgegen. Doch verstand er genau zu unterscheiden zwischen dem außenpolitischen Wunschdenken der Opposition und ihrer konkreten Bereitschaft, auf die Schaffung einer demokratischen Armee mitgestaltend Einfluß zu nehmen. Am 28. Juni 1955 unterbreitete Arndt dem Bundestag den sozialdemokratischen Entwurf einer demokratischen Wehrverfassung, wie er in drei Jahren Verfassungsstreit und innerparteilicher Diskussion herangereift war.

Organisationsgewalt der Regierung und parlamentarische Kontrolle

Arndt reagierte auf ein Angebot, das Richard Jaeger, der führende Wehrexperte der Koalitionsfraktionen, erneuert hatte: Die neue Wehrverfassung sollte auf der Grundlage einer Verständigung zwischen allen im Bundestag vertretenen Parteien geschaffen werden.[42] Arndt legte die Verhandlungsbedingungen der SPD in einem Redebeitrag dar, der Grundfragen des Verhältnisses von Staat und Armee mit konkreten Überlegungen seiner verfassungsrechtlichen Ausgestaltung verband.

Ausgangspunkt war für ihn die verfassungstheoretische Grundüberlegung:

---

39 S. Prot. BT, 2. WP, 47. Sitzung (7. Oktober 1954), S. 2303 A ff. (S. 2303 D).
40 S. zum Begriff der kollektiven Sicherheit in der SPD-internen Diskussion Löwke, „Für den Fall, daß...", S. 40 f., 184 ff. (dort von Carlo Schmid erstmals Ende 1948 aufgebracht); Soell, Erler, Bd. 1, S. 164 ff.; ferner im Überblick Böge, „... nicht frei zu Bündnissen, sondern frei von Bündnissen" – SPD und kollektive Sicherheit für Europa in den Fünfziger Jahren, S. 82 – 94, der das seinerzeit von der SPD vertretene sicherheitspolitische Konzept der kollektiven Sicherheit, gerade in seiner Absetzung von einem militärischen Bündnissystem, für die Sicherheitspolitik der Gegenwart fruchtbar machen will, a. a. O., S. 94 ff.
41 S. Prot. BT, 2. WP, 93. Sitzung (28. Juni 1955), S. 5255 B.
42 A. a. O., S. 5225 B.

„Es heißt doch die Einheit des Grundgesetzes als eines in sich geschlossenen und unteilbaren Ganzen verkennen, dem es um eine ausgewogene Ordnung einander ausgleichender, helfender und hemmender Organe, um den friedenschaffenden und freiheiterhaltenden Ausgleich von Gewichten und Gegengewichten geht, wenn man annimmt, eine bewaffnete Macht lasse sich dem Grundgesetz ohne Verbiegen aller Strukturen bloß äußerlich anfügen [. . .]"[43]

Dieses Argument hatte die Opposition bereits im Verfassungsstreit um die Wiederbewaffnung vorgebracht. Arndt machte sich nunmehr eine damals vorgetragene Überlegung des Staatsrechtlers Rudolf Smend[44] zunutze und führte seine Idee des *materiellen Verfassungsstaats*[45] konsequent fort: Wenn die Verfassung alleinbestimmend und umfassend die rechtliche Grundlage allen staatlichen Handelns bildete, so konnte sie nicht darauf verzichten, neben der Konstituierung auch die nicht minder bedeutende Gewichtsverteilung und Zuordnung der staatlichen Organe zueinander rechtlich zu regeln. Die Debatte um die Wehrverfassung war für Arndt eine erneute Probe auf den Verfassungsstaat. So verstand er seinen Appell an die Abgeordneten der Regierungskoalition, die Ausgestaltung des Grundgesetzes als eine „einmalige Aufgabe der Verfassungsmoral und Verfassungspolitik" zu betreiben.[46]

Gegenüber dem Wehrstreit hatte sich die parlamentarische Szenerie grundlegend verändert. Der scharfe oppositionelle Zungenschlag war gemildert. Das Argument Verfassungsrecht entwickelte sich von einem blockierenden zu einem verbindenden Element. So bot Arndt seinerseits der Regierungsmehrheit die Mitarbeit der Opposition an eingedenk der „staatspolitischen Ursachen" der Notwendigkeit, „jedweder bewaffneten Macht im Grundgesetz das Fundament zu schaffen."[47] Gleichwohl nannte er Voraussetzungen einer Mitarbeit der SPD: Die Opposition solle als „gleichrangig" anerkannt werden; die anstehenden Probleme sollten umfassend und abschließend im Hinblick auf die freiheitliche Ordnung als ein „unteilbares Ganzes" gelöst werden.[48] Arndt griff Grundsatzprobleme der kommenden Gesetzgebungsarbeit auf. Es entsprach beinah einhelliger Absicht des Parlaments zu „gewährleisten, daß das Bestehen einer bewaffneten Macht kein Staat im Staate wird und sich nicht wieder zu einer Bedrohung der inneren Freiheit auswächst."[49] Schärfer aber als die meisten anderen Debattenteilnehmer, schärfer auch als sein Parteifreund Fritz Erler[50], faßte Arndt die Bedingungen der Möglichkeit zur Realisierung dieses Ziels ins Auge; denn nur die „Möglichkeit", nicht die Garantie der Freiheitssicherung billigte Arndt den gemeinsam zu schaffenden Verfassungsinstitutionen zu. Nüchtern betrachtete er die „schwer zu vereinbarenden Gegensätze" von Militär und Demokratie: „Das Gesetz des Militärs [. . .] ist der Gehorsam in einem Verband, der durch Befehl regiert wird. Demokratisch ist Aufteilung der Macht und Gleichgewicht durch gegenseitige Kontrolle. Militär ist Zusammenballung der Macht und Unterordnung." Am Beispiel des soldatischen Be-

---

43 A. a. O., S. 5261 B.
44 Kampf um den Wehrbeitrag, Bd. I, S. 155.
45 S.o. Kapitel IV.5.
46 Prot. BT, 2. WP, 93. Sitzung (28. Juni 1955), S. 5258 C, 5260 B.
47 A. a. O., S. 5260 B.
48 A. a. O., S. 5259 C, 5263 C (mit der Warnung vor der Abkoppelung des Freiwilligengesetzes von der Gesamtheit der Wehrverfassung).
49 A. a. O., S. 5257 A.
50 A. a. O., S. 5289 C.

fehls- und Gehorsamsprinzips zeigte Arndt essentielle Unterschiede zwischen der bis zur Selbstaufgabe reichenden Gewaltunterworfenheit des Soldaten einerseits und dem zivilen, der Idee nach auf individueller Selbstbestimmung gründenden beamtenrechtlichen Treueverhältnis andererseits. Als politische Erkenntnis folgerte er daraus, daß die Leitung eines soldatischen Herrschaftsverbandes eine ungleich verantwortungsvollere Aufgabe sei und „unvergleichlich mehr Macht verleiht als die Weisungsbefugnis über einen Beamtenkörper."[51]

Damit formulierte er eine Grundposition der SPD für die anstehende Gesetzgebungsarbeit: Eine Armee war, durch ihr Wesen und ihre Funktion bedingt, ein aliud zur staatlichen Verwaltung[52], nicht etwa ihr – wenn auch mit gewissen Besonderheiten behafteter – integraler Bestandteil. Letztere Auffassung war verschiedentlich auf Seiten der Koalitionsfraktionen, unter anderem bei Bundesverteidigungsminister Blank, angeklungen.[53]

Der Primat der zivilen politischen Leitung über das Militär[54] – diese Grundforderung Arndts trat deutlich hervor – ließ sich nicht durch eine Einpassung des Militärischen in die zivile Hierarchie des Beamtenstaats erreichen, sondern war erfolgversprechend nur dann, wenn den bestehenden Unterschieden des Militärischen und Zivilen im Rahmen neu zu schaffender verfassungsrechtlicher Institutionen Rechnung getragen wurde.[55]

Arndts scharfe Trennung von Militär und allgemeiner Verwaltung hatte konkrete Folgen: Sie trug dazu bei, daß das Freiwilligengesetz Beamte und Soldaten nicht schlicht gleichsetzte und dadurch auf einfachgesetzlichem Weg einen Teil der künftigen Grundgesetzänderung präjudizierte.[56]

Wie nun sollten die neuen Verfassungsinstitutionen beschaffen sein, mit deren Hilfe der militärische Machtapparat in die Verfassung einer zivilen Demokratie eingefügt werden konnte, ohne diese in ihrem Bestand zu gefährden?

---

51 A. a. O., S. 5256 A, 5258 B. Diese Erkenntnis fand konkrete Anwendung bei der Regelung der staatsbürgerlichen Rechte militärischer Vorgesetzter. Während Arndt für eine weitgehende Beschränkung des Wahlrechts und der Wählbarkeit von Berufssoldaten eintrat, deren „integrale Macht" als militärische Vorgesetzte man „neutralisieren" müsse, plädierte Erler für eine ähnliche Behandlung der Berufssoldaten wie der „normalen staatlichen Exekutive" (vgl. die 1. Sitzung des Sicherheitsausschusses beim SPD-PV, 8. Mai 1954, AdsD, PV-Bestand Ollenhauer 113). Dieses Spannungsverhältnis Arndts zur Mehrheit seiner Fraktionskollegen blieb auch in späteren Sitzungen des Rechtsausschusses erkennbar (vgl. Prot. RA-BT, 2. WP, 91. Sitzung [6. Dezember 1955], S. 6; 108. Sitzung [9. Februar 1956], S. 5 f.).
52 So auch Ollenhauer, Prot. BT, 2. WP, 93. Sitzung (28. Juni 1955), S. 5233 D; zu dem umstrittenen Problem der verfassungssystematischen Qualifizierung der militärischen Streitmacht im Verhältnis zur (allgemeinen) Exekutive s. Böckenförde, Organisationsgewalt im Bereich der Regierung, S. 152 ff., mit einem entschiedenen Plädoyer für die entscheidende Eigenart des Militärs (a. a. O., S. 155 f.).
53 Prot. BT, a. a. O., S. 5215 C, D; desgleichen die Abgeordneten von Manteuffel (FDP) und Matthes (DP), S. 5238 B und 5251 A.
54 Zur Durchsetzung dieses Prinzips in der Wehrverfassung des Grundgesetzes vgl. Hornung, Staat und Armee, S. 45 ff.; von der Warte des führenden sozialdemokratischen Wehrexperten, Soell, Erler, Bd. 1, S. 203 ff.
55 S. Prot. RA-BT, 2. WP, 69. Sitzung (6. Juli 1955), S. 39. Freilich war diese These ambivalent. Arndt mußte sich im Rechtsausschuß die Kritik gefallen lassen, er plädiere für eine allzu starke Verselbständigung der Armee, für eine „vierte Gewalt" (s. Professor Franz Böhm [CDU], Prot. RA-BT, a. a. O., S. 35). Indessen war Arndt sich der Mißbrauchsgefahr seiner Argumentation bewußt; demgegenüber überwog für ihn jedoch die Betrachtung aus dem „Wesen der Demokratie" (a. a. O., S. 39).
56 S. Prot. RA-BT, 2. WP, 70. Sitzung (7. Juli 1955), S. 2 f., und die Einigung über eine Formulierung des § 2 I 2 Freiwilligengesetz vom 23.7.1955 (BGBl I 1955, S. 449), die eine „endgültige" Rechtsstellung der freiwilligen Soldaten, vergleichbar den Beamten auf Lebenszeit, ausschloß.

Umfassende „parlamentarische Kontrolle", so lautete das Konzept, das Arndt für die SPD vortrug, wobei er im wesentlichen auf die Forderungen Erlers aus dem Jahre 1954 zurückgriff.[57]

Gewissermaßen „Prüfstein"[58] der Forderung nach umfassender parlamentarischer Kontrolle war für Arndt – im Vorfeld der eigentlichen Grundgesetzänderung – die Schaffung der „gesetzlich gesicherte[n] und dauernde[n] Institution" eines Personalgutachterausschusses, der an der Soldatenernennung mitentscheidend beteiligt werden sollte. Es gelang der Opposition, die Koalitionsabgeordneten für diese Forderung zu gewinnen. Adenauers „Blitzgesetz", der hastig eingebrachte Entwurf zum Freiwilligengesetz, hatte nämlich Unmut und schließlich Widerstand auch in den Reihen der Mehrheitsfraktionen hervorgerufen. Es kam im federführenden Verteidigungsausschuß zu einer interfraktionellen Einigung, mit der der Entwurf zum Freiwilligengesetz vollständig umgestaltet[59] und der Einbau eines Personalgutachterausschusses auf der Grundlage eines speziellen Gesetzes[60] beschlossen wurde.

Während im Verteidigungsausschuß der Durchbruch zur politischen Einigung gelang, verlief die Debatte im Rechtsausschuß höchst kontrovers. Sie legte damit die eigentliche verfassungsrechtliche Tragweite der neuen Regelung offen. Der Streit drehte sich um das prinzipielle verfassungsrechtliche Problem, ob der Organisationswille des gesetzgebenden Parlaments die *Organisationsgewalt im Bereich der Regierung*[61] verletzte.

Die Mehrheit der Koalitionsvertreter im Rechtsausschuß unterstützte die von Bundesverteidigungsminister Blank[62] wiederholt ins Feld geführte Organisationsgewalt der Regierung. Ein besonderes, vom Bundestag auszuarbeitendes Organisationsgesetz über den Personalgutachterausschuß lehnte sie ebenso ab wie die von Arndt vorgeschlagene Mitentscheidung des Parlaments über die Zusammensetzung des Ausschusses.[63]

Arndt hielt der „Legende von der autonomen, unantastbaren Organisationsgewalt der Bundesregierung" ebenso grundsätzlich das verfassungsrechtliche *Prinzip parlamentarischer Kontrolle* bis hinein in die Organisation der Exekutive entgegen und bekräftigte[64]:

„In der Wirklichkeitsnähe trägt doch die Verantwortung dafür, wie das Gesicht

---

57 S.o.
58 Prot. RA-BT, 2. WP, 70. Sitzung (7. Juli 1955), S. 72.
59 Dazu Soell, Erler, Bd. 1, S. 198 ff.
60 S. Domes, Das Freiwilligengesetz im Zweiten Deutschen Bundestag, S. 78 ff.
61 Zum Begriff der Organisationsgewalt als einer dem „Eigenbereich" der vollziehenden Gewalt (d. h. der Regierung und der Verwaltung) zustehende, zwar gesetzlich bestimm- und beschränkbare, in ihrem Kernbereich jedoch vom Gesetzgeber unantastbare staatliche Befugnis zur „Schaffung, Veränderung, Zusammenordnung, Bestimmung der Aufgaben und (eventuell) der inneren Gliederung und Geschäftsregelung öffentlicher Funktionsträger" auf dem „Boden der in der Verfassung selbst getroffenen Grund-Organisation", s. eingehend Böckenförde, Organisationsgewalt im Bereich der Regierung, S. 21 ff., 38, 84, 86 f.).
62 Vgl. Prot. RA-BT, 2. WP, 71. Sitzung (8. Juli 1955), S. 2, 12.
63 Arndt hatte – entsprechend dem Antrag Mellies' im Verteidigungsausschuß (vgl. Domes, Das Freiwilligengesetz im 2. Deutschen Bundestag, S. 78) – einen gesetzlich festzulegenden Berufungsmodus für den Personalgutachterausschuß vorgeschlagen, der das Parlament einbezog (s. Prot. RA-BT, 2. WP, 71. Sitzung [8. Juli 1955], S. 2).
64 S. Prot. RA-BT, 2. WP, 70. Sitzung (7. Juli 1955), S. 26, und 71. Sitzung (8. Juli 1955), S. 28.

einer kommenden Wehrmacht aussieht, das Parlament und sehr viel mehr das Parlament als eine Bundesregierung."

Mit Blick auf die Wählerschaft der SPD gab er außerdem zu bedenken, daß die geplante Regelung eines Organisationsgesetzes einen „Prüfstein" für das „Vertrauen der Sozialdemokraten und der – auch soziologisch – hinter ihnen stehenden Kräfte im Volk zu einer neuen Wehrmacht für die Dauer" darstellte.[65] Sogar eine mögliche Zustimmung der SPD zu dem Organisationsgesetz – angesichts des anhaltenden Widerstands der Opposition gegen den eingeschlagenen Weg der Wiederbewaffnung ein erhebliches Zugeständnis – stellte Arndt in Aussicht.[66] Im Rechtsausschuß jedoch blieb sein Appell erfolglos.

Die Verwirklichung seines verfassungspolitischen Anliegens brachte, wie gesagt, erst die Einigung im federführenden Sicherheitsausschuß. Der Bundestag verabschiedete – mit den Stimmen der Koalitionsabgeordneten und der SPD – ein Gesetz über den Personalgutachterausschuß, dessen Berufungsmodus dem Vorschlag der SPD entsprach.[67] Damit waren die organisatorischen Grundzüge eines Gremiums, das die Exekutive ursprünglich nach eigenem politischen Gutdünken hatte einrichten wollen, entsprechend der Forderung Arndts zur „Disposition des einfachen Gesetzgebers"[68] gestellt worden. Der „Legende der Organisationsgewalt" der Regierung war erstmals in der Verfassungsgeschichte der Bundesrepublik die „Opposition des Parlaments" erfolgreich entgegengetreten.[69]

Der Erfolg der SPD bei der Schaffung des Gesetzes über den Personalgutachterausschuß stärkte innerhalb der SPD-Fraktion Arndt und jene Abgeordneten, die sich früh für eine mögliche Zustimmung der Fraktion zu dem Gesetz ausgesprochen hatten.[70] Doch war das Freiwilligengesetz nur ein Vorspiel. Unmittelbar nach seinem Inkrafttreten wurden die ersten Freiwilligenverbände aufgestellt. Noch aber war die Hauptforderung der SPD nach dem „einheitlichen Ganzen" einer Wehrverfassung unerfüllt.

Die Wehrverfassung: „Parlamentsheer" statt „Regierungsheer"

Im Dezember 1955 begannen die Ausschußberatungen über das „Gesetz zur Ergänzung des Grundgesetzes"[71] um eine Wehrverfassung. Kein anderes Vorhaben der Wehrgesetzgebung war in den Fachgremien der SPD so sorgfältig vorbereitet worden wie dies. Der Sicherheitsausschuß beim Parteivorstand und der entsprechende Fraktions-

---

65 Prot. RA-BT, 2. WP, 70. Sitzung (7. Juli 1955), S. 72.
66 A. a. O., S. 41 f.
67 BGBl I 1955, S. 451. Zudem enthielt das Freiwilligengesetz entsprechend der Forderung u.a. Arndts und Erlers den Vorbehalt eines Parlamentsgesetzes für die Regelung der Spitzenorganisation der Streitmächte, vgl. § 7 Freiwilligengesetz, BGBl I 1955, S. 449; dazu eingehend Hornung, Staat und Armee, S. 152 ff.
68 Prot. RA-BT, 2. WP, 71. Sitzung (8. Juli 1955), S. 28.
69 Domes, Das Freiwilligengesetz im 2. Deutschen Bundestag, S. 107 ff.
70 Vgl. die teils kritischen Stimmen gegen die Zugeständnisse der „Genossen im Rechtsausschuß", AdsD, Prot. SPD-BTF, 8. Juli 1955, Akten SPD-BTF 1023, und schließlich die Befriedigung Ollenhauers über den Verhandlungserfolg, der die Zustimmung zu dem Gesetz ermöglichte, Prot. vom 11. Juli 1955, a. a. O. (gegen 16 Stimmen angenommen).
71 Gesetz zur Ergänzung des Grundgesetzes vom 19. März 1956, BGBl I 1956, S. 111.

arbeitskreis verabschiedeten am 3. Dezember 1955 „Vorschläge zu Verfassungsänderungen"[72], die unter anderem von Adolf Arndt[73], Fritz Erler und Friedrich Beermann, dem neuen sicherheitspolitischen Berater beim Parteivorstand der SPD, einem ehemaligen Stabsoffizier, erarbeitet worden waren und am 9. Dezember die Zustimmung der Bundestagsfraktion gefunden hatten. Sie enthielten Lösungsvorschläge für die von Arndt zwei Jahre zuvor benannten Kernprobleme: Dem Verteidigungsminister wurde die Befehls- und Kommandogewalt über die Streitkräfte in Friedenszeiten übertragen; zugleich sollte er einer besonderen parlamentarischen Verantwortlichkeit unterliegen. Ein ständiger Sicherheitsausschuß des Bundestags sowie ein parlamentarischer Wehrbeauftragter sollten ebenso im Grundgesetz verankert werden wie Regelungen über die Wehrgerichtsbarkeit, die Kompetenzordnung, den Eintritt des Verteidigungsfalls und über das Verbot einer militärischen Dienstpflicht für Frauen.[74]

Am 2. Februar 1956 trat der federführende Rechtsausschuß in die Beratung der Grundgesetzänderung auf der Grundlage von mehr als zwanzig Änderungsvorschlägen ein, die überwiegend vom Sicherheitsausschuß des Bundestags erarbeitet worden waren. Die CDU-Abgeordnete und Referentin Elisabeth Schwarzhaupt schloß ihre Vorstellung der Vorschläge mit einem Wort der Kritik, das für das mehr oder weniger offen artikulierte Unbehagen mancher Koalitionsabgeordneter im weiteren Verlauf der Wehrgesetzgebung stand: Ihr schien es eine schlechte Voraussetzung für den erwünschten „neuen Geist" in der Armee zu sein, wenn man sie mit einer Fülle von Institutionen umgebe, die Ausdruck eines „Mißtrauens" seien.[75]

In seiner Replik bekannte sich Arndt zu einer gewissen „Vorsicht" – „Wir haben schließlich in Deutschland auf diesem Gebiet auch allerhand erlebt" – und erwiderte mit einem Satz, der ihm zur stehenden Redewendung wurde: „Mißtrauen" sei eine „demokratische Tugend."[76] Im übrigen suchte er Frau Schwarzhaupts Einwand mit grundsätzlichen Ausführungen zur Funktion parlamentarischer Kontrolle der Streitkräfte zu entkräften. Vorgeschlagene Einrichtungen wie das besondere parlamentarische Mißtrauensvotum gegen den Verteidigungsminister, der Wehrbeauftragte und der ständige Verteidigungsausschuß seien „ambivalent"; denn „sie richten sich nach zwei Seiten, sie sind niemals so gedacht und können niemals so gedacht sein, daß sie [...]

---

72 Vgl. den Bericht über die Sitzung des Sicherheitsausschusses beim Parteivorstand der SPD am 3. Dezember 1955 von Dr. Gerhard Reischl, AdsD, Akten der SPD-BTF 367. Arndt hatte dazu als Beratungsgrundlage einen kompletten Entwurf zu einer Verfassungsergänzung vorgelegt, s. H. Schmidt, Militärische Befehlsgewalt und parlamentarische Kontrolle, S. 446.
73 Arndt hatte eine detaillierte, abgestufte Verfassungsregelung über den inneren Einsatz militärischer Streitkräfte, insbesondere im Fall des inneren Notstands (Art. 91, 91 a), entworfen (s. Anlage zu dem Bericht Reischls vom 3. Dezember 1955, a. a. O.), die der Sicherheitsausschuß – abgesehen von der Regelung über den Bundeszwang, Art. 37 – als Beschluß übernahm. Zugleich wurde jedoch beschlossen, in der Frage des Notstandsrechts nicht initiativ zu werden und die angekündigte Gesetzesvorlage der Bundesregierung abzuwarten, so daß in den „Vorschlägen" der Fraktion (vgl. die folgende Anmerkung) eine Notstandsregelung fehlte, dazu Soell, Erler, Bd. 1, S. 206, 596 (Anm. 94), sowie Bd. 2, S. 798, 1060 (Anm. 551).
74 Vgl. die Vorschläge für Richtlinien zur Wehrverfassung, AdsD, Anlage zum Prot. der SPD-BTF vom 9. Dezember 1955, Akten der SPD-BTF 1023; ein Beschluß über die Gewährleistung einer Geltung der Einzelgrundrechte im Wehrverhältnis wurde in der Fraktionssitzung am 13. Dezember 1955 getroffen (Prot. der SPD-BTF, a. a. O.).
75 Prot. RA-BT, 2. WP, 103. Sitzung (2. Februar 1956), S. 6.
76 A. a. O., S. 7.

nur gegen die Streitkräfte gerichtet sind, sie sind genausogut für die Streitkräfte errichtet."[77]

Gegen wen aber sollten die Streitkräfte geschützt werden? Die Stoßrichtung trat am deutlichsten hervor in der sozialdemokratischen Forderung nach Einführung einer besonderen parlamentarischen Abhängigkeit des Verteidigungsministers, und zwar in der besonderen Zuspitzung, die Arndt ihr verlieh. Über den ursprünglichen sozialdemokratischen Antrag im Verteidigungsausschuß hinausgehend, forderte Arndt, den Verteidigungsminister nicht nur unmittelbar vom Vertrauen des Parlaments abhängig zu machen, sondern ihm zugleich verfassungskräftig das Gegenzeichnungsrecht für verteidigungspolitische Akte des Bundespräsidenten zu garantieren.[78]

Die Stellung des Verteidigungsministers wurde dadurch insofern „ambivalent", als seiner erhöhten Abhängigkeit von parlamentarischer Kontrolle eine entsprechende Stärkung und Unabhängigkeit im Verhältnis zum Bundeskanzler korrespondierte. Diese Konstruktion wirkte in der Tat dann stärkend zugunsten der Streitkräfte, wenn man dabei wie Arndt eine klare verfassungspolitische Zielvorstellung zugrunde legte: Die neue Armee sollte erstmals in der deutschen Verfassungsgeschichte und mit vollständig durchgeführter Konsequenz ein „Parlamentsheer"[79] sein, das seine Legitimation, seine Gestalt und seinen politischen Auftrag vom Parlament ableitete – und damit gerade keine Regierungs- oder „Kanzlerarmee", wie Arndt im Bundestag pointiert formulierte.[80]

Verfassungspolitisch brachte diese Forderung, zumal in der Zuspitzung durch Arndt, eine erhebliche Gewichtsverlagerung von der Exekutive auf die Legislative mit sich. Verfassungssystematisch wurde dadurch die Sonderstellung des ausschließlich gegen den Kanzler und die gesamte Regierung gerichteten, aus historischen Gründen eng konzipierten Mißtrauensvotums gemäß Art. 65 Abs. 1 GG aufgehoben. Obwohl Arndt es von sich wies, die „Einrichtung des konstruktiven Mißtrauensvotums irgendwie zur Diskussion zu stellen"[81], war seine grundsätzliche verfassungspolitische Kritik an dieser Institution unverkennbar.[82] In der Verfassungswirklichkeit der Bundesrepublik, so kritisierte Arndt, habe das (konstruktive) Mißtrauensvotum den Zwang zur Zusammenarbeit in „beträchtlichem Maße verringert", statt, seiner eigentlichen Funktion entsprechend, Regierung und Parlament dazu zu zwingen, alles zu tun, um die Grenzsituation eines Mißtrauensantrags gar nicht erst eintreten zu lassen.

Diese Argumente erhellten, daß es Arndt über die rückhaltlose Parlamentarisierung der Armee hinaus um die Beschneidung der *Kanzlerdemokratie*[83] ging. Nach sieben

---

77 A. a. O., S. 11 f.
78 Prot. RA-BT, 2. WP, 104. Sitzung (3. Februar 1956), S. 11 f.; dazu auch Hornung, Staat und Armee, S. 364 (Anm. 14, 24).
79 Dazu bereits Erler im Bundestag 1954, s.o.; Hornung, a. a. O., S. 63.
80 Prot. BT, 2. WP, 132. Sitzung (6. März 1956), S. 6824 D.
81 Prot. RA-BT, 2. WP, 103. Sitzung (2. Februar 1956), S. 16.
82 S. auch Arndts positive Bewertung der WRV, in der die Richtlinienkompetenz des Reichskanzlers „durchaus friedlich" neben dem Vertrauenserfordernis für die einzelnen Reichsminister gestanden habe. Die zerstörerischen parlamentarischen Krisenerscheinungen (aus denen das Grundgesetz mit dem nunmehr qualifizierten Erfordernis des konstruktiven Mißtrauensvotums eine Lehre zog) seien demgegenüber der von radikalen politischen Feindschaften geprägten damaligen Verfassungswirklichkeit zuzuschreiben, s. Prot. BT, 2. WP, 132. Sitzung (6. März 1956), S. 6825 C, D, sowie 103. Sitzung (2. Februar 1956), S. 16.
83 Hornung, Staat und Armee, S. 51 f., 75; Soell, Erler, Bd. 1, S. 207 f.

Jahren Geltung des Grundgesetzes, in denen starke verfassungsrechtliche Sicherungen der Kanzlerstellung die Herausbildung einer Kanzlerdemokratie[84] begünstigt hatten, bot die anstehende Grundgesetzänderung die erste Gelegenheit, verfassungsrechtliche Grundentscheidungen zu revidieren oder einzuschränken; denn bereits seit dem Streit um das Petersberger Abkommen, in dem Arndt dem Bundeskanzler vorgeworfen hatte, er versuche „Verfassungskämpfe durch autoritären Handstreich zu gewinnen", war der „Verwaltungsmachtstaat" ein ständiger innenpolitischer Angriffspunkt der SPD. „Weder der erste noch der zweite Bundestag ist bisher in der Lage gewesen, auch nur die Bürokratie zu kontrollieren"[85], so begründete Arndt die sozialdemokratische Forderung nach einer parlamentarischen Verantwortlichkeit des Verteidigungsministers. Noch nachdem diese Forderung von den Koalitionsfraktionen endgültig abgelehnt worden war, trat er vor den Bundestag, um nochmals die sozialdemokratische Zielsetzung prinzipiell zu begründen: Es gehe darum, den labilen Zustand der Demokratie institutionell zu sichern und ihn nicht mit dem „Nimbus der Kanzlerlegende" zuzudecken, hinter dem der Verteidigungsminister zum „Kanzlergehilfen" degradiert werde.[86]

Auf dem Boden eines im Gegensatz zur Weimarer Republik stabilen Verfassungskonsenses forderte die Opposition also mehr Mut[87] zur Parlamentarisierung verfassungsrechtlicher Institutionen. Daß die starke Stellung der parlamentarischen Regierung im Grundgesetz zugleich eine Funktionsbedingung des Verfassungskonsenses war, ließ Arndt in seinen Überlegungen außer acht.

War Arndt auch mit seinem besonderen Anliegen, der Einführung einer parlamentarischen Verantwortlichkeit des Verteidigungsministers gescheitert, so gelang ihm ein Erfolg für die SPD mit der Aufnahme des neuen Art. 143 in das Grundgesetz. Ursprünglich sollte die vollständige Regelung des Notstandsrechts Teil des von der Opposition geforderten „einheitlichen Ganzen" einer Wehrverfassung sein. Doch gelangten entsprechende Pläne im Bundesjustizministerium nicht über das Stadium von Entwürfen hinaus – unter anderem weil Adenauer daran gelegen war, die ohnehin weitgehenden Zugeständnisse an die Opposition nicht auf das Gebiet des Notstandsrechts zu erstrecken.[88] Als sich diese Entwicklung abzeichnete, drängte Arndt im Rechtsausschuß darauf, eine Sperrklausel in das Grundgesetz dergestalt aufzunehmen, daß die

---

84 Zum Begriff und den Definitionskriterien der Kanzlerdemokratie vgl. Küpper, Die Kanzlerdemokratie, S. 14 ff.; jüngst in einer spezifischen Beschränkung dieses Begriffs auf die Regierungszeit Adenauers von 1949 bis 1961, verstanden als „Zustand der Machtverteilung zwischen den Institutionen [...], bei denen die Gewichte ganz eindeutig im Bundeskanzleramt liegen", mit dem Ergebnis einer „Ausgrenzung der Opposition", s. Schwarz, Adenauers Kanzlerdemokratie und Regierungstechnik, S. 25 f., 27 (m.w.N.). Zur Entstehung und Entwicklung der verfassungsrechtliche, politische und personale Bedingungen vereinigenden Kanzlerdemokratie als besonders ausgeprägter Regierungsform Bundeskanzler Adenauers s. Bracher, Die Kanzlerdemokratie, S. 179 ff., S. 186. Dabei ist Grundlage der Kanzlerdemokratie die verfassungsrechtlich hervorgehobene Stellung des Bundeskanzlers (Richtlinienkompetenz, Recht der Ministerernennung und -entlassung, konstruktives Mißtrauensvotum). Sie fand unter der Kanzlerschaft Adenauers Ausdruck und Stütze im Aufbau eines organisatorisch mächtigen Bundeskanzleramts und wurde verstärkt sowohl durch die persönliche Autorität wie den autoritären Regierungsstil des ersten Bundeskanzlers (ders., S. 188 ff.).
85 Prot. BT, 2. WP, 93. Sitzung (28. Juni 1955), S. 5256 D; ebenso Bracher, Kanzlerdemokratie, S. 194.
86 Prot. BT, 2. WP, 132. Sitzung (6. März 1956), S. 6824 D.
87 In diesem Sinn plädierte Arndt für das „Abenteuer", dem Verteidigungsminister eine verfassungsrechtliche Sonderstellung zu geben, Prot. RA-BT, 2. WP, 105. Sitzung (2. Februar 1956), S. 23.
88 Zu diesen und anderen Gründen Soell, Erler, Bd. 1, S. 297; Bd. 2, S. 799.

Voraussetzungen eines Bundeswehreinsatzes im Falle des inneren Notstandes durch eine Verfassungsänderung festgelegt werden mußten.[89]

Er griff damit einen „persönlichen" Vorschlag aus der Diskussion um die erste Wehrergänzung des Grundgesetzes von 1954 auf.[90] Er hatte ihn seinerzeit unter dem Eindruck eines Gutachtens vorgebracht, das Professor Wilhelm Grewe im Verfassungsstreit um die Wiederbewaffnung für die Bundesregierung vorgelegt hatte. Darin wurde unter Berufung auf ein im Grundgesetz nicht abschließend kodifiziertes staatliches Notstandsrecht der Einsatz deutscher Streitkräfte im inneren Notstand als verfassungsrechtlich zulässig erwogen.[91] Als Arndt den Vertretern der beiden Bundesministerien, die mit den Entwürfen zu einer Notstandsverfassung befaßt waren, jene Erwägungen Grewes vorhielt, distanzierten sie sich zwar davon und verwiesen auf ihre detaillierten Entwürfe. Doch was geschah, wenn sich die Regierungsvorlage zu einer verfassungsrechtlichen Regelung des Bundeswehreinsatzes im Falle des inneren Notstands weiter verzögerte? Welche politische Unsicherheit in der Tat blieb, bewies die Äußerung des CDU-Abgeordneten Professor Furler. Dieser hielt auch vor der Einfügung einer Notstandsverfassung in das Grundgesetz einen Armeeinsatz im Inneren aufgrund Staatsnotrechts für gerechtfertigt, falls „eine vom Osten her angezettelte Revolution ausbreche."[92]

Arndts Antrag fand auch Zustimmung unter den Koalitionsabgeordneten.[93] Aufgrund einer interfraktionellen Vereinbarung[94] wurde er in die Formulierung des Art. 143 GG umgesetzt. Auf verfassungspolitischem Weg brachte diese Sperrklausel einen späten Sieg und eine Bestätigung der These Arndts vom *Verfassungsstaat*, die vor dem Bundesverfassungsgericht nicht zur Entscheidung gelangt war. Nunmehr war verfassungsrechtlich gesichert, daß der innere Einsatz der Bundeswehr einer ausdrücklichen verfassungsrechtlichen Grundlegung bedurfte. Auf deren Formulierung hatte sich die SPD, sofern sie zumindest ein Drittel der Abgeordneten stellte, einen nicht überwindbaren Einfluß gesichert.[95] Seine Sperrwirkung entfaltete der neue Art. 143 GG jedoch bereits im Frühjahr 1956; denn nach dem Ausscheiden des GB/BHE (Gesamtdeutscher Block/Bund der Heimatvertriebenen und Entrechteten) und des Großteils der FDP-Abgeordneten aus der Regierungskoalition verfügte die Regierung Adenauer nicht mehr über die zu einer Verfassungsergänzung notwendige Zwei-Drittel-Mehrheit.

Schließlich ging die neue Regelung des Art. 65 a GG auf einen sozialdemokratischen Entwurf zurück. Sie übertrug dem Verteidigungsminister die Befehls- und Kommandogewalt in Friedenszeiten.[96] Arndt, der an der Erarbeitung der Formel von der „Befehls- und Kommandogewalt" maßgeblich beteiligt gewesen war, hob im Rückblick die revo-

---

89 Prot. RA-BT, 2. WP, 112. Sitzung (22. Juni 1956), S. 19 ff., und 114. Sitzung (24. Februar 1956), S. 60.
90 Vgl. Prot. RA-BT, 2. WP, 7. Sitzung (19. Februar 1954), S. 43 ff.
91 S.o. Kapitel V.5.
92 Prot. RA-BT, 2. WP, 114. Sitzung (24. Februar 1956), S. 18 f.
93 Prot. RA-BT, 2. WP, a. a. O., S. 39.
94 Prot. RA-BT, 2. WP, a. a. O., S. 2; Soell, Erler, Bd. 1, S. 579 (Anm. 97).
95 Entsprechend scharf fiel die Kritik eines Staatsrechtlers der Carl-Schmitt-Schule aus: Werner Weber, Die Teilung der Gewalten als Gegenwartsproblem, S. 72, nannte Art. 143 GG einen Ausdruck „gruppenbündischer Aufteilung der politischen Macht."
96 Soell, Erler, Bd. 1, S. 202 ff.

lutionierende Bedeutung der Neuregelung hervor: „Der Art. 65 a GG hat zum ersten Mal in der deutschen Geschichte das Prinzip der parlamentarischen Demokratie auch gegenüber dem Militär restlos durchgeführt und vollendet."[97]

Die Grundrechte und die Rechtsstellung der Dienstpflichtigen

Während die SPD-Vertreter im Verteidigungsausschuß weitere Forderungen nach Schaffung eines ständigen Verteidigungsausschusses und eines parlamentarischen Wehrbeauftragten erfolgreich realisierten, konzentrierte sich Arndt auf die rechtstechnische Ausgestaltung der Rechtsstellung der Soldaten in der Bundeswehr. Im Mittelpunkt stand dabei das Problem der Grundrechte. Inwieweit galten die Grundrechte des Bonner Grundgesetzes über den Status der allgemeinen staatlichen Gewaltunterworfenheit des Bürgers hinaus auch in besonders intensiven, staatlich ausgeformten Gewaltverhältnissen, dessen intensivstes das Militärverhältnis war? Wie der Wehrstreit gezeigt hatte, war diese Frage in der Staatsrechtslehre zu Beginn der Fünziger Jahre umstritten.[98]

Der 1954 von den Regierungsparteien[99] eingebrachte Entwurf zur Grundgesetzänderung erstrebte eine verfassungskonforme Lösung dieses Problems mit der Einfügung eines Art. 32 a Abs. 2 Satz 2 GG: „Soweit es zur Erfüllung der Verteidigungsaufgaben zwingend geboten ist, kann durch Bundesgesetz ferner bestimmt werden, daß für Angehörige der Streitkräfte einzelne Grundrechte einzuschränken sind." Der tatsächliche Umfang der Grundrechtsgeltung hing danach allerdings entscheidend davon ab, wie der Gesetzgeber das Gebot der Erfüllung der Verteidigungsaufgaben auslegte. Die unbestimmte Formel übernahm mit nur einer Einschränkung („zwingend geboten") die Funktion des Art. 133 Abs. 2 Satz 2 WRV und stellte sich in dessen Tradition. Dieser Auffassung folgten auch die Koalitionsabgeordneten im Rechtsausschuß und maßen dem neuen Art. 32 a Abs. 2 Satz 2 GG nurmehr deklaratorische Bedeutung bei; denn die Einschränkbarkeit von Grundrechten im Rahmen der allgemeinen Wehrpflicht verstehe sich „von selbst", soweit sich dies aus dem „Wesen" des besonderen Gewaltverhältnisses zwingend ergebe.[100] In dieser Auffassung lebte die zur Weimarer Zeit herrschende Interpretation des Art. 133 Abs. 2 Satz 2 WRV fort, die dem Gesetzgeber einen sehr weiten Spielraum zur Einschränkung der Grundrechte eingeräumt und ihm nur durch „Wesen und Inhalt" des Militärverhältnisses einen Rahmen gesetzt hatte.[101]

Dem hielt Arndt ein grundsätzlich gewandeltes Verständnis von Geltungsumfang und Funktion der Grundrechte auf der Grundlage des Bonner Grundgesetzes entgegen: Anders als zur Zeit der Weimarer Republik sei nunmehr auch der Gesetzgeber an die

---

97 Arndt an Helmut Schmidt/Karl Wienand/Gerhard Jahn, 17. September 1966, AdsD, PV-Bestand Erler 139.
98 Zwar wurde sie von der herrschenden Lehre positiv beantwortet, doch hatte (s.o. Kapitel IV.5.) 1953 der angesehene Staatsrechtler Erich Kaufmann im Wehrstreit das Gegenteil vertreten, s. Martens, Grundgesetz und Wehrverfassung, S. 27.
99 Vgl. BT-DS 2/124, mit Ausnahme der FDP und der DP, die eigene Entwürfe vorlegten, BT-DS 2/125 und 171.
100 Vgl. in dieser Richtung die Abgeordneten von Merkatz (DP) und Weber (CDU), Prot. BT, 2. WP, 7. Sitzung (19. Februar 1954), S. 5, 83 f.; vgl. bereits oben Kapitel IV.5.
101 S. Martens, Grundgesetz und Wehrverfassung, S. 27.

Einhaltung der Grundrechte gebunden und einem entsprechenden Prüfungsrecht des Bundesverfassungsgerichts unterworfen.[102] Arndt folgerte daraus, daß Grundrechte, die nicht schon von Verfassungs wegen die Einschränkbarkeit durch den Gesetzgeber kannten – sogenannte vorbehaltlose Grundrechte –, einzeln und ausdrücklich unter Änderung des Grundgesetzes um eine Regelung zu ergänzen seien, die Inhalt und Reichweite der Grundrechtsbeschränkung im Militärverhältnis verfassungsrechtlich legitimierte.[103] Nur eine solch detaillierte Regelung, nicht eine vage, „schöne ausschmückende Klausel"[104] wie der vorgeschlagene Art. 32 a Abs. 2 Satz 2 GG, so meinte Arndt, trage dem Schutz des Kerngehalts der Grundrechte nach Art. 19 Abs. 2 GG auch im Militärverhältnis Rechnung und sei daher verfassungsrechtlich geboten.

Arndts im Frühjahr 1956 erneuerte Kritik an generalklauselartigen Beschränkungen der Grundrechte leugnete keinesfalls die sachliche Notwendigkeit von Grundrechtseinschränkungen, die das Militärverhältnis, um funktionieren zu können, bereits voraussetze: „Das sollte man in keiner Weise verschleiern."[105] Doch ging es ihm darum, Inhalt und Maß der Beschränkbarkeit rechtlich möglichst präzise und folglich (gerichtlich) nachprüfbar zu formulieren in der Absicht, daß man so den „Kern und den Sinngehalt der Grundrechte [...] stärkt und festigt."[106]

Arndts Antrag, statt einer Generalklausel eine abschließende, enumerative Auflistung der im Militärverhältnis beschränkbaren[107] vorbehaltlosen Grundrechte in das Grundgesetz aufzunehmen, fand schließlich die grundsätzliche Unterstützung des Verteidigungs- und Rechtsausschusses und bildete das Gerüst des späteren Art. 17 a GG.[108]

An die Einzelberatung ging Arndt mit folgender Überlegung heran: Einzelne Grundrechte sollten für den Wehrgesetzgeber unantastbar, „absolut", geschützt bleiben. Im übrigen müßten die Beschränkungsmöglichkeiten auf ein Minimum reduziert werden.[109] Arndt war mit seinem wohlvorbereiteten Konzept argumentativ – das belegen die Ausschußprotokolle – in der Vorhand. Nur bei Art. 8 GG, der Versammlungsfreiheit, setzte sich die Ausschußmehrheit gegen ihn durch. Während Arndt sich gegen die Beschränkung der Versammlungsfreiheit wandte, weil der Soldat weiterhin „im politischen Leben stehen" müsse, drängte man auf der anderen Seite darauf, eine Beschränkbarkeit „im Hinblick auf eventuell eintretende unruhige Zeiten" aufzunehmen.[110] Mit diesem Argument machte sich insbesondere Richard Jaeger zudem für eine Beschränkbarkeit der Vereinigungsfreiheit gemäß Art. 9 GG stark und warnte vor den „zur Zeit noch gar nicht absehbaren Methoden der gemeinsamen Gegner im Osten."[111] Arndt

---

102 Prot. RA-BT, 2. WP, 6. Sitzung (9. Februar 1954), S. 81, 87.
103 Prot. RA-BT, 2. WP, 105. Sitzung (4. Februar 1956), S. 5 ff.
104 Prot. RA-BT, 2. WP, 6. Sitzung (9. Februar 1954), S. 88.
105 S. Prot. RA-BT, 2. WP, 105. Sitzung (4. Februar 1956), S. 8 f.; s. bereits oben Kapitel IV.5.
106 Ebda.
107 Vgl. Prot. RA-BT, 2. WP, 105. Sitzung (4. Februar 1956), S. 3. Der Vorschlag des Verteidigungsausschusses, ebda., hatte die politische Voraussetzung für eine enumerative Lösung geschaffen, während Arndt im Rechtsausschuß die juristische Überzeugungsarbeit leistete.
108 Art. 17 a Abs. 1 GG des „Gesetzes zur Ergänzung des Grundgesetzes" vom 19. März 1956, BGBl I 1956 S. 111, ließ bei Angehörigen der Streitkräfte und des Ersatzdienstes gesetzliche Einschränkungen de Meinungs-, Versammlungs- und Petitionsfreiheit zu.
109 Prot. RA-BT, 2. WP, 111. Sitzung (21. Februar 1956), S. 3.
110 Vgl. Prot. RA-BT, 2. WP, 106. Sitzung (6. Februar 1956), S. 20, und 111. Sitzung (21. Februar 1956), S 2 f.
111 Vgl. Prot. RA-BT, 2. WP, 111. Sitzung (21. Februar 1956), S. 5.

widersetzte sich einer derartigen Beschränkung, da die Vereinigungsfreiheit und das Koalitionsrecht aus der Sicht der Arbeiterbewegung ein „besonders schwer errungenes Recht", eine „Siegestrophäe", seien. Als er die Bereitschaft der SPD in Aussicht stellte, die Beschränkbarkeit des Art. 9 GG nachträglich einzuführen, falls von außen kommende und undemokratische Gruppen zersetzend auf die Streitkräfte einzuwirken versuchten[112], wurde Art. 9 GG nicht in die Aufzählung des Art. 17 a GG aufgenommen.

War hier ein Kompromiß nur aufgrund einer Loyalitätsbekundung erzielt worden, so gelang es den SPD-Vertretern, die Informationsfreiheit gemäß Art. 5 Abs. 1 Satz 1 GG ohne Zugeständnisse von der Einschränkbarkeit durch Wehrgesetze auszunehmen. Den Versuch des CDU-Abgeordneten Weber, ein Verbot disziplingefährdender Zeitungen verfassungsrechtlich zuzulassen, wies Arndt erfolgreich mit einem ironischen Seitenhieb auf die Stoßrichtung derartiger Maßnahmen zurück: Offenbar gehe es vor allem gegen den Karl Marx lesenden Soldaten, „obwohl Marx zur Weltliteratur gehöre und auch für eine bestimmte demokratische Partei noch eine gewisse Rolle spiele."[113]

Wie Arndt 1954 in seinem Vortrag vor dem SPD-Sicherheitsausschuß gefordert hatte, blieben schließlich die Grundrechte auf Kriegsdienstverweigerung aus Gewissensgründen und auf Gleichheit durch Art. 17 a GG unberührt. Damit blieb es auch für Soldaten uneingeschränkt bei der Gleichheit vor dem Gesetz – obwohl bis in die SPD hinein eine besondere Behandlung „aktiver Kommunisten" erwogen worden war.[114]

Die neue Regelung des Art. 17 a GG war verfassungssystematisch und verfassungsinterpretatorisch von weittragender Bedeutung. Sie setzte zweifelsfrei die umfassende Geltung der Grundrechte auch im Militärverhältnis voraus und lieferte einen verfassungsrechtlichen Präzedenzfall für die Anerkennung der Grundrechtsgeltung auch in anderen (ehemaligen) ‚besonderen Gewaltverhältnissen'[115]. Die Einzelaufzählung der einschränkbaren Grundrechte in Art. 17 a GG schloß die Einschränkung der übrigen Grundrechte aus.[116] Damit war insoweit – wie Arndt gefordert hatte – die Anwendung der Theorie von den *immanenten*, nicht ausdrücklich im Grundrecht genannten Schranken ausgeschlossen.[117] Arndt hatte maßgeblichen Anteil daran, daß nicht die „Natur der Sache", d. h. des Militärverhältnisses und seiner sachlichen Erfordernisse,

---

112 Prot. RA-BT, 2. WP, 114. Sitzung (24. Februar 1956), S. 27.
113 Prot. RA-BT, 2. WP, 108. Sitzung (9. Februar 1956),S. 17; vgl. dazu und zur Politik der SPD in der Wehrgesetzgebung 1956/57 insgesamt in einem informativen, Hintergründe einbeziehenden Überblick den Vortrag des damaligen militärpolitischen Beraters der SPD und späteren Bundeswehrgenerals, Dr. Friedrich Beermann, Die politischen Grundlagen der Wehrgesetzgebung, gehalten am 10. Dezember 1966 vor den Rechtsberatern des I. Corps, Militärarchiv Freiburg N 59 / (Nachlaß Friedrich Beermann) V 11.
114 Vgl. die Stellungnahme von Lothar Danner, Protokoll der 1. Sitzung des Sicherheitsausschusses beim SPD-PV, S. 4, 8. Mai 1954, AdsD, PV-Bestand Ollenhauer 114.
115 S. Martens, Grundgesetz und Wehrverfassung, S. 119; vom Bundesverfassungsgericht autoritativ festgestellt in der Leitentscheidung BVerfGE E 33, 1 (S. 10 f.) (Strafgefangenenbeschluß).
116 Soweit sie nicht bereits einem vom Grundgesetz im einzelnen statuierten allgemeinen Gesetzesvorbehalt unterlagen, so die herrschende Meinung, vgl. Martens, Grundgesetz und Wehrverfassung, S. 111 ff. (S. 112); Ullmann, Grundrechtsbeschränkungen der Soldaten durch die Wehrverfassung, S. 44 ff.
117 Wenigstens für den Bereich des Militärwesens wurde somit ein Problem gelöst, das im übrigen die Grundrechtsdogmatik der folgenden Jahrzehnte nicht in rechtsstaatlich befriedigender Weise zu bewältigen vermochte. Zu dieser Problematik eingehend Wülfing, Grundrechtliche Gesetzesvorbehalte und Grundrechtsschranken, S. 16 f., 105 ff.

die Reichweite der Grundrechte diktierte. Vielmehr bezog nunmehr die Grundrechtsordnung militärische Erfordernisse ein und trug ihnen im Rahmen rechtlicher Prinzipien Rechnung. Auch darin bewies sich der Primat des Zivilen über das Militärische.[118]

Den besonderen rechtlichen Bedürfnissen des Militärverhältnisses Rechnung zu tragen, zugleich aber die Abkapselung eines ‚Staates im Staate' zu vermeiden und das zivile Recht so weit wie möglich zur Geltung zu bringen – auf der Grundlage dieser Grundsätze beeinflußten die sozialdemokratischen Rechtsausschußmitglieder die Formulierung des Art. 96 a GG, mit dem eine Wehrstrafgerichtsbarkeit eingerichtet wurde.

Das Thema „Kriegsgerichte" rief in den Reihen der SPD unheilvolle Erinnerungen an den zurückliegenden Krieg wach. Eine grundsätzliche Abneigung gegen diese Einrichtung, die im Krieg als systematische, auch Zivilisten erfassende Tötungsmaschine mißbraucht worden war, schwang noch in den Ausschußberatungen mit.[119]

So scheiterte der gemeinsame Versuch von Staatssekretär Walter Strauß und Richard Jaeger, den Rechtsausschuß zu einer Formulierung des Art. 96 a GG zu bringen, nach der im Kriegsfall auch Zivilisten vor Wehrstrafgerichten hätten abgeurteilt werden können. Zivilisten dem ordentlichen Richter zu entziehen und Wehrstrafgerichten zu unterwerfen hieße, eine vom Grundgesetz verbotene „Ausnahmegerichtsbarkeit" zu schaffen und erneut den Weg zum ‚Staat im Staate' zu ebnen, so warnte Arndt. Die Ausschußmehrheit ließ sich davon überzeugen. Zivilisten wurden von Verfassungs wegen aus der Strafgewalt der Wehrstrafgerichte ausgenommen.[120]

Im Frühjahr 1956 wurde deutlich, daß der Aufbau der Bundeswehr gleichermaßen die grundrechtliche Frage nach dem Status der Soldaten wie der Ersatzdienstpflichtigen aufwarf. Wer den Kriegsdienst aufgrund Art. 4 Abs. 3 Satz 1 GG verweigerte, so sah der im Bundesverteidigungsministerium erarbeitete Entwurf eines Wehrpflichtgesetzes vor[121], sollte zur Ableistung eines Wehrersatzdienstes verpflichtet sein. Beinahe dringlicher noch als die rechtliche Sicherung des Soldatenstatus forderte Arndt eine verfassungskräftige Garantie der Rechtsstellung der Kriegsdienstverweigerer ein. Bereits zu Beginn der Wehrgesetzgebung hatte er im Bundestag klargestellt, daß die Frage der Kriegsdienstverweigerung „im unteilbaren Bereich des Wehrproblems" für die SPD einen überragenden Stellenwert besaß.[122]

Im Rechtsausschuß drängte er darauf, daß die Ersatzdienstpflicht in Art. 12 GG ihre verfassungsrechtliche Grundlage und nähere Ausgestaltung finden müsse. Als seitens der Koalitionsvertreter erwogen wurde, die Formulierung zurückzustellen bis zum Erlaß des noch in Vorbereitung befindlichen Wehrpflichtgesetzes, erwies das Beharren der SPD auf dem „unteilbaren Ganzen" der Wehrverfassung seine eigentliche Stoßkraft. Arndt beharrte darauf: „Für die SPD sei die Gewährleistung der Gewissensfreiheit in Art. 4 Abs. 3 GG einer der entscheidenden Gründe dafür, sich überhaupt an den Verfassungsergänzungen zu beteiligen." Er stellte klar, daß er die im Wehrpflichtgesetzentwurf der Bundesregierung vorgesehenen Bestimmungen über die Kriegsdienstver-

---

118 Martens, Grundgesetz und Wehrverfassung, S. 118, wertet die Regelung des Art. 17 a GG als „ein höchstbeachtliches Bekenntnis zur Herrschaft des rechtsstaatlichen Gedankens in diesem seiner Natur nach die menschliche Persönlichkeit am schärfsten berührenden besonderen Gewaltverhältnis".
119 Vgl. Prot. RA-BT, 2. WP, 112. Sitzung (22. Februar 1956), S. 33 ff.
120 S. Art. 96 a GG, Gesetz zur Ergänzung des Grundgesetzes vom 19. März 1956, BGBl I 1956, S. 111; Meyer, Kommentierung zu Art. 96 GG, Randnummer 6.
121 Entwurf eines Wehrpflichtgesetzes, BT-DS 2/2303, § 25.
122 Prot. BT, 2. WP, 93. Sitzung (28. Juni 1955), S. 5263 B.

weigerung für „absolut verfassungswidrig" halte. Unter anderem deshalb könne man die Frage des Ersatzdienstes nur in einem Zuge mit der Verfassungsergänzung behandeln.[123]

Arndts Warnung war deutlich. Ein Dissens über das Problem der Kriegsdienstverweigerung gefährdete die im staatspolitischen Interesse dringend erwünschte und notwendige Einigkeit über die Ausgestaltung der Wehrverfassung im ganzen. Der Streit entbrannte über einen Formulierungsvorschlag zu Art. 12 Abs. 2 GG, den Arndt vorgelegt hatte.[124] Sein treibendes Motiv war, Dauer und Art des Ersatzdienstes verfassungsgesetzlich so genau zu umschreiben, daß er in keiner Weise die Freiheit der Gewissensentscheidung zu beeinträchtigen und Kriegsdienstverweigerer zu diffamieren geeignet war. Insbesondere sollte sichergestellt sein, daß Kriegsdienstverweigerer, die jede den Krieg irgendwie fördernde Tätigkeit ablehnten, außerhalb der Streitkräfte und damit auch des waffenlosen Dienstes ihren Ersatzdienst ableisten konnten.

War letztere Forderung für die Ausschußmehrheit hinnehmbar, so konzentrierte sich die Meinungsverschiedenheit auf Arndts Formulierung: „Die Dauer des Ersatzdienstes darf die Dauer des Wehrdienstes nicht übersteigen." Arndt bezweckte damit, eine sogenannte „mechanische Auslese" von Kriegsdienstverweigerern verfassungsrechtlich auszuschließen. Dieses Ausleseprinzip, später „lästige Alternative" genannt, sah in der längeren Dauer des Ersatzdienstes eine Probe auf die Echtheit der Gewissensentscheidung und damit ein Mittel zur Auslese „echter" Kriegsdienstverweigerer.[125] Im Bundesverteidigungsministerium war die Einführung dieses Prinzips zunächst erwogen und abgelehnt worden, doch wandte sich der Vertreter des Ministeriums entschieden dagegen, diesen Weg verfassungsrechtlich zu verbauen.[126] Die Berichterstatterin des Rechtsausschusses, Elisabeth Schwarzhaupt (CDU), schloß sich dem unter Zustimmung anderer Ausschußmitglieder an.[127] Eine Zeitlang hatte es den Anschein, als gelänge eine latente Diskriminierungsvorstellung zum Durchbruch, die eine positivere Einstellung des Staates zum Wehrdienst als zur „Ausnahmeregelung des Ersatzdienstes" forderte.[128]

Doch leisteten Arndt und seine Fraktionskollegen hartnäckig und erfolgreich Widerstand. Eine Einigung der Fraktionsspitzen brachte schließlich den Durchbruch. Arndts Formulierung des Art. 12 Abs. 2 GG wurde in das Grundgesetz aufgenommen.[129]

---

123 Prot. RA-BT, 2. WP., 110. Sitzung (20. Februar 1956), S. 11.
124 Prot. RA-BT, a. a. O., S. 9. Arndts Formulierungsvorschlag deckte sich (mit einer geringfügigen Abweichung: „Streitkräfte" statt „Verbände der Streitkräfte") mit dem Wortlaut des Art. 12 Abs. 2 Satz 2 – 4 GG nach dem Gesetz zur Ergänzung des Grundgesetzes vom 19. März 1956, BGBl I, S. 111.
125 Vgl. die Formulierung von Barth (Bundesverteidigungsministerium), Prot. RA-BT, 2. WP, 106. Sitzung (6. Februar 1956), S. 26.
126 Prot. RA-BT, 2. WP, 111. Sitzung (21. Februar 1956), S. 15.
127 Sie vertrat die Auffassung, ein längerer Ersatzdienst könne zweckmäßig sein, um ein „Gleichgewicht" der Belastungen beider Dienste herzustellen, s. Prot. RA-BT, 2. WP, a. a. O., S. 12, sowie 112. Sitzung (22. Februar 1956), S. 6.
128 Dafür bezeichnend die Stellungnahme des Abgeordneten Dr. Gille (GB/BHE): „Es dürfe [...] nicht verkannt werden, daß der Staat, der Streitkräfte wolle, zu dem Wehrdienst positiver stehen müsse als zu der Ausnahmeregelung des Ersatzdienstes", Prot. RA-BT, 2. WP, 112. Sitzung (22. Februar 1956), S. 7.
129 Vgl. Art. 12 Abs. 2 Satz 2 – 4 GG des Gesetzes zur Ergänzung des Grundgesetzes vom 19. März 1956, BGBl I 1956, S. 111 (nach der Grundgesetzänderung vom 24. Juni 1968: Art. 12 a Abs. 2 GG); s. dazu auch Arndts maßgebende Rolle bei den Vorverhandlungen über die gesamte Wehrverfassung nach seiner eigenen Darstellung: Anmerkung zu BVerf, NJW 1968, S. 979 (S. 980).

Es war Arndt damit gelungen, einer rechtlichen Diskriminierung der Kriegsdienstverweigerer verfassungsrechtliche Schranken entgegenzusetzen. Die Regelung in Art. 12 GG brachte schon in der Formulierung zum Ausdruck, daß der Ersatzdienst nicht schlicht ein „Wehrdienst ohne Waffe", sondern, wie Arndt es ausdrückte, ein „aliud" war.[130] Er interpretierte das Recht der Kriegsdienstverweigerung nicht als Ausnahmerecht, als eine vom „Staat mißbilligte Haltung", sondern als ein „ethisches Prinzip", mit dem der Staat sich selbst beschrieb und auf dem er aufbaute.[131] Der neue Art. 12 Abs. 2 GG verstärkte das Recht der Kriegsdienstverweigerung aus Art. 4 Abs. 3 GG. Gemeinsam entzogen die beiden Grundgesetznormen der Unterscheidung zwischen einer staatlich bevorzugten Wehrpflicht und einem ‚mißbilligten" Ausnahme- und Verweigerungsrecht den verfassungsrechtlichen Boden.

So schien es zumindest. Doch war damit nur eine verfassungsrechtliche Institution, nur eine „Möglichkeit" der Freiheitssicherung geschaffen, wie Arndt skeptisch formuliert hatte.[132] Sie blieb in der Grundrechtssicherung und – ausformung angewiesen auf einen loyalen Gesetzgeber.

37 Jahre nach Einführung des Art. 12 Abs. 2 GG[133] erließ der Bundesgesetzgeber ein Neuordnungsgesetz zur Kriegsdienstverweigerung, das eine gegenüber dem Wehrdienst um ein Drittel längere Ersatzdienstzeit anordnete.[134] Die „mechanische Auslese"[135], die der 1956 verabschiedete Art. 12 Abs. 2 Satz 2 GG nach Arndts Intention und eindeutiger Formulierung gerade hatte ausschließen wollen, war damit Gesetz geworden. Als das neue Gesetz dem Bundesverfassungsgericht zur Kontrolle vorgelegt wurde, rekonstruierten zwei Richter die Entstehungsgeschichte des Art. 12 Abs. 2 GG, die „mit seltener Eindeutigkeit" eine – allein quantitativ zu bemessende – unterschiedliche Dauer von Wehr- und Ersatzdienst verfassungsrechtlich ausschließe.[136] Die Mehrheit der Richter setzte sich darüber hinweg. Das Gesetz wurde für verfassungsgemäß befunden.

Wenngleich Art. 17 a GG eine verfassungsrechtliche Bestandssicherung der Grundrechte im Militärverhältnis enthielt, so hing doch die Ausgestaltung ihrer inhaltlichen Reichweite von den einzelnen Wehrgesetzen ab.

Von zentraler Bedeutung war hierbei das „Gesetz über die Rechtsstellung der Solda-

---

130 Prot. RA-BT, 2. WP, 106. Sitzung (5. Februar 1956), S. 27, und 111. Sitzung (21. Februar 1956), S. 14.
131 Prot. BT, 2. WP, 93. Sitzung (28. Juni 1955), S. 5263 B.
132 A. a. O., S. 5257 A, 5258 C: „Worum es geht, ist die Forderung nach verfassungsrechtlichen Institutionen, die in der Hand demokratischer Politiker sowie mit Unterstützung der öffentlichen Meinung und eines demokratisch denkenden Volkes wenigstens die Möglichkeit gewährleisten, daß das Bestehen einer bewaffneten Macht kein Staat im Staate wird [...]. Keiner von uns wird sich dem trügerischen Wahn hingeben, daß man Normen schmieden könnte, die kein Geschichtssturm zerreißt [...]."
133 Inzwischen in Art. 12 a Abs. 2 GG, umbenannt durch Gesetz vom 24. Juni 1968 (BGBl I 1968, S. 709).
134 Zur diesbezüglichen Regelung des Art. 2 Nr. 5 b Kriegsdienstverweigerungs-Neuordnungsgesetz vom 28. Februar 1983 (BGBl I, S. 203) sowie zur Entstehung des Gesetzes insgesamt vgl. BVerfGE 69, 1 (S. 4 ff.).
135 Zur Begründung des Kriegsdienstverweigerungs-Neuordnungsgesetzes wurde die Absicht angeführt, diejenigen, die sich auf das Grundrecht der Kriegsdienstverweigerung berufen wollten, zu einer „eingehenden Selbstprüfung" zu veranlassen, ob „ihre Verweigerungsgründe für sie das vom Grundgesetz vorausgesetzte Gewicht haben", s. BT-DS 9/2124, (24. November 1982), S. 10.
136 Vgl. das dissenting vote der Richter Böckenförde und Mahrenholz, BVerfGE 69, 1 (S. 69).

ten (Soldatengesetz)."[137] Im Mittelpunkt der sozialdemokratischen Kritik stand § 15 des Regierungsentwurfs zum Soldatengesetz, der der politischen Betätigung der Soldaten Schranken zog. Arndt gelang es, an dieser Entwurfsfassung Modifikationen durchzusetzen, die die Beschränkungen der Meinungsfreiheit herabminderten. Damit wirkte er der Vorstellung des qua definitione ‚apolitischen Soldaten' entgegen.[138] Im Soldaten den politisch denkenden und handelnden Staatsbürger zu achten und zu schützen, war der Zweck dieser gesetzlichen Regelungen, die Arndt und seine Fraktionskollegen in das Soldatengesetz hineinbrachten.

Die Achtung der Persönlichkeit und Freiheit des Soldaten hatte im Gefolge die persönliche Verantwortung für Rechtsbrüche in Verrichtung des soldatischen Dienstes. Die Haftung des Soldaten für eigene Vergehen, Verbrechen und Verstöße gegen die Menschenwürde enthielt eine Abkehr vom früheren deutschen Soldatenrecht, das dem Täter weitgehende Entlastung durch seine Gehorsamspflicht verschafft hatte. Diese Absicht der Regierungsentwürfe zum Soldaten- und Wehrstrafgesetz[139] begrüßte und verteidigte Arndt – „nach den Erfahrungen des Zweiten Weltkriegs"[140] – als Bestärkung einer individuellen Gewissensentscheidung des Soldaten.

Im Rahmen des Wehrdisziplinar- und Wehrstrafrechts konnten Arndt und die SPD-Vertreter eine Reihe von Veränderungen anbringen, die die Rechtsstellung des gemaßregelten Soldaten stärkten. Dazu gehörte die präzisere Fassung einzelner Disziplinar- und Straftatbestände[141], die rechtsstaatliche Modifikation der Verfolgungsvoraussetzungen[142] und die Beseitigung von Rechtsmittelfristen[143] sowie die schärfere Unterscheidung der Disziplinar- von den diskriminierenden Strafmaßnahmen.[144] Insgesamt

---

137 Vgl. das Gesetz über die Rechtsstellung der Soldaten (Soldatengesetz) vom 19. März 1956, BGBl I 1956, S. 114. Der Regierungsentwurf, BT-DS 2/1700, wurde unmittelbar vor der Wehrverfassung im Rechtsausschuß beraten.

138 § 15 II Soldatengesetz vom 21. März 1956 ließ nach einem Formulierungsvorschlag Arndts Raum für politische Meinungsäußerungen der Soldaten sowohl außerhalb als auch innerhalb (im Rahmen der Kameradschaftlichkeit) der Dienstzeit (vgl. die Begründung Arndts, Prot. RA-BT, 2. WP, 88. Sitzung [28. November 1955], S. 18). U.a. auf Arndts nachdrücklichen Einsatz hin wurde das im Regierungsentwurf vorgesehene außerdienstliche Verbot aktiven Hervortretens für eine politische Organisation (s. § 15 Abs. 2 Satz 2 Soldatengesetz, Entwurf BT-DS 2/1700) auf das Verbot des Uniformtragens reduziert (s. Arndt, Prot. RA-BT, 2. WP, 88. Sitzung [28. November 1955], S. 20). Arndts Formulierungen fanden zum Teil ihre Entsprechung in der vom Arbeitskreis „Sicherheitsfragen" der SPD beschlossenen endgültigen Formulierung des Soldatengesetzes §§ 1 bis 24, 31. Januar 1956, AdsD, Nachlaß Walter Menzel, R14.

39 Vgl. § 11 II Soldatengesetz vom 19. März 1956 und § 5 I 1. Halbsatz des Wehrstrafgesetzes vom 30. März 1957, BGBl I 1957, S. 298.

40 S. Prot. RA-BT, 2. WP., 194. Sitzung (13. März 1957), S. 34. Arndt plädierte damit für sein altes Anliegen des „normativen Schuldbegriffs" (s. o. Kapitel I.3.) gegen die Kritik des Deutschen Anwaltsvereins, der mit einer stärkeren Subjektivierung der Schuldkriterien die erleichterte Widerlegbarkeit des Schuldvorwurfs verlangte (s. dazu die Diskussion, a. a. O., S. 30 ff.).

41 Vgl. zu § 2 Nr. 3 Wehrstrafgesetz vom 30. März 1957, BGBl I 1957, S. 298 (WStG), das Prot. RA-BT, 2. WP, 193. Sitzung (1. März 1957), S. 3 f.; zu § 18 WStG Prot. der 188. Sitzung (22. Februar 1957), S. 16 ff.; zu § 20 WStG, Prot. 189. Sitzung (23. Februar 1957), S. 39, und 190. Sitzung (25. Februar 1957), S. 3.

42 Vgl. zu § 4 II WStG das Prot. RA-BT, 2. WP., 186. Sitzung (20. Februar 1957), S. 20f.

43 Vgl. zu § 31 IV Wehrdisziplinarordnung vom 15. März 1957, BGBl I 1957, S. 189 (WDO), das Prot. RA-BT, 2. WP, 161. Sitzung (12. November 1956), S. 25.

44 Vgl. zu § 9 I WStG das Prot. RA-BT, 2. WP, 189. Sitzung (23. Februar 1957), S. 11 f., und 193. Sitzung (1. März 1957), S. 6.

stärkten diese Ausführungsgesetze den rechtsstaatlich gesicherten Status und das politische Verantwortungsbewußtsein des Soldaten.

Das Soldatengesetz und das Gesetz zur Ergänzung des Grundgesetzes wurden am 6. März 1956 vom Bundestag verabschiedet. Dem Soldatengesetz wie auch den folgenden Ausführungsgesetzen zu den Pariser Verträgen versagte die SPD aus außenpolitischen Gründen ihre Zustimmung[145]; doch zeigte gerade das Beispiel des Rechtsausschusses, daß die Opposition auf die Endfassung dieser Gesetze – zum Teil erheblichen – Einfluß hatte nehmen können. Der Grundgesetzänderung hingegen erteilte die ganz überwiegende Mehrheit der SPD-Fraktion ihre Zustimmung. In keinem anderen Wehrgesetz hatte die SPD so viele ihrer wesentlichen Forderungen durchsetzen können. Den sozialdemokratischen Obleuten im Verteidigungs- und Rechtsausschuß, Fritz Erler und Adolf Arndt, fiel ein hoher Anteil an diesem Erfolg zu.

Während der Verteidigungsausschuß häufig in interfraktionellem Konsens die politischen Vorgaben der Wehrgesetzgebung erarbeitete, waren die Debatten des Rechtsausschusses über juristische Detailfragen oftmals kontrovers. Doch gelang es auch hier vor allem Arndt, sozialdemokratische Forderungen in rechtlich gesicherten Formulierungen durchzubringen. In der Frage des Rechtsstatus der Soldaten und ihrer politischen Betätigungsfreiheit konnte er der Wehrgesetzgebung seinen eigenen Stempel aufdrücken.

Die Spitzengremien der SPD und der Parteitag im Juli 1956 begrüßten nachdrücklich die Erfolge der Bundestagsfraktion bei der Erarbeitung der Grundgesetzergänzung.[146] Die verbliebene prinzipielle Wehropposition in der Fraktion war angesichts der Erfolge der ‚Wehrexperten', Fritz Erler, Helmut Schmidt und Adolf Arndt, zu einer kleinen Minderheit geworden. Die innerparteilichen Kräfte der SPD, die nach vermehrter staatlicher Mitverantwortung und damit auch Machtteilhabe der Partei drängten[147], hatten ein wichtiges Etappenziel erreicht. Dies bestätigte sich in personellen Entscheidungen. Arndt und Erler wurden 1956 in den Parteivorstand gewählt. Für Arndt, der erstmals um den Sitz im Parteivorstand kandidierte, war die hohe Stimmenzahl – mit 352 von 379 abgegebenen Stimmen noch vor Erler mit 331[148] – ein großer Vertrauensbeweis und eine Anerkennung seiner „außerordentlichen politisch-parlamentarischen Befähigung."[149]

Wider die Einengung der Gewissensfreiheit

Die ‚Wehrkoalition' der Grundgesetzergänzung zerbrach in der Auseinandersetzung um das Wehrpflichtgesetz im Sommer 1956. Neben dem Widerstand gegen die allgemeine Wehrpflicht, der überwiegend deutschlandpolitisch und militärtechnisch motiviert war[150], bezog die SPD scharfe Opposition in einer innen- und rechtspolitischen

---

145 Klotzbach, Der Weg zur Staatspartei, S. 359.
146 Ders., a. a. O., S. 358 f.
147 So vor allem Erler, vgl. dazu Soell, Erler, Bd. 1, S. 210, 275; Klotzbach, a. a. O., S. 361; kritisch Pirker, SPD nach Hitler, S. 210, 213.
148 Klotzbach, a. a. O., S. 387.
149 Zu dieser Wertschätzung Josef Felders für die geleistete Arbeit der führenden Persönlichkeiten in der SPD-Bundestagsfraktion, s. Klotzbach, a. a. O., S. 187, Anm. 165.
150 Klotzbach, Der Weg zur Staatspartei, S. 360 f., 475 ff.; Wilker, Die Sicherheitspolitik der SPD 1956 bis 1966, S. 103 ff.

Frage, die nach der Zusammenarbeit bei der Grundgesetzergänzung kein Konfliktfeld mehr zu sein schien: Der Regierungsentwurf zum Verfahren der Gewissensprüfung bei Kriegsdienstverweigerung löste eine scharfe Kontroverse aus.

Gemäß § 25 I des Regierungsentwurfs zum Wehrpflichtgesetz (WPflG) sollte nur derjenige, der sich aus „grundsätzlicher religiöser oder sittlicher Überzeugung allgemein zur Gewaltlosigkeit in den Beziehungen der Staaten und Völker bekennt und deswegen den Wehrdienst mit der Waffe verweigert", staatliche Anerkennung als Kriegsdienstverweigerer finden.[151]

Eine Umformulierung in den Ausschußberatungen ließ den Kern der Vorschrift unverändert[152]: Nur *absolute* Pazifisten, die das Töten generell ablehnten, und abstrakte Kriegsdienstverweigerer, die das Töten und Verletzen in jedwedem Krieg verwarfen[153], sollten mit ihren Gewissensgründen staatliche Anerkennung finden. Nicht umfaßt von § 25 I WPflG war damit die *konkrete,* sogenannte „situationsbezogene"[154] Kriegsdienstverweigerung, die die Anwendung von Waffengewalt nicht generell, aber in bestimmten oder einer bestimmten Art von Kriegen ablehnte. Damit fand nicht jede Gewissensentscheidung, sondern nur diejenige, die als Normentscheidung ein allgemeines Tötungsverbot[155] zumindest im Krieg zugrunde legte, vor § 25 WPflG Anerkennung.

Der gesetzgeberische Zweck dieser engen Auslegung anerkennenswerter Gewissensgründe lag auf der Hand. Der ‚Mißbrauch' des Grundrechts aus Art. 4 Abs. 3 Satz 1 GG sollte unterbunden werden. Das zielte zunächst auf schlichte „Drückeberger", „Zweckmäßigkeitserwägungen" und „temporäre Opportunitätsgesichtspunkte."[156] Eindringlich, in pleonastischen Wendungen, wurde von den Abgeordneten der Regierungskoalition betont, es gehe darum, die „wirklich starken, echten und begründeten Gewissen", die „Gewissen von Tiefe", von den „irrenden und vielleicht vorgeschützten Gewissen"[157] zu unterscheiden. Doch ging es um mehr als die Abwehr individueller Opportunismen. Ein verfassungsrechtliches Argument in der Begründung des Regierungsentwurfs ließ politische Befürchtungen anklingen:

> „Würde man dem einzelnen Staatsbürger in ausdehnender Auslegung des Art. 4 Abs. 3 die Entscheidung darüber einräumen, ob er in einer bestimmten politischen Situation oder gegenüber einem bestimmten Angreifer den Kriegsdienst

---

151 Vgl. § 25 Wehrpflichtgesetz (WPflG), BT-DS 2/2303, S. 9.
152 In diesem Punkt war die Berichterstattung des Abgeordneten Kliesing (CDU) im Bundestag mißverständlich, vgl. die Kontroverse, Prot. BT, 2. WP, 157. Sitzung (4. Juli 1956),S. 8577 D ff. (Kliesing) und S. 8581 A ff. (Wittrock und Arndt).
153 Ob § 25 WPflG in der Fassung des Wehrpflichtgesetzes vom 25. Juli 1956 (BGBl I, S. 651) nicht nur absolute Pazifisten, sondern auch sog. „abstrakte Verweigerer" schützte (so Geißler, Das Recht der Kriegsdienstverweigerung, S. 97 f.), war 1956 umstritten (vgl. auch Arndt, der darunter immer nur absolute Pazifisten subsumierte), wurde aber durch die „verfassungskonforme" Interpretation in BVerfGE 12, 45 (61) klargestellt und soll für die weitere Darstellung unterstellt werden; denn der eigentliche Streitpunkt war die konkrete („situationsbezogene", „aktuelle") Kriegsdienstverweigerung.
154 S. „konkrete KDV" (von Arndt „aktuelle Kriegsdienstverweigerung" genannt) bei Geißler, a. a. O., S. 14. Die verschiedenen Bezeichnungen sind erwähnt in BVerfGE 12, 45 (S. 58).
155 S. Geißler, a. a. O., S. 97.
156 Vgl. den Einwurf von Frau Weber (CDU), Prot. RA-BT, 2. WP., 106. Sitzung (6. Februar 1956), S. 27, sowie den Berichterstatter des Rechtsausschusses, Abgeordneten Haasler (CDU), Prot. BT, 2. WP, 159. Sitzung (6. Juli 1956), S. 8847 C, und Prot. RA-BT, 2. WP, 140. Sitzung (18. Juni 1956), S. 11.
157 So der Abgeordnete Kopf (CDU), Prot. BT, 2. WP, 159. Sitzung (7. Juli 1956), S. 8853 A, B.

mit der Waffe aufgrund seiner Gewissensstimme leisten will, so würde dies einer Volksabstimmung über die Zweckmäßigkeit der Einführung der allgemeinen Wehrpflicht oder bewaffneten Durchführung der Verteidigung in einem bestimmten Falle oder gegen einen bestimmten Angreifer gleichkommen."[158]

In der Furcht vor dem ‚verdeckten Plebiszit' schwang die Erinnerung mit an Volksbefragungsaktionen zur Frage der Wiederbewaffnung und an die Paulskirchenbewegung zu Beginn des Jahres 1955, deren „Deutsches Manifest" vor einem Bruderkrieg Deutscher gegen Deutsche gewarnt hatte.[159] Zudem begann sich ein organisierter, ethisch argumentierender Widerstand gegen Atomkriege und Atombewaffnung abzuzeichnen. Dem setzte der Vorsitzende des Sicherheitsausschusses, Richard Jaeger, entgegen, man stehe vor einer „schweren allgemeinen Notsituation" Westeuropas, angesichts deren eine kompromißlose Verteidigung des Rechts auf Kriegsdienstverweigerung den „Selbstmord der Nation" zur Folge haben könne.[160]

Aber waren deswegen schwere sittliche Bedenken gegen einen „Bruderkrieg" oder „Atomkrieg" von vornherein keine „echten" und „tiefen" Gewissensgründe, die vor der Verbürgung des Art. 4 Abs. 3 Satz 1 GG Anerkennung finden konnten? Das Gesetzesvorhaben der Bundesregierung war eine Herausforderung für Arndt, die gleichermaßen politische, theologisch- moralische und verfassungsrechtliche Probleme aufwarf. Auf allen drei Ebenen setzte Arndts leidenschaftlich vorgetragene Kritik an.

Nach Auffassung der SPD, die Arndt begründete, enthielt die Regelung des § 25 WPflG eine verfassungswidrige Verengung des in Art. 4 Abs. 3 Satz 1 GG vorausgesetzten Gewissensbegriffs. „Ideologische Planungen" hatte Arndt bereits zu Beginn der Wehrgesetzgebung die Regierungsentwürfe genannt und ihnen vorgeworfen, „daß sie obrigkeitsstaatlich gedacht, daß sie von der Wurzel her undemokratisch ersonnen sind und die freiheitliche Verfassungsordnung gefährden."[161] Arndt nahm die Kriegsdienstverweigerer in Schutz gegen ein Gewissensprüfungsverfahren, in dem der Staat die Menschenwürde des Kriegsdienstverweigerers verletze, sein Mißtrauen gegen die individuelle Gewissensentscheidung des Kriegsdienstverweigerers ausspreche, ihn bis zum Beweis des Gegenteils als „bloßen Schweinehund" betrachte und „moralisch an die Wand stelle." In beschwörenden Worten gemahnte Arndt an das Schicksal eines nicht anerkannten Kriegsdienstverweigerers, der, dennoch seinem Gewissen folgend, als ein „Gebrannntmarkter" und „entehrt" den „existenzvernichtenden Auswirkungen einer Strafe" ausgesetzt werde.[162]

Die Bundestagsrede war ein Appell des bekennenden Christen Arndt, die Gewissensentscheidung der Kriegsdienstverweigerer zu achten und zu schonen. Dem Duktus seiner Argumentation nach trat er als Fürsprecher eines „evangelischen Verständnisses" des Gewissensbegriffs auf. Als Zeugen berief er den Sprecher des Rats der Evangelischen Kirche Deutschlands, Bischof Kunst: „Nach evangelischer Lehre wird die

---

158 Vgl. BT-DS 2/2303, S. 31 f. (rechte Spalte).
159 Zu den maßgeblich kommunistisch beeinflußten Volksbefragungsaktionen gegen die Remilitarisierung 1950/51 und zur Paulskirchen-Bewegung Anfang 1955, in der die SPD eine treibende Kraft darstellte, vgl. Rupp, Außerparlamentarische Opposition, S. 49 ff.; Klotzbach, Der Weg zur Staatspartei, S. 344 ff.
160 Vgl. Prot. BT, 2. WP, 159. Sitzung (6. Juli 1956), S. 8849 D; s. auch den Abgeordneten Kiesinger (CDU), a. a. O., S. 8822 D.
161 Prot. BT, 2. WP, 93. Sitzung (28. Juni 1955), S. 5261 C ff.
162 Ebda. und Prot. BT, 2. WP, 157. Sitzung (4. Juli 1956), S. 8840 B ff.

Stimme des Gewissens in der Stellung zu einer bestimmten konkreten Handlung oder Entscheidung hörbar."[163] Von diesem Standpunkt aus war es vertretbar – und wurde innerhalb der EKD vertreten –, daß auch „die Seelenangst" vor einem Bruderkrieg Deutscher gegen Deutsche eine unüberwindliche Gewissensnot auslöste.[164]

Darin klang freilich über eine theologisch-moralische Übereinstimmung hinaus ein gemeinsames politisches Interesse von EKD und SPD an. Die Evangelische Kirche Deutschlands wie die SPD verkörperten als große gesellschaftliche Organisationen den Zusammenhalt des westlichen mit dem östlichen Teil Deutschlands.[165] Die Einführung der Wehrpflicht in beiden, gegnerischen Militärblöcken angehörenden Teilen Deutschlands trieb die protestantischen Christen Deutschlands in einen Doppelkonflikt. Zu der persönlichen Gewissensfrage, ob überhaupt ein Waffendienst geleistet werden durfte, trat der Konflikt der Loyalitätspflichten gegenüber dem Staat einerseits und der Kirche andererseits; denn wurde nicht ein deutscher Protestant durch staatlichen Befehl verpflichtet, auf seinen protestantischen Bruder aus dem anderen Teil Deutschlands zu schießen? Die allgemeine Wehrpflicht erhöhte die Gefahr einer endgültigen Spaltung Deutschlands und setzte die Evangelische Kirche einer Zerreißprobe aus. Die deutschlandpolitische Interessenübereinstimmung von SPD und weiten Kreisen der Evangelischen Kirche hatte sich 1955 mit der gemeinsamen Teilnahme führender Kirchenvertreter und SPD-Politiker an der Paulskirchenbewegung angekündigt. In der parlamentarischen Diskussion um das Wehrpflichtgesetz nahmen sich die SPD-Redner daher in besonderer Weise der Belange der Evangelischen Kirche an.[166]

Gerade Adolf Arndt, führendes Mitglied der SPD-Fraktion und ein in theologisch-dogmatischen Fragen bewanderter Protestant, konnte auf besonderes Gehör in der protestantischen Öffentlichkeit rechnen. Er suchte die begriffliche Gemeinsamkeit zwischen SPD und EKD kenntlich zu machen. In einer späteren Definition faßte er seinen Begriff des Gewissens zusammen als

> „eine – theonome oder autonome – letzte personelle, unteilbare Instanz, die zu einem bestimmten Menschen als einem Ganzen in der Einmaligkeit seines Daseins und seiner besonderen Lage mit der Folge spricht, daß er böse handelt und seine Würde einbüßt, sich verliert, falls er nicht auf sein Gewissen hört. Für den Gläubigen wird in seinem Gewissen der persönliche Ruf Gottes laut, für den skeptischen Humanisten die spontane Weisung „aus dem Sittengesetz in mir." Die Stimme des Gewissens spricht notwendig im Hic et Nunc, sie ist zugleich sowohl norm- als auch situationsgebunden."[167]

Diese Definition stützte sich in ihrem Kern – zum Beispiel in der Gleichstellung prinzipieller und aktueller Gewissensnot – auf die Begriffselemente, die nach Arndts Bekunden die „evangelische Lehre" vom Gewissen ausmachten.

---

63 A. a. O., S. 8838 B. Arndt bezog sich auf die Stellungnahme, die Militärbischof Kunst für die Evangelische Kirche im Verteidigungsausschuß des Bundestags abgegeben hatte, vgl. Stenographisches Protokoll der 94. Sitzung des Ausschusses für Verteidigung, 1. Juni 1956, AdsD, Nachlaß Arndt, Mappe 239.
64 Prot. BT, ebda.; s. ebenso Bischof Kunst, a. a. O., S. 31; Arndt, Das Grundrecht der Kriegsdienstverweigerung (1957), S. 175.
65 Militärbischof Kunst, a. a. O., S. 3 , bekräftigte, daß „die Kirche noch eine lebendige und wirksame Klammer von Ost und West unseres Vaterlandes ist"; s. auch Soell, Erler, Bd. 1, S. 279.
66 Vgl. Erler, Prot. BT, 2. WP, 157. Sitzung (4. Juli 1956), S. 8586 A; 159. Sitzung (6. Juli 1956), S. 8774 A; Metzger, a. a. O., S. 8816 A, und S. 8851 A f.
67 Arndt, Das Recht der Kriegsdienstverweigerung (1957), S. 173.

Arndts Behauptung im Bundestag, die „evangelische Lehre" hinter sich zu haben, besaß erhebliche politische Schlagkraft – und stieß dementsprechend auf heftigen Widerspruch aus dem Regierungslager. Die vermeintlich geschlossene protestantische Lehre zeigte denn auch Verwerfungen, als das Bundesverteidigungsministerium an die Bundestagsabgeordneten eine Schrift des lutherischen Theologen Walter Künneth verteilen ließ, der – nach der Deutung einer Leserzuschrift im „Bulletin" der Bundesregierung – die Kriegsdienstverweigerung als Ungehorsam gegen Gottes Willen behandelte.[168]

Ludwig Metzger, ein weiterer profilierter Protestant in der sozialdemokratischen Bundestagsfraktion[169], sah sich daraufhin genötigt, Künneth als „Außenseiter" hinzustellen; Arndt betonte die Sonderstellung der evangelisch-lutherischen Kirche innerhalb der Evangelischen Kirche.[170] Bei genauem Hinsehen machte gerade er, wenngleich ohne spezifische Ausrichtung auf die Dogmatik der reformierten Theologie, Anleihen bei reformierten Theologen insbesondere der Bekennenden Kirche wie Karl Barth und Dietrich Bonhoeffer.[171] Die Bundestagsdebatte ließ für Augenblicke althergebrachte Gegensätze im Staatsverständnis reformierter und lutherischer Protestanten aufleuchten.

Die Kontroverse über das Problem der konkreten, politisch motivierten Kriegsdienstverweigerung aus Gewissensgründen war politisch derart brisant, daß sie schon deswegen ein einheitliches ‚evangelisches Lager' nicht zuließ. Die Regierungsfraktionen stimmten geschlossen gegen die sozialdemokratischen Änderungsvorschläge, obwohl auch in ihren Reihen unter anderem protestantische Christen schwere Bedenken gegen die Einengung des Gewissensbegriffs erhoben.[172] Der Appell Arndts und seiner Fraktionskollegen an ein gemeinsames evangelisches Gewissensverständnis über die Fraktionen hinweg war von der Regierungsseite erfolgreich abgewendet worden.

Ein öffentlichkeitswirksamer Erfolg war der SPD indessen nicht streitig zu machen. Arndt, der sich intensiv mit der katholischen Lehre auseinandergesetzt hatte, konnte vor dem Bundestag belegen, daß die sozialdemokratische Auffassung sich keineswegs nur auf die „evangelische Lehre" stützte, sondern ihre Bestätigung und Stütze in der katholischen Moraltheologie fand. Er berief sich auf den autorisierten Sprecher der Katholischen Kirche, Professor Hans Hirschmann, der vor dem Verteidigungsausschuß erklärt hatte: „Das Gewissen ist immer individuell und situationsbezogen. Es ist zugleich normbezogen." Wie weit nach katholischer Lehre der Schutz auch einer konkreten und situationsbezogenen Gewissensentscheidung gehen konnte, hatte Hirschmann an politisch brisanten Beispielsfällen demonstriert:

---

168 Nach dem Zitat Arndts handelte es sich um eine anonyme Zeitschrift von „evangelischer Seite" (Bulletin der Bundesregierung, Nr. 122, 5.7.1956).
169 S. Prot. BT, 2. WP, 159. Sitzung (6. Juli 1956), S. 8838 D; zum Wirken Ludwig Metzgers als Sozialdemokrat und bekennender Protestant s. insbesondere Möller, Evangelische Kirche und sozialdemokratische Partei, S. 155, 163 (Anm. 39).
170 Prot. BT, 2. WP, 159. Sitzung (6. Juli 1956), S. 8818 A, 8838 D.
171 S. Arndt, Das Grundrecht der Kriegsdienstverweigerung (1957), S. 178, Anm. 12.
172 Vgl. Geißler, Das Recht der Kriegsdienstverweigerung, S. 9; es zeigte sich, als 22 CDU-Abgeordnete einen Änderungsantrag ihres Fraktionskollegen Nellen stützten, der – unter Rückgriff auf einen Formulierungsvorschlags des Beauftragten der EKiD, Bischof Kunst, – die konkrete Gewissensentscheidung in § 25 WPflG aufnehmen wollte und abgelehnt wurde (Geißler, a. a. O., S. 10), Prot. BT, 2. WP, 159. Sitzung (6./7. Juli 1956), S. 8856 C.

„In diesem Sinne halten wir die Schwierigkeiten, die aus der Anwendbarkeit bestimmter Waffen oder der Situation eines möglichen Bruderkriegs kommen, für echte, in der Gewissensentscheidung mit zu berücksichtigende Situationselemente."[173]

Arndt befaßte sich eingehend mit der dogmatischen Begründung dieser katholischen Lehre. Wie er in späteren wissenschaftlichen Beiträgen darlegte, gab es durchaus Unterschiede zur protestantischen Theologie.[174] Entscheidend war für ihn jedoch, in der wissenschaftlichen wie in der aktuellen politischen Auseinandersetzung zu zeigen, daß das von protestantischer und katholischer Lehre im Ergebnis übereinstimmend anerkannte Gebot zum Schutz der Gewissensentscheidung durch den Regierungsentwurf des § 25 WPflG verletzt wurde.[175] Verfolgte man diesen Gedankengang in der Zuspitzung, die Arndt ihm gab, so drohte in der Tat die „Gegensätzlichkeit von Staat und Kirche"[176]: Die Kirchen unterstützten Kriegsdienstverweigerer in einer Gewissensentscheidung, die staatlicherseits keine Anerkennung fand.

Arndt hatte wohlüberlegt und rhetorisch beeindruckend der Bundesregierung die gemeinsame Gegnerschaft der beiden christlichen Kirchen vorgehalten. Dies mußte der Regierungsmehrheit um so ungelegener sein, als der katholische CDU-Abgeordnete Peter Nellen in entscheidenden Punkten Arndt beipflichtete[177]: Er bezog in seinem Antrag auf Änderung des § 25 WPflG die konkrete Kriegsdienstverweigerung ein und fand die Unterstützung von 22 Fraktionskollegen. Aber weder Arndts zugleich analytisch scharfe und leidenschaftliche Kritik an dem Regierungsentwurf, noch die Opposition im eigenen Lager vermochten die Regierungsmehrheit umzustimmen. Der Kerngedanke des Regierungsentwurfs, der Ausschluß ‚konkreter' Kriegsdienstverweigerung, wurde in § 25 WPflG Gesetz. Jedoch hatte die Debatte um die Kriegsdienstverweigerung eine gewisse Unruhe in die größte Regierungsfraktion gebracht. So lieferten sich Arndt und der Fraktionsvorsitzende der CDU/CSU-Fraktion, Heinrich Krone[178], eine scharfe öffentliche Auseinandersetzung hinsichtlich der ‚Mißbrauchsgefahr' des Rechts auf Kriegsdienstverweigerung. Der dissentierende Peter Nellen begann sich allmählich der Politik seiner Partei zu entfremden. Als der profilierte Katholik wenige Jahre darauf der SPD beitrat, hatte die Verteidigung der Gewissensfreiheit gemeinsam mit Adolf Arndt wohl einen wichtigen Anstoß dazu gegeben.[179]

Im Verhältnis von SPD und Katholischer Kirche trug die von Arndt herausgestellte Übereinstimmung zum Abbau von Spannungen bei. Auch Arndt begriff dies als Teil eines Dialogs mit der Kirche, in dem er auf seiten der SPD eine führende Rolle spielte.[180]

---

173 Vgl. das Stenographische Protokoll des Verteidigungsausschusses des Bundestags vom 1. Juni 1956, S. 11, 47 (s. Anm. 163).
174 Sie betrafen z. B. die Kriterien der „Richtigkeit" einer Gewissensentscheidung und die Lehre vom objektiv „gerechten Krieg", vgl. dazu Arndt, Das Grundrecht der Kriegsdienstverweigerung (1957), S. 172, 176.
175 Ders., a. a. O., S. 176 f.
176 Prot. BT, 2. WP, 159. Sitzung (6. Juli 1956), S. 8840 D.
177 Prot. BT, a. a. O., S. 8841 B, und die nachdrückliche Zustimmung Arndts, a. a. O., S. 8848 C.
178 Vgl. die Antwort Arndts auf Äußerungen des Abgeordneten Dr. Krone, Pressemitteilung der sozialdemokratischen Bundestagsfraktion, 22. November 1956.
179 Dies klingt an in der Erinnerung von Elisabeth Nellen-Heitmeyer in einem Brief an Arndt, 20. Juli 1970, AdsD, Nachlaß Arndt, Mappe 22.
180 S. u. Kapitel VII.4.

Neben dem theologischen und politischen blieb für Arndt vor allem das verfassungsrechtliche Problem der Kriegsdienstverweigerung bestehen. Er vertrat Kriegsdienstverweigerer vor dem Bundesverwaltungsgericht und vor dem Bundesverfassungsgericht (mit einer Verfassungsbeschwerde gegen § 25 WPflG). Mehr als zehn Jahre lang focht er in wissenschaftlichen Beiträgen für eine großzügige, weite Auslegung der Gewissensfreiheit. Die staatliche Behandlung des Rechts der Gewissensfreiheit war für ihn die Probe auf die Freiheitlichkeit des Staatswesens schlechthin. Danach enthielt das Grundrecht der Gewissensfreiheit einschließlich seiner besonderen Ausprägung des Rechts der Kriegsdienstverweigerung die „letzte Entscheidung" über das „Staatsverständnis" und das Signum des gemeinsamen Staates.[181] Es war Paradigma und Schlüssel zu Arndts Theorie der Grundrechte.

In Adolf Arndts Verständnis vermittelten die Grundrechte des Bonner Grundgesetzes nicht nur subjektive Berechtigungen des Staatsbürgers, sondern bildeten die Legitimitätsgrundlage und Ordnung des Staates selbst. Gestützt auf die *Integrationslehre* Rudolf Smends lag darin die zentrale These in Arndts Grundrechtstheorie.[182] Im Rahmen dessen arbeitete er die Sonderstellung des Grundrechts der Glaubens- und Gewissensfreiheit heraus, insbesondere der Kriegsdienstverweigerung aus Gewissensgründen:

> „Tiefer noch als Art. 1 Abs. 1 GG, der die Würde des Menschen anerkennt, findet in Art. 4 GG seinen Ausdruck, was über den Geist einer Verfassung entscheidet: ob das auf ihrem Grund gesetzte Recht nichts ist als eine Zwangsordnung, der sich die Menschen auch mit verletztem Gewissen einzufügen haben, oder ob die Freiwilligkeit der Spiegel des Rechts ist, die Freiwilligkeit, mit der ein Mensch, weil er ursprünglich Recht hat, sich das Recht zu eigen macht und es lebt."[183]

Gegen die regierungsamtliche, unter anderem verfassungspolitisch motivierte Degradierung dieses Grundrechts zum „Ausnahmerecht"[184] oder Grundrecht zweiter Klasse setzte Arndt gewissermaßen die These vom ‚Krongrundrecht.'

Dahinter standen grundlegend verschiedene Auffassungen vom Wesen und Rang der staatlichen Rechtsordnung. Die These vom „Ausnahmerecht" des Grundrechts der Kriegsdienstverweigerung trachtete – um der Erhaltung der allgemeinen Wehrpflicht als Teil der allgemeinverbindlichen, mit Zwangsmitteln bewehrten staatlichen Rechtsordnung willen – den Einwand entgegenstehender, individueller Gewissensgründe nur unter engen Voraussetzungen, als „Ausnahme", zuzulassen: Das Grundrecht sollte nicht der „Entpflichtung" von allgemeinen Pflichten Vorschub leisten.

---

181 Arndt, Besprechung zu Scholler/Geißler/Laurisch in: NJW 1961, S. 65; ders., Die Zeugen Jehovas als Prüfung unserer Gewissensfreiheit (1965), S. 181.
182 S.u. Kapitel VII.1.
183 Arndt, Anmerkung zu BVerfG, in: NJW 1965, S. 2195.
184 S. dazu oben; BT-DS 2/2303, S. 31, zur Interpretation des Art. 4 Abs. 3 GG als Ausnahmerecht vgl. Eckertz, Kriegsdienstverweigerung aus Gewissensgründen, S. 334 f. (m.w.N.).

Arndt nahm diesen Einwand durchaus ernst.[185] Doch änderte dies nicht seine eindeutige Präferenzentscheidung: Im Konfliktfall zwischen der staatlichen Wehrpflicht und der gleichfalls staatlich gewährleisteten Gewissensfreiheit beanspruchte die Gewissensentscheidung den Vorrang. Um der Legitimation der Rechtsordnung durch „Freiheitlichkeit" und „Toleranz" willen mußte ihr Zwangscharakter zurücktreten. „Ihren Anspruch, Recht zu setzen", so formulierte Arndt, könne die Mehrheit nur erheben,

> „wenn und soweit sie die von Grundrechten gewährleistete Toleranz wahrt und dadurch Demokratie mit Freiheitlichkeit verbindet, indem sie gewisse Entpflichtungen der Minderheiten nicht nur zuläßt, sondern um ihrer eigenen Glaubwürdigkeit willen selber wünscht."[186]

Arndt löste den Konflikt zwischen der demokratischen Wehrpflicht und dem rechtsstaatlichen Grundrechtsschutz[187] zugunsten des freiheitswahrenden Rechtsstaats auf. Letztlich bewies sich auch hier der *Primat des vorstaatlichen Rechts über den Staat.*[188] Er wurde sinnfällig in Arndts nachdrücklicher Zustimmung zu den Worten Pater Professor Hirschmanns: Der Staat dürfe auch um seiner Existenz willen nicht „diese Existenz auf die Zerstörung der sittlichen Persönlichkeit des Menschen aufbauen."[189]

Vor dem Bundesverwaltungsgericht errang Arndt im Jahre 1958 einen Teilerfolg mit seiner Auffassung. Das Gericht stellte sich der These vom ‚Ausnahmerecht' des Art. 4 Abs. 3 GG entgegen und interpretierte es als „selbständiges, grundgesetzlich festgelegtes allgemeines Menschenrecht", das „mindestens im gleichen Rang neben der Verpflichtung zum Wehrdienst steht."[190] Auch erkannte es politische Überzeugungen als Anlaß der Gewissensentscheidung an. Indessen blieb davon unberührt die eigentliche Kernfrage der Kontroverse, ob § 25 WPflG wegen Verstoßes gegen Art. 4 Abs. 3 Satz 1 GG verfassungswidrig war.

Das Bundesverfassungsgericht verneinte dies in „verfassungskonformer Auslegung" des § 25 WPflG[191]. Nach Auslegung des höchsten Gerichts gewährte Art. 4 Abs. 3 GG

---

185 In politischer Hinsicht bekräftigte Arndt für die SPD, daß „wir keinen Massenverschleiß an Gewissen wollen, daß wir nicht mit dem Grundwert Schindluder treiben lassen, den das Gewissen des Menschen für unsere freiheitliche Ordnung und ihre sittliche Kraft bedeutet", s. Prot. BT, 2. WP, 159. Sitzung (6. Juli 1956), S. 8837 D; s. auch 93. Sitzung (28. Juni 1955), S. 5263 A, B. Rechtlich ließ daher auch er kein bloßes Beruhen auf Gewissensgründen genügen, sondern forderte zum Beispiel die Erläuterung und Glaubhaftmachung der Gewissensentscheidung (Beweislast für die Kriegsdienstverweigerung? [1960], S. 275). Auch die Unterscheidung zwischen „Gewissenstäter" und „Überzeugungstäter" wollte er heranziehen (s. Arndt, Das Gewissen in der oberlandesgerichtlichen Rechtsprechung [1966], S. 2206).
186 Ders., Das Gewissen in der oberlandesgerichtlichen Rechtsprechung (1966), S. 2206.
187 Vgl. BT-DS 2/2303.
188 S. Kapitel VIII.1.
189 Vgl. das Stenographische Protokoll des Verteidigungsausschusses vom 1. Juni 1956, S. 14 (Anm. 163); ähnlich auch Arndt, Anm. zu BVerfGE, in: NJW 1968, S. 979.
190 Vgl. BVerwGE 7, 242 (S. 250) unter Berufung auf Arndt; zu dieser Rechtsprechung des Bundesverwaltungsgerichts s. Eckertz, Die Kriegsdienstverweigerung aus Gewissensgründen, S. 334. Arndt hatte in dem Verfahren einen Kriegsdienstverweigerer „auf Wunsch des Synodal-Beauftragten der Evangelischen Kirche im Rheinland vertreten", vgl. seine kommentierten Auszüge aus dem Urteil, Um das Recht auf Kriegsdienstverweigerung, in: Sozialdemokratischer Pressedienst, 7. Januar 1959.
191 S. BVerfGE 12, 45 (S. 61). Das Gericht stellte klar, daß § 25 WPflG nur dann konform mit Art. 4 Abs. 3 GG sei, wenn die Gewissensentscheidung nicht nur absoluter Pazifisten, sondern auch sogenannter abstrakter Kriegsdienstverweigerer, die „jeden Krieg, an dem sie als Soldaten in der gegenwärtigen historisch-politischen Situation teilzunehmen verpflichtet sein könnten, ablehnten, geschützt sei" (E 60, 61); vgl. zur Kritik eingehend Eckertz, a. a. O., S. 357 ff.

den „situationsbedingten" Kriegsdienstverweigerern keinen verfassungsrechtlichen Schutz.

Damit war Arndts Auffassung zwar nicht argumentativ widerlegt, aber mit verbindlicher Wirkung abgelehnt. Das Urteil verletzte Arndts Rechtsbewußtsein im Kern. Seit Jahren hatte er als Rechtsvertreter einer Verfassungsbeschwerde versucht, eine Klärung der Verfassungswidrigkeit des § 25 WPflG herbeizuführen.[192] Nachdrücklich warnte er nunmehr davor, die Rechtsprechung des Bundesverfassungsgerichts für unfehlbar zu halten, und rief dazu auf, im gemeinsamen Prozeß des Auslegens auf eine Revision der Rechtsprechung hinzuwirken.[193] In der Tat bestärkte Arndt unermüdlich die Kritik am Gewissensbegriff des Bundesverfassungsgerichts und hielt sie wach. Sie fand schließlich Eingang in das Gericht selbst.[194]

Staatsschutz im Rechtsstaat: Strafrechtsänderung zum Schutz der Bundeswehr

Doch zurück zur Wehrgesetzgebung 1956/57. Ihren Abschluß bildete das Vierte Strafrechtsänderungsgesetz.[195] Der Art. 1 des Entwurfs, den die Bundesregierung vorgelegt hatte[196], war auf heftige öffentliche Kritik gestoßen.[197] Die Auseinandersetzung konzentrierte sich auf die §§ 91, 96 und 109b des Regierungsentwurfs, die die Untergrabung der Wehrbereitschaft, beleidigende Angriffe auf die Bundeswehr und gegen die Bundeswehr gerichtete Störpropaganda unter Strafe stellten.

Was die Bundesregierung als gebotenen Staatsschutz gegen „geistige Sabotage" und „geistige Unterhöhlung" der Bundeswehr ansah[198], erregte bei den Kritikern die Erinnerung an das nationalsozialistische Strafrecht zum Schutz vor Wehrkraftzersetzung, das in der letzten Kriegsphase als Einschüchterungs- und Terrorinstrument gegen politisch Andersdenkende ersonnen und von der Rechtsprechung auch eingesetzt worden war.[199]

Arndt stand vor einer schwierigen Aufgabe, als er am 7. Februar 1957 im Bundestag die sozialdemokratische Kritik an dem Gesetzentwurf vortrug: Er mußte bei scharfer und grundlegender Kritik an der konkreten Ausgestaltung und Zwecksetzung des Gesetzentwurfs vermeiden, beim politischen Gegner den latenten und allzu leicht auszu-

---

192 S. die Schriftsätze Arndts zur Verfassungsbeschwerde Dorlaß (AdsD, Nachlaß Arndt, Mappe 240 bis 244), in denen er, gründlich dokumentiert auch mit theologischen Belegstellen, seine Interpretation des Art. 4 Abs. 3 GG darlegte.
193 Arndt, Das Gewissen in der oberlandesgerichtlichen Rechtsprechung (1966), S. 2206, Anm 18; ders., Anm. zu BVerfGE, in: NJW 1968, S. 979.
194 In einem Minderheitsvotum – eine verfassungsprozessuale Einrichtung, für deren Einführung Arndt mehr als ein Jahrzehnt lang gekämpft hatte (s. Kapitel III.1., VI.1.) – zum Urteil des Bundesverfassungsgerichts vom 24. April 1985 (BVerfGE 69, 1) erklärten die Richter Böckenförde und Mahrenholz, die Entscheidung von 1960 (E 12, 45) für verfassungsrechtlich fehlerhaft und hielten ihr die „Verkennung der Eigenart des Gewissens und von Gewissensentscheidungen" vor, a. a. O., S. 81, 85.
195 Viertes Strafrechtsänderungsgesetz vom 11. Juni 1957, BGBl I 1957, S. 597.
196 S. BT-DS 2/3039, 3040.
197 Auch der Bundesrat hatte erhebliche Bedenken eingewandt, vgl. dazu die Feststellungen von Bundesjustizminister von Merkatz (DP), Prot. BT, 2. WP, 190. Sitzung (6. Februar 1957), S. 10 854 C, 10 855 C f.
198 Vgl. von Merkatz, ebda.
199 Von Merkatz, a. a. O., S. 10 854 C; Schroeder, Der Schutz von Staat und Verfassung im Strafrecht, S. 173, differenzierend S. 200.

schlachtenden Verdacht zu nähren, die SPD nutze den empfindlichen Bereich des Staatsschutzrechts, um politische Propaganda gegen die Bundeswehr zu betreiben, und stelle sich außerhalb des staatstragenden Konsenses. Dem trat er mit einem Bekenntnis entgegen:

> „So ist die Bundeswehr, weil uns völkerrechtlich gültige Verträge und eine demokratisch beschlossene Gesetzgebung dazu verpflichten, eine Tatsache geworden. Die Bundeswehr ist somit für uns eine gesetzliche Einrichtung unseres gemeinsamen Staates."[200]

Mit dieser Loyalitätserklärung stellte sich die Partei nicht nur – wie sie immer wieder betont hatte – schützend vor den einzelnen Soldaten, sondern gewährte der Bundeswehr die Anerkennung einer gemeinsam getragenen staatlichen Institution. In seinem Bekenntnis, das er betont in die Kontinuität zu vorangegangenen Äußerungen Fritz Erlers stellte, zog Arndt die Konsequenz aus anderthalb Jahren Mitarbeit der SPD an der Wehrgesetzgebung. In der Mitgestaltung des *Wie* der Bundeswehr – ungeachtet aller verbleibenden Meinungsverschiedenheiten hinsichtlich der Opportunität des *Ob* zum gegebenen Zeitpunkt – hatte die Oppositionspartei ein Stück Staat mitgeschaffen, das sie mit dem politischen Gegner verband. Arndts Feststellung vor dem Bundestag weckte dafür das Bewußtsein. Sie dokumentierte, auch wenn der sozialdemokratische Jurist die Kritik seiner Partei an den Pariser Verträgen aufrechterhielt[201], einen Bewußtseinswandel in der Einstellung der SPD zur Bundeswehr, der mit beinahe zwingender Logik den einmal geschaffenen politischen Tatsachen folgte: Auf längere Sicht hatte die Mitgestaltung des „Wie" die Zustimmung zum „Ob" der Bundeswehr im Gefolge.

Vor dem Hintergrund seiner Loyalitätserklärung konnte Arndt um so schärfere Kritik an dem Regierungsentwurf entfalten. Er trug dem Bundestag Thesen vor, die weit über den begrenzten Anlaß des strafrechtlichen Schutzes der Bundeswehr hinaus eine Bilanz der Theorie und praktischen Entwicklung des politischen Strafrechts in der Bundesrepublik zogen.

Eindringlich gemahnte Arndt daran, die Lehre aus der deutschen Vergangenheit zu ziehen. Damit meinte er zum einen die Versatzstücke nationalsozialistischen Strafrechts, die er in der Regierungsvorlage, insbesondere in § 109b StGB, aufgespürt hatte.[202] Aber auch eigene „rechtsstaatliche Fehler" und Versäumnisse des Strafgesetzgebers nach 1949 prangerte er an und bekannte, er „schäme" sich, daß sich ein rechtsstaatlich unhaltbares, unscharfes Tatbestandsmerkmal wie die „gröbliche Entstellung" („unwahre oder gröblich entstellte Behauptungen tatsächlicher Art" in landesverräterischer Absicht, § 100 d Abs. 3 StGB) in das Erste Strafrechtsänderungsgesetz von 1951 eingeschlichen habe.[203]

---

[200] Prot. BT, 2. WP, 191. Sitzung (7. Februar 1957), S. 10 913 A.
[201] A. a. O., S. 10 912 A ff.
[202] Arndt meinte damit das Tatbestandsmerkmal der „gröblichen Entstellung", dessen Ursprung er ebenso auf das berüchtigte nationalsozialistische Heimtückegesetz von 1934 zurückführte, wie die Struktur des geplanten § 109 b StGB, nach der die Strafbarkeit einer bewußt unwahren öffentlichen Äußerung allein an die damit verbundene subjektive Absicht geknüpft wurde, s. Prot. BT, 2. WP, a. a. O., S. 10 918 C, D, 10 919 B; ihm zustimmend s. Schroeder, Der Schutz von Staat und Verfassung im Strafrecht, S. 200, Anm. 8.
[203] Prot. BT, 2. WP, S. 10 916 C, 10 917 D.

Sechs Jahre nach der Verabschiedung jener ersten Verschärfung des politischen Strafrechts, die nach den Erfahrungen des Koreakrieges und unter dem Druck des Kalten Krieges in einem überhasteten Gesetzgebungsverfahren rechtsstaatlich bedenkliche Normen mit sich gebracht hatte, forderte Arndt das Eingeständnis einer gesetzgeberischen Fehlleistung und deren Revision. Mit dem Unbehagen und dem schlechten Rechtsgewissen, das Arndt seinerzeit nur parteiintern angedeutet hatte[204], wandte er sich im Frühjahr 1957 an die deutsche Öffentlichkeit. Die einsetzende Phase außenpolitischer Entspannung gab ihm Rückendeckung. Es war ein unverhohlenes Eingeständnis, daß die besondere Illiberalität der Strafrechtsnovelle von 1951 von außenpolitischer Rücksichtnahme diktiert gewesen war, wenn er nunmehr die Revision jener „Nachlaßschuld aus dem Kalten Krieg" forderte.[205]

Mehr noch bewegte ihn die Entwicklung der Rechtsprechung zum politischen Strafrecht, die er seit längerem sehr kritisch verfolgt hatte. Seine Kritik wurde zum geflügelten Wort: Das politische Strafrecht von 1951 habe sich als „Schlangenei" entpuppt.[206] In der Tat deckte die Auslegung des Ersten Strafrechtsänderungsgesetzes durch die Gerichte die Unbestimmtheit und Unklarheit der Rechtsbegriffe, die Arndt an dem Gesetz rügte, schonungslos in einer extensiven Anwendung des politischen Strafrechts auf. Selbst zurückhaltende Kritiker der Entwicklung des politischen Strafrechts sprachen rückblickend von einem „Exzeß der Strafgerichtsbarkeit"[207] nach dem Verbot der KPD durch das Bundesverfassungsgericht.

Arndt hatte bereits gegen dieses Urteil im Sommer 1956 massiv protestiert und es eine „Eselei mit ganz langen Ohren"[208] genannt. Alle „Pharisäer" erinnerte er daran daß „auch wir im Westen, allerdings in rechtsstaatlicher Verfahrensweise, in bedenklichem Maße politische Verhaltensweisen und politische Überzeugungstäterschaft durch eine sehr extensive Anwendung des Ersten Strafrechtsänderungsgesetzes strafrechtlich beurteilt haben", und forderte die Reform des politischen Strafrechts angesichts der Unbestimmtheit „manch ‚koreanischer' Vorschrift."[209]

Geradezu erbittert hatte Arndt auf das kurz darauf ergangene Urteil des Bundesgerichtshofs im Fall John[210] reagiert. Die Urteilsbegründung im spektakulären Fall de

---

204 S.o. Kapitel III.3.
205 Vgl. Prot. BT, 2. WP, 191. Sitzung (7. Februar 1957), S. 10 911 C; zu Arndts Distanzierung von der Strafrechtsnovelle des Jahres 1951 vgl. auch Günther, Sozialdemokratie und Demokratie. S. 203.
206 Arndt, Die geistige Freiheit als politische Gegenwartsaufgabe (1956), S. 34.
207 Schroeder, Der Schutz von Staat und Verfassung im Strafrecht, S. 216; eingehend zur Rechtsprechung des BGH in politischen Strafsachen von 1951 bis 1956 s. Schiffers, Zwischen Bürgerfreiheit und Staatsschutz, S. 298 ff. (zur Kritik insbesondere S. 308 ff.).
208 Arndt, Einzelbegnadigung wird nicht genügen, in: Sozialdemokratischer Pressedienst, 23. August 1956 kritisch zur sozialdemokratischen Ablehnung des KPD- Verbotsverfahrens angesichts einer gleichzeitigen Befürwortung des Verbots der rechtsradikalen SRP s. Günther, Sozialdemokratie und Demokratie S. 207.
209 Arndt, ebda. Arndts scharfe Absetzung vom Ersten Strafrechtsänderungsgesetz von 1951 forderte eine Replik des Bundesgeschäftsführers der CDU, Bruno Heck, heraus, der Arndt die Vorarbeit und Zustimmung zu dem angegriffenen Gesetz entgegenhielt, vgl. Bruno Heck, „Eselei mit ganz großen Ohren", in: Deutschland-Union-Dienst, 27.8.1956. Dies zeigt, daß in der Regierungspartei das Ausscheren der SPI aus dem Gesetzgebungskonsens von 1951 als ernstzunehmendes Problem betrachtet wurde.
210 Vgl. BGHSt 10, 163. Zur John-Affäre vgl. Schwarz, Die Ära Adenauer 1949 bis 1957, Gründerjahre der Republik, S. 236 ff. Der Präsident des Verfassungsschutzamts, Otto John, war im Juli 1954 nach Ost-Berlin übergewechselt und hatte dort öffentlich brisante Stellungnahmen zur Entwicklung in Westdeutschland abgegeben, u.a. von geheimen Abreden zum EVG-Vertrag berichtet. Eineinhalb Jahr

ehemaligen Präsidenten des Verfassungsschutzamts hatte ihn zu einem kapitalen Verriß veranlaßt.[211] Insbesondere empfand er sich durch die Einbeziehung auch verfassungswidriger Tatsachen in den Geheimnisbegriff des Landesverrats[212] gemäß §§ 99, 100 StGB um die wichtigste Errungenschaft des Strafrechtsänderungsgesetzes von 1951[213] betrogen. Arndt, der ansonsten in der Rechtsprechung den berufenen Garanten der Rechtsstaatlichkeit sah[214], reagierte mit scharfem Mißtrauen auf diese Entwicklung.[215] Immer wieder griff er während der Rechtsausschußberatungen des 4. Strafrechtsänderungsgesetzes die „kriminalpolitische" Ausdehnung der Strafbarkeit und die „groteske[n] Auslegung" der Gesetzesbestimmungen an. Er steigerte seine Kritik bis zu der Warnung, daß die Abgeordneten die Verantwortung für derart uferlos ausgelegte Vorschriften „nicht mehr zu tragen vermöchten." Er würde sehr viel mehr Mut zur Gesetzgebung haben, wenn nicht die Ergebnisse der letzten Zeit auf dem Gebiet der Rechtsprechung vorlägen, wobei er überzeugt sei, daß diese Rechtsprechung in bester Absicht vorgenommen worden sei. Sie gehe aber ständig weit über das hinaus, was der Gesetzgeber gewollt habe.[216]

Arndt hielt, kaum verhüllt, der Rechtsprechung vor, sich kriminalpolitische Aufgaben anzumaßen, die zugleich dem zur Kriminalpolitik berufenen Gesetzgeber entzogen wurden. Eine solch grundsätzliche Problemstellung forderte dem Gesetzgeber die ebenso grundlegende Rückbesinnung auf seine Legitimation zur Strafgesetzgebung und deren rechtsstaatlich zu sichernde Begrenzung ab.

Diese Rückbesinnung stand im Zentrum der erwähnten vielbeachteten Bundestagsrede Arndts zum Vierten Strafrechtsänderungsgesetz. Er setzte grundsätzlich an bei der Legitimation staatlicher Gewalt durch Freiheitsgewähr:

> „Die Autorität des Staates ist nicht eine Ausgeburt der Angst und eines seiner selbst unsicheren Schutzbedürfnisses, das fälschlich als die Staatsräson ausgegeben wird, sondern die wahre Autorität eines freiheitlichen Staatswesens ist die Frucht des eigenwilligen Staatsbewußtseins seiner Bürger."[217]

---

später kehrte er in den Westen zurück und wurde vom BGH zu vier Jahren Zuchthaus wegen landesverräterischer Beziehungen und landesverräterischer Fälschung verurteilt. Das Gericht übertraf damit die von Generalbundesanwalt Max Güde als Höchststrafmaß beantragten zwei Jahre um das Doppelte. Die politische Erregung, die der Fall in der Bundesrepublik ausgelöst hatte, wirkte noch in Arndts Urteilskritik nach.

211 Vgl. Arndt an Professor Gerhard Leibholz, 18. Januar 1957, AdsD, Akten SPD-BTF 2377; die wichtigsten Passagen dieses Briefes druckte die Pariser Zeitung „Le Monde" am 23. Oktober 1983 in dem Artikel „Otto John. Agent secret idéaliste" nach; zur Kritik Arndts am John-Urteil des BGH im RA-BT vgl. Prot. RA-BT, 2. WP, 196. Sitzung (15. März 1957), und zum ‚FDJ-Urteil' des BGH, ebda.
212 BGHSt 10, 163 (insbesondere S. 172 f.). Zur Kritik Arndts an der Auslegung des Begriffs Staatsgeheimnis im John-Urteil vgl. auch Arndt an Generalbundesanwalt Max Güde, 26. Januar 1957, AdsD, Akten SPD-BTF 2377 (John und Appel).
213 S.o. Kapitel III.3.
214 S.u. Kapitel VI.1.
215 Arndt hielt deswegen engen Kontakt zu Generalbundesanwalt Max Güde (vgl. die Korrespondenz Arndts mit Güde, AdsD, Akten SPD-BTF 2377) und suchte das Gespräch mit dem politischen Strafsenat des BGH, wie aus einem Brief des Senatspräsidenten Dr. Jagusch an Arndt vom 6. November 1957 (AdsD), a. a. O., hervorgeht.
216 S. Prot. RA-BT, 2. WP, 196. Sitzung (15. März 1957), S. 13, und 199. Sitzung (20. März 1957), S. 10.
217 Prot. BT, 2. WP, 191. Sitzung (7. Februar 1957), S. 10 911 A.

Die Frage nach dem staatlichen Strafrecht war daher in erster Linie eine Frage nach seinen *rechtsstaatlichen Grenzen*[218]; denn, so folgerte Arndt,

> „man wird der freiheitlichen Grundstruktur in ihrer Substanz nur gerecht, wenn man sich der inneren Begrenztheit ganz besonders des Strafrechts als des letzten und des äußersten Machtmittels bewußt wird und sich der Unteilbarkeit von Sicherheit, Freiheitlichkeit und Gerechtigkeit der Gesetze wieder erinnert."[219]

Gerade „Grundwerte der Rechtskultur", z. B. die pflichtmäßige Bereitschaft zur Gesetzestreue oder das Staatsbewußtsein, beruhten nach Arndts Auffassung maßgeblich auf der freiwilligen, nicht erzwingbaren Leistung der Staatsbürger und könnten „keinesfalls ein Gegenstand unmittelbaren Staatsschutzes sein."[220]

Aus diesen grundsätzlichen Erwägungen heraus warnte er davor, mit den Mitteln des politischen Strafrechts das öffentliche Leben zu pönalisieren. Im Hinblick auf § 91 Abs. 1 StGB der Regierungsvorlage, der die absichtliche Untergrabung der „pflichtmäßigen Bereitschaft zum Dienst für die Landesverteidigung" unter Strafe stellen sollte[221], wies er die staatliche Forderung nach „unbedingtem Gehorsam" des Staatsbürgers zurück; denn sie mißachte die Grenze zwischen „Gesetzesbruch und Gesetzeskritik, die Grenze zwischen dem Gehorsam, den ein Staat erzwingen kann, und der geistigen Freiheit des Denkens, die zu opfern ein Mensch keinem Staate schuldet."[222]

Aus seinen Grundsätzen zu Funktion und Reichweite eines liberalen, rechtsstaatlichen Strafrechts entwickelte Arndt konkrete Anforderungen an die Strafgesetzgebung, die in besonderem Maße im Rahmen des Staatsschutzstrafrechts Geltung beanspruchten. Danach sollte die Strafbarkeit eines Verhaltens allein von solchen gesetzlich normierten Tatbestandsmerkmalen abhängen, deren Nachweis mit rechtsstaatlich zulässigen Beweismitteln erbracht werden konnte: Allein die nachweisliche Wahrheit einer begangenen Tat, nicht das bloße Unwerturteil über ein Verhalten, das dadurch zu einem kriminellen wurde, sollte die Strafbarkeit begründen.[223] Damit zielte Arndt unter anderem auf das Tatbestandsmerkmal der „gröblich entstellten Behauptungen" in dem Regierungsentwurf zu § 109 b StGB, der in der Öffentlichkeit auch „Maulkorbparagraph"[224] genannt wurde. Die richterliche Vernunft bei der Prüfung dieses Tatbestandsmerkmals hielt Arndt nicht für „unbedingt verläßlich", zumal auch Fehlentscheidungen „bona fide" vorkämen.[225]

Als zweite Bedingung der Strafgesetzgebung formulierte Arndt, daß „die Strafandrohung in der Regel einen vom Denken und Wollen des Täters unabhängigen objektiven Rechtsbruch voraussetzt."[226] Dementsprechend sollte die Strafbarkeit eines Verhaltens durch den „äußeren" Unrechtstatbestand, nicht erst durch die damit verbundene subjektive Absicht des Täters konstituiert werden. Auch diese Anforderung war bemüht, die Schwelle zum strafbaren Tun im rechtsstaatlichen Sinn möglichst klar abgrenzbar

---

218 Zum Verhältnis von Staat und Recht s. Kapitel VII.1. und VIII.1.
219 Prot. BT, 2. WP, 191. Sitzung (7. Februar 1957), S. 10 919 A.
220 Prot. BT, 2. WP, ebda.
221 Vgl. Art. 1, BT-DS 2/3407 (Zusammenstellung des Regierungsentwurfs mit Veränderungen aufgrund der Beratungen des Sicherheitsausschusses).
222 Prot. BT, 2. WP, 191. Sitzung (7. Februar 1957), S. 10 918 C.
223 Prot. BT, a. a. O., S. 10 916 B.
224 Der spätere § 109 d des Vierten Strafrechtsänderungsgesetzes vom 13. Juni 1957.
225 Prot. RA-BT, 2. WP, 195. Sitzung (14. März 1957), S. 5.
226 S. Prot. BT, 2. WP, 191. Sitzung (7. Februar 1957), S. 10 917 A.

und nicht extensiv auslegbar festzulegen. Sie war die rechtsstaatliche Antwort auf das nationalsozialistische Gesinnungsstrafrecht und zog die Konsequenz aus den offenkundigen rechtsstaatlichen Defiziten des 1. Strafrechtsänderungsgesetzes[227] von 1951.

Arndt hatte dabei die Regierungsentwürfe zu § 109 d und 91 Abs. 1 StGB im Auge, die Lügen[228] über die Bundeswehr bzw. das Einwirken auf ihre Angehörigen allein deswegen und für den Fall unter Strafe stellten, daß diese Verhaltensweise mit der (strafrechtlich mißbilligten) Absicht verbunden waren, die Bundeswehr in der Erfüllung ihrer Aufgaben zu behindern bzw. die „pflichtmäßige Bereitschaft zum Dienst für die Landesverteidigung zu untergraben."

Arndt gelang es schließlich, so sehr seine Kritiker ihm gefährlich überzogene Liberalität und Wirklichkeitsferne vorhielten[229], einige Korrekturen in der Formulierung der Straftatbestände durchzusetzen. Nach längerem Ringen im Rechtsausschuß glückte es ihm, in den beiden höchst umstrittenen §§ 109 d und 91 Abs. 1 StGB durch Konkretisierungen des äußeren, objektiven Tatbestandes[230] den objektiven Unrechtsgehalt der Taten stärker herauszuarbeiten und ihn von subjektiven, schwer nachprüfbaren Absichtsmomenten zu entlasten. In beiden Normen wurden auf Arndts Drängen[231] die Anforderungen an die subjektive Tatbestandsseite erhöht. Auch der Sabotagetatbestand des § 109 e StGB erfuhr auf Anregung Arndts eine wesentliche Änderung und Präzisierung.[232] Zudem einigten sich die Fraktionen schnell darauf, daß ein besonderer staatlicher Ehrschutz für die Bundeswehr – diesen hatte Arndt bereits 1951 bekämpft[233] – nicht in das Gesetz aufgenommen wurde.

Dem führenden Juristen der SPD-Bundestagsfraktion waren also deutliche Korrekturen der Gesetzesformulierung gelungen. Im Unterschied zum 1. Strafrechtsänderungsgesetz 1951 hielten die strafrechtlichen Neuregelungen diesmal den von ihm

227 S.o. Kapitel III.3.
228 Mit der Entpönalisierung der politischen Lüge nahm Arndt eines seiner Hauptanliegen von 1951 wieder auf, vgl. oben Kapitel III.3.
229 S. Prot. BT, 2. WP, 192. Sitzung (8. Februar 1957), S. 10 933 A (Bundesjustizminister von Merkatz), S. 10 937 D (Abgeordneter Gille, GB-BHE).
230 § 91 I StGB erhielt den objektivierenden Nachsatz („[...] und dadurch Bestrebungen dient, die gegen den Bestand der Bundesrepublik Deutschland gerichtet sind"), der auf die Formulierung des Abgeordneten Weber (CDU) zurückging (vgl. RA-BT, 2. WP., 201. Sitzung [22. März 1957], S. 35), nachdem Arndt wegen der weiten Auslegung des Absichtsmerkmals durch die Rechtsprechung die vorgeschlagene Regierungsformulierung für „ganz unmöglich und indiskutabel" gehalten hatte (RA-BT, a. a. O., S. 16).
  In § 109 d StGB ging der Einschub des objektiven Tatbestandsmerkmals („Tatsachen, deren Verbreitung geeignet ist, die Tätigkeit der Bundeswehr zu stören" – statt einer bloßen Störungsabsicht) auf eine Formulierung Arndts zurück, Prot. RA-BT, 2. WP, 196. Sitzung (15. März 1957), S. 18.
231 Zu § 109 d StGB s. Formulierungsvorschlag Arndts (Prot. RA BT, a. a. O., S. 18), dessen Verteidigung in RA-BT, 198. Sitzung (18. März 1957), S. 10, und Annahme in RA-BT, 199. Sitzung (20. März 1957), S. 3. Nicht mehr nur das Für-möglich-Halten der Unwahrheit einer Behauptung, sondern positive Kenntnis oder sicheres gegenteiliges Wissen sollten die Strafbarkeit der Störpropaganda nach § 109 d StGB begründen. Der Straftatbestand der Wehrpflichtentziehung schließlich wurde von einer subjektiven, annähernd vollständig auf die verwerfliche Absicht abstellenden Formulierung in einen detailgenauen, objektiven Tatbestand umgewandelt, vgl. dazu die Regierungs- und die Rechtsausschußfassung zu § 91 I StGB, BT-DS 2/3407; s. dazu auch Schiffers, Zwischen Bürgerfreiheit und Staatsschutz, S. 243.
232 S. die Vorschläge Arndts in Prot. RA-BT, 2. WP, 195. Sitzung (14. März 1957), S. 16, und die bereitwillige Akzeptanz durch den Regierungsvertreter, Ministerialrat Dr. Lackner (Prot. RA-BT, 198. Sitzung [18. März 1987], S. 19).
233 S. Prot. RA-BT, 2. WP, 201. Sitzung (22. März 1957), S. 51; s. auch oben Kapitel III.3.

aufgestellten Mindestanforderungen an ein liberal-rechtsstaatliches Strafrecht stand. Anders als 1951 hatte er 1957 seinen prinzipiellen rechtsstaatlichen Impetus ungehemmt von parteitaktischen und psychologischen Rücksichtnahmen entfaltet. Die KPD, nunmehr verboten und selbst unmittelbar betroffen vom politischen Strafrecht, machte dem sozialdemokratischen Juristen nicht mehr die Rolle des Verteidigers politischer Freiheit im Bundestag streitig.

Es war Arndt darum gegangen, daß der Gebrauch geistiger Freiheit zur Kritik nicht mit dem untauglichen Mittel des Strafrechts bekämpft und jede Diskussion, letztlich sogar die „militärische und strategische Fachkritik an der Bundeswehr", „abgewürgt" würde.[234] Der „kleine Mann", der nach zwei Weltkriegen und angesichts der Atombewaffnung jegliche Bewaffnung „völligen Wahnsinn" nannte und davon auch Bundeswehrsoldaten überzeugen wollte, der „dogmatische Pazifist"[235] und jene, die Rüstungsmaßnahmen angesichts eines drohenden Atomkriegs für sinnlos hielten – all jene wollte Arndt in ihrer Kritik und deren ungehinderter Verbreitung vor dem Zugriff des Strafrechts schützen; einige rechtliche Schranken hatte er errichten können.

Dies geschah nicht ohne politischen Bedacht; denn Arndt nahm damit zugleich politische Positionen in Schutz, die die SPD in ihrem Protest gegen die Atombewaffnung unterstützten. Während der Rechtsausschuß im Frühjahr 1957 über den strafrechtlichen Schutz der Bundeswehr beriet, bereitete die SPD-Fraktion die erste große Atomdebatte des Bundestags vor, mit der der Protest gegen die Atombewaffnung auf breiter Front einsetzte.[236] Arndts Einsatz für ein rechtsstaatlich limitiertes Staatsschutzrecht entsprang seiner Grundanschauung einer freiheitlichen Staatsordnung. Zugleich traf er im politischen Interesse der SPD Vorsorge gegen die Behinderung einer politischen Protestkampagne mit den Mitteln des Strafrechts.

Die Auslegung der neuen Staatsschutzvorschriften lag nunmehr bei den Gerichten, gegen deren extensive Auslegungspraxis der Rechtsausschuß nur äußere Sicherungen hatte schaffen können. Arndts Plädoyer für ein liberales und tolerantes Strafrecht machte ihn zum vielzitierten Kronzeugen[237] eines rechtsstaatlichen Mißstands und zum Wegbereiter einer Staatsschutzrechtsprechung, die etwa ab 1960 zunehmend zu einer liberaleren und restriktiveren Auslegung des politischen Strafrechts überging.[238]

Zusammenfassung: ein Schritt zur Staatspartei

Mit der Wehrgesetzgebung gelangte das bedeutendste inner- und sicherheitspolitische Gesetzgebungsvorhaben des Zweiten Deutschen Bundestags zum Abschluß. Es war – aufs Ganze gesehen – ein Gesetzeswerk, auf das die SPD aus der Opposition heraus in den parlamentarischen Fachausschüssen erheblichen Einfluß hatte nehmen können. Arndts maßgeblichen Anteil daran honorierte die SPD mit seiner Wahl in den Bundesvorstand im Jahre 1956.

---

234 Prot. RA-BT, 2. WP, 196. Sitzung (15. März 1957), S. 4.
235 Prot. RA-BT, 2. WP, a. a. O., S. 15, 18 f.
236 S. u. Kapitel V.2.
237 Lehmann, Legal und Opportun, S. 52, 61, 106, 277; Alexander von Brünneck, Politische Justiz gegen Kommunisten, S. 80, 260, 320, 349.
238 S. Schroeder, Der Schutz von Staat und Verfassung im Strafrecht, S. 216 f., der darauf hinweist, daß die publizistische Kritik an der Rechtsprechung mit einer Stellungnahme des Generalbundesanwalts Max Güde begann.

Mit den Regelungen der Rechtsstellung der Ersatzdienstleistenden und Soldaten in Art. 12 und 17 a GG sowie der Sperrnorm des Art. 143 GG gelang es Arndt in Kernbereichen der Wehrverfassung, seine Theorie des Verfassungsstaats zur praktischen Anwendung im positiven Verfassungsrecht zu bringen.

Die neue Armee der Bundesrepublik sollte – das war die entscheidende Lehre aus der deutschen Verfassungsgeschichte – nicht aufs neue ein ‚Staat im Staate' werden. Über diese Forderung bestand weitgehend Einigkeit unter den im Bundestag vertretenen Parteien. Über die Art ihrer Einlösung hingegen gingen die Auffassungen auseinander.

Arndt beschritt einen Mittelweg. Zum einen vermied er den in der Staatsrechtslehre verbreiteten „liberalen" „verfassungsrechtlichen Optimismus"[239], der die Einfügung der militärischen Staatsgewalt in ein rechtsstaatliches Verfassungsgefüge durch ihre weitgehende rechtliche Gleichsetzung mit der zivilen Exekutivgewalt erstrebte. Andererseits wies er die grundlegende Skepsis antimilitaristischer Kreise der SPD zurück, die bereits die Möglichkeit einer demokratischen Armee in Deutschland bezweifelten. Arndt begegnete der militärischen Gewalt mit ‚demokratischem Mißtrauen' und betonte ihre Andersartigkeit gegenüber der zivilen Exekutive; zugleich bekannte er sich zur Möglichkeit einer rechtlichen Bändigung des Militärischen: Je schärfer Arndt die Eigenart und Intensität militärischer Macht als politisches Phänomen in den Blick nahm[240], desto entschiedener erhob er die Forderung nach ihrer rechtsstaatlichen Umgrenzung und politischen, demokratisch-parlamentarischen Kontrolle.[241]

„Einfluß und Verantwortung" hatte Arndt für die Opposition verlangt. Unter seiner Mithilfe übernahm die SPD mit der Wehrgesetzgebung ein Stück staatlicher Mitverantwortung und tat damit einen wesentlichen Schritt auf dem Weg zur *Volkspartei*[242] und späteren *Staatspartei*.

---

239 Hornung, Staat und Armee, S. 50, 52; für den „verfassungsrechtlichen Optimismus" plädierend Dürig, Kommentierung zu Art. 65 a, Randnummer 41; kritisch dagegen Quaritsch, Führung und Organisation der Streitkräfte im demokratisch-parlamentarischen Staat, S. 219 ff.
240 S.o.
241 Die Eigenart und praktische Konsequenz dieser Betrachtungsweise stellte Arndt nochmals im Jahre 1966 anläßlich der Diskussion um die Stellvertretung des Bundesverteidigungsministers unter Beweis. Kernproblem der Auseinandersetzung war, ob unter dem Grundgesetz beamteten Staatssekretären im Bundesverteidigungsministerium die Kompetenz zur Stellvertretung des Bundesverteidigungsministers in der Ausübung der Befehls- und Kommandogewalt, Art. 65 a GG, zukam. Arndt sprach sich vehement dagegen aus (s. Arndt an Helmut Schmidt/Karl Wienand/Gerhard Jahn, 17. September 1966, AdsD, PV-Bestand Erler 139; ihm in der Argumentation folgend Helmut Schmidt im Bundestag am 21. September 1966, bestätigt von Helmut Schmidt an Arndt, 27. September 1966, AdsD, Nachlaß Arndt, Mappe 25; vgl. dazu Hornung, Staat und Armee, S. 194 ff., insbesondere, S. 205 f.; s. auch Helmut Schmidt, Militärische Befehlsgewalt und parlamentarische Kontrolle, S. 448); denn der von der allgemeinen Verwaltung wesensverschiedene, in Art. 65 a GG hervorgehobene militärische Oberbefehl könne nicht von einem parlamentarisch nicht verantwortlichen Staatssekretär ausgeübt werden. Darin zeigt sich zugleich, wie sehr sich das Argument von der Wesensverschiedenheit zugunsten der militärischen Gewalt, der Armee, auswirken konnte: Sie wurde vor einer Unterstellung unter die zivile Militärbürokratie und vor der damit verbundenen ‚Mediatisierung' gegenüber der politisch verantwortlichen Ressortspitze (Verteidigungsminister und – parlamentarischer – Staatssekretär als Stellvertreter, zugunsten dieser Lösung s. Böckenförde, Organisationsgewalt im Bereich der Regierung, S. 275 f.) bewahrt.
242 So die These Drummonds, Opposition and Rearmament, S. 4. Durch ihre Mitwirkung an der Wehrgesetzgebung förderte die SPD auch ihre Akzeptanz in gesellschaftlichen Gruppen (z. B. ehemaligen Offizieren, Berufssoldaten), die dem Militärwesen eng verbunden waren.

2. Plebiszitäres Zwischenspiel: „Kampf dem Atomtod" und Volksbefragung

Die im Frühjahr 1957 abgeschlossene Wehrgesetzgebung hatte rechtsstaatliche Strukturen der kommenden Armee vorgezeichnet. Nunmehr traten militärstrategische und technische Fragen ihrer Ausrüstung in den Vordergrund und entzündeten mit der Auseinandersetzung um die atomare Bewaffnung einen neuen innenpolitischen Konflikt.

Seit 1954 gingen die amerikanische Verteidigungspolitik und die NATO-Strategie dahin, die konventionelle Ausrüstung durch taktische Atomwaffen zu ersetzen. Auf der Tagung des NATO-Rats im Dezember 1956 forderte der Verteidigungsminister der Bundesrepublik, Franz-Josef Strauß[243], gemeinsam mit anderen Bündnisländern die Lieferung taktischer Atomwaffen[244] an die Verbündeten. Sie wurde im April 1957 von den USA noch für dasselbe Jahr zugesagt.

Die Protestbewegung gegen nukleare Aufrüstung

Die SPD, aufgeschreckt durch diese politischen Vorstöße und andere Verlautbarungen, richtete daraufhin im Bundestag eine Große Anfrage an die Bundesregierung.[245] Mit ihren Fragen zielte die Opposition auf genaue Informationen über den Stand der strategischen und rüstungspolitischen Überlegungen innerhalb der Bundesregierung, vor allem darüber, ob eine positive Entscheidung über die Ausrüstung der Bundeswehr mit atomaren Trägersystemen bereits gefallen sei. Sowohl Bundeskanzler Adenauer als auch Verteidigungsminister Strauß dementierten entschieden diese Vermutung: Die „Frage der Ausstattung der Bundeswehr mit taktischen Atomwaffen" stehe „überhaupt nicht zur Debatte"[246], sie sei „überhaupt noch nicht spruchreif; sie hat sich noch gar nicht gestellt."[247]

Die SPD formulierte im nachfolgenden Bundestagswahlkampf, der auf Arndts Vorschlag hin unter dem Motto „Sicherheit für Alle"[248] stand, eine entschiedene Absage an jegliche atomare Ausrüstung deutscher Truppen und die „Lagerung atomarer Waffen in beiden Teilen Deutschlands."[249] Die Bundestagswahl im September 1957 endete jedoch mit einer schweren Niederlage der SPD und brachte der CDU/CSU die absolute

---

243 Bundesverteidigungsminister Franz-Josef Strauß, innerhalb der Bundesregierung Vordenker und Wegbereiter einer (taktischen) Nuklearbewaffnung der europäischen NATO-Streitkräfte, forderte – ohne Absprache mit Adenauer – namens der Bundesrepublik die Lieferung amerikanischer Trägersysteme für Atomwaffen. Zu den Voraussetzungen und Gründen, aus denen der Strauß zunächst widerstrebende, an konventioneller Bewaffnung festhaltende Adenauer seine Auffassung änderte vgl. Pöttering, Adenauers Sicherheitspolitik 1955 – 1963, S. 93 ff.
244 Zu diesen Vorgängen Pöttering, a. a. O., S. 19 ff.; Dormann, Demokratische Militärpolitik, S. 211 ff. Es bedarf der Klarstellung, daß die europäischen Verbündeten nicht die „Atomwaffen" selbst, das heißt nukleare Sprengköpfe, erhalten sollten – diese blieben in amerikanischem Alleinbesitz –, sondern dafür geeignete Abschußvorrichtungen, also „atomare Trägerwaffen", s. Dormann, a. a. O., S. 211; Pöttering, a. a. O., S. 91.
245 Vgl. BT-DS 2/3347; dazu Wilker, Die Sicherheitspolitik der SPD 1956 – 1966, S. 70 f.; Soell, Erler, Bd. 1, S. 342 f.
246 Prot. BT, 2. WP, 209. Sitzung (10. Mai 1957), S. 12 135 D (Strauß).
247 Prot. BT, a. a. O., S. 12 130 D (Adenauer).
248 AdsD, Prot. des SPD-PV, 22./23. Januar 1957, Bl. 6.
249 SPD-Programm „Sicherheit für alle", S. 2, AdsD, Anlage zu den Protokollen des SPD-PV 1957.

Mehrheit.[250] Nunmehr beschleunigte sich die Entwicklung hin zur atomaren Ausrüstung der europäischen NATO-Truppen. Auf der NATO-Ratstagung im Dezember 1957 boten die USA den europäischen Verbündeten die Stationierung amerikanischer Mittelstreckenraketen und die Errichtung von Kernwaffendepots an.[251] Bundeskanzler Adenauer gab seine prinzipielle Zustimmung zu erkennen.[252] Mitte März 1958, nach der Rückkehr von seiner USA-Reise, drängte Verteidigungsminister Strauß auf eine rasche Annahme des amerikanischen Angebots durch den Bundestag – spätestens bis zum 3. April 1958[253].

Die Zeit drängte. Der Bundestag stand vor einer schwerwiegenden Entscheidung und einer der längsten und erbittertsten Debatten seiner neunjährigen Geschichte, als Arndt am 20. März 1958 als erster Redner der SPD die Anträge seiner Partei begründete.

Arndt war sich seiner besonderen Aufgabe bewußt und nannte es eine „Ehre"[254], die sozialdemokratischen Anträge zu begründen. Die Debatte wurde im Rundfunk übertragen, und der erste Sprecher der größten Oppositionspartei hinterließ in der Öffentlichkeit einen nachhaltigen Eindruck. Seine Fähigkeiten als brillanter Debattenredner wie sein Engagement in der politischen Frage der Atombewaffnung hatten ihn für diese Aufgabe prädestiniert. In einem Formulierungsvorschlag für das SPD-Wahlkampfprogramm hatte er 1957 deutlich Position gegen eine „atomare Ausrüstung der Bundeswehr im gespaltenen Deutschland"[255] bezogen. In den außen- und sicherheitspolitischen Debatten des Parteivorstands[256] trat sein Kernmotiv hervor: Die unbedingte Erhaltung und Nutzung der Chance zur deutschen Wiedervereinigung. Damit verkörperte Arndt in besonderer Weise die Stoßrichtung des von ihm vertretenen Entschließungsantrags: „Eine atomare Ausrüstung der Bundeswehr ist abzulehnen, weil sie eine politische Lösung der deutschen Frage bis zur Hoffnungslosigkeit erschwert."[257] Daraus leitete Arndt die Forderung ab, anstatt mit politisch irreversiblen Folgen atomar zu rüsten, Entspannungs- und Rüstungskontrollmaßnahmen zu ergreifen und in ernsthafte Verhandlungen über regionale Rüstungsbeschränkung einzutreten, wie sie der Plan einer atomwaffenfreien Zone in Mitteleuropa vorschlug, den der polnische Außenminister Rapacki vorgelegt hatte.[258] Arndt bekräftigte für die SPD die kategorische

---

250 Die CDU/CSU errang 50,2 % der Stimmen, die SPD nurmehr 31,8 %, allerdings mehr als ein Drittel der Bundestagsmandate.
251 Im Frieden sollten die Verbündeten nur über Trägerraketen für nukleare Gefechtsköpfe verfügen und letztere erst im Kriegsfall über den Oberkommandierenden der amerikanischen Streitkräfte und den NATO-Oberbefehlshaber zur Verfügung erhalten können, vgl. Pöttering, Adenauers Sicherheitspolitik 1955 – 1963, S. 125. Grundsätzlich blieb es damit im Laufe der folgenden nuklearen Rüstungsmaßnahmen bei der amerikanischen Schlüsselgewalt über die Atommunition, s. Rupp, Außerparlamentarische Opposition, S. 42.
252 Pöttering, Adenauers Sicherheitspolitik 1955 – 1963, S. 126.
253 Dormann, Demokratische Militärpolitik, S. 216.
254 Prot. BT, 3. WP, 18. Sitzung (20. März 1958), S. 855 B.
255 S. „Änderungsvorschläge zum Wahlprogramm der SPD 1957", zusammengestellt von Willi Eichler, 28. Mai 1957, S. 4 (Vorschlag Dr. Arndt), AdsD, Protokolle des SPD-PV 1957.
256 Vgl. AdsD, Protokoll des SPD-PV vom 24. Januar, 7. Februar, 4. März, 17. März 1958.
257 Prot. BT, 3. WP, 18. Sitzung (20. März 1958), S. 857 B, vgl. Anlage 8 zu Prot. 21. Sitzung (25. März 1958), S. 1169 A.
258 Prot. BT, 3. WP, 18. Sitzung (20. März 1958), S. 860 A, s. auch Anlage 7 zum Prot. 21. Sitzung (25. März 1958), S. 1168 C; zur positiven Aufnahme und Modifizierung des Rapacki-Planes in der SPD vgl. Wilker, Die Sicherheitspolitik der SPD 1956 – 1966, S. 40 – 43.

Ablehnung aller Maßnahmen zur Ausrüstung der Bundeswehr mit nuklearen Waffen und ihrer Stationierung im Bundesgebiet. Insbesondere drang er darauf, die Sowjetunion in der deutschen Frage nicht als „verhandlungsunfähig und verhandlungsunwürdig"[259] abzutun. Insoweit trug Arndt den bekannten sozialdemokratischen Argumentationskanon vor.[260]

Ihre eigentümliche Stärke hatte Arndts Rede dort, wo er der Bundesregierung in wirkungsvoller Aneinanderreihung von Zitaten eine Taktik der „halben Ankündigungen", der „zwielichtigen Widerrufe" und schließlich des allmählichen Hineingleitens in die „glaubenslose Vorstellung des Unmenschlichen" einer atomaren Aufrüstung vorhielt. Aus diesen Formulierungen sprachen die in der Öffentlichkeit weit verbreitete Überraschung, die Enttäuschung, ja die Erbitterung über den Bundeskanzler, der in seinen öffentlichen Äußerungen innerhalb eines halben Jahres nach der Bundestagswahl eine Wendung vom nuklearen Zauderer zum überzeugten Befürworter und Förderer einer atomaren Ausrüstung der Bundeswehr vollzogen hatte.[261]

Das Mißtrauen über die Haltung der Bundesregierung paarte sich mit emotional begründeten Ängsten und moralischen Einwänden gegen die atomaren „Massenvernichtungsmittel." Diesen Regungen gab Arndt in den dichtesten und eindringlichsten Passagen seiner Rede nachhaltigen Ausdruck. Er erinnerte daran, daß es in der Frage der Atomrüstung nicht schlicht um eine Frage der militär-technischen Organisation, sondern um ein „letztes menschliches und sittliches Bekenntnis ging." Der Entschluß zum Einsatz atomarer Massenvernichtungsmittel sei keine völker-[262] und verfassungsrechtlich legitimierbare und menschlich kontrollierbare Verteidigungshandlung, sondern ein „Entschluß zum Selbstmord, ein Entschluß zur Ausrottung wahllos jeden menschlichen Lebens, auch künftiger Generationen, samt aller Kreatur." Auch Demokratien, damit trat Arndt Adenauer entgegen, seien nicht dagegen gefeit, Kriege mit solchen Mitteln zu beginnen; denn die „Katastrophe aus menschlichem Irrtum, menschlicher Leidenschaft und technischem Versagen"[263] sei nicht auszuschließen.

Mit diesen gleichermaßen rechtlichen, politischen und ethischen, von der christlichen Glaubenslehre her bestimmten Argumenten faßte Arndt die Besorgnisse zusammen, denen seit dem Frühjahr 1957 zunehmend größere Kreise der Bevölkerung in außerparlamentarischen Aktionen Ausdruck gaben. Entscheidenden Auftrieb hatten die 1954 beginnenden Aktionen durch die im April 1957 veröffentlichte, Aufsehen erregende Erklärung 18 namhafter deutscher Atomforscher erhalten[264], die vor den unabsehbaren Wirkungen des Atombombeneinsatzes warnten und ihre Beteiligung an der Herstellung, der Erprobung und dem Einsatz von Atomwaffen ablehnten. Die

---

259 S. auch Arndt, AdsD, Prot. des SPD-PV, 17. März 1958, Bl. 3: „Brentanos Behauptung, daß man mit Pankow nicht reden könne, weil sie demokratisch nicht legitimiert seien, muß zurückgewiesen werden. Wenn das Gespräch uns weiterbringen könnte, sollte man reden"; vgl. auch Arndt, Geschichtsklitterungen, in: Sozialdemokratischer Pressedienst, 29.1.1958, wo er gegen Adenauer den „geschichtlichen Vorwurf" erhebt, dieser habe die rechtzeitige Gelegenheit zu Verhandlungen mit der Sowjetunion über freie Wahlen in Deutschland versäumt und niemals erprobt; s. auch Prot. BT, 3. WP, 18. Sitzung (20. März 1958), S. 860 C.
260 Vgl. Wilker, Die Sicherheitspolitik der SPD, S. 70 ff.
261 Pöttering, Adenauers Sicherheitspolitik 1955 – 1963, S. 176.
262 Vgl. alle Zitate Prot. BT, 3. WP, 18. Sitzung (20. März 1958), S. 859 A bis 860 C.
263 Darauf ging Gustav Heinemann, Prot. BT, 3. WP, 21. Sitzung (25. März 1958), S. 1063 A, B, näher ein; zu Heinemann s. auch unten.
264 Vgl. Rupp, Außerparlamentarische Opposition, S. 73 ff.

Arndt mit Erich Ollenhauer vor einem Plakat der SPD zur Kampagne „Kampf dem Atomtod", 27. März 1958

SPD-Auffassung deckte sich, wie Arndts Rede unterstrich, mit Kernargumenten der Wissenschaftler, die der potentiell „lebensausrottenden Wirkung" strategischer Atomwaffen eine natürliche Grenze absprachen und die Methode atomarer Friedenssicherung „auf die Dauer für unzuverlässig" und „im Falle des Versagens für tödlich" hielten. Die „Göttinger Erklärung der 18" löste eine Kette von Erklärungen, offenen Briefen und Appellen von Gruppen und Einzelpersönlichkeiten aus, die, übereinstimmend in der Forderung nach Verzicht auf eine atomare Rüstung der Bundeswehr, ganz überwiegend auch gegen eine Stationierung von Atomwaffen auf bundesdeutschem Gebiet und schließlich für eine Abschaffung und Ächtung der Massenvernichtungsmittel insgesamt eintraten. Neben dem Deutschen Gewerkschaftsbund[265] und führenden Repräsentanten der Evangelischen Kirche[266] standen viele informelle Initiativen, an denen zahlreiche bekannte Persönlichkeiten des öffentlichen Lebens – Wissenschaftler, Schriftsteller und Künstler – beteiligt waren.

Wiedervereinigungspolitisch und sozial, überwiegend aber allgemein humanitär und christlich-ethisch begründete Einwände taten diese Erklärungen dar. Im protestantisch-kirchlichen Bereich war der Bonner Theologe Helmut Gollwitzer Wortführer einer Auffassung, die mit Massenvernichtungsmitteln geführte „gerechte Kriege" von vornherein ausschloß.[267] Zu dieser Auffassung des ihm kirchlich eng verbundenen Gollwitzer bekannte sich Arndt, als er im Bundestag dem Krieg mit Massenvernichtungsmitteln schlechthin die Qualität des „debitus modus"[268], der „rechten Art der Kriegsführung", absprach.

Radikaler und zugespitzter als Arndt[269], doch mit dem gleichen christlich-humanitären Impetus, nahm Gustav Heinemann den theologischen Argumentationsgang Arndts auf. In der ersten großen Atomdebatte des Bundestags, in der Heinemann einen seiner ersten parlamentarischen Auftritte für die SPD hatte, offenbarte sich die politische Wesensverwandtheit des national geprägten bekennenden Protestanten zu Adolf Arndt.[270] Gemeinsam mit Helene Wessel[271] schlugen Arndt und Heinemann die Brücke

---

265 A. a. O., S. 83, 84; s. auch Pirker, Die blinde Macht, S. 251 ff.
266 Unter anderem die Kirchenpräsidenten Niemöller und Stempel, Präses Scharf und Probst Grüber, Rupp, a. a. O., S. 83.
267 Rupp, a. a. O., S. 92 f.
268 Arndt, Prot. BT, 3. WP, 18. Sitzung (20. März 1958), S. 860 C.
269 Heinemann, Prot. BT, 3. WP, 21. Sitzung (25. März 1958), S. 1064 A, spitzte – mit einem Zitat Professor Heinrich Vogels – das Problem der christlichen Verantwortbarkeit des Atomwaffeneinsatzes auf den Satz zu: „Lieber tot als Massenmörder." Im übrigen unterstrich und bekräftigte Heinemann andere Argumente Arndts, wie zum Beispiel vom ‚moralischen Trugschluß' eines Christen, der glaube, Atomwaffen nur zur Abschreckung zu benutzen, aber gerade um der Wirksamkeit der Abschreckung willen bereit sein müßte, diese Massenvernichtungsmittel einzusetzen (a. a. O., S. 1065 C). Arndt warf die Frage nach der politischen und christlichen Verantwortbarkeit atomaren Waffeneinsatzes auf, Heinemann löste sie eindeutig: „Nein, ich mute es niemandem zu", bekannte er, auf den möglichen amerikanischen Atomwaffeneinsatz gemünzt. Zu der Sonderstellung der Heinemann-Argumentation in der SPD vgl. Rupp, Außerparlamentarische Opposition, S. 153.
270 Arndt trug erheblich zur Integration Heinemanns in die SPD bei, wie dieser später in einem Brief an Arndt bestätigte, in dem er dankte „für die große Freundlichkeit, mit der Du mir allzeit und zumal seit unserer gemeinsamen Zugehörigkeit zur SPD begegnet bist", Heinemann an Arndt, 14. August 1964, AdsD, Nachlaß Arndt, Mappe 18; zur Charakterisierung der politischen Grundüberzeugungen Heinemanns vgl. Sommer, Gustav Heinemann und die SPD in den sechziger Jahren, S. 59 ff.
271 Helene Wessel, wie Heinemann erst 1957 zur SPD gestoßen, konfrontierte – „als katholischer Christ", wie sie betonte – das Parlament mit den Äußerungen Papst Pius' XII. gegen die Atomrüstung, Prot. BT, 3. WP, 19. Sitzung (21. März 1958), S. 971 B, C.

von der SPD zur christlichen[272] Anti-Atomwaffen- Bewegung. Sie waren die parlamentarischen Zeugen und Fürsprecher einer außerparlamentarischen Bewegung, die im Frühjahr 1958 die Breite einer „Volksbewegung"[273] annahm.

Aller parlamentarische und außerparlamentarische Argumentations- und Überzeugungsaufwand blieb jedoch politisch fruchtlos. Der Bundestag beschloß mit den Stimmen der CDU/CSU und der DP, daß die Bundeswehr mit den „modernsten Waffen" ausgerüstet werden sollte.[274] Damit war die parlamentarische Entscheidung für eine Ausrüstung der Bundeswehr mit atomaren Trägersystemen gefallen.[275]

Plebiszitärer Vorstoß: Gesetzentwurf zu einer konsultativen Volksbefragung

Doch gab die SPD sich damit nicht geschlagen. In einer neuen Phase der Auseinandersetzung strebte sie eine Revision des Bundestagsbeschlusses an und brachte eine Gesetzesinitiative ein zur Durchführung einer Volksbefragung darüber, ob und inwieweit das Volk der atomaren Ausrüstung der Bundeswehr zustimmte oder nicht. Die Fragen sollten lauten:

„1. Sind Sie damit einverstanden, daß deutsche Streitkräfte mit atomaren Sprengkörpern ausgerüstet werden?
2. Sind Sie damit einverstanden, daß in Deutschland Abschußvorrichtungen für atomare Sprengkörper angelegt werden?"[276]

Der politische Hintergrund des sozialdemokratischen Vorstoßes lag offen zutage. Die Partei hatte sich mit einer von ihr selbst bundesweit initiierten Kampagne „Kampf dem Atomtod"[277] in Form von Massenkundgebungen und Demonstrationen erfolgreich in den außerparlamentarischen Protest gegen die Atomrüstungspolitik der Bundesregierung eingeschaltet und mit Unterstützung des DGB die seit der Gründung der Bundesrepublik größte Mobilisierung von Anhängern auf der unteren Partei- und Gewerkschaftsebene erreicht.[278] Eine Meinungsumfrage im Februar 1958 hatte ergeben, daß 83 % der Befragten gegen die Errichtung von Abschußstellen für Atomraketen waren.[279] Die SPD hatte demnach gute Gründe, ein ihr günstiges Ergebnis der Volksbefragung anzunehmen.

Die Partei wandte sich mit ihrem Gesetzentwurf über eine von der parlamentarischen Vertretungskörperschaft getroffene Entscheidung hinweg unmittelbar an das Volk. Lag darin ein Versuch, die repräsentativ verfaßten Institutionen der politischen

---

272 Vgl. das entsprechende Motiv Arndts bei seinem nachdrücklichen Einsatz – gegen Widerstände im Parteivorstand – dafür, Heinemann als Kandidaten der SPD im Bundestagswahlkampf 1957 aufzustellen: „Die Evangelische Kirche sieht in der Aufnahme Heinemanns einen Test, wir sollten daher große Anstrengungen machen", AdsD, Prot. des SPD-PV vom 10./11. Mai 1957, Bl. 2.
273 So, allerdings apostrophiert, die Charakterisierung Rupps, Außerparlamentarische Opposition, S. 120, 162, 213.
274 Prot. BT, 3. WP, 21. Sitzung (25. März 1958), S. 1169, Anlage 10 (Entschließungsantrag).
275 Die folgenden Beschlüsse der NATO-Gremien leiteten die neue Bewaffnung ein, s. Pöttering, Adenauers Sicherheitspolitik 1955 – 1963, S. 178.
276 Vgl. BT-DS 3/303 und die Begründung durch Carlo Schmid, Prot. BT, 3. WP, 23. Sitzung (18. April 1958), S. 1221 D ff.
277 Siehe dazu Rupp, Außerparlamentarische Opposition, S. 127 ff.
278 Ders., a. a. O., S. 191.
279 Zum detaillierten Ergebnis s. Rupp, a. a. O., S. 284.

Entscheidungsfindung mit plebiszitären Methoden zu unterlaufen – ein Versuch, der verfassungshistorisch und verfassungspolitisch angreifbar, ja verfassungswidrig war?

Gewiß, die Sprecher der SPD unterstrichen wiederholt, das Ergebnis der Volks*befragung* solle gerade im Unterschied zu einem Volks*entscheid* oder einem Volks*begehren* keine das Parlament rechtlich bindende Wirkung haben.[280] Diese Unterscheidung hielten die Regierungsvertreter hingegen verfassungsrechtlich nicht für relevant. Für sie war ausschlaggebend, daß das Grundgesetz Volksbefragungen nicht ausdrücklich erwähnte und – das war der entscheidende verfassungsrechtliche Schluß – sie demnach ausschließen wolle.[281] Die Gesetzesinitiative der SPD bezeichneten die Regierungsvertreter als „Anschlag auf die Verfassung" und Versuch, die Bundesregierung außerparlamentarisch zu stürzen.[282] Wie in den erbitterten Auseinandersetzungen der Jahre 1952 bis 1954 war die Entscheidung über die Verteidigungspolitik zur Verfassungsfrage geworden. Erneut wurde der Vorwurf des bewußten Verfassungsbruchs erhoben, diesmal von der Regierung gegen die Opposition. Die Stunde der Verfassungsjuristen war gekommen.

Der führende Verfassungsjurist der SPD hielt sich in der ersten Phase dieser neuen Auseinandersetzung auffallend zurück. Der Gedanke eines Volksbefragungsgesetzes stammte nicht von Arndt, sondern von Carlo Schmid, der auch den Gesetzentwurf vor dem Bundestag begründete. Arndt hatte in einem Brief an Ollenhauer überdies angeregt, daß Carlo Schmid und Walter Menzel als Mitglieder des Parlamentarischen Rats berufener seien als er, die verfassungsrechtliche Debatte für die SPD zu führen.[283] In der Tat sprach Arndt erst am zweiten Tag der Parlamentsdebatte, nachdem Walter Menzel, der Organisator der Kampagne gegen den Atomtod, und Heinrich-Otto Greve mit ausführlichen verfassungsrechtlichen Begründungen den Gesetzentwurf verteidigt hatten.

Allem Anschein nach legte der sozialdemokratische ‚Kronjurist' keinen Wert darauf, sich in dieser verfassungsrechtlichen Auseinandersetzung zu exponieren.[284] Dabei hielt er von Anfang an eine Volksbefragung auf Bundesebene für verfassungsrechtlich zulässig. Im Ergebnis stimmte er also, wie er auch im Parteivorstand bekräftigte[285], der Auffassung Carlo Schmids und Walter Menzels zu.

Ein Grund für seine Zurückhaltung lag indessen in seiner abweichenden Begründung des gemeinsamen Rechtsstandpunkts. Während Schmid, Menzel und Greve die verfassungsrechtliche Zulässigkeit des Volksbefragungsgesetzes mit dem vornehmlich verfas-

---

280 Prot. BT, 3. WP, 23. Sitzung (18. April 1958), S. 1222 B (Carlo Schmid); 25. Sitzung (24. April 1958), S. 1417 B (Menzel); 26. Sitzung (25. April 1958), S. 1496 A, B (Arndt).
281 S. die Argumente Rainer Barzels (CDU), Prot. BT, 3. WP, 25. Sitzung (24. April 1958), S. 1425 D, 1426 A; unter Betonung der Entstehungsgeschichte des Grundgesetzes Bundesinnenminister Gerhard Schröder (CDU), a. a. O., S. 1430 C, D.
282 Rasner (CDU), Prot. BT, 3. WP, 23. Sitzung (18. April 1958), S. 1224 B, und Barzel, Prot. BT, 3. WP, 25. Sitzung (24. April 1958), S. 1429 B.
283 S. Arndt an Ollenhauer, 8. April 1958 (Durchschlag an Carlo Schmid, Menzel und Mommer), AdsD, PV-Bestand Ollenhauer 1.
284 In dem Brief an Ollenhauer, a. a. O., kündigte er an, daß wegen seiner Reise zum Evangelischen Kirchentag bei der Beratung des Gesetzentwurfs nicht mit ihm gerechnet werden könne.
285 AdsD, Prot. des SPD-PV, 10. April 1958. Nicht belegen läßt sich daher die Feststellung von Hans-Peter Schwarz, Die Ära Adenauer 1957–1963, S. 54, Arndt habe die Verfassungskonformität der Gesetzesvorlage bestritten.

sungspolitischen Argument einer Ausnahmesituation begründeten – Carlo Schmid sprach von einem „Ausnahmemittel" in einer Situation, in der es um „Leben und Tod der Nation" gehe[286] – suchte Arndt nach einer allgemeingültigen Rechtsgrundlage in der Kompetenzordnung des Grundgesetzes. Dabei war entscheidend die verfassungstheoretische Grundthese Arndts, mit der er sich auch öffentlich von seinem Fraktionskollegen Greve absetzte.[287] Es ging – erneut – um den *Verfassungsstaat*.[288] Nicht alles, was die Verfassung nicht verbiete, sei erlaubt – daran hielt Arndt gegen Greve fest –, sondern die Staatsgewalt setze in ihrer Ausübung voraus, „daß sie sich aus dem Grundgesetz, aus der Verfassung legitimiert."[289]

An diesem selbstgesetzten Maßstab mußte Arndt seine verfassungsrechtliche Argumentation messen lassen. Ein Blick auf die Tradition des deutschen Verfassungsstaats zeigte, daß gerade Elemente unmittelbarer Demokratie ausdrückliche Regelungen in der Verfassung erfahren hatten.[290] Der CDU-Abgeordnete Rainer Barzel ließ sich daher die Gelegenheit nicht entgehen, Arndt mit dessen eigenem strikten Verständnis des Verfassungsstaats im Streit um den Wehrbeitrag zu konfrontieren, und verlangte den Nachweis einer konkreten, grundgesetzlichen Kompetenzregelung zur Abhaltung amtlicher konsultativer Volksbefragungen.[291]

In Ermangelung einer ausdrücklichen Verfassungsbestimmung griff Arndt auf Argumente aus der angelsächsischen Verfassungspraxis zurück: Als „implied power" – in Gestalt des allgemeinen parlamentarischen Enqueterechts bzw. der Gesetzgebungskompetenz in Verteidigungsfragen inhärent –[292] sollten dem Bundestag die verfassungsrechtlichen Mittel gewährleistet sein, diese Kompetenz auszuüben. Auch ohne ausdrückliche Nennung im Grundgesetz stand danach dem Bundestag die immanente Befugnis zu, „Erhebungen" anzustellen, die „für ihn Material bei Ausübung dieser Kompetenz bringen."[293] Diese Argumentation war freilich besonders begründungsbe-

---

286 Prot. BT, 3. WP, 23. Sitzung (18. April 1958), S. 1222 D.
287 Prot. BT, 3. WP, 26. Sitzung (25. April 1958), S. 1498 A, auf die Argumentation Greves hin, a. a. O., S. 1442 A.
288 S.o. Kapitel IV.5.
289 Prot. BT, 3. WP, 26. Sitzung (25. April 1958), S. 1498 A.
290 Vgl. dazu Krause, Verfassungsrechtliche Möglichkeiten unmittelbarer Demokratie, S. 321 (Rdn. 12); dies gesteht auch Bleckmann, Die Zulässigkeit des Volksentscheids nach dem Grundgesetz, S. 222, zu, der jedoch andererseits einen „allgemeinen Verfassungsvorbehalt" für Formen unmittelbarer Demokratie deshalb ablehnt, weil dieser zu „unerwünschter Beschränkung der Staatsgewalt führe" und eine Folgerung, die Arndts striktem Verständnis des Verfassungsstaats diametral zuwiderläuft (!) und eben dadurch die verfassungspolitische Zweckmäßigkeit eines Verfassungsvorbehalts unterstreicht.
291 Prot. BT, 3. WP, 31. Sitzung (13. Juni 1958), S. 1714 C (unter Bezug auf den Schriftsatz Arndts vom 18. Oktober 1952, in: Kampf um den Wehrbeitrag, Bd. II, S. 248). Indessen mußte Barzel Arndt von seiner Vorhaltung, die SPD halte all das für verfassungskonform, was die Verfassung nicht verbiete, gerade ausnehmen (Prot. BT., a. a. O., S. 1714 B).
292 Arndt machte sich, ohne sie allerdings genau zu unterscheiden, zwei Begründungsmöglichkeiten zunutze: Die Ableitung des Enquete-Rechts als implied power aus der Institution Parlament (vgl. dazu Achterberg, Parlamentsrecht, S. 151) und aus der entsprechenden Gesetzgebungskompetenz. Ohne den Begriff implied power zu verwenden, bediente er sich aber einer klassischen Begründungsformel, wie sie sich in der amerikanischen Staatsrechtslehre entwickelt hat: Die ausdrücklich verliehene Kompetenz schließt alle zur Erreichung des mit der Einräumung angestrebten Zwecks notwendigen Mittel in sich (vgl. dazu Achterberg, Probleme der Funktionenlehre, S. 216).
293 Arndt an Ollenhauer, 8. April 1958, AdsD, PV-Bestand Ollenhauer 1; in dem gleichen Sinn Prot. BT, 3. WP, 26. Sitzung (25. April 1958), S. 1496 A, 1498 A.

dürftig, zumal Arndt selbst 1952 die Ableitung von implied powers dadurch definiert und eingegrenzt hatte, daß sie „zur Wahrung der verfassungsurkundlichen Ermächtigung unerläßlich" seien.[294] Seine Idee, konsultative Volksbefragungen aus dem parlamentarischen Enqueterecht verfassungsrechtlich zu legitimieren, war historisch keineswegs abwegig[295] und durchaus diskussionswürdig. Doch erfüllte dies allein noch nicht das enge Kriterium der ‚Unerläßlichkeit' einer implied power. Politisch gesehen mochten gute Gründe dafür sprechen, die Befragung des Wahlvolks zu einer derart existentiell neuen und bei den Bundestagswahlen so nicht vorhergesehenen Maßnahme wie der Stationierung von Atomwaffen im Bundesgebiet für unerläßlich zu halten. Der verfassungsrechtliche Nachweis der ‚Unerläßlichkeit' stand indessen aus.

Diese Unklarheit blieb bestehen. Weder setzte Arndt sich mit Barzels Vorhaltung näher auseinander, noch ging er ausführlich auf das folgende prinzipielle Gegenargument der Regierungsseite ein: Das Grundgesetz enthalte nach dem Willen des Verfassunggebers eine Grundentscheidung gegen die unmittelbare Demokratie. Art. 20 Abs. 2 Satz 2 GG verbiete folglich Volksabstimmungen über die im Grundgesetz selbst genannten Fälle hinaus.[296]

Verglichen mit dem Verfassungsstreit um die Wiederbewaffnung hatten sich die verfassungsrechtlichen Argumentationsfronten verkehrt: Die Opposition mußte die rechtliche Zulässigkeit staatlichen Handelns jenseits des ausdrücklichen Verfassungstextes nachweisen. Arndt gelang dies nicht überzeugend. Zu wenig argumentierte er anhand der Entstehungsgeschichte und Systematik des Grundgesetzes, zu ungenau blieb er in der Widerlegung der ihm vorgehaltenen Widersprüchlichkeit.

Anzeichen dieser argumentativen Verlegenheit verdrängte Arndt jedoch mit offensiv vorgetragenen demokratie- und grundrechtstheoretischen Thesen. Getragen von einem spezifisch demokratischen Grundrechtsverständnis, legte Arndt das Grundgesetz so aus, daß es konsultative Volksbefragungen nicht nur nicht verbiete, sondern bewußt ermögliche. Ausgehend vom Leitbild der Demokratie als der „bestmöglichen Verwirklichung" der „Selbstbestimmung mündiger Menschen"[297], widersprach Arndt einer Erschöpfung dieser Selbstbestimmung in turnusmäßigen Wahlen, das heißt in Formen repräsentativer Demokratie. Den Abgeordneten als lediglich repräsentierenden „Treuhändern" ordnete er das „präsente Volk als Treugeber" nicht nach, sondern gegenüber: Das Volk verschwand nicht für die Dauer einer Wahlperiode hinter der „kommissarische[n] Diktatur"[298] der Repräsentativkörperschaft, sondern blieb zur ständigen politischen Willensbildung aufgerufen, die die Willensbildung des Parlaments erst legitimierte und zugleich kontrollierte. Aus dem Prinzip ständiger Verantwortlichkeit heraus mußten die Repräsentierten die Legitimität ihrer Mehrheitsentscheidung an der Zustimmung des Volkes messen lassen und der Beeinflussung durch den sich wandeln-

---

294 Vgl. Schriftsatz vom 28. Oktober 1952, in: Kampf um den Wehrbeitrag, Bd. II, S. 297.
295 Der Vergleich mit den in der deutschen Staatspraxis anerkannten „Gesetzgebungsenqueten", die der Informationsbeschaffung für eine geplante Gesetzgebung dienten, bot sich an, vgl. dazu Steffani, Die Untersuchungsausschüsse des preußischen Landtags zur Zeit der Weimarer Republik, S. 14, mit Beispielen, S. 55, 59.
296 S. Barzel (CDU), Prot. BT, 3. WP, 25. Sitzung (24. April 1958), S. 1425 D, der die in der Staatsrechtslehre seit 1949 herrschende Auffassung vertrat; dazu auch Ebsen, Abstimmungen des Bundesvolks als Verfassungsproblem, S. 3.
297 Vgl. Prot. BT, 3. WP, 26. Sitzung (25. April 1958), S. 1496 B.
298 Prot. BT, a. a. O., S. 1794 A, B.

den Prozeß öffentlicher Meinungsbildung aussetzen.[299] Die Meinungs- und Willensbildung des Volkes sah Arndt – in Anlehnung an die Lehre Rudolf Smends – als fundamentalen Vorgang, durch den das Volk sich zum Staat *integriere*.[300] Der verfassungsnormative Ausgangspunkt dieses Vorgangs lag in den Grundrechtsgarantien. Die diesbezüglich zentrale Grundrechtsnorm der Meinungsfreiheit, Art. 5 Abs. 1 Satz 1 GG, verkörperte für Arndt eine Form „unmittelbarer Demokratie"[301], indem sie die Bildung und Äußerung der öffentlichen Meinung und damit ihren Einfluß auf die politische Willensbildung gewährleiste. Für sein – an die amerikanische Staatstheorie angelehntes – Demokratieverständnis als „government by public opinion"[302] lieferte die Interpretation der Grundrechte nicht nur als Garantie der ‚*Freiheit vom Staat*' sondern als einer die Demokratie konstituierenden Gewährleistung der ‚*Freiheit zum Staat*'[303] den unerläßlichen, halb verfassungsrechtlichen, halb grundrechtstheoretischen Unterbau. Jedenfalls widersprach Arndts *evokative*[304], auf Entfaltung der politischen Willensbildung durch Betätigung grundrechtlicher Freiheit hinzielende Grundrechtsauslegung dem Axiom von der ausschließlich repräsentativen Demokratie des Grundgesetzes.[305]

Arndt formulierte damit die theoretische Rechtfertigung einer – vorsichtigen – Öffnung der SPD gegenüber außerparlamentarischen, stimulativen Kampfmitteln, wie sie bereits in der Paulskirchenbewegung 1955 Anwendung gefunden hatten.[306] Dabei brachte sich ein plebiszitärer Traditionsstrang der SPD zur Geltung, der historisch immer im Schatten der repräsentativ-parlamentarischen Mitwirkungsbereitschaft der Partei gestanden hatte, aber programmatisch lange aufrechterhalten worden war.[307] Ursprüngliche Vorschläge zur Einführung eines Volksentscheids hatte die SPD erst im Verlauf der Beratung des Parlamentarischen Rats fallengelassen.[308] Um derartige *konstitutive*, das heißt rechtsverbindliche, Mittel unmittelbarer Demokratie ging es 1958

---

299 Vgl. HStK 1k 40/05a (2 BvG 1/58), Bd. II, Arndt, Entwurf eines Planes für die mündliche Verhandlung in Karlsruhe, 16. Juni 1958, S. 3, und Arndt an Professor Helmut Ridder, 19. Juni 1958, S. 3.
Die Darstellung der Position Arndts bezieht im folgenden neben der Bundestagsrede, a. a. O., seine Stellungnahmen im Verfassungsstreit um die Volksbefragung sowie literarische Äußerungen ein.
300 Prot. BT, 3. WP, 26. Sitzung (25. April 1958), S. 1496 D; zur Integrationslehre Rudolf Smends s.u. Kapitel VII.1.
301 Arndt, Vom Sinn der Pressefreiheit (1956), S. 66.
302 Prot. BT, 3. WP, 26. Sitzung (25. April 1958), S. 1497 C; ders., Vom Sinn der Pressefreiheit (1956), S. 67.
303 Ebda.; zur Grundrechtstheorie Arndts, s.u. Kapitel VII.1.
304 Vgl. dazu Günther, Sozialdemokratie und Demokratie, S. 191 f.; zum ‚evokativen' Grundzug in Arndts Grundrechtsverständnis s. Kapitel VII.3.
305 Dies war Arndts vordringliches Ziel: „[...] es handelt sich auch darum, der Gefahr zu begegnen, daß die Ausübung von Grundrechten nicht etwa eine Grenze an einem allgemeinen Gesetz der Repräsentation findet", Entwurf eines Plans für die mündliche Verhandlung, 16. Juni 1958, HStK 1k 40/05a (2 BvG 1/58).
306 Vgl. dazu Günther, Sozialdemokratie und Demokratie, S. 180 ff.
307 Zur verfassungspolitischen Diskussion plebiszitärer Elemente in der deutschen Linken vor 1918 vgl. Fraenkel, Die repräsentative und die plebiszitäre Komponente im demokratischen Verfassungsstaat (1958), S. 137 ff. Das Heidelberger Programm der SPD von 1925 begnügte sich mit der Forderung nach Volksbegehren und Volksabstimmung in den Gemeinden, vgl. Dowe/Klotzbach, Programmatische Dokumente der deutschen Sozialdemokratie, S. 220. Die folgenden programmatischen Bekundungen der SPD gingen auf Formen unmittelbarer Demokratie nicht ausdrücklich ein.
308 Vgl. Ebsen, Abstimmungen des Bundesvolks, S. 11 ff., unter anderem unter Bezugnahme auf Walter Menzels Entwürfe einer Westdeutschen Satzung.

nicht.[309] Zur Debatte stand nunmehr die – abgeschwächte – Form *konsultativer* Volksbefragung. Sie fand, angesichts der nach wie vor primär parlamentarischen Ausrichtung sozialdemokratischer Politik, um so bereitwilligere Annahme[310] in der Partei, als Arndt ihr nunmehr eine verfassungsrechtliche Legitimation in Anknüpfung an die Grundrechte verlieh.

Auch im Ton seiner Begründung appellierte Arndt an den traditionsreichen Widerstandswillen seiner Partei, wenn er dem Regierungsstandpunkt entgegenhielt, er sei „obrigkeitsstaatlich in der Weise, daß der Bundestag eine Obrigkeit sei und andere sich zu fügen hätten."[311] In seinem Aufbegehren gegen den „nihilistischen Legalismus" und die Idee der „kommissarischen Diktatur auf Zeit", verkörpert in einem verabsolutierten Repräsentationsgedanken, überdeckte Arndt mit verbaler Radikalität eine grundlegende Inkonsequenz, ja Zweideutigkeit seiner und der sozialdemokratischen Argumentation insgesamt.

Ausgangspunkt der sozialdemokratischen Kampagne für die Volksbefragung war deren ausschließlich *konsultativer* Charakter; denn rechtsverbindliche Volksentscheidungen schloß das Grundgesetz unbestreitbar aus. Hielt man, mit Arndts Theorie, die Willensbildung der Repräsentativorgane für ständig legitimierungsbedürftig vor der grundrechtlich abgestützten öffentlichen Meinung, so verschwamm das Postulat rechtlicher Unverbindlichkeit der Volksbefragung. Es wurde vollends hinfällig, indem Arndt forderte: „Das Ergebnis einer Volksbefragung ist moralisch bedeutsam und ist politisch bedeutsam, und es darf ein verantwortliches Parlament nicht ohne weiteres daran vorbeigehen."[312] Angenommen, das Parlament beging den ‚moralischen' Frevel und setzte sich über die in der Volksbefragung ermittelte öffentliche Meinung hinweg – schlug dies nicht nach Arndts eigener Theorie in einen Verstoß gegen das fundamentale verfassungsrechtliche Demokratieprinzip um? Führte nicht eine gesetzlich angeordnete und amtlich durchgeführte Volksbefragung zu einer Willensäußerung des souveränen Volkes, über die sich gemäß Art. 20 Abs. 2 Satz 1 GG ein Repräsentativorgan nicht hinwegsetzen durfte[313]?

Angesichts dieser Folgerungen war die Rede von der rechtlich unverbindlichen konsultativen Volksbefragung eine – vielleicht gutgläubig vertretene – Fiktion. Obwohl

---

309 Im Unterschied zur parteiinternen Diskussion über einen „Volksentscheid" zu den Pariser Verträgen, AdsD, Prot. des SPD-PV, 21. Januar 1955.
310 Vgl. Rudolf Wassermanns Erinnerung an die Ausführungen Arndts, die „heute Bestandteil der modernen Demokratie" seien (Plebiszitäre Demokratie – ja oder nein, S. 127).
311 S. Prot. BT, 3. WP, 26. Sitzung (25. April 1958), S. 1498 A.
312 Vgl. schon das Interview Arndts, abgedruckt in: Sozialdemokratische Bundestagsfraktion, Pressestelle, 29. März 1958, AdsD, Nachlaß Menzel, R 29; s. auch Prot. BT, 3. WP, 26. Sitzung (25. April 1958), S. 1497 D. Auch die Äußerungen anderer SPD-Sprecher wertete das Bundesverfassungsgericht, BVerfGE 8, S. 105 ff. (S. 117), entsprechend.
313 Zu diesem zentralen, in der Debatte des Jahres 1958 nicht oder nicht hinreichend beachteten Verfassungsargument vgl. Krause, Verfassungsrechtliche Möglichkeiten unmittelbarer Demokratie, S. 325 (Rdn. 17 f.). Krause legt Art. 20 Abs. 2 Satz 1 GG im Verhältnis zu Art. 20 Abs.2 Satz 2 GG so aus, daß jede Entscheidung eines repräsentativen Organs, die von der Willensbildung des vereinigten Volkes (z. B. in Form einer amtlichen konsultativen Volksbefragung) abweicht, der demokratischen Legitimität entbehrt und das „Volk nicht ernst nimmt"; zum rechtsmethodischen und verfassungsinterpretatorischen Problem der mangelnden verfassungsrechtlichen Unterscheidbarkeit rechtlicher und faktischer Verbindlichkeit von konsultativen Referenden s. Rommelfanger, Das konsultative Referendum (1989), S. 32, 36; ders., Das konsultative Referendum (1988), S. 69, 135 ff.

Arndt dies vehement bestritt[314], verlagerte sich in der konsultativen Volksbefragung die politische Verantwortung vom Parlament auf die quasi-rechtsverbindliche Abstimmung des Volkes.

Mochte auch Arndt im übrigen wohlbegründet der Bundesregierung Täuschung des Wahlvolks über die Bestrebungen atomarer Rüstung vorhalten[315] – der sozialdemokratische Gesetzesantrag auf Durchführung einer konsultativen Volksbefragung wurde von der Bundestagsmehrheit abgelehnt.[316]

Die Niederlage vor dem Bundesverfassungsgericht

Die verfassungsrechtliche Angriffsfläche, die die SPD-Initiative im Bundestag offenbart hatte, vergrößerte sich, als im Frühjahr 1958 die SPD-regierten Bundesländer Hamburg und Bremen Volksbefragungsgesetze zur atomaren Rüstung verabschiedeten, die der sozialdemokratischen Bundestagsinitiative inhaltlich entsprachen. Zur gleichen Zeit beschlossen einige hessische Gemeinden, entsprechende Volksbefragungen durchzuführen.[317] Damit war eine verfassungsrechtliche Lage eingetreten, die Arndt von Beginn an skeptisch beurteilt hatte: Die Ableitung der Kompetenz zu Volksbefragungen in Verteidigungsangelegenheiten aus dem parlamentarischen Enqueterecht zur entsprechenden Gesetzgebungsmaterie war mit Blick auf die Länder und Kommunen nicht leicht begründbar[318], wie Arndt im Parteivorstand zu bedenken gegeben hatte; denn die Außen- und Verteidigungspolitik war gemäß Art. 73 Nr. 1 GG ausschließliche Bundesangelegenheit. In diese offene Flanke stieß die Bundesregierung und beantragte beim Bundesverfassungsgericht die Feststellung der Nichtigkeit der Volksbefragungsgesetze und einer verfassungswidrigen Unterlassung der hessischen Landesregierung, soweit sie verabsäumte, die Gemeindebeschlüsse zur Durchführung

---

314 Prot. BT, 3. WP, 26. Sitzung (25. April 1958), S. 1497 D.
315 Vgl. Arndts Darlegungen, Prot. BT, 3. WP, 26. Sitzung (25. April 1958), S. 1490 B f., 1498 B f. Auch Theodor Eschenburg, Volksbefragung wegen atomarer Rüstung der Bundeswehr, S. 55, der die Volksbefragungsaktionen im übrigen scharf kritisierte, kam zu dem Schluß, die Regierung habe das unklare Rüstungsthema im Wahlkampf 1957 „vertuscht".
316 S. Prot. BT, 3. WP, 31. Sitzung (13. Juni 1958), S. 1747 C.
317 Eingehend dazu Rupp, Außerparlamentarische Opposition in der Ära Adenauer, S. 194 ff. (S. 197), sowie die Sachverhaltsdarlegungen in der Entscheidung des Bundesverfassungsgerichts 8, 104 (S. 105 ff.) und E 8, 122 (S. 124 ff.).
318 Im Brief an Ollenhauer vom 8. April 1958, AdsD, PV-Bestand Ollenhauer 1, erklärte Arndt, nachdem er eine Volksbefragung auf Bundesebene als verfassungskonform bezeichnet hatte: „Mein Standpunkt hat allerdings die Schattenseite, daß dadurch eine Zuständigkeit der Länder fraglich wird, weil die Verteidigungsgesetzgebung ausschließlich dem Bund zusteht. Immerhin haben die Länder über den Bundesrat an der Verteidigungsgesetzgebung des Bundes mitzuwirken. Um ihre Rechte im Bundesrat wahrzunehmen und dort eine Gesetzgebungsiniative ergreifen zu können, sollten die Länder daher befugt sein, insoweit Enqueten über Verteidigungsfragen zu veranstalten." Im SPD-Parteivorstand traten verfassungsrechtliche Bedenken der nordrhein-westfälischen SPD zutage, und Walter Menzel, einer der Hauptbefürworter der Volksbefragungsaktion in den Ländern, beklagte, er habe leider sehr viel juristische Bedenken aus den Ländern gehört, AdsD, Protokolle des SPD-PV, 10. April (Blatt 2) und 25. April 1958 (Blatt 3). Offen blieb, ob darin zugleich eine Aufweichung des sozialdemokratischen Rechtsstandpunkts aus dem Jahre 1951 lag, als die Parteiführung jedenfalls die Abhaltung eines *rechtsverbindlichen* Volksbegehrens in Verteidigungsangelegenheiten wegen mangelnder Gesetzgebungskompetenz der Länder abgelehnt hatte, vgl. Hartweg, Kurt Schumacher, die SPD und die protestantisch orientierte Opposition, S. 210, 212.

der Volksbefragungen aufzuheben.[319] Hauptargument der Antragsteller war, wie Arndt bereits zu bedenken gegeben hatte, der Einwand aus der bundesstaatlichen Ordnung des Grundgesetzes.[320]

Die verfassungsrechtliche Position der Antragsgegner war schwach. Die Volksbefragungsinitiativen in den Ländern und Gemeinden ließen sich vom politischen Gegner unschwer als Versuch diskreditieren, eine politische Niederlage im Bundestag mit verfassungswidrigen Mitteln sowie unter demagogischer Ausnutzung von Volksstimmungen zu kompensieren und dadurch politischen Druck auf die bevorstehenden Landtagswahlen in Nordrhein-Westfalen auszuüben.[321] Nicht das politisch bedeutsame Thema der nuklearen Aufrüstung in Deutschland, sondern die Debatte über die Verfassungsmäßigkeit der Volksbefragungsaktion beherrschte im Mai und Juni 1958 die öffentliche Meinungsbildung, die sich zuungunsten der SPD zu verschieben begann.[322]

Arndt, dem das politische Problem der nuklearen Rüstung ein existentiell wichtiges Anliegen war, sah sich in dieser defensiven und schwierigen prozessualen Ausgangslage zudem in seinem juristischen Ehrgeiz herausgefordert. Immerhin gab es zu den neuartigen, zur Entscheidung stehenden Rechtsproblemen keine Präzedenzfälle. So überwand er seine anfängliche Skepsis und übernahm die ihm angetragene Vertretung Hessens[323], in der mündlichen Verhandlung auch Bremens[324], vor dem Bundesverfassungsgericht.

Seine ursprünglich mehr als Erwägung denn als durchschlagendes Argument gedachte Auffassung, die Länder könnten Volksbefragungen in Bundesangelegenheiten zwecks Instruktion ihrer Bundesratsmitglieder durchführen[325], trug er nunmehr dem Bundesverfassungsgericht vor; die Verfassungskonformität kommunaler Volksbefragungen in Verteidigungsfragen leitete er aus den – nach seiner Auffassung – den Gemeinden ebenso wie ihren Bürgern zustehenden Grundrechten der Meinungs- und Petitionsfreiheit ab, die sich im Rahmen einer modern verstandenen, sachlich nicht begrenzten Gemeindefreiheit auch auf Gegenstände der nationalen Verteidigung erstrecken könnten.[326]

Angesichts der politischen Drucksituation[327] urteilte das Bundesverfassungsgericht schnell.[328] Die Niederlage der SPD-regierten Länder und Gemeinden war vollkommen.

---

319 Vgl. die Zusammenfassung in BVerfGE 8, 104 (S. 105 ff.) und E 122 (S. 124 ff.).
320 S.o.
321 Beispielhaft dafür der Beitrag „Der Schritt nach Karlsruhe", in: Deutschland-Union-Dienst, 13. Mai 1958.
322 Rupp, Außerparlamentarische Opposition in der Ära Adenauer, S. 202.
323 Vgl. den vorbereitenden Schriftwechsel, HStK 1k 40/05a (2 BvG 1/58). Neben Arndt, der die Koordination und Leitung der Vertretung Hessens inne hatte, traten als Bevollmächtigte Hessens u.a. Gustav Heinemann und die Professoren Wengler und Ridder auf. Arndt forcierte zudem seinen Einsatz, weil es angesichts der herannahenden hessischen Landtagswahlen eine verfassungsrechtliche Niederlage unbedingt zu vermeiden galt, s. Arndt an den Frankfurter Oberbürgermeister Bockelmann, 14. Juni 1958, HStK 1k 40/05a (2 BvG 1/58), Bd. II.
324 Vgl. die Information Helmut Ridders, In Sachen Opposition: Adolf Arndt und das Bundesverfassungsgericht, S. 345.
325 S.o. Arndt an Ollenhauer, 8. April 1958, AdsD, PV-Bestand Ollenhauer 1.
326 Vgl. Arndts Zusammenfassung seines Plädoyers vor dem Bundesverfassungsgericht, 11. Juli 1958, S. 25 f., HStK 1k 40/05a (2 BvG 1/58), Bd. II.
327 Angesichts der kurz bevorstehenden Termine der Volksbefragungen hatte das Bundesverfassungsgericht auf Antrag der Bundesregierung durch einstweilige Anordnungen die Befragungsaktionen ausgesetzt, vgl. dazu Laufer, Verfassungsgerichtsbarkeit, S. 438 ff.
328 Urteile vom 30. Juli 1958, BVerfGE 8, 104 und 123.

Zwar konnte Arndt, gewissermaßen auf dem geordneten Rückzug, rückblickend feststellen, daß das Bundesverfassungsgericht die Grundsatzfrage der verfassungsrechtlichen Zulässigkeit konsultativer Volksbefragungen offengelassen hatte.[329] Doch brauchte das Gericht dazu nicht Stellung zu nehmen[330], denn es leitete die Verfassungswidrigkeit aller von der Bundesregierung angegriffenen Volksbefragungsmaßnahmen bereits aus Verstößen gegen die bundesstaatliche Ordnung des Grundgesetzes ab[331]: Die Volksbefragungsgesetze der Länder verletzten, wie Arndt bereits frühzeitig in Betracht gezogen hatte, die ausschließliche Bundeskompetenz in Verteidigungsangelegenheiten; die kommunalen Volksbefragungen griffen gleichfalls, in Überschreitung des gemeindlichen örtlichen Wirkungskreises, in Bundeskompetenzen ein; das unterlassene Einschreiten des hessischen Ministers verletzte die verfassungsrechtliche Pflicht zu bundesfreundlichem Verhalten. Bedeutete also schon das Ergebnis des Verfassungsrechtsstreits eine empfindliche politische Niederlage der sozialdemokratischen Opposition[332], so schrieben auch die Urteilsgründe rechtliche Positionen fest, die Arndt in grundsätzlicher Argumentation gerade hatte auflockern und fortentwickeln wollen.

Das Gericht maß dem Kriterium rechtlicher Unverbindlichkeit einer konsultativen Volksbefragung keine entscheidungserhebliche Bedeutung bei. Vielmehr stellte es darauf ab, daß nach den vorgesehenen Formen (amtliche Befragung aufgrund Gesetzes- bzw. förmlichen Gemeinderatsbeschlusses; Parallelen zum Wahlverfahren) und Umständen die Beteiligung an Volksbefragungen gleichermaßen wie an – rechtsverbindlichen – Wahlen als Ausübung von „Staatsgewalt im status activus" zu werten sei und als solche den Bindungen staatlicher Kompetenzordnung unterliege.[333] Von diesem „staatsorganschaftlichen" Bereich, in dem allein sich die Bildung des Staatswillens vollziehe, trennte das Gericht scharf den „gesellschaftlich-politischen" Bereich. Dort – aber auch nur dort – sollte sich die vom Grundrecht der Meinungsfreiheit mitgarantierte Freiheit der Bildung öffentlicher Meinung entfalten.[334] Mit dieser Argumentation nach dem Modell einer scharfen Unterscheidung von Staat und Gesellschaft grenzte sich der Senat deutlich von Arndts Auffassung ab. Dieser begriff die öffentliche Meinung als ein Mittel, durch das die Gesellschaft unmittelbar legitimierend und korrigie-

---

329 Arndt, Karlsruhe und die Volksbefragung, in: Vorwärts, 19. September 1958; vgl. auch die Bewertung des Urteils durch Arndt und Heinemann im Parteivorstand, AdsD, Prot. SPD-PV vom 3. September 1958.
330 Es handelte sich um ein echtes Offenlassen, vgl. BVerfGE 8, 104 (S. 121 f.): „[...] nach dem bisher Dargelegten, kommt es nicht mehr darauf an, ob [...] die beiden Gesetze [...] etwa im Widerspruch stehen zur repräsentativen Ausprägung der demokratischen Ordnung im Grundgesetz [ ] " Es ist daher – im Hinblick auf Befragungen mit amtlichem Charakter – zu weit gegriffen und unzutreffend, wenn Günther, Sozialdemokratie und Demokratie, S. 187, behauptet, auch nach den Urteilen des Bundesverfassungsgerichts gelte, „daß konsultative Volksbefragungen prinzipiell nicht gegen die Verfassung" verstießen. Ebensowenig war in den Urteilen generell entschieden, daß „Volksbefragungen lediglich auf Länderbasis verfassungswidrig" seien, wie Günther, ebda., behauptet.
331 Vgl. BVerfGE 8, S. 121, 141.
332 Sie folgte kurz auf die empfindliche Wahlniederlage der SPD im nordrhein-westfälischen Landtagswahlkampf, wo die CDU am 7. Juli 1958 die absolute Mehrheit errungen hatte, vgl. Rupp, Außerparlamentarische Opposition, S. 201 f., 220.
333 BVerfGE 8, 104 (S. 115); 123 (S. 133).
334 BVerfGE 8, 104 (S. 113): „Öffentliche Meinung und politische Willensbildung des Volkes kann aber nicht identifiziert werden mit staatlicher Willensbildung, das heißt der Äußerung der Meinung oder des Willens eines Staatsorgans in amtlicher Form. Auch das Grundgesetz geht von dieser Unterscheidung aus."

rend auf die politische Willensbildung im staatsorganschaftlichen Bereich Zugriff und Einfluß nahm. Im Grundrechtsverständnis Arndts war es angelegt – wenn auch nicht ausdrücklich ausgesprochen –, daß die Meinungsfreiheit als ‚Freiheit zum Staat' und Gewährleistungsort der öffentlichen Meinung einen subjektiven, rechtlich einklagbaren Anspruch auf Teilhabe an bestimmten Formen der Bildung öffentlicher Meinung zwecks Beeinflussung und Mitgestaltung der staatlichen Willensbildung vermittelte – in letzter Konsequenz: ein ‚Recht, befragt zu werden'.

Dem schnitt das Bundesverfassungsgericht den Weg ab: Mit der „Teilhabe an der Staatsgewalt" im Rahmen einer konsultativen Volksbefragung mache der Bürger qua definitione nicht von „seinen gegen den Staat gerichteten Grundrechten Gebrauch."[335] Damit behielt das tradierte klassische Modell der Grundrechte als *liberaler* Abwehrrechte gegen den Staat die Oberhand über Arndts neuen, auf *demokratische* Aktivierung und Teilhabe der Bürger hinzielenden Begründungsversuch.[336]

Dies und die Verengung künftiger plebiszitärer Handlungsspielräume waren die Folgelasten eines Verfassungsstreits, in dem auch Arndt, bei all seiner Skepsis, angesichts der Ernsthaftigkeit des politischen Problems nuklearer Rüstung die verfassungsrechtlichen Erfolgschancen überschätzt hatte.[337] Unmittelbar nach dem Erlaß der Urteile beeilte sich Arndt zu versichern: „Die deutsche Sozialdemokratie als eine verfassungstreue und den Staat mittragende Säule respektiert den Urteilsspruch des höchsten deutschen Gerichts."[338] Das klang, bei allem „Bedauern" über den Urteilsspruch, nach einer pflichtschuldigen Loyalitätsbekundung, mit der der führende juristische Kopf der SPD den Schlußstrich unter das sozialdemokratische Zwischenspiel mit plebiszitären Aktionsformen zog.

Der politische Protest gegen die Atombewaffnung indessen, an dem – nicht zuletzt wegen der Niederlage im Verfassungsstreit – Arndt unbeirrt festhielt, verlor im weiteren Verlauf des Jahres 1958 seine Massenbasis. Die Vorbereitungen zur Ausrüstung der Bundeswehr mit Trägersystemen für Atomwaffen liefen ungehindert an. Eine der letzten Möglichkeiten zu aktivem Handeln, die der SPD blieben, war die tätige Solidarität mit denen, die aus Gewissensgründen den Kriegsdienst an atomaren Waffen verweigerten. Mit Blick auch auf die Diskussion in Kreisen der Evangelischen Kirche[339] nahm Arndt sich dieser Frage in einem Rundfunkvortrag an. Er erinnerte an die Geltung des

---

335 BVerfGE 8, 104 (S. 115).
336 Zur demokratischen Komponente der Grundrechtsinterpretation Arndts s.u. Kapitel VII.1. Möglicherweise haben diese die Grundrechte betreffenden Urteilspassagen Arndt zu der harschen Kritik veranlaßt, die Urteile des Zweiten Senats seien – im Gegensatz zu denen des Ersten Senats – „allerunterstes Niveau", AdsD, Prot. SPD-PV vom 3. September 1958.
337 In der PV-Sitzung am 10. April 1958 vor Einbringung des Gesetzentwurfs im Bundestag hatte Arndt noch zu bedenken gegeben, daß „in Karlsruhe die Atmosphäre für uns nicht sonderlich günstig" sei, „aber das müssen wir in Kauf nehmen", AdsD, Prot. SPD-PV 1958. In einem Brief an den Frankfurter Oberbürgermeister Bockelmann vom 14. Juni 1958, HStK, 1k 40/05a (2 BvG 1/58), Bd. II, bezeichnete Arndt die Aussichten des Verfahrens als „nicht gering." Er warnte allerdings zugleich vor übertriebenem Optimismus. Es bestehe zwar „eine Aussicht auf einen günstigen Ausgang des Rechtsstreits [...], leider jedoch nichts weniger als eine Sicherheit dafür."
338 Vgl. Arndt, Der Urteilsspruch von Karlsruhe, in: Sozialdemokratischer Pressedienst, 31. Juli 1958.
339 Diese Zielgruppe nannte ausdrücklich Fritz Erler, der die Problematik mit Arndt vorbesprach, vgl. Erler, Notizen für ein Gespräch mit Adolf Arndt, 14. Dezember 1958, AdsD, PV-Bestand Erler, Bd. 138, Teil I; Erlers Artikel „Unser Verhältnis zur Bundeswehr", in: Vorwärts, 31. Oktober 1958, hatte den Anstoß zu der Diskussion gegeben.

Grundrechts auf Gewissensfreiheit auch im soldatischen Befehlsverhältnis: Wer als aktiver Soldat wegen der Unzumutbarkeit ihres späteren Gebrauchs auch das Erlernen der Anwendung von Massenvernichtungsmitteln als „unsittlich, menschenunwürdig und sündhaft böse" erlebe, sei zur Verweigerung des Dienstes an atomaren Waffen aus Gewissensgründen berechtigt.[340] Ausdrücklich lehnte er es jedoch ab, die individuelle Gewissensentscheidung zur Fortsetzung des – vorerst verlorenen – politischen Kampfes einzusetzen und sie dadurch mißbräuchlicher Abnutzung auszusetzen.[341]

Gleichwohl veranschaulichte sich an der Wiederbelebung des Gewissensthemas die Interpretationsbreite grundrechtlicher Argumentation und die Anpassung ihrer Nutzanwendung an den Wandel der politischen Auseinandersetzung: Nach dem Scheitern der demokratietheoretisch erweiterten Grundrechtsinterpretation im Streit um die Volksbefragung bot der Rückzug auf die widerständige individuelle Gewissensposition Zuflucht im klassischen liberalen Abwehrrecht.

3. Erprobung des Rechtsstaats: Beginn der Diskussion um die Notstandsverfassung

Die Kampagne ‚Kampf dem Atomtod' offenbarte auf ihrem Höhepunkt im Mai 1958 ein Protestpotential, das sich mit parlamentarischen Mitteln nicht mehr gänzlich auffangen ließ. Großkundgebungen, öffentlich erwogene und teils auch durchgeführte politische Streikaktionen[342] aus Protest gegen die Außen- und Sicherheitspolitik der Bundesregierung berührten das elementare staatliche Interesse an der Erhaltung des äußeren wie inneren Friedenszustandes.

Vor diesem Hintergrund trieb das Bundesinnenministerium im Laufe des Jahres 1958 die Planung zur umfassenden rechtlichen Regelung des Staatsnotstands voran. Das Problem einer Notstandsverfassung indessen war nicht neu und gewissermaßen eine Nachlaßschuld des Zweiten Bundestages.

Ausgangspositionen

Der im Herbst 1954 ausgehandelte Deutschlandvertrag behielt in seinem Art. 5 Abs. 2 den alliierten Mächten ein Notstandsrecht in bezug auf den Schutz ihrer Streitkräfte

---

340 Vgl. den Rundfunk-Vortrag Arndts vom 7. Januar 1958, abgedruckt in: SPD-Bundestagsfraktion, Mitteilung für die Presse, 7. Januar 1959.
341 Vgl. den Entwurf Arndts für eine Stellungnahme des Parteivorstands, 22. Mai 1959, AdsD, PV-Bestand Erler, Bd. 138, Teil I (Sicherheitsausschuß beim SPD-PV): „Die sittliche Entscheidung des einzelnen, ob sein Gewissen dem Wehrdienst entgegensteht, ist kein politisches Mittel", eingegangen in die Entschließung des Sicherheitsausschusses beim Parteivorstand vom 3. Juli 1959.
342 Vgl. Rupp, Außerparlamentarische Opposition, S. 162 ff., S. 167 f. (vgl. die – bedingte – Befürwortung von Streiks durch Ollenhauer und Helmut Schmidt).

vor. Es sollte erst dann erlöschen, wenn der deutsche Gesetzgeber ausreichende Maßnahmen zum Schutz der alliierten Streitkräfte traf.[343] Diese unbestimmte, dem Mißbrauch offenstehende Regelung – Arndt sah darin die Möglichkeit angelegt, daß die Alliierten nicht parlamentarisch kontrollierte Notstandsvollmachten auf deutsche Behörden übertrugen[344] – widersprach zudem dem Bemühen um die Wiedergewinnung der Souveränität eines deutschen Staates. Eine deutsche Notstandsgesetzgebung war damit gefordert.[345] Bereits um die Jahreswende 1954/55 trat Arndt dieser Frage in öffentlichen Stellungnahmen vorsichtig näher.

In einem Rundfunkvortrag im Januar 1955 erörterte er in der Form eines staatstheoretischen Problemaufrisses „Wesen und Möglichkeiten eines Notstandsrechts für die Bundesrepublik."[346] Wesentlich war ihm, das Bewußtsein für die besondere Herausforderung eines demokratischen Rechtsstaats durch den Notstandsfall zu wecken.[347] Das den Notstand kennzeichnende unberechenbare „Abnorme", die „Explosionen" und „Machtausbrüche", gerieten in Konflikt mit dem auf der „Verteilung und Rationalisierung der Macht" beruhenden „Wesen des demokratischen Verfassungsstaats." Von dieser Einsicht aus nahm Arndt das Ausmaß der Gefährdung in den Blick, die ein strukturell andersartiges Notstandsrecht durch seine Einfügung in ein bestehendes „ausgewogenes System der gleichgewichtigen Kompetenzverteilung" auslösen konnte[348]; als schreckendes Beispiel einer mißlungenen, die Verfassung letztlich sprengenden Notstandsregelung galt ihm die Diktaturgewalt des Reichspräsidenten gemäß Art. 48 WRV.[349] Sollte daher eine rechtsstaatliche Verfassung um der Erhaltung ihrer eigenen Integrität willen auf die rechtliche Normierung des Notstandsfalls verzichten?

Eben diese Folgerung lehnte Arndt entschieden ab:

„Wo jedoch eine Notstandsverfassung fehlt, oder wo sich eine Regelung der Notstandsbefugnisse als unzureichend erweist, dort bricht sich das Fürchterlichste Bahn, was einem demokratischen Rechtsstaat widerfahren kann: das angebliche Notstandsnaturrecht, in Wahrheit das hemmungslose Unrecht." Ein mangelndes oder mangelhaftes Notstandsrecht könne „verderblicher sein als

---

343 Zum Wortlaut vgl. Art. 5 Abs. 2 des Deutschlandvertrages nach dem Prot. vom 23. Oktober 1954, BGBl 1955 II, S. 305 (abgedruckt bei Seifert, Gefahr im Verzuge, S. 86).
344 Vgl. Arndt, Demokratie – Wertsystem des Rechts, S. 53.
345 Über bestehende grundgesetzliche Vorkehrungen für Notstandslagen hinaus.
346 Vgl. Arndt, Wesen und Möglichkeiten eines Notstandsrechtes für die Bundesrepublik, Rundfunkvortrag im Südwestfunk am 24. Januar 1955 (nicht – wie Schneider, Demokratie in Gefahr?, S. 40, irrtümlich falsch datiert – am 24. Januar 1958), AdsD, Akten SPD-BTF 395 (Notstand SPD IV); auszugsweise wiedergegeben in Bundesministerium des Innern (Hrsg.), Das Gesetz für die Stunde der Not, S. 20 f. Bereits am 12. Dezember 1954 hatte Arndt an einem Rundfunkgespräch zu den „Grundzügen eines neuen deutschen Notstandsrechts" teilgenommen (Tonbandprotokoll, aber lückenhaft und ungenau, AdsD, Akten SPD-BTF 373 [Notstand]).
347 Zu den begrifflichen Varianten vgl. Oberreuter, Notstand und Demokratie, S. 9 ff. Im folgenden soll sein Definitionsvorschlag, S. 12, zugrunde gelegt werden: „Notstand wäre dann also eine existenzielle Gefährdung von Staat und/oder Verfassung, zu deren Überwindung exzeptionelle Mittel in Anspruch genommen werden müssen."
348 Zum rechtstheoretischen Problem der Herausforderung und Überforderung einer auf die Normallage zugeschnittenen Rechtsordnung durch den nicht vorhersehbaren Ausnahmefall vgl. Böckenförde, Der verdrängte Ausnahmezustand, S. 1885.
349 Arndt, Rundfunkvortrag im Südwestfunk, 24. Januar 1955, AdsD, Akten SPD-BTF 395; eindringlicher noch ders., Demokratie – Wertsystem des Rechts (1962), S. 17 ff.

das mutige Gewähren kräftiger, aber auch klarer und insbesondere genau umgrenzter Befugnisse, vor denen man sich in Weimar so geängstigt hatte."

Die Offensive gegen das „Notstandsnaturrecht" zielte konkret gegen Professor Wilhelm Grewe, der im Verfassungsstreit um die Wiederbewaffnung den inneren Einsatz militärischer Streitkräfte aufgrund eines überpositiven Staatsnotrechts erwogen hatte.[350] Am Beispiel des Staatsnotstands bewies Arndt erneut Konsequenz und Tragweite seiner These vom *Verfassungsstaat*[351]: Wie alle Handlungen staatlicher Organe, die erst durch eine rechtsstaatliche und demokratische Verfassung gebildet werden, können auch Notstandshandlungen allein verfassungsrechtlich begründete und begrenzte, abgeleitete Kompetenzen sein.[352] Die verfassungsrechtliche Kodifikationsbedürftigkeit des Notstandsfalls war im folgenden eine unverrückbare Grundannahme Arndts. Welcher Art und Intensität – ob nur auf den äußeren oder auch auf den inneren Notstand[353] bezogen – eine solche Kodifikation sein mußte, umriß er nur in Grundzügen. Doch deutete sein Plädoyer für das „mutige Gewähren kräftiger, aber auch klarer" Befugnisse zumindest die Bereitschaft zu Verhandlungen über die Erweiterung der bestehenden Notstandsbefugnisse des Grundgesetzes an.[354]

Nachdem Carlo Schmid dieses erste Signal sozialdemokratischer Verhandlungsbereitschaft inmitten des anhaltenden Konflikts über die Wiederbewaffnung durch sieben Anforderungen an eine künftige Notstandsverfassung unterstrichen hatte[355], formulierte der Sicherheitsausschuß beim Parteivorstand der SPD im Dezember 1955 den sozialdemokratischen Entwurf einer künftigen Notstandsverfassung. Arndt hatte dazu eine Vorlage entwickelt, die über die bestehenden Notstandsbefugnisse des Grundgesetzes hinausging.[356] Er schlug vor, zur Abwehr einer drohenden Gefahr für den Bestand des Bundes oder die freiheitliche demokratische Grundordnung gemäß Art. 91 GG den Einsatz von Streitkräften des Bundes auf Anforderung eines Landes zuzulassen. Bemerkenswert war sein Vorschlag, in einem neuen Art. 91 a GG die Bundesregierung zu ermächtigen, Grundrechte einzuschränken und mit Streitkräften des Bundes „Unruhen" entgegenzutreten, die sich mit „Gewalttaten gegen Leben und

---

350 S.o. Kapitel IV.5.
351 S. dazu oben Kapitel IV.3.
352 Grundlegend dazu Arndt, Demokratie – Wertsystem des Rechts (1962), S. 10; s. auch unten.
353 Vgl. die folgenden Ausführungen. Arndt unterschied inneren und äußeren Notstand nach der Ursache, das heißt nach der Herkunft des die Not auslösenden Faktors oder Ereignisses (a. a. O., S. 43). Dieser Unterscheidung soll im weiteren gefolgt werden.
354 Zu den Notstandsbefugnissen zählten die Regelung über den Gesetzgebungsnotstand (Art. 81 GG), den Bundeszwang (Art. 37 GG) und den Verwaltungsnotstand (Art. 91 GG), wobei letzterer die Konzentration der Länderpolizeikräfte und ihre Unterstellung unter den Befehl der Bundesregierung zur Abwehr drohender Gefahren für den Bestand oder die freiheitlich-demokratische Grundordnung des Bundes oder eines Landes vorsah (vgl. auch die Darlegungen Arndts, Zur Frage der Notstandsrechte, in: Vorwärts, 21. November 1958).
355 Vgl. den Rundfunkvortrag Carlo Schmids vom 30. Juni 1955, auszugsweise abgedruckt in: SPD (Hrsg.), Sozialdemokratische Stimmen zum Notstandsproblem, S. 8 f.
356 Vgl. den Bericht über die Sitzung des Sicherheitsausschusses beim Parteivorstand der SPD am 3. Dezember 1955 von Gerhard Reischl, 5. Dezember 1955 (einschließlich Entwurf B, Vorschläge A. Arndt, 1955), AdsD, Akten SPD-BTF 367; dazu auch Soell, Erler, Bd. 2, S. 1060, Anm. 551.

Freiheit der Bevölkerung" richten.[357] Wie Arndt schon zuvor im Rechtsausschuß des Bundestages angedeutet hatte[358], hegte er keine prinzipiellen Bedenken gegen den Einsatz militärischer Streitkräfte im Fall einer inneren Notlage. Ihm kam es darauf an, diesen militärischen Einsatz verfassungsrechtlich genau zu umgrenzen und den zivilen Oberbefehl zu sichern. So gelangte er zu einer Regelung, die – wenngleich als ultima ratio – einen eigenständigen Fall des *inneren Notstands* und seine militärische Bekämpfung verfassungskräftig festschrieb. Solche Bereitschaft zur Verfassungsergänzung war zwar 1955 keineswegs unumstritten in der SPD[359], doch fanden Arndts Vorschläge die Billigung der „weit überwiegenden Mehrheit" der Mitglieder des Sicherheitsausschusses und der Ländervertreter; sie dienten in den folgenden Verhandlungen um die Wehrverfassung als interne Leitlinie der SPD.

Damit hatte sich um die Jahreswende 1955/56 zunächst eine von der Verfassungswirklichkeit her pragmatisch argumentierende, auf den Einbau verfassungsrechtlicher Sicherungen bedachte Linie durchgesetzt, die Arndt staatstheoretisch vorbereitet hatte und die Erler damit legitimierte, daß bei Unruhen die Streitkräfte ohnehin niemals untätig zusehen würden, auch wenn keine entsprechende Bestimmung getroffen sei.[360] Es ging der sozialdemokratischen Opposition maßgeblich darum, wie Arndt immer wieder betonte, die Gefahr des Mißbrauchs extrakonstitutioneller Notstandsbefugnisse zu bannen. Allerdings war im Frühjahr 1956 der Verhandlungsspielraum der SPD gegenüber der Regierungsmehrheit begrenzt. Zwar verfügte die Bundesregierung nicht mehr über die verfassungsändernde Zwei-Drittel-Mehrheit der Bundestagsabgeordneten.[361] Zugleich aber fehlte der Opposition die notwendige Sperrminorität, um *jede* unerwünschte Verfassungsänderung zu verhindern. Auch dies trug dazu bei, daß die späterhin höchst umstrittene Frage des *inneren* Notstandes und des inneren Streitkräfteeinsatzes 1955/56 noch nicht zum grundsätzlichen Problem wurde.

Auf dieser Linie konzessionsbereiter, passiver Sicherung gelang Arndt im Rechtsausschuß des Bundestags ein Verhandlungserfolg mit der Einfügung der Sperrklausel des Art. 143 GG, nach der der Einsatz der Bundeswehr im Fall des inneren Notstands nur nach Maßgabe eines künftigen verfassungsändernden Gesetzes zulässig war.[362] Bemerkenswert ist jedoch – folgt man den Äußerungen Arndts im Rechtsausschuß –, daß die Opposition sich mit dem neuen Art. 143 GG zwar die Möglichkeit der politischen Sperre jeglicher Verfassungsbestimmung über den inneren Notstand offenhalten wollte, im Frühjahr 1956 aber keineswegs diese konkrete Absicht verfolgte. Im Gegenteil: Arndt lehnte es aus „politischen Gründen" ab, den Art. 143 GG allgemein so zu

---

357 Art. 91 a (Innerer Notstand) des Arndt-Entwurfs: „Die Bundesregierung kann mit Zustimmung des Bundesrats den Bundesminister des Innern ermächtigen, Unruhen, die sich durch Gewalttaten gegen Leben und Freiheit der Bevölkerung richten und zu deren Beendigung die nach Art. 91 zulässigen Maßnahmen nicht ausreichen, mit den Streitkräften des Bundes entgegentreten. Der Bundesminister des Innern kann in diesem Falle durch öffentliche Bekanntmachung die Grundrechte auf Versammlungsfreiheit (Art. 8) oder Freizügigkeit (Art. 9) [es muß heißen: Art. 11, Anm. D.G.] vorübergehend einschränken"; dazu auch Soell, ebda.
358 Prot. RA-BT, 2. WP, 7. Sitzung (19. Februar 1954), S. 43.
359 Vgl. die Position Walter Menzels, der sich 1955 gegen eine Verfassungsergänzung um Notstandsbefugnisse wandte, bei Schneider, Demokratie in Gefahr?, S. 40.
360 Vgl. den Bericht über die Sitzung des Sicherheitsausschusses am 3. Dezember 1955 von Gerhard Reischl, 5. Dezember 1955, AdsD, Akten SPD-BTF 367.
361 S.o. Kapitel V.1.
362 S.o. Kapitel V.1.

formulieren: „Der Einsatz der Truppen im Inneren ist unzulässig"; denn man habe vor, die „Möglichkeit eines Einsatzes der Truppen im Inneren zu schaffen."[363] Diese Äußerung mochte auch der taktischen Beruhigung der Regierungsseite dienen; mehr noch entsprach sie der wirklichen Einstellung der sozialdemokratischen Parteiführung im Frühjahr 1956.

Die Beratungsphase der Notstandsverfassung

Wie Arndt richtig vorhergesehen hatte, unternahm die Bundesregierung weder 1956 noch im Wahlkampfjahr 1957 einen Vorstoß zur Schaffung einer Notstandsverfassung. Die Bundestagswahl verbesserte indessen die Ausgangsposition der SPD. Sie verfügte nunmehr über ein Drittel der Bundestagssitze[364] und damit über die Sperrminorität bei Verfassungsänderungen. Im folgenden Jahr nun kam erneut Bewegung in die Diskussion um die Notstandsverfassung. Die Debatte um die innere und äußere Sicherheit der Bundesrepublik erhielt von mehreren Seiten Nahrung. Parallel zur Auseinandersetzung um die Atombewaffnung schritten die Vorbereitungen zur Errichtung eines Bundesamtes für zivilen Bevölkerungsschutz voran.[365] Nachdem Bundesinnenminister Schröder im Januar 1958 angekündigt hatte, in der laufenden Legislaturperiode den Entwurf einer Notstandsverfassung vorzulegen[366], wurde jeder diesbezügliche Hinweis aus Regierungskreisen auf seiten der Opposition kritisch geprüft. Im Frühjahr 1958 reagierte Arndt mit scharfer Ablehnung auf die „Spekulationen eines Ministerialbeamten zum Thema Notstandsverfassung."[367] Die Rede Bundesinnenminister Schröders am 20. Oktober 1958, mit der er sein Vorhaben einer Verfassungsänderung oder -ergänzung für den Notstandsfall ankündigte, erfuhr heftige öffentliche Kritik wegen ihrer obrigkeitsstaatlichen Tendenz.[368]

Trotz dieser negativen Vorzeichen erklärte die SPD nochmals die Bereitschaft und den Willen zur Erarbeitung der Notstandsverfassung gemeinsam mit der Regierung. Überbringer dieser Botschaft war Arndt, der in einem „offiziösen"[369] Artikel im ‚Vorwärts' die Kautelen einer möglichen Zusammenarbeit darlegte. Ein Jahr vor der Verabschiedung des Godesberger Programms las sich sein Verhandlungsangebot wie eine programmatische Grundsatzerklärung zum staatstragenden Verantwortungsbewußtsein der Opposition:

---

363 S. Prot. RA-BT, 2. WP, 114. Sitzung (24. Februar 1956), S. 63, und ähnlich zuvor 112. Sitzung (22. Februar 1956), S. 20.
364 Zum genauen Wahlergebnis vgl. Schindler, Datenhandbuch zur Geschichte des Deutschen Bundestags (1988),S. 54 f.
365 S. Schneider, Demokratie in Gefahr?, S. 44.
366 Bundesministerium des Innern (Hrsg.), Das Gesetz für die Stunde der Not, S. 24.
367 Zu dem Artikel von Regierungsrat Georg Flor aus dem Bundesverteidigungsministerium vgl. Schneider, Demokratie in Gefahr?, S. 45 f.: Nach Flor sollte das künftige Ausnahmerecht für den Staatsnotstand der Diktatur den Weg bereiten; dagegen Arndt, Der Bundeskanzler als kommissarischer Diktator?, in: Sozialdemokratischer Pressedienst, 11. April 1958.
368 Zum Inhalt der Rede und zur Kritik vgl. Schneider, Demokratie in Gefahr?, S. 45 ff.; Bundesministerium des Innern (Hrsg.), Das Gesetz für die Stunde der Not, S. 26 ff.
369 Arndt sagte im Bundestag in der 124. Sitzung am 28. September 1960, S. 7196 D: Er habe einen Artikel im Vorwärts veröffentlicht, „den Sie ruhig als einen offiziösen betrachten können und der es auch ist; denn er ist nach Rücksprache mit dem engeren Kreis meiner dafür zuständigen Freunde verfaßt worden."

„Alle Demokraten haben ein gemeinsames Lebensinteresse daran, den Bestand des freiheitlichen Staates zu sichern. Eine vorausschauende und verantwortliche Verfassungspolitik wird darauf Bedacht nehmen müssen, sowohl daß die Befugnisse der Verfassungsorgane sich im Notfalle nicht als unzulänglich erweisen, als auch, daß keine übermäßige Spannung zwischen dem Verfassungsrecht und der Verfassungswirklichkeit entsteht. Denn ein Widerspruch zwischen der Mächtigkeit von Verfassungstatsachen und dem geschriebenen Verfassungsrecht hat sich nach geschichtlicher Erfahrung oft zum Nachteil des Verfassungsgesetzes ausgewirkt. Die Sozialdemokratie kann sich der Aufgabe nicht verschließen, diese schwierige und weittragende Problematik immer von neuem verantwortungsbewußt zu durchdenken und zu ernsthaften Gesprächen darüber bereit zu sein [...]"[370]

Arndts Hinweis auf die Diskrepanz von Verfassungsrecht und Verfassungswirklichkeit konnte unter anderem als Ermahnung verstanden werden, die neue Verfassungstatsache Bundeswehr mit Blick auf den Notstandsfall rechtlich zu berücksichtigen und zu beschränken. Jedenfalls war es kein Zufall, daß gerade er die Gesprächsbereitschaft der SPD bekundete; hatte er sich doch in der zweiten Legislaturperiode einer Grundgesetzänderung gegenüber aufgeschlossen gezeigt.

Arndts inhaltlich offenes Gesprächsangebot bezeichnete die äußerste Grenze, bis zu der die SPD der Bundesregierung entgegenzukommen bereit war. Im folgenden Jahr begann die Partei, sich auf einen restriktiveren Kurs in der Notstandsfrage festzulegen. Hauptgrund dieser Entwicklung war das Verhalten der Regierungsseite, die auf die von Arndt genannten Bedingungen einer gemeinsamen Politik nicht einging. Das Angebot interfraktioneller Gespräche, die Arndt als Vorbedingung einer gemeinsamen Planung zur Verfassungsänderung gefordert hatte, wurde von den Mehrheitsfraktionen nicht aufgenommen. Anstatt Konsultationen mit den parlamentarischen Kräften vorauszuschicken, wie Arndt es gefordert hatte, trieb Bundesinnenminister Schröder seine ministerielle Planung einer Notstandsverfassung offenbar unbeeindruckt voran. Einen Monat nach Arndts Gesprächsangebot legte Schröder im Bundeskabinett den ersten Entwurf einer Notstandsverfassung vor, der in seiner weitgehenden Orientierung an dem Notstandsmodell des Art. 48 WRV die Befürchtungen der Opposition noch verstärkte.[371]

Angesichts dieser Entwicklung gewann innerhalb der SPD die Skepsis die Oberhand, mit der schon früher vor allem Walter Menzel vor einer Verfassungsergänzung um Notstandsartikel gewarnt hatte.[372] Der Innenausschuß beim SPD- Parteivorstand

---

370 Arndt, Zur Frage der Notstandsrechte, in: Vorwärts, 21. November 1958.
371 Schneider, Demokratie in Gefahr?, S. 48 f.; zum Inhalt des seinem Wortlaut nach nicht veröffentlichten Entwurfs vgl. BT-DS 5/1879, S. 15, der weitgehend mit dem späteren Schröder-Entwurf, BT-DS 3/1800, übereinstimmte, s. dazu unten; vgl. dazu auch Bundesministerium des Innern (Hrsg.), Das Gesetz für die Stunde der Not, S. 30 f.
372 Zu Menzels Einwänden von 1955, die er 1958 – gemeinsam mit Ollenhauer – wieder aufnahm vgl. Schneider, Demokratie in Gefahr?, S. 40 und 46. Menzel revidierte seine absolute Ablehnung zu einer Zurückweisung ergänzender innerer Notstandsbefugnisse. Diese Linie blieb während der Verhandlungen über den Schröder-Entwurf bestimmend und stellte – entgegen Schneider, a. a. O., S. 68 – 1960 noch keine Minderheitsposition in der Partei dar.
Zur Verhärtung der Position aus konkretem Mißtrauen gegenüber der amtierenden Bundesregierung vgl. Arndt, der an der Notwendigkeit einer Verfassungsänderung sowohl für den Fall des äußeren wie inneren Notstands festhielt. Zugleich sei er aber nicht bereit, „Strauß und Schröder Machtbefugnisse zu

stellte am 21. Dezember 1958 fest, daß die Exekutivbefugnisse des Art. 91 GG für den inneren Notstand ausreichten, und warnte vor einer Umgehung der Sperrwirkung des Art. 143 GG.[373] Als sich im Laufe des Herbstes 1959 abzeichnete, daß die Planungen des Bundesinnenministeriums ohne weitere Kontaktaufnahme mit der Opposition kurz vor dem parlamentsreifen Abschluß standen, verhärtete sich Arndts Position zu scharfer Kritik. Im Namen der SPD-Bundestagsfraktion äußerte er den Verdacht, daß die „Taktik" des „Herrn Schröder [...] darauf abziele, eine Zusammenarbeit mit der [...] Opposition unmöglich zu machen, um dadurch eine Wahlparole zu bekommen", und fügte beinahe drohend hinzu, der von der „Bundesregierung gegen die parlamentarische Demokratie geführte Krieg" werde „nicht unbezahlt bleiben."[374] Meinungsverschiedenheiten unter den führenden Rechtsexperten der SPD schien allerdings die Rede des Vizepräsidenten des Bundesverfassungsgerichts, Rudolf Katz, zu verraten, der auch Arbeitskämpfe größeren Ausmaßes als möglichen Fall eines verfassungsrechtlich zu regelnden inneren Notstands deklarierte.[375] Diese in Regierungskreisen gern aufgenommene Stellungnahme drohte das Verhältnis der SPD zu den Gewerkschaften zu belasten, deren kritische Aufmerksamkeit sich am Jahresende immer intensiver auf den angekündigten Regierungsentwurf einer Notstandsverfassung zu richten begann.[376] Aus einer Besprechung im Bundesinnenministerium[377] kannte Arndt die Grundzüge des Gesetzentwurfs, der seinen eigenen Vorstellungen einer Notstandsverfassung grundlegend zuwiderzulaufen versprach.

In dieser nach einer Klärung des sozialdemokratischen Standpunkts verlangenden Situation bezog Arndt nunmehr Stellung und plädierte für restriktive Verhandlungsbereitschaft gegenüber der Regierungsseite: Er hielt die Frage des inneren Notstands „nicht für aktuell"[378] und bekräftigte seine Übereinstimmung mit Walter Menzel in einer gemeinsamen Presseverlautbarung.[379] Damit waren die Weichen für die interfraktionellen Verhandlungen gestellt, zu denen sich der Rechtsausschußvorsitzende Matthias Hoogen (CDU), ein Jahr nach Arndts Angebot, Anfang Dezember 1959 im Namen der CDU/CSU-Fraktion schließlich bereiterklärt hatte.[380] In diese Verhandlungen entsandte die SPD-Bundestagsfraktion Arndt und Menzel mit der Richtlinie:

---

geben, da sie davon auf jeden Fall verfassungswidrigen Gebrauch machen würden." Zum taktischen Vorgehen schlug er vor, die SPD könne „nicht einfach Nein sagen. Sie müsse ein Notstandsrecht vorschlagen, das so undemokratisch angelegt sei, daß Schröder und Strauß daran gar kein Interesse hätten", s. Kurzprotokoll über die Sitzung des Sicherheitsausschusses beim Parteivorstand mit den Mitgliedern des Arbeitskreises „Sicherheitsfragen" der BTF, 5. März 1959, Militärarchiv Freiburg, N 597 (Nachlaß F. Beermann), V 44.

373 Dazu Schneider, a. a. O., S. 47; Soell, Erler, Bd. 2, S. 1061.
374 Arndt, in: Mitteilungen der SPD-Fraktion vom 23. Oktober 1959 (Betr.: Notstandsgesetzgebung).
375 Schneider, Demokratie in Gefahr?, S. 52.
376 Ders., a. a. O., S. 53.
377 Arndt, Menzel und Friedrich Schäfer hatten eine Unterredung mit Ministerialdirektor Dr. Schäfer vom Bundesinnenministerium, vgl. den Bericht Menzels, AdsD, Prot. SPD-PV vom 4./5. Dezember 1959, und Ergebnisprotokoll der fraktionsinternen Besprechung über das Thema Notstandsrecht am 9. Dezember 1959, AdsD, Akten SPD-BTF, 404 (AK 7, Notstand).
378 AdsD, Prot. SPD-PV vom 4./5. Dezember 1959.
379 Pressemitteilung der SPD-Bundestagsfraktion vom 11. Dezember 1959 (Betr.: Notstandsrecht), in: SPD (Hrsg.), Sozialdemokratische Stimmen zum Notstandsproblem, S. 25.
380 Vgl. die Mitteilung Arndts an Ollenhauer, 3. Dezember 1959, AdsD, Akten SPD-BTF 373; Antwort Arndts an Hoogen, 8. Dezember 1959, AdsD, Anlage zum Protokoll der Fraktionsvorstandssitzung vom 8. Dezember 1959, Akten SPD-BTF 1019.

Art. 143 GG dürfe nicht geändert werden; die Regelungen des Grundgesetzes für den inneren Notstand reichten aus.[381]

Am 18. Januar 1960 übergab Bundesinnenminister Schröder seinen „Entwurf eines Gesetzes zur Ergänzung des Grundgesetzes"[382] der Öffentlichkeit. Dessen „rechtlicher Kern" – wie es die Begründung des Entwurfs nannte – und hervorstechendes Merkmal war die „vorübergehende Konzentration der Staatsmacht und der entsprechenden Verantwortung in der Hand oberster Exekutivorgane zur schnellen und entschlossenen Abwehr der Gefahr."[383] Zu diesem Zweck wurde die Bundesregierung ermächtigt, im Ausnahmezustand gesetzesvertretende Verordnungen mit der Möglichkeit weitreichender Eingriffe in Grundrechte zu erlassen. Einem Regierungsbeauftragten sollte das einheitliche Kommando über sämtliche Polizeikräfte und über gegebenenfalls benötigte Streitkräfte übertragen werden. Der Bundestag, sofern nicht durch „unüberwindliche Hindernisse" abgehalten, sollte lediglich den Ausnahmezustand beschließen und beenden sowie die getroffenen Maßnahmen aufheben können. Zu diesen Parlamentsbeschlüssen sollte eine einfache Mehrheit ausreichen. Eine generelle zeitliche Begrenzung des Ausnahmezustands fehlte ebenso wie eine Gewährleistung der Kontrollfunktion des Bundesverfassungsgerichts. Ohne zwischen innerem und äußerem Notstand zu unterscheiden, ließ der Entwurf den Einsatz von Streitkräften auch im Inneren zu.

Dieser Gesetzentwurf stand in den folgenden Jahren wie eine Mauer zwischen Regierung und Opposition. Allzu kraß widersprach er dem, was Arndt im Parteivorstand mit Zustimmung der anderen Vorstandsmitglieder als ‚Dezentralisierung und Parlamentarisierung' der Notstandsbefugnisse gefordert hatte.[384] Unmittelbar nach der Veröffentlichung des Regierungsentwurfs lehnte ihn das SPD-Präsidium als nicht akzeptabel ab. Arndt stimmte in das einhellige Urteil der sozialdemokratischen Kommentatoren ein mit der apodiktischen Feststellung, der Schröder-Entwurf sei „überhaupt keine Basis" für eine Diskussion.[385] Er bekräftigte zwar die Verhandlungsbereitschaft über eine Regelung des äußeren Notstands. Ebenso entschieden lehnte er hingegen eine Verfassungsergänzung für den inneren Notstand ab. Eine Meinungsverschiedenheit mit Richard Jaeger (CSU) über die Auslegung des Art. 143 GG zeigte die Verhärtung der Fronten.[386] Als Jaeger Arndt an die Beratung der Wehrverfassung im Jahre 1956 und an die damalige „Absicht" der SPD erinnerte, den Bundeswehreinsatz im Innern „doch einmal grundgesetzlich zu regeln", replizierte Arndt scharf: Der Art. 143 GG bedeute

---

381 S. Schneider, Demokratie in Gefahr?, S. 53.
382 Vgl. BT-DS 3/1800.
383 Vgl. Begründung zu BT-DS 3/1800, S. 4 (bei Art. 115 a Abs. 4 GG).
384 Vgl. AdsD, Prot. SPD-PV vom 4./5. Dezember 1954 (Blatt 4).
385 Gespräch Arndts mit Richard Jaeger und Thomas Dehler im Hessischen Rundfunk im Januar 1960, Text nach Mitteilungen der Fraktion der SPD im Bundestag – Pressestelle – vom 25. Januar 1960, S. 9, AdsD, Nachlaß Arndt, Mappe 44; Rundfunkdiskussion im Westdeutschen Rundfunk vom 13. März 1960, auszugsweise abgedruckt in: SPD (Hrsg.), Sozialdemokratische Stimmen, S. 47 ff. (S. 48); zu den SPD- Kommentaren insgesamt Schneider, Demokratie in Gefahr?, S. 58.
386 Arndt setzte sich von den Diskussionsvorschlägen des Jahres 1955 ab, zum Beispiel in einem Brief an Gerhard Reischl, der Arndt angeboten hatte, ihm alte Unterlagen über jene Diskussion zur Verfügung zu stellen: „Nach unseren eigenen Erwägungen kommen Maßnahmen gegen einen inneren Notstand nicht in Betracht, sondern allein Maßnahmen für den Fall eines äußeren Notstands", Arndt an Reischl, 13. Januar 1960, AdsD, Akten SPD-BTF 2373 (Notstand); ähnlich Arndt in einem Brief an Paul Sethe vom 1. Februar 1960, a. a. O.

gerade den „Ausschluß der Bundeswehr aus der innerstaatlichen Auseinandersetzung" und „gar nicht das Versprechen, eines Tages nun die Bundeswehr dazu zu benutzen oder zu mißbrauchen, [...], daß wir hier im Westen aufeinander schießen."[387] Damit vollendete sich ein Interpretationswandel der Verfassungsnorm. Aus der primär rechtlichen Sperrklausel war ein politisches Bollwerk geworden, hinter dem Arndt und die SPD sich mit ihrer Ablehnung des Bundeswehreinsatzes im inneren Notstandsfall verschanzten.

Wie kam es zu dieser Meinungsänderung Arndts? Äußeren Anlaß dazu, das belegen die Äußerungen Arndts zu diesem Thema in jener Zeit, bot die politische Vorgehensweise des Bundesinnenministers. Seine mangelnde Kooperationsbereitschaft und sein Gesetzentwurf, in dem sich die Züge einer machtstaatlichen Notstandsdiktatur ankündigten, waren objektiv geeignet, Bedenken und äußerste Zurückhaltung hinsichtlich der Kodifikation eines inneren Notstandsrechts und des Bundeswehreinsatzes als des stärksten staatlichen Machtfaktors zu wecken. Zudem war – anders als 1956 – dieser Machtfaktor 1960 in Gestalt einer im Aufbau befindlichen großen Wehrpflichtigenarmee[388] präsent. Auch mag die strategische Überlegung eine Rolle gespielt haben – mit der Sperrminorität gegen eine Grundgesetzänderung im Rücken –, Bundesinnenminister Schröder mittels einer klar abgegrenzten Verhandlungsforderung zum Einlenken oder zur Aufgabe seines gesamten Vorhabens zu zwingen. Angesichts der im Regierungsentwurf vorgesehenen Einschränkbarkeit des Koalitionsrechts durch Notverordnungen der Exekutive ging Arndt zunehmend auch auf die gewerkschaftlichen Einwände gegen die Regelung des inneren Notstands ein.[389] Hinzu kam ein Bedenken, das Arndts nationalem Bewußtsein entsprach, allerdings – soweit ersichtlich – in der sonstigen sozialdemokratischen Diskussion keine Rolle spielte: Angesichts der ungelösten Berlinkrise im Herbst 1959 und sich andeutender diplomatischer Rückzugsbewegungen der USA aus den Verhandlungen über das Deutschlandproblem[390] sah Arndt, in einem Brief an den Herausgeber der Frankfurter Allgemeinen Zeitung, Bruno Dechamps, es als fraglich an,

> „ob es eine Misere ist, daß eine Notstandsgesetzgebung keine Aussicht auf eine qualifizierte Mehrheit hat. Denn die Notstandsvorbehalte der drei früheren Besatzungsmächte bedeuten nicht nur ein Recht, sondern eine Verpflichtung. Es ist sehr zu bedenken, ob eine eigene Notstandsgesetzgebung im freien Teil des deutschen Staates die Entwicklung auf zwei Staaten hin verschärft und die gesamtdeutsche Verantwortung der früheren Alliierten empfindlich mindert."[391]

Dies war eine bemerkenswerte Umkehrung der Argumentation, wenn man bedenkt, wie Arndt noch 1955 die Verletzung der nationalen Gleichberechtigung durch die

---

387 Gespräch im Hessischen Rundfunk am 25. Januar 1960, AdsD, Nachlaß Arndt, Mappe 44; Arndt, Demokratie – Wertsystem des Rechts (1962), S. 32.
388 Zu diesem Zeitpunkt hielt die SPD ohnehin aus nationalpolitischen und militärstrategischen Gründen an ihrer Ablehnung der allgemeinen Wehrpflicht fest, s. Wilker, Sicherheitspolitik der SPD 1956–1966, S. 111.
389 Arndt, Demokratie – Wertsystem des Rechts (1962), S. 49–51.
390 S.u. Kapitel V.4.
391 Arndt an Bruno Dechamps, 5. November 1959, AdsD, Akten SPD-BTF 2373; angedeutet auch im Rundfunkgespräch vom 25. Januar 1960 im Hessischen Rundfunk, AdsD, Nachlaß Arndt, Mappe 44.

alliierten Notstandsvorbehalte gerügt hatte! Es war eine der Situationen, in denen die politische, insbesondere nationalpolitische Zielsetzung bei Arndt verfassungsrechtliche Skrupel verdrängte.

Den Ausschlag für Arndts Meinungswandel scheint schließlich seine grundlegend veränderte Einschätzung der Realität staatlicher Selbstverteidigung gegeben zu haben. In seinem großen, zu Beginn des Jahres 1962 erscheinenden Beitrag zum Problem der Notstandsgesetze faßte Arndt seine Überlegungen zusammen: Die Notwendigkeit einer „blindlings" auf Vorrat gegebenen „Blankovollmacht" für den inneren Notstand sei nicht nachgewiesen, zumal innenpolitische – im Unterschied zu außenpolitischen – Krisenlagen sich nicht überfallartig von heute auf morgen entwickelten. Wie sehr die stabile innere Lage der Bundesrepublik zu Beginn der Sechziger Jahre dieser Einschätzung zugrunde lag, zeigte sein Vergleich mit der Weimarer Republik. Während seinerzeit die gesellschaftlich mächtigsten Kräfte Feinde der Demokratie gewesen seien und verfassungsfeindliche Parteien mit paramilitärischen Verbänden bürgerkriegsähnliche Wirren ausgelöst hätten, stelle sich die Bundesrepublik, so verglich Arndt, als ein Gemeinwesen dar, in dem die antitotalitäre Wertordnung des Grundgesetzes eingewurzelt sei und niemand außer Bundeswehr und Polizei über Waffen verfüge.[392] Arndt zeichnete das bedrohliche Bild eines mit rechtlichen und technischen Überwachungsmitteln hochgerüsteten Staates. Nicht den von inneren Feinden bedrohten Staat, sondern den mit überlegener Technik von Verfassungsschutzämtern „belauschten Bürger"[393] empfand Arndt als den eigentlichen Bedrohten der Zeit. Angesichts dieser staatlichen „technisch- geistigen Machtmittel, um jeden Ansatz zur verfassungsgegnerischen Gruppenbildung aufzudecken, niederzuhalten und zu zerstören", sah er den inneren Einsatz der Bundeswehr als „entbehrlich" und „ungeeignet" an, zumal die Bundeswehr nicht zur polizeilichen Abschreckung, sondern zur militärischen Vernichtung beauftragt sei und überdies Gefahr laufe, in den Parteienstreit hineingezogen zu werden. Insgesamt empfand Arndt nach den Erfahrungen der ersten Hälfte des 20. Jahrhunderts die Gefahr eines Staatsstreichs, einer Unterdrückung der Freiheit und ‚Aufsaugung' der Gesellschaft durch Mißbrauch der Staatsmacht, weitaus bedrohlicher als die Möglichkeit einer Revolution ‚von unten'. Ein altes sozialdemokratisches Trauma rührte Arndt damit an: die nationalsozialistische Machtergreifung ‚von oben' unter Ausnutzung der – wie Arndt immer wieder betonte: scheinbaren – Legalität. Schon den Staatsschutzgesetzentwürfen von 1947 und 1950[394] hatte Arndt aus dieser Erwägung eine Stoßrichtung ‚gegen oben' gegeben.

Bei allem war Arndt nicht zum absoluten und unbedingten Gegner jeglichen inneren Bundeswehreinsatzes und jeder Verfassungsergänzung für den Fall des inneren Notstands geworden, wie sich in parteiinternen Diskussionen erwies.[395] Ausschlaggebend

---

392 Arndt, Demokratie – Wertsystem des Rechts (1962), S. 44 f. (S. 45).
393 Eingehend zu dem neuen, mit dem Anwachsen aufsichtspolizeilicher Institutionen und Befugnisse entstandenen „Problem des belauschten Bürgers" Arndt, Der Rechtsstaat und sein polizeilicher Verfassungsschutz (1962), S. 158 ff.; ders., Demokratie – Wertsystem des Rechts (1962), S. 46; ders., Begriff und Wesen der öffentlichen Meinung (1962), S. 403.
394 S.o. Kapitel II.4.; Kapitel III.3.
395 So war Arndt durchaus bereit, innere Unruhen, sofern sie „von außen her, also durch irgendwelche Veranstaltungen eines Staates, erzeugt werden" (vgl. ders., Demokratie – Wertsystem des Rechts [1962]. S.44), als Anwendungsfall des verfassungsrechtlich regelungsbedürftigen „Spannungsfalls" anzuerkennen. Den Einsatz der Bundeswehr gegen putschende Einheiten hielt er auch vor Art. 143 GG für

war für ihn eine „Abwägung"³⁹⁶, die – die gegebene Verfassungslage voraussetzend – dazu führte, das Risiko einer unkontrollierbaren inneren Notstandsdiktatur höher zu bewerten als die Notwendigkeit, neue Machtmittel für die Bekämpfung des inneren Feindes zu schaffen. Die Argumentationslast für die Erforderlichkeit neuer Befugnisse lag demnach beim Machtaspiranten Staat.

Der Notstandsfall als Probe auf den Rechtsstaat

Ohne formelle Festlegung durch einen Parteitagsbeschluß³⁹⁷ und bei innerparteilichen Differenzen sowie taktischen Schwankungen im einzelnen galt der Verzicht auf die verfassungsrechtliche Regelung des inneren Notstands³⁹⁸ und den inneren Einsatz der Bundeswehr bis in die vierte Legislaturperiode hinein als Verhandlungsleitlinie der SPD gegenüber der Bundesregierung. Angesichts dieser restriktiven Verhandlungsposition war eine interfraktionelle Einigung auf der Basis des Schröder-Entwurfs wenig aussichtsreich. Sehr wahrscheinlich scheiterten daher – wie Arndt vermutete³⁹⁹ – die im Frühjahr anlaufenden Gespräche Arndts und Menzels mit Hoogen⁴⁰⁰ aufgrund von Meinungsverschiedenheiten innerhalb der Regierungsfraktion und am Widerstand des Bundesinnenministers, dessen betont exekutivfreundliche Notstandskonzeption den SPD-Vorstellungen kraß zuwiderlief.

Unbeirrt setzte Arndt dagegen weiterhin auf die Notwendigkeit einer politischen Einigung aller parlamentarischen Kräfte über die künftige Notstandsverfassung. Vor

---

zulässig (a. a. O., S. 47). In einer parteiinternen Diskussion Ende 1962 plädierte er dafür, einen inneren Bundeswehreinsatz dann zu ermöglichen, wenn der Anstoß von außen komme (vgl. Arndt und Schäfer, Prot. der Sitzung der SPD-BTF mit Vertretern der SPD-Länderregierungen und der SPD-Landtagsfraktionen am 22. November 1962, S. 13, Akten SPD-BTF 356 [Notstand]).
396 Arndt, Demokratie – Wertsystem des Rechts (1962), S. 55 f.
397 Sowohl die Beschlüsse des Hannoveraner Parteitags 1960 als auch des Kölner Parteitags 1962 (abgedruckt in: SPD (Hrsg.), Sozialdemokratische Stimmen zum Notstandsproblem, S. 88, und im SPD-Jahrbuch 1962/63, S. 460) forderten zwar eine Trennung von äußerem und innerem Notstand und Sicherungen gegen Mißbrauch, schlossen aber eine Grundgesetzänderung für den Fall des inneren Notstands nicht aus. Darauf wies auch Helmut Schmidt in einer parteiinternen Diskussion hin, vgl. Schneider, Demokratie in Gefahr?, S. 86.
398 In der 4. Wahlperiode, im Jahre 1962, begannen Verhandlungen einer SPD-Delegation, bestehend aus Adolf Arndt, Friedrich Schäfer und Hermann Schmitt-Vockenhausen, mit dem neuen Bundesinnenminister Höcherl. Im Zuge dieser Verhandlungen rückte die SPD-Führung – gegen den Widerspruch des Delegationsmitglieds Arndt, der nach wie vor eine Regelung über den inneren Notstand als überflüssig ansah – von der grundsätzlichen Ablehnung einer solchen Regelung ab (Klotzbach, Staatspartei, S. 549; zu Debatte und Beschluß s. Prot. SPD-Präsidium vom 26. März 1962). Allerdings sollte Höcherl den Erforderlichkeitsnachweis einer Verfassungsergänzung über den inneren Notstand führen. Auf dieser Linie beteiligte sich auch Arndt weiterhin an den Verhandlungen (vgl. den Bericht Schäfers vom 4. April 1962 über die Verhandlungen vom 28. März 1962, AdsD, Akten SPD-BTF 356 [Notstand]) und begrüßte die Zugeständnisse Höcherls (s. Schneider, Demokratie in Gefahr?, S. 89). Nachdem Höcherl die Erforderlichkeit der von ihm vorgelegten Verfassungsergänzung für den inneren Notstand (s. BT-DS 4/891, S. 14 ff.) nicht nachgewiesen hatte, lehnte die SPD seinen Entwurf insoweit als Diskussionsgrundlage ab (vgl. zu den Verhandlungen Schäfer, Die Notstandsgesetze, S. 137 f.).
399 Arndt, Demokratie – Wertsystem des Rechts (1962), S. 62.
400 Dazu Schneider, Demokratie in Gefahr?, S. 58 ff., der auf die möglichen Einigungspunkte eingeht; Arndt hatte in einem Brief an den Bundesgrenzschutzverband, 5. September 1961, AdsD, Akten SPD-BTF 2373, „keinen Zweifel", daß die interfraktionellen Gespräche ohne Eingreifen Schröders positiv ausgegangen wären.

dem Bundestag stellte er dieses Vorhaben in die Reihe der großen rechtspolitischen Gesetzeswerke des Bundestags, bei denen politische Einigkeit in interfraktionellen Gesprächen erzielt worden war: das Bundesverfassungsgerichtsgesetz, das politische Strafrecht von 1951 und die Wehrverfassung von 1956.[401] Dies war geeignet, dem Verdacht entgegenzuwirken, die SPD betreibe nur ein weiteres Mal die obstruktive Politik des Neinsagens.[402] In der Debatte hielt er dem berühmt-berüchtigten Diktum Bundesinnenminister Schröders, der Notstand sei die „Stunde der Exekutive"[403], entgegen:

> „Die Ausnahmesituation [...] ist die Stunde der Gemeinsamkeit aller demokratischen Kräfte und ihrer Repräsentation durch das Parlament."[404]

Als die erstrebte Einigung im Dritten Bundestag nicht zustande kam, faßte Arndt in Auseinandersetzung mit dem Schröder-Entwurf seine staatstheoretischen und verfassungspolitischen Überlegungen zu einer künftigen Notstandsverfassung zusammen.

Der Notstandsfall als *Probe auf den Rechtsstaat* – dies war die Essenz aus Arndts Gedankengang. In der Herausforderung der Ausnahmesituation traten die Konturen seines Rechts- und Staatsverständnisses um so klarer hervor. Entschieden wandte er sich gegen den – nach seiner Auffassung – unhistorischen „Begriff von der einheitlichen und universalen Staatsgewalt", die in ihrer „Allmacht [...] gleichsam durch das Raubtiergitter der Verfassung gezähmt" werde. Da nach dieser Vorstellung das Verfassungswerk nur für „normale Zeiten" gelte, werde im Notstandsfall das Gitter geöffnet, damit die ungebändigte Staatsmacht „ungehemmt" Ordnung schaffe. Dieser Aufspaltung in einen rechtlichen Normalzustand und einen machtstaatlichen Ausnahmezustand setzte Arndt das Bekenntnis zur universalen Rechtsstaatlichkeit entgegen:

> „Vom Prinzip der Rechtsstaatlichkeit her ist nicht der Staat wie ein auffindbarer und vom Recht nur noch zu formender Stoff vorgegeben, sondern wächst Staat aus dem Recht, durch das Recht und gemeinsam mit dem Recht und kann es Staat weder jenseits des Rechts, noch kann es mehr Staat als Recht geben."[405]

Das war, in geradezu klassischer Formulierung, das Prinzip einer *rechtsstaatlichen* Verfassung.[406] Bezogen auf staatliche Notstandsbefugnisse, lag darin die unbedingte Absage an jegliches überpositive Staatsnotrecht[407] und die gleichermaßen unbedingte Verpflichtung des Verfassungsstaats, um der Erhaltung seiner eigenen Grundlage willen die Unverbrüchlichkeit des Rechts auch im Ausnahmezustand sicherzustellen. Arndt faßte diesen Zusammenhang so: „Eine Verteidigung, die selber das preisgibt und vernichtet, was sie retten soll, ist keine Verteidigung, sondern sinnloser Selbstmord."

---

401 Prot. BT, 3. WP, 124. Sitzung (28. September 1960),S. 7196 A.
402 Schneider, Demokratie in Gefahr?, S. 79.
403 Prot. BT, 3. WP, 124. Sitzung (28. September 1960), S. 7177 C: „Die Ausnahmesituation ist die Stunde der Exekutive, weil in diesem Augenblick gehandelt werden muß [...]."
404 Prot. BT, 3. WP, a. a. O., S. 7198 B.
405 Arndt, Demokratie – Wertsystem des Rechts (1962), S. 10.
406 S. zur Argumentationsfigur des *Verfassungsstaats* schon oben Kapitel IV.5./V.1.; s. auch Böckenförde Der verdrängte Ausnahmezustand, S. 1884, der im übrigen aufgrund einer von Arndt abgelehnter Prämisse, dem Modell einer der Verfassung vorausliegenden staatlichen Handlungsmacht, zu derselber begrenzenden Funktion der Verfassung gelangt.
407 Zu dieser rechtsstaatlichen Argumentation gegen das Staatsnotrecht aus dem Begriff des Verfassungs staats s. allgemein Oberreuter, Notstand und Demokratie, S. 114 ff.

Hinsichtlich einer Notbefugnis im Rechtsstaat folgte für ihn daraus, daß sie die Rechtlichkeit des Staates nicht zu „beurlauben, sondern im Gegenteil, sie auf vorübergehend vereinfachte und verstärkte Weise zur Geltung zu bringen" habe. Insbesondere war damit der entscheidende normative Bezugspunkt jeder Notstandsbefugnis gewonnen: Um eine „Möglichkeit und ein Mittel des Rechts" zu bleiben, mußte sie von dem Ziel her bestimmt sein, „final und intentional den unabdingbaren Rechtswerten zu dienen."[408]

Diesen Maßstab unentrinnbarer Dialektik[409] von Mitteln und Zielen rechtsstaatlichen Denkens legte Arndt auch in seinem Urteil über die Handhabung von Notstandsbefugnissen in früherer Zeit an. In unmißverständlicher Mahnung an die eigene Partei setzte er sich kritisch mit dem Verständnis von Recht und Notstand bei zwei führenden sozialdemokratischen Politikern der Weimarer Republik auseinander, und zwar bei dem Reichswehrminister Gustav Noske und dem Reichspräsidenten Friedrich Ebert. In Noskes Wort: „Da gelten Paragraphen nichts, sondern da gilt lediglich der Erfolg, und der war auf meiner Seite"[410] und dem Ebert zugeschriebenen Satz „Wenn der Tag kommt, an dem die Frage auftaucht: Deutschland oder die Verfassung, dann werden wir Deutschland nicht wegen der Verfassung untergehen lassen"[411] fand Arndt die verhängnisvolle Aufspaltung von Recht und Verfassung einerseits und einem anders als rechtlich bestimmten „Erfolg", einem summum bonum, auch „Deutschland" genannt, andererseits. Die Unterordnung der in der Verfassung verkörperten Rechtswerte als Ziel unter ein darüberliegendes bonum commune hatte – wie im Fall Noske – die Erosion und schließlich die Aufgabe auch der rechtlichen Mittel nach sich gezogen. Eben deshalb war es Arndts Anliegen, die rechtliche Werthaftigkeit der Verfassung als zentralen Bestimmungspunkt einer geistigen, durch das Recht kulturell bestimmten Daseinsform festzuhalten. Eberts „falsche[r] Alternative ‚Deutschland oder die Verfassung'" setzte er sein Bekenntnis zu Deutschland als einer von ihrer Rechtskultur unabdingbar mitbestimmten „geistig-leiblichen Wirklichkeit"[412] entgegen.

Neben dem Rechtsstaat stellte der Ausnahmefall auch den demokratischen Bestand des Verfassungsstaats auf eine Bewährungsprobe. Die Bewahrung auch des demokratischen Strukturprinzips im Notstand hieß für Arndt die Beibehaltung der parlamentarischen Verantwortlichkeit, und zwar vereinfacht ausgeübt durch einen Notstandsausschuß.[413] In der interfraktionellen Zusammensetzung dieses Ausschusses sollte sich ein

---

408 Arndt, Demokratie – Wertsystem des Rechts (1962), S. 16.
409 Arndt, a. a. O., S. 15: „Wahr ist, daß die Mittel der Politik als eine Lebensweise des Menschen, seiner Selbstbehauptung, und die Ziele der Politik einander unauflöslich wechselseitig bedingen."
410 Arndt, Der Rechtsstaat und sein polizeilicher Verfassungsschutz (1961), S. 162, 170 (Anm. 5). Noske versuchte mit diesen Worten vor der Weimarer Nationalversammlung seinen Schießbefehl vom 9. März 1919 zu rechtfertigen, der unter rechtswidrigem Bruch u.a. mit den Grundsätzen militärischen Einsatzes (s. dazu Huber, Deutsche Verfassungsgeschichte, Bd. V, S. 1104) die sofortige Erschießung jeder Person anordnete, die „mit Waffen in der Hand gegen Regierungstruppen kämpfend" angetroffen wurde. Zu den Vorgängen im einzelnen und zum Verhalten Noskes kritisch: Wette, Gustav Noske. Eine politische Biographie, S. 421, 423. Auch bekannte, der SPD nahestehende Juristen der Weimarer Republik wie Otto Sinzheimer verurteilten Noskes Vorgehen, a. a. O., S. 718, während er auf dem rechten Flügel der MSPD durchaus Anerkennung erhielt, a. a. O., S. 708 f.
411 Arndt, Der Rechtsstaat und sein polizeilicher Verfassungsschutz (1962), S. 170 (Anm. 5); ders., Demokratie – Wertsystem des Rechts (1962), S. 14.
412 Arndt, Demokratie – Wertsystem des Rechts (1962), S. 15.
413 Ders., a. a. O., S. 41 f, 60.

demokratischer Konsens von Regierung und Opposition ebenso niederschlagen wie bei dem Parlamentsbeschluß über die Feststellung des Notstands, für den Arndt eine verfassungsändernde Mehrheit forderte.[414]

Wie sollte also die rechtsstaatliche und demokratische Ausgestaltung der Notstandsverfassung nach Arndts Leitbild konkret aussehen? Dazu hatte der sozialdemokratische Jurist seiner Fraktion einen „privaten Diskussionsentwurf" in der Form eines verfassungsergänzenden Gesetzes für den „Zustand der äußeren Gefahr" vorgelegt.[415] Darin waren Notstandsmaßnahmen beschränkt auf den drohenden Verteidigungsfall bzw. auf die „ernstlich[e] und unmittelbare Gefährdung" der freiheitlich-demokratischen Grundordnung von außen, während der Fall des inneren Notstands, Arndts Überzeugung entsprechend, ausgeklammert blieb. Das Parlament, auch in Gestalt des bereits erwähnten parlamentarischen Notstandsausschusses[416], war gewissermaßen ‚Herr des Ausnahmezustands', d. h. zu seiner Ausrufung[417] und zum Erlaß von „Notgesetzen" im Wege eines vereinfachten Verfahrens ermächtigt; währenddessen wurde der Bundesexekutive nur eine eng begrenzte Befugnis zur Delegation exekutiver Aufgaben an die Streitkräfte eingeräumt. Die Geltungsdauer der Notgesetze war – durch parlamentarischen Beschluß verlängerbar – zeitlich begrenzt.[418] Verglichen mit dem sogenannten Schröder-Entwurf war damit die Gewichtung von Legislative und Exekutive umgekehrt[419] und einer „Perpetuierung des Ausnahmezustands"[420] entgegengewirkt. Schließlich sah Arndt eine Vorschrift zur Gewährleistung der Funktion des Bundesverfassungsgerichts vor – eine Aufgabe, die er für die sozialdemokratische Opposition als einen „Punkt ersten Ranges" bezeichnete.[421]

Insgesamt zeichnete sich Arndts Entwurf durch ein Höchstmaß an rechtlicher sowie inhaltlicher Präzisierung und Restriktion der Notstandsvoraussetzungen und durch das Bestreben aus, in den Notstandsbefugnissen – wenngleich bei gewisser ‚Vereinfachung' – die rechtliche Strukturgleichheit des verfassungsrechtlichen Normalzustands und des Ausnahmezustands zu erhalten.

Darin wird man einen „verdrängten Ausnahmezustand" diagnostizieren mit einer Auffassung, die die in besonderen Verfassungsnormen ausgesprochene „Anerkennung des Ausnahmezustands", d. h. seiner sachlichen und folglich rechtlichen Andersartigkeit im Vergleich zur Normallage, zur wesentlichen Bedingung erhebt, um das Recht

---

414 Arndt, a. a. O., S. 38 – 40.
415 „Privater Diskussions-Entwurf Arndt", o.D., mit handschriftlichem Vermerk: „z.d.A. Notstand/4. Wahlperiode", AdsD, Akten SPD-BTF 356.
416 Diskussions-Entwurf, a. a. O., Art. 115 b: Der Ausschuß sollte je zehn Mitglieder des Bundestags und der zehn Länderregierungen (außer Berlin) umfassen. Den Gedanken eines Gemeinsamen Ausschusses aus Bundestag und Bundesrat – allerdings mit anderer Zusammensetzung und anderen Kompetenzen – enthielten auch die Entwürfe zur Ergänzung des Grundgesetzes in der 4. WP, BT-DS 4/891 (Höcherl-Entwurf) und 4/3494 (Rechtsausschuß-Entwurf). Auf den ursprünglichen Gedanken des niedersächsischen Ministerpräsidenten Kopf (SPD), vgl. Schneider, Demokratie in Gefahr?, S. 59, nahm Arndt Bezug; ders., Demokratie – Wertsystem des Rechts (1962), S. 41.
417 Auf Antrag der Bundesregierung, vgl. Diskussions- Entwurf, Art. 115 a Abs. 1.
418 Diskussions-Entwurf, Art. 115 c Abs. 4 und 115 g, 115 i Abs. 1.
419 Zwar ging Arndt davon aus, daß Regierungsmitglieder mit Bundestagsmandaten in den Notstandsausschuß entsandt würden, hielt diesen aber zugleich als Vorkehrung für erforderlich, falls bei einem Angriff das gesamte Kabinett ausgelöscht würde, ders., Demokratie – Wertsystem des Rechts (1962), S. 41 f.
420 Arndt, a. a. O., S. 53.
421 Arndt, a. a. O., S. 54.

der Normallage in seiner spezifischen, rechtsstaatlichen Intensität und Struktur um so wirksamer bewahren zu können.[422] Man wird auch mit der von Arndt 1955 selbst geäußerten Auffassung einwenden, daß dort, wo eine Notstandsverfassung sich dem „mutige[n] Gewähren kräftiger" Notstandsbefugnisse versagt, sich das für einen Rechtsstaat „Fürchterlichste", das „angebliche Notstandsnaturrecht", Bahn bricht.[423] Ein Kernproblem des Arndtschen Entwurfs lag nämlich in der Ausklammerung der Bundeswehr als „untauglich" aus der inneren Notstandslage; denn würde dieser stärkste innerstaatliche Machtfaktor nicht zur extrakonstitutionellen Rechtfertigung seines Eingreifens in innere Unruhen greifen? Und schließlich: Ging Arndt nicht allzu selbstverständlich von der stabilen ‚Normallage' der Bundesrepublik zu Beginn der Sechziger Jahre aus, während doch eine Notstandsverfassung eine langfristige, nicht aus aktuellem Anlaß zu formulierende bzw. zu revidierende Regelung anstrebte?

Man wird Arndt indessen nicht vorhalten können, für diese Problematik blind gewesen zu sein. Er erlag nicht dem „närrische[n] Mißverständnis, in einem Rechtsstaat könne tatsächlich nicht geschehen, was sich von Rechts wegen nicht ereignen dürfe."[424] Die Entscheidung für den demokratisch-freiheitlichen Rechtsstaat – und erst recht seine unbedingte Beibehaltung im Notstandsfall – nahm für Arndt bewußt ein „beträchtliches Wagnis" und „scheinbar einen beunruhigenden Verlust an Sicherheit" hin. Die Rechtfertigung dieses Risikos schöpfte er letztlich aus seiner Überzeugung,

„[...] daß ein solcher Rechtsstaat trotzdem stärker ist als die Macht willkürlicher Herrschaft und in der Gefahr mehr leisten kann."[425]

Arndt hatte verfassungstheoretische und -rechtliche Wegmarken gesetzt, an denen die SPD ihre weitere Linie zum Problem des staatsrechtlichen Notstands orientieren konnte. Für ihn bedeuteten auch in dieser Hinsicht der Umzug nach Berlin und der Antritt des Amts als Berliner Kultursenator im Frühjahr 1963 eine Zäsur. Danach nahm er nicht mehr gestaltend Einfluß auf die sozialdemokratische Notstandsdiskussion, sondern wirkte daran nur vereinzelt, im Arbeitskreis Recht der Bundestagsfraktion beratend mit, bis sie schließlich im Jahre 1968, mit der Verabschiedung der Notstandsverfassung, zum Abschluß kam. Als Regierungspartei trug die SPD nunmehr Mitverantwortung an der Notstandsverfassung und ging damit den Weg zu Ende, den Arndt ihr gewiesen hatte.

4. „Provisorium" statt „neuer Staatslegende": Arndt und die Deutsche Frage

Sozialdemokratische Nachkriegspolitik bedeutete für Arndt Politik im Dienste der nationalen Einheit Deutschlands. Die Erhaltung des Bewußtseins nationaler Zusam-

---
422 Böckenförde, Der verdrängte Ausnahmezustand, S. 1881.
423 S.o.
424 Arndt, Demokratie – Wertsystem des Rechts (1962), S. 34.
425 Arndt, Der Rechtsstaat und sein polizeilicher Verfassungsschutz (1962), S. 161.

mengehörigkeit und die politische Wiedervereinigung des Vaterlandes waren ständiger Maßstab und wesentliches Leitmotiv seiner gesamten politisch-parlamentarischen Tätigkeit.

Dabei hatten sich mit der Zeit jedoch die Fronten der Auseinandersetzung verschoben. Im Dienst des hessischen Staates, unter amerikanischer Besatzungsherrschaft, hatte Arndt in Übereinstimmung mit allen deutschen demokratischen Politikern seinen nationalpolitischen Anspruch an die Besatzungsmächte gerichtet. Kurz nach Gründung der Bundesrepublik jedoch zerbrach diese Übereinkunft. Ein tiefwurzelnder Streit über die Rangeinstufung des Ziels der deutschen Wiedervereinigung und die Mittel zu seiner Realisierung entzweite Regierung und Opposition. In der Politik der Bundesrepublik bezog die SPD ein Jahrzehnt lang die Position der nationalen Opposition. Arndt war einer ihrer entschiedensten Wortführer.

Die rechtliche und politische Sondersituation des besetzten und geteilten Deutschland spielte in Zusammenhänge hinein, die herkömmlich den Bereichen der Sicherheits- und Außenpolitik bzw. Rechtspolitik zuzurechnen waren. Unter dem Blickwinkel des nationalen Interesses beteiligte sich Arndt an bündnis- und integrationspolitischen Überlegungen, reflektierte über das Problem des deutschen Bruderkriegs als Gewissensgrund zur Kriegsdienstverweigerung und setzte sich entschieden gegen nukleare Rüstung auf deutschem Territorium ein. Arndts einzige politische Rede im Ausland, gehalten im Jahre 1953 auf dem Höhepunkt der Auseinandersetzung um die Wiederbewaffnung vor der Royal Academy of International Affairs in London, warb eindringlich für einen seiner Leitgedanken: die Wiedervereinigung Deutschlands nicht als ‚innere", sondern internationale Aufgabe und notwendigen Schritt zur Erhaltung des Weltfriedens zu begreifen.[426] Unermüdlich hielt er der Regierung Adenauer vor, Chancen der Wiedervereinigung dadurch versäumt zu haben, daß sie aus einer Politik der Stärke heraus auf sowjetische Vorschläge zur Wiedervereinigung nicht ernsthaft eingegangen sei.[427]

Dieses weitgreifende, immer gegenwärtige nationale Engagement Arndts trägt zur Erklärung bei, warum er die Abstempelung als ‚Kronjurist und juristischer Experte' unwillig und ironisch mit dem plakativen Vereinfachungsbedürfnis der Presse abtat. So war ein besonderes persönliches Anliegen Arndts die prekäre Lage des gespaltenen Berlin, seiner Heimatstadt. Vor dem Bundestag vertrat er Initiativen der SPD, die die symbolische Stellung der Reichshauptstadt als Gerichts- und Behördensitz wachhalten und stärken wollten.[428] In einem Plädoyer für „Berlin als Wahlort des Staatsoberhauptes" verschmolz Arndt seine Sorge um die Stadt und deren politische Symbolfunktion in Worten von historischem Pathos:

---

426 S. Arndt, Germany and World Peace (1953), S. 154.
427 Vgl. u.a. Arndt, Warum weicht die CDU in der Deutschlandfrage aus, in: Sozialdemokratischer Pressedienst, 7. Januar 1958; ders., in: Prot. BT, 2. WP, 118. Sitzung (31. Januar 1957), S. 10 739 C, D; ders.; Für eine Politik der Vernunft, in: Vorwärts, 13. September 1957, S. 4; ders., Geschichtsklitterungen, in: Sozialdemokratischer Pressedienst, 29. Januar 1958; ders., Außenpolitik im Wandel der Zeit, S 16 f.
428 S. Prot. BT, 1. WP., 81. Sitzung (28. Juli 1950), S. 3064 A ff. (Berlin als Sitz des Bundesgerichtshofs), 164. Sitzung (26. September 1951), S. 6656 B ff. (Berlin als Sitz des Bundesverwaltungsgerichts); 135. Sitzung (18. April 1951), S. 5265 C, D (Berlin als Sitz des Bundesverfassungsgerichts).

„Ein Staat ohne Sinnbilder wäre wie ein Wohnbau, den nichts wohnlich macht. Nicht Gesetze können Symbole schaffen, sondern die Geschichte läßt sie wachsen. Strahlungskraft als Symbol erwirbt nur ein Zeichen, das sich für das Volk mit eigenen Erlebnissen verbindet, so daß jedermann dieses Zeichen als sein eigenes Sinnbild und als einen Ausdruck seiner selbst empfindet. Auch Hauptstädte sind Sinnbilder [...] Die mit der Reichsgründung errungene Einheit des deutschen Volkes fand stets in Berlin ihren Mittelpunkt. Weit über diese Tradition hinaus ist seit 1945 Berlin der Ort geworden, an den sich die tiefe Sehnsucht jedes Deutschen nach Freiheit und Einheit knüpft. Kein Wort könnte beschreiben, wie tief sich der Name Berlins in die Leidensgeschichte, aber auch in die Ruhmesblätter des deutschen Volkes nicht nur für uns, sondern auch für die ganze Welt eingezeichnet hat."[429]

Arndt genoß besonderes Vertrauen in der Berliner Sozialdemokratie. Dort schlug man vor, ihn mit der heiklen Mission zu beauftragen, ein Anwaltsbüro für politische Gefangene der Sowjetischen Besatzungszone zu eröffnen.[430] Nach dem Tod des Berliner Bürgermeisters Otto Suhr 1957 erklärte sich Arndt auf den Vorschlag des Berliner Landesvorsitzenden Franz Neumann[431] hin und mit Unterstützung aus Kreisen der Berliner Parteispitze[432] grundsätzlich zur Kandidatur um die Nachfolge Suhrs bereit.[433] Allerdings hatte Arndt, der neben Fritz Erler[434], Carlo Schmid und vor allem stellvertretenden Berliner Landesvorsitzenden Willy Brandt als Bürgermeisterkandidat im Gespräch war, die „einmütige Unterstützung" des Berliner Landesverbandes

---

[429] Arndt, Berlin als Wahlort des Staatsoberhaupts, in: Der Tagesspiegel, 15. Juni 1954, S. 1 f.
[430] Arno Scholz, Das Barometer Berlin, in: Telegraf, 6. Mai 1956, hatte vorgeschlagen: „Die Sozialdemokraten sollten den besten Anwalt aus ihren Reihen – das wäre m.E. Dr. Adolf Arndt – nach Berlin schicken. Er sollte als Anwalt für alle politischen Gefangenen auftreten, gleichgültig welcher Partei oder Richtung sie angehören." Arndt hielt im Parteivorstand ein ständiges Büro für nicht realisierbar und plädierte für einen ständigen technischen Kontakt zum Berliner Generalstaatsanwalt, riet allerdings – wegen der politischen Bindungswirkung für die SPD – von seiner eigenen Mitwirkung ab, vgl. AdsD, Prot. SPD-PV (Sitzung gemeinsam mit dem Fraktionsvorstand) vom 11. Mai 1956 (Blatt 1 – 3).
[431] Hintergrund für Neumanns Suche nach einem Bürgermeisterkandidaten außerhalb Berlins war die Spaltung des Berliner Landesverbandes in einen linken Flügel, den der der politischen Linie Kurt Schumachers nahestehende Franz Neumann anführte, und einen rechten, sog. ‚Reuter-Flügel', für den Willy Brandt stand, vgl. Ashkenasi, Reformpartei, S. 143 ff.
[432] Arndt schrieb an Carlo Schmid, 17. Oktober 1957, AdsD, Nachlaß Carlo Schmid 1214 (Bundestagskorrespondenz): Es sei von „Genossen im Berliner Senat, im Berliner Fraktionsvorstand, im Berliner Parteivorstand - nicht von Franz Neumann! -" das Ansinnen an ihn gestellt worden, „doch ‚schlechthin' zu kandidieren", das heißt nicht nur „als ‚Notausgang' für eine Einigung zu dienen."
[433] Arndt an Franz Neumann, 19. September 1957 (Durchschlag an Ollenhauer, Mellies, Schmid), AdsD, Nachlaß Carlo Schmid, 1214: „[...] von Freunden aus Berlin wurde ich unterrichtet, daß dort voraussichtlich die Absicht besteht, zur Vermeidung innerparteilicher Zwistigkeiten sich auf einen auswärtigen Kandidaten zu einigen. Deshalb habe ich meinerseits zu erkennen gegeben, daß ich unter diesen besonderen Voraussetzungen nicht ablehnen würde, falls man sich in Berlin auf einen solchen Kandidaten zu diesem Zweck einigen würde. Dasselbe habe ich Dir gesagt, als Du mich am Montag, den 16. September, das erste Mal anriefst. Ich erklärte Dir hierbei, daß für mich selbstverständlich eine Kampfkandidatur nicht in Frage kommen würde, zumal ich es nicht für möglich hielte, mit einer gespaltenen Partei und Fraktion zusammenzuarbeiten."
[434] Soell, Erler, Bd. 1, S. 292, zufolge war Neumann zunächst an Fritz Erler herangetreten. Im Bundesvorstand der SPD hingegen bekundete Neumann, Erler und Schmid lediglich auf Nachfragen in einem Presseinterview als erwägenswerte Kandidaten für den Bürgermeisterposten bezeichnet zu haben. Erler bestätigte dies, indem er bestritt, jemals eine Kandidatur angeboten bekommen zu haben (vgl. AdsD, Prot. SPD-PV vom 14. August 1957, Blatt 9).

zur Vorbedingung gemacht und eine „Kampfkandidatur" abgelehnt.[435] Der zerstrittene Landesverband einigte sich schließlich mit überwältigender Mehrheit[436] auf Brandt. Damit entfiel für eine Kandidatur Arndts die Voraussetzung, die er aus Parteiräson und Loyalität – auch Brandt gegenüber – zur Bedingung gemacht hatte. Aus eben dieser Parteiräson und dem Gefühl der Pflicht, die ihm angetragene politische Verantwortung für die ehemalige Reichshauptstadt nicht ablehnen zu dürfen, hatte er auch seine angegriffene Gesundheit[437] nicht als Hindernis einer Kandidatur gelten lassen, obwohl ihm dieses Argument wohlmeinend geradezu aufgedrängt worden war.[438] Arndt mag auch die Herausforderung gereizt haben, Deutschlandpolitik im Brennpunkt der Deutschen Frage zu betreiben.[439] Doch sprechen Anzeichen dafür, daß er als ehemaliger enger Mitarbeiter Kurt Schumachers von Anfang an keine wirkliche Kandidaturchance hatte; denn Teile der SPD-Bundesführung[440], vor allem die Mehrheit des Berliner Landesvorstands, unterstützten einen westorientierten außenpolitischen Reformkurs, dessen Exponent Willy Brandt war.

So blieb Adolf Arndt in Bonn – als beharrlicher Mahner des Wiedervereinigungsgedankens. Aber auch er entzog sich nicht dem europapolitischen Schwenk der SPD hin zu einer integrationsfreundlicheren Linie und letztlich zur Bejahung der Römischen Verträge[441]: Arndts dem Bundestag vorgetragene Einwände gegen die demokratischen Defizite und den die deutsche Wiedervereinigung gefährdenden Integrationscharakter der Verträge knüpften zwar in der Sache an die Argumente des Verfassungsstreits 1952/54 an[442]; allerdings hielt auch er nunmehr im Jahre 1957 die Mängel für vertraglich und politisch behebbar.[443]

---

435 Arndt an Franz Neumann, 19. September 1957, AdsD, Nachlaß Carlo Schmid 1214.
436 Am 30. September 1957 stimmten 223 von 271 Parteitagsdelegierten für Brandt (vgl. Shell/Diederich, Die Berliner Wahl vom 7. Dezember 1958, S. 246). Am 3. Oktober 1957 wurde Brandt zum Berliner Bürgermeister gewählt.
437 Arndt befand sich, als Neumann an ihn herantrat, in Kur, nachdem ihn im Frühjahr und Sommer 1957 Blasenoperationen und deren Folgeerscheinungen längere Zeit an der politischen Arbeit gehindert hatten, vgl. Arndt an Neumann, 19. September 1957, AdsD, Nachlaß Carlo Schmid, 1214. Arndt versicherte ausdrücklich, daß sein Gesundheitszustand für ihn keinen Hinderungsgrund darstelle.
438 Carlo Schmid, der offenbar eine Kandidatur Brandts favorisierte, hatte im Parteivorstand dringend davon abgeraten, Arndt eine Kandidatur zuzumuten: Dieser sei krank, und „es wäre sein Tod, wenn man ihn nach Berlin schickte. Er sei sein Freund, und darum sage er dies." Heinrich Albertz schloß sich dieser Befürchtung an, AdsD, Prot. SPD-PV vom 14. August 1957, Blatt 9. Nachdem diese Äußerung und ein Gespräch Arndts mit Carlo Schmid über die Kandidatur (9. Oktober 1957, S. 25 f.; kritiklos als Quelle übernommen von Prittie, Willy Brandt. Biographie, S. 201) weidlich als Hintergrundinformation ausgeschlachtet worden waren, dementierte Arndt, der – wohl zu Recht – eine Indiskretion Schmids vermutete, verärgert und verletzt in einem Brief an Schmid die „Unwahrheit und den Unsinn" der Gesprächswiedergabe im Spiegel: Er sei nicht krank und durch das Gespräch mit Schmid, der offenbar versuchte, ihn von einer Kandidatur abzuhalten, nicht in seiner grundsätzlichen Bereitschaft beeinträchtigt worden, als „Notausgang für eine Einigung zu dienen", Arndt an Schmid, 17. Oktober 1957, AdsD, Nachlaß Carlo Schmid, 1214.
439 Daß Arndt seine Bereitschaft zur Kandidatur ernst nahm, zeigt die ausführliche Darlegung seines Gesundheitszustands gegenüber Neumann, um etwaige Bedenken diesbezüglich auszuräumen, s.o., Arndt an Neumann, 19. September 1957, AdsD, Nachlaß Carlo Schmid, 1214.
440 S. Carlo Schmids Intervention „zugunsten Arndts", die zugunsten Brandts wirkte, s.o. Anm. 438. Zum Durchbruch des Reformflügels und zur Wahl Brandts vgl. Ashkenasi, Reformpartei, S. 145 ff.
441 S. Klotzbach, Staatspartei, S. 366 ff.
442 S.o. Kapitel IV.3.; Prot. BT, 2. WP, 200. Sitzung (21. März 1957), S. 11 370 A ff. (insbesondere S. 11 370 D ff.).
443 Arndt, ebda., schlug die Anfügung einer „Entwicklungsklausel" vor, die das Bestreben der vertragschlie-

Dort jedoch, wo die deutsche Wiedervereinigung durch existentielle, weltpolitische Konflikte am stärksten gefährdet war, im Bereich der Sicherheitspolitik, ließ Arndt keinen Zweifel an der Kontinuität seiner Haltung. Im Vorfeld der großen Debatten um die atomare Bewaffnung, auf dem Bezirksparteitag der SPD im bayrischen Burghausen im März 1958, hielt er fest, was in der „Außenpolitik im Wandel der Zeit"[444] – so der Titel seines Referats – die Konstante der sozialdemokratischen Wehrpolitik ausgemacht habe: die Untrennbarkeit der deutschen Bewaffnung von der Frage der Wiedervereinigung. Auf eine bündige Formel gebracht, hieß das: kein dauerhafter Frieden ohne Wiedervereinigung.[445] In welcher Tradition er sich empfand, machte Arndt ganz deutlich, wenn er zugleich für die Partei und mit einem persönlichen Bekenntnis hinzufügte: „Wir Sozialdemokraten aber sind stolz darauf und bekennen ruhig und in aller Offenheit, daß die Grundlagen unserer politischen Auffassung ja gerade von Kurt Schumacher geprägt sind."[446]

Arndts selbstbewußte Worte verkörperten die Parteilinie. Sie fielen in eine Zeit, in der die Zeichen für eine deutschlandpolitische Offensive der SPD sprachen. Im Januar 1958 hatte die Bundesregierung in der Deutschlandfrage eine empfindliche Debattenniederlage[447] im Bundestag hinnehmen müssen. Auch schien der aus nationalen Motiven gespeiste Widerstand gegen die Atombewaffnung zeitweise der Bundesregierung den benötigten innenpolitischen Rückhalt ihrer Sicherheitspolitik zu entziehen. Doch bahnte die im November 1958 beginnende Berlin-Krise[448] eine grundlegende Veränderung der innen- und deutschlandpolitischen Positionen an.

In einer Gegenoffensive zum sowjetischen Ultimatum an die Westmächte, binnen sechs Monaten ihre Truppen aus Berlin abzuziehen, legte die SPD den konkreten Entwurf eines Wiedervereinigungsprojekts, den „Deutschlandplan", vor.[449] Der Plan sollte der zur Sondierung der Krisensituation für Mai 1959 anberaumten Genfer Außenministerkonferenz Impulse geben. Er stellte die letzte große wiedervereinigungspolitische Initiative der SPD im Gründungsjahrzehnt der Bundesrepublik dar. Konsequent im Rahmen der innerparteilichen Überlegungen zu einer Politik der Annähe-

---

ßenden Parteien zu einer demokratisch-freiheitlichen Fortentwicklung der Gemeinschaft zum Ausdruck bringen sollte. Im Parteivorstand plädierte er für die Hinnahme der Verträge und setzte auf ihre Abänderung nach der Bundestagswahl 1957, AdsD, Prot. SPD-PV vom 30. Mai 1957, Bl. 7.

444 Arndt, Außenpolitik im Wandel der Zeit (1958).
445 Dieses Leitmotiv durchzog alle Äußerungen Arndts zur Außen- und Deutschlandpolitik, vgl. Arndt, Unheilvolle Verquickung, in: Sozialdemokratischer Pressedienst, 5. Mai 1956; ders., Prot. BT, 2. WP, 188. Sitzung (31. Januar 1957), S. 10 737 C; Rundfunkdiskussion im WDR über „Gemeinsame Außenpolitik" am 23. Juni 1957, stenografisches Protokoll, S. 7, AdsD, Nachlaß Arndt, Mappe 40: „Demgegenüber hat die Opposition seit Kurt Schumacher stets die Auffassung vertreten: Die Sicherheitsfrage ist in erster Linie eine politische Frage und ist untrennbar von der Frage der Wiedervereinigung [...] Es läßt sich für uns in Mitteleuropa Sicherheit ausschließlich erzielen durch Wiedervereinigung"; ders., Außenpolitik im Wandel der Zeit (1958), S. 16.
446 Arndt, Außenpolitik im Wandel der Zeit (1960), S. 16.
447 Die ehemaligen Bundesminister Gustav Heinemann, inzwischen zur SPD übergewechselt, und Thomas Dehler hatten Adenauer vorgeworfen, nie eine ernsthafte Wiedervereinigungspolitik betrieben zu haben, s. Schwarz, Die Ära Adenauer 1957 bis 1963, S. 58, der die Deutschlandpolitik der Bundesregierung in jener Zeit ein „perspektivloses Gewurstel" nennt, a. a. O., S. 66.
448 Zu den Ereignissen vgl. Vogelsang, Das geteilte Deutschland, S. 213 ff.; zur innenpolitischen Bedeutung der Krise vgl. Schwarz, Die Ära Adenauer 1957 bis 1963, S. 80 („Mehr als alle anderen Vorgänge hat die Bedrohung Berlins auch die innenpolitische Landschaft tiefgreifend umgestaltet.").
449 Eingehend dazu Klotzbach, Staatspartei, S. 487 ff.; Hütter, SPD und nationale Sicherheit, S. 66 ff.; Wilker, Sicherheitspolitik der SPD, S. 49 ff.

rung der Gesellschaftssysteme[450] – darin aber auch irritierend für weite Kreise der Öffentlichkeit –, markierte er zugleich den Höhepunkt der Konzessionsbereitschaft gegenüber Interessen der DDR-Führung. Entgegen einer Grundforderung Kurt Schumachers[451] waren freie gesamtdeutsche Wahlen nicht als Ausgangs-, sondern als Endpunkt einer dreigestuften Bildung gemeinsamer, den Anpassungs- und Vereinigungsprozeß vorbereitender, paritätisch besetzter Institutionen vorgesehen.

Dieser sozialdemokratische Vorstoß ging indessen vollständig am Interesse der Sowjetunion vorbei, die nach Erreichen des atomaren Gleichgewichts mit den USA keine sicherheitspolitischen Gründe zur Forcierung der deutschen Wiedervereinigung sah und den Status quo erhalten wollte, wobei sie die NATO-Zugehörigkeit Westdeutschlands in Kauf nahm. Dies erfuhren Fritz Erler und Carlo Schmid[452] in Unterredungen mit dem sowjetischen Parteichef Chruschtschow, und dies bestätigte auch der Ausgang der Genfer Außenministerkonferenz: Bemühungen um eine deutsche Wiedervereinigung waren ergebnislos und ohne konkrete Aussichten abgebrochen worden.

Mit seinen Prämissen war der „Deutschlandplan" also insgesamt obsolet geworden. In einer Phase allgemeiner deutschlandpolitischer Ernüchterung, ja Resignation, begann im Winter 1959/60 eine Umorientierung der SPD. Nach einem Jahrzehnt scharfer, prinzipieller Gegnerschaft suchte die Partei im Bereich der Außen- und Deutschlandpolitik Gemeinsamkeiten mit der Bundesregierung zu betonen und herzustellen.[453]

Eine Brücke dieser neuen Gemeinsamkeitspolitik war das Krisenzentrum Berlin unter Leitung des Regierenden Bürgermeisters Brandt. Bereits Ende 1958, nach Ausbruch der Krise, hatte dieser die Notwendigkeit einer gemeinsamen Außenpolitik der großen Parteien betont und betrieb diese Politik energisch nach der Jahreswende 1959/60.[454]

Plädoyer für das ‚Provisorium'

In Berlin, an symbolischem Ort, im beginnenden Umbruch seiner Partei, hielt Arndt Ende Dezember 1959 einen großen Vortrag zu dem Thema „Der Deutsche Staat als Rechtsproblem."[455] Gemessen an seinem Anspruch, seiner Systematik und Begrifflichkeit, war es ein juristisch-wissenschaftlicher Vortrag.[456] Arndt wollte angesichts eines Problems, in dem staats- und völkerrechtliche sowie politische Aspekte ein fast unentwirrbares Knäuel bildeten, die rechtlichen Voraussetzungen und Spielräume politischen Handelns einer Klärung näherbringen.[457] Weit mehr noch enthielt der Vortrag aber eine Bestandsaufnahme der Rechtslage Deutschlands nach 1945 insgesamt und das Resümee der sozialdemokratischen Position zum deutschen Rechtsproblem, gezogen von demjenigen, der diese Position über ein Jahrzehnt hin an maßgeblicher Stelle,

---

450 Zu dieser maßgeblich von Herbert Wehner vertretenen Linie vgl. Klotzbach, Staatspartei, S. 483 f.
451 S. dazu Soell, Erler, Bd. 1, S. 375 f.
452 Soell, a. a. O., S. 380.
453 Vgl. Klotzbach, Staatspartei, S. 497 ff.; Hütter, SPD und nationale Sicherheit, S. 142 ff.; Wilker, Sicherheitspolitik der SPD, S. 136 ff.
454 Wilker, a. a. O., S. 136; Ashkenasi, Reformpartei und Außenpolitik, S. 171 ff.
455 Arndt, Der deutsche Staat als Rechtsproblem (1960), S. 101 ff.
456 Arndt hielt den Vortrag am 18. Dezember 1959 vor der Berliner Juristischen Gesellschaft.
457 Arndt, Der deutsche Staat als Rechtsproblem (1960), S. 102.

vor dem Bundestag und dem Bundesverfassungsgericht, formuliert hatte. So gesehen war Arndts Rede eine Momentaufnahme, das Dokument des Entwicklungsstands sozialdemokratischer Politik zu Beginn einer Umbruchphase.

Im Kern ging es Arndt darum, die – noch – bestehende Gültigkeit der „Rechtsbehauptung" nachzuweisen, das

> „ganze Deutschland als der eine Staat aller deutschen Staatsangehörigen sei rechtlich und tatsächlich da und nur von außen her in seiner Handlungsfähigkeit durch die Besatzung gestört."[458]

Von dieser *„Präsenztheorie"* setzte er die *„Imperfekttheorie"* ab. Arndts Stoßrichtung offenbarte sich in dieser eigenwilligen, streng dualistischen Terminologie: Unter dem Begriff Imperfekttheorie faßte er eine ganze Gruppe von Interpretationen der staatsrechtlichen Lage Deutschlands zusammen, die ansonsten in der staatsrechtlichen Literatur völlig getrennt voneinander und unter anderen Bezeichnungen behandelt wurden. Bewußt durchbrach Arndt diese Unterscheidungen und betrachtete als entscheidendes Definitionskriterium nicht die – „scheinbar" unterschiedlichen, ja entgegengesetzten – Zielsetzungen der Theorien, sondern ihre objektiven Folgen für die staatsrechtliche Praxis: Danach zeichne sich eine Imperfekttheorie dadurch aus, daß sie die Wiedervereinigung „nurmehr als eine politische Forderung" kenne, aber besage, „daß aktuell und effektiv zwei deutsche Staaten völkerrechtlich konfrontiert sind."[459] Darunter subsumierte Arndt neben der „Teilordnungslehre" (von „zwei unter einem nur fiktiven Reichsdach vereinigten Teilstaaten")[460] weiterhin die Zwei-Staaten-Lehre, die als offizielle Doktrin der DDR und des gesamten östlichen Staatenbereichs ausging von einem Untergang des Rechtssubjekts Deutsches Reich, in dessen völkerrechtliche Rechtsnachfolge sich zwei vollkommen selbständige und gleichberechtigte Staaten, DDR und Bundesrepublik Deutschland, teilten.[461] Arndts definitorische Pointe lag darin, daß er dieser östlichen Interpretation die „Kernstaatstheorie" als „westliche Sonderform der Imperfekttheorie" folgengleich zur Seite stellte.[462] Er erneuerte damit seine Angriffe aus dem Verfassungsstreit um die Wiederbewaffnung, in dessen Verlauf die Bundesregierung Kernstaatspositionen akzeptiert hatte, und sprach rückblickend von einer „ideologischen Unterwanderung des Grundgesetzes."[463]

Inzwischen hatte Arndt neuen Anlaß zu kritischer Besorgnis bekommen: Beide Teile Deutschlands waren von ihren jeweiligen Besatzungsmächten im Jahre 1955 in die Souveränität entlassen und zugleich zwei einander feindlich gegenüberstehenden Militärblöcken eingegliedert worden. Diese politische Spaltung drohte durch die Kernstaatstheorie zusätzlich als staatsrechtliche zementiert zu werden. Dies arbeitete auch die staatsrechtliche Literatur, Arndt bestätigend, zunehmend schärfer heraus.[464] Schon

---

458 Ders., a. a. O., S. 104.
459 Ders., a. a. O., S. 106, 111.
460 Ders., a. a. O., S. 106.
461 Vgl. Marschall von Bieberstein, Zum Problem der völkerrechtlichen Anerkennung der beiden deutschen Regierungen, S. 114 ff.
462 Arndt, Der deutsche Staat als Rechtsproblem (1960), S. 108.
463 S.o. Kapitel IV.6.; Arndt, a. a. O., S. 106.
464 Vgl. schon Vocke, Politische Gefahren der Theorien über Deutschlands Rechtslage, S. 10 210 ff.; v.a. Marschall von Bieberstein, Problem der völkerrechtlichen Anerkennung, S. 131 ff. m.w.N.; darauf bezog sich Arndt ausdrücklich, Der deutsche Staat als Rechtsproblem (1960), S. 108.

hatte Professor Ulrich Scheuner als Vertreter der Kernstaatslehre die Konsequenz gezogen und von nicht zu leugnenden „zwei Gebilde[n] mit voller Staatlichkeit und nicht beschränkter völkerrechtlicher Vertretungsmacht"[465] gesprochen. Äußerungen der Bundesregierung betonten, bewußt oder unbewußt, die eigenständige Staatlichkeit des Westteils Deutschlands und leisteten dadurch einer Kernstaatstheorie Vorschub.[466] Vor allem im Umfeld der Rückblicke zum zehnjährigen Bestehen der Bundesrepublik konnte Arndt Äußerungen Bundeskanzler Adenauers nachweisen, die deutlich vom Bewußtsein der staatlichen Neugründung im Jahre 1949 nach vier Nachkriegsjahren der Staatenlosigkeit ausgingen.[467] Solche Äußerungen unterhöhlten nicht nur fahrlässig die bislang kaum bestrittene These vom Fortbestehen des Deutschen Reiches zumindest bis 1949; sie zeugten – auch wenn sie nicht den offiziellen Regierungsstandpunkt darstellten[468] – von jenem introvertierten Schrumpfstaats-Selbstverständnis, das Arndt bereits 1953 diagnostiziert hatte.[469] Der sozialdemokratische Verfassungsjurist sah unerträgliche Erosionserscheinungen der These von der Kontinuität des Deutschen Reiches, wie er sie seit 1945 verfochten hatte. Entsprechend scharf attackierte er als Häresie und „Geschichtsklitterungen" aus „innenpolitischem Prestigebedürfnis"[470] jene Äußerungen aus Bonner Regierungskreisen, die lediglich eine „neue Staatslegende"[471] begründen wollten und dabei doch nur die kommunistische Sprachregelung vom 1945 untergegangenen Reich und dem 1949 neu gegründeten Teilstaat übernähmen.[472]

In seinem Berliner Vortrag listete Arndt eine Reihe von Argumenten auf, die nach seiner Auffassung die Neugründungsthese und damit eine deutsche Zweistaatlichkeit widerlegten. Noch einmal erinnerte er mit den Worten Carlo Schmids an die Absicht des Parlamentarischen Rates, mit dem Namen Bundesrepublik Deutschland nicht das Teilgebiet Westdeutschland, sondern das ganze Deutschland zu bezeichnen.[473] Auch

---

465 Bei fortgesetzter Annahme der „Identität" des „Hauptteils des deutschen Volkes mit dem Gesamtstaat", dem Reich, hinsichtlich der „gesamtdeutschen Vertretung", vgl. Scheuner, Die Funktionsnachfolge und das Problem der staatsrechtlichen Kontinuität, S. 27, der in Anm. 53 die gegenteilige Auffassung Arndts erwähnt.
466 Arndt zustimmend hinsichtlich der „Unklarheit" des Regierungsstandpunkts und dessen Anklängen an eine „Schrumpfstaatstheorie", vgl. Schuster, Deutschlands staatliche Existenz im Widerstreit politischer und rechtlicher Gesichtspunkte, S. 153 ff.; s. auch Marschall von Bieberstein, Problem der völkerrechtlichen Anerkennung, S. 142, Anm. 283, zu Äußerungen in regierungsnahen Presseorganen.
467 Vgl. zu den Zitaten Arndt, Deutscher Staat als Rechtsproblem (1960), S. 136 (Anm. 8, 10), S. 137 (Anm. 20 zu einer Äußerung Bundesinnenminister Schröders).
468 Das räumte Arndt, a. a. O., S. 109, ein, beklagte aber, daß die „Haltung der Bundesregierung bedauerlicherweise wechselt und unter Widersprüchen leidet", a. a. O., S. 135, Anm. 2. Den offiziellen Standpunkt der Bundesregierung definiert Schuster, Deutschlands staatliche Existenz, S. 84, 152, folgendermaßen: „Die als Staatskerntheorie verstandene Identitätstheorie sagt zum rechtlichen Status der Bundesrepublik Deutschland, daß jene mit dem deutschen Staat, der bis 1945 den Namen Deutsches Reich trug [...], identisch ist, da sie dessen heutige Verkörperung darstellt"; s. auch Marschall von Bieberstein, Problem der völkerrechtlichen Anerkennung, S. 135 ff.
469 Vgl. ebenso Schusters Kritik am unklaren Regierungsstandpunkt, a. a. O., S. 153 f.
470 Arndt, Der deutsche Staat als Rechtsproblem (1960), S. 110, 136 (Anm. 8).
471 Vgl. Arndt, Die neue Staatslegende, in: Sozialdemokratischer Pressedienst, 23. September 1959, S. 2 ff.; ders., Fragen an den Rheinischen Merkur, in: Sozialdemokratischer Pressedienst, 7. Mai 1958. Dort vermutet Arndt konfessionelle Gründe hinter der Zweistaatlichkeit Deutschlands (zur Position des Rheinischen Merkur ebenfalls kritisch auf dem Boden der These von der Nicht- Staatlichkeit des deutschen West-Regimes Marschall von Bieberstein, Problem der völkerrechtlichen Anerkennung, S. 72 [Anm. 19], S. 142 [Anm. 283]).
472 Deutlich Arndt, Die neue Staatslegende (1959), a. a. O., S. 3.
473 Arndt, Deutscher Staat als Rechtsproblem (1960), S. 110.

die klassischen Definitionskriterien des Staates, Staatsvolk und Staatsgewalt[474], fand er in den beiden Teilregimen Deutschlands nicht erfüllt: Es fehle an der Dauerhaftigkeit sowohl der menschlichen Vereinigungen wie auch der Bestimmung ihrer Ordnungen.[475] Zudem spreche das völkerrechtliche Effektivitätsprinzip mangels Einvernehmens der Völkerrechtsgemeinschaft gegen die Entstehung zweier neuer Völkerrechtssubjekte[476]; im Gegenteil wiesen die alliierten Vorbehaltsklauseln, Deutschland als Ganzes und eine friedensvertragliche Regelung betreffend, auf beiden Seiten – in den Pariser wie in den Moskauer Vertragswerken – auf eine „negativ andauernde Effektivität des Staates Deutschland" hin und sprächen gegen die Souveränität seiner Teile.[477] Eindringlich warnte Arndt vor den Rechtsfolgen einer Akzeptanz der östlichen Zwei-Staaten-Theorie: Sie bezwecke, „zwei Völker durch ein völkerrechtliches Nichteinmischungsgebot voneinander zu trennen."[478]

Dagegen setzte Arndt noch einmal ganz unmißverständlich seine *Präsenztheorie:* Neben dem fortbestehenden einzigen deutschen Staat, dem Deutschen Reich in den Grenzen von 1937, gebe es keinen neuen Staat, weder DDR im Ost-, noch Bundesrepublik Deutschland im Westteil. Beide Staatsteile übten – je für sich in den Grenzen ihres Gebietes – ihren Teil der einen deutschen Staatsgewalt aus.[479] Arndt scheute nicht die ausdrückliche Konsequenz, daß damit „die von den Ämtern in der Zone ausgeübte Staatsgewalt deutsche Staatsgewalt ist, auch Gewalt des einen Staates Deutschland."[480] Für ihn war diese Feststellung ein Gebot gedanklicher Konsistenz: „Wer die Gründung eines Weststaates bejaht, kann die Gründung eines Oststaates nicht leugnen."[481] Er

---

474 Vgl. die klassische Drei-Elemente-Lehre von Georg Jellinek, Allgemeine Staatslehre, S. 394 ff., derzufolge ein Staat sich durch die Merkmale des Staatsvolks, der Staatsgewalt und des Staatsgebiets rechtlich definiert.
475 Arndt, Deutscher Staat als Rechtsproblem (1960),S. 114, unter Bezug auf den Völkerrechtler Alfred Verdroß.
476 Ders., a. a. O., S. 117.
477 Ders., a. a. O., S. 118 ff. (S. 119). Bemerkenswert an dieser Argumentation war der Funktionswandel des einst bekämpften Besatzungsrechts zur Klammer der deutschen Einheit, obwohl Arndt das nicht wahrhaben wollte (a. a. O., S. 132); s. dazu auch Schuster, Deutschlands staatliche Existenz, S. 160 f., der überdies grundsätzliche Kritik an der völkerrechtlichen Argumentation Arndts übt: Diese gehe von der anachronistischen Fiktion eines allgemein verbindlichen Völkerrechts aus, während die dazu erforderliche Basis ideologischer Homogenität längst verloren gegangen sei (a. a. O., S. 238 ff.). Allerdings kleidete Arndt seine völkerrechtlichen Ausführungen von vornherein in vorsichtige Formulierungen (vgl. z. B. Der deutsche Staat als Rechtsproblem [1960], S. 117: „Es kann nicht mein Vorhaben sein, hier glatte Lösungen zu versuchen").
478 Arndt, Der deutsche Staat als Rechtsproblem (1960), S. 124 f., mit dem Hinweis, daß dann auch keine Politik der Wiedervereinigung ohne gegenseitiges Einvernehmen völkerrechtlich zulässig wäre.
479 Arndt, a. a. O., S. 127, 129: „Aus dieser Sicht üben zwar selbstverständlich die vom Grundgesetz eingesetzten Verfassungsorgane deutsche Staatsgewalt aus, aber nicht sie allein und nicht das Ganze der Staatsgewalt."
480 A. a. O., S. 126. Auch die von DDR-Behörden mißbrauchte Staatsgewalt bleibe deutsche Staatsgewalt.
481 A. a. O., S. 108, und fügte hinzu: „Wer sich über die Zehn-Jahres-Feier einer angeblichen DDR empört, kann nicht selber von zehn Jahren Bundesrepublik daherreden." Er bezog sich offensichtlich zur näheren juristischen Begründung auf Marschall von Bieberstein, Problem der völkerrechtlichen Anerkennung, S. 131 ff. (S. 132, Anm. 244, 245): Wenn die Bundesrepublik (verstanden als Westteil) sich selbst als Staat und zugleich identisch mit dem Staat Deutsches Reich betrachte, liege das Gebiet der DDR außerhalb dieses Staates und werde quasi-staatenlos. Dann erstarke dort die effektive Gewalt zur Staatsmacht, da ihr kein rechtlich begründeter Anspruch einer konkurrierenden Staatsgewalt mehr entgegenstehe. Einschränkend zu dieser These Schuster, Deutschlands staatliche Existenz, S. 90, unter Bezug auf Arndt.

setzte die ernüchternde Logik des ‚tertium non datur'[482] – ein Staat Deutsches Reich oder zwei deutsche Teilstaaten – dem rechtskonstruktiven Bemühen entgegen, einerseits die Legitimität eines Weststaats neu zu begründen, andererseits aber zugleich am staatlichen Fortbestand des Deutschen Reiches festzuhalten und die Staatlichkeit der DDR zu bestreiten. Arndt anerkannte damit – bei allen Legitimitätsdefiziten und -grenzen des östlichen Regimes[483] – insofern die Gleichberechtigung der DDR, als auch sie „gültig[e]" deutsche Staatsgewalt ausüben könne. Ausdrücklich betonte Arndt, daß politische Beziehungen zwischen den beiden Regierungen des einen deutschen Staates möglich seien, ohne dessen staatsrechtliche Existenz zu berühren.[484]

Diese These von der (relativen)[485] Gleichberechtigung der beiden deutschen Staatsteile war freilich ambivalent, indem sie sich der von Arndt gerade abgelehnten Lehre der Teilordnungen unter einem gemeinsamen ‚Reichsdach' annäherte.[486] Zudem hatte Arndt bisher überwiegend negativ das Erlöschen des deutschen Staates und seiner

---

[482] Von Marschall von Bieberstein, Problem der völkerrechtlichen Anerkennung, S. 142 (insbesondere Anm. 285).

[483] Arndt hielt daran fest, daß der Bundesregierung kraft ihrer demokratischen Legitimation die alleinige „Legitimität" (er sah darin kein Problem der „Legalität") zukomme, treuhänderisch für Deutschland als ganzes zu sprechen (Arndt, Der deutsche Staat als Rechtsproblem [1960], S. 128). Die Hinnahme der von der DDR-Regierung ausgeübten Staatsgewalt als gültig sollte ferner nur zumutbar sein, sofern diese „deutsches Staatsbewußtsein und (gesamt-)deutsche Verantwortung bezeuge" (a. a. O., S. 127, zustimmend zur diesbezüglichen Rechtsprechung des Bundesverwaltungsgerichts).

[484] a. a. O., S. 129; vgl. schon ders., Teilstaat oder Staatsteil, in: Sozialdemokratischer Pressedienst, 22. September 1958. Ausdrücklich setzte er sich damit – bei aller Gemeinsamkeit in der Kritik an der Kernstaatstheorie – von der ‚Bürgerkriegstheorie' Marschall von Biebersteins (Problem der völkerrechtlichen Anerkennung, S. 127 ff.) ab. Diese verglich die staatsrechtliche Lage Deutschlands mit zwei im („kalten") Bürgerkrieg einander feindlich gegenüberstehenden Regierungen, von denen die allein demokratisch legitimierte Bundesregierung die De-jure-Regierung des Gesamtstaats, die DDR-Regierung hingegen eine „(quasi-)aufständische, lokale De-facto-Regierung" darstelle.

[485] Zum Legitimitätsdefizit des DDR-Regimes s.o.

[486] S. dazu Schuster, Deutschlands staatliche Existenz, S. 97 f. (zur Variante der Teilordnungslehre, die unter einem Reichsdach zwei ‚Staatsfragmente' vereinigt). Hingegen Schusters Einordnung der Theorie Arndts als „Kernstaats- oder Dachtheorie im engeren Sinn" wider Willen geht fehl (a. a. O., S. 156 ff.). Zwar führt Schuster gute Gründe dafür an, daß Arndt den Zwiespalt zwischen der Nichtstaatlichkeit der Teilordnungen und ihrer beschränkten völkerrechtlichen Handlungsfähigkeit rechtskonstruktiv nicht überzeugend zu überbrücken vermag (a. a. O., S. 158 f.). Doch geht Schuster schon terminologisch von falschen Voraussetzungen aus: Sein Einwand, Arndt gleite in die von ihm selbst bekämpfte „Kernstaatstheorie" ab, operiert mit Schusters (nicht Arndts!) Begriff der „Kernstaatstheorie" (a. a. O., S. 96). Arndts Begriff der „Kernstaatstheorie" hingegen entspricht Schusters „Schrumpfstaatstheorie", deren Übernahme auch Schuster Arndt nicht vorhält. Schuster seinerseits versteht nämlich die „Kernstaatstheorie" als eine Unterform der Zwei-Staaten-Theorie, während Arndt die Existenz mehr als eines deutschen Staates gerade bestreitet. Der Einwand, Arndt gelange uneingestanden zu einer darüber hinausgehenden De-facto-Staatlichkeit, läßt sich hingegen nicht nur auf die westliche Teilordnung beschränken, da Arndt der DDR- wie der Bundesregierung gleichermaßen die Ausübung von Staatsgewalt in Deutschland attestiert. Demnach wäre – in Schusters eigener Terminologie – allenfalls von einer Drei-Staaten-Theorie Arndts zu reden.

Darin zeigt sich, daß Schuster eine wesentliche Akzentverschiebung in Arndts Argumentation übersieht: Hatte Arndt noch im Jahre 1954 hinsichtlich des demokratisch geordneten Westteils im Gegensatz zum „ungeordneten" Ostteil Deutschlands (vgl. Arndt, Kampf um den Wehrbeitrag, Bd. III, S. 400) für eine Charakterisierung als „staatsähnlich" (vgl. Schuster, a. a. O., S. 97) Raum gelassen, so entfiel diese Unterscheidung im Jahre 1960: Nunmehr stellte Arndt auf die allein ausschlaggebende, im Geltungsbereich des Grundgesetzes wie in der DDR gleichermaßen effektive Ausübung deutscher Staatsgewalt ungeachtet der Unterschiede in der demokratischen Legitimation ab (Der deutsche Staat als Rechtsproblem [1960], S. 127).

Staatsgewalt bestritten, ohne positiv zu bestimmen, worin diese Kontinuität ihre ‚Präsenz' manifestierte. Diese letztlich über alles, über Bestand und Zukunft der Präsenztheorie entscheidende Frage beantwortete Arndt wie bereits im Wehrstreit mit dem Verweis auf das Volk, das die Identität und Kontinuität eines Staates begründe.[487] Wie in den Jahren 1953/54 erinnerte Arndt bereits im Vorfeld seines Berliner Vortrags an die essentielle und konstitutive Bedeutung des *Bewußtseins* gemeinsamer Volks- und Staatszugehörigkeit für die Entstehung und Erhaltung eines Staatsvolks.[488] Über seine „hochpolitische" Bedeutung hinaus maß er diesem Bewußtsein auch „staats- und völkerrechtlich" Erheblichkeit[489] bei. Ausdrücklich zustimmend bezog er sich auf den Staatsrechtler Günter Dürig, der in einem vielbeachteten Versuch die „objektive geistige Tradition"[490] – verstanden unter anderem als gemeinsamer Kulturbesitz, Sprache, gemeinsam durchlebte Geschichte – eines Staates als viertes Staatselement herausgearbeitet hatte.[491] Für Arndt galt es, die Staatlichkeit eines Volkes als einen „Wert" zu begreifen, „für den geistige [...] Maßstäbe" gelten.[492] Er hielt die „geistige Wirklichkeit" des deutschen Zusammengehörigkeitsbewußtseins den seines Erachtens auf materialistischer sowjetischer Ideologie aufbauenden vermeintlichen „Realitäten" der deutschen Staatsspaltung entgegen.[493] In letzter Hinsicht stützte Arndt sich damit auf einen immateriell geprägten *Legitimitätsbegriff* des Staates, der kraft seines geistigwerthaften Elements die Defizite auszugleichen bestimmt war, die eine streng am völkerrechtlichen Effektivitätsprinzip[494] orientierte Überprüfung der Behauptung von

---

487 S.o. Kapitel IV.6. Vgl. Arndt, Deutschland als Wahrheit und Wagnis, in: Die Zeit, 4. März 1954: „Ein Staat bleibt erhalten, solange das Staatsvolk nicht endgültig einem Staat einverleibt oder auf mehrere Staaten aufgeteilt wurde. Das Volk setzt seinen Staat fort, nicht kann der Staat ein Volk fortsetzen"; ders., Teilstaat oder Staatsteil, in: Sozialdemokratischer Pressedienst, 22. September 1958: „Ein Staat sein und ein Volk sein ist voneinander untrennbar"; ders., Der sinnlose Streit um das „Provisorium", in: Sozialdemokratischer Pressedienst, 15. Februar 1961: „Ein Staat" vertritt „nicht sein Volk, sondern ein Staat verkörpert sein Volk und wird als völkerrechtlicher Verband aus seinen Staatsangehörigen gebildet"; dagegen Schuster, a. a. O., S. 91 f.
488 Arndts Grundposition, Deutschland als Wahrheit und Wagnis, a. a. O., lautet: Das deutsche Volk „wird als Staatsvolk leben, solange wir entschlossen sind, Deutschland als Staat zu wollen und zu wagen."
489 Vgl. den Brief Arndts an Paul Sethe (Die Welt), 25. September 1959, AdsD, Nachlaß Arndt, Mappe 43: „Das Bewußtsein der Deutschen in der Zone, nach wie vor gemeinsam mit uns den im Jahre 1867 gegründeten Staat Deutschlands zu besitzen, ist sowohl staats- und völkerrechtlich als auch hochpolitisch eine erhebliche Tatsache und einer unserer wichtigsten Aktivposten"; ders., Der deutsche Staat als Rechtsproblem (1960), S. 114.
490 Vgl. Günter Dürig, Der deutsche Staat im Jahre 1945 und seither, S. 41 ff., insbesondere S. 44 f.
491 Dürig, a. a. O., S. 37, 49; vgl. zu dieser theoretischen Richtung auch Schuster, Deutschlands staatliche Existenz, S. 69 ff.
492 Arndt, Teilstaat oder Staatsteil?, in: Sozialdemokratischer Pressedienst, 25. September 1958. Vgl. zur Verwandtschaft dieser auf den geistigen Wert des Staatsbewußtseins bezogenen Auffassung mit Rudolf Smends Integrationslehre: allgemein Stödter, Deutschlands Rechtslage, S. 102, sowie Marschall von Bieberstein, Das Problem völkerrechtlicher Anerkennung, S. 102; zu Arndts Nähe zur Integrationstheorie s. Kapitel VII.1.
493 Arndt, Der deutsche Staat als Rechtsproblem (1960), S. 113.
494 Zu dem wert- und legitimitätsbezogene Elemente möglichst weitgehend eliminierenden Ausgangspunkt des Effektivitätsprinzips, das sich vorrangig an den tatsächlichen Machtverhältnissen – gemessen an den Kriterien der Souveränität und Autochthonie – einer Herrschaft orientiert s. Schuster, Deutschlands staatliche Existenz, S. 35 ff., 68; Arndt (a. a. O., S. 114) wies auf das Spannungsverhältnis seiner maßgeblich „innere Tatsachen" einbeziehenden Theorie zum Effektivitätsprinzip hin; ders. kritisch zur Aufrechterhaltung des Effektivitätsprinzips, Staatliche Gewaltanwendung, rechtlich und politisch betrachtet (1960), S. 232.

der Kontinuität und Einheit des Staates Deutschland offenlegte. Konsequent richtete sich daher Arndts leidenschaftliche Kritik an der „neuen Staatslegende" gegen die geistige Aushöhlung des einen Deutschen Staates, die den Keim einer legitimitätsbegründenden neuen Sprachregelung in sich trug.

Arndts demokratische, vom Willen und Bewußtsein des Volkes her argumentierende Theorie der staatsrechtlichen Lage Deutschlands wirkte sich – aus der Perspektive ihrer Zeit – konservativ[495] aus: Sie erhielt beharrlich einen geistigen Anspruch aufrecht, dem das materielle Substrat angesichts der politischen Lebenswirklichkeit einer institutionell sich verfestigenden und ideologisch untermauerten deutschen Teilung zunehmend zu entgleiten schien. Es war ein Plädoyer für das ‚*Provisorium*' der grundgesetzlichen Ordnung – gegen seine Verfestigung zum Definitivum und seine Umdeutung zur ‚neuen Staatslegende'.

Freilich übersah Arndt keineswegs den „unmittelbar lebensgefährlichen Grad" der Desintegration des einen Staates Deutschland und das „tief ermattete deutsche Staatsbewußtsein." Spätestens hier erreichte seine wissenschaftliche Darstellung ihre Grenze: Ob das staatsintegrierende Bewußtsein des einen Deutschen Staates „noch" vorhanden war, wie Arndt es vorsichtig bejahte[496], entsprach primär politischem Dafürhalten. Für die Zukunft blieb nur noch der Appell zum „Wagnis des politischen Handelns"[497].

Der Anachronismus des ‚Provisoriums'

Nicht nur in Kreisen der Regierungsanhänger dachte man anders als Arndt. Bereits 1958 hatte Arndts Fraktionskollege Helmut Kalbitzer die Anerkennung der DDR als Staat nicht mehr ausdrücklich ausgeschlossen.[498] Drei Monate nach Arndts Berliner Vortrag trat Carlo Schmid im SPD-Bundesvorstand für die Anerkennung der Zwei-Staaten-Theorie[499] ein. Die Vorstandsmitglieder reagierten zum Teil überrascht und ganz überwiegend ablehnend auf Schmids These.[500] Doch war damit im Bundesvorstand, wenn auch in vertraulicher Diskussion, ein Tabu gebrochen. Schmid hatte den bisher weitesten Schritt zur Anerkennung der außen- und deutschlandpolitischen Realitäten getan. Für Arndt bedeutete dies das Wegbrechen einer wichtigen Argumentationsstütze. Gerade Carlo Schmid, den Vorsitzenden des Hauptausschusses des Parlamentarischen Rates, hatte er wiederholt als Kronzeugen der Präsenztheorie benannt. Mit dem Vortrag seiner Berliner Thesen auch vor der Bundestagsfraktion[501] hatte

---

495 Vgl. Schuster, a. a. O., S. 241.
496 Arndt, Der deutsche Staat als Rechtsproblem (1960), S. 113.
497 A. a. O., S. 135.
498 Vgl. Klotzbach, Staatspartei, S. 485; Schuster, Deutschlands staatliche Existenz, S. 116.
499 Vgl. AdsD, Prot. SPD-PV vom 12. März 1960, Bl. 3: Carlo Schmid kam zu dieser Folgerung aus seiner Analyse der veränderten Weltlage, vor allem der mangelnden sowjetischen Verhandlungsbereitschaft hinsichtlich der Deutschen Frage und hinsichtlich der Disengagement-Pläne.
500 Vgl. neben Arndt die Stellungnahmen Willy Brandts, Egon Frankes und Willi Eichlers, wobei letzterer allerdings Verständnis für Schmid bekundete, weil „seine Sorge sicher die Sorge vieler ist", a. a. O., Bl. 4.
501 Darauf wies Franke, überrascht durch Schmids Äußerung, hin, ebda.; vgl. die Ankündigung des Vortrags, AdsD, Prot. SPD-BTF, Akten SPD-BTF 1027: „Adolf Arndt: Ein deutscher Staat. Zwei deutsche Staaten."

Arndt noch einmal die sozialdemokratischen Reihen hinter der Präsenztheorie schließen wollen. Überraschend unterminierte Carlo Schmid nunmehr diesen Versuch und reizte Arndt zur Absage an jeglichen Defätismus: Man solle die Zwei-Staaten-Theorie nicht vertreten, sondern bekämpfen.[502] Doch war Arndt sich eingestandenermaßen mehr seiner Haltung als ihres Erfolgs sicher, über den letztlich die Aufnahme der Zwei-Staaten-Theorie in der Weltöffentlichkeit bestimmte.[503]

Vorerst wurde der Parteivorstand zur vertraulichen Behandlung der dissentierenden Thesen Carlo Schmids verpflichtet; zugleich liefen die Bemühungen der SPD-Führung um eine „Gemeinsamkeits"-Politik mit der Bundesregierung weiter. Sie erreichten ihren vorläufigen Höhepunkt im Sommer 1960, nachdem mit dem Scheitern der Pariser Gipfelkonferenz auch die letzte Chance einer baldigen deutschen Wiedervereinigung ungenutzt geblieben war: Herbert Wehner, in Übereinstimmung mit der sozialdemokratischen Parteiführung, legte in seiner berühmt gewordenen Bundestagsrede die Übereinstimmung zwischen Regierung und Opposition in grundlegenden Fragen der Sicherheits- und Außenpolitik dar.[504] Im Namen seiner Partei erklärte Wehner, daß auch die SPD die Mitgliedschaft der Bundesrepublik in der NATO und den europäischen Bündnissen als Grundlage und Rahmen aller deutschen Wiedervereinigungspolitik betrachte und nicht beabsichtige, sich für ein Ausscheiden aus diesen Bündnisverpflichtungen einzusetzen.[505] Ausdrücklich erklärte Wehner den Streit über das ‚Provisorium Bundesrepublik' für unnütz.[506] Die Rede markierte einen Wendepunkt der sozialdemokratischen Außen- und Deutschlandpolitik: Das Junktim zwischen Wiedervereinigung und Sicherheit in Gestalt der logischen und politischen Priorität der Wiedervereinigung wurde aufgegeben.

Kurz nach Wehners Rede sandte Arndt diesem eine Zusammenfassung seines Berliner Vortrags mit der Bemerkung zu: „Ich habe etwas den Eindruck, als ob man aus einer Reihe politischer Gründe meinen Vortrag totschweigt."[507] Für Arndts Eindruck sprachen gute Gründe. Sein Vortrag fügte sich nicht in die ‚Gemeinsamkeits'-Politik der SPD ein. Schon seine polemische Untertöne nicht scheuende Gleichstellung von Regierungsäußerungen mit östlichen Thesen paßte nicht zum neuen Kurs. Die Berufung auf Kurt Schumacher[508], die Reminiszenzen aus dem Wehrstreit und eine Argumentation, die gleichermaßen kritischen Abstand von der östlichen Zwei-Staaten-

---

502 AdsD, Prot. SPD-PV vom 12. März 1960, Bl. 5.
503 So baute er – offenbar eingedenk der nationalen Diffamierung der SPD als ‚November-Verbrecher' in der Weimarer Republik – vor und drängte darauf, daß die etwaige Anerkennung der Zwei-Staaten-Theorie in der Weltöffentlichkeit noch in die Regierungszeit Adenauers fallen müsse, a. a. O., Bl. 3.
504 Eingehend dazu Klotzbach, Staatspartei, S. 499 ff.; Soell, Erler, Bd. 1, S. 400 ff.; Wilker, Sicherheitspolitik der SPD 1956 – 1966, S. 140 ff; Bouvier, Zwischen Godesberg und Großer Koalition.
505 Vgl. Prot. BT, 3. WP, 122. Sitzung (30. Juni 1960), S. 7052 A ff., insbesondere 7056 D ff.
506 Prot. BT, a. a. O., S. 7059 D. Damit kam Wehner Bundesaußenminister von Brentanos Forderung entgegen, das „bedrohliche Wort vom Provisorium" zukünftig zu vermeiden, a. a. O., S. 7045 C, D. Vgl. dagegen die Position Fritz Erlers, Prot. BT, a. a. O., S. 7095 C, D, der mit Provisorium weiterhin den „Auftrag unserer Verfassung" benennen wollte, „diesen Staat in der Zukunft in das ganze Deutschland einzubringen;" s. Soell, Erler, Bd. 1, S. 406, 668 (Anm. 348).
507 S. Arndt an Wehner, 6. Juli 1960, AdsD, Nachlaß Arndt, Mappe 44. Beigelegt war (s. Anm. 511) eine Zusammenfassung des Vortrags unter dem Titel „Was ist denn „provisorisch"?"
508 Arndt, Der deutsche Staat als Rechtsproblem (1960), S. 101. Eine Besprechung des Vortrags (Schaumann, Schriften zur Rechtslage des zweigeteilten Staates, S. 317) kritisierte den „Graben", den Arndt zur Imperfekt-Theorie aufgerissen habe. Dazu zählen nach Schaumann immerhin auch „von namhaften und ihrer Verantwortung bewußten Gelehrten und Politikern" vertretene Theorien.

Theorie wie von den westlichen Anklängen einer ‚neuen Staatslegende' zu halten suchte, weckten Erinnerungen an den Konfrontationskurs des zurückliegenden Jahrzehnts. Jedenfalls engte der aus rechtssystematischen Gründen von Arndt geforderte Verzicht auf die Staatsqualität der Bundesrepublik (verstanden als Westteil Deutschlands) deren außenpolitischen Spielraum und folglich die Bereitschaft der Bundesregierung zur Verständigung mit der SPD ein.

Zudem wurde ein tiefer liegender Grund erkennbar: Professor Ulrich Scheuner, der Wehners Ablehnung einer Debatte über das ‚Provisorium' öffentlich zustimmte[509], deutete ihn in einem Brief an Arndt an: Die allzu häufige Betonung der Vorläufigkeit des Grundgesetzes und des dadurch errichteten Regimes drohe, die „Staatsempfindung bei uns" zu sehr zu schwächen.[510] In der Tat unterschätzte Arndt das über ein Jahrzehnt hinweg auch in der SPD-Anhängerschaft sich herausbildende, in Wahlen und im Umgang mit Institutionen eingeübte Staatsgefühl eines Weststaats Bundesrepublik – und dies in dem Augenblick, als die SPD sich anschickte, die Staatsgründung auf außenpolitischem Gebiet nachzuvollziehen.

Auch wenn Arndt schließlich den Abdruck seiner Vortragszusammenfassung im Vorwärts erreichte, so enthielt doch seine Behauptung, der Vortrag sei „repräsentativ für die Auffassung der SPD"[511], mehr Wunsch als Wirklichkeit. Gewiß war Arndt mit seinem Festhalten am „Provisorium" noch kein Gegner des neuen „Gemeinsamkeits"-Kurses. Allzu klar sah er die Verengung der wiedervereinigungspolitischen Spielräume.[512] Doch zeichnete sich im Umfeld der sozialdemokratischen Neuorientierung eine politische Entwicklung ab, in der sich Arndts unverändert festgehaltene Position[513] zum Rechtsproblem Deutschland wie ein Anachronismus[514] ausnahm.[515] So lag es in

---

509 S. Scheuner, Ist die Bundesrepublik ein Provisorium?, in: Bulletin des Presse- und Informationsamts der Bundesregierung, 8. Februar 1961, S. 243 f.
510 Professor Ulrich Scheuner an Arndt, 17. Februar 1961, AdsD, Nachlaß Arndt, Mappe 25.
511 Die von Arndt autorisierte, von seinem Assistenten Otto Fichtner verfaßte Vortragszusammenfassung (AdsD, Nachlaß Arndt, Mappe 44) begann mit dem Satz: „Der Vortrag fand die einmütige Billigung der Bundestagsfraktion. Er kann deshalb als repräsentativ für die Auffassung der SPD angesehen werden." Er wurde schließlich doch abgedruckt unter dem Titel „Was ist denn „provisorisch"?", in: Vorwärts, 22. Juli 1960, S. 2.
512 Nach dem Scheitern der Pariser Gipfelkonferenz plädierte auch Arndt im Parteivorstand dafür, jede Bemerkung, die Adenauer der Mitschuld am Scheitern der Konferenz zieh, zu unterlassen, AdsD, Prot. SPD-PV vom 23. Mai 1960, Bl. 1 f.
513 In einer Replik auf Ulrich Scheuners Artikel (Ist die Bundesrepublik ein Provisorium?) demonstrierte Arndt in seinem Beitrag Der sinnlose Streit um das „Provisorium" (in: Sozialdemokratischer Pressedienst, 15. Februar 1961) Einigkeit mit Wehners Absage an eine Diskussion um das juristische Problem des Provisoriums. Offenbar wollte auch er vermeiden, daß eine weitere kontroverse juristische Debatte der Bundesregierung Gelegenheit gab, die SPD mangelnder Loyalität zum Grundgesetz zu verdächtigen (das klang an in der Bundestagsrede des Bundesaußenministers von Brentano, Prot. BT, 3. WP, 122. Sitzung [30. Juni 1960], S. 7045 C, D; vgl. auch die verletzte Reaktion Erlers, a. a. O., S. 7095 C, D). In der Sache jedoch hielt er ausdrücklich und in vollem Umfang seine Interpretation der Rechtslage Deutschlands aufrecht.
514 Die außen- und sicherheitspolitische Wende der SPD im Jahre 1960 war ein erster wesentlicher Schritt zur Übernahme der Regierungsverantwortung im Laufe des folgenden Jahrzehnts. Die Ostpolitik des ersten sozialdemokratischen Bundeskanzlers Willy Brandt offenbarte denn auch den Wandel staatsrechtlicher Positionen, den die SPD binnen eines Jahrzehnts vollzogen hatte. Der von der Regierung Brandt am 21. Dezember 1972 abgeschlossene Grundlagenvertrag mit der DDR sprach, wie selbstverständlich, von zwei vertragschließenden „Staaten" (vgl. Art. 4 und 6 des Vertrages, BGBl 1973 II, S. 423). Im folgenden Verfassungsrechtsstreit um dieses Vertragswerk schloß sich das Bundesverfassungs-

der Konsequenz dieser Entwicklung, daß Arndt mit seinem Festhalten an der Bezeichnung Bundesrepublik Deutschland für das ganze Deutsche Reich allmählich eine Außenseiterposition einnahm.[516]

‚Freiheit durch Einheit' – nicht ‚Freiheit statt Einheit': gegen Karl Jaspers

Diese tendenziell zunehmende Außenseiterposition wurde auch nicht dadurch aufgehoben, daß Arndt im Herbst 1960 die Parteiführung hinter sich wußte[517] in seiner Replik auf den Philosophen Karl Jaspers. Mitten in der wiedervereinigungspolitischen Resignationsstimmung hatte Jaspers für Zündstoff gesorgt mit der provozierenden These: Freiheit ohne Wiedervereinigung.[518] Jaspers trennte das lediglich „relative" Ziel der Wiedervereinigung von der „absoluten" Forderung nach persönlicher und politischer Freiheit und gab letzterer den unbedingten Vorrang. Um von der Sowjetunion die Entlassung der Ostdeutschen in einen „freien deutschen Oststaat" zu erlangen, sei der Verzicht auf die Wiedervereinigung ein taugliches und notwendiges Mittel.[519] Jaspers urteilte aus scharfer Kritik an der Entwicklung des deutschen Nationalstaatsgedankens: Hinter der Wiedervereinigungsforderung sah er die Reminiszenz an ein idealisiertes, gewaltsam auf „Blut und Eisen" gegründetes, die politische Freiheit preisgebendes kleindeutsches Bismarckreich.[520] Mit seiner Perversion im nationalsozialistischen Staat unterfalle der Nationalstaatsgedanke der politischen Haftung der Deutschen für das von ihnen und ihrem Staat zugelassene und verübte Unrecht: Den Anspruch auf Wiedervereinigung hielt Jaspers für moralisch und rechtlich verwirkt.[521]

Nach einer ersten heftigen Reaktion auf Jaspers' „kurzschlüssige Fehlleistungen"[522] ließ Arndt sich zwar nicht zu einer pauschalen Verurteilung der Thesen Jaspers' hinreißen; denn allzu genau sah er, daß der Philosoph mit historisch begründeter Skepsis die

---

    gericht dieser Sichtweise an und bekräftigte, „nicht jedes Zwei-Staaten-Modell sei mit der grundgesetzlichen Ordnung unvereinbar" (BVerfGE 36, 1 ff. [S. 24]). In dem Verfassungsstreit hatte die sozialdemokratisch geführte Bundesregierung vorgetragen, das Grundgesetz unterscheide zwischen der „Bundesrepublik Deutschland" und „Deutschland", verstanden als Deutsches Reich in den Grenzen von 1937 (BVerfGE 36, 1 ff. [S. 8]); sie fand damit die Zustimmung des Bundesverfassungsgerichts, das klarstellte: „Die Bundesrepublik umfaßt also, was ihr Staatsvolk und ihr Staatsgebiet angeht, nicht das ganze Deutschland (E 36, S. 16). Damit hatte die SPD – ohne indessen die Konsequenz ausschließlich völkerrechtlicher Beziehungen zu ziehen (zu den grundgesetzlichen Hemmnissen vgl. BVerfGE 36, 1 [S. 22 ff.]) – den wesentlichen Schritt zur „Imperfekttheorie" vollzogen.

515 Insofern war Arndts Position (wie Schuster, Deutschlands staatliche Existenz, S. 160, dies tut) nach 1960 nicht mehr schlicht mit dem Oppositionsstandpunkt gleichzusetzen.
516 Schuster, a. a. O., S. 161 f. Unter anderem Fritz Erler bezog den Ausdruck „Bundesrepublik Deutschland" auf den Geltungsbereich des Grundgesetzes.
517 Zur Reaktion der Parteiführung auf Karl Jaspers' Vorstoß vgl. Klotzbach, Staatspartei, S. 566.
518 Jaspers, Freiheit und Wiedervereinigung, insbesondere S. 34.
519 Für notwendig hielt Jaspers den Verzicht auf Wiedervereinigung jedenfalls, um die – allein erstrebenswerte – friedliche Gewinnung der Freiheit für Ostdeutschland zu realisieren (a. a. O., S. 37). Insofern stellte Jaspers die These Freiheit „statt" Wiedervereinigung auf, obwohl er dies dementierte (a. a. O., S. 34).
520 A. a. O., S. 16, 18 f., insbesondere S. 24.
521 A. a. O., S. 19 ff., S. 34.
522 Arndt, Kurzschlüssige Fehlleistung. Zu Professor Jaspers' irrealen Spekulationen, in: Sozialdemokratischer Pressedienst, 11. August 1960.

Frage nach dem Weg „von einem apolitischen und in Emotionen gefangenen Volk zu politischen und freiheitlich denkenden Staatsbürgern" stellte.[523]

Doch hatte sich seit 1946 nichts an seiner entschiedenen Ablehnung der These Jaspers' von der kollektiven politischen Haftung der Deutschen geändert. Unbeirrt hielt Arndt Jaspers entgegen, „eine Verbrecherbande" habe nach 1933 ein „Gebirge von Schuld aufgehäuft", aber es sei „keine sittliche Idee, deshalb dem deutschen Volk zuzumuten, daß es als Reparation seine Einheit zum Opfer bringen müßte."[524] Kardinale Schwächen in Jaspers' Argumentation waren leicht aufgedeckt[525] – doch ging es Arndt um mehr.

Jaspers wollte eine Lehre aus der deutschen Nationalstaatsgeschichte durch die Revision ihrer Schlüsselentscheidung ziehen. Die folgenträchtige Überordnung der Einheit über die Freiheit, Gründungsvoraussetzung des Bismarckreichs und „Sündenfall" der liberalen Bewegung[526], sollte nach seiner Auffassung in ihr Gegenteil und damit zum Besseren gekehrt werden. Arndt hingegen suchte die alte Formel mit neuem Gehalt zu erfüllen: „Gerade um der Freiheit des deutschen Volkes willen ist seine Einheit notwendig."[527] Was einst die Verheißung einer Neugründung gewesen war, sollte nun, bescheidener, als Hebel wirken, um die Aussicht auf Freiheit eines Teils des deutschen Volkes wenigstens offenzuhalten und die unlösbare Verantwortlichkeit der Deutschen füreinander zu manifestieren.[528] Aufgewachsen im deutschen Nationalstaatsgedanken und seine Perversion vor Augen, hielt Arndt dessen Mission dennoch nicht für erfüllt: Nur ein einiges Deutschland könne sich und Europa Frieden bringen. Von daher gewann es nach Arndts Auffassung seine historische Legitimation.[529]

Ob und wie ein einiges Deutschland seinen historischen Auftrag nunmehr – friedlich – erfüllen würde, setzte Arndt indessen mehr voraus, als dies zu begründen. Darin erwies die Vision seines Nationalbewußtseins zugleich ihre Grenze.

---

523 Arndt, Politische Freiheit ist nicht teilbar, in: Die Zeit, 7. Oktober 1960.
524 Arndt, Kurzschlüssige Fehlleistung. Zu Professor Jaspers' irrealen Spekulationen (Anm. 522).
525 Jaspers' Thesen war entgegenzuhalten, daß sie keinerlei Freiheits-Sicherheit für das Wiedervereinigungsopfer zu bieten vermochten, und daß die angeblich absolute nur eine halbe Freiheit war, wenn sie die Selbstbestimmung zur Wiedervereinigung ausschloß, s. dazu Arndt, Politische Freiheit ist nicht teilbar, in: Die Zeit, 7. Oktober 1960.
526 Zu der bereits im Jahre 1848 mit der Paulskirchen-Versammlung einsetzenden „Zweideutigkeit" des Verhältnisses von Freiheit und Einheit vgl. Jaspers, Freiheit und Wiedervereinigung, S. 16, 52; zum Prozeß der Vorordnung der Einheits- vor die Freiheitsforderung in der liberalen Bewegung während der Reichsgründungszeit vgl. H. A. Winkler, 1866 und 1878: Der Machtverzicht des Bürgertums, S. 37 ff. (S. 41 ff.).
527 Arndt, Kurzschlüssige Fehlleistung, in: Sozialdemokratischer Pressedienst, 11. August 1960.
528 Besonders eindringlich in einem Rundfunkvortrag, gehalten im Hessischen Rundfunk am 11. Oktober 1960, abgedruckt in: Pressemitteilungen und Informationen der SPD, 11. Oktober 1960: „Denn unser Ringen um die Einheit ist ja das notwendige und unverzichtbare Mittel, um die Aussicht auf Freiheit für die Zone offen zu halten und immer wieder unser Recht auf Selbstbestimmung geltend zu machen. In uns ist es daher, uns unlösbar verantwortlich für die Deutschen in der Zone zu wissen. Wir können nicht aufhören, die Selbstbestimmung aller Deutschen als eigene Sache zu behandeln, die uns unmittelbar angeht [. . .]."
529 Arndt, Politische Freiheit ist nicht teilbar, in: Die Zeit, 7. Oktober 1960: „Man kann sich Staaten nicht ausdenken. Ein Staat legitimiert sich geschichtlich durch seine Notwendigkeit für den Frieden."

Sechstes Kapitel
Rechtsprechende Gewalt, Gerichtsbarkeit und Verfassungsrechtsprechung: Arndt und die Entfaltung der Judikative

Keine Staatsfunktion, kein Teil des staatlichen Organisationsrechts fesselte gleichermaßen Arndts theoretisches und rechtspolitisch-praktisches Interesse wie die *rechtsprechende Gewalt*. In seiner ausgedehnten Vortrags- und Publikationstätigkeit entwarf der sozialdemokratische Jurist ein neues Richterleitbild. Seine Apologie des Richters und der Gerichtsbarkeit gelangte jedoch in der Justizgesetzgebung des Dritten Bundestags nur zu einzelnen, noch zaghaften legislatorischen Reformerfolgen. Die Kehrseite jener Apologie der richterlichen Unabhängigkeit war indessen die zurückhaltende, durch außenpolitische Rücksichten verstärkte, lediglich halbe Kritik Arndts an der NS-belasteten Justiz.

Seinen erfolgreichsten, nachhaltig wirksamen Beitrag zur Entfaltung der Judikative leistete Adolf Arndt im Hinblick auf die Verfassungsgerichtsbarkeit. Er trug entscheidend dazu bei, das Bundesverfassungsgericht vor einer Umwandlung zum ‚Regierungsgericht' im Jahre 1956 zu bewahren und als unabhängige Institution zu erhalten, die auch der (föderativen) Opposition Einflußmöglichkeiten eröffnete. Als herausragender, wissenschaftlich und forensisch gleichermaßen brillanter Prozeßvertreter initiierte und beeinflußte Arndt bis in die Sechziger Jahre hinein die Rechtsprechung des Bundesverfassungsgerichts in fast allen grundlegenden, die neue Verfassungsordnung konkretisierenden – und ergänzenden – Entscheidungen.

1. Richterschaft und Gerichtsbarkeit: zwischen Apologie und Kritik

Arndts nachhaltiger Einsatz für die Entfaltung der Judikative lag schon von seiner Biographie her nahe.

Die ersten Berufsjahre als junger Richter in der zerfallenden Weimarer Republik, die massiven und bedrohlichen politischen Angriffe auf die Richter und ihre Unabhängigkeit unter leidenschaftlicher Anteilnahme einer politisch tief gespaltenen Öffentlichkeit im umkämpften Machtzentrum Berlin – dies war eine Arndt nachhaltig prägende Erfahrung. Seine damals einsetzende wissenschaftliche Auseinandersetzung mit Begriff und Inhalt der rechtsprechenden Gewalt hatte er in Anschauung und unter dem Druck der politischen Ereignisse zu pointierten Thesen entwickelt, deren Berechtigung das nationalsozialistische Regime mit seiner totalen Lenkung der Justiz nur bestätigt hatte. Arndts Befassung mit dem Problem rechtsprechender Gewalt nach 1945 stellte so ein Stück biographischer Kontinuität her, die allerdings nur eine erste Erklärung für seine systematische, immer neu ansetzende Behandlung des Themas gibt.

Vom Justizbeamten zum Rechtsschöpfer – Arndts Entwurf eines neuen Richterleitbildes

Immer wieder hob Arndt die Strukturentscheidung des Grundgesetzes hervor, das die rechtsprechende Gewalt zu einer den beiden anderen Arten der Staatsgewalt „ebenbürtigen Gewalt"[1] fortentwickelt habe. Über diese nüchterne Feststellung hinaus gab er der rechtsprechenden Gewalt eine Indiz- und Trägerfunktion für die Verfaßtheit eines staatlichen Gemeinwesens schlechthin. Letztlich maß er der Judikative eine überragende, die anderen Gewalten verpflichtende und bindende Aufgabe der Friedenswahrung innerhalb der grundgesetzlichen Verfassungsordnung zu; denn das Grundgesetz selbst habe die Rechtsprechung als „selbständig und besondersartig"[2] ausgestaltet.

Auf dieser Grundlage entwickelte Arndt es als ein wesensbestimmendes Merkmal der Rechtsprechung, *Rechtsschöpfung* zu betreiben, und zwar gleichermaßen wie das staatliche Gesetz, wenn auch „mit anderen Mitteln und gerichtet auf andersartige Wahrheiten." Sein „Urberuf" stelle dem Richter, vor allem

> „wegen der durch kein Gesetz zu behebend[en] Unsicherheit des Rechts und der Ungewißheit der Wahrheit" und der „gefahrvoll[en] Mängel, die in der irrtumsverhafteten Geschichtlichkeit und Unvollendbarkeit des Menschen ihren Grund haben [...], gebieterisch die Aufgabe, von Fall zu Fall durch den Beweis bestimmter Wahrheiten und durch den Spruch, wer recht hat, Frieden zu stiften."[3]

In dieser richterlichen Aufgabe lagen für Arndt erst die Würdigung des jedem „wirklichen Fall eigenen Humanums" und ein „fruchtbares Mittel der Freiheitlichkeit."[4]

Mehr noch als die Aufgabe der Rechtsschöpfung kennzeichnete die rechtsprechende Gewalt eine „Rechtskraft wirkende Entscheidung durch Wahrheits- und Rechtsprüfung um der Gewißheit willen."[5] Im Rückgriff auf die Theorie seines Lehrers James Goldschmidt sah Arndt in der Kompetenz, „Wahrheit" (soweit mit beweiskräftigen juristischen Mitteln zugänglich) zu kontrollieren und ihr „objektives und darum gültiges Erwiesensein" mit allgemeinverbindlicher, nicht einmal durch Verfassungsänderung antastbarer Rechtskraft[6] festzustellen, das essentielle und von anderen Staatsfunktionen unterschiedene Wesen rechtsprechender Gewalt. Das Monopol[7] des rechtskräftigen *Wahrheitsspruchs* gab der Richtertätigkeit Pathos und Gewicht einer herausgehobenen Verantwortung, die entsprechende Anforderungen an die Persönlichkeit des Richters stellte. Ein Richter, der neben dem Gesetzgeber zur Rechtsschöpfung und

---

1 Arndt, Die Gesetzlichkeit des Richters und die Wahrheitsfrage (1966), S. 4.
2 Arndt, Rechtsprechende Gewalt und Strafkompetenz (1961), S. 259.
3 Gesetzesrecht und Richterrecht (1963), S. 77.
4 Arndt, Das Bild des Richters (1957), S. 338; ders., Die Problematik der Grundsatzrevision aus verfassungsrechtlicher Sicht (1962), S. 390.
5 Arndt, Rechtsprechende Gewalt und Strafkompetenz (1961), S. 251.
6 Besonders deutlich in Arndt, a. a. O., S. 258 f.
7 Arndt, Grundfragen einer Reform der deutschen Justiz (1959), S. 355; ders., Rechtsprechende Gewalt und Strafkompetenz (1961), S. 249.

dabei zugleich zur Erkenntnis des ‚Humanums' im Einzelfall berufen war, dürfte daher, nach Arndts Auffassung, nicht mehr dem „formal-positivistisch[en] Gesetzesvollzugsdenken"[8] und der obrigkeitsstaatlich-autoritätshörigen Sicherheitsgläubigkeit mit ihrem ausschließlichen Ideal intellektueller Höchstleistung in der Anwendung der Gesetzestechnik huldigen. Arndt stand vielmehr das Bild von Richtern vor Augen, die, zur rechtsschöpferischen Mitgestaltung des öffentlichen Lebens berufen[9], nicht einer „Elite von Richterkönigen", sondern „der Mitte eines demokratischen Volkes von mündigen Staatsbürgern" als „Staatsbürger in der Robe"[10] entstammten und dabei in der Verschiedenartigkeit ihrer Herkunft, ihres Glaubens und auch ihrer politischen Auffassungen[11] der zentralen staatsbildenden Aufgabe dienten,

> „[...] Hand in Hand mit den anderen und in einer gemeinsamen Rechtsüberzeugung nicht etwa sich selbst, sondern über sich hinaus das Recht finden zu können."[12]

Das führte zu der grundlegenden Auffassung Arndts von der *staatsintegrierenden* Funktion der Gerichtsbarkeit: Diese war nach Arndt gerade wegen ihrer Berührung mit dem Einzelfall, mit der den Bürger individuell betreffenden Rechtsfrage, dazu berufen, staatliche „Legitimität und Legitimation durch Vertrauen" zu bilden. Dieser Vertrauen bildenden Aufgabe konnte nur ein Richter entsprechen, der nicht jenseits der Welt stand, sondern der zum „Bilden einer Gemeinschaft und Solidarität" mit jedermann, der vor ihn trat[13], befähigt war. Eine solche Richterpersönlichkeit sollte zum einen die Standhaftigkeit und „Unerschrockenheit" beweisen, „der Welt die Wahrheit zu sagen"[14] und sich auch unbeliebt zu machen. Sie mußte andererseits, ja in noch höherem Maße, die Fähigkeit der Selbstentäußerung beweisen, in der „Achtung vor der Möglichkeit auch anderer Standpunkte" und in der Einsicht in das Wesen des „Rechts als der jedermann bindenden Regel": Es galt, den demokratischen Richter zu ermöglichen,

> „dessen Pathos nicht die große Gebärde der Endgültigkeit, sondern dessen Ethos das tu quoque des Mitleidens ist und die Weisheit um das Maß unserer Menschlichkeit ist."[15]

Arndt entwickelte ein dichtes und eindringliches Bild von der Funktion des Richters und der rechtsprechenden Gewalt, das er in großangelegten Vorträgen vor zahlreichem Publikum auf Juristen- und Anwaltstagen, Tagungen von Richtern und Staatsanwälten sowie in weitverbreiteten Fachorganen, unter anderem der Deutschen Richterzeitung, über mehr als zwei Jahrzehnte nach 1945 einer breiten Fachöffentlichkeit mit nachhal-

---

8 Arndt, Grundfragen einer Reform der deutschen Justiz (1959), S. 347.
9 Arndt, Das Bild des Richters (1957), S. 330.
10 Arndt, Grundfragen einer Reform der deutschen Justiz (1959), S. 344.
11 Arndt, Empfiehlt es sich, die vollständige Selbstverwaltung aller Gerichte im Rahmen des Grundgesetzes einzuführen? (1954), S. 375: „Das Bekenntnis zu einer Überzeugung und das möglicherweise unbewußte, nie aber fehlende Verhalten gerade auch politischer Art können grundsätzlich der Richtereignung nicht entgegenstehen."
12 Arndt, a. a. O., S. 381.
13 Arndt, Das Bild des Richters (1957), S. 339.
14 Arndt, Empfiehlt es sich, die vollständige Selbstverwaltung aller Gerichte im Rahmen des Grundgesetzes einzuführen? (1954), S. 385, unter Bezug auf ein Lutherwort.
15 Arndt, Das Bild des Richters (1957), S. 341; ders., Grundfragen einer Reform der deutschen Justiz (1959), S. 356.

tigem Echo vortrug. Arndt ging es darum, die rechtsschöpferische, individuelle Richterpersönlichkeit aus der Anonymität des vom Positivismus angenommenen, vermeintlich reinen Gesetzesvollzugs zu öffentlicher Bedeutung und Beachtung zu erheben, wie sie – nach seiner Auffassung – allein der demokratischen Funktion rechtsprechender Gewalt entsprach. Arndt entwarf eine Verfassungs- und Verhaltensethik der richterlichen Gewalt, die den Richter auf die Einhaltung der Grundgebote christlicher Wahrhaftigkeit und Mitmenschlichkeit, ja Mitleidensfähigkeit, verpflichtete.

Das war, gemessen allein an der Terrorjustiz des nationalsozialistischen Volksgerichtshofs und der Anpassung großer Teile der übrigen Gerichtsbarkeit an die ihr zugedachte Rolle als Vollstrecker menschenverachtenden und -vernichtenden Unrechts, beileibe keine Selbstverständlichkeit und von tiefer moralischer Berechtigung. Was aber hob Arndts eindringliche, immer glänzend und geistvoll formulierte Gedanken hinaus über unverbindliche, schnell konsensfähige Moralpostulate, die zudem Gefahr liefen, von den applaudierenden Richtern als Bestätigung ihrer eigenen herausragenden Bedeutung dankbar empfangen zu werden und als bloßer Anlaß zu apologetischer Selbstbesinnung folgenlos zu bleiben?[16] Die Frage nach den Bedingungen der Möglichkeit einer solch visionären Neubestimmung des Richterbildes drängte sich auf.

Arndt selbst sah die Realisierungschancen seiner „Vision" nüchtern: So leidenschaftlich er ein „Bild des Richters" entwarf, so deutlich war ihm, daß sich dies gesetzgeberisch nicht herbeiführen – allenfalls vorbereiten und unterstützen – ließ.[17] Mehr noch: Seinem historischen Denken in gesellschaftlichen Zusammenhängen entging nicht, daß „nur ein freiheitlich denkendes Volk und eine freiheitlich und rechtlich geordnete Gesellschaft zum Recht freie Richter hervorbringen"[18] kann. War also sein Bild des Richters doch nur ein im gesellschaftlichen Zusammenhang isoliert und folgenlos bleibendes Wunschdenken?

Der verschwommene Eindruck des überzeitlich Visionären wird kontrastreicher und lebendig, wenn man sich vor Augen führt, daß Arndts Thesen in den zeitlichen Zusammenhang der Justizreformdiskussion der Fünfziger Jahre zielten und eine ganz spezifische Stoßrichtung verfolgten. Das „Bild des Richters" und seine Theorie der rechtsprechenden Gewalt entwickelte Arndt in Auseinandersetzung mit der vollziehenden Staatsgewalt und in stetiger Spannung zu einem von der exekutivischen Praxis traditionell überlagerten und dominierten Verständnis der Dritten Gewalt. Die Befreiung der Gerichtsbarkeit von „obrigkeitsstaatlichem" Denken und Residuen „verwaltungsstaatlicher"[19] Organisation war das Arndt leitende Motiv, von dem aus sich erst im Kontrast seine Begriffs- und Wesensbestimmung der rechtsprechenden Gewalt voll erschließt: Die Unabhängigkeit des Richters bekam für Arndt Gestalt erst durch ihre Entgegensetzung zur hierarchischen Weisungsunterworfenheit des Beamten. Die

---

16 Vgl. Anklänge daran in den lobenden Bemerkungen Professor Eberhard Schmidts und des Freiherrn von Hodenberg im Anschluß an Arndts Vortrag, s. Verhandlungen des 40. Deutschen Juristentags 1953. Öffentlich-rechtliche Abteilung, Tübingen 1954, S. C 64 und C 95.
17 Arndt, Das Bild des Richters (1957), S. 326.
18 Ders., Grundfragen einer Reform der deutschen Justiz (1959), S. 344.
19 S. Arndt, Grundfragen einer Reform der deutschen Justiz (1959), S. 348; ders., Die Innenminister und das Richtergesetz (1956), S. 56; vgl. dazu auch Arndts deutliche Äußerungen im Bundestag, Prot. BT, 3. WP, 56. Sitzung (22. Januar 1959), S. 3048 C („Stiefmütterliche Behandlung der rechtsprechenden Gewalt"), S. 3054 B (Tendenz der Exekutive, sich „als den Staat schlechthin zu sehen").

Rechtsschöpfung und das Monopol des Wahrspruchs, verbunden mit der Verantwortung für die richtige Rechtsfindung, ordneten dem Richter die „Gestaltungsaufgabe des Rechts" zu, während sich die Verwaltungsfunktion für Arndt ausschließlich im „Tatsächlichen [...] mit einem beträchtlichen Spielraum" der Feststellung[20] bewegte. Scharf akzentuierte er diesen Gegensatz in seinem Protest gegen eine Entschließung, die – bezeichnenderweise – die Länderinnenminister im Jahre 1955 zur Frage des Richtergesetzes gefaßt hatten und in der Beamte und Richter statusrechtlich gleichgestellt worden waren[21]:

> „[...] aber Art und Sinn des Wirkens sind beim Richter unvergleichlich anders als beim Beamten. Der Beamte ist als Repräsentant der Verwaltung in die Hierarchie der Abhängigkeit hineingestellt. Die Unabhängigkeit des Richters hingegen ist kein Beiwerk für seine Person, sondern ein Prinzip seiner Institution, das ihn als Organ aus jeder Abhängigkeit herausnimmt, weil ihm keine Tatsachen schaffende, sondern eine – dem Beamten versagte – rechtsschöpferische Tätigkeit obliegt."[22]

Der Beamte als Repräsentant der Verwaltung, der Richter als unabhängiges Organ und spezifische Verkörperung des *demokratischen* Staates – so sehr Arndt vor dem Bundestag bemüht war, diese Gegenüberstellung ohne „Überbewertung oder Abwertung"[23] nach einer Seite moderater zu formulieren, so war doch seine Höherbewertung der Anforderungen und Aufgaben richterlicher Tätigkeit unverkennbar. Und doch stand mehr dahinter als ein persönliches Ressentiment gegenüber der Verwaltungshierarchie. Arndts großes Anliegen, die Einsicht in die Besonderheit von Aufgabe und Struktur rechtsprechender Gewalt zu wecken, war, historisch gesehen, ein kompensatorisches Unterfangen: Die deutsche Justizgeschichte seit dem ausgehenden 19. Jahrhundert zeigte – bei formaler Anerkennung der richterlichen Unabhängigkeit – in Ausbildungsordnung und sozialer Rekrutierung Strukturen, die ein staatstragendes und staatsangepaßtes Verhalten der Richter förderten und indirekt erzwangen. Die bevorzugte Besetzung höherer Richterstellen des Wilhelminischen Reiches mit bewährten Juristen der weisungsgebundenen, wie die allgemeine Verwaltung exekutivisch strukturierten Staatsanwaltschaft[24] förderte die Tendenz zur Durchdringung der Justiz mit Formen und Verhaltensweisen hierarchischer Verwaltungsorganisation. Schwache Reformansätze kamen in der krisengeschüttelten Weimarer Republik nicht zum Tragen und wurden im totalitären Herrschaftssystem des Nationalsozialismus erstickt.

Hier mußte der Staat des Grundgesetzes neue Wege beschreiten, wenn er die von Arndt konstatierte Ranggleichheit und gleichzeitige Besondersartigkeit der rechtsprechenden Gewalt realisieren wollte. So verstanden war die „Ranggleichheit" der rechtsprechenden Gewalt ein Appell Arndts zur Fortsetzung einer in Hessen begonnenen

---

20 Arndt, Rechtsprechende Gewalt und Strafkompetenz (1961), S. 253.
21 Vgl. die Stellungnahme der Innenminister zum Richtergesetz, in: DVBl 1955, S. 488 (489).
22 Arndt, Die Innenminister und das Richtergesetz (1956), S. 56.
23 Arndt anläßlich der Beratung der Verwaltungsgerichtsordnung, Prot. BT, 3. WP, 89. Sitzung (11. November 1959), S. 4832 C; zu der begrifflichen Gegenüberstellung von Beamten und Richtern s. Arndt, Die Innenminister und das Richtergesetz (1956), S. 56.
24 S. Wehler, Das Deutsche Kaiserreich 1871 bis 1918, S. 73; zur Tätigkeit in der hierarchisch-bürokratisch organisierten Staatsanwaltschaft als Karrieresprungbrett vgl. Claussen, Justizverwaltung 1867 bis 1918, S. 459 f. (S. 461).

Reform[25], ein noch erfüllungsbedürftiger Auftrag. Seine Realisierungschancen mußten sich im Parlament erweisen.

Reformimpulse zur Neugestaltung der Dritten Gewalt

Die reale Stärkung der Dritten Gewalt konnte nur über ihre entsprechende materielle Ausstattung führen. Im Bundestag profilierte sich Arndt als vehementer Fürsprecher justizieller Interessen. In den Haushaltsdebatten des Zweiten Bundestages beantragte er regelmäßig Mittelerhöhungen, vor allem zusätzliche Richterstellen, für die im Aufbau befindlichen oberen Bundesgerichte. Insbesondere das Mißverhältnis zwischen der personellen Besetzung der Verwaltungsgerichtsbarkeit und jener der Verwaltung auszugleichen, betrachtete Arndt als ein rechtsstaatliches Gebot richterlicher Kontrolle der öffentlichen Gewalt.[26] Außerdem hatte er ein genaues Gespür für Rangfragen von staatspolitischer Tragweite, die sich im dürren Zahlenwerk der Gehaltsstufen spiegelten. So empfand er beispielsweise die Versagung von Dienstaufwandsentschädigungen für die Richter oberer Bundesgerichte als absichtsvolle Degradierung der Gerichte durch die hohe Ministerialbürokratie.[27] Unter Berufung auf eine Denkschrift des Deutschen Richterbundes hielt er dem Bundesfinanzminister vor, daß sich die Besoldungssituation der höchsten Richter gegenüber den hohen Beamten stetig verschlechtert habe. Weiter ausholend erinnerte er an die Notwendigkeit von Auslandsreisen der Richter angesichts der internationalen Rechtsverflechtung und gemahnte das Parlament an seine Pflichten gegenüber den Bundesgerichten, die „Seismographen des Rechtsbewußtseins, also Einrichtungen von allerfeinster Empfindlichkeit", seien und die man nicht Jahr für Jahr in die „unglückliche Rolle von Bittstellern" drängen dürfe.

Diese werbenden Worte – verbunden noch mit dem Appell, die „Pflege unseres Geisteslebens" nicht zu vernachlässigen und geistiger Arbeit ihre zeitgemäßen Voraussetzungen zu sichern[28] – waren Ausdruck eines kontinuierlichen Eintretens für die Belange der Justiz und verschafften Arndt Anerkennung insbesondere unter den hohen Richtern.[29] Zu ihnen unterhielt er auch Korrespondenz über wissenschaftliche und

---

25 Vgl. Kapitel II.3.
26 Vgl. auch Arndts Zahlenvergleich, Prot. BT, 2. WP, 207. Sitzung (8. Mai 1957),S. 11 932 D; vgl. auch Arndt an Staatssekretär Karl Weishäupl (SPD), 10. Mai 1957, Akten SPD-BTF 2382 (Rechtspflegeministerium): Dort klagte er, die Verwaltung habe vielfach „nicht den guten Willen, eine den rechtsstaatlichen Erfordernissen entsprechende Verwaltungsgerichtsbarkeit zu ermöglichen;" s. auch Arndt an die SPD-Landtagsfraktionen, 4. Februar 1960, Nachlaß Walter Menzel, R 14: „Im Rechtsstaat, der gegen jede Ausübung der öffentlichen Gewalt (Art. 19 Abs. 4 GG) die richterliche Kontrolle zuläßt, muß die organisatorische Stärke der Gerichte in einem angemessenen Verhältnis zur Zahl der Verwaltungsbehörden stehen."
27 Arndt, Prot. BT, 2. WP, 91. Sitzung (23. Juni 1955), S. 5144 B.
28 Arndt, Prot. BT, 2. WP, 151. Sitzung (21. Juni 1956), S. 8090 C.
29 Vgl. den Brief von Bundesverfassungsrichter Willi Geiger, 12. März 1964, bei Arndts Wiederaufnahme der Tätigkeit im Bundestag (während seiner Berliner Senatorentätigkeit hatte sein Bundestagsmandat geruht): „Ich wünsche, daß Sie sich [...] wieder im Parlament des Anliegens der Justiz annehmen" (AdsD, Nachlaß Arndt, Mappe 29); Joseph Schneider (Präsident des Bundessozialgerichts) an Arndt, 3. April 1963: „[...] darf die Gelegenheit auch benutzen, Ihnen noch einmal aufrichtig zu danken für Ihr großes Verständnis und Ihr tatkräftiges Einstehen für die deutschen Gerichte" (AdsD, Nachlaß Arndt, Mappe 25); Fritz Werner (Präsident des Bundesverfassungsgerichts) an Arndt, 7. Dezember 1965: „[...] hörte, daß Sie im neuen Bundestag wieder dem Rechtsausschuß angehören werden. Das ist für alle, die in der Gerichtsbarkeit stehen, eine gute Nachricht" (AdsD, Nachlaß Arndt, Mappe 27).

rechtspolitische Fragen und zahlreiche Kontakte bei Tagungen.[30] Das mußte auch der SPD zugute kommen; denn selbst wenn Arndt zumeist interfraktionelle Initiativen des Bundestagsrechtsausschusses[31] vertrat, so stand er doch in der Öffentlichkeit als Garant dafür, daß die Belange der hohen Gerichte bei der SPD in guten Händen waren. Dabei war Arndt allerdings nicht repräsentativ für die Gesamtpartei. Seine Autorität überlagerte in der SPD sehr wohl vorhandene traditionelle Ressentiments gegenüber dem Juristenstand.[32]

Offener Dissens in der SPD entstand indessen über die von Arndt favorisierte Einrichtung eines ‚Rechtspflegeministeriums'. Mit dem Ziel der Einheit der Gerichtsbarkeit hatte Arndt diesen Gedanken seit den ersten Nachkriegsjahren in Hessen[33] verfochten. Mit der Herauslösung der Fachgerichte aus der haushaltsrechtlichen und organisatorischen Zuständigkeit des jeweiligen Fachministeriums und ihrer einheitlichen Ressortierung in einem Rechtspflegeministerium sollte die Unabhängigkeit der Rechtspflege gegenüber der Verwaltung gestützt werden. Doch widersprach dieser Gedanke einem entschiedenen gewerkschaftlichen Interesse. Die Schaffung einer eigenständigen, aus der sozial-konservativen ordentlichen Gerichtsbarkeit herausgelösten Arbeitsgerichtsbarkeit war eine wichtige Errungenschaft der Arbeiterbewegung in der Weimarer Republik gewesen.[34] Arndts Warnung davor, Beamte der Fach –, zum Beispiel der Arbeitsverwaltung in dem ihnen fremden Richteramt einzusetzen[35] – „als Verwaltungsbeamter kann man richterliches Denken nicht lernen"[36] –, rührte an die

---

30 Vgl. die Korrespondenz, AdsD, Nachlaß Arndt, Mappe 12 ff., sowie die große Zahl rechtswissenschaftlicher Publikationen, unter anderem Urteilsanmerkungen, in denen Arndt regelrechte Debatten mit Rechtspraktikern führte, so zum Beispiel in der Frage der Auslegung der Landesverratsvorschrift in § 100 StGB (s. dazu Kapitel III.3., V.1.), zum Problem der Strafgewalt der Finanzämter (s. dazu Kapitel VI.3.) und zur Auslegung des Gebots des gesetzlichen Richters, Art. 101 GG (s. dazu unten).
31 Vgl. dazu die Sitzungen des Rechtsausschusses des Bundestags in der 2. WP (45., 97., 180., 191. Sitzung) und in der 3. WP (26., 37., 94. Sitzung).
32 Das zeigt beispielhaft ein Brief Hermann L. Brills an Wolfgang Abendroth, 4. Januar 1955: „[...] in politicis ist ein absolutes Vakuum, in Bezug auf die Grundprobleme der Rechtswissenschaft eine – wenn dieser Ausdruck antagonistisch erlaubt ist – profunde Unwissenheit vorhanden. Denn die übergroße Mehrzahl unserer Juristen, mögen sie nun Ministerialräte oder Präsidenten an hohen Gerichten sein, besteht doch eben nur aus positivistischen Handwerkern. Wenn ich mir das Inhaltsverzeichnis der Gedächtnisschrift für Jellinek oder die Diskussion der Staatsrechtslehre um den sozialen Rechtsstaat ansehe, erklärt sich mir alles: Sie versuchen, sogenannte Rechtsbegriffe aus dem kleinbürgerlichen Ressentiment über das schmale Gehalt, das keinen guten Mittagstisch, kein großes Abendkleid, keinen Smoking usw. gestattet, aufzubauen. Die Situation ist beinah hoffnungslos [...]" (BA Koblenz, Nachlaß Herrmann L. Brill, BA-ML 86-Nr. 82a, Bd. 1).
33 Vgl. dazu Kapitel III.1.
34 S. dazu Kaiser, Die Repräsentation organisierter Interessen, S. 294 f.; zur Entstehung und Struktur der Arbeitsgerichtsbarkeit in der Weimarer Republik eingehend H. A. Winkler, Der Schein der Normalität, S. 507 ff., der allerdings auf die arbeitgeberfreundliche Rechtsprechung des Reichsarbeitsgerichts hinweist (a. a. O., S. 509, 611, 714); s. eingehend auch zu den Meinungsverschiedenheiten zwischen dem sozialdemokratischen Reichsjustizminister Gustav Radbruch und gewerkschaftlichen Positionen – Martiny, Integration oder Konfrontation, S. 99 ff. (insbesondere S. 110 f.).
35 Vgl. Arndt an den Deutschen Gewerkschaftsbund (Landesbezirk Nordmark), 8. Dezember 1956, AdsD, Akten SPD-BTF 2342 (Rechtspflegeministerium).
36 Vgl. Arndt an Staatssekretär Weishäupl, 10.Mai 1957, AdsD, Akten SPD-BTF 2382. Arndt erinnerte daran, daß man angehenden jungen Richtern praktische Erfahrung auch durch die vorgeschriebene Referendarausbildung bei Gewerkschaften und Arbeitsgerichten vermitteln könne. Diese Regelung sei von Zinn und ihm „gleich nach 1945 in Übereinstimmung mit Willi Richter" im hessischen Richtergesetz eingeführt worden (s. Kapitel II.4.), vgl. Arndt an DGB-Bezirk Nordmark, 8. Dezember 1956, AdsD, Akten SPD-BTF 2342.

bestehende Besetzungspraxis der Arbeitsgerichtsbarkeit und begegnete daher ganz traditionsbestimmten sozialdemokratischen Einwänden: Es habe erfahrungsgemäß sehr viel häufiger sozialdemokratische Arbeits- und Sozialminister als Justizminister gegeben. Auch wiesen die Arbeitsrichter eine andere „soziologische Herkunft" als das Richterpersonal der allgemeinen Justiz auf. Überdies empfänden die wirtschaftlich und sozial schwachen Staatsbürger mehr Vertrauen zur Auswahl der Richter durch die obersten Arbeits- und Sozialbehörden.[37] Bereits Georg August Zinn, der im Parlamentarischen Rat in Übereinstimmung mit Arndt den Gedanken einer vereinheitlichten Gerichtsbarkeit erwogen hatte, hatte sich dem gewerkschaftlichen Interesse beugen müssen.[38] So drang auch Arndt mit seinem „theoretischen Prinzip"[39] der einheitlichen Rechtspflege, obwohl er zur Rücksichtnahme auf gewerkschaftliche Interessen gewillt war[40], gegen diese Einwände nicht durch.

Die volle Unterstützung seiner Partei hingegen erhielt Arndt für sein Bemühen um die *Demokratisierung* der Gerichtsbarkeit. Ansatzpunkte boten die zwei großen Justizgesetze der dritten Legislaturperiode des Bundestags: die Verwaltungsgerichtsordnung[41] und das seit langem ausstehende Richtergesetz.[42]

Durfte das Richtergesetz eines demokratischen Staates dem Richter schlechthin jede parteipolitische und kommunalpolitische Betätigung versagen, wie es der Regierungsentwurf vorsah?[43] Der breiten Ablehnung dieser Vorschrift in allen Bundestagsfraktionen gab Arndt vor dem Rechtsausschuß eine ganze Reihe grundsätzlicher Argumente an die Hand:[44] Er warnte davor, die Richterschaft „à la Reichswehr" zu einem scheinbar neutralisierten „Staat im Staate" zu machen, und erinnerte an eine der „erfreulichsten Erscheinungen deutscher Demokratie in ihren oft schwachen Ansätzen", die

---

37 Staatssekretär Karl Weishäupl (SPD) an die Bundestagsfraktion der SPD, 16. April 1957, AdsD, Akten SPD-BTF 2382.
38 Auf Zinns Stellungnahme berief sich Arndt im Brief an Weishäupl, 10. Mai 1957, AdsD, Akten SPD-BTF 2382; vgl. dazu Soergel, Konsensus und Interesse, S. 148 ff. und S. 368, Anm. 88 (Zinns wörtliche Stellungnahme).
39 So die Kritik Weishäupls im Brief an die Bundestagsfraktion der SPD, 16. April 1957, AdsD, Akten SPD-BTF 2382. Aus der Korrespondenz Arndts geht hervor, daß die Auffassungen zum Thema *Rechtspflegeministerium* in der SPD gespalten waren, Arndt an Weishäupl, 10. Mai 1957, AdsD, Akten SPD-BTF 2382. Wie Arndt hatte z. B. sein Fraktionskollege Hans Merten in der 193. Sitzung des 2. Bundestags am 21. Februar 1957, S. 10 976 B f., für die Schaffung eines Rechtspflegeministeriums plädiert. Das hatte Weishäupls entschiedene Gegenreaktion ausgelöst. Die Auswertung eines Fragebogens des Rechtspolitischen Ausschusses beim SPD-Parteivorstand 1958 ergab eine klare Mehrheit für die Bündelung der gesamten Gerichtsverwaltung im Justizministerium, AdsD, Akten SPD-BTF 1361.
40 Arndt an DGB-Bezirk Nordmark (8. Dezember 1956, AdsD, Akten SPD-BTF 2342): Nach einem grundsätzlichen Plädoyer für die Einbeziehung auch der Arbeitsgerichte in ein einheitliches Rechtspflegeministerium räumte er ein: „Jedenfalls würde insoweit für mich stets die Stellungnahme der Gewerkschaften maßgeblich sein"; in dieser Richtung auch Arndt an Weishäupl, 10. Juli 1957, AdsD, Akten SPD-BTF 2382.
Dabei sah Arndt recht genau die Gefahren eines Rechtspflegeministeriums. Zwei Jahre darauf gab er zu bedenken, daß sich „hinter dem Ruf nach dem Rechtspflegeministerium [...] nicht selten der Wunschtraum" verberge, „die Gerichtsbarkeit aus dem Ganzen des Staatswesens, weil es von politischen Parteien mitgeformt und entscheidend mitgeformt wird, durch eine autoritäre, korporative Gestaltung herauszulösen", Arndt, Grundfragen einer Reform der deutschen Justiz (1959), S. 355.
41 BT-DS 3/55 (Entwurf).
42 BT-DS 3/516 (Entwurf).
43 A. a. O., § 38.
44 Vgl. Prot. RA-BT, 3. WP, 109. Sitzung (14. Juni 1960), S. 58 f.

Amtsrichterfronde in den alten Parlamenten. Er lobte das erfolgreich verlaufene, von ihm selbst mitinitiierte[45] Experiment, Soldaten die kommunalpolitische Betätigung zu erlauben. Überdies, so fügte er hinzu, schade es der Toleranz auch eines „Staatsbürgers in der Robe" nicht, einen erklärten Standpunkt zu haben.

Artikulierte Arndt damit den Willen der ganz überwiegenden parlamentarischen Mehrheit[46], so stieß er auf harte Widerstände bei dem Versuch, die Zulassung von Laienrichtern als „sachdienlich und vertrauenerweckend"[47] auch in der höheren Verwaltungsgerichtsbarkeit gesetzlich zu verankern. Nach dem überwiegend negativen Votum hinzugezogener Sachverständiger sprach sich der Rechtsausschuß gegen den SPD-Antrag aus. In der Schlußabstimmung im Bundestag wies Arndt nach, daß schon das Preußische Oberverwaltungsgericht Laienbeisitzer gehabt habe, und warnte davor, „hinter den Zustand des preußischen Obrigkeitsstaats von 1883" zurückzufallen.[48] Als auch dies nichts fruchtete, drang er schließlich im Vermittlungsausschuß durch. Nicht ohne Befriedigung trug Arndt den schließlich angenommenen Vermittlungsvorschlag im Bundestag vor und drang parteiintern[49] auf die landesrechtliche Umsetzung der neuen Regelung, die den Ländern eine Berücksichtigung des Laienelements auch auf der Ebene der Oberverwaltungsgerichte gestattete.[50]

Was für ihn im Kern den demokratischen Richter ausmachte und wofür er leidenschaftlich stritt, bewies Arndt, als er im Rechtsausschuß eine intensive und grundsätzliche Debatte über die Einführung des richterlichen Sondervotums entfachte. Ein Jahrzehnt, nachdem diese Einrichtung für das Bundesverfassungsgericht abgelehnt worden war, unternahm Arndt einen erneuten Vorstoß bei der Beratung des Richtergesetzes im Jahre 1960. Erneut entwarf er dem Ausschuß ein eindringliches Bild des vom Grundgesetz vorausgesetzten „neuen Richters", der Richterpersönlichkeit, die für den Richtspruch oder die Gegenmeinung einzustehen bereit sei[51] und eben dadurch die „Würde des richterlichen Handelns im Rechtsstaat"[52] begründete. Er drang darauf,

---

45 Bei der Erarbeitung des Soldatengesetzes, s. dazu Kapitel V.1.
46 Die beschränkende Regelung des Regierungsentwurfs wurde einmütig verworfen, vgl. den Bericht des Rechtsausschusses, BT-DS 3/2785, zu den §§ 37, 38.
47 Vgl. Prot. RA-BT, 3. WP, 39. Sitzung (14. Januar 1959), S. 23: Dabei wollte auch Arndt die Mitwirkung von Laien auf die Tätigkeit des Oberverwaltungsgericht als Tatsacheninstanz beschränken.
48 Welche Bedeutung innerhalb der SPD-Fraktion dem Laienelement beigemessen wurde, zeigt der Beschluß der Bundestagsfraktion vom 20. Oktober 1959 (bestätigt durch Fraktionsbeschluß vom 10. November 1959), AdsD, Protokolle der Bundestagsfraktion, Akten SPD-BTF 1027, das gesamte Gesetz über die Verwaltungsgerichtsordnung abzulehnen, falls das Laienelement keine Berücksichtigung finde.
49 Vgl. das Rundschreiben Arndts an die SPD- Landtagsfraktionen, 4. Februar 1960 (AdsD, Nachlaß Walter Menzel, R 14) unter Hinweis auf das von ihm im Godesberger Programm (siehe unten Kapitel VII.3.) formulierte Postulat, ehrenamtliche Richter gleichberechtigt an der Rechtsprechung zu beteiligen.
50 S. dazu die neue Regelung des § 9 III 1, 2. Halbsatz der VwGO vom 21. Januar 1960, BGBl 1960 I, S. 17 ff. Am 8. April 1960 teilte Arndt in einem weiteren Rundschreiben an die SPD-Landtagsfraktionen (AdsD, Nachlaß Walter Menzel, R 14) befriedigt mit, daß sowohl Nordrhein-Westfalen als auch Hamburg von der Möglichkeit, das Laienelement in den Oberverwaltungsgerichten zu berücksichtigen, Gebrauch gemacht hätten.
51 Vgl. Prot. RA-BT, 3. WP, 95. Sitzung (25. Januar 1960), S. 29 f., und 110. Sitzung (15. Juni 1960), S. 25 – 27.
52 Vgl. eingehend dazu Arndt, Das Bild des Richters (1957), S. 341; ders., Grundfragen einer Reform der deutschen Justiz (1959), S. 348.

endlich die „ungeheure übertriebene Anonymität" exekutivischen, auf „monokratischer" Organisation und Tradition beruhenden Denkens abzulegen und das aus „dem Beamtenverhältnis abgeleitete Abstimmungsgeheimnis" nicht auch dem Richter aufzuerlegen.[53] Diesmal schien Arndt nicht ganz erfolglos zu bleiben. Zwar wurden ihm neben sachbezogenen Einwänden – unter anderem eine mögliche Arbeitsüberlastung der Richter und die Gefahr eines immanenten Zwangs zum Dissentieren – auch ein Schub tradierter Vorurteile entgegengehalten: So seien die Deutschen „rechthaberisch" und „nicht reif" für eine solche Neuerung, die außerdem die Gefahr der Suche nach „Publicity" bestimmter Richter heraufbeschwöre.[54] Aber in einer Vorabstimmung plädierte der Ausschuß mehrheitlich für die Zulassung des Sondervotums bei den Verfassungsgerichten des Bundes und der Länder.[55] Auch wenn schließlich die Gegenansicht der geladenen Sachverständigen[56] die Ausschußmehrheit umstimmte und das dissenting vote nicht eingeführt wurde, hatte Arndts entschiedener Vorstoß selbst im gegnerischen Lager manche überzeugen können und die Fronten im Vergleich zur Entstehungszeit des Bundesverfassungsgerichtsgesetzes gelockert. Diesmal ließ der Ausschuß das Problem offen.[57]

Die Befreiung der rechtsprechenden Gewalt von exekutivischen, obrigkeitsstaatlichen Strukturen bezog Arndt auch auf die Staatsanwaltschaft. In ihr sah er – ungeachtet des Beamtenstatus – ein Stück funktionell rechtsprechender Gewalt, der es größere Unabhängigkeit von den zuständigen obersten Justizbehörden zu sichern galt.[58] Nachdrücklich erinnerte er im Bundestag an den Ursprung der deutschen Staatsanwaltschaft aus der bürgerlich-liberalen Idee, um der Freiheit des Bürgers willen der Exekutive die Befugnis zu selbständiger strafrechtlicher Verfolgung zu versagen und die Staatsanwaltschaft als „Mittlerin zwischen der Exekutive und der Gerichtsbarkeit" einzusetzen.[59] Um dieses verschüttete Verständnis einer Sonderstellung der Staatsanwaltschaft gegenüber der allgemeinen Verwaltung wiederzubeleben, plädierte er für eine Kodifikation und Beschränkung der staatsanwaltschaftlichen Weisungsgebunden-

---

53 Anlaß zu diesen Ausführungen gab der § 42 des Regierungsentwurfs zum Richtergesetz (BT-DS 3/516), der das „Beratungsgeheimnis" regelte.
54 S. dazu die Ausführungen der CDU-Abgeordneten Weber und Kanka in der 110. Sitzung des Rechtsausschusses am 15. Juni 1960 (Prot. RA-BT, 3. WP, S. 36, 38).
55 Prot. RA-BT, 3. WP, S. 46. Dieses Abstimmungsergebnis ging unter anderem auf den Einfluß des jungen, mit dem von Arndt herangezogenen amerikanischen Vorbild des Supreme Court vertrauten CDU-Abgeordneten Ernst Benda, des späteren Präsidenten des Bundesverfassungsgerichts, zurück.
56 Der Rechtsausschuß hörte die Präsidenten des Bundesverfassungsgerichts, Gebhard Müller, und des Bundesverwaltungsgerichts, Fritz Werner, an, vgl. Prot. RA-BT, 3. WP, 119. Sitzung (3. November 1960).
57 Darauf bestand Arndt, der ausdrücklich auf eine Schlußabstimmung über seinen Antrag verzichtete, vgl. Prot. RA-BT, 3. WP, 137. Sitzung (26. Januar 1961), S. 25 f., und die Wiedergabe der „Probeabstimmungen" im Bericht des Rechtsausschusses, BT-DS 3/2785 (zu § 42 DRiG).
58 Vgl. Prot. RA-BT, 3. WP, 95. Sitzung (25. Februar 1960), S. 26 – 28.
59 Prot. BT, 3. WP, 162. Sitzung (14. Juni 1961), S. 9373 D; eingehend auch Arndt, Umstrittene Staatsanwaltschaft (1961), S. 1617: Es gelte, das „Verständnis für die ursprüngliche Freiheitsidee der Institution Staatsanwaltschaft" wieder zu wecken.
Das entsprach der Reformabsicht, mit der die Staatsanwaltschaft in das deutsche Recht eingeführt worden war, vgl. dazu Eberhard Schmidt, Einführung in die Geschichte der deutschen Strafrechtspflege, § 289; zur politisch gegenläufigen Entwicklung der zunehmenden Einbindung der Staatsanwaltschaft in die hierarchische Weisungsstruktur der Verwaltung vgl. Ulrich Schumacher, Staatsanwaltschaft und Gericht im Dritten Reich, S. 9 f.

Im Rechtsausschuß des Deutschen Bundestages 1960, von rechts nach links Gerhard Jahn und Adolf Arndt (SPD), 7. von rechts (Mitte) der Ausschußvorsitzende Matthias Hoogen (CDU).

heit im Richtergesetz.[60] Nachdrückliche Unterstützung des Deutschen Richterbundes erhielt Arndt zudem für seine Forderung, zugleich den Staatsanwalt als politischen, jederzeit in den Ruhestand versetzbaren Beamten bundesweit abzuschaffen.[61] Arndt und der Vertreter des Richterbundes mahnten die „Einbuße an Rechtsstaatlichkeit" und politischer Unabhängigkeit der Staatsanwaltschaft an, wie sie in der Tat die deutsche Justizgeschichte des ausgehenden 19. und 20. Jahrhunderts bewiesen hatte.[62] Die Regierungsseite hingegen zeigte wenig Neigung zu einer solch grundlegenden Reform, die sehr schnell an die „Wurzeln der Institution der Staatsanwaltschaft im deutschen Recht"[63] gelangte und mögliche bundesstaatliche Komplikationen heraufbeschwor.[64] Der Reformvorstoß fand keine Mehrheit.

Die *Unabhängigkeit* des Richters bedurfte der Sicherung nicht nur gegenüber der Exekutive, sondern auch innerhalb der Gerichtsbarkeit. Aus diesem Grundanliegen heraus hatte Arndt sich auf dem Hamburger Juristentag 1953 vehement gegen ein Kooptationsrecht der Richter bei Vergabe höherer Richterstellen gewandt, weil dies zu unerträglicher gerichtsinterner Abhängigkeit führe, geradezu zu „Schlangennestern des Kampfes untereinander und eines Zerfalls in Gruppen."[65] In derselben Stoßrichtung legte Arndt das Recht auf einen gesetzlichen Richter, Art. 101 Abs. 1 Satz 2 GG, als umfassendes Strukturprinzip der rechtsprechenden Gewalt aus[66]: Dieses Gebot gewähre dem Rechtsuchenden einen positiven Anspruch auf die gesetzliche Bestimmtheit seines Richters, „welcher der Seine ist, weil er der Ständige ist, dem unter gleichartigen Voraussetzungen stets das Richten zukommt."[67] Nur der gesetzlich dem Bürger erkennbar vorherbestimmte Richter genüge dem Gebot der Rechtsstaatlichkeit und Gleichheit innerhalb der Rechtspflege und sichere zugleich die Unabhängigkeit des Richters.

---

60 Vgl. Prot. RA-BT, 3. WP, 95. Sitzung (25. Februar 1960), S. 27; 131. Sitzung (12. Januar 1961), S. 21.

61 Der Status des politischen Beamten betraf, nach Bundesländern variierend, leitende Staatsanwaltsfunktionen (Generalstaatsanwalt, Oberstaatsanwalt); s. Sten. Prot. RA-BT, 3. WP, 95. Sitzung (25. Februar 1960), S. 28; 119. Sitzung (3. November 1960).

62 Ausgehend von der preußischen Regelung des politischen, staatsanwaltlichen Beamten war die Staatsanwaltschaft nicht als „Mittlerin zwischen Exekutive und rechtsprechender Gewalt" (so Arndt, Prot. BT, 3. WP, 162. Sitzung [14. Juni 1961], S. 9373 D), sondern als politisch lenkbarer Teil der ganz überwiegend konservativen, monarchisch gesonnenen und parlamentarisch nicht kontrollierten Beamtenschaft eingesetzt worden, bevor sie im Nationalsozialismus bei totaler Überführung aller Staatsanwaltsränge in den politischen Status und gleichzeitiger erheblicher Ausweitung ihrer Kompetenzen gegenüber den Gerichten zum Instrument nationalsozialistischer Unrechtspolitik herabsank (vgl. Schumacher, Staatsanwaltschaft und Gericht im Dritten Reich, S. 71; Schmidt, Einführung in die Geschichte der deutschen Strafrechtspflege, § 354).

63 Nach der Stellungnahme des Staatssekretärs im Bundesjustizministerium, Walter Strauß, Sten. Prot. RA-BT, 3. WP, 131. Sitzung (12. November 1961), S. 21.

64 Minister Dr. Flehinghaus als Beauftragter der Justizministerkonferenz hatte im Rechtsausschuß des Bundestags darauf verwiesen, daß sich sein Antrag nicht auf Fragen des Weisungsrechts und des politischen Beamtenstatus der Staatsanwaltschaft beziehe, Sten. Prot. RA-BT, 3. WP, a. a. O., S. 20.

65 Arndt, Empfiehlt es sich, die vollständige Selbstverwaltung aller Gerichte im Rahmen des Grundgesetzes einzuführen? (1954), S. 375.

66 Am deutlichsten Arndt, Die Gesetzlichkeit des Richters (1959), S. 171, und ders., Anmerkung zu BVerfG, in: NJW 1964, S. 1667, wo er von der Gesetzlichkeit des Richters als „Oberbegriff zur richterlichen Unabhängigkeit" spricht. Den Ausgangspunkt dieser These entwickelte Arndt in: Die Gesetzlichkeit des Richters als Strukturprinzip der rechtsprechenden Gewalt (1956), S. 633, in Anlehnung an eine Entscheidung des Bundesverfassungsgerichts vom 20. März 1956 (JZ 1956, S. 407 ff.).

67 Arndt, Die Gesetzlichkeit des Richters (1959), S. 171.

Hier war das für Arndt zentrale Legitimitätsproblem des Richters berührt. Nur der individuell vorherbestimmte, nicht vertauschbare Richter konnte beim Rechtsuchenden Vertrauen in seine dem individuellen, ebensowenig austauschbaren Rechtsfall gewidmete Richtertätigkeit bilden. Das verfassungsrechtliche Gebot des gesetzlichen Richters kodifizierte für Arndt also das Prinzip der *Personalität* und „Unvertauschbarkeit"[68] des Richters um der Vertrauen bildenden Rechtspflege willen. Ebenso wie die Anonymität des Richters bekämpfte Arndt folglich mögliche „Manipulationen" der Gerichtszusammensetzung aufgrund eines „Vorurteils"[69] des Gerichtsvorsitzenden. In diesem Sinne legte er das Gebot des gesetzlichen Richters dahingehend aus: Der erkennende Richter solle „blind" bestellt werden, „das heißt als ein ohne Ansehung der Verfahrensbeteiligung und ohne Voraussicht ihres Falles zur Aburteilung von Fällen solcher Art beständig kraft einer Norm Berufener."[70]

Die Gefahr manipulativer Gerichtszusammenstellung entstand natürlich in verstärktem Maße bei „überbesetzten" Spruchkörpern, deren Gesamtbesetzung die gesetzlich vorgeschriebene Zahl der „erkennenden", das heißt im konkreten Fall entscheidenden Richter überschritt. Das Problem der Überbesetzung bestand, insbesondere während der zweiten und zu Beginn der dritten Wahlperiode des Bundestags, beim Bundesarbeitsgericht und war für Arndt ein ständiger Stein des Anstoßes, den er im Rechtsausschuß und vor dem Plenum des Bundestags immer wieder aufgriff.[71] 1958 kam es zur offenen Konfrontation, als Arndt vor dem Bundestag die verfassungswidrige Besetzungspraxis der Senate durch den Präsidenten des Bundesarbeitsgerichts, Professor Hans Carl Nipperdey, anprangerte.[72]

Dabei zeigte sich, daß Arndts Theorie des gesetzlichen Richters aus handgreiflicher, praktisch-politischer Anschauung erwuchs. Bereits 1955 hatte ihm unter dem Siegel strengster Vertraulichkeit ein Richter des Bundesarbeitsgerichts mitgeteilt, daß unter anderem Nipperdey als Vorsitzender des Ersten Senats für Grundsatzfragen beim Bundesarbeitsgericht seine „vermeintliche Prärogative" aufrechterhalte, die in jedem Termin mitwirkenden Bundesrichter nach seinem „Gutdünken" zu bestimmen.[73] Hinzu kam, daß dieser höchste Arbeitsrichter aus gewerkschaftlicher Sicht Mißtrauen

---

68 Arndt, Das Bild des Richters (1957), S. 341; Anmerkung zu BVerfG, in: NJW 1964, S. 1667 (S. 1669); ders., Die Gesetzlichkeit des Richters und die Wahrheitsfrage (1966), S. 4 – 8.

69 S. auch Arndt, Das Bild des Richters (1957), S. 341; ders., Anmerkung zu BVerfG, in: NJW 1965, S. 1219 (S. 1220).

70 Arndt, Die Gesetzlichkeit des Richters als Strukturprinzip der rechtsprechenden Gewalt (1956), S. 633.

71 Vgl. Prot. RA-BT, 3. WP, 26. Sitzung (20. Juni 1958), 37. Sitzung (3. Dezember 1958); vgl. die Korrespondenz Arndts mit dem Justitiar des DGB, Otto Kunze, und mit dem Richter am Bundesarbeitsgericht Hugo Berger, AdSD, Akten SPD-BTF 2412; Prot. BT, 3. WP, 35. Sitzung (26. Juni 1958) S. 1999 C ff. Über die Bemühungen des Rechtsausschusses, dem Problem der Überbesetzung zu entgehen, berichtet Arndt ausführlich in seinem Schriftsatz vom 20. Dezember 1958 zur Verfassungsbeschwerde der IG Metall – 1 BvR 963/58 – (s. Anm. 78).

72 Prot. BT, ebda.

73 Diese Mitteilung gab Arndt am 3. November 1955 in einem Brief an Otto Kunze weiter (mit der Bitte, sie „strengst vertraulich" zu behandeln). Sie stammte aller Wahrscheinlichkeit nach von dem Richter am Bundesarbeitsgericht Hugo Berger, dem Arndt in einem Brief unter demselben Datum versicherte, er habe die (nicht näher bezeichnete) Angelegenheit „außerordentlich vertraulich behandelt" und hoffe auf Klärung durch das Bundesverfassungsgericht (Korrespondenz in AdSD, Akten SPD-BTF 2412). Berger nahm auch öffentlich zu dem Problem Stellung (ders., Zulässigkeit der Überbesetzung der Kollegialgerichte mit Beisitzern, in: NJW 1955, S. 1138).

erregen mußte, weil er im Dritten Reich einer der einflußreichsten Arbeitsrechtswissenschaftler gewesen war.[74] Jedenfalls wartete Arndt seit den Informationen aus dem Bundesarbeitsgericht auf die Gelegenheit zur verfassungsgerichtlichen Überprüfung der Besetzungspraxis.[75] Sie ergab sich, als Nipperdeys Senat 1958 ein Urteil fällte, das im Ergebnis eine erhebliche Einschränkung der gewerkschaftlichen Streikfähigkeit für rechtmäßig erachtete.[76] Die unterlegene IG Metall beauftragte Arndt damit[77], Verfassungsbeschwerde gegen das Urteil einzulegen. Mit Schriftsätzen von buchartiger Ausführlichkeit und Genauigkeit belegte Arndt seine Auffassung vom permanenten Verstoß der Senatsbesetzungspraxis im Bundesarbeitsgericht gegen das Gebot des gesetzlichen Richters.[78]

Immerhin gelang Arndt mit seiner strikten Konstruktion des gesetzlichen Richters ein bescheidener Erfolg: Maßgeblich auf seine Initiative in den Ausschußarbeiten hin stellte der § 8 der neuen Verwaltungsgerichtsordnung als „Modellgesetz"[79] – wie Arndt es nannte – klar, daß die Besetzung des Spruchkörpers in Form allgemein geltender Grundsätze des Geschäftsverteilungsplans erfolgen mußte und Ad-hoc-Besetzungen ausgeschlossen waren.[80]

Personalität des Richters – um dieses zentrale Element seines Richterbildes hatte Arndt in der rechtspolitischen Diskussion um das Sondervotum des dissentierenden Richters und um den Besetzungsmodus von Kollegialgerichten gerungen. Am konsequentesten und entschiedensten trat dieses Anliegen zutage bei Arndts Vorschlag, in das Richtergesetz eine Vorschrift aufzunehmen, die dem Richter das Recht zur Selbstablehnung einräumte, wenn er den Inhalt eines entscheidungserheblichen Gesetzes nicht mit seinem Gewissen vereinbaren konnte.[81] Das war ganz konsequent aus Arndts Grundüberlegung, daß der Recht schöpfende neue Richter unter dem Grundgesetz „Verantwortlichkeit"[82] für das anzuwendende Recht mitübernehmen und nicht einem Gesetzesbefehl blind gehorchen sollte: Stand der Richter mit seiner Person dem Bürger

---

74 Vgl. Arndts Kritik an den „Antistreiktendenzen" im Urteil Nipperdeys, der „franco-spanischer Ehrendoktor" sei, AdsD, Prot. SPD-PV vom 28./29. November 1958, Bl. 7. Zu dem erheblichen, kontinuierlichen Einfluß Nipperdeys auf das Arbeitsrecht und die Arbeitsrechtswissenschaft seit den Dreißiger Jahren s. Kramer, Die Aufarbeitung des Faschismus durch die Nachkriegsjustiz in der Bundesrepublik Deutschland, S. 114 f.
75 Vgl. schon Arndt in dem Brief an Berger, 3. November 1955, AdsD, Akten SPD-BTF 2412.
76 Vgl. die Entscheidung des Bundesarbeitsgerichts vom 31. Oktober 1958, BAGE 6, S. 321 ff., insbesondere die Leitsätze 8 und 11, die den Begriff „Kampfmaßnahmen" weit auslegte und im Grundsatz der Vertragstreue eine strikte Begrenzung der Koalitionsfreiheit aus Art. 9 Abs. 3 GG sah.
77 Nach einem Gespräch des IG-Metall-Vorsitzenden Otto Brenner mit Arndt, AdsD, Prot. SPD-Präsidium vom 3. November 1958.
78 Die Schriftsätze wurden zum Teil gedruckt in Form einer Broschüre „Schriftsätze zur Verfassungsbeschwerde der Industriegewerkschaft Metall für die Bundesregierung Deutschland" und sind aufbewahrt in AdsD, Akten SPD-BTF 2435, 2349 bis 2354. Laut Mitteilung des Bundesverfassungsgerichts vom 23. Mai 1989 wurde das Verfahren aufgrund einer Rücknahme der Verfassungsbeschwerde eingestellt.
79 Arndt, Die Gesetzlichkeit des Richters (1959), S. 172; s. ders., „allgemeiner Rechtsgedanke", in: ders., Anmerkung zu BVerfG, in: NJW 1965, S. 1219 ff. (S. 1221).
80 Vgl. dazu Arndts Vorstoß in diese Richtung in Prot. RA-BT, 3. WP, 39. Sitzung (14. Januar 1959), S. 17, und seine Vorstellung des Vermittlungsausschuß-Vorschlags in der 94. Sitzung des Bundestags, Prot. BT, 3. WP, 94. Sitzung (11. Dezember 1959), S. 5185 C, und die damit übereinstimmende Regelung des § 8 der VWGO vom 25. Januar 1960, BGBl I, S. 17 ff.
81 Prot. RA-BT, 3. WP, 95. Sitzung (25. Februar 1960), S. 33.
82 Vgl. Prot. BT, 3. WP, 162. Sitzung (14. Juni 1961), S. 9373 A, B, 9379 A. Arndt unterließ es zu präzisieren, ob diese „Verantwortlichkeit" *rechtlich* oder *politisch* oder beides zugleich war. Vieles spricht

gegenüber für das anzuwendende Recht ein, obwohl er an dessen gesetzlicher Entstehung nicht beteiligt gewesen war, so mußte dem solcherarts in seiner Subjektrolle gestärkten Richter auch das subjektive Recht der Entlastung aus Gewissensgründen zustehen.[83] Diese Lösung kam in extensiver Erstreckung der Gewissensfreiheit dem Richter weit entgegen bis hin zu der offenbar übersehenen Konsequenz, daß der Richter – Arndt nannte das Beispiel des katholischen, gegen Scheidung eingestellten Richters – aus Gewissensgründen (nicht Rechtsgründen!)[84] die Anwendung eines Gesetzes verweigern durfte, dessen Anerkennung andererseits dem rechtsunterworfenen Bürger zugemutet wurde. So war Arndt entschiedener, vom ‚harten‘, positivistischen Standpunkt argumentierender Widerspruch sicher, den Elisabeth Schwarzhaupt (CDU) treffend so formulierte, daß

> „gesetzliche Normen immer Abgrenzungen setzen, die tragische Konfliktfälle mit sich brächten. Es gehöre im Grunde genommen zur Situation des Richters, daß er eine Aufgabe übernehme, die ihn bei der Ausübung seiner richterlichen Tätigkeit mehr als andere an solche Konfliktsituationen heranführe. Das müsse er sich aber vorher überlegen."[85]

Arndt, das schien er selbst zu empfinden[86], hatte sich mit seiner These weit vorgewagt. Um so prägnanter war sein Verständnis der unabhängigen Richterpersönlichkeit kenntlich geworden. Die geradezu radikale[87] Betonung des subjektiven Verantwortungselements darin rührte aber an die Grundlage der Unabhängigkeit des Richters selbst, seine Gesetzesunterworfenheit[88], und war im Bundestag nicht mehrheitsfähig.[89]

---

für die letztere Möglichkeit, da Arndt in einer Bundestagsrede grundsätzlich die Bindung des Richters an Recht und Gesetz betonte und danach die „unübertreffliche", in „radikaler Art und Weise" zu der Zeit vor 1945 unterschiedliche Sichtweise des Richters im Grundgesetz hinsichtlich seiner „Stellung im Staatsganzen und im Volk" behandelte. Neben der Gesetzesbindung bestand also eine Verantwortlichkeit des Richters gegenüber dem Volk für *Gewissens*bedenken, die über *Rechts*bedenken (zum Beispiel hinsichtlich der Verfassungsmäßigkeit des Gesetzes) hinausgingen. „Verantwortlichkeit" des Richters bedeutete für Arndt also auch politische (Mit-)Verantwortlichkeit für das Gesetz. Dabei wurde letztlich nicht klar, ob die subjektive Gewissensfreiheit des Richters durch seine demokratische Verantwortlichkeit gegenüber dem Volk erst begründet oder nur verstärkt wurde.

83 Vgl. Prot. BT, a. a. O., S. 9379 A; eingehend dazu auch Arndt, Grundfragen einer Reform der deutschen Justiz (1959), S. 351.
84 Vgl. Prot. RA-BT, 3. WP, 109. Sitzung (14. Juni 1960), S. 16 ff. Der Deutsche Richterbund hatte ursprünglich auch vorgeschlagen (Vorschläge abgedruckt in: DRiZ 1958, S. 238), eine „Entpflichtung aus Gewissensgründen" in das Richtergesetz aufzunehmen, hatte daran aber die Rechtsfolge der Versetzung in den Ruhestand oder der Entlassung des Richters geknüpft. Er war dann aber später – unter anderem unter dem Einfluß der Kritik Arndts (s. Grundfragen einer Reform der deutschen Justiz [1959], S. 351) – davon abgerückt, vgl. Prot. RA-BT, 3. WP, ebda., und 131. Sitzung (12. Januar 1961), S. 38 f.
85 S. Prot. RA-BT, 3. WP, 109. Sitzung (14. Juni 1960), S. 19.
86 In den Rechtsausschußberatungen (vgl. Prot. RA-BT, 3. WP, 137. Sitzung [26. Januar 1961], S. 36) sprach Arndt abschließend von der „schwierigen Problematik" der Selbstablehnung aus Gewissensgründen, nachdem er dieses Thema im Fraktionsarbeitskreis Recht zur Sprache gebracht hatte.
87 Daran änderte auch Arndts Betonung nichts, der Richter übe Staatsgewalt aus, er sei „an das Grundgesetz gebunden"; denn gleich fügte er hinzu, das „macht ihn nicht zum Gesetzesanwendungsautomaten und ermöglicht ihm nicht, seine Hände in Unschuld zu waschen und die Alleinverantwortung dem Gesetzgeber zuzuschieben" (Prot. BT, 3. WP, 162. Sitzung [14. Juni 1961], S. 9379 A). Von Anfang an hatte Arndt – entschiedener auch als der Deutsche Richterbund, die Interessenvertretung der Richter – den Gesichtspunkt richterlicher Gewissensfreiheit verfochten.
88 Vgl. Art. 97 Abs. 1 GG.
89 Formal hatte der Rechtsausschuß die Entscheidung offengelassen, vgl. Prot. RA-BT, 3. WP, 137. Sitzung (26. Januar 1961), S. 26 f.; s. auch Prot. BT, 3. WP, 162. Sitzung (14. Juni 1961), S. 9378 D.

Die Spielräume einer gesetzlichen Reform zum neuen Richterbild Arndts hin hatten sich als zu eng erwiesen. Fiskalisches Interesse, teils grundsätzlich, teils pragmatisch begründetes Beharren auf tradierten Rechtsvorstellungen, politische Widerstände in der eigenen Partei und schließlich objektive Grenzen des Verfassungsrechts hatten nur bescheidene Reformerfolge zugelassen.[90] Die Berücksichtigung des Laienelements in Oberverwaltungsgerichten und die präzisere Normierung des gesetzlichen Richters gemäß Art. 101 Abs. 1 Satz 2 GG kamen in Ansätzen Arndts spezifischem Interesse am Abbau obrigkeitsstaatlicher Strukturen in der Gerichtsbarkeit entgegen. Vieles blieb unausgeführt, nur einzelne, eher atmosphärische Veränderungen waren spürbar. Die unerfüllten Reformpläne wurden auf ihre langfristige Wirksamkeit verwiesen: Arndts ebenso grundsätzlich wie entschieden gedachtes Richterbild blieb ein Appell an die Rechtswissenschaft und den einzelnen Richter.

Arndts halbe Justizkritik – das Problem der NS-Justiz

Arndt strebte den Neuentwurf eines Richterbildes an und gab eine Apologie der rechtsprechenden Gewalt. Welcher Raum blieb für Kritik an der justiziellen Praxis?

„Ich bin überzeugt, sagen zu können, daß meine Partei und Fraktion mit mir die richterliche Unabhängigkeit nach den bitterbösen Erfahrungen der hinter uns liegenden Jahre von 1933 – 1945 als eine der Säulen einer rechtsstaatlichen Demokratie betrachten"[91],

konnte Arndt dem Bundestag seine Grundüberzeugung im Namen der SPD vortragen. Andererseits postulierte er: „Offen über die Justiz zu sprechen, ist für die Justiz gut."[92] Im Spannungsfeld zwischen richterlicher Unabhängigkeit und notwendiger Kritik setzte Arndt auf die bewußtseinsbildende Wirkung größtmöglicher Öffentlichkeit, wenn es galt, Mißstände und Fehlentscheidungen der Justiz anzugreifen. Er selbst trug zu dieser Öffentlichkeit in Urteilsrezensionen, Veröffentlichungen und Interventionen vor dem Bundestag bei.

Ausdrücklich rückte er von eigenen Äußerungen aus dem Jahre 1932 ab. Sie seien seinerzeit gegen den parlamentarischen Untersuchungsausschuß zur preußischen Rechtspflege[93] gerichtet gewesen und hätten im „jugendlichen Überschwang und aus der einseitigen Sicht eines frischgebackenen Gerichtsassessors"[94] das Wesen der öffentlichen Meinung und des Parlaments verkannt. Er sei heute zu der Überzeugung gelangt, daß sowohl die „Öffentlichkeit als auch ein Parlament sich sehr wohl Gedanken über die rechtlichen und geistigen und sittlichen Grundfragen einer Gerichtsbarkeit zu machen haben und auch ein Rechtsgespräch zur Richterschaft darüber führen müssen."[95] Ein solches „Rechtsgespräch" schloß für Arndt auch harte Kritik ein, die er im

---
90 Bezeichnend sind Arndts resignative Worte: „Man könnte an unserer Berufung zur Gesetzgebung zweifeln, wenn man sieht, wie schmal das Ergebnis einer so langwierigen und von allen Seiten ernsthaften Arbeit ist", Prot., a. a. O., S. 9374 B.
91 Prot. BT, 3. WP, 56. Sitzung (22. Januar 1959), S. 3119 D.
92 Prot. BT, 3. WP, a. a. O., S. 3047 B.
93 S.o. Kapitel I.3.
94 Prot. BT, 3. WP, 56. Sitzung (22. Januar 1959), S. 3119 C.
95 Prot. BT, 3. WP, a. a. O., S. 3049 B, 3119 C, 3121 A; ebenso schon in Prot. BT, 2. WP, 151. Sitzung (21. Juni 1956), S. 8101 B, C.

Bundestag vor allem an neuen Gerichtsentscheidungen zu Sachverhalten aus der Zeit des Nationalsozialismus übte.[96]

In der großen Justizdebatte des Bundestags im Januar 1959 ging Arndt grundsätzlich auf die Problematik ein, daß angesichts der „Diskontinuität der Rechtsentwicklung" eine neue, rechtsstaatlich organisierte Rechtspflege vor die „einzigartige Schwierigkeit" gestellt werde, über eine nicht-rechtsstaatliche Vergangenheit zu richten. Deutlich und anhand konkreter Beispiele führte er der Öffentlichkeit die Hindernisse und Belastungen dieses Versuchs rechtsstaatlicher Aufarbeitung der Vergangenheit vor Augen: In manchen Fällen hätten „rechtsgelehrte Richter" vor ihrer „hohen Aufgabe" versagt und in ihren „Fehlsprüchen" offenbart,

> „daß es Menschen gibt, und zwar Menschen in der Richterrobe, denen es noch immer nicht zum Bewußtsein kam, welche Wirklichkeit sich zu unseren Lebzeiten und mitten unter uns ereignete: die ungesühnte Ermordung Unschuldiger ohne Zahl und die Rechtlosigkeit aller."[97]

Gerade aber das Bewußtsein dieser Taten und die Erinnerung daran mußten erhalten bleiben - dahin ging Arndts eindringlicher, fast beschwörender Appell:

> „Geschichtliches Geschehen läßt sich nicht ausstreichen. Daß es einen blinden Schlußstrich nicht geben kann, bedeutet nicht Unversöhnlichkeit oder gar Vergeltungssucht, sondern heißt, die Wahrheit auf sich nehmen" - die „Wahrheit, die auch der Jugend und den kommenden Generationen nicht vorenthalten werden darf, sollen sie um ihres inneren Haltes willen lernen, daß das Recht eine Seins- und Wertordnung ist."[98]

Das waren Worte von geschichtlichem Weitblick und bezwingender moralischer Kraft. Galten sie nicht auch und gerade für diejenigen Richter und Staatsanwälte, die während nationalsozialistischer Zeit Recht gesprochen hatten und dies nun weiterhin unter dem Grundgesetz taten? Waren die Fehlsprüche angesichts der *Diskontinuität* der deutschen Rechtsentwicklung nicht auch eine Folge personeller *Kontinuität* in der Rechtspflege?

Arndt ging auf dieses Problem ein. Das war schon deswegen geboten, weil seit 1957 die DDR Listen in der Bundesrepublik amtierender ehemaliger Richter und Staatsanwälte aus der NS-Zeit veröffentlichte. Die Liste aus DDR-Quellen wurde im Laufe des Jahres 1959 von 800 auf 1000 betroffene Juristen erhöht.[99] Unter ihnen befanden sich die Namen zahlreicher Richter an Sondergerichten und am Volksgerichtshof. Was den Volksgerichtshof anbetraf, so hielt Arndt ihn in Übereinstimmung mit dem Bundesgerichtshof[100] für eine durch „Talare und Uniformen verkleidete Mörderzentrale"[101],

---

96 Vgl. Prot. BT, 1. WP, 50. Sitzung (23. März 1950), S. 1800 D; 133. Sitzung (11. April 1951), S. 5135 A; 2. WP, 151. Sitzung (21. Juni 1956), S. 8101 C ff.
97 Prot. BT, 3. WP, 56. Sitzung (22. Januar 1959), S. 3051 B.
98 A. a. O., S. 3050 B, 3051 B.
99 Zahlen bei Koppel, Ungesühnte Nazijustiz, S. 85, zu der Dokumentation, die der Ostberliner Ausschuß für Deutsche Einheit zusammengestellt hatte; s. dazu auch das Feature zu der Materialsammlung der Karlsruher Ausstellung „Ungesühnte Nazijustiz", „Material aus Ost-Berlin", in: Colloquium. Eine deutsche Studentenzeitschrift, 14. Jg. (1960), Heft 3, S. 4 f.; vgl. auch Friedrich, Die kalte Amnestie, S. 358.
100 S. BGHSt 9, S. 307 ff.
101 Prot. BT, 3. WP, 56. Sitzung (22. Januar 1959), S. 3053 A.

deren sogenannte ehemalige Richter aus dem Justizdienst zu entfernen[102] seien. Im übrigen aber ging er das Problem vor dem Bundestag behutsam an: „Einzelne Richter", die es der Vergangenheit gegenüber an „dem erforderlichen Grad der inneren Unbefangenheit" fehlen ließen und in „Versuchung geführt" wurden, „bei der Aburteilung von Taten, die unter der nationalsozialistischen Gewaltherrschaft begangen worden sind, oder überhaupt von Taten mit politischem Einschlag, sich selbst zu rechtfertigen", weil sie etwa „in eine bestimmte Mitverantwortung für die Rechtsnot verstrickt" wurden, sollten um der Glaubwürdigkeit der Rechtspflege und um ihrer selbst willen durch Geschäftsverteilungspläne der Gerichte davor bewahrt werden, über „gewisse Geschehnisse der Vergangenheit vor 1945" zu richten.[103]

Das war eine äußerst zurückhaltende Beschreibung der Konfliktlage, in der ehemalige NS-Richter nicht nur selbst standen, sondern die sie vor allem einer Glaubwürdigkeit beanspruchenden, neu zu schaffenden rechtsstaatlichen Rechtspflege bereiteten; es war ein pragmatischer, zudem auf die Selbstverwaltung der Gerichte und der Richter setzender Lösungsversuch. Arndt glaubte wohl, auf diese Weise das für ihn vorrangige allgemeine, sach- und zukunftsbezogene Anliegen, die Aufdeckung und rechtsstaatliche Aburteilung nationalsozialistischen Unrechts um der „Wahrheit" willen, von dem besonderen Problem personeller Kontinuität und Befangenheit der Rechtsprechenden abtrennen zu können. In diesem Sinn stellte er für die SPD eines vor dem Bundestag klar: Es werde – um der Unabhängigkeit der Richterschaft willen – keine „Sammelüberprüfungen" geben. Die Listen aus östlichen Quellen verurteilte er scharf als „gezielte Kollektivdiffamierungen" und „Denunziationslisten" aus dem Machtbereich, der selbst die Gerichtsbarkeit „zum Bütteldienst an der Parteilichkeit" entwürdige.[104]

Arndt ließ in Ton und Zielrichtung keinen Zweifel: Die Säuberung der bundesdeutschen Justiz von NS-Belasteten in den Jahren 1959/60 stieß – neben allen innenpolitischen Hindernissen – auch auf außenpolitische Hemmnisse. Die Veröffentlichung des umfangreichen DDR-Materials hatte kurz nach Auslösung der Berlinkrise durch die Sowjetunion begonnen.[105] Der Verdacht lag nahe, daß es sich um einen zeitlich gesteuerten Destabilisierungsversuch durch gezielte Angriffe auf den Justizapparat der Bundesrepublik handelte. Gerade in Arndt, der das DDR-Regime immer wieder als totalitär brandmarkte, stärkten Zeitpunkt und Umstände der Listenveröffentlichung Voreingenommenheit und Ablehnung gegenüber einer durch das vorgelegte Material selbst nahegelegten umfassenden Überprüfung der deutschen Richterschaft.

Im Laufe des Jahres 1959 – in Anbetracht der im Sommer 1960 anstehenden Verjährung der während der NS-Zeit begangenen Totschlagsverbrechen – wurde das Problem der belasteten Justizangehörigen immer dringlicher. Unterdessen war die SPD-Bundestagsfraktion nicht untätig geblieben. Die von Arndt entworfenen Anfragen[106] in den Fällen des ehemaligen Chefanklägers am Volksgerichtshof, Ernst Lautz, und des im

---

102 Arndt an die SPD-Landtagsfraktionen (Rundbrief, „vertraulich"), 26. Januar 1960, AdsD, Nachlaß Walter Menzel, R 14.
103 Prot. BT, 3. WP, 56. Sitzung (22. Januar 1959), S. 3049 D.
104 Prot. BT, 3. WP, a. a. O., S. 3049 C.
105 S.o. Kapitel V.4.
106 Vgl. die Korrespondenz Arndts und seine Entwürfe zu Anfragen in den Fällen Lautz und Schlegelberger, AdsD, Akten SPD-BTF 2391 (Schlegelberger/Lautz); zu den Anfragen s. BT-DS 3/274, 951, 1085, 1156.

Nürnberger Juristenprozeß zu lebenslänglicher Haft verurteilten Reichsjustizministers Franz Schlegelberger, führten zu disziplinarischen Maßnahmen und letztlich Pensionskürzungen der beiden Reichsbeamten.[107] Im Oktober 1959 beantragte Arndt im Rechtsausschuß des Bundestags eine Erörterung des Problems NS-belasteter Justizangehöriger mit dem Bundesjustizminister.[108]

Den spektakulären Weg in die Öffentlichkeit gingen kurz darauf Studenten des Sozialistischen Deutschen Studentenbundes (SDS), die in Karlsruhe unter dem Titel „Ungesühnte Nazijustiz" Dokumente zu mehr als hundert Urteilen von „Sonder- und Volksgerichtshöfen" ausstellten, an denen noch immer oder wieder amtierende Richter und Staatsanwälte mitgewirkt hatten. Das Material dazu (dessen Authentizität der Oberbundesanwalt Max Güde nach kurzer Prüfung nicht bezweifelte)[109], war unter Verwendung von Archivquellen der DDR und ČSSR zusammengestellt[110] worden. Die Bundesführung der SPD hingegen ging auf energischen Gegenkurs zu der Ausstellung. Die Karlsruher Veranstaltung fiel in eine Phase scharfer Auseinandersetzungen mit dem SDS, in der sich der Bruch zwischen der ‚Mutterpartei' und dem ihr nahestehenden Studentenverband ankündigte.[111] Im SDS begann sich – vor allem unter dem Einfluß der „Konkret- Gruppe", zu der unter anderem Klaus Rainer Röhl und Ulrike Meinhof gehörten – eine zunehmend marxistisch geprägte, in deutschlandpolitischen Fragen dem SED-Standpunkt nahestehende Linie durchzusetzen.[112] Diese Entwicklung stieß im SPD-Parteivorstand unter anderem auf Arndts scharfen Widerspruch, der die „Unterwanderungsgruppe im SDS" kritisierte und empfahl, sich auch die „älteren Genossen einmal anzusehen", die dort referierten.[113] Als einem der maßgebenden Köpfe der programmatischen Parteireform mußte ihm daran gelegen sein, daß die Ablösung vom marxistischen Dogma und der Durchbruch zum pluralistischen Programm einer Volkspartei auf dem geplanten Godesberger Sonderparteitag[114] nicht von dem neuen Kurs des SDS konterkariert wurden; denn die SPD bot ohnehin mit ihrem Deutschlandplan[115] Angriffsflächen für Verdächtigungen[116] wegen angeblicher prokommunistischer Neigungen.

---

107 Müller, Furchtbare Juristen, S. 211; Friedrich, Kalte Amnestie, S. 254 f. Arndt sah die Intervention der SPD in den Fällen Lautz und Schlegelberger als Erfolg an, s. Arndt an Walter (Zeitschrift „Colloquium"), 14. April 1960, AdsD, Akten SPD-BTF 2374 (NS-Verbrechen), abgedruckt in: Colloquium. Eine deutsche Studentenzeitschrift, 14. Jg. (1960), Heft 4/5, S. 21, „Dr. Adolf Arndt: Dunkle Quellen."
108 Prot. RA-BT, 3. WP, 78. Sitzung (21. Oktober 1959). Vorausgegangen war, auf Antrag des Frankfurter Generalstaatsanwalts Fritz Bauer, eine Erörterung des Themas im Rechtspolitischen Ausschuß beim Parteivorstand, vgl. Arndts Rundbrief an die SPD-Landtagsfraktionen, 26. Januar 1960, AdsD, Nachlaß Walter Menzel, R 14.
109 S. Koppel, Ungesühnte Nazijustiz, S. 75.
110 Koppel, a. a. O., S. 71, 85.
111 Zu diesem Thema zusammenfassend Klotzbach, Staatspartei, S. 454 ff. (S. 458 ff.).
112 Klotzbach, a. a. O., S. 460: Auf zwei Kongressen in Berlin und Frankfurt gelang der Konkret-Gruppe die Aufnahme von Thesen in die Schlußresolutionen, die dem SED-Standpunkt nahekamen.
113 Vgl. AdsD, Prot. SPD-PV vom 26./27. Mai 1959, Bl. 3; Klotzbach, a. a. O., S. 461. Allerdings unterstützte Arndt nicht die Trennung der SPD vom SDS im ganzen, s. Prot. SPD-PV vom 13. Juni 1959, Bl. 3; dazu auch Fichter, SDS und SPD, S. 302.
114 S.u. Kapitel VII.1./3.; zu den Motiven der SPD vgl. die entsprechende Bewertung bei Briem, Der SDS. Die Geschichte des bedeutendsten Studentenverbandes der BRD seit 1945, S. 370 ff. (S. 371).
115 Vgl. oben Kapitel V.4.
116 Zu diesen Motiven für die Abgrenzung der SPD vom SDS vgl. Klotzbach, ebda., S. 454.

Als Arndt kurze Zeit vor dem Eröffnungstermin von der geplanten Ausstellung erfuhr, reagierte er prompt und entschieden auf das Vorhaben, das leicht die Partei desavouieren konnte, indem es diese als untätig bei der Aufdeckung nationalsozialistischen Justizunrechts hinstellte. In einem Brief an den als linksradikal[117] eingestuften Vorsitzenden des veranstaltenden Karlsruher SDS, Wolfgang Koppel, meldete Arndt „Bedenken" und „Widerstand" an: Die Ausstellung greife in die zur Zeit schwebende Behandlung des Themas durch Minister und Parlamentarier ein. Er mahnte die Verpflichtung der Aussteller an, straf- und dienstrechtlich relevante Materialien unverzüglich den „zuständigen Fraktionen" der Parlamente zuzuleiten.[118] Auf Arndts Information und Brief hin distanzierte sich das SPD-Parteipräsidium umgehend noch vor ihrer Eröffnung öffentlich von der Ausstellung, beauftragte jedoch Arndt mit der Sichtung des Materials.[119] Auch in der Folgezeit und nach einem Treffen Arndts mit zwei Organisatoren der Ausstellung behielt die SPD wegen der – wie Arndt wiederholt hervorhob[120] – dunklen Interessenhintergründe und Finanzierungsquellen der Ausstellung ihre mißtrauische Haltung bei. Immerhin übte die Ausstellungsaktion doch einen gewissen beschleunigenden Druck auf die Aktivität der Partei aus. Arndt hatte sich nach Bekanntwerden des Ausstellungsvorhabens bei Ollenhauer beklagt, daß die Genossen in den Ländern nur mangelhaft Informationen über Maßnahmen zur Ahndung der verbrecherischen NS-Justiz weitergäben. Nachdem er sich nunmehr selbst überzeugt hatte, daß sich unter den Ausstellungsmaterialien „gravierend echte Dokumente"[121] befanden, leitete er Fotokopien des gesamten Ausstellungsmaterials[122] dem Rechtsausschuß des Bundestags zu, damit sie dort in den folgenden vertraulichen, gemeinsam mit dem Rechtsausschuß des Bundesrats abgehaltenen Besprechungen zur Verfügung standen.[123]

---

117 Nach einer Mitteilung des baden-württembergischen Justizministers Viktor Renner an Alex Möller, 30. November 1959 (Abschrift), AdsD, Akten SPD-BTF 2374: Koppel sei der „führende Mann einer linksradikalen Gruppe des SDS in Karlsruhe" und habe sich im „vertrauten Kreis offen zum Ziel der kommunistischen Unterwanderung der SPD bekannt". Koppel wurde später aus der SPD ausgeschlossen (zu den SDS-internen Hintergründen vgl. Briem, Der SDS, S. 370 ff.). Die Terminierung der Ausstellung (27. bis 30. November 1959) unmittelbar nach dem Godesberger Parteitag konnte als gezielter Störversuch bei der Annäherung der SPD an bürgerliche Schichten aufgefaßt werden; zur Reaktion der SPD-Führung auf die Ausstellung s. Fichter, SDS und SPD, S. 306 ff.
118 Vgl. Arndt an Koppel (Abschrift, vervielfältigt), AdsD, Prot. SPD-Präsidium vom 23. November 1959.
119 Vgl. Mitteilung für die Presse, Betrifft: „Aktion ungesühnte Nazijustiz", Pressemitteilungen und Informationen der SPD, 24. November 1959, AdsD, in: Prot. SPD-PV 1959, „Vorschläge und Beschlüsse des Präsidiums vom 2. November bis 30. November 1959", S. 4.
120 S. Arndt an Ollenhauer, 27. November 1959 (einschließlich Vermerk über Gespräch Arndts mit den Studenten Reinhard-Maria Strecker und Manfred Dammeyer am 26. November 1959), AdsD, PV-Bestand Ollenhauer 1; ferner Arndt an Koppel, 4. Dezember 1959, AdsD, Akten SPD-BTF 2374; ferner Leserbrief Arndts „Dr. Adolf Arndt: Dunkle Quellen", in: Colloquium, 14. Jg. (1960), Heft 4/5, S. 21.
121 AdsD, Prot. SPD-PV vom 30. November 1959; s. dazu auch das Lob Arndts für den Organisator der Karlsruher Ausstellung, Reinhard-Maria Strecker, in: Leserbrief an Colloquium, a. a. O.: Er habe „eine beträchtliche und wichtige Arbeit geleistet"; vgl. auch Arndt an Bundestagspräsident Carlo Schmid, 9. Februar 1960 (Bitte um Vervielfältigung der erhaltenen Dokumente), AdsD, Nachlaß Carlo Schmid, 1217 (Korrespondenz).
122 Vgl. die Darstellung in Arndts Leserbrief an Colloquium, a. a. O.
123 In der 87., 101., 139., 146. und 149. Sitzung des Rechtsausschusses in der 3. Wahlperiode. Die Protokolle werden als vertrauliche Dokumente in den Akten des Parlamentsarchivs des Deutschen Bundestags aufbewahrt. Ein Antrag des Verfassers auf Genehmigung zur Einsichtnahme wurde vom Vorsitzen-

Damit hatte Arndt einen doppelten Zweck erreicht. Zum einen waren die Materialien zu weiteren Nachprüfungen sichergestellt, ohne daß die SPD sich nach außen in den Verdacht der Zusammenarbeit mit kommunistenfreundlichen Kreisen hätte bringen müssen. Zum zweiten war das Material in parlamentarische Bahnen kanalisiert worden, wo es vertraulich und diskret behandelt werden konnte. Eben darauf, auf diskreten und behutsamen Umgang mit Verdachtsmomenten gegen vermeintlich belastete Richter, kam es Arndt in Zukunft an: In einem Rundschreiben an die SPD-Landtagsfraktionen erinnerte er eindringlich daran, daß die Veröffentlichungsaktion der Kommunisten darauf abziele, „unsere Justiz unglaubwürdig zu machen" und „Unruhe und Zerwürfnisse zu stiften", und er empfahl, nicht gegen alle Bezichtigten, sondern nur bei hinreichenden Anhaltspunkten strafrechtliche Ermittlungen einzuleiten, um dem falschen Eindruck vorzubeugen, daß massenhaft Verfahren gegen Richter und Staatsanwälte anhängig seien; denn begründete Vorwürfe gebe es nur gegen eine verhältnismäßig kleine Zahl, während die überwiegende Mehrheit Anspruch auf Schutz habe.[124] Mit der Entfernung aus dem Justizdienst, so schlug Arndt vor, solle „keineswegs jedes Todesurteil, zum Beispiel wegen Waffenbesitzes" – weil es zu den Schrecknissen eines Krieges gehöre, daß solche Strafen verhängt werden –, sondern nur „Terrormaßnahmen" geahndet werden, die „sich auch unter den damaligen Verhältnissen nicht verantworten lassen und schlechthin unvertretbar sind." Dazu zählte Arndt Urteile, die auch nach damaligen Gesetzen nicht gefällt werden durften oder denen „eindeutig als Unrecht erkennbar[e]" Gesetze, zum Beispiel die „Nürnberger Gesetze" oder die „Polen-Verordnung", zugrunde lagen.[125]

Damit bekräftigte, ja verfestigte Arndt seine restriktive Haltung gegenüber der Ahndung nationalsozialistischer Justizakte. Mehrere Motive griffen ineinander: Das erste hing mit Arndts ideengeschichtlicher Deutung des juristischen Positivismus zusammen.[126] In der positivistischen Gleichsetzung von Recht und Macht habe das neuzeitliche, „jahrhundertelange Absinken" des Rechts und des Bewußtseins vom Recht als Wert seinen Tiefpunkt erreicht. Die konservativen, im Positivismus erzogenen Richter der Weimarer Republik hätten zwar nicht dessen wissenschaftliche Methode[127], wohl aber eine gewissermaßen positivistische Mentalität in ihrer Suche nach „Autorität" bewahrt. So gesehen seien die dem Wertdenken systematisch entwöhnten Richter anfällig für ein Ordnungsdenken geworden, das sie nicht in der demokratischen Republik, sondern im Nationalsozialismus aufgehoben gefunden hätten.[128] Das mochte als

---

den des Rechtsausschusses des Deutschen Bundestags, MdB Herbert Helmrich, abschlägig beschieden. Zur Begründung wurde unter anderem angeführt, die seinerzeit unter den Ausschußmitgliedern und übrigen Teilnehmern der Sitzung vereinbarte Vertraulichkeit musse aus Gründen des Schutzes von Persönlichkeitsrechten weiterhin gewahrt bleiben.

124 Vgl. Arndt an die SPD-Landtagsfraktionen, 26. Januar 1960, AdsD, Nachlaß Walter Menzel, R 14; vgl. entsprechend Arndt, „Tschechoslowakische Beschuldigungen deutscher Richter", in: Mitteilungen der SPD-Bundestagsfraktion, 11. März 1960.
125 S. Arndt an die SPD-Landtagsfraktionen, a. a. O.
126 S. zum folgenden Arndt, Grundfragen einer Reform der deutschen Justiz (1959), S. 345 ff.
127 Insoweit vertrat Arndt nicht schlicht die These von der positivistischen Gesetzestreue der Richter vom Bismarckreich über die Weimarer Republik bis hin zum Nationalsozialismus, vgl. Arndt, a. a. O., S. 347. Zu dieser in der Nachkriegsliteratur sehr verbreiteten These vgl. jedoch Weinkauff, Die deutsche Justiz und der Nationalsozialismus, S. 29, 182.
128 Arndt, a. a. O., S. 345–347; vgl. auch Arndt, Die Aufgabe des Juristen in unserer Zeit (1966): Er habe es selbst erlebt, wie sich im Jahre 1933 „eine Faszination der Ordnung ausbreitete, und zwar besonders bei den Juristen."

Erklärung, nicht Rechtfertigung Arndts für das Verhalten der Richter im Nationalsozialismus gemeint sein. Dennoch entsprang diese Deutung von der wertentwöhnten, im Jahre 1933 „fast bis zur Wehrlosigkeit gelähmt[en]"[129] Rechtsprechung einer Sichtweise, die die Justiz – zumindest auch – als ein *Opfer* des Nationalsozialismus begriff. In ein solches Verständnis fügte es sich ein, daß Arndt die Richter des Nationalsozialismus emphatisch in eine universelle „Gesamtverantwortung für die Rechtsverderbnis" einschloß und vor dem Bundestag bekannte, daß „kaum einer oder keiner ohne Zugeständnisse überlebte [...] alle tragen ihr Stück Verantwortung und Schuld für das allgemeine Versagen."[130] Die von außen in Gang gesetzte, von ihm als Versuch einer Destabilisierung[131] der Republik empfundene Kritik löste bei Arndt einen Reflex der unbedingten Verteidigung der richterlichen Unabhängigkeit aus. Dieses Prinzip wollte er auch nicht zur erleichterten Strafverfolgung NS-belasteter Richter, nicht einmal aufgrund einer formalen Grundgesetzänderung, eingeschränkt sehen.[132]

Im Frühjahr 1960 stellte Arndt fest, daß „von den Verantwortlichen in der Bundesrepublik Deutschland alles geschehen" sei, um diejenigen, die „unverzeihliche Urteile fällten", aus der Justiz zu entfernen.[133] Seinen Vorschlag, anstelle strafgerichtlicher Verurteilungen die Entfernung belasteter Justizangehöriger durch Pensionierung zu ermöglichen[134], realisierte das Richtergesetz von 1961. Die von der SPD mitgetragene, in vertraulichen Verhandlungen des Rechtsausschusses erarbeitete Regelung räumte für eine Übergangszeit belasteten Richtern und Staatsanwälten die Möglichkeit vorzeitiger, freiwilliger Pensionierung ein.[135] Von Arndt angeführt, setzte sich damit in der

---

129 Arndt, Grundfragen einer Reform der deutschen Justiz (1959), S. 345, 347: „Es handelte sich um subjektiv-rechtschaffene Männer, die diese entsetzlichen Fußnoten unter der deutschen Geschichte geschrieben haben."
130 Prot. BT, 3. WP, 56. Sitzung (22. Januar 1959), S. 3050 A, B.
131 Arndt stärkte damit – wenngleich nicht von der Intention, so doch von den Folgen seiner Haltung her – die ganz überwiegende Tendenz, Antikommunismus und Kalten Krieg als Alibi dafür zu benutzen, um systematische Ermittlungen von NS-Gewaltverbrechen zu unterlassen, vgl. dazu Jasper, Wiedergutmachung und Westintegration. Die halbherzige justizielle Aufarbeitung der NS-Vergangenheit in der frühen Bundesrepublik, S. 197.
132 Arndt, Rundbrief an die SPD-Landtagsfraktionen, 26. Januar 1960, S. 7, AdsD, Nachlaß Walter Menzel, R 14.
133 Arndts Leserbrief, „Dr. Adolf Arndt: Dunkle Quellen", in: Colloquium, 14. Jg. (1960), Heft 4/5, S. 21.
134 Arndt, Rundbrief an die SPD-Landtagsfraktionen, Anm. 132. Grundsätzlich skeptisch beurteilte auch Fritz Bauer, Die „ungesühnte Nazijustiz" (S. 187 ff.), den Nutzen und die Anwendbarkeit strafrechtlicher Maßnahmen; wichtiger sei eine „geistige Revolution der Deutschen."
Nach dem Bericht des Bundesjustizministers (BT-DS 4/634) hatten sich 149 Richter und Staatsanwälte gem. § 116 DRiG pensionieren lassen und nur zwölf weitere Belastete keinen Gebrauch davon gemacht. Nach Schätzungen des Hamburger Justizsenators waren dennoch circa 700 schwer belastete NS-Juristen im Amt geblieben. Die daraufhin im Jahre 1963 erfolgende Bundesratsinitiative Hamburgs und Hessens (s. Bundesrats-Drucksache 315/63) auf Realisierung der angekündigten Grundgesetzänderung wurde vom Bundestag nicht aufgenommen (vgl. Lehmann, Legal und opportun, S. 32 f.).
135 Vgl. § 116 DRiG vom 8. September 1961, BGBl I 1961, S. 1665, sowie die ausführliche Begründung dieser Regelung im Bericht des Rechtsausschusses (BT-DS 3/2785 zu § 111 a) und die zugehörige Entschließung des Bundestags, diejenigen Richter und Staatsanwälte, die ein „unverantwortliches und unmenschliches Todesurteil mitverschulde[t]" hatten und nicht von dem Angebot freiwilliger Frühpensionierung Gebrauch machten, mittels Grundgesetzänderung aus dem Amt zu entfernen (BT-DS 3/2785): Insgesamt aber solle gerade den Richtern und Staatsanwälten die Möglichkeit des Ausscheidens gegeben werden, „die schicksalhaft in Gefahren verwickelt wurden, die ihre Kräfte überstiegen."

SPD-Bundestagsfraktion die Linie der Staatsräson und Verständnisbereitschaft durch, während nur eine Minderheit dies „zu weich" fand.[136]

In einer Phase wachsender, vor allem außenpolitischer Gemeinsamkeit[137] mit den regierenden Unionsparteien hatte sich die SPD als staatstragende Partei mit aller Konsequenz erwiesen: Sie hatte sich für die Stabilisierung des *gegenwärtigen,* bestehenden Staatswesens und gegen das Risiko einer grundlegenden Überprüfung der *historisch*-personellen Legitimation einer seiner „Säulen", der rechtsprechenden Gewalt, entschieden. Adolf Arndt hatte, aufgrund seiner sachlichen und moralischen Autorität in der Partei, daran erheblichen Anteil. Doch hatte die Loyalität gegenüber dem Staat und der amtierenden Richterschaft ihren Preis: Der von Arndt verheißene Anspruch auf „Wahrheit" bei der Aufdeckung nationalsozialistischen Unrechts wurde angesichts der belasteten Justiz zum Opfer gebracht.

Wie aber vertrug sich diese politische Haltung mit Arndts scharfer Ablehnung des Nationalsozialismus und seinen hohen Anforderungen an Amt und Persönlichkeit des Richters? Als Erklärung bietet sich an, daß Arndts spezifische Vorstellung metaphysischer (Mit-)Schuld am Nationalsozialismus[138] gerade angesichts der Richterschaft – einer Berufsgruppe, der er von seiner Biographie besonders nahestand – einen kollektiven Entlastungsreflex entfaltete. In dem Bewußtsein, unter dem nationalsozialistischen Regime Opfer und Täter zugleich gewesen zu sein, mußte Arndt sich konsequenterweise die Frage vorlegen, ob er selbst als Richter dem Konformitätsdruck des nationalsozialistischen Regimes hätte standhalten können. Selbstkritische Zweifel an seiner eigenen Standhaftigkeit[139] mögen ihn daher bewogen haben, die Richter in die „Gesamtverantwortung für die Rechtsverderbnis" des Nationalsozialismus einzuschließen – mit der Folge, daß zugleich ihr spezifischer Anteil daran relativiert und verharmlost wurde.

Doch läßt diese Deutung einen wesentlichen Widerspruch unaufgelöst; denn Arndt ging es ja gerade um etwas anderes als um die Rechtfertigung des Vergangenen: Er forderte eine neue, vom Ethos der Humanität erfüllte, Vertrauen schaffende und genießende Richterpersönlichkeit. Niemals aber in der deutschen Rechtsgeschichte hatten Richter diesem Leitbild derart zuwidergehandelt wie während des Nationalsozialismus. Und viele dieser Richter amtierten weiterhin. Dies war in Ansätzen spätestens seit 1957 aufgrund des allmählich bekannt werdenden Aktenmaterials erkennbar, wenn auch noch längst nicht in seinem ganzen Ausmaß erkannt.[140] Angesichts dessen war Arndts apodiktische, im Jahre 1960 aufgestellte Behauptung, es sei alles geschehen, um Richter, die „unverzeihliche Urteile fällten", aus der Justiz zu entfernen, sachlich nicht zu rechtfertigen. Selbst wenn der genaue Vorstellungs- und Informationshorizont jener Rechtspolitiker, die das Pensionierungsangebot an NS-belastete Justizangehörige

---

136 Vgl. Prot. SPD-BTF vom 13. Juni 1961, AdsD, Akten SPD-BTF 1029: Die „Juristen" Arndt, Jahn und Wittrock standen gegen Mommer, Köhnen, Schmitt-Vockenhausen und Annemarie Renger.
137 S. dazu Kapitel V.4. sowie Klotzbach, Staatspartei, S. 497 ff.
138 S. dazu oben Kapitel III. 4.
139 Zu diesem Erklärungsansatz für die nach 1945 weitgehend unterbliebene richterliche Ahndung des von Richtern während des Nationalsozialismus verübten Unrechts s. Diestelkamp, Die Justiz nach 1945 und ihr Umgang mit der eigenen Vergangenheit, S. 147.
140 Der Deutsche Richterbund registrierte die Aktenveröffentlichungen mit Empörung als kollektive Diffamierung, s. Diestelkamp, a. a. O., S. 146. Die Umrisse einer überwiegend von halbherziger Wahrnehmung und schleppender Ahndung bis hin zur Zurückweisung oder Ignorierung des Belastungsmaterials

im Deutschen Richtergesetz von 1961 ausarbeiteten, erst anhand der Akten genau zu ermitteln sein wird[141], so scheinen sie doch das Ausmaß der Problematik zumindest fahrlässig unterschätzt, wenn nicht verdrängt zu haben.

Wie aber konnte eine solch belastete Justiz glaubhaft ‚Vertrauen schaffen' – ja, diskreditierte und gefährdete ihre personelle Kontinuität nicht die Ahndung des nationalsozialistischen Unrechts im ganzen? Kurz, untergrub nicht der Verzicht auf eine weitestgehende personelle Säuberung die Legitimations- und Erfolgsvoraussetzungen des justiziellen Neuanfangs?

Arndt kritisierte die Rechtsprechung zum nationalsozialistischen Unrecht, nahm aber die personelle Kontinuität der Richterschaft davon weitgehend aus. Die Beschränkung, Halbierung, seiner Justizkritik brachte den führenden sozialdemokratischen Juristen letztlich in Widerspruch zu seinem eigenen, vielfach eindringlich beschworenen Richterleitbild. Seine Vision des neuen Richters ließ die tatsächlichen Bedingungen ihrer Realisierung außer acht – und erwies eben darin ihre Schwäche und Begrenztheit als idealer Entwurf und Appell.

2. Stärkung des Bundesverfassungsgerichts

Wenn das Grundgesetz (wie Arndt betonte) die „Gleichwertigkeit" der Rechtsprechung in der Gewaltentrias bezweckte, so entschieden Stellung und Achtung der Bundesverfassungsgerichtsbarkeit über die Verwirklichung dieses Anspruchs. Daher stand für Arndt das Bundesverfassungsgericht im Mittelpunkt seiner Bemühungen um die Gerichtsbarkeit. Auch wenn es nur um Besoldungsfragen, Neubaupläne oder die Ausstattung des Gerichts mit wissenschaftlichen Hilfskräften ging – Arndt als Sprecher der SPD nahm sich so kontinuierlich und nachdrücklich der Gerichtsinteressen an, daß nach einer Haushaltsberatung im Bundestag – ein der CDU nahestehender Richter ihm und der SPD besonderen Dank aussprach, wobei er hinzufügte, er habe für seine

---

gekennzeichneten Reaktion der Behörden und politischen Entscheidungsinstanzen zeichnet Friedrich, Die kalte Amnestie, sowie ders., Freispruch für die Nazijustiz, S. 357 ff., nach; anhand zahlreicher Beispiele die Kontinuität der NS-belasteten Justiz und ihrer „Restauration" belegend, Müller, Furchtbare Juristen, S. 210 ff.; die „Kontinuität" der Justiz als Ursache für die schleppende Behandlung der NS-Verbrechen mehr erwägend als belegend Wassermann, Kontinuität oder Wandel?, S. 26, 29.

Der aufgrund neuer Untersuchungen zutage tretende Umfang und die Härte der nationalsozialistischen Terrorjustiz (dazu jetzt Angermund, Deutsche Richterschaft 1919–1945, insbes. S. 95–220) sowie die Verwicklung einer Großzahl nach 1945 weiterhin amtierender Juristen darin legen den Schluß nahe, daß bei den allermeisten Juristen ein Bewußtsein von Art und Ausmaß der objektiven Förderung des NS-Regimes durch ihren Berufsstand vorhanden war – oder doch vorhanden sein mußte, wenn es auch verdrängt wurde. Eine wissenschaftlich fundierte und umfassende Untersuchung über die Ursachen und Umstände der weitgehend unterbliebenen Verfolgung nationalsozialistischen Justizunrechts in den Fünfziger Jahren ist noch zu schreiben. Als ersten, sehr erfolgten Versuch einer regierungsamtlichen Aufarbeitung dieser Probleme vgl. Im Namen des Deutschen Volkes. Justiz und Nationalsozialismus. Katalog der Ausstellung des Bundesministers der Justiz, Köln 1989.

141 Insbesondere wird eine Auswertung der (vertraulichen) Protokolle der Rechtsausschußsitzungen des Bundestags (s.o. Anm. 123) nötig sein. Diese vermögen Aufschluß über Kenntnisstand und Motive der Rechtspolitiker zu geben, die die Regelung des § 116 DRiG erarbeiteten.

Person aus der ablehnenden Haltung der CDU „die erforderlichen Konsequenzen gezogen."[142]

In seiner Rolle als ‚Treuhänder' des verfassungsgerichtlichen Interesses bezog Arndt Sachkunde und Informationen aus intensiven Kontakten zu dem Gericht. Er war derjenige Bundestagsabgeordnete, der die weitaus meisten Prozeßvertretungen vor dem Bundesverfassungsgericht übernahm. Dabei spielten seine regen Beziehungen zu einzelnen Richtern, vorwiegend persönliche und wissenschaftliche, weniger dagegen parteipolitische Affinitäten eine Rolle.[143] Eine besondere Beziehung entwickelte sich zu Professor Gerhard Leibholz, der unter dem nationalsozialistischen Regime nach England emigriert war und mit der Schwester des von Arndt hochgeschätzten, wegen seiner Tätigkeit im Widerstand gegen das NS-Regime hingerichteten Theologen Dietrich Bonhoeffer verheiratet war.[144] Gemeinsamkeiten der Biographie und die Nähe in wissenschaftlichen und ethischen Grundanschauungen ließen ein offenes und vertrauensvolles Verhältnis Arndts zu diesem Richter entstehen, der in den ersten zwei Jahrzehnten des Bundesverfassungsgerichts zu den einflußreichsten und herausragenden Richterpersönlichkeiten gehörte. In der eigenen Partei suchte Arndt bei jeder sich bietenden Gelegenheit das Bewußtsein und Verständnis für den positiven Wert der Institution Verfassungsgerichtsbarkeit zu wecken und die Kräfte zu ihrer Verteidigung zu mobilisieren.[145]

Auf dem Weg zum ‚Regierungsgericht?' - Novellierungspläne der Bundesregierung

„Der Anschlag auf das Bundesverfassungsgericht"[146], so überschrieb Arndt im Juni 1955 einen Artikel im Sozialdemokratischen Pressedienst, mit dem er eine Verteidigungskampagne zugunsten des Bundesverfassungsgerichts einleitete. Was war der Anlaß?

Am 3. Juni 1955 hatte die Bundesregierung dem Bundesrat einen Gesetzentwurf zur grundlegenden Novellierung des Bundesverfassungsgerichtsgesetzes vorgelegt.[147] Äußeren Anlaß dazu hatte die katastrophale, bis zur Grenze der ‚Rechtsverweigerung'[148] gehende Überlastung des Ersten Senats des Gerichts gegeben, der mit Verfassungsbeschwerden überhäuft wurde, während beim Zweiten Senat Kapazitäten unausgelastet waren. Nachdem das Bundesverfassungsgericht selbst technische Reformvorschläge

---

142 Richter des Bundesverfassungsgerichts Anton A. Henneka an Arndt, 13. Oktober 1960, AdsD, Akten SPD-BTF 2416 (Bundesverfassungsgericht).
143 Vgl. zum Beispiel den Kontakt zu Professor Dr. Willi Geiger (Korrespondenz in AdsD, Nachlaß Arndt Mappe 17, 29), der politisch eher den damaligen Regierungsparteien zuneigte und im Bundesjustizministerium ein Vertrauter Thomas Dehlers gewesen war.
144 Zu Leben und Werk Gerhard Leibholz' s. Link, Zum Tode von Gerhard Leibholz, S. 153.
145 Vgl. nur als ein Beispiel Arndts Rundfunkvortrag zum 10. Gründungsjahr des Bundesverfassungsgerichts, abgedruckt in: Pressemitteilungen und Informationen der SPD, 15. März 1961.
146 Arndt, Der Anschlag auf das Bundesverfassungsgericht, in: Sozialdemokratischer Pressedienst, 24. Juni 1955.
147 Vgl. BT-DS 2/1662 mit Änderungsvorschlägen des Bundesrats; vgl. zur chronologischen Darstellung der Ereignisse und Verhandlungen eingehend Laufer, Verfassungsgerichtsbarkeit, S. 170 ff.
148 So urteilten einige besonders kritische Stimmen, insbesondere Bundesverfassungsrichter Geiger, vgl. dazu Laufer, a. a. O., S. 171.

zur Lösung dieses Problems unterbreitet hatte[149], war der Novellierungsentwurf der Bundesregierung entstanden, der, weit über technisch-organisatorische Verbesserungen hinausgehend, die Gesamtstruktur des Gerichts einer Revision unterzog. Die Novelle reduzierte die Zahl der Richter pro Senat von zwölf auf sieben. Die Struktur des ‚Zwillingsgerichts' mit unveränderlichen Senatsbesetzungen sollte aufgegeben und durch variierende, nach Geschäftsplan vom Gericht selbst festzulegende Besetzungen ersetzt werden. Davon versprach man sich eine flexible und gleichmäßige Belastung der Spruchkörper. Vor allem aber sollte der Modus der Richterwahl geändert werden: Ergab sich im ersten Wahlgang der beiden Wahlgremien nicht die erforderliche Dreiviertelmehrheit[150], so sollte im zweiten Wahlgang die einfache Stimmenmehrheit genügen.[151] Der Regierungsentwurf ließ erkennen, daß vor allem die „Erfahrungen" aus dem Wehrstreit bei der Erkenntnis Pate gestanden hatten, daß verschiedene alte Regelungen sich „einwandfrei als unzweckmäßig" erwiesen hätten: Die Zwillingsstruktur habe in der Öffentlichkeit zu „in höchstem Maße unliebsamen Erörterungen" über die Manipulierbarkeit der Senatszuständigkeiten geführt, das unbedingte Erfordernis qualifizierter Mehrheiten bei der Richterwahl habe parteipolitische Spekulationen über die Senatszusammensetzungen nicht verhindert und – in einem bestimmten Fall – die gebotene zügige Abwicklung des Wahlvorgangs behindert.[152] Die Bundesregierung nahm damit, wenngleich in versachlichter Form, ihre alten Vorwürfe gegen die SPD wegen der angeblichen Manipulationen der Senatszuständigkeiten und der Blockade der Richternachwahl[153] während des Wehrstreits wieder auf.

Das konnte in den Reihen der Opposition nur als Versuch der Regierung aufgefaßt werden, der gerichtlich unentschiedenen Auseinandersetzung nachträglich einen legislatorischen Sieg anzufügen. Dies verrate „brutales Machtdenken", so klagte Arndt vor dem Bundestag an:

> „Einmal, zur Zeit des Verfassungsstreits um die rechtliche Zulässigkeit der Wiederbewaffnung, hatte man vor dem Karlsruher Richterspruch gezittert, und diese ihre Schwäche ist es, die die Bundesregierung dem Gericht nicht vergessen kann."[154]

Der Grund seiner scharfen Intervention lag auf der Hand. Der Regierungsentwurf erschütterte die Grundlagen des 1951 von Regierung und Opposition erzielten Kompromisses über das Bundesverfassungsgerichtsgesetz.[155] Das mühsam erkämpfte Plenarprinzip des Zwillingsgerichts erfüllte auf vollendete, in der deutschen Gerichtstradition einzigartige Weise Arndts Ideal des „unvertauschbaren", in seiner Zuständigkeit nicht manipulierbaren Richters. Vor allem die Möglichkeit der Richterwahl mit einfacher Mehrheit machte das unübergehbare Mitentscheidungsrecht der Opposition, das

---
149 Vgl. dazu Laufer, a. a. O., S. 174. Auch die Begründung des Regierungsentwurfs (BT-DS 2/1662) ging kurz auf die zentralen Anliegen des Vorschlags aus dem Bundesverfassungsgericht ein.
150 Vgl. dazu die §§ 6 IV, 7 Bundesverfassungsgerichtsgesetz vom 12. März 1951 und die entsprechenden Reformvorschläge in Art. 1 des Regierungsentwurfs (BT-DS 2/1662).
151 BT-DS 2/1662 (Art. 1, § 2 Nr. 3, 4).
152 Vgl. die Ausführungen in der Begründung des Regierungsentwurfs, BT-DS 2/1662, S. 5, 9; s. auch die mündliche Begründung Bundesjustizminister Neumayers (FDP) im Bundestag, Prot. BT, 2. WP, 109. Sitzung (27. Oktober 1955), S. 5931 A; dazu auch Laufer, Verfassungsgerichtsbarkeit, S. 180.
153 Vgl. Kapitel IV.6.
154 Prot. BT, 2. WP, 150. Sitzung (20. Juni 1956), S. 7968 B, C.
155 Vgl. dazu oben Kapitel III.2.

Herzstück des Kompromisses von 1951, zunichte. Schließlich legte die einschneidende Verringerung der Richterzahl zu Lasten des von der SPD von Anfang an favorisierten höheren[156] Anteils der Nicht-Richter nahe, daß die der Regierung unbequemen, unabhängigen Staatsrechtsprofessoren – unter ihnen Gerhard Leibholz, Ernst Friesenhahn und das SPD-Mitglied Martin Drath – von der Wiederwahl ausgeschlossen werden sollten.

In seiner vehementen Attacke auf das „Überfallgesetz"[157] konnte Arndt sich auf die breite Unterstützung durch die – keineswegs nur der sozialdemokratischen Opposition zuneigende – Publizistik[158] und auf öffentliche Äußerungen des Verfassungsrichters Leibholz berufen, der vor einer Entwicklung hin zum „Regierungs- oder Parlamentsgericht"[159] gewarnt hatte. Auch den Urheber des „Anschlags auf das Bundesverfassungsgericht" glaubte Arndt mit der „Geisteshaltung Globkismus"[160] im Staatssekretär des Bundeskanzleramtes ausgemacht zu haben. Als Arndt im Bundestag die Erinnerung an die Entstehung des „bösen Worts" vom „roten und schwarzen Senat" heraufbeschwor, schien die Neuauflage eines tiefen Verfassungskonflikts wie im Wehrstreit greifbar nah.

Legitimität nur aus dem Konsens: Das Bundesverfassungsgericht bleibt letzte Zuflucht der Opposition

Der Verlauf der Beratungen im Rechtsausschuß des Bundestags[161] widersprach zunächst diesem Eindruck. Der Gründungskompromiß schien noch zu tragen, als sich die Ausschußmitglieder aus beiden Lagern rasch darüber verständigten, das Gericht keinen Manipulationsgefahren auszusetzen und die gesetzliche Aufteilung der Geschäfte sowie die Zwillingsstruktur des Gerichtes beizubehalten.[162] Damit war dem Gebot des gesetzlichen Richters, wie Arndt es verstand, vollauf Genüge getan. Auch technische

---

156 Vgl. das Bundesverfassungsgerichtsgesetz vom 12. März 1951, das in § 4 I den Mindestanteil der Bundesrichter lediglich auf ein Drittel der 24 Verfassungsrichter festlegte, während der Regierungsentwurf (BT-DS 2/1662, Art. 1) bei seiner einschneidenden Senkung der Gesamtrichterzahl von 24 auf 14 die Mindestzahl der Bundesrichter (weiterhin acht) unberührt ließ.
157 Vgl. Sozialdemokratische Bundestagsfraktion, Mitteilung für die Presse, 19. September 1955.
158 Zu den Pressereaktionen s. Laufer, Verfassungsgerichtsbarkeit, S. 181 ff.; auch Professor Theodor Eschenburg, der grundsätzlich Skepsis gegen eine Richterwahl durch parteipolitisch zusammengesetzte Gremien hegte (s. Laufer, a. a. O., S. 172), bestätigte gegenüber Arndt, daß der „Anschlag" auf das Bundesverfassungsgericht von der CDU ausgehe, vgl. Eschenburg an Arndt, 10. Juli 1956, Akten SPD-BTF 2416.
159 Arndt, Der Anschlag auf das Bundesverfassungsgericht (Sozialdemokratischer Pressedienst, 24. Juni 1955) nach einer Meldung der Süddeutschen Zeitung; dazu auch Laufer, Verfassungsgerichtsbarkeit, S. 182 f.
160 Arndt, Anschlag auf das Bundesverfassungsgericht, a. a. O.; ders., Kritik an der Gleichschaltung des Bundesverfassungsgerichts, Sozialdemokratischer Pressedienst, 3. Juli 1956, S. 7. Schon in der 86. Sitzung des Bundestags hatte Heinrich-Otto Greve (SPD) von einem Gespräch Arndts mit Bundesjustizminister Neumayer berichtet, in dem der Minister die Abschaffung der qualifizierten Richterwahl als besonderen Wunsch des Bundeskanzlers bezeichnet habe. Greve vermutete allerdings „finstere Gestalten" in der Umgebung des Bundeskanzlers als Urheber dieses Gesetzentwurfs, Prot. BT, 2. WP, S. 4753 B, C.
161 Die folgenden Ausführungen konzentrieren sich auf Arndts Anteil an den Ausschußberatungen; zum gesamten Geschehen eingehend Laufer, Verfassungsgerichtsbarkeit, S. 189 ff.
162 S. dazu die Verständigung im Rechtsausschuß, Prot. RA-BT, 2. WP, 99. Sitzung (16. Januar 1956).

Gesetzesänderungen zur Eindämmung und schnellen Erledigung der Flut von Verfassungsbeschwerden fanden die Unterstützung der Opposition. In der Diskussion über die Richterzahl konnte Arndt, der sich das ausdrücklich geäußerte Interesse des Gerichts zueigen machte, eine, wenngleich stufenweise Verringerung der Richterzahl nicht abwenden. Immerhin aber lenkten die Abgeordneten der Mehrheitsfraktionen auf Arndts Mahnung ein, ein unbedingtes Gebot des „demokratischen Stils und der Tradition"[163] zu achten und im Interesse der Institution Verfassungsgerichtsbarkeit politische Abwahlen zu vermeiden, das heißt jedem zur Wiederwahl bereiten Richter auch die Möglichkeit dazu einzuräumen. Die schließlich gefundene Stufenlösung[164] ermöglichte die Wiederwahl der ‚unbequemen' Staatsrechtsprofessoren.

Der eigentliche Streit entbrannte indessen um den Wahlmodus. Allzu „provokativ" empfand es Arndt, daß der Regierungsentwurf die seinerzeit verzögerte Nachwahl für den Richter Dr. Kurt Zweigert heranzog, um die Änderung des Wahlmodus zu legitimieren. Noch einmal rollte er in vertraulicher Sitzung vor dem Rechtsausschuß die Vorgänge der Jahre 1952 und 1953 auf.[165] Eindringlich und anhand detaillierter Schilderungen widersprach er dem Verdacht, die SPD habe im Wahlmännerausschuß parteipolitische Obstruktion betrieben. Vielmehr machte er klar – und das war in der Tat dokumentarisch nachweisbar –, daß die CDU ihren eigenen Vorschlag, den späteren Zweigert-Nachfolger Dr. Karl Heck, der von der SPD rasch akzeptiert worden war[166],

---

163 So grundsätzlich Arndt als Referent zum „Entwurf eines Gesetzes über die Verlängerung der Amtszeit von Richtern und der Präsidenten des Bundesverfassungsgerichts", in Prot. RA-BT, 2. WP, 73. Sitzung (13. Juli 1955), S. 3, unter ausdrücklicher Zustimmung des Staatssekretärs im Bundesjustizministerium, Walter Strauß, a. a. O., S. 19 f.; aufgenommen in der 120. Sitzung (19. März 1956), S. 6; vgl. dazu auch Arndt, Schatten über Karlsruhe. Das Bundesverfassungsgericht – eine lästige Begrenzung der Macht?, in: Sozialdemokratischer Pressedienst, 19. August 1963.
164 Vgl. Prot. RA-BT, 2. WP, 123. Sitzung (23. März 1956), S. 3. Dort bezeichnete der Abgeordnete Wahl (CDU), auf Arndt eingehend, die Wiederwahlmöglichkeit eines zur Wiederwahl bereiten Richters als „sehr wesentlichen Gesichtspunkt der neuen Lösung", vgl. dazu auch die Stufenlösung in Art. 2 des „Gesetzes zur Änderung des Gesetzes über das Bundesverfassungsgericht" vom 21. Juli 1956, BGBl 1956 I, S. 662 ff.
165 S.o. Kapitel IV.6.
166 S. dazu die Korrespondenz in den Akten des Wahlmännerausschusses des Deutschen Bundestags, Archiv des Deutschen Bundestags, zur „Nachwahl Kurt Zweigert" am 18. März 1954: Der Vorsitzende des Wahlmännerausschusses, Professor Dr. Wilhelm Laforet (CSU), bestätigte in einem Brief an Kurt-Georg Kiesinger (CDU) vom 11. Februar 1953, daß Kiesinger am 12. November 1952 Dr. Karl Heck zur Nachwahl vorgeschlagen, dieser aber „in der besonderen Lage der Verfassungsstreitigkeiten" eine Wahl abgelehnt habe. Nachdem Heinrich-Otto Greve (SPD) in Briefen an Laforet vom 21. Februar 1953 und 19. März 1953 gebeten hatte, Heck noch einmal um eine Kandidatur zu bitten – dieser hatte (lt. eigener Mitteilung vom 1. Februar 1956 an Kiesinger, s.u.) unmittelbar nach dem 26. Februar 1953 Laforet gegenüber seine Bereitschaft zur Kandidatur erklärt –, berichtete Laforet dem Bundesjustizminister am 27. März 1953, daß in der Sitzung des Wahlmännergremiums am 20. März 1953 der Vorschlag, Heck zu wählen, „nicht wieder aufgenommen worden" sei. In einem Brief an Laforet äußerte Walter Menzel (SPD) am 16. April 1953 sein Unverständnis darüber, daß in der letzten Sitzung „ohne ersichtlichen Grund Herr Bundesrichter Heck seitens Ihrer Freunde abgelehnt worden war, obwohl Herr Heck seinerzeit von Herrn Kollegen Dr. Kiesinger vorgeschlagen worden ist", und ebenso über die Ablehnung des SPD-Vorschlags, den der CDU angehörenden Richter am Bundesfinanzhof, Geiger, zu wählen. Nachdem Menzel (Brief an Laforet, 18. Mai 1953) die Unterstützung der SPD für die Vorschläge Heck und Geiger aufrechterhalten hatte, bekundete Greve (Brief an Laforet, 11. Juni 1953) noch einmal sein Unverständnis darüber, daß in der Sitzung am 2. Juni 1953 nicht Heck oder Geiger gewählt worden sei. Danach wurde Heck bis zu seiner Wahl nicht mehr erwähnt. Vgl. zu den Vorgängen auch Billing, Problem der Richterwahl, S. 194 f.; Laufer, Verfassungsgerichtsbarkeit, S. 246 ff.

über Monate hinweg dilatorisch behandelt und zwischenzeitlich sogar abgelehnt hatte. Den Grund für die Verzögerungstaktik der Regierungsseite sah Arndt darin, daß man seinerzeit Heck einer regierungskritischen Haltung im Wehrstreit verdächtigt habe.[167] Wer so eine Stockung in der Nachwahl herbeiführe, schloß Arndt, könne nicht nach einer Gesetzesänderung rufen, um künftige Stockungen zu vermeiden.

Doch ging es Arndt nicht hauptsächlich um dieses Nachhutgefecht aus dem Wehrstreit. Viel wesentlicher war ihm die mahnende Erinnerung an die für die Legitimitätsgrundlage des Bundesverfassungsgerichts auch in Zukunft unerläßliche *gemeinsame parlamentarische Verantwortung* von Regierungsmehrheit und Opposition: Es dürfe keine eindeutig von einer politischen Mehrheit oder Minderheit gewählten und ihnen jeweils zuzuordnenden Richter geben, weil dies das Gericht einer unerträglichen inneren politischen Zerreißprobe aussetze. Es kam Arndt zustatten und war ein starkes Argument von staatspolitischer Qualität, daß eben von diesem Standpunkt aus die SPD schon 1951 bei der Beratung des Bundesverfassungsgerichtsgesetzes auf die von dem damaligen Regierungsentwurf eröffnete Chance verzichtet hatte, die Hälfte des Gerichts ungehindert mit eindeutig SPD-nahen Richtern zu besetzen.[168] Um so gefährdeter, so lautete Arndts Schlußfolgerung, würde die Vertrauensgrundlage eines Gerichts sein, das überwiegend oder gar ausschließlich nach dem Willen der politischen Mehrheit besetzt wäre.

Dieser Einsicht verschlossen sich auch die der Regierungskoalition angehörenden Mitglieder des Rechtsausschusses nicht. Sie verwarfen den Regierungsentwurf einer schlichten Mehrheitsentscheidung im zweiten Wahlgang der Richterwahl und präsentierten statt dessen ein ‚Beiratsmodell': Ein Beirat, bestehend aus zwei Präsidenten oberer Bundesgerichte, zwei Präsidenten der Länderverfassungsgerichte und zwei Ordinarien des öffentlichen Rechts, sollte, falls die Wahlgremien innerhalb einer bestimmten Frist keine Einigung über die Richterwahl erzielt hatten, einberufen werden

---

[167] Arndt gab im „Vertraulichen Teil" der 99. Sitzung des Rechtsausschusses (16. Ausschuß) am 16. Januar 1956 (BT Parl. Arch. II 278, Bd. A) zu Protokoll: Nach seinem Vorschlag, Heck zu wählen, sei „Kiesinger zu Herrn Heck gefahren und hat diesen von ihm vorgeschlagenen Kandidaten befragt: Wie stehen Sie zur Wehrklage? Als Herr Heck gesagt hat: Darüber gebe ich keine Auskunft, und als er kritische Bemerkungen gemacht hat, haben die CDU-Mitglieder im Wahlmännergremium den von ihm selbst vorgeschlagenen Herrn Heck abgelehnt [...]."
Dagegen nahm Kiesinger in der 121. Sitzung des Rechtsausschusses (21. März 1956), Anlage, in „Vertraulicher Teil", BT Parl. Arch., a. a. O., Stellung: Gestützt auf die Darstellung in einem Brief des Bundesverfassungsrichters Heck vom 1. Februar 1956 konnte Kiesinger darlegen, daß er keineswegs Heck nach seiner Stellungnahme im Wehrstreit gefragt, sondern vielmehr das Interesse des Rechtsausschusses betont habe, einen Kandidaten ohne bereits festgelegten Standpunkt in dieser Sache zu finden. Indessen konnte auch Kiesinger nicht klären, ob der zunächst erklärte Verzicht Hecks auf die Kandidatur oder politische Vorbehalte der Koalitionsabgeordneten diese dazu bewogen hatten, den Vorschlag Heck nicht weiter zu verfolgen. Für letztere Ursache sprach vor allem, daß selbst nach der schließlich doch erklärten Bereitschaft Hecks zur Kandidatur (s.o.) dessen Wahl von den vorschlagenden Koalitionsabgeordneten ein weiteres Jahr lang nicht betrieben wurde. Jedenfalls konnte von einer einseitigen Obstruktion der SPD keine Rede sein. Das gestand auch Kiesinger zu: „Jede Gruppe" habe 1952/53 zu verhindern gesucht, daß ein „ausgesprochen profilierter Mann gewählt würde" (Prot. 121. Sitzung, a. a. O., S. 2).

[168] Vgl. die Erläuterung Arndts in Prot. RA-BT, 2. WP, 99. Sitzung (16. Januar 1956), S. 14 f., sowie im Bundestag, Prot. BT, 2. WP, 150. Sitzung (20. Juni 1956), S. 7965 D ff.; s. dazu den Regierungsentwurf zum Bundesverfassungsgerichtsgesetz 1950 bei Schiffers, Grundlegung der Verfassungsgerichtsbarkeit, S. 51 ff., § 6, und Arndts Warnung vor der Schaffung von „Mehrheits- und Minderheitsrichtern" in der 23. Sitzung des Rechtsausschusses am 21. März 1950, abgedruckt: a. a. O., S. 144.

können und Wahlvorschläge unterbreiten, aus denen die Wahlgremien mit einfacher Mehrheit einen Kandidaten wählen konnten. Das reguläre Wahlverfahren sollte davon unberührt bleiben.[169]

Arndt erklärte, daß er diesen Vorschlag „radikal ablehne."[170] Auf der Hand lag zunächst, daß die Einschaltung des Beirats der parlamentarischen Mehrheit eine einseitig größere Chance einräumte, den ihr genehmen Richter mit einfacher Mehrheit durchzubringen. Eben deswegen lag die Gefahr nahe, daß die Regierungsmehrheit im normalen Wahlverfahren gar keine Einigung mit der Opposition erstrebte, um dann aufgrund eines Beiratsvorschlags einen ihr genehmen Beiratskandidaten wählen zu können.[171] Aber Arndts Kritik setzte grundsätzlicher an: Wer Verfassungsrichterwahlen mit einfacher Mehrheit legalisiere, verfehle die in der Demokratie wichtigere Frage nach der *Legitimität;* allein eine Wahl mit qualifizierter Mehrheit und dem Zwang zur Einigung gegnerischer Gruppen gewährleiste die gleichmäßige Repräsentation der in Deutschland stark unterschiedlich ausgeprägten Konfessionen, der politischen Anschauungen und sozialen Herkunft.[172]

Es entsprach einer Grundüberzeugung Arndts, daß die rechtsschöpferische und dadurch politische Tätigkeit des Richters der *politischen* Legitimation durch einen spezifischen Modus der Richterbestellung bedürfe.[173] So hatte er 1953 vor dem Deutschen Juristentag dargelegt, daß die Richterbestellung unvermeidlich eine Machtfrage der Personalpolitik sei und wie jede Politik in der Demokratie parteipolitisch betrieben werde.[174] Entscheidend war aber die Folgerung aus dieser Erkenntnis: Während im Novellierungsentwurf der Bundesregierung und im Beiratsmodell das Bestreben deutlich war, die parteipolitische Beeinflussung der Richterwahl als solche einzudämmen und zu neutralisieren[175], nahm Arndt derartige Einflüsse der Macht- und Parteipolitik nicht nur hin, sondern sah in ihnen das in einer Demokratie „Belebende."[176] Für ihn bestand die Aufgabe darin, nicht parteipolitische Einflüsse schlechthin, sondern „parteiegoistische"[177] Entscheidungen dadurch auszuschließen, daß die wirksamen Kräfte

---

169 Vgl. zum ‚Beirats-Modell' Laufer, Verfassungsgerichtsbarkeit, S. 193, und die Vorstellung des Modells in der 20. Sitzung des Rechtsausschusses am 19. März 1956, S. 13 ff. durch den Abgeordneten Wahl (CDU). .
170 Vgl. Prot. RA-BT, 2. WP, 120. Sitzung (19. März 1956), S. 25.
171 Zu den Einwänden s. Laufer, Verfassungsgerichtsbarkeit, S. 193 ff., und die Diskussion des Rechtsausschusses in der 120. und 121. Sitzung (19. und 21. März 1956).
172 Arndt meinte, das Bundesverfassungsgericht brauche ein „Parallelogramm" ([...]) der Kräfte", vgl. Prot. RA-BT, 2. WP, 120. Sitzung (19. März 1956), S. 19.
173 Arndt, Das Bild des Richters (1957), S. 340.
174 Arndt, Empfiehlt es sich, die vollständige Selbstverwaltung aller Gerichte im Rahmen des Grundgesetzes einzuführen? (1954), Korreferat auf dem Deutschen Juristentag 1953, S. 372, 377. Man beachte auch den z.T. entschiedenen Widerspruch aus Kreisen der Richterschaft, Verhandlungen des 40. Juristentags, Öffentlich-rechtliche Abteilung, Tübingen 1954, S. C 65 (Prof. Eberhard Schmidt), C 74 (Kammergerichtspräsident Skott), C 78 (Kammergerichtsrat Kessler), C 112 (Prof. Dr. Ernst Friesenhahn, Bundesverfassungsgericht), C 114 (Konrad, Präsident des Bayerischen Obersten Landesgerichts).
175 Vgl. dazu die Erwägungen in der Begründung des Regierungsentwurfs (BT-DS 2/1662, S. 9) und den Verlauf der Diskussion im Rechtsausschuß. Der Abgeordnete Schneider (FDP) erklärte z. B., daß er an jeglicher Form der Richter*wahl* wegen ihres politischen Einschlags Zweifel habe, s. Prot. RA-BT, 2. WP, 99. Sitzung (16. Januar 1956).
176 Arndt, Empfiehlt es sich, die vollständige Selbstverwaltung aller Gerichte im Rahmen des Grundgesetzes einzuführen? (1954), S. 376.
177 Vgl. Arndt, Prot. BT, 2. WP, 150. Sitzung (20. Juni 1956), S. 7966 B, unterschied zwischen „parteipolitischem", auf das Ganze gerichtetem, einerseits und „parteiegoistischem" Denken andererseits.

sich untereinander durch gegenseitige Hemmung neutralisierten; denn das „Überparteilich*werden*" sei „ein Ergebnis, in einer Institution erst etwas zu Leistendes."[178] Dieses Modell des pluralistischen Binnenausgleichs fand Arndt in dem bisherigen qualifizierten Mehrheitserfordernis der Richterwahl vorbildlich verwirklicht. Der Beirat hingegen stelle den in Deutschland traditionsreichen, aber nicht erfolgversprechenden Versuch dar, von einem „pouvoir neutre" außerhalb des Parteieneinflusses Legitimität zu ‚erborgen'.[179] Von einem solch konsequent politischen Verständnis der Richterwahl aus lehnte Arndt es ab, hohe Richter in den Wahlvorgang einzuschalten; denn andernfalls werde auch die Richterschaft selbst politisiert, und es komme – mit großem Schaden für die Gerichtsbarkeit im ganzen – zu Parteipolitik unter dem „Mantel des Amts des Präsidenten."[180] Mit solchen personalpolitisch nach ihrer privaten Auffassung entscheidenden Gerichtspräsidenten – so prognostizierte Arndt schließlich aus spezifisch sozialdemokratischer Sicht – werde der Beirat letztlich einen „bürgerlichen Vorschlag" machen[181], zumal außerdem die Geschichte der deutschen Staatsrechtslehre, mit einer Ausnahme[182], keinen sozialdemokratischen Ordinarius kenne.

Arndt brannte geradezu ein Feuerwerk von Argumenten vor dem Rechtsausschuß ab. Doch ließ sich die Mehrheit nicht in ihrem Vertrauen auf die ‚Objektivierung'[183] der Wahlentscheidung durch Einschaltung des Beirats beirren und schlug dem Bundestag das Beiratsmodell zur Annahme vor.[184] In einer seiner bedeutendsten Bundestagsreden wandte Arndt sich nochmals dagegen. Zugleich zog er die Bilanz aus der fünfjährigen Geschichte des Bundesverfassungsgerichts und seiner Beziehung zu den übrigen Verfassungsorganen: Einleitend erinnerte er noch einmal an die staatspolitische Einsicht der SPD, bei Verabschiedung des Bundesverfassungsgerichts die Schaffung von Mehrheits- und Minderheitsrichtern abzulehnen. In einer Mischung aus staatsrechtlicher Vorlesung und verfassungspolitischer Grundsatzerklärung erinnerte er an Zweck und Wirkung der herausragenden Stellung des Bundesverfassungsgerichts im Grundgesetz. Das Gericht sei als gleich starke „Rechtmacht" der „Macht" sowohl der Bundesregierung als auch des Bundestags entgegengestellt. Diese Verfassungsorgane seien nach dem ungeschriebenen Grundsatz „organfreundlichen Verhaltens" dazu angehalten,

> „Gestalt und Verfahren des Bundesverfassungsgerichts nur auf breitester Grundlage, nur in größtmöglicher Eintracht zu regeln, also an dieser Aufgabe die ungeschriebenen und unschreibbaren Gesetze einer traditionsschaffenden Haltung, einer freiheitlichen Gesittung zu bewähren."[185]

---

178 Arndt, Empfiehlt es sich, die vollständige Selbstverwaltung aller Gerichte im Rahmen des Grundgesetzes einzuführen? (1954), S. 376; ähnlich die Ausführungen in Prot. RA-BT, 2. WP, 120. Sitzung (19. März 1956), S. 22 f.
179 Prot. RA-BT, 2. WP, 121. Sitzung (21. März 1956), S. 4; zum „pouvoir neutre" s. auch Arndt, Prot. RA-BT, 2. WP, 120. Sitzung (19. März 1956), S. 24.
180 Prot. RA-BT, 2. WP, 120. Sitzung (19. März 1956), S. 19.
181 Prot. RA-BT, 2. WP, 120. Sitzung (19. März 1956), S. 16, 17, 22.
182 A. a. O., S. 17. Arndt nannte als Ausnahme Rudolf von Laun. In der Diskussion fiel auch der Name des Königsberger Staatsrechtsprofessors Waldecker, nicht jedoch Hermann Hellers.
183 Vgl. dazu die Stellungnahmen der Mehrheitsabgeordneten in Prot. RA-BT, 2. WP, 120. Sitzung (19. März 1956), S. 14 (Wahl), S. 17, 18, 25 (Weber).
184 S. den Schriftlichen Bericht des Rechtsausschusses, BT-DS 2/2388 (die Besetzung des Beirats war um ein Mitglied erweitert worden); vgl. auch Laufer, Verfassungsgerichtsbarkeit, S. 195 ff.
185 S. Prot. BT, 2. WP, 150. Sitzung (20. Juni 1956), S.7966 D.

Mit diesem Grundsatz kontrastierte Arndt wirkungsvoll die „Leidensgeschichte" des Gerichts, das in den zurückliegenden großen, politisch umstrittenen Verfassungsprozessen unablässigen Versuchen der „politischen Macht" ausgesetzt gewesen sei, es „in seinem verfassungsrechtlichen Range zu mindern und seiner Herr zu werden."[186] Die Ermöglichung der Richterwahl mit einfacher Mehrheit in der Beiratslösung sei schließlich „nicht nur eine Brüskierung und Diskriminierung der Minderheit, sondern unmittelbar auch ein Anschlag auf die Bundesverfassungsgerichtsbarkeit selber."

Dieser Satz legt die innere Logik in der Argumentation Arndts frei: die angenommene *Parallelität der Interessenlage* von Bundesverfassungsgericht und Opposition. Aus diesem Blickwinkel Arndts war es kein Zufall, daß die Regierungsangriffe auf das Bundesverfassungsgericht mit der mehrheitlichen Überstimmung der Opposition im Streit um die Wiederbewaffnung zeitlich zusammenfielen und mit der potentiellen Ausschaltung der Opposition bei der Richterwahl die Vertrauensgrundlage des Bundesverfassungsgerichts selbst bedroht war. Darin lag ein doppelter Angriff der politischen Macht auf das Prinzip der Legitimität, wie Arndt es verstand. Unter dem Mantel legaler demokratischer Mehrheitsentscheidung sollte ein legitimes Mitwirkungsrecht der Opposition ausgeschaltet werden; Angriffe auf den ‚Hüter der Verfassung' aber bedrohten die höchste Legitimitätsquelle der Rechtsordnung, die Verfassung selbst. Die Opposition als Prüfstein demokratischer, das Bundesverfassungsgericht als Hüter verfassungsrechtlicher Legitimität – mit dieser Formel läßt sich die parallele Interessenlage von Opposition und Bundesverfassungsgericht erfassen, die Arndt vor dem Bundestag nur andeutete, aber voraussetzte: Angriffe auf die Legitimität des einen beeinträchtigten die Legitimität des anderen. Dieser Zusammenhang erhellte nicht zuletzt das ganz praktisch-politische Motiv, aus dem Arndt sich als Fürsprecher des verfassungsgerichtlichen Interesses empfahl; denn wiederholt hatte sich in den vorangegangenen Prozessen das Bundesverfassungsgericht als letzte Zuflucht der Opposition erwiesen, nachdem diese mit ihren politischen Mitteln am Ende war.

Doch konnte Arndt auch mit diesem grundsätzlichen Appell, selbst als er ihn mit der Drohung eines künftigen sozialdemokratischen Boykotts der Richterwahl verband[187], die Verabschiedung des Beiratsmodells im Bundestag nicht verhindern.[188] Erneut drohte eine Verfassungskrise, falls die Opposition ihre Boykottdrohung wahrmachte.

Dann allerdings unterzog der Bundesrat den Bundestagsbeschluß einer Revision, auf die auch Arndt schon vor der Schlußlesung im Bundestag hingearbeitet hatte.[189] Nach

---

186 A. a. O., S. 7967 B.
187 Vgl. Prot. BT, 2. WP, 150. Sitzung (20. Juni 1956), S. 7970 B: Sofern der Beirat an der Wahl mitwirke, würden sich die sozialdemokratischen Wahlmänner daran nicht beteiligen, weil „die dem Beirat zugesprochene Wirksamkeit verfassungswidrig ist und die jeweilige Minderheit diskriminiert."
188 A. a. O., S. 7978 C, 8033 A ff.
189 Unmittelbar nach der mehrheitlichen Entscheidung des Rechtsausschusses für die Beiratslösung ersuchte Arndt den hessischen Ministerpräsidenten Zinn, darauf hinzuwirken, der Bundesrat möge beim Bundesverfassungsgericht selbst einen Ratschlag hinsichtlich der geplanten Lösung einholen, jedenfalls aber „sich frühzeitig" darum bemühen, daß der Bundesrat den Vermittlungsausschuß anrufe, s. Arndt an Zinn, 22. März 1956, AdsD, Akten SPD-BTF 2416. Seinem Rechtsausschußkollegen Bucher aus der ebenfalls die Beirats-Lösung bekämpfenden FDP teilte Arndt Informationen eines der CDU angehörenden Bundesverfassungsrichters mit, wonach im Gericht „schwere Bedenken gegen die Verfassungsmäßigkeit der Beirats-Lösung" bestünden. Gleichzeitig regte er an, die beigefügte verfassungsrechtliche Kritik an dem Beiratsmodell dem Parteifreund Buchers, Justizminister Dr. Haussmann in Stuttgart, zur Kenntnis zu bringen.

Einschaltung des Vermittlungsausschusses[190] wurde die Beiratslösung vom Bundestag verworfen. Wenn auch die schließlich verabschiedete Gesetzesnovelle Arndt letztlich nicht zufriedenstellte[191], so war doch entscheidend, daß sie das absolute Erfordernis einer – wenngleich auf zwei Drittel reduzierten – qualifizierten Mehrheitsentscheidung bei der Verfassungsrichterwahl aufrechterhielt.[192] Damit war zwar nicht ausgeschlossen, daß die Opposition in den Wahlgremien überstimmt werden konnte[193]; doch wurde dem kardinalen Interesse Arndts entsprochen: Die Wahl der Verfassungsrichter bedurfte erhöhter, über die einfache Mehrheit hinausgehender Legitimation. Damit war die „Gleichschaltung des Bundesverfassungsgerichts"[194] abgewehrt, seine Funktionsfähigkeit gesichert und seine teils offene, teils latente fünfjährige Gründungskrise beendet. Der sozialdemokratische ‚Kronjurist' und die von ihm vertretenen Verfassungsstreitverfahren hatten die eminente politische Brisanz einer starken Verfassungsgerichtsbarkeit manifest gemacht. Arndt hatte eine produktive Gründungskrise (mit)ausgelöst und zugleich überwinden helfen, die die Stellung des Bundesverfassungsgerichts innerhalb des Verfassungsgefüges geklärt und gestärkt hatte.

3. Opposition im föderativen Rechtsstaat: Arndt vor dem Bundesverfassungsgericht

Das „Bundesverfassungsgericht – eine lästige Begrenzung der Macht?"[195] fragte Arndt einmal mit sarkastischem Unterton und mit Blick auf die Bundesregierung und die Bundestagsmehrheit. In Arndts rhetorischer Frage steckte ein Programm: Der Macht eine Last zu sein, gab dem Bundesverfassungsgericht seine Existenzberechtigung. Arndt maß dem Gericht die Aufgabe zu, ein „richterliches Messen der Macht des

---

190 Zu den Vorgängen eingehend Laufer, Verfassungsgerichtsbarkeit, S. 197 ff.
191 S. Laufer, a. a. O., S. 198: Arndt opponierte im Vermittlungsausschuß gegen das schließlich eingeführte Wahlvorschlagsrecht des Bundesverfassungsgerichtsplenums (s. Gesetzesänderung des Gesetzes über das Bundesverfassungsgericht vom 21. Juli 1956, BGBl 1956 I, S. 662, § 7 a BVerfGG), da er ein prinzipieller Gegner jeglicher Kooptionsrechte in der Gerichtsbarkeit war, vgl. dazu Arndt, Empfiehlt es sich, die vollständige Selbstverwaltung aller Gerichte im Rahmen des Grundgesetzes einzuführen? (1954), S. 373; s. dazu auch Kapitel VI.1.
192 § 6 BVerfGG nach der Änderungsnovelle vom 21. Juli 1956.
193 S. dazu schon die Erwägungen bei Beratung des BVerfGG im Jahre 1950, auf die der Abgeordnete Wahl (CDU), Prot. RA-BT, 2. WP, 99. Sitzung (16. Januar 1956), S. 6, 31, und Bundesjustizminister Neumayer (FDP), Prot. BT, 2. WP, 109. Sitzung (27. Oktober 1955), S. 5930 D, 5931 A, zurückkamen: Neumayer erläuterte, daß die Dreiviertel-Mehrheit im Wahlmännerausschuß eingeführt worden sei, weil sie nach dem d'Hondtschen Verfahren ungefähr einer Zweidrittel-Mehrheit im Bundestag entspreche. Allerdings habe die Praxis dies als nicht zwingend erwiesen (so daß sogar weniger als ein Drittel der Abgeordneten ein Drittel der Sitze im Wahlmännerausschuß erhalten könne).
194 S. Arndt, Prot. BT, 2. WP, 150. Sitzung (20. Juni 1956), S. 7930 C; vgl. auch Arndt, Kritik an der Gleichschaltung des Bundesverfassungsgerichts, in: Sozialdemokratischer Pressedienst, 3. Juli 1956, S. 6 ff.
195 S. Arndt, Schatten über Karlsruhe. Das Bundesverfassungsgericht – eine lästige Begrenzung der Macht?, in: Sozialdemokratischer Pressedienst, 19. August 1963.

Staates am Recht als legitim und möglich glaubhaft zu machen."[196] Die Aufdeckung der Machtanmaßung, die Begrenzung, Verteilung und *Kontrolle der Macht anhand des Rechts* und durch das Bundesverfassungsgericht war Arndts zentrales Thema, das er als Anwalt in zahlreichen grundlegenden Verfassungsprozessen variierte. Er forderte die Inhaber legitimer oder angemaßter Macht – die Bundesregierung gegenüber der Opposition, die Bundestagsmehrheit gegenüber der Minderheit, den Zentralstaat gegenüber den Bundesländern, schließlich den Staat gegenüber den Bürgern schlechthin – in die Schranken des Rechts.

Als Verfassungsorgan mit umfassenden Kompetenzen zur „lästigen Begrenzung der Macht" wurde das Bundesverfassungsgericht selbst zum erheblichen Faktor politischer Macht. Seine Entscheidungen beeinflußten ihrerseits die Machtverteilung zwischen Regierung und Opposition, Bund und Ländern, Staat und Bürgern. Die Entscheidungsmacht des Bundesverfassungsgerichts bot oppositionellen Kräften innerhalb des Verfassungsgefüges die Chance, politische Gegenmacht zu erzeugen. Doch konnte dieser Einfluß nicht direkt wirken. Er war verwiesen auf die Mittel des verfassungsgerichtlichen Prozesses und hatte keine andere Erfolgschance als die Überzeugungskraft und Qualität der juristischen Argumentation.

Daher bestellten einige SPD-regierte Bundesländer, allen voran Hessen, wiederholt Adolf Arndt zu ihrem Prozeßvertreter in großen Verfassungsstreitigkeiten, die Grundfragen der bundesstaatlichen Ordnung und rechtliche Meinungsverschiedenheiten mit der Bundesregierung betrafen. Das Verfassungsprozeßrecht bot den Bundesländern mannigfache Beteiligungs- und Verfahrensmöglichkeiten[197] zur Verteidigung ihres Rechtsstandpunktes gegenüber den Bundesorganen. In der Verteidigung und Ausnutzung föderativer Rechtspositionen vor dem Bundesverfassungsgericht gelang Arndt ein Stück erfolgreicher Opposition[198], die der Zentralstaatsgewalt die Begrenztheit ihrer Macht vor Augen führte.

Länderopposition vor dem Bundesverfassungsgericht (I): der Konkordatsstreit 1955/56

In grundlegende Fragen der bundesstaatlichen Ordnung führte der im Jahre 1955 beginnende Konkordatsstreit. Die Bundesregierung ergriff dazu die Initiative und drängte die Opposition im Bundestag sowie das SPD-regierte Land Niedersachsen in die Defensive. Am 12. März 1955 beantragte die Bundesregierung im Normenkontrollverfahren gem. Art. 93 Abs. 1 Nr. 2 GG beim Bundesverfassungsgericht die Feststellung, daß das Reichskonkordat vom 20. Juli 1933 in der Bundesrepublik Deutschland unverändert fortgeltendes Recht sei, das Land Niedersachsen durch die Bestimmungen seines Schulgesetzes von 1954 dagegen verstoßen und dadurch das Recht des Bundes

---

196 Vgl. Arndt, Zehn Jahre Bundesverfassungsgericht, in NJW 1961, S. 2007; ders., Rundfunkvortrag zum 10. Jahrestag der Errichtung des Bundesverfassungsgerichts, in: Pressemitteilungen und Informationen der SPD, 15. März 1961.
197 Vgl. den Katalog der Verfahrensarten in Art. 93 Abs. 1 Nr. 2-4 GG und § 13 BVerfGG. Zur Stärkung der föderalen Elemente durch die Verfassungsgerichtsbarkeit und Verfassungsrechtsprechung s. Laufer, Das föderative System der Bundesrepublik Deutschland, S. 60; Häberle, Verfassungsgerichtsbarkeit als politische Kraft, S. 63.
198 Vgl. zum Aspekt der Opposition vor dem und durch das Bundesverfassungsgericht Ridder, In Sachen Opposition: Adolf Arndt und das Bundesverfassungsgericht, S. 323 ff.

gegenüber den Ländern auf Respektierung der für ihn verbindlichen internationalen Verträge verletzt habe.[199]

Ausgangspunkt des Klagantrags war das Konkordat, das das nationalsozialistische Deutsche Reich im Sommer 1933 mit dem Heiligen Stuhl abgeschlossen hatte. Das völkerrechtliche Abkommen mit dem Vatikan nur wenige Monate nach der Machtübernahme war von dem nationalsozialistischen Regime als erheblicher Prestige- und Propagandaerfolg gefeiert worden und hatte die Entpolitisierung des deutschen katholischen Klerus bekräftigt.[200] Auf katholischer Seite hingegen hatte man sich von dem Vertrag eine Verteidigungsbastion gegenüber weiteren Übergriffen des Nationalsozialismus auf katholische Gläubige und kirchliche Einrichtungen erhofft. Aus dieser Sicht war es an sich schon als Erfolg bewertet worden, daß nach jahrzehntelangen erfolglosen Bemühungen nunmehr ein Konkordat mit dem Deutschen Reich zustande gekommen war. Vor allem aber hatten die nationalsozialistischen Machthaber dem katholischen Vertragspartner weitreichende, bis dahin für unerreichbar gehaltene Zugeständnisse auf dem Gebiet der Schulpolitik gemacht: Insbesondere gab das Reichskonkordat eine völkerrechtliche Garantie der katholischen Bekenntnisschule.[201]

Vor allem aufgrund dieser schulpolitischen Errungenschaften beharrte die Katholische Kirche auch nach 1945 auf der Weitergeltung des Reichskonkordats und mahnte seine Erfüllung an. Daher beanstandete der Apostolische Nuntius bei der Bundesregierung die Verletzung des Konkordats durch eine Reihe von Bestimmungen des niedersächsischen Gesetzes über das öffentliche Schulwesen von 1954. Die Nuntiatur erblickte darin die konkordatswidrige Teilaufhebung der Bekenntnisschule und ihre Degradierung zur Ausnahmeschule.[202] Interventionen der Bundesregierung, die gleichfalls von der Weitergeltung des Konkordats ausging, bei der niedersächsischen Landesregierung blieben erfolglos. Daraufhin erhob die Bundesregierung die genannte Feststellungsklage vor dem Bundesverfassungsgericht.

Den Gang nach Karlsruhe konnte die Bundesregierung plausibel damit begründen, daß über die Rechtsgültigkeit des Reichskonkordats tiefgreifende Meinungsverschiedenheiten bestanden und die Vertragswürdigkeit der Bundesrepublik Schaden zu nehmen drohe, falls sie völkerrechtlichen Verpflichtungen nicht nachkomme. Verfassungspolitisch bot der Streit dem Zentralstaat die Chance – auf dem indirekten Weg überkommener völkerrechtlicher Verpflichtungen –, ein Stück Kulturpolitik der Kulturhoheit der Bundesländer zu entziehen. Das betraf die Machtverteilung im bundesstaatlichen Gefüge. Nicht zuletzt lag es für das politische Kalkül der Regierung Adenauer nahe[203], daß eine bundesweit geführte Debatte über die Verletzung konkordatärer Rechte der Katholischen Kirche durch die Schulpolitik eines SPD-geführten Bundes-

---

199 Vgl. Der Konkordatsprozeß, Bd. I, S. 20 ff.
200 Vgl. Art. 32 des Konkordats zwischen dem Heiligen Stuhl und dem Deutschen Reich vom 20. Juli 1933, in: Volk, Das Reichskonkordat vom 20. Juli 1933, S. 234 ff., dort auch zu den Motiven Hitlers für den Konkordatsabschluß, S. 169 ff.
201 Sowie eine Garantie katholischer Lehrerausbildungseinrichtungen und ein Vetorecht des Episkopats bei der Anstellung katholischer Religionslehrer, vgl. die aus katholischer Sicht zentralen Errungenschaften des Konkordats, Art. 22 bis 24, bei Volk, a. a. O., S. 239.
202 Vgl. die Zusammenstellung der Einwände der Nuntiatur und der Bundesregierung im Urteil des Bundesverfassungsgerichts vom 26. März 1957, BVerfGE 6, 309 (S. 315 ff.), sowie zu den diesbezüglichen Schriftwechseln, Der Konkordatsprozeß, Bd. I, S. 68, 74, 80.
203 Zur Begründung vgl. Der Konkordatsprozeß, a. a. O., S. 21.

landes die tiefgreifenden, insbesondere die schulpolitisch manifesten Spannungen zwischen der SPD und der Katholischen Kirche[204] verschärfen und von daher Rückwirkungen auf die Schulpolitik anderer SPD-geführter Bundesländer entfalten würde.

Der SPD kam der Verfassungsstreit offenkundig ungelegen. Der traditionelle und grundsätzliche Widerstand der SPD gegen wesentliche Forderungen der katholischen Kulturpolitik, insbesondere gegen die Bekenntnisschule[205], setzte zu einer Interessenannäherung beidseitiges behutsames Nachgeben und geduldiges Verhandeln voraus. Ein Verfassungsrechtsstreit hingegen schnitt Verhandlungsspielräume ab und drängte die SPD in die starre Rolle des Konkordatsgegners, dem außerdem leicht das Odium der Kirchenfeindlichkeit anzuheften war.

Diesem befürchteten Eindruck suchte die sozialdemokratische Bundestagsfraktion mit einem parlamentarischen Vorstoß zu begegnen. Wenige Tage vor der geplanten mündlichen Verhandlung vor dem Bundesverfassungsgericht begründete Adolf Arndt im Mai 1956 eine von ihm entworfene Große Anfrage der SPD-Fraktion[206], die die politische Opportunität des in Gang gesetzten Verfassungsgerichtsverfahrens grundlegend in Zweifel zog. Wohlbedacht leitete Arndt seine Bundestagsrede mit einer Erinnerung an das „gemeinsame Leiden" verfolgter Katholiken und Sozialdemokraten unter der nationalsozialistischen Gewaltherrschaft und einem konfessions- und parteiübergreifenden Appell zur „Ehrfurcht in der Gemeinschaft der Mitmenschlichkeit"[207] ein. Eindringlich wies er darauf hin, daß das Problem des Reichskonkordats eine politische Verhandlungs- und „Gestaltungsaufgabe" stelle und kein bloß juristisches Problem sei.[208] In der heiklen, spannungsgeladenen Schulfrage setzte der sozialdemokratische Politiker ein Zeichen gegenüber der Katholischen Kirche, indem er für „versöhnliche Verständigungsbereitschaft" und Pragmatismus plädierte. Arndt wagte sich damit bis an die Grenze des seiner Partei Zumutbaren vor.[209] Doch blieb sein Appell erfolglos. Die Bundesregierung ließ es auf eine verfassungsgerichtliche Entscheidung ankommen.

Der Konkordatsstreit trat in seine entscheidende Phase. Der Prozeß stand an verfassungsrechtlicher Bedeutung nicht hinter dem Wehrstreit zurück. Dementsprechend groß war der argumentative Aufwand der Prozeßparteien. Die Bundesregierung ebenso wie die Länder Hessen und Hamburg, die auf seiten Niedersachsens dem Verfassungsstreit beigetreten waren, legten eine Reihe von Gutachten namhafter Wissenschaftler, Staatsrechtler, Theologen und Historiker vor, von denen einige als Prozeßvertreter in der mündlichen Verhandlung auftraten. Arndt als Prozeßbevollmächtigter des Landes

---

204 Vgl. unten Kapitel VII.4.
205 Vgl. unten Kapitel VII.4.
206 Vgl. den Entwurf zu einer Großen Anfrage, 21. November 1955, AdsD, Protokolle der SPD-Bundestagsfraktion, Akten SPD-BTF 1023, sowie BT-DS 2/2258 (neu).
207 Vgl. Prot. BT, 2. WP, 146. Sitzung (30. Mai 1956), S. 7740 B, C.
208 Vgl. Prot. BT, a. a. O., S. 7741 C, D und 7749 A, B.
209 Der stellvertretende Fraktionsvorsitzende Wilhelm Mellies, dem Arndt das Manuskript seiner Rede gezeigt hatte, riet Arndt dringend davon ab, „eine zu starke Auseinandersetzung über die Schulfrage" herbeizuführen, und schlug ihm vor, mit ein „paar kurzen Bemerkungen darauf hinzuweisen, daß bei der Anerkennung der Gültigkeit des Konkordats die Schulfrage immer der große Zankapfel bleiben wird und man gerade deshalb versuchen müßte, hier zu neuen Vereinbarungen mit dem Vatikan zu kommen." Er sei der Auffassung, daß das auch für die „zukünftige politische Auseinandersetzung besser wäre", AdsD, Mellies an Arndt, 23. Mai 1956, Nachlaß Arndt, Mappe 22.

Hessen[210] agierte zugleich als gemeinsamer Sprecher der beteiligten Landesregierungen. Er sollte die in ihn gesetzten Erwartungen nicht enttäuschen.

Arndt hatte über Jahre hinweg den schwelenden verfassungsrechtlichen Konflikt um das Reichskonkordat verfolgt und dazu öffentlich Stellung bezogen.[211] Bereits 1950 hatte er im Auftrag Kurt Schumachers eine ausführliche Stellungnahme des ehemaligen preußischen Ministerpräsidenten Otto Braun zu den Entstehungsbedingungen des preußischen Konkordats von 1929 und des Reichskonkordats von 1933 eingeholt.[212] Seit längerem hatte er auch historisches Material gesammelt, das seine These von der Verfassungswidrigkeit und Nichtigkeit des Ermächtigungsgesetzes vom 24. März 1933 und der darauf gestützten innerstaatlichen Inkraftsetzung des Reichskonkordats zu belegen geeignet war. Gestützt auf die Prozeßvollmacht Hessens[213], stellte er nunmehr die grundsätzliche Frage nach der Rechtsgültigkeit des Ermächtigungsgesetzes in das Zentrum seines mündlichen Vortrags. Arndts grundstürzender Angriff auf das rechtliche Fundament des Reichskonkordats fügte den ohnehin heiklen, hochpolitischen Implikationen des Streitfalles die historische und juristische Brisanz der Frage nach der Rechtsqualität des ‚nationalsozialistischen Unrechtsregimes' hinzu. Noch einmal ergriff Arndt die Gelegenheit, seine kardinale, in die Rechtstheorie hineinragende These von der mangelnden Rechtsgeltung vorgeblicher nationalsozialistischer Rechtsakte zur verfassungsgerichtlichen Entscheidung zu stellen. In aller Grundsätzlichkeit flammte nochmals die Debatte der unmittelbaren Nachkriegszeit auf, an der Arndt führend beteiligt gewesen war.[214]

Die Bundesregierung stellte sich auf den Standpunkt, unbeschadet möglicher Einwände gegen das legale Zustandekommen[215] des Ermächtigungsgesetzes sei es „jedenfalls" effektiv „im Sinne des allgemeinen Rechtsgrundsatzes von der rechtsgestaltenden Kraft des Faktischen" geworden und damit eine gültige Rechtsgrundlage zur Inkraftsetzung des Reichskonkordats.[216]

Diese These reizte Arndt zu vehementem Widerspruch. Gestützt auf ein Gutachten des Historikers Karl Dietrich Bracher[217], legte er die zahlreichen Verfassungsverstöße,

---

210 Das Land Hessen war dem Organstreit zwischen der Bundesregierung und dem Land Niedersachsen beigetreten mit dem Ergänzungsantrag festzustellen, daß durch die Hessische Verfassung kein Recht und keine Pflicht des Bundes in Verbindung mit dem Reichskonkordat verletzt werde, vgl. BVerfGE 6, 309 (321).
211 S. Arndt, Reichskonkordat noch gültig?, in: Vorwärts, 19. November 1954; ders., Süsterhenn und das Konkordat, in: Vorwärts, 10. Dezember 1954.
212 Arndt an Otto Braun, 9. Januar 1950, sowie Braun an Arndt, 27. Januar 1950, AdsD, Nachlaß Arndt, Mappe 13.
213 Vom Beginn des Prozesses an legte Arndt großes Gewicht auf die These von der Nichtigkeit des Ermächtigungsgesetzes, die nach seiner Auffassung sowohl die innerstaatliche wie die völkerrechtliche Nichtigkeit des Reichskonkordats bedingte; denn ein völkerrechtlicher Vertrag, der auf einer dem völkerrechtlichen Vertragspartner als illegal und illegitim bekannten innerstaatlichen Ermächtigungsgrundlage beruhte – hierbei ging er von der entsprechenden Kenntnis des Vatikans aus –, war auch völkerrechtlich nicht verbindlich, s. Arndt an Dr. Barwinski, 22. Juli 1955, HStK 1k 40/05 a (2 BvG 1/55), Bd. VI; Arndt an Georg August Zinn, 1. Februar 1956, HStK 1k 40/05 a (2 BvG 1/55), Bd. I.
214 S.o. Kapitel II.3.; Arndt nahm darauf Bezug, Der Konkordatsprozeß, Bd. IV, S. 1337.
215 So Staatssekretär Dr. Hallstein, der die Legalität des Ermächtigungsgesetzes offenließ; Konkordatsprozeß, Bd. III, S. 1277; entschieden für die Illegalität hingegen trat der Rechtsbeistand der Bundesregierung, Professor Dr. Mosler, a. a. O., S. 1322, ein.
216 Konkordatsprozeß, Bd. I, S. 251.
217 Arndt hatte Brachers Beauftragung selbst angeregt, vgl. Arndt an Zinn, 1. Februar 1956, HStK 1k 40/05 a (2 BvG 1/55), Bd. I.

vor allem die Entrechtung und Erpressung des Reichstags bei Verabschiedung des Ermächtigungsgesetzes dar.[218] Er schloß die Folgerung an, daß ein derart kraß illegales Gesetz, das unter manifestem Bruch mit der gesamten abendländischen Rechtstradition zudem die Handhabe zur „Ermordung" des Rechts und zur Vernichtung der „Personalitäten des Menschen"[219] geboten habe, niemals normative, das heißt Rechtsüberzeugung bildende Kraft habe erzeugen können.[220] Arndts pointiert und leidenschaftlich verfochtene These[221] von der gleichzeitigen Illegalität und Illegitimität des Ermächtigungsgesetzes legte die ganze Gegensätzlichkeit zweier „Rechtsmentalitäten" exemplarisch frei: Auf der einen Seite stand, insbesondere von Staatssekretär Professor Hallstein vorgetragen, das Denken vom Recht als „Ordnungswert", das die Rechtsqualität einer Norm – ungeachtet ihres Inhalts – aus ihrer Fähigkeit ableitete, Ordnung und „Rechtssicherheit" zu stiften.[222] Dieser von ihm als „Nominalismus"[223] kritisierten Haltung hielt Arndt sein Denken vom „Recht als Rechtswertordnung" entgegen. Nach dessen Legitimitätsmaßstab ging das Ermächtigungsgesetz auf eine flagrante Verletzung der Menschenwürde und der Freiheit aus und entbehrte daher jeglichen „Rechtswertes."[224]

Der Gedanke der *Legitimität* bestimmte auch einen zweiten Argumentationsschwerpunkt Arndts. In jedem Fall, so legte er dar, hindere die neue demokratische Legitimität[225] des Grundgesetzes die Weitergeltung eines Konkordats, das von einem totalitären Gewaltsystem abgeschlossen worden und dadurch auch inhaltlich geprägt sei. Eindringlich warnte er vor einer „kalten Verfassungsrevision"[226], falls überkommene konkordatäre Regelungen, die mit der neuen grundgesetzlichen Ordnung nicht vereinbar seien, als eine „Überverfassung" dem Willen des demokratischen Verfassunggebers vorgingen. Es war Arndt ein großes, geradezu verfassungspädagogisches Anliegen, wenn er dafür plädierte, das Grundgesetz und die anderen demokratischen Länderverfassungen als etwas beinahe „Heiliges", vor „Treubruch" zu Bewahrendes ernst zu nehmen und sie gerade auch dort vor Entwertung zu schützen, wo ihre Bestimmungen vom Inhalt des Reichskonkordats abwichen.[227] Dies zielte in besonderem Maße auf die bundesstaatliche Ordnung des Grundgesetzes, die entschiedener als die Weimarer Reichsverfassung und in Entgegensetzung zum zentralisierten nationalsozialistischen Staat den Ländern wesentliche Reservatbereiche, insbesondere in Kultusangelegenheiten, zuwies. Ein gewisser Überraschungserfolg gelang Arndt, als er in diesem Zusammenhang darauf verweisen konnte, daß in Hessen seit mehreren Jahren die Vereidigung der katholischen Bischöfe abweichend vom Reichskonkordat und ausdrücklich

---

218 Vgl. Konkordatsprozeß, Bd.III, S. 1286 ff.
219 A. a. O., S. 1298, 1300 ff.
220 A. a. O., S. 1293.
221 Daruf berief sich drei Jahrzehnte später die Fraktion der Grünen in einer Großen Anfrage, BT-DS 10/5148; s. dazu und zur Antwort der Bundesregierung BT-DS 10/6566, S. 7 ff.
222 Vgl., Konkordatsprozeß, Bd. IV, S. 1331 f.
223 A. a. O., S. 1335; Arndt, Das sogenannte Ermächtigungsgesetz" vom 24. März 1933 und die „normative Kraft des Faktischen", 29. Mai 1956 (Manuskript), Sammlung Dr. Claus Arndt.
224 Vgl. Konkordatsprozeß, Bd. III, S. 1287 (gegen die positivistische Auslegung der Weimarer Reichsverfassung), Bd. IV, S. 1300 f., 1335.
225 A. a. O., S. 1661.
226 A. a. O., S. 1653, S. 1436 (Warnung vor einer „Versteinerung" des Grundgesetzes).
227 A. a. O., S. 1431.

unter Bezug auf die Hessische Verfassung vorgenommen werde, deren Vereinbarkeit mit dem Reichskonkordat nunmehr plötzlich bezweifelt werde.[228]

Ein geschickter prozeßtaktischer Schachzug gelang Arndt mit dem Beweisantrag, das Bundesverfassungsgericht möge der Bundesregierung aufgeben, ihren gesamten Schriftwechsel mit dem Heiligen Stuhl über das Reichskonkordat vorzulegen, und zwar zum Beweis dafür, daß der „Bund die Rechte und die Interessen der Länder gegenüber der Kirche nicht wahrgenommen" habe und daß „zwischen dem Bund und der Kurie Einigkeit darüber besteht, daß ein unverändertes Reichskonkordat als Gesamtheit mit dem Bonner Grundgesetz nicht vereinbar ist."[229]

Damit kehrte Arndt den Vorwurf der Bundesregierung, die Länder verletzten durch ihr Abweichen von Konkordatsbestimmungen den Verfassungsgrundsatz der Bundestreue, geradewegs um. Er brachte die Bundesregierung in Zugzwang – wohlwissend, daß diese mit ihren Loyalitätspflichten gegenüber dem Vertragspartner, der Römischen Kurie, einerseits, gegenüber dem Bundesverfassungsgericht andererseits in Konflikt geraten mußte. In der Tat drohte der Beweisantrag vitale Geheimhaltungsinteressen der Bundesregierung im diplomatischen Verkehr zu unterlaufen. So ließ sich der Vertreter des Auswärtigen Amtes, Ministerialdirektor Professor Wilhelm Grewe, nach Beratungen in Bonn[230] zu einer Erklärung verleiten, die kaum anders denn als verklausulierte Ablehnung des Beweisbegehrens im ganzen zu verstehen war und lediglich die Vorlage eines Teils der Akten anbot.[231] Der Senat konterte Grewes Erklärung mit der Feststellung, sie enthalte dem Gericht gegenüber „unangemessene" Formulierungen. Arndt stieß nach mit der Verwahrung, Grewes Stellungnahme sei mit der „Würde des Bundesverfassungsgerichts und der prozeßbeteiligten Länder" unvereinbar.[232] Unversehens war die antragstellende Bundesregierung in eine prekäre Defensivlage geraten. Für einige Momente erinnerte die Situation an den Konflikt zwischen der Regierung und dem Bundesverfassungsgericht im Wehrstreit: Dann glättete zwar eine weitere, beschwichtigende Erklärung Grewes[233] die Wogen, und das Gericht begnügte sich, vorbehaltlich einer Nachforderung, mit den angebotenen Aktenstücken. Doch hatte der gesamte Vorgang dem Anliegen der Bundesregierung atmosphärisch eher geschadet[234] und Arndt Gelegenheit gegeben, die prozeßbeteiligten Länder als Verteidiger der Gerichtsautorität zu profilieren.

Schließlich erbrachte Arndt gewissermaßen eine diplomatische Meisterleistung, was die Darstellung des katholischen Interessenstandpunkts anging. Es mußte ihm einerseits darum gehen, die verfassungsrechtliche Nichtigkeit, zumindest aber die politische Revisionsbedürftigkeit der konkordatären Absprachen von 1933 zu begründen; andererseits konnte er die Legitimität des damaligen Handelns der Kurie nicht grundlegend in Zweifel ziehen, ohne die bestehenden Spannungen zwischen der SPD und der Katholischen Kirche erheblich zu verschärfen. Arndt löste das Problem, indem er einen besonderen Legitimitätsmaßstab kirchlichen Handelns anerkannte: War es von

---

228 A. a. O., S. 1428, unter Bezugnahme auf die These des Rechtsbeistands der Bundesregierung, Professor Dr. Ulrich Scheuner, a. a. O., S. 1419.
229 A. a. O., Bd. III, S. 1222, 1226.
230 S. Grewe, Rückblenden 1976 – 1951, S. 274.
231 Der Konkordatsprozeß, Bd. IV, S. 1501 f.
232 A. a. O., S. 1536, 1541.
233 A. a. O., S. 1567 f.
234 Auch Grewe, Rückblenden, S. 275, spricht davon, daß der Senat die Umgrenzung des Vorlageverlangens „nicht prinzipiell", sondern „de facto" hingenommen habe.

den Glaubensgrundsätzen der Katholischen Kirche her legitim, ja sogar geboten, in einem Konkordat für die größtmögliche Sicherheit der katholischen Bekenntnisschule sowie der Glaubensfreiheit Sorge zu tragen, so galt dies auch gegenüber einem totalitären Gewaltsystem wie dem nationalsozialistischen Staat, ohne daß daraus auch nur der „Schatten eines Vorwurfs für den Heiligen Stuhl"[235] abzuleiten sei, wie Arndt unterstrich. Allerdings – und das war die Kehrseite seiner Argumentation – habe auch die Kurie bereits 1933 das Konkordat nur als „Notordnung"[236] zur Verteidigung ihrer Interessen betrachtet – oder doch nur betrachten können; denn als hohen Preis habe sie die Entpolitisierung des Klerus entrichtet.[237] Daran müsse sie sich heute festhalten lassen und den Wandel „konkordatärer Verhältnisse" anerkennen, der ein unverändertes Festhalten[238] an den damaligen, zeitgebundenen Vereinbarungen nicht zulasse. Arndt argumentierte gewissermaßen mit dem wohlverstandenen Eigeninteresse der Katholischen Kirche: Eine Kirche, aus der auch beispielhafter Widerstand gegen das antichristliche System des Nationalsozialismus erwachsen sei[239], könne gar nicht an einem Vertrag festhalten, mit dem der totalitär strukturierte Vertragspartner eine Vernichtung des kirchlichen Öffentlichkeitsanspruchs bezweckt habe. Arndt sparte dunkle Punkte nicht aus, die die Haltung der Kurie und des damaligen Vorsitzenden der Zentrumspartei, Prälat Kaas, im Rahmen der Konkordatsverhandlungen betrafen. So ging er von der These aus, daß die Kurie das Ermächtigungsgesetz von vornherein als illegal und illegitim betrachtet und die Auflösung der Zentrumspartei als Bedingung für den Konkordatsabschluß gebilligt habe.[240] Doch mied Arndt jeden Unterton des Vorwurfs. Er setzte darauf, daß die Nüchternheit seiner Ausführungen die Einsicht in die Unhaltbarkeit des Konkordats von 1933 nachhaltiger fördern werde.

Das Urteil des Bundesverfassungsgerichtes erbrachte im Ergebnis einen Sieg für die prozeßbeteiligten Länder. Zwar stellte das Gericht – entgegen Arndts leidenschaftlichem Plädoyer – die ungebrochene Weitergeltung des Reichskonkordats fest; denn das zugrundeliegende Ermächtigungsgesetz habe sich als „revolutionär gesetzte Kompetenzordnung [...] tatsächlich durchgesetzt."[241] Hingegen stellte das Gericht die Länder

---

235 Vgl., Der Konkordatsprozeß, Bd. IV, S. 1339.
236 A. a. O., S. 1338.
237 A. a. O., S. 1311; vgl. dazu Art. 32 des Reichskonkordats vom 20. Juli 1933, in dem sich der Heilige Stuhl verpflichtete, Bestimmungen zu erlassen, „die für die Geistlichen und Ordensleute die Mitgliedschaft in politischen Parteien und die Tätigkeit für solche Parteien ausschließen", s. Volk, Reichskonkordat, S. 241.
238 Vgl. Der Konkordatsprozeß, Bd. IV, S. 1432. Gestützt auf das Gutachten von Professor Dr. Wilhelm Wengler, a. a. O., Bd. III, S. 886 ff. (S. 915), maß Arndt innerstaatlichen Veränderungen bei einem Konkordatspartner rechtserhebliche Bedeutung für den Konkordatsinhalt zu.
239 A. a. O., Bd. III/IV, S. 1303, 1663.
240 A. a. O., Bd. IV, S. 1305, 1310.
Hinsichtlich des Ermächtigungsgesetzes unterstellte Arndt auf katholischer Seite Grundsatzbedenken, die in Wirklichkeit vielfach nicht bestanden hatten. Im Gegenteil – Verlautbarungen führender katholischer Repräsentanten hatten die Beseitigung parlamentarischer Hindernisse im Vorfeld des Konkordatsabschlusses begrüßt, s. dazu Böckenförde, Der deutsche Katholizismus im Jahre 1933 (1961), S. 41, Anm. 20, sowie Volk, Reichskonkordat, S. 212, in Wiedergabe einer Äußerung Kardinal Faulhabers. Zu den Streitpositionen hinsichtlich der Haltung der römischen Kurie zur Auflösung der Zentrumspartei vgl. Guenter Lewy, Die katholische Kirche und das Dritte Reich, S. 92 f. Nicht zuletzt die von Arndt vertretenen Thesen regten zu einer kritischen, historischen Erforschung der Haltung der katholischen Kirche an, die 1956 noch in den Anfängen steckte, s. dazu Böckenförde, a. a. O., S. 31 (Anm. 1).
241 Der Konkordatsprozeß, Bd. IV, S. 1686; BVerfGE 6, 309 (S. 331).

von jeder verfassungsrechtlichen Pflicht frei, die Schulbestimmungen des Reichskonkordats bei ihrer Gesetzgebung einzuhalten.[242] Als entscheidenden Grund führte das Urteil die „Grundentscheidungen" des Grundgesetzes an, das im Rahmen eines „grundlegenden Neuaufbaus" der staatlichen Ordnung die „Länder zum ausschließlichen Träger der Kulturhoheit" gemacht habe.[243] Ganz entsprechend der Argumentation Arndts räumte das Gericht dem Neuordnungswillen des demokratischen Verfassungsgesetzgebers nach 1945 Priorität vor „überkommenen"[244] völkerrechtlichen Verpflichtungen ein; auch konkordatswidrige Bestimmungen der Länderverfassungen, unter anderem Hessens, seien demnach vom Grundgesetz vorgefunden und nicht aufgehoben worden.[245] Das Urteil ließ die Schulgesetzgebung Niedersachsens unangetastet und verwies Bund und Länder darauf, die Lösung von Spannungslagen einvernehmlich und „auf dem Boden der Gleichordnung" zu finden.[246]

Das Konkordats-Urteil stellte einen Meilenstein im Prozeß der Effektuierung des grundgesetzlichen Föderalismus dar. Ganz im Sinne der SPD war die Lösung der sachlichen Fragen politischen Verhandlungen überlassen worden.[247] Arndts engagierte Prozeßführung hatte zumindest die atmosphärischen Voraussetzungen dieses Prozeßausgangs begünstigt. Schließlich war es ihm gelungen, aus dem Konkordatsstreit die kultur- und schulpolitischen Auseinandersetzungen zwischen der SPD und der Katholischen Kirche herauszuhalten.[248] Freilich – Arndts radikale These von der Nichtigkeit des Ermächtigungsgesetzes hatte das salomonische, auf politisch handhabbare Kompromisse ausgehende Urteil verworfen.

Länderopposition (II): Verfassungsstreit um die Parteienfinanzierung 1957/58

Wenige Monate nach Verkündung des Konkordatsurteils drängte eine Initiative des Landes Hessen die Bundesregierung in die Defensive. Der hessische Ministerpräsident Georg August Zinn und Adolf Arndt traten an, um das Verdikt des Bundesverfassungsgerichts über die mittelbare staatliche Parteienfinanzierung herbeizuführen.

Die rechtliche Ordnung des Parteiwesens war seit Arndts Entwürfen von 1947/48 zu einem hessischen Parteiengesetz[249] ein besonderes Anliegen der beiden rechtspolitischen Weggefährten. Im Parlamentarischen Rat hatte Zinn maßgeblichen Anteil ge-

---

242 A. a. O., S. 1708, 1709, 1712; BVerfGE 6, 309 (S. 362, 366).
243 A. a. O., S. 1702, 1707; BVerfGE 6, 309 (S. 354, 360).
244 A. a. O., S. 1711, im Unterschied zu „übernommenen" Verpflichtungen; BVerfGE 6, 309 (S. 366).
245 A. a. O., S. 1705 f.; BVerfGE 6, 309 (S. 357 f.).
246 A. a. O., S. 1709; BVerfGE 6, 309 (S. 362).
247 Im Rahmen der vertraulichen Gespräche zwischen Vertretern der SPD und der Katholischen Kirche (s. dazu unten Kapitel VII.4.) wurde daraufhin, unter Beteiligung von Prälat Böhler, dem Leiter des Katholischen Büros in Bonn, „über das Konkordatsproblem nach der Entscheidung des Bundesverfassungsgerichts gesprochen", vgl. den Bericht Willi Eichlers, AdsD, Protokolle des SPD-PV vom 25. September 1957.
248 Wobei dies auch mit Blick auf kirchenkritische Strömungen innerhalb der SPD ein Erfolg war. Arndt erklärte später, er habe, als er den „heiklen Auftrag" bekam, ein Land im Konkordatsprozeß zu vertreten, „zur Bedingung gemacht, daß in der mündlichen Verhandlung kein Angriff auf die katholische Kirche unternommen werde und daß kein Wort fallen dürfe, das einen Katholiken in seinen religiösen Gefühlen zu verletzen auch nur denkbar sei", vgl. Prot. BT, 3. WP, 148. Sitzung (9. März 1961), S. 8428 B.
249 S.o. Kapitel II.4.

habt an der Aufnahme des von ihm formulierten[250] Art. 21 Abs. 1 Satz 3 in das Grundgesetz, der den Parteien vorschrieb: „Sie müssen über die Herkunft und Verwendung ihrer Mittel sowie über ihr Vermögen öffentlich Rechenschaft geben." Vor allem ein historisches Motiv wurde seinerzeit für diese Norm ins Feld geführt: Man wolle eine nochmalige anonyme Finanzierung radikaler Parteien wie im Fall der NSDAP verhindern.[251] Doch spricht manches dafür, daß auf seiten der SPD die Erwägung hinzutrat, mit Hilfe der öffentlichen Rechenschaftspflicht einen Startnachteil in der Parteienfinanzierung auszugleichen. Während sich die SPD nämlich ganz überwiegend aus Mitgliedsbeiträgen finanzierte, bezogen die CDU und FDP ihre Spendeneinnahmen vor allem von potenten Geldgebern der Wirtschaft. Die Erwägung war plausibel, daß diese Geldgeber angesichts der öffentlichen Rechenschaftspflicht vor weiteren Parteispenden zurückschrecken würden.[252]

Schien diese Grundgesetzregelung zumindest einer krassen Ungleichverteilung der privaten Parteispenden einen Riegel vorzuschieben, so drohte die Steuerrechtsnovelle von 1954 unter Zwischenschaltung des staatlichen Steuersystems eine subtilere, aber im Effekt um so krassere Bevorzugung wirtschaftlich potenter Spendengeber und der entsprechenden Empfängerparteien herbeizuführen. Die neue steuerrechtliche Begünstigung von Parteispenden wirkte sich so aus, daß natürliche und juristische Personen mit hohen Einkommen höhere Spendenbeiträge von der Steuer abziehen konnten als die Bezieher niedriger Einkommen. Zudem begünstigte der progressive Steuertarif die einkommensstarken Spender, indem er durch die – dem Progressionssteuersatz entsprechende – höhere Steuerersparnis mittelbar einen höheren staatlichen Zuschuß zu der Parteispende einräumte.[253] Diese Regelung bevorzugte eindeutig die Parteien mit hohen Spendenaufkommen aus finanzkräftigen Kreisen, insbesondere die CDU/CSU, gegenüber der SPD. Da zudem keine Offenlegung der Spendenherkunft vorgeschrieben war – das gemäß Art. 21 Abs. 3 GG vorgesehene, konkretisierende Parteiengesetz existierte noch nicht –, drohte die ursprüngliche Intention des Art. 21 Abs. 1 Satz 3 GG unterlaufen zu werden.

Eine kritische Andeutung des Bundesverfassungsgerichts hinsichtlich der Verfassungskonformität dieser steuerbegünstigenden Regelung[254] ermutigte Zinn zu einem Vorstoß beim Bundesverfassungsgericht. Sein Antragsentwurf zur Feststellung der Verfassungswidrigkeit der Steuerrechtsnormen mußte jedoch zunächst „erhebliche Bedenken" in der Spitze der Bundes-SPD überwinden.[255] Arndts sachlicher Autorität gelang es, die Bedenken auszuräumen. Er beurteilte den hessischen Klagantrag als „aussichtsreich und zweckmäßig" und erläuterte am Beispiel einer Spende des Bankiers Pferdmenges an die regierende CDU seine Auffassung, daß die steuerliche Abzugsfähigkeit

---

250 Vgl. Dübber, Parteifinanzierung in Deutschland, S. 2.
251 A. a. O., S. 3.
252 Zu diesen Erwägungen vgl. Eschenburg, Parteienfinanzierung (II), S. 206 f., der auf ein weiteres „Start-Handicap" der SPD hinweist: Anders als die Freien Gewerkschaften der Weimarer Republik lehnte der DGB als Einheitsgewerkschaft die Finanzierung von Parteien (also auch der SPD) ab, a. a. O., S. 207.
253 Vgl. die Übersicht in BVerfGE 8, 51 (S. 52 ff.); Eschenburg, Parteienfinanzierung (II), S. 209.
254 Vgl. dazu BVerfGE 6, S. 273 (S. 281 f.).
255 Nachdem er den Antragsentwurf Zinns zur Kenntnis genommen hatte, teilte Wilhelm Mellies Arndt mit, daß Ollenhauer und er „beide erhebliche Bedenken gegen ein solches Vorgehen der Hessischen Regierung" hätten – ohne allerdings diese Bedenken zu spezifizieren, Mellies an Arndt, 23. Mai 1957, AdsD, Akten SPD-BTF 155 (Spenden an politische Parteien).

der Spenden „Elemente des Klassenwahlrechts" und der „plutokratischen Steuerung" wiederbelebe.[256] Seine Entschiedenheit überzeugte auch den Parteivorstand, der die hessische Klage billigte.[257]

Am 9. Juli 1957 beantragte das Land Hessen die Feststellung des Bundesverfassungsgerichts, daß die Regelungen über die steuerliche Abzugsfähigkeit von Parteispenden gegen das Grundgesetz verstießen. Der Antrag rügte in seinem Kern eine doppelte Gleichheitsverletzung, nämlich zum einen die Verletzung der Chancengleichheit der Parteien (Art. 3 Abs. 1 i.V.m. Art. 21 GG) und zum anderen die Ungleichbehandlung der spendenden Bürger untereinander (Art. 3 Abs. 1 GG)[258]. Der Schriftsatz trug – zum Teil auf Schätzungen angewiesenes – Zahlenmaterial vor, das die unterschiedlichen Einnahmestrukturen der Parteien entsprechend ihren soziologischen Strukturunterschieden und wirtschaftspolitischen Zielsetzungen belegen sollte: Während die SPD sich fast ausschließlich aus Mitgliedsbeiträgen und kleineren Spenden finanziere, zögen die kapitalkräftigen Wirtschaftskreisen ohnehin näherstehenden Parteien CDU/CSU und FDP, durch die staatliche Steuerbegünstigung nunmehr erst recht bevorzugt, noch höhere Spenden aus einkommensstarken Bevölkerungsschichten.[259] Somit verschärfe die gewählte Methode mittelbarer staatlicher Parteienfinanzierung mittels der Steuerbegünstigung die bestehenden Einkommensunterschiede der Parteien, insbesondere zu Lasten der SPD – und sei von den Regierungsparteien auch so beabsichtigt.

Das Verfahren verhieß eine grundlegende verfassungsrechtliche Klärung zum Problem staatlicher Parteienfinanzierung. Es lag nahe, daß die hessische Landesregierung Arndt mit der Prozeßvertretung in der mündlichen Verhandlung beauftragte. Dieser hatte inzwischen die Regierungen Hamburgs und Nordrhein-Westfalens dazu bewegen können, sich dem hessischen Antrag anzuschließen.[260] Arndt trug dem Bundesverfassungsgericht ein minutiös ausgearbeitetes Plädoyer vor, das passagenweise einer staatsrechtlichen Vorlesung über Wesen und Funktion der Parteien im demokratischen Verfassungsstaat glich. Das Plädoyer übernahm die verfassungsrechtlichen Kernargumente des hessischen Antrags und vertiefte sowie differenzierte sie erheblich. Arndt richtete unter anderem sein Augenmerk auf den naheliegenden Einwand, die Antragsteller versuchten, die lediglich faktisch ungleichen Auswirkungen eines für jedermann gleich geltenden Steuerrechtstatbestandes mit Hilfe des Verfassungsrechts zu nivellieren.[261] Sorgfältig setzte er dagegen auseinander, daß das angegriffene Steuerrecht die faktische Ungleichheit der Parteien nicht nur vorfinde, sondern rechtlich institutionalisiere und vertiefe.[262] Dabei legte er eine Bindung des Gesetzgebers zugrunde, die über

---

256 Arndt an Mellies (mit Durchschlag an Zinn), 31. Mai 1957, AdsD, Akten SPD-BTF 155: „Wenn Pferdmenges für seine politische Zielsetzung eine Spende von DM 100 000 macht, so würde die öffentliche Hand diese Meinungsäußerung durch eine Einbuße von DM 50 000 an Steuermitteln fördern, während der Staat jeden kleinen Mann nicht entsprechend unterstützt."
257 Vgl. das Protokoll des SPD-PV, 14./15. Juni 1957.
258 Antrag der Hessischen Landesregierung auf Normenkontrolle, 9. Juli 1957, HStK 1k 40/05 a, 2 BvF 1/1957. Der Antrag rügte zudem die Verletzung der Verfassungsgrundsätze des demokratischen Rechtsstaats, Art. 20 GG und Art. 21 GG.
259 Antrag der Hessischen Landesregierung, a. a. O., S. 6 – 17.
260 Vgl. die Korrespondenz Arndts, AdsD, Akten SPD-BTF 155.
261 Vgl. das Protokoll über die mündliche Verhandlung vor dem Bundesverfassungsgericht am 13. Mai 1958, S. 48 ff., AdsD, Akten SPD-BTF 155.
262 Plädoyer Arndts vor dem Bundesverfassungsgericht, 13. Mai 1958 (Manuskript), S. 25 ff., AdsD, Nachlaß Arndt, Mappe 41.

die bloß *formale* Gleichbehandlung hinaus auch die *materiell* verschiedenen Auswirkungen einer Gesetzesregelung zu beachten habe. Neu, im Vergleich zum hessischen Antrag, war Arndts scharfe Hervorhebung des Gebots absoluter Gleichheit im Bereich der staatsbürgerlichen Rechte: Dort, wo der Bürger an der öffentlichen Willensbildung, das heißt auch an der Förderung und Finanzierung von Parteien, teilnehme, gelte das Prinzip absoluter, „personaler" Gleichheit; das heißt ein Staat, der durch steuerliche Spendenbegünstigung mittelbare Parteienfinanzierung betreibe, müsse diese Spende als Beitrag zur öffentlichen Willensbildung absolut gleich behandeln und dürfe sie nicht aufgrund progressiver Steuersätze unterschiedlich steuerwirksam begünstigen.[263]

Doch griff Arndts Einwand noch weiter. Er hielt jegliche staatliche Parteienfinanzierung schlechthin für unvereinbar mit dem Grundgesetz.[264] Diese zugespitzte These radikalisierte geradezu den hessischen Standpunkt. Ausdrücklich hatte Arndt sich von der hessischen Landesregierung die Ermächtigung ausbedungen, von seiner These abweichende Erwägungen des ursprünglichen hessischen Schriftsatzes vor dem Bundesverfassungsgericht zu widerrufen.[265] Für ihn stand mit der Staatsfinanzierung die Funktionsfähigkeit der demokratischen Parteien schlechthin auf dem Spiel; denn

> „unmittelbare oder mittelbare Finanzierung politischer Parteien aus Staatsmitteln ist schlechthin undurchführbar, ohne die Parteien zu eruieren, zu katalogisieren, zu beeinflussen und [...] zu beaufsichtigen; jede über die Ausübung der in Art. 21 GG gewährten Sonderkompetenz hinausgehende Staatsaufsicht ist aber ein Bruch mit dem Grundsatz der Freiheit für die Parteigründung."[266]

Nur die unbedingte „Staatsfreiheit" der Parteien gewährleistete nach Arndt, daß sie Verkörperungen „unmittelbar[er] [plebiszitär] eigenständig[er]" Staatsgewalt blieben.

Das staatstheoretische Modell der Unterscheidung von Staat und Gesellschaft klang darin an[267]: Die Parteien blieben – auch als „Träger des Verfassungslebens"[268] – eine Organisationsform der „freien Gesellschaft", wie Arndt an anderer Stelle grundsätzlich hervorhob.[269] Doch stand dahinter eine weitere, ganz konkrete Besorgnis, die er am Ende seines Plädoyers offenbarte. Die staatliche Parteienfinanzierung veränderte nach Arndts begründeter Überzeugung die *innere Struktur* einer Partei. Eine Partei, die sich nicht mehr aus Mitgliedsbeiträgen, sondern aus externen Mittelzuweisungen finanziere, gebe ein wesentliches Instrument demokratischer Kontrolle der Mitgliedschaft über

---

263 Vgl. Arndt an Dr. Barwinski, 25. November 1957, HStK 1k 40/05a, 2 BvF 1/1957; Plädoyer vor dem Bundesverfassungsgericht, 13. Mai 1958, S. 25 ff., AdsD, Nachlaß Arndt, Mappe 41.
264 Nicht als staatliche Parteisubventionierung und damit als verfassungsrechtlich zulässig beurteilte er hingegen die staatliche Erstattung von Wahlkampfkosten (auch in Form von Zuwendungen an Wahlbewerber) sowie staatliche Entgelte an Parlamentsabgeordnete und -fraktionen, s. Plädoyer, a. a. O., S. 21 a, und Protokoll der mündlichen Verhandlung am 13. Mai 1958, S. 53, AdsD, Akten SPD-BTF 155 (mit detaillierten Vorschlägen zur Wahlkampfkostenerstattung).
265 Vgl. das Plädoyer Arndts am 13. Mai 1958, AdsD, Akten SPD-BTF 155, S. 21, im Unterschied zum Antrag der Hessischen Landesregierung, 9. Juli 1957, HStK 1k 40/05 a, 2 BvF 1/1957, der zunächst ein absolutes Verbot staatlicher Parteienfinanzierung abgelehnt und zum Beispiel eine staatliche Finanzierung der Parteien im Verhältnis der Zahl ihrer Mitglieder oder ihrer Wähler in Erwägung gezogen hatte.
266 Vgl. das Plädoyer Arndts am 13. Mai 1958, S. 22, AdsD, Nachlaß Arndt, Mappe 41.
267 Im Sinne einer Unterscheidung, nicht Trennung von Staat und Gesellschaft, s. dazu unten Kapitel VII.1.
268 Vgl. das Plädoyer (Anm. 266), S. 20.
269 S. dazu Kapitel VII.1.

die Parteiführung auf. Es drohe die Verselbständigung der Parteibürokratie zu einer von der Mitgliedschaft abgetrennten – und dadurch auch von außen leichter steuerbaren – „Befehlssonderorganisation."[270] Nicht nur für eine große Mitgliederpartei wie die SPD, sondern für die Parteiendemokratie insgesamt sah Arndt darin eine gefährliche Entwicklung,

> „die dem Art. 21 GG stracks zuwiderläuft, die Parteien denaturiert und korrumpiert und sie unfähig macht, als eigenständige Gemeinschaften demokratischer Infrastruktur selbständig und verantwortlich an der politischen Willensbildung des Volkes mitzuwirken."[271]

Solch grundlegender Argumentation waren die Prozeßvertreter der Bundesregierung anscheinend nicht recht gewachsen, wie Theodor Eschenburg aus eigener Anschauung urteilte.[272] Die CDU/CSU als Regierungspartei[273] und die Bundesregierung versuchten zwar, die Scharte auszuwetzen, und beantragten neue mündliche Verhandlungen. Das Bundesverfassungsgericht jedoch wies diese Anträge ab und gab dem hessischen Normenkontrollantrag statt.[274] Es hob die mittelbare staatliche Parteienfinanzierung in Form von Steuerbegünstigungen je nach der Höhe des Einkommens als unvereinbar mit den Gleichheitsanforderungen des Grundgesetzes auf.[275] Nachdrücklich unterstrich das Urteil die materiell-rechtliche Bindung des Gesetzgebers an den Gleichheitssatz[276]; dabei seien auch die ungleichen Auswirkungen einer formalen Gleichbehandlung durch ein Gesetz erheblich. Das Gericht nahm Arndts Gedanken streng formaler staatlicher Gleichheitsbindung im Bereich der politischen Willensbildung auf und bezeichnete ihn als beherrschenden Grundsatz der „Ausübung politischer Rechte in der freien Demokratie"[277]; folglich verletzten die angegriffenen Steuerrechtsnormen die absolute Gleichheit der Bürger in der Ausübung ihrer politischen Rechte, die auch die Spendentätigkeit für politische Parteien umfaßte.

---

270 Vgl. das Plädoyer (Anm. 266), S. 38; s. bereits Arndt, Die Parteien in der Verfassung (1948), S. 645, mit der Erwägung, durch „von unten nach oben" organisierte Parteien bürokratisch gesteuerte Parteiapparate zu vermeiden, die zu „Totengräbern des Staates" werden könnten.
271 Vgl. das Plädoyer (Anm. 266), S. 38; in gleichem Sinn Dübber, Parteienfinanzierung, S. 80 ff.
272 S. Eschenburg, Parteienfinanzierung (II), S. 210. Eschenburg wurde als Sachverständiger vor dem Bundesverfassungsgericht gehört.
273 Die CDU/CSU war – ebenso wie die DP und der BHE – der mündlichen Verhandlung vor dem Bundesverfassungsgericht ferngeblieben mit der Begründung, es handle sich um die Klärung einer ausschließlich verfassungsrechtlichen Frage und man „wolle nicht in ein politisches Streitgespräch von Vertretern der Parteien vor Gericht" eintreten, vgl. Laufer, Verfassungsgerichtsbarkeit, S. 508, Anm. 147.
274 In allen wesentlichen Antragspunkten. Lediglich den hessischen Antrag, die Anerkennung der Staatsbürgerlichen Vereinigung 1954 e.V. Köln als Sammelstelle steuerbegünstigter Spenden zu staatspolitischen Zwecken als verfassungswidrig aufzuheben, lehnte das Bundesverfassungsgericht ab, s. BVerfGE 8, 51 (S. 70).
275 Entsprechend der Antragsbegründung der Hessischen Landesregierung vom 9. Juli 1957, HStK 1k 40/05a, 2 BvF 1/1957, vgl. BVerfGE 8, 51 (S. 63 ff., 68 ff.).
276 BVerfGE 8, 51 (S. 64) unter Verweis auf die Schriften von Bundesverfassungsrichter Professor Dr. Gerhard Leibholz zum Gleichheitssatz, in denen auch Arndt die Pionierleistungen zu einem materiellen Verständnis des grundrechtlichen Gleichheitsgebots erblickte, s. Arndt, Besprechung von Gerhard Leibholz, Die Gleichheit vor dem Gesetz, 2. Aufl., München-Berlin 1959, in: NJW 1961, S. 2153; ders., Gedanken zum Gleichheitssatz (1966), in der Festschrift für Gerhard Leibholz, S. 181, 184.
277 BVerfGE 8, 51 (Leitsatz, S. 69).

In diesen Urteilsgründen fand Arndt seine Kernargumente vollauf bestätigt. Das Verfahren endete mit einem großen Erfolg der hessischen Landesregierung und der SPD insgesamt. Die regierende CDU mußte neben der verfassungsrechtlichen Niederlage auch erhebliche materielle Einbußen hinnehmen; denn nach dem Wegfall der Steuerbegünstigungen ließ die Spendentätigkeit deutlich spürbar nach.[278]

Eine wesentliche Passage des Urteils mußte hingegen gerade Arndt enttäuschen. Das Bundesverfassungsgericht hatte ein generelles Verdikt über die staatliche Parteienfinanzierung abgelehnt und es ausdrücklich für verfassungsrechtlich zulässig erachtet, den die „Wahlen tragenden politischen Parteien finanzielle Mittel von Staats wegen zur Verfügung zu stellen."[279] Dies wurde als Billigung, ja als Aufforderung zur Einführung einer *unmittelbaren* staatlichen Parteienfinanzierung gedeutet und in die Tat umgesetzt. Von 1959 an enthielten die Bundeshaushaltsgesetze denn auch *unmittelbare* Zuschüsse in rasch wachsender Höhe an alle im Bundestag vertretenen politischen Parteien.[280] Auch die SPD hatte daran teil.[281] Angesichts dieser Entwicklung geriet Zinns und Arndts[282] puristische Position einer absoluten Staatsfreiheit der Parteienfinanzierung zu einem Anachronismus.[283]

Andere Erfolge Zinns und Arndts vor dem Bundesverfassungsgericht waren weniger eindeutig und spektakulär als das Parteienfinanzierungsurteil. So erreichte das Land Hessen in der Zinn persönlich am Herzen liegenden[284], von Arndt in der mündlichen Verhandlung vertretenen sogenannten „Hessenklage", daß die Bundesregierung vom Bundesverfassungsgericht zur Einhaltung des Verfassungsauftrags bezüglich der Neugliederung des Bundesgebiets, Art. 29 GG, angehalten wurde.[285] Auch Niederlagen mußte Arndt hinnehmen. So scheiterte die von ihm begründete „Redezeitklage" mehrerer Abgeordneter gegen den Bundestag. Das Bundesverfassungsgericht sah in der

---

278 Die CDU-Bundesgeschäftsstelle mußte ihren Betrieb einschränken und Personal entlassen, und die FDP veranlaßte ihre Bezirksverbände, die Spendeneinnahmen fortan ungekürzt nach oben abzuführen, vgl. Dübber, Parteienfinanzierung, S. 19. Entsprechend scharf fiel die Urteilskritik aus, die aus Kreisen der Regierungspartei geübt wurde – für Arndt ein Anlaß, sich abermals schützend vor das Bundesverfassungsgericht zu stellen, s. Arndt, CDU im Glashaus, in: Sozialdemokratischer Pressedienst, 17. November 1958.
279 S. BVerfGE 8, 51 (S. 63).
280 S. Laufer, Verfassungsgerichtsbarkeit, S. 512 ff.; Dübber, Parteienfinanzierung, S. 79 ff.
281 Wobei sie weiterhin offiziell die staatliche Parteienfinanzierung ablehnte, s. Dübber, a. a. O., S. 77; vgl. auch Theodor Eschenburg, Parteienfinanzierung (III), S. 253 (zur sozialdemokratischen Billigung staatlicher Zuschüsse in erheblicher Höhe, die für die Bildungsarbeit bestimmt waren).
282 Arndt bekräftigte seine Position nochmals gegenüber Bundestagspräsident Eugen Gerstenmaier, als dieser ihn bat, den Bundestag in einem weiteren Parteienfinanzierungsstreit gegen den BHE vor dem Bundesverfassungsgericht zu vertreten (s. BVerfGE 12, 276). Arndt lehnte ab mit der Begründung, er halte es mit den „Grundprinzipien der Demokratie und in jeder Hinsicht mit dem Gleichheitssatz für unvereinbar, die politischen Parteien [...] von Staats wegen zu finanzieren", Arndt an Dr. Eugen Gerstenmaier, 2. November 1960, AdsD, Akten SPD-BTF 155.
283 Allerdings entfaltete sie eine erhebliche Langzeitwirkung. Im zweiten großen Parteienfinanzierungsprozeß vor dem Bundesverfassungsgericht 1965/66 änderte das Bundesverfassungsgericht seine Rechtsprechung und schloß sich der 1958 von Arndt verfochtenen These an, daß eine unmittelbare Staatsfinanzierung der Parteien – abgesehen von der Wahlkampfkostenerstattung – verfassungswidrig sei, vgl. BVerfGE 20, 56 (S. 111).
284 Vgl. Georg August Zinn an Arndt, 27. März 1961, HStK 1k 40/05a (2 BvG 2/58), Bd.IV.
285 BVerfGE 13, 54 (S. 97).

Zuteilung unterschiedlicher Redezeiten an Mehrheits- und Oppositionsfraktionen keine Abgeordnetenrechte verletzt.[286]

Dies tat jedoch Arndts Erfolgen keinen Abbruch, die er auf dem Gebiet der Verteidigung der Grundrechte und des individuellen Rechtsschutzes vor dem Bundesverfassungsgericht erzielte.

Ausbau des materiellen Rechtsstaats (I): das Lüth-Urteil, der Wertgehalt der Freiheitsrechte und ihre Effektuierung

Der „Lüth-Prozeß" wurde zum ‚leading case' des Arndtschen Grundrechtsverständnisses. Seinen Namen erhielt das Verfahren von Erich Lüth, dem Leiter der Staatlichen Pressestelle der Stadt Hamburg. Lüth widmete sich unter großem persönlichen Einsatz dem Ziel einer Aussöhnung mit Israel. Im Jahre 1950 leitete er die im In- und Ausland vielbeachtete Aktion „Friede mit Israel"[287] ein. Im Herbst desselben Jahres rief er öffentlich zum Boykott der Spielfilme des Regisseurs Veit Harlan auf. Harlan, so erklärte Lüth, sei „durch seinen ‚Jud Süß'-Film einer der wichtigsten Exponenten der mörderischen Judenhetze der Nazis gewesen", und sein Wiederauftreten müsse „kaum vernarbte Wunden wieder aufreißen und abklingendes Mißtrauen zum Schaden des deutschen Wiederaufbaus furchtbar erneuern."[288]

Harlan war in der Tat einer der prominentesten und erfolgreichsten Filmregisseure des nationalsozialistischen Deutschland gewesen. Nach einem verbreiteten Urteil war sein Spielfilm „Jud Süß", unter unmittelbarer Aufsicht des Reichspropagandaministers Joseph Goebbels gedreht, deswegen zum wirksamsten antisemitischen Propagandafilm des Dritten Reiches geworden, weil Harlan die aggressive Botschaft des Films mit subtiler und künstlerisch anspruchsvoller Gestaltung eingängig und nachvollziehbar gemacht hatte.[289] Von dem strafrechtlichen Vorwurf eines Verbrechens gegen die Menschlichkeit freigesprochen und im Entnazifizierungsverfahren als „Entlasteter" eingestuft, drehte Harlan nach 1945 mehrere Spielfilme, die zum Teil große, einnahmeträchtige Publikumserfolge wurden. So verklagten denn auch zwei Filmgesellschaften, mit denen Harlan zusammenarbeitete, Lüth auf Unterlassung seines gemäß § 826 BGB

---

286 BVerfGE 10, 5 (S. 16 f.). Das zweite Kernproblem des Verfahrens betraf die Frage, ob die Redezeiten der Bundesregierung auf die Redezeiten der sie tragenden Mehrheitsfraktionen im Bundestag anzurechnen seien, mithin die Frage nach dem Verhältnis von Regierung und Parlament in einem parlamentarischen Regierungssystem, wie es das Grundgesetz vorsah. An der Grundgesetzauslegung des Bundesverfassungsgerichts (E 10, S. 19) – die Bundesregierung stehe als die „Spitze der Exekutive zugleich dem Parlament, also der Opposition und der Mehrheit gegenüber" – übte Arndt scharfe Kritik. Nach seiner Auffassung machte sie die „Imparität zwischen Regierung und Opposition perfekt", s. Arndt, Die Entmachtung des Bundestags (1959), S. 436; zur besonderen Funktion der Opposition in Arndts verfassungsrechtlichem und politischem Denken, s. Kapitel VII.1.
287 Erich Lüth, Die Friedensbitte an Israel (1951).
288 Zitate aus zwei öffentlichen Verlautbarungen Lüths in BVerfGE 7, 198 (S. 200).
289 Ein „raffiniertes" Abzielen auf den Gefühlsappell und „eindrucksvolle darstellerische Leistungen" bescheinigt Krusche, Reclams Filmführer, S. 287, dem Film „Jud Süß."

sittenwidrigen und vermögensschädigenden Boykottaufrufs und erhielten in zwei Instanzen recht.[290]

Doch war aus dem Fall Lüth längst ein Fall Harlan geworden, der in der deutschen und ausländischen Öffentlichkeit erregte und kontroverse Debatten auslöste. Nach Lüths Verurteilung rief eine Gruppe seiner „Gesinnungsfreunde", bekannte Hamburger Publizisten, Politiker und Kunstschaffende, öffentlich zur Solidarität mit Lüth auf; denn durch Harlans „anmaßendes Auftreten" sei sein Fall zum „Prüfstein der Gesinnungen geworden – zum Kardinalfall, an dem sich die Geister scheiden! Jetzt – und für immer!"[291]

Es kam zu öffentlichen Protesten[292] und Demonstrationen gegen die Aufführung von Harlan-Filmen. Besonders spitzte sich die Situation in den Universitätsstädten Freiburg und Göttingen zu. Bei studentischen Demonstrationen gegen Harlan- Filme gab es zum Teil blutige Zwischenfälle. Mit einem überharten, an Brutalität grenzenden Einsatz trieb die Freiburger Polizei eine Demonstration auseinander.[293] Es gab zahlreiche Verletzte ebenso wie in Göttingen, wo Gegendemonstranten und organisierte Schlägertrupps unter offen antisemitischen Parolen Demonstranten verfolgten und mißhandelten.[294] Die Freiburger Universitätsführung und zahlreiche Göttinger Wissenschaftler, unter ihnen einige Nobelpreisträger[295], stellten sich hinter die demonstrierenden Studenten. Arndt intervenierte im Bundestag.[296] Der Protest gegen Harlan rührte das nur notdürftig verdrängte Problem des deutschen Antisemitismus und der nationalsozialistischen Vergangenheit auf. Er warf ein Licht auf die Traditionsbefangenheit und grundlegende Unsicherheit der Staatsorgane wie auch der Öffentlichkeit im Umgang mit den politischen Freiheitsrechten der neuen grundgesetzlichen Ordnung. Zudem fiel die Debatte um Harlan in die Anlaufphase der Wiedergutmachungsgesetzgebung, in der die SPD eine treibende Kraft darstellte.[297] In dieser Situation erbot sich Arndt, das Landgerichtsurteil gegen Lüth mit einer Verfassungsbeschwerde anzugreifen. Er sah die große Chance, vor dem Bundesverfassungsgericht „eine Grundentscheidung für die deutsche Demokratie"[298] zu erstreiten und zugleich „unserer Politik und der Partei" einen Dienst zu erweisen, wie er Kurt Schumacher schrieb.[299]

---

290 Vgl. zusammenfassend BVerfGE 7, 198 (S. 199 ff.).
291 Lüths Unterstützer bezeichneten sich selbst als seine „Gesinnungsfreunde", vgl. den Aufruf „An unsere Gesinnungsfreunde", 28. Februar 1951, AdsD, Nachlaß Arndt, Mappe 253, unter anderem unterzeichnet von Erik Blumenfeld, Adolf Grimme, Axel Eggebrecht und Richard Tüngel.
292 Vgl. „Rundfrage über einen Film. Zum Fall Harlan", in: Neue Zürcher Zeitung, 27. November 1951; „Stadtverordnete protestieren gegen Harlan-Film", in: Frankfurter Rundschau, 30. August 1951; „Gegen Geschäftemacherei im Film", in: Süddeutsche Zeitung, 7. Januar 1952.
293 Vgl. „Der Veit-Harlan Film in Freiburg abgesetzt", in: Badische Zeitung, 17. Januar 1952; Groß/Wegemann, Der „Fall Harlan" – Die Geschichte eines politischen Skandals in der jungen BRD, S. 174 ff.
294 Vgl. Ring Freier Studentenvereinigungen an der Universität Göttingen, Bericht vom 26. Januar 1952, AdsD, Nachlaß Arndt, Mappe 257.
295 Vgl. die Unterschriftenliste vom 29. Januar 1952, abgedruckt in: Kontakte, Februar 1952. Zu den Unterzeichnern gehörten unter anderem Otto Hahn, Werner Heisenberg, Carl Friedrich von Weizsäcker, K. F. Bonhoeffer und Helmuth Plessner.
296 S. Prot. BT, 1. WP, 194. Sitzung (20. Februar 1952), S. 8356 A ff.
297 S.o. Kapitel III. 4.
298 Arndt an Professor Dr. Franz Böhm, 20. Dezember 1951, AdsD, Nachlaß Arndt, Mappe 253.
299 Arndt an Kurt Schumacher, 11. Februar 1952, AdsD, Akten SPD-BTF 332.

Arndt mußte dem Bundesverfassungsgericht überzeugend darlegen, daß das Landgerichtsurteil gegen Lüth grundrechtliche Maßstäbe grundlegend verkannt hatte.[300] Ein wesentliches Problem war, ob und inwieweit in einem Rechtsstreit zwischen Privaten, wie hier, die Grundrechte Geltung, das heißt sogenannte ‚Drittwirkung', beanspruchen konnten; denn gemäß der bis in die Weimarer Republik hinein herrschenden liberal-rechtsstaatlichen Interpretation galten die Grundrechte ausschließlich als Abwehrrechte der Bürger gegen den Staat.[301] Zum zweiten war entscheidend für die Auslegung des Grundrechts aus Art. 5 Abs. 1 Satz 1 GG, ob die Meinungsfreiheit lediglich die Freiheit der Äußerung selbst oder auch ihre geistige Wirkung umfaßte. Die letzere Variante bezog auch Boykottaufrufe ein.

Arndts Schriftsätze suchten dem Bundesverfassungsgericht Impulse einer neuen, extensiven Auslegung der Meinungsfreiheit zu geben. Arndt entwickelte seine Thesen in scharfer Abgrenzung von der vormals herrschenden, nach wie vor einflußreichen Auslegung dieses Grundrechts in der Weimarer Staatsrechtslehre. Jene Auffassung, so kritisierte Arndt, habe die Meinungsfreiheit negativ auf eine „Art Freiheit vom Staat", auf die „private Sphäre des Bürgers" verengt und nur das geäußerte Denken, nicht aber das „geistige Handeln" darin einbezogen.[302] Er sah in dieser Theorie eine Nachwirkung der „für Deutschland im 19. Jahrhundert typischen Trennung von Staatsnation und Kulturnation", die dem Bürger zwar die kulturelle Freiheit des Geistes zugestanden, ihn aber zugleich als Untertanen der Staatsnation aufgefaßt habe. Dadurch, fand Arndt, sei fast jede Perspektive auf die „staatsbildende Funktion eines solchen Grundrechts in der Demokratie verdeckt" worden.[303]

Um eine grundlegende Neubestimmung der demokratischen Funktion der Meinungsfreiheit aber war es Arndt gerade zu tun. Sein Kronzeuge war der Göttinger Staatsrechtslehrer Rudolf Smend. Dieser hatte 1927 auf der Tagung der deutschen Staatsrechtslehrervereinigung der Opposition gegen die herrschende Auslegung der Meinungsfreiheit argumentativ den Boden bereitet.[304] Der Begründer der *Integrationslehre* und einer *materialen Grundrechtstheorie* löste die Grundrechte aus ihrer strikten Abwehrfunktion und verstand sie als „verbindende Beziehung" zum Staat.[305] Er interpretierte die Meinungsfreiheit als eine der „wichtigsten Voraussetzungen und Formen des politischen Gemeinschaftslebens überhaupt" und hob ihren „sozialen, gruppenbildenden Charakter" hervor.[306]

Arndt griff diese Topoi Smends in seiner Theorie der Meinungsfreiheit auf.[307] Vermittler war Arndts Assistent, Dr. Wilhelm Hennis, ein Schüler Smends, der einige

---

300 Zu diesem erhöhten Prüfungsmaßstab, den das Bundesverfassungsgericht anlegte, um nicht zur „Superrevisions-Instanz" zu werden, s. BVerfGE 7, 198 (S. 207).
301 S. Böckenförde, Grundrechtstheorie und Grundrechtsinterpretation (1974), S. 224 ff.
302 S. Schriftsatz Arndt, 4. Februar 1952, S. 17, AdsD, Nachlaß Arndt, Mappe 254, mit Hinweisen auf die Hauptvertreter der tradierten herrschenden Meinung während der Weimarer Republik, Karl Rothenbücher sowie Kurt Häntzschel.
303 Schriftsatz Arndt, ebda.
304 Smend, Das Recht der freien Meinungsäußerung (1928), S. 89 ff.
305 Ders., Bürger und Bourgeois (1933), S. 318; zum Zusammenhang zwischen Smends und Arndts Grundrechtsinterpretation vgl. unten Kapitel VII.1.
306 Smend, Das Recht der freien Meinungsäußerung (1928), S. 95 f.
307 Schriftsatz Arndt, 4. Februar 1952 (AdsD, Nachlaß Arndt, Mappe 254), S. 18 – 21, 26; Schriftsatz Arndt, 15. November 1957, S. 2, AdsD, Nachlaß Arndt, Mappe 256.

Schriftsätze Arndts im Lüth-Verfahren vorbereitete.[308] Zudem suchte Arndt sich bei Smend der Unterstützung seiner Thesen zu versichern.[309]

Über Smend hinausgehend, arbeitete Arndt pointiert die enge, unauflösbare Beziehung der Meinungsfreiheit zum „Wesen der Demokratie", und zwar in ihrer freiheitlichen Ausprägung, heraus. Die Freiheit der Meinung war danach die Garantie des *Unabstimmbaren* in einer Demokratie und zugleich die „Freiheit als Raum zur Staatsbildung."[310] Dazu gehörte auch ihre unersetzbare Funktion als bildender Faktor der öffentlichen Meinung; denn „öffentliche Meinung ist der Atem der Demokratie, ohne den sie als Government by public opinion nicht bestehen kann."[311] Dieser auf Kommunikation und Teilhabe am politischen Leben angelegte Zweck der Meinungsfreiheit bestimmte den Schutzbereich des Grundrechts. Mit Hermann Heller begriff Arndt die öffentliche Meinung – im Sinne einer öffentlichen Meinungskundgabe – niemals nur als „theoretisches Meinen", sondern stets als „Willensmeinungen und Urteile, die Waffen im politischen Streit oder ein Werben um politische Kampfgenossenschaft darstellen."[312] So gesehen war ein Boykottaufruf der Standardfall eines „Werbens um politische Kampfgemeinschaft", jedenfalls dann, wenn er – nach einer Unterscheidung Arndts – nicht wirtschaftlichen Zwecken diente, sondern aus politischen Motiven auf das staatliche und soziale Leben einzuwirken bestimmt war.[313] Lüths Boykottaufruf, der ein politisches Zeichen gegen den Antisemitismus setzen wollte, war demnach nicht nur verfassungsrechtlich zulässig, sondern erfüllte geradezu, wie Arndt hervorhob, „den Sinn der Demokratie."[314]

Entsprechend dieser *demokratischen* Bedeutungssteigerung der Meinungsfreiheit erhob Arndt hohe, qualifizierte Anforderungen an deren Beschränkbarkeit durch „allgemeine Gesetze gemäß Art. 5 Abs. 2 GG."[315] Gestützt auf Smend ließ er es nicht genügen, daß das Schrankengesetz kein Sonderrecht gegen bestimmte Meinungen enthielt. Vielmehr sollte die Meinungsfreiheit nur einschränkbar sein zugunsten eines Rechtsguts, das – bei einer inhaltlichen Abwägung – von der Verfassung mit gleichem oder höherem Rang ausgestattet war.[316]

Zur Bekräftigung seiner Darlegungen warf Arndt das ganze politische und moralische Gewicht des Falls Lüth in die Waagschale, indem er erklärte:

---

308 Mündliche Mitteilung von Professor Dr. Wilhelm Hennis, Freiburg, 6. Dezember 1985.
309 Vgl. Arndt an Smend, 4. Januar 1952, und Smend an Arndt, 7. Januar 1952 (die „Zuspitzung der Frage" interessiere ihn „ganz außerordentlich"), AdsD, Nachlaß Arndt, Mappe 254; Smend an Dr. Horst Ehmke, 11. September 1952, sowie Arndt an Smend, 15. September 1952, AdsD, Nachlaß Arndt, Mappe 255.
310 Schriftsatz Arndt, 4. Februar 1952, S. 23 (AdsD, Nachlaß Arndt, Mappe 254).
311 A. a. O., S. 25.
312 Schriftsatz Arndt, 30. Juli 1952, S. 16, AdsD, Nachlaß Arndt, Mappe 255; vgl. Hermann Heller, Staatslehre (1934), S. 174.
313 Schriftsatz Arndt, 15. November 1957, S. 3 (AdsD, Nachlaß Arndt, Mappe 256).
314 Schriftsatz Arndt, 4. Februar 1952, S. 25 (AdsD, Nachlaß Arndt, Mappe 254).
315 Art. 5 Abs. 2 GG: Diese Rechte finden ihre Schranken in den Vorschriften der allgemeinen Gesetze, den gesetzlichen Bestimmungen zum Schutze der Jugend und in dem Recht der persönlichen Ehre.
316 Schriftsätze Arndt, 4. Februar 1952, S. 26, und 15. November 1957, S. 2 (AdsD, Nachlaß Arndt, Mappe 254 bzw. 256); Smend, Das Recht der freien Meinungsäußerung (1928), S. 97 f.

„Für die Allgemeinheit und die Gesamtentwicklung einer rechtsstaatlichen Demokratie in Deutschland wird es von geschichtsbildender Bedeutung sein, ob Lüth sagen durfte, was er gesagt hat, oder ob ihm der Mund verboten werden konnte."[317]

Zugleich bot er dem Bundesverfassungsgericht als Lösung eine geschlossene, wertbezogene Neuinterpretation der Meinungsfreiheit an.
Das Gericht schlug das Angebot nicht aus. Es hob das Landgerichtsurteil gegen Lüth wegen seiner Verletzung des Grundrechts der Meinungsfreiheit auf. In seiner Begründung folgte das Urteil der von Smend und Arndt geteilten Auffassung, daß die Grundrechte über ihre Abwehrfunktion gegenüber dem Staat hinaus eine „objektive Wertordnung" aufrichteten, in der eine „prinzipielle Verstärkung der Geltungskraft der Grundrechte zum Ausdruck" kam.[318] Von dort war es nur ein Schritt, eine prinzipielle – wenn auch nur „mittelbare" – Geltung der Grundrechte im Verhältnis der Bürger untereinander anzunehmen.[319] Darauf aufbauend, entfaltete das Grundrecht der Meinungsfreiheit seine umfassende demokratische Wirkkraft: „Für eine freiheitlich-demokratische Staatsordnung ist es schlechthin konstituierend, denn es ermöglicht erst die ständige geistige Auseinandersetzung, den Kampf der Meinungen, der ihr Lebenselement ist."[320]

Teilte somit das Gericht den Ausgangspunkt einer demokratischen Grundrechtsinterpretation mit Arndt, so gelangte es auch zu entsprechenden Folgerungen. Ausdrücklich bekräftigte das Urteil, daß zum Schutzgehalt der Meinungsfreiheit nicht nur die Äußerung selbst, sondern auch die davon nicht zu trennende, vom Redenden beabsichtigte „geistige Wirkung" zähle. Diese sei um so schutzwürdiger, je mehr der Redende zur „Bildung der öffentlichen Meinung" und zum „geistigen Meinungskampf" beizutragen beabsichtige.[321] Überdies machte sich das Gericht die von Arndt vorgeschlagene „Güterabwägung" zu eigen, um die Schranken der Meinungsfreiheit zu bestimmen.[322] Gegenüber den wirtschaftlichen Interessen Harlans und der Filmgesellschaften sah das Gericht in Lüths Beitrag zur öffentlichen Meinungsbildung – angesichts des Werts der „freien Meinungsäußerung für die freiheitliche Demokratie" – das schützenswertere und gewichtigere Rechtsgut.[323]
Das Urteil wurde zum Meilenstein in der Grundrechtsrechtsprechung des Bundesverfassungsgerichts.[324] Es legte das dogmatische Fundament einer wertbezogenen

---
317 Schriftsatz Arndt, 4. Februar 1952, S. 15 (a. a. O.).
318 BVerfGE 7, 198 (S. 205).
319 BVerfGE 7, 198 (Leitsatz 2 und S. 205, 211).
320 BVerfGE 7, 198 (S. 208, 219).
321 BVerfGE 7, 198 (S. 210, 212, 219).
322 BVerfGE 7, 198 (S. 210, 215, 220).
323 BVerfGE 7, 198 (S. 219).
324 Zu der grundlegenden Bedeutung des Urteils in bezug auf die Auslegung der Grundrechte als Elemente objektiver (Wert-)Ordnung, die Problematik ihrer Drittwirkung und die Interpretation der Meinungsfreiheit s. beispielhaft Bleckmann, Staatsrecht II, S. 67, 99, 132, 163 ff.; grundlegend zur Analyse und Kritik Böckenförde, Grundrechte als Grundsatznormen, insbesondere S. 4 ff. (zum Lüth-Urteil).

Grundrechtsinterpretation[325], die Arndt, auf das Werk Rudolf Smends gestützt, dem Gericht nahegelegt hatte und fortan in der Rechtsprechung bestätigt fand. Mochte sich auch die Wert- und Abwägungstheorie der Grundrechte gegenüber dem Phänomen der Freiheit durchaus ambivalent verhalten bis hin zur Freiheitsbeschneidung[326] – hinsichtlich des Grundrechts der Meinungsfreiheit war das Lüth-Urteil in der Tat von „geschichtsbildender Bedeutung", wie Arndt vorausgesagt hatte. Lüths Euphorie über den „großen Sieg für die Demokratie und für die Meinungsfreiheit" war kaum übertrieben[327], sprach doch in Zukunft eine starke verfassungsrechtliche Vermutung für den überragenden Wertgehalt des Rechtsguts der Meinungsfreiheit.

Die Entfaltung grundrechtlicher Freiheiten und individuellen Rechtsschutzes unter dem Grundgesetz stieß immer wieder an die Grenzen tradierter Auffassungen und Institutionen früherer Rechtsepochen. Ein Leitmotiv Arndts in Verfassungsgerichtsprozessen war daher die Beseitigung juristischer Restbestände und Fragmente des monarchischen Obrigkeitsstaats und des totalitären nationalsozialistischen Staats.

Im Fall des nationalsozialistischen „Sammlungsgesetzes" ging es ihm um die Beseitigung polizeistaatlicher Grundrechtsbeschränkungen. Wie im Fall Lüth nützte Arndt auch hier den Protest gegen Nationalsozialismus und Antisemitismus, um die Dringlichkeit seines verfassungsrechtlichen Anliegens handgreiflich zu machen. In einzigartiger Weise verstand er es, die groteske und auch bittere Ironie, die in der fortgesetzten Anwendung des nationalsozialistischen Sammlungsgesetzes lag, in einem Protestakt zeichenhaft zu verdichten. Ausgelöst wurde sein Vorgehen durch die Nachricht, daß dem Bayerischen Jugendring ein öffentlicher Spendenaufruf für den Bau der israelischen Jugendherberge „Anne Frank" unter Berufung auf das Sammlungsgesetz von 1934 verboten worden sei.[328] Arndt rief, der fehlenden Erlaubnis zum Trotz, seinerseits öffentlich zu der Spende auf und machte sich dadurch nach dem Sammlungsgesetz strafbar. Zur Einleitung des Strafverfahrens beantragte er selbst die Aufhebung seiner parlamentarischen Immunität.[329]

Das Sammlungsgesetz vom 5. November 1934 war als Instrument zur totalen staatlichen Lenkung des Spendenwesens geschaffen worden. Es stellte sämtliche Sammlungen – mit Ausnahme der NSDAP als Sammlungsträger – unter Genehmigungszwang. Die Genehmigung war an restriktive Voraussetzungen geknüpft und jederzeit wider-

---

325 S.u. Kapitel VII.1.; vgl. auch Arndts Kommentar, Josef Wintrich , in: Sozialdemokratischer Pressedienst, 20. Oktober 1958: Wintrichs von der katholischen Naturrechtslehre her entwickelte Auffassung, daß die „ewigen Werte, die in den Grundrechten der Verfassung zum Ausdruck kommen, richtungsweisend das ganze Recht durchdringen und prägen", habe ihren „geschichtsbildenden Niederschlag" im Lüth-Urteil gefunden.
Arndt nahm in der Folgezeit häufig Bezug auf das Urteil, s. ders., Grundfragen einer Reform der deutschen Justiz (1959), S. 350 (Ausstrahlungswirkung der Grundrechte als Grundwerte); ders., Begriff und Wesen der öffentlichen Meinung (1962), S. 395, 402 (Klärung der hohen Bedeutung der Meinungsfreiheit, Meinung als „Meinung mit Öffentlichkeitswert").
326 Vgl. dazu aus der Literatur nur Goerlich, Wertordnung und Grundgesetz, S. 133, 138.
Arndt, Zur Güterabwägung bei Grundrechten (Art. 5 GG) (1966), S. 185, erkannte später selbst die Gefahr einer „Unterwanderung der Verfassung", die die Formel „Abwägung" barg, solange „nicht strenger bestimmt wird, was gegeneinander abzuwägen ist und welche Grenzen der Abwägung gesetzt sind."
327 Lüth an Arndt, 17. Januar 1958, AdsD, Nachlaß Arndt, Mappe 256.
328 Arndt, Leserbrief „Spendet für das Anne-Frank-Heim", in: Süddeutsche Zeitung, 4. Februar 1960, S. 6; zuvor bereits ders., Leserbrief „Verfassungswidriges Sammlungsgesetz", in: Süddeutsche Zeitung, 28. Februar/1. März 1959.
329 Arndt an Dr. Eugen Gerstenmaier, 5. Februar 1960, AdsD, Nachlaß Arndt, Mappe 347.

rufbar. Weitreichende Kontroll- und Eingriffsrechte gegenüber den Sammlungsträgern[330] nutzte der nationalsozialistische Verwaltungsstaat vor allem, um die kirchliche Sammeltätigkeit zu unterdrücken.[331] Das Gesetz wurde auch nach 1945 weiterhin angewandt. Es gab beispielsweise die Handhabe, ungenehmigte Sammlungen der Aktion „Kampf dem Atomtod" zu beschlagnahmen.[332] Seit Jahren hatte Arndt die rechtliche Fortgeltung des Gesetzes bekämpft.[333] Nunmehr zwang sein „Alleingang"[334] den Bundestag zum Handeln. Statt Arndts Immunität aufzuheben, beschloß er mit der Mehrheit aller Fraktionen, das Sammlungsgesetz durch ein Normenkontrollverfahren vor dem Bundesverfassungsgericht überprüfen zu lassen.[335] Arndt übernahm die Prozeßvertretung. In seinen Schriftsätzen arbeitete er den Gegensatz zwischen der „polizeistaatlichen" Zweckbestimmung des Sammlungsgesetzes und den rechtsstaatlichen Anforderungen des Grundgesetzes heraus. In dem totalen Sammelverbot sah er ein Mittel, die „freie Gesellschaft zunächst unter die Vormundschaft der staatlichen Gewalt" zu stellen.[336] Dies stellte jedoch nach seiner Auffassung einen übermäßigen Eingriff in die grundrechtlich geschützte Tätigkeit des Spendens und Sammelns dar, in der eine „wünschenswerte und förderungswürdige Aktivität der Menschen und der gesellschaftlichen Kräfte zum Ausdruck komme."[337]

Das Bundesverfassungsgericht ließ sich von diesen grundsätzlichen Rechtsbedenken überzeugen und erklärte das Sammlungsgesetz wegen Verstoßes gegen die Grundrechte und das Rechtsstaatsprinzip für nichtig. Das Gericht nahm die Klage zum Anlaß, gegenüber dem „Verwaltungsdenken des totalitären Staates"[338], wie es im Sammlungsgesetz zum Ausdruck komme, die Maßstäbe einer rechtsstaatlich gebundenen Verwaltung grundsätzlich klarzustellen. Danach war der Gesetzgeber wegen des grundrechtlich geschützten „grundsätzlichen Freiheitsanspruchs des Bürgers" verpflichtet, die Statuierung von Erlaubnispflichten um so sorgfältiger zu rechtfertigen, je intensiver sie die Handlungsfreiheit beeinträchtigten.[339] Dazu gehörte die klare gesetzliche Differenzierung zwischen an sich erlaubten und verbotenen Tätigkeiten und die abschließende gesetzliche Regelung der Genehmigungsvoraussetzungen.

Arndts Vorstoß hatte damit seinen Zweck vollauf erfüllt. Das Bundesverfassungsgericht klärte in seiner Leitentscheidung rechtsstaatliche Maßstäbe der staatlichen Eingriffsverwaltung schlechthin.[340]

---

330 Vgl. im Überblick BVerfGE 20, 150 (S. 153 ff.).
331 Staatssekretär Konrad Müller (Kultusministerium Niedersachsen) berichtete in einem Dankesschreiben an Arndt, 9. Februar 1960, AdsD, Akten SPD-BTF 2378: Das Sammlungsgesetz sei ein „Stein des Anstoßes, wie Kerrl und Himmler es 1937 benutzt haben, um die Bekennende Kirche auszuhungern. Hunderte von Pfarrern haben 1937/38 wegen Verstoßes gegen das Sammlungsgesetz im Gefängnis gesessen, mein Vater sieben Wochen [...]."
332 Vgl. die Korrespondenz, AdsD, Akten SPD-BTF 2378, vor allem Arndt an Waldemar von Knoeringen, 2. Mai 1958, und Ernst Müller-Meiningen an Arndt, 4. Dezember 1959.
333 Vgl. die Korrespondenz, a. a. O., die mündliche Anfrage Arndts 1956 (BT-DS 2/2898) und Prot. BT, 2. WP, 177. Sitzung (16. Dezember 1956), S. 9807 A.
334 Der Alleingang Dr. Arndts, in: Stuttgarter Zeitung, 10. Februar 1960.
335 Prot. BT, 3. WP, 137. Sitzung (16. Dezember 1960), S.7847 D ff.
336 Schriftsatz Arndt, 16. Dezember 1960, S. 4, AdsD, Akten SPD-BTF 2385 (Sammlungsgesetz).
337 Schriftsatz Arndt, 20. Februar 1962, S. 8, AdsD, Akten SPD-BTF 2385.
338 BVerfGE 20, 150 (S. 160).
339 BVerfGE 20, 150 (S. 159).
340 Vgl. die Würdigung des Urteils durch Rupp, Das Urteil des Bundesverfassungsgerichts zum Sammlungsgesetz – eine Wende in der Grundrechtsinterpretation des Art. 2 Abs. 1 GG?, in: NJW 1966, 2037.

Ausbau des materiellen Rechtsstaats (II): rechtsprechende Gewalt und individueller Rechtsschutz

Um eine Rechtsinstitution, deren Wurzeln in den monarchischen Verwaltungsstaat zurückreichten, ging es Arndt in seinem Kampf gegen die Strafgewalt der Finanzämter. In der Ermächtigung der Finanzverwaltung, wegen bestimmter Steuerdelikte Kriminalstrafen zu verhängen[341], sah Arndt eine flagrante Verletzung des Gewaltenteilungsprinzips nach dem Grundgesetz. Nach seiner Auffassung enthielt die Strafgewalt der Finanzämter einen verfassungswidrigen Übergriff der Exekutive in den Bereich der rechtsprechenden Gewalt, der dem Zweck der Gewaltenteilung zuwiderlief, durch den „Kontrast der verschiedenartigen Staatsfunktionen die Machtvorgänge im Staat bewußt werden zu lassen."[342] In mehreren wissenschaftlichen Beiträgen verlieh Arndt seiner Auffassung Nachdruck[343] und überzeugte auch einige Gegner.[344] Der Bundesgerichtshof bewegte sich in einem Urteil gleichfalls auf Arndts Thesen zu. Allerdings billigte er letztlich doch in einem das „Grundsätzliche auflösenden Pragmatismus"[345], wie Arndt kritisch anmerkte, den bisherigen Rechtszustand.

Um dem „Grundsätzlichen" zum Durchbruch zu verhelfen, übernahm Arndt die Vertretung einer Verfassungsbeschwerde gegen dieses und andere Urteile des Bundesgerichtshofs. Das Kernproblem des Verfassungsstreits hatte ihn bereits 1932 beschäftigt: Gab es einen nach *materiellen* Kriterien bestimmbaren verfassungsrechtlichen Begriff der rechtsprechenden Gewalt, der dem Gesetzgeber vorgegeben war, und war dieser nunmehr aufgrund Art. 92 GG[346] gehindert, eine Rechtsprechungsmaterie den Richtern zu entziehen und Organen der Exekutivgewalt zuzuweisen?[347] Hatte Arndt diese Frage bereits unter der Weimarer Reichsverfassung bejaht, so sah er sich durch die verfassungsrechtliche Neugestaltung des Rechtsstaats nach 1945 darin nur bestätigt. Er knüpfte an seine Überzeugung an, daß die starke verfassungsrechtliche Ausgestaltung der Rechtsprechung im Bonner Grundgesetz[348] eine historische Konsequenz aus der totalitären Gewaltherrschaft des Nationalsozialismus zog: Das Grundgesetz übertrage der rechtsprechenden als einer besonderen Staatsgewalt die Durchsetzung der „Grundwerte" nach Maßgabe des Verfassungsrechts; eben diese herausgehobene

---

341 Zur Zusammenstellung der Rechtsgrundlagen s. BVerfGE 22, 49 (S. 51 ff.).
342 Schriftsatz Arndt, 5. Juni 1961, AdsD, Nachlaß Arndt, Mappe 286, in seinem wesentlichen, die Argumentation tragenden Teil wortgetreu abgedruckt in: Arndt, Rechtsprechende Gewalt und Strafkompetenz (1962), Zitat S. 243.
In einem Anhang zu seinem Schriftsatz vom 5. Juni 1961 wies Arndt auf die allgemeinen Gefährdungen der *Rechtsstaatlichkeit* hin, die von der Strafgewalt der Finanzämter ausgingen. Dabei ging er auf das „illegitime" Interesse der Finanzverwaltung ein, Geldstrafen in die Finanzkasse fließen zu lassen. Er brachte die Ermittlungspraxis der Finanzverwaltung mit Hilfe einer „geheimen Polizei" zur Sprache und problematisierte, daß die Finanzverwaltung bestimmte Steuerschuldner „in der Hand" habe, indem sie wahlweise gegen diese ein Verwaltungs- oder Kriminalstrafverfahren eröffnen könne.
343 Arndt, Ist die Strafgewalt des Finanzamts mit dem Grundgesetz vereinbar? (1957), S. 249; ders., Strafgewalt der Finanzämter (1959), S. 605; ders., Anmerkung zu BGH, in: NJW 1959, S. 1230; Prot. BT, 3. WP, 59. Sitzung (29. Januar 1959), S. 3259 D.
344 Bundesrichter Professor G. Mattern an Arndt, 18. Juni 1966, AdsD, Nachlaß Arndt, Mappe 22.
345 Arndt, Anmerkung zu BGH, in: NJW 1959, S. 1230.
346 Art. 92 GG, 1. Halbsatz: Die rechtsprechende Gewalt ist den Richtern anvertraut.
347 Arndt, Strafgewalt der Finanzämter? (1959), S. 608, mit der Warnung davor, „die rechtsprechende Gewalt auszuhöhlen und scheinbar entbehrlich zu machen."
348 S.o. Kapitel VI.1.

Funktion der Rechtsprechung verlange nach ihrer scharfen Abgrenzung und Sicherung gegenüber den anderen Staatsgewalten.[349]

In Anlehnung an seinen Lehrer James Goldschmidt schlug Arndt eine materielle Begriffsbestimmung der rechtsprechenden Gewalt als jener Gewalt vor, die zur „rechtskraftwirkenden Entscheidung durch Wahrheits- und Rechtsprüfung um der Gewißheit willen" berufen sei.[350] Insbesondere den staatlichen Strafausspruch – als Akt von „unvergleichlich stärkerer" Eingriffsintensität als irgendein Verwaltungsakt und darum in besonderem Maße der unabhängigen „Wahrheitsprüfung" bedürftig[351] – rechnete Arndt den ausschließlich unabhängigen Richtern anzuvertrauenden Gegenständen der rechtsprechenden Gewalt zu. Die Übertragung staatlicher Strafgewalt an die Finanzverwaltung verstieß danach gegen Art. 92 GG. Nichts zeigte die grundsätzliche Bedeutung des scheinbaren Randproblems deutlicher als Arndts historische Beispiele, wenn er an die „terroristischen ‚Straf'-Aktionen der Geheimen Staatspolizei", die „polizeilichen Exekutionen der Juden" und die sogenannte „Polen-Strafverordnung" erinnerte: „Der Übergang der Strafgewalt von den Gerichten auf die Verwaltung war ein Kennzeichen der totalitären Gewaltherrschaft."[352]

Diese Argumente überzeugten. Das Bundesverfassungsgericht erklärte die Verfassungsbeschwerde „in vollem Umfang" für begründet.[353] Erstmalig und grundsätzlich sprach sich das Gericht für einen „materiellen Begriff der rechtsprechenden Gewalt" im Grundgesetz aus.[354] Das Urteil resümierte Arndts verfassungshistorische Argumente, um zu schließen, daß das Grundgesetz in Frontstellung gegen die Aushöhlung und Perversion der Rechtsprechung im Nationalsozialismus gerade ein „Mehr an verfassungsrechtlichen Garantien der rechtsprechenden Gewalt" bezwecke als die Weimarer Reichsverfassung.[355] Das Gericht entnahm dem Grundgesetz eine historisch beispiellose „Grundentscheidung" für den Rechtsschutz der Staatsbürger durch die Gerichte gegen Eingriffe der staatlichen Gewalt in ihren Lebensbereich.[356] Deutlich trat darin die Übereinstimmung mit der Grundauffassung Arndts zutage. Von hier aus war es nur konsequent, wenn die staatliche Strafgewalt mit ihrem besonderen, „autoritativen Unwerturteil" dem Kernbereich der rechtsprechenden Gewalt zugerechnet wurde und allein den unabhängigen Richtern anvertraut blieb.[357] Die Strafgewalt der Finanzämter war damit abgeschafft.

Das Lüth-Urteil, die Verwerfung des Sammlungsgesetzes sowie die Abschaffung der Strafgewalt der Finanzämter stärkten die materielle Bedeutung der Grundrechtsgarantien und der richterlichen Gewalt im Grundgesetz. Zwei Stützpfeiler des materiellen

---

349 Arndt, Rechtsprechende Gewalt und Strafkompetenz (1962), S. 246.
350 A. a. O., S. 246, 251.
351 A. a. O., S. 254.
352 A. a. O., S. 243.
353 BVerfGE 22, 49 (S. 82).
354 BVerfGE 22, 49 (S. 73). Grundsätzlich zustimmend ging das Gericht auf die herrschende Auffassung in der rechtswissenschaftlichen Literatur, unter anderen auch Arndt, ein, erklärte jedoch deren Begriffsbestimmungen der rechtsprechenden Gewalt letztlich nicht für hinreichend geklärt, a. a. O., S. 74 ff. (S. 76).
355 BVerfGE 22, 49 (S. 75).
356 BVerfGE 22, 49 (S. 80).
357 BVerfGE 22, 49 (S. 79, 80).

Rechtsstaats[358] erfuhren damit einen Ausbau, den Arndt angeregt und mitgestaltet hatte.

Höhepunkt erfolgreicher Machtkontrolle: der Fernsehstreit 1960/61

Im Jahre 1960 begann ein Verfassungsstreit, in dem Arndt die Summe seiner anwaltlichen Tätigkeit vor dem Bundesverfassungsgericht zog. Erneut ging es darum, die staatliche Exekutivgewalt in die Schranken des Rechts zu weisen. Wiederum boten föderative Rechte den Anlaß und verfassungsrechtlichen Ausgangspunkt des Streits. Zehn Jahre nach der Einrichtung des Bundesverfassungsgerichts trat Arndt noch einmal als Anwalt „in Sachen Opposition"[359] gegen die Regierung Adenauer und die Politik des ersten Bundeskanzlers an. Mit dem „Fernsehstreit" erlebte das Bundesverfassungsgericht einen der verfassungsrechtlich bedeutendsten und in der Öffentlichkeit meistbeachteten Prozesse seiner bisherigen Geschichte. Den Stein des Anstoßes bildete ein Prestigeobjekt Adenauers, die von ihm 1960 persönlich gegründete „Deutschland-Fernsehen-GmbH." Dieses Projekt hatte eine längere Vorgeschichte. Seit Errichtung der Bundesrepublik war die Bundesregierung daran interessiert gewesen, auf dem Fernseh- und Rundfunksektor selbst tätig zu werden.[360] Mehrere Vorstöße zu einem Fernsehsystem waren jedoch an Widerständen der Bundesländer gescheitert, die sich auf ihre Kulturhoheit beriefen und auf dem Abschluß von Staatsverträgen mit dem Bund beharrten. Die Verhandlungen mit den Ländern gestalteten sich aus der Sicht der Bundesregierung höchst schwierig und langwierig. Daher begann die Bundesregierung im Juni 1959, interne Besprechungen mit Ministerpräsidenten der Länder und Bundestagsabgeordneten zu führen, die allerdings ausnahmslos den Regierungsparteien angehörten. Eine von den Länderregierungen eingesetzte Verhandlungskommission, der neben den Ministerpräsidenten von Rheinland-Pfalz und Schleswig-Holstein, Altmeier und von Hassel (beide CDU), auch zwei Sozialdemokraten, der hessische Ministerpräsident Zinn und der Berliner Senator Klein, angehörten, wurde jedoch von der Bundesregierung nie an Verhandlungen über die Errichtung eines zweiten Fernsehsystems beteiligt.[361] Mit Beschluß vom 8. Juli 1960 lehnte das Bundeskabinett den Abschluß eines Staatsvertrags über das Zweite Fernsehprogramm ab und faßte die Errichtung einer privatrechtlichen GmbH ins Auge. Die Ministerpräsidenten der Länder, auch die der SPD, waren den Vorschlägen der Bundesregierung zwar nicht abgeneigt, bestanden aber darauf, daß eine zukünftige Vereinbarung, unabhängig von der Rechtsform, von den Länderparlamenten gebilligt werden müsse. Die Vorbehalte der Länder, nicht zuletzt des der eigenen Partei angehörenden Ministerpräsidenten Altmeier[362], ließen Bundeskanzler Adenauer weitere Verzögerungen seines langgehegten Planes

---
358 Zu Begriff und Bedeutung des materiellen Rechtsstaats s.u. Kapitel VIII.1.
359 Ridder, In Sachen Opposition: Adolf Arndt und das Bundesverfassungsgericht, S. 334.
360 Laufer, Verfassungsgerichtsbarkeit, S. 448 ff.
361 Darstellung BVerfGE 12, 205 (S. 212 ff.); abgedruckt und zitiert in: Der Fernsehstreit vor dem Bundesverfassungsgericht, Bd. 2, S. 300 ff. (S. 304 – 307).
362 Zur überwiegend medienpolitisch bestimmten Auseinandersetzung zwischen Adenauer und Altmeier eingehend Küppers, Adenauer und Altmeier im Fernsehstreit 1958 – 1961, S. 625 ff.

befürchten und veranlaßten ihn, rasch vollendete Tatsachen zu schaffen. Am 25. Juli 1960 gründete er gemeinsam mit Bundesjustizminister Schäffer im Namen der Bundesrepublik Deutschland eine „Deutschland-Fernsehen-GmbH", deren satzungsgemäße Aufgabe die bundesweite Ausstrahlung von Fernseh- und Rundfunksendungen war. Die Länder lehnten die für sie reservierten Gesellschaftsanteile ab.[363] Somit ging die Bundesregierung im Spätsommer 1960 an die Einrichtung einer Fernsehgesellschaft, in der sie allein das Kapital hielt und mehrheitlich sowohl den Aufsichtsrat besetzen als auch den Intendanten bestimmen konnte.[364] Als erster Intendant war Ministerialdirektor Dr. Mercker aus dem Bundeskanzleramt vorgesehen.

Die Gefahr eines Propagandazwecken dienenden Regierungsfernsehens war in greifbare Nähe gerückt. Eindringlich warnte Erich Ollenhauer vor dem Parteivorstand der SPD, daß mit der Bundestagswahl 1961 ein „harter und ohne Gnade ausgeführter Kampf um die Macht" bevorstehe, in dem die Regierung alles versuchen werde, um „jedes öffentliche Instrument der Meinungsbildung unter ihre Kontrolle zu bringen."[365]

Die vier SPD-geführten Bundesländer schritten zur Gegenaktion und beantragten vor dem Bundesverfassungsgericht festzustellen, daß die Bundesregierung durch die Gründung der Deutschland-Fernsehen-GmbH und die Vorbereitung von Sendeveranstaltungen gegen das Grundgesetz verstoßen habe.[366] Der umfassende hessische Antrag rügte die Verletzung der Art. 5 und 30 GG i. V. m. Art. 87 GG sowie der sich aus dem bundesstaatlichen Aufbau des Grundgesetzes ergebenden Pflicht zu länderfreundlichem Verhalten.[367] Beide Prozeßparteien legten zahlreiche umfangreiche Gutachten, unter anderem der namhaftesten Staatsrechtslehrer der Bundesrepublik, vor.[368] Die Geschichte des Rundfunkwesens in Deutschland wurde in den Schriftsätzen gründlich erarbeitet, wobei deutlich ein Schatten des staatlich gelenkten Rundfunks im Nationalsozialismus auf das Fernsehprojekt der Bundesregierung fiel. Ein neuer Großprozeß, vergleichbar dem Wehrstreit und dem Konkordatsstreit, stand dem Bundesverfassungsgericht bevor. Die mündliche Verhandlung wurde auf drei Tage anberaumt.

Es war ein Fall für Adolf Arndt. Die vier beteiligten Landesregierungen bestellten ihn zum Prozeßbevollmächtigten in der mündlichen Verhandlung. Bei ihm lag die Hauptlast der Klagebegründung in einem Prozeß, dessen aufbereitetes Material von einem einzelnen nur noch schwer zu überblicken war und kaum Raum für neue Argumentationsvarianten ließ. Arndt gelang jedoch beides.

Er konnte sich in seinem mündlichen Vorbringen vor allem auf die Schriftsätze der Hessischen Staatskanzlei stützen, die unter anderem von Wiltraut von Brünneck sorg-

---

363 Ohne der „Deutschland-Fernsehen-GmbH" beizutreten, räumten allein die CDU/CSU-geführten Länder im November 1960 durch ein Verwaltungsabkommen dem Bund das Recht ein, mit Hilfe der „Deutschland-Fernsehen-GmbH" Fernsehrundfunksendungen in ganz Deutschland zu veranstalten, vgl. den Text des Abkommens in: Der Fernsehstreit, Bd. 1, S. 51 – 56.
364 Vgl. die §§ 10 I, 11 I der Satzung der Deutschland-Fernsehen-GmbH in der Fassung vom 25. August 1960, abgedruckt in: Der Fernsehstreit, Bd. 1, S. 141 ff.; s. auch Eschenburg, Der Fernsehstreit (I) (S. 230), der vor den „Möglichkeiten einer einseitigen Beherrschung des Zweiten Fernsehprogramms durch die Bundesregierung und damit durch die CDU/CSU" warnte.
365 S. AdsD, Protokoll SPD-PV vom 24. August 1960.
366 Es handelte sich um die Länder Hamburg, Bremen, Niedersachsen und Hessen, s. Laufer, Verfassungsgerichtsbarkeit, S. 453 f.
367 S. Der Fernsehstreit, Bd. 1, S. 56.
368 Vgl. die Gutachten, a. a. O., S. 243 ff.

fältig ausgearbeitet worden waren.[369] Drei verfassungsrechtliche Haupteinwände griff Arndt dabei auf. Zum einen rügten die Antragsteller eine Verletzung der institutionellen Garantie der Rundfunkfreiheit aus Art. 5 Abs. 1 Satz 2 GG. Diese Verfassungsnorm garantiere aus der „bitteren Erfahrung der nationalsozialistischen Zeit" die Freiheit des Rundfunks von staatlicher Lenkung oder Beeinflussung; zugleich verpflichte sie den Staat, eine Rundfunkordnung zu schaffen, die die politische Neutralität und Ausgewogenheit der Meinungen im Medium Rundfunk sicherstelle.[370] Zum zweiten verletze die Einrichtung eines Bundesfernsehens die Kompetenzordnung des Grundgesetzes; denn die Veranstaltung von Fernseh-Rundfunk sei ungeachtet der Rechtsform eine staatliche Aufgabe und falle nach der Zuständigkeitsvermutung des Art. 30 GG in den Bereich der Länder, da eine spezielle Kompetenzzuweisung an den Bund nicht existiere.[371] Schließlich habe die Bundesregierung insgesamt mit der Art ihres Vorgehens die ungeschriebene Verfassungspflicht zu bundesfreundlichem Verhalten verletzt.[372]

Es lag bei Arndt, diese Argumentation in der mündlichen Verhandlung zu verteidigen und zu vertiefen. Sorgfältig begründete er die Auffassung, daß die Organisation des Rundfunks, zumal durch die institutionelle Garantie der Rundfunkfreiheit, Art. 5 Abs. 1 Satz 2 GG, in den Rang des Öffentlichen gehoben sei und bei ihrer Wahrnehmung durch den Staat als öffentliche Verwaltung der staatlichen Kompetenzordnung unterliege.[373]

In diesem Zusammenhang widmete er sich eingehend der Frage, inwieweit eine solche Regelung im Bereich des Öffentlichen der Form des Gesetzes bedürfe. In grundsätzlichen Ausführungen wandte er sich gegen die traditionelle Verengung des Gesetzesvorbehalts auf die Formel des Eingriffs in Freiheit und Eigentum, die der liberalen Begriffswelt der spätkonstitutionellen Staatslehre entstammte.[374] Dagegen setzte er einen modernen, umfassenden Gesetzesbegriff, so wie er ihm vom Wesen des *demokratischen* Rechtsstaats her geboten erschien: „Denn das Gesetz im Rechtsstaat bedeutet ja nicht bloß mehr Schranke der Verwaltung, sondern ihre unverzichtbare Grundlage, das heißt ihren Auftrag und ihre Vollmacht."[375] Eine Stütze dieses Grundsatzes sah Arndt in Art. 110 GG, aus dem er – zur Überraschung der Verfassungsrichter, denen dieser Gesichtspunkt neu war[376] – die Verfassungswidrigkeit der Errichtung eines privatrechtlich organisierten Bundesfernsehens bei fehlendem Haushaltstitel ableitete.[377] Gerade die Organisation der Rundfunkfreiheit stellte nach Arndts Auffassung eine öffentliche Verwaltungsaufgabe dar, die in besonderem Maß der „Bestandssicherheit"

---

369 Das hob Arndt in einem Brief an den Hessischen Ministerpräsidenten Zinn, 5. Dezember 1960, hervor, HStK 1k 40/05a (2 BvG 2/60), Bd. IV.
Die fachliche und persönliche Verbundenheit Arndts mit der späteren Richterin am Bundesverfassungsgericht beleuchtet der Beitrag Wiltraut Rupp-von Brünneck, In memoriam Adolf Arndt (1974), S. 307.
370 Der Fernsehstreit, Bd. 1, S. 66 – 71, 171.
371 A. a. O., S. 72 ff., 174 ff.
372 A. a. O., S. 56, 185 ff.
373 Der Fernsehstreit, Bd. 2, S. 78 f.
374 A. a. O., S. 76; Arndt an Dr. von Brünneck und Dr. Barwinski, 10. November 1960, HStK 1k 40/05 a (2 BvG 2/60), Bd. III.
375 Der Fernsehstreit, Bd. 2, S. 75.
376 A. a. O., S. 140.
377 A. a. O.,S. 72 ff.; Art. 110 Abs. 1 Satz 1, 1. Halbsatz GG: Alle Einnahmen und Ausgaben des Bundes sind in den Haushaltsplan einzustellen.

einer gesetzlichen Regelung bedurfte[378] und nicht in das Belieben der Exekutive gestellt werden durfte. Eindringlich hob Arndt die Bedeutung der Rundfunkfreiheit als einer „Strukturnorm" hervor, die die „öffentliche Aufgabe stellte, für die Freiheitlichkeit des Rundfunks und des Fernsehens zu sorgen."[379] An diese „Gewährleistungsaufgabe für die Freiheitlichkeit" ging Arndt mit der ganzen Skepsis des kritischen Liberalen heran, der den „Rundfunk als ein machtgeladenes Werbemittel"[380] erlebt hatte. Er faßte diese Herangehensweise in die Worte: „Die Rechtsbetrachtung hat sich mit den Möglichkeiten, mit den Präzedenzfällen zu befassen."[381]

Von diesem Möglichkeitsdenken her gewannen Arndts Ausführungen ihre größte Eindringlichkeit und Schärfe, wenn er die Konstruktion der Deutschland-Fernsehen-GmbH untersuchte und zu dem Schluß kam, daß sie dem Chef der Bundesregierung die Möglichkeit für ein „totales Kommando" bot, daß sie keinerlei institutionelle Sicherung gegen radikale Bestrebungen errichtete und anderen „Regierungsparteisendern" Tür und Tor öffnete.[382] Um so plausibler war diese Skepsis, als das Vorgehen der Bundesregierung gegenüber den Ländern kaum anders denn als Verfassungsumgehung zu werten war. Anhand der bekannten Vorgänge fiel es Arndt nicht schwer, das „Atmosphärische" des bundesunfreundlichen Verhaltens der Bundesregierung, die Brüskierung der sozialdemokratischen Ministerpräsidenten, greifbar und in ihrer verfassungsrechtlichen Bedeutung darzustellen[383] – zugespitzt:

> „Hinter dem aktuellen Fernsehstreit steht der prinzipielle Angriff auf die Staatlichkeit der Länder und die bundesstaatliche Struktur des Gesamtstaats. Die Länder sollen nicht mehr als Integrationsformen des Ganzen gewertet, sondern auf eine mindere Stufe des bloß untergeordneten Regionalen herabgedrückt werden."[384]

Arndts Auftritt hinterließ einen glänzenden Eindruck.[385] Er beherrschte den Prozeßstoff so sicher, daß er die vorhandenen Widersprüche innerhalb des gegnerischen Lagers sofort auszunutzen vermochte. In seinem Plädoyer schöpfte er aus langer Erfahrung. So konnte er, wenn er die Gesetzmäßigkeit der Verwaltung einforderte, auf eigene, bis in den Frankfurter Wirtschaftsrat zurückreichende parlamentarische Bestrebungen verweisen.[386] Ein Jahrzehnt lang hatte er in beinahe allen großen, politisch bedeutsamen Prozessen vor dem Bundesverfassungsgericht plädiert. Er verstand es, die historische und politische Dimension des Fernsehstreits eindringlich in dem Verfassungsauftrag zu beschwören, daß

---

378 A. a. O., S. 80 f., und zwar aufgrund der durch Art. 5 Abs. 1 Satz 2 GG gewährleisteten institutionellen Garantie der Rundfunkfreiheit.
379 A. a. O., S. 248.
380 A. a. O., S. 182. Arndt bezog sich für seine Warnung auf den konservativen katholischen Theologen Pater Professor Gustav Gundlach, s. auch unten Kapitel VII.4.
381 A. a. O., S. 255.
382 Ebda.
383 A. a. O., S. 69, 247, 253 ff.
384 A. a. O., S. 84.
385 Unter anderem auf den Hessischen Ministerpräsidenten Zinn, der Arndt für seinen Einsatz dankte, wie aus der Antwort Arndts an Zinn (5. Dezember 1960, HStK 1k 40/05a (2 BvG 2/60), Bd. IV) hervorgeht.
386 Der Fernsehstreit, Bd. 2, S. 272. Arndt erwähnte den Sachverhalt aus dem Frankfurter Wirtschaftsrat, nicht jedoch seine eigene, maßgebliche Beteiligung an der Durchsetzung einer umfassenden Gesetzmäßigkeit der Verwaltung s. oben, Kapitel II.5.

„hier in diesem Staat, in dem wie in keinem anderen Staat der Welt der Rundfunk in einer ungeheuerlichen Weise mißbraucht worden ist, zwölf Jahre hindurch, hier eine Notwendigkeit ist, dafür zu sorgen, daß man niemals wieder diese technische Erfindung des Menschengeistes mißbraucht, um die Freiheit zu vergewaltigen."[387]

Schließlich gab die Prozeßkonstellation Arndt starken Rückhalt: „Das Gebaren der Macht", personifiziert in Bundeskanzler Adenauer, hatte die Vermutung des Rechts gegen sich. Arndt, der Adenauer vor dem Bundesverfassungsgericht bissig als der „Disputation ziemlich abgeneigt", der Aktion hingegen zugeneigt charakterisierte[388], machte aus dem Fernsehstreit zugleich ein Tribunal gegen den ersten Bundeskanzler.

Das Bundesverfassungsgericht verschloß sich den Einwänden und Anklagen des Arndtschen Plädoyers nicht. Es trat den Rechtsbedenken der hessischen Landesregierung in vollem Umfang bei.[389] Das Urteil stufte die Veranstaltung von Rundfunksendungen als „öffentliche Aufgabe" ein; indem der Staat sich damit befasse, werde sie zur „staatlichen Aufgabe", die nach der grundgesetzlichen Kompetenzordnung ausschließlich in den Bereich der Länder falle.[390] Untermauert wurde diese länderfreundliche Entscheidung durch die extensive Auslegung der Verfassungspflicht zu bundesfreundlichem Verhalten. Wie Arndt in der mündlichen Verhandlung angeregt hatte[391], erstreckte der Senat diesen Grundsatz auf das „procedere" und den „Stil der Verhandlungen" zwischen Bund und Ländern.[392] Von diesem Maßstab aus fällte das Gericht ein geradezu vernichtendes Urteil über das als mehrfach pflichtwidrig eingestufte Vorgehen der Bundesregierung. Die Ausschaltung mehrerer – sozialdemokratischer – Bundesländer aus den Vorberatungen, die Schaffung „vollendeter Tatsachen" ohne ausreichende Konsultationen usw. ahndete das Gericht mit unverkennbar scharfer Mißbilligung.[393] Schließlich erfuhr die Rundfunkfreiheit, Art. 5 Abs. 1 Satz 2 GG, eine Auslegung als „Strukturnorm" ganz in dem von Arndt geforderten Sinn. Das Bundesverfassungsgericht deutete sie als institutionelle Garantie, die wegen der Bedeutung des Massenkommunikationsmittels Rundfunk Vorkehrungen zur Sicherung der Freiheit gegen einseitige und übermächtige Einflußnahme fordere. Die unmittelbare oder mittelbare Beherrschung eines Runkfunkveranstalters durch den Staat – ebenso wie durch eine gesellschaftliche Gruppe – war danach verfassungswidrig. Zugleich aber leitete das Gericht aus Art. 5 Abs. 1 Satz 2 GG einen Grundsatz ab, der Arndt mit persönlicher Genugtuung erfüllen mußte: Die Leitgrundsätze der Rundfunkorganisation bedurften zwingend einer Regelung durch Gesetz[394]; denn – so schien es, wandte sich das Gericht

---

387 A. a. O., S. 248.
388 A. a. O., S. 99.
389 Vgl. den hessischen Schriftsatz, 19. September 1960, Der Fernsehstreit, Bd. 1, S. 56, und den Abschnitt 2 der Entscheidungsformel des Bundesverfassungsgerichts vom 28. Februar 1961, Der Fernsehstreit, Bd. 2, S. 300 ff. (S. 301) = BVerfGE 12, 205 (S. 207).
Lediglich in einem Nebenaspekt des Streits, dem zur Normenkontrolle gestellten Hamburgischen Gesetz über den Norddeutschen Rundfunk vom 10. Juni 1955, kam das Bundesverfassungsgericht zu einem für die Antragsteller negativen Ergebnis und hob eine Norm des Gesetzes auf, s. Leitsatz 1, a. a. O.
390 Der Fernsehstreit, Bd. 2, S. 322 – 328 (BVerfGE 12, 205 [S. 243]).
391 A. a. O., S. 247, 253.
392 A. a. O., S. 329 (BVerfGE 12, 205 [S. 255]).
393 A. a. O., S. 330 (BVerfGE 12, 205 [S. 258]).
394 A. a. O., S. 331 ff. (S. 333).

Nach dem Urteil im Fernsehstreit, 28. Februar 1961, von rechts nach links: Richter des Bundesverfassungsgerichts Henneka, Rechtsanwalt Pitzer, Dr. Borwinsky (Hessische Staatskanzlei), Dr. Adolf Arndt

Arndt zu – es sei ein „elementarer Unterschied", ob die Leitgrundsätze zur „Erhaltung der Freiheit des Rundfunks in einem Gesetz oder in einem Gesellschaftsvertrag enthalten sind."[395]

Die Entscheidung war, nach dem Konkordatsurteil, ein weiterer Meilenstein in der Auslegung der bundesstaatlichen Verfassung und bedeutete eine erneute Stärkung der Länderrechte. Zugleich gestaltete das Gericht geradezu den Grundriß einer künftigen Rundfunk- und Fernsehverfassung.[396] Für Bundeskanzler Adenauer bedeutete das Urteil inmitten des Bundestagswahlkampfs eine öffentliche Desavouierung und eine der

---

395 Ebda., vgl. die Parallelität zu Arndts Argumentation, a. a. O., S. 255.
396 Das gilt auch, wenn die Urteilsgründe nicht selbst als abschließende Regelung einer Rundfunkverfassung aufgefaßt werden können, vgl. dazu die Urteilsanalyse bei Wieland, Die Freiheit des Rundfunks, S. 18 ff. (S. 26).

„spektakulärsten Niederlagen seiner Kanzlerschaft."[397] Das Vorhaben eines Bundesfernsehens war damit endgültig gescheitert.

Das Bundesverfassungsgericht hatte sich ein weiteres Mal als „lästige Begrenzung der Macht" erwiesen. Das zeigte gerade die illoyale Urteilsschelte des Bundeskanzlers, der vor dem Bundestag als einstimmigen Beschluß des Bundeskabinetts verkündete, das Urteil sei falsch.[398] Er mußte sich von Arndt „Auflehnung gegen das Grundgesetz" entgegenhalten lassen.[399]

Erich Ollenhauer wußte, wem der Erfolg der sozialdemokratischen Bundesländer zu einem wesentlichen Teil zu verdanken war. Im Namen der SPD-Führung dankte er Adolf Arndt für seinen Einsatz.[400] Der sozialdemokratische Verfassungsjurist hatte seinen größten forensischen Erfolg errungen. Dies war der Höhepunkt seiner anwaltlichen Tätigkeit vor dem Bundesverfassungsgericht – und ein Vorbote des nahenden Endes der Ära Adenauer.

---

397 S. Hans-Peter Schwarz, Die Ära Adenauer 1957 – 1963, S. 361.
398 Laufer, Verfassungsgerichtsbarkeit, S. 465; Prot. BT, 3. WP, 147. Sitzung (8. März 1961), S. 8308 D.
399 Prot. BT, 3. WP, 148. Sitzung (9. März 1961), S. 8421 A; s. auch Arndt, Unsere Verfassung – ein Besatzungsstatut?, in: Sozialdemokratischer Pressedienst, 20. März 1961, wo er von einer „Schmähung des Gerichts" spricht; das Bundesverfassungsgericht selbst sah sich zu einer Gegenerklärung genötigt, s. Laufer, Verfassungsgerichtsbarkeit, S. 473.
400 Protokoll der SPD-BTF vom 7. März 1961, AdsD, Akten SPD-BTF 1029.

Siebtes Kapitel
Pluralistische Volkspartei im pluralistischen Staat: Arndt und das Godesberger Reformprogramm der SPD

> „Entspricht den Wandlungen und Bewegungen, die wir in anderen Bereichen des Geisteslebens und in der Glaubenshaltung sehen, wirklich im Allgemeinpolitischen noch kein Umdenken? Gibt es insbesondere im freiheitlichen Sozialismus nicht auch eine entsprechende Bewegung und Konzentration, welche von dieser Idee viel Vergangenes als Vergängliches ablöst, aber sie um so mehr durch Selbstbesinnung zu einer unserer Zeit notwendigen und zukunftsreichen Grundidee läutert und kräftigt?"[1]

Diese Fragen stellte Adolf Arndt in einem 1954 gehaltenen Vortrag. Die Antwort hatte er im weiten Horizont seiner Fragestellungen bereits angelegt: Der freiheitliche Sozialismus als ideeller Kern der Sozialdemokratischen Partei befinde sich im geistigen Umbruch und löse sich von überholten Traditionsbeständen. Doch bedurfte der von Arndt vorgestellte geistige Prozeß einer Klärung, Richtungweisung und verbindlichen Festlegung nach außen. Dieser Aufgabe stellte sich Arndt: Er zeichnete das Bild einer Partei auf dem Sprung zur Reform. Mit seinem Vortrag vor sozialdemokratischen Akademikern gab er seinen Einstand in einer Reformdiskussion, die Epoche in der sozialdemokratischen Parteigeschichte machen sollte.

Darüber hinaus enthielten Arndts Fragen das Programm einer persönlichen Standortbestimmung: Wie hatte er, dem konservativen gebildeten Bürgertum entstammend, zu einer sozialistischen Traditionspartei der Arbeiter gefunden? Wo sah er, ein protestantischer Intellektueller, seinen geistigen Standort in einer Partei, die weiten Kreisen der deutschen Öffentlichkeit als marxistisch und religionsfeindlich galt?

Zu Beginn der Fünfziger Jahre wurde die Dringlichkeit einer Programmrevision der SPD immer offenkundiger. Im Unterschied zu der regierenden CDU/CSU, die erst nach 1945 gegründet worden war, stand die SPD nominell noch immer auf dem Boden eines Parteiprogramms aus der Weimarer Zeit, des Heidelberger Programms von 1925. Die einschneidenden historischen Erfahrungen seither – der Untergang der Weimarer Demokratie und ihre Ablösung durch ein totalitäres Unrechtsregime, die Diskreditierung des sowjetischen Wegs zum Sozialismus durch Zwangs- und Terrormethoden, die technischen, die arbeits- und sozialstrukturellen Entwicklungen[2] – waren in appellativen Erklärungen und Richtlinien für die tagespolitische Arbeit bis hin zum Dortmunder Aktionsprogramm von 1952[3] nur bruchstückhaft verarbeitet worden und harrten

---
1 Arndt, Sozialismus in unserer Zeit (1954) (Vortrag in der Reihe „Das Weltbild unserer Zeit", Vortragsreihe herausgegeben von der Arbeitsgemeinschaft Sozialdemokratischer Akademiker, Nürnberg 1954), S. 122.
2 S. dazu Klotzbach, Staatspartei, S. 122.
3 Vgl. die programmatischen Dokumente bei Dowe/Klotzbach (Hrsg.), Programmatische Dokumente der deutschen Sozialdemokratie, S. 25 ff., darin das Dortmunder Aktionsprogramm von 1952, erweitert auf dem Parteitag in Berlin, 1954, S. 309 ff.

der systematischen Durchdringung. Trotz einzelner – zum Teil umstrittener – Versuche[4] einer programmatischen Neubestimmung und trotz wachsender Kritik verschleppte die Parteiführung, teils aus grundlegenden Erwägungen politischer Erkenntnisfähigkeit, teils aus Desinteresse oder auch schlichter Abneigung gegen Neuerungen die Vorbereitung der Programmrevision bis zur Bundestagswahl 1953. Erst die zweite schwere Wahlniederlage auf Bundesebene gab den Programmreformbestrebungen einen entscheidenden Anstoß. Der Berliner Parteitag von 1954 beschloß eine Abänderung und Erweiterung des Dortmunder Aktionsprogramms von 1952 um eine theoretisch fundierte Präambel, die die Handschrift Willi Eichlers trug, eines führenden theoretischen Kopfes der auf programmatische Neubestimmung drängenden Kräfte.[5] Vor allem beschloß der Parteitag die Einsetzung einer Großen Programmkommission unter Leitung Eichlers, die den Entwurf eines neuen Grundsatzprogramms vorbereiten sollte.

Bei der Vorbereitung des Berliner Parteitags erschien Arndt erstmals in einer Programmreformkommission[6] und machte auf dem Parteitag durch seinen wohlbegründeten Diskussionsbeitrag zum Thema der Wiederbewaffnung auf sich aufmerksam.[7] Die großen Bundestagsdebatten um Verfassungsfragen der Außenpolitik und Wiederbewaffnung hatten den Parteineuling Arndt in der sozialdemokratischen Mitgliedschaft bundesweit bekanntgemacht. Sehr rasch hatte er als juristischer Geschäftsführer der Bundestagsfraktion den Ruf als unentbehrlicher juristischer Berater und einen festen Platz im Fraktionsvorstand errungen.[8] Mit seinen 1954 erstmals öffentlich vorgetragenen Fragen zur zeitgemäßen Neubestimmung des „Sozialismus in unserer Zeit" meldete Arndt nunmehr seinen Anspruch als parteitheoretischer Reformdenker an.

So war es folgerichtig, daß Arndt auf Vorschlag Eichlers zum Mitglied der 1955 eingesetzten Großen Programmkommission berufen wurde. Es lag auch nahe, den führenden juristischen Kopf der Bundestagsfraktion und in der Fachöffentlichkeit anerkannten Verfassungsjuristen dem Unterausschuß „Verfassungspolitik" zuzuordnen.[9] Arndts programmatischer Anspruch und sein Anteil an der Erarbeitung des neuen sozialdemokratischen Grundsatzprogramms gingen indessen weit über die Klärung der sozialdemokratischen Verfassungspolitik hinaus.

Doch bildete im Denken des Juristen Arndt der Staat in seiner rechtlichen Verfaßtheit einen ständigen Bezugsrahmen. Arndts programmtheoretische Äußerungen und seine Bemühungen um die Kirchenpolitik der SPD enthielten immer auch *staatspolitische* Beweggründe, d. h. Bezugnahmen auf den Staat und seine konkrete – demokratische – Ordnung, und sind ohne diese nicht verständlich. Einen ersten Zugang zur Einordnung der Position Arndts in die Diskussion über die Parteireform der SPD in den Fünfziger Jahren eröffnet daher ein systematischer Blick auf sein Verständnis des Staats und der staatlichen Ordnung.

---

4 Klotzbach, Staatspartei, S. 256.
5 Zu Eichler s. Lemke-Müller, Ethischer Sozialismus und soziale Demokratie. Der politische Weg Willi Eichlers vom ISK zur SPD, Bonn – Bad Godesberg 1988.
6 Vgl. Köser, Die Grundsatzdebatte in der SPD, S. 273.
7 S.o. Kapitel V.1.
8 Arndt war von 1953 bis 1961 Vorsitzender des Arbeitskreises Recht der SPD-Bundestagsfraktion.
9 Köser, Grundsatzdebatte in der SPD, S. 274.

1. Staat und staatliche Ordnung bei Arndt

Die Frage nach dem Staat war für Arndt nie ein abstraktes Fragen nach dem Staat schlechthin. Immer ging sie aus vom konkreten Staat des Bonner Grundgesetzes oder führte darauf hin. Arndt kann daher nicht als Staatstheoretiker im systematischen Sinne gelten. Er verarbeitete bestehende staatstheoretische Erkenntnisse. Dort, wo er sie selbst gewann, formulierte und weiterentwickelte, erwuchsen sie aus der Anschauung und der Erfahrung des demokratischen Verfassungsstaats und seines Gegenbilds, des nationalsozialistischen Unrechtsregimes.

Grundlagen

So richtete sich Arndts grundlegende Frage nach der leitenden „Staatsidee" auf den Staat des Grundgesetzes. Dort erhob er allerdings einen negativen Befund: Es herrsche Unklarheit über die Staatsidee des Grundgesetzes, ja ihre Existenz sei sogar zweifelhaft. In einer „negativen Revolution"[10] sei mit dem Abklingen der Idee totalitärer Herrschaft eine alte Staatsidee verschwunden, aber keine neue, positive, an deren Stelle getreten. Was konnte in dieser „Übergangsperiode" die Rolle der vormals staatsleitenden, nunmehr diskreditierten und ungenügenden Idee des „Nationalstaats" übernehmen?[11]

Hatte Arndt 1954 diese Frage noch offengelassen, so zeichnete er im Zuge der intensivierten Programmreformdiskussion die Umrisse einer neuen Staatsidee, ohne sie indessen so zu benennen. Ein wesentlicher Schritt war sein Gedanke der Wertbezogenheit des Staates, den er grundlegend so formulierte: „Ein Verständnis des Staates weder als wertfreien Staates noch als selber wertsetzenden Staates, sondern als eines wertempfangenden, wertgebundenen, wertoffenen und Werten dienenden Staates."[12] Arndt zielte auf einen Staat als „wertgebundene und werterfüllte Seinsordnung" und dadurch „humanen Staat."[13]

Welche Werte erfüllten diese Seinsordnung, und welcher Kerngedanke lag diesen Werten ihrerseits zugrunde? Letztere Frage führte zur eigentlichen Staatsidee, und Arndt kam ihr am nächsten mit seinem Begriff der „wertgebundenen Toleranz", der unlösbar mit der Menschenwürde verknüpft war. Arndt formulierte diesen Zusammenhang folgendermaßen:

> „[...] der Mensch, weil er ein Gewissen hat, bildet und regiert seinen Staat mit, und die sittliche Würde eines solchen Staates leitet sich daraus ab, daß Menschen, deren Würde unantastbar ist, sich frei zu diesem Staat verbunden haben.

---

10 Eine solche „negative Revolution" habe in Deutschland wie auch in Frankreich und Italien stattgefunden. Arndt bezog sich für diesen Begriff wiederholt auf Carl J. Friedrich, Der Verfassungsstaat der Neuzeit, S. 171 ff.
Im folgenden wird ein Abriß der Gedanken Arndts zum Staat und zur staatlichen Ordnung gegeben, wobei sein gesamtes Werk Berücksichtigung findet – ohne daß allerdings der Anspruch einer Gesamtdarstellung erhoben wird.
11 Vgl. Arndt, Das Toleranzproblem aus der Sicht des Staates (1957), S. 138.
12 Ders., Sozialistische Staatspolitik – heute (1958), S. 189.
13 Arndt, Humanität – Kulturaufgabe des Politischen (1960), S. 53.

Diese wertgebundene Toleranz ist ein Gegenseitigkeitsprinzip der Menschen untereinander."[14]

Mithin lautete die letzte Rechtfertigung des Staates, zu dem sich in ihren Gewissen freie Menschen zusammengeschlossen hatten, diese Menschen um der Unterschiedlichkeit ihrer freien Gewissensentscheidung willen zu achten und zu schützen. Dies unterschied die *wertgebundene* von der *wertentbundenen* oder *wertindifferenten* Toleranz, daß sie den Menschen nicht ungeachtet, sondern wegen seiner individuellen Gewissensentscheidung als gleichberechtigt annahm. Die wertgebundene war somit „personale Toleranz", indem sie von der Gleichberechtigung der einen Glauben und ein Gewissen entwickelnden Menschen als Personen ausging, ohne die unterschiedlichen Wahrheitsansprüche und folglich auch Irrtumsmöglichkeiten der persönlichen Äußerungen zu negieren.[15] Der Staat verzichtete auf eine Bewertung der unterschiedlichen Glaubens- und Meinungsäußerungen, hielt aber ihr Vorhandensein und ihre Unterschiedlichkeit für wertvoll.

Den Zweck des auf die Idee der Toleranz gegründeten Staates bestimmte Arndt gleichfalls personal: Er sollte ein „dienend-verantwortlicher" Staat im Dienst der „personalen Würde" des Menschen sein.[16] Diese dienende Funktion des Staates prägte ein entsprechendes Vorstellungsbild aus. Arndt setzte sich scharf ab von Staatsvorstellungen, die den Staat zu einer eigenen Sphäre mit ideellem und sittlichem Gehalt verselbständigten. In einigen gegen Hegel gerichteten Bemerkungen sah Arndt in diesem den geistigen Wegbereiter eines obrigkeitsstaatlichen Staatsverständnisses, indem er eine „Mystifizierung des Staates zur überwertigen Idee" vorgenommen habe.[17] Für Arndt hingegen war der Staat keine abstrakte, mit ideellem Vorrang ausgestattete Konstruktion, sondern eine konkrete Organisation, personal erfüllt und verwirklicht durch „lebende Menschen."[18]

Einem Staat, der den Menschen zu dienen bestimmt war und zugleich in seiner Wirklichkeit von „lebenden, unzulänglichen, sehr Gefühlen und allen möglichen Eingebungen unterworfenen Menschen" getragen wurde, war auch das Maß des Menschlichen als Grenze seiner Machtentfaltung immanent. Arndt, der so dachte, zeigte diesen Zusammenhang am Beispiel der Todesstrafe. Ging man, wie er, davon aus, daß ein elementares Sittengesetz den Menschen die Anmaßung der Gottähnlichkeit, d. h. der Herrschaft über Leben und Tod, verbot, so galt dies gleichermaßen für den Staat. Ein Staat, der dieses Maß verfehlte, verfehlte zugleich seinen Zweck, verlor an „Würde und Überzeugungskraft"[19] und gefährdete dadurch seinen eigenen Bestand.

Der Blick auf die Idee des wertgebunden toleranten, dienenden Staates legt einen Grundzug in Arndts Staatsverständnis frei: Er definierte den Staat weniger durch die Fülle seines Gehalts als durch die Art und Intensität seiner Begrenzung. Pointiert

---

14 Arndt, Das Toleranzproblem aus der Sicht des Staates (1957), S. 143.
15 Ders., Staatliche Gewaltanwendung, rechtlich und politisch betrachtet (1960), S. 243.
16 Ders., Sozialistische Staatspolitik – heute (1958), S. 189; ders., Aufgaben und Grenzen der Staatsgewalt im Bereich der Schulbildung (1959), S. 212, 223, unter Rückgriff auf den Begriff der „causa principalis" aus der katholischen Dogmatik, um sein Verständnis des Menschen zu kennzeichnen.
17 Ders., Staatliche Gewaltanwendung, rechtlich und politisch betrachtet (1960), S. 240; ders., Opposition (1968), S. 366; anklingend auch in: ders., Der Jurist in unserer Zeit (1966), S. 26.
18 Ders., Wieder Todesstrafe? (1956), S. 202; ders., Aufgaben und Grenzen der Staatsgewalt im Bereich der Schulbildung (1959), S. 211.
19 Ders., Wieder Todesstrafe? (1956), S. 202.

gesagt: Arndts Staat machte seine Begrenzung zu seinem Gehalt. Dies wird im einzelnen noch an den Grundwerten zu zeigen sein[20] und wird sinnfällig am Begriff der Menschenwürde, die Arndt zugleich als „Staatsbegrenzung" und „Staatsidee" bezeichnete.[21] Ein Staat aber, der seinen Gehalt und zugleich seine Schranke in der Menschenwürde findet, bedarf der ständigen Rechtfertigung vor dieser Idee. So führt die Frage nach der Legitimationsbedürftigkeit sowie dem *Legitimitätsmaßstab* des Staats und der staatlichen Gewaltanwendung zum Kern des Arndtschen Staatsverständnisses.

Arndt erinnerte daran, daß die Glaubensspaltung der beginnenden Neuzeit die einheitliche Legitimationsgrundlage des im göttlichen Recht stehenden Staates zerbrochen hatte. Nicht mehr rechtfertigte der das Volk einende und einheitliche Glauben an Gott die staatliche Machtanwendung bis hin zur Todesstrafe.[22] Der nicht mehr „in Gott geborgene", seine Macht zur einheitlichen Staatsgewalt zusammenfassende Staat der Neuzeit bedurfte[23] einer neuen, profanen Legitimitätsgrundlage, die seine bedrohte Einheit festigte und stärkte. Unlösbar verknüpft mit der Frage nach der Legitimität, stellte sich das Problem der Begrenzung der Staatsgewalt, die angesichts ihrer historisch neuen Einheitlichkeit und Fülle zugleich die Gefahr des Machtmißbrauchs und der Unterdrückung einschloß. Aus diesen Gründen sah Arndt in der Klärung der *Legitimität*[24] staatlicher Gewaltausübung das vorrangige und unumgehbare theoretische Grundproblem des modernen Staates.

Anzeichen einer Verdrängung oder bewußten Ausklammerung dieses Problems beurteilte er sehr kritisch. Scharf grenzte er sich von der Staatstheorie Thomas Hobbes' ab. Hobbes' strikte Konstruktion des Staates als Schutz- und Friedensordnung setzte eine absolute und einheitliche Zwangsgewalt voraus, die in dem Kernsatz „Auctoritas, non veritas facit legem"[25] die inhaltliche Legitimationsbedürftigkeit staatlicher Machtausübung zugunsten ihrer äußeren Erzwingbarkeit für unbeachtlich erklärte. Im „Nominalismus" des Thomas Hobbes erblickte Arndt daher den theoretischen Wegbereiter des rechtswissenschaftlichen Positivismus, den er als Paradebeispiel einer erfolgreichen, aber verhängnisvollen Verdrängung des Legitimitätsgedankens wiederholt der Kritik unterzog. Auch wenn Arndt die Schärfe der Kritik in den ersten Nachkriegsjahren[26] später differenzierte und milderte[27], so hielt er im Grundsätzlichen doch daran fest: Der Positivismus habe um der „äußeren Ordnung als eines vermeintlichen Selbstwertes willen" die Rechtssicherheit ‚verheiligt' und den Rechtsgedanken „von aller Substanz, insbesondere von jedem sozialen Gehalt und schließlich von der letzten Spur der Gerechtigkeit" entleert.[28] Die scharfe Trennung der staatlichen *Legalität* vom Maßstab inhaltlicher *Legitimität* sei zugespitzt worden bis hin zu dem kraß nominalistischen Satz: „Recht ist, was der Inhaber der Staatsgewalt bestimmt."[29] Die Auswir-

---

20 S.u.
21 Arndt, Staatliche Gewaltanwendung, rechtlich und politisch betrachtet (1960), S. 243.
22 Ders., a. a. O., S. 236 ff.
23 Ungeachtet des von den Inhabern der Staatsgewalt vielfach aufrechterhaltenen Anspruchs und Anscheins einer von Gott herrührenden Herrschaftslegitimation – bis hin zum preußischen Gottesgnadentum.
24 Ders., a. a. O., S. 234 ff.
25 Vgl. Thomas Hobbes, Leviathan, Kapitel 26.
26 Vgl. oben Kapitel II.3.
27 Vgl. Arndt, Das Bild des Richters (1957), S. 331, 333.
28 Arndt, Staatskunst und politische Bildung (1957), S. 152; ders., Das nicht erfüllte Grundgesetz (1960), S. 152.
29 Ders., Rechtsdenken in unserer Zeit (1955), S. 39.

kungen dieser Denkweise sah Arndt weit über den engen rechtsmethodischen Bereich hinausgehen: Die Verdrängung des Legitimitätsgedankens habe sich verheerend auf das politische Denken insgesamt ausgewirkt. Die „liberale Sicherheitsdoktrin von der Herrschaft des anonymen Gesetzes" habe den Blick für die vermummte, tatsächliche Herrschaft bestimmter Personen und Gruppen verstellt. Arndt konstatierte einen Verfall der „Staatskunst", indem mit der Negation des Politischen der Sinn für Macht und die Fähigkeit zu ihrer Kontrolle, mithin die Fähigkeit zur Unterscheidung zwischen legitimer und illegitimer Politik, verloren gegangen sei.[30]

All diese Überlegungen Arndts zur Legitimationsbedürftigkeit des modernen Staates waren in ihrer Eindringlichkeit und Schärfe undenkbar ohne das Erlebnis des nationalsozialistischen Unrechtsregimes. Erst der Verlust jeglicher legitimierenden Begrenzung einer totalitär entartenden Staatsgewalt führte Arndt zu der Klarheit des Urteils über den Positivismus als „nihilistisch."

> „Der Nihilismus aber ist nicht Sicherheit, sondern die radikale Unsicherheit und durch seine Wertvernichtung der Wegbereiter totalitärer Diktaturen, die bloß noch den vorangegangenen Verlust der Werte offenbar machen."[31]

Ein tiefes, irreversibles Mißtrauen[32] angesichts des legitimitätsfeindlichen Positivismus, dem er historisches Versagen vorwarf, drückte Arndts Staatsdenken das Siegel auf. Um die historisch begründete Warnung vor dem Rechtspositivismus auch für Sozialdemokraten nochmals wirkungsvoll zu unterstreichen, erinnerte er an das Beispiel Gustav Radbruchs, des sozialdemokratischen Rechtslehrers und Reichsjustizministers, der während der Weimarer Republik von strikt positivistischem Standpunkt aus gelehrt hatte, wie ungerecht auch immer der Inhalt des Rechts sei, so erfülle dies schon durch sein Dasein den Zweck der Rechtssicherheit.[33] Solche Spuren mahnten. Im Nationalsozialismus hatte sich das latente Legitimitätsdefizit des modernen Staates in seiner äußersten Konsequenz, der systematischen Diskriminierung und Ausrottung ganzer Völker, offenbart. Was war die Lehre des ‚positivistischen Zeitalters'?

Arndts Antwort lautete: Der Staat bedarf der Legitimation durch *Grundwerte*. Die Staatsidee ‚wertgebundener Toleranz' war zu ihrer Verwirklichung angewiesen auf die Abstützung und Konkretisierung durch spezifizierte Grundwerte. In Bezug auf die staatliche Ordnung[34] unterschied Arndt nicht zwischen Grundwerten und Grundrechten. Der philosophische Begriff „Grundwerte" verschmolz mit dem verfassungsrechtlichen Terminus der „Grundrechte" und begründete schon sprachlich deren interpretatorisches Übergewicht als grundlegende Wertentscheidungen im Rahmen des Verfassungsganzen.[35] Das Beispiel zeigt einmal mehr, daß Arndts theoretische Überlegungen implizit das Grundgesetz zum Vorbild nahmen. Die Grenze zwischen Staatstheorie und Verfassungsinterpretation war fließend.

---

30 Ders., Das nicht erfüllte Grundgesetz (1960), S. 152.
31 Ders., ebda.
32 Auch ders., Staatliche Gewaltanwendung, rechtlich und politisch betrachtet (1960), S. 235.
33 S.o. Kapitel II.3.; Arndt, a. a. O., S. 230; vgl. dazu Radbruch, Rechtsphilosophie, S. 178.
34 Zu den leitenden Grundwerten des Godesberger Programms im ganzen s.u. Kapitel VII.2.
35 Zum gemeinsamen Kern der Begriffe s. Arndt, Das nicht erfüllte Grundgesetz (1960), S. 149: „In den Begriffen Grundordnung, Grundwert und Grundrecht ist nicht zufällig vom Grund die Rede und nicht nur im Sinne des Fundamentalen, sondern auch im Sinne des Ursprungs, der causa principalis, einer Regelung."

Die Grundrechte des Grundgesetzes waren für Arndt Beispiel und Vorbild für staatslegitimierende Grundwerte. Die Spitzenstellung in der Skala der Grundwerte, die Funktion der „obersten Leitnorm"[36], maß er der Garantie der Menschenwürde, Art. 1 Abs. 1 GG, bei. Das Prinzip der Menschenwürde leitete die Staatsidee der ‚wertgebundenen Toleranz' und die Interpretation der Einzelgrundrechte.[37] Arndt verzichtete auf eine eingehende Begriffsbestimmung der Menschenwürde. Unter Rückgriff auf Samuel Pufendorfs Konzeption der „dignitas humana" setzte er die generelle Einigkeit über eine „Mindestbedeutung" von Menschenwürde voraus.[38] Ihm ging es vielmehr darum, den Begriff „offen" zu halten, damit er auch „weitere Wertvorstellungen" in sich aufnehmen konnte.[39] Nicht der Begriff, sondern die Funktion des Prinzips Menschenwürde stand für Arndt im Mittelpunkt: Der historisch bedeutsame Versuch, dem zunächst im Glauben gespaltenen und später zunehmend glaubenslosen Volk eine einheitliche und der Einigung zugängliche Legitimationsgrundlage des Staates zu geben.[40]

Unter den Einzelgrundrechten hob Arndt die Gewissensfreiheit, Art. 4 Abs. 1, 3 GG, besonders hervor.[41] Ihre verfassungskräftige Anerkennung konkretisierte, gemeinsam mit der Glaubensfreiheit[42], die Staatsidee wertgebundener Toleranz und brachte am klarsten zum Ausdruck, was die Wertordnung des Grundgesetzes „radikal von den totalitären Regimen" unterscheide. Von hier erklärt sich Arndts Einsatz für die gewissensgeleitete Kriegsdienstverweigerung; denn bei diesem Recht ging es ihm um mehr als nur um die Verteidigung individuellen Freiheitsraums – nämlich um den Kampf für eine elementare Wertgrundlage der Verfassung.[43]

Gleichfalls eine herausragende Stellung in der staatlichen Wertordnung räumte Arndt dem in Art. 5 GG formulierten „Kommunikationsgrundrecht"[44] sowie der Kunstfreiheit[45] ein. Der denkende, schöpferische, zur Selbstbestimmung kraft seiner Menschenwürde befähigte und dadurch freie Mensch[46] gab den Wert vor, den Arndt geschützt wissen und zugleich dem Staat zugrunde legen wollte. Die Meinungsäußerungsfreiheit des Art. 5 Abs. 1 GG enthielt für Arndt die Gewährleistung geistiger

---

36 Arndt, Aufgaben und Grenzen der Staatsgewalt im Bereich der Schulbildung (1959), S. 216.
37 So zum Beispiel im Hinblick auf Art. 4 Abs. 3 GG, das Recht auf Kriegsdienstverweigerung aus Gewissensgründen, s. Arndt, Das Grundrecht der Kriegsdienstverweigerung (1957), S. 171.
38 Vgl. Arndt, Staatliche Gewaltanwendung, rechtlich und politisch betrachtet (1960), S. 241, unter Ablehnung der – bloß formalen – Kantischen Definition der Menschenwürde, der Mensch sei „niemals Mittel, sondern immer Selbstzweck."
39 Ders., ebda.
40 Arndt betonte den profanen Ursprung des Begriffs Menschenwürde, der zugleich offenstehe für die Erfüllung mit Gehalten der christlichen Glaubenslehren, a. a. O., S. 238; ders., Aufgaben und Grenzen der Staatsgewalt im Bereich der Schulbildung (1959), S. 216.
41 Gewissensfreiheit als „zentralster Grundwert", s. Arndt, Staatliche Gewaltanwendung, rechtlich und politisch betrachtet, S. 247.
42 Ders., Sozialistische Staatspolitik – heute (1958), S. 196.
43 S.o. Kapitel V.1.
44 Arndt, Artikel 5 GG gewährleistet die Freiheit zu irren (1972), S. 194.
45 Ders., Die Kunst im Recht (Art. 5 Abs. GG) (1966), S. 433 ff. (S. 434 f.); zur Bedeutung der Kunst und Kunstfreiheit in Arndts Werk vgl. Vogel, Rechtspolitik als Berufung und Auftrag, Einführung zu Arndt, Gesammelte juristische Schriften (1976), S. XVI ff.
46 S. Arndt, Vom Sinn der Pressefreiheit (1956), S. 64, 70; ders., Die Kunst im Recht (1966), S. 434; ders., Die Aufgaben des Staates auf dem Gebiet der Kunst und Wissenschaft (1967), S. 352 (Kunstfreiheit); ders., Staat und Kunst (1964), S. 318 f. (Authentizität, Autonomie des Kunstwerks und des Künstlers).

Freiheit schlechthin und erhielt von daher eine besondere, symbolische Werthaftigkeit. Den Zustand der Meinungsfreiheit nahm Arndt als Indikator für die Freiheitlichkeit des Gemeinwesens im ganzen.[47] Das Ringen um ein Höchstmaß an Meinungsfreiheit prägte seine gesamte politische und wissenschaftliche Tätigkeit von der Debatte um das politische Strafrecht bis hin zu den wegweisenden Prozessen vor dem Bundesverfassungsgericht.[48] In Arndts Worten zusammengefaßt:

> „Die Meinungsfreiheit dagegen, als die Wissensfreiheit die Voraussetzung der Gewissens- und Glaubensfreiheit, ist schlechthin der lebensnotwendige Atem, der den freiheitlich-demokratischen und sozialen Rechtsstaat beseelt."[49]

Welches systematische Verhältnis zum Staat folgte nun aus der Legitimationsfunktion der Grundrechte? Arndt beschrieb dies so:

> „Die Grundrechte limitieren nicht den demokratisch- freiheitlichen Staat, sondern sie definieren und integrieren ihn. Dieser vom Grundgesetz verfaßte Staat ist nicht um seiner selbst willen und gleichsam als ein Gegner der ihm zuwiderlaufenden Grundrechte da, sondern er wird der Grundrechte wegen gebildet, die ihn prägen und legitimieren."[50]

In diesem Legitimieren oder auch ‚Begründen' des Staates durch die Grundrechte steckte ein Doppeltes: Zum einen der von Arndt besonders betonte Aspekt der konstitutiven Abhängigkeit des Staates von seiner Inhaltserfüllung durch die – individuell verschiedene – Grundrechtsausübung. Die Integration[51] eines die Meinungsfreiheit z. B. sichernden Staates hing demnach von der tatsächlichen, vielfältigen Betätigung dieses Freiheitsrechts ab. In dieser Bedeutung gewährten die Grundrechte *demokratische Teilhabe* am Staat – keine „Freiheit vom Staat", sondern eine „Freiheit zum Staat."[52] Wirkten mithin die Grundrechte staatskonstituierend, so wurde die ursprüngliche Ausgrenzungsfunktion der Grundrechte vom Staat dergestalt umgekehrt, daß sie den Staat um dessen eigener Erhaltung willen damit beauftragten, Räume der Freiheit planend zu ordnen.[53]

Zum anderen war mit Arndts Betonung der staatskonstituierenden Bedeutung der Grundrechte zwar eine alte Vorstellung der Grundrechte als negativer Staatsbegrenzungen und -ausgrenzungen überwunden – nicht aber ihre *Funktion als Abwehrrechte.* Arndt selbst führte einen fortwährenden Kampf für eine optimale Entfaltung der

---

47 Arndt, Die geistige Freiheit als politische Gegenwartsaufgabe (1956), S. 34 ff.; ders., Artikel 5 GG gewährleistet die Freiheit zu irren (1972), S. 195: „Welch weiten Weg haben wir noch vor uns, bis die Meinungsfreiheit sich verwirklicht hat."
48 S.o. Kapitel VI.3. (Lüth-Prozeß).
49 Arndt, Begriff und Wesen der öffentlichen Meinung (1962), S. 406.
50 Arndt, Das rechtliche Gehör (1959), S. 362 f.; ähnlich ders., Die Aufgabe des Staates auf dem Gebiet der Kunst und Wissenschaft (1968), S. 342 f.; ders., Demokratie – Wertsystem des Rechts (1962), S. 12.
51 S. dazu unten.
52 Arndt, Vom Sinn der Pressefreiheit (1956), S. 66 f.; ders., Das nicht erfüllte Grundgesetz (1960), S. 155.
53 Vgl. dazu die Interpretation der Rundfunkfreiheit im Fernsehstreit, Kapitel VI.3.; s. auch Arndts Kommentare dazu: ders., Begriff und Wesen der öffentlichen Meinung (1962), S. 395 („Sorgerecht des Staates" für „Entstehen, Dasein und Wirken der in Artikel 5 GG begründeten öffentlichen Meinung"); ders., Die Rolle der Massenmedien in der Demokratie (1966), S. 320; Die Aufgabe des Staates auf dem Gebiet der Kunst und Wissenschaft (1968), S. 343.

grundrechtlichen Freiheitsräume gegenüber staatlicher Bevormundung.[54] Die in der staatskonstituierenden mitenthaltene Funktion der Staatsbegrenzung war in Arndts Begriff der ‚Staatslegitimation' durch Grundwerte/Grundrechte nicht aufgegeben, sondern aufgehoben. Indem die Grundrechte dem Staat als „causa principalis"[55] vorangingen, ihn erst definierten und hervorbrachten und in diesem Sinne begründeten, wurden sie zu seiner notwendigen Existenzbedingung. Ein Staat, der die Grundrechte mißachtete oder gar vernichtete, entzog sich selbst seinen ‚Grund' und hörte auf, Staat zu sein, wie Arndt im Blick auf das nationalsozialistische Regime folgerte.[56] In diesem Sinn waren die Grundrechte als Grundwerte dem Staat „vorgegeben"[57], seiner Verfügung entzogen – und begrenzten ihn. So verstanden, bargen die Grundrechte den Keim eines Widerstandsrechts gegen ungerecht und wertwidrig ausgeübte Staatsgewalt. Arndt, der ein „Widerstandsrecht als Menschenrecht" grundsätzlich befürwortete[58], zog diese Folgerung nicht ausdrücklich. Sie blieb offen, aber in seinem Verständnis der staatlichen Legitimation durch Grundrechte angelegt.

Die wertgebundene Demokratie

Arndts Bild des wertoffenen und wertempfangenden, toleranten Staates entsprach eine spezifische Auffassung der Beziehung zwischen *Staat und Gesellschaft*.[59] Zwei Gestaltungsarten schied Arndt dabei aus: Das totalitäre Regime, das vom Staat her restlos die Gesellschaft organisiert und in sich aufsaugt, wie auch den autoritären Staat, der scharf trennt zwischen der Gesellschaft als „privatem Publikum" und dem ihr übergeordneten, allein politischen Staat.[60] Weder die totalitäre Kongruenz von Staat und Gesellschaft noch ihre Trennung zur Unverbundenheit waren mit Arndts Staatsverständnis

---

54 Arndt, Begriff und Wesen der öffentlichen Meinung (1962), S. 407 (Grundrechte als „Garantie struktureller Freiheitlichkeit der Gemeinschaft"); ders., Die Kunst im Recht (Art. 5 Abs. 3 GG) (1966), S. 437 („Grundrechte sind so auszulegen, daß sie ihre stärkste Wirkungskraft entfalten"); ders., Die Aufgabe des Staates auf den Gebieten der Kunst und der Wissenschaft (1968), S. 358 (Auslegungsgrundsatz des GG: „in dubio pro libertate").
55 Ders., Das nicht erfüllte Grundgesetz (1960), S. 149.
56 S.o. Kapitel II.3., VI.3. (Konkordatsstreit); ders., Agraphoi nomoi, Widerstand und Aufstand (1962), S. 91, 94.
57 S.u. Kapitel VII.3.
58 Vgl. Arndt, Agraphoi nomoi, S. 93. Vor Inkrafttreten des Grundgesetzes sah Arndt im „begründeten Streik" nichts als „echte[n] Widerstand gegen verfassungswidrige Ansätze zur Gegenrevolution" (ders., Das Problem der Wirtschaftsdemokratie in den Verfassungsentwürfen [1946], S. 28, und aufgenommen in: ders., Demokratie – Wertsystem des Rechts [1962], S. 28 ff.). Die Kodifikation des Widerstandsrechts im französischen Verfassungsentwurf von 1946 hatte er begrüßt als „dynamisches Element" gegenüber dem „statischen Element der Grundrechte in ihrer hergebrachten [...] Gestalt" (Arndt, Grundfragen des Verfassungsrechts [1946], S. 81). Seitdem Arndt sich unter der Geltung des Grundgesetzes für eine „dynamische" Interpretation der Grundrechte in Absetzung vom hergebrachten Verständnis einsetzte, lag der Schluß nicht fern, daß die Grundrechte die Funktion des Widerstandsrechts in sich aufgenommen hatten.
59 Zur staatstheoretischen Bedeutung dieser Unterscheidung m.w.N. vgl. Sarcinelli, Das Staatsverständnis der SPD. Ein Beitrag zur Analyse des sozialdemokratischen Staatsverständnisses auf der Grundlage der SPD-Programm- und Grundsatzdiskussion in den Jahren 1969 bis 1975, S. 94 ff.
60 Arndt, Staatliche Gewaltanwendung, rechtlich und politisch betrachtet, S. 226; ders., Die Rolle der Massenmedien in der Demokratie (1966), S. 321; ders., Humanität – Kulturaufgabe des Politischen (1960), S. 47 f.

vereinbar. Zwar hielt er an der gedanklichen Unterscheidung von Staat und Gesellschaft fest, doch behielt diese ihren abgrenzenden Charakter nur im engeren Bereich der staatlichen Gewaltanwendung, in dem eine „politisch freie Gesellschaft" als „Gegenspieler" den Staat hemmte, begrenzte und band.[61] Auf allgemeiner staats- und verfassungstheoretischer Ebene faßte Arndt die Beziehung als Verflochtenheit[62] und gegenseitiges Angewiesensein zweier Erscheinungsformen *einer* politischen Gesamtheit auf:

> „Der freiheitlich-demokratische Staat ist komplementär gedacht und entworfen – aus der Wechselwirkung von rechtlich verfaßtem Staat und politischer freier Gesellschaft. Staat und Gesellschaft treten nebeneinander als Erscheinungsweisen und Lebensformen desselben Volkes, das einmal durch seine mit begrenzten Vollmachten vom Recht geschaffenen Organe handelt, sich gesetzlich organisiert, und zum anderen sich in der Vielfalt seiner gesetzlich nicht gestaltbaren, doch schützbaren Art aus freier Selbstbestimmung äußert."[63]

Dieses Bild des zur Gesellschaft hin offenen und durch sie geformten Staates entsprang folgerichtig dem Verständnis der Grundrechte als staatskonstituierender, durch ihre Ausübung dem Staat erst Gehalt gebender Grundwerte. Zugleich überwand es mit der gegenseitigen Durchdringung von Staat und Gesellschaft das traditionsreiche dualistische Theorem des deutschen konstitutionellen Staatsrechts, entsprungen aus der Gegenüberstellung eines monarchisch bestimmten Staatsgefüges einerseits und einer liberalen, jedoch nicht demokratischen Gesellschaft andererseits.[64]

Arndt setzte dagegen ein Verhältnis von Staat und Gesellschaft, das nach seiner Auffassung spezifisch für eine Demokratie war. Implizit gingen seine staatstheoretischen Überlegungen von der Staatsform Demokratie aus; nur dort konnten sich nach Arndts Verständnis die Grundrechte oder etwa auch das Parteiensystem verwirklichen. Es war daher nur folgerichtig, wenn Arndt es strikt ablehnte, Demokratie als „formales Prinzip" oder „wertfreie Spielregel" im Dienste eines übergeordneten Zwecks zu definieren. Demokratie war für ihn ein „eigenes Wertprinzip", ein „universales Partnerschaftsprinzip, das für alle Bereiche"[65] galt.

Als Hauptmerkmal kennzeichnete Arndts Demokratieverständnis ein starker Zug der Freiheitlichkeit: Die Demokratie als „Selbstherrschaft gleichberechtigt Mündiger"[66] stellte die Anerkennung und Bewährung der Freiheit zu mündiger Selbstbestim-

---

61 Arndt, Staatliche Gewaltanwendung, rechtlich und politisch betrachtet, S. 226; ähnlich ders., Die Rolle der Massenmedien in der Demokratie (1966), S. 323.
62 Ders., Rolle der Massenmedien (1966), S. 321.
63 Arndt, Humanität – Kulturaufgabe des Politischen (1960), S. 48; ders., Begriff und Wesen der öffentlichen Meinung (1962), S. 401.
64 Vgl. dazu differenzierend und teilweise abweichend Böckenförde, Die Bedeutung der Unterscheidung von Staat und Gesellschaft im demokratischen Sozialstaat der Gegenwart, der einerseits die strikt dualistische Trennung von Staat und Gesellschaft der besonderen historischen Phase des deutschen Spätabsolutismus und Frühkonstitutionalismus zuordnet, andererseits aber das Modell der Unterscheidung und – anders als Arndt – auch Gegenüberstellung von Staat und Gesellschaft nicht nur für anwendbar auf eine Demokratie, sondern darüber hinaus als Erhaltungsbedingung einer demokratisch-*liberalen* Staatsform ansieht, a. a. O., S. 191, 194, 197 ff.
65 S. bereits Arndt, Planwirtschaft (1946), S. 37, unter Bezugnahme auf Carlo Schmid; ders., Sozialistische Staatspolitik – heute (1958), S. 187.
66 Arndt, Die Persönlichkeit in der parlamentarischen Demokratie (1957), S. 87.

mung in den Mittelpunkt. Der auf den „lebendigen Menschen" rückbezogene, jederzeit auch die Ausübung der Staatsgewalt leitende Staatszweck[67] verbot eine obrigkeitsstaatliche Ideologisierung. Demokratisch war für Arndt allein die „Partnerschaft zwischen verantwortungspflichtig Regierenden und verantwortungsberechtigt Regierten."[68] Dies war eine Ausprägung des „universalen Partnerschaftsprinzips" und „Wertprinzips Demokratie", das sich für Arndt weit über den staatsorganisatorischen Bereich hinaus erstreckte. Demokratie war für ihn die „politische Lebensform der Alternative, [...], das heißt des Bemühens, zu allem jeweils für richtig Erkannten selber Alternativen zu entwickeln."[69] So verstanden, war Demokratie auch eine Gesamthaltung, die – mit hohem Risiko der Labilität – die Bereitschaft zur kritischen Selbstbefragung, zur Einsicht in die nur „relative und zeitweilige Richtigkeit"[70] einer Konzeption – und zum Wandel verlangte.

Das hatte konkrete Auswirkungen auf die Staatsorganisation. Für Arndt definierte sich ein demokratischer Staat erst durch die Anerkennung des Rechts auf Opposition, des Rechts zum Nein als eines „Kronrecht[s] der Freiheit."[71] Erst diese „verfassungsschöpferische" Leistung schaffe die notwendige institutionelle Vorbedingung für die Entwicklung einer demokratiespezifischen „Société ouverte"[72]; denn Demokratie sei „auf Offensein" angelegt, „offen dem Geist zugewandt, der durch Widerspruch bewegt als das Ja zum Anderen."[73] Eine solche demokratische, offene Gesellschaft bedurfte einer als rechtmäßig anerkannten Opposition, um die staatliche Ordnung im positiven Sinn labil, d. h. anpassungsfähig, zu halten und diese zugleich zu stabilisieren durch die Hinführung der Opposition auf eine friedliche und geordnete Nachfolge der regierenden Machtgruppe. Diese Schlüsselfunktion als Balancierungselement zwischen Labilität und Stabilität[74] eines demokratischen Verfassungsgefüges konnte die Opposition indessen nur ausfüllen, wenn ihr die im Verhältnis zur regierenden Mehrheit gleichberechtigte Teilhabe an der staatlichen „auctoritas"[75] und – als Korrelat dazu – damit auch die gleiche Teilhabe an der „Verantwortung für das Ganze" des staatlichen Gemeinwesens zukam.[76]

Mit seiner Theorie der Opposition formulierte Arndt eine einzige scharfe Absage an Jean-Jacques Rousseau, in dem er seinen eigentlichen staatstheoretischen Gegner ausmachte. Arndt setzte sich zudem – teils in vereinzelten kritischen Randbemerkungen – scharf ab von Thomas Hobbes, Hegel und Carl Schmitt. Doch Rousseau verurteilte er bedingungslos. In ihm sah er nicht den „Vater der Demokratie", sondern den „Erzvater

---

67 Vgl. den Gedanken der Beschränkung der Staatsgewalt auf das „Maß des Menschen", weshalb ein Staat, der nicht Leben geben kann, es auch nicht durch die Todesstrafe soll nehmen dürfen, Arndt, Wieder Todesstrafe? (1956), S. 202.
68 Arndt, Die Persönlichkeit in der parlamentarischen Demokratie (1958), S. 90.
69 Ders., Die Rolle der Massenmedien in der Demokratie (1966),S. 317.
70 Ders., ebda.; ders., Staatskunst und politische Bildung (1957), S. 161: zur strukturellen Labilität der Demokratie.
71 Ders., Das Toleranzproblem aus der Sicht des Staates (1957), S. 138, mit dem Vorschlag der Unterteilung in Staaten „mit und ohne Opposition"; ders., Die Persönlichkeit in der parlamentarischen Demokratie (1958), S. 91; ders., Die Entmachtung des Bundestags (1959), S. 432.
72 Ders. Entmachtung des Bundestags (1959), S. 432, unter Bezug auf Henri Bergson.
73 Ders., Die Persönlichkeit in der parlamentarischen Demokratie (1958), S. 91.
74 Ders., Opposition (1968), S. 377.
75 Bei gleichzeitig geteilter „potestas", s. Arndt, a. a. O., S. 365 f.
76 Arndt, Die Persönlichkeit in der parlamentarischen Demokratie (1958), S. 91.

totalitärer Irrlehren."[77] Hauptangriffspunkt war Rousseaus Vorstellung einer volonté générale, eines Gemeinwillens, der das Gemeinwohl formulierte und zur Wirkung brachte, wobei er von der eigenen unfehlbaren Richtigkeit ausging[78] und abweichende Auffassungen als Irrtum verwarf.[79] Parteibildungen und tiefgreifende Meinungsverschiedenheiten galten in diesem Gemeinwesen als Ausdruck staatsgefährdender Sonderinteressen.[80]

Arndt attackierte dies als eine „Fiktion" des „angeblichen Gemeinwillens"[81] in einem Staat ohne Opposition. Die Inanspruchnahme absoluter Gemeinwohllegitimität durch die Parlamentsmehrheit betrachtete Arndt als autoritäre Anmaßung, für die keine Vermutung „politischer Richtigkeit"[82] streite. Er setzte Rousseau seine aus der angelsächsischen Theorie übernommene Konzeption der dialektischen Annäherung an die Formulierung des Gemeinwohls im kontradiktorischen, auf Gleichberechtigung und gleichen Chancen beruhenden Meinungsstreit von Mehrheit und Minderheit[83] entgegen. In der Abkehr von diesem Modell und der Identifizierung des Mehrheitswillens mit dem ‚wahren' Gemeinwohl sah Arndt eine bedrohliche Krisenerscheinung hin zur „Aushöhlung" des Parlamentarismus und zur Entmachtung seiner Institutionen zugunsten nicht demokratisch legitimierter Staats- und Parteibürokratien.

Letztere staatstheoretisch ansetzende Kritik bezog Arndt zugleich auch auf konkrete Krisenerscheinungen, unter dem Grundgesetz, die sich nach seiner Beobachtung vereinzelt bereits in der Legalstruktur der Verfassung niederschlugen.[84] Doch setzte er grundsätzlicher bereits im vorrechtlichen Raum an. Er wollte das – nach seiner Auffassung – im Grundgesetz angelegte Oppositionsmodell[85] auf der Ebene des politischen Bewußtseins und der Parteistruktur gegen ideologische Aushöhlung verteidigen, die ihm von der ‚Fiktion' des Gemeinwohls drohte. So warnte er zum Beispiel vor der politischen Diskreditierung der Meinungsfreiheit als parteigebunden und verantwortungslos, falls diese gegen einen Mehrheitsbeschluß und mit dem Ziel seiner künftigen Aufhebung betätigt wurde. An die Stelle der vom Gedanken der volonté générale vermittelten „Identität von Regierenden und Regierten"[86] setzte Arndt als Gebot der Verfassungspraxis die „Partnerschaft" von Regierenden und Regierten.

Freilich war die Verfassungspraxis der Bundesrepublik in den ausgehenden Fünfziger Jahren von einer derartigen „Partnerschaft" weiter denn je entfernt. Arndt erwies

---

77 Ders., a. a. O., S. 90, von dort als Leitmotiv in allen staatstheoretischen und politisch-theoretischen Beiträgen Arndts bis hin zu „Opposition" (1968), S. 366. Als „einzigen Berührungspunkt" zu Rousseau erkannte Arndt die Ableitung der Staatsgewalt aus dem Volk an. Gegen die Einstufung Rousseaus als eines totalitären Denkers differenzierend und den Begriff der volonté générale zu einer „moralisch-metaphysischen Wesenheit" – nicht „juristischen Fiktion" – abschwächend: Fetscher, Rousseaus politische Philosophie, S. 120, 256.
78 Jean-Jaques Rousseau, Vom Gesellschaftsvertrag, S. 30 (2. Buch, 3. Kapitel), S. 113 (4. Buch, 1. Kapitel).
79 Ders., a. a. O., S. 117 (4. Buch, 2. Kapitel).
80 Ders., a. a. O., S. 31 (2. Buch, 1. Kapitel), S. 114 f. (4. Buch, 2. Kapitel).
81 Arndt, Das Toleranzproblem aus der Sicht des Staates (1957), S. 138; ders., Aufgaben und Grenzen der Staatsgewalt im Bereich der Schulbildung (1959), S. 212.
82 Ders., Die Entmachtung des Bundestags (1959), S. 434.
83 Ders., ebda.; ders., Opposition (1968), S. 366.
84 Dazu ders., Entmachtung des Bundestags (1959), S. 436, unter Bezug auf das Redezeiturteil des Bundesverfassungsgerichts, E 10,5.
85 S.o. Kapitel VI.3. (Redezeiturteil); Arndt, Opposition (1968), S. 379.
86 Arndt, Die Rolle der Massenmedien in der Demokratie (1966), S. 317.

sich als scharfsichtiger Kritiker der über ein Jahrzehnt etablierten, auf Adenauer zugeschnittenen Kanzlerdemokratie[87] und der damit einhergehenden Veröden der parlamentarischen Institutionen.[88] Sein Gegenentwurf setzte auf die staatspolitische Einsichtsfähigkeit der machthabenden Mehrheit – politisch erzwingbar war sie nicht.

Das Spezifische in Arndts Demokratieentwurf lag darin, daß er freiheitlich *und* wertgebunden war. Das dialektische, teils spannungsvolle Verhältnis wechselseitiger Aufeinanderbezogenheit dieser beiden Elemente wird kenntlich an Arndts Grundthese, die Demokratie sei unabdingbar ein „Wertsystem des Rechts"[89], und an deren zweifacher Konsequenz:

Zum einen war danach für Arndt ein demokratischer Staat nur denkbar auf der rechtlichen Grundlage einer Verfassung[90]; die demokratisch beschlossene Verfassung ihrerseits definierte den Umfang staatlicher Gewalt abschließend. Nur dadurch war gewährleistet, daß jegliche Ausübung staatlicher Gewalt – wie es dem demokratischen Gedanken entsprach – ableitbar blieb aus einem demokratisch legitimierten Akt, der Verfassunggebung. Ein demokratischer Staat war damit immer auch „Verfassungsstaat"[91]; er war zugleich *freiheitsgewährender* Staat, indem seine Gewalt nur nach Maßgabe des Verfassungsrechts bestand.

Zum anderen bedeutete die rechtliche Begründung zugleich eine *Beschränkung* der Demokratie. Wie der Staat insgesamt, so fand auch der staatskonstituierende Akt demokratischer Willensbildung seine legitimierende Schranke in Grundwerten bzw. Grundrechten. Arndt prägte dafür die Unterscheidung zwischen den Bereichen des demokratisch „Abstimmbaren" und des „Unabstimmbaren", die er folgendermaßen einander zuordnete:

„Die Regel, daß jeweils eine Mehrheit durch Abstimmung Staatswillen formt, wird erst sinnvoll, ja allein möglich, weil dieser Willensbildung durch Abstimmung die Einigkeit über das Unabstimmbare vorausgeht, die sich in den gemeinschaftsschaffenden Grundrechten offenbart."[92]

„Der Bereich des Abstimmbaren öffnet sich [...] erst durch die Festigkeit des Unabstimmbaren."[93]

Zusammengefaßt: Demokratie bestand nur unter Beachtung und nach Maßgabe der ihr zugrundeliegenden (Rechts-)Werte. Das Abstimmbare setzte die Einigkeit über das Unabstimmbare voraus. Das Unabstimmbare, verkörpert in den Grundrechten, war

---

87 Zu Begriff und Elementen der Kanzlerdemokratie, vgl. Kapitel V.1. (Anm. 84).
88 Zu dieser Erscheinung und ihren mannigfaltigen Ursachen vgl. Hennis, Der Deutsche Bundestag 1949 – 1965, der eine Ursache der Veröden in der mangelnden Anpassung der parlamentarischen Praxis an die „Kanzlerdemokratie" sieht, S. 29 ff (S. 31)
89 Demokratie – Wertsystem des Rechts (1962), Titel einer der bekanntesten Publikationen Arndts.
90 Als These enthalten in dem Vortrag „Verfassungsrechtliche und verfassungspolitische Krisenerscheinungen in der Bundesrepublik", gehalten am 12. Mai 1954 in Neumünster, Manuskript, AdsD, Nachlaß Arndt, Mappe 37.
91 „Demokratisch kann es Staat nur geben mit begrenzter und mit abgeleiteter Staatsgewalt, das heißt es entsteht Staat erst dadurch und allein insoweit mit ihm jeweils zugemessener Befugnis, wie die geschriebene oder ungeschriebene Verfassung sie als Ermächtigung eines freien Volkes hervorbringt. Demokratisch ist also Staat geschichtlich-individuelle Ordnung als Verfassungsstaat", Arndt, Persönlichkeit in der parlamentarischen Demokratie (1958), S. 90; s. dazu auch Kapitel IV.5., V.1., 2., 3.
92 Ders., ebda.
93 Arndt, Aufgaben und Grenzen der Staatsgewalt im Bereich der Schulbildung (1959), S. 212.

für den demokratischen Gesetzgeber schlechthin unverfügbar.[94] Hier lag die Gewähr für die Freiheitlichkeit und die Oppositionsräume im Rahmen einer Demokratie, die sich als werthaft begrenzt und gerade nicht total[95] verstand.

Mit der Abgrenzung und Aufeinanderbezogenheit des Abstimmbaren und Unabstimmbaren hatte Arndt eine grundlegende Funktionsbedingung demokratischer Politik in einem pluralistischen Staatswesen auf den Begriff gebracht. Die Unantastbarkeit des Unabstimmbaren als Vorbedingung der Integrationsleistung des Rechts in einer weltanschaulich gespaltenen Gesellschaft stand somit auch hinter Arndts Forderung, den „Rechtsgedanken" so zu entwickeln, daß er „gemeinschaftsbildend für jedermann offen und darum verbindlich sein kann."[96]

Je „offener" das Recht formuliert, das heißt je weiter der Bereich des Unabstimmbaren gesteckt wurde, desto größer war die Chance des Konsenses. So konnte Arndts Formel vom Unabstimmbaren/Abstimmbaren als Modell für die Bestimmung der Spielräume besonders konsensbedürftiger Rechts-, ja Reformpolitik schlechthin dienen.[97]

Parteien und Kirchen unter den Bedingungen funktionierender Opposition in der Demokratie

Für Arndt waren politische Parteien unabdingbarer struktureller Bestandteil einer freiheitlichen, auf Machtteilung und Machtwechsel angelegten Demokratie, die er mit parlamentarischer Demokratie gleichsetzte[98]:

> „[...]eine ursprüngliche Aufgabenteilung verlangt nach Parteien, weil erst die Möglichkeit, Partei zu ergreifen, Freiheit hervorbringen kann, das Recht zur Wahl gibt und ein Parlament als Ausdruck geteilter Macht mit gemeinsamer Verantwortung schafft."[99]

Von dieser demokratischen raison d'être aus wies Arndt den Parteien ganz nüchtern und unbefangen den Zweck zu, „Macht zu erzeugen".[100] Damit begegnete er offensiv jener Parteien- und Pluralismuskritik[101], die, nach seiner Auffassung, die Parteien an

---

94 Ders., ebda.; ders., Demokratie – Wertsystem des Rechts (1962), S. 12.
95 Arndt wandte sich damit ausdrücklich gegen Rousseau in: ders., Aufgaben und Grenzen der Staatsgewalt im Bereich der Schulbildung (1959), S. 212, und gegen die „Mehrheitssouveränität" im Sinne des staatsrechtlichen Positivismus (ders., Sozialistische Staatspolitik – heute [1958], S. 189).
96 Arndt, Rechtsdenken in unserer Zeit (1955), S. 40 f.
97 S. H.-J. Vogel, Die Bedeutung der Rechtspolitik für den demokratischen Sozialismus, S. 530, 532, 540: „Die Möglichkeiten und Schranken der Rechtspolitik sind, da Gesellschaftspolitik im demokratischen Rechtsstaat fast immer in die Gesetzesform einfließen muß, zugleich weitgehend die Grenzen einer demokratisch-sozialistischen Politik überhaupt." .
98 Arndt, Die Persönlichkeit in der parlamentarischen Demokratie (1958), S. 92: „Ich halte es [...] für eine Tautologie, von parlamentarischer Demokratie zu sprechen, weil es Demokratie ohne Parlament nicht geben kann." Zu Arndts Sonderrolle in der theoretischen und praktischen Wegbereitung einer Parteiendemokratie angelsächsischer Prägung während der frühen Nachkriegszeit s.o. Kap. II.4.
99 Ders., ebda.
100 S. Arndt, Darmstädter Gespräch Individuum und Organisation (1954), S. 258; ders., Das Toleranzproblem aus der Sicht des Staates (1957), S. 139.
101 Ders., Staatliche Gewaltanwendung, rechtlich und politisch betrachtet (1960), S. 241; ders., Opposition (1968), S. 366 bis 368.

einer überholten Idee aus vorrevolutionärer Zeit maß[102] oder einer Ideologie der Neutralität durch Parteilosigkeit anhing.[103] Aus Arndts Sicht hingegen war die verfassungsrechtliche Anerkennung der Parteien in Art. 21 GG lediglich die nachträgliche Bestätigung ihrer die Demokratie und den Staat miterfüllenden Funktion als gruppenbildendes Element der freien Gesellschaft und als deren Vermittler hin zum Staat.[104]

Ihre Schlüsselfunktion als Vermittler zwischen der Gesellschaft und einem demokratisch geordneten Staat mit Opposition konnten die Parteien jedoch nur unter Einhaltung zweier grundlegender Bedingungen erfüllen, die besagten: zwar Strukturgleichheit, nicht aber Identität mit dem Staat.

Die Forderung nach *Strukturgleichheit* von Partei und Staat beruhte auf Arndts Überlegung, daß ein toleranter, weltanschaulich nicht gebundener, auf dem Wechsel von Regierungs- und Oppositionsparteien beruhender demokratischer Staat seine Freiheitlichkeit nur bewahren konnte, wenn die ihn tragenden Parteien ihrerseits keine Weltanschauungsgemeinschaften oder „Ersatzkirchen"[105] waren; denn eine Weltanschauungspartei, einmal zur Regierungsmacht gelangt, wäre kraft ihres weltanschaulichen Unbedingtheitsanspruchs unfähig, die dem Staat vorgegebene Toleranz zu üben und zur unterlegenen Opposition ein partnerschaftlich gleichberechtigtes Verhältnis herzustellen.[106] Der Verzicht auf Weltanschauungsparteien als Gebot der Demokratie – dies war der Dreh- und Angelpunkt in Arndts Parteitheorie. Dabei verstand er unter Weltanschauungsparteien solche, die sich auf ihr „Wissen" um – religiöse oder profane – „unvergängliche und absolute Wahrheit" berufen.[107] Ihnen setzte er die – nach seiner Auffassung allein mit der freiheitlichen Demokratie verträgliche – Vorstellung der Partei als politischer „Gesinnungsgemeinschaft" entgegen, die ihre Anhänger im „politischen Meinen" eint, von „dem sie gegenseitig wissen, daß es geschichtsgebunden und darum wandelbar und irrig sein kann."[108]

Die im Parteienstaat vorausgesetzte rechtliche Gleichheit[109] der Parteien war nur dann zu verwirklichen, wenn die Parteien sich darauf einigten, Fragen der Weltanschauung in den Bereich des „Unabstimmbaren", der Partei Unverfügbaren[110], zu verweisen. Die Unantastbarkeit der Grundwerte[111] im Bereich des Unabstimmbaren war danach die Überlebensbedingung des weltanschaulich gespaltenen Staates und zugleich das essentielle Definitionsmerkmal jeder staatstragenden und potentiell regierungstragenden Partei. Darin lag die von Arndt geforderte Strukturgleichheit von Staat und Parteien.

---

102 Ders., Darmstädter Gespräch Individuum und Organisation (1954), S. 258.
103 Ders., Die Entmachtung des Bundestags (1959), S. 433: Dort wandte sich Arndt gegen die „Ideologie der Nicht-Partei"; ders., Staatskunst und politische Bildung (1957), S. 155: Gegen die „partielle Wertblindheit" und, daraus folgend, die Diskriminierung des Politischen als „unsachlich".
104 Arndt, Humanität – Kulturaufgabe des Politischen (1960), S. 18.
105 Ders. grundlegend, Christentum und freiheitlicher Sozialismus (1957), S. 120 f.
106 Ders., Das Toleranzproblem aus der Sicht des Staates (1957), S. 140, dort zu den zwei Grundmerkmalen von Parteien in einem Staat mit Opposition:
 1. „Entwurf aufs Ganze", das heißt auch eine „Sinngebung für die Gesamtheit des Staates" zu sein.
 2. „Gemeinsames Interesse" der Parteien am gegenseitigen Bestand.
107 Ders., Humanität – Kulturaufgabe des Politischen (1960), S. 55; s.u. Kapitel VII.2.
108 Ders., a. a. O., S. 55, 62.
109 Ders., ebda.
110 Zum parteiinternen ‚binnenpluralen' Aspekt dieser weltanschaulichen Offenheit vgl. unten Kapitel VII.4., zur Frage der Gewissensfreiheit bei Abstimmungen über das Schulproblem.
111 Ders., a. a. O., S. 52.

Das Gebot der Strukturgleichheit trug das Verbot der Identität des Staats und einer Partei in sich; denn nur eine Regierungspartei, die sich nicht mit dem Staat gleichsetzte und die einen ihr unverfügbaren, ‚unabstimmbaren' Bereich der Staatsmitgestaltung durch die Opposition anerkannte, ermöglichte einen demokratischen Machtwechsel und konnte ihrerseits dann wirksam den politischen Handlungsspielraum der Opposition beanspruchen. Dies galt entsprechend für eine oppositionelle Partei, die die Regierungsmacht anstrebte. Eine Partei sollte daher zwar einen politischen „Entwurf auf das Ganze"[112] leisten, aber „ohne Untergang der Freiheit niemals allein das Ganze" werden dürfen.[113]

Nach diesem Modell mußte eine politische Partei als Gruppenbildung der freien Gesellschaft, anstatt sich mit dem Staat zu identifizieren, vielmehr ihre „Unabhängigkeit vom Staat" wahren: „Die politisch-demokratische Partei, [...] wie ein Staat mit Opposition sie voraussetzt, ist vom Staat distanziert, steht zum Staat in einem Spannungsverhältnis und wird zur gesellschaftskritischen, zur soziallegitimierten Partei."[114] Auch hier bewegte Arndt die eminent staatspolitische Sorge um den Erhalt einer funktionstüchtigen, d. h. kritische und echte Alternativen anbietenden Opposition. Konsequent pochte er auf die finanzielle Autarkie der Parteien als soziallegitimierter „Mitgliederparteien", die dadurch ihre Unabhängigkeit sowohl von „verborgenen Geldgebern" als auch vom Staat[115] wahren sollten.

Gleichfalls unter dem staatspolitischen Aspekt der auf Wechsel angelegten Demokratie mit Opposition beurteilte Arndt das Verhältnis zwischen den Kirchen und den Parteien. Er zeigte, daß dieses zunächst im gesellschaftlichen Raum sich auswirkende Verhältnis, vom Staat her gesehen, an Bedeutung das traditionelle Problemfeld Staat – Kirche abgelöst habe[116], indem der Staat ein von den Parteien gestalteter und erfüllter Parteienstaat geworden sei. Der – legitime, von ihrem Öffentlichkeitsauftrag getragene[117] – Anspruch der Kirchen auf mitverantwortende Staatsgestaltung überschneide sich mit dem politischen Programm der Parteien – und trete dazu in ein Spannungsverhältnis. Arndt löste diese Spannung auf mit der These, das Verhältnis zwischen Staat und Parteien müsse dem Verhältnis zwischen Parteien und Kirchen *kongruent*[118] sein. Wenn nämlich eine weltanschaulich gebundene Gemeinschaft wie die Kirche – ausgesprochen oder unausgesprochen – ein besonderes Präferenzverhältnis zu einer politischen Partei entwickelte, förderte sie in dieser Partei Züge einer Weltanschauungspartei bis zur krassen Form der „Kirchenpartei."[119] Eben diese strukturelle Verfestigung zur Weltanschauungspartei hemmte, wie Arndt gezeigt hatte[120], den Funktionsmechanismus des demokratischen Wechsels von Mehrheit und Minderheit; denn die doppelte – religiöse und eventuell daraus folgende politische – Loyalitätsbindung der

---

112 Das heißt auch eine „Sinngebung für die Gesamtheit des Staates", s. ders., Das Toleranzproblem aus der Sicht des Staates (1957), S. 140.
113 Ders., Humanität – Kulturaufgabe des Politischen (1960), S. 51.
114 Ders., Das Toleranzproblem aus der Sicht des Staates (1957), S. 139; s. ders., Die Persönlichkeit in der parlamentarischen Demokratie (1958), S. 99.
115 S. oben Kapitel VI.3. (Parteispendenprozeß 1957/1958).
116 Arndt, Das Toleranzproblem aus der Sicht des Staates (1957), S. 140, 146.
117 Arndt, Humanität – Kulturaufgabe des Politischen (1960), S. 50; s. dazu unten Kapitel VII.4.
118 Bei Arndt, Das Toleranzproblem aus der Sicht des Staates (1957), S. 140, nur angedeutet; ausgeführt in: ders., Humanität – Kulturaufgabe des Politischen (1960), S. 63.
119 Arndt, Das Toleranzproblem aus der Sicht des Staates (1957), S. 146.
120 Ders., ebda.; ders., Christentum und freiheitlicher Sozialismus (1957), S. 120 f.

Wähler wirkte tendenziell stabilisierend auf bestehende politische Machtverhältnisse. Die dabei auftretende ‚Benachteiligung' anderer Parteien, so schloß Arndt seine staatspolitische Argumentation, drohte unmittelbar störend auf das Grundverhältnis von Staat und Kirche zurückzuschlagen, falls die benachteiligten Parteien die Regierungsmacht erlangten.[121]

Demnach bedeutete Arndts Kongruenzthese, daß es weder eine „Staatspartei" noch eine „Kirchenpartei" geben durfte, vielmehr sowohl der Staat als auch die Kirchen in ihrem jeweiligen Verhältnis zu den Parteien um des demokratischen Gedankens willen eine Beziehung der „Partnerschaft", verstanden als gegenseitige Unabhängigkeit und Anerkennung[122], anstreben sollten. Nur dadurch könnten Parteien und Kirchen letztlich ihre „Verantwortung je auf eigene Weise für ein Gemeinsames und für die unteilbaren Menschen tragen."[123]

Mit diesen Überlegungen suchte Arndt die Freiheitlichkeit als Funktionsbedingung der neuen Demokratie bewußt zu machen und ihre Realisierung einzufordern; denn seine Worte waren in eine gänzlich andersgeartete politische Landschaft hineingesprochen. Im ersten Jahrzehnt der Bundesrepublik entwickelte nämlich die Katholische Kirche eine besondere, hohe politische Affinität zu den ‚christlichen' Parteien CDU und CSU, während sie der SPD ablehnend gegenüberstand.[124] Dies beeinträchtigte erheblich die Aussichten der SPD auf den Machtgewinn. Doch kamen Arndts grundsätzliche Überlegungen von weiter her als aus dem Interessenkalkül der SPD-Führung.

Theoretische Orientierungen: Pluralismus- und Integrationstheorie

Arndts Staatsentwurf zog die Summe der Erfahrungen aus der labilen, im Totalitarismus untergegangenen Weimarer Demokratie. Die Ausrichtung am Höchstwert der Menschenwürde und der überragende Stellenwert des Legitimitätsproblems kennzeichneten die Stoßrichtung: Arndts Staat war ein antitotalitärer – in seinem positiven Gegenentwurf ein *pluralistischer* Staat.

Obwohl er das Wort ‚pluralistisch'[125] ablehnte und statt dessen von „Mehrfältigkeit" und „offener Gesellschaft" sprach, so ging es Arndt doch in der Sache um das Gleiche, nach einer Definition Kurt Sontheimers: „[...] das gleichberechtigte, durch grundrechtliche Garantien geschützte Nebeneinanderexistieren und -wirken einer Mehrzahl sozialer Gruppen innerhalb einer staatlichen Gemeinschaft."[126]

So gab es denn auch weitreichende Gemeinsamkeiten zwischen Arndts Staatsverständnis und der Pluralismuskonzeption, die Ernst Fraenkel etwa gleichzeitig mit der

---

121 Ders., Das Toleranzproblem aus der Sicht des Staates (1957), S. 140.
122 Ders., Humanität – Kulturaufgabe des Politischen (1960), S. 49 f. Näheres zur Verwendung des Begriffs Partnerschaft s.u. Kapitel VII.4.
123 Ders., a. a. O., S. 50.
124 Narr, CDU – SPD, S. 163; Buchhaas, Die Volkspartei. Programmatische Entwicklung der CDU, S. 216.
125 Beispielsweise benutzte er in seinem Vortrag Humanität – Kulturaufgabe des Politischen (1960), S. 68, die Wendung „konstitutioneller Pluralismus" nur mit der Beifügung „um das schreckliche Fremdwort einmal zu zitieren." Später definierte er: „Pluralistische Gesellschaft heißt, die Vielfältigkeit in der Gesellschaft anzuerkennen", Spiegel-Gespräch „SPD-Wahlhelfer im Vatikan" (1962), S. 290.
126 Vgl. die Definition Sontheimers, Artikel Pluralismus, S. 254.

anlaufenden Programmreformdebatte der SPD zur führenden deutschen Demokratietheorie ausarbeitete.[127]

Arndts Staatsidee ‚wertgebundener Toleranz'[128] erhob die positive Anerkennung der Glaubens- und Meinungsvielfalt zur Existenzbedingung des „gegenwärtigen Staates", der „ohne die schwere, mühselige, geistige Leistung der Toleranz nicht bestehen könnte, sondern abermals im totalitären Zwang untergehen müßte."[129] Nicht die bloße Beschreibung, sondern die Wünschbarkeit der Vielfalt als Prinzip und Existenzbedingung des freiheitlichen Gemeinwesens kennzeichnete Arndts ebenso wie Fraenkels Ansatz als ‚normative Pluralismustheorie'[130]. Sie ging aus von einer legitimen Vielfalt der Parteien und Interessengruppen im Rahmen einer auf Konkurrenz angelegten, eine Opposition mit der Chance zur Erringung der Mehrheit immer voraussetzenden Demokratie.[131] Fraenkel und Arndt war gemeinsam die scharfe Ablehnung des Rousseauschen Demokratiegedankens[132] einer volonté générale. An dessen Stelle setzten sie die Vorstellung eines regulativen[133], nicht vorgegebenen, sondern im offenen politischen Willensbildungsprozeß erst zu formulierenden, immer nur annähernd erreichbaren Gemeinwohls. Schließlich lag eine wesentliche Übereinstimmung der beiden Theoretiker in der Erkenntnis, daß der Konfliktaustrag in einer interessengespaltenen, pluralistischen Demokratie ohne Gefährdung der politischen Einheit des Gemeinwesens nur auf der Grundlage eines Konsenses über ein Minimum feststehender politischer Prinzipien oder moralischer Maßstäbe möglich war. Fraenkels daraus folgende Unterscheidung zwischen dem „kontroversen" und dem „nicht-kontroversen" Sektor[134] einer Demokratie entsprachen in ihrem gedanklichen Kern – wenngleich nicht gänzlich in ihrem Gehalt[135] – Arndts Trennung zwischen dem „Abstimmbaren" und dem „Unabstimmbaren."

So sehr Arndt in der Sache mit Fraenkel übereinstimmte, so wenig kann von einer ausdrücklichen Rezeption Fraenkels oder einem regelmäßigen Gedankenaustausch die

---

127 Vgl. dazu Kremendahl, Pluralismustheorie, S. 187 ff.; s. auch Schuon, Pluralismustheorie und Staat, S. 106, der auf die Parallelität der Ansätze Fraenkels und Arndts sowie Carlo Schmids hinweist.
128 Püttner, Toleranz als Verfassungsprinzip, S. 13, setzt den historisch-staatsrechtlichen Begriff Toleranz in der Sache annähernd gleich mit dem politikwissenschaftlichen Begriff Pluralismus.
129 Arndt, Das Toleranzproblem aus der Sicht des Staates (1957), S. 149.
130 Kremendahl, Pluralismustheorie (1977), S. 33, 43, 231; Schuon, Pluralismustheorie und Staat, S. 106.
131 Zu den den Pluralismus konstituierenden Kriterien der legitimen Vielfalt und der Konkurrenzdemokratie vgl. Kremendahl, a. a. O., S. 221 ff., 232 ff.
132 Fraenkel, Der Pluralismus als Strukturelement der freiheitlich-rechtsstaatlichen Demokratie, Festvortrag anläßlich des 45. Deutschen Juristentags in Karlsruhe (1964), S. 205 und 210 ff: „Der Apostel des Anti-Pluralismus ist Jean-Jacques Rousseau."
133 Vgl. Fraenkel, a. a. O., S. 197 ff. (S. 200); Kremendahl, Pluralismustheorie, S. 33 ff., 227 ff.
134 Fraenkel, Demokratie und öffentliche Meinung (1963), S. 184 ff.
135 Fraenkel definiert den „nicht-kontroversen Bereich" umfassender und detaillierter als Arndt das „Unabstimmbare." Die Auffassungen deckten sich in bezug auf die Grundrechte, die Arndt als Verkörperung und Kernbereich des Unabstimmbaren („insbesondere") nannte, ohne darüber hinaus ins einzelne zu gehen (vgl. Arndt, Demokratie – Wertsystem des Rechts [1962], S. 12; Fraenkel, Demokratie und öffentliche Meinung [1963], S. 189 f.). Fraenkel zog das „Erbe des Naturrechts" im ganzen zur Fundierung des nicht-kontroversen Sektors heran (ders., Deutschland und die westlichen Demokratien [1960], S. 45 ff.) und nannte daneben einen ganzen Katalog konsensbedürftiger Prinzipien (ders., Strukturdefizite der Demokratie und deren Überwindung [1964], S. 49; dazu auch Kremendahl, Pluralismustheorie, S. 37), die über den Grundrechtsbereich hinausgingen.

Rede sein.[136] In ihren staatstheoretischen Überlegungen gingen die beiden Männer vielfach parallele, aber getrennte Wege – gewissermaßen eine Fortsetzung der beiden Lebenswege aus der Zeit der Weimarer Republik. Der vom Arbeitsrecht herkommende, politisch engagierte sozialdemokratische Jurist Fraenkel[137] hatte angesichts der zerfallenden Weimarer Demokratie sein Theorem vom kontroversen und nichtkontroversen Sektor der Demokratie zu entwickeln begonnen.[138] Der etwa gleichaltrige, im Bereich der akademischen Staatsrechtslehre ambitionierte, politisch hingegen zurückhaltende Arndt hatte seine Absage an den Wertrelativismus des herrschenden rechtswissenschaftlichen Positivismus und dessen Verfassungsinterpretation immanent staatsrechtsmethodisch entwickelt.

Im Berlin der Zwanziger Jahre war Arndt einem der Hauptvertreter der antipositivistischen Fronde innerhalb der deutschen Staatsrechtslehre, dem Staats- und Kirchenrechtler Rudolf Smend, begegnet. Smends Verfassungs- und insbesondere Grundrechtsverständnis übte nach 1945 den stärksten theoretischen Einfluß auf Arndt aus. Die Verarbeitung der Smendschen Lehre eröffnete Arndt den eigentlichen – staatstheoretischen – Zugang zu einem pluralistischen[139] Verständnis der Staats- und Gesellschaftsordnung.

Rudolf Smend hatte mit seiner 1927 erschienenen bahnbrechenden Abhandlung über „Verfassung und Verfassungsrecht"[140] die Staats- und Verfassungstheorie der „Integrationslehre"[141] begründet. Diese Lehre ging von der Vorstellung aus, daß der Staat nicht ein in sich ruhendes substanzhaftes Ganzes, sondern ein in einem „Prozeß beständiger Erneuerung und dauernden Neuerlebtwerdens" befindlicher „Teil der geistigen Wirklichkeit" sei. Diesen Prozeß, den „Kernvorgang des staatlichen Lebens", bezeichnete Smend als „Integration": „Der Staat ist nur, weil und sofern er sich dauernd integriert, in und aus den Einzelnen aufbaut – dieser dauernde Vorgang ist sein Wesen als geistig-soziale Wirklichkeit."[142] Die Verfassung gab diesem „Integrationsprozeß", genauer dem „Leben, in dem der Staat seine Lebenswirklichkeit hat", eine Rechtsordnung, als „gesetzliche Normierung einzelner Seiten dieses Prozesses."[143] Diesem Integrationsvorgang stellte die Verfassung drei Arten von „Integrationsfaktoren" –

---

136 Beide Nachlässe (Nachlaß Arndt, AdsD, und Nachlaß Fraenkel, BA Koblenz) enthalten nur Korrespondenz zu einer sehr distanziert ausgetragenen Kontroverse über Probleme des Wehrstreits im Jahre 1954 (in der Fraenkel deutlich ausdrückte, daß das Austragen von Überzeugungsfragen nicht vor ein Gericht, sondern vor das Forum des Parlaments oder der öffentlichen Meinung gehöre, vgl. Nachlaß Arndt, AdsD, Mappe 226, Fraenkel an Arndt, 24. Januar 1954).
137 Zur Biographie Fraenkels vgl. ders., Reformismus und Pluralismus, S. 469 ff.
138 Kremendahl, Pluralismustheorie, S.194.
139 Der Schwerpunkt liegt dabei auf der Entfaltung und Weiterentwicklung Smends unter veränderten verfassungsrechtlichen Verhältnissen. Smend selbst zeigte in der Weimarer Diskussion deutlich antipluralistische Tendenzen, vgl. Smend, Bürger und Bourgeois im deutschen Staatsrecht (1933), S. 323, Anm. 23 (dort übereinstimmend mit Carl Schmitt); vgl. in derselben Richtung – wenngleich überzeichnend – Bauer, Wertrelativismus und Wertbestimmtheit im Kampf um die Weimarer Demokratie, S. 313, 318.
140 Smend, Verfassung und Verfassungsrecht (1928), wieder abgedruckt in: ders., Staatsrechtliche Abhandlungen, S. 119 ff.
141 Vgl. auch Smends zusammenfassende Darlegung seiner Theorie in den Artikeln Integrationslehre (1956) und Integration (1956), in: ders., Staatsrechtliche Abhandlungen, S. 475 ff., 482 ff.
142 Smend, Verfassung und Verfassungsrecht (1928), S. 137 f.; s. dazu auch Vorländer, Verfassung und Konsens, S. 287 ff.; Böckenförde, Methoden der Verfassungsinterpretation, S. 2 094 f.
143 Smend, Verfassung und Verfassungsrecht (1928), S. 89.

persönliche, funktionelle und sachliche[144] – zur Verfügung. Herausragende Bedeutung wies Smend den sachlichen Integrationsgehalten zu, die dem Staat seine unabdingbare, „spezifische Legitimität" verliehen; denn „ohne Legitimität, d. h. ohne Geltungsbegründung in geschichtlich geltenden, dem Staat und seinem Recht transzendenten Werten gibt es keine Geltung der positiven Verfassungs- und Rechtsordnung selbst."[145] Den Versuch, den „legitimierenden Wertgehalt des Ordre Naturel" in der positiven Rechtsordnung zu gewährleisten, sah Smend in der Kodifikation der Menschenrechte.[146] Mit der Wiederbelebung des Legitimitätsgedankens und der staatslegitimierenden Funktion der Menschenrechte – entgegen dem „liberalen Mißverständnis" ihrer „bloß staatsbeschränkenden Funktion"[147] – hatte Smend den zentralen Ausgangspunkt seiner Grundrechtsinterpretation gewonnen, den Arndt sich später zueigen machte. Smend verstand indessen Integration nicht durchweg als Vorgang, der sich selbstläufig unter der verfassungsrechtlichen Vorgabe der Integrationsfaktoren vollzog.[148] Vielmehr war der Sachgehalt einer Verfassung – und damit vor allem auch die Grundrechte – ein „immer neu aufgebenes Ziel willensmäßiger Realisierung."[149] Unter dem Eindruck des Fehlschlagens staatlicher Integration im Zusammenbruch der Weimarer Republik pointierte Smend diese Auffassung später zum Postulat der Integration als Gegenstand einer allgemeinen, „oberst[en] Verfassungspflicht", sich am Verfassungsleben „tragend zu beteiligen."[150] Hier enthüllte sich schließlich der normative, über den Zweck der Verfassungstheorie und Verfassungsrechtslehre hinausgehende Gehalt der Integrationslehre als „Verfassungsethik."[151]

Smends Integrationslehre bot das, was Arndt von einer Verfassungstheorie erwartete: Eine Theorie, die die Verfassung als materiale und gelebte Ordnung verstand und Raum gab für ein „Verfassungsgefühl" im Sinne einer „lebendigen, bis in das letzte gebundenen Tradition, was denn nun eigentlich eine Verfassung ist."[152] Stark von Smend geprägt war das für Arndt grundlegende Verständnis des Rechts als prozeßhafter Erlebniszusammenhang. Recht war danach nichts statisch Vorgegebenes, sondern wirklich erst als Hervorbringung durch den Menschen, „als seine geistige Leistung"[153]: „Wird nicht Recht *gelebt,* und ist Recht nicht ein *Geschehen,* das sich tagtäglich tausendfältig vollzieht, weil freie Menschen sich es freiwillig zur Regel machen und es lieben, rechtlich zu handeln"[154]?

---

144 S. dazu Smend, a. a. O., S. 136 ff., 198 ff., 242 ff. Sachliche Integrationsfaktoren sind danach „Menschenrechte, Präambel, Staatsgebiet, Prinzip der Staatsform, Nationalflagge", a. a. O., S. 217.
145 Ders., a. a. O., S. 215; allgemein zur legitimitätsbegründenden Funktion „konkreter Werte" im Sachgehalt der Verfassung, S. 166.
146 Ders., a. a. O., S. 216.
147 Ders., ebda.
148 Insofern verkürzend die Kritik Hellers, Staatslehre, S. 88 f., der Smends Integrationsbegriff das Fehlen eines aktiven Handlungs- und Willenselements entgegenhält.
149 Smend, Verfassung und Verfassungsrecht (1928), S. 165.
150 Smend, Integration (1956), S. 485.
151 Smend, a. a. O., S. 480; zum Element der politischen Ethik im (Staats-)Denken Smends s. Rennert, Die „geisteswissenschaftliche Richtung" in der Staatsrechtslehre der Weimarer Republik, S. 249 ff.
152 Vgl. Arndt, Vortrag „Verfassungsrechtliche und verfassungspolitische Krisenerscheinungen in der Bundesrepublik" (Mai 1954), S. 8, AdsD, Nachlaß Arndt, Mappe 37.
153 Vgl. Arndt, Die Krise des Rechts (1948), S. 17, dort spricht er unter Bezug auf Smend vom „geheimnisvollen Vorgang der Integration."
154 Ders., Rechtsdenken in unserer Zeit (1955), S. 42.

Die Vorstellung der Rechtsentstehung als eines ständigen Integrationsvorgangs verband Arndt mit einer normativen, demokratischen Folgerung: Das Recht stelle eine Aufgabe. Es bedürfe der „Erfüllung" des in ihm enthaltenen „Aufrufs zur Freiheit" und der „Annahme durch eigenverantwortliches Selbertun."[155] Es war damit wesentlich „evokatives Recht."[156] Arndt verschmolz darin das prozeßhafte Element der Integrationslehre Smends mit der Erkenntnis Hermann Hellers, daß die Verfassungsnorm lediglich eine „‚Offerte' des Gesetzgebers an die Normadressaten"[157] darstellte, zu ihrer Verwirklichung als Ordnung einer staatlichen kollektiven Wirkungseinheit jedoch der Erfüllung durch das bewußte und willensgetragene Handeln der Staatsbürger bedürfe. In einer Synthese *integrativer* und *evokativer* Theorieelemente, der Überlegungen Smends und Hellers, bestimmte Arndt das Wesen der Verfassungen, die als

> „norma normans unser Volk rechtlich verfassen" und „seinen von ihm getragenen Staat [...] durch einen unaufhörlichen Vorgang" ausmachen. „Dieser Vorgang vollzieht sich dadurch, daß die in unserem Volk vereinigten Menschen sich die in den Verfassungen erkannten Wertordnungen zu eigen machen und die Werte bewähren. Namentlich in den Grundrechten, [...], hat der Einzelne nicht nur nach seinem alternativen oder dualistischen Denken Befugnisse gegen den Staat oder Ansprüche auf Herauslösung aus der Gemeinschaft, sondern staatsschaffende und gemeinschaftsbildende Rechte."[158]

Dieses Zitat beleuchtet in seiner verknappenden Form den Ursprung der Grundrechtsinterpretation Arndts in der Integrationslehre Smends. Hier lag Arndts eigentliches, konkretestes Erbe der Smendschen Theorie und, innerhalb des Arndtschen Werks, deren bedeutsamste Übertragung in die Verfassungstheorie und -praxis des Grundgesetzes.[159] Auf Smends Neuinterpretation der Grundrechte der Weimarer Reichsverfassung als „Legitimierung der positiven Staats- und Rechtsordnung" und schlechthin sinnstiftendes „Wertsystem"[160] des von der Verfassung konstituierten Staatslebens berief sich Arndt, wenn er die Grundrechte als Grundwerte und „Selbstbestimmungen des rechtsstaatlichen Gemeinwesens"[161] auslegte. Das Verständnis der Grundrechte als Maßstab dauernder, verfassungsstabilisierender Einheit und Einigung über die Grundwerte war bei Smend vorgezeichnet[162], ebenso die ‚übergreifende' Interpretation der

---

155 Arndt, Das nicht erfüllte Grundgesetz (1960), S. 145, 152, 155.
156 Zu diesem für Arndts Verfassungsverständnis zentralen Begriff s. a. a. O. und ders., Die Rolle der Massenmedien in der Demokratie (1965), S. 318 ff.; Göldner, Integration und Pluralismus im demokratischen Rechtsstaat, S. 87, spricht von einer „Appellfunktion der Verfassung." Auch Arndt wollte das Evokative als Appell im Hinblick auf ein „Berufensein" (Das nicht erfüllte Grundgesetz [1960], S. 155) und nicht als „Gehorsam" fordernde Handlungspflicht verstehen.
157 Heller, Staatslehre (1934), S. 258 f.; ähnlich betont der Smend-Schüler Konrad Hesse, unter Bezug auf Heller, die Verwiesenheit der normativen Kraft der Verfassung auf die Erfüllung durch „Willensakte", vgl. Hesse, Die normative Kraft der Verfassung (1960), S. 86 f. Auf beide Autoren nahm Arndt Bezug, Das nicht erfüllte Grundgesetz (1960), S. 144, Anm. 4.
158 Arndt, Aufgaben und Grenzen der Staatsgewalt im Bereich der Schulbildung (1959), S. 211.
159 Zu den veränderten Entfaltungsmöglichkeiten der materialen Verfassungstheorie Smends im materiellen Rechtsstaat des Grundgesetzes vgl. unten Kapitel VIII.1.
160 S. Smend, Das Recht der freien Meinungsäußerung (1928), S. 90; ders., Verfassung und Verfassungsrecht (1928), S. 265.
161 Arndt, Die Zeugen Jehovas als Prüfung unserer Gewissensfreiheit (1965), S. 180.
162 Smend, Das Recht der freien Meinungsäußerung (1928), S. 90; ders., Verfassung und Verfassungsrecht (1928), S. 265; ders., Bürger und Bourgeois (1933), S. 318.

organisatorischen, formellen Teile der Verfassung von ihrem materiellen ‚Wertsystem' in den Grundrechten her.[163] Gleichfalls auf Smend konnte sich Arndt für eine demokratische, auf die Teilhabe[164] des Bürgers am politischen Gemeinwesen gerichtete Wirkungsrichtung der Grundrechte berufen. Smend hatte an das lang verschüttete Verständnis des Frühkonstitutionalismus erinnert, daß Grundrechte ursprünglich als Normierung des status politicus der Staatsbürger, als „grundrechtliche Stellung im Staat" und „verbindende Beziehung" zum Staat begriffen worden waren, nicht als trennender Vorbehalt.[165] Smends Konkretisierung dieser These am Beispiel des Grundrechts auf Meinungsfreiheit, dessen „soziale, gruppenbildende Funktion"[166] er hervorhob, wurde für Arndt geradezu zum Leitstern einer weiterentwickelten, demokratischen, die „schöpferische Teilnahme am Staat"[167] zugleich garantierenden und ‚evozierenden' Grundrechtsauffassung.

Hier erwies Arndts auf Smend zurückgehende Grundrechtsinterpretation ihre spezifisch pluralistische Dimension und Wirkungsweise. Denn der überragende Stellenwert der Meinungs- und Glaubensfreiheit und ihre grundrechtsinterpretatorische Verstärkung in Arndts Werk beruhten auf der Vorstellung einer legitimen „Vielfalt der Interessen im politischen Gemeinwesen"[168], denen höchstmöglicher rechtlicher Schutz durch das Gemeinwesen und im Dienste seiner Erhaltung zu garantieren war. Indem die Ausübung des Grundrechts auf Meinungsfreiheit ein „Teilhaberecht an der Gesellschaft und Einflußrecht auf den Staat"[169] realisierte, schuf sie – so entsprach es Arndts Verständnis – eine Grundvoraussetzung jedes Pluralismusmodells mit: die Überwindung der Trennung von Staat und Gesellschaft.

Der gedanklichen Verbundenheit Arndts mit Smend entsprach die persönliche Beziehung zwischen den beiden Staatsrechtlern. Sie war beidseitig von hohem fachlichen und menschlichen Respekt getragen. Arndt begegnete dem „verehrungswürdigen Nestor der deutschen Staatsrechtslehre"[170] geradezu ehrerbietig und in Achtung vor dessen moralischer Integrität. „Vielleicht mit einziger Ausnahme von Smend"[171] könne man fast allen Staatsrechtlern – soweit sie nicht verfolgt worden seien – „Entgleisungen zugunsten der nationalsozialistischen Machthaber nachweisen", schrieb Arndt 1953.[172]

---

163 Arndt, Die Rolle der Massenmedien in der Demokratie (1965), S. 319; vgl. Smend, Verfassung und Verfassungsrecht (1928), S. 265, und ders., Bürger und Bourgeois im deutschen Staatsrecht (1933), S. 318.
164 S. Arndt, Das nicht erfüllte Grundgesetz (1960), S. 155: Grundrechten komme in der Demokratie „die öffentliche Bedeutung" zu, „Rechte auf Wertteilhabe" zu sein.
165 Smend, Bürger und Bourgeois im deutschen Staatsrecht (1933), S. 316 ff. (S. 318).
166 Smend, Das Recht der freien Meinungsäußerung (1928), S. 95 f.; vgl. Kapitel VI.3.
167 Arndt, Vom Sinn der Pressefreiheit (1956), S. 66, unter Bezugnahme sowohl auf Rudolf Smend als auch Hermann Heller.
168 Zu dieser Definition von Pluralismus vgl. Häberle, Verfassungsinterpretation als öffentlicher Prozeß – Ein Pluralismuskonzept, S. 55 und S. 72 (Anm. 84), unter Hinweis auf die Verortung des Pluralismusproblems durch das Bundesverfassungsgericht zwischen Art. 4 und 5 GG.
169 Vgl. Arndt, Begriff und Wesen der öffentlichen Meinung (1962), S. 408; ebda., S. 402: „Ein so verstandenes Grundrecht ist nicht mehr Ausgrenzung aus dem Staat, sondern Ausdruck der Teilhabe an der Gesamtheit des politischen Gemeinwesens, zu dem sich Staat und Gesellschaft verbinden."
170 S. ähnlich ders., Gesetzesrecht und Richterrecht (1963), S. 59.
171 Smend wurde 1935 von Berlin nach Göttingen zwangsversetzt, was er als „Strafversetzung" empfand, s. dazu von Campenhausen, Zum Tode von Rudolf Smend, S. 622; m.w.N. zu Person und Werk Smends: Badura, Staat, Recht und Verfassung in der Integrationslehre, S. 307, Anm. 4.
172 Arndt an Dr. Rabus, 3. August 1953, AdsD, Nachlaß Arndt, Mappe 224. Auch seinen Lehrer, Heinrich Triepel, nahm Arndt nicht von der Kritik aus.

Mit Smends Gutachten für die SPD im Wehrstreit 1952 begann ein Gedankenaustausch[173] zwischen den beiden Juristen, der zunächst durch Wilhelm Hennis und Horst Ehmke vermittelt[174] und aufrechterhalten wurde. Beide Wissenschaftler waren Schüler Smends gewesen und arbeiteten als wissenschaftliche Assistenten Arndts im Bundestag.[175] Smend seinerseits empfand sich Arndt in seiner materialen, vom Menschen her bestimmten Staats- und Verfassungslehre verbunden. Seinen Dank in einem Festschriftbeitrag[176] für den Jüngeren begleitete das Lob auf einen „Praeceptor Germaniae: in Ihrer Souveränität im Kampf ums Recht, in Ihrer einzigartigen Kraft der Verteidigung unserer Verfassung, unserer Demokratie [...]."[177]

Mit seinem Bekenntnis zu Rudolf Smends Integrationslehre bezog Arndt Position gegen Carl Schmitt und seine staatsrechtliche Schule. Diese Polarität galt nach 1945 in der deutschen Staats- und Verfassungslehre schlechthin[178], und Arndt trug zur Schärfung ihrer Konturen bei.

Berührungspunkte Smends und Schmitts in ihren gegen den herrschenden staatsrechtlichen Positivismus gerichteten Bemühungen um die Wiederbelebung des Legitimitätsgedankens[179] und die Betonung verfassungstragender Elemente einer wert- und „substanzhaften Ordnung"[180] im zweiten (Grundrechts-)Teil der Weimarer Reichsverfassung übersah Arndt nicht.[181] Dennoch stand sein Verdikt über Carl Schmitt als „Vorläufer des Nationalsozialismus" fest. Aus Arndts Sicht war ausschlaggebend, daß der relativistische Dezisionismus Schmitts die Existenz absolut beständiger, die Verfassung in ihrem Wesen ausmachender Grundwerte letztlich geleugnet und deren plebiszitär legitimierte Aufhebung gutgeheißen habe.[182] Schmitts „Wendung zum Führer-

---

173 Vgl. zum Beispiel den Hinweis Arndts in: Gesetzesrecht und Richterrecht (1963), S. 59; Korrespondenz zwischen Arndt und Smend, Nachlaß Arndt, AdsD, Mappe 26.
174 Smend schrieb an Arndt, 9. Februar 1953, Nachlaß Arndt, AdsD, Mappe 26, er sei dankbar, daß er ihm persönlich habe begegnen dürfen. „Sie haben ein Stück ihrer freundlichen Beziehung zu Wilhelm Hennis und Horst Ehmke auf mich übertragen und ich darf Ihnen dafür sehr herzlich danken."
175 Wilhelm Hennis bereitete zu Beginn die stark von Smends Theorie geprägten Schriftsätze Arndts im Lüth-Prozeß vor, s. Kapitel VI.3.
176 Vgl. Smend, Deutsche Staatsrechtswissenschaft vor hundert Jahren und heute, S. 460 f.
177 Smend an Arndt, 11. März 1969, AdsD, Nachlaß Arndt, Mappe 30.
178 Vgl. die paradigmatische Auseinandersetzung zwischen Forsthoff, Die Umbildung des Verfassungsgesetzes (1959), S. 117 f., 152, und Hollerbach, Auflösung der rechtsstaatlichen Verfassung (1960), S. 153 bis 190.
179 Zustimmend vermerkte Smend, Verfassung und Verfassungsrecht (1928), S. 215, Carl Schmitt habe „mit großem Recht darauf aufmerksam gemacht, daß das Legitimitätsproblem nicht nur für die Monarchie besteht, sondern ebenso für jede andere Staatsform."
180 C. Schmitt, Legalität und Legitimität, S. 48 (Bezug auf Smends Hervorhebung der „Wertbetontheit") und S. 98. Böckenförde, Grundrechtstheorie und Grundrechtsinterpretation (1974), S. 245, Anm. 1, hat darauf hingewiesen, daß Schmitt deutlicher als Smend Stellung bezog gegen die unter der Weimarer Reichsverfassung überwiegende Interpretation der Grundrechte als bloße Programm-, nicht Rechtssätze.
181 Arndt, Vortrag über „Verfassungsrechtliche und verfassungspolitische Krisenerscheinungen in der Bundesrepublik", AdsD, Nachlaß Arndt, Mappe 37, erkannte an, daß sich – neben der materialen Verfassungstheorie Smends – Carl Schmitt für die Grenzen der Verfassungsänderbarkeit aussprach.
182 Ebda., Arndt bezieht sich dabei vor allem auf Schmitts weite Auslegung der Diktaturgewalt des Reichspräsidenten gemäß Art. 48 Abs. 2 WRV, wonach deren verfassungsändernde Kraft über die suspendierbaren Grundrechte des Art. 48 Abs. 2 WRV hinausgehen konnte, s. zum Beispiel Schmitt, Legalität und Legitimität, S. 70 ff. (S. 79).

staat" und zum „formalen Nihilismus des konkreten Ordnungsdenkens"[183] diskreditierte ihn vollständig in Arndts Augen. Angesichts Schmitts – zumindest anfänglicher – Apologie der nationalsozialistischen Diktatur sah Arndt in seinen Arbeiten zum demokratischen Weimarer Staat nur ein „illusionäres Modell", das angeblich das Leitbild eines demokratischen Rechtsstaats sei, um an diesem Popanz dessen Unwirklichkeit und Leistungsunfähigkeit darzutun.[184]

Es bestanden tiefliegende, unüberbrückbare Differenzen im Denken der beiden Juristen. Schmitts Kennzeichnung des Politischen als existentielle „Unterscheidung von Freund und Feind"[185] war für den Christen Arndt unannehmbar: Die Feinderklärung gegen einen Mitmenschen trug für ihn das „Kainsmal des Totalitären."[186] Schmitts Anknüpfen an das Staatsdenken Thomas Hobbes', die Vorstellung eines dem Recht vorausliegenden, dieses erst hervorbringenden und von ihm nur begrenzten Staats[187], bekämpfte Arndt als eine Fehlvorstellung von der „Urbestialität des Staates"[188], die den Verfassungsstaat bedrohe. Dem von Carl Schmitt und seiner Schule herausgearbeiteten Primat der Berechenbarkeit des überkommenen, formalen, bürgerlich-liberalen Rechtsstaats[189] und der Skepsis gegenüber dem „Jurisdiktionsstaat"[190] widersprach Arndts an der Integrationslehre orientiertes Plädoyer für methodische und inhaltliche Offenheit[191] des Rechts und für die Stärkung der Verfassungsgerichtsbarkeit. Vollends unüberbrückbar waren die gegensätzlichen Auffassungen in der Beurteilung des Parlamentarismus und des Parteienstaats. Schmitts an Rousseaus Demokratiemodell der Identität von Regierenden und Regierten orientierte Parlamentarismuskritik[192] und

---

183 Arndt, Ideologie ohne Glanz, Besprechung zu Jürgen Fijalkowski, Die Wendung zum Führerstaat. Ideologische Komponenten in der politischen Philosophie Carl Schmitts (1960), S. 230.

184 Ebda.; vgl. mit ähnlicher Begründung Arndts Verwahrung gegen Jürgen Habermas' und Wolfgang J. Mommsens Darstellung Carl Schmitts als Schüler Max Webers, Diskussionsbeitrag zum Thema „Max Weber und die Machtpolitik", (in: Verhandlungen des 15. Deutschen Soziologentags in Heidelberg 1964), S. 313.

185 C. Schmitt, Der Begriff des Politischen, S. 26.

186 Arndt, Humanität – Kulturaufgabe des Politischen (1960), S. 57; ders., Sozialistische Staatspolitik – heute (1958), S. 189; ders., Rechtsdenken in unserer Zeit (1965), S. 58 (Anm. 13) – als Absage an Carl Schmitt ebenso interpretiert von Peter Häberle, Besprechung zu Arndt, Gesammelte juristische Schriften (1976), S. 418.

187 Dies wird sehr deutlich an Carl Schmitts Begriffsbestimmung der Souveränität und seiner Deutung des „Ausnahmezustands", in dem „der Staat bestehen bleibt, während das Recht zurücktritt", Schmitt, Politische Theologie, S. 18 f., 44 ff. Zu Schmitts entsprechendem Grundverständnis von Hobbes' Staatsgedanken ders., Die Diktatur, S. 22.

188 Vortrag „Verfassungsrechtliche und verfassungspolitische Krisenerscheinungen in der Bundesrepublik", S. 9, AdsD, Nachlaß Arndt, Mappe 37; ders., Rechtsdenken in unserer Zeit (1955), S. 51; s. dazu auch Kapitel IV.5.

189 Ausgehend insbesondere von Carl Schmitt, Verfassungslehre, S. 125 ff. (insbesondere S. 131), s. zum Beispiel Forsthoff, Begriff und Wesen des sozialen Rechtsstaats (1954), und ders., Rechtsstaat oder Richterstaat? (1970), S. 72, 243 ff.

190 Vgl. Carl Schmitts Bemerkungen zu den Grenzen einer „allgemeinen Justizförmigkeit" des „bürgerlichen Rechtsstaats" und seine Kritik am Justizstaat, Verfassungslehre, S. 132 f.; exemplarisch für den Zusammenhang zwischen der „Entformalisierung des Verfassungsrechts" und der „Entfaltung des Justizstaats" Forsthoff, Die Umbildung des Verfassungsgesetzes, S. 149.

191 Vgl. Arndt, Der Jurist in unserer Zeit (1966), S. 34 f., mit seinem Plädoyer für das „Unberechenbare" als „Hoffnung"; programmatisch ders., Staatliche Gewaltanwendung, rechtlich und politisch betrachtet (1960), S. 241 f.

192 Zum Bezug vgl. Carl Schmitt, Die geistesgeschichtliche Lage des heutigen Parlamentarismus, S. 34 f., 41; vgl. auch Arndt, Ideologie ohne Glanz, Besprechung Fijalkowski, Die Wendung zum Führerstaat (1960), S. 230 f.

seine geradezu schulbildende[193] Frontstellung gegenüber dem Pluralismus war für Arndt der autoritäre Gegenentwurf zu einem offenen, auf die Gleichberechtigung und den Wechsel von Regierung und Opposition[194] angelegten parlamentarischen System. Die Scheidewand zwischen Rousseau und der pluralistischen Demokratietheorie war auch die zwischen Carl Schmitt und Adolf Arndt. Schließlich mögen besondere, in der Biographie des rassisch diskriminierten Arndt liegende Gründe die Gegnerschaft zu Carl Schmitt verschärft haben[195], zumal Schmitt öffentlich und an führender Stelle die Nürnberger Rassegesetze verteidigt und antisemitische Säuberungsaktionen im deutschen Rechtswesen proklamiert hatte.[196] Auch erbitterte es Arndt, daß Schmitt nach 1945 keinerlei Einsicht und Bereitschaft zur Selbstkritik an den Tag legte.[197] All dies stand von vornherein seiner Annäherung an das Werk des umstrittensten und zugleich einflußreichsten deutschen Staatsrechtlers des Zwanzigsten Jahrhunderts im Wege, und eine tiefergehende Auseinandersetzung mit Carl Schmitt mag schon deswegen unterblieben sein.

2. Beitrag zur herrschenden Parteiprogrammatik: ethischer Sozialismus

Arndts Bild des Staates und der staatlichen Ordnung entsprang – bei aller Konstanz der Grundideen – keinem starren System. Es entwickelte und klärte sich in Anlehnung[198] an die allgemeine programmtheoretische Reformdiskussion der SPD und wurde von dieser befruchtet. Von Arndts Idee „wertgebundener Toleranz", seinem anthropozentrischen Staatszweckverständnis, der Wertinterpretation der Grundrechte und den normativ-pluralistischen Theorieelementen führten deutliche Verbindungslinien zu einer Theorie, die in der Mitte der Fünfziger Jahre den Marxismus als herrschende Programmtheorie der Nachkriegssozialdemokratie ablöste – zum *ethischen Sozialis-*

---

193 Vgl. Kremendahl, Pluralismustheorie, S. 94 ff., 107 ff.
194 Carl Schmitts Kritik an der Neigung regierender Parteien zur Selbstidentifikation mit dem Staat als „Regierungsstaat" bezeichnet Arndt als eine „auf die Wendung zum Führerstaat abzielende Doktrin", vgl. Arndt, Die Entmachtung des Bundestags (1959), S. 435.
195 Vgl. den Brief des gleichfalls unter dem Nationalsozialismus rassisch diskriminierten Staatssekretärs im Bundesjustizministerium, Walter Strauß, an Landesbischof Bender, Karlsruhe, 4. Mai 1953 (Durchschlag an Arndt), IfZG, Nachlaß Walter Strauß, Bd. 223, mit dem er einen geplanten Vortrag Schmitts in der Evangelischen Akademie Badens verhindern wollte. Arndt antwortete Strauß mit Brief vom 6. Mai 1953, a. a. O.: „[...] das Wiederauftauchen Carl Schmitts ist allerdings in meinen Augen ein alarmierendes Symptom, welchen Grad die Restauration in Westdeutschland erreicht hat [...]."
196 Vgl. Rüthers, Entartetes Recht. Rechtslehren und Kronjuristen im Dritten Reich, S. 125 ff. (insbesondere S. 133).
197 S. Arndt an Landesbischof Bender, Karlsruhe, 6. Mai 1953, IfZG, Nachlaß Walter Strauß, Bd. 223, wo er sich dagegen verwahrte, daß „jener Mann, der nach seiner eitlen Auffassung nichts zu bereuen hat (als ob das jemand von uns über sich sagen dürfte!), die Evangelische Akademie als Schauplatz seiner Selbstbespiegelung mißbraucht."
198 S. dazu insbesondere die Funktion des Vortrags „Sozialistische Staatspolitik – heute" (1958), vgl. dazu unten Kapitel VII.3/4.

mus[199]. Die ethischen Sozialisten in der Parteireformdiskussion waren Neukantianer; ihr führender theoretischer Kopf, Willi Eichler[200], war ein Schüler des Göttinger Philosophen Leonard Nelson. Dessen Werk bildete die gedankliche Grundlage[201], von der aus die ethischen Sozialisten nach 1945 ihre Gegenwartsforderungen zur Parteitheorie entwickelten.

Gemeinsame Ansätze: Arndt und der ethische Sozialismus

Erkenntnistheoretischer Ausgangspunkt des ethischen Sozialismus im Rückgriff auf Kant und die Philosophie der Aufklärung war die strikte Unterscheidung von Sein und Sollen, die aufklärerische Vorstellung eines Vernunftprinzips und des zu seiner Erkenntnis und zur Selbstbestimmung befähigten Individuums.[202] Von hier leitete sich eine kritische Sicht des Marxismus ab: Die materialistische Geschichtsauffassung habe zwar einen bedeutenden Fortschritt in der empirischen Geschichtsbetrachtung bewirkt, indem sie die ausschlaggebende Bedeutung ökonomisch fundierter Machtverhältnisse zur Erkenntnis gebracht habe. Als philosophische Lehre des ökonomischen Determinismus hingegen sei sie eine einseitige Verzerrung der Wirklichkeit und letztlich unwissenschaftlich. Die ethischen Sozialisten bestritten die Reduktion des Geistigen und Ethischen auf eine Überbaufunktion der ökonomischen Verhältnisse.[203] Sie betrachteten den Geschichtsverlauf nicht als zwangsläufige ökonomische Entwicklung, sondern als offenen Prozeß, der dem selbstbestimmten Individuum Gestaltungsräume und jeweils neu zu erkämpfende – ethisch begründete – Handlungsziele eröffnete.

Arndts Sichtweise des Marxismus fügte sich in dieses Bild ein. Dabei nahm er den Philosophen und Humanisten Marx gegen den Marxismus in Schutz.[204] Für Arndt bestand der äußerst fruchtbare Kern des Marxschen Denkansatzes in der Erkenntnis der „Geschichtlichkeit des Menschen" und der „aus seiner Menschenwelt funktional[en] Gebundenheit des Denkens."[205] Arndt sah Marx in der neuzeitlichen, von Martin Luther über die Dialektik des deutschen Idealismus reichenden philosophischen Tradition „geschichtlichen Denkens" aus der Einsicht in die „Zeitlichkeit, Zeitbedingtheit, Zeitverfallenheit des menschlichen Denkens."[206] Marx' Erkenntnis des „funktionalen Zusammenhangs" zwischen einer politischen Ordnung und der jeweili-

---

199 Zur Entwicklung der Programmdebatte in der SPD, die von den ersten Nachkriegsjahren bis zur Mitte der Fünfziger Jahre insbesondere vom Kulturpolitischen Ausschuß der Partei getragen wurde vgl. Köser, Die Grundsatzdebatte in der SPD von 1945/46 bis 1958/59, S. 189 ff.; dazu auch eingehend Klotzbach, Staatspartei, S. 122 ff., 181 ff., 255 ff., 292 ff., 319 ff., 433 ff.; s. dazu auch Klein, Artikel Ethischer Sozialismus, S. 160 ff.
200 S. Lemke-Müller, Ethischer Sozialismus und Sozialdemokratie. Der politische Weg Willi Eichlers vom ISK zur SPD, Bonn 1988.
201 Vgl. dies., a. a. O., S. 16 ff.
202 Dies., a. a. O., S. 19.
203 Dies., a. a. O., S. 28 ff.; Köser, Grundsatzdebatte, S. 187 ff.
204 Vgl. Arndt, Es geht um den Menschen. Die Freiheitsaufgabe der Sozialdemokratie für die Zukunft (1956), S. 74: „Karl Marx hat selbst einmal gesagt, er sei kein Marxist, und in der Tat konnte er es aus seinem eigenen Denkansatz heraus auch niemals in dem Sinne sein, daß man ihn dogmatisieren dürfte [...]."
205 Vgl. Arndt, Sozialismus in unserer Zeit (1954), S. 112 f.
206 Ders., Die Krise des Rechts (1948), S. 11.

gen Art der Produktion blieb danach für die sozialistische Theorie wegweisend[207] – doch stellte Arndt klar, daß die Funktionalität dieses Zusammenhangs nie einseitig und monokausal denkbar war: Vielmehr war für ihn der Geist die überragende „schöpferische Kraft" und nur abhängig von einer Umwelt, die er selbst mitgestaltete.[208] Als damit unvereinbar lehnte Arndt die weltanschauliche Verabsolutierung des Sozialismus, bzw. Marxismus, zu einer wissenschaftlichen Theorie mit universalem und uniformierendem Erklärungsanspruch ab. Entsprechend seiner *idealistischen* Interpretation verstand Arndt vor allem den „jungen Marx" als Streiter für das humane Ethos einer dem Menschen dienenden, ihn aus seiner Entfremdung zu sich selbst bringenden Ordnung.[209]

„Es geht um den Menschen": dieser Titel einer Rede Arndts war auch das Programm der ethischen Sozialisten. „Die Einmaligkeit eines jeden Menschen, seine nicht abwertbare Gleichberechtigung als Mensch, seine Personalität"[210], galt Arndt – inhaltlich ganz entsprechend der Lehre Nelsons[211] – als „erster Ausgangspunkt der Gesellschaftsgestaltung." Der Mensch – nicht der „Bürger" liberalistischer Prägung oder ein Kollektivwesen[212] – stand im Zentrum dieser Auffassung, die Arndt mit den ethischen Sozialisten in dem Verständnis verband, daß der Mensch auf Mündigkeit angelegt sei.[213] Doch war dem Freiheitsbegriff dieser Mündigkeit immanent, daß er nicht bei der Möglichkeit der Freiheit stehenblieb, sondern, wie Arndt formulierte, „das Erfordernis einer guten, einer dem Menschen gerecht werdenden Ordnung"[214] einschloß, die die gesellschaftlichen Vorbedingungen der Freiheitsausübung gewährleistete.

Damit war eine Bedingung formuliert, die bereits Leonard Nelson in den Zwanziger Jahren als „Ideal" des „Rechtsgesetzes" und ethisch begründeten Naturrechtssatz aufgestellt hatte.[215] Seine Verwirklichung setzte eine sozialistische Gesellschaftsordnung voraus, in der der Staat die Einhaltung des Rechts gewährleistete. Nelsons Frontstellung gegen den herrschenden Rechtspositivismus[216] seiner Zeit, die unbedingte Vorstellung eines Staates, der seinerseits strikt „als Diener und nicht als Schöpfer"[217] an das ihm vorgegebene Recht gebunden sein sollte, gaben dem ethischen Sozialismus Positionen vor, wie sie auch Arndt nach dem Krieg in der SPD heimisch machte.

Nach Nelsons Auffassung geriet der Rechtsstaat in scharfen Gegensatz zur Demokratie, da deren zufällige Mehrheitsentscheidungen einer Verwirklichung des „objekti-

---

207 Ders., Sozialismus in unserer Zeit (1954), S. 111.
208 Ders., a. a. O., S. 120: Es gehe dem Menschen darum, „mehr und etwas anderes zu sein als nur ein Wirtschaftsfaktor"; ders., Kulturelle Politik (1958), S. 85; ders., Es geht um den Menschen (1956), S. 74.
209 Ders., Es geht um den Menschen (1956), S. 82; ders., Kulturelle Politik (1958), S. 72.
210 Ders., Kulturelle Politik (1958), S. 80.
211 Lemke-Müller, Ethischer Sozialismus, S. 19, 22.
212 S. Klotzbach, Staatspartei, S. 126.
213 S. Arndt, Kulturelle Politik (1958), S. 78 f.; ders., Agraphoi nomoi (Widerstand und Aufstand) (1962), S. 90, unter ausdrücklichem Bezug auf die protestantische Ethik der Gegenwart.
214 Ders., Kulturelle Politik (1958), S. 79.
215 Leonard Nelson, System der philosophischen Rechtslehre, S. 112; dazu auch Lemke-Müller, Ethischer Sozialismus und soziale Demokratie, S. 23 ff.
216 S. Nelson, System der philosophischen Rechtslehre, S. 1 – 11 mit seiner Kritik am juristischen „Empirismus"; dazu von Tegelen, Leonard Nelsons Rechts- und Staatslehre, S. 72 f.
217 S. Nelson, System der philosophischen Rechtslehre und Politik, S. 13, 150; vgl. auch von Tegelen, a. a. O., S. 53 ff.

ven" Rechts durch „objektiv richtige Politik" gerade zuwiderliefen.[218] Die Erfahrung des wertindifferenten Pluralismus der Weimarer Republik prägte deshalb bis in die Nachkriegszeit hinein auch Nelsons Schülern eine deutliche Demokratieskepsis auf. Für Willi Eichler schuf erst die unbedingte Gewährleistung des – in Arndts Terminologie – ‚Unabstimmbaren', eines materiellen Wertkerns des Grundgesetzes, die Voraussetzung für ein gewandeltes, positives Demokratieverständnis[219] und zugleich eine grundlegende Übereinstimmung mit dem führenden Rechtspolitiker der SPD.

Schließlich verband Arndt ein prinzipiell werthaftes Denken[220] mit den ethischen Sozialisten: Die Grundrechte als Grundwerte erfüllten die gleiche legitimitätsstiftende Funktion im Hinblick auf den Staat wie die Grundwerte des Sozialismus – Freiheit, Gerechtigkeit und Solidarität –, die Willi Eichler in der Nachfolge Nelsons zunehmend in den Mittelpunkt der sozialdemokratischen Parteiprogrammatik rückte.[221]

Arndts Beitrag: ‚Säkularisation des Sozialismus' und innerparteiliche Geistesfreiheit

Mit dem Berliner Aktionsprogramm von 1954 war eine programmatische Entscheidung für den ethisch begründeten, freiheitlichen[222] Sozialismus gefallen, die der theoretischen Absicherung, Klärung und breiten Bewußtmachung innerhalb der Partei bedurfte. An den folgenden programmtheoretischen Debatten, z. B. der Marxdiskussion[223], nahm Arndt praktisch keinen aktiven Anteil. Sein Medium der parteiprogrammatischen Äußerung war der Vortrag, dessen Funktion die Synthese und Klärung des Diskussionsstandes. Die Anlässe der programmatischen Reden Arndts seit 1954 belegen den Aufstieg des ‚Kronjuristen' zu einem intellektuellen Parteireformer, dessen Wort Gewicht hatte. Arndts Rede „Die geistige Freiheit als politische Gegenwartsaufgabe" aus dem Jahre 1956[224] wurde zur innerparteilichen Richtschnur der Programmarbeit erhoben.[225] Ein Jahr vor der Verabschiedung des Godesberger Grundsatzprogramms hielt Arndt neben Waldemar von Knoeringen das Grundsatzreferat auf dem Stuttgarter Parteitag.[226] Arndts Rolle im Programmreformprozeß der SPD war nicht die eines überragenden gedanklichen Neuerers und Motors, sondern überwiegend die

---

218 Lemke-Müller, Ethischer Sozialismus und soziale Demokratie, S. 24.
219 Dies., a. a. O., S. 224 ff.
220 Vgl. zum Beispiel Arndt, Kulturelle Politik (1958), S. 73: „Das, was Kurt Schumacher die Wertaxiomatik nannte, wird damit ein Herzschlag des Programms [...]"; zur Herleitung und Funktion der Grundwerte im ethischen Sozialismus vgl. D. Böhler, Artikel Ethik, S. 158; Klein, Artikel Ethischer Sozialismus, S. 160 ff.; Meyer, Artikel Grundwerte, a. a. O., S. 243 ff.
221 S. Köser, Grundsatzdebatte, S. 188, 193; zur historischen Funktion dieser Prinzipien des Sozialismus in der Arbeiterbewegung grundlegend Meyer, Grundwerte und Wissenschaft im Demokratischen Sozialismus, Berlin/Bonn 1978.
222 Zur Definition und Geschichte des freiheitlichen Sozialismus vgl. Weisser, Artikel Freiheitlicher Sozialismus, S. 509 ff.
223 Vgl. Köser, Grundsatzdebatte, S. 206 ff.
224 S. Arndt, Die geistige Freiheit als politische Gegenwartsaufgabe (1956), S. 18 ff.
225 S. Klotzbach, Staatspartei, S. 436.
226 Arndt, Kulturelle Politik (1958), S. 70 ff., abgedruckt auch im Protokoll der Verhandlungen des Parteitags der SPD 1958, S. 271 ff.; vgl. neben den erwähnten Reden auch (in chronologischer Reihenfolge mit der Programmarbeit zusammenhängende Vorträge): Sozialismus in unserer Zeit (1954) = Vortrag vor der Arbeitsgemeinschaft Sozialdemokratischer Akademiker 1954; Es geht um den Menschen. Die Freiheitsaufgabe der SPD für die Zukunft (1956) = Referat auf dem 13. Landesparteitag der Berliner SPD am 8. April 1956; Christentum und freiheitlicher Sozialismus (1957) = Vortrag vor der Arbeitsge-

eines Sprachgebers. Die Wirksamkeit seiner Vorträge lag in der Übereinstimmung mit der herrschenden Reformströmung. Ihr gaben sie prägende Formulierungen, gedankliche Konturen und differenzierte Argumentationshilfen. Arndt besaß die Fähigkeit zur Synthese höchst verschiedener politischer und geistiger Phänomene.[227] Seine Vorträge waren zeitkritische Essays, die die Qualität von zeitüberschreitenden, gedanklich dichten philosophischen Abhandlungen erreichen konnten. Seine Reden stellten rhetorische Kunstwerke dar, die – um eines ihrer Kernthemen zu nennen – nicht nur von „freiheitlicher Kultur"[228] handelten, sondern Kulturleistungen auch der Form nach waren.[229]

Doch setzte Arndt bei aller Übereinstimmung mit der herrschenden geistigen Strömung der Partei auch spezifische Akzente. Die Suche nach Reformmaßstäben in der zentralen Ausrichtung auf den ‚Menschen' verleitete ihn nicht zur Konstruktion eines maßgerechten ‚Menschenbildes'. Im Gegenteil: Er warnte vor der Fiktion der Unabänderlichkeit, der Gefahr der Versteinerung im Bild, und lehnte ein Menschenbild für eine Partei um deren Freiheitlichkeit willen ab.[230] Hier deutete sich ein Zug protestantischer (Individual-)Ethik an, der Arndts „Verständnis" vom Menschen immer einen Teil Skepsis beigab. Die Erkenntnis der „Unmenschlichkeit" als „wesentlicher" Möglichkeit des Menschen, seine Befähigung auch zum Falschen und zum Irrtum[231], bewahrten Arndt vor unkritischer aufklärerischer Vernunftgläubigkeit und ließen ihn selbstkritisch auch die Rolle des Politikers sehen.[232] Schließlich schien immer wieder in Anklängen pastoraler Redeweise[233] der Protestant durch, so z. B. in der Hinwendung zum „wirklichen Menschen" als „lebendem und leidendem Geschöpf."[234]

Herausragend in der Reformdiskussion war Arndts konsequente und prägnante Neubestimmung des Sozialismus als einer ausschließlich „politischen Theorie."[235] Arndt forderte die „Konzentration" des sozialistischen Gedankens auf „sein eigentliches" Gebiet und die „Freigabe aller der Gebiete, wo es eine politische Aktion nicht zu

---

meinschaft Sozialdemokratischer Akademiker, München 1957; Das Toleranzproblem aus der Sicht des Staates (1957) = Vorträge in den Evangelischen Akademien Loccum und Arnoldshain 1957; Die Persönlichkeit in der parlamentarischen Demokratie (1958) = Vortrag im Rahmen der Ernst-Reuter-Gedenkvorträge in Berlin; Sozialistische Staatspolitik – heute (1958) = Vortrag vor der Katholischen Akademie in Bayern, München; Die Stellung des Akademikers in der SPD (1959) = Vortrag vor der Akademiker-Konferenz der SPD, Landesverband Bayern; Aufgaben und Grenzen der Staatsgewalt im Bereich der Schulbildung (1959) = Vortrag vor der Katholischen Akademie in Bayern, München; Humanität – Kulturaufgabe des Politischen (1960) = Rede auf dem SPD-Kulturkongreß in Wiesbaden 1960.

227 Vgl. zum Beispiel die ‚Einkreisung' des Problems der Geistesfreiheit, in: Arndt, Die geistige Freiheit als politische Gegenwartsaufgabe (1956).
228 Arndt, Kulturelle Politik (1958), S. 71.
229 Vgl. Hans Mayer, Anmerkungen zu Reden Adolf Arndts, S. 326, 330; Walter Jens, Besprechung zu Arndt, Geist der Politik (1965), in: Der Spiegel (1967), Nr. 14 (27. März), S. 128.
230 S. Arndt, Humanität – Kulturaufgabe des Politischen (1960), S. 59 ff.; ders., Christentum und freiheitlicher Sozialismus (1957), S. 127.
231 Vgl. Arndt, Politik (1958), S. 8; ders., Humanität – Kulturaufgabe des Politischen (1960), S. 58, 65 (dort gegen den „bürgerlichen Kulturoptimismus" und die „wissenschaftsgläubige Fortschrittsbegeisterung"); ders., Kulturelle Politik (1958), S. 77.
232 Arndt, Politik (1958), S. 14: Dort spricht er vom „Gefallensein, worin der Politiker steht [...], daß er nicht läßt, was er um seiner Seele willen lassen müßte."
233 Vgl. Mayer, Anmerkungen zu Reden Arndts (1965), S. 327.
234 Arndt, Es geht um den Menschen. Die Freiheitsaufgabe der SPD für die Zukunft (1957),S. 82.
235 Arndt, Sozialismus in unserer Zeit (1954), S. 120, 124 f.

erfüllen gibt."²³⁶ Klarer konnte die Absage an eine sozialistische, den Menschen in seiner gesamten geistigen Existenz vereinnahmende Weltanschauung nicht formuliert werden. Mehr noch: Arndt sah es als große Bereicherung der SPD, daß sie nach 1945 „ganze Wertwelten, namentlich des Irrationalen (des Gefühls, des Glaubens, der Seele) endlich wiederentdeckte und als politisch schutzwürdig anerkannte."²³⁷ Diese Deutung berief sich zutreffend auf die weltanschauliche Öffnung, die die Nachkriegs-SPD unter Kurt Schumacher und bekräftigt durch Carlo Schmids Grundsatzreferat auf dem Hamburger Parteitag 1950 vorgenommen hatte.²³⁸ Sie setzte indessen einen besonderen Akzent: Sie erhob die geistige Vielfalt und Offenheit zur *positiven* Wertbedingung parteilicher Verbundenheit – mit den Worten Arndts auf dem Stuttgarter Parteitag 1958: „[...] der Reichtum eines mitmenschlichen Verbundenseins erblüht aus der Vielheit der Quellen, die uns die Freiheit des Geistes erschließt."²³⁹ Die Pointe dieser Auffassung erhellt der Vergleich mit dem ethischen Sozialisten und Sozialwissenschaftler Gerhard Weisser, der, bei grundsätzlicher Übereinstimmung mit Arndt im übrigen, den Sozialismus weniger streng auf den politischen Raum beschränkte. Bei Weisser klang die traditionelle Auffassung vom Sozialismus als kultureller, abgegrenzter und eigenständiger Bewegung und geistiger Heimat, die Subkultur der alten Arbeiterbewegung, an.²⁴⁰

Eben dieser kulturellen Verengung wollte und konnte Arndts Auffassung entgehen. Seine konsequente *Säkularisation des Sozialismus* zur politischen Theorie suchte Offenheit und Zustimmung gerade in Kreisen der weltanschaulich weit gefächerten bürgerlichen Mittelschichten und Intellektuellen, die der SPD traditionell fernstanden. In der anlaufenden Parteireformphase bestellte die sozialdemokratische Bundestagsfraktion deshalb mit gutem Grund Arndt als ihren Verbindungsmann zu den Verbänden der freien Berufe.²⁴¹ Mit regelmäßigen Kontakten, Kongreßbesuchen und Vorträgen suchte Arndt die Wertschätzung „geistig selbständiger und schöpferischer Leistung"²⁴² in seiner Fraktion und auch materielle Interessengemeinsamkeiten mit den ‚geistigen Arbeitern'²⁴³ zu vermitteln. Als bekannter Rechtsanwalt, geprägt durch die Herkunft

---

236 Ebda.
237 A. a. O., S. 125.
238 Vgl. Arndt, Sozialismus in unserer Zeit (1954), S. 125; zu Carlo Schmids Referat s. Klotzbach, Staatspartei, S. 255 f.
239 Arndt, Kulturelle Politik (1958), S. 80; zu den Grundsatzreferaten des Stuttgarter Parteitags s. Klotzbach, Staatspartei, S. 440 f.
240 Dazu Klotzbach, Staatspartei, S. 325; vgl. auch Arndt an Weisser, 9. April 1958, AdsD, Akten SPD-BTF 2437 („SPD-Programm") nach einer gemeinsamen Sitzung der Großen Programmkommission: „Ich hätte allerdings auch erhebliche Bedenken gegen die Ausführungen, durch die Du sittliche und kulturelle Grundforderungen festlegen wolltest. Dadurch käme man auf ein sehr weites Feld [...] Ich meine jedoch, daß wir insoweit [gemeint ist unter anderem der Freiheitsbegriff, Anm. D.G.] noch ganz am Anfang stehen und daß wir auch schwerlich als politische Partei ein ganzes System für die Sittenlehre fixieren können."
241 Vgl. die Korrespondenz Arndts mit (Verbands-)Vertretern der freien Berufe, Akten SPD-BTF 2380, 2427 (freie Berufe).
242 Arndt an Voos (Landesverband der Handelsmakler und Handelsvertreter in Nordrhein-Westfalen), 13. Dezember 1954, Akten SPD-BTF 2427.
243 Arndt, Die geistige Freiheit als politische Gegenwartsaufgabe (1956), S. 20; Arndt an die Arbeitsgemeinschaft freier Berufe in Nordbayern, 19. November 1957, AdsD, Akten SPD-BTF 2427: „Dagegen sollten die freiberuflich Tätigen erkennen, wie stark ihre Nöte darauf mitberuhen, daß die wirtschaftlich Mächtigen unseren Staat in den letzten Jahren zum Gefälligkeitsstaat machten, der Steuergeschenke verteilte und steuerlich die mit Sachkapital arbeitenden Berufe ungerecht begünstigte."

aus bürgerlich-intellektuellem Milieu, war Arndt geradezu prädestiniert dazu, in akademischen Mittelschichten für die SPD zu werben. In einer Veröffentlichung über die „Stellung des Akademikers in der SPD" im Jahre 1959[244] sparte er – keineswegs unkritisch – die historisch begründeten Belastungen und Ressentiments im Verhältnis zwischen der Akademikerschaft und der SPD nicht aus. Doch gelang es ihm eben deshalb, die Gemeinsamkeiten plausibel zu machen. Nach Arndt war es der Arbeiterbewegung von jeher keineswegs nur um Vorteile für sich selber, sondern im „Bewußtsein einer geschichtlichen Aufgabe" um einen „Dienst am Ganzen der menschlichen Gesellschaft und um ein allgemeines Ziel geistig-sittlicher Art" gegangen. Frei von anbiedernden Beiklängen entsprang es Arndts tiefer Überzeugung und Erfahrung, daß die Arbeiterbewegung stets von „Sehnsucht nach Geistigkeit" beseelt und immer „auch eine Verbündete des Geistes" gewesen sei.[245] – Für den Erfolg dieses Bündnisses stand Arndt mit seiner Person.

Von daher war dem sozialdemokratischen Intellektuellen an nichts so sehr gelegen wie an der Verteidigung geistiger Freiheit außerhalb und auch innerhalb der Partei. Eine politische Partei, die von der Mündigkeit des Menschen in seiner „Einmaligkeit"[246] ausging, fand eben darin ihre Grenze.[247] Wie aber war diese Grenze wirksam zu sichern? Die Lösung bot die klare Abgrenzung zwischen unabdingbaren Grundwerten einerseits, die den freiheitlichen Sozialismus als politische Theorie definierten und – im Smendschen Sinne – ‚integrierten', und der Freistellung des weltanschaulichen und philosophischen Bekenntnisses andererseits, aus dem der Einzelne zu diesen Grundwerten fand. Dieser *Begründungspluralismus*[248] des freiheitlichen Sozialismus, in der Präambel des Berliner Aktionsprogramms von 1954 erstmals parteiprogrammatisch niedergelegt[249], fand keinen überzeugteren und gedanklich schärferen Verfechter als Adolf Arndt[250]; denn hier wiederholte sich ein für Arndts politisch-theoretisches Denken grundlegendes Muster: Die Dialektik von Verbindlichkeit und Freiheit, wie sie auch der Unterscheidung des Unabstimmbaren und Abstimmbaren zugrunde lag. In der Beschränkung auf verbindliche „Grundwerte" vollendete sich die von Arndt geforderte Beschränkung des Sozialismus auf eine politische Theorie – und damit seine Verstärkung:

> „Es stört die politische Gesinnungsgemeinschaft aus der Verpflichtung auf im Ergebnis übereinstimmende Werte nicht; nein, es schafft, es bildet, es rechtfertigt sie erst, daß ein jeder für sich aus dem Eigenen seines innersten Lebens in freier Verantwortung sich zu diesen für das Ordnen der Gesellschaft und das politische Urteil richtungweisenden Werten bekennt."[251]

---

244 Arndt, Die Stellung des Akademikers in der SPD (1959), S. 197 ff.
245 A. a. O., S. 201.
246 Arndt, Kulturelle Politik (1958), S. 80.
247 A. a. O., S. 79 f.
248 Vgl. dazu Meyer, Grundwerte und Wissenschaft im Demokratischen Sozialismus, S. 147 ff.; ders., Artikel Grundwerte des Sozialismus, S. 245 f.
249 S. Klotzbach, Staatspartei, S. 324; Dowe/Klotzbach (Hrsg.), Programmatische Dokumente, S. 309 ff. (S. 315).
250 S. zum Beispiel Arndt, Kulturelle Politik (1958), S. 80, daneben selbstverständlich die klärenden Beiträge von Willi Eichler, so zum Beispiel ders., Grundwerte und Grundforderungen – Beitrag zu einem Kommentar (1960), S. 62 ff.
251 Arndt, Kulturelle Politik (1958), S. 80.

Bedingung der Geistesfreiheit im Staat wie in einer Partei war, daß diese – und hier führte Arndt ausdrücklich eine Unterscheidung des protestantischen Theologen Dietrich Bonhoeffer[252] ein – Gemeinschaft im ‚Vorletzten' blieben und Entscheidungen über ‚letzte' Wahrheiten dem einzelnen anheimstellten.

In der Verteidigung der Geistesfreiheit erreichten Arndts parteiprogrammatische Vorträge die Aktualität scharfer Zeit- und Kulturkritik:

> „Gewiß, der Geist wird in dieser nachtotalitären Epoche nicht niedergeknüppelt, seine Erzeugnisse werden nicht auf offener Straße verbrannt. Aber kann es nicht bedrohlicher sein, den Geist wie mit Watteflocken bis zum stillen Erstickungstod einschneien zu lassen?"[253]

In seiner Attacke auf das restaurative Geistesklima der Fünfziger Jahre führte er – inhaltlich in weit gespanntem Bogen von der Gefährdung der Wissenschafts- und Kunstfreiheit bis hin zum politischen Strafrecht – in polemischen, geschliffenen Wendungen vor, wie sicher er die „Waffe der Geistesfreiheit"[254] zu handhaben verstand. Hier zeigte sich Arndt in seinem politischen Kern: ein kämpferischer Liberaler. Immer wieder forderte er den Mut, das „Wagnis"[255] der Freiheit einzugehen, vor dem Risiko schmerzhafter und zersetzender Kritik nicht zurückzuschrecken im Bewußtsein um die unlösbare Verknüpfung von Freiheit und Wahrheit: „Von Freiheit kann erst die Rede sein, wo die Wahrheitsfrage zur Sprache gebracht wird und das freie Wort uns als Ärgernis ans Herz stößt."[256] Kompromißlos legte er daher den Finger in die Wunde der Nichtachtung geistiger Freiheit im kommunistischen System.[257]

Und doch unternahm Arndt keine schlichte Wiederbelebung liberaler Ideen des 19. Jahrhunderts. Immer gegenwärtig blieb ihm die „funktionale Einheit", die gegenseitige Verwiesenheit von „Freiheit und Sicherheit."[258] Als Fehlvorstellung erschien ihm daher der überkommene liberale Freiheitsimpetus einer „Ausklammerung vom Staat" ebenso wie neo-liberale Modelle, in denen er „primär wirtschaftliche Ideologie" sah.[259] Für Arndt blieb vielmehr die Freiheit, so sehr sie Endziel und Erfüllung des mündigen Menschen war, stets und unabdingbar nur in gemeinschaftsbildender „Mitverantwortlichkeit" und sozialer Gerechtigkeit erfüllbar.[260] So belegte Arndt seine These von der ‚Aufhebung' des Liberalismus im Sozialismus in eigener Person: Ein Sozialdemokrat, der den emanzipatorischen, freiheitswahrenden Impetus des Liberalismus in der Partei weitertrug.

---

252 S. Arndt, Humanität – Kulturaufgabe des Politischen (1960), S. 62; darauf Bezug nehmend Arndt, Kafkas falsche Sicht (1961), S. 90; zur Anleihe der Begriffe des Letzten und Vorletzten bei der evangelischen Theologie vgl. auch Langner, Die Sozialdemokratische Partei Deutschlands, S. 64 ff.
253 Arndt, Die geistige Freiheit als politische Gegenwartsaufgabe (1956), S. 20.
254 A. a. O., S. 37.
255 A. a. O., S. 39; ders., Kulturelle Politik (1958), S. 83.
256 Arndt, Unsere geschichtliche Verantwortung für die Freiheit (1963), S. 193.
257 Arndt, Es geht um den Menschen (1956), S. 84–87. Seine scharfe Bekräftigung des „weltgeschichtlichen Nein zum Kommunismus" hielt Arndt ausdrücklich aufrecht, ungeachtet der Ansätze zur Entstalinisierung bei Chruschtschow.
258 Arndt, Sozialismus in unserer Zeit (1954), S. 118.
259 Ders., Kulturelle Politik (1958), S. 83; Sozialismus in unserer Zeit (1954), S. 117.
260 Ders., Kulturelle Politik (1958), S. 78 ff., 83; zur Verwandtschaft dieses wertgebundenen Begriffs mit dem Solidaritätsprinzip der katholischen Soziallehre vgl. Klüber, Katholische Soziallehre und demokratischer Sozialismus, S. 32 f.

Auf dem Parteitag der SPD in Stuttgart 1958

Arndt formulierte in seinen Beiträgen nichts radikal Neues. Doch stand er mit seiner Person als Vermittler eines tiefgreifenden innerparteilichen Erneuerungsprozesses. Die Persönlichkeit Adolf Arndt ist aus dem geistigen Umbruch der SPD in den Fünfziger Jahren nicht hinwegzudenken. In der Ablösung von altvertrauten Dogmen trug er gewissermaßen zur ‚Selbstüberredung' der Partei bei: Er demonstrierte, daß die Abwendung vom Marxismus als umfassender wissenschaftlicher Theorie nicht zwangsläufig einherging mit gedanklicher Verarmung. Er stand dafür, daß die Aufgabe sozialistischer Heilserwartung nicht eine Demoralisierung bewirkte, sondern individuelle moralische Antriebe im Hinblick auf eine menschenwürdige Gesellschaft gerade freisetzte. Arndts Reden bewiesen, daß mit der Absage an den Klassenkampf nicht auch das kämpferische Pathos unterging.

Das neue Grundsatzprogramm der SPD wurde im November 1959 von einem Sonderparteitag in Bad Godesberg verabschiedet. Auch wenn Arndts unmittelbarer eigener Einfluß sich im wesentlichen auf die Formulierungen des Abschnitts über die „staatliche Ordnung"[261] beschränkte[262], so befanden sich doch Gesamtanlage und allgemeiner Teil des Programms vollständig im Einklang mit seinem Entwurf vom Selbstverständnis des freiheitlichen Sozialismus. In ihrem Programm bekannte sich die SPD zur Entfaltung der „Persönlichkeit in Freiheit"[263] als „dienendes Glied der Gemeinschaft", zur „Würde des Menschen" und als „Partei der Freiheit des Geistes", die Raum ließ für verschiedene Glaubens- und Denkrichtungen. Damit und mit der Charakterisierung als „dauernder Aufgabe" wurde der Sozialismus – wie Arndt gefordert hatte – auf eine Theorie politischen Handelns beschränkt. Tragender Kern des Programms aber waren die „Grundwerte des sozialistischen Wollens" – Freiheit, Gerechtigkeit und Solidarität. Die Klarstellung, die das Programm seiner Anerkennung pluraler Begründungen dieser Werte beigab – „nicht aus Verständnislosigkeit und nicht aus Gleichgültigkeit gegenüber den Weltanschauungen oder religiösen Wahrheiten, sondern aus der Achtung vor den Glaubensentscheidungen des Menschen" – formulierte nichts anderes als die Haltung ‚wertgebundener Toleranz', die Arndt zur Leitidee eines jeden staatlichen Gemeinwesens erklärt hatte.

3. Das Grundgesetz als Programm: der Abschnitt „Die staatliche Ordnung" im Godesberger Programm

Das Godesberger Programm ist im Kern seines Abschnitts „Die staatliche Ordnung" das Werk Adolf Arndts. Hier wird Arndts Einfluß auf die Programmarbeit sinnfällig in Formulierungen, die unverwechselbar das Rechts- und Staatsdenken dieses sozialdemokratischen Juristen verkörpern.

---

261 Vgl. dazu unten Kapitel VII.3.
262 Zum Entwicklungsgang der Programmentwürfe vgl. Klotzbach, Staatspartei, S. 433 ff.
263 Zu den folgenden Zitaten vgl. Dowe/Klotzbach (Hrsg.), Programmatische Dokumente, Grundsatzprogramm der Sozialdemokratischen Partei Deutschlands, beschlossen auf dem außerordentlichen Parteitag in Bad Godesberg 1959, S. 361 ff.; zur Dominanz des Begriffs Freiheit im Programm und seine daraus folgende Einstufung als *liberaldemokratisch* vgl. Klotzbach, Staatspartei, S. 452; dazu auch unten Kapitel VII.3.

Dabei schienen die programmatischen Vorarbeiten zu diesem Abschnitt zunächst völlig an Arndt vorbeizulaufen. Über ein Jahr lang tagte der Unterausschuß Verfassungspolitik unter der Leitung von Generalstaatsanwalt Fritz Bauer[264], ohne daß Arndt ein einziges Mal an den Sitzungen teilnahm. Das lag zunächst an der terminlichen Überlastung des führenden sozialdemokratischen Juristen zumal im Wahlkampfjahr 1957. Hinzu kam gewiß, daß die Ausschußprotokolle zu Skepsis hinsichtlich der Stringenz und Effizienz der Beratungen Anlaß gaben. Arndt mag in diesem Eindruck bestärkt worden sein durch die Berichte seines Sohnes, Claus Arndt, der als Sekretär des Unterausschusses bereits im März 1957 eine fortwährende „Generaldiskussion" ohne „greifbares Ergebnis"[265] hatte heraufziehen sehen. In der Tat waren zu Beginn der Ausschußverhandlungen nicht überbrückbare theoretische Meinungsverschiedenheiten offenbar geworden. Der marxistische Dialektiker Wolfgang Abendroth präsentierte mit seinen „Thesen zum Problem des sozialen Rechtsstaats"[266] – auf der Grundlage marxistischer Gesellschaftsanalyse – den einzigen geschlossenen Entwurf einer sozialdemokratischen Verfassungspolitik im Rahmen der Ausschußberatungen. Gegen die überwiegend ablehnende Haltung der Ausschußmehrheit[267] sah Abendroth kein Durchkommen und zog sich aus den Beratungen zurück. Doch vermochten die übrigen Ausschußmitglieder Abendroth nichts Adäquates entgegenzusetzen. Die teils sehr theoretisch und allgemein gehaltenen, teils in Details sich verlierenden Referate[268] blieben bruchstückhaft. Diese Verlegenheit konnte die überwiegend von Fritz Bauer[269] formulierte, die Beratungen abschließende Ausschußvorlage nicht verdecken: Sie blieb ein Konglomerat unzusammenhängender, zum Teil auch ungenau formulierter Einzelaussagen und spezifischer Anliegen der Verfasser.

Entsprechend hart fiel Adolf Arndts Kritik aus. In Briefen an Bauer und Eichler[270] bezeichnete er den Entwurf als ein „Mittelding zwischen einer allgemein verständlichen Staatslehre und einem Programm für die von der Gesamtdeutschen Nationalversammlung zu beschließende Reichsverfassung" und verriß ihn Punkt für Punkt.[271] Arndt selbst, darin unterstützt unter anderem von Horst Ehmke[272], sah den Zweck des

---

264 Vgl. die Protokolle in AdsD, Akten PV – Alter Bestand 1696 (Programmkommission, Akten Eichler 4); zur Ausschußzusammensetzung vgl. Köser, Grundsatzdebatte, S. 274. Außerdem wurde von Eichler Horst Ehmke als „sachverständiger Berater" herangezogen, vgl. Eichler an Bleibtreu, Brill, Ehmke, 22. September 1956, AdsD, PV – Alter Bestand 1696 (Programmkommission Akten Eichler 4).
265 Claus Arndt an Fritz Bauer, 17. März 1957, AdsD, PV – Alter Bestand 1696 (Programmkommission Akten Eichler 4).
266 Vgl. Wolfgang Abendroth, Thesen zum Problem des sozialen Rechtsstaats, AdsD, PV – Alter Bestand 1696 (Programmkommission, Akten Eichler 4).
267 Vgl. die Kontroversen in den Unterausschußsitzungen am 27. Januar 1957 und insbesondere am 9. März 1957, Protokolle AdsD, PV – Alter Bestand 1696 (Programmkommission, Akten Eichler 4).
268 Vgl. die Referate von Otto Stammer („Theorie der Demokratie und Demokratieforschung"), Ulrich Lohmar („Sozialstruktur und soziale Tendenzen der Gegenwart") und Herrmann L. Brill („Verwaltungsstaat"), AdsD, PV – Alter Bestand 1696 (Programmkommission, Akten Eichler 4).
269 S. Vorschläge von Fritz Bauer, Claus Arndt und Dieter Hoffmann, AdsD, PV – Alter Bestand 1696 (Programmkommission, Akten Eichler 4).
270 S. Arndt an Bauer, 12. Dezember 1957 (Durchschläge an Eichler und Claus Arndt), AdsD, PV – Alter Bestand 1696 (Programm-Akten Eichler Nr. 4).
271 Zum Verlauf der Unterausschußberatungen und Arndts Kritik s. Köser, Grundsatzdebatte, S. 246 f., und Klotzbach, Staatspartei, S. 437.
272 S. Köser, a. a. O., S. 246.

Entwurf Arndts zum späteren Abschnitt über „Die staatliche Ordnung" im Godesberger Programm der SPD

Programmabschnitts über die staatliche Ordnung darin, „in mehr politischer Hinsicht das Verhältnis der SPD zum gegenwärtigen Staat, wenn auch mit Ausblicken in die Zukunft, verständlich zu machen."[273]

Dazu gab ihm Willi Eichler unmittelbar Gelegenheit. Der Vorsitzende der Großen Programmkommission nahm den Kritiker Arndt beim Wort und bat ihn um einen Neuentwurf zum verfassungspolitischen Teil des Parteiprogramms.[274] Arndt kam dem nach mit einem Entwurf, der ein verfassungspolitischer Grundsatzkommentar der grundgesetzlichen Staatsordnung aus sozialdemokratischer Sicht – und zugleich das prägnante Kompendium seiner eigenen Staatsauffassung – war.[275] Arndts Werk stellte in der Tat hinsichtlich seiner gedanklichen Dichte und Klarheit den Vorentwurf des Unterausschusses weit in den Schatten. Letzterer wurde deshalb von Ollenhauer – gegen den heftigen Protest Claus Arndts, der darin eine Mißachtung des Unterausschusses sah[276] – nicht einmal der Großen Programmkommission unterbreitet. Statt dessen wurde Adolf Arndts Entwurf vorgelegt und angenommen. Aus seinem Fundus schöpften alle späteren Entwürfe; er enthielt bereits die Kernaussagen des Abschnitts über die staatliche Ordnung im Godesberger Programm. Von Arndt nochmals überarbeitet[277], ging das Konzept als Abschnitt „Rechts- und Staatspolitik" in den Entwurf eines neuen Grundsatzprogramms ein, der als Diskussionsgrundlage dem Stuttgarter Parteitag 1958 vorlag.[278]

Im Vorfeld des Godesberger Programmparteitags im November 1959 wurde der Stuttgarter Diskussionsentwurf mehrfach überarbeitet.[279] Die redaktionelle Entwicklung des Abschnitts über die staatliche Ordnung spiegelt Arndts Bemühen wider, ein Stück der eigenen gedanklichen Geschlossenheit auch dem neuen Grundsatzprogramm mitzuteilen. Der auf den Stuttgarter folgende zweite Programmentwurf lief diesem Bemühen zuwider. Sein Abschnitt über die staatliche Ordnung war halb so lang wie Arndts entsprechender Entwurf und mischte einige Gedankensplitter daraus – teils banalisiert, teils zur Unverständlichkeit verallgemeinert und in sich widersprüchlich – mit dem Bekenntnis zur Wiedervereinigung und zum Grundgesetz.[280] Diesmal richtete Arndt seine vernichtende Kritik unmittelbar an den Parteivorsitzenden Ollenhauer. Seine Ankündigung, er werde derart inhaltsentleerten Sentenzen zu Staat und Recht seine Zustimmung verweigern[281], wirkte. Auf Drängen Ollenhauers hin[282], der unter keinen Umständen Arndts Mithilfe missen wollte, wirkte Arndt an der Überarbeitung

---

273 Arndt an Bauer, 12. Dezember 1957, AdsD, PV-Akten – Alter Bestand 1696 (Akte 4).
274 Das geht aus dem Brief Arndts an Eichler vom 24. Februar 1958 hervor, AdsD, PV-Akten – Alter Bestand 1958, 1708 (Programmkommission).
275 Der Entwurf erwuchs aus Arndts grundlegendem Vortrag Sozialistische Staatspolitik – heute (1958), S. 191 ff.
276 Vgl. dazu Claus Arndt, Erinnerungen, S. 51.
277 Vgl. Entwurf Arndts (ursprünglicher Titel: „Verfassungspolitik und Staat", geändert in: „Rechts- und Staatspolitik") vom 24. Februar 1958, von Arndt handschriftlich überarbeitet und mit redaktionellen Änderungen Eichlers versehen, AdsD, PV – Alter Bestand 1696 (Akte Nr. 4).
278 Vgl. Protokoll der Verhandlungen des Außerordentlichen Parteitags der SPD 1959 in Bad Godesberg, S. 351 ff.
279 Dazu Köser, Grundsatzdebatte, S. 249 ff.; Klotzbach, Staatspartei, S. 442 ff.
280 S. Entwurf für ein Grundsatzprogramm der SPD (Fassung nach der gemeinsamen Besprechung vom 4. Juli 1959, Ollenhauer, Deist, Kautsky, Sänger, AdsD, Akten SPD-BTF 2437 (SPD-Programm), Abschnitt „Die staatliche Ordnung."
281 Arndt an Ollenhauer, 7. Juli 1959, AdsD, PV-Bestand Ollenhauer 1.

der folgenden Entwürfe[283] mit, die daraufhin in ihren Ausführungen zum Staat, bei einigen Ergänzungen, zunehmend wieder den Anschluß an den Stuttgarter Entwurf fanden.

Die zweimalige erfolgreiche Intervention Arndts personifiziert geradezu den Wandlungsvorgang auf der politischen Entscheidungsebene der SPD in der zweiten Hälfte der Fünfziger Jahre.[284] Eine Spitzengruppe sozialdemokratischer Parlamentarier, wie Fritz Erler und Adolf Arndt ausgewiesen vor allem durch spezielle sachliche Kompetenz, setzte sich mit ihren Reformplänen zunehmend erfolgreich gegen eine alte „etablierte Parteielite"[285] um den besoldeten Parteivorstand herum durch. Arndts anerkannte sachliche Autorität – begünstigt noch durch den guten Zugang zum Machthaber der alten Parteielite, Erich Ollenhauer, vermochte auch die Entscheidungskompetenz eingesetzter Parteigremien zu verdrängen.

Nach letzten Formulierungshilfen[286] hielt Arndt schließlich den Programmentwurf des Parteivorstands, trotz Kritik im einzelnen, insgesamt für geeignet, „einen guten Schritt in der von Kurt Schumacher begonnenen Linie weiterzutun."[287] Damit stellte er sich persönlich hinter die Empfehlungen des Parteivorstands und vertrat den Programmabschnitt „Staatliche Ordnung" vor dem Godesberger Parteitag. Mit nur wenigen, marginalen Änderungen[288] nahm der Parteitag den Abschnitt in der Präsentation seines geistigen Urhebers Arndt an.

Sieht man von den Passagen über die Wiedervereinigung, die „freien Gemeinden", die Verbände und die Medien ab, so lassen sich die Kernaussagen des Abschnitts über die staatliche Ordnung bis in einzelne Wendungen hinein auf Arndt zurückführen. Die geradezu klassische Formulierung und Spitzenstellung des Satzes „Das Leben des Menschen, seine Würde und sein Gewissen sind dem Staat vorgegeben"[289] erhielt Arndts auch vor dem Godesberger Parteitag leidenschaftlich verfochtene Absage an totalitäre und autoritäre Staatsauffassungen. Das zeitliche und gedankliche Vorgegebensein, die ‚Unverfügbarkeit', dieser drei „den wirklichen, leibhaftigen, in der Geschichte existierenden Menschen"[290] ausmachenden Grundwerte für den Staat ging in den Grundbestand sozialdemokratischer Staatsauffassung ein. Das Godesberger Programm verstärkte diesen Impetus noch durch die gleichfalls auf Arndt zurückgehende

---

282 Ollenhauer an Arndt, 9. Juli 1959, AdsD, PV-Bestand Ollenhauer 1: „Und ich möchte besonders auf den Rat von Dir und Deine Mitarbeit nicht verzichten."
283 Vgl. die aufgrund der PV-Sitzung am 21. Juli 1959 und am 13. August 1959 nochmals überarbeiteten Entwürfe, AdsD, Akten SPD-BTF 2437 (SPD-Programm); zur Redaktionsgeschichte Klotzbach, Staatspartei, S. 444. Der Abschnitt über die staatliche Ordnung erfuhr dabei – durch Arndt – die einschneidendste Änderung, s. Mann, Das Godesberger Grundsatzprogramm als Ergebnis innerparteilicher Willensbildung, S. 235.
284 S. Köser, Grundsatzdebatte, S. 7, 253 f.; Klotzbach, Staatspartei, S. 421 ff. (428 f.).
285 Zu den Gruppen Köser, a. a. O., S. 9 f., 80 f., zur Einordnung Arndts insbesondere S. 85, 283.
286 Vgl. Arndts Überarbeitung und teilweise Neuformulierung zur PV-Sitzung am 3. September 1959, AdsD, Akten SPD-BTF 2437 (SPD-Programm) und die letztgültige Überarbeitung Eichlers zur Vorlage auf dem Godesberger Parteitag, AdsD, PV-Akten Alter Bestand 1698 (Programm-Kommission, Akten Eichler 7).
287 Arndt an Ollenhauer, AdsD, Akten SPD-BTF 1321 (Korrespondenz Ollenhauer).
288 Vgl. Protokoll der Verhandlungen des Außerordentlichen Parteitages der Sozialdemokratischen Partei Deutschlands vom 13. bis 15. November 1959 in Bad Godesberg (im folgenden: Prot. SPD-PT 1959), S. 126 ff. (192 f.).
289 Godesberger Programm in: Dowe/Klotzbach (Hrsg.), Programmatische Dokumente, S. 366.
290 Arndt, Prot. SPD-PT 1959, S. 127 f.

Kennzeichnung der Grundrechte als nicht nur staatsgerichteter Abwehrrechte, sondern den „Staat mitbegründen[der]", „gemeinschaftsbildender Rechte."[291]

Die Ausführungen über den Sozialstaat trugen, entsprechend Arndts Formulierung und Empfehlung, Sorge, daß die Herstellung eines „Optimum[s] an Startgleichheit der Menschen"[292] und die „Daseinsvorsorge"[293] zur staatlichen Pflicht erhoben wurden. Sie widersprachen aber zugleich, woran Arndt sehr gelegen war[294], jeglichen Nivellierungstendenzen durch die bekräftigende Garantie der „freien Selbstverantwortung"[295] des Menschen. Diese *subsidiäre*[296] Zielbestimmung des Sozialstaats, verbunden mit der Wertbegründung des Staates durch klassische Individualrechtspositionen, bekräftigte einen Grundzug des Godesberger Programms: die inhaltliche Dominanz des Grundwerts Freiheit – bei aller formalen Gleichstellung mit den Grundwerten Gerechtigkeit und Solidarität.[297] Den ausgeprägt *liberaldemokratischen*[298] Grundzug unterstrich auch die auf Arndt zurückgehende Betonung der Gleichrangigkeit und staatstragenden Verantwortungsgemeinschaft von Regierung und Opposition.[299] Den Gedanken der freiheitsstärkenden Machtteilung durch Gewaltengliederung hatte Arndt gleichfalls in seinem Entwurf für den Stuttgarter Parteitag vorgezeichnet. In einem letzten Vorentwurf für den Godesberger Parteitag hatte er neben der äußeren auch die Sicherung der „inneren Unabhängigkeit" der Richter gegenüber gerichtsinternen Manipulationsgefahren bekräftigt.[300] Mit der Verpflichtung auf die „Rechtsidee" als Korrektiv des (den Wandlungen des Rechtsbewußtseins „zeitgerecht" anzugleichenden) Gesetzesrechts gab Arndt dem Rechtsstaat des Godesberger Programms eine materielle, antipositivistische Ausrichtung.[301] Schließlich brachte er die Formel von der „Verschmelzung des demokratischen mit dem sozialen und dem Rechtsgedanken" zum „Kulturstaat"[302] in

---

291 Godesberger Programm in: Dowe/Klotzbach (Hrsg.), Programmatische Dokumente, S. 366.
292 S. bereits Arndt an Bauer, 12. Dezember 1957, AdsD, PV – Alter Bestand 1696 (Programm-Kommission, Akten Eichler 4).
293 Vgl. zu diesem von Ernst Forsthoff geprägten Begriff bereits den Unterausschuß-Entwurf von Fritz Bauer, AdsD, PV – Alter Bestand 1696 (Programm-Kommission, Akten Eichler 4).
294 Arndt an Bauer, 12. Dezember 1957, AdsD, PV – Alter Bestand 1696 (Akten Eichler 4): „Denn es kann doch wohl nur gemeint sein, daß von Staats wegen für ein Optimum an Startgleichheit der Menschen zu sorgen ist [...] Hier aber liegt die Mißdeutung nahe, als ob wir künstlich und zwangsweise alle Unterschiede, auch soweit sie fruchtbar und gerechtfertigt sind, einebnen wollten. Es wäre auch ein schrecklicher Staat, wenn jeder Staatsanwalt ohne Rücksicht auf Fleiß oder Begabung Generalstaatsanwalt werden müßte, um tatsächliche Ungleichheiten auszugleichen."
295 Vgl. den Stuttgarter Entwurf zu einem Grundsatzprogramm, Prot. SPD-PT 1959, S. 381 ff. (S. 354: „Selbstverantwortung und die freie Entfaltung seiner Begabung") und das Godesberger Programm, a. a. O., S. 12 f. (S. 15).
296 Vgl. zum Subsidiaritätsprinzip Kapitel VII.4.
297 Klotzbach, Staatspartei, S. 452.
298 Ders., ebda.
299 Vgl. Stuttgarter Entwurf, Prot. SPD-PT 1959, S. 354, zur diesbezüglichen Übereinstimmung Arndts mit Gedanken, die Fritz Erler in der I. Kommission zur Weiterführung der Parteidiskussion 1954 geäußert hatte vgl. Köser, Grundsatzdebatte, S. 240, 247.
300 Vgl. seinen Entwurf zur PV-Sitzung am 3. September 1959, AdsD, Akten SPD-BTF 2437; s. auch oben, Kapitel VI.1.
301 Die formelhafte Verkürzung zum Begriff „Rechtsidee" im Godesberger Programm erläuterte ausführlicher der Stuttgarter Programmentwurf, Prot. SPD-PT 1959, S. 355.
302 Zum Begriff des Kulturstaats und seiner Verwendung bei Arndt als „Kürzel guter Ordnung" s. Robbers, Kulturstaatliche Aspekte der öffentlichen Meinung, S. 415, der einen diesen umschließenden, zugleich darüber hinausgehenden Kulturstaatsbegriff bei Hermann Heller vorgeprägt sieht.

das Reformprogramm hinein. Indem dieser Staat „von den gesellschaftlichen Kräften her"[303] seine Inhalte empfing, versinnbildlichte er das komplementäre Verhältnis von Staat und Gesellschaft und damit die Grundvoraussetzung eines pluralistischen Gemeinwesens.

Mit dem Abschnitt über die staatliche Ordnung löste das Godesberger Programm auch Arndts Forderung nach Strukturhomogenität von Staat und Partei ein[304]: Eine Partei, die statt einer Weltanschauung pluralistisch begründbare Werte zu ihrer Grundlage machte, stellte sich hinter eine Staatsordnung, in der das Prinzip der Toleranz und die Existenz einer Opposition unverfügbar waren.

Ablösung vom marxistischen Staatsverständnis

Arndts Entwurf einer staatlichen Ordnung erntete die überwältigende Zustimmung der Parteimehrheit – aber den entschiedenen Widerspruch der überstimmten marxistischen Gruppierung in der SPD, deren theoretischer Kopf Wolfgang Abendroth war. Abendroth, der in den programmvorbereitenden Gremien in eine aussichtslose Minderheitsposition geraten war[305], hatte auch weiterhin öffentlich seine kritische Stimme erhoben und einen kompletten Gegenentwurf zum Stuttgarter Programmentwurf vorgelegt.[306] Besonders hart war er mit dem Abschnitt über die staatliche Ordnung in dem offiziellen Parteientwurf ins Gericht gegangen. In einer Sitzung des Rechtspolitischen Ausschusses beim Parteivorstand, ein halbes Jahr vor Verabschiedung des Godesberger Programms, steckten die beiden bekannten Verfassungsjuristen Abendroth und Arndt ihre kontroversen Positionen ab.[307] Ein Vergleich zeigt die Diskrepanz zwischen Arndts Entwurf einer staatlichen Ordnung und einem marxistischen Rechts- und Staatsverständnis.

Nach Abendroths historisch-materialistischem Ansatz blieb der Widerspruch zwischen den jeweiligen Produktionsverhältnissen und Produktivkräften und seine Überwindung in Klassenkämpfen das treibende Bewegungsgesetz der Geschichte.[308] Arndts idealistisch-humanistisches Ethos hingegen lehnte, in seiner Bezogenheit auf den einzelnen Menschen, jeden Klassenkampf als eine Vorform der Diktatur ab.[309] Für Abend-

---

303 Arndts Kommentierung dieser Passage, in: ders., Humanität – Kulturaufgabe des Politischen (1960), S. 47 f.
304 Vgl. oben Kapitel VII.1.
305 S. auch Köser, Grundsatzdebatte, S. 217 f.
306 Abendroth, Arbeiterklasse, Staat und Verfassung. Kritisches zum Programmentwurf der SPD, S. 42 ff.; ders., Aufgaben und Ziele der deutschen Sozialdemokratie – Programmentwurf 1959 (1959), S. 407 f.
307 Vgl. Protokoll der Sitzung des Rechtspolitischen Ausschusses beim Parteivorstand am 2./3. Mai 1959, AdsD, Akten SPD-BTF 2576 (Rechtspolitischer Ausschuß beim Parteivorstand), S. 13 ff. Die Diskussion um den Rechtspolitischen Teil des Programmentwurfs war von Arndt anberaumt worden.
308 Vgl. die Thesen Abendroths zum Referat „Die heutige Bedeutung des historischen Materialismus", AdSD, PV – Alter Bestand 1696 (Programm-Kommission, Akten Eichler 1); Prot. RPA-PV 2./3. Mai 1959, S. 14, a. a. O.
309 S. Arndt – unter Bezugnahme auf Kurt Schumacher –, Sozialistische Staatspolitik – heute (1958), S. 187; ders., Entwurf zum Abschnitt „Rechts- und Staatspolitik", 24. Februar 1958, AdsD, PV – Alter Bestand 1696 (Programm-Kommission, Akten Eichler 4): „Jeder Klassenkampf trägt den Keim der Diktatur in sich" (später von Eichler gestrichen).

roth sollte dem Staat einerseits eine bloße „Übergangsfunktion"[310], andererseits aber – trotz seiner monopolkapitalistischen und militaristischen Gegenwartserscheinung – eine Schlüsselrolle bei der demokratischen Organisation einer sozialistischen Gesellschaft zukommen.[311] Mit aller erdenklichen Entschiedenheit setzte Arndt seine Auffassung vom Eigenwert des Staates dagegen: „Der Staat, nach dem wir streben, ist nicht wertfrei, sondern wertgebunden und durch seine Bestimmung selber ein Wert."[312] Darin lag die entschiedene Absage an ein lediglich instrumentelles oder ‚strategisches'[313] Staatsverständnis.

Die gleiche Meinungsdifferenz wiederholte sich in der Einschätzung der Demokratie. Während Abendroth von Demokratie zumeist in den relativierenden Beifügungen „politisch" oder „sozial"[314] sprach, war für Arndt Demokratie „die politische Lebensweise der Freiheit und Gleichberechtigung" schlechthin und damit unabdingbar „Ziel und Eigenwert."[315] Das Godesberger Programm schrieb diesen Grundsatz fest und setzte sich damit, wie Arndt ausdrücklich festhielt[316], von früheren parteiprogrammatischen Interpretationen ab, die die Demokratie als Mittel dem – vermeintlich – vorrangigen Ziel des Sozialismus untergeordnet hatten.

Gleichfalls unterschiedlich fiel die Bewertung der repräsentativen und plebiszitären Komponenten der Demokratie aus. Dabei hatten Arndt und Abendroth in ihren Ausgangspunkten zunächst nicht weit auseinander gelegen: Unter dem Eindruck der Regierungskampagne für eine ausschließlich repräsentative Demokratie, die sich gegen die Volksbefragungsaktionen zur Atombewaffnung[317] richtete, hatte Arndt im Stuttgarter Programmentwurf unter dem Beifall Abendroths die Ideologie der „repräsentativen Demokratie" als Tarnung der „Vorherrschaft wirtschaftlich übermächtiger Gruppen"[318] scharf angegriffen. Abendroths zugespitztem „Bekenntnis zur plebiszitären Demokratie"[319] mochte Arndt indessen – nicht zuletzt wegen der historischen Belastung plebiszitärer Demokratie in Deutschland, wie er argumentierte – nicht folgen. Den Zwiespalt zwischen seiner Übereinstimmung mit Abendroth hinsichtlich der Zeitanalyse einerseits und der Ablehnung dessen radikaler Konsequenz andererseits löste

---

310 Abendroth in: Protokoll der Sitzung des Unterausschusses Verfassungspolitik am 9. März 1957, AdsD, PV – Alter Bestand 1696 (Programm-Kommission, Akten Eichler 4); ders., Aufgaben und Ziele der deutschen Sozialdemokratie (1959), S. 411 ff. (S. 414).
311 Abendroth, Aufgaben und Ziele der deutschen Sozialdemokratie (1959), S. 411 ff. (S. 414).
312 Vgl. Stuttgarter Programmentwurf, Prot. SPD-PT 1959, S. 352.
313 Vgl. auch die dezidierte Interpretation von Wilhelm Hennis, Organisierter Kapitalismus (zum „strategischen" Staats- und Politikverständnis der Sozialdemokratie), S. 35, 45, 51 f., 62.
314 Abendroth, Aufgaben und Ziele der deutschen Sozialdemokratie (1959), S. 414 ff: Dort spricht Abendroth von der Staatsgewalt als „Instrument der sozialistischen Umgestaltung der Gesellschaftsverfassung und der Aufhebung der Klassen."
315 Vgl. Arndt in Godesberg, Prot. SPD-PT 1959, S. 126, und bereits den Stuttgarter Programmentwurf, a. a. O., S. 353, 355.
316 Arndt, Sozialistische Staatspolitik – heute (1958), S. 186: gegen den Satz „Demokratie, das ist nicht viel, Sozialismus ist unser Ziel." Diese Parole fand in dem bis Godesberg 1959 geltenden Heidelberger Parteiprogramm der SPD von 1925 (vgl. Dowe/Klotzbach [Hrsg.], Programmatische Dokumente, S. 215 ff. [S. 219]) einen gewissen Rückhalt in dem relativierenden Satz: „Die demokratische Republik ist der günstigste Boden für den Befreiungskampf der Arbeiterklasse [. . .]."
317 S.o. Kapitel V.2.
318 Stuttgarter Programmentwurf, Prot. SPD-PT 1959, S. 353.
319 Abendroth in Prot. RPA-PV vom 2./3. Mai 1959, S. 16, AdsD, Akten SPD-BTF 2576; s. auch Abendroth, Aufgaben und Ziele der deutschen Sozialdemokratie (1959),S. 415 f.

Arndt nicht. Er fügte[320] sich schließlich in ein Programm, das das Problem außerparlamentarischer Demokratie ausklammerte – ja, im Gegenteil, mit der Betonung der parlamentarischen Verantwortlichkeit der Regierung keine Distanz zur „herrschenden Ideologie" der repräsentativen Demokratie mehr erkennen ließ.[321]

Motor des gesellschaftlichen Fortschritts war für Abendroth der „das Volk" verkörpernde demokratische Gesetzgeber: Seine besondere demokratische Legitimation gab dem Gesetzgeber das Konkretisierungsmonopol hinsichtlich unbestimmter, erfüllungsbedürftiger Verfassungsbegriffe und unterwarf die Judikative und Exekutive einer nachgeordneten, unselbständigen Gesetzesvollziehungsfunktion.[322] Für Arndt war diese Sichtweise unvereinbar mit der gleichmäßigen Balancierung und Gewichtsverteilung aller drei Gewalten. Insbesondere seine Interpretation von der gleichberechtigt rechtsschöpferischen Funktion der Judikative neben der Legislative[323] war für Abendroth unannehmbar. Dahinter stand, neben dem demokratischen Argument, Abendroths tiefwurzelndes Mißtrauen gegenüber den „reaktionären", durch ihre faschistische Vergangenheit vielfach vorbelasteten „alten Apparaten" in Rechtsprechung und Verwaltung, die demokratische Gesetzesvorhaben zu konterkarieren drohten und folglich zunächst einer „Säuberung"[324] von Kollaborateuren des nationalsozialistischen Terrorregimes bedürften. Weit entfernt davon Arndt: Auch seine kritischen Bemerkungen zur Verfassungswirklichkeit der Bundesrepublik im Stuttgarter Programmentwurf[325] enthielten keine konkreten Hinweise auf demokratiefeindliche Verwaltungsapparate oder gar Erscheinungen der Klassenjustiz. Vielmehr stärkte das Godesberger Programm, nach einer Formulierung Arndts, gerade das traditionelle rechtsstaatliche Element der richterlichen Unabhängigkeit[326] – und damit zugleich die politische Unangreifbarkeit der Richter. Es hätte für Arndt nahe gelegen, auf Abendroths Kritik hin ein altes Anliegen aus der Zeit der Justizgesetzgebung in Hessen neu hervorzuheben: das Erfordernis einer demokratischen Verantwortlichkeit des Richters.[327] An fast versteckter Stelle begnügte sich statt dessen das Godesberger Programm mit dem Hinweis darauf, daß die Richter „im Namen des Volkes" Recht sprächen, und beließ es im übrigen bei der Sicherstellung richterlicher Unabhängigkeit, um zu gewährleisten, daß die Richter „allein dem Recht dienten."[328]

Schließlich zeigten zwei Grundrechtskonzeptionen die Unterschiedlichkeit der Ausgangspunkte. Abendroth interpretierte die Grundrechte primär von ihrem sozialstaat-

---

320 Mit Abendroth stimmte Arndt darin überein, daß das künftige Programm eine Analyse der Gesellschaft angesichts der „atemberaubenden Entwicklung der Entdemokratisierung mit bedrohlichen autoritären und sogar faschistischen Tendenzen" enthalten müsse (Prot. RPA-PV, S. 16, a. a. O.), und stimmte im Parteipräsidium gegen den Verzicht auf eine Zeitanalyse, vgl. AdsD, Prot. SPD-Präsidium vom 6. Mai 1959.
321 Vgl. die harsche Kritik Abendroths, Programm der Anpassung und Resignation, in: Vorwärts, 9. Oktober 1959, S. 5.
322 S. Abendroth, „Thesen zum Problem des sozialen Rechtsstaats", AdsD, PV – Alter Bestand 1696 (Programm-Kommission, Akten Eichler 4); Protokoll der Sitzung des Unterausschusses Verfassungspolitik, 9. März 1957, a. a. O.
323 S. o. Kapitel VI.1.
324 Protokoll des Unterausschusses Verfassungspolitik vom 9. März 1957, AdsD, PV – Alter Bestand 1696 (Akten Eichler 4); Abendroth, Aufgaben und Ziele der deutschen Sozialdemokratie (1959), S. 415.
325 Stuttgarter Programmentwurf, Prot. SPD-PT 1959, S. 351 f.
326 Godesberger Programm in: Dowe/Klotzbach (Hrsg.), Programmatische Dokumente, S. 367.
327 S.o. Kapitel II.4.
328 S. Godesberger Programm, in: Dowe/Klotzbach, Programmatische Dokumente, S. 367.

lichen Gehalt her: Das Sozialstaatsgebot, Art. 28 Abs. 1 GG, verbiete – gewissermaßen als immanente Schranke – die Auslegung der Freiheitsrechte, des Persönlichkeitsrechts, der Berufswahl- und Eigentumsfreiheit, im sozialpolitisch „restaurativen" Sinn und überlasse diese dem gestaltenden Gesetzgeber zur ‚Einordnung' in ein anderes Gesellschaftssystem. Lediglich ergänzend trat danach die Abwehrfunktion überkommener liberaler Freiheitsrechte, wie z. B. der Meinungsfreiheit, gegen obrigkeitsstaatliche Gefährdungen hinzu.[329] Aus Arndts Sicht lag darin die Gefahr einer doppelten Fehlinterpretation: Zum einen sah er hinter Abendroths sozialstaatlicher Verfügbarkeit der Grundrechte und ihrer einseitig antimonopolkapitalistischen Stoßrichtung die Gefahr heraufziehen, daß eine solche sozialistische Staatsordnung totalitär entartete. Arndts eigener Programmentwurf jedenfalls stellte keinerlei Verbindung zwischen dem Sozialstaatspostulat und dem Katalog der Grundrechte her, die vielmehr in ausgeprägt antitotalitärer Stoßrichtung ihr Hauptgewicht auf die Gewährleistung geistiger Freiheit legten. Die staatsmitgestaltende Funktion dieser Grundrechte – das war Arndts zweiter Einwand – übersehe Abendroth in seiner Fixierung auf die einesteils zwar progressiv sozialstaatliche, anderenteils jedoch tradiert antistaatliche Grundrechtsauslegung.[330] Wie bei der Bestimmung der richterlichen Unabhängigkeit hatte Arndt auch hier die Akzente seiner verfassungspolitischen Positionen der unmittelbaren Nachkriegszeit verschoben. In den Jahren 1946/47 hatte er eine Grundrechtsgewährleistung noch unlösbar verknüpft mit der Frage nach der Sicherstellung ihrer ökonomischen Voraussetzungen.[331] Diesen Zusammenhang deutete das Godesberger Programm, inmitten eines prosperierenden Wohlfahrtsstaats, mit seinen allgemein gehaltenen Formulierungen über den Sozialstaat nur noch an. Nicht das ökonomische Substrat einer konkreten Grundrechtsgewährleistung sicherzustellen wurde damit dem Staat abverlangt, sondern nurmehr das Ethos „freier Selbstverantwortung" des Menschen praktisch verwirklichen zu helfen.[332]

So dokumentierte das Godesberger Programm einmal mehr in seinen Detailformulierungen den programmatischen Wandel, den Arndt und die SPD insgesamt seit den ersten Nachkriegsjahren vollzogen hatten. Weit vorangetriebene Demokratisierungsforderungen auf der Grundlage einer sozialistischen Wirtschaftskonzeption hatten dem Grundansatz einer betont *liberal*demokratischen Gestaltung von Staat und Wirtschaft Platz gemacht.

---

329 Abendroth, Thesen zum Problem des sozialen Rechtsstaats, AdsD, PV – Alter Bestand 1696 (Programm-Kommission, Akten Eichler 4); ders., Aufgaben und Ziele der deutschen Sozialdemokratie (1959), S. 415.
330 Arndt, Prot. RPA-PV vom 2./3. Mai 1959, S. 17 f., AdsD, Akten SPD-BTF 2576.
331 S.o. Kapitel II.2.
332 Vgl. Godesberger Programm in: Dowe/Klotzbach (Hrsg.), Programmatische Dokumente, S. 366; zu der Positionsverschiebung Arndts, wenngleich überzeichnend, s. auch Perels, Adolf Arndt und Franz L. Neumann, S. 140, 143 f.; zur Kritik an der „bürgerlichen Wertaxiomatik" des Godesberger Programms und Arndts „Harmonisierung des Klassenantagonismus" aus materialistischer Sicht s. Butterwegge, SPD und Staat heute, S. 206, 210; s. auch Abendroths Kritik an den lediglich „ethischen Formulierungen" ohne „konkreten Gehalt", ders., Ein Leben in der Arbeiterbewegung, S. 249.

Staatliche Ordnung im Vergleich der Parteigeschichte

Mit dem Godesberger Programm stellte die SPD ihre Absage an die marxistische Lehre vom Staat klar. Der die Parteitradition durchziehende Konflikt zwischen ‚Staatsverneinern' und ‚Staatsbejahern', zwischen Marxisten und Lassalleanern[333], konnte nicht eindeutiger zugunsten der letzteren entschieden werden als in Arndts Entwürfen. Arndts Kontroverse mit Abendroth war gewissermaßen ein Nachklang jener Debatten, die Anhänger Ferdinand Lassalles mit Karl Marx und später der Staatsrechtler Hermann Heller mit dem Marxisten Max Adler in der Weimarer Republik geführt hatten.[334]

Der Satz, der Staat sei „ein selbständiges Wesen auf eigenen geistigen, sittlichen, freiheitlichen Grundlagen"[335], war von Marx als Spott auf das von Lassalle inspirierte idealistische Staatsverständnis des Gothaer Programms von 1875 gemünzt worden. Er hätte ebensogut von Adolf Arndt stammen und der positiven Kennzeichnung des Godesberger Programms von 1959 dienen können.[336] Ein tiefer Graben historischer Erfahrung trennte Marx' Kritik der Menschenrechte von Arndts Grundrechtsapologie in einer nachtotalitären Verfassungsordnung. Marx' Aburteilung der bürgerlichen droits de l'homme als Rechte des egoistischen Menschen, der „isolierte[n] auf sich zurückgezogene[n] Monade"[337], gipfelte in dem Sarkasmus gegen die „bürgerliche Gewissensfreiheit": Sie sei allenfalls in der Form hinnehmbar: „Jeder muß seine religiöse wie leibliche Notdurft verrichten können, ohne daß die Polizei ihre Nase hineinsteckt", während die Arbeiterpartei vor allem danach streben müsse, die „Gewissen vom religiösen Spuk zu befreien."[338] Eine ganze Wertewelt trennte dieses Marxsche Verdikt von dem praktizierenden Christen Arndt, dessen Staat die Existenz von Grundrechten, vor allem die Vielfalt der Glaubens- und Gewissensüberzeugungen, in ‚wertgebundener Toleranz' zu seiner gemeinschaftsbildenden Grundlage machte.

Ausdrücklich stellte Arndt sich in die staatsbejahende Tradition Ferdinand Lassalles, wobei ihm Kurt Schumacher Vermittler dieser Tradition, unmittelbarer Bezugspunkt und Vorbild war. Das Staatsverständnis des Parteivorsitzenden, ausgehend von dessen 1926 erschienener Dissertation „Der Kampf um den Staatsgedanken in der Sozialdemokratie"[339], diente Arndt als Leitfaden und zur autoritativen Bekräftigung,

---

333 Zu Marx und Lassalle vgl. Thomas Meyer, Einleitung in: Kremendahl/ders. (Hrsg.), Sozialismus und Staat, Bd. I, S. 10 ff., 28 ff.; Sarcinelli, Das Staatsverständnis der SPD, S. 26 ff.
334 S. Meyer, a. a. O., S. 58 ff.; Kremendahl/ders., (Hrsg.), Sozialismus und Staat, Bd. II, S. 47 ff.
335 Karl Marx, Kritik des Gothaer Programms (1875), S. 28.
336 Vgl. Arndt, Sozialistische Staatspolitik – heute (1958), S. 185, 189. Dies galt indessen mit einer Einschränkung: Auch Arndt hätte immer nur von einer relativen Selbständigkeit des Staates im Sinne einer nicht einseitigen Abhängigkeit von den ökonomischen Verhältnissen gesprochen; die Annahme einer absoluten Selbständigkeit des Staates als eines eigenen, sittlichen Wesens hätte hingegen seiner Staatsintegrationsvorstellung und dem komplementären Verhältnis von Staat und Gesellschaft widersprochen. In diesem Sinne wandte Arndt denn auch Marx' Kritik ins Positive und sprach vom „Ethos des dienend-verantwortlichen Staates"; ders., Humanität – Kulturaufgabe des Politischen (1960), S. 53 („Humaner Staat").
337 Karl Marx, Zur Judenfrage (1843), S. 192.
338 Karl Marx, Kritik des Gothaer Programms (1875), S. 31.
339 Nachgedruckt: Kurt Schumacher, Der Kampf um den Staatsgedanken in der deutschen Sozialdemokratie, Hrsg. Friedrich Holtmeier, mit einem Geleitwort von Herbert Wehner, Stuttgart/Berlin/Köln/Mainz 1973.

als er im Jahre 1957 vor dem Zuhörerkreis der Katholischen Akademie in München erstmals die sozialdemokratische „communis opinio" über den Staat entwickelte.[340] Die bereits bei Lassalle ausgeprägte Betonung des nationalen Elements im Staatsgedanken verband auch Arndt mit Schumacher.[341] Schumachers Lassalle beipflichtende Qualifikation des Staates als eines sittlichen Ganzen und eines „Verbündeten" der Arbeiterklasse ging sinngemäß[342] über Arndt in den Stuttgarter Programmentwurf 1958 ein. Die Absage des sozialdemokratischen Parteivorsitzenden an jede Art des Klassenkampfes, sein Aufruf zum „Respekt vor der menschlichen Persönlichkeit"[343] prägten Arndts Verständnis sozialdemokratischer Staatspolitik bis in die einzelne Formulierung hinein.[344] Während der Vorbereitung des Godesberger Programms kehrte Arndt zu einem Schlüsselerlebnis seiner eigenen politischen Biographie zurück: Schumachers weltanschauliche Öffnung der SPD und sein Aufruf zur Mitarbeit an bürgerliche und intellektuelle Mittelschichten unmittelbar nach dem Krieg.[345] Die Erfahrungen seiner Zusammenarbeit mit dem Parteivorsitzenden gab Arndt mit der Weiterführung des Schumacherschen Staatsgedankens an die SPD und ihre Programmatik zurück. So sah es auch Herbert Wehner. Aus Anlaß einer Neuherausgabe der Dissertation Kurt Schumachers sprach er Arndt seine Dankbarkeit für das aus, was dieser dafür getan habe, „mit Hilfe von Kurt Schumachers Staatsgedanken den Sozialdemokraten im Nachkriegsdeutschland den Weg von der Schwärmerei zum politischen Handeln zu bahnen."[346]

Nun wäre es allerdings eine Verkürzung, Arndt eine unkritische Kopie des Schumacherschen Staatsdenkens anzulasten. In einem wesentlichen Punkt führte er den Grundsatz geistiger Liberalität der Partei konsequenter durch als Schumacher: Eine „sozialdemokratische Staatslehre"[347], wie Schumacher sie 1926 in seiner Dissertation gefordert hatte, lehnte Arndt ausdrücklich ab: Die Ausbildung einer „eigenen Staatstheorie oder Staatsphilosophie um ihrer selbst willen" sah er jenseits der Möglichkeit

---

340 Arndt, Sozialistische Staatspolitik – heute (1958), S. 181 f. (insbesondere S. 183 f.).
341 S. Schumachers positive Bewertung der im Verlauf des 1. Weltkriegs sich verstärkenden Abkehr sozialistischer Theoretiker vom marxistischen Internationalismus und deren gleichzeitiger Hinwendung zu einer an Lassalle anknüpfenden Staatsbejahung, s. Schumacher, Kampf um den Staatsgedanken, S. 108 ff., 116, 124, 134; zu Lassalles Nationalstaatsgedanken und dessen engem Zusammenhang mit der Demokratie, s. Na'aman, Lassalle, S. 305 ff.
342 Vgl. Stuttgarter Entwurf, Prot. SPD-PT 1959, S. 355; Schumacher, Kampf um den Staatsgedanken, S. 37 f. (39 f.).
343 Kurt Schumacher, Konsequenzen deutscher Politik, Aufruf Sommer 1945, in: ders., Reden und Schriften, S. 44.
344 Vgl. Arndt, Sozialistische Staatspolitik – heute (1958), S. 183 f., mit den Hinweisen auf Schumacher; Stuttgarter Entwurf eines Grundsatzprogramms, Prot. SPD-PT 1959, Abschnitt Rechts- und Staatspolitik, S. 351 f., mit den Passagen über das „personale Eigensein" und den „unmeßbaren Wert der menschlichen Person", in denen Arndt eigene Umschreibungen für Schumachers Anliegen sucht (S. 355 f.). Auch die Formulierung der Demokratie als „Lebensweise" oder „Lebensform" bzw. „Lebensordnung" (vgl. Stuttgarter Entwurf, S. 353; Godesberger Programm bei Dowe/Klotzbach [Hrsg.], Programmatische Dokumente, S. 364) geht auf Schumacher zurück.
345 S. oben Kapitel II.1.
346 Herbert Wehner an Arndt, 11. März 1973, AdsD, Nachlaß Arndt, Mappe 27; ders. an Arndt, 14. Mai 1973, a. a. O.: „Du hast mir vor Jahren die Schumacher-Gedanken erschlossen. Dafür danke ich Dir noch immer."
347 Schumacher, Kampf um den Staatsgedanken, S. 112, 135; Sarcinelli, Staatsverständnis der SPD, S. 34 f.

einer politischen Partei, die antrat, ihre nurmehr politische Theorie vom Anspruch wissenschaftlicher Objektivität zu befreien.[348]

Abgesehen von dieser Diskrepanz zu Schumacher überzeichnete Arndt – im Bemühen um die Herausarbeitung programmatischer Kontinuität – die Bezogenheit auf das Individuum im politischen Denken des frühen Kurt Schumacher.[349] Anders als Arndt es wahrnahm, enthielt nämlich Schumachers frühe Arbeit über den Staatsgedanken in der Sozialdemokratie eine durchgehende Kritik der individualistischen, auf Marx' spätaufklärerisches Denken zurückgehenden, organisationsfeindlichen Richtung des Sozialismus.[350] Sucht man in der Sozialdemokratie vor dem Zweiten Weltkrieg einen Theoretiker, der – wie später Arndt – liberalstaatliche Errungenschaften in einem sozialdemokratischen Staatsverständnis aufhob[351], so trifft man weit eher auf Eduard Bernstein denn auf Kurt Schumacher. Die in der sozialdemokratischen Theoriediskussion erstmals von Bernstein hervorgehobenen Forderungen nach Minderheitenschutz, Parteienkonkurrenz und Sicherungen „der freien Persönlichkeit"[352] fanden im Godesberger Programmabschnitt über die staatliche Ordnung ihre programmatische Erfüllung. Mit den von Arndt formulierten liberalen Rechtsgarantien hielt dieser Abschnitt schließlich eine Einsicht fest, die bereits Hermann Heller hellsichtig gegen Ende der Weimarer Republik gewonnen hatte: Eine Demokratie war ohne bürgerlich-rechtsstaatliche Freiheitsgarantien nicht lebensfähig.[353]

Das Grundgesetz als Programm

Kurz vor Verabschiedung des Godesberger Programms wetterte Wolfgang Abendroth: „Der Entwurf identifiziert die Partei in jenem Abschnitt, der die staatliche Ordnung abhandelt, kritiklos mit dem gesamten Inhalt des Grundgesetzes der Bundesrepublik Deutschland, ohne sich zu erinnern, daß dieses Grundgesetz – als es entstand – von jedem Sozialdemokraten als zwar erforderliches Kompromiß mit den bürgerlichen Parteien, aber eben doch als Kompromiß, nicht als das Programm der Partei aufgefaßt wurde."[354] Der Vorwurf der Kritiklosigkeit war in dieser Allgemeinheit überzogen; die durchaus gerade bei Arndt vorhandene Kritik an politischen Erscheinungen in Staat und Gesellschaft richtete sich nur nicht gegen das Grundgesetz selbst.

---

348 Arndt, Sozialistische Staatspolitik – heute (1958), S. 182.
349 Das von Arndt affirmativ verwandte Schumacher-Zitat (Sozialismus „als Hebel zum Individualismus") hatte jener hingegen, voller Skepsis gegenüber der an Marx orientierten, individualistischen Linie, mit einem Ausrufezeichen versehen, um die von ihm selbst bevorzugte „universalistische", dem (staatlichen) Organisationsbedürfnis entsprechende Richtung davon abzuheben, s. Schumacher, Kampf um den Staatsgedanken, S. 136.
350 S. Schumacher, a. a. O., S. 35 f., 103 ff., 115, 118 f.; vgl. auch die entsprechende Interpretation bei Meyer, Einleitung zu Kremendahl/Meyer, Sozialismus und Staat, Bd. II, S. 10.
351 S. Meyer, Einleitung zu Kremendahl/Meyer, Sozialismus und Staat, Bd. I, S. 40 f.; ders., Bernsteins konstruktiver Sozialismus in den Grundzügen, S. 564.
352 S. Eduard Bernstein, Die Voraussetzungen des Sozialismus und die nächsten Aufgaben der Sozialdemokratie (1899), in: Kremendahl/Meyer, Staat und Sozialismus, Bd. I, S. 167.
353 S. Heller, Rechtsstaat oder Diktatur?, S. 457, 460; auf die Wende Hellers zu dieser Minimalbedingung der Demokratie geht Steinbach, Sozialistische Transformation und Demokratie, S. 206 f., ein.
354 Abendroth, Programm der Anpassung und Resignation, in: Vorwärts, 9. Oktober 1959.

Doch war Abendroths Identifikationsthese im Kern zutreffend. Eben darum war es ja Arndt in der Programmarbeit gegangen: Nicht die Ordnung eines abstrakten, zukünftigen oder gar idealen Staates zu entwerfen, sondern den „gegenwärtigen Staat", die Verfassungsordnung des Grundgesetzes, positiv aus dem Verständnis sozialdemokratischer Verfassungspolitik heraus mit Gehalt zu füllen und dadurch eine Identifikation der Partei mit dem Grundgesetz herbeizuführen. Das vorangestellte ausdrückliche Bekenntnis zum Grundgesetz im Godesberger Programm bekräftigte nur, was der Programmabschnitt über die staatliche Ordnung in seiner Struktur deutlich erkennen ließ: Weit entschiedener als die beiden sozialdemokratischen Grundsatzprogramme der Weimarer Republik[355] machte sich das Godesberger Programm die konkreten Institutionen des geltenden Verfassungsrechts[356] – hinsichtlich der Grundrechte einschließlich ihrer Auslegung durch das Bundesverfassungsgericht[357] – zu eigen. Gerade hier zeigte sich, daß der Abschnitt über die staatliche Ordnung das Werk eines praktisch – im Bundestag und vor dem Bundesverfassungsgericht – tätigen Verfassungsjuristen war.

Gewiß bedeutete dies nicht eine schlichte ‚Heiligsprechung' des Grundgesetzes, wie auch Fritz Erler Abendroth entgegenhielt: Die Verfassung bleibe „durchaus ergänzungsfähig" – aber eben nur ergänzungsfähig – in den Grenzen, die das Grundgesetz selbst steckte.[358] Vor dem Godesberger Parteitag bekräftigte zudem der Parteivorsitzende Erich Ollenhauer das Bekenntnis zu den Grundrechten und stabilisierenden Strukturprinzipien, die das Grundgesetz aus der Erfahrung mit Weimar heraus gegen Aufhebungsversuche immunisierten.[359] Wenn Abendroth das Grundgesetz als „Kompromiß" deutete, dessen Verteidigung „strategisch richtig"[360] war, so stand dahinter doch immer die uneingelöste Hoffnung auf den demokratischen, verfassungsändernden, ja letztlich revolutionären Gesetzgeber – kurz: die Hoffnung auf die Aktivierung der „demokratischen Massen"[361], wie es eine Anhängerin Abendroths auf dem Godesberger Parteitag formulierte.

---

355 Das Görlitzer Programm und das Heidelberger Programm von 1921 bzw. 1925 (s. Dowe/Klotzbach, Programmatische Dokumente, S. 207, 215) stellten sich, wenn auch mit unterschiedlichem Nachdruck, auf den Boden der Demokratie. Beide Programme sagten jedoch nichts aus über Grundrechte und konkurrierende Parteien in der Demokratie und forderten die Umwandlung des Deutschen Reiches in einen Einheitsstaat.
356 Vgl. die Aufzählung der Grundrechte (Art. 1 Abs. 1, Art. 2 Abs. 2 Satz 1, Art. 4 Abs. 1 GG) und die Gewährleistung ihrer Unverfügbarkeit im Kern (Art. 19 Abs. 2 GG, „Wesensgehaltsgarantie"); die Prinzipien des Rechts-, Sozial- und Bundesstaats (Art. 20 Abs. 1, 28 Abs. 1 Satz 1 GG); richterliche Unabhängigkeit (97 Abs. 1 GG); Parteifreiheit (Art. 21 Abs. 1 Satz 1 GG); Gemeindefreiheit (Art. 28 Abs. 2 GG).
357 S.o. Kapitel VI.3. (Die Auslegung der Grundrechte als Elemente objektiver Ordnung im Lüth-Urteil).
358 Erler, Die SPD im Staat, in: Vorwärts, 30. Oktober 1959, S. 1 ff.
359 Vgl. Ollenhauer in Prot. SPD-PT 1959, S. 61, wenn auch mit der vagen Einschränkung, daß das Grundgesetz „in nicht wenigen Punkten noch fortschrittlicher sein könnte."
360 Abendroth, Programm der Resignation und Anpassung, S. 5.
361 Vgl. die entschiedene Kritik Helga Einseles am Abschnitt über „Die staatliche Ordnung", Prot. SPD-PT 1959, S. 112 f. (114). Sie forderte, eine sozialistische Staatspolitik müsse über das Grundgesetz „hinausgehen"; s. entsprechend bereits Abendroths Hinweis auf das „Parlament als ständige[n] Legalisator der permanenten sozialen Revolution", dem über das Verfassungsänderungsverfahren gegebenenfalls „volle Gestaltungsmöglichkeit" eingeräumt sei, Abendroth, Thesen zum Problem des sozialen Rechtsstaats, und Protokoll des Unterausschusses Verfassungspolitik vom 9. März 1957, AdsD, PV – Alter Bestand 1696 (Programm-Kommission, Akten Eichler 4); zur linkssozialistischen Kritik auf dem Godesberger Parteitag zusammenfassend Butterwegge, SPD und Staat heute, S. 205.

Das Godesberger Programm hingegen ließ keinen Zweifel: Es baute auf der unbedingten Loyalität der SPD zum Grundgesetz auf. Es bekräftigte den Traditionsstrang der „Verfassungspartei" unter Hintanstellung einer SPD-Tradition als fundamentaler Protestpartei und Emanzipationsbewegung.[362] Und doch konnte es nicht einfach dabei stehenbleiben. Die kritischen Einwände in der Programmdiskussion verwiesen auf die evidente Diskrepanz zwischen den normativen Ansprüchen sozialdemokratischer Politik und der realen politischen Verfaßtheit des Staates. Gerade Arndt übersah dieses Problem keineswegs. In einem zeitanalytischen Vorspann zu den staatlichen Ordnungsvorstellungen im Stuttgarter Programmentwurf[363] hatte er am Beispiel nicht demokratisch kontrollierter wirtschaftlicher Macht den Zwiespalt von Verfassung und Verfassungswirklichkeit scharf kritisiert. Eben dies war erhellend für seinen Erklärungsansatz: Mißstände der politischen Wirklichkeit deutete er aus der Sicht des Verfassungsjuristen, und zwar zunächst nicht als Mängel der Verfassung selbst, sondern ihrer praktischen Erfüllung. Auch ihm gehe es um den Staat „keineswegs wie er ist, sondern wie er sein soll"[364], hielt Arndt auf dem Godesberger Parteitag den Kritikern einer vermeintlichen Identifikation der SPD mit dem staatlichen Status Quo entgegen.

Arndts Weg zu dem Staat, „wie er sein soll", führte über das *evokative* Verfassungsverständnis[365]: Das Grundgesetz selbst stelle Wertsetzungen einer „guten" Politik und Verwirklichungsspielräume auf, die es „zu erfüllen" gelte. In einem berühmt gewordenen kritischen Vortrag über die Verfassungsverwirklichungsdefizite unter dem Grundgesetz prägte Arndt das geflügelte Wort vom „nicht erfüllten Grundgesetz."[366] Damit fand er eine Formel, die die Mißdeutung der „Legalstruktur"[367] des Grundgesetzes durch Gerichte und Exekutivorgane ebenso wie das Auseinanderfallen von „Legalstruktur und Sozialstruktur"[368] beschrieb. Die Auflösung dieses Spannungsverhältnisses sah er darin, daß die zur Erfüllung des Grundgesetzes Aufgerufenen den Status Quo der Verfassungswirklichkeit aufbrächen, die Verfassungsordnung selbst aber nicht revolutionär antasteten. So stellte die evokative Interpretation des „nicht erfüllten", aber erfüllungsbedürftigen Grundgesetzes die Verfassungsinterpretation des *politischen Reformismus* bereit: Die Reformziele waren in der Verfassung selbst zu suchen und in ihren zu erfüllenden „Wertentscheidungen" auch zu finden.

---

362 S. dazu Lösche, Sozialdemokratie zwischen Verfassungspartei und Emanzipationsbewegung, S. 403, 406 f.
363 Stuttgarter Programmentwurf, Prot. SPD-PT 1959, S. 331 f. (S. 351 f.).
364 Hervorgehoben auch von Fritz Sänger in seinem Kommentar zum Godesberger Grundsatzprogramm, Bemerkungen zum Grundsatzprogramm der SPD, auszugsweise abgedruckt bei Kremendahl/Meyer, Sozialismus und Staat, Bd. II, S. 126, wobei Sänger gerade übersieht, daß Arndt bezeichnenderweise vom veränderungsbedürftigen „Staat", nicht Grundgesetz, spricht.
365 S. oben Kapitel VII.1.
366 S. Arndt, Das nicht erfüllte Grundgesetz (1960), S. 141 ff.
367 Arndt, a. a. O., S. 145. Dieser Bereich der ‚Nicht- Erfüllung' des Grundgesetzes war primärer Gegenstand seines Vortrags.
368 Arndt, ebda., hielt es ausdrücklich offen, die Kritik an der Nichterfüllung des Grundgesetzes auch auf dieses Thema auszudehnen, und deutete das Beispiel nicht erfüllter „Sozialstaatlichkeit" des Grundgesetzes an; dazu auch Sarcinelli, Staatsverständnis der SPD, S. 64 f.

Aus dieser Sicht waren Verfassungsfragen nicht – nach einem berühmten Wort Lassalles – „Machtfragen"[369], sondern Interpretationsfragen bei der Ermittlung der „Wertentscheidungen"[370] *in* der Verfassung. Auch die Wertentscheidungen für die staatliche Ordnung im Godesberger Programm waren vom Grundgesetz allesamt vorgezeichnet oder zumindest daraus ableitbar. So war das Grundgesetz also doch – zu Abendroths Unmut – das Programm.

4. Wege zu ‚wertgebundener Toleranz' – Schritte zur Annäherung zwischen SPD und Katholischer Kirche

Der Weg nach Godesberg war der Weg zur weltanschaulichen Öffnung der SPD. Der Begründungspluralismus, die Absagen an ein parteiamtliches, bis zum Anspruch irdischer Heilsbotschaft übersteigertes wissenschaftliches Lehrgebäude des Sozialismus, kurz: die von Arndt geforderte Säkularisation des Sozialismus zur nurmehr „politischen Theorie" eröffneten gerade auch dem individuell Glaubenden, dem religiösen Menschen, den Zugang zur Sozialdemokratischen Partei.

Kurt Schumacher hatte diesen Öffnungsprozeß eingeleitet mit seinem parteigeschichtlich epochalen Aufruf aus dem Sommer 1945, indem er für Marxisten, ethisch oder philosophisch Motivierte und die, „die aus dem Geist der Bergpredigt Sozialdemokrat geworden" sind, gleiches Recht und gleiche Bewertung ihrer Beweggründe in der Partei gefordert hatte.[371] In den folgenden Jahren untermauerten parteiprogrammatische Dokumente die Anerkennung religiöser Motive und Toleranz[372] bis hin zur Feststellung des Berliner Aktionsprogramms von 1954: „Die Sozialdemokratie begrüßt die wachsende Erkenntnis vieler Christen, daß das Evangelium eine Verpflichtung zum sozialen Handeln und zur Verantwortung in der Gesellschaft einschließt."[373]

Für den bekennenden Protestanten Arndt war Schumachers Toleranzaufruf Rechtfertigung seiner Parteizugehörigkeit und zugleich Zielvorgabe seiner parteiprogram-

---

369 Arndt sah, daß Lassalles Wort „Verfassungsfragen sind Machtfragen" eine Relativierung des Verfassungsrechts gegenüber der politischen Macht nahelegte, und suchte daraufhin Lassalle so zu interpretieren, daß dieser vor allem von der Verfassung selbst geschaffene Institutionen zur Machtverteilung und -begrenzung im Auge gehabt habe, s. Arndt, Amt und Aufgabe des Bundespräsidenten (1959), S. 249 ff. Hingegen im Sinn eines die Verfassung überschreitenden machtpolitischen Primats wurde Lassalle bezeichnenderweise von Arndts Godesberger Kontrahentin Helga Einsele gedeutet, Prot. SPD-PT 1959, S. 113.
370 S. Arndt, Das nicht erfüllte Grundgesetz (1960), 156; zur damit verbundenen Gefahr einer materiellen Auﬂadung und Überfrachtung der Verfassung, ja einer Hochstilisierung der Verfassung zu einer Normordnung mit „sakralem Gebotsrang" vgl. kritisch – gerade auch gegen Arndt – Hennis, Verfassung und Verfassungswirklichkeit (1968/1973), S. 250 (insbesondere Anm. 39); Leicht, Das Grundgesetz – eine säkularisierte Heilsordnung?, S. 3 ff.; zu diesem Verfassungsverständnis der SPD allgemein Sarcinelli, Staatsverständnis der SPD, S. 62 ff.
371 S.o. Kapitel II.1.
372 Vgl. die Entschließung der Kulturpolitischen Konferenz in Ziegenhain 1947, in: Dowe/Klotzbach, Programmatische Dokumente, S. 294; Aktionsprogramm der SPD, beschlossen auf dem Parteitag in Dortmund 1952, erweitert auf dem Parteitag in Berlin 1954, a. a. O., S. 323, 353.
373 Präambel des Dortmund-Berliner Aktionsprogramms, a. a. O., S. 315.

matischen Arbeit. Die gleichberechtigte Anerkennung religiöser Beweggründe war für Arndt unlösbar verknüpft mit der Bestimmung der SPD zur Verteidigung geistiger Freiheit. Ein Rückfall der SPD hinter Schumachers Aufruf hätte Arndts Parteiaustritt nach sich gezogen.[374] So war es ihm aus gleichermaßen persönlichen wie grundsätzlichen parteiprogrammatischen Gründen ein Herzensanliegen, daß der Gedanke religiös-weltanschaulicher Toleranz außerhalb der SPD verstanden und in der Partei praktiziert wurde. Dabei brachte ihn die Entschiedenheit des eigenen Standpunkts über die bloße Weitergabe der Schumacherschen Position hinaus. Auch Schumacher hatte mehr erstrebt als die gleichgültige Duldung der vorhandenen (oder auch nicht vorhandenen) religiösen Überzeugungen einzelner Sozialdemokraten, wenn er zur gleichberechtigten „Behauptung" und „Verkündung" dieser Motive in der Partei aufgerufen hatte.[375] Eben damit hatte sich der Parteivorsitzende abgekehrt von der überkommenen Auffassung der SPD, wie sie das Görlitzer Programm von 1921 in strikter Beschränkung auf das forum internum formuliert hatte: „Religion ist Privatsache, Sache innerer Überzeugung, nicht Parteisache [...]."[376] Doch überwog bei Schumacher, trotz aller Wertschätzung, die verallgemeinernde und instrumentelle Betrachtungsweise der Religion als eines Erziehungsfaktors zur sittlichen und dadurch politisch verantwortlichen Persönlichkeit.[377]

Arndt baute darauf auf und ging doch zugleich auf das religiös gebundene Individuum zurück. Sein Begriff „wertgebundener Toleranz"[378] rückte nicht das bloße Vorhandensein, sondern die Verschiedenartigkeit der Glaubensüberzeugungen als Ausdruck der unverwechselbaren menschlichen Individualität und als Wert an sich in den Mittelpunkt. Bereits die Wortwahl zeigt den Akzentunterschied: Ging es Schumacher um den „Respekt" vor der menschlichen Persönlichkeit, so sprach Arndt von der „Ehrfurcht vor dem Gewissen des anderen."[379]

Der Blick auf die individuelle Glaubensentscheidung eröffnete Arndt auch das Verständnis für die Spezifika der christlichen Konfessionen und deren unterschiedliche Stellungnahmen zum Sozialismus. Solch Verständnis war vor allem im Verhältnis zur Katholischen Kirche dringend vonnöten. Hier bedurfte das sozialdemokratische Angebot wertgebundener Toleranz langer, geduldiger Vermittlung und stieß auf gravierende politische sowie theologisch-dogmatische Hemmnisse.

In der Mitte der Fünfziger Jahre, als die Vorbereitung des neuen sozialdemokratischen Grundsatzprogramms in ihre entscheidende Phase trat, stand die kirchenfeindli-

---

374 Vgl. auch die bei Waibel, Politics of Accommodation. German Social Democracy and the Catholic Church, S. 76, wiedergegebene Einschätzung Susanne Millers.
375 S. Kurt Schumacher, Konsequenzen deutscher Politik (Aufruf 1945), in: ders., Reden und Schriften, S. 44; zu Schumachers kirchenpolitischer Haltung s. Möller, Evangelische Kirche und Sozialdemokratische Partei, S. 111 ff.
376 Programm der SPD, beschlossen auf dem Parteitag in Görlitz 1921, in: Dowe/Klotzbach, Programmatische Dokumente, S. 207 ff. (S. 212).
377 Vgl. das häufig zitierte Wort Schumachers von der „Unverzichtbarkeit der Religion für eine große Gemeinschaft" und „einer notwendigerweise sich gut auswirkenden Macht" bei Kurt Schumacher, Die Chance des Christentum (1947), in: ders., Reden und Schriften, S. 312.
378 S. o. Kapitel VII.1. Damit gab Arndt persönlich der Haltung „wertgebundener Toleranz" eine weitergehende Bedeutung, als er Schumacher und der SPD insgesamt als „communis opinio" zuschrieb, s. Arndt, Sozialistische Staatspolitik – heute (1958), S. 191; dies zur Differenzierung der im übrigen treffenden Feststellungen bei Möller, Evangelische Kirche und Sozialdemokratische Partei, S. 121.
379 Arndt, Das Toleranzproblem aus der Sicht des Staates (1957), S. 149.

che Tendenz der Weimarer Parteiprogramme noch immer zwischen der SPD und der Katholischen Kirche.[380] Daran hatten auch die religionsfreundlichen Äußerungen Schumachers und die folgenden programmatischen Verlautbarungen nichts Grundsätzliches geändert; denn sie gingen gerade bei Schumacher einher[381] mit der kritischen Ablehnung eines öffentlichen, politischen Engagements der Kirchen im allgemeinen und scharfen, polemischen Angriffen auf politische Stellungnahmen der Katholischen Kirche im besonderen.[382] Das alte, apodiktische „Religion ist Privatsache" erfuhr darin offenkundig eine neue Bestätigung, die auf katholischer Seite dazu reizte, nachdrücklich an die Enzyklika Quadragesimo Anno von 1931 zu gemahnen, in der Papst Pius IX. eine grundsätzliche Verurteilung des Sozialismus ausgesprochen hatte.[383] Unter Berufung darauf erklärte denn auch anläßlich des Bundestagswahlkampfs 1957 der Münsteraner Bischof Keller, es sei unvereinbar, guter Katholik und zugleich wirklicher Sozialist zu sein.[384] Solche und ähnliche Äußerungen im Verein mit Wahlhirtenbriefen, die sich eindeutig zugunsten einer ‚christlichen Politik' aussprachen, waren aus der Sicht der SPD eine kaum verhohlene Wahlkampfhilfe[385] zugunsten der regierenden CDU/CSU und schürten alte kirchenfeindliche Ressentiments in der Sozialdemokratie. Dem gespannten Verhältnis zwischen Katholischer Kirche und SPD entsprach auf der anderen Seite eine höchst signifikante[386] Unterstützung der katholischen Wähler für die regierenden christlichen Parteien. Das hieß: Die Öffnung der SPD zur katholischen Wählerschaft war machtpolitisch unabdingbar; ohne Einbruch in das katholische Wählerpotential konnte die SPD weder Volkspartei werden, noch die Regierungsmehrheit erringen.

Arndt lag das machtpolitische Argument nicht fern[387]; es lag geradezu auf der Hand. Doch von grundsätzlicherem Interesse und höherem intellektuellen Reiz war für ihn das staatspolitische Problem: Wie war der Katholischen Kirche nahezubringen, daß ihre einseitige Parteinahme die CDU/CSU zur „Kirchenpartei" zu denaturieren drohte, den in einer Demokratie lebensnotwendigen Wechsel von Regierung und Opposi-

---

380 Zur historischen Belastung des Verhältnisses vgl. Aretz, Katholizismus und deutsche Sozialdemokratie 1949 bis 1963, S. 63; Kreiterling, Kirche – Katholizismus – Sozialdemokratie, S. 10 ff.; Waibel, Politics of Accommodation, S. 35 ff.; zusammenfassend zu den Voraussetzungen und Etappen des Annäherungsprozesses zwischen SPD und Katholischer Kirche ab Mitte der fünfziger Jahre nunmehr Brehm, SPD und Katholizismus – 1957 bis 1966; prägnant mit den zentralen Entwicklungslinien Klotzbach, SPD und Katholische Kirche nach 1945, S. XXXVII – XLIV.
381 Hier wird Möllers, Evangelische Kirche und Sozialdemokratische Partei, S. 111 ff. [116 ff.], Unterscheidung zwischen religionsfreundlicher und kirchenkritischer Haltung Schumachers gefolgt; daran anschließend auch Hartweg, Kurt Schumacher, die SPD und die protestantisch orientierte Opposition gegen Adenauers Deutschland- und Europapolitik, S. 192.
382 Waibel, Politics of Accommodation, S. 28.
383 S. Kreiterling, Kirche – Katholizismus – Sozialdemokratie, S. 15 ff., 21 ff.
384 Vgl. Aretz, Katholizismus und deutsche Sozialdemokratie, S. 69; Waibel, Politics of Accommodation, S. 28 f.
385 Aretz, a. a. O., S. 65.
386 Forster, Deutscher Katholizismus in der Adenauer-Ära, S. 497. Nach einer Erhebung aus dem Jahre 1956, die sich 1960 nur leicht verändert hatte, waren 63 % der CDU-Wähler katholisch, 35 % evangelisch, während die SPD 38 % katholische und 55 % evangelische Wähler zählte, zitiert nach Langner, Die Sozialdemokratische Partei Deutschlands, S. 90, Anm. 177.
387 Im Parteivorstand unterstrich Arndt die Notwendigkeit eines vermehrten Interesses für die Katholische Kirche mit dem Argument, die Schulexperimente in Hamburg seien allein Schuld an der Aufrüstung und der Atomgefahr heute, denn die dadurch ermöglichte Bürgerblockregierung habe Adenauer die Zweidrittelmehrheit im Bundestag gegeben, AdsD, Prot. SPD-PV, 13. Dezember 1957, Blatt 1.

tion obstruierte und schließlich – bei einem dennoch erfolgenden Regierungswechsel – im Konflikt mit der neuen, politisch unerwünschten Regierungspartei das ausgewogene Verhältnis von Staat und Kirchen insgesamt aufs Spiel setzte?[388] Eindringlich erinnerte Arndt daran, daß jede demokratische und daher staatstragende und staatsmitgestaltende Partei – folglich auch die SPD – an der Beziehung zwischen Staat und Kirche „teilnahm."[389]

Auf der Grundlage dieser unausweichlichen Problemstellung sucht Arndt das Gespräch mit Vertretern der Katholischen Kirche. Dem Problem gerecht wurde aus seiner Sicht allein eine gleichberechtigte „Partnerschaft"[390] von Kirche und Partei. Dieser Vorschlag mußte mit Skepsis und Ablehnung, zumal in der katholischen Hierarchie, rechnen.

Doch hatte Arndt bereits in der Mitte der Fünfziger Jahre begonnen, neue Signale zu setzen, die, über Kurt Schumacher hinausgehend, einen grundsätzlichen Wandel sozialdemokratischer Kirchenpolitik vorbereiten halfen und langfristig die Chance zu einer Verständigung boten.

Für den bekennenden Protestanten Arndt, der in der Tradition der Barmer Theologischen Erklärung von 1934 stand[391], gab es eine „Öffentlichkeitsaufgabe" der Kirche, d. h. eine Pflicht zur Wahrnehmung öffentlicher Verantwortung[392], die der Staat und, so fügte Arndt hinzu, auch freiheitliche Sozialisten – und seien es nach ihrer persönlichen Auffassung auch Skeptiker – zu achten hätten. Zwar bestanden über Art und Umfang dieser Öffentlichkeitsaufgabe auch unter evangelischen Christen Meinungsverschiedenheiten; Arndts Kontroverse mit Pastor Martin Niemöller im Jahre 1950 über die Frage kirchlicher Stellungnahmen zum Problem der Friedenssicherung belegt dies.[393] Auch war Arndt von jeher daran gelegen, diesen Öffentlichkeitsauftrag begrenzt zu halten, seine Überspannung angesichts des Risikos parteipolitischer In-

---

388 S. o. Kapitel VII.1.
389 Vgl. Prot. SPD-PT 1959 (Bad Godesberg), S. 275.
390 Arndt, Christentum und freiheitlicher Sozialismus (1957), S. 121; zum Begriff und Ziel der „Partnerschaft" siehe unten.
391 Zu Arndts engem Kontakt zu einem Pfarrer der Bekennenden Kirche s.o. Kapitel I.4; Möller, Evangelische Kirche und Sozialdemokratische Partei, S. 26 ff.
392 Arndt, Christentum und freiheitlicher Sozialismus (1957), S. 129, unter Bezugnahme auf den Göttinger Theologen Ernst Wolf; Arndt, Vortrag im Süddeutschen Rundfunk, 19. September 1958, AdsD, Nachlaß Arndt, Mappe 41: „Abgesehen von den Unbelehrbaren, die es immer gibt, wird es eine geschichtliche Belehrung für jedermann aus der Zeit der totalitären Macht sein, daß die Kirche Christi ihre Verkündigung in die Welt hinein zu sprechen hat und der Glaube eines Christen sich hier und heute auch durch sein politisches Verhalten bewähren soll"; s. dazu auch Narr, CDU – SPD, S. 66 f.
393 S. Aufzeichnung über ein Treffen von Vertretern der Evangelischen Kirche mit hessischen Politikern am 13. März 1950 in Darmstadt, abgedruckt bei Johanna Vogel, Kirche und Wiederbewaffnung, S. 231 ff. (S. 239, 243): Gegen Niemöllers vorangehende Thesen gewandt, erklärte Arndt, er habe die „schwersten Bedenken", wenn die Kirche konkret Partei ergreife. Dann „begibt sie sich in die Sphäre des Irrtums. Damit übernimmt aber die Kirche eine politische Verantwortung, die ihr nicht zukommt" (s. dazu auch Möller, Evangelische Kirche und Sozialdemokratische Partei, S. 284 f.). Sah Arndt somit positive politische Empfehlungen der Kirche als Überspannung ihres Auftrags an, so hielt er es umgekehrt für zulässig, ja geboten, kirchenseits der Glaubenslehre zuwiderlaufende politische Vorgänge usw. als „unchristlich" zu kennzeichnen, s. auch Arndt im Spiegel-Interview, SPD – Wahlhelfer im Vatikan? (1962), S. 286, 292.

dienstnahme der Kirche zu vermeiden.³⁹⁴ Wesentlich blieb jedoch, daß Arndt von Beginn seiner politischen Tätigkeit an den Öffentlichkeitsauftrag seiner Kirche selbstverständlich mit der politischen Betätigung in der SPD vereinbart und in seiner Person miteinander verbunden hatte.³⁹⁵

1954, in seinem ersten großen parteiprogrammatischen Vortrag – die offizielle Parteidoktrin bewegte sich kirchenpolitisch noch auf der Linie „Religion ist Privatsache" –, unternahm Arndt einen ersten Vorstoß, um in der Partei ein neues Verständnis für die Kirchen zu wecken:

> „Der freiheitliche Sozialist unserer Tage mag für seine Person [...] zu den Kirchen stehen, wie er will; aber [...] er weiß, daß die christlichen Kirchen eine sittliche Kraft sind, und [...] kann und muß [...] es darum bejahen und wollen, daß es Kirchen gibt, daß sie in die Welt hinein mit Anspruch auf Öffentlichkeit ihr Wort zu sagen haben [...]."³⁹⁶

Während einer der engsten reformpolitischen Weggefährten Arndts, Willi Eichler, zwar die gleichberechtigte Anerkennung der individuellen religiösen Überzeugung vorantrieb, zugleich aber klerikale Tendenzen der Kirchenpolitik scharf angriff³⁹⁷, setzte Arndt damit erste positive Zeichen in Richtung auf die Institution Kirche.

Gerade der verstehenden Annäherung an die Institution der Katholischen Kirche bedurfte es aber, wenn die sozialdemokratische Politik des Ausgleichs gelingen sollte. Seine eigene kirchliche Bindung und ein ausgeprägtes Interesse an theologisch-dogmatischen³⁹⁸ und philosophischen Fragen erleichterten Arndt dabei den Zugang zu einer Institution, die in ihrer Struktur und ihrer historischen Herkunft so gar nichts gemein hatte mit einer demokratischen, sozialistischen Partei. Arndt war der Auffassung, daß

---

394 Vgl. bereits Arndt auf einer Tagung der Evangelischen Akademie Echzell, Gespräch mit Vertretern der SPD am 5. und 6. Mai 1948, Gesprächsprotokolle, Zentralarchiv der Evangelischen Kirche von Hessen und Nassau, Bestand 78/465 I 13: „Die Kirche soll keine bestimmte Partei empfehlen. Sie soll die Verpflichtung zur Teilnahme an politischen Entscheidungen streichen [es muß wohl heißen: „unterstreichen", Anm. D.G.], ohne sich auf eine Partei festzulegen. Eine christliche Partei kann es nicht geben"; s. auch Arndt, Rundfunkvortrag 19. September 1958, AdsD, Nachlaß Arndt, Mappe 41: „Die für die Evangelische Kirche um ihrer Glaubwürdigkeit willen lebensnotwendige Scheidelinie zwischen geistlicher Macht der Liebe, die sich dienend und selbstlos für die Seelen verantwortlich weiß, und einer mit Entscheidungsgewalt herrschenden Mächtigkeit als weltlich-gesellschaftlicher Kraft verblaßt in bedenklicher Weise."
395 Regen Anteil nahm Arndt an der Tätigkeit der evangelischen Akademien, ausgehend von Gesprächen mit Politikern in der hessischen Akademie Echzell, und hielt dort Vorträge (s. zum Beispiel 1957 den Vortrag „Das Toleranzproblem aus der Sicht des Staates" vor den Akademien Loccum und Arnoldshain), wobei er die Öffentlichkeitswirkung politischer Themen auf Akademietagungen hoch veranschlagte. S. dazu die im Vorfeld des Godesberger Programmparteitags von Arndt initiierte Aussprache zwischen Vertretern der SPD mit den Leitern der evangelischen Akademien am 6./7. Februar 1959 (AdsD, Nachlaß Eichler, PV 1959) auf Arndts Vorwurf hin, die Akademieveranstaltungen nähmen einseitig Partei zugunsten der Bundesregierung.
396 Arndt, Sozialismus in unserer Zeit (1954), S. 125; dazu auch Möller, Evangelische Kirche und Sozialdemokratische Partei, S. 138.
397 S. Prot. SPD-PT 1954, S. 158.
398 Arndt war Mitglied der Deutschen Gesellschaft für evangelische Theologie, eines aus der Bekennenden Kirche hervorgegangenen Zusammenschlusses evangelischer Theologen und Laien, der dem Ziel der Pflege einer „lebendigen Beziehung zwischen der theologischen Wissenschaft und der kirchlichen Verkündigung" dienen sollte, s. dazu Domay (Hrsg.), Handbuch der deutschen wissenschaftlichen Akademien und Gesellschaften, S. 406 ff. Der Gesellschaft gehörten und gehören renommierte protestantische Theologen an; sie veranstaltete regelmäßig vielbeachtete wissenschaftliche Tagungen.

eine Auseinandersetzung mit der Katholischen Kirche nicht deren Selbstverständnis ignorieren durfte. Deshalb riet er 1956 Fritz Heine, dem Pressebeauftragten beim Parteivorstand der SPD, von der parteioffiziellen Veröffentlichung einer Dokumentation über klerikale Tendenzen ab:

> „Ich halte es aus vielen Gründen weder für richtig noch für politisch klug, die Katholische Kirche unmittelbar anzugreifen. Die Katholische Kirche ist eine politische Kirche; sie ist eine politische Macht, und zwar eine Weltmacht. Das liegt in ihrem Wesen und folgt aus ihrer Glaubenslehre sowie ihrer Dogmatik [...] Man greift daher wirklich den katholischen Glauben an, wenn man den politischen Charakter dieser Kirche kritisiert. Sie kann nicht anders. Sie würde sich selbst aufgeben, wenn sie aufhören wollte, politisch zu sein."[399]

Diese Sätze wären bei Kurt Schumacher unvorstellbar gewesen. Sie kennzeichneten die Verständnisbereitschaft, mit der Arndt im Jahre 1957 den Dialog mit Vertretern der Katholischen Kirche begann.

Gesprächskontakte und Reformsignale auf dem Weg nach Godesberg

Politisch nahe lag eine Kontaktaufnahme zwischen der SPD und der linkskatholischen Zeitschrift „Werkhefte katholischer Laien."[400] Seit dem Ende des Jahres 1956 trat die Zeitschrift offen gegen die einseitige Unterstützung der Regierung Adenauer durch die Katholische Kirche und für einen Machtwechsel bei der bevorstehenden Bundestagswahl ein. Es kam zu Gesprächen zwischen Mitgliedern der Redaktion und führenden SPD-Vertretern, unter anderem Arndt, an dessen Teilnahme man sich auf katholischer Seite besonders interessiert zeigte.[401] Die „Werkhefte" druckten einen Vortrag Arndts ab, den er über das Thema „Christentum und freiheitlicher Sozialismus" vor der Münchner Arbeitsgemeinschaft Sozialdemokratischer Akademiker gehalten hatte.

Nichts kennzeichnet das tiefe Anliegen des bekennenden Christen Arndt mehr als die assoziative Bild- und Sprachkraft der einleitenden Sätze, die die Zuhörer des Vortrags in Bann schlugen:

> „In der Sprache kann der Geist wehen und aus den toten Buchstaben ein Wort bilden, das uns durch seinen Anruf einen Raum voller Wahrheit oder Trug, leuchtender oder düsterer Wirklichkeiten, Antworten und Fragen öffnet. Die drei Silben des Wortes „Christentum" wecken im Gläubigen oder Ungläubigen seine Begegnung mit einer Kraft, von der geschrieben steht, daß sie Gottes Kraft ist, von der unter uns niemand sagen dürfte, daß sie ihm ein Begriff sei, weil darin der Anspruch des vollkommenen Begreifens läge, aber die jedem, mag er für oder gegen sei, ein Name ist; ein Name in jenem ursprünglichen Sinn, daß im Namen sich das Unmittelbare ereignet. Freiheitlicher Sozialismus, ebenfalls ein Name, in dem uns, mag man für oder gegen sein, ein Ereignis anspricht."[402]

---

399 Arndt an Fritz Heine, 15. Juni 1956, AdsD, PV – Bestand Heine 1.
400 Waibel, Politics of Accommodation, S. 67 f., 76 f.
401 S. Josef Konrads (Redakteur der „Werkhefte") an Fritz Erler, 3. April 1957, AdsD, Nachlaß Eichler, PV 1957; zum Ablauf des Gesprächs und zu Arndts Beteiligung am Kontakt zu den Werkheften vgl. Waibel, a. a. O., S. 78 f., S. 143 (Anm. 26).
402 Arndt, Christentum und freiheitlicher Sozialismus (1957), S. 113 (abgedruckt auch in: Werkhefte katholischer Laien, 11. Jg. [1957], S. 213 ff.).

Der gedankliche Anspruch dieser den Vortrag einleitenden Worte war der Dringlichkeit des behandelten Problems – zumal für einen politisch bewußten katholischen Christen – angemessen: Wie, auf welcher Ebene und bis zu welcher Grenze waren Christentum und freiheitlicher Sozialismus miteinander vereinbar?

Arndts Ausgangspunkt war der einzelne Mensch. In ihm, so zeigte er, kreuzten sich die „Strahlen des Glaubens und die Anrufe einer politischen Bewegung."[403] Arndt hütete sich indessen, Glauben und politische Entscheidung einander gleichzusetzen oder gar ihre Vereinbarkeit mit Verschmelzung zu verwechseln. Fast demutsvoll bekannte er sich zu der unvergleichbaren Andersartigkeit des den Menschen total erfassenden Glaubens gegenüber einer politischen Überzeugung.[404] Solcher Respekt vor der Glaubensentscheidung des einen unteilbaren, zugleich glaubenden und politisch handelnden Subjekts setzte sich in der Achtung vor seiner kirchlichen Bindung fort. Arndt erneuerte, nunmehr deutlicher als im Jahre 1954, die Absage an die alte sozialistische Doktrin „Religion ist Privatsache" und fügte – mit dem evangelischen Theologen Ernst Wolf – in Anerkennung der Öffentlichkeitsaufgabe der Kirchen hinzu, „daß im Namen der Kirche reden könne, wer aus ihrem Geist etwas zu einer politischen Frage spricht."[405] Erstmals ließ Arndt dabei das „universale Prinzip der Partnerschaft"[406] anklingen, das um des einen unteilbaren Menschen willen auch das Verhältnis von kirchlicher und politischer Bindung zueinander bestimmen sollte.

So eindeutig Arndt die Vereinbarkeit von Christentum und freiheitlichem Sozialismus, von kirchlicher – auch katholischer – und parteilicher Bindung sowohl im einzelnen Menschen als auch im Verhältnis der Kirchen zur sozialdemokratischen Partei für gegeben, ja notwendig hielt, so entschlossen wandte er sich dagegen, weltanschaulichreligiöse und politische Entscheidungen auf der Ebene der Organisation miteinander zu verknüpfen oder gar ineinszusetzen: Keine Partei, die SPD ebensowenig wie jede andere, dürfe sich christlich nennen.[407]

Damit berührte Arndt einen Streitpunkt, der seit der Gründung der CDU diese Partei ebenso eng der Katholischen Kirche verbunden wie jene der SPD entfremdet hatte. Selbst verständigungsbereite sozialdemokratische Reformer wie Willi Eichler sahen in dem parteinominellen Anspruch des ‚Christlichen' einen dauernden Ansatzpunkt zur ideologischen Verbrämung und Klerikalisierung der CDU-Politik.[408] Der Protestant Arndt wußte sich der weitgehenden Unterstützung der evangelischen Theologie sicher[409], wenn er die Fiktion einer objektivierten, christlichen Parteipolitik als einen Angriff auf das personalistische Denken, d. h. auf die von einem Christen frei zu verantwortende Möglichkeit des Irrtums im Bereich des Zeitlichen, angriff.[410] Arndts skeptischer Humanismus und sein radikaler protestantischer Freiheitssinn ließen in

---

403 Arndt, a. a. O., S. 118.
404 Arndt, a. a. O., S. 114, 119.
405 Arndt, a. a. O., S. 117, 129, 131, wobei er einschränkend hinzufügte, „aus ihrem Geist" fasse er so auf, „daß es nicht ihrem Geist entspricht, sich in dem Sinne zu politisieren, daß sie wie eine weltlich-politische Partei handeln würde"; s. auch Arndt, Das Toleranzproblem aus der Sicht des Staates (1957), S. 148.
406 Arndt, Christentum und freiheitlicher Sozialismus (1957), S. 121, 123.
407 Arndt, a. a. O., S. 119, 132.
408 S. bereits Willi Eichler, Christentum und Sozialismus (1949), S. 268.
409 S. dazu Narr, CDU – SPD, S. 165 f.
410 Arndt, Christentum und freiheitlicher Sozialismus (1957), S. 120.

diesem Punkt keine Konzessionen zu. In Vorträgen desselben Jahres vor den Evangelischen Akademien Loccum und Arnoldshain erinnerte er daran:

> „[...]Kein evangelischer Christ darf mit seinem Glauben für seine politische Meinung werben oder gar sich zum Publizitätskomödianten seiner Kirchlichkeit erniedrigen. Kein evangelischer Christ, dem es nicht bloß um eine nur rückversichernde Gewohnheit oder eine Bewunderung der Kirche, sondern um die Nachfolge zu tun ist, kann versprechen ich glaube, ohne hinzufügen, Herr, hilf meinem Unglauben."[411]

Schon der – durchaus begründbare – Verdacht, die CDU könne das Christliche als ihr Monopol betrachten[412], rief Arndt mit der Warnung vor einem neuen Glaubenskrieg auf den Plan. In leidenschaftlicher Verteidigung der „redlichen Skeptiker", die „die Pharisäer unserer Tage so leichthin in den Mülleimer der Gottlosigkeit werfen"[413], sah er in dem diskriminierenden Schlagwort „Christen wählen Christen" die Gefahr einer neuen „Menschenverfolgung" und der Mißachtung der „Ebenbildhaftigkeit" des Anderen heraufdämmern.[414] Arndts konsequente Trennung von Weltanschauung und politischem Auftrag der Parteien machte auch vor Kritik am eigenen politischen Lager nicht halt: Auf die ‚religiösen Sozialisten' gemünzt, distanzierte er sich entschieden von den „Schwärmern" unter seinen politischen Freunden, die meinten, „jeder Christ müsse heutzutage Sozialist sein."[415]

Arndts Attacke auf die Ideologisierung des Christlichen in der Politik, einschließlich seiner grundsätzlichen staatspolitischen Argumente, konnte auf Zustimmung gerade unter jüngeren, kritischen Katholiken rechnen.[416] Sie erlaubte ihm andererseits, bestehende oder noch herzustellende Gemeinsamkeiten zwischen den Auffassungen des freiheitlichen Sozialismus und der katholischen Glaubenslehre schärfer herauszuarbeiten.

Arndt zeichnete das Bild des freiheitlichen Sozialisten, der, „dem Sittengesetz verpflichtet", Politik aus „Nächstenliebe, Ehrfurcht vor dem Gewissen des anderen und seiner Menschenwürde" treibt.[417] Ausdrücklich nahm Arndt auf das *Subsidiaritätsprin-*

---

411 Arndt, Das Toleranzproblem aus der Sicht des Staates (1957), S. 148.
412 Arndt, a. a. O., S. 146.
413 Arndt, Christentum und freiheitlicher Sozialismus (1957), S. 130.
414 Arndt, Das Toleranzproblem aus der Sicht des Staates (1957), S. 146.
415 Arndt, Christentum und freiheitlicher Sozialismus (1957), S. 119. Im SPD-Parteivorstand sprach Arndt sich gegen religiöse Arbeitsgemeinschaften innerhalb der Partei aus und empfahl: „Wir sollten uns von der Sekte der religiösen Sozialisten klar trennen", AdsD, Prot. SPD-PV vom 4./5. Dezember 1959, Blatt 3. Zur Arbeit der religiösen Sozialisten innerhalb und außerhalb der SPD während der Weimarer Republik und nach 1945 vgl. Möller, Evangelische Kirche und Sozialdemokratische Partei, S. 155 ff.
416 S. Ernst-Wolfgang Böckenförde an Arndt, 15. Dezember 1957, AdsD, Nachlaß Arndt, Mappe 13, der – bei einigen Einwänden aus spezifisch katholischer Sicht gegen die Schärfe der Arndtschen Trennung zwischen religiös-weltanschaulicher Bindung und Menschenbild einerseits und politischer Überzeugung andererseits – insgesamt bekundete: „Die praktischen Folgerungen, zu denen Sie im Hinblick auf das Verhältnis von freiheitlichem Sozialismus und religiöser Überzeugung bzw. Kirche im politischen Raum gelangen, finden nahezu alle meine Zustimmung und mir scheint, daß jeder Katholik dem zustimmen könnte. Wenn diese Grundsätze von Ihren politischen Freunden allerorten beobachtet werden und man es kirchlicherseits den Sozialdemokraten endlich abnimmt, daß sie das nicht aus Taktik, sondern innerer Toleranz tun, dürfte eigentlich kein Anlaß mehr bestehen für die bisher üblichen bischöflichen Hirtenschreiben und Wahlpredigten."
417 Arndt, Christentum und freiheitlicher Sozialismus (1957), S. 130.

zip⁴¹⁸ Bezug, einen tragenden Grundsatz der katholischen Soziallehre, und suchte damit seine Darlegung des Staatsbildes im freiheitlichen Sozialismus in Einklang zu bringen: „Nicht um den als Abgott vorgestellte[n]," „unersättliche[n]", sondern um den die Selbstverwaltung schützenden Staat sollte es gehen, der Daseinsvorsorge für den Einzelnen leistete, um dessen „Eigenverantwortung" zu ermöglichen.⁴¹⁹

Schließlich wußte Arndt um die Reibungspunkte zwischen katholischem Denken einerseits und demokratischer Staatsform andererseits. Das seinem Grunde nach gegen den Autonomiegedanken der neuzeitlichen Aufklärung gerichtete, an Wahrheit und überzeitlichen inhaltlichen Werten orientierte Denken insbesondere des katholischen Christentums stand dem auf individueller Freiheit, Gleichheit und Mehrheitsentscheidungen beruhenden politischen Prinzip der Demokratie fremd gegenüber bis hin zur Ablehnung.⁴²⁰ Der Zwiespalt von Wahrheitsprinzip und Mehrheitsentscheidung schien unaufhebbar. An diese Zweifel gewandt, bekräftigte Arndt das Bekenntnis zu den unverfügbaren, jeder staatlichen und gesellschaftlichen Ordnung – auch der Demokratie – vorausliegenden, von ihr nicht geschaffenen Grundwerten und zu deren Herkunft nicht „aus der windigen Wurzel einer aufklärerischen Vernünftigkeit, sondern angesichts des Todes aus dem verstandesgemäß nicht mehr erklärbaren Erlebnis der Ehrfurcht, daß es unmöglich ist, menschliche Gemeinschaft zu bilden und mit ihr zu überleben, wenn sie sich nicht an unverzichtbare Werte bindet."⁴²¹

Zu den unverzichtbaren Werten gehörte auch und vor allem das menschliche Leben. Arndt argumentierte auch in diesem Punkt konsequent und berührte das Thema des Schwangerschaftsabbruchs, das ein ganz und gar ‚heißes Eisen' war – innerhalb der SPD umstritten und verdrängt⁴²², aus der Sicht der Katholischen Kirche und gerade auch jüngerer, der SPD zugewandter Katholiken ein ständiger Verdachtsgrund.⁴²³ In

---

418 Vgl. dazu Oswald von Nell-Breuning, Gerechtigkeit und Frieden. Grundzüge katholischer Soziallehre, S. 48, der einen Leitsatz des Subsidiaritätsprinzips dahingehend umschreibt: „Alle Vergesellschaftung soll für den Menschen „hilfreich" sein, das heißt zu seinem Einzelwohl beitragen."
419 Arndt, Christentum und freiheitlicher Sozialismus (1957), S. 123; zu dieser Verknüpfung des Subsidiaritätsprinzips mit dem darin vorausgesetzten Solidaritätsgedanken der katholischen Soziallehre s. Klüber, Katholische Soziallehre und demokratischer Sozialismus, S. 21, 34.
420 S. dazu Böckenförde, Das Ethos der modernen Demokratie und die Kirche (1957), S. 12 ff., 20 ff.; harmonisierend dagegen Spieker, Die Demokratiediskussion unter den deutschen Katholiken 1949 bis 1963, S. 77 ff. Arndt sah das von Böckenförde beschriebene Spannungsverhältnis: „Es gibt keine naturrechtliche Forderung etwa, daß der Staat demokratisch sein müsse, und es hat Kirche gegeben, lange, jahrhundertelang ehe es Demokratie gab und ehe es eine Forderung nach Demokratie gab. Es wird für die Gläubigen auch Kirche geben, wenn in einer uns nicht vorstellbaren Zeit vielleicht einmal eine Fortentwicklung dessen, was wir Demokratie nennen, gefunden worden ist", Sozialistische Staatspolitik – heute (1958), S. 184.
421 Arndt, Christentum und freiheitlicher Sozialismus (1957), S. 127.
422 Arndt selbst, der mit dem Frankfurter Generalstaatsanwalt Fritz Bauer in der Abtreibungsfrage verschiedener Meinung war, drängte darauf, dieses Thema und die Debatte darüber „streng vertraulich" zu behandeln, s. Arndt an Bauer, 24. Februar 1958, und an Hermann Karl, 25. Februar 1958, AdsD, Akten SPD-BTF 1361 (Rechtspolitischer Ausschuß beim Parteivorstand).
423 Vgl. Ernst-Wolfgang Böckenförde an Arndt, 15. Dezember 1957, AdsD, Nachlaß Arndt, Mappe 13, der das von Arndt herangezogene Verbot der Tötung keimenden Lebens „wenigstens für Katholiken" als ein „Gebot für das Verhalten des Christen in der Welt" hervorhob. Gegenüber dem Redakteur der „Werkhefte katholischer Laien", Gerd Hirschauer, versicherte Arndt in einem Brief vom 13. Mai 1957, AdsD, Nachlaß Eichler, PV-Korrespondenz 1957: weder „wird oder könnte sich ein freiheitlich und rechtsstaatlich denkender Sozialdemokrat zu einer Freigabe der Schwangerschaftsunterbrechung bereitfinden."

offensiver Verteidigung gegen die „Böswilligkeit" und „Unwissenheit" antisozialdemokratischer Propaganda war Arndt indessen in der Sache eindeutig: Leben könne „niemals im Wege der politischen Abstimmung als lebensunwert oder je aus einem anderen Grunde preisgegeben werden, auch keimendes Leben nicht."[424]

Schließlich stellte er die Bereitschaft zur Verständigung über die Schulfrage[425], einen ständigen Konfliktherd im Verhältnis der SPD zur Katholischen Kirche, in Aussicht. Damit hatte Arndt eine ganze Reihe von Zeichen gesetzt, die auch in der katholischen Hierarchie Aussicht auf Gehör hatten. Dies war um so bedeutsamer, als einige Monate zuvor ein alter Gesprächskontakt zwischen der SPD und Vertretern der Katholischen Kirche wieder aufgelebt war. Auf Vermittlung von Sozialtheologen des Dominikanerklosters Walberberg hatten im Herbst 1956 Gespräche neu begonnen[426], die im Hinblick auf den Bundestagswahlkampf 1957 und darüber hinaus Meinungsverschiedenheiten zwischen der SPD und der Katholischen Kirche klären und abbauen helfen sollten. Bemerkenswert war auf katholischer Seite die Beteiligung des einflußreichen Prälaten Wilhelm Böhler, der das Katholische Büro, die offizielle Verbindungseinrichtung zwischen der deutschen katholischen Hierarchie und der Bundesregierung, aufgebaut hatte. Zwischen Arndt[427], der neben Wilhelm Mellies und später Willi Eichler die Gespräche auf seiten der SPD führte, und diesem politisch hochkonservativen Kirchenpolitiker entwickelte sich ein „vertrauensvolles" Verhältnis, wie Arndt später öffentlich bekannte.[428] Böhler seinerseits verfolgte die Bemühungen des sozialdemokratischen Politikers um einen gedanklichen Brückenschlag zur Katholischen Kirche mit Anteilnahme und Wertschätzung.[429]

Während diese Gesprächskontakte strikt geheim gehalten wurden, nahm die Öffentlichkeit von der sich anbahnenden Klimaverbesserung zwischen der SPD und der Katholischen Kirche erstmals im Januar 1958 Notiz anläßlich der Tagung „Christentum und demokratischer Sozialismus" in der Katholischen Akademie in München. Die Tagung stellte einen Meilenstein in der Geschichte der Beziehungen zwischen SPD und Katholischer Kirche dar, mehr noch: ein wichtiges Ereignis der deutschen Politik[430], wie schon der Versuch Bundeskanzler Adenauers bewies, das Zustandekommen der Tagung zu verhindern. Der Kanzler fürchtete, die SPD werde aus dieser ersten offiziel-

---

424 Arndt, Christentum und freiheitlicher Sozialismus (1957), S. 129.
425 S. näher dazu unten.
426 Zur Vorgeschichte und zum Verlauf der Gespräche s. Waibel, Politics of Accommodation, S. 74 ff.; Aretz, Katholizismus und deutsche Sozialdemokratie, S. 71 ff.
427 Arndts Beteiligung an den Gesprächen stand offenbar von vornherein fest, vgl. die Korrespondenz zwischen Pater Welty und Wilhelm Mellies, AdsD, Nachlaß Eichler, PV-Korrespondenz 1956. Bereits 1953 hatte Arndt die Antwort auf eine umfassende Ausarbeitung Pater Weltys zu Fragen der Innenpolitik verfaßt, dazu Brehm, SPD und Katholizismus 1957 bis 1966, S. 61, Anm. 2.
428 Arndt im Spiegel-Gespräch „SPD – Wahlhelfer im Vatikan?" (1962), S. 287; s. auch Arndt an Oswald von Nell-Breuning, 9. Januar 1961, AdsD, Nachlaß Eichler, PV-Korrespondenz 1961: „Leider sind die hoffnungsvollen Ansätze in den Besprechungen mit Herrn Prälat Böhler durch seinen plötzlichen beklagenswerten Tod ohne Ergebnis geblieben."
429 Prälat Wilhelm Böhler an Arndt, 19. Juni 1957, AdsD, Nachlaß Arndt, Mappe 13: Dank für den Sonderdruck des Vortrags „Das Toleranzproblem aus der Sicht des Staates" (1957), der „mich sehr interessiert hat."
430 Zur Vorgeschichte und zum Verlauf der Tagung s. Aretz, Katholizismus und Sozialdemokratie, S. 73 f.; Schwarte, Gustav Gundlach, S. 161 ff.

len Begegnung mit führenden Vertretern des Katholizismus politisches Kapital schlagen können.[431]

In der Tat bekam die Tagung ihr beträchtliches politisches Gewicht vor allem durch die Teilnahme des päpstlichen Beraters Professor Gustav Gundlach, des maßgeblichen Repräsentanten der Katholischen Soziallehre und gedanklichen Urhebers des Verdikts über den Sozialismus in der Enzyklika Quadragesimo Anno.[432] Ihm zur Seite standen als Referenten unter anderem der Staatsrechtler Professor Adolf Süsterhenn und Professor Oswald von Nell-Breuning[433], ein weiterer führender Repräsentant der Katholischen Soziallehre, der mit großer Anteilnahme und Sympathie die Entwicklung der sozialdemokratischen Kirchenpolitik verfolgte und auch zu Arndt in Kontakt stand.[434] Auf sozialdemokratischer Seite referierte neben Carlo Schmid, Waldemar von Knoeringen und Gerhard Weisser Adolf Arndt, und zwar über das Thema „Sozialistische Staatspolitik – heute."

Professor Gundlach, in der Presse als der „Löwe aus Rom"[435] apostrophiert, setzte mit dem Gewicht seiner fachlichen und kirchlichen Autorität das Maß der Tagung hinsichtlich der Entschiedenheit des katholischen Standpunkts und der Bereitwilligkeit zur offenen Diskussion. Sein Eröffnungsreferat konfrontierte die anwesenden Sozialdemokraten mit der ganzen Fülle des Selbstbewußtseins einer jahrtausendalten, weit vor demokratischen Zeiten geformten Institution, die durch einen ihrer Repräsentanten mit selbstverständlicher Autorität erklären konnte: „Der politische Mensch ist als Katholik von der Kirche umfaßt, und zwar wesentlich, weil die Kirche in einem von Gott gewollten Sinne das Lebensprinzip der menschlichen Gesellschaft ist."[436] Gundlach machte es seinen sozialdemokratischen Gesprächspartnern nicht leicht. Vertrauen, so stellte er klar, könne nur aus der Klärung seiner Anfragen folgen, die er mit bohrender Intensität an die Sozialdemokratie richtete.

Arndt stellte sich den Nachfragen Gundlachs. Sein Entwurf „Sozialistische[r] Staatspolitik – heute" hob die sozialdemokratische Staatskonzeption aus der Taufe, die zwei Jahre darauf in das Godesberger Programm einging. Das Staatsverständnis des sozialdemokratischen Reformprogramms ist von Arndt im Gegenüber zu führenden Repräsentanten des deutschen Katholizismus erstmals entwickelt und formuliert worden.

Das Verhältnis zur Kirche stellte einen Ausschnitt dieses Staatsentwurfs dar. Arndt berief sich auf Kurt Schumachers Vorgabe aus dem Jahre 1945, das Verhältnis zwi-

---

431 Beinahe wäre die Tagung an diesen und anderen Widerständen aus führenden Kreisen des deutschen Katholizismus gescheitert, s. Schwarte, Gundlach, S. 165 – 167.
432 Schwarte, a. a. O., S. 42, 428 ff.
433 Zu Oswald von Nell-Breuning und seinem Verhältnis zur SPD vgl. Waibel, Politics of Accommodation, S. 60 ff.; zu Willi Eichlers intensivem Gedankenaustausch mit Nell-Breuning s. AdsD, Nachlaß Eichler, sowie Lemke-Müller, Ethischer Sozialismus und soziale Demokratie, S. 237.
434 Vereinzelte Kontakte Arndts zu Nell-Breuning (s. zum Beispiel Nell-Breuning an Arndt, 12. Juni 1957, AdsD, Nachlaß Arndt, Mappe 22), intensivierten sich nach der Verabschiedung des Godesberger Programms.
435 Vgl. Schwarte, Gundlach, S. 162.
436 Vgl. Gustav Gundlach, Katholizismus und Sozialismus, S. 19 sowie S. 12: „Katholizismus [...] ist die Kirche, das religiöse Gemeinschaftsgefüge von höchster Konkretheit, von universaler Gesellschaftlichkeit, von geladener Geschichtlichkeit, ausgeprägt in Seele und Leib, inneres Leben und Institution zugleich."

schen Staat und Kirche sei „durch Verträge" zu regeln[437], um die gewandelte, der alten Trennungsprogrammatik abschwörende Kirchenpolitik der SPD nach dem Krieg zu dokumentieren. Auch wenn Arndt den kirchenfreundlichen Standpunkt Schumachers überzeichnete[438], so belegte doch ein aktuelles Dokument, die Dortmunder Wahlplattform der SPD von 1957[439], seine Darstellung: Auf Arndts Vorschlag hin[440] hatte sich das Wahlprogramm dazu bekannt, die „Öffentlichkeitsaufgabe der Kirche zu achten und zu schützen", und damit erstmals ausdrücklich zu einer neuen Kirchenpolitik, für die Arndt seit Jahren öffentlich eingetreten war. Sein Kommentar auf der Münchner Tagung, damit gebe der Staat Raum auch für das „unverzichtbare Hineinwirken der Kirche in das Ganze, einschließlich des Rechtlichen, Gesellschaftlichen, Wirtschaftlichen, Politischen"[441], enthielt dem Grunde nach – wenn auch nicht bis in detaillierte Folgerungen hinein[442] – die Anerkennung des, wie Gundlach gefordert hatte, „inneren Mitseins der Kirche in der menschlichen Gesellschaft und Geschichte", das ein politischer Mensch immer nur als „Kirche mit Staat", nie als „Staat ohne Kirche oder gar gegen die Kirche sehen könne."[443]

Wenn Gundlach immer wieder die SPD zur Nagelprobe drängte, ob sie bereit sei, endgültig die „liberalrationalistische"[444] Ideologiekomponente ihrer Programmatik zu verabschieden, stimmte er in einem wesentlichen Punkt frappierend mit Arndt überein: Seine Kritik am positivistischen, liberalen Gesetzesbegriff, der die „falsche Majestät des positiven menschlichen Gesetzes, des logisch kohärenten Systems von Rechten als Verkehrsregeln unter Menschen", unter Verselbständigung der Rechtssicherheit vom „absolut fundierten Recht" zum Prinzip erhob, traf sich mit Arndts Überzeugung. Indem Gundlach ein Minimum an gemeinsamen, unantastbaren, der Abstimmungssouveränität des Volkes entzogenen *Grundwerten* zur Existenzbedingung des Staates und Koexistenzbedingung pluralistisch auseinanderfallender Parteien erklärte[445], bestätigte er, fast wörtlich, Arndts Ausführungen in dessen Münchner Vortrag von 1957.

---

437 Vgl. Kurt Schumacher, Konsequenzen deutscher Politik (Aufruf 1945), in: ders., Reden und Schriften, S. 45; Arndt, Die politische Freiheit als geistige Gegenwartsaufgabe (1956), S. 31; ders., Sozialistische Staatspolitik – heute (1958), S. 191 (bei Forster, Christentum und demokratischer Sozialismus, S. 123).
438 S. Möller, Evangelische Kirche und Sozialdemokratische Partei, S. 117, 121.
439 Vgl. „Sicherheit für alle", Programm zur Bundestagswahl 1957, in: SPD-Jahrbuch 1956/57, S. 343 ff.
440 Vgl. Arndts Änderungsvorschläge zum Wahlprogramm der SPD 1957, 14. Mai 1957, zusammengestellt von Willi Eichler, AdsD, Anlage zum Protokoll des SPD-PV, 10./11. Mai 1957. Arndt brachte die Formulierung „der Öffentlichkeitsanspruch der Kirchen ist anzuerkennen und zu schützen" – im endgültigen Programmtext leicht abgeschwächt zu „die Öffentlichkeitsaufgabe der Kirchen ist zu achten und zu schützen" – neu in das Programm.
441 Arndt, Sozialistische Staatspolitik – heute (1958), S. 196 (bei Forster [Hrsg.], Christentum und demokratischer Sozialismus, S. 131).
442 Nach Arndts konsequenter Auffassung unannehmbar für die SPD als Partei war die Anerkennung der von der Kirche „vertretenen Prinzipien der natürlichen Vernunft über Gesellschaftlichkeit, Rechtsordnung, Freiheit und Autorität und den Sinn des Staates", wie Gundlach sie als Anfrage des politisch handelnden Katholiken an jede Partei formulierte, vgl. Gundlach, Katholizismus und Sozialismus, S. 20.
443 Gundlach, a. a. O., S. 19 f.
444 Gundlach, a. a. O., S. 15.
445 Ders., a. a. O., S. 16 f.; Arndt, Sozialistische Staatspolitik – heute (1958), S. 189 f. (bei Forster [Hrsg.], Christentum und demokratischer Sozialismus, S. 119 f.).

Allein – hier endete die Gemeinsamkeit. Gundlachs These, Parteien im demokratischen Staat seien notwendig „Weltanschauungsparteien", warf eine letztlich unüberbrückbare Meinungsverschiedenheit auf. Gerade dies war der gedankliche Dreh- und Angelpunkt der sozialdemokratischen Parteireformbestrebungen und die essentielle Bedingung der Freiheitlichkeit in Arndts Deutung der Parteistellung im demokratischen Staat, daß jenseits gemeinsamer Grundwerte die Partei als solche nicht auf die Totalität einer Weltanschauung ausgriff. Auch wenn Arndt klarstellte, daß nach Auffassung des freiheitlichen Sozialismus jede politische Entscheidung der ethischen Fundamentierung bedürfe[446], so blieb dies jedoch gerade eine Entscheidung auf der Ebene des Individuums. Die Kluft zwischen einem letztlich katholisch-integralen Staatsdenken und Arndts zutiefst protestantisch geprägter Trennung von christlichem Glauben und staatlich-weltlicher Ordnung tat sich auf. Wenn auch Gundlach ebenso wie Arndt von der Werthaftigkeit des Staates ausging, so war diese bei Gundlach eine objektivierte, den Parteien vorausgesetzte, letztlich in Gott begründete[447], werthaft-statische Zweckbestimmung, bei Arndt hingegen eine empfangende, ihre Inhalte „von den gesellschaftlichen Kräften" beziehende[448] Werthaftigkeit. Wo Arndt das ‚humanum' verallgemeinerbarer, profanierter sittlicher Grundwerte aus Einsicht in die – um der Freiheitlichkeit willen – unaufhebbare weltanschauliche Verschiedenheit zum Mittelpunkt politischer Einigung machte, hielt Gundlach dies für einen katholischen Christen, der das humanum allein als „Gottesland" verstehe, nicht für vollziehbar.[449]

Damit waren die Fronten abgesteckt. Arndt pointierte sie noch. Süsterhenns recht polemisch begründeter These, daß das Naturrecht die primäre, für den Christen verbindliche Norm aller Politik sei[450], begegnete Arndt mit schlagender, vielbeachteter[451] Sachkenntnis: Folge man Süsterhenns unrichtiger Behauptung, könnten Protestanten nicht Mitglied der CDU/CSU sein; denn, so konnte Arndt in einem theologischen Exkurs zeigen, die protestantische Theologie lehnte fast einhellig[452] naturrechtliche Auffassungen ab.

Seine Beiträge auf der Münchner Tagung trugen Arndt das Kompliment Oswald von Nell-Breunings ein: „Ich möchte wünschen, daß unsere katholischen Politiker in katholischer Soziallehre so gut beschlagen wären wie Herr Dr. Arndt in evangelischer Theologie. Dann wären wir sehr weit."[453] Professor Gundlach bestätigte seinem Kontrahen-

---

446 Arndt, a. a. O., S. 193 (bei Forster, a. a. O., S. 126).
447 Gundlach, Katholizismus und Sozialismus, S. 18, sowie Diskussionsprotokoll bei Forster, a. a. O., S. 276.
448 Vgl. Godesberger Programm, in: Dowe/Klotzbach, Programmatische Dokumente, S. 366; deutlich Arndt, Sozialistische Staatspolitik – heute (1958), S. 189 (bei Forster [Hrsg.], Christentum und demokratischer Sozialismus, S. 118): Das „*Verständnis des Staates* weder als wertfreien Staates noch als selber wertsetzenden Staates, sondern *als eines wertempfangenden, wertgebundenen, wertoffenen und Werten dienenden Staates*" (Hervorhebungen im Original, Anm. D.G.).
449 Angedeutet in Gundlachs Diskussionsbeitrag auf der Münchner Tagung (s. Forster, a. a. O., S. 275 f.), ausgeführt in seiner Kritik am Godesberger Programm, s. Schwarte, Gundlach, S. 435 ff.
450 Süsterhenn, Politik aus christlicher Staatsauffassung, S. 71.
451 Vgl. die Tagungsberichte im Westdeutschen Rundfunk, 13. Januar 1958, und in „Echo der Zeit", 19. Januar 1958, Nachlaß Eichler, PV-Korrespondenz 1958.
452 Arndt, Sozialistische Staatspolitik – heute (1958), S. 194 (bei Forster, Christentum und demokratischer Sozialismus, S. 128) und in der Diskussion (Forster, a. a. O., S. 284). Süsterhenns Auftreten wurde offenbar auch auf katholischer Seite als peinlich empfunden, so die Darstellung Arndts, in: AdsD, Prot. SPD-PV, 7. Februar 1958, Blatt 7.
453 S. Forster, a. a. O., S. 314.

ten in einem privaten Brief, wie Arndt nicht ohne Genugtuung feststellte[454], daß die „Münchner Sache für uns alle sachlich und persönlich wertvoll war." Der Anfang eines offenen Dialogs war gemacht[455]; konkrete Streitpunkte blieben zu klären.

So referierte Arndt ein Jahr darauf am selben Ort über das zwischen SPD und Katholischer Kirche hart umkämpfte Konfliktthema: *Schule und Staat*[456]. Traditionell hatte die SPD die katholische Forderung nach Bekenntnisschulen und Anerkennung des konfessionellen elterlichen Erziehungsrechts (Elternrecht) geradezu kämpferisch abgelehnt.[457] Das Dortmunder Aktionsprogramm von 1952 bekräftigte in nüchterner Formulierung diese Grundsätze: Die SPD forderte – ohne Ausnahme – die nicht-konfessionelle Gemeinschaftsschule und verwies die über den Religionsunterricht hinausgehende konfessionelle Erziehung in den außerschulischen Aufgabenbereich der Eltern[458] und der Kirchen.

Diese starren Grundsätze lockerte Arndt auf. Er ging zunächst, ganz im Sinne seiner Partei, davon aus, daß dem Staat ein primäres, von seiner inneren und äußeren Existenzerhaltung her bestimmtes Recht zur Errichtung und Gestaltung des Schulwesens zustand. Dies sei indessen keineswegs – damit setzte Arndt ein erstes Zeichen in Richtung auf die Forderung nach katholischen Privatschulen – gleichbedeutend mit einem staatlichen Schulmonopol.[459] Aufhorchen ließen vor allem seine Ausführungen zu den Grenzen staatlicher Schulgewalt. So war bemerkenswert Arndts Forderung, daß die Schulpflicht nicht zur „Entwertung" führen dürfe: Sie dürfe „das Kind nicht seinen Eltern und nicht dem ihm von den Eltern gelehrten Glauben entfremden. Denn der Lehrer erzieht nicht aus eigenem Recht, sondern als Stellvertreter der Eltern und als Treuhänder der [...] Gemeinschaft."[460] Ausdrücklich bekundete Arndt Verständnis für das besondere Anliegen der Kirche, für katholische Eltern „kraft des ihnen ursprünglich zustehenden Erziehungsrechts die menschenbildende Kraft der vollen Glaubenswahrheit als Schulmitte zu fordern."[461] Die staatliche Pflichtschule dürfe „nicht missionierende Schule" sein, und es verletze die Gewissensfreiheit der Eltern, falls sie gezwungen würden, ihr Kind in eine Weltanschauungsschule zu bringen, die es seinem Glauben entfremde.[462] War somit der personale Kernbereich der Glaubens- und Gewissensfreiheit berührt, so trieb Arndt seine Konsequenz auch zum offenen Widerspruch mit der herrschenden Linie seiner Partei. Selbst ein entschiedener Anhänger der

---

454 S. Arndt an Eichler, von Knoeringen, Mellies, Menzel, 31. Januar 1958, AdsD, Nachlaß Eichler, PV-Korrespondenz 1958.
455 Zur Bewertung des Tagungsergebnisses, unter anderem zu den wirtschaftspolitischen Gemeinsamkeiten, vgl. Aretz, Katholizismus und deutsche Sozialdemokratie, S. 73; s. auch die überwiegend positive Bewertung in AdsD, Prot. SPD-PV, 7. Februar 1958, Blatt 7.
456 Vgl. Arndt, Aufgaben und Grenzen der Staatsgewalt im Bereich der Schulbildung (1959), in: Forster (Hrsg.), Schule und Staat. Studien und Berichte der Katholischen Akademie in Bayern, Heft 9, München 1959, S. 51.
457 Vgl. das Heidelberger Programm der SPD von 1925, in: Dowe/Klotzbach, Programmatische Dokumente, S. 215 ff. (S. 222); Waibel, Politics of Accommodation, S. 103 ff.
458 S. das Dortmund/Berliner Aktionsprogramm der SPD von 1952/1954, in: Dowe/Klotzbach (Hrsg.), a. a. O., S. 309 ff. (354). Dort ist indessen erstmals von der elterlichen Erziehungsaufgabe und Mitbestimmung die Rede.
459 Arndt, Aufgaben und Grenzen der Staatsgewalt im Bereich der Schulbildung (1959), S. 214, unter Bezug auf die Vorgabe des Grundgesetzes, Art. 7 Abs. 4 (bei Forster [Hrsg.], Schule und Staat, S. 71 f.).
460 Ders., a. a. O., S. 216 (bei Forster, a. a. O., S. 77).
461 Ders., a. a. O., S. 220.
462 Ders., a. a. O., S. 221 (Forster, a. a. O., S. 86).

staatlichen Gemeinschaftsschule, bekannte er sich „um der Gemeinsamkeit in der Freiheit des Glaubens und Denkens willen" offen zu der Minderheitsauffassung innerhalb der SPD, der Glaubensforderung nach Einrichtung von Bekenntnisschulen Raum zu geben.[463] Das war praktizierte Geistesfreiheit in der SPD. Arndts katholischen Zuhörern gab seine Feststellung, die Gegnerschaft zur Bekenntnisschule sei keine Parteidoktrin, Anlaß zu Hoffnung.

Zwischen Arndts Münchner Vortrag und dem Godesberger Parteitag intensivierten sich, unter Arndts maßgeblicher Beteiligung, nochmals die vom Kloster Walberberg vermittelten Gesprächskontakte, die von katholischer Seite, wie Arndt befriedigt vermerkte, auf eine „noch höhere Ebene"[464] gehoben werden sollten. Eine Zusammenkunft, bei der der Stuttgarter Programmentwurf von 1958 zur Debatte stand, verlief in einer „besonders guten Atmosphäre"[465], was Arndt in einem Brief an Eichler dazu ermutigte, die kirchlichen Interessen in der Programmgestaltung stärker zu berücksichtigen.[466] Insbesondere drängte er auf die Abkehr von der „unbedingten Forderung" nach der Gemeinschaftsschule und auf eine Stellungnahme zur Privatschule, „die wir ja nicht mehr grundsätzlich ablehnen."

Zugleich suchte Arndt, im unmittelbaren Vorfeld des Godesberger Parteitags, kirchlichen Kritikern keine weitere Munition zu Angriffen gegen die SPD zu geben. Als in Leserzuschriften an den ‚Vorwärts'[467] eine ganze Welle antikirchlicher Ressentiments hochgespült wurde, die die Glaubwürdigkeit und innerparteiliche Akzeptanz des neuen kirchenpolitischen Kurses der Parteiführung in Frage stellte, griff Arndt zu scharfer Gegenwehr und stellte klar, daß seine Toleranz sich nicht intoleranten Angriffen beugen werde: Religionskritik, zumal im Verein mit intoleranten oder sogar verletzenden Angriffen auf eine Glaubensgemeinschaft, gehöre nicht in den ‚Vorwärts', „das Blatt aller Sozialdemokraten", schrieb Arndt im ‚Vorwärts'.[468] Religiöse Toleranz sei von der SPD als fundamentaler Grundsatz anerkannt; seine Verletzung schädige die Partei.

Das Angebot der Partnerschaft im Godesberger Programm 1959

Die Vehemenz der Arndtschen Gegenattacke ließ die gespannte Unruhe[469] ahnen, mit der die Befürworter eines neuen kirchenpolitischen Kurses der SPD dem Godesberger

---

463 Ders., a. a. O., S. 222 (Forster, a. a. O., S. 87).
464 Arndt an Eichler, 5. März 1959 und 21. April 1959 (Aufzählung der vorgesehenen Gesprächsteilnehmer auf katholischer Seite: Direktor Wissing, Weihbischof Tenhumberg, Pater Professor Hirschmann, Direktor Hanssler, Dr. Kafka), AdsD, Nachlaß Eichler, PV-Korrespondenz 1959.
465 Arndt an Eichler, 4. Juni 1959 (Über das Walberberg Gespräch am 1. Juni 1959), AdsD, Nachlaß Eichler, PV-Korrespondenz 1959.
466 Arndt, ebda.
467 S. dazu Günther, Sozialdemokratie und Demokratie, S. 61 f.
468 Arndt, Leserbrief „Religiöse Toleranz ist ein Gebot", in: Vorwärts, 26. Juni 1959, S. 7; vgl. bereits Arndts erbitterten Protest gegen einen Artikel in der Parteipresse zum Thema Konfessionsschule, Arndt an Fritz Heine, 11. Juli 1953, AdsD, PV-Bestand Heine 1; Arndt an Knoeringen, 21. Oktober 1957 (Bedenken wegen eines Artikels im „Kochel-Brief", 21. Oktober 1957), AdsD, Nachlaß Eichler, PV-Korrespondenz 1957; Arndt an Ollenhauer, 3. Februar 1958 (Bitte um Erörterung kirchenpolitischer Kritik im Vorwärts, Glossen von „Uhu"), AdsD, PV-Bestand Ollenhauer 1.
469 S. Arndt an Redaktion des „Vorwärts", 15. Juni 1959 (Begleitbrief zum Leserbrief vom 26. Juni 1959), AdsD, Nachlaß Arndt, Mappe 42.

Parteitag entgegensahen. In der Tat begegnete der kirchenpolitische Teil der Programmvorlage des Parteivorstands vergleichsweise starken Widerständen.[470] Es war ein Verdienst Arndts, aber auch Gustav Heinemanns und Ludwig Metzgers, daß das Ergebnis mehrjähriger Reformbemühungen auf dem Parteitag überzeugend dargelegt und durchgebracht wurde.[471]

Herzstück des kirchenpolitischen Programmabschnitts war die von Gustav Heinemann formulierte *Partnerschaftsformel*, in der die SPD sich zur „Zusammenarbeit mit den Kirchen und Religionsgemeinschaften im Sinne einer freien Partnerschaft" stets bereit erklärte.[472] Unterstützt wurde diese Aussage durch die Sätze: „Die Sozialdemokratische Partei achtet die Kirchen und Religionsgemeinschaften, ihren besonderen Auftrag und ihre Eigenständigkeit. Sie bejaht ihren öffentlich-rechtlichen Schutz." Damit zog die Partei einen Schlußstrich unter die alte kirchenfeindliche, zumindest jedoch kirchenfremde Trennungsprogrammatik und erkannte die Kirchen als gleichberechtigte Partner im Raum des Öffentlichen an.[473] Mit dem Wort von der „Partnerschaft", einem geläufigen Begriff der evangelischen Sozialethik[474], prägten die Protestanten Arndt und Heinemann dem Programm ihr Zeichen auf.

Auch außerhalb des Abschnitts „Religion und Kirche", teils an versteckter Stelle, fand die intensive Auseinandersetzung der SPD mit den Auffassungen der katholischen Lehre ihren programmatischen Niederschlag.[475] Arndts in offenkundig antipositivistischer Stoßrichtung liegende Einführung des Begriffs „Rechtsidee" in das Programm konnte, wie er später einem katholischen Kritiker entgegenhielt, von Naturrechtlern nur zu begrüßen sein.[476] In der Tat ging Arndt dabei von einem „materiellen Rechtsbegriff" des Unabstimmbaren aus, der in seiner Auswirkung, wenngleich nicht in seiner Herleitung, der naturrechtlichen Auffassung von der Existenz über dem positiven Recht stehender Rechtswerte gleichkam.[477] Arndts Formulierung von der ‚Vorgegebenheit' der Grundwerte Leben, Menschenwürde und Gewissen gegenüber dem Staat unterstrich dies.

---

470 Günther, Sozialdemokratie und Demokratie, S. 61 f.; Möller, Evangelische Kirche und Sozialdemokratische Partei, S. 135 ff.
471 Vgl. Prot. PT-SPD 1959 (Godesberg), S. 272 ff. (Arndt, S. 273 f.).
472 S. dazu Arndts offizielle Kommentierung, ders., Humanität – Kulturaufgabe des Politischen (1960), S. 49 f.
473 Zur Bewertung dieser Zäsur in der kirchenpolitischen Programmatik der SPD vgl. Möller, Evangelische Kirche und Sozialdemokratische Partei, S. 137, 140; Strohm, Kirche und demokratischer Sozialismus, S. 120 ff. (122 ff.).
474 Langner, Die Sozialdemokratische Partei Deutschlands, S. 70; Arndt an Bischof Johannes Neuhäusler, 29. November 1961, AdsD, Nachlaß Eichler, PV-Korrespondenz 1961: Die Partnerschaftsformel sei „aus Kreisen der Evangelischen Kirche überwiegend begrüßt worden."
475 Im folgenden geht es um einzelne, nachweisbare Einflußnahmen Arndts, nicht allgemein um die Übereinstimmung katholischer Rechts- und Sozialethik mit dem Godesberger Programm.
476 Arndt, Kafkas falsche Sicht (1961), S. 88.
477 Arndts „materieller Rechtsbegriff" (a. a. O., S. 88, Anm. 3) war bezogen auf die „Grundprinzipien des Rechts", die der Abstimmbarkeit entzogen, objektiv qualifiziert und nicht subjektiv quantifizierbar (abstimmbar) waren. Auf die Nachfrage Gustav Kafkas im Jahre 1958 (Forster [Hrsg.], Christentum und demokratischer Sozialismus, S. 271), woher diese nicht abstimmbaren Grundwerte stammten und ob sie gegebenenfalls als „Menschenwerk" auch wieder beseitigt werden könnten, ging Arndt in seinem Vortrag zum Schulproblem (Aufgaben und Grenzen der Staatsgewalt im Bereich der Schulbildung [1959], S. 212) indirekt ein: Das „Ethos" eines auf Grundwerten beruhenden Staates, der dadurch „kein Vertragsstaat" sei, beruhe auf der „Erkenntnis des Unverfügbaren", dessen Anerkennung in der Verfassung deklaratorisch und „unwiderruflich" sei. Hinsichtlich des Erkenntnis- und Geltungsproblems –

Den knappen Begriff des Grundwerts „Leben" erfüllte Arndt mit einem Gehalt, der vermutlich nur wenigen Godesberger Parteitagsdelegierten in seiner ganzen Tragweite klar wurde. Für Arndt enthielt der Schutz des Lebens mit seinem absoluten Differenzierungsverbot immer auch den Schutz keimenden Lebens.[478] Persönlich war er – unter den Gegebenheiten eines prosperierenden Sozialstaats[479] – ein Gegner der politisch besonders heftig umkämpften sozialen Indikation bei Schwangerschaftsabbrüchen.[480] Eine solche Position innerhalb der SPD konnte sich nunmehr auf die Hervorhebung des Lebensschutzes im Programm berufen; gegenüber der Katholischen Kirche wirkte sie dem Verdacht entgegen, die SPD lasse das keimende Leben schutzlos.[481]

Der familienpolitische Abschnitt des Godesberger Programms beseitigte, entsprechend einer Anregung Arndts, „etatistische Formulierungen"[482] des Stuttgarter Entwurfs und ersetzte sie durch eine eng am katholischen Subsidiaritätsgedanken orientierte Fassung.[483] Allein, die schulpolitischen Ausführungen des Programms ließen manche Reformwünsche offen. Die apokryphe Formulierung, die Jugend sei „gemeinsam" zu erziehen, ließ nicht erkennen, ob die SPD die Forderung nach der Gemeinschaftsschule auch entgegenstehenden Glaubensauffassungen gegenüber unbedingt aufrechterhielt.

---

    wenn auch nicht in der Ableitung aus einer göttlichen Seins-Ordnung – bestand also eine weitgehende Gemeinsamkeit mit der katholisch-naturrechtlichen Auffassung (s. von der Heydte, Artikel Naturrecht, Abschnitt VI.1., Spalte 973). Arndt betonte denn auch die Zustimmung, die er bei Professor Erich Kaufmann „in der Görres-Gesellschaft gefunden" habe (s. Forster [Hrsg.], Christentum und demokratischer Sozialismus, S. 283).

478 Wiederholt stellte Arndt den Lebensschutz mit dem Verbot der Vernichtung „lebensunwerten" wie „keimenden" Lebens in Zusammenhang, s. Arndt, Das Verbrechen der Euthanasie (1947), S. 273, sowie Christentum und freiheitlicher Sozialismus (1957), S. 129.

479 Arndt schloß eine soziale Rechtfertigung der Schwangerschaftsunterbrechung keineswegs absolut aus. Angesichts der materiellen Not der unmittelbaren Nachkriegszeit schrieb er, die Aufrechterhaltung des § 218 StGB (in seiner bisherigen Fassung: ohne soziale Indikationsregelung) lasse sich „nur dann" rechtfertigen, „wenn mit bisher leider noch nicht sichtbarem Ernst daran gegangen wird, den werdenden Müttern zu helfen, kinderreichen oder sonst bedrängten Frauen eine Empfängnisverhütung zu ermöglichen und insbesondere der Jugend ein wirklich lebenswertes Leben zu schaffen." Dies bezeichnete er nachdrücklich gerade als eine christliche Verpflichtung, vgl. den Bericht über Arndts Vortrag zum Thema „Mensch und Mitmensch: Probleme um das keimende und das sogenannte lebensunwerte Leben" auf der Deutschen Evangelischen Woche 1948 in Frankfurt, nach dem Bericht von Franke, Evangelischer Aufbruch, S. 66 ff.; ferner (zum Zitat) Arndt, Bemerkungen zum Schreiben des Bischofs der Evangelischen Landeskirche von Kurhessen-Waldeck vom 20. Mai 1947 an den hessischen Kultusminister, 3. Juli 1947, HJM 1030/86.

480 1962 (AdsD, Akten SPD-BTF 127 [Arbeitskreis Recht], Protokoll des Arbeitskreises Recht vom 5./6. Oktober 1962) erklärte Arndt in einer fraktionsinternen Beratung, die skandinavische Abtreibungslösung (einschließlich der sozialen Indikation) sei nach sozialdemokratischer Auffassung undenkbar und nicht vereinbar mit dem Gedanken des „sozialen Rechtsstaats."

481 Arndt an Bischof Neuhäusler, AdsD, Nachlaß Eichler, PV-Korrespondenz 1961, 29. November 1961: „Hier ist von jedem Leben die Rede, also selbstverständlich auch vom keimenden Leben. Es kann für die SPD nach dem Godesberger Programm überhaupt nicht in Betracht kommen, das keimende Leben, insbesondere strafrechtlich, schutzlos zu lassen."

482 Arndt an Eichler, 4. Juni 1959, AdsD, Nachlaß Eichler, PV-Korrespondenz 1959.

483 Godesberger Programm 1959, in: Dowe/Klotzbach, Programmatische Dokumente, S. 376: „Staat und Gesellschaft haben deshalb die Aufgabe, die Erziehungskraft der Familie zu stärken, sie in den Bereichen, die sie nicht ausfüllen kann, zu ergänzen und notfalls zu ersetzen." Diese Formulierung bezeichnete Oswald von Nell-Breuning als eine „geradezu klassische Formulierung" des Subsidiaritätsgedankens, zitiert in: Vorstand der SPD (Hrsg.), Katholik und Godesberger Programm. Zur Situation nach Mater et Magistra, S. 30.

Kommentierung und Verteidigung des Godesberger Programms

Diese und andere grundsätzliche, z. B. den Charakter der Grundwerte und den Sinn der Partnerschaftsformel betreffende kritische Anfragen richteten katholische Kirchenvertreter an das Godesberger Programm. Das Programm bedurfte der Erläuterung und Verteidigung.[484] Arndt fiel dabei eine maßgebende Rolle zu. Sein Vortrag „Humanität – Kulturaufgabe des Politischen" auf dem Kulturpolitischen Kongreß der SPD im Oktober 1960[485] gab, in Übereinstimmung mit den Führungsgremien der Partei, einen offiziellen Kommentar des Godesberger Programms.[486] Vorausgegangen war eine erste Erörterung des Schulproblems in der Parteispitze[487], nachdem eine Meinungsverschiedenheit über den Begriff der „gemeinsamen" Erziehung entstanden war: Während Arndt darin gar keine Festlegung auf die Institution der Gemeinschaftsschule, sondern nurmehr eine Forderung nach Erziehung „im Geist der Gemeinsamkeit" – einschließlich konfessioneller Schulen – sah, interpretierte Willi Eichler das Programm als ein Festhalten an dem Ideal einer Schulverfassung, in der es „konfessionelle Schulen überhaupt nicht gibt."[488] Noch einmal leuchteten die Gegensätze der traditionellen und der radikal reformorientierten Positionen zur sozialdemokratischen Schulpolitik auf.

Doch stimmten Arndt und Eichler vorbehaltlos in der Auffassung überein, die Arndt als parteioffiziell vortrug. Danach sprach das Grundsatzprogramm zwar eine „Empfehlung" für die Gemeinschaftsschule aus, setzte jedoch auf die „erforderliche Konkordanz" mit der Katholischen Kirche in der Schulfrage und verwehrte insbesondere keinem sozialdemokratischen Katholiken, „innerhalb und außerhalb unserer Partei um seines Gewissens oder seines Glaubens willen im Sinne der katholischen Schulauffassung zu werben."[489] Die Achtung des Gewissensstandpunkts im Godesberger Programm, ohne die sich, wie Arndt festhielt, die SPD nicht „Partei der Geistesfreiheit"[490] nennen dürfe, begann ihre normierende Kraft zu entfalten.

---

484 Als die Kritik führender katholischer Würdenträger am Godesberger Programm eine polemische Gegenkritik im Vorwärts herausforderte (s. Henryk Eska, Wenn Ollenhauer katholisch würde [...], Sehr offener Brief an einen jungen Katholiken, in: Vorwärts, 18. Dezember 1959), intervenierte Arndt wiederum wegen der nach seiner Auffassung unernsten und unter anderem „für die angegriffenen Würdenträger der Kirche kränkende[n]" Tonart, Arndt an Jesco von Puttkamer (Chefredakteur des Vorwärts), 13. Januar 1960, AdsD, Nachlaß Carlo Schmid 1137.
485 Arndt, Humanität – Kulturaufgabe des Politischen (1960) = Rede auf dem SPD-Kulturkongreß am 28./29. Oktober 1960 in Wiesbaden.
486 S. Arndt, Kafkas falsche Sicht (1961), S. 85 (Anm. 1); Arndt an Bischof Neuhäusler, 29. November 1961, AdsD, Nachlaß Eichler, PV-Korrespondenz 1961.
487 S. AdsD, Prot. des SPD-Präsidiums, 27. Juni 1960: Arndt gab dort zu bedenken, „uns wird vorgeworfen, für die Gewissensfreiheit zu kämpfen, nicht aber bei der Frage der Bekenntnisschule."
488 Arndt an Knoeringen, 16. Mai 1960, und Eichler an Knoeringen, 27. Mai 1960. Beide Briefe waren Reaktionen auf einen Brief, den Knoeringen am 4. Mai 1960 vom Vorsitzenden des Unterbezirks Nürnberg, Franz Haas, erhalten hatte. Haas stellte als Meinung des Unterbezirksvorstands fest, daß die Festlegung auf die Gemeinschaftsschule im Godesberger Programm „für alle verbindlich sei" und nicht der „Entscheidung des Einzelnen überlassen" werden dürfe. Die Korrespondenz (AdsD, Nachlaß Eichler, PV-Korrespondenz 1961) gibt Aufschluß darüber, welche Meinungsdiskrepanz zwischen der Parteiführung und Teilen der Mitgliedschaft in der Schulfrage bestehen blieb.
489 Arndt, Humanität – Kulturaufgabe des Politischen (1960), S. 62; vgl. auch die Bezugnahme in: Vorstand der SPD (Hrsg.), Katholik und Godesberger Programm, S. 51 (weitere Bezugnahmen auf Arndts Rede, S. 9, 15, 20, 29, 36).
490 Arndt an Knoeringen, 16. Mai 1960, AdsD, Nachlaß Eichler, PV-Korrespondenz 1961.

Arndts Wiesbadener Vortrag war in Gehalt und sprachlicher Form ein genauer, hochkonzentrierter Ausdruck der Ideen, die das Godesberger Programm, ja den Reformprozeß der SPD insgesamt, am Ende der Fünfziger Jahre trugen. Gegenüber der Kritik an der Partnerschaftsformel aus Kreisen der Katholischen Kirche, die Kirche könne es von ihrem Selbstverständnis her nicht hinnehmen, wie eine beliebige ‚Interessengruppe' behandelt zu werden[491], erinnerte Arndt an die gleichberechtigte staatsgestaltende Aufgabe von Parteien einerseits und Glaubensgemeinschaften andererseits: Beide stellten sich auf den Boden der Gesellschaft und ständen dort folglich, ungeachtet eines über die Welt hinausgreifenden kirchlichen Selbstverständnisses, auf der gleichen Ebene.[492] Den Einwand, die in den Grundwerten des Programms verkörperte Verständigung über den Humanismus sei als Grundlage gemeinsamen Wollens zu unverbindlich[493], nahm Arndt durchaus ernst. Er setzte ihm jedoch entgegen, daß der Gedanke des Humanismus keineswegs durch die Geschichte widerlegt sei, sondern – im Gegenteil – der Erfüllung auch in der gegenwärtigen Gesellschaft noch harre: der Gedanke, „daß es keinem Menschen zusteht, den Mitmenschen in seinem personalen Menschsein nach dem Richtmaß irgendeiner letzten Wahrheit abzuurteilen und ihm die Fähigkeit zur gleichberechtigten Teilhabe an der Gemeinschaft abzusprechen."[494]

Arndt lag dabei die Annahme irgendeines Automatismus fern. Die Grundwerte stellten „Anfragen" an ihre humane Verwirklichung, sie seien offen für die „Mitmenschlichkeit als einer dem Menschen wesentlichen Möglichkeit."[495] Immer wieder kehrte er zu diesem Kerngedanken der Offenheit der Grundwerte zurück. Er prägte ihn der SPD geradezu ins Stammbuch:

> „Es ist nicht der Sinn dieser Grundwerte, alle Richtungen, aus denen Menschen kommen können, so einander gleichzumachen, daß die Quellen, aus denen im letzten ein Mensch lebt, gleichgültig werden. Die Grundwerte stehen vielmehr zur Wahrheit hin offen, sind eine Aufforderung dazu, auf Wahrheit auszusein und sollen aus der Vielfalt der Anteilnahme erfüllt werden."[496]

Aus Kreisen junger, kritischer katholischer Laien erfuhren Arndts Vortrag und die Reformpolitik der Partei nachdrückliche Zustimmung und Ermunterung.[497] Aber die

---

491 S. die Kritik des Limburger Bischofs Walther Kampe, in: Aretz, Katholizismus und deutsche Sozialdemokratie, S. 76; s. andererseits aber Kampes Anerkennung für Arndts ‚Teilnahmetheorie', der zufolge die Parteien als staatsgestaltende Faktoren an dem Verhältnis von Staat und Kirche teilnähmen, Kampe an Arndt, 30. Januar 1960, AdsD, Nachlaß Eichler, PV-Korrespondenz 1960. Zusammenfassend zum Godesberger Programm in der katholischen Kritik Brehm, SPD und Katholizismus 1957 bis 1966, S. 100 ff.
492 Arndt, Humanität – Kulturaufgabe des Politischen (1960), S. 49 f.; Langner, Die Sozialdemokratische Partei Deutschlands, S. 70 f.
493 Vgl. die Kritik Gundlachs bei Schwarte, Gundlach, S. 436, 438 f.
494 Arndt, Humanität – Kulturaufgabe des Politischen (1960), S. 57, 65.
495 Ders., ebda.
496 Ders., a. a. O., S. 66. Dabei korrespondierte der Verzicht der Partei auf eine weltanschauliche Fundierung dem berechtigten Anspruch der Kirchen, daß diese Partei sich auch kirchlich gebundenen Menschen öffnete – ein Zusammenhang, der in der katholischen Kritik am Godesberger Programm lange übersehen wurde, das trifft Klotzbach, SPD und Katholische Kirche nach 1945, S. XLIII.
497 Ernst-Wolfgang Böckenförde an Arndt, 28. Dezember 1960, AdsD, Nachlaß Eichler, PV-Korrespondenz 1960, war der Ansicht, daß Arndts „Thesen über das Verhältnis des modernen Staates zur religiösen Wahrheit, über das Verhältnis von politischem Programm und christlichem ‚Menschenbild' und überhaupt die Beziehungen zwischen letzten Wahrheiten und politischem Handeln meines Erach-

Skepsis überwog auf katholischer Seite. Selbst Oswald von Nell-Breuning, ein der SPD wohlgesonnener Kritiker, war – so sehr er Arndts Darlegungen begrüßte – nicht sicher, ob die SPD nicht letztlich doch einem uneingestandenen Sozialismusbild, „sozusagen" als „weltanschauliche[m] Überbau über Christentum, deutschem Idealismus und Marx", anhing.[498]

Diesen Verdacht hatte Gustav E. Kafka, der Leiter des Referats für staatsbürgerliche Angelegenheiten beim Zentralkomitee der deutschen Katholiken, in seiner am Ende des Jahres 1960 erschienen Streitschrift „Der freiheitliche Sozialismus in Deutschland" ausgestreut.[499] Kafka zeichnete darin das Bild einer entschlossenen Gruppe von „Volksparteilern", die eine widerstrebende Basis nur mühevoll zu ihren kirchenpolitischen Reformvorstellungen überredet hätten.[500] Er hielt dem freiheitlichen Sozialismus einen aller traditionellen Autorität abholden, anmaßenden „Demokratismus" und das unverwandte Festhalten an einer „Weltanschauung" vor, die ihn für einen Katholiken nach wie vor unannehmbar machten.[501]

Die Schrift löste in Kreisen der SPD „Empörung" aus, wie Arndt an Nell-Breuning schrieb.[502]. Die Beziehungen der SPD zur Katholischen Kirche drohten im beginnenden Wahljahr 1961 in eine akute Krise zu geraten.[503] Arndt machte seiner Entrüstung[504] über die Kafka-Schrift in einem Artikel Luft, der ein Glanzstück inhaltlich überlegener, rhetorisch geschliffener Polemik darstellte. Unter dem Titel „Kafkas falsche Sicht"[505] sezierte er in parteioffizieller Mission die Schwächen der Streitschrift. Es fiel ihm nicht schwer, Kafka die Lückenhaftigkeit seiner Belege und seine fehlende Sachkenntnis in Fragen des Protestantismus nachzuweisen.[506] Von Arndt formulierte Sätze des Stuttgarter Entwurfs aus der Theorie Rousseaus abzuleiten, sprach in der Tat den

---

tens einfach richtig sind und kaum präziser hätten formuliert werden können. Mir scheint, diese Thesen kann und müßte auch jeder Katholik akzeptieren, sofern er um die Lebensbedingungen der modernen Welt und das Verhältnis von Wahrheitsanspruch und Toleranz Bescheid weiß." Böckenförde stimmte ebenso wie Hermann Lübbe (Lübbe an Alfred Nau, 6. Januar 1961, AdsD, Nachlaß Eichler, PV-Korrespondenz 1961) dem staatspolitisch bedeutsamen Anliegen zu, daß die SPD endlich für Katholiken wählbar werde. Auch eine vereinzelte, ermutigende Stimme „eines katholischen Bischofs" konnte Arndt an Wehner, 25. März 1960, AdsD, Akten SPD-BTF 736 (Post Wehner), weitergeben: „[...] kann Ihnen ebenso offen sagen, daß es mir ebenfalls oft Sorgen gemacht hat, daß in einzelnen katholischen Publikationen die Auseinandersetzung mit der SPD weit politischer als vom Glaubensstandpunkt aus geführt wird [...] Glauben Sie nicht, daß ich die SPD als einen hoffnungslosen Fall ansehe [...]."

498 Von Nell-Breuning an Arndt, 27. Dezember 1960, AdsD, Nachlaß Eichler, PV-Korrespondenz 1960.
499 Gustav E. Kafka, Der freiheitliche Sozialismus in Deutschland. Das Godesberger Grundsatzprogramm der SPD in katholischer Sicht, Paderborn 1960.
500 Ders., a. a. O., S. 28 ff.
501 Ders., a. a. O., S. 27, 172. Hier soll nur die Kernthese Kafkas erwähnt werden.
502 Arndt an Nell-Breuning, 9. Januar 1961, AdsD, Nachlaß Eichler, PV-Korrespondenz 1961.
503 Eine Erklärung des Zentralkomitees der Deutschen Katholiken im November 1960 übte Kritik am Godesberger Programm (s. Aretz, Katholizismus und deutsche Sozialdemokratie, S. 78), die der SPD-Vorstand indessen – im Wahljahr 1961 – in seiner zurückhaltend positiven Reaktion ausklammerte, s. AdsD, Anlage zu Prot. des SPD-PV, 9./10. Januar 1961, Mitteilung für die Presse, 10. Januar 1961.
504 Arndt schrieb an Theo Hieronimi, einen wichtigen Vermittler der Walberberg-Gespräche, 4. November 1960, AdsD, Nachlaß Eichler, PV-Korrespondenz 1960: „Wären das die Gedanken der SPD, wie Herr Kafka sie darstellt, so wäre ich aus dieser Partei nicht nur gestern schon ausgetreten, sondern niemals in sie eingetreten."
505 Arndt, Kafkas falsche Sicht (1961), S. 83.
506 Ders., a. a. O., S. 86 (Anm. 2), 87, 91 (Anm. 8).

wiederholten öffentlichen Darlegungen des sozialdemokratischen Juristen Hohn.[507] Gewappnet mit Belegen aus der katholischen Soziallehre, hielt Arndt Kafka seinerseits ein Fehlverständnis des Autoritätsgedankens entgegen. Zum Thema Schulpolitik konnte er auf seine Wiesbadener Rede und die Berücksichtigung elterlicher Gewissenspositionen verweisen und setzte darüber hinaus ein auf katholischer Seite aufmerksam registriertes neues Zeichen[508], indem er persönlich eine künftige „Wahlmöglichkeit" der Eltern zwischen gleichberechtigten konfessionellen und nicht-konfessionellen Schulen befürwortete.[509]

Dieser offene Schlagabtausch führte vom Tiefpunkt der Krise hinweg.[510] Weltkirchliche Veränderungen begünstigten eine weitere Annäherung zwischen der Katholischen Kirche und der SPD. Unter dem Pontifikat Johannes XXIII. bahnte sich ein innerkirchlicher Reformprozeß säkularen Ausmaßes an, der in das Zweite Vatikanische Konzil (1962 bis 1965) mündete.[511] Die Katholische Kirche stärkte die Laienverantwortung und die Wahrnehmung personaler Rechte auf dem Weg zu Wahrheit und Frieden in demokratischen Gesellschaften. Sie öffnete sich neuen Werthaltungen und der praktischen Zusammenarbeit mit vordem ausgegrenzten gesellschaftlichen Kräften.[512] Beharrende Kräfte, repräsentiert durch die Person Pater Professor Gundlachs, verloren an Einfluß.[513] Vorbote dieser Entwicklung war die in der SPD positiv aufgenommene Sozialenzyklika Mater et Magistra vom Mai 1961. Auch wenn die Bundestagswahlen 1961 ein weitgehend unverändertes Wahlverhalten der katholischen Wählerschaft anzeigten, wurde doch eine Klimaveränderung in den vergleichsweise zurückhaltend formulierten Wahlempfehlungen der katholischen Bischöfe und der Zustimmung des deutschen Episkopats zu Verhandlungen über eine Koalition zwischen CDU/CSU und SPD im Herbst 1962 erkennbar.[514]

In dieser Umbruchphase bot es sich für die SPD an, ihre Einstellung zur Katholischen Kirche nochmals grundlegend und öffentlichkeitswirksam zu dokumentieren.[515] Adolf Arndt übernahm diese Aufgabe in seinem vielbeachteten Interview mit dem Nachrichtenmagazin „Der Spiegel." Arndts Interviewpartner machten sich den Vorwurf des Opportunismus zu eigen, wie er sowohl in Kreisen der Katholischen Kirche

---

507 Vgl. Kafka, Der freiheitliche Sozialismus in Deutschland, S. 54 f.; Arndt, a. a. O., S. 88 f.; s. dazu oben Kapitel VII.1.
508 Nell-Breuning an Arndt, 24. April 1961, AdsD, Nachlaß Eichler, PV-Korrespondenz 1961, der Arndt zur Replik auf das Kafka-Buch beglückwünschte.
509 Arndt, Kafkas falsche Sicht (1961), S. 90.
510 Am 11. April 1961 verabschiedete der SPD-Parteivorstand „Richtlinien sozialdemokratischer Familienpolitik" (abgedruckt in: SPD-Jahrbuch 1960/61, S. 465 ff.), zu denen Arndt den entscheidenden Vorentwurf geliefert hatte. In Ergänzung des diesbezüglich eher knappen Godesberger Programms brachte er sehr familienfreundliche Prinzipienformulierungen in die Richtlinien hinein, deren grundlegende Abschnitte I und II wörtlich von ihm stammen, vgl. dazu Arndts Entwurf vom 14. Februar 1961, AdsD, PV-Bestand Ollenhauer 1.
511 Zur Abrundung der Darstellung wird hier auf Arndts kirchenpolitische Betätigung bis zu ihrem Abschluß im Jahre 1962 ausgegriffen. Zu den Veränderungen in der römischen Weltkirche vgl. Brehm, SPD und Katholizismus 1957 – 1966, S. 143 ff.
512 Forster, Deutscher Katholizismus in der Adenauer-Ära, S. 505 ff.
513 Schwarte, Gundlach, S. 189 ff.
514 Forster, Deutscher Katholizismus in der Ära Adenauer, S. 505 (der den Hirtenbrief allerdings als gemäßigter bewertet als Aretz, Katholizismus und deutsche Sozialdemokratie, S. 79).
515 Zu weiteren wesentlichen Schritten im Annäherungsprozeß zwischen SPD und Katholischer Kirche, insbesondere zum Besuch einer SPD-Delegation beim Papst, s. Soell, Erler, Bd. 2, S. 861 ff.

als auch in der SPD selbst gegen den kirchenpolitischen Kurs der Parteiführung erhoben wurde. In dieser nicht ganz einfachen Ausgangslage verstand es Arndt, das Angebot der Gesprächsbereitschaft zu bekräftigen und zugleich Anbiederungen zu meiden. Geschickt bediente er sich dabei der Methode, die von den Spiegel-Journalisten genannten, in der Praxis vorhandenen Streitpunkte nicht kritisch aus SPD-Sicht zu kommentieren, sondern sie immer wieder an den eigenen Lehren der Kirche zu messen, vor allem aber sehr wohl vorhandene Auslegungsdifferenzen innerhalb des katholischen Lagers auszuleuchten. Arndts Interview zeichnete die Katholische Kirche nicht als geschlossenen Block, sondern als ein differenziertes, der Meinungsvielfalt unter ihrem Dach Raum bietendes Gebäude.[516] Eben dadurch war das Interview ein Brückenschlag zu neuen, aufbruchsbereiten Kräften im deutschen Katholizismus.[517] In der Sache bekräftigte Arndt die seit Jahren von der Parteiführung vertretenen Verhandlungspositionen der SPD, einschließlich der Frage des Elternrechts. Dabei ging er allerdings bis an die Grenze des seiner Partei Zumutbaren, wenn er sich grundsätzlich jede Kritik daran versagte, daß die Gewissensentscheidungen der Eltern in der Praxis vielfach durch bischöfliche Weisungen gebunden wurden.[518]

Das Interview war eine taktische und politische Meisterleistung. Heinrich Köppler, der Vorsitzende des Zentralkomitees der Deutschen Katholiken, dankte Arndt für die „in jeder Hinsicht vornehme und sachlich unanfechtbare Führung dieses Gesprächs."[519] Es war der Ausgangspunkt zu Verhandlungen über die Weiterführung der Walberberg-Gespräche.[520] Die Beziehungen zwischen der Katholischen Kirche und der SPD begannen, sich zu konsolidieren. Der Durchbruch zur Entspannung[521] gelang jedoch erst mit der Ausräumung des Konfliktthemas Schulpolitik. Gegen erhebliche innerparteiliche Widerstände wurde 1964 die von Arndt und Heinemann seit Godesberg öffentlich vertretene schulpolitische Linie zur offiziellen Parteiprogrammatik erhoben.[522]

An dieser Vollendung seiner Reformpolitik war Arndt jedoch nicht mehr aktiv beteiligt. Das neue, im März 1963 angetretene Amt als Senator für Kultur und Wissen-

---

516 S. zum Beispiel Arndt, SPD – Wahlhelfer im Vatikan? (1962), S. 280.
517 Unverändertes Mißtrauen konservativer Kirchenkreise hingegen oder deshalb sprach aus dem Artikel, mit dem der stellvertretende Chefredakteur des „Osservatore Romano", Professor Allessandri, im Januar 1963 Arndts Interview kommentierte, dazu Soell, Erler, Bd. 2, S. 1095 (Anm. 225).
518 Arndt, a. a. O., S. 291; vgl. dazu die kritischen Leserbriefe aus überwiegend SPD-nahen Kreisen, in: Der Spiegel, 19. Dezember 1962.
519 S. Heinrich Köppler an Arndt, 26. November 1962, AdsD, Nachlaß Eichler, PV-Korrespondenz 1-6/1962.
520 Köppler an Arndt, ebda.; Korrespondenz zwischen Hieronimi, Ollenhauer, Arndt und Eichler, AdsD, Nachlaß Eichler, PV-Korrespondenz 1963 (1-6, 7-12).
521 Den Durchbruch zur Entspannung („Détente") sieht Waibel, Politics of Accommodation, S. 103 ff. (S. 106) in der Lösung der Schulfrage.
522 Langner, Die Sozialdemokratische Partei Deutschlands, S. 79. Vgl. die am 2. Juli 1964 beschlossenen „Bildungspolitischen Leitsätze" der SPD, abgedruckt in: SPD-Jahrbuch 1962/63, S. 480 ff.
Unter Beibehaltung der politischen Präferenz für die Gemeinschaftsschule erkannte die SPD ausdrücklich das Elternrecht an und setzte auf föderative, praktische Lösungen zu seiner Einhaltung. Zur Vorgeschichte der „Bildungspolitischen Leitsätze" und zur maßgeblichen Rolle Gustav Heinemanns, der Arndts Vorreiterrolle für eine neue Schulpolitik der SPD übernahm, vgl. Sommer, Gustav Heinemann und die SPD in den Sechziger Jahren, S. 110 ff. (dort auch zur Übereinstimmung Arndts mit Heinemann, S. 106).

schaft band Arndts Kräfte in Berlin.[523] Mit dem Spiegel-Interview hatte er den krönenden Schlußpunkt seines öffentlichen[524] kirchenpolitischen Engagements gesetzt.

Die Anbahnung der Entspannung im Verhältnis zwischen SPD und Katholischer Kirche ist einer der bleibenden Verdienste Arndts und einer der größten Erfolge in seiner politischen Laufbahn.[525] Dem hohen argumentativen und politischen Einsatz führender Persönlichkeiten wie Adolf Arndt, Willi Eichler, Gustav Heinemann und Ludwig Metzger war es zuzuschreiben, daß die SPD den umfassenden Reformanspruch des Godesberger Programms auch in ihrer Religions- und Kirchenpolitik einlöste. Erst auf dieser Basis vermochte die SPD die kurz darauf einsetzende Öffnungsbereitschaft des kirchlichen Gesprächspartners zur Herbeiführung entspannter Beziehungen nutzbar zu machen. Der bei der Bundestagswahl 1965 erfolgende Einbruch der SPD in das katholische Wählerpotential[526] ist durch den neuen kirchenpolitischen Kurs der SPD im Umfeld von Godesberg erst ermöglicht, jedenfalls aber erheblich erleichtert worden.

Der bekennende Christ Arndt war in diesem Annäherungsprozeß für die SPD unentbehrlich. Seine religiöse Gläubigkeit erleichterte den Aufbau eines Vertrauensverhältnisses zu den katholischen Gesprächspartnern. Seine juristische Reputation, verbunden mit theologischer Sachkunde, trugen ihm dazu großen Respekt ein. Oswald von Nell-Breuning, der im Laufe jener Jahre „sehr enge, vertrauensvolle Beziehungen" zu Arndt entwickelte[527], drängte diesen einmal zur Fortsetzung des Münchner Gesprächs von 1958 mit den Worten: „Eine fruchtbare Begegnung mit der distinktionsfreudigen Scholastik erfordert [...] auch Ihre geschliffene juristische Präzision."[528] Mit diesen Eigenschaften erwarb Arndt Vertrauen und Achtung gerade konservativer Kirchenvertreter wie Prälat Böhler und Professor Gundlach. Letztlich stritt Arndt aber in eigener Sache: Die Behauptung *seines* geistigen Standorts in der Partei. Sein erfolgreiches Wirken in der SPD gab dem Programmgrundsatz der „Freiheit des Geistes" Gehalt.

---

523 S. Arndts Rückblick im Brief an Eichler, 3. Februar 1968, AdsD, Nachlaß Eichler, Allgemeine Korrespondenz 1966 bis 71, A bis Ba.
524 Im Hintergrund, als Berater und Vermittler zwischen der SPD-Zentrale und der niedersächsischen Landes-SPD, war Arndt tätig im Zusammenhang mit den mehrjährigen Verhandlungen über das 1965 abgeschlossene Konkordat zwischen dem SPD-geführten Land Niedersachsen und dem Heiligen Stuhl. Darin war in einem vielbeachteten Kompromiß unter anderem auch die Einrichtung von Konfessionsschulen vorgesehen, s. Staatssekretär Konrad Müller (niedersächsisches Kultusministerium) an Arndt, 11. Oktober 1962, AdsD, Akten SPD-BTF 2378 (Dank für Arndts Intervention); Arndt an Eichler, 18. Dezember 1962, AdsD, Nachlaß Eichler, PV-Korrespondenz 7-12/1962 (Darlegung der Vorzüge der geplanten Konkordatslösung); dazu Waibel, Politics of Accommodation, S. 104 f.; s. vor allem Arndts leidenschaftliche Verteidigung des Konkordats, Es geht um den wahren Begriff der Freiheit, in: Freie Presse, Bielefeld, 5. Juni 1965; zu dem vorangegangenen Streit um das Reichskonkordat s. o. Kapitel VI.3.
525 Arndt selbst betrachtete die Arbeit als Erfolg, wie indirekt aus einem Brief Nell-Breunings an ihn vom 8. März 1966 hervorgeht: „Wir dürfen aber auch – diese Überzeugung teile ich mit Ihnen – mit Dank gegen Gott feststellen, daß unsere beiderseitigen Bemühungen um ein besseres Verhältnis von freiheitlich-demokratischem Sozialismus und katholischer Kirche Frucht – ich meine sogar reiche Frucht – getragen haben", AdsD, Nachlaß Arndt, Mappe 22.
526 S. Spotts, Kirchen und Politik in Deutschland, S. 296 ff.
527 Oswald von Nell-Breuning in einem Brief an den Verfasser, 20. Juni 1988.
528 Von Nell-Breuning an Arndt, 27. Dezember 1960, AdsD, Nachlaß Eichler, PV-Korrespondenz 1960.

Achtes Kapitel
Zusammenfassung

Der Beginn der Sechziger Jahre, stellte eine markante Zäsur in der Geschichte der Bundesrepublik Deutschland dar. Die außenpolitische Einbindung in das westliche Verteidigungs- und Wirtschaftssystem und die innere – institutionelle, wirtschaftliche und soziale – Gründung des ‚Weststaats' waren abgeschlossen. Zugleich kündigte sich das Ende der ‚Ära Adenauer' an. Mit dem Sieg im Fernsehstreit vor dem Bundesverfassungsgericht 1961 hatte Arndt dem Bundeskanzler eine schwere persönliche Niederlage zugefügt. In der Bundestagswahl 1961 verlor die regierende CDU/CSU ihre absolute Mehrheit und gelang der SPD ein deutlicher Stimmenzuwachs bei einer gleichzeitigen massenhaften Wähleraustauschbewegung zwischen der Union und der SPD. Die verhärteten politischen Fronten begannen sich zu lockern. Erste Anzeichen einer bevorstehenden politischen Klimawende, des Unbehagens an der saturierten Wohlstandsgesellschaft und einer wachsenden Bereitschaft zu gesellschaftlichen und politischen Reformen wurden spürbar.

Der parteiprogrammatische wie außenpolitische Kurswechsel der SPD schuf wesentliche Voraussetzungen für den Weg in die „liberale Ära"[1], in der die SPD erstmals regierende Partei im Bundestag wurde. Das Ziel der deutschen Wiedervereinigung, dessen unbedingtem Primat die SPD-Politik seit 1960 entsagt hatte, rückte schließlich in unabsehbare Ferne, als die DDR-Führung zu einer verschärften Abgrenzungspolitik überging und am 13. August 1961 den Ostteil Berlins durch eine Mauer hermetisch vom Westteil abriegelte.

Auch in Adolf Arndts politischer Biographie markiert dieses Jahr 1961 eine deutliche Zäsur. Schon ein Jahr zuvor hatte der führende Rechtspolitiker der Opposition auf Entlastung von aktueller politischer Arbeit in der SPD gedrängt.[2] Im Jahr des Godesberger Programms hatte er bereits eine Rückkehr zu dem geplant, was einmal seine Bestimmung gewesen zu sein schien: eine wissenschaftliche Tätigkeit. Zwei Berliner Staatsrechtslehrer[3] hatten Arndt die Aussicht auf eine ordentliche Professor für Staatsrecht und Politik an der Freien Universität eröffnet. Doch scheiterten Arndts akademische Pläne – nach 1933 – ein weiteres Mal und diesmal endgültig. Widerstände im Professorenkollegium verhinderten die Berufung des nicht habilitierten ‚Außenseiters' auf einen Berliner Lehrstuhl. Arndt, den das nationalsozialistische Regime an der Habilitation gehindert hatte, bemerkte in einem Brief bitter: „Ich bin nach 1945 –

---

1 Hans-Peter Schwarz, Die Ära Adenauer 1957 – 1963, S. 153 ff.
2 Arndt an Ollenhauer, 4. November 1960, AdsD, PV – Bestand Ollenhauer 1. Dort bat er sogar Ollenhauer darum, ihn nicht wieder in die Vorschlagsliste für die Wahl des Parteivorstands aufzunehmen.
3 Die Initiative war von den Berliner Professoren Wilhelm Wengler und Karl August Bettermann ausgegangen, s. Arndt an Dr. Michael Kloepfer, 12. Juni 1970, AdsD, Nachlaß Arndt, Mappe 20; Wengler an Arndt, 15. Juni 1959, und Arndt an Wengler, 18. Juli 1959, Nachlaß Arndt, Mappe 27.

keineswegs allein im Fall FU – von deutschen Professoren, wenn auch mit anderen Methoden, so doch mit gleichem Ergebnis verfolgt worden wie vor 1945."[4]

Im Jahre 1961 konnte Arndt das unter seiner maßgeblichen Beteiligung entstandene innerparteiliche Reformwerk des Godesberger Programms als abgeschlossen betrachten. Zudem gewann er den Eindruck, mit der Beharrlichkeit seiner national konservativen Haltung in der auf Anpassung an die politische Realität der deutschen Teilung bedachten SPD zunehmend eine Außenseiterposition einzunehmen. Schließlich ließ Arndt anderen gegenüber wiederholt seinen Überdruß an der Fülle der politischen Alltagslast erkennen. Die zahlreichen, an den hochangesehenen juristischen Fachmann herangetragenen Parteiämter und Beratungswünsche forderten viel Kraft und zermürbten die Gesundheit des körperlich labilen Politikers. Eine chronische Nierenerkrankung, die alljährlich mehrwöchige Krankenhaus- und Kuraufenthalte erforderlich machte, war der Preis des kräftezehrenden Einsatzes.

Aus all diesen Gründen setzte Arndt nach der Bundestagswahl 1961 eine seit längerem bestehende Absicht in die Tat um. Er legte die Bürde des juristischen Fraktionsgeschäftsführers nieder und siedelte – unbeeinflußt vom Scheitern seiner akademischen Berufspläne – nach Berlin um. Während viele im Herbst 1961 den permanenten Krisenherd Berlin verließen, setzte Arndt ein in der politischen Öffentlichkeit aufmerksam und voller Anerkennung registriertes Zeichen: Er kehrte an den Ort zurück, der ihm Symbol und kulturelles Zentrum der deutschen Einheit – und Heimat blieb.

Mit seinem Weggang nach Berlin vollzog Arndt selbst einen deutlichen äußeren Einschnitt. Zwar blieb er im Bundestag nach außen der führende rechtspolitische Repräsentant der SPD. Er meldete sich in der Spiegel-Affäre mit scharfer Kritik an der Regierungspolitik zu Wort. Er gehörte zur sozialdemokratischen Kommission, die mit Vertretern der Regierungskoalition über eine Notstandsverfassung verhandelte, und trat in die Kommission zur Erarbeitung einer Großen Strafrechtsreform ein. Doch wurde Arndts eigentlicher Lebensmittelpunkt Berlin. Hier fand er Raum für sein lange von der rechtspolitischen Arbeit verdrängtes kulturelles und kulturpolitisches Interesse. Schon 1960, im Rahmen der Berliner Bauwochen, hatte Arndt mit seinem – später vom Bund Deutscher Architekten mit dem Preis für Architekturkritik gekrönten – programmatischen Vortrag „Demokratie als Bauherr" ästhetisches Maß und organisatorische Richtung gewiesen für das einer Demokratie angemessene Bauen. Mehrfach nahm er darin Bezug auf Berliner Verhältnisse. Im Verlauf des Jahres 1962 wies er den Berliner Regierenden Bürgermeister Willy Brandt auf die öffentliche Diskussion um die architektonischen Defizite des Wiederaufbaus in Berlin und Probleme der im Bau befindlichen Philharmonie hin. Kultur und Kulturpolitik in Berlin wurden Arndt zu einem Herzensanliegen. So war es folgerichtig, daß er ein Angebot annahm, das ihn im Frühjahr 1963 nach dem Sieg der SPD bei den Wahlen zum Berliner Abgeordnetenhaus erreichte: Der alte und neue Regierende Bürgermeister Willy Brandt schlug ihm vor, das Kulturressort im neu zu bildenden Berliner Senat zu übernehmen.

Dies war dem ersten Anschein nach Arndts Chance zu einer anderen, neuen politischen Karriere – die Übernahme eines Regierungsamts nach 14 Jahren Oppositionspolitik. Doch trog der Schein. Adolf Arndt hatte den Höhepunkt seiner Leistungskraft als Politiker überschritten. Sein Bedürfnis nach Rückzug, dem er mit dem Weggang von

---

4 S. Arndt in dem Brief an Kloepfer, a. a. O.

Bonn nach Berlin gefolgt war, erwies sich als eigentlich wirkungsmächtiger Impuls, der den engen Grenzen seiner körperlichen Belastbarkeit entsprach und dem sich alle weiteren politischen Pläne unterordnen mußten.

Dabei schienen die Voraussetzungen günstig, unter denen Arndt sein neues Amt antrat. Er hatte bei dem Regierenden Bürgermeister Brandt erwirkt, daß der bisherige Apparat des Berliner Volksbildungssenats geteilt und ihm daraus das neue Amt eines speziell für Wissenschaft und Kunst zuständigen Senators übertragen wurde; damit konnte sich der neue Senator auf die Tätigkeitsbereiche konzentrieren, die seinen Neigungen und Erfahrungen am meisten entsprachen und denen er eine Schlüsselfunktion für Berlins Rolle einer „geistigen Metropole"[5] des ganzen Deutschland beimaß. Auch die Berliner und die überregionale Presse begrüßten den Amtsantritt des neuen Senators mit Vertrauen in seine geistige Prägkraft. Seinen öffentlichen Einstand als neuer Berliner Kultursenator gab Arndt am 23. März 1963 mit seiner großen Rede über „Unsere geschichtliche Verantwortung für die Freiheit". Sie fand auch jenseits der deutschen Grenzen weithin Beachtung; der während der Zeit des Nationalsozialismus rassisch diskriminierte neue Berliner Senator richtete an alle vom Nationalsozialismus aus Deutschland Vertriebenen die eindringliche Bitte um Versöhnung und Heimkehr.[6]

Doch bereits nach drei Wochen Senatorentätigkeit begann Arndt an sich und seinem Amt zu zweifeln und zu verzagen. Er werde von seinem neuen Amt in „wirklich mörderische[r] Weise in Anspruch genommen", klagte er gegenüber Erich Ollenhauer[7] und kündigte an, daß er eine weitere derartige Belastung gesundheitlich nicht durchstehen werde. Zugleich zögerte er – wie es eigentlich den von der SPD mitgetragenen parlamentarischen Gepflogenheiten und auch verfassungsrechtlichen Bedenken entsprochen hätte –, sein neben dem Amt eines Landesministers fortbestehendes Bundestagsmandat niederzulegen. Adolf Arndt wollte sich den Rückzug auf die ihm vertraute Parlamentstätigkeit offenhalten. Er offenbarte damit einen inneren Zwiespalt, der letztlich den Abbruch seiner Tätigkeit als Senator herbeiführte und das Vertrauen der SPD-Führung in die Beständigkeit seiner Amtsführung untergrub.

Nach mehrwöchiger Krankheit bot Arndt Anfang Juli 1963 Willy Brandt den Rücktritt vom Amt des Kultursenators an.[8] Aus gesundheitlichen Gründen sah er sich außerstande, das Amt weiterzuführen. Erhebliche Repräsentationsaufgaben in kulturpolitischen Gremien Berlins und des Bundes, die Inanspruchnahme durch die sozialdemokratische Landespolitik in Berlin und nicht zuletzt das Ausscheiden wichtiger, erfahrener Mitarbeiter aus der Senatsabteilung Kunst, deren Aufgaben der Senator als Behördenleiter bis zur Neubesetzung der Stellen mitübernehmen mußte, hatten Arndt überfordert. In der Einsicht, daß er keinesfalls das Amt über eine ganze Legislaturperiode werde durchstehen können, hatte er sich nunmehr zum unbedingten Rücktritt entschlossen. Mit dieser frühen Demission hoffte er, Spekulationen vorzubeugen, die Willy Brandt und dem Land Berlin hätten schaden können.

---

5 Vgl. den Bericht des Berliner Senators für Kultur und Wissenschaft Dr. Adolf Arndt, abgegeben im Berliner Abgeordnetenhaus am 5. November 1963 (Manuskript, S. 10), AdsD, Personalia Arndt, Bd. III.
6 Arndt, Unsere geschichtliche Verantwortung für die Freiheit (1963), S. 194.
7 Arndt an Erich Ollenhauer, 10.4.1963, AdsD, Nachlaß Arndt, Mappe 23.
8 Arndt an den Regierenden Bürgermeister von Berlin Willy Brandt, 3.7.1963, AdsD, Depositum Willy Brandt (I), Beruflicher Werdegang und politisches Wirken in Berlin 1947 – 1966, Mappe 38.

Dr. Adolf Arndt, Senator für Wissenschaft und Kunst, Berlin 1963

Gleichwohl ließ er sich noch einmal zur Weiterführung seiner Amtstätigkeit bewegen. Inmitten einer neuen, von Willy Brandt getragenen deutschlandpolitischen Offensive der SPD legte die Bundesführung der SPD Wert darauf, kein störendes politisches Aufsehen durch einen Rücktritt Arndts zu erregen.[9] Arndt stimmte daher einer nochmaligen Vertagung der Entscheidung bis zum Ende des Jahres 1963 zu und ließ aus diesem Grund sein Bundestagsmandat nur ruhen, ohne es niederzulegen. In der Zwischenzeit leistete er erhebliche Arbeit in seinem Ressort, betrieb unter anderem eine verstärkte Förderung der bildenden Kunst und des zeitkritischen Theaters in Berlin, organisierte und eröffnete bedeutende Ausstellungen sowie die von seinem Freund Hans Scharoun gebaute Philharmonie. Indes – die Schwierigkeiten wuchsen noch. Ein Streit des schroff und scharfzüngig auftretenden Senators mit der Berliner Lokalpresse und eine heftige Attacke der oppositionellen Berliner CDU wegen Arndts weiterhin bestehender Mitgliedschaft im Bundestag leiteten sein endgültiges Ausscheiden aus dem Berliner Senat ein. Nachdem auch bis zum Jahresende 1963 keine Klärung der wesentlichen organisatorischen und finanziellen Bedingungen für seinen Verbleib im Amt erfolgt war, klagte Arndt diese Bedingungen ultimativ in einem Brief an Willy Brandt ein.[10]

Am 5. Februar 1964, nach elfmonatiger Amtszeit, vollzog Adolf Arndt den endgültigen Rücktritt vom Amt des Berliner Senators für Wissenschaft und Kunst. Die Ablehnung zusätzlicher Finanzmittel, die er gefordert hatte, trug dazu bei. Doch gab den entscheidenden letzten Anstoß zu Arndts Entschluß ein Brief Fritz Erlers, der ein Schlaglicht auf die abgekühlten und angespannten Beziehungen Arndts zur Bonner Parteiführung und zu ehemaligen engen politischen Weggefährten warf. Erler, den Arndts anhaltendes Zögern in der Frage des Bundestagsmandats und die damit wachsende Angriffsfläche gegenüber der in Bonn regierenden CDU mit großem Ärger erfüllten, forderte den Parteifreund in einem sachlichen, aber sehr unterkühlten Ton zur Entscheidung zwischen Bonn und Berlin auf.[11] Als auch Herbert Wehner Arndts Rücktritt mit kaum verhülltem Ärger über den nach seiner Auffassung politisch sehr schädlichen Zeitpunkt – nach dem Tod Erich Ollenhauers sollte Brandt zum neuen Vorsitzenden der SPD gewählt werden – kritisierte, reagierte Arndt zutiefst verletzt: „Ich fühle mich von der Partei [...] mißhandelt"[12], gab er zurück. Letztlich aus Parteiräson hatte er von seiner Rücktrittsabsicht im Juli 1963 zunächst Abstand genommen. Das nunmehr offenbar werdende Unverständnis führender Parteifreunde gegenüber seiner anhaltend schlechten gesundheitlichen Situation erbitterte ihn.

Aus der Sicht vieler Berliner Künstler hatte Adolf Arndt als Kultursenator nicht versagt. Sie hatten in ihm einen sehr einfühlsamen, begeisterungsfähigen, gerade avantgardistischen Projekten gegenüber aufgeschlossenen Politiker gefunden und bedauerten seinen Rücktritt in bewegenden Worten.

---

9 Das stand wohl hinter den Erwägungen Erich Ollenhauers in der Sitzung des SPD-Parteipräsidiums am 27.8.1963, zum „Fall Arndt", AdsD, Protokolle des SPD-Präsidiums vom 22.7.1963 bis 22.6.1964.
10 Arndt an Willy Brandt, 23.12.1963, AdsD, Nachlaß Arndt, Mappe 13.
11 Fritz Erler an Arndt, 3.2.1964, AdsD, Nachlaß Arndt, Mappe 15. Bereits in der Sitzung des Parteipräsidiums am 6.1.1964 hatte Erler erklärt, er halte Arndts Verfahren in der Sache des Doppelmandats für „unsauber", AdsD, Protokolle des SPD-Präsidiums vom 22.7.1963 bis 22.6.1964.
12 Zitiert nach Herbert Wehners wörtlicher Verlesung des an ihn gerichteten Antwortbriefes von Arndt, in dem dieser ausdrücklich Willy Brandt von seinem Vorwurf ausnahm, in der Sitzung des Parteirats vom 15.2.1964, AdsD, Protokolle des Parteivorstands und des Parteirats vom 28.8.1963 bis 6.6.1964; Wehners Brief an Arndt, 11.2.1964, AdsD, Nachlaß Arndt, Mappe 27.

Aus der Sicht der Politik hingegen – insbesondere der SPD – war Arndt in seinem Senatorenamt gescheitert. Die Gründe für dieses Scheitern waren überwiegend nicht von Arndt zu vertreten. Dazu zählte insbesondere seine angegriffene Gesundheit, die ihm bereits die notwendige Grundlage angestrengtester politischer Arbeit entzog. Hinzu kam, daß objektiv höchste organisatorische und physische Anforderungen an einen Berliner Kultursenator gestellt wurden, der seine Behörde reorganisieren und bei engem finanziellen Spielraum Berlin zu einer „geistigen Metropole" ausbauen wollte.

Gleichwohl erschwerten auch in der Persönlichkeit Arndts liegende Ursachen von vornherein seine Amtsführung. Seine Dünnhäutigkeit machte ihn verletzlich gegen vielfach unqualifizierte Angriffe und ließ ihn verletzender replizieren, als es dem Anlaß angemessen war. Die mannigfaltigen Repräsentationsaufgaben des Kultursenators in kultur- und kommunalpolitischen Gremien erfüllten den ganz auf politisch-inhaltliche Arbeit angelegten Arndt mit Überdruß und Widerwillen. Der Zwang zu permanenter Repräsentation nahm dem Intellektuellen den für sein geistiges Überleben notwendigen Rückzugsraum und die Zeit, in seiner Arbeit den hohen Maßstäben inhaltlicher Qualität zu genügen, die er sich selbst setzte. Es bleiben daher Zweifel, ob selbst ein gesunder Arndt sich letztlich erfolgreich den zeitraubenden, Routine- und Detailarbeit verlangenden Aufgaben einer Behördenleitung unterzogen hätte. Eine grundsätzliche Spannung zwischen dem leidenschaftlichen Intellektuellen und dem Verwaltungsorganisator wäre jedenfalls auch dann bestehen geblieben.

Adolf Arndt beendete mit dem Abbruch der Senatorentätigkeit seine politische Karriere in der SPD. Die von seinem Gesundheitszustand alarmierten Parteifreunde sandten zwar Worte der Versöhnung und der aufrichtigen Dankbarkeit.[13] Doch besiegelte Arndts kurze Senatorentätigkeit nur seinen Rückzug von der politischen Frontlinie, den er bereits im Herbst 1961 angetreten hatte. Im Herbst 1964 schied er aus dem Bundesvorstand der SPD aus. Zwar blieb er politisch tätig und ließ sich von Parteifreunden zur Fortsetzung seiner parlamentarischen Arbeit bis 1969 bewegen. Doch nur noch selten intervenierte er als überragender Rechtspolitiker wie zum Beispiel in der Verjährungsdebatte des Bundestags im Jahre 1965. Während die juristische Fachöffentlichkeit die wissenschaftliche und publizistische Leistung des hochangesehenen sozialdemokratischen Rechtsdenkers und Rechtspolitikers mit Ehre und Anerkennung bedachte, zog Adolf Arndt sich mehr und mehr aus der aktiven Politik zurück. Eine quälende Parkinsonsche Krankheit ließ ihm dazu keine Kraft mehr. Ihr erlag er am 13. Februar 1974.

So zeigt auch die rückblickende Betrachtung, daß Adolf Arndt mit dem Jahre 1961 den Höhepunkt seines politischen Lebens überschritten hatte. Seine Leistung will der folgende Rückblick zusammenfassend würdigen.

---

13 Vgl. Erler an Arndt, 17.2.1964, AdsD, Nachlaß Arndt, Mappe 15, und Erlers Artikel zu Arndts sechzigstem Geburtstag am 13.3.1964: „Avantgardist unserer Mündigkeit", Vorwärts, 11.3.1964; Wehner an Arndt, 12.3.1964, und Brandt an Arndt 12.3.1964, AdsD, Nachlaß Arndt, Mappen 27 und 13.

1. Um den materiellen Rechtsstaat

Adolf Arndts Rechtsdenken und rechtspolitisches Werk standen im Dienste des – *materiellen* – Rechtsstaats.

Dem Aufbau dieses besonderen, in dieser Ausprägung in Deutschland neuen und einzigartigen Typus des Rechtsstaats galt die Lebensarbeit des Juristen Adolf Arndt nach dem Zweiten Weltkrieg. Doch ruhte dieser Neubau des Rechtsstaats zugleich auf der Wiederbelebung und Wiederbegründung – zwischen 1933 und 1945 unterdrückter und vernichteter – älterer Formen rechtsstaatlichen Denkens und rechtsstaatlicher Institutionen in Deutschland. In dieser Tradition stand auch Arndt.

Begriff und politische Gestalt des Rechtsstaats in Deutschland entstammen dem 19. Jahrhundert, dem Zeitalter der bürgerlich-liberalen Verfassungsbewegung.[14] Von seiner historischen Entstehungsbedingung her, der Frontstellung des liberalen Bürgertums gegenüber dem monarchischen, ehedem absolutistischen Staat, erhielt der Rechtsstaatsbegriff seine spezifische, ihm wesenseigene Stoßrichtung: die Bändigung und Begrenzung der politischen Macht des Staates durch das Recht – den *Primat des Rechts über den Staat*.[15]

Diese Stoßrichtung bestimmte auch den dominanten liberalen Grundzug im Rechtsstaatsdenken Arndts. Er erhielt seine aktuelle Legitimation und Zuspitzung vor dem Erfahrungshintergrund des totalitären und rechtsvernichtenden nationalsozialistischen Staates. Für Arndt folgte daraus:

> „In einem Rechtsstaat gibt es weder eine Allmacht des Staates noch eine Allmacht der Staatsorgane, sondern ist das Recht das Maß der Macht und gibt es darum nur rechtlich zugemessene und auf ihre Rechtmäßigkeit hin richterlich prüfbare Macht."[16]

> „Mit der letzten Gewißheit, daß es keinen Primat der Politik vor dem Recht geben kann, steht und fällt der Rechtsstaat. Wer von einem Primat der Politik vor dem Recht meint, nicht lassen zu können, muß sich anrufen lassen, daß er sich auf schreckliche Spuren der Willkür begibt."[17]

Den grundsätzlich freiheitswahrenden Impetus seines Rechtsstaatsdenkens stellte Arndt vielfach in der Praxis der Rechtsanwendung und der Rechtspolitik unter Beweis. Beginnend mit der wegweisenden Verteidigung der Kunstfreiheit im Prozeß gegen George Grosz wurde Arndt zu einem der energischsten Vorkämpfer eines liberalen, die Freiheit des Bürgers achtenden und wahrenden Straf- und Staatsschutzrechts in der

---

14 S. dazu Böckenförde, Entstehung und Wandel des Rechtsstaatsbegriffs, S. 53 ff.; Kunig, Das Rechtsstaatsprinzip, S. 22 (m.w.N.).
15 Scheuner, Die neuere Entwicklung des Rechtsstaats in Deutschland, S. 491: „Der Rechtsstaat verkörpert in sich den Schutz der persönlichen und politischen Freiheit des Bürgers und die Mäßigung und rechtliche Bindung aller öffentlichen Machtausübung"; zum Primat des Rechts s. Hesse, Der Rechtsstaat im Verfassungssystem des Grundgesetzes, S. 560 ff., insbesondere S. 561.
16 Vortrag Arndts im Sender Freies Berlin zum 10. Jahrestag der Errichtung des Bundesverfassungsgerichts, in: Pressemitteilungen und Informationen der SPD, 15. März 1961.
17 Arndt, Der Rechtsstaat im polizeilicher Verfassungsschutz (1961), S. 162; ders. pointiert, Der BGH und das Selbstverständliche (1966), S. 25; grundsätzlich zum Primat des Rechts gegenüber den Maßstäben der Politik unter der Geltung des Grundgesetzes s. Hesse, Grundzüge des Verfassungsrechts der Bundesrepublik Deutschland, S. 75 ff.; dazu auch unter Bezug auf Arndt s. Lipphardt, Grundrechte und Rechtsstaat, S. 154.

Ära Adenauer. Die rechtsstaatliche Bändigung und umfassende Bindung des Leviathan auch im Ausnahmefall wurde idealtypisch im Modell von Arndt entwickelt. Seiner Partei schrieb Arndt die Bindung und Begrenzung der Staatsgewalt durch vorstaatliche Freiheitsrechte in das Godesberger Reformprogramm.

Arndt perfektionierte den Primat des Rechts in seinem Entwurf vom „*Verfassungsstaat.*" Darin brachte er nicht nur die Begrenzung, sondern auch die Begründung des Staates durch das Recht, das ‚Im-Recht-Stehen' des Staates, auf den Begriff:

> „Vom Prinzip der Rechtsstaatlichkeit her ist nicht der Staat wie ein auffindbarer und vom Recht nur noch zu formender Stoff vorgegeben, sondern wächst Staat aus dem Recht, durch das Recht und gemeinsam mit dem Recht und kann es Staat weder jenseits des Rechts, noch kann es mehr Staat als Recht geben."[18]

Auf dieser gedanklichen Grundlage einer vollendeten rechtlichen Steuerung des Staates war es von Arndt konsequent, die ‚Entscheidung' über das künftige Staatsleben in der Formulierung der Verfassung zu suchen, wie seine Entwürfe zur Hessischen Verfassung zeigten.[19] Arndt entwickelte den – überwiegend – verfassungshistorisch geprägten Begriff des Verfassungsstaats zu verfassungsrechtsdogmatischer Prägnanz: Er stellte das Handeln des Staates nicht nur unter den Vorrang, sondern unter den Vorbehalt der Verfassung. Auf diesem Boden war die Wehr- und Außenpolitik der Bundesregierung, soweit sie sich auf das innere Staatsgefüge bezog, prinzipiell verfassungsrechtlich legitimierungsbedürftig und verfassungsgerichtlich überprüfbar. Diesen Ansatz machte Arndt – teils mit nachhaltigem Erfolg – nutzbar, um, anhand des Verfassungsrechts, der parlamentarischen Opposition eine wirksame Kontroll- und Mitwirkungsmöglichkeit hinsichtlich der Wehr- und Außenpolitik der Bundesregierung zu sichern.

Arndts Verständnis des Verfassungsstaats zwang dazu, das geschriebene Verfassungsrecht als alleinige Quelle und Rechtfertigung staatlichen Handelns ernst zu nehmen und zu größtmöglicher Wirksamkeit zu entfalten. Der Einsatz für den Verfassungsstaat symbolisiert daher eine Lebensleistung Adolf Arndts, die einzigartig in der vierzigjährigen Verfassungsgeschichte der Bundesrepublik Deutschland dasteht: die Effektuierung der normativen, die gesamte Rechts- und Staatsordnung umgreifenden und durchdringenden Kraft der Verfassung.

Arndt leistete in zahlreichen wesentlichen Einzelfragen einen bleibenden Beitrag zur Festigung des Systems rechtsstaatlicher *Institutionen*[20], die das Grundgesetz zur Begrenzung und Verteilung staatlicher Macht aufgerichtet hatte. Bereits vor Inkrafttreten des Grundgesetzes verhalf der sozialdemokratische Rechtspolitiker im Frankfurter Wirtschaftsrat dem Prinzip der Gesetzmäßigkeit der Verwaltung, insbesondere dem Vorbehalt des Parlamentsgesetzes, zur Anerkennung; das medienpolitisch hochbedeutende, von Arndt erstrittene Fernsehurteil des Bundesverfassungsgerichts von 1961 behielt denn auch die Rahmengestaltung der Rundfunkorganisation dem parlamentarischen Gesetzgeber vor. Eine Stärkung der Gesetzmäßigkeit und rechtsstaatlichen Berechenbarkeit staatlicher Gewalt bedeutete es auch, als Arndt 1960, im Gegensatz zur Auffassung seiner eigenen Fraktion, eine rückwirkende Verlängerung der Verjäh-

---

18 Arndt, Demokratie – Wertsystem des Rechts (1962), S. 10; ders., Der Rechtsstaat und sein polizeilicher Verfassungsschutz (1961), S. 163.
19 Vom Primat des Verfassungsrechts über den Staat her erklärt sich auch seine Auffassung von der anfänglichen Nichtigkeit verfassungswidriger Gesetze, vgl. Kapitel III.2.
20 Zu einem Überblick s. Scheuner, Die neuere Entwicklung des Rechtsstaats in Deutschland, S. 251 ff.

rungsfrist für Totschlagsverbrechen als unvereinbar mit dem Grundgesetz ablehnte. Er setzte sich gleichfalls nachhaltig für eine inhaltliche Mäßigung der staatlichen Gewalt, insbesondere ihrer intensiven, freiheitsbeschneidenden Straffunktion ein. Mit spürbarem Erfolg und erheblicher Resonanz in der Öffentlichkeit betrieb er die Liberalisierung des politischen Strafrechts; zugleich war er ein entschiedener Verteidiger des Verbots der Todesstrafe unter dem Grundgesetz. Mit der von Arndt erwirkten Aufhebung des nationalsozialistischen Sammlungsgesetzes zog das Bundesverfassungsgericht den Spielräumen staatlicher Eingriffsverwaltung enge rechtsstaatliche Grenzen.

Ein besonderes rechtsstaatliches Anliegen war Arndt die Effektuierung und der Ausbau der *rechtsprechenden Gewalt* sowie die Sicherung eines umfassenden Rechtsschutzsystems. Er machte sich damit eine staatsorganisatorische Kernforderung aus der Rechtsstaatsidee zu eigen.[21] Arndt ging es darum, die rechtsprechende Gewalt, die in der Weimarer Reichsverfassung schwach ausgebaut gewesen war, unter der Geltung des Grundgesetzes gewissermaßen kompensatorisch aufzuwerten. Mit seinem kontinuierlich – bereits unter der Weimarer Verfassung – vertretenen, extensiven materiellen Verfassungsbegriff der rechtsprechenden Gewalt gelangte Arndt schließlich vor dem Bundesverfassungsgericht zum Erfolg. Die dabei erreichte Abschaffung der altüberkommenen Strafgewalt der Finanzämter stärkte das verfassungsrechtliche Hausgut der Judikative zum Nutzen des Bürgers, der dadurch verstärkten richterlichen Rechtsschutz gegenüber der öffentlichen Strafgewalt erhielt. Diesem Anliegen entsprach auch Arndts vielfältiges literarisches Plädoyer für das rechtliche Gehör, Art. 103 Abs. 1 GG, in dem er mit dem Bundesverfassungsgericht eine Ausprägung des Gebotes zum Schutz der Menschenwürde sah.[22] Eingedenk der Aufwertung der richterlichen Gewalt im Verfassungsrecht und in der Verfassungswirklichkeit des Grundgesetzes weckte Arndt das Bewußtsein für die besonderen Anforderungen an das Amt und die Persönlichkeit des Richters; er entwarf das Bild des Richters, der sein Amt als politisches begreift[23] und zugleich in parteipolitischer Unabhängigkeit ausübt.

Der Rechtsstaat des Grundgesetzes in seiner besonderen Variante des Justizstaats[24] kulminierte in der Einrichtung der Verfassungsgerichtsbarkeit. Arndt begrüßte und nutzte das Bundesverfassungsgericht als „lästige Begrenzung der Macht" schlechthin. Wie kein anderer Parlamentarier und Rechtspolitiker der Bundesrepublik neben oder nach ihm trug Adolf Arndt zur Einwurzelung, zur Verteidigung und zum Ausbau dieser höchsten rechtsstaatlichen Einrichtung bei, deren Funktion und Kompetenzfülle in der deutschen Verfassungsgeschichte ohne Vorbild ist. Bereits von seiner Biographie her dem Ethos des Richterberufs als rechtsschöpfender Tätigkeit nahestehend, fügte Arndt

---

21 Dazu Scheuner, a. a. O., S. 254; Schmidt-Aßmann, Der Rechtsstaat, S. 1024; Kunig, Das Rechtsstaatsprinzip, S. 441 ff. (zum Gebot der Effektuierung der Rechtspflege als Gebot des Rechtsstaats).
22 Arndt, Das rechtliche Gehör (1959),S. 359; ders., Anmerkung zu OLG Schleswig, in: NJW 1963, S. 455: „Diese Grundrechtsnorm [...] ist eine objektive Strukturnorm des gerichtlichen Verfahrens.".
23 S. dazu Vogel, Rechtspolitik als Berufung und Auftrag, Einführung zu Arndt, Gesammelte juristische Schriften (1976), S. XIX ff.
24 Zur unbefangenen und positiven Kennzeichnung der „justizstaatlichen Züge" des Grundgesetzes aufgrund der besonderen Garantien der Verfassungsgerichtsbarkeit und des umfassenden Rechtsschutzes gegenüber Akten öffentlicher Gewalt s. Schmidt-Aßmann, Der Rechtsstaat, S. 1024 (Rdn. 71 ff.). Demgegenüber wurde der Begriff „Justizstaat" polemisch gebraucht von Kritikern des umfassenden Ausbaus gerichtsförmiger Kontrollmöglichkeiten unter dem Grundgesetz, s. insbesondere Weber, Spannungen und Kräfte im westdeutschen Verfassungssystem, S. 29 f., 74, 147 ff., 158 f. Gegen diese Polemik s. Arndt, Prot. BT, 3. WP, 162. Sitzung (14. Juni 1961), S. 9378 C.

sich positiv verstärkend ein in die Gesamttendenz einer justizförmigen Sicherung des Rechtsstaats durch das Grundgesetz.[25] Hier erwarb Arndt sein bleibendes und größtes Verdienst um die Institutionen des Rechtsstaats – als einer der Gründer des Justizstaats.

Eben diese herausgehobene Stellung der Judikative symbolisiert zugleich den eigentlichen Kern des Arndtschen – materiellen – Rechtsstaatsdenkens. Sie war für ihn Ausdruck und Bestätigung einer „geschichtlichen Wende im deutschen Rechtsdenken" schlechthin: Der „Rechtsstaatsbegriff des Grundgesetzes als einer materialen Wertordnung [ist] ein ganz anderer [...] als der formale Rechtsstaatsbegriff der Sicherheit durch richterlich unnachprüfbare Gesetze."[26]

In der Tat brach das Grundgesetz mit einem Rechtsstaatsbegriffs, der über mehr als ein halbes Jahrhundert der Theorie und Praxis deutschen Staatsrechts als Synonym des Rechtsstaats schlechthin gegolten hatte. Die spätkonstitutionelle Staatsrechtslehre bis hin zur Weimarer Republik hatte unter der Herrschaft des rechtswissenschaftlichen Positivismus den Rechtsstaatsbegriff auf einen nurmehr formellen reduziert: Unter Verengung auf seine staatsrechtlich-dogmatische Bedeutung eliminierte dieser formelle Rechtsstaatsbegriff jede Staatszweckvorstellung als metajuristisch.[27] Die Freiheitssphäre des Bürgers gegenüber dem Staat wurde formal durch das Gesetz und die darauf beruhende Gesetzmäßigkeit der Verwaltung begrenzt; das Gesetz seinerseits war insofern formal bestimmt, als der formelle Rechtsstaat jede inhaltliche Begrenzung der juristischen Allmacht des Gesetzgebers ablehnte. Eben darum vermochte der formelle Rechtsstaat, wie die totalitäre Herrschaft des Nationalsozialismus bewiesen hatte, aus sich heraus die Entstehung von „Unrecht in Gesetzesform"[28] nicht zu verhindern – ja dies war von seiner positivistischen Grundlage her ein widersinniges Anliegen.

Angesichts dieses historischen Gegenbildes gab Arndt seinem Begriff des Rechtsstaats die spezifische Prägung und Stoßkraft: Sein *materieller Rechtsstaatsbegriff* zielte auf einen „Gerechtigkeitsstaat"[29], der nicht bei der Herstellung formaler Rechtssicherheit stehenblieb, sondern seine Legitimation aus der Verwirklichung materieller Gerechtigkeit bezog. Arndt versäumte nie, die materielle Bedeutung dieses Rechtsstaatsbegriffs durch Beifügung eines entsprechenden Attributs zu kennzeichnen; die Abgrenzung von der historischen Begriffsverengung auf die formelle Seite des Rechtsstaats wirkte darin nach.

Arndts materieller Rechtsstaatsbegriff fand im Grundgesetz seine nahezu vollendete Ausprägung. In Abkehr vom nur formalen Rechtsstaatsverständnis der Weimarer Reichsverfassung statuierte die in ihrem Kern unabänderliche Grundgesetzordnung mit der Bindung des Gesetzgebers an den Vorrang der Verfassung, insbesondere der Grundrechte, eine umfassende Bindung der staatlichen Gewalt an oberste Rechts-

---

[25] Darin sieht Hesse, Der Rechtsstaat im Verfassungssystem des Grundgesetzes, S. 564, ein „wesentliches Merkmal des Rechtsstaates des Grundgesetzes".
[26] Arndt, Grundfragen einer Reform der deutschen Justiz (1959), S. 351.
[27] Böckenförde, Entstehung und Wandel des Rechtsstaatsbegriffs, S. 70 ff. (S. 75); zu den Elementen des formellen Rechtsstaats s. Lipphardt, Grundrechte und Rechtsstaat, S. 149 f.
[28] Vgl. Scheuner, Die neuere Entwicklung des Rechtsstaats in Deutschland, S. 463.
[29] Arndt, Rechtsgläubig oder rechtsblind?, Leserbrief, in: Süddeutsche Zeitung, 19. Mai 1950; Prot. BT, 3. WP, 162. Sitzung (14. Juni 1961), S. 9378 C; ders., Es geht um den Menschen (1956), S. 88.

grundsätze und Rechtswerte.[30] Daher kristallisierte sich das materielle Rechtsstaatsdenken der überwiegenden deutschen Staatsrechtslehre wie auch Arndts um die Grundrechtsgewährleistungen des Grundgesetzes. In ihnen sah Arndt die Verkörperung einer auf Grundwerten materieller Gerechtigkeit aufbauenden rechtsstaatlichen Ordnung. Mit der interpretatorischen Stärkung der Grundrechte leistete Arndt seinen bedeutendsten Beitrag zum materiellen Rechtsstaatsdenken.

Ausgehend von den Grundrechten, identifizierte sich Arndt persönlich mit dem Grundgesetz, entwickelte er ein „Verfassungsgefühl", wie er es auch in kollektiver Hinsicht als unerläßlich für den Bestand einer Verfassung ansah. In Funktion und Gehalt der grundgesetzlichen Grundrechtsgewährleistungen empfand Arndt sich auch als einzelner mit seiner persönlichen Lebenserfahrung bestätigt und bestärkt: Eine zum Beispiel bereits bei Professor Gustav Adolf Arndt anzutreffende antipositivistische Grundhaltung fand in den Grundrechten des Grundgesetzes ihren Niederschlag. Dabei hatte der Antipositivismus in der Familie Arndt geradezu symptomatisch für den Verlauf der deutschen Geschichte seit dem Kaiserreich seine Stoßrichtung gewechselt: Hatte Adolf Arndt sen. gegen das liberale konstitutionelle Staatsdenken zugunsten der monarchischen Exekutive Front gemacht, so richtete sich der Antipositivismus des Sohnes gegen den Gesetzgebungs- und Verwaltungsstaat, in dem der Keim zu totalitärer Entfesselung lag. Die Grundrechte des Bonner Grundgesetzes erneuerten in Abkehr von jeglicher Form totalitärer Herrschaft und in verstärkter Weise Rechtsgarantien, deren Mißachtung unter dem NS-Regime Adolf Arndt am eigenen Leib schmerzlich erfahren hatte.

Von der Interpretation der Grundrechte als Verkörperung der personalen Würde des Menschen her bezog Arndts materielles Rechtsstaatsverständnis den Staatszweckgedanken wieder ein.[31] Damit erhielten die Grundrechte über ihre klassische, liberale Abwehrfunktion gegen den Staat hinaus für ihn eine neue Bedeutung: Als objektive Prinzipien bildeten sie eine den Staat erst hervorbringende *Wertgrundlage* und wurden aufnahmebereit für inhaltliche Staatszweckbestimmungen. Im Fall Erich Lüths, den Arndt anwaltlich vertrat, schloß sich das Bundesverfassungsgericht in einer richtungweisenden Entscheidung dieser von Arndt vorgeschlagenen Interpretation der Grundrechte als objektiver Wertprinzipien an.[32] Eine erhebliche Grundrechtsstärkung brachte zudem Arndts erfolgreiches Eintreten für die gesetzliche Verankerung der Verfassungsbeschwerde sowie die Grundrechtsgewährleistung im Wehrverhältnis mit sich.

Seinen zentralen institutionellen Anknüpfungspunkt fand der materielle Rechtsstaat in der Bindung des Gesetzgebers an die Grundrechte, Art. 1 Abs. 3 GG. In einem Festschriftbeitrag für Professor Gerhard Leibholz, den ihm fachlich und persönlich nahestehenden theoretischen Wegbereiter einer Grundrechtsbindung des Gesetzge-

---

30 Zum Bekenntnis des Grundgesetzes zum materiellen Rechtsstaatsbegriff s. Scheuner, Die neuere Entwicklung des Rechtsstaats in Deutschland, S. 464 ff., 468 ff.
31 Zu diesem Grundzug des materiellen Rechtsstaatsdenkens s. Scheuner, a. a. O., S. 489, 507 („Der tiefere Sinn aller rechtsstaatlichen Institutionen ist die Achtung und Erhaltung personaler Freiheit als der Grundlage eines Staates" [...]).
32 Bestätigend aus der Sicht der Verfassungsrichterin Rupp-von Brünneck, In memoriam Adolf Arndt, S. 309.

bers, begrüßte Arndt die Lehre aus Weimar[33] und der Zeit des Nationalsozialismus, die das Grundgesetz gezogen habe. Mit der Bindung des Gesetzgebers an das „*Unabstimmbare*", verkörpert in den Grundrechten, brachte Arndt das Kernanliegen seines materiellen Rechtsstaatsdenkens auf den Begriff. Das Festhalten an einem unabstimmbaren, den politischen Grundkonsens verkörpernden und der Verfügungsfreiheit des demokratischen Gesetzgebers entzogenen Verfassungskern sollte dem erneuten Entstehen von Unrecht in Gesetzesform entgegenwirken. Diese Scheidung eines unabstimmbaren vom demokratisch abstimmbaren Bereich war für Arndt die Existenzbedingung der Verfassungsordnung einer spezifisch *rechtsstaatlichen Demokratie.*

Darin lag eine besondere Zuordnung der beiden Staatsprinzipien Rechtsstaat und Demokratie. Arndt begriff – wie es nach 1945 in der Schweizer Staatsrechtslehre insbesondere von Werner Kägi herausgearbeitet wurde – den Rechtsstaat als die „Ordnung, in der ein politisch reifes Volk seine Begrenzung anerkennt."[34] Wie Kägi suchte Arndt in der rechtsstaatlichen Begrenzung der Demokratie zugleich die potentielle Antinomie[35] der beiden Prinzipien – zwischen dem an Recht und Rechtswerte gebundenen Rechtsstaat einerseits und dem prinzipiell ungebunden gedachten, souveränen Volk als demokratischem Gesetzgeber andererseits – zu überwinden. Der Rechtsstaat war für Arndt Grundlage und Existenzbedingung der Demokratie, indem er diese von Grund auf als „Wertsystem des Rechts" konstituierte.[36] Vermittelnd und verbindend wirkten auch hier die Grundrechte des materiellen Rechtsstaatsdenkens: Sie betrachtete Arndt in evokativer Auslegung als „anrufende Gewähr", als Werben um den Bürger, „sich die Inhalte seiner Staatlichkeit aus Eigenem"[37] zu schaffen und zu formen.

Diese grundrechtlich vermittelte, demokratische Selbstbestimmung der Bürger geschah freilich ihrerseits in Erfüllung und nach Maßgabe der grundlegenden ‚Rechtswerte'. Ob und inwieweit das Ergebnis der demokratischen Selbstbestimmung diesen Rechtswerten genügte, entschied nicht – jedenfalls nicht letztverbindlich – der unmittelbar demokratisch legitimierte Gesetzgeber. Vielmehr oblag im Zweifel diese Entscheidung der Verfassungsgerichtsbarkeit; denn ihr kam nach Arndt die Funktion des ausgleichenden Moments gegenüber dem einseitigem und übermächtigem Interessen-

---

33 Auf Leibholz' Lehre von der Bindung des Gesetzgebers an den Gleichheitssatz eingehend. Die Ignorierung der faktisch ungleichen Auswirkungen des Währungsverfalls während der Weimarer Republik lastete Arndt einem „willkürlich" handelnden Gesetzgeber an, „der jede Richtung zur Gerechtigkeit hin vermissen" ließ, s. Arndt, Gedanken zum Gleichheitssatz (1966), S. 181.
34 Vgl. Kägi, Rechtsstaat und Demokratie (Antinomie und Synthese), S. 141.
35 Zu dieser insbesondere von Carl Schmitt und seiner staatsrechtlichen Schule vertretenen „dualistischen Sichtweise" im Gegensatz zu einem – von Arndt geteilten – „ganzheitlichen" Verfassungsverständnis s. Lipphardt, Grundrechte und Rechtsstaat, S. 151 f.
36 Arndt, Demokratie – Wertsystem des Rechts (1962), S. 12; ders., Prot. BT, 3. WP, 26. Sitzung (25. April 1958), S. 1494 D ff. (zum Verhältnis von Rechtsstaat und demokratischer Mehrheitsentscheidung); zur gegenseitigen Ergänzung und Synthese von Rechtsstaat und Demokratie ebenso Hesse, Der Rechtsstaat im Verfassungssystem des Grundgesetzes, S. 583 ff.; Scheuner, Die neuere Entwicklung des Rechtsstaats in Deutschland, S. 468; Kägi, Rechtsstaat und Demokratie, S. 141.
37 Arndt, Die Rolle der Massenmedien in der Demokratie (1966), S. 318; ebenso im Hinblick auf die Gruppe der demokratischen Freiheitsrechte als „gemeinsame[r] Vektor von Demokratie und Rechtsstaat" Böckenförde, Demokratie als Verfassungsprinzip, S. 942 (Rdn. 86).

druck ausgesetzten Gesetzgeber[38] zu – und in der Konsequenz die Rolle des Hüters der Verfassung und des Gemeinwohls.[39]

Freilich entwickelten sich Arndts Rechtsstaatsdenken und rechtsstaatliche Politik nicht in strikter und ständiger Ableitung aus einem theoretischen Begriff, wie die vorangegangene Darstellung vermuten lassen könnte. Dies entsprach Arndts rechtsmethodischer Grundauffassung: seine juristische Denkweise war nicht system-, sondern problembezogen, nicht begrifflich-ableitend, sondern am konkreten Rechtsproblem orientiert. Anlaß und Ausgangspunkt der juristischen Fragestellung war für Arndt zumeist ein politischer Hintergrund. Dies verband die vielfältigen juristischen Themen, die er in Publikationen und Reden aufgriff, und schuf zugleich eine besonders enge, oftmals nicht unterscheidbare Verbindung politischer und juristischer Argumentation. Wo aber das politische Problem den Ausgangspunkt bildete, konnte es auch Ergebnis und Grenze der juristischen Lösung bestimmen. Auch bei Arndt wurde dann das Recht ein Mittel der Politik und geriet in deren Abhängigkeit. Dies zeigte sich in der Debatte um die verfassungsrechtliche Zulässigkeit einer konsultativen Volksbefragung, als Arndt von der im Wehrstreit 1952/54 eingenommenen strikt verfassungsstaatlichen Argumentation abwich. Dies wurde weiterhin deutlich, als er in der Debatte um die Notstandsverfassung nationalpolitischen und parlamentarisch-strategischen Erwägungen den Vorrang vor der in der Konsequenz seines verfassungstheoretischen Denkens liegenden verfassungsrechtlichen Regelung des (inneren) Notstands gab.

Adolf Arndt verkörperte nicht den juristischen Typus des systematisch deduzierenden Wissenschaftlers oder des abwägenden, Interessen ausgleichenden Richters. Zwar hätten beide Berufe dem jungen Juristen, hätte ihn nicht das nationalsozialistische Regime aus seinen Ämtern gedrängt, mit glänzender Aussicht auf Erfolg offengestanden. Doch war der Jurist Adolf Arndt in seinem Kern dem Politiker enger verbunden: Er ergriff mit hohem moralischen und intellektuellen Einsatz rechtlich Partei und war darin vor allem *Anwalt* eines rechtlichen, im Politischen wurzelnden Interesses.

In dieser engen Verbindung aus Recht und Politik stellte sich Arndts materielles Rechtsstaatsdenken als Achse, als Kontinuum einer Entwicklung dar, die freilich Wandlungen, Schwankungen im einzelnen, auch Widersprüchen unterworfen war und aus ständiger, praktischer rechtspolitischer Arbeit erwuchs.

Hierbei wird eine Entwicklung augenfällig in Arndts Stellung zu den Grenzen der staatlichen Staatsgewalt, wenn man seine rechtspolitische Tätigkeit in Hessen mit seiner Bundestagsarbeit als führender Rechtspolitiker der Opposition vergleicht. Die Erwägung einer rückwirkenden Verjährungsverlängerung, das Bestreiten des Straf-

---

38 Dazu Arndt prägnant und deutlich, in: 10 Jahre Bundesverfassungsgericht (1961), S. 2008: „Das gegenwärtige Verfassungsrecht seit 1949 wird durch nichts so stark geprägt wie durch das Dasein und die Notwendigkeit des Verfassungsorgans Bundesverfassungsgericht." In dessen Existenz breche sich das „Bedürfnis Bahn, die Gesetzgebung in ihrer Wirksamkeit nach Maßstäben eines auch für sie gültigen Rechts zu prüfen und zu werten.".

39 Die damit verknüpfte Unterordnung des demokratischen Gesetzgebers unter die Letztentscheidungsfunktion des Bundesverfassungsgerichts wurde zu einem der Hauptangriffspunkte einer betont vom Primat des demokratischen Prinzips und des demokratischen Gesetzgebers her argumentierenden Gegnerschaft der staatsrechtlichen Linken zum materiellen Rechtsstaat, vgl. in prägnantem Überblick Grimm, Reformalisierung des Rechtsstaats als Demokratiepostulat?, S. 704 f., 707; gleichfalls mit gewisser Skepsis hinsichtlich der Forderung, Rechtspolitik als unmittelbaren „Verfassungsvollzug" zu begreifen angesichts der Konkretisierungsbedürftigkeit verfassungsrechtlicher Begriffe durch das Bundesverfassungsgericht, s. Wassermann, Vorsorge für Gerechtigkeit, S. 24.

rechtscharakters des Entnazifizierungsgesetzes, das Plädoyer für den Ausspruch der Todesstrafe, das Eintreten für einen möglichst effizienten, umfassenden strafrechtlichen Staatsschutz in den ersten Nachkriegsjahren – all dies war nicht oder doch nur schwer vereinbar mit Arndts späterem Eintreten für ein Höchstmaß an rechtsstaatlichen Garantien, für die inhaltliche Rücknahme und formale Begrenzung des Strafrechts. Die Zäsur des Jahres 1949 in Arndts Strafrechtspolitik hing unter anderem damit zusammen, daß die Hessische Verfassung weitere rechtsstaatliche Spielräume als das Grundgesetz zur wirksamen Ahndung insbesondere nationalsozialistischer Straftaten einräumte.[40] Diese Möglichkeit nutzten die hessischen Justizpolitiker Zinn und Arndt in der Sondersituation der unmittelbaren Nachkriegszeit. Zudem mag auch hier im Wandel der Interessenlage das Handeln als Vertreter der staatlichen Strafgewalt rechtsstaatliche Bedenken gemindert haben, die dann aus der Sicht des Rechtsschutz suchenden Oppositionspolitikers für Arndt neue, drängende Aktualität gewannen.

Gleichwohl bleibt festzuhalten: Noch in einzelnen Abweichungen vom selbstgesetzten Idealmaß rechtsstaatlicher Freiheitssicherung blieb Arndt jederzeit kontrolliert durch ein skrupulöses Rechtsempfinden. In den Fünfziger Jahren wurde er zu einem herausragenden Fürsprecher dafür, das risikovolle „Wagnis"[41] des Rechtsstaats auch im Notstandsfall und im sicherheitsempfindlichen Bereich des Verfassungsschutzes einzugehen. Arndt stand mit seiner Person für eine Haltung, die den abstrakten ‚Wert' Freiheit mit dem Kampf um den wirklichen, selbstbestimmten Entfaltungsraum des Individuums erfüllte. Er gab dem entpolitisierten Rechtsstaatsbegriff seinen politischen Gehalt zurück, wie er auch am politischen Ursprung der Rechtsstaatsidee zur Zeit des vormärzlichen Liberalismus gestanden hatte.[42] Für Arndt banden grundrechtliche Freiheitsgarantien die Staatsgewalt nicht nur um der Sicherung, sondern auch um der realen *Betätigung* der politischen Freiheit der Individuen willen.[43] Der sozialdemokratische Jurist war darin ein streitbarer, ja kämpferischer Liberaler, der das Erbe der Freiheitsbewegung von 1848 in der SPD weitertrug.[44]

---

40 Vgl. die ausdrückliche Zulassung der Todesstrafe, Art. 21, und Art. 158 der Hessischen Verfassung vom 11. Dezember 1946, der verfassungsmäßige Rechte und Freiheiten auch gegenüber – während eines bestimmten Zeitraums zu erlassenden – künftigen Maßnahmen zur Überwindung des Nationalsozialismus und Militarismus außer Kraft setzte.
41 S. Arndt, Der Rechtsstaat und sein polizeilicher Verfassungsschutz (1961), S. 161; ders., Demokratie – Wertsystem des Rechts (1962), S. 15.
42 Unter ausdrücklichem Hinweis auf die Entstehung des Rechtsstaats als eines politischen Begriffs s. Scheuner, Die Entwicklung des Rechtsstaatsbegriffs, S. 462 (Anm. 6), 465 (Anm. 12), 475 ff.; Böckenförde, Entstehung und Wandel des Rechtsstaatsbegriffs, S. 69 (bei Anm. 23).
43 Zu Arndts Impetus einer Befreiung des Individuums hin zum Öffentlichen s. Vogel, Rechtspolitik als Berufung und Auftrag, S. XVI.
44 Zur Verwurzelung des sozialdemokratischen Verfassungsdenkens im politischen Liberalismus s. Steinbach, Sozialdemokratie und Verfassungsordnung, S. 45, 62 ff. Auch Perels, Adolf Arndt und Franz L. Neumann, S. 139, bescheinigt Arndt – trotz seiner Kritik im übrigen –, ein „radikaler" Verteidiger der Freiheit gegenüber den Anmaßungen des Staatsapparats gewesen zu sein.

2. Wegbereiter der Volks- und Staatspartei: Arndt und die SPD

Arndt stand nie in der vorderen Reihe der machtgewohnten und zur Machtausübung drängenden Politiker der SPD; als Organisator innerhalb des Parteiapparates trat er nicht in Erscheinung. Er wirkte durch die Überzeugungskraft seiner gedanklichen Entwürfe und durch seine Sachkompetenz. Arndt war eine hochgeachtete fachliche und intellektuelle Autorität in der Partei.[45] Er wirkte als Mitglied des Parteivorstands und Vorsitzender seines Rechtspolitischen Ausschusses sowie als Vorstandsmitglied der Bundestagsfraktion und Vorsitzender ihres Arbeitskreises Recht. Diese Anerkennung war freilich schwer erkämpft. Insbesondere das über drei Wahlperioden ausgeübte, zeit- und kraftraubende Amt des juristischen Fraktionsgeschäftsführers forderte von dem physisch labilen Arndt schwere gesundheitliche Opfer.[46]

Dem der Parteiorganisation eher abgewandten ‚Neusozialdemokraten' fehlte eine Hausmacht in der SPD. Sein schneller Aufstieg und seine herausgehobene Stellung in der Partei entstanden aus enger, persönlicher Zusammenarbeit mit führenden sozialdemokratischen Nachkriegspolitikern wie Georg August Zinn, Kurt Schumacher und Erich Ollenhauer; für Fritz Erler, Herbert Wehner, Carlo Schmid und Willy Brandt war Arndt ein jederzeit konstruktiver, ideenreicher und persönlich loyaler politischer Weggefährte – der zudem keine eigenen Machtansprüche anmeldete. Gehalten von der Solidarität und hohen Wertschätzung der Parteiführung, blieb Arndt dennoch ein Einzelgänger in der Partei. Er gewann Achtung und Anerkennung in der SPD, doch keine engen, persönlichen Freunde.

Dies lag zum einen in Arndts eigenwilligem Charakter begründet, der nach erheblichen Freiräumen individueller Entfaltung jenseits der Partei verlangte. Es hing zudem mit der traditionellen Rolle des „Einzelkämpfers" zusammen, die Rechtspolitiker in der SPD – bereits vor Arndt und auch später – einnahmen.[47] Als Rechtspolitiker indessen wirkte Arndt weit über die SPD hinaus. Er prägte bis in die Sechziger Jahre hinein das rechtspolitische Profil der SPD – ja, er war der herausragende Rechtspolitiker des Deutschen Bundestags. In der Phase der Festigung und des Ausbaus der verfassungsrechtlichen Grundentscheidungen während des Gründungsjahrzehnts der Bundesrepublik Deutschland formulierte er die Verfassungspolitik der SPD. Darüber hinaus entwickelte er gedankliche Entwürfe zu einer Reform des Strafrechts und der Justiz; aus ihnen schöpfte die Rechtsreformpolitik der SPD in den Sechziger Jahren, während sich ihr geistiger Wegbereiter Arndt aus der aktiven Rechtspolitik zurückzog.

Adolf Arndt half den Weg der SPD zur *Staatspartei* zu bereiten – als einer den Staat des Bonner Grundgesetzes in seinen verfassungsrechtlichen und auch politischen Grundentscheidungen bejahenden, zur Regierungsverantwortung bereiten und fähigen Partei. Längst bevor die SPD Regierungsverantwortung im Bund übernahm, stärkte

---

45 Vgl. als ein Indiz die hohen Stimmenzahlen für Arndt bei Wahlen zum Parteivorstand, Klotzbach, Der Weg zur Staatspartei, S. 387, 577.
46 Die Korrespondenz Arndts mit dem Parteivorsitzenden Ollenhauer spiegelt die häufigen gesundheitlichen Beeinträchtigungen, denen Arndt ausgesetzt war, s. AdsD, PV – Bestand Ollenhauer 1. Ein Beobachter, der zeitweise dem Rechtspolitischen Ausschuß beim Parteivorstand der SPD angehörte, der mit Arndt seit den Dreißiger Jahren bekannte hessische Staatssekretär Erich Rosenthal-Pelldram, sprach später davon, Arndt sei in seinen zahlreichen Organisationsaufgaben „verschlissen" worden, persönliche Mitteilung an den Verfasser, 9. Februar 1987.
47 Wassermann, Vorsorge für Gerechtigkeit, S. 302.

Arndt aus grundsätzlicher staatstheoretischer und -politischer Überzeugung das (Selbst-)Bewußtsein der Opposition als einer gleichberechtigt den Staat mitgestaltenden politischen Kraft.

Bereits mit seinem Anliegen, Rechtspolitik zu betreiben, legte Arndt ein Bekenntnis zum staatsmitgestaltenden Anspruch der SPD ab. Er begriff das Recht – und damit den, seiner Auffassung entsprechend, aus dem Recht erwachsenden Staat – als eigenständigen Wert und nicht als Funktion klassenantagonistischer Bewegungskräfte der Gesellschaft.[48] Er schloß darin – dies war einer seiner prägenden Einflüsse auf das sozialdemokratische Rechtsverständnis[49] – mit dem marxistischen Theorem des Rechts als bloßem Überbauphänomen ab. Arndts Aufforderung, den „Rechtsgedanken so zu entwickeln, daß er gemeinschaftsbildend, für jedermann offen und darum verbindlich sein kann"[50], erteilte jeder klassenspezifischen Instrumentalisierung des Rechts, etwa auch im Dienst einer siegreichen Arbeiterklasse, eine grundsätzliche Absage; einem späteren sozialdemokratischen Rechtspolitiker in der Regierungsverantwortung diente sie als Modell einer auf breiten gesellschaftlichen Konsens angelegten, rechtlich zu formulierenden Gesellschaftspolitik schlechthin.[51]

Recht, wie bei Arndt verstanden als relativ eigenständiger Bereich und Gemeinschaft bildender Wert[52], konnte somit Gegenstand einer gestaltenden Politik, der *Rechtspolitik*[53], werden, die, im Vergleich zu anderen Politikbereichen, in erhöhtem Maße auf den staatsintegrierenden Konsens angewiesen war. Zur Erfüllung dieser rechtspolitischen Aufgabe bedurfte die SPD eines „politischen Juristen"[54], wie Arndt es war. Aus der Opposition heraus rechtspolitisch mitgestaltend zu wirken, erforderte überlegene juristische Fachkompetenz in Verbindung mit einem entschiedenen politischen Gestaltungswillen. Beide Voraussetzungen erfüllte Arndt in hohem Maß. Der Rechtspolitiker Arndt war ein Glücksfall für die sozialdemokratische Opposition in den drei ersten Wahlperioden des Bundestags. Gegenüber den schnell wechselnden, bis auf Thomas Dehler farblos bleibenden Bundesjustizministern verkörperte Adolf Arndt eine überlegene, jederzeit ministrable politische Kapazität.

Der Weg der SPD zur Staatspartei verlief über staatliche Institutionen: das Bundesverfassungsgericht, die Wehrverfassung und die Notstandsverfassung, an deren Konzeption und Ausgestaltung Arndt jeweils prägenden Anteil hatte. Die programmatische Rechtfertigung und Untermauerung des sozialdemokratischen Anspruchs, zur Staats-

---

48 Insoweit zutreffend (und genau) beobachtet bei Perels, Adolf Arndt und Franz L. Neumann, S. 140, 142 ff.
49 S. Vogel, Rechtspolitik als Berufung und Auftrag, S. XIV; ihm folgend Holtfort, Adolf Arndt (1904 – 1974). Kronjurist der SPD, S. 459.
50 Arndt, Rechtsdenken in unserer Zeit (1955), S. 40.
51 So klar Vogel, Die Bedeutung der Rechtspolitik für den demokratischen Sozialismus, S. 529 f., 532, insbesondere S. 540 (zur „Integrationsaufgabe" des Rechts als einer „Schlüsselfunktion für eine sozialistische Reformpolitik"); ähnlich ders., Sozialdemokratische Rechtspolitik – ihre Möglichkeiten und Grenzen, S. 206 f., 218.
52 Allerdings verfiel Arndt gerade nicht der Fiktion des Naturrechts als eines „ewig und absolut zeitlosen Maßstabs", sondern erinnerte immer wieder an die Zeitgebundenheit und „Zeitgerechtigkeit" des Rechts als „das jeweils geschichtliche Wahrsein der Rechtswirklichkeit", s. Arndt, Die Krise des Rechts (1948), S. 10 f., 17; ders., Rechtsdenken in unserer Zeit (1955), S. 49; s. auch oben Kapitel II.3.
53 Zum Begriff „Rechtspolitik" als Ausdruck der Auffassung von der Veränderbarkeit des Rechts durch politische Gestaltung s. Wassermann, Vorsorge für Gerechtigkeit, S. 16 f.
54 So ordnet Häberle, Besprechung zu Arndt, Gesammelte juristische Schriften (1976), S. 418, Arndt ein.

partei zu werden, gab Arndt mit der Formulierung des Abschnitts über die staatliche Ordnung im Godesberger Programm von 1959.

Freilich durfte auch eine Staatspartei, wie Arndt immer wieder betonte, nie identisch mit dem Staat werden oder sich in dessen Abhängigkeit begeben: Entschieden lehnte er daher die Alimentierung der politischen Parteien durch eine staatliche Parteienfinanzierung ab.

Hinsichtlich der Außenpolitik kann man die Fünfziger Jahre als das ‚nationale Jahrzehnt' der SPD bezeichnen. Adolf Arndt war einer seiner Hauptexponenten. Geprägt durch das Denken des nationalbewußten, preußischen Bürgertums, erfuhr Arndts politische Haltung ihre eigentliche Rechtfertigung und Ausformung durch Kurt Schumacher. Mit dem sozialdemokratischen Parteivorsitzenden teilte er ein offensiv bis hin zu provozierender Selbstgerechtigkeit vorgetragenes nationales Selbstbewußtsein. Arndt war zwar nie Nationalist im Sinne eines nationalen Überlegenheits- oder gar Expansionsdrangs.[55] Sein Nationalbewußtsein beruhte zudem unabdingbar auf dem demokratischen Postulat einer Selbstbestimmung aller Deutschen. Allzu genau erkannte er auch die Dämmerung des Nationalstaatsgedankens nach dessen Diskreditierung im nationalistischen Wahn des Nationalsozialismus. Doch nahmen die Einheit und Gleichberechtigung der deutschen Nation unangefochten und unbedingt den ersten Rang in Arndts außenpolitischer Zielkonzeption ein. Als die SPD im Jahre 1960 diese Zielpriorität aufgab, offenbarte Arndts Position ihren konservativen Grundzug, der angesichts der neuen außen- und deutschlandpolitischen Linie seiner Partei anachronistisch übersteigert wirkte.

Freilich blieb Arndt in seinem nationalpolitischen Anspruch, untermauert durch das beharrliche Festhalten am staatsrechtlichen Fortbestehen des Deutschen Reiches, konsequent: So nachdrücklich er jeglichen Kollektivschuldvorwurf, gerichtet gegen das deutsche Volk in seiner Gesamtheit, zurückwies, so selbstverständlich erkannte er die Haftbarkeit des westdeutschen ‚Staatsteils' für die Verbrechen an, die im Namen des Deutschen Reiches am jüdischen Volk verübt worden waren. Adolf Arndt wurde zu einem herausragenden, auch international angesehenen Vertreter der Wiedergutmachungspolitik der SPD, ja des Bundestags insgesamt.

Adolf Arndt bereitete die personelle und programmatische Öffnung der SPD zur *Volkspartei* vor, die er in seiner Person verkörperte, theoretisch begründete und praktisch ins Werk setzte. Er wirkte als Gesprächsmittler im Prozeß der verständigungsbereiten Annäherung zwischen der SPD und dem deutschen Protestantismus; er leistete Pionierarbeit bei den ersten intensiven Verständigungsversuchen zwischen der SPD und der Katholischen Kirche sowie bei der Achtung und Einbeziehung katholischer Glaubensforderungen im Rahmen des Godesberger Reformprogramms von 1959. Arndt bürgte mit seiner Person und seinem praktischen Werk für die Respektierung der Glaubens- und Gewissensfreiheit innerhalb der SPD. Damit entsprach er einem Anliegen, das nach seiner Auffassung den Kern einer modernen, politischen Theorie des Sozialismus ausmachte: die unbedingte Achtung und Entfaltung der personalen Würde des Menschen in einem *freiheitlichen Sozialismus.*

Arndt widmete sich aus persönlicher Überzeugung und mit großem Einsatz dem

---

55 Schon von daher kann man Arndt nur einschränkend einen „introvertierten" Nationalisten nennen. Zu diesem Terminus s. Nakai, Die deutsche Sozialdemokratie zwischen Nationalismus und Internationalismus 1945 – 1952, S. 19.

Ziel, Status, Ausstattung und Ansehen des Richterberufes zu heben. Dabei kam er auch – vielleicht aus Unsicherheit über seine eigene Charakterfestigkeit, hätte sich das Problem für ihn selbst gestellt – dem Interesse der Richterschaft weit entgegen, die Dienstenthebung von Richtern, die durch ihre Tätigkeit während der nationalsozialistischen Herrschaft belastet waren, individuell und auf freiwilliger Basis zu regeln. Die Resonanz auf Arndts Bemühungen zeigte, daß es ihm gelang, der SPD Vertrauen und Zustimmung in einer traditionell politisch konservativen Berufsgruppe zu gewinnen, deren überwiegend antirepublikanische Grundhaltung noch erheblich zur Schwächung der Weimarer Demokratie beigetragen hatte.[56]

Stellung und Bedeutung Arndts innerhalb der sozialdemokratischen Parteigeschichte erhellt eine Gegenüberstellung mit Gustav Heinemann. Arndt und Heinemann – wie im übrigen alle führenden sozialdemokratischen Rechtspolitiker des 20. Jahrhunderts[57] – stammten aus bürgerlichen, gut situierten Elternhäusern. Beide Politiker waren durch ihre Erziehung national geprägte Protestanten; beide Männer waren ihrer politischen Grundhaltung nach kämpferische Liberale, die obrigkeitsstaatliche Tendenzen zutiefst ablehnten. Heinemann löste Arndt, der im Jahre 1963 das Amt des Berliner Senators für Kultur und Wissenschaft antrat, als führender Rechtspolitiker der SPD ab.

Trotz wesentlicher Gemeinsamkeiten ist eine ‚Phasenverschiebung' in der politischen Biographie der beiden Männer bedeutsam und aufschlußreich, die Heinemann in einem liebevoll-ironischen Dank an Arndt ansprach: „Wenn etwas zur Einwurzelung des Jungsozialisten beigetragen hat, so war es Dein Umgang mit mir."[58] Der „Jungsozialist" Heinemann hatte nach seiner Mitgliedschaft in der CDU und seiner Gründung der Gesamtdeutschen Volkspartei schließlich 1957 zur SPD gefunden, weil ihm intellektuell wesensverwandte Persönlichkeiten wie zum Beispiel Adolf Arndt den Boden in der Partei bereitet hatten. Heinemann, der später als eine „stille Schlüsselfigur" im Hinblick auf den Wandel der Nachkriegs-SPD zur Volkspartei bezeichnet wurde[59], stand auf den Schultern eines ‚Volksparteilers der ersten Stunde' wie Adolf Arndt. Arndt hat die theoretischen Voraussetzungen und ersten Ansätze einer Reform des politischen Strafrechts formuliert, die der erfolgreiche Justizminister Heinemann in der Reformära der späten Sechziger Jahre mit Gehalt erfüllte.[60] Als führender sozialdemokratischer Rechtspolitiker war Arndt der Nachfolger Gustav Radbruchs[61] und der Vorgänger Gustav Heinemanns. Mochten ihn Radbruch an breitgefächerter akademischer Gelehrsamkeit und Heinemann an praktisch-politischer Organisationskraft überragen – als Typus des juristischen Parlamentariers war Adolf Arndt einzigartig.

---

56 S. Jasper, Justiz und Politik in der Weimarer Republik, S. 171 ff., 194 ff.
57 Zum Sozialprofil sozialdemokratischer Justizminister vgl. Wassermann, Vorsorge für Gerechtigkeit, S. 317; zur Herkunft Radbruchs s. Wolf, Gustav Radbruchs Leben und Werk, S. 30.
58 Gustav Heinemann an Arndt, 14. August 1964, AdsD, Nachlaß Arndt, Mappe 18.
59 Zitiert nach Sommer, Gustav Heinemann und die SPD in den Sechziger Jahren, S. 238.
60 Dies sei gesagt gegen den gelegentlichen Anschein der Voraussetzungslosigkeit rechtspolitischer Konzeptionen Gustav Heinemanns bei Sommer, a. a. O., S. 224 (politisches Strafrecht), S. 231 (Rechtsstaatsverständnis und Grundrechtsinterpretation), Parallelen zu Arndt drängen sich hier geradezu auf.
61 Auf Gemeinsamkeiten im Rechtsdenken Arndts und Radbruchs weist Vogel, Gustav Radbruch – Ein Rechtsdenker und Rechtspolitiker der deutschen Sozialdemokratie, S. 12, 15, 23, hin.

3. Ein politischer Intellektueller

„Geist der Politik" heißt die wichtige Sammlung politischer Reden Adolf Arndts. Es ist das Motto einer Synthese: Arndt war Politiker und Intellektueller zugleich.

Geht man den Einflüssen und Erlebnissen nach, die das geistige Gesicht dieses politischen Intellektuellen prägten, so sind drei Grundzüge unübersehbar. Sie verkörpern die zeitliche und geistige Spannweite einer Biographie, die zwei Jahrhunderte deutscher Geschichte in sich aufnahm.

In Adolf Arndt lebte der umfassend humanistisch gebildete Bürger des 19. Jahrhunderts fort. Die Breite seiner akademischen Ausbildung und seiner Interessen legt davon Zeugnis ab. Sie spiegelt sich auch in der Festschrift zu seinem 65. Geburtstag, die ihm von politischen und geistigen Weggefährten und Freunden dargebracht wurde. Darin sind Juristen und Künstler, Wissenschaftler und Politiker, der Marxist Wolfgang Abendroth und der katholische Sozialethiker Oswald von Nell-Breuning vereinigt. So ist die Festschrift Abbild eines lebenslangen Unternehmens Arndts: Im Laufe der technisch-wissenschaftlichen Entwicklung getrennte Wissens- und Bildungsbereiche in gedanklicher Synthese wieder zusammen zu sehen. Arndt ging aus tiefer methodischer Überzeugung zu geschichtlichen und philosophischen Grundfragen des Rechts zurück. Er suchte das politische Gespräch mit den Kirchen auf der Grundlage fundierter theologischer Kenntnisse. Mühelos spürte er in literarischen und architekturgeschichtlichen Betrachtungen Bezüge zu staatsphilosophischen Problemstellungen auf.

Jedoch hatte dies nichts von der Selbstdarstellung eines Bildungsbürgers an sich. Arndts Stellungnahmen traten nie den Rückzug in die bürgerliche Innerlichkeit an. Sie waren dazu bestimmt, über den eingehegten Raum des Privaten hinauszuweisen, öffentlich und politisch Stellung zu beziehen, zu provozieren, anzuklagen, Veränderungen zu fordern. Darin lebte der aufrührerische, politisch emanzipatorische Geist der bürgerlichen Freiheitsbewegung des Vormärz fort, die infolge der gescheiterten Revolution nach 1848 allmählich verebbt war – wenn sie auch die annähernde staatsbürgerliche Gleichstellung der Juden und damit die Voraussetzungen für den sozialen Aufstieg der Familie Arndt im Gefolge gehabt hatte. Eine scharfe Absetzung von der restaurativen Entpolitisierung des bürgerlichen Freiheitsgedankens, einen dagegen gerichteten unbürgerlichen, ja geradezu antibürgerlichen Affekt brachte Arndt zum Ausdruck, wenn er gegen das im Ordnungsdenken erstarrte bürgerliche Sekuritätsbedürfnis zu Felde zog[62] und immer wieder den Mut einforderte, das risikoreiche, unberechenbare ‚Wagnis der Freiheit' einzugehen. Dieser Impuls schlug unter anderem durch in Arndts Auseinandersetzung mit der ‚Kritik aus dem Exil', die Thomas Mann, ein herausragender später Repräsentant bürgerlichen Literaturschaffens, an Deutschland geübt hatte.

Freilich erhielt diese Kontroverse im Jahre 1945 ihre Schärfe aus einem Schlüsselgeschehen, das eine zweite Grundlinie in Arndts intellektueller Biographie ausprägte: die existentielle Erfahrung des Rechtsverfalls und des eigenen ‚*Ausgestoßenseins* aus dem Recht' während der nationalsozialistischen Herrschaft. Das Erlebnis des totalen Verlusts jeder Sicherheit verschloß für Arndt endgültig den Rückzug auf einen flachen, aufklärerischen Rationalismus, den Glauben an die selbstläufige Durchsetzung des

---

62 S. Arndt, Das Bild des Richters (1957), S. 331; ders., Grundfragen einer Reform der deutschen Justiz (1959), S. 346.

Vernünftigen.⁶³ Die Hinwendung zu Erlebnisbereichen des Irrationalen, die der junge, psychoanalytisch interessierte Student vollzogen hatte, verstärkte sich angesichts der nationalsozialistischen Gewaltherrschaft. Der Protestant Arndt erfuhr dadurch sehr bewußt eine Vertiefung seiner Glaubensbindung. Es machte später die wohl intensivste Bindung Arndts an die SPD aus, daß er mit seiner irrationalen Erfahrungswelt in der Partei Aufnahme und Anerkennung fand. So war es ein Schlüssel zu seiner Mitarbeit in der Sozialdemokratischen Partei, wenn er hervorhob, daß die Partei „freudig bejahend dank Kurt Schumacher seit 1945 [...] ganze Wertwelten, namentlich des Irrationalen (des Gefühls, des Glaubens, der Seele), endlich wiederentdeckte und als politisch schutzwürdig anerkannte."⁶⁴ In der SPD sah Arndt das Gleichgewicht der für ihn persönlich existentiell bedeutsamen Komplementärbegriffe „Freiheit und Sicherheit"⁶⁵ verwirklicht: Er erlebte Sicherheit und Solidarität, deren Notwendigkeit der bürgerliche Intellektuelle als diskriminierter ‚Halbjude' schmerzhaft erfahren hatte, und genügend Freiheit, um Einzelgänger und allein zu bleiben.

Eine Konsequenz Arndts aus der Erfahrung existentieller Unsicherheit war das Bemühen um die Bewußtmachung und unbedingte Gewährleistung elementarer humaner *Werte*. Der Sohn eines getauften Juden erneuerte den 1933 jäh abgebrochenen Versuch einer Sicherung der personalen Würde des Menschen und seiner geistigen Freiheit jenseits aller Unterschiede der Rasse und des Glaubens.

So sehr Arndt die Existenznotwendigkeit absoluter personaler Werte beschwor – so wenig konnte er Garantien ihrer Achtung und Einhaltung nennen. Vielmehr ging ein tiefer Zug skeptischer Mahnung durch sein Werk: Allzu deutlich lehrte ihn die Erfahrung, daß Recht „auch zerfallen, verloren werden und untergehen" und daß das Geschehen des Nationalsozialismus, „wenn auch in anderem Gewand", sich jederzeit wieder vollziehen könne.⁶⁶ Der christliche Glauben gab ihm zwar Hoffnung, aber er nahm dem Skeptiker Arndt nicht seinen Zweifel.

Das allgegenwärtige Bewußtsein der Diskrepanz zwischen Wertstreben und geschichtlicher Erfahrung verlieh Arndts Denken und politischem Handeln eine elementare Spannung. Sie war vielen Zeitgenossen und Beobachtern das Spezifikum der intellektuellen Erscheinung Adolf Arndts.⁶⁷ Aus dieser Spannung erwuchsen die Energie und die leidenschaftliche, oftmals unbequeme und herausfordernde Schärfe⁶⁸, mit der Arndt seine Ideen verfocht. Sie war Abbild und Produkt der inneren Anstrengung, mit der er einen Gedanken, eine Formulierung inneren Einwänden abrang, bevor er sie öffentlich machte. Das ‚zur Erfüllung *Aufgegebensein*' eines Verheißungsvollen, aber stets Gefährdeten, zum Beispiel der Verfassung, war der Schlüssel zu einem steten Ansinnen, mit dem Arndt seine Zuhörer in die Pflicht nahm.

Als einen „vom Geist Getriebenen" beschrieb einmal Carlo Schmid Adolf Arndt. Diese Formulierung bringt zum Ausdruck, wie sehr Arndt fast mehr noch Objekt als

---

63 Zu diesem Motiv s. Arndt, Sozialismus in unserer Zeit (1954), S. 117, 124 f.; ders., Vom Sinn der Pressefreiheit (1956), S. 65.
64 Arndt, Sozialismus in unserer Zeit (1954), S. 125.
65 Ders., a. a. O., S. 118.
66 Ders., Rechtsdenken in unserer Zeit (1955), S. 48; ders., Unsere geschichtliche Verantwortung für die Freiheit (1963), S. 180.
67 Vgl. die Beobachtung Hans Mayers, Anmerkungen zu Reden von Adolf Arndt, S. 328, 330, zur Offenlegung der „Spannung" in Arndts Reden.
68 Carlo Schmid, Vorwort zu Arndt, Politische Reden und Schriften (1976), S. 9, erinnerte daran, daß Arndt „starr und streng wie Cato" sein konnte.

Subjekt einer geistigen Anspannung war, die sich schließlich gegen seinen eigenen, ohnehin labilen Körper wandte. Berichte über Arndt heben immer wieder die körperliche Verausgabung hervor, die ihn ab der Mitte der Sechziger Jahre zum Rückzug aus der aktiven Politik zwang und das Entstehen einer schweren, schließlich tödlichen Krankheit begünstigte.

Als drittes schließlich prägte den Intellektuellen Arndt seine leidenschaftliche Anteilnahme an Entwicklungen der bildenden Kunst und sein vielfach enger persönlicher Umgang mit Künstlern. Den Aufbruch der künstlerischen Avantgarde im Berlin der Zwischenkriegszeit hatte Arndt intensiv miterlebt – und nicht zuletzt im Prozeß George Grosz' verteidigt. Die Gedankengemeinschaft mit verfolgten Künstlern während des Nationalsozialismus war für Arndt ein Medium des geistigen Überlebens. Immer blieb für ihn das künstlerische Werk Sinnbild für das oftmals provozierende, ja gefährliche ‚Wagnis der Freiheit' im Schöpferischen.[69] Mehr noch: Kunst bedeutete für Arndt die Kraft zur „Tabudurchbrechung", die Überwindung der „Hürden [...] rationellen Denkens."[70] In der Kunstbetrachtung, im Gespräch mit Künstlerfreunden wie Ernst Wilhelm Nay und Hans Scharoun erschloß sich Arndt ein weiter Bereich des Seelischen und Emotionalen, erfüllte sich an ihm eine Bedeutung, die er der Kunst schlechthin beimaß: eine „Befreiung"[71].

Diese drei Grundzüge, die universale Bildung, die Spannung aus der Erfahrung existentieller Gefährdung und die Kraft zu schöpferischer Gestaltung, vereinigte Arndt in einem, ja *seinem* besonderen Ausdrucksmittel: in der öffentlichen Rede. Arndt überwand die Kluft zwischen literarischer Redekunst und politischer Betätigung, die sich in der deutschen Tradition öffentlichen Redens seit der Mitte des 19. Jahrhunderts aufgetan hatte.[72] Er durchmaß die ganze Spanne möglicher Gehalte – von der Wahlkampfagitation über die streng sachliche, nüchterne juristische Beweisführung bis hin zum gesprochenen kulturphilosophischen Essay – und der Stimmungs- und Sprachebenen. Neben dem Pathos blitzte ein trockener, bissiger Humor auf und hinter einem juristischen Fachterminus ein philosophischer Begriff. In der beschreibenden Deutung der Berliner Philharmonie, des Werks seines Freundes, des Baumeisters Hans Scharoun, gelang Arndt ein kongeniales sprachlich-rhetorisches Kunstwerk. Seine Reden waren, nach dem Urteil Hans Mayers, „einzigartig im öffentlichen Leben des heutigen Deutschland."[73]

Gegen die materielle Selbstgenügsamkeit der wirtschaftlich saturierten Bundesrepublik Deutschland forderte Adolf Arndt: „Die Demokratie lebt nicht vom Lebensstandard, sondern vom Geist, der sie beseelt!"[74] Diesen Anspruch einzulösen, hat er das einem Menschen Mögliche getan.

---

69 Deutlich bei Arndt, Dank an Karl Schmidt-Rottluff (1964), S. 308; ders., Staat und Kunst (1964), S. 319.
70 Ders., Die Aufgabe des Staates auf den Gebieten der Kunst und der Wissenschaft (1967), S. 349 f.
71 Ders., Staat und Kunst (1964), S. 322.
72 Hans Mayer, Politische Rhetorik und deutsche Gegenwartsliteratur, S. 296.
73 Ders., Anmerkungen zu Reden von Adolf Arndt, S. 326.
74 Arndt, Die geistige Freiheit als politische Gegenwartsaufgabe (1956), S. 25.

Anhang

Quellen- und Literaturverzeichnis

Quellen und Darstellungen

I. Unveröffentlichte Quellen.

1. Archiv der sozialen Demokratie, Bonn – Bad Godesberg (AdsD).

Nachlaß Adolf Arndt, .
erschlossener Bestand (112 Boxen mit 442 fortlaufend numerierten Mappen).

Personalia Adolf Arndt, .
Bd. I – III.

Akten des Vorstands der SPD (SPD-PV).
Protokolle der Parteivorstandssitzungen.
PV-Protokoll 1950.
PV-Protokoll 1952.
PV-Protokoll 1953.
PV-Protokoll 1954.
PV-Protokoll 1956.
PV-Protokoll 1957.
PV-Protokoll 1958.
PV-Protokoll 1959.
PV-Protokoll. Von Januar 1960 bis Oktober 1960.
PV-Protokoll. Von Oktober 1960 bis April 1961.
Protokolle des Parteivorstands und des Parteirats. Vom 28.8.1963 bis 6.6.1964

PV-Bestand Schumacher:.
Q 7. Schumacher, Interviews.

PV-Bestand Ollenhauer:.
1. Korrespondenz A.
113. Wehrfragen.
114. Wehrfragen.

PV-Bestand Heine:.
1. Korrespondenz (A).
20. Korrespondenz (H).

PV-Akten („Alter Bestand").
1377 Rechtspolitischer Ausschuß beim Parteivorstand.
1696 Programmkommission (Akten Eichler 1 – 4).
1698 Programmkommission (Akten Eichler 7).
1708 Programmkommission.

Protokolle der Präsidiumssitzungen.
Präsidium. Protokolle. Vom 23. 6.58 – 26.10.59.
Präsidium. Protokolle. Vom 2.11.59 – 19.12.60.
Präsidium. Protokolle. Vom 8. 1.62 – 8. 7.63.

Bestände der SPD-Bundestagsfraktion (SPD-BTF).
Protokolle des Fraktionsvorstands.
II. Wahlperiode.
III. Wahlperiode.
Fraktionssitzungsprotokolle.
1021. 13. 9.49 – 29. 7.53.
1022. 5.10.53 – 23. 2.55.
1023. 24. 2.55 – 30. 1.56.
1024. 31. 1.56 – 15. 8.57.
1025. 15.10.57 – 25.11.58.

1027. 5. 6.59 – 17. 5.60.
1028. 20. 5.60 – 13.12.60.
1029. 17. 1.61 – 22. 8.61.

Akten der SPD-Bundestagsfraktion.
127 (Arbeitskreis Recht).
128 (Wiedergutmachung).
155 (Spenden an politische Parteien).
332 (Wehrbeitrag).
334 (Wehrstreit).
335 (Wehrdebatte).
356 (Notstandsverfassung).
367 (Notstand).
373 (Notstand).
395 (Notstand).
404 (Ak VII, Notstand).
468 (Gesamtdeutsche Politik).
736 (Post Wehner).
1320 (Korrespondenz Ollenhauer 1954 – 60).
1321 (Korrespondenz Ollenhauer).
1361 (Rechtspolitischer Ausschuß beim Parteivorstand).
2342 (Rechtspflegeministerium).
2373 (Notstand).
2374 (NS-Verbrechen).
2377 (John und Appel).
2378 (Sammlungsgesetz).
2380 (Freie Berufe).
2382 (Rechtspflegeministerium).
2385 (Sammlungsgesetz).
2391 (Schlegelberger/Lautz).
2412 (Bundesarbeitsgericht).
2416 (Bundesverfassungsgericht).
2427 (Freie Berufe).
2437 (SPD-Programm).
2576 (Rechtspolitischer Ausschuß beim Parteivorstand).

Nachlaß Willi Eicher.
PV-Korrespondenz 1956.
PV-Korrespondenz 1957.
PV-Korrespondenz 1958.
PV-Korrespondenz 1959.
PV-Korrespondenz 1960.
PV-Korrespondenz 1961.
PV-Korrespondenz 1-6/1962.
PV-Korrespondenz 7-12/1962.
PV-Korrespondenz 1-6/1963.
PV-Korrespondenz 7-12/1963.
Allgemeine Korrespondenz 1966 – 71, A – Ba.

Nachlaß Fritz Erler.
138 (Sicherheitsausschuß beim SPD-Parteivorstand 1953 – 1965).
139 (Arbeitskreis Sicherheitswesen der SPD-Bundestagsfraktion 1955 – 1966).

Nachlaß Walter Menzel.
R 14 (Wehrfragen).
R 29 (Atomtod 2: 1956 – 1960).
R 45 (Andere Parteien 1949 – 1961).

Nachlaß Carlo Schmid.
1137
1214 (Bundestagskorrespondenz).
1217 (Korrespondenz 1960).

Nachlaß Jakob Altmaier.
Bd. 1.

Depositum Willy Brandt (I), Beruflicher Werdegang und politisches Wirken in Berlin 1947 – 1966, Mappe 38

2. Archiv des Deutschen Liberalismus, Gummersbach (AdDL).

Nachlaß Thomas Dehler.
DA 0011 Arndt.
DA 0072 BVG-Korrespondenz 1950 – 53.
DA 0268 SPD – Greve.
DA 0271 Schumacher – SPD 1945 – 52.
DA 0750 Prozeß Dehler ./. Arndt.
DA 1166 Arndt ./. Diel.

3. Bundesarchiv, Koblenz (BA).

Bestand Z1.
Länderrat des amerikanischen Besatzungsgebiets.

1279 .
Evangelische Kirche in Deutschland zum Gesetz zur Befreiung von Nationalsozialismus und Militarismus.

1319 .
Juristentagungen.

ML 86.
Nachlaß Hermann L. Brill.

4. Militärarchiv, Freiburg.

Nachlaß Friedrich Beermann.
N 597.
V 11.
V 44.

5. Parlamentsarchiv des Deutschen Bundestags, Bonn (BT Parl. Arch.).

Bestand 2.
Der Wirtschaftsrat des Vereinigten Wirtschaftsgebiets (1947 – 1949).
224 Sitzungen des Ausschusses für Beamtenrecht.
229 Sitzungen des Juristischen Beirats.
776 Sitzungen des Rechtsausschusses.
Ausschußprotokolle des Bundestags.
Protokolle des 44. Ausschusses, 1. Wahlperiode (Ausschuß gemäß BT-DS 1379).
Unterausschuß „Wiedergutmachung im öffentlichen Dienst", 2. Wahlperiode .
(Ausschuß Nr. 37).
Ausschuß für Rechtswesen und Verfassungsrecht, 2. Wahlperiode (Ausschuß Nr. 16).
Akten des Wahlmännerausschusses:
Schriftwechsel zur Wahl am 4. September 1951 (Erstbesetzung).
Akten zur „Nachwahl Kurt Zweigert" am 18. März 1954.

6. Pressearchiv des Deutschen Bundestags, Bonn.
Sammlung zu Adolf Arndt.

7. Hessisches Hauptstaatsarchiv, Wiesbaden (HHStA).
501 Hessischer Minister für politische Befreiung .
-/21 (1).
505 Hessischer Minister der Justiz.
-/47.
-/57.
-/58.
-/59.
-/64.
-/70.
528 Der Bevollmächtigte des Landes Hessen beim Länderrat.
-/64.
-/174.
649 Office of Military Government, Land (Greater) Hessen .
(Microfiches der National Archives).
-/8/5 – 1/8.
1189 Nachlaß Friedrich Caspary.
12407 Akte Adolf Arndt aus dem Landespersonalausschuß.

8. Der Hessische Minister der Justiz, Wiesbaden (HJM). Gesetzesakten.

1030/3   Gesetz zur Ahndung nationalsozialistischer Straftaten vom 29. Mai 1946, GVBl 1946, S. 136.
1030/5   Gesetz zur Wiedergutmachung nationalsozialistischen Unrechts in der Strafrechtspflege vom 29. Mai 1946, GVBl 1946, s. 136.
1030/33   1. Gesetz zur Änderung der Strafrechtspflegeordnung vom 3. Juli 1946, GVBl 1946, S. 71.
1033/66   Ergänzungsgesetz vom 16. August 1947 zum 1. Gesetz zur Wiedergutmachung nationalsozialistischen Unrechts in der Strafrechtspflege vom 29. Mai 1946, GVBl 1947, S. 64.
1030/69   Entwurf eines Staatsschutzgesetzes.
1030/70   Entwurf eines Parteiengesetzes.
1030/75   Gesetz zur Ausführung der Artikel 127 und 128 der Verfassung (Richterwahlgesetz) vom 13. August 1948, GVBl 1948, S. 95.
1030/77   Ergänzungsgesetz vom 16. August 1947 zum Gesetz zur Ahndung nationalsozialistischer Straftaten vom 15. Juni 1946, GVBl 1947, S. 64.
1030/86   Entwurf zu einem § 218 a StGB.
1030/88   2. Abänderungsgesetz zum Strafgerichtsverfassungsgesetz 1946 vom 16. August 1946, GVBl 1947, S. 64.
1030/101 Gesetz über den Staatsgerichtshof vom 12. Dezember 1947, GVBl 1948, S.3.

Prozeß- und Verfahrensakten.
Az. IV – 143/49 (Eichberg Prozeß).
Az. IV – 155/49 (Hadamar-Prozeß).
Az. IV – 1053/47 (Begnadigungsverfahren Dr. Walter Schmidt).

Akten des Staatsgerichtshofs.
P.St. 22.
P.St. 29.
P.St. 41.
P.St. 46.
P.St. 48.
P.St. 54.

Sammelakte Organisation 1200 E/3.
Personalakte Adolf Arndt.

9. Der Hessische Ministerpräsident – Staatskanzlei, Wiesbaden (HStK).

Staatsgerichtshof – Rechtsklagen.
3a 22/03.
Entwurf eines Staatsschutzgesetzes.
3d 02/07.
Entwurf zum Gesetz über den Staatsgerichtshof.
vom 12. Dezember 1947, GVBl 1948, S. 3.
Akten zu Prozessen vor dem Bundesverfassungsgericht.
1k 40/05a.
2 BvG 1/55 (Konkordatsprozeß).
2 BvF 1/57 (Parteispendenprozeß 1957/58).
2 BvG 1/58 (Volksbefragung wegen Atomwaffen).
2 BvG 2/58 (Hessenklage).
2 BvG 2/60 (1. Fernsehstreit).

10. Archiv des Hessischen Landtags, Wiesbaden.

Protokolle des Rechtsausschusses, 1. Wahlperiode, Bd. II.

11. Landesarchiv, Berlin.

Rep. 58, Nr. 20
(Prozeß gegen Schuster und Genossen – ‚Kurfürstendammprozeß' - [IV.] .
E 1 L 34/31 [145/31]).
Rep. 58, Nr. 39
(Prozeß gegen Joseph Goebbels, E 1 J 651/30, StA III).
Rep. 58, Nr. 358
(Prozeß gegen George Grosz und Wieland Herzfelde [II.] E 1 J 152/58 [15.29]) 96.
Rep. 58, Nr. 2594
(Prozeß gegen Adam und Genossen, E 1 k 7/32 und 19/32, ‚Felseneckprozeß').
Rep. 58, Nr. 2598
(Prozeß gegen Pogede, E 1 M 102/31).

12. Landgericht Berlin.

1 pol a J 1826/1933 .
(Ermittlungsakten des Generalstaatsanwalts beim Landgericht Berlin.
Verfahren gegen Leipart und Genossen wegen Untreue vom 9. Mai 1933)

13. Hauptstaatsarchiv, Düsseldorf.

Rep. 195, Nr. 381 .
(Strafverfahren gegen Badendieck und Wenger).
Rep. 195, Nr. 581 .
(Strafverfahren gegen Nennstiel und Wenger).

14. Landgericht Bonn.

Az. 7 0 75/58 (Arndt ./. Diel).
Az. 1 u 93/59 (Arndt ./. Diel) .
 7 Q 19/59 (Arndt ./. Diel).

15. Institut für Zeitgeschichte, München (IfZG).
Nachlaß Walter Strauß.

16. Zentralarchiv der Evangelischen Kirche in Hessen und Nassau, Darmstadt.
Bestand 36/22 Politikertagungen.
Bestand 62 Nachlaß Martin Niemöller.
Bestand 62/2506 Korrespondenzakte Adolf Arndt
Bestand 78 Privat-dienstliches Schriftgut Dr. Hans Kallenbach.
Bestand 78/465-I 13, 14 Programm und Pressespiegel der Deutschen Evangelischen Woche, 11. – 16. April 1948 in Frankfurt/M.

17. Sammlung Dr. Claus Arndt, Hamburg (Privatarchiv).

II. Persönliche Mitteilungen

Mündliche Mitteilungen

Senatsdirektor a. D. Dr. Claus Arndt	18. September 1984
Dr. Yvonne Arndt	27. Oktober 1984
Botschafter a. D. Prof. Dr. Wilhelm Grewe	19. Dezember 1984
Prof. Dr. Wilhelm Hennis	6. September 1984
	6. Dezember 1985
Dr. Manfred und Dr. Willy Liebermann	13. März 1985
Staatssekretär a. D. Erich Rosenthal-Pelldram	9. Februar 1987
Ministerialdirektor a. D. Dr. Friedrich Karl Schonebohm	13. Februar 1987
Dr. Lili Simon	18. November 1984

Schriftliche Auskünfte

Prof. Dr. Oswald von Nell-Breuning	20. Juni 1988
Bundestagspräsidentin a. D. Annemarie Renger	24. September 1987
Dr. Lili Simon	14. November 1984

III. Zeitungen, Pressedienste, Zeitschriften

Allgemeine Zeitung/Neuer Mainzer Anzeiger
Colloquium. Eine deutsche Studentenzeitschrift
Deutschland-Union-Dienst
Echo der Zeit
Frankfurter Allgemeine Zeitung
Frankfurter Rundschau
Freie Presse, Bielefeld
General-Anzeiger, Bonn
Hamburger Abendblatt
Hersfelder Zeitung

Kölnische Rundschau
Lübecker Freie Presse
Neue Zürcher Zeitung
Parlamentarisch-politischer Pressedienst
Rheinische Zeitung
Rheinischer Merkur
Sozialdemokratischer Pressedienst
Der Spiegel
Stuttgarter Zeitung
Süddeutsche Zeitung
Das Tagebuch
Vorwärts
Vossische Zeitung
Die Wandlung
Die Weltbühne
Westdeutsche Allgemeine
Die Zeit

IV. Veröffentlichte Quellen und Literatur.

ABENDROTH, Wolfgang: Arbeiterklasse, Staat und Verfassung. Kritisches zum Programmentwurf der SPD, in: Neue Gesellschaft 1959, S. 42 ff.
ABENDROTH, Wolfgang: Programm der Anpassung und Resignation, in: Vorwärts, 9.10. 1959, S. 5
ABENDROTH, Wolfgang: Aufgaben und Ziele der deutschen Sozialdemokratie – Programm-Entwurf 1959, in: ders., Antagonistische Gesellschaft und politische Demokratie, Neuwied/Berlin 1972, S. 407 ff.
ABENDROTH, Wolfgang: Ein Leben in der Arbeiterbewegung. Gespräche, aufgezeichnet und herausgegeben von Barbara Dietrich und Joachim Perels, Frankfurt am Main 1976
ACHTERBERG, Norbert: Probleme der Funktionenlehre, München 1970
ADAM, Uwe Dietrich: Judenpolitik im Dritten Reich, Tübingen 1972
ADENAUER, Konrad: Erinnerungen 1945 – 1953, Stuttgart 1965
  Erinnerungen 1953 – 1955, Stuttgart 1966
  Erinnerungen 1955 – 1959, Stuttgart 1967
  Erinnerungen 1959 – 1963 (Fragmente), Stuttgart 1968
ADENAUER, Konrad: Teegespräche 1958 – 1954, bearbeitet von Hanns Jürgen Küsters, Berlin 1984
ADENAUER, Konrad: „Es mußte alles neu gemacht werden." Die Protokolle des CDU-Bundesvorstandes 1950 – 1953, bearb. von Günter Buchstab, Stuttgart 1986
ADENAUER, Konrad: „Wir haben wirklich etwas geschaffen". Die Protokolle des CDU-Bundesvorstands 1953 – 1957, bearb. von Günter Buchstab, Düsseldorf 1990
ADLER, Hans-Georg: Der verwaltete Mensch, Tübingen 1974
AKTEN zur Vorgeschichte der Bundesrepublik Deutschland 1945 – 1949, hrsg. vom Bundesarchiv und Institut für Zeitgeschichte, 5 Bde., München 1976 – 1983
ALBRECHT, Willy: Kurt Schumacher. Ein Leben für den demokratischen Sozialismus, Bonn 1985
ALBRECHT, Willy: Ein Wegbereiter: Jakob Altmaier und das Luxemburger Abkommen, in: Ludolf Herbst (Hrsg.), Wiedergutmachung in der Bundesrepublik Deutschland, München 1989, S. 205 ff.
ALLEMANN, Fritz René: Bonn ist nicht Weimar, Köln/Berlin 1956
AMBROSIUS, Gerd: Die Durchsetzung der Sozialen Marktwirtschaft in Westdeutschland 1945 – 1949, Stuttgart 1977
ANGERMUND, Ralph: Deutsche Richterschaft 1918 – 1945, Frankfurt am Main 1990
ANSCHÜTZ, Gerhard: Die Verfassungsurkunde des Preußischen Staates vom 31. Januar 1850, Berlin 1912
ANSCHÜTZ, Gerhard: Die gegenwärtigen Theorien über den Begriff der gesetzgebenden Gewalt und den Umfang des königlichen Verordnungsrechts nach preußischem Staatsrecht, 2. Aufl., Tübingen 1901 (Neudruck: Aalen 1971)
ANSCHÜTZ, Gerhard: Die Verfassung des Deutschen Reiches vom 11. August 1919, 10. Aufl., Berlin 1929
ANSCHÜTZ, Gerhard: Die Verfassung des Deutschen Reiches vom 11. August 1919, 14. Aufl., 1933, Nachdruck Darmstadt 1960
ANSCHÜTZ, Klaus: Die Entziehung der Verteidigungsbefugnis, Düsseldorf 1959
APFEL, Alfred: Les dessous de la justice allemande, Paris 1934
ARENDT, Karl-Heinz: Der parlamentarische Vorbehalt in der Praxis des Wirtschaftsrats, in: Deutsche Rechtszeitschrift 1949, S. ff.
ARETZ, Jürgen: Katholizismus und deutsche Sozialdemokratie 1949 – 1963, in: Albrecht Langner (Hrsg.), Katholizismus im politischen System der BRD 1949 – 1963, Paderborn/München/Wien/Zürich 1978, S. 61 ff.
ARNDT, Adolf (sen.): Zur Geschichte und Theorie des Bergregals und der Bergbaufreiheit, Halle 1879 (Neudruck Frankfurt am Main 1969)
ARNDT, Adolf (sen.): Das Verordnungsrecht des Deutschen Reichs, Berlin/Leipzig 1884
ARNDT, Adolf (sen.): Das Staatsrecht des Deutschen Reiches, Berlin 1901
ARNDT, Adolf (sen.): Das selbständige Verordnungsrecht, Berlin 1902
ARNDT, Adolf (sen.): Die Verfassung des Deutschen Reichs vom 11. August 1919, Berlin/Leipzig 1919
ARNDT, Adolf (sen.): Die preußische Verfassung vom 30. November 1920, Berlin/Leipzig 1921
ARNDT, Claus: Erinnerungen in: Deutscher Bundestag (Hrsg.), Abgeordnete des Deutschen Bundestags, Aufzeichnungen und Erinnerungen, Bd. 5, Boppard am Rhein 1988, S. 15 ff.
ASHKENASI, Abraham: Reformpartei und Außenpolitik. Die Außenpolitik der SPD, Berlin-Bonn/Köln/-Opladen 1968
Zum AUFBAU des Rechtslebens, Festgabe zur Wiesbadener Juristentagung, Heidelberg 1946

BAADE, Hans-W.: Das Verhältnis von Parlament und Regierung im Bereich der auswärtigen Gewalt der Bundesrepublik Deutschland. Studien über den Einfluß der auswärtigen Beziehungen auf die innerstaatliche Verfassungsentwicklung, Hamburg 1962
BACKES, Otto: Rechtsstaatsgefährdungsdelikte und Grundgesetz, Köln 1970
BADURA, Peter: Staat, Recht und Verfassung in der Integrationslehre. Zum Tode von Rudolf Smend (15. Januar 1882 – 5. Juli 1975), in: Der Staat 1977, S. 305 ff.
BÄSTLEIN, Klaus: Als Recht zu Unrecht wurde. Zur Entwicklung der Strafjustiz im Nationalsozialismus, in: Aus Politik und Zeitgeschichte, B 13–14/89, S. 3 ff.
BARING, Arnulf: Die Institutionen der westdeutschen Außenpolitik in der Ära Adenauer, in: Karl Kaiser/ Roger Morgan (Hrsg.), Strukturwandlungen der Außenpolitik in Großbritannien und der Bundesrepublik, München/Wien 1970, S. 167 ff.
BARING, Arnulf: Im Anfang war Adenauer. Die Entstehung der Kanzlerdemokratie, 3. Aufl., München 1984
BAUER, Fritz: Die ungesühnte Nazijustiz, in: Die neue Gesellschaft 1960, S. 179 ff.
BAUER, Wolfram: Wertrelativismus und Wertbestimmtheit im Kampf um die Weimarer Demokratie. Zur Politologie des Methodenstreits der Staatsrechtslehrer, Berlin 1968
BEIER, Gerhard: Arbeiterbewegung in Hessen. Zur Zeitgeschichte der hessischen Arbeiterbewegung durch einhundertfünfzig Jahre (1834 – 1984), Frankfurt am Main 1984
BEIER, Gerhard: SPD Hessen, Chronik 1945 bis 1988, Bonn 1989
BENDA, Ernst: Verjährung und Rechtsstaat, Berlin 1965
BENZ, Wolfgang: Von der Besatzungsherrschaft zur Bundesrepublik . Stationen einer Staatsgründung 1946 - 1949, Frankfurt am Main 1985
BERGSTRAESSER, Ludwig: Befreiung, Besatzung, Neubeginn. Tagebuch des Darmstädter Regierungspräsidenten 1945 – 1948, (Hrsg. Walter Mühlhausen), München 1987
BERING, Dietz: Von der Notwendigkeit politischer Beleidigungsprozesse. Der Beginn der Auseinandersetzungen zwischen Polizeivizepräsident Bernhard Weiß und der NSDAP, in: Hans J. Reichhardt (Hrsg.), Berlin in Geschichte und Gegenwart. Jahrbuch des Landesarchivs Berlin 1983, S. 83 ff.
BERNSTEIN, Eduard: Die Voraussetzungen des Sozialismus und die nächsten Aufgaben der Sozialdemokratie (1899), in: Hans Kremendahl/Thomas Mayer, Staat und Sozialismus, Bd. 1, Königstein/Taunus 1974, S. 163 ff.
BESSON, Waldemar: Die Außenpolitik der Bundesrepublik , München 1970
BEYER, Hans-Christoffer: Die verfassungspolitischen Auseinandersetzungen um die Sozialisierung in Hessen 1946, Diss. phil. Marburg 1977
BILLING, Werner: Bundesverfassungsgericht und Außenpolitik, in: Hans-Peter Schwarz (Hrsg.), Handbuch der deutschen Außenpolitik, 2. Aufl., München 1975, S. 157 ff.
BILLING, Werner: Das Problem der Richterwahl zum Bundesverfassungsgericht. Ein Beitrag zum Thema ‚Politik und Verfassungsgerichtsbarkeit', Berlin 1969
BLECKMANN, Albert: Staatsrecht II. Allgemeine Grundrechtslehren, 2. Aufl., Köln/Berlin/Bonn/München 1985
BLECKMANN, Albert: Die Zulässigkeit des Volksentscheids nach dem Grundgesetz, in: JZ 1978, S. 217 ff.
BOCK, Gisela: Zwangssterilisierung im Nationalsozialismus. Studien zur Rassenpolitik und Frauenpolitik, Opladen 1986
BÖCKENFÖRDE, Christoph: Die sogenannte Nichtigkeit verfassungswidriger Gesetze, Berlin 1966
BÖCKENFÖRDE, Ernst-Wolfgang. Das Ethos der modernen Demokratie und die Kirche (1957), in: ders., Kirchlicher Auftrag und politische Entscheidung, Freiburg 1973, S. 9 ff.
BÖCKENFÖRDE, Ernst-Wolfgang: Der deutsche Katholizismus im Jahre 1933 (1961), in: ders., Kirchlicher Auftrag und politische Entscheidung, Freiburg 1973, S. 30 ff.
BÖCKENFÖRDE, Ernst-Wolfgang: Organisationsgewalt im Bereich der Regierung. Eine Untersuchung zum Staatsrecht der Bundesrepublik Deutschland, Berlin 1964
BÖCKENFÖRDE, Ernst-Wolfgang: Entstehung und Wandel des Rechtsstaatsbegriffs, in: Horst Ehmke/ Carlo Schmid/Hans Scharoun, Festschrift für Adolf Arndt zum 65. Geburtstag, Frankfurt am Main 1969, S. 53 ff (zitiert nach: ders., Staat, Gesellschaft, Freiheit, Frankfurt am Main 1976, S. 65 ff.)
BÖCKENFÖRDE, Ernst-Wolfgang: Die Bedeutung der Unterscheidung von Staat und Gesellschaft im demokratischen Sozialstaat der Gegenwart (1972), in: ders., Staat, Gesellschaft, Freiheit, Frankfurt am Main 1976, S. 185 ff.
BÖCKENFÖRDE, Ernst-Wolfgang: Grundrechtstheorie und Grundrechtsinterpretation (1974), in: ders., Staat, Gesellschaft, Freiheit, Frankfurt am Main 1976, S. 221 ff.

BÖCKENFÖRDE, Ernst-Wolfgang: Die Methoden der Verfassungsinterpretation, in: NJW 1976, S. 2089 ff.
BÖCKENFÖRDE, Ernst-Wolfgang: Der verdrängte Ausnahmezustand, in: NJW 1978, S. 1881 ff.
BÖCKENFÖRDE, Ernst-Wolfgang: Die Einheit von nationaler und konstitutioneller politischer Bewegung im deutschen Frühliberalismus, in: ders. unter Mitarbeit von Rainer Wahl (Hrsg.), Moderne deutsche Verfassungsgeschichte (1815 – 1918), 2. Aufl., Königstein/Taunus 1981, S. 27 ff.
BÖCKENFÖRDE, Ernst-Wolfgang: Gesetz und gesetzgebende Gewalt. Von den Anfängen der deutschen Staatsrechtslehre bis zur Höhe des staatsrechtlichen Positivismus, 2. Aufl., Berlin 1981
BÖCKENFÖRDE, Ernst-Wolfgang: Geschichtliche Entwicklung und Bedeutungswandel der Verfassung, in: Juristische Arbeitsblätter 1984, S. 325 ff.
BÖCKENFÖRDE, Ernst-Wolfgang: Demokratie als Verfassungsprinzip, in: Josef Isensee/Paul Kirchhof (Hrsg.), Handbuch des Staatsrechts der Bundesrepublik Deutschland, Bd. I, Grundlagen von Staat und Verfassung, Heidelberg 1987, S. 887 ff.
BÖCKENFÖRDE, Ernst-Wolfgang: Grundrechte als Grundsatznormen. Zur gegenwärtigen Lage der Grundrechtsdogmatik, in: Der Staat 29, 1990, S. 1 ff.
BÖGE, Volker: „[...] nicht frei zu Bündnissen, sondern frei von Bündnissen" – SPD und kollektive Sicherheit für Europa in den Fünfziger Jahren, in: Dieter S. Lutz (Hrsg.), Kollektive Sicherheit in und für Europa – Eine Alternative? Beiträge zu Utopie und Umsetzung einer neuen Friedens- und Sicherheitsprogrammatik – Pro und Contra, Baden- Baden 1985, S. 82 ff.
BÖHLER, Dietrich: Artikel „Ethik", in: Thomas Meyer/Karl-Heinz Klär/Susanne Miller/Klaus Novy/Heinz Timmermann (Hrsg.), Lexikon des Sozialismus, Köln 1986, S. 157
BÖHM, Franz: Die Bedeutung der Wirtschaftsordnung für die politische Verfassung, in: SJZ 1946, S. 141 ff.
BÖHM, Franz: Die politische und soziale Bedeutung der Wiedergutmachung (1956), in: ders., Reden und Schriften, Karlsruhe 1960, S. 193 ff.
BÖHM, Franz: Beiträge zu Leben und Wirken, Melle 1980
BOLDT, Gerhard: Leben und Wirken namhafter Lehrer und Praktiker des Bergrechts. Adolf Arndt (1849 – 1926), in: Zeitschrift für Bergrecht, Bd. 115 (1974), S. 27 f.
BONNER VERTRAG (Vertrag über die Beziehungen zwischen der Bundesrepublik Deutschland und den Drei Mächten nebst Zusatzvereinbarungen und Briefwechsel). Erläutert von Hans Kutscher. Mit einer Einführung von Wilhelm Grewe, München/Berlin 1952
BOUVIER, Beatrix W.: Zwischen Godesberg und Großer Koalition. Der Weg der SPD in die Regierungsverantwortung. Außen-, sicherheits- und deutschlandpolitische Umorientierung und gesellschaftliche Öffnung der SPD 1960 bis 1966, Bonn 1990.
BOVENTER, Gregor Paul: Grenzen politischer Freiheit im demokratischen Staat. Das Konzept der streitbaren Demokratie in einem internationalen Vergleich, Berlin 1985
BRACHER, Karl Dietrich: Die Kanzlerdemokratie, in: Richard Löwenthal/Hans-Peter Schwarz (Hrsg.), Die zweite Republik, 2. Aufl., Stuttgart 1974, S. 179 ff.
BREHM, Thomas: SPD und Katholizismus – 1957 bis 1966. Jahre der Annäherung, Frankfurt am Main/Bern/New York/Paris 1989
BRIEM, Jürgen: Der SDS. Die Geschichte des bedeutendsten Studentenverbandes der BRD seit 1945, Frankfurt am Main 1976
BROSZAT, Martin: Siegerjustiz oder strafrechtliche „Selbstreinigung." Aspekte der Vergangenheitsbewältigung der deutschen Justiz während der Besatzungszeit 1945 – 1949, VjHfZG 1981, S. 477 ff.
BRÜNNECK, Alexander von: Politische Justiz gegen Kommunisten in der Bundesrepublik Deutschland 1949 - 1968, Frankfurt am Main 1978
BRÜNNECK, Wiltraut von: Die Verfassung des Landes Hessen vom 1. Dezember 1946, in: Jahrbuch des öffentlichen Rechts 1954, S. 213 ff.
BUCHHAAS, Dorothee: Die Volkspartei. Programmatische Entwicklung der CDU 1950 – 1973, Düsseldorf 1981
BUCZYLOWSKI, Ulrich: Kurt Schumacher und die deutsche Frage. Sicherheitspolitik und strategische Offensivkonzeption vom August 1950 bis September 1951, Stuttgart 1973
BUNDESMINISTERIUM DES INNERN (BdI) (Hrsg.): Das Gesetz für die Stunde der Not. Materialien zur Auseinandersetzung über ein Sicherheitserfordernis, Bonn 1961
BUTTERWEGGE, Christoph: SPD und Staat heute. Ein Beitrag zur Staatstheorie und zur Geschichte der westdeutschen Sozialdemokratie, West-Berlin 1979

CAMPENHAUSEN, Axel Freiherr von: Zum Tode von Rudolf Smend, in: JZ 1975, S. 621 ff.

CASPARY, Friedrich H.: Vom Werden der Verfassung in Hessen. Aus den Verhandlungen des Verfassungsausschusses der Verfassungsberatenden Landesversammlung Groß-Hessen, Offenbach 1946
CLAUSSEN, Karl Eduard: Justizverwaltung 1867 – 1918, in: Kurt G. Jeserich u.a. (Hrsg.), Deutsche Verwaltungsgeschichte, Bd. 3 (Das Deutsche Reich bis zum Ende der Monarchie), Stuttgart 1984, S. 452 ff.
COPIC, Hans: Grundgesetz und politisches Strafrecht neuer Art, Tübingen 1967
CZEMPIEL, Ernst-Otto: Die Bundesrepublik und Amerika: Von der Okkupation zur Kooperation, in: Richard Löwenthal/Hans-Peter Schwarz (Hrsg.), Die zweite Republik, 2. Aufl., Stuttgart 1974, S. 554 ff.

DAGTOGLOU, Prodromos: Ersatzpflicht des Staates bei legislativem Unrecht?, Tübingen 1963
DAPPER, Beate/ROUETTE, Hans-Peter: Das Ermittlungsverfahren gegen Leipart und Genossen wegen Untreue vom 9. Mai 1933, in: Internationale Wissenschaftliche Korrespondenz zur Geschichte der Arbeiterbewegung 1984, S. 509
DECHAMPS, Bruno: Macht und Arbeit der Ausschüsse. Der Wandel der parlamentarischen Willensbildung, Meisenheim am Glan 1954
DEUTSCHER BUNDESTAG, Wissenschaftliche Dienste: Materialien Nr. 40. Mitgliederstruktur des Deutschen Bundestags, I. – VII. Wahlperiode, Bonn 1975
DEUTSCHKRON, Inge: Das Urteil von Köln, in: Geist und Tat 1960, Heft 3, S. 68
DIEM, Hermann: Kirche und Entnazifizierung, Stuttgart 1946
DIESTELKAMP, Bernhard: Rechtsgeschichte als Zeitgeschichte. Historische Betrachtungen zur Entstehung und Durchsetzung der Theorie vom Fortbestand des Deutschen Reiches als Staat nach 1945, in: Zeitschrift für Neuere Rechtsgeschichte 1985, S. 181
DIESTELKAMP, Bernhard: Die Justiz nach 1945 und ihr Umgang mit der eigenen Vergangenheit, in: Bernhard Diestelkamp/Michael Stolleis (Hrsg.), Justizalltag im Dritten Reich, Frankfurt am Main 1988, S. 131 ff.
DIESTELKAMP, Bernhard/JUNG, Susanne: Die Justiz in den Westzonen und der frühen Bundesrepublik, in: Aus Politik und Zeitgeschichte, B. 13 -14/1989, S. 19 ff.
DOEMMING, Klaus-Bertho von/FÜSSLEIN, Rudolf Werner/MATZ, Werner (Bearb.): Entstehungsgeschichte der Artikel des Grundgesetzes im Auftrag der Abwicklungsstelle des Parlamentarischen Rates und des Bundesministers des Innern auf Grund der Verhandlungen des Parlamentarischen Rates, in: Jahrbuch des öffentlichen Rechts, NF 1 (1951), S. 1 ff.
DÖNHOFF, Marion Gräfin: Der vergessene Opfergang, in: Die Zeit, 5. Dezember 1986
DOMAY, Friedrich (Hrsg.): Handbuch der deutschen wissenschaftlichen Akademien und Gesellschaften, Wiesbaden 1977
DOMES, Jürgen: Das Freiwilligengesetz im 2. Deutschen Bundestag. Eine Studie zum Oppositionsverhalten des Parlaments, Diss. phil. (hekt), Heidelberg 1960
DORMANN, Manfred: Demokratische Militärpolitik: Die alliierte Militärstrategie als Thema deutscher Politik, 1949 – 68, Freiburg 1970
DOWE, Dieter/KLOTZBACH, Kurt (Hrsg.): Programmatische Dokumente der deutschen Sozialdemokratie, 2. Aufl., Berlin/Bonn 1984
DROBISCH, Klaus (u.a.): Juden unterm Hakenkreuz, Berlin (Ost) 1973, S. 356 ff.
DRUMMOND, Gordon D.: The German Social Democrats in Opposition 1949 – 1960. The case against rearmament, Norman 1982
DÜBBER, Ulrich: Parteienfinanzierung in Deutschland, Köln/Opladen 1962
DÜRIG, Günter: Kommentierung zu Art. 65 a GG, in: Theodor Maunz/Günter Dürig, Grundgesetz, 2. Aufl., München/Berlin 1963
DÜRIG, Günter: Der deutsche Staat im Jahre 1945 und seither, in: VVDSTL 13 (1955), S. 27 ff.
DÜX, Heinz: Hans Litten (1903 – 1938). Anwalt gegen Naziterror, in: Kritische Justiz (Hrsg.), Streitbare Juristen. Eine andere Tradition, Baden-Baden 1988, S. 193 ff.

EBSEN, Ingwer: Abstimmungen des Bundesvolks als Verfassungsproblem, in: AöR 110 (1985), S. 2 ff.
ECKERTZ, Rainer: Die Kriegsdienstverweigerung aus Gewissensgründen als Grenzproblem des Rechts. Zur Überwindung des Dezisionismus im demokratischen Rechtsstaat, Baden-Baden 1986
EDINGER, Lewis J.: Kurt Schumacher. Persönlichkeit und politisches Verhalten, Köln/Opladen 1967
EHNI, Hans Peter: Sozialistische Neubauforderung und Proklamation des „Dritten Weges." Richtungen sozialdemokratischer Wirtschaftspolitik 1945 – 1947, in: Archiv für Sozialgeschichte 13 (1973), S. 131 ff.

EICHLER, Willi: Christentum und Sozialismus (1949), in: Klaus Lompe/Lothar f. Neumann (Hrsg.), Willi Eichlers Beiträge zum demokratischen Sozialismus, Berlin/Bonn 1979, S. 261 ff.
EICHLER, Willi: Grundwerte und Grundforderungen. Beitrag zu einem Kommentar (1960), in: ders., Zur Einführung in den demokratischen Sozialismus, Bonn – Bad Godesberg 1972, S. 62 ff.
ELLWEIN, Thomas: Das Regierungssystem der Bundesrepublik Deutschland, 5. Aufl., Opladen 1983
ENTWURF einer Verfassung für Hessen nach den Entwürfen des Vorbereitenden Verfassungsausschusses für Groß-Hessen, Kassel/Sandershausen (o.J.) 1946
ERICHSEN, Hans-Uwe: Besonderes Gewaltverhältnis und Sonderverordnung, in: Christian-Friedrich Menger (Hrsg.), Fortschritte des Verwaltungsrechts. Festschrift für Hans Wolff zum 75. Geburtstag, München 1973, S. 219 ff.
ERLER, Fritz: Die SPD im Staat, in: Vorwärts, 30. Oktober 1959, S. 1
ESCHENBURG, Theodor: Der Fernsehstreit (I), in: ders., Institutionelle Sorgen in der Bundesrepublik, Stuttgart 1961, S. 228 ff.
ESCHENBURG, Theodor: Volksbefragung wegen atomarer Ausrüstung der Bundeswehr, in: ders., Zur politischen Praxis in der Bundesrepublik, Bd. I, München 1964, S. 52 ff.
ESCHENBURG, Theodor: Parteienfinanzierung (II), in: ders., Insitutionelle Sorgen in der Bundesrepublik, Stuttgart 1961, S. 206 ff.
ESCHENBURG, Theodor: Jahre der Besatzung 1945 – 49. Geschichte der Bundesrepublik Deutschland, Bd. I, Stuttgart 1983
EYCK, Erich: Der verdächtige Verteidiger, in: Vossische Zeitung, 21. Oktober 1932

FAUCK: Die Verfolgung von Mischlingen in Deutschland und im Reichsgau Wartheland, in: Gutachten des Instituts für Zeitgeschichte, Bd. II, Stuttgart 1966, S. 28
FÉAUX de la Croix, Ernst: Der Werdegang des Entschädigungsrechts unter national- und völkerrechtlichem und politologischem Aspekt. Die Wiedergutmachung nationalsozialistischen Unrechts durch die Bundes- republik Deutschland, Bd. III, München 1985
Der FERNSEHSTREIT vor dem Bundesverfassungsgericht. Eine Dokumentation des Prozeßmaterials, Hrsg. Günter Zehner,
1. Bd., Karlsruhe 1964
2. Bd., Karlsruhe 1965
FETSCHER, Iring: Rousseaus politische Philosophie, 3. Aufl., Frankfurt am Main 1975
FICHTER, Tilman: SPD und SDS. Parteilichkeit jenseits der Partei, Opladen 1988
FIEDLER, Wilfried: Entstehung der Landesverfassungsgerichtsbarkeit nach dem Zweiten Weltkrieg, in: Christan Starck/Klaus Stern (Hrsg.), Landesverfassungsgerichtsbarkeit, Bd. 1, Baden-Baden 1983, S. 103 ff.
FINKE, Hugo/GNIRS, Otto/KRAUS, Gerhard/PENTZ, Adolf: Entschädigungsverfahren und sondergesetzliche Entschädigungsregelungen. Die Wiedergutmachung nationalsozialistischen Unrechts durch die Bundesrepublik Deutschland, Bd. VI, München 1987
FORSTER, Karl (Hrsg.): Christentum und demokratischer Sozialismus. Studien und Berichte der Katholischen Akademie in Bayern, Heft 3, München 1958
FORSTER, Karl (Hrsg.): Schule und Staat. Studien und Berichte der Katholischen Akademie in Bayern, Heft 9, München 1959
FORSTER, Karl: Deutscher Katholizismus in der Adenauer-Ära, in: Dieter Blumenwitz/Klaus Gotto/Hans Maier/Konrad Repgen/Hans-Peter Schwarz (Hrsg.), Konrad Adenauer und seine Zeit, Bd. II, Stuttgart 1976, S. 488 ff.
FORSTHOFF, Ernst: Die Umbildung des Verfassungsgesetzes (1959), abgedruckt in: Manfred Friedrich (Hrsg.), Verfassung, Darmstadt 1978, S. 117 ff.
FORSTHOFF, Ernst: Lehrbuch des Verwaltungsrechts, Erster Band, Allgemeiner Teil, 10. Aufl., München 1973
FORSTHOFF, Ernst: Begriff und Wesen des sozialen Rechtsstaats (1954), in: ders., Rechtsstaat im Wandel. Verfassungsrechtliche Abhandlungen 1954 – 1973, 2. Aufl., München 1976 S. 65 ff.
FORSTHOFF, Ernst: Rechtsstaat oder Richterstaat? (1970), in: ders., Rechtsstaat im Wandel. Verfassungsrechtliche Abhandlungen 1954 – 1973, 2. Aufl., München 1976, S. 243 ff.
FOSCHEPOTH, Josef: Zur deutschen Reaktion auf Niederlage und Besatzung, in: Ludolf Herbst (Hrsg.), Westdeutschland 1945 – 1955. Unterwerfung, Kontrolle, Integration, München 1986, S. 151 ff.
FOSCHEPOTH, Josef: Westintegration statt Wiedervereinigung: Adenauers Deutschlandpolitik 1949 – 1955, in: ders. (Hrsg.), Adenauer und die Deutsche Frage, Göttingen 1988, S. 29 ff.

FOSCHEPOTH, Josef: Einleitung: Adenauer und die Deutsche Frage, in: ders. (Hrsg.), Adenauer und die Deutsche Frage, Göttingen 1988, S. 7 ff.
FRAENKEL, Ernst: Abschied von Weimar (1932), in: ders., Zur Soziologie der Klassenjustiz und Aufsätze zur Verfassungskrise, Darmstadt 1968, S. 57 ff.
FRAENKEL, Ernst: Die repräsentative und die plebiszitäre Komponente im demokratischen Verfassungsstaat (1958), in: ders., Deutschland und die westlichen Demokratien, 7. Aufl., Stuttgart/Berlin/Köln/Mainz 1979, S. 113 ff.
FRAENKEL, Ernst: Demokratie und öffentliche Meinung (1963), in: ders., Deutschland und die westlichen Demokratien, 7. Aufl., Stuttgart/Berlin/Köln/Mainz 1979, S. 173 ff.
FRAENKEL, Ernst: Strukturdefizite der Demokratie und deren Überwindung (1964), in: ders., Deutschland und die westlichen Demokratien, 7. Aufl., Stuttgart/Berlin/Köln/Mainz, S. 48 ff.
FRAENKEL, Ernst: Der Pluralismus als Strukturelement der freiheitlich-rechtsstaatlichen Demokratie (1964), in: ders., Deutschland und die westlichen Demokratien, 7. Aufl., Stuttgart/Berlin/Köln/Mainz 1979, S. 197 ff.
FRAENKEL, Ernst: Reformismus und Pluralismus, Hamburg 1973
FRANKE, Walter: Evangelischer Aufbruch. Berichte zur evangelischen Kirchengeschichte 1948, Hamburg 1949
FRICKE, Dieter: Reichs- und freikonservative Partei (RFKP) 1867 – 1918, in: ders. u. a. (Hrsg.), Lexikon zur Parteiengeschichte, Bd. 3, Köln 1985, S. 745 ff.
FRIEDRICH, Carl Joachim: Der Verfassungsstaat der Neuzeit, Berlin/Göttingen/Heidelberg 1953
FRIEDRICH, Jörg: Freispruch für die Nazi-Justiz. Die Urteile gegen NS-Richter seit 1948. Eine Dokumentation, Hamburg 1983
FRIEDRICH, Jörg: Die kalte Amnestie. NS-Täter in der Bundesrepublik, Frankfurt am Main 1984
FRIEDRICH, Manfred: Der Methoden- und Richtungsstreit. Zur Grundlagendiskussion der Weimarer Staatsrechtslehre, in: AöR 102 (1977), S. 161 ff.
FRONZ, Michael: Das Bundesverfassungsgericht im politischen System der Bundesrepublik Deutschland – Eine Analyse der Beratungen im Parlamentarischen Rat, in: Sozialwissenschaftliches Jahrbuch für Politik, Bd. 2 (1971), S. 629 ff.
FÜRSTENAU, Justus: Entnazifizierung. Ein Kapitel deutscher Nachkriegsgeschichte, Berlin/Neuwied 1969

GAUS, Günter: Zur Person. Von Adenauer bis Wehner. Porträts in Frage und Antwort, Köln 1987

GAUSE, Fritz: Die Geschichte der Stadt Königsberg in Preußen, Bd. II, Köln/Graz 1968 Bd. III, Köln/Graz 1971
GAY, Peter: Weimar Culture. The Outsider as Insider, New York 1968
GEHB, Jürgen: Verfassung, Zuständigkeiten und Verfahren des Hessischen Staatsgerichtshofs, 1. Aufl., Baden-Baden 1987
GEIGER, Willi: Gesetz über das Bundesverfassungsgericht. Kommentar, Berlin/Frankfurt am Main 1952
GEIGER, Willi: Zur Verfassung des Bundesverfassungsgerichts, in: DÖV 1950, S. 193 ff.
GEISSLER, Heiner: Das Recht der Kriegsdienstverweigerung nach Art. 4 Abs. 3 des Grundgesetzes, Reutlingen 1960
GENEALOGISCHES Handbuch des Adels, Adelslexikon, Bd. III, Limburg 1975
GIMBEL, John: Marburg nach dem Zusammenbruch des NS-Regimes, in: Erhart Dettmering/Rudolf Grenz (Hrsg.), Marburger Geschichte, Marburg 1980, S. 655 ff.
GIMBEL, John: German Community under American Occupation, Marburg 1945 – 52, Stanford 1961
GLASER, Hermann: Kulturgeschichte der Bundesrepublik Deutschland, Bd. 1. Zwischen Kapitalismus und Währungsreform, München/Wien 1985
GOEBBELS, Joseph: Tagebücher, Teil I, Bd. 2: 1931 – 1936, München 1987
GÖLDNER, Detlef: Integration und Pluralismus im demokratischen Rechtsstaat. Bemerkungen zur Doppel- funktion von Einheit und Gegensatz im System des Bonner Grundgesetzes, Tübingen 1977
GOERLICH, Helmut: Wertordnung und Grundgesetz, Baden-Baden 1973
GOLDSCHMIDT, James: Gesetzesdämmerung, in: JW 1924, S. 245
GOLDSCHMIDT, James: Normativer Schuldbegriff, in: Festgabe für Reinhard von Frank zum 70. Geburtstag, Bd. I, Tübingen 1930, S. 428 ff.
GOTTO, Klaus (Hrsg.): Der Staatssekretär Adenauers. Persönlichkeit und politisches Wirken Hans Globkes, Stuttgart 1980

GRABBE, Hans-Jürgen: Unionsparteien, Sozialdemokratie und Vereinigte Staaten von Amerika 1945 – 1966, Düsseldorf 1983
GREWE, Wilhelm: Rückblenden 1976 – 1951, Frankfurt am Main/Berlin/Wien 1979
GREWE, Wilhelm: Artikel Auswärtige Gewalt, in: Görres-Gesellschaft (Hrsg.), Staatslexikon, Bd. I, 7. Aufl., Freiburg/Basel/Wien 1984, Sp. 463 f.
GREWE, Wilhelm: Abschnitt Auswärtige Gewalt, in: Josef Isensee/Paul Kirchhof (Hrsg.), Handbuch des Staatsrechts, Bd. III, Heidelberg 1988, S. 921 ff.
GREWE, Wilhelm: Ein Besatzungsstatut für Deutschland. Die Rechtsform des Besatzungsregimes, Stuttgart 1948
GREWE, Wilhelm: Neue Perspektiven des Besatzungsregimes (1949), wiederabgedruckt unter dem Titel: „Das Besatzungsstatut", in: ders., Deutsche Außenpolitik der Gegenwart, Stuttgart 1960, S. 37 ff.
GREWE, Wilhelm: Die Auswärtige Gewalt der Bundesrepublik, in: VVDSTL 12 (1954), S. 129 ff.
GREWE, Wilhelm: Konsens in der Außenpolitik zwischen Regierung und Opposition. Eine notwendige Funktionsbedingung des demokratischen Rechtsstaats?, in: Albrecht Randelzhofer/Werner Süß (Hrsg.), Konsens und Konflikt. 35 Jahre Grundgesetz, Berlin/New York 1986, S. 40 ff.
GREWE, Wilhelm: Deutsche Außenpolitik der Nachkriegszeit, Stuttgart 1960
GRIEPENBURG, Rüdiger: Hermann Louis Brill: Chiemseer Tagebuch (Dokumentation), in: VjHfZG 1986, S. 585 ff.
GRIMM, Dieter: Reformalisierung des Rechtsstaats als Demokratiepostulat?, in: Juristische Schulung 1980, S. 704 ff.
GROSSER, J.f.G.: Die große Kontroverse. Ein Briefwechsel um Deutschland, Hamburg/Genf/Paris 1963
GROSSMANN, Kurt R.: Die Ehrenschuld. Kurzgeschichte der Wiedergutmachung, Frankfurt am Main 1967
GRUCHMANN, Lothar: Justiz im Dritten Reich 1933 – 1940, München 1988
GÜNTHER, Klaus: Sozialdemokratie und Demokratie 1946 – 1966. Die SPD und das Problem der Verschränkung innerparteilicher und bundesrepublikanischer Demokratie, Bonn 1979
GUNDLACH, Gustav: Katholizismus und Sozialismus, in: Karl Forster (Hrsg.), Christentum und demokratischer Sozialismus. Studien und Berichte der Katholischen Akademie in Bayern, Heft 3, München 1958, S. 9 ff.

HACHENBURG, Max/BING, Fritz: Bericht über die Kammerversammlung, in: Deutsche Juristen-Zeitung 1932, Sp. 1527 f.
HÄBERLE, Peter (Hrsg.): Verfassungsgerichtsbarkeit, Darmstadt 1976
HÄBERLE, Peter: Verfassungsinterpretation als öffentlicher Prozeß – ein Pluralismuskonzept, in: ders., Die Verfassung des Pluralismus, Königstein im Taunus 1980, S. 45 ff.
HÄBERLE, Peter: Verfassungsgerichtsbarkeit als politische Kraft, in: ders., Verfassungsgerichtsbarkeit zwischen Politik und Rechtswissenschaft, Königstein im Taunus 1980, S. 55 ff.
HÄRTEL, Lia: Der Länderrat des amerikanischen Besatzungsgebiets, Stuttgart 1951
HAMBURGER, Ernst: Juden im öffentlichen Leben Deutschlands, Tübingen 1968
HANNOVER, Heinrich/HANNOVER-DRÜCK, Elisabeth: Politische Justiz 1918 – 1933, Bornheim/Merten 1987
HANRIEDER, Wolfram: Die stabile Krise. Ziele und Entscheidungen der bundesrepublikanischen Außenpolitik 1949 – 1969, Düsseldorf 1971
HARTWEG, Frédéric: Kurt Schumacher, die SPD und die protestantisch orientierte Opposition gegen Adenauers Deutschland- und Europapolitik, in: Friedrich-Ebert-Stiftung (Hrsg.), Kurt Schumacher als deutscher und europäischer Sozialist, bearb. und eingel. von Willy Albrecht, Bonn 1988, S. 188 ff.
HATTENHAUER, Hans: Zur Lage der Justiz in der Weimarer Republik, in: Karl-Dietrich Erdmann/Hagen Schulze (Hrsg.): Weimar – Selbstpreisgabe einer Demokratie, Düsseldorf 1980, S. 169 ff.
HEGE, Hans: Recht und Justiz, in: Wolfgang Benz (Hrsg.), Die Bundesrepublik Deutschland, Bd. 1. Politik, Frankfurt am Main 1983, S. 92 ff.
HEHL, Ulrich von: Der Beamte im Reichsinnenministerium. Die Beurteilung Globkes in der Diskussion der Nachkriegszeit. Eine Dokumentation, in: Klaus Gotto (Hrsg.), Der Staatssekretär Adenauers. Persönlichkeit und politisches Wirken, Stuttgart 1980, S. 230 ff.
HEIN-JANKE, Ewald: Protestantismus und Faschismus nach der Katastrophe (1945 – 1949), Stuttgart 1982
HELLER, Hermann: Grundrechte und Grundpflichten (1924), in: ders., Gesammelte Schriften, Bd. II, Leiden 1971, S. 281 ff.

HELLER, Hermann: Rechtsstaat oder Diktatur? (1930), in: ders., Gesammelte Schriften, Bd. II, Leiden 1971, S. 443 ff.
HELLER, Hermann: Staatslehre (1934), 6., revidierte Aufl., Tübingen 1983
HEMPEL, Norbert: Richterleitbilder in der Weimarer Republik, Frankfurt am Main/Bern/Las Vegas 1978
HENKELS, Walter: 111 Bonner Köpfe, 5. Aufl. (von: 99 Bonner Köpfen), Düsseldorf/Wien 1963
HENNING, Rudolf: Der Maßstab des Rechts im Rechtsdenken der Gegenwart, Münster 1961
HENNIS, Wilhelm: Der Deutsche Bundestag 1949 – 1965, in: Der Monat 1966, Heft 215, S. 26 ff.
HENNIS, Wilhelm: Die Rolle des Parlaments und die Parteiendemokratie, in: Richard Löwenthal/Hans-Peter Schwarz (Hrsg.), Die zweite Republik, 25 Jahre Bundesrepublik Deutschland, Stuttgart 1974, S. 203 ff.
HENNIS, Wilhelm: Organisierter Sozialismus. Zum „strategischen" Staats- und Politikverständnis der Sozialdemokratie, Stuttgart 1977
HENNIS, Wilhelm: Verfassung und Verfassungswirklichkeit (1968/1973), in: Manfred Friedrich (Hrsg.), Verfassung, Darmstadt 1978, S. 232 ff.
HERBST, Ludolf (Hrsg.): Westdeutschland 1945 – 1955. Unterwerfung, Kontrolle, Integration, München 1986
HESSE, Konrad: Der Rechtsstaat im Verfassungssystem des Grundgesetzes (1962), in: Ernst Forsthoff (Hrsg.), Rechtsstaatlichkeit und Sozialstaatlichkeit, Darmstadt 1968, S. 557 ff.
HESSE, Konrad: Grundzüge des Verfassungsrechts der Bundesrepublik Deutschland, 16. Aufl., Heidelberg 1988
HEYDTE, Friedrich August Freiherr von der: Artikel Naturrecht (Abschnitt VI.1), in: Staatslexikon der GörresGesellschaft, Bd. 5, Freiburg 1960, Sp. 969 ff.
HILBERG, Raul: Die Vernichtung der europäischen Juden, Berlin 1982
HIRSCHER, Gerhard: Sozialdemokratische Verfassungspolitik und die Entstehung des Grundgesetzes, Bochum 1989
HOBBES, Thomas: Leviathan, Stuttgart 1978
HOFMANN, Hasso: Zur Idee des Staatsgrundgesetzes, in: ders., Recht – Politik – Verfassung. Studien zur Geschichte der politischen Philosophie, Frankfurt am Main 1986, S. 261 ff.
HOLLERBACH, Alexander: Auflösung der rechtsstaatlichen Verfassung (1960), abgedruckt in: Manfred Friedrich (Hrsg.), Verfassung, Darmstadt 1978, S. 153 ff.
HOLLERBACH, Alexander: Zu Leben und Werk Heinrich Triepels, in: AöR 91 NF (1966), S. 417 ff.
HOLZER, Norbert: Präventive Kontrolle durch das Bundesverfassungsgericht, Baden-Baden 1978
HORNUNG, Klaus: Staat und Armee. Studien zur Befehls- und Kommandogewalt und zum politischmilitärischen Verhältnis in der Bundesrepublik, Mainz 1975
HRBEK, Rudolf: Außenpolitische Gemeinsamkeit von Regierung und Opposition, in: Gerhard Lehmbruch/Klaus von Beyme/Iring Fetscher (Hrsg.), Demokratisches System und politische Praxis der Bundesrepublik. Für Theodor Eschenburg, München 1971, S. 444 ff.
HRBEK, Rudolf: Die SPD – Deutschland und Europa. Die Haltung der Sozialdemokratie zum Verhältnis von Deutschland-Politik und West-Integration (1945 – 1957), Bonn 1972
HUBER, Ernst Rudolf: Deutsche Verfassungsgeschichte seit 1789, Bd. III, 3. Aufl., Stuttgart/Berlin/Köln/Mainz 1988
HUBER, Ernst Rudolf: Deutsche Verfassungsgeschichte seit 1789, Bd. IV, Stuttgart/Berlin/Köln/Mainz 1969
HUBER, Ernst Rudolf: Deutsche Verfassungsgeschichte seit 1789, Bd. V, Stuttgart/Berlin/Köln/Mainz 1978
HUBER, Ernst Rudolf: Deutsche Verfassungsgeschichte seit 1789, Bd. VI, Stuttgart/Berlin/Köln/Mainz 1981
HUBER, Ernst Rudolf: Deutsche Verfassungsgeschichte seit 1789, Bd. VII, Stuttgart/Berlin/Köln/Mainz 1984
HUBER, Ernst Rudolf: Quellen zum Staatsrecht der Neuzeit, Bd. 2. Deutsche Verfassungsdokumente der Gegenwart (1919 – 1951), Tübingen 1951
HUDEMANN, Rainer: Sozialpolitik im deutschen Südwesten zwischen Tradition und Neuordnung 1945 – 1953. Sozialversicherung und Kriegsopferversorgung im Rahmen französischer Besatzungspolitik, Mainz 1988
HÜTTER, Joachim: SPD und nationale Sicherheit. Internationale und innenpolitische Determinanten des Wandels der sozialdemokratischen Sicherheitspolitik 1959 – 1961, Meisenheim/Glan 1975
HUSTER, Ulrich: Die Politik der SPD 1945 – 1950, Frankfurt am Main/New York 1978

IM NAMEN DES DEUTSCHEN VOLKES. Justiz und Nationalsozialismus. Katalog der Ausstellung des Bundesministers der Justiz, Köln 1989

JACOBY, Yoram K.: Jüdisches Leben in Königsberg/Pr. im 20. Jahrhundert, Würzberg 1983
JAGUSCH, Heinrich: Kommentierung zu § 100 StGB, in: Leipziger Kommentar zum Strafgesetzbuch, 8. Aufl., Berlin 1957, S. 661 ff.
JAHRBUCH der Sozialdemokratischen Partei Deutschlands:
1956/57
1960/61
1962/63
JASPER, Gotthard: Justiz und Politik in der Weimarer Republik, in: VjHfZG 30 (1982), S. 167 ff.
JASPER, Gotthard: Der Kalte Krieg und die Entschädigung für Kommunisten, in Ludolf Herbst (Hrsg.), Wiedergutmachung in der Bundesrepublik Deutschland, München 1989, S. 361 ff.
JASPER, Gotthard: Wiedergutmachung und Westintegration. Die halbherzige justizielle Aufarbeitung der NS-Vergangenheit in der frühen Bundesrepublik, in: Ludolf Herbst (Hrsg.), Westdeutschland 1945 – 1955, München 1986, S. 183 ff.
JASPERS, Karl: Freiheit und Wiedervereinigung, München 1960
JASPERS, Karl: Die Schuldfrage (1946), in: ders., Die Schuldfrage / Für Völkermord gibt es keine Verjährung, München 1979, S. 11 ff.
JELLINEK, Georg: Allgemeine Staatslehre, Dritte Aufl. (Siebenter Neudruck), Darmstadt 1960
JENA, Kai von: Versöhnung mit Israel? Die deutsch-israelischen Verhandlungen bis zum Wiedergutmachungsabkommen 1952, in: VjHfZG 34 (1986), S. 457 f.
JESSE, Eckhard: Streitbare Demokratie, Berlin 1980
JUNGFER, Gerhard: Max Alsberg (1877 – 1933). Verteidigung als ethische Mission, in: Kritische Justiz (Hrsg.), Streitbare Juristen. Eine andere Tradition, Baden-Baden 1988, S. 141 ff.

Die KABINETTSPROTOKOLLE der Bundesregierung, Bd. 1. 1949, bearbeitet von Ulrich Enders und Konrad Reiser, Boppard/Rhein 1982
Die KABINETTSPROTOKOLLE der Bundesregierung, Bd. 4. 1951, bearbeitet von Ursula Hüllbüsch, Boppard/Rhein 1988
Die KABINETTSPROTOKOLLE der Bundesregierung, Bd. 5. 1952, bearbeitet von Kai von Jena, Boppard/Rhein 1989
KÄGI, Werner: Die Verfassung als rechtliche Grundordnung des Staates, Zürich 1945
KÄGI, Werner: Rechtsstaat und Demokratie (Autonomie und Synthese), in: Demokratie und Rechtsstaat, Festgabe zum 60. Geburtstag von Zaccaria Giacometti, Zürich 1953, S. 107 ff.
KAFKA, Gustav E.: Der freiheitliche Sozialismus in Deutschland: Das Godesberger Grundsatzprogramm der SPD in katholischer Sicht, Paderborn 1960
KAISER, Joseph H., Die Repräsentation organisierter Interessen, Berlin 1956
Der KAMPF UM DEN WEHRBEITRAG (Veröffentlichungen des Instituts für Staatslehre und Politik in Mainz 2), 1. Halbband: Die Feststellungsklage, München 1952 (zitiert: Bd. I)2. Halbband: Das Gutachtenverfahren, München 1953 (zitiert. Bd. II)Ergänzungsband, München 1958 (zitiert: Bd. III)
KATZENBERGER, K.: Das Verhältnis des Nürnberger Urteils zum Befreiungsgesetz (US-Zone) und die aus dem Nürnberger Urteil für die Praxis der Spruchkammern sich ergebenden Konsequenzen, in: SJZ 1948, Sp. 41 ff.
KATZENBERGER, K.: Nochmals: Der strafrechtliche Charakter des Befreiungsgesetzes, in: SJZ 1948, Sp. 413
KELSEN, Hans: The legal status of Germany according to the declaration of Berlin, in: American Journal of International Law 1945, S. 18 ff.
KEMPNER, Robert: Begegnungen mit Hans Globke: Berlin – Nürnberg – Bonn, in: Klaus Gotto (Hrsg.), Der Staatssekretär Adenauers, Stuttgart 1980, S. 213 ff.
KEMPNER, Robert: Ankläger einer Epoche, Frankfurt am Main/Berlin/Wien 1983
KEWENIG, Wilhelm: Artikel Auswärtige Gewalt, in: Hans-Peter Schwarz (Hrsg.), Handbuch der deutschen Außenpolitik, 2. Aufl., München 1976, S. 37 ff.
KIRCHHEIMER, Otto: The Composition of the German Bundestag, 1950, in: The Western Political Quarterly, Vol. 3, 1950, No. 3, S. 590 ff.
KIRCHHEIMER, Otto: Politische Justiz. Verwendung juristischer Verfahrensmöglichkeiten zu politischen Zwecken, Frankfurt am Main 1985 (Nachdruck)

KIRCHHEIMER, Otto: Deutschland oder der Verfall der Opposition (1966), in: ders., Politische Herrschaft. Fünf Beiträge zur Lehre vom Staat, Frankfurt am Main 1967, S. 58 ff.
KLEE, Ernst (Hrsg.): Dokumente zur Euthanasie, Frankfurt am Main 1985
KLEE, Ernst: „Euthanasie" im NS-Staat. Die „Vernichtung lebensunwerten Lebens", Frankfurt am Main 1983
KLEIN, Armin: Artikel Ethischer Sozialismus, in: Thomas Meyer/Karl-Heinz Klär/Susanne Miller/Klaus Novy/Heinz Timmermann (Hrsg.), Lexikon des Sozialismus, Köln 1986, S. 160 ff.
KLESSMANN, Christoph: Die doppelte Staatsgründung. Deutsche Geschichte 1945 – 1955, Göttingen 1982
KLESSMANN, Christoph: Zwei Staaten, eine Nation. Deutsche Geschichte 1955 – 1970, Göttingen 1988
KLOTZBACH, Kurt: SPD und Katholische Kirche nach 1945 – Belastungen, Mißverständnisse und Neuanfänge, in: Archiv für Sozialgeschichte Bd. XXIX, 1989, S. XXXVII ff.
KLOTZBACH, Kurt: Der Weg zur Staatspartei. Programmatik, praktische Politik und Organisation der deutschen Sozialdemokratie 1945 bis 1965, Berlin/Bonn 1982
KLÜBER, Franz: Katholische Soziallehre und demokratischer Sozialismus, 2. erw. Aufl., Bonn 1979
KOCH, Diether: Heinemann und die Deutschlandfrage, München 1972
KOCH, Harald: Rechtsform der Sozialisierung unter besonderer Berücksichtigung der Sozialisierung in Hessen, Hamburg 1947
KÖHLER, Henning: Adenauer und die rheinische Republik. Der erste Anlauf 1918 – 1924, Opladen 1986
KÖNIG, Stefan: Vom Dienst am Recht. Rechtsanwälte und Strafverteidiger im Nationalsozialismus (Mit einem Geleitwort von Gerhard Jungfer), Berlin 1987
KÖSER, Helmut: Die Grundsatzdebatte in der SPD von 1945/46 bis 1958/59, Diss. phil. (MS), Freiburg 1971
KOGON, Eugen: Hessen nach dem Zusammenbruch. Marginalien zum Neubeginn, in: Erwin Stein (Hrsg.), 30 Jahre Hessische Verfassung 1946 – 1976, Wiesbaden 1976, S. 29 ff.
KOKOSCHKA, Oskar: Briefe, hrsg. von Olda Kokoschka und Heinz Spielmann, Bd. 3, 1934 – 1953, Düsseldorf 1986
Der KONKORDATSPROZESS, hrsg. von Friedrich Giese und Friedrich August Freiherr von der Heydte (in Zusammenarbeit mit Hans Müller), Teilband I – IV, München 1957
Der KONSTANZER Juristentag, hrsg. von der Militärregierung des französischen Besatzungsgebiets in Deutschland, Generaljustizdirektion, Tübingen 1947
KOPPEL, Wolfgang: Ungesühnte Nazijustiz, o.O. (Karlsruhe) 1960
KORINEK, Karl/MÜLLER, Jörg Paul/SCHLAICH, Klaus: Die Verfassungsgerichtsbarkeit im Gefüge der Staatsfunktionen, in: VVDSTL 39 (1981), S. 7 ff.
KRALEWSKI, Wolfgang/NEUNREITHER, Karl-Heinz: Oppositionelles Verhalten im ersten Deutschen Bundestag 1949 – 1953, Köln/Opladen 1963
KRAMER, Helmut: Die Aufarbeitung des Faschismus durch die Nachkriegsjustiz in der Bundesrepublik Deutschland, in: Hans-Ernst Böttcher (Hrsg.), Recht – Justiz – Krise. Festschrift für Richard Schmid zum 85. Geburtstag, Baden-Baden 1985, S. 107 ff.
KRASCHEWSKI, Hans-Joachim/ROTHE, Lorenz/SEIER, Fried Eckart: Ausgewählte Quellen zur Situation in Marburg nach dem Zusammenbruch des NS-Regimes 1945/46, in: Erhart Dettmering/Rudolf Grenz (Hrsg.), Marburger Geschichte, Marburg 1980, S. 677 ff.
KRAUSE, Peter: Verfassungsrechtliche Möglichkeiten unmittelbarer Demokratie, in: Josef Isensee/Paul Kirchhof (Hrsg.), Handbuch des Staatsrechts der Bundesrepublik Deutschland, Bd. 2, Heidelberg 1987, S. 313 ff.
KREMENDAHL, Hans/MEYER, Thomas (Hrsg.): Sozialismus und Staat, 2 Bände, Königstein im Taunus 1974
KREMENDAHL, Hans. Pluralismustheorie in Deutschland, Leverkusen 1977
KREITERLING, Willi: Kirche – Katholizismus – Sozialdemokratie. Von der Gegnerschaft zur Partnerschaft, Bonn – Bad Godesberg 1969
KRIELE, Martin: Einführung in die Staatslehre, 2. Aufl., Opladen 1981
KROPAT, Wolf-Arno: Hessen in der Stunde Null, Wiesbaden 1979
KRUSCHE, Dieter unter Mitarbeit von Jürgen Labenski: Reclams Filmführer, 7. Aufl., Stuttgart 1987
KÜHNE, Jörg Detlef: Die Reichsverfassung der Paulskirche. Vorbild und Verwirklichung im späteren deutschen Rechtsleben, Frankfurt am Main 1985
KÜPPER, Jost: Die Kanzlerdemokratie, Frankfurt am Main/Bern/New York 1985
KÜPPERS, Heinrich: Adenauer und Altmeier im Fernsehstreit 1958 – 1961, in: VjHfZG 1987, S. 625 ff.
KÜSTER, Otto: Das Rückerstattungsgesetz für die amerikanische Zone, in: Betriebsberater 1947, S. 361

KÜSTER, Otto: Erfahrungen in der deutschen Wiedergutmachung, Tübingen 1967
KUHN, Robert: Die Vertrauenskrise der Justiz (1926 – 1928). Der Kampf um die „Republikanisierung" der Rechtspflege in der Weimarer Republik, Köln 1983
KUNIG, Philip: Das Rechtsstaatsprinzip. Überlegungen zu seiner Bedeutung für das Verfassungsrecht der Bundesrepublik Deutschland, Tübingen 1986

LAMEYER, Johannes: Streitbare Demokratie, Berlin 1978
LANGNER, Albrecht: Die Sozialdemokratische Partei Deutschlands, in: ders. (Hrsg.), Katholizismus und freiheitlicher Sozialismus in Europa, Köln 1965, S. 25 ff.
LAQUEUR, Walter: Weimar. Die Kultur der Republik, Frankfurt am Main/Berlin 1976
LATERNSER, Hans: Die andere Seite im Auschwitz-Prozeß 1963/65. Reden eines Verteidigers, Stuttgart 1966
LATOUR, Conrad f./VOGELSANG, Thilo: Okkupation und Wiederaufbau. Die Tätigkeit der Militärregierung in der amerikanischen Besatzungszone Deutschlands 1944 – 1947, Stuttgart 1973
LAUFER, Heinz: Verfassungsgerichtsbarkeit und politischer Prozeß, Tübingen 1968
LAUFER, Heinz: Das föderative System der Bundesrepublik Deutschland, 4. Aufl., München 1981
LEBER, Annedore (Hrsg.): Das Gewissen entscheidet. Bereiche des deutschen Widerstands von 1933 – 1945 in Lebensbildern, Berlin/Frankfurt am Main 1957
LEHMANN, Lutz: Legal und Opportun. Politische Justiz in der Bundesrepublik, Berlin 1966
LEIBHOLZ, Gerhard: Bericht des Berichterstatters an das Plenum des Bundesverfassungsgerichts zur „Status-Frage" ('Statusbericht'), in: Peter Häberle (Hrsg.), Verfassungsgerichtsbarkeit, Darmstadt 1976, S. 224 ff.
LEIBHOLZ, Gerhard/RUPPRECHT, Reinhard: Bundesverfassungsgerichtsgesetz, Köln 1968
LEICHT, Robert. Das Grundgesetz – eine säkularisierte Heilsordnung? Zur Technik der politischen Triebbefriedigung, in: Aus Politik und Zeitgeschichte, B 2-3/74, 12. Januar 1974, S. 3 ff.
LEMKE-MÜLLER, Sabine: Ethischer Sozialismus und soziale Demokratie. Der politische Weg Willi Eichlers vom ISK zur SPD, Bonn – Bad Godesberg 1988
LEWIS, Beth Irvin: George Grosz. Art and Politics in the Weimar Republic, Madison 1971
LEWY, Guenter: Die Katholische Kirche und das Dritte Reich, München 1965
LINK, Christoph: Zum Tode von Gerhard Leibholz, in: AöR 108 (1983), S. 153 ff.
LIPPHARDT, Hanns-Rudolf: Grundrechte und Rechtsstaat, in: Europäische Grundrechte-Zeitschrift 1986, S. 149 ff.
LITTEN, Irmgard: Eine Mutter kämpft gegen Hitler, Frankfurt am Main 1984
LOCKE, John: Über die Regierung (Second Treatise of Government), Stuttgart 1978
LÖSCHE, Peter: Sozialdemokratie zwischen Verfassungsbewegung und Emanzipationsbewegung, in: Neue Gesellschaft 1989, S. 402 ff.
LOEWENSTEIN, Karl: Erscheinungsformen der Verfassungsänderung, Tübingen 1931
LOEWENSTEIN, Karl: The Bonn Constitution and the European Defense Community Treaties. A study in judicial frustration, in: Yale Law Journal 64 (1954/55), S. 805 ff.
LÖWKE, Udo: „Für den Fall, daß [...]" Die Haltung der SPD zur Wehrfrage 1949 – 1955, Hannover 1969
LOSCHELDER, Wolfgang: Vom besonderen Gewaltverhältnis zur öffentlich-rechtlichen Sonderbindung, Köln/Berlin/Bonn/München 1982
LÜTH, Erich: Die Friedensbitte an Israel 1951. Eine Hamburger Initiative, Hamburg 1976
LUTZ, Dieter S. (Hrsg.): Kollektive Sicherheit in und für Europa – eine Alternative? Beiträge zur Utopie und Umsetzung einer neuen Friedens- und Sicherheitsprogrammatik – Pro und Contra, Baden-Baden 1985

MAGISTRAT der Stadt Hofheim am Taunus und Kunstverein Hofheim e.V. (Hrsg.): Hanna Becker vom Rath und die Künstler des Blauen Hauses in Hofheim am Taunus, Hofheim 1984
MAIER, Hans: Konrad Adenauer (1876 – 1967), in: Rudolf Morsey/Konrad Repgen (Hrsg.), Adenauer-Studien I, Mainz 1971, S. 1 ff.
MANGOLDT, Hermann von: Das Bonner Grundgesetz, Berlin/Frankfurt am Main 1953
MANGOLDT, Hermann von/KLEIN, Friedrich: Das Bonner Grundgesetz, Bd. I, 2. Aufl., Berlin/Frankfurt 1957
MANN, Hans-Joachim: Das Godesberger Grundsatzprogramm als Ergebnis innerparteilicher Willensbildung, in: Geist und Tat, 24 (1969), S. 225 ff.
MARSCHALL von BIEBERSTEIN, Walther Freiherr: Zum Problem der völkerrechtlichen Anerkennung der beiden deutschen Regierungen, Berlin 1959

MARTENS, Wolfgang: Grundgesetz und Wehrverfassung, Hamburg 1961
MARTINY, Martin: Integration oder Konfrontation? Studien zur Geschichte der sozialdemokratischen Rechts und Verfassungspolitik, Bonn – Bad Godesberg 1975
MARX, Karl: Zur Judenfrage (1843), in: ders., Die Frühschriften, Hrsg. Siegfried Landshut, Stuttgart 1971, S. 171 ff.
MARX, Karl: Kritik des Gothaer Programms (1875), in: Karl Marx/Friedrich Engels, Werke, Bd. 19, Berlin (Ost) 1962, S. 15 ff.
MASSING, Otwin: Das Bundesverfassungsgericht als Instrument sozialer Kontrolle, in: Mehdi Tohidipur (Hrsg.), Verfassung, Verfassungsgerichtsbarkeit, Politik, Frankfurt am Main 1976, S. 30 ff.
MAYER, Hans: Politische Rhetorik und deutsche Gegenwartsliteratur, in: Horst Ehmke/Carlo Schmid/Hans Scharoun (Hrsg.), Festschrift für Adolf Arndt zum 65. Geburtstag, Frankfurt am Main 1969, S. 293 ff.
MENZEL, Eberhard: Die auswärtige Gewalt in der Deutung des Bundesverfassungsgerichts, in: AöR 79 (1953/54), S. 326 ff.
MENZEL, Eberhard: Die auswärtige Gewalt der Bundesrepublik Deutschland, in: VVDSTL 12 (1954), S. 179 ff.
MEROZ, Johanan: Franz Böhm und Israel, in: Franz Böhm, Beiträge zu Leben und Werk, Melle 1980, S. 15 ff.
MEYER, Thomas: Grundwerte und Wissenschaft im Demokratischen Sozialismus, Berlin/Bonn 1978
MEYER, Thomas: Artikel Grundwerte des Sozialismus, in: ders./Karl-Heinz Klär/Susanne Miller/Klaus Novy/Heinz Timmermann (Hrsg.), Lexikon des Sozialismus, Köln 1986, S. 243 f.
MEYER, Thomas: Bernsteins konstruktiver Sozialismus in den Grundzügen, in: Horst Heimann/Thomas Meyer (Hrsg.), Bernstein und der demokratische Sozialismus, Berlin/Bonn 1978, S. 559 ff.
MEYER, Wolfgang: Kommentierung zu Art. 96 GG, in: Ingo von Münch, Grundgesetzkommentar, Bd. 3, 2. Aufl., München 1983
MILLER, Susanne: Die Behandlung des Widerstandes gegen den Nationalsozialismus in der SPD nach 1945, in: Ursula Büttner, unter Mitwirkung von Werner Johe und Angelika Voß (Hrsg.), Das Unrechtsregime. Internationale Forschung über den Nationalsozialismus, Hamburg 1986, S. 407 ff..
MÖLLER, Martin: Evangelische Kirche und Sozialdemokratische Partei in den Jahren 1945 – 1950. Grundlagen der Verständigung und Beginn des Dialogs, Göttingen 1984
MOMMSEN, Hans: Der lange Schatten der untergehenden Republik. Zur Kontinuität politischer Denkhaltungen von der späten Weimarer zur frühen Bundesrepublik, in: Karl-Dietrich Bracher/Manfred Funke/Hans-Adolf Jacobsen (Hrsg.), Die Weimarer Republik 1918–1933, 2. Aufl., Bonn 1988, S. 552 ff.
MORITZ, Klaus/NOAM, Ernst: NS-Verbrechen vor Gericht 1945 – 1955, (Justiz und Judenverfolgung, Bd. 2, Hrsg. der Kommission für die Geschichte der Juden in Hessen), Wiesbaden 1978
MÜHLHAUSEN, Walter: Hessen 1945 – 1950, Frankfurt am Main 1985
MÜLLER, Georg: Die Grundlegung der westdeutschen Wirtschaftsordnung im Frankfurter Wirtschaftsrat 1947 - 1949, Frankfurt am Main 1982
MÜLLER, Ingo: Furchtbare Juristen. Die unbewältigte Vergangenheit unserer Justiz, München 1987
MÜLLER-WERTH, Herbert: Vom Zusammenbruch zum Wiederaufbau, Wiesbaden 1945 – 1951, o.O. (Wiesbaden) 1951

NA'AMAN, Shlomo: Lassalle, Hannover 1970
NAKAI, Takeshi: Die deutsche Sozialdemokratie zwischen Nationalismus und Internationalismus 1945 – 1952, Diss. phil. Bonn 1975
NAPHTALI, Fritz: Wirtschaftsdemokratie. Ihr Wesen, Weg und Ziel, hrsg. im Auftrag des ADGB, 3. Aufl. 1928
NARR, Wolf-Dieter: CDU – SPD. Programm und Praxis seit 1945, Stuttgart/Berlin/Köln/Mainz 1966
NELL-BREUNING, Oswald von: Gerechtigkeit und Frieden. Grundzüge katholischer Soziallehre, Wien/München/Zürich 1980
NELSON, Leonard: System der philosophischen Rechtslehre, Leipzig 1920
NELSON, Leonard: System der philosophischen Rechtslehre und Politik (Gesammelte Schriften, Bd. 6), Hamburg 1976
NEUMANN, Franz L.: Die soziale Bedeutung der Grundrechte in der Weimarer Verfassung (1930), in: ders., Wirtschaft, Staat, Demokratie. Aufsätze 1930 – 1954, hrsg. von Alfons Söllner, Frankfurt am Main 1978, S. 57 ff.

NEUMANN, Franz L.: Über die Voraussetzungen und den Rechtsbegriff einer Wirtschaftsverfassung (1931), in: ders., Wirtschaft, Staat, Demokratie. Aufsätze 1930 – 1954, Frankfurt am Main 1978, S. 76 ff.
NEUSÜSS-HUNKEL, Ermenhild: Parteien und Wahlen in Marburg nach 1945, Meisenheim am Glan 1973
NICLAUSS, Karl-Heinz: Demokratiegründung in Westdeutschland: Die Entstehung der Bundesrepublik 1945 - 1949, München 1974
NIEDERSCHRIFT der Verhandlungen des 1. Hessischen Gewerkschaftskongresses und 1. Bundestages des Freien Gewerkschaftsbundes Hessen in Frankfurt am Main-Enkheim, Volkshaus, am 24. und 25. August 1946, Frankfurt am Main o.J. (1946)
NIETHAMMER, Lutz: Entnazifizierung in Bayern. Säuberung und Rehabilitierung unter amerikanischer Besatzung, Frankfurt am Main 1972
NOACK, Paul: Die Außenpolitik der Bundesrepublik Deutschland, 2. Aufl., Stuttgart/Berlin/Köln/Mainz 1981
NOLTE, Ernst: Deutschland und der Kalte Krieg, 2. Aufl., Stuttgart 1985
NOORMANN, Harry: Protestantismus und politisches Mandat 1945 – 1949, Bd. 1. Ein Grundriß, Gütersloh 1985, Bd. 2. Dokumente und Kommentare, Gütersloh 1985

OBERREUTER, Heinrich: Notstand und Demokratie. Vom monarchischen Obrigkeits- zum demokratischenRechtsstaat, München 1978
OTT, Erich: Die Wirtschaftkonzeption der SPD nach 1945, Marburg 1978
OTTO, Volker: Das Staatsverständnis des Parlamentarischen Rates. Ein Beitrag zur Entstehung des Grundgesetzes für die Bundesrepublik Deutschland, Düsseldorf 1971

PAECH, Norman: „Ich habe nur als proletarischer Anwalt meine Pflicht den angeklagten Proletariern gegenüber erfüllt." Hans Litten, Rechtsanwalt (1903 – 1938), in: Demokratie und Recht 1988, S. 70 ff.
Der PARLAMENTARISCHE Rat 1948 – 1949: Akten und Protokolle, Bd. 2: Der Verfassungskonvent auf Herrenchiemsee, Hrsg.: Deutscher Bundestag und Bundesarchiv unter Leitung von Kurt G. Wernicke und Hans Booms. Bearb. Peter Bucher, Boppard/Rhein 1981
PARTEIVORSTAND der SPD (Hrsg.): Katholik und Godesberger Programm. Zur Situation nach Mater et Magistra, Bonn 1962
PATERSON, William A.: The SPD and European Integration, Lexington 1974
PFETSCH, Frank R.: Verfassungspolitik der Nachkriegszeit. Theorie und Praxis des bundesdeutschen Konstitutionalismus, Darmstadt 1985
PFETSCH, Frank R.: Verfassungspolitische Innovationen 1945 – 49. Am Anfang war der linksliberale Rechtsstaat, in: Zeitschrift für Parlamentsfragen 1986, S. 5 ff.
PFETSCH, Frank R. (Hrsg.): Verfassungsreden und Verfassungsentwürfe, Bern/Frankfurt am Main 1986
PIPER, Ernst: Ernst Barlach und die nationalsozialistische Kunstpolitik, München/Zürich 1983
PIRKER, Theo: Die SPD nach Hitler. Die Geschichte der Sozialdemokratischen Partei Deutschlands 1945 – 1964, München 1965
PÖTTERING, Gerhard: Adenauers Sicherheitspolitik 1955 – 1963. Ein Beitrag zum deutsch-amerikanischen Verhältnis, Düsseldorf 1975
POTTHOFF, Heinrich/WENZEL, Rüdiger: Handbuch politischer Institutionen und Organisationen 1945 – 1949, Düsseldorf 1983
PRITTIE, Terence: Willy Brandt. Biographie, Frankfurt am Main 1973
PROTOKOLLE der Verhandlungen des Parteitages der Sozialdemokratischen Partei Deutschlands
vom 21. bis 25. Mai 1950 in Hamburg, Frankfurt am Main o.J.vom 20. bis 24. Juli 1954 in Berlin, o.O., o.J.
vom 18. bis 23. Mai 1958 in Stuttgart, Hannover/Bonn o.J.
Protokoll der Verhandlungen des Außerordentlichen Parteitags der Sozialdemokratischen Partei Deutschlands vom 13. bis 15. November 1959 in Bad Godesberg, Hannover/Bonn o.J.
PÜNDER, Tilman: Das bizonale Interregnum. Die Geschichte des Vereinigten Wirtschaftsgebiets 1946 – 1949, Waiblingen 1966
PÜTTNER, Günter: Toleranz als Verfassungsprinzip, Berlin 1977

QUARITSCH, Helmut: Führung und Organisation der Streitkräfte im demokratisch-parlamentarischen Staat, in: VVDSTL 26 (1968), S. 207 ff.

RADBRUCH, Gustav: Die Erneuerung des Rechts, in: Die Wandlung 2 (1947), S. 8 ff.
RADBRUCH, Gustav: Rechtsphilosophie (nach dem Text der 8. Aufl.), hrsg. von Erik Wolf und Hans-Peter Schneider, Stuttgart 1973
RAMM, Thilo: Die soziale Ordnung in der Hessischen Verfassung, in: Erwin Stein (Hrsg.), 30 Jahre Hessische Verfassung 1946 – 1976, Wiesbaden 1976, S. 204 ff.
RATH, Hans-Dieter: Positivismus und Demokratie. Richard Thoma 1874 – 1957, Berlin 1981
RENNERT, Klaus: Die „geisteswissenschaftliche Richtung" in der Staatsrechtslehre der Weimarer Republik, Berlin 1987
RICHTER, Wilhelm: Berliner Schulgeschichte, Berlin 1981
RIDDER, Helmut: In Sachen Opposition: Adolf Arndt und das Bundesverfassungsgericht, in: Horst Ehmke/ Carlo Schmid/Hans Scharoun (Hrsg.), Festschrift für Adolf Arndt zum 65. Geburtstag, Frankfurt am Main 1969, S. 323 ff.
RIESS, Curt: Der Mann in der schwarzen Robe. Das Leben des Strafverteidigers Max Alsberg, Hamburg 1965
ROBBERS, Gerhard: Kulturstaatliche Aspekte der öffentlichen Meinung. Zu einigen Grundkategorien im Werk Hermann Hellers, in: Christoph Müller/Ilse Staff (Hrsg.), Der soziale Rechtsstaat. Gedächtnisschrift für Hermann Heller 1891 – 1933, Baden-Baden 1984, S. 413 ff.
ROMMELFANGER, Ulrich: Das konsultative Referendum, in: Aus Politik und Zeitgeschichte, B 5/89 (31. Januar 1989), S. 27 ff.
ROMMELFANGER, Ulrich: Das konsultative Referendum, Berlin 1988
ROUSSEAU, Jean-Jacques: Vom Gesellschaftsvertrag, Stuttgart 1979
RÜCKERL, Adalbert: NS-Verbrechen vor Gericht. Versuch einer Vergangenheitsbewältigung, Heidelberg 1982
RÜTER-EHLERMANN, Adelheid/RÜTER, Christian Frederic (Bearb.): Justiz und NS-Verbrechen. Sammlung deutscher Strafurteile wegen nationalsozialistischer Tötungsverbrechen 1945 – 1966, Bd. 1, Amsterdam 1968
RÜTHERS, Bernd: Entartetes Recht. Rechtslehren und Kronjuristen im Dritten Reich, München 1988
RUPP, Hans Heinrich: Das Urteil des Bundesverfassungsgerichts zum Sammlungsgesetz – eine Wende in der Grundrechtsinterpretation des Art. 2 Abs. 1 GG, in: NJW 1966, S. 2037 ff.
RUPP, Hans Heinrich: Grundfragen des heutigen Verwaltungsrechts, Tübingen 1965
RUPP, Hans Karl: Außerparlamentarische Opposition in der Ära Adenauer. Der Kampf gegen die Atombewaffnung in den fünfziger Jahren. Eine Studie zur innenpolitischen Entwicklung der Bundesrepublik Deutschland, Köln 1970

SARCINELLI, Ulrich: Das Staatsverständnis der SPD. Ein Beitrag zur Analyse des sozialdemokratischen Staatsverständnisses auf der Grundlage der SPD-Programm- und Grundsatzdiskussion in den Jahren 1969 bis 1975, Meisenheim/Glan 1979
SATTLER, Andreas: Die rechtliche Bedeutung der Entscheidung für die streitbare Demokratie, Baden-Baden 1982
SEEBACHER-BRANDT, Brigitte: Ollenhauer. Biedermann und Patriot, Berlin 1984
SEIER, Hellmut: Radikalisierung und Reform als Probleme der Universität Marburg 1918 – 1933, in: Academia Marburgensis, Bd. 1, hrsg. von Walter Heinemeyer/Thomas Klein/Hellmut Seier, Marburg 1977, S. 303 ff.
SEIFERT, Jürgen: Gefahr im Verzuge. Zur Problematik der Notstandsgesetzgebung, Frankfurt am Main 1963
SHAFIR, Shlomo: Das Verhältnis Kurt Schumachers zu den Juden und zur Frage der Wiedergutmachung, in: Friedrich-Ebert-Stiftung (Hrsg.), Kurt Schumacher als deutscher und europäischer Sozialist, bearb. und eingel. von Willy Albrecht, Bonn 1988, S. 168 ff.
SHAFIR, Shlomo: Die SPD und die Wiedergutmachung gegenüber Israel, in: Ludolf Herbst (Hrsg.), Wiedergutmachung in der Bundesrepublik Deutschland, München 1989, S. 191 ff.
SHELL, Kurt L./DIEDERICH, Nils: Die Berliner Wahl vom 7. Dezember 1958, in: Zeitschrift für Politik VII (1960), S. 241 ff.
SMEND, Rudolf: Das Recht der freien Meinungsäußerung (1928), in: ders., Staatsrechtliche Abhandlungen, 2. Aufl., Berlin 1968, S. 89 ff.
SMEND, Rudolf: Verfassung und Verfassungsrecht (1928), in: ders., Staatsrechtliche Abhandlungen, 2. Aufl., Berlin 1968, S. 119 ff.

SMEND, Rudolf: Bürger und Bourgeois im deutschen Staatsrecht (1933), in: ders., Staatsrechtliche Abhandlungen, 2. Aufl., Berlin 1968, S. 309 ff.
SMEND, Rudolf: Artikel Integrationslehre (1956) und Integration (1956), in: ders., Staatsrechtliche Abhandlungen, 2. Aufl., Berlin 1968, S. 475 ff., 482 ff.
SMEND, Rudolf: Zur Geschichte der Berliner Juristenfakultät im 20. Jahrhundert, in: Hans Leussink u.a. (Hrsg.), Studium Berolinense. Gedenkschrift zur 150. Wiederkehr des Gründungsjahres der Friedrich-Wilhelm-Universität zu Berlin, Berlin 1960, S. 123 ff.
SMEND, Rudolf: Deutsche Staatsrechtswissenschaft vor hundert Jahren und heute, in: Horst Ehmke/Carlo Schmid/Hans Scharoun (Hrsg.), Festschrift für Adolf Arndt zum 65. Geburtstag, Frankfurt am Main 1969, S. 451 ff.
SOELL, Hartmut: Fritz Erler – Eine politische Biographie, 2 Bände, Berlin/Bonn/Bad-Godesberg 1976
SOERGEL, Werner: Konsensus und Interesse. Eine Studie zur Entstehung des Grundgesetzes für die Bundesrepublik Deutschland, Stuttgart 1969
SOMMER, Karl-Ludwig: Gustav Heinemann und die SPD in den sechziger Jahren. Die Entwicklung politischer Zielsetzungen in der SPD in den Jahren 1960 – 1969, dargestellt am Beispiel der politischen Vorstellungen Heinemanns, München 1980
SONTHEIMER, Kurt: Artikel Pluralismus, in: Ernst Fraenkel/Karl Dietrich Bracher (Hrsg.), Staat und Politik, Frankfurt am Main 1964, S. 254 ff.
SOZIALDEMOKRATISCHE Stimmen zum Notstandsproblem. Eine Dokumentation, 3. Aufl., Bonn 1962
SPECHT, Fritz/SCHWABE, Paul: Die Reichstagswahlen von 1867 bis 1907, 2., durch Nachtrag ergänzte Aufl., Berlin 1908
SPENDEL, Günter: Max Alsberg, in: Neue Deutsche Biographie, Bd. 1, Berlin 1953, S. 305
SPIEKER, Manfred: Die Demokratiediskussion unter den deutschen Katholiken 1949 bis 1963, in: Anton Rauscher (Hrsg.), Katholizismus, Rechtsethik und Demokratiediskussion, Paderborn/München/Wien/Zürich 1981, S. 77 ff.
SPOTTS, Frederic: Kirchen und Politik in Deutschland, Stuttgart 1976
STATISTISCHES Bundesamt (Hrsg.): Die Wahl zum 2. Deutschen Bundestag am 6. September 1953, Hefte 1 und 2 (Statistik der Bundesrepublik Deutschland, Bd. 100), Stuttgart/Köln 1954 und 1955
STATISTISCHES Bundesamt (Hrsg.): Die Bundestagswahlen am 14. August 1949 (Statistik der Bundesrepublik Deutschland, Bd. 10), Stuttgart/Köln 1952
SÜSTERHENN, Adolf: Politik aus christlicher Staatsauffassung, in: Karl Forster (Hrsg.), Christentum und freiheitlicher Sozialismus, München 1958, S. 67 ff.
SYWOTTEK, Arnold: Die Opposition der SPD und der KPD gegen die westdeutsche Aufrüstung in der Tradition sozialdemokratischer und kommunistischer Friedenspolitik seit dem Ersten Weltkrieg, in: Huber, Wolfgang/Schwerdtfeger, Johannes (Hrsg.), Frieden, Gewalt, Sozialismus. Studien zur Geschichte der sozialistischen Arbeiterbewegung, Stuttgart 1976, S. 496 ff.

SCHÄFER, Friedrich: Notstandsgesetze. Vorsorge für den Menschen und den demokratischen Rechtsstaat, Köln/Opladen 1966
SCHELAUSKE, Hans Dieter: Naturrechtsdiskussion in Deutschland. Ein Überblick über zwei Jahrzehnte: 1945 – 1965, Köln 1967
SCHERB, Armin: Präventiver Demokratieschutz als Problem der Verfassungsgebung nach 1945, Frankfurt am Main/Bern/New York/Paris 1987
SCHEUNER, Ulrich: Die Funktionsnachfolge und das Problem der staatsrechtlichen Kontinuität, in: Festschrift für Hans Nawiasky, München 1956, S. 9 ff.
SCHEUNER, Ulrich: Die neue Entwicklung des Rechtsstaats in Deutschland (1960), in: Ernst Forsthoff (Hrsg.), Rechtsstaatlichkeit und Sozialstaatlichkeit, Darmstadt 1968, S. 461 ff.
SCHEUNER, Ulrich: Die Ratifikation der Verträge und die Wiedervereinigung, in: Bulletin des Presse- und Informationsamtes der Bundesregierung, Nr. 35, 21. Februar 1953, S. 297 ff.
SCHEUNER, Ulrich: Die staatsrechtliche Kontinuität in Deutschland, in: DVBl 1950, S. 481 und 514
SCHEUNER, Ulrich: Die Überlieferung der deutschen Staatsgerichtsbarkeit im 19. und 20. Jahrhundert, in: Bundesverfassungsgericht und Grundgesetz. Festgabe zum Anlaß des 25jährigen Bestehens des Bundesverfassungsgerichts, hrsg. von Christian Starck (u. a.), Bd. 1, Verfassungsgerichtsbarkeit, Tübingen 1976, S. 1 ff.
SCHEUNER, Ulrich: Ist die Bundesrepublik ein Provisorium?, in: Bulletin des Presse- und Informationsamts der Bundesregierung, Nr. 27 (8. Februar) 1961, S. 243 f.

SCHICK, Eduard: Ein Leben im Spannungsfeld von Christentum und Politik, in: Klaus Gotto (Hrsg.), Der Staatssekretär Adenauers, Stuttgart 1980, S. 39 ff.
SCHIFFERS, Reinhard: Zwischen Bürgerfreiheit und Staatsschutz. Wiederherstellung und Neufassung des politischen Strafrechts in der Bundesrepublik Deutschland 1948 – 1951, Düsseldorf 1989
SCHIFFERS, Reinhard (Bearb.): Grundlegung der Verfassungsgerichtsbarkeit. Das Gesetz über das Bundesverfassungsgericht vom 12. März 1951, Düsseldorf 1984
SCHINDLER, Peter: Datenhandbuch zur Geschichte des Deutschen Bundestages
1949 – 1982, Bonn 1983
1980 – 1984, Baden-Baden 1986
1980 – 1987, Baden-Baden 1988
SCHIVELBUSCH, Wolfgang: Intellektuellendämmerung, Frankfurt am Main 1982
SCHLANGE-SCHÖNINGEN, Hans: Im Schatten des Hungers. Dokumentarisches zur Ernährungspolitik und Ernährungswirtschaft in den Jahren 1945 bis 1949, Hamburg 1955
SCHMID, Carlo: Erinnerungen, Bern/München 1985
SCHMID, Richard: Das politische Strafrecht, in: Deutsche Rechtszeitschrift 1950, S. 337 ff.
SCHMIDT, Eberhard: Einführung in die Geschichte der deutschen Strafrechtspflege, 3. Aufl., Göttingen 1965
SCHMIDT, Eberhard: Straftaten und Ordnungswidrigkeiten. Erinnerungen an die Arbeiten der Wirtschaftsstrafrechtskommission (1947 – 1949), in: Horst Ehmke/Carlo Schmid/Hans Scharoun (Hrsg.), Festschrift für Adolf Arndt zum 65. Geburtstag, Frankfurt am Main 1969, S. 415 ff.
SCHMIDT, Eberhard: Probleme staatlichen Strafens in der Gegenwart, in: SJZ 1946, S. 204 ff.
SCHMIDT, Helmut: Militärische Befehlsgewalt und parlamentarische Kontrolle, in: Horst Ehmke/Carlo Schmid/Hans Scharoun (Hrsg.), Festschrift für Adolf Arndt zum 65. Geburtstag, Frankfurt am Main 1969, S. 437 ff.
SCHMIDT-ASSMANN, Eberhard: Der Rechtsstaat, in: Josef Isensee/Paul Kirchhof (Hrsg.), Handbuch des Staaatsrechts der Bundesrepublik Deutschland, Bd. I. Grundlagen von Staat und Verfassung, Heidelberg 1987, S. 987 ff.
SCHMITT, Carl: Die geistesgeschichtliche Lage des heutigen Parlamentarismus, 2. Aufl., München/Leipzig 1926
SCHMITT, Carl: Verfassungslehre, Berlin 1928
SCHMITT, Carl: Politische Theologie, 3. Aufl., Berlin 1934
SCHMITT, Carl: Die Diktatur, 3. Aufl., Berlin 1964
SCHMITT, Carl: Legalität und Legitimität, München/Leipzig 1932
SCHMITZ, Kurt Thomas: Deutsche Einheit und europäische Integration. Der sozialdemokratische Beitrag zur Außenpolitik der Bundesrepublik Deutschland unter besonderer Berücksichtigung des programmatischen Wandels einer Oppositionspartei, Bonn 1978
SCHMOLLER, Gustav von (Hrsg.): Die Befugnisse der Besatzungsmächte in der Bundesrepublik Deutschland (Dokumente und Berichte des Europa-Archivs, Bd. 8), Oberursel (Taunus), (1950)
SCHMUHL, Hans-Walter: Rassenhygiene, Nationalsozialismus, Euthanasie. Von der Verhütung zur Vernichtung „lebensunwerten Lebens" 1890 – 1945, Göttingen 1987
SCHNEEDE, Uwe M. (Hrsg.): George Grosz. Leben und Werk, Stuttgart 1975
SCHNEIDER, Michael: Demokratie in Gefahr? Der Konflikt um die Notstandsgesetze: Sozialdemokratie, Gewerkschaften und intellektueller Protest (1958 – 1968), Bonn – Bad Godesberg 1986
SCHOCKENHOFF, Volker: Wirtschaftsverfassung und Grundgesetz. Die Auseinandersetzungen in den Verfassungsberatungen 1945 – 1949, Frankfurt am Main/New York 1986
SCHOLDER, Klaus: Die Kirchen und das Dritte Reich, Bd. 1. Vorgeschichte und Zeit der Illusionen 1918 – 1934, Frankfurt am Main/Berlin/Wien 1977
SCHREINER, Helmuth: Die Hintergründe des Grosz-Prozesses, in: Zeitwende 7, Nr. 1 (1931), S. 193 ff.
SCHROEDER, Friedrich-Christian: Der Schutz von Staat und Verfassung im Strafrecht, München 1970
SCHUBERT, Klaus von: Wiederbewaffnung und Westintegration. Die innere Auseinandersetzung um die militärische und außenpolitische Orientierung der Bundesrepublik 1950 – 1952, 2. Aufl., Stuttgart 1972
SCHULZ, Birger: Der Republikanische Richterbund (1921 – 1933), Frankfurt am Main 1982
SCHULZE, Hagen: Otto Braun oder Preußens demokratische Sendung, Frankfurt am Main/Berlin/Wien 1977
SCHUMACHER, Kurt: Der Kampf um den Staatsgedanken in der deutschen Sozialdemokratie, hrsg. von Friedrich Holtmeier, mit einem Geleitwort von Herbert Wehner, Stuttgart/Berlin/Köln/Mainz 1973

SCHUMACHER, Kurt: Reden und Schriften, hrsg. von Arno Scholz und Walther G. Oschilewski, Berlin 1962
SCHUMACHER, Kurt: Reden – Schriften – Korrespondenzen 1945 – 1952, hrsg. von Willy Albrecht, Berlin/Bonn 1985
SCHUMACHER, Ulrich: Staatsanwaltschaft und Gericht im Dritten Reich, Köln 1985
SCHUON, Karl Theodor: Pluralismus und Staat, in: Sven Papcke/Karl Theodor Schuon (Hrsg.), Braucht die SPD ein neues Grundsatzprogramm?, Berlin 1984, S. 103 ff.
SCHUPPERT, Gunnar Folke: Die verfassungsgerichtliche Kontrolle der Auswärtigen Gewalt, Baden-Baden 1973
SCHUSTER, Rudolf: Deutschlands staatliche Existenz im Widerstreit politischer und rechtlicher Gesichtspunkte 1945 – 1963, München 1963
SCHWARTE, Josef: Gustav Gundlach S.J. (1882 – 1963), München/Paderborn/Wien 1975
SCHWARZ, Hans-Peter: Die Ära Adenauer 1957 – 1963. Epochenwechsel, Stuttgart 1983
SCHWARZ, Hans-Peter: Adenauers Kanzlerdemokratie und Regierungstechnik, in: aus Politik und Zeitgeschichte, B 1-2/1989 (6. Januar 1989), S. 15 ff.
SCHWARZ, Hans-Peter: Die Ära Adenauer. Gründungsjahre einer Republik 1949 – 1957, Stuttgart 1981
SCHWARZ, Hans-Peter: Adenauer. Der Aufstieg 1876 – 1952, Stuttgart 1986
SCHWARZ, Hans-Peter: Das außenpolitische Konzept Konrad Adenauers, in: Rudolf Morsey/Konrad Repgen (Hrsg.), Adenauer-Studien, Bd. I, Mainz 1971, S. 71 ff.
SCHWARZ, Hans-Peter: Vom Reich zur Bundesrepublik. Deutschland im Widerstreit der außenpolitischen Konzeptionen in den Jahren der Besatzungsherrschaft 1945 – 1949, 2. Aufl., Stuttgart 1985
SCHWARZ, Walter: Rückerstattung nach den Gesetzen der Alliierten Mächte. Die Wiedergutmachung natio- nalsozialistischen Unrechts durch die Bundesrepublik Deutschland, Bd. I, München 1974
SCHWARZHAUPT, Elisabeth: Die Evangelische Kirche und das Befreiungsgesetz, in: Frankfurter Hefte 1946, S. 872 ff.

STAMM, Thomas: Kurt Schumacher als Parteiführer, in: Geschichte in Wissenschaft und Unterricht 40, 1989, S. 257 ff.
STEFFANI, Winfried: Die Untersuchungsausschüsse des Preußischen Landtages zur Zeit der Weimarer Republik, Düsseldorf 1960
STEIN, Erwin: Die Staatszielbestimmungen der Hessischen Verfassung, in: ders. (Hrsg.), 30 Jahre Hessische Verfassung 1946 – 1976, Wiesbaden 1976, S. 183 ff.
STEINBACH, Peter: Sozialistische Transformation und Demokratie, in: Horst Heimann/Thomas Meyer (Hrsg.), Reformsozialismus und Sozialdemokratie, Berlin/Bonn 1982, S. 187 ff.
STEINBACH, Peter: Sozialdemokratie und Verfassungsordnung, Opladen 1983
STERN, Klaus: Grundideen europäisch-amerikanischer Verfassungsstaatlichkeit, Berlin 1984
STERNBERGER, Dolf: Nationen und Parteien in der gegenwärtigen Weltlage, in: Die Wandlung 3 (1948), S. 379 ff.
STERNBERGER, Dolf: Über die Wahl, das Wählen und das Wahlverfahren, in: Die Wandlung 1, 2 (1945 – 46), S. 923 ff.
STÖDTER, Rolf: Deutschlands Rechtslage, Hamburg 1948
STOLLEIS, Michael: Rechtsordnung und Justizpolitik 1945 – 1949, in: Europäisches Rechtsdenken in Geschichte und Gegenwart. Festschrift für Helmut Coing zum 70. Geburtstag, hrsg. von Nobert Horn, München 1982 ,S. 383 ff.
STRECKER, Reinhard-Maria: Dr. Hans Globke. Aktenauszüge – Dokumente, Hamburg 1961
STROHM, Theodor: Kirche und demokratischer Sozialismus. Studien zur Theorie und Praxis politischer Kommunikation, München 1968
STUCKART, Wilhelm/GLOBKE, Hans: Kommentare zur deutschen Rassegesetzgebung, Bd. I. Reichsbürgergesetz vom 15. September 1935 (und andere Gesetze), erläutert von Dr. Wilhelm Stuckart und Dr. Hans Globke, München/Berlin 1936

TEGELEN, Otto Wilhelm von: Leonard Nelsons Rechts- und Staatslehre, Bonn 1958
THOMA, Richard: Anmerkung zu OLG Tübingen (Deutsche Richterzeitung 1948, S. 141), in: Deutsche Richterzeitung 1948, S. 142 f.
TOHIDIPUR, Mehdi (Hrsg.): Verfassung, Verfassungsgerichtsbarkeit, Politik, Frankfurt am Main 1976
TRIEPEL, Heinrich: Die Staatsverfassung und die politischen Parteien, 2. (unveränderte) Aufl., Berlin 1930

TRIEPEL, Heinrich: Der Weg der Gesetzgebung nach der neuen Reichsverfassung, in: AöR 39 (1920), S. 456 ff.

ULLMANN, Wolfgang: Grundrechtseinschränkungen des Soldaten durch die Wehrverfassung, Diss. jur. München 1968

VERDROSS, Bruno/SIMMA, Alfred: Universelles Völkerrecht, Theorie und Praxis, Berlin 1976
VERHANDLUNGEN des 40. Deutschen Juristentags, Hamburg 1953, hrsg. von der Ständigen Deputation des Deutschen Juristentages, Bd. II, Öffentlich-rechtliche Abteilung, Tübingen 1954
VIRCHOW, Martin (unter Mitarbeit von Rudolf Holzgräber): Die Zusammenarbeit der Bundestagsfraktionen, in: Wolfgang Hirsch-Weber/Klaus Schulz, Wähler und Gewählte. Eine Untersuchung der Bundestagswahlen 1953, Berlin/Frankfurt am Main 1957, S. 351 ff.
VOCKE, Klaus: Politische Gefahren der Theorien über Deutschlands Rechtslage, in: Europa-Archiv 1957, S. 10199 ff.
VOGEL, Hans-Jochen: Sozialdemokratische Rechtspolitik in Vergangenheit und Zukunft, in: Bernd Rüthers/Klaus Stern (Hrsg.), Freiheit und Verantwortung im Verfassungsstaat. Festgabe zum 10jährigen Jubiläum der Gesellschaft für Rechtspoltiik, München 1984, S. 505 ff.
VOGEL, Hans-Jochen: Sozialdemokratische Rechtspolitik – ihre Möglichkeiten und Grenzen, in: Thomas Meyer (Hrsg.), Demokratischer Sozialismus. Geistige Grundlagen und Wege in die Zukunft, München/ Wien 1980, S. 201 ff.
VOGEL, Hans-Jochen: Die Bedeutung der Rechtspolitik für den demokratischen Sozialismus, in: Sozialismus in Theorie und Praxis. Festschrift für Richard Löwenthal, Berlin 1978, S. 518 ff.
VOGEL, Hans-Jochen: Gustav Radbruch – ein Rechtsdenker und Rechtspolitiker der deutschen Sozialdemokratie, Bonn 1978
VOGEL, Johanna: Kirche und Wiederbewaffnung. Die Haltung der Evangelischen Kirche in Deutschland in den Auseinandersetzungen um die Wiederbewaffnung der Bundesrepublik 1949 – 1956, Göttingen 1978
VOGEL, Kurt: Das Bundesverfassungsgericht und die übrigen Verfassungsorgane. Bundesverfassungsgerichtliche Argumentationsfiguren zu den Grenzen der Verfassungsgerichtsbarkeit, Frankfurt am Main/ Bern/New York/Paris 1988
VOGEL, Rolf (Hrsg.): Deutschlands Weg nach Israel, Stuttgart 1967
VOGELSANG, Thilo: Das geteilte Deutschland, München 1983
VOLK, Ludwig: Das Reichskonkordat vom 20. Juli 1933. Von den Ansätzen in der Weimarer Republik bis zur Ratifizierung am 10. September 1933, Mainz 1972
VOLKMANN, Hans-Erich: Die sozialdemokratische innerparteiliche Diskussion über Sicherheit, Entspannung und deutsche Einheit (1953 – 55), in: Bruno Thoß/Hans-Erich Volkmann (Hrsg.), Zwischen Kaltem Krieg und Entspannung. Sicherheits- und Deutschlandpolitik der Bundesrepublik im Mächtesystem der Jahre 1953 – 1955, Boppard/Rhein 1988, S. 153 ff.
VOLLNHALS, Clemens: Die evangelische Kirche zwischen Traditionswahrung und Neuorientierung, in: Martin Broszat/Klaus-Dietmar Henke/Hans Woller (Hrsg.), Von Stalingrad zur Währungsreform, München 1988, S. 113 ff.
VOLLNHALS, Clemens: Evangelische Kirche und Entnazifizierung 1945 – 1949, München 1989
VORLÄNDER, Hans: Verfassung und Konsens, Berlin 1981

WAGNER, Walter/WILLMS, Günther: Der 6. Strafsenat – Legende und Wirklichkeit, in: Gerda Krüger-Nieland (Hrsg.), Fünfundzwanzig Jahre Bundesgerichtshof, München 1975, S. 265 ff.
WAHL, Rainer: Der preußische Verfassungskonflikt und das konstitutionelle System des Kaiserreichs, in : Ernst-Wolfgang Böckenförde (unter Mitarbeit von Rainer Wahl) (Hrsg.), Moderne deutsche Verfassungsgeschichte (1815 – 1918), 2. Aufl., Königstein/Taunus, S. 208 ff.
WAHL, Rainer: Der Vorrang der Verfassung, in: Der Staat 1981, S. 485 ff.
WAHL, Rainer/ROTTMANN, Frank: Die Bedeutung der Verfassung und Verfassungsgerichtsbarkeit in der Bundesrepublik – im Vergleich zum 19. Jahrhundert und zu Weimar, in: Werner Conze/M. Rainer Lepsius (Hrsg.), Sozialgeschichte der Bundesrepublik . Beiträge zum Kontinuitätsproblem, Stuttgart 1983, S. 339 ff.
WAIBEL, Paul R.: Politics of accommodation. German Social Democracy and the Catholic Church, Frankfurt am Main 1983
WALK, Joseph (Hrsg.): Das Sonderrecht für die Juden im NS-Staat, Heidelberg/Karlsruhe 1981

WASSERMANN, Rudolf: Kontinuität oder Wandel? Konsequenzen aus der NS-Herrschaft für die Entwicklung der Justiz nach 1945, Hannover 1984
WASSERMANN, Rudolf: Plebiszitäre Demokratie – ja oder nein?, in: Recht und Politik 1986, S. 125 ff.
WASSERMANN, Rudolf: Vorsorge für Gerechtigkeit. Rechtspolitik in Theorie und Praxis, Bonn 1985
WEBER, Werner: Die Teilung der Gewalten als Gegenwartsproblem, in: Festschrift für Carl Schmitt zum 70. Geburtstag, Berlin 1959, S. 253 ff.
WEBER, Werner: Spannungen und Kräfte im westdeutschen Verfassungssystem, 3. Aufl., Berlin 1970
WEHLER, Hans-Ulrich: Das Deutsche Kaiserreich 1871 – 1918, 3. Aufl., Göttingen 1977
WEINKAUFF, Hermann: Die deutsche Justiz und der Nationalsozialismus. Ein Überblick, in: Hermann Weinkauff/Albrecht Wagner (Hrsg.), Die deutsche Justiz und der Nationalsozialismus, Teil I, Stuttgart 1968, S. 19 ff.
WEISSER, Gerhard: Artikel Freiheitlicher Sozialismus, in: Handwörterbuch der Sozialwissenschaften, Bd. 9, Stuttgart/Tübingen/Göttingen 1956, S. 508 ff.
WEIZSÄCKER, Wilhelm: Adolf Arndt, in: Neue Deutsche Biographie, Bd. 1, Berlin 1953, S. 358
WETTE, Wolfram: Gustav Noske. Eine politische Biographie, Düsseldorf 1987
WETTIG, Gerhard: Entmilitarisierung und Wiederbewaffnung in Deutschland 1943 – 1955. Internationale Auseinandersetzungen um die Rolle der Deutschen in Europa, München 1967 (mit kommentierter Bibliographie)
WIELAND, Joachim: Die Freiheit des Rundfunks. Zugleich ein Beitrag zur Dogmatik des Artikel 12 Absatz 1 GG, Berlin 1984
WILKER, Lothar: Die Sicherheitspolitik der SPD 1956 – 1966. Zwischen Wiedervereinigungs- und Bündnis- orientierung, Bonn – Bad Godesberg 1977
WILLIS, f. Roy: France, Germany and the New Europe, 1945 – 1967, London/Oxford/New York 1968
WINKLER, Dörte: Die amerikanische Sozialisierungspolitik in Deutschland 1945 – 1948, in: Heinrich August Winkler (Hrsg.), Politische Weichenstellungen im Nachkriegsdeutschland 1945 – 1953, Göttingen 1979, S. 88 ff.
WINKLER, Heinrich August: 1866 und 1878: Der Machtverzicht des Bürgertums, in: Carola Stern/Heinrich A. Winkler (Hrsg.), Wendepunkte deutscher Geschichte, Frankfurt am Main 1979, S. 37 ff.
WINKLER, Heinrich August: Von der Revolution zur Stabilisierung. Arbeiter und Arbeiterbewegung in der Weimarer Republik 1918 bis 1924, 2. Aufl., Berlin/Bonn 1985
WINKLER, Heinrich August: Der Schein der Normalität. Arbeiter und Arbeiterbewegung in der Weimarer Republik 1924 bis 1930, 2. Aufl., Berlin/Bonn 1988
WINKLER, Heinrich August: Der Weg in die Katastrophe. Arbeiter und Arbeiterbewegung in der Weimarer Republik 1930 bis 1933, 2. Aufl., Berlin/Bonn 1990
WÖRTLICHE Berichte und Drucksachen des Vereinigten Wirtschaftsgebiets 1947 – 1949, herausgegeben vom Institut für Zeitgeschichte und dem Deutschen Bundestag, Wissenschaftliche Dienste, Bearb. Christoph Weisz und Hans Woller, 6 Bde., München 1977
WOLF, Erik: Gustav Radbruchs Leben und Werk, in: Gustav Radbruch, Rechtsphilosophie (nach dem Text der 8. Aufl.), hrsg. von Erik Wolf und Hans-Peter Schneider, Stuttgart 1973, S. 17 ff.
WOLFFSOHN, Michael: Das Wiedergutmachungsabkommen mit Israel: Eine Untersuchung bundesdeutscher und ausländischer Umfragen, in: Ludolf Herbst (Hrsg.), Westdeutschland 1945 – 1955, München 1986, S. 203 ff.
WOLFFSOHN, Michael: Ewige Schuld? 40 Jahre deutsch-jüdisch- israelische Beziehungen, Zürich 1988
WOLFRUM, Edgar: Französische Besatzungspolitik und deutsche Sozialdemokratie. Politische Neuansätze in der „vergessenen Zone" bis zur Bildung des Südweststaats 1945-1952, Düsseldorf 1991
WÜLFING, Thomas: Grundrechtliche Gesetzesvorbehalte und Grundrechtsschranken, Berlin 1981

ZARNOW, Gottfried (= Ewald MORITZ): Gefesselte Justiz. Politische Bilder aus deutscher Gegenwart. Zwei Bände
Bd. 1, 5. Aufl., München 1931
Bd. 2, 2. Aufl., München 1932
ZEITLER, Franz-Christoph: Verfassungsgericht und völkerrechtlicher Vertrag, Berlin 1974
ZINN, Georg August: Das staatsrechtliche Problem Deutschland, in: SJZ 1947, Sp. 4 ff.
ZINN, Georg August: Schöffen und Geschworene in Hessen, in: Der Konstanzer Juristentag, hrsg. von der Militärregierung des französischen Besatzungsgebiets in Deutschland (Generaljustizdirektion), Tübingen 1947, S. 129 ff.
ZINN, Georg August: Unconditional Surrender, in: NJW 1947/48, S. 9 ff.

ZINN, Georg August: Die Rechtsprechung, in: DÖV 1949, S. 278 ff.
ZINN, Georg August: Die Rechtspflege im Bonner Grundgesetz, in: Verhandlungen des Siebenunddreißigsten Deutschen Juristentags in Köln am 17. September 1949, Tübingen 1950, S. 46 ff.
ZINN, Georg August/STEIN, Erwin: Verfassung des Landes Hessen. Kommentar, 2. Bd., Bad Homburg v.d.H./Berlin/Zürich 1963
ZINN, Georg August: Die Ministerpräsidenten-Konferenz – ein Element bundesstaatlicher Kooperation, in: Horst Ehmke/Carlo Schmid/Hans Scharoun (Hrsg.), Festschrift für Adolf Arndt zum 65. Geburtstag, Frankfurt am Main 1969, S. 479 ff.
ZORN, Philipp: Aus einem deutschen Universitätsleben, Bonn 1927
ZUCK, Rüdiger: Die Verfassungsbeschwerde, München 1973
ZYCHA, Adolf: Das Recht des ältesten deutschen Bergbaus bis ins 13. Jahrhundert, Berlin 1899

Verzeichnis der Schriften Adolf Arndts*

1924
Über Tabu und Mystik, in: Imago (Zeitschrift für Anwendung der Psychoanalyse auf die Geisteswissenschaften, hrsg. von Sigmund Freud), Bd. 10 (1924) S. 314 ff.

1925
Zur Auslegung des § 8 der Kartellverordnung, in: Kartell-Rundschau 1925, S. 667 ff. Bedingter Straferlaß, in: Juristische Wochenschrift 1925, S. 2750

1926
Das Talrecht der Stadt Halle von 1386, in: Thüringisch-sächsische Zeitschrift für Geschichte 1926, S. 64 ff.
Die Verfassungsmäßigkeit eines Reichsgesetzes über die Vermögensauseinandersetzung zwischen den Ländern und den vormals regierenden Fürstenhäusern, in: Leipziger Zeitschrift für deutsches Recht 1926, Sp. 260 ff.
Kartellrechtliche Verwaltungsakte in: Archiv des öffentlichen Rechts 1926, Neue Folge, Bd. 11, S. 192 ff.

1927
Grundgedanken der neuen Wirtschaftsgesetzgebung, in: Volkswirtschaftliche Blätter 1927, S. 139 ff.
ARNDT, Adolf (jun.)/ARNDT, Ernst Moritz (Hrsg.): Adolf Arndt, Die Verfassung des Deutschen Reiches vom 11. August 1919, 3., sehr verb. und verm. Aufl., Berlin / Leipzig 1927
Anwendbarkeit des Artikels 129 der Reichsverfassung auf Kirchenbeamte?, in: Leipziger Zeitschrift für deutsches Recht 1927, Sp. 984 ff.
Wann ist eine Klage aus Artikel 13 Absatz 2 der Reichsverfassung zulässig?, in: Juristische Rundschau 1927, Sp. 462 ff.
Ist das Jugendamt eine „zuständige Behörde" im Sinne des § 361 Ziffer 10 des Strafgesetzbuchs?, in: Deutsche Juristenzeitung 1927, Sp. 1409 ff.
Wesen des Wirtschaftsrechts, in: Kartell-Rundschau 1927, S. 554 ff. Verfallserklärung und Enteignung, in: Hanseatische Rechtszeitschrift 1927, Sp. 841 ff.

1928
Wird Landesrecht auch durch „temporäres" Reichsrecht beseitigt?, in: Sächsisches Archiv für Rechtspflege 1928, S. 159ff.

1929
Ist der Reichspräsident Beamter?, in Zeitschrift für Beamtenrecht, Bd. 1 (1929), S. 132 ff.
Die Verfassungsmäßigkeit des § 118 des Arbeitsgerichtsgesetzes, in: Juristische Rundschau 1929, S. 22 ff.
Versammlungsfreiheit und Strafrecht, in: Zeitschrift für die gesamte Strafrechtswissenschaft 1929, S. 751 ff.
Rechtsmitteleinlegung durch Vertreter (im Strafverfahren), In: Gerichtssaal, Bd. 98 (1929), 5. 133 ff.
Zulässigkeit der Wiederaufnahme mit dem Ziel des Wegfalls einer milderen ideell konkurrierenden Strafbestimmung?, In: Goltdammer's Archiv, Bd. 73 (1929), S. 166 ff.

1930
Zur Auslegung des § 57 des Reichsbeamtengesetzes, in: Zeitschrift für Beamtenrecht, Bd. 2 (1930), S. 69 ff.
Anmerkung zu einem Beschluß des Bayerischen Obersten Landesgerichts, in: Juristische Wochenschrift 1930, S. 1974.

1931
Kann ein Abgeordneter ohne Genehmigung des Parlaments gem. § 329 StPO zwangsweise vorgeführt werden?, in: Leipziger Zeitschrift für deutsches Recht, Bd. 25 (1931), Sp. 666 ff.
Sofortige Beschwerde des Angeschuldigten gegen die Ablehnung des Antrages auf Ergänzung der Voruntersuchung, in: Goltdammer's Archiv, Bd. 75 (1931), S. 125 ff.

---

* Diese Schriften sind nach dem jeweiligen Jahr der Erstveröffentlichung geordnet. Darauf bezieht sich auch die Zitierweise in den Anmerkungen.

ARNDT, Adolf (jun.)/ARNDT, Ernst Moritz: (Fortsetzung von) Adolf Arndt, Das Reichsbeamtengesetz, 4., neubearbeitete Aufl., Mannheim/Berlin/Leipzig 1931

Verteidiger-Beiordnung im Disziplinarverfahren, in: Deutsche Juristen-Zeitung, Bd. 36 (1931), Sp. 892 ff.

Sofortige Beschwerde des Angeschuldigten gegen die Ablehnung seines Antrages auf Ergänzung der Voruntersuchung, in: Juristische Rundschau 1931, S. 197 ff.

Mehrheit von Dienststrafen auf Grund des gleichen Sachverhalts bei Mehrheit der Dienstherren, in: Beamten-Jahrbuch, Bd. 18 (1931), S. 546 ff.

Antrag des Angeschuldigten auf Voruntersuchung, wenn die Anklageschrift kein Ermittlungsergebnis enthält, in: Goltdammer's Archiv, Bd. 75 (1931), S. 366 ff.

1932

Fehlerhafte Eröffnungsbeschlüsse, in: Gerichtssaal, Bd. 101 (1932), S. 187 ff.

Richter, Gericht und Rechtsweg in der Verfassung. Zugleich ein Beitrag zur Lehre der Trennung von Justiz und Verwaltung, in: Archiv des öffentlichen Rechts NF 21 (1932), S. 183 ff.

Fehlerhafte Amtshandlungen auf privatrechtlichem Gebiet. Ein Beitrag zum Begriff der Zuständigkeit, in: Zeitschrift für Beamtenrecht, Bd. 4 (1932), S. 18 ff.

Untersuchungsausschuß zur Prüfung der Preußischen Rechtspflege?, in: Archiv des öffentlichen Rechts, NF 22 (1932), 5. 339 ff.

Der Schuldbegriff im Dienststrafrecht, in: Beamten-Jahrbuch, Bd. 19 (1932), S. 533 ff.

Neuregelung des Beweisrechts im Strafverfahren, in: Goltdammer's Archiv, Bd. 76 (1932), S. 264 ff.

Anmerkung zu einer Entscheidung des Thüringischen Oberverwaltungsgerichtshofs, in: Juristische Wochenschrift 1932, S. 3547.

Recht und Pflicht des Vorsitzenden zur Vorbereitung der Hauptverhandlung. in: Sächsisches Archiv, Bd. 9 (1932), S. 341 ff.

1934

Das Wesen des Landfriedensbruchs, in: Zeitschrift für die gesamte Strafrechtswissenschaft, Bd. 53 (1934), S. 216 ff.

1946

Grundfragen des Verfassungsrechts, in: SJZ 1946, S. 81.

Die Evangelische Kirche in Deutschland und das Befreiungsgesetz, in: Frankfurter Hefte 1946, Heft 5, S. 35 ff.

Das Strafmaß, in: SJZ 1946, S. 30 f.

Die Unabhängigkeit des Richters, in: Zum Aufbau des Rechtslebens (Festgabe zur Wiesbadener Juristentagung), Heidelberg 1946, S. 27, zitiert nach Arndt, Gesammelte Juristische Schriften (1976), S. 315 ff.

Das Problem der Wirtschaftsdemokratie in den Verfassungsentwürfen, in: SJZ 1946, S. 137 ff., zitiert nach Arndt, Politische Reden und Schriften (1976), S. 15 ff.

Planwirtschaft, in: SJZ 1946, S. 169 ff., zitiert nach Arndt, Politische Reden und Schriften (1976), S. 29 ff.

Die staats- und verwaltungsrechtliche Entwicklung in Groß-Hessen, in: Deutsche Rechtszeitschrift 1946, S. 185 ff.

1947

Das Verbrechen der Euthanasie – Probleme der Frankfurter Euthanasie-Prozesse, in: Der Konstanzer Juristentag, Tübingen 1947, S. 184 ff., zitiert nach Arndt, Gesammelte juristische Schriften (1976), S. 269 ff.

Internationales Staatsrecht, in: SJZ 1947, Sp. 217 ff.

Rechtsformen der Sozialisierung, in: Deutsche Rechtszeitschrift 1947, S. 37, zitiert nach Arndt, Politische Reden und Schriften (1976), S. 38 ff.

Landeseigene Betriebe und Gemeineigentum, in: SJZ 1947, Sp. 415 ff.

Alle Wege müssen zum Frieden führen, in: Ausdruck und Gestaltung, Photoband, hrsg. von Marta Hoepffner, Stuttgart 1947, S. 3 ff.

Deutschlands rechtliche Lage, in: Die Wandlung, Bd. 2 (1947), S. 106 ff.

Ein Vorschlag zu Artikel 41, in: Sozialistische Tribüne 1947, S. 7 ff.

1948

Die Krise des Rechts, in: Die Wandlung, Bd. 2 (1948), S. 421 ff. (nachgedruckt) in: Naturrecht oder Rechtspositivismus?, hrsg. von Werner Maihofer, Darmstadt 1962, S. 117 ff., zitiert nach Arndt, Gesammelte juristische Schriften (1976), S. 3 ff.
Zur Rechtsgültigkeit nationalsozialistischer Gesetze, in: Deutsche Rechtszeitschrift 1948, S. 240 ff.
Just peace, in: SJZ 1948, Sp. 1 ff.
Das Befreiungsgesetz ist kein Strafgesetz, in: SJZ 1948, Sp. 110.
Das Rückerstattungsgesetz der amerikanischen Zone, in: Neue Juristische 1948, S. 161 ff.
Status and Development of Constitutional Law in Germany, in: The Annals of the American Academy of Political and Social Science, Philadelphia, Vol. 260 (1948), S. 1 ff.
Die Parteien in der Verfassung, in: Die Wandlung, Bd. 3 (1948), S. 641 ff.
Das Gesetz gegen Kompensationshandel, in: BB 1948, S. 539 ff.
Bericht über die Tagung Deutscher Völkerrechtslehrer in Hamburg, in: SJZ 1948, Sp. 411 ff.

1949

Das neue Preistreibereistrafrecht, in: SJZ 1949, Sp. 81 ff.
Preisvorschriften für Grundstücke (Bizone) – Rechtslage weiter unklar, in: BB 1949, S. 4 ff.
Zulassung durch den judex a quo, in: NJW 1949, S. 256.
Gedanken zum Problem des Strafrechtsirrtums, in: NJW 1949, S. 291 ff.
Das neue Wirtschaftsstrafgesetz, in: BB 1949, S. 425 ff.
Gilt das Gesetz über die Wählbarkeit zum Betriebsrat?, in: BB 1949, S. 559.
Restitution und Rechtsmangelhaftung, in: BB 1949, S. 284.

1950

Das Amnestiegesetz, in: SJZ 1950, Sp. 108 ff.

1951/1952

Das Bundesverfassungsgericht.
Teil I, in: DVBl 1951, S. 297 ff.
Teil II, in: DVBl 1952, S. 1 ff.

1953

Germany and World Peace (Vortrag in Chatham House, London), in: The World Today, Bd. IX (1953), S. 153 ff.

1954

Die organisierte Macht und ihre Grenzen, in: Darmstädter Gespräch 1953 über „Individuum und Organisation", Darmstadt 1954, S. 254 ff.
Die Konfessionalisierung der Bundesrepublik, in: Geist und Tat 1954 (Heft 4), S. 111 ff.
Sozialismus in unserer Zeit, in: Das Weltbild unserer Zeit, hrsg. von der Arbeitsgemeinschaft Sozialdemokratischer Akademiker, Nürnberg 1954, S. 145 ff., zitiert nach Arndt, Geist der Politik (1965), S. 106 ff.
Empfiehlt es sich, die vollständige Selbstverwaltung aller Gerichte im Rahmen des Grundgesetzes gesetzlich einzuführen?, in: Verhandlungen des Deutschen Juristentages 1953, Tübingen 1954, zitiert nach Arndt, Gesammelte juristische Schriften (1976), S. 367 ff.

1955

Rechtsdenken in unserer Zeit, Tübingen 1955, zitiert nach Arndt, Gesammelte juristische Schriften (1976), S. 37 ff.

1956

Brauchen wir ein Pressegesetz?, Festvortrag auf der Jahreshauptversammlung des Vereins Rheinisch-Westfälischer Zeitungsverleger am 27. Juni 1956 in Dortmund 1956, zitiert nach Arndt, Gesammelte juristische Schriften (1976), S. 417 ff.
Die Innenminister und das Richtergesetz, in: Deutsche Richterzeitung 1956, S. 56 ff.
Vom Sinn der Pressefreiheit, Festvortrag: „10 Jahre Freie Presse Bielefeld", Bielefeld 1956, zitiert nach Arndt, Politische Reden und Schriften (1976), S. 63 ff.
Technik, Justiz und Grundrechte, in: Die neue Gesellschaft 1956, S. 338 ff.

Das Recht des Beamten auf Mitgliedschaft und Tätigkeit in einer demokratischen Partei, in: Der Deutsche Beamte 1956, S. 3 ff.
(Nochmals): Das Recht des Beamten auf Mitgliedschaft und Tätigkeit in einer demokratischen Partei, in: Zeitschrift für Beamtenrecht 1956, S. 139 ff.
Muß der Beamte seine Zugehörigkeit zu einer politischen Partei offenbaren?, in: JZ 1956, S. 80 ff.
Warum und wozu Wiedergutmachung?, in: JZ 1956, S. 211 ff.
Die Gesetzlichkeit des Richters als Strukturprinzip der rechtsprechenden Gewalt, in: JZ 1956, S. 633.
Es geht um den Menschen (Die Freiheitsaufgabe der SPD für die Zukunft), Berlin 1956, zitiert nach Arndt, Politische Reden und Schriften (1976), S. 72 ff.
Die geistige Freiheit als politische Gegenwartsaufgabe, Hannover 1956, zitiert nach Arndt, Geist der Politik (1965), S. 18 ff.

1957

Wieder Todesstrafe? (Zusammen mit Adolf Süsterhenn) (Schriftenreihe des Westdeutschen Rundfunks), Köln 1957, zitiert nach Arndt, Geist der Politik (1965), S. 197 ff.
Christentum und freihheitlicher Sozialismus, in: Werkhefte katholischer Laien 1957, S 213 ff., zitiert nach Arndt, Politische Reden und Schriften (1976), S. 113 ff.
Staatskunst und politische Bildung, in: Die neue Gesellschaft 1957, S. 171 ff., zitiert nach Arndt, Politische Reden und Schriften (1976), S. 150 ff.
Der Begriff der ‚Absicht' in § 94 StGB, in: JZ 1957, S. 206.
Ist eine Strafgewalt des Finanzamts mit dem Grundgesetz vereinbar?, in: NJW 1957, S. 249.
Das Grundrecht der Kriegsdienstverweigerung, in: NJW 1957, S. 361 ff., zitiert nach Arndt, Gesammelte juristische Schriften (1976), S. 171 ff.
Landesrecht vor Bundesgerichten? (Erwiderung), in: DVBl 1957, S. 566 ff.
Vorbeugende Unterlassungsklagen gegen Petitionen beleidigenden Inhalts, NJW 1957, S. 1 072 ff.
Das Bild des Richters, Karlsruhe 1957 (Juristische Studiengesellschaft, Karlsruher Schriftenreihe, Heft 27), zitiert nach Arndt, Gesammelte Juristische Schriften (1976), S. 325 ff.
Das Toleranzproblem aus der Sicht des Staates (= Vortrag vor den evangelischen Akademien Loccum und Arnoldshain, 1957), abgedruckt in: Arndt, Politische Reden und Schriften (1976), S. 134 ff.

1958

Die Persönlichkeit in der parlamentarischen Demokratie (Ernst-Reuter-Gedenkvorträge), Berlin 1958, zitiert nach Arndt,„ Geist der Politik (1965), S. 87 ff.
Sozialistische Staatspolitik heute, in: Die neue Gesellschaft 1958, S. 99 (abgedruckt in: Karl Forster [Hrsg.], Christentum und Sozialismus, Studien und Berichte der Katholischen Akademie in Bayern, Heft 3) München 1958, S. 103 ff., zitiert nach Arndt, Politische Reden und Schriften (1976), 5. 181 ff.
Außenpolitik im Wandel der Zeit, in: Protokoll des SPD- Bezirksparteitages Südbayern in Burghausen am 9. März 1958, S. 11 ff.
Nochmals: Die geprüften Rechtskandidaten, in: Rechtsprechung zum Wiedergutmachungsrecht 1958, S. 5f.
Politik (= Vortrag auf dem Evangelischen Kirchentagskongreß in Hamburg 1958), abgedruckt in: Arndt, Geist der Politik (1965), S. 7 ff.
Kulturelle Politik (erstmals gedruckt unter dem Titel „Das Bild vom modernen Menschen", in: Vorstand der SPD [Hrsg.], Sozialismus – Gelebter Humanismus 1958), nachgedruckt in: Arndt, Geist der Politik (1965), S. 70 ff.

1959

Staatsanwaltschaft und Verfassungsbeschwerde, in: Deutsche Richterzeitung 1959, S. 368
Die Stellung des Akademikers in der SPD, in: Politische Studien, 10. Jg. (1959), S. 3 ff., zitiert nach Arndt, Politische Reden und Schriften (1976), S. 197 ff.
Die Entmachtung des Bundestages, in: Die neue Gesellschaft 1959, S. 431 ff.
Strafgewalt der Finanzämter?, in: NJW 1959, S. 605 ff.
Amt und Aufgabe des Bundespräsidenten, in: Die neue Gesellschaft 1959, S. 331 ff., zitiert nach Arndt, Politische Reden und Schriften (1976), S. 249 ff.
Die Gesetzlichkeit des Richters, in: Deutsche Richterzeitung 1959, S. 171 ff.
Das rechtliche Gehör, in: NJW 1959, S. 6 ff., zitiert nach Arndt, Gesammelte juristische Schriften (1976), S. 359 ff.
Die Nichtigkeit verfassungswidriger Gesetze, in: DÖV 1959, S. 81 ff.

Vollstreckbarkeit verfassungswidriger (Steuer-) Gesetze?, in: BB 1959, S. 533 ff.
Grundfragen einer Reform der deutschen Justiz, in: Deutsche Richterzeitung 1959, S. 199 ff., zitiert nach Arndt, Gesammelte juristische Schriften (1976), S. 343 ff.
Hat die Feststellung der Verfassungswidrigkeit eines Gesetzes die Nichtigkeit der darauf gestützten Verwaltungsakte zur Folge?, in: NJW 1959, S. 863 ff.
Die Verfassungsbeschwerde wegen Verletzung des rechtlichen Gehörs, in: NJW 1959, S. 1297 ff.
Welche Folge hat die Verfassungswidrigkeit eines Gesetzes für einen darauf gestützten Verwaltungsakt? (Angebliche Rückwirkung verfassungsgerichtlicher Entscheidungen). in: NJW 1959, S . 2145 ff.
Aufgaben und Grenzen der Staatsgewalt im Bereich der Schulbildung, in: Karl Forster [Hrsg.], Schule und Staat(Heft 9 der Studien und Berichte der Katholischen Akademie in Bayern), München 1959, S. 51 ff., zitiert nach Arndt, Politische Reden und Schriften (1976), S. 203 ff.

1960
Der Jurist im Parlament, in: Juristen-Jahrbuch, Bd. I(1960), S. 82 ff.
Rechtssicherheit und Gerechtigkeit, in: Politischer Club 1959, Göttingen 1960, S. 28 ff.
Das nicht erfüllte Grundgesetz, Tübingen 1960, zitiert nach Arndt, Gesammelte Juristische Schriften (1976), S. 141 ff.
Der deutsche Staat als Rechtsproblem, Berlin 1960, zitiert nach Arndt, Gesammelte Juristische Schriften (1976), S. 101 ff.
Die Öffentlichkeit in der Hauptverhandlung, in: Deutsche Richterzeitung 1960, S. 151
Staatliche Gewaltanwendung, rechtlich und politisch betrachtet, in: Vorträge auf den Hessischen Hochschulwochen für Staatswissenschaftliche Fortbildung, Bd. 32, Bad Homburg v. d. Höhe, S. 175 ff., zitiert nach Arndt, Politische Reden Schriften (1976), S. 225 ff.
Beweislast für Kriegsdienstverweigerung (Eine Erwiderung), in: JZ 1960, S. 273 ff.
Das Öffentliche: 1. Gerichtsöffentlichkeit; 2. Die Verbände im Bereich des Öffentlichen, in: NJW 1960, S. 423 ff.
Neuregelung des Adoptionsrechts – Präjudizien, in: NJW 1960, S. 855 ff.
Strafrechtliche Verantwortlichkeit ehemaliger Richter an Sondergerichten. in: NJW 1960, S. 1140 ff.
Staatshaftung für gesetzliches Unrecht?, BB 1960, S. 1351 ff.
Eröffnungsbeschluß, rechtliches Gehör und Menschenrechtskonvention – Erschöpfung des Rechtswegs – Die Wahrheitsfrage und das demokratische Rechtsstaatsprinzip, in: NJW 1960, S. 1191 ff.
Neue Verfassungsentwicklung in der Schweiz und den USA, in: NJW 1960, S. 1607 ff.
Das Geheimnis im Recht – Das Recht auf Arbeit im Gefängnis, in: NJW 1960, S. 2040 ff.
Humanität – Kulturaufgabe des Politischen, in: Kultur und Politik in unserer Zeit, Hannover 1960, S. 27, zitiert nach Arndt, Geist der Politik (1965), S. 44 ff.
Die Bindungswirkung des Grundgesetzes, in: BB 1960, S. 993 ff.

1961
Der Berliner Konflikt zwischen Justiz und Verwaltung, in: Deutsche Richterzeitung 1961, S. 373 ff.
Der Mensch und seine Meinung, in: Darmstädter Gespräch 1960, Darmstadt 1961, Diskussionsbeiträge, S. 39, S. 76 ff., S. 166 ff.
Die Verantwortung des einzelnen im Rechtsstaat, in: Anwaltsblatt, 11. Jg. (1961), S. 219 ff.
Demokratie als Bauherr, Akademie der Künste Berlin 1961, zitiert nach Arndt, Geist der Politik (1965), S. 217 ff.
Kafkas falsche Sicht, in: Die neue Gesellschaft 1961, S. 83 ff.
Die quota litis als Prüfstein des Anwaltsrechts – Sittenwidrige Prozeßführung, in: NJW 1961, S. 815 ff.
Die Zeit im Recht (Zum Streit um die „Rückwirkung" von Gesetzen) – Die verfassungsrechtliche Bedeutung der strafrechtlichen Verjährung, in: NJW 1961, S. 14 ff.
Beschränkung des Verteidigers in Frankreich – Kostenbuße für das Wahrnehmen eines Grundrechts?, in: NJW 1961, S. 399.
Der Rechtsstaat und sein polizeilicher Verfassungsschutz, in: NJW 1961, S. 897 ff., zitiert nach Arndt, Gesammelte juristische Schritten (1976), S. 157 ff.
Sprache und Recht – Recht ohne Presse – Der Apalachin case, ein amerikanischer Richterspruch, in: NJW 1961, S. 1200 ff.
Verschleiß an Würde – Umstrittene Staatsanwaltschaft, in: NJW 1961, S. 1615 ff.
Rückkehr zu Weimar? Zehn Jahre Bundesverfassungsgericht – Die Gleichheit der Richter, in: NJW 1961, S. 2007 ff.

1962
Rechtsprechende Gewalt und Strafkompetenz, in: Festgabe für Carlo Schmid, Tübingen 1962, S. 5 ff., zitiert nach Arndt, Gesammelte juristische Schriften (1976), S. 241 ff.
Begriff und Wesen der öffentlichen Meinung, in: Peter Löffler/Adolf Arndt, Die öffentliche Meinung, München/Berlin 1962, S. 1 ff., zitiert nach Arndt, Gesammelte Juristische Schriften (1976), S. 395 ff.
Das zeitgerechte Parlamentsgebäude, in: Die neue Gesellschaft 1962, S. 429 ff., zitiert nach Arndt, Geist der Politik (1965), S. 238 ff.
Agraphoi nomoi – Widerstand und Aufstand, in: NJW 1962, S. 430 ff., zitiert nach Arndt, Gesammelte juristische Schriften (1976), S. 87 ff.
Der Fall Rohrbach als Mahnung – Fragen des rechtlichen Gehörs, in: NJW 1962, S. 25 ff.
Zur Problematik der Grundsatzrevision aus verfassungsrechtlicher Sicht (I); Tonbandaufnahmen gerichtsintern? Grundsatzentscheidungen, rechtliches Gehör und Gewaltenteilung (II),; Der Mißbrauch des §102 ZPO (III), in: NJW 1962, 5.1660 ff., (I) = zitiert nach Arndt, Gesammelte Juristische Schriften (1976), S. 387 ff.
SPD – Wahlhelfer im Vatikan?, Spiegelgespräch, in: Der Spiegel vom 28. November 1962, S. 60 ff., zitiert nach Arndt, Politische Reden und Schriften (1976), S. 278 ff.
'Vergleiche' im Strafverfahren? Das Bundesverfassungsgericht und die Wahrheitsfrage, in: NJW 1962, S. 783 ff.
Mittelbares Zeugnis? (Wahrheitsermittlung und Nachforschung der Presse) – Hat die Staatsanwaltschaft kein verfassungskräftiges Recht auf rechtliches Gehör?, in: NJW 1962, S. 1192 ff.
Schutz (z. B. des Arztgeheimnisses) vor dem Ermittlungsentschluß der Staatsanwaltschaft (§152 StPO) – 'Makel' der unehelichen Mutterschaft trotz Art. 6 Abs. 5 GG? – Ein evangelischer Theologe zu § 175 StGB, in: NJW 1962, S. 2000 ff.
Demokratie – Wertsystem des Rechts, in: Adolf Arnd u. Michael Freund, Notstandsgesetz aber wie?, Köln 1962, S. 9 ff.

1963
Das Bundesverfassungsgericht – eine lästige Begrenzung der Macht, in: Gesellschaftliche Umschau, Jg. 7 (1963) (nachgedruckt in: Vorgänge 1963, S. 274 ff.)
Dank an Max Reinhardt (1963), abgedruckt in: Arndt, Geist der Politik (1965), S. 296 ff.
Gustav Gründgens (1963), abgedruckt in: Arndt, Geist der Politik (1965), S. 301 ff.
Unsere geschichtliche Verantwortung für die Freiheit (Vortrag zum 30. Jahrestag des Ermächtigungsgesetzes, gehalten am 23. März 1963 in Berlin), Berlin 1963, zitiert nach Arndt, Geist der Politik (1965), S. 176 ff.
Gesetzesrecht und Richterrecht, in: NJW 1963, S. 1275 ff., zitiert nach Arndt, Gesammelte juristische Schriften (1976), S. 59 ff.
Mythos und Symbol, in: Mitteilungsblatt des Wirtschaftsverbandes Bildender Künstler Nordrhein-Westfalens, 9. Jg. (1963), S. 65 ff., zitiert nach Arndt, Geist der Poltik (1965), S. 277 ff.
Demokratische Rechtsauslegung am Beispiel des Begriffs ‚Staatsgeheimnis' - Amtshilfe, in: NJW 1963, S. 24 ff.
Das Unbehagen an der Verfassung (Art. 19 Abs. 4 und 101 GG) – Rechtliches Gehör (Art. 103 Abs. 1 GG) und Zeugnis vom Hörensagen -Schranken der Selbstverteidigung (§§ 244, 245 StPO), in: NJW 1963, S. 432 ff.
Das Staatsgeheimnis als Rechtsbegriff und Beweisfrage, in: NJW 1963, S. 465, zitiert nach Arndt, Gesammelte juristische Schriften (1976), S. 285 ff.
Hilfsbeamte im Gericht (Art. 92, 103 GG) – Ehelicher Verkehr als Genuß-Sucht (Art. 1 GG; § 226 a StGB) – Der Toronao Caso oder der Notar und Gott, in NJW 1963, S. 848 ff.
Berechtigung bloß ‚formaler' Art (Art. 103 Abs. 1 GG und § 11 RPresseG)? – Immer wieder die Verurteilung des Anwalts in die Verfahrenskosten (§ 102 Abs. 1 ZPO), in: NJW 1963, S. 1590 ff.
Der Richter als Publizist. Der Fall einer Justizpressestelle, in: NJW 1963, S. 2064 ff.
Das Gestalten aus gesellschaftlicher und politischer Sicht (Vortrag auf dem Werkbundtag 1963 in Baden-Baden), abgedruckt in: Arndt, Geist der Politik (1965), S. 256 ff.

1964
Verfassungsbeschwerde gegen einen Eröffnungsbeschluß?, in: JZ 1964, S. 582 ff.
Dank an Karl Schmitt-Rottluff. (1964), in: Arndt, Geist der Politik (1965), S. 304 ff.
Rechtliches Gehör – Notgesetzgebung des Richters – Hexenprozesse – Außenseiter des Rechts, in: NJW 1964, S. 1776 ff.

Reform der parlamentarischen Untersuchungsausschüsse, in: Deutsche Richterzeitung 1964, S. 290 ff., zitiert nach Arndt, Gesammelte juristische Schriften (1976), S. 197 ff.
Der Fall ‚Blinkfüer' (Art. 5 GG) – die Last der Freiheit oder Justiz und Presse, in: NJW 1 964, S. 23 ff.
Lob des Anwalts (§ 137 VwGO)? – Zu den Einsatzgruppen-Prozessen – Vorherrschaft der Rechtstechnologie?, in: NJW 1964, S. 486 ff.
Untersuchungshaft (§ 116 StPO) – Zum Denning-Report (Art. 44 GG) – Wahlrechtsgleichheit in USA, in: NJW 1964,5. 855 ff.
Gefährliche NJW? – Heilsames Recht (die Einsatzgruppenprozesse) – Sachliches Recht (Art. 5 GG, § 823 BGB), in: NJW 1964, S. 1310 ff.
Die Freiheit des Verteidigers (§ 1 BRAO, Art. 12 und 103 GG) – 10 Jahre Bundesarbeitsgericht und Bundessozialgericht, in: NJW 1964 , S. 2146 ff.

1965
Max Weber und die Machtpolitik. in: Der 15. Deutsche Soziologentag Heidelberg 1964, Tübingen 1965, S. 150 ff., zitiert nach Arndt, Politische Reden und Schriften (1976), S. 311 ff.
Etwas zur Perspektive, in: Wege zum integralen Bewußtsein (Festgabe für Jean Gebser), Bremen 1965, S. 19 ff.
Geist der Politik. Reden (mit Anmerkungen zu Reden von Adolf Arndt von Hans Mayer), Berlin 1965
Staat und Kunst (Rede zur Eröffnung der Kunstausstellung ‚Documenta III' in Kassel 1964), abgedruckt in: Arndt, Geist der Politik (1965), S. 312 ff.
Das Bild des Richters und Staatsanwalts, in: Deutsche Richterzeitung 1965, S. 250 ff.
Zum Problem der strafrechtlichen Verjährung, in: JZ 1965, S. 145 ff., zitiert nach Arndt, Gesammelte juristische Schriften (1976), S. 299 ff.
Das Werbefernsehen als Kompetenzfrage, in: JZ 1965, S. 337 ff.
Private Betriebs-'Justiz'? (Art. 92 GG; §§138, 242 BGB; 56 BetrVG) – Rechtsunwürdigkeit und Verwirkung (§ 242 BGB) – Der Rechtsschutz des Armenanwalts (§ 125 ZPO), in: NJW 1965, S. 26 ff.
Ungesetzliche Arbeitsgerichte (§14 ArbGG; Art. 97,101 Abs. 1 GG) (I) – Ideologischer Ungehorsam gegen das KP-Verbot (§§ 90 a, 90 b StGB) (II) – Die Zeugen Jehovas als Prüfung unserer Gewissensfreiheit (Art. 4, 12 GG; § 37 ErsatzdienstG) (III), in: NJW 1965, S. 430, (III), zitiert nach Arndt, Gesammelte juristische Schriften (1976), 5.179 ff.
Justizkritik durch Fragebogen? – Unterschriften statt Argumente? – Die Erschöpfung des Rechtswegs (§§ 90 Abs. 2 BVerfGG; 318, 322, 565 Abs. 2 ZPO), in: NJW 1965, S. 807 ff.
Der Jurist in unserer Zeit, Vortrag, in: Vorstand der SPD (Hrsg.), Der Bürger und sein Recht. Vorträge, gehalten auf dem rechtspolitischen Kongreß der SPD, Heidelberg 1965, Bonn 1965 (abgedruckt auch in: Recht und Politik 1966, S. 4 ff.), zitiert nach Arndt, Gesammelte juristische Schriften (1976), S. 23 ff.

1966
Landesverrat, Berlin und Neuwied 1966
Maßstab und Maß (Festvortrag auf dem 111 . Schinkelfest), in: Heft 18 der Schriftenreihe des Architekten- und Ingenieur-Vereins zu Berlin, Berlin 1966
Die Gesetzlichkeit des Richters und die Wahrheitsfrage, in: Aktuelle Rechtsprobleme (Festschrift für Hubert Schorn), Frankfurt am Main 1966, S. 1 ff.
Die Rolle der Massenmedien in der Demokratie, in: Peter Löffler/Adolf Arndt Die Rolle der Massenmedien, München 1966, S. 1 ff., zitiert nach Arndt, Politische Reden und Schritten (1976), S. 316 ff.
Die Aufgabe der Juristen in unserer Zeit (Vortrag, gehalten auf der Rechtspolitischen Konferenz der SPD und der Arbeitsgemeinschaft Sozialdemokratischer Juristen Nordrhein-Westfalens am 30. April 1966 in Düsseldorf), Düsseldorf 1966, S. 12 ff.
Gedanken zum Gleichheitssatz, in: Die moderne Demokratie und ihr Recht (Festschritt für Gerhard Leibholz), Tübingen 1966, Bd. 2, S. 179 ff.
Der BGH und das Selbstverständliche (§ 100 StGB) (I) – Die Kunst im Recht (II), in: NJW 1966, S. 25 ff. (ll), zitiert nach Arndt, gesammelte juristische Schriften (1976), S. 433 ff.
Ohne Kommentar (I) – Das Schweigen vor Gericht (II) – Zur Güterabwägung bei Grundrechten (III), in: NJW 1966, S. 869 ff., (III) zitiert nach Arndt, Gesammelte juristische Schriften (1976), S. 185 ff.
Das Tonband als Aktenbestandteil (§ 147 StPO) – Das Gewissen in der oberlandesgerichtlichen Rechtsprechung (Art. 4 GG, §§ 37 ErsatzdienstG, 27 b StGB, 50, 70 StPO; 242 BGB), in: NJW 1966, S, 2204 ff.
Festvortrag zur Gründungsversammlung der Deutsch-israelischen Gesellschaft, in: Freiburger Rundbrief 18 (1966), Nr. 65/68, S. 63 ff.

„Einleitung" zu Xaver Berra, Im Paragraphenturm – eine Streitschrift zur Entideologisierung der Justiz, Neuwied 1966, S. 7ff.

1967
Die Notwendigkeit einer pax humana, in: Neue Grenzen (Ökumenisches Christentum morgen), Stuttgart 1967, Bd. 2, S. 10 ff.
Die Friedensaufgabe des Richters, in: NJW 1967, S. 1585 ff.
Vor unserer eigenen Tür, in: NJW 1967, S. 1845 ff.

1968
Die Aufgabe des Staates auf den Gebieten der Kunst und der Wissenschaft, in: Hessische Hochschulwochen für staatswissenschaftliche Fortbildung 1967, Bd. 59, Bad Homburg vor der Höhe 1968, S. 135 ff., zitiert nach Arndt, Politische Reden und Schriften (1976), S. 338 ff.
Opposition, in: Neue Sammlung, Bd. 8 (1968), S. 1 ff., zitiert nach Arndt, Politische Reden und Schriften (1976), S. 359 ff.
Strafrecht in einer offenen Gesellschaft, in Verhandlungen des 47. Deutschen Juristentages Nürnberg 1968, Bd. 11, S. 15 ff., zitiert nach Arndt, Gesammelte juristische Schriften (1976), S. 207 ff.
Sozialer Rechtsstaat – Auftrag und Verpflichtung (Referat, gehalten auf dem 10. Ordentlichen Gewerkschaftstag der Gewerkschaft Textil-Bekleidung am 20. September 1968 in Berlin), als Manuskript gedruckt, Düsseldorf/Hamm 1968.

1969
Thesen zu Art. 9 Abs. 3, in: Kurt Ballerstedt/Ernst Friesenhahn/Oswald von Nell-Breuning (Hrsg.), Recht und Rechtsleben in der sozialen Demokratie. Festgabe für Otto Kunze zum 65. Geburtstag, Berlin 1969, S. 365 ff.

1971
Erinnerung, in: Günter Schulz (Hrsg.), Kritische Solidarität. Betrachtungen zum deutsch-jüdischen Selbstverständnis. Festschrift für Max Plaut zum 70. Geburtstag, Bremen 1971, S. 285 ff.

1972
Artikel 5 GG gewährleistet die Freiheit zu irren, in: Adolf Arndt/Horst Ehmke/Iring Fetscher/ Otwin Massing (Hrsg.), Konkretionen politischer Theorie und Praxis. Festschrift für Carlo Schmid, Stuttgart 1972. S. 147 ff., zitiert nach Arndt, Gesammelte juristische Schriften (1976), S. 191 ff.

1976
Gesammelte juristische Schriften. Ausgewählte Aufsätze und Vorträge 1946 – 1972, Hrsg. Ernst-Wolfgang Böckenförde und Walter Lewald, München 1976.
Politische Reden und Schriften, Hrsg. Horst Ehmke und Carlo Schmid, Berlin/Bonn – Bad Godesberg 1976.

1980
Bundestagsreden und Zeitdokumente, Hrsg. Gerhard Jahn, mit einem Vorwort von Herbert Wehner, Bonn 1980.

Anhang 1: Urteilsanmerkungen und Buchbesprechungen

1947
Anmerkung zu OLG Kiel, in: SJZ 1947, Sp. 330 ff. (Die Rechtsidee im Strafrecht) Anmerkung zu LArbG Mannheim, in: SJZ 1947, Sp. 518 (Sklavenarbeit im Kriege)

1948
Anmerkung zu HansOLG Hamburg, in SJZ 1948, Sp. 323 ff. (Restitution ersteigerter Werte) Anmerkung zu LG Hildesheim, in: SJZ 1948, Sp. 144 ff. (Konfiskation durch Polen)

1949
Besprechung zu 1) Erich Kaufmann, Deutschlands Lage unter der Besatzung, Stuttgart 1948; 2) Wilhelm Grewe, Ein Besatzungsstatut für Deutschland, Stuttgart 1948, in: SJZ 1949, Sp. 446 ff.

1950
Anmerkung zu OLG Düsseldorf, in: SJZ 1950, Sp. 295 (Steuerhehlerei und Straffreiheitsgesetz)

1956
Anmerkung zu BGH, in: JZ 1956, S. 376 ff. (Verteidigungsausschluß)

1957
Anmerkung zu OLG München, in: NJW 1957, S. 1072 (Petitionsrecht)

1958
Anmerkung zu BVerfG, in: NJW 1958, S. 337 (Sachprüfung im summarischen Verfahren)

1959
Anmerkung zu BGH, in: NJW 1959, S. 1230 ff. (Verfassungsmäßigkeit des Steuerstrafverfahrens)
Anmerkung zu LG Köln, in: NJW 1959, 5. 389 (Wahrnehmung berechtigter Interessen als Staatsbürger)
Besprechung zu: Friedrich Glum, Politik. Eine Staats- und Bürgerkunde, Stuttgart 1958, in: NJW 1959, S. 569
Besprechung zu: Otto Bachof, Grundgesetz und Richteramt, Tübingen 1959, in: BB 1959, S. 866

1960
Anmerkung zu BVerfG, in. JZ 1960, S. 488 (Einstweilige Anordnung und Gültigkeit von Gesetzen)
Anmerkung zu BVerrfG, in: JZ 1960, S. 289 ff. (Ausschlußfrist für Verfassungsbeschwerden)
Anmerkung zu OLG Köln, in: NJW 1960, S. 1585 (Voruntersuchung; erhebliche Gründe)
Ideologie ohne Glanz, Besprechung zu Jürgen Fijalkowski, Die Wandlung zum Führerstaat. Ideologische Komponenten in der politischen Philosophie Carl Schmitts, Köln/Opladen 1958, in: Die Neue Gesellschaft 1960, S. 230 ff.
Besprechung zu: Grundgesetz für die Bundesrepublik. Kommentar, begründet von Professor Dr. Friedrich Giese, 5. Aufl, neubearbeitet von Bundesverfassungsgerichtsrichter Professor Dr. Egon Schunck, Frankfurt am Main 1960, S. 1710
Besprechung zu: Robert Walter, Verfassung und Gerichtsbarkeit, Wien 1960, in: NJW 1960, S. 1802

1961
Anmerkung zu BVerfG, in: JZ 1961, S. 88 (Parteien in der Kommunalwahl)
Anmerkung zu BVerfG, in: JZ, 1961, S. 289 (Ausschlußfrist bei Verfassungsbeschwerde)
Anmerkung zu BVerwG, in: NJW 1961, S. 524 (Wehrpflichttauglichkeitsuntersuchung)
Anmerkung zu BGH, in: NJW 1961, S. 1591 (Ehrenämter und Strafzumessung)
Anmerkung zu OLG Düsseldorf, in: NJW 1961, S. 1734 (rechtliches Gehör)
Besprechung zu 1) Heinrich Scholler, Die Freiheit des Gewissens, Berlin 1958; 2) Heinrich Geissler, Das Recht der Kriegsdienstverweigerung nach Art. 4 III des Grundgesetzes, Reutlingen 1960; 3) Manfred Laurisch, Der zivile Ersatzdienst bei Kriegsdienstverweigerung, Hamburg 1959, in: NJW 1961, S. 65
Besprechung zu: Gerhard Leibholz, Die Gleichheit vor dem Gesetz, 2. Aufl., München/Berlin 1959, in: NJW 1961, S. 2135

Besprechung zu Felix Ermacora, Verfassungsrecht durch Richterspruch, Karlsruhe 1960, in: DVBl 1961, S. 137

Besprechung zu: Fritz Werner, Das Problem des Richterstaates, Berlin 1960, in: DVBl 1961, S. 137

1962

Anmerkung zu BAG, in: JZ 1962, S. 545 ff. (gesetzlicher Richter)

Besprechung zu: Kurt Eichenberger, Die richterliche Unabhängigkeit als staatsrechtliches Problem, Bern 1960, in: NJW 1962, S. 1665

Besprechung zu: Gerhard Leibholz, Das Wesen der Repräsentation und der Gestaltwandel der Demokratie im 20. Jahrhundert, 2. Aufl., Berlin 1960, in: NJW 1962, S. 857

Besprechung zu: Verfassungsrecht und Verfassungswirklichkeit. Festschrift für Hans Huber, Bern 1961, in: NJW 1962, S. 857

Besprechung zu Karl Loewenstein, Über Wesen, Technik und Grenzen der Verfassungsänderung, Berlin 1961, in: NJW 1962, S. 1490

Besprechung zu: Gerd Roellecke, Politik und Verfassungsgerichtsbarkeit, Heidelberg 1961, in: DVBl 1962, S. 350

1963

Anmerkung zu Bayer. VerfGH, in: JZ 1963, S. 65 (rechtliches Gehör)

Anmerkung zu BGH, in: NJW 1963, S. 348 (Verurteilung eines Rechtsanwalts zur Tragung der Kosten eines Entschädigungsverfahrens)

Anmerkung zu BGH, in; JZ 1963, S. 609 ff. (Geheimschutz und Verteidiger)

Anmerkung zu OLG Schleswig, in: NJW 1963, S. 455 (rechtliches Gehör)

Besprechung zu: Franz Schneider, Presse- und Meinungsfreiheit, München 1962, in: NJW 1963, S. 193

1964

Anmerkung zu BVerfG, in: NJW 1964, S. 1667 (gesetzlicher Richter)

1965

Anmerkung zu BVerfG, In: NJW 1965, S. 147 (anwaltliche Vertretung Im Revisionsverfahren)

Anmerkung zu BVerfG, in: NJW 1965, S. 1219 (gesetzlicher Richter)

Anmerkung zu BVerfG, in: NJW 1965, S. 2195 (Ersatzdienst der Kriegsdienstverweigerer)

1966

Anmerkung zu OLG Celle, in: NJW 1966, S. 2174 (Begründungszwang für anfechtbare Beschlüsse)

Besprechung zu: René Marcic, Die Koalitionsdemokratie – das österreichische Modell im Lichte der Wiener rechtstheoretischen Schule, Karlsruhe 1966. in: NJW 1966, S. 2054

1967

Anmerkung zu BVerfG, in: NJW 1967, S. 871 (Staatsgeheimnis und Presse)

Anmerkung zu BGH, in: NJW 1967, S. 1331 (anwaltliche Standespflicht und freie Meinungsäußerung)

Anmerkung zu BVerfG, in: NJW 1968, S. 979 ff. (Erstbestrafung von Ersatzdienstverweigerern, Strafzumessungserwägungen)

Anmerkung zu BVerfG, in: NJW 1968, S. 982 ff. (Wiederholte Nichtbefolgung einer Einberufung zum Ersatzdienst, Doppelbestrafung)

Anhang 2: Veröffentlichungen in Zeitungen und Pressediensten

1947
Staat Deutschland, in: Die Zeit, 2. Januar 1947

1950
Recht auf Auskunft? – Pflicht zur Auskunft!, in: Parlamentarisch-Politischer Pressedienst, 11. Januar 1950
Richter Paulkes Einstellung, in: Sozialdemokratischer Pressedienst, 20. Februar 1950

1951
Der Schuman-Plan als deutsches Opfer?, in: Sozialdemokratischer Pressedienst, 22. August 1951
Nationalversammlung der Alliierten?, in: Lübecker Freie Presse, 6. November 1951
„Die nationale Einheit ist uns Opfer wert", in: Parlamentarisch-Politischer Pressedienst, 15. November 1951

1952
Wehrverfassung und Verfassungsrecht, in: Sozialdemokratischer Pressedienst, 26. Januar 1952
Offener Brief „Dank durch Schatten verdüstert", in: Hessische Nachrichten (Kassel), 21. August 1952

1953
Interview Arndt/Sokolowski: (erfunden), in: Der Spiegel, 11. März 1953, S. 10 f.
Kampf um „Kupferschiefer Sontra" noch im Gange, in: Hessischer Sonntag, August 1953 (Nr. 34)

1954
Auf dem Weg zur Parlamentsjustiz, in: Neuer Vorwärts, 26. Februar 1954
Deutschland als Wahrheit und Wagnis, in: Die Zeit, 4. März 1954
Zensurstelle Amtsgericht, in: Sozialdemokratischer Pressedienst, 4. März 1954
„Boykott des Abgeordneten Arndt?", in: Sozialdemokratischer Pressedienst, 11. März 1954
Das Standesamt als Konfessions-Register?, in: Sozialdemokratischer Pressedienst, 12. März 1954
Eine Erinnerung zur Emil von Behring-Feier, 15. März 1954, in: Sozialdemokratischer Pressedienst, 15. März 1954
Die Rechtslage im Wehrstreit, in: Sozialdemokratischer Pressedienst, 2. April 1954
Die Rechtslage im Wehrstreit, in: Hamburger Echo, 3. April 1954
Das Bonner Grundgesetz und die Saar, in: Sozialdemokratischer Pressedienst, 6. Mai 1954
Berlin als Wahlort für das Staatsoberhaupt, in: Tagesspiegel, 15. Juni 1954
Um die Nachfolge Ehlers, in: Sozialdemokratischer Pressedienst, 10. November 1954
Ist das Reichskonkordat noch gültig?, in: Neuer Vorwärts, 19. November 1954
Süsterhenn und das Konkordat, in: Neuer Vorwärts, 10. Dezember 1954

1955
Rettet Deutschland jetzt!, in: Sozialdemokratischer Pressedienst, 28. Januar 1955
Ein falscher Ton des Bundestags-Präsidenten, in: Sozialdemokratischer Pressedienst, 16. Februar 1955
Schrecken ohne Wirkung. „Wer jetzt nach der Todesstrafe schreit, will damit den Krieg vorbereiten", in: Neue Rhein-Zeitung, 16. März 1955
Der Anschlag auf das Bundesverfassungsgericht, in: Sozialdemokratischer Pressedienst, 24.Juni 1955
Bundesjustizminister Neumayer und das Bundesverfassungsgericht, in: Sozialdemokratischer Pressedienst, 6. Juli 1955
Eine niederschmetternde Bilanz der Nicht-Wiedergutmachung, in: Sozialdemokratischer Pressedienst, 30. September 1955
Koalitionsfreunde unter sich, in: Sozialdemokratischer Pressedienst, 16. Dezember 1955

1956
Warum weicht die CDU in der Deutschlandfrage aus?, in: Sozialdemokratischer Pressedienst, 7. Januar 1956 (= Vorwärts, 13. Januar 1956)
Auf dem Wege zum schleichenden Staatsstreich, in: Sozialdemokratischer Pressedienst, 16. Januar 1956 (= Geistige Freiheit als politische Gegenwartsaufgabe)

Dokumentation zum Fall Globke, in: Sozialdemokratischer Pressedienst, 12. März 1956 (14 S.)
Fragen an Dr. Adenauer, in: Die Freiheit, 18. März 1956
„Unheilvolle Verquickung", in: Sozialdemokratischer Pressedienst, 5. Mai 1956
Kritik an der Gleichschaltung des Bundesverfassungsgerichts, in: Sozialdemokratischer Pressedienst, 3. Juli 1956
Einzelbegnadigung wird nicht genügen, in: Sozialdemokratischer Pressedienst, 23. August 1956
Zensur im Bundestag!, in: Sozialdemokratischer Pressedienst, 9. November 1956
Redefreiheit begründet die Würde des Bundestages, in: Sozialdemokratischer Pressedienst, 20. November 1956
Das Recht auf Zusammenschluß, in: Sozialdemokratischer Pressedienst, 26. November 1956
Ein Schlußwort, in: Sozialdemokratischer Pressedienst, 5. Dezember 1956
Verfassungswidriger Akt, in: Stimme der Gemeinde 1956, S. 379

1957
Für die Politik der Vernunft, in: Vorwärts, 13. September 1957, S. 4
Eine Dokumentation zur gewaltsamen Unterdrückung der SPD im Jahre 1933, in: Sozialdemokratischer Pressedienst, 8. November 1957
Neues über Globke, in: Sozialdemokratischer Pressedienst, 18. November 1957
Eine Dokumentation zur gewaltsamen Unterdrückung der SPD im Jahre 1933, in: Vorwärts, 22. November 1957
Brief an das „Echo der Zeit", in: Sozialdemokratischer Pressedienst, 9. Dezember 1957

1958
Rundfunkvortrag zum Thema „Todesstrafe", abgedruckt in: Sozialdemokratische Bundestagsfraktion (Pressestelle), 18. Januar 1958
Geschichtsklitterungen, in: Sozialdemokratischer Pressedienst, 29. Januar 1958
Konfessions-Statistik und kein Ende, in: Sozialdemokratischer Pressedienst, 7. Februar 1958
Der Bundeskanzler als kommissarischer Diktator?, in: Sozialdemokratischer Pressedienst, 11. April 1958
Fragen an den „Rheinischen Merkur", in: Sozialdemokratischer Pressedienst, 7. Mai 1958
Bundestreue einmal so und einmal so?, in: Sozialdemokratischer Pressedienst, 14. Juli 1958
Der Urteilsspruch von Karlsruhe, in: Sozialdemokratischer Pressedienst, 31. Juli 1958
Karlsruhe und die Volksbefragung, in: Vorwärts, 19. September 1958
Teilstaat oder Staatsteil?, in: Sozialdemokratischer Pressedienst, 22. September 1958
Leserbrief „Volle Zustimmung für Helmut Schmidt", in: Vorwärts, 26. September 1958
Die unsägliche Peinlichkeit des Parteien-Proporzes, in: Sozialdemokratischer Pressedienst, 27. September 1958
Josef Wintrich, in: Sozialdemokratischer Pressedienst, 20. Oktober 1958
CDU im Glashaus, in: Sozialdemokratischer Pressedienst, 17. November 1958
Zur Frage der Notstandsrechte, in: Vorwärts, 21. November 1958

1959
Rundfunkvortrag zum Thema „Verteidigungsdienst an atomaren Waffen", in: SPD-Bundestagsfraktion, Mitteilung für die Presse, 7. Januar 1959
[ohne Namensnennung]: Grundlegendes Urteil des Bundesverwaltungsgerichts zur Kriegsdienstverweigerung, in: Sozialdemokratischer Pressedienst, 7. Januar 1959
Pflichtgemäße Straftaten von Beamten?, in: Sozialdemokratischer Pressedienst, 5. Februar 1959
„Betrifft Strauß-Rede in Vilshofen", in: Sozialdemokratischer Pressedienst, 24. Februar 1959
Leserbrief: "Verfassungswidriges Sammlungsgesetz", in: Süddeutsche Zeitung, 28. Februar / 1. März 1959
Das Stimmrecht der Berliner, in: Sozialdemokratischer Pressedienst, 10. März 1959
Leserbrief: „Religiöse Toleranz ist ein Gebot", in: Vorwärts, 26. Juni 1959
Gerechtigkeit gegen jedermann – Über die Bedeutung des Amtes des Bundespräsidenten, in: Vorwärts, 3. Juli 1959
Betr. „Brief Dr. Schröders an Dr. Gerstenmaier", in: Mitteilungen der SPD-Fraktion, 8. Juli 1959
Die neue Staatslegende, in: Sozialdemokratischer Pressedienst, 23. September 1959
Die neue Staatslegende, in: Vorwärts, 16. Oktober 1959
Sprach-Unfug im Rundfunk, in: Sozialdemokratischer Pressedienst, 24. Oktober 1959

Pressemitteilung zur Einstellung des Kilb-Verfahrens, in: Pressemitteilungen und Informationen der SPD, 6. November 1959
Betr. BVerfG, in: Mitteilungen der SPD-Fraktion, 23. November 1959
Zur Geheimsache „erklärt?", in: Sozialdemokratischer Pressedienst, 10. Dezember 1959
Arndt und Walter Menzel, „Betr. Notstandrecht", in: Mitteilungen der SPD-Fraktion, 11. Dezember 1959

1960
Betr.: Kabinettsbeschluß über Hakenkreuzschmierereien, in: Mitteilungen der SPD-Bundestagsfraktion, 7. Januar 1960
Betr.: Diplomatische Beziehungen zu Israel, in: Mitteilungen der SPD-Bundestagsfraktion, 2. Februar 1960
Kein Sondergesetz! Kein Sonderschutz!, in: Sozialdemokratischer Pressedienst, 3. Februar 1960
Dr. Arndt: Dunkle Quellen, in: Colloquium, 14. Jg. (1960), Heft 4/5, S. 21
Leserbrief: „Spendet für das Anne-Frank-Heim", in: Süddeutsche Zeitung, 4. Februar 1960
Betr.: Tschechoslowakische Beschuldigungen deutscher Richter, in: Mitteilungen der SPD-Fraktion, 11. März 1960
Beging Mr. Sulzberger Landesverrat?, in: Sozialdemokratischer Pressedienst, 12. März 1960
Bekenner in Ost und West. Zum Tode von Hans-Joachim Iwand, in: Vorwärts, 13. Mai 1960
Leserbrief „Rechtsbeugung im besetzten Polen", Frankfurter Allgemeine Zeitung, 18. Mai 1960
Beschluß des OLG Köln im Fall Kilb, in: Mitteilungen der SPD-Fraktion, 1. Juni 1960
„Kurzschlüssige Fehlleistung." Zu Professor Jaspers' irrealen Spekulationen, in: Sozialdemokratischer Pressedienst, 11. August 1960
Betr.: Mitwirkung des Bundesrates an der Bundesgesetzgebung. Zum Vorschlag von Bundesinnenminister Dr. Schröder, in: Mitteilungen der SPD-Fraktion, 5. Oktober 1960
Politische Freiheit ist nicht teilbar, in: Die Zeit, 7. Oktober 1960
„Probleme deutscher Politik", Vortrag im Hessischen Rundfunk, abgedruckt in: Pressemitteilungen und Informationen der SPD, 11. Oktober 1960
Betr.: Wiederinkraftsetzung oder Verlängerung von Polizeiverordnungen von 1938/45, in: Mitteilungen der SPD-Fraktion, 14. Oktober 1960
Politik – doch ein unsauberes Geschäft?, in: Sozialdemokratischer Pressedienst, 12. November 1960
von Hassel und das Bundesverfassungsgericht, in: Sozialdemokratischer Pressedienst, 17. November 1960

1961
Betr.: Ausführungen des Abgeordneten von Guttenberg, in: Mitteilungen der SPD-Fraktion, 15. Februar 1961
Der sinnlose Streit um das „Provisorium", in: Sozialdemokratischer Pressedienst, 15. Februar 1961
Nachhilfe-Unterricht in parlamentarischer Regierungsweise nötig?, in: Sozialdemokratischer Pressedienst, 22. Februar 1961
Sinnloser Streit um das Provisorium, in: Vorwärts, 24. Februar 1961
Gerstenmaier zum Karlsruher Urteil, in: Mitteilungen der SPD-Fraktion, 8. März 1961
Vortrag im Sender „Freies Berlin" zum zehnten Jahrestag der Errichtung des Bundesverfassungsgerichts, in: Pressemitteilungen und Informationen der SPD, 15. März 1961
Unsere Verfassung – ein Besatzungsstatut?, in: Sozialdemokratischer Pressedienst, 20. März 1961
„Mit allen Deutschen" (Antwort an Dr. Krone), in: Sozialdemokratischer Pressedienst, 24. März 1961
Was ist mit § 48 des Ehegesetzes?, in: Sozialdemokratischer Pressedienst, 13. Mai 1961
Die Rolle des Bundespräsidenten, in: Sozialdemokratischer Pressedienst, 11. Oktober 1961
Bonn – ein Trauerspiel der Demokratie, in: Vorwärts, 29. November 1961

1962
Die Bedeutung der politischen Bindung Berlins an die Bundesrepublik, in: Königsteiner Kreis (Mitteilungsblatt der Vereinigung der Juristen, Volkswirte und Beamten aus der Sowjetischen Besatzungszone e.V.), 1962 (Nr. 4), S. 11 ff.
„Notstand. Seit 1955 ist ein Notstandsgesetz fällig", in: Sozialdemokratischer Pressedienst, 6. März 1962
Es geht um die Maßstäbe der Demokratie (eine Antwort an Dr. Max Güde zum Thema Staatsschutz und Pressefreiheit), in: Vorwärts, 28. November 1962

1963
Im Kern geht es um die Verfassung, in: Der Spiegel, 16. Januar 1963
Mein Weg zur Sozialdemokratie, in: Sozialdemokratischer Pressedienst, 29. Mai 1963
Schatten über Karlsruhe. Das Bundesverfassungsgericht – eine lästige Begrenzung der Macht?, in: Sozialdemokratischer Pressedienst, 19. August 1963

1964
Der Geist der Stadt kommt von denen, die Geist haben, in: Spandauer Volksblatt, 17. Juni 1964
Verjährung nicht preisgeben!, in: Stuttgarter Nachrichten (Nr. 274), 21. November 1964
Ich erlebte den Sturm der Fremdarbeiter, in: Welt am Sonntag, 16. Mai 1965
Es geht um den wahren Begriff der Freiheit, in: Freie Presse, Bielefeld, 5. Juni 1965

1967
Leserbrief, Kritik an einer Justizkritik, in: Die Zeit, 21. April 1967
Leserbrief, Wer kommandiert die Bundeswehr?, in: Die Zeit, 6. Oktober 1967

Schriften über Adolf Arndt

(Person und Werk)
- Eine Auswahl -

Adolf Arndt 50 Jahre, in: Sozialdemokratischer Pressedienst, 10. März 1954

BENZ, Eberhard: Ausführung verfassungswidriger Gesetze, in: Baden-Württembergische Verwaltungsblätter, S. 7 f.

CAMPENHAUSEN, Axel Freiherr von: Das Recht als politische Aufgabe (= Besprechung zu Adolf Arndt-,Gesammelte juristische Schriften [1976]), in: NJW 1977, S. 1806 ff.

COING, Helmut: Kultur-gebundene oder ungebundene Entscheidung im Recht (= zugleich Besprechung von Arndt, Die Krise des Rechts [1948]), in: Die Wandlung 1949, S. 508 ff.

EHMKE, Horst/SCHMID, Carlo/SCHAROUN, Hans (Hrsg.): Festschrift für Adolf Arndt zum 65. Geburtstag, Frankfurt am Main 1969

ERLER, Fritz: Avantgardist unserer Mündigkeit, in: Sozialdemokratischer Pressedienst, 10. März 1964

FECHNER, Erich: Besprechung zu Arndt, Rechtsdenken in unserer Zeit, Tübingen 1955, in: JZ 1956, S. 135 f.

FROMME, Friedrich-Karl: Politik, Wissenschaft, Kunst, Besprechung der Festschrift für Adolf Arndt zum 65.Geburtstag, hrsg. von Horst Ehmke, Carlo Schmid, Hans Scharoun, Frankfurt am Main 1969,in: Frankfurter Allgemeine Zeitung, 30. Mai 1969

HÄBERLE, Peter: Das schöpferische Nein als Ja zur Zukunft. Der Jurist und Politiker Adolf Arndt /Fürsprecher und Verfechter einer „wertgebundenen Toleranz" (= Frankfurter Allgemeine Zeitung, 24. Mai 1977, S. 27), in: ders., Verfassung als öffentlicher Prozeß, Berlin 1978, S. 688 ff.

HÄBERLE, Peter: Besprechung zu: Adolf Arndt, Gesammelte juristische Schriften (1976), in: DÖV 1977, S. 417

HARTMANN, G.B. von: Gespräche wie Bäume pflanzen, in: Der Tagesspiegel, 13. März 1974

HEINEMANN, Gustav: Adolf Arndt zum 65., in: Berliner Stimme, 15. März 1969 (abgedruckt auch in: Recht und Politik, 1969, S. 1 ff.)

HENKE, Wilhelm: Besprechung zu: Arndt, Der deutsche Staat als Rechtsproblem (1960), in: DÖV 1961, S. 7 f.

HENKELS, Walter: Der Kronjurist der Opposition, in: Frankfurter Allgemeine Zeitung, 23. Mai 1953

HENKELS, Walter: Adolf Arndt, in: ders., 111 Bonner Köpfe (= 5. Aufl. von 99 Bonner Köpfen), Düsseldorf/Wien 1963, S. 21 ff.

HILDEBRANDT, Dieter: Avantgardist unserer Mündigkeit, in: Frankfurter Allgemeine Zeitung, 14. Februar 1964

HOLTFORT, Werner: Adolf Arndt (1904 – 1974). Kronjurist der SPD, in: Kritische Justiz (Hrsg.), Streitbare Juristen. Eine andere Tradition, Baden-Baden 1988, S. 451 ff.

JAHN, Gerhard: Ansprache zur Trauerfeier für Professor Dr. Adolf Arndt am 22. Februar 1974 in Berlin, in: Recht, Informationen des Bundesministers der Justiz, 16/1974 (22. Februar 1974)

JENS, Walter: Besprechung von: Arndt, Geist und Politik (1965), in: Der Spiegel, 27. März 1967, S. 128 f.

JESCHECK, Hans-Heinrich: Was ist ein Staatsgeheimnis (= Besprechung zu Arndt, Landesverrat [1966]), in: Frankfurter Allgemeine Zeitung, 9. Februar 1967

KERN, Eduard: Besprechung zu: Arndt, Das Bild des Richters, Karlsruhe 1957, in: JZ 1957, S. 488

K.M. (gez.): Der „Kronjurist" der SPD, in: Vorwärts, 21. Dezember 1956

KONARSKI, Marek: Besprechung zu: Arndt, Gesammelte juristische Schriften (1976), in: Panstwo i Prawo, hrsg. vom Institut Staat und Recht der polnischen Akademie der Wissenschaften, Warschau 1977, Bd. XXXII

KORDASIEWICZ, Bogudar: Besprechung von Adolf Arndt, Gesammelte juristische Schriften. Hrsg. von Ernst-Wolfgang Böckenförde und Walter Lewald, München 1976, in: Przeglad Zachodni 1977, S. 181 ff. (zitiert nach einer Übersetzung des Bundessprachenamtes, Privatarchiv Claus Arndt, Hamburg)

KRÜGER, Hildegard: Besprechung von: Arndt, Das nichterfüllte Grundgesetz, Tübingen 1960, in: DVBl 1960, S. 907 f.

LEONHARD, Rudolf Walter: Adolf Arndts Paragraph hundert (= Besprechung zu Arndt, Landesverrat [1966]), in: Die ZEIT 1966, 30. September 1966

MAUZ, Gerhard: Glanz der Nüchternheit, in: Der Spiegel, 18. Februar 1974

MAYER, Hans: Anmerkungen zu Reden von Adolf Arndt, in: Arndt, Geist der Politik (1965), S. 324 ff.

MICHEL, Helmut: Besprechung zu Arndt, Das nicht erfüllte Grundgesetz, Tübingen 1960, in: NJW 1960, S. 1241

MÜLLER-MEININGEN, Ernst jr.: Kärrner der Gerechtigkeit, in: Süddeutsche Zeitung, 15. Februar 1974

NACHRUF, in: Deutsches Anwaltsblatt 1974, S. 66

PERELS, Joachim: Adolf Arndt und Franz L. Neumann, in: ders. (Hrsg.), Recht, Demokratie und Kapitalismus. Aktualität und Probleme der Theorie Franz L. Neumanns, Baden-Baden 1984, S. 137 ff.

RIDDER, Helmut: In Sachen Opposition: Adolf Arndt und das Bundesverfassungsgericht, in: Horst Ehmke/Carlo Schmid/Hans Scharoun (Hrsg.), Festschrift für Adolf Arndt zum 65. Geburtstag, Frankfurt am Main 1969, S. 323 ff.

RUPP-von BRÜNNECK, Wiltraut: In memoriam Adolf Arndt, in: JZ 1974, S. 395 f. (wieder abgedruckt in: Rupp-von Brünneck, Verfassung und Verantwortung. Gesammelte Schriften und Sondervoten, hrsg. von Hans-Peter Schneider, Baden-Baden 1983, S. 307 ff.

SCHAUMANN, Wilfried: Schriften zur Rechtslage des zweigeteilten Staates (unter anderem Besprechung von Arndt, Der deutsche Staat als Rechtsproblem [1960]), in: JZ 1961, S. 315 ff.

SCHEUNER, Ulrich: Besprechung zu Arndt, Gesammelte juristische Schriften (1976), in: JZ 1978, S. 620 f.

SCHMID, Carlo: Vorwort zu: Adolf Arndt, Politische Reden und Schriften (1976), S. 7 ff.

SCHMID, Carlo: Vorwort zu: Horst Ehmke/Carlo Schmid/Hans Scharoun (Hrsg.), Festschrift für Adolf Arndt zum 65. Geburtstag, Frankfurt am Main 1969, S. 9 ff.

VOGEL, Hans-Jochen: Rechtspolitik als Berufung und Auftrag. Einführung in Adolf Arndt, Gesammelte juristische Schriften (1976), S. IX ff.

VOGEL, Hans-Jochen: Adolf Arndt. 12. März 1904 – 13. Februar 1974, in: NJW 1984, S. 597

WASSERMANN, Rudolf: Weder Hofjurist noch Träger von Macht und Würde, in: Frankfurter Rundschau, 15. Februar 1974

WASSERMANN, Rudolf: Adolf Arndt, in: ders., Vorsorge für Gerechtigkeit. Rechtspolitik in Theorie und Praxis, Bonn 1985, S. 326 ff.

WEHNER, Herbert: Trauerrede, in: Recht und Politik 1974, S. 1

WERNER, Fritz: Besprechung von Arndt, Das nicht erfüllte Grundgesetz, Tübingen 1960, in: JZ 1960, S. 551

WIETHÖLTER, Franz: Besprechung der Festschrift für Adolf Arndt zum 65. Geburtstag, hrsg. von Horst Ehmke/Carlo Schmid/Hans Scharoun, Frankfurt am Main 1969, in: NJW 1969, S. 1703 ff

ZUNDEL, Rolf: Bonner Kronjurist, Berliner Senator, in: Die Zeit, 17. Mai 1963

Personenregister

Kursiv gesetzte Seitenzahlen verweisen auf die Anmerkungen

Abendroth, Wolfgang 543, 548–552, 554 f., 557, 598
Adenauer, Konrad *144*, 166, 228, 230, 235, 241 f., 254, 256–259, *262*, 263, 266, 280, 282–285, 288, 297 ff., 304, 330, 335, *337*, 339, *340*, 351, 355, 364, 367, 377, 402 f., 438, 502 ff., 506, 508, 566
Adler, Max 552
Agartz, Victor 83 f.
Albertz, Heinrich 294, *341, 434*
Allessandri *578*
Alsberg, Max 36 ff., 56, 171, 217
Altmaier, Jakob 229, 230, *240*
Altmeier, Peter 502
Anschütz, Gerhard 23, 315
Arendt, Hannah 240
Arndt, Claus 38, 62 f., *335*, 543 f.
Arndt, Ernst Moritz (Bruder Adolf Arndts) 24, 30
Arndt, Ernst Moritz (Dichter) 24
Arndt, Gustav Adolf 21 f., 26 ff., 30, *66*, 590
Arndt, Ruth 38, 59, 60, 62 f., 65
Arndt, Yvonne 38, 62 f., 65

Baade, Fritz *365*
Bachem, Heinrich 57
Baring, Arnulf 254, 305
Barlach, Ernst 59 f.
Barth *383*
Barth, Karl 390
Barzel, Rainer *408, 409*
Bauer, Fritz *465, 468*, 543, *565*
Becker, Carl 78
Beermann, Friedrich 375, *381*
Bekker vom Rath, Hanna 163
Benda, Ernst 244, *456*
Berger, Hugo *459*
Bergson, Henri *519*
Bergstraesser, Ludwig 77, 150
Bernstein, Eduard 554
Bettermann, Karl August *580*
Binder, Gottlob *99*
Bismarck, Otto von 21, 24, 313
Blachstein, Peter 228
Blank, Theodor 372 f.
Bloch, P. *58*
Böckenförde, Ernst-Wolfgang *384, 394, 564 f., 575 f.*
Böhler, Wilhelm Johannes *487*, 566, 579
Böhm, Franz *81*, 83, *156*, 236 f., 245, *372*
Bonhoeffer, Dietrich 147, 390, 471, 540
Bonhoeffer, Karl-Friedrich *494*
Borchardt, Wolfgang 161
Bracher, Karl Dietrich 483
Brandt, Willy 368, 433 f., *436*, 442, 444, 581–584, 594
Brauer, Max 292
Braun, Otto 26, 483
Brecht, Bertolt 39
Brenner, Otto *460*
Brentano, Heinrich von 139, *443 f.*
Brill, Hermann Louis *165*, 186, 189 f., *194, 362*, 543
Brod, Max 39
Bucerius, Gerd *159*, 359
Bucher, Ewald *478*
Buchstaller, Werner *368*
Bumke, Erwin *337*

Canter 142
Caspary, Friedrich 88, 92
Chruschtschow, Nikita 436
Clausen, Hermann *214*
Clay, Lucius D. 100
Coing, Helmut 112 f., 117

Dammeyer, Manfred *466*
Danner, Lothar *381*
Dechamps, Bruno 425
Dehler, Thomas 174, 176, 185, 205, *209*, 211, 263 ff., 275, 297, 304 f., 309, 329, 330–334, 336, *435, 471, 474*, 595
Deist, Heinrich
Delp, Alfred Friedrich 147
Deutschkron, Inge *245*
Diel, Jakob 336
Diem, Hermann *105*
Dirks, Walter 100, *104*, 162
Donhauser, Anton *214*
Draht, Martin *473*
Dürig, Günter *441*

Ebert, Friedrich 429
Eckert, Georg *368*
Edinger, Lewis J. 169, 178
Ehlers, Hermann 292
Ehmke, Horst 170, 531, 543
Ehrhardt, Hermann 27, 28
Eichler, Willi 294, 442, *487*, 510, 534, 536, *539*, 543, 545, *548*, 561, 566, *567*, 571, 574, 579
Einsele, Helga *555, 557*
Einstein, Albert 108
Ellinghaus, Wilhelm 310
Engels, Friedrich 295
Erhard, Ludwig 151, 153 f., 156
Erler, Fritz 168, 176, 244, 367 f., 370, 375, 386, 395, *416*, 420, 433, 436, *443 f.*, 546, *547*, 555, 584, 594
Ernst 46 ff., 56
Erzberger, Matthias 107
Eschenburg, Theodor *473*, 491
Euler, August-Martin *214*
Ewers, Hans 223
Eyck, Erich 51

Faulhaber, Michael von *486*
Fichtner, Otto *444*
Fisch, Walter 224
Flehinghaus *458*
Flor, Georg *421*
Forsthoff, Ernst 272, 273, 277 f., 318, 361, *547*
Fraenkel, Ernst 85 f., 360, 525 f.
Franke, Egon 442
Fransecky, (Familie) von 24, 26, 165
Fransecky, Karoline von 24
Franz von Assisi 103
Freisler, Roland 46
Frenzel, Alfred 245
Freud, Sigmund 30, 37, 60
Freudenberg, Richard 267
Friesenhahn, Ernst *473, 476*
Fritz, Robert 69

646

Fuhr, Xaver   60, *162*
Furler, Hans   378

Gaul, Ewald   *333*
Geiger   *474*
Geiger, Willi   186, 188, 193, 200, *202,* 204, *303,* 304, *305, 471*
Geiler, Karl   69, 77, 112
Genzmer, Felix   30
Gerstenmaier, Eugen   *492*
Gide, André   60, *162*
Gille, Alfred   *383, 399*
Globke, Hans   241 ff., 473
Goebbels, Joseph   43–46, 54, 493
Goetzendorff, Günter   *333*
Goldmann, Nahum   230, *232*
Goldschmidt, James   31, 33, 47, 56, 157, 448, 501
Gollwitzer, Helmut   294, 406
Greve, Heinrich-Otto   *190,* 202, 209, *215, 220,* 238, 241, 319, 333, 408 f., *473*
Grewe, Wilhelm   250, 273, 279, 319 f., *326,* 343, 354, *355,* 378, 419, 485
Grossmann, Kurt   *236,* 241
Grosz, George   38 ff., 42 f., 54, 586, 600
Grüber, Heinrich   *406*
Gründgens, Gustav   38
Grzesinski, Albert   43
Güde, Max   *397,* 465
Gundlach, Gustav   *505,* 567 ff., 577, 579

Haas, Franz   *341, 574*
Haase, Hugo   26
Haasler, Horst   *387*
Habermas, Jürgen   *532*
Haffner, Alex   *156*
Hahn, Otto   *494*
Hallstein, Walter   268 f., 319, *483,* 484
Hanssler, Bernhard   *571*
Häntzschel, Kurt   *495*
Harlan, Veit   493 f., 497
Harmening, Rudolf   158
Hašek, Jaroslav   39
Hassel, Kai Uwe von   502
Haussmann, Wolfgang   *478*
Heck, Bruno   *396, 474*
Heck, Karl   474 f.
Heckert, Valentin   *99, 103*
Hedler, Wolfgang   176, 208 ff.
Hegel, Georg Wilhelm Friedrich   112, 512, 519
Heine, Fritz   169, 207, 220, 562
Heine, Heinrich   230, *231*
Heinemann, Gustav   288, 293, *294,* 295, *404,* 406, *414 f., 435,* 572, 578 f., 597
Heisenberg, Werner   *494*
Helbing, Klaus   28
Helbing, Otto   38, 57
Held, Adolphe   *231,* 242, 244
Helfferich, Karl Theodor   36
Helldorff, Wolf Heinrich Graf von   46 ff., 56
Heller, Hermann   85 f., 207, *477, 496,* 329, *350, 347, 552,* 554
Henkels, Walter   27
Hennig, Arno   *294*
Hennis, Wilhelm   *168,* 170, 495 f., 531
Henssler, Fritz   273
Herrfahrdt, Heinrich   66, *67*
Herzfelde, Wieland   39
Hesse, Konrad   *529*
Heuss, Theodor   *207,* 303, 305 f., *309,* 335, 337, 341
Hieronomi, Theo   *576*
Hilbert, Anton   *173*
Hippel, Fritz von   66
Hirschmann, Hans   390, 393, *571*
Hitler, Adolf   61, 110 f., 114 f.
Hobbes, Thomas   513, 519, 532

Hoch, Fritz   77, 190
Höcherl, Hermann   *427*
Hodenberg, Hodo Freiherr von   *450*
Hoegner, Wilhelm   91 f.
Hofer, Karl   60
Hoffmann, Dieter   *543*
Hoogen, Matthias   423, 427
Höpfner   *338 f.*
Höpker-Aschoff, Hermann   304, *309*
Horkheimer, Max   59

Ilk, Herta   238
Iwand, Hans-Joachim   294

Jaeger, Richard   198, 370, 382, 388, 424
Jahn, Gerhard   *244, 469*
Jaksch, Wenzel   165
Jasper, Gotthard   *233*
Jaspers, Karl   112, 148, 226, 445 f.
Jellinek, Walter   79
John, Otto   396

Kaas, Ludwig   486
Kafka, Gustav E.   *571 f.,* 576 f.
Kägi, Werner   *314,* 591
Kahl, Wilhelm   41
Kaisen, Wilhelm   292
Kalbitzer, Helmut   442
Kampe, Walther   *575*
Kanka, Karl   130, *456*
Kant, Immanuel   534
Kapp, Wolfgang   *27,* 28
Katz, Rudolf   188, 190, *263,* 423
Kaufmann, Edmund   153
Kaufmann, Erich   *307,* 317, 319, *326, 353, 379, 573*
Kautsky, Benedikt   *545*
Keller, Michael   *559*
Kelsen, Hans   *31,* 145
Kempner, Robert   *242*
Kerrl, Hans   53, 55
Kessler, Carl   *476*
Kessler, Harry Graf   41
Keudell, Walter von   *57*
Kiesinger, Kurt Georg   186, 196, 202, *207,* 264, 266, *328, 388, 474*
Kirchheimer, Otto   85 f.
Kirschstein   *48*
Klein, Friedrich   *263,* 361
Klein, Günter   73, *256,* 502
Kleinrahm   *339*
Kliesing, Georg   *387*
Knappstein, Karl Heinrich   *103*
Knoeringen, Waldemar von   536, 567, *574*
Koch, Harald   95 f.
Koellreutter, Otto   236
Kogon, Eugen   100, *104*
Köhnen, Willy   *469*
Kokoschka, Oskar   59 f.
Konrad, Anton   *476*
Kopf, Hinrich Wilhelm   91, *450*
Kopf, Hermann   *218, 223, 266,* 302, 326, *387*
Koppel, Wolfgang   *466*
Köppler, Heinrich   *578*
Kortner, Fritz   38
Kralewski, Wolfgang   *164*
Krone, Heinrich   391
Kühn, Heinz   *294,* 365
Künneth, Walter   390
Kunst, Hermann   *389*
Küster, Otto   *231,* 236, 237
Kuttner, Erich   48

Laforet, Wilhelm   172, *186, 205, 207, 319,* 330 f., *333, 474*
Landsberg, Otto   57, 73

Lassalle, Ferdinand 552 f., 557
Laternser, Hans 120
Laun, Rudolf von 145, 477
Lautz, Ernst 464, 465
Lehr, Karl 197, 199, 201
Leibholz, Gerhard 32 f., 187, 191, 471, 473, 491, 590
Leipart, Theodor 58, 73
Lemmer, Ernst 28
Lenz, Otto 329
Leonard, Franz 66
Leuschner, Wilhelm 58, 73
Liebermann, Manfred 62
Liebermann, Willy 62
Litten, Hans 50 f., 56 f.
Löbe, Paul 230
Loewenstein, Karl 315, 361
Lohmar, Ulrich 244, 368, 543
Lübbe, Hermann 576
Lüth, Erich 228, 493, 496, 590
Luther, Martin 112
Lütkens, Gerhart 267, 287
Lüttwitz, Walther von 28

Macke, August 60
Mahrenholz, Ernst Gottfried 384, 394
Maier, Friedrich 269 f.
Maier, Reinhold 228, 342
Mangoldt, Hermann von 312
Mann, Thomas 159 ff., 598
Manteuffel, Hasso von 372
Marx, Karl 112, 295, 381, 534, 552
Matthes, Heinz 372
Maunz, Theodor 361
May, Kurt 236
Mayer, Hans 175, 600
McCloy, John 207
Meinhof, Ulrike 465
Meistermann, Georg 162
Mellies, Wilhelm 167, 294, 373, 482, 488, 566
Mendelssohn, Felix 230
Mendès-France, Pierre 351
Mennecke, Friedrich 121
Menzel, Walter 58, 76, 91, 244, 245, 279, 360, 362, 408, 411, 413, 420, 422 f., 427, 474
Mercker, Reinhold 503
Merkatz, Joachim von 186, 189, 201, 202, 205, 206, 207, 214, 264, 379, 399
Merten, Hans 454
Metzger, Ludwig 137, 162, 390, 572
Miller, Susanne 558
Mochalski, Herbert 294 f.
Moltke, Helmuth James Graf von 147
Mommer, Karl 168, 469
Mommsen, Wolfgang J. 532
Moritz, Ewald (= Zarnow, Gottfried) 52
Mosler, Hermann 308, 319, 483
Müller, Egon Erwin 369
Müller, Gebhard 456
Müller, Josef 228
Müller, Konrad 495
Müller, Otto 60

Nau, Alfred 362
Nay, Ernst-Wilhelm 163, 600
Nell-Breuning, Oswald von 567, 569, 573, 576, 579, 598
Nellen, Peter 390, 391
Nelson, Leonard 534, 536
Neumann, Franz 433, 434
Neumann, Franz L. 85 ff.
Neumayer, Fritz 202, 472, 479
Neunreither, Karl-Heinz 184
Niemöller, Martin 163, 293 f., 295, 357, 406, 560
Niethammer, Lutz 101

Nipperdey, Hans Carl 459 f.
Nolde, Emil 59
Noske, Gustav 26, 429

Ohnesorge, Kurt 45, 46, 48, 334 f.
Ollenhauer, Erich 169, 229, 231, 270, 279, 293, 294, 339, 341 f., 356, 360, 366, 417, 466, 503, 508, 545 f., 555, 582, 584, 594
Ophüls, Carl Friedrich 266, 319
Ossietzky, Carl von 217 f.

Perels, Joachim 18
Pferdmenges, Robert 488
Picasso, Pablo 108
Piscator, Erwin 39
Pius IX., Papst 559
Planck, Max 108
Plaut, Max 29
Plessner, Helmuth 494
Pleven, René 280
Pogede 49, 51
Popitz, Johannes 57
Proske, Rüdiger 292
Pufendorf, Samuel 515
Pünder, Hermann 158

Rackwitz, Arthur 105
Radbruch, Gustav 111 f., 114, 115, 162, 453, 514, 597
Radke, Olaf 365
Rapacki, Adam 403
Rasner, Will 408
Rathenau, Walther 230
Rautenberg, Hans 66
Redslob, Edwin 41
Reinhardt, Max 38
Reischl, Gerhard 424
Reismann, Bernhard 340
Remer, Otto Ernst 233
Renger, Annemarie 168, 294, 469
Reuter, Ernst 292 f.
Richter, Willy 90, 453
Ridder, Helmut 18
Ritter, Karl Bernhard 66
Röhl, Klaus Rainer 465
Römer, Walter 158, 202, 338
Rosenberg, Alfred 40
Rosenthal-Pelldram, Erich 70, 594
Rotberg, Hans Eberhard 218 f.
Rothenbücher, Karl 495
Rousseau, Jean-Jacques 519 f., 522, 532, 576
Rück, Fritz 365
Rupp-von Brünneck, Wiltraut 18..., 503
Ruscheweyh, Herbert 123

Salzsieder, Gerhard 62
Sänger, Fritz 545, 556
Schäfer, Friedrich 423, 427
Schäfer, Hans 423
Schäffer, Fritz 234, 235, 503
Schafheutle, Joseph 215
Scharf, Kurt 406
Scharoun, Hans 584, 600
Schätzel, Walter 309
Scheuner, Ulrich 182, 311, 312, 343 f., 438, 444, 485
Schlegelberger, Franz 465
Schmid, Carlo 74 f., 91, 168, 210, 215, 220 f., 229 f., 231, 244, 249, 269, 270, 287, 289, 294, 322, 323, 343, 370, 407, 408 f., 419, 433, 434, 436, 438, 442 f., 518, 526, 538, 567, 594, 599
Schmidt, Eberhard 101, 125, 157, 450, 476
Schmidt, Helmut 367, 386, 417
Schmidt, Walther 121 f., 124
Schmidt-Rottluff, Karl 38, 59 f., 162, 163
Schmitt, Carl 273, 360 f., 519, 527, 531 ff., 591
Schmitt-Vockenhausen, Hermann 427, 469

Schneider, Ludwig *476*
Schoettle, Erwin 206, *294, 341*
Scholz, Arno *433*
Scholz, Werner 59 f.
Schönbeck, Fritz 57, 61, 73, 76
Schonebohm, Karl-Friedrich *70*
Schreiner, Helmuth 42
Schröder, Gerhard *408,* 421 f., 424, *438*
Schumacher, Kurt 73–76, 148 f., 161, *162,* 164, 166–169, 176, 178, 208, 228 f., 231, 235, 255, 257 f., 262, 266, *270,* 284 f., 287 f., *289,* 290, 292 ff., *295,* 339, 342, 356, *361,* 365, 434 ff., 443, 483, 494, 538, 546, *548,* 552 ff., 557–560, 562, 567, 594, 596, 599
Schuman, Robert 282, 356
Schwarz, Hans-Peter 255
Schwarzhaupt, Elisabeth *245,* 375, 383, 461
Selbert, Elisabeth *190*
Sethe *51*
Seuffert, Walter *231*
Severing, Carl 48, 56, 58
Shrager, Peter *231*
Siebecke, Eugen 64, *66*
Siegert 40 f., 48, 52, 54
Simon (Familie) 25
Sinzheimer, Otto *429*
Skott, Alfred *476*
Smend, Rudolf 31 f., 294, 361, 371, 392, 411, *441,* 495–498, 527–531
Sontheimer, Kurt 525
Stammer, Otto *543*
Stein, Erwin 95
Stempel, Hans *406*
Sternberger, Dolf 112, 139
Stinnes, Hugo jun. 36
Strauß, Franz-Josef 159, 402 f.
Strauß, Walter *189,* 265, *307,* 382, *402, 458, 474, 533*
Strecker, Reinhard-Maria *466*
Stuckart, Wilhelm 241
Suhr, Otto 92, 433
Süsterhenn, Adolf 311 f., *345,*567, 569

Tenhumberg, Heinrich *571*
Thiess, Frank 160

Thoma, Richard 110
Tillessen, Heinrich 107
Triepel, Heinrich 31 ff., 35, 86, 183, *361, 530*

Veit, Hermann *342*
Venedey, Hans 77
Vogel, Hans-Jochen *15,* 18, *597*
Vogel, Heinrich *406*

Wagner, Friedhelm Wilhelm *184,* 185, *194,* 319
Wahl, Eduard *202, 219,* 265 f., *474, 476 f., 479*
Waldecker *477*
Weber, Helene *387*
Weber, Karl *379,* 381, *399, 456, 477*
Weber, Werner 312
Wehner, Herbert 168, *287, 436,* 443, *444,* 553, 584, 594
Weiß, Bernhard 43
Weisser, Gerhard 538, 567
Weizsäcker, Carl Friedrich von *494*
Wels, Otto 57, 73
Welty, Eberhard M. *566*
Wenger, Wilhelm Paul 336
Wengler, Wilhelm *414, 580*
Wenzel, Fritz *365*
Werner, Fritz *456*
Wessel, Helene 406
Willis, F. Roy 252
Wintrich, Joseph 201, *498*
Wissing, Wilhelm *571*
Wittrock, Karl *387, 469*
Wolf, Ernst *560,* 564
Wolff, Ernst 328
Wurm, Theophil 100

Zabeler, Luise 24
Zinn, Georg August 64, 69 f., 76 f., *80,* 88, 90 ff., 96, 110, 119, 131 f., 145, 150, 165, 168, *184, 186,* 190, 192, 195, 197, 202, *209, 233,* 286, *287,* 289, *453,* 454, *478,* 487 f., 492, 502, *505,* 593 f.
Zörgiebel, Karl Friedrich 43
Zorn, Philipp 25
Zweigert, Kurt *338,* 474
Zycha, Adolf 24

Sachregister

Kursiv gesetzte Seitenzahlen verweisen auf die Anmerkungen

Abgeordneter
- materielle Ausstattung 171
- zwangsweise Vorführung im Strafverfahren 44
- Immunität 44

Ära Adenauer 508, *580*
Aktion Hase 62
Allgemeiner Deutscher Gewerkschaftsbund (ADGB) 58, 81
American Jewish Labour Committee 231, *242*
Amnestie siehe nationalsozialistisches Unrecht
Der Angriff 43
Annals of the American Academy 146
Anpassung an den Nationalsozialismus 55, 331 f.
Antibürgerlichkeit 161 f., *598*
Antimilitarismus siehe Militarismus
Antipositivismus siehe Positivismus, in der Kritik
Antisemitismus 25, 28 f., 43, 46, 48, 53 f., 60, 208, 210, 236, 240–244, 336, *493* f., *498*
- in der SPD 229
Arbeiterbewegung 539
Arbeitsgemeinschaft für Christentum und Sozialismus 162
Arbeitsgemeinschaft Sozialdemokratischer Akademiker 562
Arbeitsgerichtsbarkeit 453
Atlantic-Charter 143 f.
Atombewaffnung 400, 403
- politischer Protest 400, 402, 407
Atomwaffenfreie Zone 403
Auschwitz 160
Außenpolitik
- Parlamentarisierung 247
- Juridifizierung 247
- im Bundeskanzleramt 254
- der SPD siehe SPD
- und Bundesverfassungsgericht siehe Bundesverfassungsgericht
Außerparlamentarischer Protest 388, 404
Aussperrung, Verbot der 90, 92, 94
Auswärtige Gewalt 248 f., 263, 271
- historische Auslegung 276
- im Konstitutionalismus 278
- Primat der Exekutive 276, 278, 280, 302, 358
- demokratische Auslegung 271, 275
- Primat der Legislative 276, 358
- kombinierte Gewalt 279, 358
- Primat des Politischen 352
- Kontrollkompetenz des Bundesverfassungsgerichts 353

Bank der Arbeiter, Angestellten und Beamten AG 57
Bauhaus-Bewegung 38, 171
Bedarfsdeckung 90, 92
Beerberg 60 f.
Begriff des Politischen im Grundgesetz 273, 275
Begründungspluralismus 75, 539
Bekennende Kirche 62, 293, 390
Bekenntnisschule siehe Schule
Belauschter Bürger 426
Belsec 160
Bergrecht 22
Berlin 21, 27, 581–585
- geistige Metropole 37 f., *582*, *585*
- Hauptstadt Deutschlands 172, *581*
- Symbol deutscher Einheit 432, 436, *581*
- Wahl des Regierenden Bürgermeisters 1957 433 f.
- Freie Universität *580*
- Senator für Wissenschaft und Kunst 1963/64 581–585

Berlin-Krise 1958/1962 435, 464, *581*
Besatzungsgewalt, alliierte 145
- treuhänderische Wahrnehmung deutscher Staatsgewalt 144, 290
Besatzungspartnerschaft 291
Besatzungspolitik
- USA 68, 96, 251 f.
- im Bereich der Justiz 132, 137
- Kritik 68, 106, 146
- Frankreich 251 ff., 266, 268 f.
- Großbritannien 253
Besatzungsrecht 68, 249, 251, 262, 283
- und Grundgesetz 263, 271, 277
- alliierte Vorbehaltsrechte 319
Besatzungsstatut vom 10. 4. 1949 250 f., 281
Besonderes Gewaltverhältnis 323 f.
Bonn 172
Buchenwald 160
Budgetrecht 154
Bündnisfreiheit 370
Bürgertum 25 f., 37, *597*
Bundesarbeitsgericht 459 f.
Bundesentschädigungsgesetz vom 29. 6. 1956 237, 240
Bundesergänzungsgesetz vom 21. 9. 1953 234 f.
Bundesgerichtshof 219, 463
- John-Urteil 219
- Pätsch-Urteil 219
Bundesjustizministerium 176, 185, 265
Bundeskanzleramt 254, 260
Bundespräsident 304 f.
Bundesrepublik Deutschland
- Begriff 320, 344–346, 438, 445
- und Geltungsbereich des Grundgesetzes 320
- und Deutsches Reich 320, 346
Bundesstaatsprinzip 273, 414 f., 484, 503
- unitarische Interpretation 273
Bundesverfassungsgericht
- Gesetz über das Bundesverfassungsgericht vom 12. März 1951 164, 181–208, *472*
- Entwurf der SPD 184–201
- Novellierungspläne 1953 336–339
- Gesetz zur Änderung des Bundesverfassungsgerichtsgesetzes vom 21. 7. 1956 470–479
- demokratische Legitimation 196
- Funktion politischer Konsenswahrung 329
- politische Konsensgrundlage 475
- Funktion der Machtbegrenzung 477, 479 f., 508, 588
- als Hüter der Verfassung 478, *592*
- Faktor der Außenpolitik 354
- und Auswärtige Gewalt 249, 279, 353
- im Bundesstaat 480
- Stellung im Grundgesetz 183 f., 192, 307, 309, 339, 341
- und Gesetzgeber 192 ff., *591* f.
- präventive Kontrolle 299 f., 308
- und Fachgerichtsbarkeit 188 f., 201, 204
- Wahlmännerausschuß 289 f., 328
- Richterwahl 197 f., 337, 474–479
- Laienrichter 189, 197, 203
- Opposition 198 f., 203, 476
- Erstbesetzung 207
- Nachwahl Zweigert 338, 474 f.
- Richterbesoldung 206
- Besetzungsmodus
- Plenarprinzip 196, 203

- Zwillingsgericht 337, 472
- Senate (Besetzungen) 304, 330
- Verfassungsbeschwerde 189, 199 ff., 203 ff.
- Gutachtenverfahren 303–308, 310, 337
- und Parteiverbot 195 f.
- dissenting vote 196, 203, 455 f.
- Prozesse siehe Bundesverfassungsgericht, Prozesse
Bundesverfassungsgericht, Prozesse
- Wehrstreit 1952/1954 296–350
- Petersberger Abkommen 1951/1952 269–280
- deutsch-französisches Wirtschaftsabkommen 1951/1952 269–280
- Kehler Hafenvertrag 1952/1953 269–280
- Saarstreit 1954/1955 350–353
- Volksbefragung zur Atombewaffnung 1958 413–417
- Konkordatsstreit 1955/1956 480–487
- Hessenklage 1958/1961 492
- Parteienfinanzierung 1957/1958 487–492
- Redezeitklage 1958/1959 492 f.
- Lüth-Prozeß 1952/1957 493–498
- Sammlungsgesetz, Aufhebung 1966 498 f., 588
- Strafgewalt der Finanzämter, Abschaffung 1967 500 f., 588
- 1. Fernsehstreit 1960/1961 502–508, 580
Bundeswehr 425
- und SPD 395
- und Strafrecht 394–400
- Kritik 400

Charta der Vereinten Nationen 143 f.
Christentum, christlicher Glaube
- bei Arndt 29, 42, 75, 291, 388, 532, 552, 599 (siehe auch Protestantismus)
- und freiheitlicher Sozialismus 563, 566–570
- und politische Parteien 563 f.
Christlich-Demokratische Union (CDU) 81, 83, 93, 96, 151, 153, 207, 328, 348, 402, 488, 559, 563
Christlich-Soziale Union (CSU) 166
Christlicher Staat siehe Staat
Christus mit der Gasmaske 39, 41

Daseinsvorsorge 547, 565
Demokratie
- „substantielle" 79, 85, 141
- als Wertprinzip 518, 549, 591
- „streitbare" siehe streitbare Demokratie
- Kern in Unabstimmbarem 521, 526, 591
- (rechtliche) Wertbindung 317, 521, 536
- government by public opinion 411
- Identität von Regierenden und Regierten 532
- als politisches Ziel 549
- (außen-)politische Existenzbedingungen 290
- und Freiheitlichkeit 518
- pluralistische Grundstruktur 526, 533
- repräsentative 549 f.
- plebiszitäre 363, 409, 411, 549
  - Tradition in der SPD 411
- und Militär 365, 371
„Demokratie als Bauherr" 581
Deutsche Demokratische Partei (DDP) 53
Deutsche Einheit, Einheit Deutschlands 248, 253, 256, 275
- verfassungsrechtliches Gebot 321, 326, 351
- und europäische Einheit 321
- Primat 321
- verfassungsrechtlich 321
- politisch 321
- in der SPD-Politik siehe SPD
Deutsche Gesellschaft für evangelische Theologie *561*
Deutsche Partei (DP) 151, 166
Deutsche Volkspartei (DVP) 27, 54
Deutscher Bundestag, Fraktion der SPD 166 f.
- parlamentarischer Geschäftsführer, juristischer 167, 170, 581
- Juristenanteil 166 f., 173
- Arbeitskreis Recht 594
Deutscher Gewerkschaftsbund 406 f.
Deutscher Werkbund 18, . . ., 171

Deutsches Reich siehe Rechtslage Deutschlands
Deutsches Richtergesetz vom 8. 9. 1961 454–462, 468 ff.
Deutsch-französische Wirtschaftsabkommen 1950 260, 265
Deutschland-Fernsehen-GmbH 502–508
Deutschlandplan der SPD 1959 435 f., 465
Deutschnationale Volkspartei 27
Deutsch-völkischer Schutz- und Trutzbund 29
Dienststelle Blank 298
Diktaturgewalt des Reichspräsidenten (Art. 48 WRV) 418, 432
Dissenting vote (Sondervotum) siehe Bundesverfassungsgericht
Dortmunder Aktionsprogramm der SPD 1952 368, 509, 570
- erweitert zum Berliner Aktionsprogramm 1954 536, 539, 557
Dortmunder Wahlplattform der SPD 1957 568
double jeopardy (doppeltes Strafrisiko) 106, 118
Dritter Weg siehe SPD, Wirtschaftspolitik

Effektivitätsprinzip 346, 439, 441
Eichberg siehe Euthanasieprozesse
Eigentum
- Begriff 81, 84, 87, 90, 94
- Privateigentum 82 ff., 88 f., 92
- Gemeineigentum 82 ff., 87 ff., 90, 93
- Staatseigentum 83 f., 89, 93
- Gemeindeeigentum 89
Eigentumsrecht 80 f., 89
Einheit der Rechtspflege siehe Rechtspflege
Einigkeit über das Unabstimmbare siehe Unabstimmbares
Elternrecht 570, 576 f.
Enqueterecht des Parlaments 413
Entnazifizierung
- unter amerikanischer Besatzungsherrschaft 67, 69, 98
Enzyklika Mater et Magistra 1961 577
Enzyklika Quadragesimo Anno 1931 559, 567
Ermächtigungsgesetz vom 24. 3. 1933 57, 73, 483, 486
Ernährungskrise 70 f.
Ethischer Sozialismus 162, 533–536
- Personalismus 535
- Rechtsidee 535
- wertgebundener Demokratiebegriff 535
Europäische Verteidigungsgemeinschaft 280, 282, 288, 297, 301 f., 310, 318, 321, 328, 350 f., 355 f.
Euthanasie 114, 118, 123, 225
Euthanasieprozesse 117–123
- Eichberg 119 f.
- Hadamar 121
- Kalmenhof 119
Evangelische Akademien *561*, 564
Evangelische Kirche
- und Entnazifizierung 99, 104
- und SPD 103, 162 f., 262–266, 294–296, 388–390 (siehe auch SPD)
- Protest gegen Atombewaffnung 406
- Protest gegen Wiederbewaffnung 293–296
Exil, Emigration 56, 61
- Bitte um Rückkehr an Verfolgte des Nationalsozialismus 241, 582

Fachstellengesetz vom 6. 5. 1949 (Frankfurter Wirtschaftsrat) 153 f.
Felseneckprozeß 50, 56
Föderalismus 480, 484, 487, 505 ff.
Föderalistische Union 296
Frankfurter Hefte 100
Frankfurter Wirtschaftsrat
- Erster
  - Juristischer Beirat des Exekutivrats 142
- Zweiter 64, 142, 149–159
  - Fraktion der SPD 149 f., 158
  - Rechtsausschuß 150, 152, 155
  - Vollversammlung 153
  - Verwaltungsrat 153
Französisches Gymnasium Berlin 21
Freiburg 494
Freiburger Schule 83
Freie Demokratische Partei (FDP) 151, 166, 286, 488

651

Freier Gewerkschaftsbund Hessen 91
Freiheit
- substantielles Prinzip 136
- als (primärer) Grundwert 547
- und Sicherheit 599
- vom Staat 411
- zum Staat 411, 416
- Idee bei Arndt 540, 593
Freiheitlicher Sozialismus siehe Sozialismus
Freikonservative Partei 24, 27
Freiwilligengesetz vom 23. 7. 1955 364, 370, 372 f.
Führerprinzip siehe Nationalsozialismus

Garbe-Prozeß 107, 110, 120
Geistesfreiheit 540
- in der SPD 75, 539 f., 553, 558, 570 f., 574, 579
Gemeindeeigentum siehe Eigentum
Gemeineigentum siehe Eigentum
Gemeinsamkeitspolitik 436, 443 f., 469
Gemeinwohl
- angelsächsische Theorie 520, 526
- und Mehrheitswillen 520
Generalvertrag (Bonner Vertrag, Deutschlandvertrag) 1952/1954 282, 288, 302, 307, 310, 318
- Bindungsklausel 283, 355
Gerechter Krieg 406
Gerechtigkeit, materiale 98, 115, 589
- Grundlage des Rechtsstaats 126, 589
Gerichtsbarkeit, Demokratisierung 454
Gesetz zur Ahndung nationalsozialistischer Straftaten vom 29. 5. 1946 (Süddeutscher Länderrat) siehe nationalsozialistisches Unrecht
Gesetz zur Befreiung von Nationalsozialismus und Militarismus vom 5. 3. 1946 (Befreiungsgesetz) 98-106
Gesetz über das Bundesverfassungsgericht vom 12. März 1951 (Bundesverfassungsgerichtsgesetz) siehe Bundesverfassungsgericht
Gesetz zur Ergänzung des Grundgesetzes vom 26. 3. 1954 348
Gesetz zur Ergänzung des Grundgesetzes vom 19. 3. 1956 373-386
Gesetz gegen den Kompensationshandel (Frankfurter Wirtschaftsrat 1948) 155
Gesetz über die politischen Parteien (Hessen)
- Entwürfe 1947/1948 136, 138, 141, 487
Gesetz gegen Preistreiberei (Frankfurter Wirtschaftsrat 1949) 155 ff.
Gesetz über den Staatsgerichtshof (Hessen) vom 13. 12. 1947 130-135, 183, 193, 195, 200
Gesetz zur Vereinfachung des Wirtschaftsstrafrechts (Frankfurter Wirtschaftsrat 1949) 157 f.
Gesetz zur Wiedergutmachung nationalsozialistischen Unrechts in der Strafrechtspflege vom 29. 5. 1946 (Süddeutscher Länderrat) siehe nationalsozialistisches Unrecht
Gesetzesbegriff, demokratischer 504
Gesetzesstaat 266
Gesetzgeber, demokratischer 550, 555
Gesetzlicher Richter, verfassungsrechtliches Gebot, siehe Rechtsprechende Gewalt
Gesetzmäßigkeit der Verwaltung 152, 154 f., 505 f., 587
- Vorrang des Gesetzes 152
- Vorbehalt des Gesetzes 152, 506, 587
Gesinnungsstrafrecht 100, 137, 213, 220, 222, 396, 399
Gewerkschaften 153, 212, 406 f., 423
- Rechtsberatung 57, 460
Gewissen, Begriff
- nach evangelischer Lehre 388-390
- nach katholischer Lehre 390 f.
Gewissensfreiheit 392, 461, 570
- Grundrecht 515
- Menschenrecht 552
Glaubensfreiheit 486, 570
- Grundrecht 570
- in SPD 558, 570 f.
Gleichberechtigung

- zwischen Siegern und Besiegten 144, 146, 148, 257 f., 269, 286, 290
- zwischen Staaten 257, 262, 269, 281, 284, 319, 355
Gleichheit
- vor dem Gesetz 243, 381
- des Gesetzes (materielle) 243, 490 f.
- Grundrecht 381, 489 f.
- im Bereich staatlicher Willensbildung 490 f.
Godesberger Grundsatzprogramm der SPD 1959 542-551, 554-557, 562-579 (siehe auch SPD, Parteiprogrammatik)
- Große Programmkommission 510, 545
- Unterausschuß Verfassungspolitik 543 f.
- Programmabschnitt „Die staatliche Ordnung" 542-557
- und Grundgesetz 554-557
- Staatsbejahung 554-557
- Kirchenpolitik 571 ff., 574-579
Görlitzer Programm der SPD 1921 558
Göttingen 494
Göttinger Erklärung der 18 406
Gothaer Programm der SPD 1875 552
Gotteslästerung 39 ff., 49
Große Programmkommission siehe Godesberger Programm
Große Strafrechtsreform siehe Strafrecht
Grundgesetz 97, 141, 164, 251
- Überleitungsausschuß der Ministerpräsidenten, Juristischer Ausschuß 165
- Präambel 248, 321
- Art. 1 Abs. 3 590
- Art. 3 489
- Art. 4 Abs. 3 248, 295
- Art. 5 Abs. 1 381, 495, 503, 515 f.
- Art. 5 Abs. 3 *214*
- Art. 8 380
- Art. 9 Abs. 1 380 f.
- Art. 9 Abs. 2 223, *224*
- Art. 12 Abs. 2 382-384, 401
- Art. 14 324
- Art. 16 325
- Art. 17 a 380 ff., 384, 401
- Art. 18 *214*
- Art. 19 Abs. 2 380
- Art. 20 Abs. 2 271, 311, 410, 412
- Art. 21 Abs. 1 488
- Art. 21 Abs. 2 195
- Art. 21 Abs. 3 488
- Art. 23 351
- Art. 24 248 f., 317, 321, 343
- Art. 24 Abs. 1 249, 287, 317 f., 321
- Art. 24 Abs. 2 248, 317 f., 322 f.
- Art. 25 248
- Art. 26 *219 f.,* 248
- Art. 28 311, 551
- Art. 29 492
- Art. 30 503
- Art. 32 Abs. 3 273, 279
- Art. 39 Abs. 3 302
- Art. 42 Abs. 2 329
- Art. 43 179
- Art. 59 Abs. 2 249, 262-280, 298
- Art. 65 278, 376
- Art. 65 a 378 f.
- Art. 70 311
- Art. 73 Abs. 1 348, 366
- Art. 79 Abs. 1 348 ff.
- Art. 79 Abs. 3 *214,* 321, 350
- Art. 82 297
- Art. 87 503
- Art. 91 419, 423
- Art. 92 500 f.
- Art. 93 Abs. 1 249, 296 f., 302 f., 480
- Art. 93 Abs. 2 184, 249
- Art. 96 a 382
- Art. 101 325

652

- Art. 102 325
- Art. 103 Abs. 1 588
- Art. 103 Abs. 2 245
- Art. 110 504
- Art. 142a 348, 366
- Art. 143 377 f., 401, 420 f., 424
- Art. 146 347, 351

Grundrechte 352
- Geltungskraft
  - in der Weimarer Republik 33
  - unter dem Bonner Grundgesetz 379 f.
- als (Grund-)Werte 498, 515 f., 536, 590
- Einigkeit über das Unabstimmbare 323, 521 f.
- Wertbegründung des Staates 384, 392 f., 547, 590
- ökonomische Voraussetzungen 551
- Theorie (der Auslegung) 392, 495
- und Integrationslehre 529
- Interpretation im politischen Wandel 417
- als liberale Abwehrrechte 80, 87, 417, 495, 516, 547, 551
- liberale Auslegung 33, 416, 495
- und Demokratie 79, 591
- demokratische Auslegung 410, 416, 496 f., 516, 530, 546, 551, 591
- evokatives Recht 411, 529 f., 591
- soziale 80, 94
- sozialstaatliche Interpretation 550 f.
- Drittwirkung 495, 497
- Geltung im Wehrverhältnis 323 f., 368, 379-382, 590
- vorbehaltlose 380
- Schranken 381
- Schutz durch die Verfassungsgerichtsbarkeit 133
- Entfaltung durch die Verfassungsbeschwerde 133, 200, 590
- von Gemeinden 414
- im Godesberger Programm 547

Grundwerte 513
- Legitimation des Staates 514 f., 565
- des Sozialismus 536, 538, 542
- und Katholische Kirche 565, 568
- Offenheit 575
- der Rechtskultur 398
- und Naturrecht 572
- in Grundrechten 515 ff.

Hadamar siehe Euthanasieprozesse
Haftung, politische, siehe nationalsozialistisches Unrecht
Halle/Saale 22, 24
Heidelberger Programm der SPD 1925 509
Hersfeld-Hünfeld-Rotenburg (Bundestagswahlkreis) 165
Hessenklage siehe Bundesverfassungsgericht, Prozesse
Hessische Verfassung vom 1. 12. 1946 83, 94, 97, 133 f., 485, 592
- Zinn/Arndt-Entwurf 89-92, 118, 123
- Eigentumsordnung 93, 95
Hexenprozesse 240
Hochwaldhäuser Beschlüsse siehe Verfassungsausschuß
Hofheim am Taunus 163
Humanismus 291, 563 f., 575

Imago 30
Immunität siehe Abgeordneter
Implied powers 300, 313, 409 f.
In dubio pro libertate siehe Grundrechte, liberale Auslegung
In dubio pro reo 34, 45
Industriegewerkschaft Metall 460
Innere Emigration 291
Institut für Sozialforschung 59
Integrationsgewalt im Grundgesetz 249, 317, 321 (siehe auch Verfassungsrecht, Internationalisierung)
- nationale Homogenitätsschranke 322
Integration, Vorgang der Staatsentstehung 527 f.
Integrationslehre 32, 392, 411, 495, 516, 527 ff., 591
- historischer Ursprung 527
- als Verfassungsethik 528
- Theorie der Rechtsinterpretation 529

Integrationspolitik, europäische, siehe Westintegration
Intellektuelle
- und SPD siehe SPD
- Haltung während des Nationalsozialismus 159-161
  - Exil 159-161
  - Die große Debatte 1945/1946 159-161
Interessenjurisprudenz im Staatsrecht 32
Internationale Ruhrbehörde 261
Internationales Staatsrecht 142-149
- Legitimitätsbegriff 144, 146, 148
Interventionsprinzip 143
Interzonale Tagung der Leiter des Justizwesens, Zweite (Wiesbaden 1946) 142 f.
John-Urteil siehe Bundesgerichtshof
Irrationalität 598 ff.
Israel, Staat 229 ff., 493

Juden, Emanzipation 21 f., 25
Judenverfolgung 53 f., 56, 60, 62, 225
Jüdischer Weltkongreß 230, 241
Juridifizierung, Justizialisierung der Politik 247, 275, 359 f.
Juristen in Parlament und Parteien 166 f.
Juristentag
- 1947 119, 122 f., 225
- 1949 197
- 1952 458
- 1968 18
Justiz
- politische
  - in der Weimarer Republik 39, 51
  - in der Bundesrepublik Deutschland 396 f., 400
- in der Kritik 52, 462
- Unrechtstaten im Nationalsozialismus siehe nationalsozialistisches Unrecht
Justizministerium
- des Landes Hessen 69
- der Bundesrepublik Deutschland siehe Bundesjustizministerium
Justizstaat, Jurisdiktionsstaat 360, 532, 588 f.

Kaiserin-Augusta-Gymnasium, Berlin 27
Kalmenhof siehe Euthanasieprozesse
„Kampf dem Atomtod" 407, 417, 499
Kanzlerdemokratie 376 f., 521
Kapp-Lüttwitz-Putsch 28
Katholische Akademie München 553, 566, 570
Katholische Kirche 391, 481 f., 485, 487, 557-579
- und Sozialismus 559
- und Demokratie 565
Katholische Soziallehre 565, 577
Katholisches Büro 566
Katholizismus 254, 561 f., 567 ff., 577 f.
Kehler Hafenvertrag 260, 267-270
Kirchenkritik 577 f.
- in der SPD 75, 561, 563, 571 f., 578
Klassenjustiz 550
Koalitionsfreiheit, Grundrecht 425
Köln 254
Königliches Friedrichs-Kolleg, Königsberg 25
Königsberg/Preußen 21, 25
Körperschaftsgesetz, hessisches (Entwurf 1947) 82 f., 95 f.
Kollektivhaftung Deutschlands 446 (siehe auch nationalsozialistisches Unrecht, politische Haftung)
Kollektivschuldthese 116, 146 f., 226 f., 290, 596
Kommunismus 49 f., 56, 211, 215, 217
Kommunistische Partei Deutschlands (KPD) 39, 74, 93, 135, 206, 211, 221, 224
- Verbot 195, 396, 400
Konkordatsstreit siehe Bundesverfassungsgericht, Prozesse
Konstitutionalismus, konstitutionelles Staatsrecht 23, 152, 159, 276, 313 ff.
Kontroverse Arndt/Dehler 330-336
Konzentrationslager 161, 216
Koreakrieg 195, 211, 280, 284

653

Kriegsdienstverweigerung
- aus Gewissensgründen, Grundrecht 295, 381 f., 387 f., 392 ff.
- konkrete 387 f., 390 f., 394
- abstrakte 387
- Gewissensprüfung 387
- und Bundesverfassungsgericht 384, 394
- im Militärverhältnis 417
- „lästige Alternative" 383
Kriegsmarinebrigade Ehrhardt 28
„Krise des Rechts" 106, 108
„Kronjurist" 164, 166, 173 f., 341, 362
Künstler 38, 59 f., 163
Kulturhoheit der Bundesländer 487, 502
Kulturpolitischer Kongreß der SPD 1960 574 f.
Kulturrecht 113
Kulturstaat 547 f.
Kunst
- in der Weimarer Republik 38
- im Denken Arndts 42, 60, 163, 600
- Kunstfreiheit 39 ff., 515, 586
Kurfürstendammprozeß 46, 48, 56

Laienrichter siehe Richter
Landesverrat 217–219, 397
Landfriedensbruch 47
Lassalleaner 552 f.
Legitimität
- als Rechtsmaßstab 484
- durch Menschen-/Grundrechte 528
- und Legalität 127 f., 143, 513
- des Staates 441, 484, 513
- rechtsprechender Gewalt 127
- richterlicher Unabhängigkeit 128
- der Verfassungsrichterwahl 476, 478
- parlamentarischer Willensbildung 410 f.
- im Völkerrecht 143
Liberal-Demokratische Partei (LDP) 93
Liberalismus
- wirtschaftspolitisch 83, 151, 158
- politische Freiheitsgarantien 554, 593
- bürgerliche Freiheitsbewegung 598
- und Sozialismus 540
- im Staatsverständnis der SPD 554, 568
- bei Arndt 540, 547, 553 f., 593, 598
- Kritik 76
Lodz 21
Lüth-Prozeß siehe Bundesverfassungsgericht, Prozesse
Luthertum siehe Protestantismus

Magnettheorie 149, 258
Marburg 27, 65 f.
- Universität 28
Marburger Studentenkorps 28
Marklissa 63
Marxismus 255, 534 ff., 542
- idealistische Interpretation 535, 548
- Rechts- und Staatsverständnis 548, 552, 595
Materialismus 86, 255
Mechterstädt 29, 58
Meinungsfreiheit, Grundrecht
- Garantie unmittelbarer Demokratie 411, 530
- Gewährleistung öffentlicher Meinungsbildung 415, 495 f.
- im Strafrecht 219
- im Militärverhältnis 385
Menschenbild 537
Menschenraubprozeß 36
Menschenrechte 143 f.
Menschenwürde 588
- Staatsidee 511, 513, 515
- als Grundwert 513
Militärische Kommandogewalt siehe Wehrverfassung
Militante Sozialisten 284
Militarismus 29, 39 f., 43, 255

- Antimilitarismus 39, 43, 248
Mißtrauensvotum 368, 376
Mystik 37

Nationalbewußtsein 25, 117, 147 f., 290, 325, 347, 425 f., 432, 446, 596
Nationalismus 148, 262, 596
Nationalsozialismus
- Justizfeindschaft 51
- Staatsqualität des nationalsozialistischen Regimes 110, 116
- Führerprinzip 127
Nationalsozialistische Deutsche Arbeiterpartei (NSDAP) 43, 48, 52, 54, 140, 488, 498
Nationalsozialistisches Unrecht
- Straftaten 43 f., 46, 498
- strafrechtliche Ahndung 97, 117 f., 463 f.
- Verjährung von Straftaten 118, 125 f., 244 f., 464
- Amnestie 118
- in der Rechtspflege 126, 450
  - Aufhebung 126
  - Ahndung 463–470
- Wiedergutmachung in der Strafrechtspflege 209
- SPD-Gesetzentwurf 1950 209
- und Personalpolitik nach 1945 158, 242
- Wiedergutmachung siehe Wiedergutmachung
- Rechtsqualität 483
- politische Haftung des deutschen Volkes 227, 235, 446, 596
Nationalstaat 148, 249, 446
NATO 253, 280 f., 283, 297, 351, 355, 364, 443
Natur der Sache 318, 381
Naturrecht 101, 111 f., 116, 122, 569
- Renaissance des Naturrechtsgedankens 111 f.
- in der Kritik 111, 120, 187
- und Katholische Kirche 569
- und Evangelische Kirche 569
- und Positivismus 106–113
Negative Revolution 299, 511
Neutralismus 285, 292, 295, 364
Nihilismus 109, 514
Nominalismus 484, 513
Normative Kraft des Faktischen 107, 109, 120, 483
Normativer Schuldbegriff siehe Strafrecht
Notgemeinschaft für den Frieden Europas 295
Notstandsfall
- innerer 419 f., 424
- äußerer 419, 424
- Streitkräfteeinsatz im Innern 420 f., 424–427, 431
Notstandsrecht
- ungeschriebenes 320
- alliiertes 250, 418
Notstandsverfassung 363, 419–431, 581
- und Demokratie 429 f.
- Primat der Exekutive 428
- Primat der Legislative 430
- und Bundesverfassungsgericht 430
- und Gewerkschaften 423, 425
- Schröder-Entwurf 1960 424 f.
Nürnberger Rassegesetze von 1935, Kommentierung 241 ff.

Objektiver Gegner 240
Occupatio bellica 143
Öffentliche Meinung
- Bildung 496
- Grundlage der Demokratie 496
Öffentlichkeit
- demokratische 196, 198
- und Parlament 180
- Justizkritik 462
- kulturelle 159
Öffentlichkeitsauftrag der Kirchen 559 ff., 563 f.
Ohne-mich-Haltung 286
Opposition
- Theorie 519 f.
- Konstituante der Demokratie 519

654

- Teilhabe am Staatsganzen 519
- konstruktive 164, 181, 185, 200 f., 207, 224, 235, 371, 386, 427
- und Regierung 185, 221, 274, 354–356, 475, 520, 547
- im Parlament 181, 302
- des Parlaments 155, 178, 180 f., 374
- mit Mitteln des Rechts 158, 247, 317, 340
- durch Verfassungsstreit 356
- und Bundesverfassungsgericht 207, 260, 356, 478
- in der Außenpolitik 259, 274, 353–356
- föderative 447, 502

Organisation Todt 62 f.
Organisationsgewalt im Bereich der Regierung 373 f.

Pätsch-Urteil siehe Bundesgerichtshof
Pariser Verträge vom 23. 10. 1954 351, 369
Parlament
- Bau und Funktion 171
- und Regierung 179 ff., 267, *493*
- und Öffentlichkeit 179, 264, 267
- Ausschußwesen 180

Parlamentarische Demokratie 173
Parlamentarischer Rat 165, 183, 189, 210, 248, 438
Parlamentarisierung
- der Militärgewalt 373–379
- der Befehls- und Kommandogewalt 375

Parlamentarismus
- Ausschüsse 172 f.
- Spezialisierung, Expertenwesen 172 ff.
- Parlamentssouveränität 317

Parlamentsrechte
- gegenüber der Exekutive 153 f., 180, 185, 260, 301
- in Auswärtiger Gewalt 249
- Mittel der Opposition 264, 270

Parlamentssouveränität siehe Parlamentarismus
Parteien, politische
- in der Weimarer Republik 138 f.
- Stellung im Staat 138, 522–524
  - Strukturgleichheit mit Staat 523
  - Staatsunabhängigkeit 524, 596
- Chancengleichheit im Grundgesetz 489–492, 523
- Zulassungserfordernis 140
- Verfassungswidrigkeit siehe Bundesverfassungsgericht
- innere demokratische Struktur 138 f.
- und Kirchen 522–525, 559–562

Parteienfinanzierung 487–492
- staatliche, mittelbare 487, 489
- staatliche, unmittelbare 490, 492
- Staatsfreiheit 490 ff.
- und innerparteiliche Demokratie 490 f.
- Verfassungsrechtsstreit siehe Bundesverfassungsgericht, Prozesse

Parteienskepsis
- in der Weimarer Republik 35, 52, 138
- nach 1945 139 f., 522 f.

Parteienstaat, Parteiendemokratie
- in der Weimarer Republik 35, 138
- nach 1945 139 f., 476 f., 489 ff., 522 ff., 532

Parteitage der SPD
- Hamburg 1950 538
- Berlin 1954 268 f., 510
- Stuttgart 1958 538, 545
- Godesberg 1959 siehe Godesberger Grundsatzprogramm

Parteivorstand der SPD 386, 585
- Rechtsberater 342
- wehrpolitischer Ausschuß 367, 374 f., 419
- rechtspolitischer Ausschuß 548, 594

Partnerschaft
- zwischen Besatzungsmacht und besetztem Land 291
- zwischen Regierenden und Regierten 519 f.
- zwischen Staat und Parteien 525
- zwischen Kirche und Parteien 525, 560, 563, 572, 575
- zwischen Regierung und Opposition 520, 547

Paulskirchenbewegung 1955 388
Pazifismus 43, 283–286, 295 f., 357 f., 400

- absoluter 328, 358, 387
- und SPD siehe SPD

Personalgutachterausschuß der Bundeswehr 373 f.
Petersberger Abkommen 188, 260, 261–265
Philharmonie, Berlin 584, 600
Planwirtschaft 80, 83 f., 151
Pluralismus
- Grundstruktur des Staates 522, 525
- Kritik 522 f.
- Theorie, normative 526
- Gewährleistung durch Grundrechte 530

Polen 256
Positivismus, rechtswissenschaftlicher
- staatsrechtlicher 31 f., 79, 110 f., 116, 145, 315, 461, 589
- in der Kritik 31, 33, 85 f., 108, 110 f., 145, 239, 449 f., 467, 513 f., 527, 531, 535, 547, 568, 572, 590
- Abkehr 143

Preußischer Richterverein 35
Preußischer Verfassungskonflikt 1862/1866 313
Primat des Rechts über den Staat siehe Recht und Staat
Primat ziviler Staatsgewalt über das Militär 363, 372
Privateigentum siehe Eigentum
Protestantismus
- bei Arndt 62, 101, 103, 112, 162, 175, 187, 293, 295, 357, 509, 537, 557, 560 f., 569 (siehe auch Christentum)
- Luthertum 101, 104, 112, 187, 390
- reformiertes Verständnis 390
- Opposition gegen Wiederbewaffnung 293–296
- Ablehnung „christlicher Partei" 563
- im Godesberger Grundsatzprogramm 1959 572
- und SPD siehe SPD, Evangelische Kirche

Provisorium, staatsrechtliches
- Frankfurter Wirtschaftsrat 149
- Bundesrepublik Deutschland 164
- Hauptstadt Bonn, Parlamentskosten 172
- Grundgesetz 347, 363, 442–445

Psychoanalyse 30, 37

Recht
- induktiv-konkrete Methode der Interpretation 23
- Gelten 108, 116, 120, 126, 227
  - Maßstab „wirkliches Recht" 113 f., 120
  - durch freiwillige Annahme 114 f., 122, 179, 227, 484
- evokativer Gehalt 529, 533
- Rechtsgedanke (materiale Rechtsidee) 111 ff., 114 f., 123, 179, 484, 522, 547, 572, 595
- zeitgebundener Maßstab 112, 114 f.
- Verlierbarkeit 599
- und Politik 187, 189, 192, 359, 592
- und Staat 532
  - Primat des Rechts 183, 193 f., 217, 393, 428, 535, 586

Recht auf Arbeit, Grundrecht 94
Rechtliches Gehör, Grundrecht 588
Rechtsausschuß des Deutschen Bundestags 172, 186, 453
- Verhandlungsstil 319

Rechtsgespräch 462
Rechtslage Deutschlands 145, 235, 343–348, 436–445
- staatsrechtliche Kontinuität des Deutschen Reiches 145, 235, 343 348, 438, 596
- Kernstaatstheorie 343–348, 437
- Präsenztheorie 345–348, 437, 439, 442
- Imperfekttheorie 437
- Zwei-Staaten-Lehre 437, 439, 442 f.

Rechtspflege
- Einheit der *141*, 453 f.
- (zusammenfassendes) Ministerium 453

Rechtsprechende Gewalt 34, 141, 447–462, 500 f., 588 f.
- materieller Begriff 500 f., 588
- Funktion des Demokratieerhalts 141
- Funktion in der Verfassungsordnung 448
- staatsintegrierende Funktion 449
- Verhältnis zur Exekutive 450, 500
- gesetzlicher Richter, Gebot, Art. 101, Abs. 1 GG 458 ff., 473

655

- Funktion der Rechtsschöpfung 448, 550
Rechtsprechung
- zu nationalsozialistischen Rechtsakten 107
- zum politischen Strafrecht 396 f., 400
- und Gesetzgebung 397
Rechtsradikalismus 208 ff.
Rechtsschöpfung siehe Rechtsprechende Gewalt
Rechtssicherheit 117, 193 f., 484
Rechtsstaat
- Begriff
  - materiell 35, 126, 200, 205, 350, 495, 501 f., 586–593
  - formell 98, 102, 126, 244 ff., 589
- Grundprinzip der Verfassung 428
- bürgerlicher 152, 532
- liberaler 51, 159, 246
- demokratischer 504
- und Demokratie 393, 535, 554, 591
- sozialer 87, 206 f.
- politischer Gehalt 593
- Ziel und Mittel 429
- Mittel parlamentarischer Opposition 154
- Institutionen 587, 595
- und Verwaltung 499
- im Staatsnotstand 418, 427–431
- in der Gerichtsbarkeit 458
- im Strafrecht 102, 137, 155 f., 211–215, 217, 223 f., 243, 398 f.
- im Militärverhältnis 385 f.
- Wiederbegründung nach 1945 325, 586
Redezeitklage siehe Bundesverfassungsgericht, Prozesse
Reformismus 556 f.
Regional Military Government für Kurhessen und Nassau, Beratender Rechtsausschuß 66, 68
Reichsbanner Schwarz-Rot-Gold 284
Reichsgericht 40, 217
Reichskonkordat vom 20.7.1933 480–487
Religiöser Sozialismus 100, 564
Religionsfreiheit, Grundrecht 187
Republikanischer Richterbund 53
Revolution von oben 212, 215, 426
Rheinischer Merkur 170, 336
Rhetorik bei Arndt 36, 117, 159, 161, 174 f., 292, 536 f, 600
Richter
- Begriff
  - formeller 34
  - materieller 34
- Leitbild siehe Richterleitbild
- als Rechtsschöpfer 448
- Verantwortlichkeit
  - (politisch) in der Demokratie 128, 460 f., 550
- Personalität (Unverwechselbarkeit) 196, 203, 455 f., 459–462, 472
- Unabhängigkeit 52 f., 127, 141, 450 f., 457, 461, 468, 550
  - im Konstitutionalismus 127
  - in der Weimarer Republik 127
  - Legitimität 127 f.
  - in der Demokratie 128 f., 141
- Gesetzesbindung 128, 461
- politische Ausrichtung 198
- soziale Herkunft 130, 451
- demokratische Rekrutierung 130
- Ausbildung 129 f.
- Laien 131, 455, 462
- Besoldung, materielle Ausstattung 206, 452
- Sondervotum 455
- und Beamte 450 f.
Richterleitbild
- in der Weimarer Republik 52
- unter dem Grundgesetz 448 ff., 459 ff., 470, 588
Richterliche Unabhängigkeit siehe Richter
Richterliches Prüfungsrecht 33, 183
Richterschaft
- während der Weimarer Republik 52, 127
- positivistische Grundhaltung 109, 467 f.

- während des Nationalsozialismus 127, 468 f.
- Verhältnis zur SPD 452 f., 597
Richterwahl
- demokratische Legitimation 129
- demokratische Öffentlichkeit 199
- Ausschuß 129, 330
- Verfahren 129, 199
- Gesetze 129
Richterwahlgesetz (Hessen) vom 13.8.1948 129 f.
Rosenwald-Stiftung 59
Rote Armee 63
Rotspanier 63
Royal Academy of International Affairs, London 365, 432
Rückerstattungsgesetz des Süddeutschen Länderrats, Entwurf 1947 227
Rückwirkungsverbot siehe Strafrecht
Rundfunkfreiheit, Grundrecht 504
- institutionelle Garantie 504 ff.

Saar-Abkommen (Deutsch-französisches Abkommen über das Statut der Saar vom 23.10.1954) 351 ff.
Saarfrage 252, 266 f., 275, 351 ff.
Saarland 252, 265
Säkularisation
- menschlicher Existenz 108
- des Sozialismus 538, 557
Sammlungsgesetz vom 5.11.1934 siehe Bundesverfassungsgericht, Prozesse
Selbstbehauptung, nationale 258, 262, 275, 290, 325
„Selbstreinigung" 102, 119, 122, 124 f., 227
Senator für Wissenschaft und Kunst siehe Berlin
„Siegerjustiz", alliierte 124
Sofortsozialisierung siehe Sozialisierung
Soldat als Staatsbürger 385, 455
Soldatengesetz (Gesetz über die Rechtsstellung der Soldaten) vom 19.3.1956 384 f., 455
Solidarität 73, 162
- „der Verfemten und Unterdrückten" 58, 210
- zwischen Staaten 148
- im christlichen Glauben 163
Sontra 165
Sowjetrussen 63
Sowjetunion 256, 292, 366, 404
Sozialdemokratische Partei Deutschlands (SPD)
- im Kaiserreich 26
- in der Weimarer Republik 48, 53
- Widerstand gegen den Nationalsozialismus 57 f., 160, 178, 210, 234
- und Mittelschichten 539, 553
- und Intellektuelle 74 ff., 162, 168, 538, 553
- und Akademiker 166 f.
- Juristen(anteil) 166 f.
- Mitarbeit von Juden 228
- Parteiprogrammatik nach 1945 75, 368 f., 509 f.
- Staatsverständnis 542–554, 567
- Verfassungspolitik
  - in der Weimarer Republik 85 ff.
  - nach 1945 91, 366–386, 421–431
  - in Hessen 1945/1947 77–97
- Notstandsdiskussion 419–431
- Rechtspolitik 594
  - Bundesverfassungsgericht 184–208, 470–479
  - Strafrechtsreform 220, 581, 597
  - und Verfassungsstreitverfahren 357, 362, 479–508
  - Wiedergutmachung nationalsozialistischen Unrechts 226–241, 494
  - innerparteiliche Unterstützung 229, 238, 241
  - Behandlung nationalsozialistischen Justizunrechts 463–470
  - und Entnazifizierung 103
- Verhältnis zur Evangelischen Kirche 294 ff., 388 ff., 416, 572
- Verhältnis zur Katholischen Kirche 391, 481 f., 485, 487, 558–579
- Familienpolitik 573

- Schulpolitik 481, 487, 566, 570 f., 573, 577 f.
- Wirtschaftspolitik
  - nach 1945 80 f., 84
  - Dritter Weg 84
  - im Frankfurter Wirtschaftsrat 151
- Außen- und Deutschlandpolitik 256-260
  - Primat deutscher Einheit 256 ff., 275, 321, 364 f., 403, 432, 443, 580, 596
  - Verhältnis zu Besatzungsmächten 169, 262, 286, 291-293
  - zu Frankreich 266, 269, 285, 351
  - zu den USA 285
- Wehrpolitik 283-289, 364-370, 402-404
- Verhältnis zum Pazifismus 283 ff., 295 f., 357, 364 f.

Soziale Marktwirtschaft 151
Sozialisierung von Eigentum
- Sofortsozialisierung 88, 94
- in Hessischer Verfassung, Suspendierung 95 f.
Sozialismus
- wirtschaftlicher 91, 162
- geistige Bewegung 162
- wissenschaftlicher 86, 551
- politische Theorie 537
- ethischer siehe Ethischer Sozialismus
- religiöser siehe Religiöser Sozialismus
- freiheitlicher 84, 536, 539, 542, 563 f., 596
- im Godesberger Grundsatzprogramm 1959 576
- Begründungspluralismus 557
Sozialistische Reichspartei (SRP) 208
Sozialistische Tribüne 95
Sozialistischer Deutscher Studentenbund (SDS) 465
Sozialstaat 134, 547, 551
SPIEGEL (Nachrichtenmagazin) 577 f.
SPIEGEL-Affäre 18, 581
Subsidiaritätsprinzip 547, 564 f., 573
Süddeutsche Juristenzeitung 71
Süddeutscher Länderrat, Rechtsausschuß 64, 98
Sühnemaßnahmen 100
Supreme Court 192, 315 f., 339
System kollektiver Sicherheit 317 f., 370
- Begriff 322 f., 342 f.

Schuld, metaphysische 226 f., 233, 469
Schule
- Bekenntnisschule 481 f., 486, 566, 577 f.
- Gemeinschaftsschule 570 f., 573 f.
- Privatschule 570 f.
Schulgeldfreiheit 134
Schuman-Plan 269, 288
Schwangerschaftsabbruch 565 f., 573

Staat
- Wesen 312
- Werthaftigkeit 549, 569
- als Personenverband 146
- Selbstverteidigungsrecht 312
- und Verfassung 311 ff.
- als Verfassungsstaat 317
- und Recht siehe Recht und Staat
- und Gesellschaft 415 f., 490, 517
- im Konstitutionalismus 518
- in der Demokratie 518
- im pluralistischen Staat 530, 548
- und Bürger 398, 426
- Primat über die Wirtschaft 86
- und Kirche 391, 524, 568
- christlicher Staat 108, 194 f.
- und Schule 570 f.
- Haftung für legislatives Unrecht 193 ff.
Staatsanwaltschaft 456
Staatsbejahung 552-556
Staatsbewußtsein (Bewußtsein staatlicher Einheit) als (4.) Staatselement 346 f., 441
Staatseigentum siehe Eigentum

Staatselemente 439, 441
Staatsgefährdung siehe Strafrecht, politisches
Staatsgerichtsbarkeit siehe Verfassungsgerichtsbarkeit
Staatsgerichtshof (Hessen) 130-135
- Richter 131
  - Laienrichter 131, 197
  - Besoldung 131
- Landesanwalt 133 f., 199
- Kompetenzen 133
- Grundrechtsschutz 133
- Schutz der Verfassung 134
- Parteienzulassung 140
Staatsgerichtshof (Württemberg-Baden) 132
Staatsgewalt 344, 346, 439
- umfassende 311, 428
- Grenzen 592 f.
Staatshaftung siehe Staat
Staatsidee 511 f.
- wertgebundene Toleranz siehe ebenda
Staatspartei 395, 400 f., 421, 431, 469, 594 ff.
Staatsrecht
- „internationales" siehe Internationales Staatsrecht
- Methoden der Interpretation 31 f.
Staatsrechtswissenschaft, Staatsrechtslehre
- im Kaiserreich 23, 86
- in der Weimarer Republik 33, 86, 529, 531 f.
- nach 1945 531 f.
- unter dem Grundgesetz 279
Staatsschutz
- durch die Staatsgerichtsbarkeit 135
- durch Strafrecht (siehe auch Strafrecht, politisches) 135, 137 f., 212, 215
  - Vorläufer im nationalsozialistischen Recht 394 f.
Staatsschutzgesetz (Freiheitsschutzgesetz), Hessen 136 ff., 209
- Funktion 136
- Entwürfe 1947 136, 141, 426
Staatsvolk 346, 439, 441
Stinnes-Prozeß 36
Strafgewalt 588
- der Finanzämter 500 f., 588
Strafprozeßrecht 34, 119
Strafrecht
- Schuld, normativer Begriff 47, 121
- Straffunktion 100
- liberales 398 ff., 586 f., 588
- und Rechtsstaat siehe Rechtsstaat im Strafrecht
- in der offenen Gesellschaft 18
- demokratisches 101
- und (politische) Sühnemaßnahme 100, 102
- politisches 135, 195, 209-224, 394-400, 588
  - Ausdehnung 216
  - Funktion 212 f.
  - Staatsgefährdung 215
- Rückwirkungsverbot 102, 125 f., 245
- und Verwaltungsunrecht 157
- Wirtschaftsstrafrecht 155 ff.
- und Antisemitismus 243
Strafrechtsänderungsgesetze
- Erstes Strafrechtsänderungsgesetz vom 30.8.1951 164, 208-224, 244, 395 f., 399
  - SPD-Entwurf 209-215, 244, 426
- Viertes Strafrechtsänderungsgesetz vom 11.6.1957 394-400
- Sechstes Strafrechtsänderungsgesetz vom 30.6.1960 244
Strafrechtspflege
- in der Weimarer Republik 35
- und Ernährungskrise 70 ff.
Strafverteidiger, Ausschluß von der Hauptverhandlung 50
Streitbare Demokratie 136, 214, 220, 223 f.
Sturmabteilung (SA) 47, 50, 53, 57

Tillessen-Prozeß 107
Todesstrafe 124 f., 137, 512, 588

657

Unabstimmbares
- und Abstimmbares 521 f., 526, 591
- Einigkeit über das Unabstimmbare 521 f.
- in Grundwerten/Grundrechten 521 f., 572
- Schranke der Demokratie 521 f., 536
- Garantie durch Meinungsfreiheit 496
„Ungesühnte Nazijustiz", Ausstellung 465 ff.
Untersuchungsausschuß, parlamentarischer
- zur Prüfung der preußischen Rechtspflege 1932 52
- zur Hauptstadtfrage 1951/1952 172, 205
Usurpation der Staatsgewalt 110, 116, 120

Vereinigung preußischer Staatsanwälte 35
Verfassung
- normative Kraft 33, 587
- Vorrang 33, 35, 134, 194, 315, 318, 350, 587, 589
- Vorbehalt 587
- und Verfassungswirklichkeit 78, 85, 422, 556
- Verfassungsgefühl 316
Verfassungen
- amerikanische Verfassungen von 1776 314
- französische Revolutionsverfassung 1791 314
Verfassunggebung, als politische Entscheidung 78, 85, 88, 91, 93, 96 f.
Verfassungsänderung 348
Verfassungsausschuß der SPD Hessen 1946 77, 83, 89, 94
- Hochwaldhäuser Beschlüsse 89 f., 94
Verfassungsfeindlichkeit 223
Verfassungsgerichtsbarkeit
- Geschichte 182, 206
- Funktion in der Demokratie 141
- und Politik 186–192, 358 f., 479
- und demokratischer Gesetzgeber 191
- Stellung im Grundgesetz 182 f.
- im gewaltenteilenden Staat 308 f., 339
- - Primat rechtsprechender Gewalt 300 f., 307, 315, 339
- und SPD (siehe auch SPD) 184, 189 f., 471
Verfassungsinterpretation
- dynamische 312
- evokative 529, 556
Verfassungskonvent von Herrenchiemsee 183
Verfassungsrecht
- Internationalisierung 249, 317
- verfassungswidriges 349
Verfassungsstaat 217, 587
- Geschichte 313 f.
- Begriff 313
- Grundprinzip 311, 324, 358 f., 378, 409
- im materiellen Sinn 317, 371
- demokratischer 314 f., 521
- Vorbild USA 315 f
- und Grundrechte 323
- in der Wehrverfassung 401
- und Notstandsverfassung 419
Verfassungstheorie 32, 370 f., 531
Verjährung siehe nationalsozialistisches Unrecht
Verjährungsdebatten
- 1960 244 f.
- 1965 226, 585
Verordnungsrecht der preußischen Krone, selbständiges 23
Versöhnung 232 f.
Verteidigungsausschuß 379
Verteidigungsminister 376, 378 f.
Verträge, politische 249
Verwaltungsgerichtsordnung vom 21.1.1960 454, 460
„Verwaltungsmachtstaat" 158, 277, 377
Verwaltungsstaat 266
Völkerrecht 345, 439
- Funktionswandel 143

Volksbefragung 388, 407
- konsultative 288, 408–417
- verfassungsrechtliche Zulässigkeit 409–417
- zur Atombewaffnung 1958 413–417
Volksbegehren 408
Volksentscheid 408, 411
Volksgerichtshof 463
Volkspartei 401, 559, 596 f.
Volkssouveränität 127
Vorwärts 46
Vossische Zeitung 43

Wahlmännerausschuß siehe Bundesverfassungsgericht
Walberberg 566, 571, 578
Die Wandlung 112, 139
Wehrbeauftragter des Deutschen Bundestags 379
Wehrdisziplinarrecht 385
Wehrpflichtgesetz vom 25.7.1956 382, 387–394
Wehrstrafgerichtsbarkeit 382
Wehrstrafrecht 385
Wehrverfassung 365–386
- Wehrgewalt 287
- Wehrhoheit 287
- (militärische) Kommandogewalt 287, 313, 368, 378 f.
- SPD-Entwurf 366–381
Weimarer Reichsverfassung (WRV) 127, 182, 217, 249, 276, 313, 315 f., 589
- Art. 37 44
- Art. 48 299, 418, 432
- Art. 76 315
- Art. 102 34
- Art. 109 33
- Art. 133 Abs. 2 379
Weltanschauungspartei 523 f., 569
Weltbühne 217
Werkhefte katholischer Laien 562
Wertdenken (siehe auch Grundwerte) 599
Wertgebundene Toleranz
- Staatsidee 511–515, 533, 542, 558
- Grundlage pluralistischen Staatswesens 526
Wertordnung
- im Recht 49
- institutioneller Ordnungsaspekt 51
Westintegration 255 f.
Widerstand gegen den Nationalsozialismus 147, 160, 209, 232, 290
- rechtliche Anerkennung 209, 232
Widerstandsrecht 111, 328, 517
Wiederbewaffnung der Bundesrepublik Deutschland 253, 274, 280, 286, 296, 328
- und Wiedervereinigung 289
Wiedergutmachung nationalsozialistischen Unrechts 225–246
- Begriff 225, 232
- Gesetzgebung 229, 232
- im öffentlichen Dienst 236 ff.
- für Frauen 238
- Praxis und Kritik daran 235–241
Wiedergutmachungsabkommen, deutsch-israelisches 1952 231
Wiedervereinigung Deutschlands 165, 248, 435
- und Freiheit 445 f.
Wiesbaden 70, 143, 148
Wirtschaftsdemokratie 80 f.
Wirtschaftsrat der Vereinigten Wirtschaftsgebiets siehe Frankfurter Wirtschaftsrat
Wirtschaftsrecht 32, 35
Wirtschaftsverfassung 78, 80, 87, 92

Zentrum (Partei) 54, 486
Zinn/Arndt-Entwurf siehe Hessische Verfassung

Bildnachweis

Presse- und Informationsamt der Bundesregierung – Bundesbildstelle –, Bonn: S. 150, 327, 457
J. H. Darchinger, Bonn: S. 177
Deutsche Presse-Agentur, Frankfurt: S. 405
Archiv der sozialen Demokratie in der Friedrich-Ebert-Stiftung, Bonn: S. 507, 541, 544, 583

Zum Autor

Dieter Gosewinkel, geboren 1956, Dr. phil., Studium der Rechtswissenschaft und der Geschichte in Freiburg/Breisgau und Genf; nach dem Ersten Juristischen Staatsexamen Magisterabschluß und Promotion in Neuerer Geschichte; wissenschaftliche Tätigkeit am Institut für öffentliches Recht der Universität Freiburg seit 1991 wissenschaftlicher Assistent am Friedrich-Meinecke-Institut der Freien Universität Berlin; Veröffentlichungen zum Parlamentsrecht und zur Geschichte der Region Freiburg.

Die Deutsche Bibliothek – CIP-Einheitsaufnahme

Gosewinkel, Dieter:
Adolf Arndt : die Wiederbegründung des Rechtsstaats aus dem Geist der Sozialdemokratie (1945 – 1961) / Dieter Gosewinkel. – Bonn : Dietz, 1991
  (Reihe: Politik- und Gesellschaftsgeschichte ; Bd. 25)
  ISBN 3-8012-4021-5
NE: GT